KB040534

의지와
소통으로서의
세계

이규성 지음

쇼펜하우어의 세계관과
아시아의 철학

동녘

일러두기

1 맞춤법과 띄어쓰기는 〈한글 맞춤법〉에 따랐다.

　(단, 고유명사나 전문용어, 합성어로 굳어진 용어는 가독성을 위해 붙이는 것으로 통일했다.)

2 외국 인명이나 지명, 작품명은 되도록 국립국어원의 〈외래어 표기법〉을 따르되, 필요에 따라서는 원
　어에 가깝게 표기하는 것을 원칙으로 삼았다. 단, 굳어진 용례는 관행을 따라 표기했다.

3 본문에 등장하는 외서는 국내에 번역된 도서명을 따랐다.

4 본문의 인명은 혼동을 주는 경우를 제외하고 한글 표기를 성으로 통일했다.

5 본문에 사용한 기호의 쓰임새는 다음과 같다.

　《　》: 단행본, 잡지

　〈　〉: 단편, 논문, 시, 가곡, 오페라 등

　[　] : 두 가지 이상으로 해석될 수 있는 단어나 비슷한 의미의 역어

　p. / s. : 쪽수를 나타내는 표시

　(독일어로 된 책은 쪽 표시를 p.로 하지 않고 s.로 하는 것이 규약으로 정해져 있다. 참고한 원저의 페이지
　를 표기하시 위해 page를 독일어인 자이테seite 그대로 적었다.)

　§: 원저의 장절 표시

델피 신전에는 '너 자신을 알라', '분수를 넘지 말라'는 말이 있으며,
플라톤의 《카르미데스*Charmides*》에는 '보증을 서면 불행이 거기에 있다'는
말이 있다. 이 대화편에는 '지식에 대한 지식, 즉 과학에 대한 과학은
있을 수 없다'는 것이 적시되어 있다.

— 아르투어 쇼펜하우어Arthur Schopenhauer, Cogitata 1, Manuscript Remains 4

무한한 이성(理性, 空을 체화한 여래의 마음인 如來性)은 그 전체가 하나의
먼지에 나타나 있다. (……) 하나의 진리가 평등하게 현현하고 있다.

無邊理性, 全在一塵, (……) 唯一眞理, 平等顯現.

— 종밀宗密, 〈理事無碍觀〉, 《注華嚴法界觀門》

천하 사람들과 함께 즐기면 여유가 있지만, 자기 홀로 즐기면 (욕망은)
만족을 모른다. (……) 그러나 천지에 가득한 원기元氣를 품고
하늘의 강건剛健함을 체화하여 쉬지 않으면, 우러르거나 굽어보아도
부끄러움이 없고, 비록 홀로 선다 해도 두렵지 않다. (……) (나는 욕망의)
독락獨樂을 대중들과 함께 즐기는 것衆樂으로 만들려고 한다.
이것이 내가 그 즐거움을 천하에 확대하려는 이유다.

以天下樂之有餘而獨樂於己不足. (……) 然含元氣之氤氳, 體剛健而不息,

無愧怍於俯仰, 雖獨立而不懼. (……) 吾 (……) 衆其獨, 此吾所以廣其樂 于天下也.

— 박지원朴趾源, 〈獨樂齋記〉, 《燕巖集》, 1권

요약

이 책은 혁명과 제국의 시대이자 과학주의의 흥기興期와 이에 대한 반발의 시기였던 19세기 유럽과 아시아의 폭력적 만남이 가져온 문제들에 대한 대안적 사고를 모색하는 과정에서 나온 것이다. 필자는 그 문제가 갖는 광범위한 추상성을 일정한 길로 좁히기 위해, 아시아 철학을 인류의 운명을 창조적으로 해결하는 지혜로 간주한 쇼펜하우어의 세계관을 아시아 철학과의 연관에서 논의하는 길을 선택했다. 그의 사후死後 이른바 쇼펜하우어의 시기(1860~1880)에 그의 사상은 문학과 예술, 심층심리학과 생기론적 세계관에 커다란 영향을 주었다. 그러나 당시 유럽에는 신학적 존재론과 과학적 자연주의라는 거짓 낙관주의가 퍼져 있었다. 그들의 근거 없는 낙관주의와 근대화의 대세에 설득된 사람들은 쇼펜하우어의 철학을 비합리주의나 허무주의로 오해했다. 그는 스피노자와 니체보다도 더 비주류로 인지되었다. 그러나 그의 반시대적 사고는 존재의 무근거성과 맹목적 우연성을 간과하고 진지함이 없는 철학의 피상성을 폭로할 수 있었다. 그것은 약탈적 권력의지와 서구중심적 사고를 당연한 것처럼 여기는 철학들의 폐쇄적 적의에 대한 비판과 대안을 담고 있다. 그는 지구상의 타문화의 고유한 특징들을 신학적 존재론이나 계몽주의적 과학주의의 입장에서 파괴하는 것에 반대하고, 아시아의 지혜를 서양 신비주의 전통과 연계하여 최상의 차원으로 올려놓는다. 그는 이러한 방향에서 지성의 과학적 경험의 의의를 인정하면서도 과학의 논리적 형식을 지식의 내적 한계로 이해했다. 인간은 객관적인 외적 경험만이 아니라 수많은 상념과 고뇌를 동반하는 내적 경험을 통해 세계를 이해하고 생의 의미를 추구하려는 열망을 갖는다. 철학은 지식론을 통해 과학의 본성을 반성적으로 보여 줌으로써, 거기에는 생의 의미 문제가 있을 수 없다는 한계를 알게 된다. 이 노선에서 쇼펜하우어는 지식론에서 예술론으로, 나아가 생의 궁극적 의미를 문제 삼는 우주적 통찰로 상승해 간다. 그는 고행과 죽음을 통해 세계에 저항한 붓다와 그리스도, 동서양의 신비가들이 성취한 세계 지혜를 우주에서 인간의 위치를 해명하는 열쇠로 해석한다. 이러한 길에서 한자권 문헌에 접근할 수 없는 언어적 한계를 안타까워한 쇼펜하우어는 인도 철학과 초기 불교, 나아가 반야불교般若佛教, Prajna-vada는 물론, 노자老子와 공자孔子 및 송대 신유가[周濂溪와 朱熹]를 이해하고자 노력하고, 그들에게서 자신과의 일치점들을 발견한다. 쇼펜하우어는 자신의 세계상을 '발현發顯과 우주적 소통성의 체계'로 구성하고, 윤리적 의미를 갖는 자신의 체계를 아시아의 철학들과 공통된 것으로 보았다. 또한 서구 전통에서 죄악과 속박의 원인으로 평가 절하되어 왔던 '무無'를, 우주의 근원이자 자유의 원리로 보는 아시아의 철학은 그가 보기에 자신의 관점과 일치하는 것이었다. 세계 지혜와 생의 의미는 자연사의 진화 단계가 인간에 이르렀을 때 이루어진 진지한 반성에서 비로소 자각된다. 이 반성은 인간의 의지가 생명계에 범한 약탈과 파괴에 대한 마지막 회심이다. 이것이 생에 대한 애착과 죽음에 대한 공포를 이긴 의지부정의 길이다. 이것은 죽음의 길이 아니며, '무'를 체화한 삶에서 우주와의 진정한 화해를 이루는 무대립無對立의 자유의 길이다. '무'는 허무를 의욕하는 궁극 목적으로 제시된 것이 아니라 생성계의 존재로 나아갈 수 있는 하나의 단계로 해석될 수 있다. 필자는 바로 이러한 규모 안에서 움직이는 쇼펜하우어의 세계관을 그 세부적 영역들(지식론, 색채론, 칸트 철학 비판론, 스웨덴보리 평론, 예술론, 과학론, 윤리학, 사회 철학, 형이상학 등)로 나누어 이제까지의 연구 성과들을 참조해 비판적으로 다루었다. 그의 세계관은 창조적 활동성의 방향으로 수정될 때 개인적 자아의식에 갇힌 궁벽성窮僻性을 벗어날 수 있다. 이러한 작업을 통해 쇼펜하우어의 세계관에 대한 비판적 지양과 발전적 해석이 가능할 것이다. 이와 함께 아시아 철학[宋明理學과 18세기 한국 철학]과의 연관에서 쇼펜하우어 철학이 갖는 의미와 새로운 가능성을 조명하고자 했다. 이러한 방향에서 전망되는 세계관은 안으로는 무한의 윤리를 본체로 하고 밖으로는 폐쇄적 질서를 개방적 질서로 변형하는 활동성을 갖는다. 이 활동성은 구체적 개인들의 기본적 역량들을 함양하고 평등한 유대를 확장하는 개방적 노력을 동반한다.

들어가기 전에

원문 인용은 Arthur Schopenhauer, *Sämtliche Werke* (Band I~V, Suhrkamp, 1986)를 사용했으며, 페인 E. F. J. Payne 의 영역본과 국내에 출판된 번역본을 참조해 적절히 변형했다. 인용한 쇼펜하우어 저작의 제목은 약어로 줄이지 않고 그대로 명기했다. 쇼펜하우어의《유고遺稿》인용은 *Manuscript Remains* (v. 1~4, Edited by Arthur Hübscher, Trans by E. F. J. Payne, Berg, 1988)을 사용했다. 이 책은 '색채론', '심령론', '법철학', '비트겐슈타인과의 연관', '송대 이학과의 관계', '아시아 철학의 의의'와 같은 다른 연구서에서는 잘 다루지 않는 주제들을 취급하고, 각 주제들에서 아시아 철학과 연관된 점들을 논의했기 때문에, 분량이 많고 복잡해 보이지만 가능한 한 하나의 논문처럼 일관된 논지를 유지하도록 노력했다. 아시아 철학과 쇼펜하우어의 공통성에서 현대적 의미로 발전시킬 만한 관점들을 논의한 후반부의 IX장을 제외하면, 쇼펜하우어 철학에 대한 연구서로도 활용할 수 있도록 했다.

차례

요약 6

머리말 12

서론 19세기 유럽 세계관의 세 가지 유형들 26

—

I 경험과 미래의 철학

1 경험과 자유의 신비 51

2 근대적 상황과 확실성의 위기 88

3 술체와 회의주의 103

4 세계 수수께끼와 미래의 철학 114

5 도이센과 중도中道 130

—

II '단 하나의 사상'과 발현發顯의 세계

1 '단 하나의 사상'과 의지의 자기인식 145

2 인식의 이율배반과 표상 166

3 표상론과 신체 180

4 암호 해독과 진화적 발현 204

III 형이상학의 전복과 가능성 및 과학

1 근본적 차이와 동일성 233

2 스피노자와 윤리학으로서의 형이상학 255

3 충족이유율과 과학의 본성 281

4 특수한 충족이유율들 302

5 두 가지 결론과 과학의 위치 349

IV 색채론과 치유

1 색채론 논쟁과 괴테 359

2 궁핍의 시대, 치유 철학 380

V 비판 철학과 예지적 생명원리

1 비판 철학의 혁명적 의의 393

2 시대의 공허와 선험적 논증의 오류 410

3 이성의 변증론 비판과 문화 의식 432

4 계몽주의와 영적 공동체(칸트와 스웨덴보리) 476

—

VI 세계론과 시간론

1 세계의 3중 구조 505

2 암호 해독으로서의 철학 524

3 '하나이자 모든 것'과 형상들 539

4 중첩적 포섭과 경쟁 585

5 시간과 영원 604

—

VII 아시아 철학과 선험적 구성론

1 주희朱熹와 쇼펜하우어 645

2 불교佛敎와 쇼펜하우어 678

3 과학의 논리와 철학(쇼펜하우어와 비트겐슈타인) 718

4 헤르츠와 선험적 구성론 761

5 미학적 경험과 형이상학 794

—
VIII 시민성과 정치론

1 시민성과 법철학 865

2 영원한 정의와 정관靜觀의 한계 900

3 비판과 반철학反哲學을 넘어 924

—
IX 과학과 우주적 소통성

1 과학적 세계관과 우주적 시계視界 953

2 과학과 우주적 평등성[該貫] 991

3 욕망의 구조와 무한의 윤리 1045

결론 철학에 대한 성찰과 가능성 1073

참고문헌 및 찾아보기 1101

머리말

이 책을 쓰게 된 두 가지 계기가 있다. 하나는 이론적 문제의식에서 비롯된 것이고, 다른 하나는 개인적 경험과 연관된 것이다. 먼저 이론적 계기부터 논의하기로 한다. 인류 역사에서 민족이나 국가 간의 만남은 대부분 강제적이거나 폭력적이었다. 산업혁명 이후 서양과 아시아의 만남도 군사적 충돌을 동반한 것이었다. 그 후 아시아에서 일어난 각국의 자주自主 운동은 과학과 민주주의를 역사적 요구로 간주했다. 이 역사적 과제는 아시아의 전통 세계관과의 연관 방식에 따라 여러 편차를 갖고 있었다. 윤리적 덕의 문제보다는 과학과 근대적 제도가 민권과 국가의 자강自强에 기초가 된다는 의식이 일반화되어 갔다. 일본의 명치明治 산업혁명(1877)과 이후의 민권 운동, 한국의 3·1운동(1919)과 중국의 5·4운동(1919)은 그러한 맥락에서 일어난 것이었다. 그러나 과학과 민주주의는 점차 본래의 생기를 상실해 갔다. 과학은 국가 자본주의적 생산력으로 통합되고, 민주주의는 공허한 수사적 일반 명사가 되었다. 과학은 일상적 삶의 의미를 결정하는 과학주의적 이데올로기와 결합되었으며, 민주주의는 개별화의 경향을 수평적 지평이 아니라 수직적 구조로 편성된 질서를 수식하는 단어가 되었다. 이러한 상황에서 전문적 지식과 연관된 언어들은 애초의 개혁 정신에서 오는 생생한 의미를 상실하고 유령 언어놀이에 지배된 것처럼 보였다. 19세기 말, 마우트너Fritz Mauthner, 1849~1923와 크라우스Karl Kraus, 1874~1936와 같은 오스트리아 빈의 급진적 문인들이 군주정이 여전히 지배하는 이른바 '저지된 혁명'의 상황에서 언어의 타락과 오용을 조롱하는 언어비판적 '활동'을 전개한 것이 아시아에서도 전혀 낯설지 않은 것은 그 때문이다.

이러한 상황은 과학주의에 대한 인식비판적 반성과 제도적 삶에 대한 새로운 음미를 필요로 한다. 또한 제도적 삶의 조건들에 대해 개의치 않는 사변 형이상학에 대한 비판적 반성도 요구한다. 이미 쇼펜하우어Arthur Schopenhauer, 1788~1860는 19세기에 위세를 떨치기 시작한 국민국가의 제국주의화와 난숙해 가는 자본주의에 따른 대중 소비 사회의 형성, 쾌락주의에 기반한 공리주의의 확산을 여행을 통해 목도한다. 그는 발트 해의 대무역상大貿易商인 부친을 따라 각지를 여행하고 시대에 대한 경험을 통해 생명체 일반의 고통을 생명의 본질로 이해하게 된다. 세계는 근본적으로 윤리적 의미를 갖는다. 그는 이 경험을 세계 고苦에 대한 붓다의 본질직관적 경험과 유사한 것이라고 회고한다. 이러한 경험을 바탕으로 쇼펜하우어는 계몽주의를 잇는 뉴턴주의자들의 과학주의를 칸트의 선험적 지식론을 활용해 비판 해체하고자 한다. 과학적 지식은 주관의 논리적 형식이 투영된 것이기에 실재의 객관적 구조를 반영하지 않는다는 것이다. 또한 쇼펜하우어는 기존의 신학적 사변 이성이 자신의 논리적 형식을 실재의 신성한 구조를 인식하는 것으로 보는 독단적인 교의를 전 서양 철학사의 미몽으로 파악한다. 그는 당대의 헤겔Georg Wilhelm Friedrich Hegel, 1770~1831이 그러한 독단을 국가의 옹호 아래 주장하는 것을 지적 거드름을 피우는 것으로 간주했으며, 독일관념론에 대해 인신공격을 불사하는 반항 섞인 비난을 가한다.

이 맥락에서 쇼펜하우어는 과학주의와 신학적 형이상학이 논리적 형식의 관념적 선험성을 몰각한 망상을 세계의 질서로 착각하는 '언어의 오용'이라고 비판한다. 그는 언어비판적 방법의 단초를 제시한 것이다. 쇼펜하우어가 먼저 사용하고 이어 베르그송Henri Bergson, 1859~1941이 활용한 '옷'의 비유로 말하면, 독일관념론은 너무 헐거운 옷이고, 과학주의는 너무 작아 우리 몸에 맞지 않는다. 마찬가지로 비트겐슈타인Ludwig Wittgenstein, 1889~1951은 수학이나 과학을 정당화하는 상위의 또 다른 과학, 진정한 과학적 세계관으로 제시하는 당대의 '분석적 실재론'(자신의 견해를 버트런드 러셀이 초기에 명명한 이름. 후에 신실재론으로 알려짐)을 '옷을 겹으로 껴입어 원래의 몸을 알아볼 수 없게 만드는' 것이라고 비판한다. 과학적 세계관은 지식에 내재하는 살아 있는 논리적 형식을 경험과학적 관점에서 보아 마치 지시 대상인 것처럼 물화物化한다는 것이다. 쇼펜하우어의 철학은 언어비판을 통해 인식비판을 수행한 초기의 모델이다. 그러나 이러한 장점에도 불구하고 그는 헤겔이 강점으로 갖고 있는 제도적 삶에 대한 사회철학적 이해를 저버리게 된다.

쇼펜하우어의 인식비판적 활동은 과학적 지식을 삶의 유일한 방식이 아니라 하나의 방식으로 보는 관점을 제시한다. 그는 부친의 유산을 인생을 이해하는 수단으로 활용하기로 결심한 이후 생의 의미를 논하는 동서양의 서적들을 광범위하게 접한다. 이를 통해 그는 예술적 경험과 신비주의적 경험도 고유한 인식 구조를 갖는 것으로 이해한다. 그에 따르면 지식론의 차원을 넘어 생의 의미를 추구하고 궁극적으로는 우주를 영원의 관점에서 보는 초인적 세계에 도달하는 과정을 해명Erläuterung하는 활동이 철학의 본령이다. 철학은 헤겔의 신학존재론처럼 절대정신을 가지고 세계를 논리로 '설명'해 정당화하는 것이 아니다. 세계는 우리에게 궁극적 이유가 없이 던져진 것이다. 쇼펜하우어가 보기에 자신의 근저에 의지를 본질로 갖는 인간은 세계와의 연관에서 경험하는 근심과 부자유를 부단히 극복하는 노력을 통해 자유를 실현하고자 한다. 철학은 일종의 생의 기술技術이다. 그는 이러한 문제의식 때문에 사실판단으로만 구성된 세계상과는 다르게 세계를 보는 조망照望의 방법을 말해야 했다. 세계는 폭과 깊이를 확장해 가는 '보는 자'의 조망에 따라 다르게 보인다. 근대의 제일철학이었던 지식론은 세계론에 종속된다. 이 점에서 쇼펜하우어는 자신의 관점이 아시아 철학과 공유하는 것이 있음을 직감하게 된다.

아시아의 철학은 서양 근대에서 전개된 지식론보다는 세계론[경계론境界論]을 중심으로 전개된 특징을 지닌다. 중국의 풍우란馮友蘭, 1895~1990과 논리 철학자 김악림金岳霖, 1895~1984이 논리학과 지식론의 필요성을 제기했지만, 그들도 궁극의 경계에 이르기까지 단계적으로 생의 의미를 실현해 가는 노력의 과정을 철학으로 본다. 풍우란의 《신이학新理學》(1939)과 《신원도新原道》(1945)는 전통 철학의 경계론을 목표로 논하며, 김악림의 《논도論道》(1940) 역시 생의 의미를 도道의 궁극적 경지를 목표로 하여 논한다. 그러나 이들은 논리적 분석과 윤리적 세계론을 조화롭게 결합시키지 못하고 분리한다는 인상을 준다. 이것은 논리적 분석을 철학의 본질로 보는 것과 여기에 윤리적인 것을 첨부하는 러셀Bertrand Russell, 1872~1970의 이중적 관점에 영향을 받은 것에 기인한다. 러셀은 사회윤리적 실천을 중시하지만, 과학적 방법과 논리적 분석을 이른바 순수 이론으로 간주하는 과학적 세계상을 표방한다. 그는 논리적 형식을 세계의 선험적 조건으로 보아 지식의 내재적 한계를 긋는 것이 아니라 논리를 과학적 인식 대상으로 간주해 독립적인 논리 철학이 가능한 것으로 생각한다. 논리적인 것은 이름이 지시체를 갖는 것처럼 '논리적 대상'을 갖는다. 이념적 대상들이 있다는 이러한 플라톤주의적 관점의 영향 때문에 풍우란과 김악림에게는 논리적 분석으로서의 철학과 인생관으로서의 철학이 분리되는 문제점이 있게 되었다. 러셀 자신도 고백하듯 그는 논리 철학과 윤리적인 것을 조화시키는 방법을 갖지 못했다. 이 점에서 러셀이 논리와 존재론을 동일시한 헤겔에 반대했지만, 결정적인 측면에서 헤겔의 혼동을 벗어나지 못한 것이다. 쇼펜하우어가 헤겔에 저항한 이유는 그의 국가주의뿐만 아니라 논리적인 것을 실재의 구조와 혼동하는 불명료성, 즉 혼란스러운 독단에 대한 것이었다. 쇼펜하우어의 비판적 사고의 기준은 지식의 정당화를 위한 엄밀성이나 정밀성이 아니라 혼란을 해명하는 '명료성 Deutlichkeit'이다. 이 기준은 그의 사후에 '설명할 수 없는 선험적인 것은 보여 줄 수밖에 없다'고 하는 비트겐슈타인으로 전승된다. 과학의 논리 혹은 논리적 구문logical syntax을 보여 줌으로써 그 내재적 한계를 자각하게 하는 방법은 러셀과 그의 영향 아래 있었던 풍우란과 김악림의 실재론적 한계를 극복하게 한다. 그것은 논리적인 것과 윤리적인 것의 이원적 대립을 넘어 윤리적인 것을 철학의 본령으로 삼을 수 있게 한다.

하지만 풍우란과 김악림이 세계론을 주제로 삼은 것은 아시아 철학이 근본적으로 윤리적 구도構圖 아래 움직여 온 것과 연관이 있다. 불교가 삼세(과거, 현재, 미래)와 삼계(색계, 욕계, 무색계)가 결합된 세계世界를 넘어서 깨달음의 세계[法界]를 논하는 것도 생의 의미를 문제 삼는 윤리적 관점으로 세계를 조망하는 데에서 나온 것이다. 세간世間과 출세간出世間이라는 개념을 제시하고 양자를 지양止揚하는 것도 바로 궁극의 자유를 추구하는 맥락에서 의의를 갖는다. 유가나 도가의 전통에서도 도론道論은 우주의 생성 원리와 함께 궁극의 윤리적 경지를 논한다. 신유가의 세계상에서 자신과 동일한 원리들을 발견한 라이프니츠Gottfried Wilhelm Leibniz, 1646~1716에게도 주희朱熹, 1130~1200의 이학理學은 자신의 모나드론과 일치하는 것이었다. 라이프니츠에게 개체의 생명 원천인 능동성의 원리로서의 모나드는 다른 모든 개체들과 물리적으로는 막혀 있지만 영적으로는 조화와 소통을 이룬다. 이 모나드를 이理로 해석하면 니덤Joseph Needam, 1900~1995의 연구(《중국의 과학과 문명》, 1954)가 보여 주듯, 라이프니츠의 유기체 철학은 태극太極을 무수한 '이理'들의 전체적 소통성을 가능하게 하는 원리로 보는 주희의 세계상과 일치한다. 이들의 유기체 철학은 단순한 존재론적 사변에 그치지 않는다. 그것은 인성 변형의 원리로서 근본적으로는 윤리적 구도에서 해석된 세계론이다.

　라이프니츠는 존재론적 조화의 원리에 따라 동서의 조화를 추구하는 노력을 통해 전 지구적 소통의 가능성을 열었다. 라이프니츠와 주희의 우주적 소통[周流貫澈, 朱熹] 원리는 풍우란과 김악림의 윤리적 세계상에서 다시 나타나 우주적 소통성에 대한 통찰에서 자유를 실현한다는 관점으로 발전된다. 한편 조화 속에서 부조화를 보고, 존재보다는 '무'를 선호하는 쇼펜하우어도 우주적 관점에서 생의 의미를 추구하고, 인도 철학과 불교 및 노자와 맹자, 나아가 주희에서 자신의 주요 개념들과의 동일한 원천을 발견한다. 쇼펜하우어는 라이프니츠에서 신정론적 요소가 주는 근거 없는 낙관론을 발견하고 그의 예정조화론을 거부한다. 이 때문에 쇼펜하우어는 라이프니츠의 관계론적 사고가 갖는 장점을 자신의 관계론적 현상세계론에서 발전시키지 못한다. 그러나 라이프니츠보다 그가 더 풍부하게 아시아 철학과의 대화 영역을 넓혀 준다.

　쇼펜하우어의 《의지와 표상으로서의 세계》 I (1818)과 II (1844)는 제목 자체가 하나의 세계론임을 암시한다. 그는 스피노자Baruch Spinoza,

1632~1677가 자신의 형이상학을 《에티카 _Ethika_ 》(1675)로 명명한 것과 마찬가지로 윤리적 구도에서 세계를 본다. 쇼펜하우어가 보기에 상식과 과학적 지식의 세계는 이미 선험적인 논리 형식에 따라 구성된 세계다. 논리는 '관절이 반대 방향으로 꺾일 수 없는 것처럼' 인간 사고의 근본 형식 혹은 논리적 문법 규칙이다. 논리는 세계에 적용되지만, 그 자체는 대상을 갖지 않는 그래서 지시체라는 내용을 갖지 않는 단순한 형식이다. 논리적 형식은 지식에 내재하며, 지식의 대상을 구성하는 규칙이기에 자신은 지식의 대상으로 사물화될 수 없다. 즉 논리는 자기지시를 금한다. 논리는 세계의 조건이며, 이 조건에 의해 구성된 세계가 표상으로서의 세계다. 논리는 언어와 세계가 공유하는 형식이기에 세계와 논리는 분리될 수 없고, 또 그 때문에 인식론적 대응설로 설명될 수 없다. 세계는 인간 지성이 구성한 것이며, 세계와 지성은 의지가 발현된 것이다. 동시에 본질적으로 의지인 인간에게 표상으로서의 세계는 윤리적 의미를 갖는다. 여기에서 쇼펜하우어는 윤리적인 것을 논리와 마찬가지로 세계의 선험적 조건으로 인식한다. 진정한 윤리학은 이 선험적 조건에 의해 구성되는 실천적 상황을 중시하고 해명하는 것이다. 세계는 이미 윤리적 의미를 갖기에 이 세계를 대상화해 과학적 사실처럼 다룰 수 없다. 그것을 대상화해 학문의 대상으로 만드는 것은 윤리의 본래성을 파괴하는 셈이다. 이런 의미에서 쇼펜하우어는 과학의 한계를 넘어서려는 의지를 가진 인간이 생의 의미를 찾아 표상으로서의 세계 밖으로 나아간다고 말한다.

뉴턴 Isaac Newton, 1642~1727과 계몽주의 이래로 과학과 부_富_를 추구하는 공리주의적 세계상은 이미 19세기 낭만주의적 반동을 일으킬 만큼 광범위하게 퍼져 있었다. 괴테 Johann Wolfgang von Goethe, 1749~1832의 《파우스트 _Faust_ 》(1831)는 이러한 상황을 인간성과 생명의 위기로 파악하고 모순된 현실을 부단히 넘어서는 인간상을 창조한다. 쇼펜하우어는 젊은 시절 모친의 살롱에서 만난 괴테의 이 장대한 세계상에 존경을 표하게 된다. 쇼펜하우어가 보기에 인간은 궁극의 화해를 통한 해방의 세계를 동경한다. 이 세계에서는 영원의 상하相下에서 우주를 본다. 연암 박지원燕巖 朴趾源, 1737~1805의 표현으로 그것은 영겁을 순간에 파악하는 '천지의 장관天地之壯觀'이다. 쇼펜하우어가 보기에 예술적 정관靜觀은 일시적이지만, 우주를 영원의 관점에서 보는 것은 붓다나 그리스도 및 신비주의자들에게서 일어났던 결정적 사건이다. 그것은 인류의 고뇌 및 죽음과 투쟁한 역사상 가장 엄숙한 사건이자 사상이다.

쇼펜하우어가 이러한 관점을 취한 데에는 그의 고유한 세계 경험이 개입되어 있다.《추가와 보유Parerga und Paralipomena》(1851)의 〈지혜를 위한 경구〉에서 그는 세계를 불에 비유한다. 불은 너무 가까우면 몸을 타게 하고 너무 멀면 '차가운 고립Einsamkeit'에 빠지게 된다. 여기에서 쇼펜하우어는 불타는 세계를 '큰소리로 불평하지 않고' 그 안에서 따뜻하기 위해서는 세계와 '적절한 거리'를 두라고 한다. 그러나 그 자신의 인생 경험은 부친의 유산과 말년의 명성을 제외하면 온기와는 거리가 멀다. 그 자신의 충고와는 달리 그의 경험은 차가운 고립에 가까웠다. 이 거리가 쇼펜하우어 철학의 성격을 결정한다. 그의 세계상은 염세성과 고독한 반시대성 및 예외자의 정적성靜寂性을 갖는다. 그가 어릴 적부터 경험한 것은 식민 착취와 노예 노동으로 특징 짓는 19세기 자본주의의 험악한 현상들이었으며, 인욕의 체계로 구성된 시민 사회의 배타적 이기주의였다. 이러한 고통의 세계가 쇼펜하우어의 부친과 같은 대 부르주아들이 만들어 가는 세계다.

쇼펜하우어는 부친으로부터 물려받은 타고난 침울에, 세계 고苦에 대한 우울을 겹친다. 그에게 우울은 세계의 실상을 인식하고 그 극복을 추구하게 하는 철학의 동력이 된다. 그의 법철학이 배타적 소유권을 국가에 의해 보호 받는 시민성에 근거하고 있지만, 그는 상실한 세계를 실존적 의지의 자기초월적 운동에 의해 회복하고자 한다. 이 때문에 그는 독일관념론의 신학존재론이 정신이나 자아의 이름으로 현실을 합리적으로 구성해 근거 없는 낙관주의를 유포하는 것을 국가 권력에 생계를 구걸하는 철학으로 보았다. 또한 기계론적이건 경험주의적이건 과학에서 생의 의미를 찾는 과학주의에도 만족할 수 없었다. 과학주의는 칸트Immanuel Kant, 1724~1804의 선험철학적 교훈과는 달리 판단의 논리적 형식까지도 실재의 질서를 묘사하는 것으로 믿기 때문이다. 그 철학들은 모두 논리의 선험성을 무시할 뿐만 아니라 윤리적 상황이 갖는 선험적 본래성을 상실한다는 것이다. 이 점에서 쇼펜하우어의 철학은 일정한 저항성을 갖는다고 할 수 있다. 그러나 그는 헤겔의 범논리주의적 세계 해석과 정당화는 거부하는 한편, 젊은 헤겔주의자들의 급진적 세계변형론에는 무관심했다. 니체Friedrich Nietzsche, 1844~1900와 마찬가지로 그가 보기에 정치경제적 변형론은 귀족 계급에 위협이 될 뿐만 아니라 공리주의적 탐욕과 쾌락의 삶을 다른 방식으로 연장하는 것에 불과했다. 그에게는 인간 자신의 윤리적 회심 없이 고통에 물든 인생은 언제나 맹목적 의지의 희생양으로 남는다. 쇼펜하우어에 의하면 표상으로서의 세계는 논리에 의해 해석된 것이며, 의지로서의 세계는 생의 의미를 자각한 초인들에 의해 정관되는 세계로 오직 고도의 도덕적 행위에 의해 변화될 수 있는 것이었다. 그에게는 세계를 올바로 보는 것, 즉 태도의 문제가 본질적이다. 세계는 관점에 의해 달리 보인다. 세계는 태도의 종류에 따라 네 종으로 나뉜다. 1) 표상으로서의 세계 2) 의지로서의 세계 3) 예술적 세계 4) 윤리적 세계.

쇼펜하우어가 내성적 자기의식을 통해 도달한 의지로서의 세계는 초기의 관점에서는 생명체의 가혹한 투쟁성을 나타낸다. 그러나 후기에는 자연사의 창조적 진화와 그 단계적 차이와 풍요성을 강조한다. 그는 괴테와 생틸레르Etienne Geoffroy Saint Hilaire, 1772~1844의 형태진화론에 의거해 의지를 다양한 형태들의 차이를 생산하는 원리로 본다. 생의 의미는 진화의 방향이 자유에 있음을 이해하는 데서 그 생명 철학적 기초를 갖게 된다. 의미의 경험은 두 단계로 일어난다. 첫 번째는 니체가 계승한 의지긍정의 초인으로 두 발로 대지 위에 굳세게 서는 초인상이다. 두 번째는 무아無我 혹은 무욕無欲를 의미하는 의지부정의 단계로 내적 평화와 명랑성 및 자기희생적 사랑을 실현하는 동서양의 성인적 초인상이다.

성인적 초인상은 존재의 '무'를 통찰한다. 자연에서의 의지는 쇼펜하우어 자신이 말하듯 '생명원리Lebensprinzip'다. 그는 이것과 '무'의 관계를 분명하게 언급하지는 않는다. 그러나 그는 예지계인 우주 내재적 생명원리와 무수한 관계들로 구성된 현상계를 '하나이자 모든 것'으로 규정한다. 동시에 그는 의지에 대한 경험을 '바닥이 없는 심연', '무근거인 근거'에 대한 내성적 경험으로 간주한다. 이 점에서 보면 의지는 비물체적인 것으로 심연의 '무'에서 솟아나는 생명 에너지에 해당한다고 해석할 수 있다. 우주 자연사는 '무'에서 나오는 하나의 의지가 만유萬有로 발현發顯된 것이다. 이 맥락에서 쇼펜하우어는 주희의 '무극이면서 태극無極而太極'이라는 '무형의 생명원리[無形而有理]'를 자신의 예지계인 의지와 동일시한다. 이타적 사랑의 감정에 토대한 윤리 의식은 예지계의 '우주적 소통성[周流貫徹]'의 발로다. 생명체에 대한 개인들의 공감력은 이러한 우주적 연대성을 무의식적으로 인지한 데서 나온다. 성자적 초인은 이 공감을 '하나이자 모든 것'이라는 구조를 통찰하는 경지로 확장한다. 쇼펜하우어는 바로 이 점에서 자신의 세계관이 우주와의 합일을 지향하는 아시아 철학과 같은 것임을 분명하게 의식한다.

　그러나 심연의 '무'에 바탕한 생명원리인 예지계는 현상계와는 달리 인과성에서 독립한 자유의 차원에 있다. 세계는 합목적적 기획이나 필연적 원인에 따라 주어지지 않는다. 거기에는 라이프니츠와 셸링 Friedrich Wilhelm Joseph von Schelling, 1775~1854의 목적인도 없지만 스피노자의 필연적 작용인도 없다. 그것들은 현상계에나 적용되는 인간 지성의 도식이다. 세계는 무근거에서 주어지는 우연성을 갖는다. '무'를 체현하는 성자적 초인은 그러한 존재의 우연성을 향유할 수 있을 것이다. 이런 의미에서 쇼펜하우어는 노자와 반야불교에서 말하는 '무無'나 '공空'이 자신의 '무'와 같은 것임을 암시한다. 그러나 그는 정관적 태도를 지성의 순수화에서 오는 최상의 단계로 보는 전통적 관념에 따라 개인적 차원에서의 윤리적 실천 이외의 사회적 실천을 한 단계 아래인 것으로 본다. 여기에 쇼펜하우어의 철학이 갖는 정적주의적 적막寂寞이 있다. 쇼펜하우어의 정관주의는 그의 정치적 보수성과 연관하여 비판되어 왔다. 쇼펜하우어 자신도 입헌 세습군주제를 지지했으며, 이는 당시에도 보수성을 넘어 반동성이라 할 만한 것이었다. 그러나 당시 그의 추종자들이 급진주의 정치 활동을 한 것에서도 알 수 있듯이 염세적 철학이 반드시 정치적 보수성을 갖는 것도 아니며, 진취적 행동성을 버리는 것도 아니다.

　쇼펜하우어는 붓다의 '무'를 존중했지만, '무'를 통해 세속의 '유'를 포용하는 붓다와 용수龍樹, Nagarjuna, 150~250의 중도中道, Madhyamaka를 알지 못했다. 또한 그는 힌두교의 대표적 경전인《바가바드 기타Bhagavad-Gita》를 중시했다. 그러나 그는 그 경전이 행동주의와 정관성을 통일하여 불의不義와의 투쟁으로 나아가는 길을 가르친다는 측면을 주목하지 못한다. 그는 불교나 도교 및 신유가의 역사적 전개가 갖는 다양성도 알지 못한다. 이 사상사는 어떻게 '무'에서 인간 세계를 포함한 '유'로 나아갈 수 있는지, 어떻게 내적 고요의 차원에서 능동적 실행으로 나아갈 수 있는지에 대한 모색의 과정이었다. 이러한 역사적 과정을 개관해 보면 내적 평정[靜]과 활동성[動]의 결합 가능성이 열릴 수 있다. 내적 평정이 통찰하는 우주적 소통성과 만유의 평등성은 새로운 형태의 사회적 실천 방식을 가르친다. 우주적 소통성에서 모든 것은 개방적 무한으로 열려 있지만 각 개별성은 그 고유한 존재 의의를 갖는다. 이 무한의 윤리에서 모든 정치사회적 폐쇄성은 열린 평등성으로 변형되어야 하는 것으로 나타난다. 간디Mahatma Gandhi, 1869~1948 가 주장한 아래로부터의 인권 운동을 비롯해 원초적 공동 소유 이념을 간직한 아시아의 많은 유토피아 운동은 내적 평화와 새로운 사회적 삶의 방식을 행동주의적 활력으로 연결하는 운동이었다. 쇼펜하우어의 철학은 개인의 윤리적 지평에서 자유의 길을 제시한다. 그러나 이 길은 정관주의를 극복하는 맥락에서, 보다 적극적인 사회윤리적 활력을 가질 필요가 있다.

필자는 이상과 같은 문제의식과 방향에서 쇼펜하우어 철학을 연구하고 그것을 아시아 철학과 연결해 그 장점을 밝히고 단점을 보완하고 라이프니츠가 시작한 동서의 철학적 연결 통로를 보다 더 확장하고자 했다. 과학을 생산력으로 통합하고 시민을 국민화해 총체적 동원 체제를 만든 서양 근대 국가의 배타적 폭력성을 통해 세계를 경험한 아시아인들은 그 체제를 복제하고 있다. 한때 이상으로 섬겼던 과학과 민주주의는 이제 맹목적이고 허구적인 이데올로기로 전락했으며, 정치사회적 진리는 다시 내면 깊숙이 숨어 버렸다. 쇼펜하우어가 접근했던 고대 성인들의 원융圓融한 소통성의 진리는 자연과의 관계에서나 사회적 관계에서 생기로움을 갖춘 생명 철학을 통해 다시 드러나지 않으면 안

된다. 한편 18세기 한국 철학은 홍대용洪大容, 1731~1783과 박지원朴趾源, 1737~1805, 이용휴李用休, 1708~1782와 유만주兪晩柱, 1755~1788에서 개체적 자아의 자주성과 평등성에 대한 자각에 도달한다. 정도의 차이는 있지만 이들은 도학적道學的 '일반성[正]'에 대해 개성적 '특이성[奇]'의 적극적 의의를 의식한다. '특이성의 선비[奇士]'는 폐쇄성에 대립하는 인성의 함양과 개방적 공동체를 아울러 지향하는 '통사通士'가 된다. 쇼펜하우어의 세계론에 대한 비판적 극복은 이러한 통사의 활력과 결합할 때, 보다 활발성을 갖는 세계상으로 거듭날 수 있을 것이다.

필자는 대학 시절 산동네에 사는 빈한한 동기생이 쇼펜하우어를 연구하고 싶어 노력했으나 형편이 여의치 않아 포기했고, 이를 연민에 찬 눈으로 보던 어느 여학생이 그를 데려가 그나마 살게 된 것을 다행으로 여겼던 경험이 있다. 나는 세상 문제에 관심은 많았으나 그의 어려움을 돕지는 못했다. 그가 대학을 졸업하고 그 여학생과 함께 외국으로 갔다는 것을 나중에 풍문으로 듣게 되었다. 지금은 그가 살았는지 죽었는지 알지 못한다. 나는 그에게 무엇인가 빚이 있다. 그 후 동양철학을 하게 된 나는 그를 추억하고 의지와 고통을 논하는 쇼펜하우어를 가끔 읽었다. 그 친구의 소망을 대신 이루려는 의욕일지도 모른다. 거의 40년이 지나 생각이 대략이나마 정리되었다. 그러나 인생을 학문적 대상으로 삼는 것보다는, 알 길이 없어 불투명한 젊은 시절의 삶에 대한 고민이 더 진실된 것으로 보인다. 그 시절이 생의 의미를 추구하는 태도의 원형을 갖고 있었다. 이 책이 내 친구와 같은 사람들, 그리고 그를 데려간 여학생과 나처럼 학술을 한다고 방황하는 사람들에게 평안한 위안과 삶의 의욕을 줄 수 있기를 바랄 뿐이다.

이 책을 발간하도록 주선해 준 도서출판 동녘의 주간 곽종구님, 그리고 제목부터 문장에 이르기까지 조언을 한 동녘의 최고 편집인 최미

혜님에게 감사드린다. 아울러 교정에 힘쓴 이지 교수 그리고 박사 과정 성유진과 김은영, 김민경, 홍신혜에게 고마움을 표한다. 학창 시절 지도교수님이었던 이남영 교수는 시야를 넓혀 고루함을 면하여 동양 철학을 주체적으로 해명하고, 적절한 전거典據를 제시하여 학술성을 가져야 한다는 점을 망각하지 않도록 했다. 또한 정대현 교수는《한국현대철학사론》(2014)에 대한 비평을 통해 저자의 입장을 구체적으로 밝히는 것이 필요하다고 조언하여 이 책을 서둘러 쓰도록 자극을 주었다. 분석 철학의 한국화에 고심하는 정대현 교수의 노력과 이영철 교수와 한대석 교수의 비트겐슈타인 연구는 필자로 하여금 현대적 재해석과 함께 논리적인 것에 대한 적절한 음미가 동양 철학에도 요구된다는 것을 깨닫게 했다. 이병창 교수와 김재현 교수는 철학이 역사적인 통시적 관점을 심화함으로써 미래를 전망해야 한다는 점을 강조하여 철학사에 대한 연구의 의의를 알게 했다. 이정호 교수는 고전에 대한 문헌학적 연구가 지적 기반을 튼튼하게 한다는 것과 고대인의 실천적 관심이 갖는 의의를 알게 했으며, 이훈 교수와 이정우 교수는 새로운 문제의식을 가지고 당대의 연구가들에 주목하여 공시적 측면에서 그들을 참조함으로써 한국 철학을 풍요롭게 할 수 있음을 깨닫게 했다. 내가 내 생각을 형성한 것이 아니다. 다만 이 책을 쓰는 데에 이들의 교훈을 가능한 한 조화롭게 살리려고 한 것만이 나의 것이다. 조화롭지 못하다면 그것은 나의 책임이다.

2016년 7월 20일

19세기 유럽 세계관의 세 가지 유형들

19세기는 유럽 산업 문명의 배타적 확산과 개별 과학들의 분화가 본격화된 시기였다. 과학 기술은 이미 경제적 생산력과 국력의 기초라는 것이 확인되어, 19세기 초부터 국민 국가들의 국제적 위상과 경제력을 담보하는 주요 요소가 되었다. 이들 국가들의 자본주의는 군사적 형식을 통해 확산되어야 했으므로 해군력은 국력을 재는 척도가 될 정도였다. 이러한 발전은 아프리카, 중동, 아시아와 같은 주변 민족들에게는 공포와 재앙을 가져오거나 존립의 위기로 작용했다. 일본의 산업 혁명을 이끈 메이지유신明治維新, 1868과 중국의 양무운동洋務運動, 1864~1894 이후 아시아에서는 과학과 서구 정치 제도 도입의 필요성과 방법에 대한 논의를 공적 주제로 삼았다. 한국은 봉건 질서를 개혁하고 새로운 제도를 수립하기도 전에 이미 일본의 군사력에 굴복하면서 국제 자본주의 질서에 편입되었다. 곧이어 서구 국민 국가들의 지식과 역량이 총체적으로 동원된 제1차 세계대전(1914)은, 과학과 합의 민주주의가 시민을 국민으로 편성하는 데에 유리하고, 국가의 전쟁 능력을 대규모로 향상시킨다는 것을 보여 주었다. 국민 국가는 교육과 국방 및 치안을 장악하여 안으로는 혁명 세력들에 대한 통제를 강화하고, 밖으로는 국력과 시장의 확대를 추진할 수 있었다. 이러한 일련의 흐름은 유럽에서 도시 상공업의 발전과 함께 시민 혁명에서 국민 국가로, 이어 전쟁 국가로 발전해 가는 과정에서 일어났다. 이른바 자본주의의 탈경계적 확산은 그 대량의 생산력과 파괴력에도 불구하고, 지성과 과학 문명의 추동력에 따라 미래는 나아지리라는 낙관적 세계관들을 형성하는 배경이 되었다. 그것은 주관성 혹은 자아중심적 사변 철학, 경험주의적이거나 유물론적인 과학적 세계관 및 정치 이데올로기들을 낳았다. 이 세계관들 가운데 독단적 자아 철학은 인간의 주관성을 신성화하여 세계를 지배해 가는 능동적 힘을 찬양할 수 있었다. 과학적 세계관들은 그 자신은 과학이 아니면서도 과학적 방법을 옹호하고 과학을 찬양하는 이데올로기로 작용했다. 과학적 세계관은 과학의 기초나 근거를 정초한다는 철학의 형태를 띤 것이었으며, 물리학이나 진화론 같은 특정 지식 분야와 과학 연구 집단에 가치를 부여한다는 의미에서 정치적 의미를 배제할 수 없었다. 과학의 발전에 따라 바다와 육지를 넘나드는 교통 통신 기술이 노예, 군대, 무기, 금융을 실어 나른다는 사실은 놀라운 것이었다. 그러나 그러한 탈영토화는 국제적 관계의 확대와 함께 폐쇄적 경계의 강화와 충돌의 폭증을 가져왔다. 인류의 세계적 연관성의 증대는 도처에서 전쟁과 몰락, 억압과 혁명이 일어나는 주요 원인이 되었다.

　이러한 상황에서 과학의 근거를 만들어 정당화한다는 낙관적 철학들이 출현했다. 이 철학들은 사실상 지적 조작에 불과한 것임이 드러났으나 철학사의 큰 부분을 차지했다. 그러나 그러한 주류적 흐름에 대항하여 기존 문명사에 반성을 제기하는 철학도 나올 수 있었다. 쇼펜하우어의 철학은 고대인들처럼 고통을 극복하는 생의 기술을 개발했으며, 생의 의미 추구를 과학과 인식론 위에 세우는 방향에서 생각했다. 계몽주의에 뿌리를 둔 실재론적 유물론과 경험주의 인식론은 수학과 과학 이외의 사상들을 무의미한 것으로 배제했다. 칸트 철학을 완성한다는 독일관념론은 피히테Johann Gottlieb Fichte, 1762~1814에서 보는 바와 같이 인식론을 '과학론Wissenschaftslehre'으로 확정하여 과학을 가능케 하는 선험적 자아의 활동 구조를 관념론적으로 정립한 자아 철학을 만들었다. 피히테는 과학의 경험적 탐구 활동의 배후에서 지식 생산의 원초적 가능 조건을 찾았다. 이 가능 조건이 자기의식을 모델로 한 자아의 자기 정립 활동이다. 대상의 실재성을 정립하는 능동적인 선험적 자아에 과학의 근거를 두는 것은 절대적 관념론의 운동을 여는 계기가 되었다. 이것은 과학을 구성하는 인간의 지성에 독립성과 능동성을 부여하는 철학자의 자만한 의욕을 보여 주는 동시에, 인류 지성의 자기 도취적 우월감과 지배 의지를 보여 준다. 경험 밖에서 경험을 창조하는 절대적 자아라는 테제를 설정해, 과학을 통일적 자아의 활동으로 근거 짓는 것은 과학을 해명하는 작업으로서는 흥미롭다. 그러나 그것이 과학을 과학 위에서 정당화한다는 점에서는 사실상 또 하나의 지적 권력을 옹호하는 이데올로기라는 혐의를 면할 수 없었다.

문명사의 재앙과 위기를 간과하는 근거 없는 낙관 철학들은 대체로 두 종류로 나눌 수 있다. (1)계몽주의에 뿌리를 둔 유물론적 형태이거나 경험주의적 형태의 과학적 세계관 (2)독일의 관념론적 주체성 철학과 과학론. 과학적 세계관은 17세기 제1차 과학혁명의 여파를 타고, 20세기 초(1920년대) 제2차 과학혁명을 거치면서 다소 달라진 과학론의 형태를 가지고 오늘에까지 이른다. 이 전통은 철학의 방법이 과학과 같은 과학적 방법이라고 주장한다. 철학은 과학의 연속선상에 있다. 철학은 과학의 측근이 된다. 20세기 초 과학주의를 혐오했던 비트겐슈타인을 제외한 러셀Bertrand Russell과 빈 학파는 이 전통에 따라 노골적으로 '과학적 세계관' 혹은 '과학적 세계 파악'을 주장했다. 반면 신학존재론에 불과한 관념론적 주체성 철학은 과학의 기초를 경험의 속박에서 벗어나 자아를 반성적으로 정립하는 자유의 활동에 두기 때문에, 철학의 방법이 과학적 방법과 같지 않다고 본다. 철학은 과학의 측근이라기보다 위에서 바라보고 지도하는 위치에 있다. 철학은 자아가 자기를 먼저 정립하고, 다시 타자이자 물질적 대상인 비아非我를 반정립하며, 다시 양자가 변증법적으로 만나는 과정으로 나아간다. 철학은 이 과정에서 과학적 지식이 생산되는 변증법적 궤적을 초경험적 위치에서 사변적으로 기술하면 된다.

이에 비해, 위의 두 가지 낙관 철학의 조류들에 대한 저항으로 나온 염세적 철학은 철학적 방법을 과학적 방법의 연속선상에 두는 것을 거부한다. 또한 과학의 상위에 절대적 자아나 주관성을 정립하는 사변적 방법을 거부한다. 쇼펜하우어Arthur Schopenhauer, 1788~1860는 르네상스 시기의 무한우주론의 전통과 뉴턴 이후에 알려진 무한 시간, 무한 공간이 등질적이라는 관념을 수용한다. 공간은 중세적 위계질서를 갖지 않는다. 타락한 과거와 종말의 희망이 질적 차이를 갖는 공간과 시간은 중세적 신정론Theodicy의 관점에서 보는 폐쇄적 구조가 아니라 정해진 목적과 출발점이 없는 무한으로 개방된다. 우주의 존재는 목적론적 가치를 갖지 않는 맹목성을 특징으로 한다. 브루노Giordano Bruno, 1548~1600와 스피노자Baruch Spinoza, 1632~1677가 우주의 무한성에 따라 목적인을 약화시키거나 제거한 것, 칸트가 시공간을 세계를 보는 무한한 주관적 형식에 불과하다고 한 것은 폐쇄적 우주 안에 다층적 구조물을 가진 견고한 건축물이 와해되었다는 것을 암시한다. 기존의 가치중심적 우주는 파괴되었다. 이렇게 변화한 지적 상황을 표현하기 좋아한 쇼펜하우어가 유대-기독교적 낙관론이 지배하는 문화적 전통에서 염세주의자나 불경스러운 잔소리꾼으로 몰리는 것은 당연하다.

무한의 관점이 아시아 철학과도 일치한다는 것을 인지한 쇼펜하우어는 서구 전통의 모든 신학적 존재론과 신정론적 사고 및 과학 발전에 삶의 의미를 두는 과학주의를 배제한다. 그는 유대-기독교적 전통에서 나온 낙관적 사변 철학을 권력 철학이자 사고의 선험적 논리가 실재한다고 착각한 실재론적 철학이라고 비난했다. 그는 언어비판적으로도 접근했는데, 사변 철학은 표상으로서의 현상계에 적용되는 언어를 실재 그 자체에 적용한 언어의 오용이라고 비난했다. 또한 국제주의적 시계視界를 가진 그는 타문화권을 관용으로 포용했으며, 인도 철학, 불교, 공자와 맹자, 주희朱熹, 노자老子, 이슬람의 수피즘Sufism을 적극적으로 이해하고 수용하려 했다. 이로써 그는 서양 문화에 큰 변화가 일어나기를 기대했다. 쇼펜하우어는 이러한 지구적 관점을 가지고 근대 과학의 발전을 바라보았다. 그는 계몽주의적 뉴턴주의를 비판했지만, (과학을 비판하면서) 과학을 완전히 떠난 낭만주의자들과는 달리 과학은 철학과 병행할 수 있으며, 자신의 철학을 경험으로 입증할 수 있는 자료를 제공하는 학문으로 보았다. 그는 특히 당시 프랑스에서 발전한 생리심리학을 자신의 철학을 입증하는 대표적인 과학 지식으로 보았다. 그가 반대하는 것은 과학의 객관적 태도가 진정으로 객관적인 순수한 태도라고 믿는 순진한 유물론적 철학이었으며, 경험주의 정신을 다소 호의적으로 보지만 순수한 감각 경험이 과학 지식의 기초라고 보는 경험주의의 독단이었다.

쇼펜하우어에 의하면 주관과 객관은 '의지'라는 형이상학적 실재가 발현된 것이다. 객관은 시간, 공간, 인과 형식에 의해 구성된다. 객관이 과학적 이론으로 구성될 때는 영역별로 다른 인과 범주가 적용되고, 모든 과학은 그가 메타 논리라 부르는 형식 논리에 따라 구성된다. 이때 주관은 직관과 판단의 능력인 오성과, 개념과 추론의 능력인 이성이다. 주관과 주관이 구성한 객관은 모두 의지의 발현이다. 물자체는 의지이다. 쇼펜하우어는 그가 기적이라고 칭한 자기의식의 출현에 의해 물자체를 이해하는 길이 열렸다고 본다. 형이상학으로 가는 방법이 하나 있는데, 바로 자기의식의 내성적內省的 방법이다. 베르그송Henri Bergson, 1859~1941은 쇼펜하우어의 이 방법으로 형이상학의 가능성을 연다. 자기의식은 내성을 통해 자신의 본질과 세계의 실재가 의지라는 것을 직관적으로 경험할 수 있으며, 인생사에 대한 직간접 경험을 통해서도 확인 가능하다고 한다. 쇼펜하우어는 과학의 유형들과 과학적 발견의 논리를 다룬《충족이유율의 네 겹의 뿌리에 관하여》(1813)를 학위 논문으로 썼다. 이 작품은 일종의 과학론이다. 그 논지는 과학이 주관의 일정한 형식이 투영된 구성물일 뿐만 아니라 궁극적으로는 주관과 객관의 분리를 전제한 주객상관성이라는 형식을 조건으로 형성된다는 것이다. 이것이 과학의 내재적 한계이다. 그러나 사실의 세계는 주관과 객관이 분열된 세계이면서도 생의 의미를 물을 수 없는 세계이다. 생의 의미 문제는 세계에 대한 포괄적 이해와 바람직한 삶의 의미에 대한 관심을 포함한다. 인간의 내적 경험은 주객이 분리된 삶이 '근심Sorge'과 '시간성'에 시달리는 삶이라는 것을 알려 준다. 근심과 시간성은 원래《신약 성서》에 기원하는 것으로, 당시 괴테Johann Wolfgang von Goethe, 1749~1832와 쇼펜하우어를 비롯한 인성의 성장을 지향하는 사상가들의 관심 대상이었다. 그것은 괴테《파우스트》2부의 주제였다.[1] 근심과 함

---

1   Johann Wolfgang von Goethe, 강두식 옮김,《파우스트Faust》(1831), 세계문학대전집 5, 신영출판, 1994, 494~497쪽. 이 책의 2부 〈한밤중〉에서 회색빛의 4 여인(결핍, 죄악, 근심, 곤궁)이 등장하는데, 이 가운데 근심Sorge이 가장 근본적인 정조(情操)이다. 그것은 "세상을 앞질러서 달려가게 하는" 것이기에, 그 안에서는 "행복과 불행이 다 같이 고민의 씨앗"이 된다. "기쁨과 번민은 모두 다음날로 미루어지고 미래를 기다릴 뿐이다." 근심은 "세계를 얻어도 소용이 없게" 하며, "결단이 서지 않게 한다." 근심은 '온 세계를 얻어도 영혼을 잃으면 무슨 소용인가'라는 신약성서의 교훈을 환기시키며, 자신의 존재를 문제 삼는 인간의 근본 조건이 세상성, 즉 시간성임을 알게 한다. 인간은 근심 안에서 삶의 양식을 전환하는 결단이라는 결정적 시간에 직면할 수 있다.

께 일어나는 내적 경험의 차원에서 비로소 생의 의미에 대한 물음이 일어날 수 있다. 쇼펜하우어가 보기에 이러한 물음은 주관이 의지의 산물이며, 의지를 직관할 수 있는 자기의식이 있기 때문에 가능한 것이다.

쇼펜하우어의 철학적 방법은 과학적 방법의 연속선상에 있지 않지만 과학과 나란히 공존해 갈 수는 있다. 철학은 과학의 옆에 있을 수 있다. 그러나 철학은 과학 안에 포함되어 있는 형식적 가능 조건을 보여 줌으로써 과학의 한계를 과학 내재적으로 언급할 수 있다. 철학은 과학의 한계를 그 내부에서 긋고, 내성적 방법을 통해 세계에 대한 형이상학적 해명을 하며, 우주에서의 인간의 위치와 생의 의미에 대한 물음으로 나아간다. 철학은 밤하늘의 별들, 떠돌이별에서의 생명의 출현, 이 가운데에서의 인류의 출현과 그 온갖 형태의 삶과 투쟁들이 무엇을 의미하는 것인가에 대한 의문을 포함한다. 이 때문에 쇼펜하우어는 목적론적이고 낙관적인 사변 신학적 형이상학을 우주의 무근거성과 맹목성을 인지하지 못할 뿐만 아니라 유물론이 제공하는 비판적 의의도 알아채지 못하는 것으로 비판한다. 또한 그는 계몽주의적 뉴턴주의를 표방하는 과학적 자연주의에 대한 괴테의 불만에 동조하여 과학주의를 세계 의미에 대한 절실한 관심을 저버리는 순진한 과학에 대한 맹신으로 간주한다.

한편 그의 포용적 시야는 동서의 틈을 벌리기보다는 양자 사이의 공통성을 발견하며, 서구의 독선적 지배를 배제하는 개방성을 갖는다. 공통성의 발견을 통해 그다지 인류에 기여할 만한 것이 되지 않는 유대-기독교적 편견들은 재고된다. 쇼펜하우어는 19세기 유럽에서 아시아의 철학과 대화할 수 있는 초경계적 시계視界를 가지고 세계상을 개척한 최초이자 마지막 인물이다. 그가 본 시대는 과학과 상공업 문명의 화려한 상승기이자 그 이면의 어두움을 함께 지닌 시기이다. 흔히 말하듯 헤겔 철학의 지배적 지위에 대항하는 흐름에서 20세기 현대 철학의 문제들이 제기되었다는 식의 설명은 너무 도식적이어서 철학의 역사적 배경에 대한 보다 정확한 이해를 방해한다. 1831년 헤겔G. W. F. Hegel, 1770~1831은 콜레라로 사망했으며, 쇼펜하우어는 도망하여 살아남았다. 19세기에 중반에 접어들면서 유럽은 광범위한 산업화가 추진되었고, 경험 과학의 분화는 인간 신체에 관한 해부학과 생리학 및 인간 정신의 무의식에 관한 연구로 확산되었다. 진보의 상징이 된 도시화의 진행과 함께 국민 국가가 강화되면서 국제적 경쟁 체제가 구축되었다. 프랑스에서 발원한 혁명에서는 상공업자의 정치적 의지를 실현하는 것이 시대정신인 것처럼 보였지만, 독일에서는 상공업자 세력의 정치적 힘을 드러낸 자유주의 혁명이 실패(1830년과 1848년의 독일혁명)를 거듭했다. 이른바 부르주아 문명은 귀족 세력과 갈등하는 공존 속에서 성장하고 있었다. 당시 낭만주의자들과 마찬가지로 괴테는 이 시대가 이성의 과학화와 그에 따른 도구화가 이루어지는 것으로 보았다. 괴테가 뉴턴주의에 대항하는 진정한 생명과학으로 간주한《색채론Die Farbenlehre 》(1810)에 평생의 심혈을 기울인 것도 그러한 배경에서 나왔다. 쇼펜하우어는 괴테의 정신을 존경했다. 그는 과학의 성과를 중시했지만, 괴테에 대한 과학적 자연주의자들의 오만한 태도는 조야한 유물론으로 배격했다.

쇼펜하우어는 과학이 경험 정신을 강화하는 것으로 보았으며 과학자들을 일괄적으로 '경험주의자'로 불렀다. 그는 경험 과학의 성과를 수용하는 입장에서 이 시대적 변화를 인정하고 적극 학습했다. 그러나 기계론적 유물론자들처럼 그 흐름을 과학적 자연주의로 발전시켜 과학주의라는 이데올로기를 만드는 것에 대해서는 독단적 편협성이라 비판했다. 그는 뉴턴주의자들도 독일관념론과 마찬가지로 주관의 선험적 사고 형식을 실재의 구조로 착각하는 실재론적 오류를 범한다고 비난했다. 또한 그가 과학주의 이데올로기에 대해 비판적 태도를 견지한 것은 관념론적 전통과 괴테에서 온 '보다 높은 의식', 즉 생의 고양을 철학의 본질적 요소로 들여오기 때문이었다. 그는 생리학과 초기 진화론적 생물학을 통해 육체의 중요성을 인정했지만, 신체적 역량의 긍정적 발현을 민주 시민성의 본질로 보는 스피노자의 급진성은 이기주의의 확대로 보고 수용하지 않았다. 그는 인욕의 체계인 시민 사회를 늑대의 피 묻은 이빨로 상징되는 사회로 보았다. 그는 영적 신비주의에서 진정한 화해와 자유를 발견하는 길로 나아갔다. 이 길이 과학을 넘어서 생의 의미를 추구하는, 즉 이기적 집착에서 오는 부자유를 극복하는 자유의 길이다. 이것이 곧 파우스트적 의지의 길이다. 피히테 이후의 독일관념론도 이러한 의지의 노력을 통해 생의 의미를 추구했다. 그러나 그것은 신정론적神正論的 목적론을 전제하고 이를 변증법의 논리로 개념화함으로써 독단적 성격을 띠게 되었으며, 국가 직속의 근거 없는 낙관론을 전파하는 것에 그치고 말았다. 쇼펜하우어는 이러한 권력에 봉사하는 낙관론을 거부했다. 그렇다고 그가 진보적 이상주의의 길을 간 것은 아니었다. 그는 세속의 보편자인 국가로의 종속을 거부했지만, 시민 사회의 소유적 이기주의를 버린 것은 아니었다. 그는 법철학에서 배타적 사적 소유권을 옹호하고, 자유의 혁명적 확대를 지향하는 젊은 헤겔주의자들의 진보적 흐름에 대해서는 관심을 보이지 않았다.

쇼펜하우어는 칸트의 선험적 관념론을 일종의 인식비판으로 발전시킴으로써 독일관념론이 신학적 존재론이며, 자기반성이 없는 실재론적 형이상학이라고 비판한다. 그의 저서《자연에서의 의지에 관하여 *Uber den Willen in der Natur*》(1836)는 개별 과학의 지적 성과가 자신의 의지 형이상학을 입증하는 것이 될 수 있음을 보여 주려는 시도를 담고 있다.

사변 형이상학과 과학주의에 대한 비판은 그에게 생의 의미의 추구로 나아가는 발판이 된다. 이러한 주류 사조에 대한 회의가 이른바 19세기 제2의 문예부흥이라고 하는 동양 문화에 대한 폭발적 관심의 영향 하에서, 유럽의 자문화 중심주의를 벗어나 인도와 중국의 종교와 철학에 대한 관심으로 나아가는 길을 열게 된다.

분석 철학사 연구가인 슬루가Hans D. Sluga의 지적대로 헤겔을 정점으로 하는 "독일관념론은 1830년경에는 독일 사상에서 실재적 힘을 사실상 상실했다."[2] 이러한 사정에는 자본주의 발전이라는 시대적 변화와 함께 철학 자체의 위기가 있었다. 철학의 학문으로서의 지위와 사회적 필요성에 대한 의문들은 철학 자체의 존립에 관한 회의懷疑로 연결되었다. 그에 의하면 철학 자체에 대한 회의는 1775년과 1825년에 이르는 50년 사이에 유럽 문화 유형에서 나타난 심각한 변동의 한 결과였다. 자연과학의 성장, 새로운 기술의 급속한 출현, 사회정치적 관계에서 동반되는 변화와 함께 인구 규모의 증가, 도시화, 산업화, 민족주의와 민주주의의 확산, 기독교적 신앙 기반의 약화, 순전히 자연주의적 어휘로 해명하는 인간 과학들, 이러한 모든 것들이 철학의 존립을 의문시했다. 1830년 이후에 철학의 문화적 지위는 불안정해졌으며, 때로는 쓸데없는 것으로 간주되었고, 때로는 공개적으로 도전받기도 했다. 이 시기의 발전이 약화시킨 것은 그래도 철학이 가능하리라는 합의적 믿음이었다. 철학자들이 새로운 안정성을 발견한 것은 1870년 이후였다. 그들이 철학의 유용성을 확립하는 하나의 길은 자신의 임무가 수학과 과학 및 언어의 논리적 구조에 대한 탐구라고 주장함으로써 가능했다.

---

2   Hans D. Sluga, *Gottlob Frege*, *The Arguments of The Philosophers*, Routledge & Kegan Paul, 1980, pp. 9~10.

철학은 현대 세계에서 형식 논리로 가능하게 되었다.[3]

　　과학의 논리적 조건에 관한 논의는 칸트의 선험적 관념론의 주요 내용이었다. 쇼펜하우어처럼 인정을 받지 못해 비참과 실망 속에서 살았으며, 역시 그처럼 정치적 반동주의자였던 프레게Gottlob Frege, 1848~1925는 슬루가의 연구에 의하면 사라져 간 독일관념론에 뿌리를 두고 칸트의 선험적 논리학을 계승하는 맥락에서 과학적 자연주의와 경험주의에 저항하여 형식 논리로서의 철학을 확립하고자 했다. 대단한 민족주의자였던 그는 쇼펜하우어가 독일관념론에 저항한 것과는 달리, 독일관념론을 존중했으며, 칸트주의적 입장에서 경험론과 실재론을 반박했다.[4] 이러한 맥락에서 비트겐슈타인이 쇼펜하우어의 선험적 관념론 정신을 계승해 프레게의 선험 논리에 따라 과학론을 구성한 것 또한 철학의 새로운 가능성을 연 셈이었다. 그의 선험주의적 노선은 쇼펜하우어가 비판했던 유물론적 자연주의 경향과도 대립하는 것이었으며, 분석 철학 내의 또 하나의 흐름인 경험주의적 자연주의 형태의 과학주의 이데올로기에도 대립하는 것이었다.

　　그러나 슬루가가 진단하듯 헤겔의 죽음이 아니었더라도 일어날 수밖에 없는 변화들이 있었다. (1)시대에 대한 사유에서 헤겔의 체계는 프로이센의 권위주의 체제와 연결되어 있었다. 1830년 7월 혁명이 빈 협약이 수립한 억압 통치를 흔들어 놓은 이후, 정치적 비판이 전 독일에 전파되기 시작했다.[5] 이로부터 하이네, 포이어바흐 그리고 나중에

3　위의 책, p. 10, 참조.
4　슬루가는《고트로브 프레게Gottlob Frege》(1980)에서 칸트주의자로서의 프레게라는 전체 논지를 프레게 연구가인 더미트Michael Dummett의 오류를 지적하는 가운데 옹호한다. 그는 더미트가 프레게를 헤겔의 관념론에 저항하여 실재론을 옹호한다고 해석하는 것은 문헌적 증거가 없는 오류라고 본다. 슬루가는 프레게를 관념론의 전통 안에서 칸트의 선험주의를 언어철학에서 일관되게 실현한 인물로 해석한다.
5　1830년 7월 혁명: 1814년 왕정복고를 지향하는 오스트리아 지도하의 빈 협약은 1789년 프랑스 혁명 이전의 반동 체제로 돌아가는 국제 협약이었다. 이 기간에 프랑스에서는 루이 18세와 샤를르

는 마르크스와 엥겔스에 의해 헤겔 체계에 대한 정치적 공격이 이루어졌다. (2)후기 빈 협약의 영향 아래 독일은 낭만주의 시인들의 나라에서 전기 산업 사회로 변화하고 있었다. 기술적이고 과학적인 진보가 퍼져 갔다. 1841년 프로이센 왕이 그 시대에 해롭다고 판단한 새로운 지적 발전과 싸우기 위해 늙은 셸링을 베를린으로 불렀을 때, 한때 명망 있던 철학자는 거의 청중을 발견하지 못했다. 관념론은 더 이상 시대정신에 맞지 않는 것으로 보였다. (3)과학적 방법이 일반화되는 조짐을 보이자, 관념론의 분파들은 철학적으로 허약하며 모호하고, 단지 공허한 잔소리로 보이기 시작했다. 관념론적 전통에 줄서려는 사람들도 그 어떤 새로운 차이나 정교함을 생산할 수 없었다. 그 결과 첫째, 관념론 철학 특히 헤겔주의로부터의 일탈이 발생했다. 둘째, 사변적이고 연역적인 방법에 대한 거부가 있었다. 셋째, 철학 전체로부터의 일탈이 있었다. 관념론은 유물론으로, 선험적 추론은 경험주의로, 고립된 지성의 활동인 철학은 이데올로기로 대체되었다. 이 이데올로기 안에서 철학

10세의 통치가 이어졌는데, 상공업자의 자유주의를 억압하는 정책을 펴다가 1830년 자유주의 혁명으로 샤를르 10세는 런던으로 도망가고, 자유주의에 친근하다고 생각된 루이 필립을 왕으로 옹립하여 민족주의와 함께 자유주의를 옹호하는 부르주아 시민 세력의 이익이 확대된다. 그러나 루이 필립은 주식중개인 왕이라는 별명이 붙을 정도로 제조업보다는 금융 자본가의 편을 들다 결국 1848년 혁명으로 축출된다. 1830년 7월 프랑스 혁명은 동쪽으로 전파되어 독일 시민 계급에 영향을 줌으로써 자유주의와 민족의 통일을 요구하는 독일혁명으로 이어진다. 그러나 독일에서는 부르주아 시민 계급 혁명이 성공적으로 이루지 못했다. 이러한 일련의 운동들은 상공업과 과학~기술의 성장에 힘입은 부르주아가 봉건 세력과 투쟁하고, 동시에 성장하는 노동 계급과의 갈등에 직면하는 형세를 형성하는 가운데 국민 국가로 발전해 가는 과정이었다. 또한 이 과정은 독재로부터의 정치 해방의 과제, 인욕의 체계인 시민 사회의 사회 해방의 과제와 이성의 도구화로부터의 해방의 과제를 제시하는 역사적 운동이기도 했다. 쇼펜하우어는 이러한 흐름에서 생기는 문제들을 실존적 관점에서 영적 구원의 문제로 환원하는 태도를 보였다. 프로이센 군대를 돕기도 한 그의 반동성은 이러한 태도와 연관이 있다. 이 태도는 그가 존경한 괴테의 사상과 무관하지 않다. 괴테는 프랑스 혁명의 유혈 사태, 왕정복고, 그리고 실패, 그 후의 정치 세력 간의 지지부진한 공방전 등에 자극받아 자연의 조화와 자애로운 인성에 바탕한 성숙한 영혼에서 자유의 이념을 구현할 수 있는 조건을 보았다.

최갑수, 《〈1830년의 7월 혁명: '잊혀졌던 혁명'의 발견?〉, 《서양사》 제33호, 1989, 131~158쪽 참조). 최갑수는 7월 혁명을 '커튼 뒤에서' 이득을 취한 '자유주의 부르주아 혁명'으로 보는 전통적 견해를 지지한다.

은 경험 과학과 함께 나타났다가 경험 과학으로 사라져 갔다. 관념론을 대체한 이데올로기란 이른바 과학적 자연주의scientific naturalism다. 이 이데올로기는 자신을 새롭고 더 좋은 종류의 철학으로 제시했다. 어떤 때는 모든 종류의 철학을 초월하는 과학적 세계관으로 제시했다. 그러나 과학적 자연주의는 또 다른 철학에 불과했으며 겉보기에는 결정적 승리인 것처럼 보였으나 그것은 결국 자신의 쇠퇴를 불러올 심각한 문제를 내포하고 있었다.[6]

러셀과 그의 영향을 받은 카르납Rudolf Carnap, 1891~1970은 전자가 경험주의에 가깝고 후자가 신칸트주의에서 오는 선험 논리에 가까운 차이가 있지만 과학적 세계관을 표방한다는 공통점을 보인다. 이들의 세계관은 과학적 사고에서 지성과 생활의 진보를 바라보는 계몽주의 전통에 따라 점진적 사회주의를 과학적 세계관의 일부로 간주했다. 그러나 이러한 세계관은 생에 대한 내적 반성을 통해 보다 높은 정신적 가치를 실현하고자 하는 쇼펜하우어의 지향을 부차적인 것으로 보거나 경시하는 풍조를 낳았다. 그것은 지식론과 논리학을 철학의 본질로 보거나 그것을 순수한 이론으로 찬양하는 지적 파당성을 유포했다. 과학-기술 시대가 열리는 길목에서 쇼펜하우어는 사변 형이상학의 무의미성을 비판했으며, 과학의 경험적 성과를 수용하면서도 과학의 논리를 반성적으로 분석하여 그 한계를 드러내는 방법을 구사했다. 이를 통해 그는 과학주의를 넘어서서, 괴테가 극복의 대상으로 제시했던 근심Sorge과 시간성을 본질로 하는 '세상성Zeitlichkeit'의 초극超克을 철학의 궁극적 과제로 제시했다. 그는 과학 시대가 잃어버린 삶의 의미 문제를 제기하고, 궁극에는 생의 의미를 더 이상 물을 필요가 없는 '실천적 신

---

6   Hans D. Sluga, 앞의 책, pp. 13~14.

비주의'로 나아갔다. 이러한 노선은 20세기 과학적 세계관과 함께 양대 조류를 형성했던 생명 철학과 실존주의 철학의 선구가 되었다.

쇼펜하우어의 철학은 그의 사후 사회적 고통에 저항하거나 시대의 어두움을 읽은 사람들과 생의 의미를 문제 삼는 문인 예술가들의 호응을 받았다. 매기Bryan Magee가《쇼펜하우어의 철학The Philosophy of Schopenhauer》(1983)에서 쇼펜하우어와 하이데거Martin Heidegger, 1889~1976의 유사성을 자주 거론한 것도 그러한 맥락에서 가능했다. 쇼펜하우어가 과학주의에 빠지지 않은 이유는 과학적 인식의 선험 조건이 주관이 아는 세계의 한계라는 점을 자각하고서 그러한 인식을 인도 철학이 말하는 진정한 실재를 가리는 마야의 베일로 본 데에 있다. 그의 의지 형이상학은 분별심分別心이라는 마야의 베일을 걷고서야 통찰되는 세계 지혜를 지향한다. 이로써 그는 우주와의 합일에 윤리학의 뿌리를 두는 아시아 철학을 적극 수용하여, 노예 무역에까지 이른 유럽의 강대하지만 고통과 근심에 찬 생활 방식을 변화시키고자 했다. 그의 문화적 국제주의 감각은 발트 해의 국제 무역상 아들이라는 것과도 연관되지만, 이론적으로는 인식비판적 형태의 지식론을 견지한 데에도 기인한다.

지식의 논리적 조건을 분석하는 그의 칸트주의적 방법은 비트겐슈타인에게 이어져 반과학주의 흐름을 만들었다. 위에서 언급한 매기의 연구뿐만 아니라 햄린David W. Hamlyn의《쇼펜하우어Schopenhauer》(1980)나 재너웨이Christopher Janaway의《쇼펜하우어 철학에서의 자아와 세계Self and World in Schopenhauer's Philosophy》(1989)는 비트겐슈타인의 과학론과 윤리설이 얼마나 쇼펜하우어와 연관성이 있는지를 보여 준다. 특히 과학에 대한 인식비판적 태도는 의지 형이상학과 함께 베르그송Henri Bergson,1859~1941과 윌리엄 제임스William James, 1842~1910의 생명 철학이 형성되는 계기가 되었다. 이들 저작에서 출처가 드러나 있지는 않지만, 분명 쇼펜하우어로부터 온 것으로 보이는 많은 구절들과 문맥들이 발견된다. 쇼펜하우어의 국제주의적 감각은 유럽의 제국주의 국민 국가의 출현과 더불어 강도 높게 전파된 자문화 중심주의 편견을 떠나 인도와 중국 철학과의 대화의 가능성을 열었다. 그는 스스로 불교도가 되어 아시아의 눈으로 서양 철학을 바라본 최초의 서양 철학자였다. 그는 생성의 불[火]에 열광하는 니체의 차라투스트라Zarathustra 보다 고통과 우수憂愁를 통과하고 내면의 평화를 갖춘 붓다와 그리스도 그리고 에크하르트Meister Eckhart, 1260~1328와 같은 신비주의를 진정한 초인의 정신으로 동경했다. 그는 자신이 이들과 동일한 가르침을 말한다고 생각했다.

　쇼펜하우어는 생리학을 통해 영혼에 대한 설명력을 갖는 신체의 중요성을 잘 알고 있었다. 막으로 싸여 있는 신체와 그 부분적 조직의 구조는 그 고유의 기능으로 표현되는 욕망의 산물이다. 시각 기관은 보고자 하는 욕망의 산물이다. 그러나 그는 생활이 과학화되어가는 것에 큰 의미를 부여하지 않으며, 과학적 자연주의에 가까운 마르크스와 엥겔스의 진보적 세속화의 길도 선택하지 않는다. 이것은 과학에 대해 긍정적이면서도 그것의 절대화에 대해서는 비판적이었던 그의 양면적 태도와 연관된다. 그는 브루노와 스피노자에 따라 무한우주론에 입각하여 우주에는 목적론적 초점이 없다고 생각했다. 또한 스피노자와는 반대로 우주에는 존재의 필연성을 보장하는 궁극적 원인이 없다고 여겼다. 이런 의미에서 쇼펜하우어는 무無를 더 근본적인 것으로 생각했다. 그는 무를 통과하여 존재와 새롭게 관계 맺는 방식을 제기함으로써 아시아 철학의 근본정신과 만날 수 있었다. 쇼펜하우어의 윤리적 형이상학은 세계를 영원의 관점에서 보는 심성의 포괄적 무한정성을 말할 수 있었다. 그에 의하면 '만유가 하나라는 우주적 연대성'과 '자아에 사로잡힌 편체성偏滯性'의 갈림 길에서 선과 악이 나누어진다. 이러한 생각은 그가 독일관념론과 과학-기술 시대의 도구적 이성에 저항하는 하나의 방식이었다.

그러나 그는 자신의 생각과 유사한 아시아의 철학이 정치사회적으로 역동적 실천성을 가질 수 있다는 것은 알지 못했다. 그는 유럽의 실천적 신비주의가 유토피아적 희망과 수평주의 운동을 고취해 왔던 것도 간과했다. 그가 자주 인용하는 힌두교의 대표적 경전《바가바드 기타》는 심성의 평화와 정의의 실천을 함께 거론한다. 이 전통은 간디Mahatma Gandhi, 1869~1948의 반제국주의 투쟁에서 '진리파지眞理把持'의 삶으로 다시 나타나며, 미국의 에머슨R. W. Emerson, 1803~1882, 한국의 함석헌咸錫憲, 1902~1989에게도 강열한 영향을 주게 된다. 주자학 내의 개혁주의자들, 양명학의 변동사, 19세기 말 대승불학佛學의 평등 사상과 변법變法 사상 등에서 마음과 우주의 일치를 바탕으로 사회적 제도 문제에 개입하는 부단한 실천적 흐름을 볼 수 있다. 쇼펜하우어의 철학은 톨스토이가 그를 수용하여 변형했던 것처럼 실천적 활력을 갖추는 방향으로 개선될 필요가 있다.

쇼펜하우어는 인간의 자기의식에서 직관되는 의지로부터 세계의 심층적 생성 원리를 추론하는 형이상학적 방법이 주희朱熹, 1130~1200에게서도 발견되는 것을 놀라워하며, 그에 관한 상세한 지식을 얻지 못하는 상황을 한스러워했다. 주희는 불교와 도교의 지나친 비역사적 사고에서 오는 비현실성을 극복하기 위해 노력한 인물이다. 그는 천하의 흥망성쇠와 대중의 행복과 불행이 제도적 삶과 연계되어 있다는 것을 잘 알고 있었다. 이 때문에 그는 학술이 자연 현상의 이치에 관한 탐구와 제도적 현실에 대한 윤리적 책임과 실천성을 동반해야 한다고 생각했다. 이러한 정신은 17~18세기 중국과 조선 실학에서는 새로운 형태로 전면에 뚜렷하게 나타난다. 주희는 무한한 실재[無極而太極]인 본체의 차원을 근간으로 역사적 삶을 포함한 모든 현상계의 유有를 중시한다. "'무극이면서 태극이다'는 무無가 유를 낳을 수 있음을 말한 것이다無極而太極, 言無能生有也"[7]라는 주희의 말은 세상에 참여하는 실행의 중요성을 형이상학적 언사로 암시한 것이다. 이러한 태도는 범중엄范仲淹, 989~1052이 말한 선비란 "천하가 근심하기에 앞서 먼저 근심해야 한다先天下之憂而憂"는 정신에서 나온 것이며, 그것은 천하가 권력자의 소유라는 의식과 갈등을 빚는다. 이미 맹자는 〈만장편萬章篇〉에서 "요순도 천하를 소유물처럼 주고받을 수 없으며, 천자天子가 천하를 다른 사람에게 줄 수도 없다天子不能以天下與人"고 했다. 이 구절에 대해 주희는 "천하란 천하의 천하이다. 일인의 사유가 아니기 때문이다天下者, 天下之天下, 非一人之私有故也"[8]라고 해석했다. 이러한 관념은 신분 위계질서라는 한계 안에서도 기존의 소유 관념과 충돌할 수 있는 토지 공公 개념을 함의한다. 이 방향에서 개혁적 이학자들이 수구파의 정치·경제 권력을 제약하려 한 것은 아무도 천하에 대한 소유권을 주장할 수 없다는 이념을 암시한 것과 무관하지 않다.

우주의 생명성을 자신의 내적 본성으로 통찰하는 신유가적 지성知性은 내면의 고요[靜]에만 머무르지 않고 동적 활력[動]을 체득하여 동정합일動靜合一의 구도로 전환된다. 쇼펜하우어의 정적주의적 사고는 순수 지성의 정관적 사고를 중시하는 생각에서 나온 것이다. 그의 정신 세계는 정치경제학을 윤리학의 분과로 생각한 애덤 스미스Adam Smith, 1723~1790를 알지 못한다. 이 점에서는 쇼펜하우어 철학도 애덤 스미스를 연구하여 시민 사회의 본성과 모순들을 분석하는 청년 헤겔의 현실 사회에 대한 이해에는 미치지 못한다는 단점을 지닌다. 쇼펜하우어

---

7   朱熹, 〈周子之書〉, 《朱子語類》, 卷第九十四.
8   朱熹, 《四書集註》, 〈孟子〉, 萬章 上.

의 비역사적 사고는 구체적 삶과 대면할 필요가 있다. 내면을 확보하기 위해 외면을 버리면, 내면을 지탱하는 실질적 조건을 상실하기 때문에 내면마저 상실하는 역설에 빠질 수 있기 때문이다. 시민 사회의 경제적 이기주의, 국민 국가의 동원 체제, 그 안에서의 허약한 개인주의 인권론의 존속 등은 19세기로부터 오늘에까지 이어지는 유럽 사회의 일반적 특징들이다. 이러한 특징들은 우주적 소통성의 형이상학을 비현실적인 것으로 약화시키는 요인이기도 하다. 그러나 이러한 폐단을 야기하는 상황은 역설적으로 개방적 형태의 형이상학을 절실히 요청하고 있다고 볼 수 있다. 우주적 개방성에 의거하는 철학은 모든 위계적인 차별에 비판적으로 개입하지 않을 수 없을 것이다.

쇼펜하우어의 철학은 과학이라는 영역에 폐쇄적으로 갇히지 않고 다른 차원의 가치와 만날 수 있는 경계선에 대한 경험을 중시한다. 진정한 학문은 한계를 넘는 위기를 통해 예술과 종교적 차원으로 전진하여 종국에는 무한 우주로의 개방성에서 생의 의미의 정점에 도달한다. 각 단계들은 고유한 특징을 갖지만 단계들의 사이를 배타적 국경으로 간주하지 않는다. 무한 우주는 우주적 평등성의 지혜가 자각되는 영역이다. 이 점에서 그는 동서를 관통하여 아시아의 지혜와 만날 수 있었으며, 젊은 니체1844~1900는 《교육자로서의 쇼펜하우어》(1874)에서 동서양 성자의 세계를 "모든 살아 있는 자의 가장 깊은 평등·공동·일체의 감정"이라고 추앙했다. 그러나 니체는 2년 뒤인 1876년에 이러한 찬양을 철회하고, 사회진화론적 관점에서 유럽중심주의로 돌아간다. 육식동물의 역량을 긍정하는 니체의 정신적 귀족주의는 평준화와 민주화를 생리적 질병으로 보고, 더 이상 평등성과 연대성을 말하지 않는다. 그는 아시아의 '무' 개념이 유럽에 퍼지는 것은 서양 형이상학 역사의 필연적 귀결인 허무주의를 강화하는 위험한 사건으로 인식한다.

그러나 이지李贄, 호는 卓吾, 1527~1602로 대표되는 16세기 명대 급진 양명학 사조는 심정의 자발성과 평등한 연대성에 대한 자각을 보여 주었으며, 18세기 이후 한국의 개혁 지식인들은 중국 및 서양과의 관계에서 폭넓은 시야의 필요성을 자각하고, 경계선을 넘는 만유의 평등성을 폐쇄성과 대립시켰다. 홍대용洪大容, 1731~1783과 박지원朴趾源, 1737~1835은 '서로 인정하는相許' 우정의 확대를 새로운 인간성의 발현으로 흥미롭게 바라보았다. 그들은 당시 강대국과 약소국의 경계를 허무는 정치적이고도 우주적인 평등성의 가치를 절감切感했으며, 나아가 서구의 과학을 우주의 무한성에 대한 이해와 연결하여 수용하고자 했다. 박지원의 '평등안平等眼' 개념은 이러한 의미 깊은 연관성을 갖는 것이었다. 이러한 전통은 과학과 무한 우주의 연관성을 논했던 중요한 사례를 제공한다. 이런 의미에서 이 책의 마지막 부분에서 과학의 본성을 논하는 가운데, 과학과 무한 우주관의 관계를 논하고 발현과 보편적 소통성이 어떻게 정치사회의 영역으로 확대될 수 있는지를 사례를 들어 보여 주고 그 의의를 논하고자 한다.

이 연구는 19세기의 역사적 상황과 연관하여 쇼펜하우어의 동서를 포괄하는 시야視野에서 발전된 주요 사상들을 비판적으로 연구하고, 그 장점들에 대한 재해석을 시도함으로써 쇼펜하우어와 아시아 철학이 갖는 현대적 의의를 드러내고자 한다. 자문화의 독단적 편견을 비판적으로 극복하려는 쇼펜하우어의 사상을 이해하는 것은 인류가 도달한 지혜를 존중하고 재음미하는 계기를 제공할 수 있을 것이다. 이에 따라 쇼펜하우어가 한문이라는 언어의 한계로 인해 더 확장하지 못한 시야를 확대하여 아시아 사상을 논의할 수 있으며, 이 입장에서 과학 사상을 비롯한 서양의 사상들에 대한 보다 폭넓은 접근도 가능할 것이다. 철학도 이제 19세기 이래 폭력적이기까지 했던 경쟁적 관계를 버리고 서로의 지혜를 동원하여 현재의 위기를 벗어나야 한다는 절박한 물음 앞에 서 있다. 이미 쇼펜하우어는 시민화市民化가 공리주의적 국가화로 진화하는 당시의 상황을 인식하고, 인간의 파괴 본능이 "지구의 껍질이 다 파괴될 때까지 계속될 것"으로 보았다. 이러한 "살려는 의지는 객관적으로는 어리석음으로 보이며, 주관적으로는 망상으로 보인다."[9]

쇼펜하우어가 과학의 성과는 존중하면서도 과학주의를 비판하는 것은 과학적 지식의 세계, 쇼펜하우어의 용어로는 '표상으로서의 세계'가 의미의 문제를 제기할 수 없다고 판단하기 때문이다. 생의 의미는 표상으로서의 세계 밖에서 온다. 뿐만 아니라 지식의 대상인 사실들의 세계는 맹목적 '의지의 발현發顯'으로서 근본적으로 '우연적인' 존재이다.[10] 세계를 창조적 실재의 유희로서 향유하는 자유로 승화되기 위해서는 과학적 사실 세계를 넘어 자연 전체를 영원의 관점에서 통찰하는 것이 필요하다. 이러한 통찰은 쇼펜하우어에게도 간절한 희망으로 자리 잡고 있다. 1818년의 〈소네트〉는 그의 내적 분열과 희망을 잘 보여준다. "오랜 겨울밤은 끝나려 하지 않는다. (……) / 무덤이 열리며 자신들의 유령을 보낸다. (……) / 낮, 낮을 크게 알리고자 한다! 밤과 유령들은 대낮 앞에서 달아날 것이다. 이미 새벽 별은 대낮을 알린다. / 곧 밝아질 것이다. 아주 깊은 근원으로부터. 세상은 광채와 색으로 덮일 것이다. 깊은 푸르름이 무한하게 먼 곳까지."[11] 세계를 광휘로 경험하는 구원은 동서양의 초월적 철학의 핵심이었다. 이른바 신비주의라고 하

---

9 Arthur Schopenhauer, *Die Welt als Wille und Vorstellung* Ⅱ, S W, Band Ⅱ, Suhrkamp, 1986, s. 462.

10 Arthur Schopenhauer, *Berlin Manuscripts* (1818~1830), *Manuscript Remains* 3, Berg, 1988, p. 45.

11 Susanne Möbuß, 공병혜 옮김, 《쇼펜하우어, 의지와 표상으로서의 세계》, 이학사, 2002, 46~47쪽.

는 성자의 세계는 만유의 공속성과 우주적 연대성이 궁극의 진실로 통찰되는 평등한 개방성의 세계다. 이 무한으로 열린 세계에서 만유는 상호 관통성의 그물 속에서 나타난다. 붓다의 대각을 찬란한 색채의 세계로 그린 《화엄경》의 사사무애事事無碍 법계法界나 주희朱熹, 1130~1200 의 궁극적 공경심[敬]의 대상인 주류관철周流貫澈, 생명의 보편적 소통성의 천지 경계가 그러한 세계다. 주희의 우주에서 만물은 그 생명 원천인 태극太極으로서 '이'理 안에 있고, '이'는 만물 안에 있다. 쇼펜하우어는 붓다와 대승불교 및 주희의 철학에 접할 수 있었으나, 그 궁극의 경지가 생성과 '무'가 통일된 세계이자, 능동적 실천성을 포함한 것이라는 점을 충분히 전개하지 못했다. 그가 정관주의적 고요와 평정에 머물러 있으며, 심지어 아시아 철학을 오해하기도 했다는 비판을 받아온 것은 거기에 기인한다. 광활한 평화의 경험은 보다 능동적인 방향으로 재해석되어 창조적 활력을 가질 필요가 있다.

쇼펜하우어는 상식과 과학의 관점에서 보는 세계를 의지의 발현으로 본다. 의지라는 물자체에는 인과의 형식이 적용될 수 없기에 쇼펜하우어는 실재와 현상의 관계를 발현Äußerung, 현현Offenbarung, 객관화 Objektivation 등으로 표현한다. 그는 이 관점이 아시아 철학과도 일치한다고 간주한다. 발현이라는 개념은 본체本體와 발용發用 혹은 공용功用의 통일로 우주를 해석하는 송명朱·明 이학理學의 핵심 개념이었다. 우파니샤드 철학이 개개의 사물을 생명원리로서 브라만Brahman의 발현으로 보는 것, 대승불교가 개개의 사물을 여래의 마음의 발현으로 보는 것, 그리고 도교 철학과 신유가가 개개의 사물에도 하나의 무한자로서의 태극이 현현해 있다고 보는 것은 모두 발현과 소통의 철학을 공유하고 있다고 볼 수 있다. 《바가바드 기타》가 우주적 평등성에 대한 대각과 역동적 실천을 동일시하는 것처럼 발현과 소통의 철학은 마음의 발현이라는 창조적 활동성을 통해 비로소 개방적 전체성을 완성하는 길로 접어들 수 있을 것이다.

이런 맥락에서 이 연구는 먼저 칸트-쇼펜하우어의 선험적 관념론인 지식론을 논한다. 여기서는 인간의 지식에 어떤 개념적 장치가 선험적 조건으로 이미 개입되어 있다는 지식론이 설득력이 있음을 논하고, 이를 통해 과학의 한계와 본성을 비판적으로 이해하며, 나아가 신학적 사변 철학의 독단성을 비판할 것이다. 이어서 의지 형이상학과 아시아 철학에 친숙한 '무'의 문제를 다룬다. '무'는 결코 악마적 부정의 원리가 아니다. 물론 쇼펜하우어의 형이상학도 하이데거가 비판하듯 전통적 형이상학의 관점을 완전히 벗어난 것은 아니다. 그러나 햄린도 흥미롭게 보듯 의지 형이상학도 하나의 설득력 있는 세계 해석일 수 있다. 의지 형이상학은 생의 의미 문제에 접근할 수 있는 도약대가 된다. 이어서 미학적 문제와 초월적 신비주의를 논함으로써 동서양의 지혜가 응축된 윤리적인 의미 세계의 구조와 그 의의를 논한다. 쇼펜하우어는 스피노자가 자신의 주저를 《에티카》로 규정한 정신을 존중하여, 자신의 주저인 4부작 《의지와 표상으로서의 세계》 I, II를 일종의 윤리학으로 보고, 다음과 같이 논의의 순서를 정했다. 1부: 지식론, 2부: 의지 형이상학, 3부: 예술론, 4부: 생의 윤리적 의미. 본 연구는 사이사이에 부분적으로 다른 주제들이 배치되어 있지만, 크게는 이 목차 순서를 따른다. 그리고 그의 법철학적 정치론을 후반부에서 다루는 것은 동서양의 지혜와 정치론을 연결함으로써 세계 지혜가 갖는 정적주의적 추상성을 벗어날 수 있는 길을 모색하고자 한 의도에서 나온 것이다.

발현과 소통의 철학은 인류 공통의 정점에 있었던 지혜이며, 토론의 다수결에 의해 인정되는 것이 아니라 열망에 의해서 전달되었던 것이다. 이 때문에 그 사상은 과학적 설명과 검증의 차원의 밖에서 소통

될 수 있었다. 이러한 열망의 소통은 내부에 무한을 가진 유한한 존재가 자기 자신에 대한 실존적 관심과 연계하여 일으키는 동경과 감응으로서의 직접적 의사소통이다. 언어와 상징에 의한 소통은 간접적 의사소통이 된다. 쇼펜하우어가 과학적 지성과 시적 지성의 조화를 말한 것과 그를 지지하는 아인슈타인Albert Einstein, 1879~1955이 불교나 스피노자 같은 '우주종교'가 주는 윤리성과 과학의 결합을 강력하게 주장한 것도 위와 같은 맥락에서 이해될 수 있을 것이다. 무한의 윤리는 도덕법칙이라는 추상적 보편성을 개인들의 상위에 세워 규제하는 것이 아니라 구체적 개인들의 기본적 욕구와 역량을 충족시키는 방향에서 공감을 확대하는 윤리적 능력과 결합한다. 쇼펜하우어의 윤리사회적 형이상학은 아시아 철학과 조화를 통해 윤리적 실천성을 갖는 것으로 수정되고 발전되었을 때 보다 바람직한 철학으로 거듭날 수 있을 것이다.

意疏通

I

경험과 미래의 철학

1. 경험과 자유의 신비

쇼펜하우어Arthur Schopenhauer, 1788~1860의 주저《의지와 표상으로서의 세계 *Die Welt als Wille und Vorstellung*》Ⅰ(1818)[1]은 세계에 대한 실존적 경험과 정관靜觀이 결합된 문체적 특징을 보여 준다. 구체적 경험에는 욕망을 가진 자의 고뇌가 있고, 음미하는 시선에는 순수 주관의 고요한 정관이 있다. 제목에 나오는 의지Wille라는 말은 역동성을 예감하게 하지만, 그 역동성은 오히려 사물의 투쟁과 무심한 냉혹성으로 나타난다. 쇼펜하우어가 세계를 보는 눈은 가끔 동정과 탄식을 드러내지만, 인간과 생명체들에 대한 무정한 시선이다. 이 무정함은 독자로 하여금 세계에 대한 친숙한 호의적 감정을 철회하게 한다. 그가 권고하는 세계 극복 역시 사물에 대한 호오의 감정이 쓸데없음을 자각하고 도달하는 무심한 정관인 것처럼 보인다. 고대 성자들은 세계로부터 분리되고, 다

1　R. B. Haldane & J. Kemp의 영역서인 *The World as Will and Idea*(Kegan Paul, 1909)는 표상 Vorstellung을 Idea로 번역하고 있다. 이것은 쇼펜하우어의 예술적 인식 대상인 이념들(Ideas)과 혼동할 수 있기 때문에 적절한 번역이라고 생각되지 않는다. 영역본을 참조할 경우 E. F. J. Payne의 영역서 *The World as Will and Representation* Ⅰ, Ⅱ(Dover, 1966)활용을 권한다. 국역은 곽복록 옮김, 《의지와 표상으로서의 세계》(을유문화사, 1994)를 원문과 대조하여 수정 후 활용했다. 원문 인용은 Arthur Schopenhauer, *Schopenhauer*, *Sämtliche Werke*, Band Ⅰ~Ⅴ(Suhrkamp, 1986)로 통일한다.

시 세계로 회귀하는 삶을 보여 주지만, 쇼펜하우어의 정관적 주체는 가서는 돌아오지 않을 것 같은 인상을 준다. 그럼에도 그는 생명체의 진화적 상승 과정에서 자유를 향한 생명체들의 절규에 귀를 기울이는 고대 종교의 구원에 대한 감각을 일깨운다. 또한 그는 물리학과 생리심리학 및 박물학에 이르는 근대 과학에 대한 이해를 갖고 있었다. 그는 과학을 자신의 세계관을 경험적으로 입증하는 수단으로 간주했다. 그러나 그가 보기에 현상에 대한 과학적 이해는 세계의 의미 문제를 다룰 수 없었다. 그는 과학의 논리와 본성에 관심을 갖고 있었지만, 그것을 넘어선 보다 높은 차원의 경험들―예술과 윤리―을 존중했다.

한편 윤리에 관한 그의 다른 저작은 온화한 감정에 윤리의 기초를 둔다. 그의《윤리학의 두 가지 근본 문제 Die beiden Grundprobleme der Ethik》(1841)에 있는〈도덕의 기초에 관하여 Über die Grundlage der Moral〉(1840)는 동양인에게 친근한 정감주의적 입장을 보여 준다. 그것은 그의 주저와 전혀 다른 온정과 친근함을 갖게 한다. 그는 맹자孟子와 루소J. J. Rousseau가 공감의 감정에서 도덕을 끌어내는 점을 들어 자신과 같은 관점에 있다고 보았다. 그의 주저에 대한 해설서인《의지와 표상으로서의 세계》II(1844)는 염세론이 아닌 부드러운 형태의 진화적 목적론을 제시한다. 그의 철학적 논설과 단상들 및 에세이들을 모은《추가와 보유》도 생에 대한 건실하고 소탈한 반성적 음미의 자세를 설파하거나, 인생의 좌절을 딛고 보다 의미 있는 삶을 살 수 있다는 노년의 지혜를 권고한다. 심지어 '민간 형이상학'이라 할 수 있는 심령론도 인정한다. 이러한 분위기 때문에 그의 주저 이외의 작품들은 그의 철학에 통상 붙어 있는 염세주의pessimism라는 낙인을 의심스럽게 한다. 그러나 그의 개인적 성향과 어법 그리고 종래의 신학적 낙관론과 과학주의를 배척하는 점에서 보면, 서양인의 눈에 염세론자로 보이는 것은 당연하다. 그 자신도 이를 분명하게 의식한다. 그가 보기에 염세주의는 회의를 통해 사물의 깊이를 바라보게 하여 절실한 이상을 제시하는 심정적 동기가 된다. 이 점에서 염세주의와 우울은 진지한 사상의 산실이자 생의 위안을 주는 가치관의 요람이라 할 수 있다. 그의 세계관은 근거 없는 낙관주의를 반대하고 궁극적 생의 의미를 추구하는 진지함을 갖는다.

그가 묘사하는 현상적 사물들의 맹목적 전개는 존재에 대한 섬뜩한 감정을 갖게 한다. 그는 동서양 고대의 종교와 철학을 통해 존재에 대한 인간의 원초적인 감각이 두려움과 비참함이라는 것을 알게 된다. 철학의 연원이라고 하는 존재에 대한 경이감은 존재에 대한 두려움을 동반하는 낯섦이다. 세계에 대한 낯선 느낌을 야기하는 쇼펜하우어의 문체는 독자들에게 어떤 불쾌한 기분을 느끼게 할 수 있다. 쇼펜하우어의 문체적 특징은 그의 세계관에 접하고자 하는 사람들을 두렵게 하기도 했으나, 생의 의미에 관심을 갖는 작가들에게는 영감의 원천이 되기도 했다.

쇼펜하우어와 동시대에 살았던 스위스의 아미엘Henri Frédéric Amiel, 1821~1881은 1869년에 쇼펜하우어를 읽고 공감과 반감을 동시에 느끼고 다음과 같이 비평한다. "쇼펜하우어는 미혹에서 깨달은 위대한 사상가로, 독일 한복판에서 불교를 주장하고 19세기 향연의 한복판에서 절대적 해탈을 가르쳤다. 주된 결점은 체념, 극기 등을 가르치면서 극심한 냉소와 완전하고 오만한 이기주의, 천재의 숭배 및 보통 사람에 대한 무관심을 보여 준다는 점이다. 그에게 결여되어 있는 것은 공감이고 인간미이며 사랑이다. 그리고 나는 그 점에서 우리 사이의 차이를 인정한다. 순수한 지력과 고독한 것으로 나아가면 나는 쉽게 그 사람의 입장에 도달하겠지만, 가슴에 호소하는 것이 나타나면 나는 곧 정관靜觀할 수 없음을 느낀다. 연민, 선의, 헌신이 각각의 권리를 내세울 뿐만 아니라 상석을 차지하려고 한다."[2] 인도 철학과 독일관념론의 유사성을 보는 아미엘은 '무한의 관점'에서 세계를 보는 쇼펜하우어는 공감하지만, '허무로 복귀하는' '황량한 비관론'에는 저항한다.[3] 아미엘의 관점은 호의적인 편이지만 불교를 허무주의로 보는 유럽 모럴리스트의 전형적 감각을 보여 준다. 또한 쇼펜하우어 철학의 시기적 변화에 대해서도 의식하지 않으며, 그래서 그의 도덕적 감정론이 갖는 적극적 의미를 읽어 내지 못한다. 아미엘의 시야에는 아시아의 불교사가 해탈과 실천적 활력의 연관 문제로 고민한 역사이기도 하다는 점도 들어올 수 없었다. 쇼펜하우어의 사상에는 분명 '무'에 대한 적극적 주장과 그것에서 오는 정관주의적 성격이 있다. 그러나 아시아 철학의 입장에서 보면 그것은 오히려 근원적 인간성에 도달하는 길[道]이다. 그리고 이 길은 정관주의를 인성의 일면적 극단으로 보고 공감의 확대와 역동적 행동성을 갖추려는 방향을 갖는다. 쇼펜하우어에 대한 아시아적이고 발전적인 해석은 이 길에 있다. 그러나 한편 그의 사상은 "현대 유물론modern materialism은 철학을 위한 토양을 비옥하게 하는 거름이다"[4]라는 말에서도 보이듯 관념적 신비화를 거부하는 냉정함을 갖는다.

일상의 인간중심적 감정을 떠나 냉정한 눈으로 세계를 보고자 한다면, 그리고 사물의 질서가 호의가 없는 무정한 세계라면 쇼펜하우어적인 무정한 시선도 필요할 것이다. 쇼펜하우어 철학을 좋아했던 하디Thomas Hardy, 1840~1928는 자신의 소설《테스Tess》에서 북극의 삭막한 광경을 경험한 철새들의 눈으로 희망 없는 노동을 하고 있는 두 여인 —

2　Henri Frédéric Amiel, 이희영 옮김, 《아미엘 일기Les Fragments d'un Journal intime》(1883, 1923), 동서문화사, 2006, 510~511쪽.

3　위와 같음.

4　Arthur Schopenhauer, *Manuscript Remains*(1830~1852), *Last Manuscripts*, V. 4, Edited by Arthur Hübscher, Trans by E. F. J. Payne, Berg, 1990, p. 384.

테스와 매리안 ─ 과 들판을 바라본다.

북극에서 못 보던 새들이 플린트콤 애쉬의 구릉으로 소리 없이 날아들기 시작했다. 비극적인 눈을 가진 유령처럼 초췌한 모습이었다 ─ 인간이 상상조차 해 본 일이 없는 감히 가까이 갈 수 없는 극지極地, 인간으로서는 도저히 견뎌 낼 수 없는 빙점의 기온에서 무서운 천지 이변의 광경을 목격하고 온 눈, 북극광이 내뿜는 광선을 받으면서 빙산이 갈라지고 눈더미가 허물어져 내리는 것을 보고, 엄청난 폭풍우와 바다와 육지가 함께 흔들리는 괴변에 반은 눈이 멀고, 그러한 광경을 아로새긴 인상을 그대로 간직하고 있는 눈이었다. (……) 새들은 벙어리 같은 무신경함으로 별로 대단하다고 생각지 않는 자기 여행의 경험은 잊어버리고 이 아늑한 고원에서 일어나고 있는 일을 지켜보고 있었다. ─ 그것은 맛있는 것을 파내기 위해 무엇인가를 두 여자가 호미로 캐고 있는 작은 동작이었다.[5]

인간의 참혹한 삶, 그 어느 누구도 도움의 손길을 주지 않는 사회적 삶에 대한 하디의 관점은 쇼펜하우어의 시선이다. 이러한 시선은 동정심으로 바뀔 수도 있다. 그러나 그 시선 자체는 중세기 종교적 삶의 양식 속에서는 나오기 어려운 근대 상업 부르주아의 시선과 상통할 수 있다. 이러한 시선은 누가 어떻게 살든 이윤을 얻기 위해 국경이나 경계선을 넘어가는 자유로운 여행자가 예리한 관찰력을 지녔다면 나올 수 있는 것이다. 구빈원도 거부하는 무자비함을 갖춘 맬더스적 자유주의의 시선이 근대적 삶의 일부를 형성했다면, 그것이 쇼펜하우어에 은연 중 영향을 주었다는 가정은 일리가 있을 것이다.

---

5   Thomas Hardy, 정병조 옮김, 《테스》, 신영출판사, 1994, 285~286쪽.

쇼펜하우어의 출생 이력을 보면 예리하면서도 우울한 그의 관찰 태도를 가정적 배경의 측면에서 이해할 수 있다. 그는 단치히Danzig에서 상업 부르주아 동맹인 한자동맹Hansasbund에 가입한 국제 무역상이자 부호인 하인리히 쇼펜하우어Heinrich Floris Schopenhauer, 1747~1805의 아들로 출생했다. 그의 부친은 단치히가 프로이센에 의해 병합되자(1793) 자유 도시 함부르크Hamburg로 이주한다. 이 이주는 봉건적 국가의 제약을 벗어나려는 자유 도시 시민답게 "자유 없이는 행복도 없다Point de bonheur sans liberté"는 생각을 가지고 이루어진 것이다.[6] 그의 정치경제적 자유 의식은 근대 부르주아 경제의 발전과 떼어서는 생각하기 어려운 것이지만, 당시 독일인들에게는 그렇게 흔한 것도 아니었다. 그는 독일적인 것보다 프랑스와 영국의 삶의 방식을 더 선호했다.

이러한 독립과 세계주의적 정신은 쇼펜하우어의 부친이 프랑스 문학을 좋아하는 것과 상통한다. 특히 부친은 볼테르Voltaire를 통해 프랑스 산업 부르주아처럼 계몽주의에서 자기의식을 확인할 수 있었던 것으로 보인다. 그는 아들 쇼펜하우어를 국제 무역상으로 키우기 위해 영국과 프랑스를 함께 여행한다. 이 여행은 쇼펜하우어에게 인상적 경험이 된다. 그것은 그의 철학적 방법에도 큰 영향을 미치게 된다. 여행을 통한 경험의 확장은 철학적 반성을 위한 자료가 된다. 그가 철학을 개념들 간의 논리적 추론 체계로 보는 것을 거부하고 "닫힌 정원에서 노는 어린아이처럼 자신의 임의대로 배회하는 것"으로 본 것도 여행의 경험을 반영한 것으로 보인다. 그리고 그 경험은 쇼펜하우어에게는 인류의 사회적 삶의 비참함에 대한 우울한 인상으로 남았다. 그의 부친은 그가 17세 때 회사 밖의 수로에 빠져 죽는다. 주위 사람들이 자살로

---

6 Bryan Magee, *The Philosophy of Schopenhauer*, Clarenden Press, Oxford, 1983, pp. 3~4.

의심한 이 사건은 어머니에 대한 반감과 함께 그에게 큰 충격을 주게 된다.

늙어서 청각 장애인이 된 부친은 사업상의 문제와 외로움에 시달렸던 것으로 보인다. 괴테Johann Wolfgang von Goethe, 1749~1832 같은 유명 문인과 학자들의 사교 장場인 살롱을 운영했던 모친 요한나 쇼펜하우어Johanna F. Schopenhauer, 1766~1838는 남편이 죽자 아들과도 냉정한 관계를 유지했다. 결국 아들과 결별에 이르게 된다. 어린 시절에 대한 쇼펜하우어의 회고는 모친과 여인들에 대한 반감을 잘 보여 준다.

> 아버지가 고독하게 지내는 동안 어머니는 연회를 열었다. 또한 아버지가 극심한 고통으로 괴로워하는 동안 어머니는 즐겁게 지냈다. 그것이 여인들의 사랑이다.[7]

그가 18세가 되었을 때, 낙천적이고 여성의 자기 계몽에 적극적이었던 요한나는 딸 아델레Adele와 함께 유명 문인들이 있는 바이마르Weimar로 이주한다. 부친의 사업은 해체되고 모친은 재산을 정리하여 예술의 도시로 이주한 것이다. 요한나는 당시 지적 사교 모임 중 부르주아 층을 대표하는 지식인들의 모임을 위한 공간으로 자신의 집을 살롱으로 개방했다. 그리고 '차가 있는 저녁Teeabend'이라는 모임을 이끌어 갔다. 당시 문화의 산실인 바이마르에는 이전부터 아우구스트의Karl August 모후인 아말리아Anna Amalia, 1739~1807의 살롱이 있었다. 학술 발표와 사교의 장이었던 이 모임은 당연히 귀족적 성향을 띠었다. 이에 비해 요한나의 살롱은 두 살롱 중 시민성을 대표하는 살롱이 되었다.[8] 곧

---

7 Walter Abendroth, 이안희 옮김, 《쇼펜하우어》, 한길사, 1998, 25쪽.
8 당시 살롱의 풍경에 대해서는 다음을 참조. 이해경, 〈통섭의 방법모델로서 바이마르 살롱〉, 《독일

이어 모친은 상인 교육 학교에 다니던 아들에게 자신의 인생을 스스로 결정하라는 충고를 한다. 아들은 이 충고를 받아들여 모친의 주선으로 장차 철학의 길을 갈 수 있는 김나지움에 입학한다. 그러나 곧 모친과 결별한 쇼펜하우어는 내적 분열을 겪는다. 그의 철학적 사유 과정은 이러한 내적 분열과 우울을 이해하고 설명하여 궁극적인 치유에 도달하려는 의학적 치유의 여정이기도 하다. 당시 그의 시 제목인 〈아! 욕망, 아! 고통에 찬 지옥〉은 그의 가정적 상황과 여행에서 목도한 광경들에 대한 가혹한 인상들에 기인한 감정의 발로일 것이다. 그는 프랑스 툴롱Toulon의 무기 공장에서 일하는 노예들의 노동과 노예선 선창에서 처참하게 묶여 있는 노예들의 경악스러운 광경에 큰 충격을 받는다. 그는 젊은 시절의 이러한 경험을 붓다Buddha와 같은 경험을 겪은 것으로 해석한다.

> 붓다가 그의 젊은 시절 병, 노화, 고통, 죽음[生老病死]을 보았을 때처럼, 나는 학교도 졸업하기 전인 17세 때 삶의 비참함에 사로 잡혀 있었다. 내가 얻은 대답은 '이 세상은 자비로운 신의 작품이 아니라, 아마도 피조물의 고통을 보고 즐기기 위해 그들을 존재하게 한 악마의 작품'이라는 것이다.[9]

붓다는 성 밖으로 네 번 나간 경험을 통해 생명 세계는 생로병사生老病死의 고통[苦], Dukha으로 물들어 있음을 깨닫게 된다. 그는 몇 번의 개별적 경험을 통해 생명이 갖는 보편적 본질을 고통으로 통찰한다. 생명의 어두운 측면이 밝은 측면보다 더 본질적 의미를 지닌다. 쇼펜하우

어문학》 50집, 2010, 195~218쪽.

9 Susanne Möbuß, 공병혜 옮김, 《쇼펜하우어, 의지와 표상으로서의 세계》, 이학사, 2002, 16쪽.

어는 이러한 관점에 공감한 것이다. 그는 김나지움Gymnasium에 입학해서(1807) 고전어를 배우고, 괴팅겐Göttingen 대학에 들어가(1809) 물리학, 천문학, 생리학, 의학, 자연사, 광물학, 식물학, 민족지학 등 광범위한 개별 과학을 공부한다. 또한 플라톤Platon과 칸트I. Kant의 철학도 공부한다. 특히 칸트 비평가인 슐체Gottlob Ernst Schulze, 1761~1833와의 만남은 그에게 칸트에 대한 비판적 이해에 결정적 계기가 된다.[10] 슐체는 흄David Hume의 회의주의를 칸트가 극복하기는커녕 오히려 그의 비판에 노출되어 있음을 보여 주고자 한다. 그는 물자체가 무엇인지 알 수 없으면서도 그것의 실재성을 지각적 표상의 원인으로 상정하는 칸트의 결함을 지적한다. 쇼펜하우어는 이를 수용하여 원인이라는 범주는 물자체에 적용될 수 없다는 칸트의 입장이 감성론에서의 물자체에 관하여는 일관성을 유지하지 못하고 있음을 지적한다. 쇼펜하우어는 과학과 철학에 대한 학습을 통해 자신의 실존적 경험을 반영하여 자연사에 대한 일반적 이해와 설명에 도달하고자 한다. 이러한 우회로를 통해 그는 자신과 세계를 이해하고, 궁극에 가서는 세계초극을 성취한 동서양 구도자의 깨달음에서 생의 영원한 의미를 이해하고자 한다. 다음과 같은 단호한 진술은 세계를 보는 그의 특이한 감각과 철학적 방향을 잘 암시한다. "인생은 하나의 (수지타산이 맞지 않는) 속는 사업이다. 나는 그것을 이해하기 위해 인생을 소비하기로 결심했다."[11]

개인사적인 관점에서 보면 철학을 하기로 결심한 것이 그에게는 전 생애의 의미와 연관된 중요한 기억으로 남았다. 우주와 인생에 대한 이해로서의 철학을 하기로 결의하고 완수하는 것은 그의 유일한 사명이었다. 그의《유고Manuscript Remains》(V. 4)에 의하면 1855년경에 그는 다음

---

10   Bryan Magee, *The Philosophy of Schopenhauer*, Clarenden Press, Oxford, 1983, p. 9.
11   위와 같음.

과 같이 자신의 희망을 표현했다. "나는 항상 편하게 죽기를 희망했다. 왜냐하면 그의 전 생애가 외로웠던 사람은 이러한 외로운 일을 하는 다른 사람들보다 더 좋은 판관이 될 것이기 때문이다. 두 발 인간의 불쌍한 능력에 부합하는 어릿광대와 익살극 속으로 사라지지 않고, 나는 그렇게 높게 나의 사명을 부여하면서 출발했던 곳으로 되돌아가 그것을 완수했다는 것을 행복하게 의식하면서 생을 마칠 것이다."[12] 그는 만년에 자신의 철학이 유행하기 시작하여 많은 사람들이 자신의 글을 읽고 험한 세상에서 마음의 위로를 얻을 수 있게 된 점을 만족스러워했다. 그러나 그의 철학이 사회성보다는 개인성의 추구에 집중된 것은 부르주아의 '비사교적 사교성'을 능가하는 그의 심리적 성격과도 밀접한 연관이 있는 것으로 보인다. 1833년경의 고백에서 그는 자신의 비사교적인 심리적 특징을 다음과 같이 언급한다. "자연은 나에게 철학자의 평정한 정신과 양립하기 어려울 정도로 의심과 예민함, 열정과 자부심을 부여하여 나의 마음을 고립시키기 위해 필요 이상의 것을 했다. 내가 자신을 저주하고, 나의 의지의 전 힘을 다하여 싸우는 불안은 나의 아버지로부터 그 기질을 이어받은 것이다. 때때로 그 불안이, 가장 사소한 경우에도 단지 가능할 뿐인 실로 생각하기 어려운 불행에 대한 생생한 영상을 목전에 갖고 있는 것 같은 힘으로 나를 공격한다. 가끔 무서운 상상이 이러한 성향을 믿을 수 없을 정도로 강화한다. 여섯 살때에도 나의 부모는 저녁에 산책을 하고 집으로 돌아 왔을 때 절망의 깊이에 빠져 있는 나를 발견했다. 왜냐하면 나는 갑자기 부모에 의해 영원히 버림받았다고 상상했기 때문이다. 젊었을 때 나는 상상의 질병과 다툼으로 고생했다. 내가 베를린에서 공부하고 있었을 때, 나는 내

---

[12] Arthur Schopenhauer, *Manuscript Remains 1830~1852*, *Last Manuscripts*, V. 4, Edited by Arthur Hübscher, Trans by E. F. J. Payne, Berg, 1990, p. 517.

가 폐병 환자라고 오랫동안 생각했다. 1813년 전쟁이 발발하자 강제 징집된다는 공포에 시달렸다. 나폴리로부터는 천연두에 대한 공포에 쫓겼으며, 베를린으로부터는 콜레라에 대한 두려움에 쫓겼다. (……) 밤에 소음이 들렸을 때는 나는 침대에서 일어나 칼이나 내가 평소에 장전해 놓은 권총을 잡았다. 특별한 자극이 없어도 나는 늘 있지도 않은 위험을 보려하거나 찾게 하는 불안한 걱정을 하고 있었다. 나에게는 그것이 아주 작은 곤란을 무한히 확대하게 하여, 사람들과의 결합을 가장 어렵게 하는 것이다."[13] 쇼펜하우어는 자신의 심적 특징이 망상이라는 것을 잘 의식한다. 그의 관심은 자신의 심리적 기질에서 오는 고뇌의 초극을 통한 치유와 구원이었다. 이 점에서 그에게 세계는 윤리적 의미를 갖는다.

그의 철학은 사회적 주제보다는 자신의 존재를 문제 삼는 내향적 방향을 갖게 된다. 불교적으로 말한다면 세계의 무의미는 연민의 확대와 우주적 생명원리와의 합치, 나아가 부모가 태어나기 이전父母未生前의 근원적 '무'를 통한 우주와의 일치에서 그 치유가 전망된다. 그러나 존재론적 고아 의식과도 같은 그의 내향적 관심은 생명체의 이기주의와 보편적 소통성 사이의 갈등을 자신의 내부에서 공포감으로 경험된다. 개체로의 분화 과정은 이기주의를 낳는 조건이면서 동시에 근저에서의 전체적 연속성을 함축하는 이중적 구조를 갖는다. 쇼펜하우어는 자신의 기질과 모든 사물에서 이 같은 이중적 갈등을 발견한다. 그의 철학은 이러한 양면성이 주는 시달림을 이해하고 벗어나기 위한 길이었다. 그가 자신의 경험을 붓다와 그리스도의 고통과 유사하게 본 것은 이러한 맥락에서 나온다. 존재의 이중적 분열에 대한 경험은 그의

---

13 위의 책, p. 507.

철학에 그대로 반영된다. 한편으로는 신비주의적 통찰이 갖는 우주적 공감의 윤리가 진정한 길로 제시되고, 또 한편으로는 정치학적 논설에 나타나는 것과 같이 국가는 소유적 이기주의를 보호하기 위한 강력한 권력을 갖는 기계 장치에 불과하다는 홉스주의적 입헌군주론으로 나타난다. 쇼펜하우어의 세계에 대한 동정심도 자신의 재산에 대한 강한 보호 의식과 함께하는 것이었다.

쇼펜하우어가 보기에 현실적 인생은 부단한 결핍에 시달리는 운명을 갖는다. 부친의 사업은 무의미하게 끝났지만, 그가 남긴 유산은 쇼펜하우어 어머니의 문학과 아들의 철학을 경제적으로 받쳐주었다. 인생을 해명하기 위해서는 여유를 필요로 한다. 철학을 하려는 그의 결심은 그가 크게 공감한 스피노자의 철학적 동기를 닮아 있다. 스피노자는 《지성 개선론 Tractatus de Intellectus Emendatione》(1677)의 서두에서 '경험'을 통해 배운 것을 술회한다. 배운 것은 다음 세 가지로 요약된다. ①모든 것이 속절없고 허망하다는 것 ②공포의 원인이나 대상이던 모든 것이 그 자체에서는 선도 악도 아니며 단지 그것들에 의해 마음animus이 동요되는 한에서만 선도 되고 악도 된다는 것 ③다른 것을 버리고 오직 그것에만 관심을 쏟을 수 있고 감동할 수 있는 유일한 선, 그리고 그것을 발견하면 지고의 기쁨을 영원히 향유할 수 있는 것이 있는가에 대한 물음.

경험을 통한 이상의 세 가지 문제의식을 가지고 스피노자는 우주와 인간 사회를 탐구하기로 "마침내 결심한다."[14] 들뢰즈G. Deleuze 같은 연구가들은 그의 윤리론과 정치론을 지나치게 낙관주의적으로 해석한다. 역설적이지만 '영원성'과 지고의 '기쁨Laetitia, Joy'에 대한 스피노자의

---

14   Herman de Dign, *Spinoza ; The Way to Wisdom*, Purdue University Press, p. 19.

추구는 인생과 정치 상황에 대한 비관적 판단의 산물이기도 하다. 그는 인생사에서의 희망은 공포와 맞물려 있음을 발견한다. 그리고 군중은 노예가 되기 위해 피 흘려 투쟁한다는 사실도 깨닫게 된다. 이런 측면에서 스피노자도 염세적 감각을 갖고 있는 것으로 보인다. 이러한 염세적 감각을 극복하기 위해 그는 기쁨을 가능하게 하는 '능동적 정념'을 성장시켜 슬픔의 원인이 되는 '수동적 정념'을 '개선Emendatio, 의학적 치유를 의미'하는 방향으로 생각한다. 스피노자가 감성의 능동화를 대안으로 제시한 것은 니체와 마르크스로 통한다. 이에 비해 고통을 본질적인 것으로 본 쇼펜하우어는 소수 성자들의 금욕적 자기희생을 더 고결한 것으로 본다. 스피노자는 욕망을 인간의 본질로 긍정하고, 이성은 욕망 긍정을 전제로 진정한 민주적 사회성에 도달할 수 있다고 본다. 나아가 이성은 우주에 대한 정관적 인식을 매개로 진정한 자유의 길을 갈 수 있다는 것이다. 기쁨과 자유의 길은 "드물고도 어려운 것"이다. 또한 스피노자는 폭동과 테러로 점철된 당시의 정치적 현실이 권력을 위해 자신의 희생하는 대중성과 연계되어 있다는 절망스러운 사회심리적 사실을 발견한다. 쇼펜하우어보다는 강도가 약하지만 세계에 대한 염세적 감각이 스피노자가 철학하기로 결의하는 동기로 작용한다. 쇼펜하우어는 스피노자가 자유의 길을 철학의 목표로 삼는 것을 높이 평가하지만, 이성을 통해 개인의 자기보존욕에 대한 보편적 긍정을 제안하는 급진 자유주의의 길은 거부한다.

　종교적 사상 검열과 파문이라는 스피노자의 실존적 경험도 그의 철학적 사변의 중요한 계기로 작용한다. 그의 얌전한 유물론적 세계관은 사물에 대한 신성화를 거부하는 니체와 마르크스의 급진성으로 이어진다. 쇼펜하우어도 스피노자의 탈신비화하는 태도를 훌륭한 것으로 본다. 그러나 쇼펜하우어는 스피노자의 무신론적 관점을 찬양하면서도, 유물론적 급진 민주주의 이념을 수용할 수 없었다. 쇼펜하우어의 염세주의는 개인의 완전 가능성을 신뢰하기보다는 개인들의 허약성을 지나치게 부각시키는 태도와 입헌군주제 하에서의 소수 귀족 엘리트 집단의 통치를 지지하는 보수성과도 연결된다. 그러나 스피노자와 쇼펜하우어는 세계에 대한 냉정한 관찰을 철학적 태도의 기본으로 보고 세계에 대한 허구적 관념화를 거부한다. 그들은 절대적인 신적 정신이 세계를 이상적인 목적으로 이끌어 간다는 목적론적 신정론Theodicy을 거부한다. 그들의 세계상은 기독교적 신정론의 세속적 형태라 할 수 있는 헤겔의 목적론적 사변 체계에 적대적이다.

사물의 냉혹성에 대한 쇼펜하우어의 경험적 관찰은 그의 예리한 문학적 문체 때문에 더욱 날카로운 인상을 준다. 그의 주저(2판)의 선전포고와도 같은 서문Vorrede에서 웅변하고 있듯, 그는 시대의 일반적 풍조나 국가 및 교회 같은 조직체의 이익이라는 '당파적 목적Parteizwecke'을 배제하고 스스로를 반시대적 예외자로 만든다. 철학적 진리는 예외적이다. 그가 본 세계는 '결핍과 궁핍의 세계'이며, 시대는 '겨울밤과 같은 시대'이다. 이러한 시대에 진리는 '비의秘義, Geheimlehre'처럼 "소수의 숙련사에게만 전달되는 것"이다. 진리는 경험과 근본적 사유에 의해 이루어지는 것이기에 정상적 의사소통의 세계에 유통되는 돈과 같은 것이 아니다. "진리는 매춘부가 아니며", "모든 것을 다 바친다 해도 그녀의 호의를 얻을 수 없는 품위 있는 새침데기 미인"이다.[15]

이처럼 그는 '인생의 사막'에서 관념적 위로와 '평범성Mittelmäßigkeit'을 거부한다. 그의 부정적이고 열정적인 문체는 지나치다 못해 일종의 철학적 호들갑처럼 보인다. 이러한 태도는 국외자인 그를 알아주지 않

---

15 Arthur Schopenhauer, *Die Welt als Wille und Vorstellung* I, S. W. Band I, Suhrkamp, 1986, s. 15~16.

는 것에 대한 반감의 표현일 수도 있다. 그러나 그 속에는 광범위한 경험을 내적 성찰을 통해 탐구하는 '정직성Redlichkeit'이 숨어 있다. 니체가 존경을 표한 이 정직성에는 사사로운 이익에 대한 관심을 감추는 것이 아니라 철저한 '투명성Offenheit'에 헌신하려는 쇼펜하우어의 심지가 있다.[16]

사물의 어두운 측면에 민감한 것은 그 부조리를 드러낼 수 있는 자질이기도 하지만 냉소적인 태도로 보일 수 있다. 이러한 태도는 그의 우울한 성격과 함께 모친과의 불화가 일어나는 원인이 된 것으로 보인다. 모친 요한나가 아들에게 쓴 편지들을 분석한 자프란스키Rüdiger Safransky는 요한나가 지닌 작가로서의 문학적 자기실현에 대한 강렬한 관심이 모성애를 압도하고 있다고 말한다. 그녀의 모성 포기는 당시 가부장적 부르주아 사회에서는 '부르주아적 전통에 대한 반항'의 의미를 가질 수 있다. 그러나 그녀가 편지에서 사용한 어투는 극히 자기중심적이고 — 스스로도 알고 있었다 — 사무적이었다. 단지 괴테와 그의 친구들이 필요로 하는 자수품과 크레용, 그녀의 숭배자였던 페르노프Fernow가 원하는 책, 자신이 쓰려는 밀짚모자 — 아들과 머리 크기가 같았음 — 등을 아들에게 구해오거나 가져오라는 요구가 아들과 만나는 유일한 이유였다.[17]

시민 사회에서 자라난 작가들과의 교제는 요한나의 자기실현의 소망과 반항성을 만족시키기도 했다. 당시 바이마르(인구 7,500여 명)는 헤르더Herder, 괴테Goethe, 쉴러Schiller, 비란드Wieland 등 상위층의 작가와 쉬체Stephen Schütze와 같은 하층 작가들로 분열되어 있었다. 상층 작가

---

16 위와 같음.

17 Rüdiger Safransky, *Schopenhauer und die wilden Jahre der Philosophie*, Carl Hansen Verlag München Wien, 1987, S. 108~117.

들은 '궁정 고문관' 등과 같은 관직의 칭호를 이름 앞에 사용하는 것을 즐겼는데, 그러한 풍조는 상인들 사이에서조차 유행했다. 요한나는 이러한 분위기에 성공적으로 적응하여 남편의 직위 호칭(폴란드 궁정 고문관)을 잘 이용했다. 그러나 부르주아는 귀족 제도에 여전히 눌려 있었으며, 학자와 예술가는 귀족과 하층 부르주아 사이에 끼어 있었다. 학자와 예술가는 하층을 무시하면서 귀족에 대해서는 동경심을 갖는 복합적 심리를 갖고 있었다.[18] 이러한 중간층이 가질 수 있는 성향은 요한나에게도 예외가 아니었던 것으로 보인다.

그러나 요한나의 예술에 대한 연구가들은 아들 쇼펜하우어와의 불화를 단지 어머니의 자기중심성으로만 보는 것을 반대할 것이다. 앞서 언급했듯 그녀는 남편 하인리히 쇼펜하우어가 자살한 후 유산을 정리해 문예의 도시인 바이마르로 이주한다. 의심 많은 권위주의적 남편이 죽자 비로소 최초의 독립 여류 문인이 탄생하고, 이제까지 상인도제 학교에 있었던 청년은 철학자로 변신하게 된다. 얄롬Irvin D. Yalom은 이 점을 잘 지적하고 있다. "자기의 사회적 능력에 높은 자부심을 갖고 있었던 그녀는 자신에게 좋은 일을 스스로 만들어 낼 수 있다는 것을 알고 몇 개월 안에 아주 새로운 삶을 창조해 냈다. 그녀는 바이마르에서 아주 활발한 상류층 모임을 만들어 괴테를 비롯한 그 시대 선구적 역할을 하는 작가나 예술가들과 친밀한 우정 관계를 발전시켰다. 곧 그녀는 직업을 갖게 되었는데, 쇼펜하우어 가의 여행과 남부 프랑스 여행을 연대기로 쓴 기행문 작가로서 출발했으며, 그것은 성공적이었다. 이후 괴테의 재촉을 받고 소설로 돌아서 일련의 로맨스 소설을 집필했다. 그녀는 진정 해방된 첫 여성 중 하나였고, 독일에서 작가로 돈을 벌

---

18 위와 같음.

어 자기 삶을 영위한 첫 여성이었다. 다음 10년 동안 요한나는, 19세기 독일의 다니엘 스틸이라고 부를 만큼 유명한 소설가가 되었고, 그 시기에 쇼펜하우어는 고작 요한나의 아들로 알려져 있었다. 1820년대 말에는 요한나의 20부작이 완성되어 출간되었다."[19] 이 시기(1807) 요한나는 아들에게 편지로 스스로의 길을 결단할 것을 촉구한다. "자신의 길을 찾고 결정하는 것은 바로 너 자신이야. 그러면 나는 내가 할 수 있는 방식으로 충고를 하고 돕지. 우선 스스로 평화를 찾으려고 노력해라. (……) 네가 철학을 할 힘과 마음을 느낀다면 난 기꺼이 네게 손을 내밀 마. 그러나 학식을 갖춘 학자로서의 삶이 너무도 기쁠 것이라고 상상하지는 말아라. 나는 지금 주위에서 그것을 보고 있단다. 사랑하는 아르투어야. 인생은 할 일로 가득 차 있고 피곤하고 문제가 많은 곳이란다. (……) 네가 원하는 것을 선택해라." 독립적 결의를 촉구하고 배려에 넘치는 이 편지에 쇼펜하우어는 감동하여 눈물을 흘린다. 이 편지가 발트 해의 대무역상의 후손을 김나지움에 입학하여 철학의 길을 걷게 만든다. 아버지의 죽음은 어머니를 페미니즘적 예술가로 아들을 철학자로 만든다. 그러나 인생을 이해하는 철학을 지향하는 쇼펜하우어도 그의 어머니의 독립적 여성 세계와 어머니의 남자관계를 이해하지 못한다. 이 점은 그의 철학을 비판적으로 이해하는 데에 고려되어야 할 사항이다. 어머니는 남편에게서도 나타난 쇼펜하우어의 음울한 고집과 비사교성을 싫어하여 자신의 거주지에서 50킬로미터 떨어진 고타의 김나지움에 입학하도록 주선한다.[20] 그러나 곧 쇼펜하우어는 교수를 조롱하여 퇴학 처분을 받게 된다. 쇼펜하우어의 이러한 성격은

---

19 Irvin D. Yalom, 이혜성, 최윤미 옮김,《쇼펜하우어, 집단심리치료*The Schopenhauer Cure*》(2005), 시그마프레스, 2006, 146~148쪽.
20 위와 같음.

그의 할머니 쪽의 정신 병력과 아버지 형제들의 정신 질환이 알려지면서 유전적 기질로도 간주되어 왔다.

그러나 밝고 사교적인 요한나는 봉건적 정략결혼과 부르주아 가부장 질서를 체념하고 받아들이지만, 이 '단념Entsagung'을 통해 스스로 성장해 가는 식물의 생장처럼 자신의 세계를 구성하고자 한다. 그녀는 유럽 최초의 생태 페미니즘의 선구자가 되었다. 사지원의 연구에 의하면, "요한나 쇼펜하우어는《가브리엘레Gabriele》와《숙모Die Tante》및《시도니아Sidonia》와 같은 작품명이 말해주듯, 여성을 작품의 주인공으로 내세워 당대의 작품들과는 전혀 다른 여성 인물들을 창안해 낸 것이다. 이 여성들은 가부장제 사회의 남성들을 교화하여 서로가 존중하고 사랑할 수 있는 방법을 강구하는 담대함을 보이기도 하고, 정열과 혈기를 주체하지 못하는 감성적인 남성이 세계를 여행하면서 자아를 연마하도록 이끌며, 일방적인 관계가 아니라 서로 배려하고 소통하는 파트너가 되도록 유도하기도 한다. 뿐만 아니라 '모든 것은 모든 것에 연결되어 있다'는 일원론적인 가치관을 토대로 한 이들의 포용력은 주변 사람들을 감화시켜 계급 사회에서 신분과 성별과 나이와 관계없이 서로 화합하고 배려하는 정신적 친족 공동체를 형성한다."[21] 자연에서 배우는 길과 우정으로 맺어지는 공동체의 형성은 요한나의 예술 핵심이었다. 그러나 아들 쇼펜하우어는 자연에서 배우는 자연 철학과 불교적 관점으로 나아가지만, 공동체로 회귀하는 붓다의 윤리적 사회성에 대해서는 침묵한다. 그는 공동의 의지를 가진 사람들이 신분의 차별을 넘어서 공동체를 형성하는 어머니의 길을 이해하지 못했으며, 이는 그의 철학이 갖는 정관주의적 특성과도 무관하지 않다.

---

21 사지원, 〈요한나 쇼펜하우어의 작품에 나타난 생태 페미니즘적 상상력과 대안사회〉, 독일어문학 62집, 2013, 143~144쪽.

어머니와의 결정적인 결별은 그가 박사 학위 논문(《충족이유율의 네 겹의 뿌리에 관하여》)를 쓴 이후에 일어난다. 괴테와는 달리 어머니는 그의 논문을 약제사에나 필요한 것이라고 평가 절하한다. 금전문제와 요한나의 남자관계에 대한 말싸움은 결국 결별 선언에 이른다. "내가 너의 아버지보다 못하단 말이냐? 내가 네게 한 것보다 아버지가 더 잘했을 것 같으냐? 나보다 더 너를 사랑했단 말이냐? (……) 너에 대한 나의 의무는 이제 끝났다. 너는 네 길로 가라. (……) 너는 나에게 너무나 많은 상처를 주었다. 떠나라. 그리고 최대한 행복해라."[22] 이후 둘은 한 번도 만나지 못한다. 이러한 과정이 쇼펜하우어의 잘 알려진 인간혐오증에 여성혐오증을 더한 것으로 보인다. 이러한 혐오증도 강박증처럼 오는 것이기에 그는 자신의 본심이 아니라는 것도 잘 의식하고 있었다.

모친의 지적 능력을 존경하기도 했지만 쇼펜하우어의 성격은 예술계의 낭만주의적 사교성에 맞지 않았으며, 모친도 그렇게 인식했다. 그의 '어두운 표정', 세상사에 대한 '탄식'과 '인간혐오', 아버지를 닮은 고집 등은 모친의 심기를 불편하게 했다. 룰G. von Ludwig Sigmund Ruhl이 1818년에 그린 젊은 쇼펜하우어 초상화 — 베를린, 예술·역사박물관 소재 — 는 두꺼운 입술의 관능성과 뾰족한 인상의 양 볼과 예리하지만 두려워하는 듯한 눈이 가진 어둡고 자만스러운 의지를 보여 준다. 그의 날선 의지는 아첨을 배제하지 않는 부르주아적 사교성에 대립한다. 그는 부친의 사업가적 자유정신을 정신의 독립성으로 이어받아 국가와 교회에 예속된 대학 강단을 멸시했다. 그리고 스피노자가 민주정을 옹호하면서도 군중의 비이성을 두려워했듯, 쇼펜하우어는 대중의 자기통치 능력보다는 먹을 것과 오락에 만족하는 자발적 노예근성을

---

22 Irvin D. Yalom, 앞의 책, 169~170쪽.

경계하고 두려워했다.

특히 그는 중산층 교수 집단을 권력과 이익의 종복으로 비난했다. 쇼펜하우어는 부르주아의 사회성을 홉스T. Hobbes를 통해 잘 알려진 '만인에 대한 만인의 늑대'로 요약한다. 인생에 대한 이러한 이해를 그는 사물을 적나라하게 본 것이라고 자부했다. 그의 사회관은 당시 시민 사회를 홉스적인 '인욕의 체계'로 규정한 헤겔과 공유하는 측면이 있다. 그러나 프랑스 혁명을 두려워한 헤겔은 시민 사회의 투쟁적 경제 체계를 국가라고 하는 보편자 안으로 개량주의적으로 통일한다. 이 통일의 과정은 신(절대정신)의 내재적 전개 과정 안에서 일어나는 유럽 중심의 역사 안에서 합리화된다. 신적 이성의 본질은 자유다. 역사 발전은 자유의 완성이라는 목적성을 갖는다. 이러한 목적론적 역사 형이상학은 쇼펜하우어에게는 객관적 경험에 대한 '유대-기독교적' 변명에 불과하다. 그러한 체계는 인식의 제반 선험적 형식이 갖는 관념성을 반성하지 못하고 실재론적 낙관론을 편 것이다. 그것은 '공허하고 무익한 말'이기에 '무의미Unsinn'하다. 무의미한 진술은 '어리석은 망상Aberwitz, 정신박약'이다.[23] 황당한 헛소리를 의미하는 Unsinn은 비트겐슈타인 Ludwig Wittgenstein, 1889~1951의 《논리-철학 논고Tractatus Logico-Philosophicus》 (1921)에서 형이상학의 언어 사용 방식에 대한 비판에서 다시 나타난다. 쇼펜하우어가 말하는 사고의 '명료성'이란 형이상학자들과 달리 사고의 논리적 형식의 관념성을 반성할 수 있는 능력을 의미한다.

쇼펜하우어에 의하면 무의미한 체계에 대해서는 '정신의 의약 medicina mentis'이 필요하며, '세정제'에 의한 정화를 거친 후에야 '건전한 오성悟性, Verstand, Understanding'이 살아난다. 지각과 판단력을 포함하는

---

23 Arthur Schopenhauer, *Die Welt als Wille und Vorstellung* I, S. W. Band I, Suhrkamp, 1986 2판 Vorrede, S. 17~18.

오성과 결합하여 이성은 개념과 추론을 통해 과학적 지식을 구성한다. 쇼펜하우어는 칸트적인 선험적 관념론의 입장에 선다. 그러나 그는 오성이 지각하는 내용에 대한 경험을 무엇보다도 강조한다. 감각에 의해 들어온 내용은 오성의 예리한 판단력이 구사되기 위한 풍부한 자료다. 판단의 경험적 근거인 자료를 지나치게 추상적 개념으로 관념화하는 사변 철학은 예리한 시선이 아닌 '둔중한 시선'에서 나온다. 쇼펜하우어의 형이상학 비판은 경험적 실재를 신학적 개념으로 정당화하여 미화하는 독단과 속임수를 배제한다.

쇼펜하우어에게 지식의 내적 핵심은 감각 지각이고 새로운 발견적 진리는 '지각의 열매'다. 사물이 호소하는 문제의 근저에 도달하면 지혜는 "구체적인 것 속에 숨겨져 있는 금"과 같이 감춰져 있다는 것을 알게 된다. 숨겨져 있는 진리는 평범한 지각에 드러나는 것이 아니라 '섬세한 지각'을 요구하며, 이것은 높은 수준의 감수성을 필요로 한다. 이러한 지각에 근거한 판단은 진부한 개념을 넘어서거나 그 의미를 새롭게 전환시키기에 '지성의 독립성'을 필요로 한다. 독립성에 의한 판단이 통찰력 있는 판단이 된다. 책에 의존하는 강단 철학은 이러한 지각과 판단보다 개념을 숭상하는 습성의 노예다. 어떤 타당한 추리 과정이라도 경험적 실재성 없이는 공허하며, 추리의 가치는 경험의 타당성과 높은 수준의 질로 구성된다. 쇼펜하우어는 시점에 따라 다양하게 변이하는 감각적 경험의 다양성을 무시하는 통념만을 담은 개념의 추상적 일반성을 경계하고 감각들의 차이성을 중시한다.

부친처럼 영국 경험주의에 비교적 호의적이었으며 그 장점을 살리려는 쇼펜하우어는 넓은 의미의 경험을 철학의 한 부분을 형성하는 것으로 보았다. 그의 부친은 영국적인 것을 좋아하고 《타임스_The Times_》를 구독했는데, 그도 마찬가지로 그것을 구독했다. 그는 칸트를 놀라게 했

을 뿐만 아니라, 경험주의적 자연주의자들의 신념이 된 흄의 주장, 즉
경험과학과 수리 논리적인 것을 제외한 일체의 형이상학을 불구덩이
에 던져버리라는 주장을 새로운 형이상학을 모색하는 길에서 심각하
게 고려하지 않을 수 없었다. 그는 칸트보다도 더 경험주의적 정신을
옹호한다. 쇼펜하우어는 후세의 과학 철학자들과는 달리 부호의 가정
에서 그리스어, 라틴어를 배우고, 대학에서도 학습하여 그리스-로마
의 인문적 고전에 정통할 수 있었으며, 여행을 통해 배운 불어와 영어
는 유럽의 새로운 과학적 지식과 사건들에 접근할 수 있는 수단이 되
었다. 그는 인문적 교양을 인생사에 대한 경험에 적용할 수 있는 능력
을 갖출 수 있었다. 또한 국제적 상인으로 키우려는 부친을 따라 유럽
각지를 여행한 것도 경험에 대한 형이상학적 해석으로서의 철학에 결
정적으로 기여하게 된다. 그의 이력서가 보여 주듯 그가 공부를 중단
하고 몇 년의 여행 경험을 한 것은 그의 철학의 형성에 유익한 것이 되
었다.[24]

그가 19세기 유럽의 풍경을 보는 관점은 과학과 자본의 시대를 대
변하는 계몽주의적 시각이 아니었으며, 이 시대의 사회적 부조리를 혁
신하여 이상에 도달할 수 있다는 급진주의적 시각도 아니었다. 또한 이
러한 역사적 흐름을 절대정신과 같은 종교적 개념의 전개로 미화하는
것도 아니었다. 그렇다 해서 그가 감상적 낭만주의 입장에서 열정적으
로 계몽주의적 흐름에 저항한 것도 아니었다. 그가 시대로부터 읽어
낸 것은, 모든 형태의 낙관주의적 관점들이 비본질적인 것으로 본 문명
의 어두운 측면을 본질적인 것 ─ 의지 ─ 의 징후로 독해하는 것이었
다. 쇼펜하우어는 자신의 부친과 같은 사람들이 형성한 부르주아 세계

---

24 Arthur Schopenhauer, 김중기 옮김, 〈베를린 대학에 제출한 이력서〉, 《의지와 표상으로서의 세계
外》, 집문당, 2003, 9~29쪽.

에 의존해서 살 수밖에 없다는 점을 잘 의식했지만, 그는 그 세계의 어두운 충동과 잔혹성 및 무의미성을 감지했다. 그가 낙관주의를 거짓과 탐욕을 숨기는 전략으로 보고 자신의 염세적 감각을 정직성과 진솔함의 원천으로 자부한 것은 그 때문이며, 그를 계몽주의와 이에 대항한 낭만주의로부터 구분해야 하는 것도 그 때문이다.[25] 그는 스스로 의식하고 있었듯 윤리학으로서의 형이상학을 말하는 스피노자Baruch Spinoza, 1632~1677보다 더 나아간 윤리적 형이상학자가 되었다. 쇼펜하우어는 지식에 대한 반성을 수행하는 동시에, 강한 윤리적 감각을 가진 자신의 비판 철학적 노선에 자부심을 가졌다. 그는 인간의 복잡한 심리를 심층적으로 이해하고 이타주의적 향상을 희망하는 모럴리스트의 태도를 가지고 철학에 접근한다.

한편 그는 지적 혹은 언어적 형식으로 물들지 않은 순수한 감각적 경험이 가능하다고 보는 경험주의 독단Dogmatism을 비판한다.[26] 감각 경험도 지성의 개념적 장치에 의해 제약된다. 그럼에도 그가 보기에 경험적 자료는 모든 지식의 연원이자 그 자체가 훌륭한 지식이기도 하다. 그가 책만 가지고 공부하는 사람보다 자기처럼 여행을 통해 경험을 쌓는 사람을 더 중시한 것도 그 때문이다. "지각Anschaung, Perception 으로부터 개념을 풍부하게 하는 것이 시와 철학의 끝없는 노력이다." 철학도 경험과의 연관에서 개념을 창조하는 활동이다.[27] '예리한 판단력'과 어

---

25 최종렬, 〈고전 유럽 사회학의 지적 모체〉, 《사회와이론》 통권 제6집, 2005, 35~81쪽. 이 논문은 19
    세기 지적 지형도를 계몽주의, 대항 계몽주의(낭만주의), 반계몽주의(쇼펜하우어, 니체, 프로이트)로
    나눈다.
26 Arthur Schopenhauer, *Über die Vierfache Wurzel des Satzes vom Zureichenden Grunde*,
    Suhrkamp, S. W. Band Ⅲ, 1986, s. 69~70. 여기서 그는 감각적 직관이 사실은 공간, 시간, 인과
    개념으로 순간적으로 구성된 '지적 직관' 혹은 순간적으로 추론된 '오성의 추론'이라고 한다. 그는
    생리학을 통해 시각이 두뇌의 기하학적 구성을 통해 지적으로 구성된다는 것을 분명하게 알고 있
    었다. 러셀Bertrand Russell이 객관을 추론된 것으로 보고, 직접적 감각의 가능성에 지식의 의미론
    적 기초를 두려한 것은 감각이 지성에 의해 처음부터 해석된 것이라는 점을 간과한 것이다.
27 E. F. J. Payne의 영역서(*The World as Will and Representation* Ⅰ, Ⅱ)는 Anschaung을

떤 권위에도 귀속되지 않는 '자율적 독립성'에서 새롭고도 심오한 지식을 가진 문학과 철학이 나올 수 있다는 것이다. 이러한 형태의 지식들만이 지성사를 장식해 왔으며, 새로운 지식은 '의사소통 가능한' 기존의 지식들이 갖는 이해 범위를 넘어서는 것이다. 새로운 경험은 전달 가능성이 적지만, 변화하지 못하는 기존의 추상적 개념은 전달 가능성이 높다.

> 오직 가장 빈곤한 지식, 추상적인 부차적 지식, 개념, 지식 그 자체의 단순한 그림자만이 제약 없이 소통 가능하다. 만일 지각들Anschaungen이 소통 가능하다면 그때는 고생할 가치가 있는 어떤 소통이 있을 수 있을 것이다. 그러나 결국에는 자신의 피부와 자신의 머리 내부에 머물 수밖에 없으며 아무도 다른 사람을 도울 수 없다.[28]

소통이 손쉬운 범상한 지식은 진부하고 공허한 개념으로 일반화된 것이다. 진부한 개념과 새로운 경험은 질적으로 다르다. 새로이 개념화되어야만 새로운 경험은 소통가능성을 갖는다. 새로운 경험과 추상적 개념의 차이와 구분을 확립하는 것이 "나의 철학의 근본 특징"이다. 그에 의하면 직접적 경험과 개념의 '차이Unterschied'와 '대립Gegensatz'이 이제까지 간과되어 왔다. "수많은 정신적 삶의 현상들은 이 '차이'로부터 설명될 수 있다."[29] 차이가 지식의 창조적 형성의 가능 조건이다. 차이는 공허하고 평범한 개념에 순응하는 경험을 넘어서는 행위가 될 것이

Perception(지각)으로 번역하고 있다. 이것이 쇼펜하우어 철학의 관념론적 성향을 더 잘 표현한다.

28 Arthur Schopenhauer, *Die Welt als Wille und Vorstellung* I, S. W. Band I, Suhrkamp, 1986, s. 99.

29 Arthur Schopenhauer, *Die Welt als Wille und Vorstellung* II, S. W. Band I, Suhrkamp, 1986, s.118.

다. 쇼펜하우어는 창조적 개념화를 가능하게 하는 경험의 의의를 강조한다. 그가 헤겔에 적대한 것은 차이나 대립을 일자나 신적 주체성 같은 신학적인 개념으로 통일하여 억압했기 때문이다. 쇼펜하우어의 비판 정신을 계승한 니체 역시 중세의 삼위일체에 뿌리를 둔 헤겔의 변증법에 대항하여, 쇼펜하우어를 반시대적Unzeitgemäß 사고의 스승으로 보았다. 쇼펜하우어와 니체는 유대−기독교적 사고에 입각한 독단적 철학의 정점인 헤겔에 대립하여 억압적 문화에 대해 정신의 독립성을 유지하고자 한다.

쇼펜하우어는 고통[苦]에 대한 감각을 천박한 낙관주의자의 추상적 개념에 대립시킨다. 그는 세계의 고통에 둔감한 부르주아적 일상성을 비판하고, 자신의 의지만을 긍정하는 '세계 정복자'를 경멸한다. 이에 비해 그리스도와 기독교 문화권의 신비주의자들, 붓다와 동양의 성자들이 자유정신의 전형인 '세계초극자들'이다. 이들은 감각적 경험보다는 초월적 경험을 통해 생의 의미를 자각한다. 그들에 의해 경험은 여러 등급의 차원을 갖는다는 것이 알려지게 되었다. 경험의 단계적 확장은 지식의 확장일뿐만 아니라 생의 의미의 인식으로 나아가는 활동이다. 쇼펜하우어는 이 견지에서 대학의 사이비 철학자와 진정한 철학자를 대립시킨다. 그의《의지와 표상으로서의 세계》I, 2판〈서문〉에 따라 다음과 같이 그 차이를 요약할 수 있다.[30]

(1) 연구 태도

사이비 철학자: 철학적 문제를 학술적 연구에 의해 개념적으로 직면하고 획득한다. 이러한 태도는 개념의 의미를 확장하지도 못하고 개념을 창조

---

30 매기B. Magee의 *The Philosophie of Schopenhauer* (1983, p. 6)에도 그 차이들에 대한 간략한 언급이 있다. 아래의 분류와 설명은 이것을 확대한 것이다.

하지도 못한다.

진정한 철학자: 자신의 주·객관적 경험을 성찰적으로 반성한다. 반성은 내적이고 실존적인 내성적 성찰에 의거한다. 이러한 태도가 자기반성의 진정성을 갖는다.

(2) 표현 방식

사이비 철학자: 철학을 읽고 쓰고 말하고 듣는 활동, 넓은 의미의 언어 활동으로 간주한다. 이 방식은 기존의 문화적 삶의 형식을 벗어나지 못한다.

진정한 철학자: 인간의 언어로 의인화할 수 없는 비언어적 존재와 인간의 삶에 근거한다. 이 방식은 언어비판으로서의 철학을 수용할 수 있으며 전위 예술과 같이 무의식에 뿌리박은 창조적 예술로도 나타날 수 있다.

(3) 생활 방식

사이비 철학자: 남을 위한다는 계몽적 관심하에 즐겁게 활동할 수 있으며 좋은 교육자가 될 수도 있다. 그러나 사실은 자기생존과 이익에 관심이 있다.

진정한 철학자: 자신의 주체적 삶과 분리되지 않으며 생사의 문제와 같은 주요 문제에 창조적으로 기여한다. 자기를 위하지만 이를 통해 타인의 인생에 기여한다.

위의 구분은 피히테Fichte로부터 헤겔에 이르는 관념론과의 대립구도를 전제한다. 이들과 쇼펜하우어 사이의 차이는 각자의 물질적 기초의 차이와 무관하지 않다. 당시 독일관념론을 대표하는 사람들은 하층 공무원이나 노동자 출신의 집안에서 태어나 신학교에 들어가 교수나 목사 ― 이들은 공무원이었다 ― 를 지망했던 인물들이었다. 그들이

봉급과 사회적 지위에 관심을 갖는 것은 자연스러운 일이다. 이에 비해 부호의 아들이자 금리 생활자였던 쇼펜하우어는 생계와 연관된 직업을 필요로 하는 처지에 있지 않았다. 이러한 여유가 그의 개인주의적 관심을 가능하게 했을 것이다. 또 이러한 관심은 진부한 보편 개념보다 개별적 경험의 의의를 강조하는 유명론적 경향과도 연관된다. 경험을 중시하는 쇼펜하우어는 기존의 피상적 습관을 전환하는 새로운 사고 '습관'의 중요성을 강조한다. 이것이 "사물에 대한 직관과 인상, 직접적 인식을 소리 내는 말보다 훨씬 바람직하게 생각하는 습관"이다. 이 습관은 "사물의 성질과 변화에 관해 전해진 '의견'을 스스로 받아들이는" 습관을 버리고, "사물이 무엇인지 그리고 어떻게 존재하는지를 배우는" 습관이다.[31] 진정한 경험적 정신은 일반 상식과 갈등하고 그것을 넘어서는 습관을 가지려는 '노력'이다.

쇼펜하우어의 부친은 영국적인 것을 좋아하는 '부르주아-귀족적인 공화주의자Bourgeois-aristocracy republican'(R. Safransky)로서 자유주의적 교양을 갖춘 인물이었다. 쇼펜하우어가 개인과 시민 사회에 대한 국가의 통제적 개입, 특히 형이상학적 사유에 대해 국가가 개입하는 것을 혐오한 것은 그의 부친을 잇는 자유주의적 정신의 발로일 수 있다. 그는 부친의 유산 위에서 한가한 여가를 얻어 사상의 자유를 누릴 수 있었다. 나아가 그는 이 자유를 통해 부친과 같은 대무역업자의 생활 양식이 지배적으로 되어가는 세계를 의혹의 눈초리로 보았다. 이런 의미에서는 쇼펜하우어의 철학은 부르주아가 자신의 삶을 이해하고 반성하는 하나의 거울이라고 할 수 있다. 그러나 당시 독일 부르주아는 전통 귀족제와 혁명적 분위기의 중간에 끼어 지배적 지위를 갖지 못하

---

31 Walter Abendroth, 이안희 옮김,《쇼펜하우어》, 한길사, 1998, 21~23쪽.

고 있었다. 쇼펜하우어의 세계상이 갖는 세기말적 분위기는 부르주아
의 좌절과 연관이 없는 것도 아니다. 그러나 독일 부르주아도 프랑스의
부르주아처럼 자유주의 혁명의 확산 과정에서 혁명에 반대하면서도
막후에서 이익을 취득하는 위치에 있었다.

쇼펜하우어가 제시한 습관과 노력의 문제는 베르그송과 윌리엄 제
임스에 의해 은밀히 활용되어 발전되었다. 베르그송 역시 자본주의적
기계 산업화와 연관된 수량화하는 습관을 넘어서서 생명의 비약적 흐
름élan vital에 접근하는 습관과 노력을 새로운 형이상학적 경험으로 제
시한다. 이 경험에 새로운 형이상학의 가능성이 놓여 있다. "철학한다
는 것은 (근대 과학적) 사유작용의 습관적 방향을 역전시키는 것이다."
"형이상학이 가능하다면 그 형이상학은" "사물의 내부로 정신의 팽창
dilation을 통하여 들어가려는 노력"이다. 이 노력이 사유의 역전이다.
"형이상학은 제 개념에서 실재로 나가는 노력이 아니라 실재에서 개념
으로 나아가려는 노력"이다. "철학은 인간적 제약을 초월하기 위한 노
력이 되어야 한다."[32] 질적으로 새로운 경험을 향한 초월적 노력이 철학
의 필수요건이다. 개념보다 실재의 우선성을 주장하는 이러한 관점은
쇼펜하우어 정신의 한 측면을 계승한 것이다.

윌리엄 제임스에 의하면 인간의 삶은 기존의 습성으로는 접근할 수
도 해결할 수도 없는 '곤경Predicament'에 부딪혀 새로운 '문제'에 직면하
게 된다. 이러한 상황은 실재가 상식의 진리나 과학의 진리처럼 간단하
거나 단순한 원리로 환원할 수 없는 '풍요로 넘쳐나는' '과잉실재'이기
에 일어난다. 과잉실재는 기존의 낡은 진리를 넘어서서 새 진리를 '발
명'하도록 요구한다. 실재와 교섭하는 한에서 인간에게는 '무한정한

---

32 H. Bergson, 이광래옮김, 《사유와 운동》, *Introduction à la metaphysique*(1903), 문예출판,
2001, 221~233쪽.

indefinite' 진리들이 미래로 열려져 있다. 이 때문에 진리론은 '진리의 발생론적 이론'이 된다. 그것은 옛것과 새것이 긴장 관계 속에서 교차하는 경험들의 상호연관성과 새로움을 주목해야 한다. 진리들은 '실재를 관통하는 통로들'의 열려진 총체라는 '다원성plurality'을 갖는다. 진리들은 창조되고 발명되는 것이기에 철학하는 덕은 새롭고 풍부한 실재와 교류하는 경험에 직면하는 용기와 '모험'이 된다. 이러한 철저한 태도를 그는 '근본적 경험주의Radical empiricism'로 명명한다.[33] 이러한 관점은 다양한 유형의 경험과 그 결실을 중시하는 쇼펜하우어의 정신을 프래그머티즘으로 발전시킨 것이다. 베르그송 역시 제임스의 견해를 자신과 유사한 것으로 이해했다.

쇼펜하우어에게 경험의 유형들은 단계적으로 상승하는 계층성을 갖는다. 감각적 지각과 인생사적 경험, 일반 상식과 과학적 지식, 예술적 인식과 영원의 관점에서 세계를 보는 초인의 지혜에 이르는 과정은 정신의 심화에서 오는 자유의 향상이다. 그는 경험의 질적 다양성의 차이를 감각이나 과학적 인식으로 환원하지 않는다. 또한 하위의 것을 최상의 정신적인 것으로 흡수하여 유심론화하지도 않는다. 나아가 최상의 정신적 경험을 개념이나 논리에 의해 사변철학화하는 것도 피한다. 그는 각각의 경험 유형이 갖는 고유한 특징을 살린다. 과학적 지식은 자연사적으로 우연히 솟아난 지성의 고유한 형식에 따라 구성된 표상으로서의 사실적 세계에 속한다. 따라서 과학적 지식의 세계는 우연성을 본질로 할 뿐만 아니라 생의 의미를 물을 수 없는 차원의 것이다. 철학의 본질은 특정 과학들, 물리학이나 수학 혹은 논리학에 있는 것이 아니라, 각각의 특징과 한계를 깨닫고 상위의 경험으로 넘어가는

---

33 W. James, 박경화옮김, 〈프래그머티즘〉, 《세계 사상 대전집》26, 대양서적, 1975, 49~169쪽. / H. Bergson, 〈윌리엄 제임스의 프래그머티즘〉, 《사유와 운동》, 2001, 252~264쪽.

활동, 즉 자유에 있다. 그리고 자유는 우주와의 합치에 뿌리를 두는 우주적 통찰과 보편적 사랑을 결합시키는 경지에서 자신의 목표에 이른다. 이런 의미에서 쇼펜하우어의 시계視界는 인간의 주요 경험들을 아우르는 광대한 포괄성을 갖는다. 철학은 유리한 위치에 있는 특정 개별 과학이나 절대자, 국가 혹은 산업 조직을 타고 위세를 부리는 파당성을 갖지 않는다.

자유는 쇼펜하우어 철학의 근본적 추진력이자 이념이다. 그리고 이 이념은 아시아 철학들의 본질적 관심사였으며, 송대 이래의 이학사理學史의 핵심적 주제였다. 쇼펜하우어는 독일관념론이 사변 신학적 오류를 범했다고 비난했지만, 피히테와 셸링의 철학이 자신과 공유하는 부분이 있으며 그것이 자신의 사상적 배경이 되었음을 잘 알고 있었다. 그것도 본질적인 부분에서 그렇다는 것이다. 이것이 바로 자유의 이념이다. 쇼펜하우어는 특히 셸링의 자연 철학의 내재적 구도를 '자유의 신비'를 간직한 철학으로 조심스럽게 인정한다. 쇼펜하우어의 자연 철학은《의지와 표상으로서의 세계》II에서 상세히 언급된다. 그는 물질로부터 무기물과 유기물, 식물계와 동물계, 인간 종에 이르기까지 단계별로 상승하는 진화적 사다리 구조를, 자신을 인식하려는 충동을 잠재적으로 갖고 있는 예지계인 의지가 발현되는 과정으로 묘사한다. 자연사는 잠자는 의식이 깨어나는 과정이다. 우주는 신정론적 목적이 미리 주어져 있지 않다. 그럼에도 우연히 탄생한 인간을 통해 우주는 자신을 이해하는 지성을 갖게 된 것이다. 의지는 인과 범주를 넘어선 것이기에 그 자체 근거가 없는 무근거의 심연으로 경험된다. 쇼펜하우어는 인간이 자기의식의 심층에서 바닥없는 심연의 소리를 섬뜩한 느낌과 함께 듣는다는 점을 언급한 적이 있다. 내면에서도 경험할 수 있는 무근거한 의지는 자신의 산물인 물질을 매개로 개별화의 원리가 지배하는 현상계를 창조적으로 전개한다. 의지는 충족이유율이 지배하는 결정된 세계가 아닌 자유의 차원에 있다. 의지는 단계마다 질서와 법칙을 만들지만 그것을 극복하고 다시 새로운 것을 창조하는 자유로운 활동의 원리다.

자프란스키의 《쇼펜하우어와 철학의 험난한 날들 Schopenhauer und die wilden Jahre der Philosophie》(1987)은 이 문제의 발견을 쇼펜하우어의 생애에서 중요한 것으로 보고, 〈자유의 신비〉라는 제목의 장을 만들어 셸링 Friedrich Wilhelm Joseph von Schelling, 1775~1854과의 연관에서 다루고 있다. '하나이자 모든 것 ἓν καὶ πᾶν'인 자연, 즉 신으로도 불리는 존재 Sein, Being는 "필연과 자유라는 양면성"을 갖는다. 인간이 자신 안에서 경험할 때의 자유처럼 존재는 자유라는 어두운 신비를 내포한다. 존재가 법칙과 질서라는 필연성으로 들어갈 때 그 "통제된 질서의 궁극적 원인"은 신으로서의 '절대적 자발성'이다. "규칙 없는 것이 마치 언젠가는 다시 분출해 나올 것처럼 그 근저에 놓여 있다." "현실성의 그 깊이를 헤아릴 수 없는 기초, 파악할 수 없는 잔여, 최대의 노력으로도 오성으로는 이해할 수 없는, 그럼에도 언제나 근저에 남아 있는 것", 즉 법칙이 결여된 근저의 것이 자유다. "자유는 존재의 심연 abyss of Being이자 인간 속의 심연이다." "셸링은 신 안에서 두 가지 유형의 존재에 대한 이야기를 말한다. 신의 혼돈chaos의 모습은 창조와 피조물 안에서 질서로 나타나며, 동시에 질서가 있는 자아에 대한 저항으로 남는다." "프로이트가 훗날 인간 내부의 심연의 충동에 대해 생각할 때, 모세, 오이디푸스, 엘렉트라를 비롯한 여러 신화적 인물들을 말하는 것처럼 셸링은 스스로가 불가사의한 것에 가치를 부여하는 이야기에 몰두하고 있음을 알게 된다."[34]

'잔여의 것'인 혼돈과 자유는 한계와 규칙을 돌파하는 저항의 원천이다. "셸링은 '혼돈의 형이상학'으로 쇼펜하우어에 앞서 주관으로부터 범논리주의를 끌어내는 후기칸트주의적 태도에 반대한다. 자연이 인간 안에서 파괴적이고 재앙적인 힘일 수 있다는 것을 발견하고서 셸링은 자연의 본질을 새롭게 재정의하고자 했다. 쇼펜하우어의 모든 동시대인들 사이에서 그가 쇼펜하우어의 의지 개념에 가장 가깝게 접근한 사람이다. 셸링에 의하면 의지가 원초적 존재Volition is primal Being이며, 무근거성, 영원성, 시간으로부터의 독립성, 자기긍정이라는 모든 술어는 그것에만 적용된다. (……) 우리는 필연성의 족쇄에 잡혀 있다. — 첫 번째 차원. 우리는 혼돈이라는 압도적 심연이 열리는 자유를 발견한다. — 두 번째 차원. 더 낮게 내려가면, 우리는 결국 아무것도 문제가 되지 않으며 모든 것은 최상의 상태로 있다는 느낌에 이끌리고, 그것에 붙어 있는 우리 자신을 경험하게 된다. — 세 번째 차원. 달리 말하면 당신은 할 수밖에 없다you must — 당신은 할 수 있다you can — 당신은 하게 된다you may."[35] 무근거성을 갖는 우주와의 합일에서 현상계와 화해하는 진정한 자유의 경험이 있게 된다. 여기에서 비로소 변화의 유희와 그 우연성을 향유하는 자유를 얻는다.

쇼펜하우어에게는 이성이 의지의 산물이듯 질서의 차원들도 의지의 산물이다. 그러나 의지는 스스로의 무근거성을 갖는 혼돈의 실재이며 그 이상의 근거가 없다는 의미에서 '무'이거나 '무'에서 솟아난 것이다. 의지는 필연성의 속박을 벗어나는 잉여의 힘으로서의 자유다. 이 자유로운 의지가 우주의 심연이다. 의지는 작용인도 갖지 않고 목적인도 갖지 않는다. 그러나 의지는 물질로부터 인간 종의 자기의식에 이르

---

34 Rüdiger Safransky, *Schopenhauer und die wilden Jahre der Philosophie*, Carl Hansen Verlag, 1987. / *Schopenhauer and the Wild Years of Philosophy*, Trans by Ewald Osers, Harvard University, 1991. pp. 312~314.

35 위와 같음.

기까지 창조적 발현을 통해 표상으로서의 세계를 자기의 모습으로 갖게 된다. 세계는 의지가 자기의 모습을 알 수 있는 거울이다. 세계는 의지의 자기인식이다. 쇼펜하우어의 의지 개념은 필연적 질서와 대립하는 자유의 힘이며, 맹목적이지만 잠재적으로 자기반성의 힘을 가진다. 의지는 이성에 의해 부정되는 것이 아니라 이성이 의지의 우연적 산물이다. 의지부정의 길에서 만나는 자유의 경지는 의지에 의한 의지의 부정이라는 강력한 능동성을 갖는다. 의지는 스스로를 부정할 수 있는 의지자유의 능력을 갖는다. 의지는 고대 성인들이 보여 주었듯 개체적 죽음과 생의 속박에서 벗어나는 해방을 추구할 수 있는 것이다. 의지는 개체적 생의 의지부정을 통해 현상계를 영원의 관점에서 보고 생사여탈의 권한을 자신 안에 지닌 초인상으로 창조하게 된다. 이것이 우주와 인간 속에서 작용하는 자유의 신비다. 자유로서의 의지는 인간을 통해 질서와 규칙의 속박에 저항하고, 개체적 생의 의지와의 갈등하는 모순을 통과해 자유의 완성으로 나아간다. 자유의 완성은 인간이 동경하는 이념이다. 인간은 만유의 무근거성 앞에서 의지의 본성에 따라 속박에 저항하고 완성하고자 할 뿐 합리적 이성은 이러한 활동의 이유와 목적을 알지 못한다. 우주에서의 인간의 위치와 생의 의미는 자연사의 과정이 보여 주는 자유의 길에 있다. 쇼펜하우어는 이 길에서 아시아 철학과 서양 신비주의적 종교와 철학들이 공유하는 이념을 보았다.

이 때문에 쇼펜하우어는 《의지와 표상으로서의 세계》Ⅱ의 4권에서 프랑스의 동양학자 줄리앙Stanislas Aignan Julien, 1799~1879의 노자老子《도덕경》 번역서인 《Lao Tseu Tao Te King. 道德經, Le Livre de la Voie et de la Vertu》(1842)의 15장에서 다음과 같은 구절을 발췌해 제사로 인용한다. "모든 사람들은 죽음으로부터 자유롭기만을 바라고, 어떻게 생으로부터 자유로울 수 있는지에 대해서는 알지 못한다." 이 말을 쇼펜하우어는《도덕경》15장에 있는 것처럼 인용하고 있으나 실은 번역자의 주석 노트Note에 있는 구절에서 온 것이다.[36] 쇼펜하우어가 스피노자Baruch Spinoza에게서 진정한 윤리를 볼 수 없다고 간주한다. 쇼펜하우어가 노자와 불교 및 인도 철학에서 자신의 윤리학의 핵심을 본 데에는 한 가지 이유가 있다. 그가 보기에 개별자의 본질을 자기보존과 실현의 욕망, 즉 그 개체의 역량potentia, Macht으로 보는 스피노자 철학은 타 생명체에 대한 폭력을 정당화하거나 보다 강한 역량을 가진 사람의 자연권을 특권화할 수 있는 부도덕성을 갖는다는 것이다. 쇼펜하우어는 역량의 존재론을 민주주의 정치철학으로 활용하는 길보다 그것이 갖는 윤리적 허약성에 더 관심을 보인다. 쇼펜하우어는 동양인들처럼 윤리적 책임과 시야를 우주 전체로 확장하여 적용한다. 자연은 인본주의적 입장에서 보는 지배와 관리의 대상이 아니다. 그가 자연의 모든 존재와 투쟁 관계에 있는 개인은 만유에 대한 도덕적 죄의식과 불안을 면할 수 없다고 본 것은 그 때문이다. 그가 여행을 통해 본 세계는 붓다의 눈으로 본 고통의 세계였다. 쇼펜하우어가 동양의 윤리관을 존중하고, 같은 정신에서 성 프란시스St. Francis, 1181~1226와 에크하르트Meister Eckhart, 1260~1329와 같은 서양 신비주의자들의 '포기'의 생애를 높이 평가한 것은 그러한 우주적 윤리관에서 나온 것이다. 이런 입장에서 그는 개체적 생의 의지까지 극복하는 윤리를 최상의 것으로 보았다. 이러한 맥락에서 쇼펜하우어는 붓다와 그리스도를 최상의 인격으로 보았으며, 그 다음으로는 자기희생적인 고결한 행위에 대한 어떤 보상도 받지 못했으나 대대로 칭송받는 영웅들, 그리고 재산과 명예를 버리는 동서양의 신비주의적 인물들을 바람직한 인간상으로 보았다.

---

36 Stanislas Aignan Julien, *Lao Tseu Tao Te King*. 老子道德經, *Le Livre de la Voie et de la Vertu*, Paris, A L'imprimerie Royale, 1842, p. 184.

세계는 생명원리로서의 의지의 발현이며, 하나의 예지계로 관통되어 있다. 이 세계에서 스피노자와 니체처럼 의지긍정의 길이 일차적인 것으로 열려져 있지만, 쇼펜하우어는 의지긍정의 길보다 한 층 더 높은 생사를 초극하는 의지부정의 길에서 최상의 윤리적인 삶의 가능성을 보았다. 이 때문에 그의 철학은 개체적 의지를 포함한 세계 전체의 생명성이 근원적 부정인 '무'에서 나온다는 노자의 '도'와 친화성을 갖는다. "천하 만물은 '유'로부터 생겨났으며, '유'는 '무'에서 나왔다天下萬物, 生於有, 有生於無."(《道德經》, 41장) 아시아에서 노장사상이 불교와 결합할 수 있었던 것처럼 쇼펜하우어에게 노자의 철학은 불교와 동일한 무신론적 세계관이었다.

쇼펜하우어는 이러한 사상적 배경 아래 자기의식의 심층에서 뿐만 아니라 칸트가 말한 것처럼 도덕적 행위에서 자유로운 의지의 존재를 알 수 있다고 보았다. 인간은 도덕적 행위에서 현상적 필연성을 벗어나 있는 예지계인 자유의 영역이 있음을 경험할 수 있다는 것이다. 쇼펜하우어는 당시 프랑스에서 발전한 생리심리학을 통해 인간의 신체적 활동이 자극이나 동기에 의해 결정된다는 사실을 잘 알고 있었으며, 그 자신은 적극적 관심을 갖지 않지만 인간의 사회-역사적 규정성에 대한 관심에 따른 사회과학도 발전해 가고 있었다. 인간의 사회적 인격을 포함한 경험적 인격은 인과적 관계로 이해할 수 있다. 그러나 윤리적 행위의 영역에서 개인들은 연민에 기초하여 도덕적 행위를 할 수 있으며, 이기적 동기가 개입된 행위에 대한 죄의식을 가질 수 있다. 생태론적이라고도 할 수 있는 우주적 책임 의식과 이에서 나오는 개별화에 대한 죄의식은 그 연원을 합리적으로 이해할 수 없는 불가사의한 것이다. 인간은 인과적 그물에 책임을 돌리고 도덕적 비난을 면하려는 경향과 동시에 이를 초월하여 광범위한 책임을 지려는 경향을 함께 갖고 있다. 쇼펜하우어는 사르트르Jean P. Sartre가 자기의식의 자기기만과 자유에 대한 현상학적 기술에서 잘 보여 주는 그러한 역설적 경험을 중시한다. 자기의식은 인과적 규정에 귀속하지만 동시에 그 귀속성을 벗어나 자유의 조건에 처해 있는 것이다. 책임 의식은 이 자유에서 오는 것이다. "쇼펜하우어는 미증유의 역설적인 공식에 도달한다. '행위 operari 안에서 만족될 수 없는 자유가 존재esse 안에 놓여 있다.'"[37]

일정한 규정성과 질서를 흘러넘치는 잔여의 것과 이에서 나오는 책임 의식에서 세계는 근본적으로 윤리적 의미를 갖는 것으로 다가온다. 일정한 범위 안에서의 이타적 행위라 할지라도 그것은 광대한 우주적 책임 의식을 채울 수 없다. 인간의 윤리 의식의 근저에는 언제나 한계를 넘어가는 자유가 있다. 그리고 이 자유가 개체성을 죄스러운 것으로 간주하게 하고, 우주와 하나로 소통하는 우주적 연대성의 이념에서 자유가 완성되는 경지를 인간의 존재 의미로 이해하게 하는 것이다. 인도의 문화와 불교 문화에도 반영되어 있는 우주관이 있다. 이것은 모든 계층에 있는 생명체들이 자유를 갈망하고 있기 때문에 그들이 소망을 이루도록 각 층위에 알맞은 악기를 두드리는 예불 의식이다. 이 문화는 인도에서 유래하는 대승불교의 세계론이 윤리적 의미를 본질적 요소로 함축하고 있다는 것을 보여 준다. 이러한 관념은 우주적 생명원리와의 합치를 목적으로 하는 송대 이래의 신유가의 이기론理氣論에서도 엿볼 수 있다. 쇼펜하우어의 세계관은 아시아의 이러한 사상적 흐름과 궤도를 같이 한다.

그러나 인간의 다양한 유형의 경험들에 대한 이해와 이에 대한 개념적 해명을 철학의 임무로 본 쇼펜하우어도 19세기의 주요 특징이라

---

37 Rüdiger Safransky, 앞의 책, p. 318. / Arthur Schopenhauer, *Prize Essay on the Freedom of the Will*, Trans by E. F. J. Payne, Cambridge University Press, 1999, p. 87.

할 수 있는 사회-역사적 경험들에 대해서는 냉담했다. 그는 1848년의 프랑스-독일 혁명과 그의 사후 1871년 파리 코뮌에 이르는 혁명과 반혁명의 사건들에 대해서는 두려움을 가지고 바라보았으며, 프로이센의 진압군의 편에 서기도 했다. 그의 정치적 반응은 자신이 강조하는 고통에 대한 보편적 연민에 기초한 윤리 의식에 비해 보잘 것이 없었다. 그러한 태도는 플루타르코스Plutarchos, 46~120가 전하는 그리스-로마의 공화주의자들의 스토아적인 고결한 사회적 도덕성과 거리가 먼 것이다. 쇼펜하우어는 자유주의적이고도 때로는 군주에 협력하는 시민 근성을 떨쳐 버릴 수 없었으며, 금리 생활자로서의 자신의 금고는 보존할 수 있었다. 쇼펜하우어의 구체적 생활 방식은 그가 '말할 수 없는 신비적 경험'을 개념과 논리로 사변철학화했다고 비난한 헤겔 철학에 의해 오히려 설명의 대상으로 전락하게 된다. 헤겔은 청년 시절부터 자유와 연관하여 인간의 사회 경제적 행위들이 갖는 역사적 의미에 관심을 가지고 자본주의 사회의 본성에 대한 이해와 비판을 시도했다. 인간의 사회성에 대한 관심은 헤겔주의가 갖고 있는 장점일 수 있다. 쇼펜하우어 철학이 결여하고 있는 비판적 사회의식은 심각한 단점으로 거론되어 왔다. 그의 철학에 대한 발전적 해석은 내향적 궁벽성窮僻性이 갖는 단점을 보완하는 관점에서 이루어질 때 보다 완전하고 실천적 활력을 갖는 것으로 재구성될 수 있을 것이다.

2. 근대적 상황과 확실성의 위기

쇼펜하우어는 인생사에 대한 성찰적 심정을 가지고 지식의 본성에 접근한다. 지식의 기원과 타당성에 대한 근대 철학의 논의는 과학혁명의 흥기와 초기 자본주의적 산업의 형성을 배경으로 한다. 쇼펜하우어 역시 이러한 역사적 상황에서 지적 작업을 했기 때문에 과학적 방법에 대한 논의에 관여하지 않을 수 없었다. 근대에는 지식론이 존재론보다 논의의 우선성을 갖게 되었다. 지식론은 인식의 근원이 되는 감성과 이성 능력에 대한 심리학적 고찰을 포함한다. 쇼펜하우어도 이런 흐름에 따라 근대 과학과 연관하여 오성과 이성 능력에 대한 분석을 우선적으로 다룬다. 카트라이트David E. Cartwright의 연구가 보여 주듯, 그가 주저인《의지와 표상으로서의 세계》I에서 보인 네 가지 주제[오성의 능력에 대한 분석, 자연의 형이상학, 예술적 대상, 의지와 초월에 대한 해명]에서 첫 번째 인식론적 주제가 그에게는 제일철학이었다.[1]

그러나 쇼펜하우어는 지식론을 새로운 의지 형이상학과 생의 궁극적 의미를 추구하는 발판으로 삼는다. 그는 과학적 지식의 선험적 조

---

1   David E. Cartwright, *Schopenhauer A Biography*, Cambridge University Press, 2010, pp. 192~193.

건을 드러내어 과학의 한계를 밝히고, 지식에 대한 논리적 정당화가 불가능하다는 반성을 통해 생의 의미 문제로 넘어가려 한다. 쇼펜하우어는 학위 논문인《충족이유율의 네 겹의 뿌리에 관하여》를 쓰기 약 1년 전, 자신의 철학의 성격을 결정하는 어떤 관념에 관심을 보인다. 그는 인식 논리적 주제를 다루는 학위 논문이 과학의 기초가 충족이유율이라는 것을 보여 주는 것으로 간주한다. 그러나 그가 더 중요하게 생각한 것은 과학의 논리적 기초뿐만 아니라 '보다 높은 의식better consciousness'이다. 이 개념은 피히테의 '보다 높은 의식höhere Bewußtsein'에서 나온 것이며, 셸링의 '예지적 직관'과도 연관된다. 그것은 "모든 경험 너머에, 그래서 모든 이성 너머에 놓여 있는 의식 즉 이론적이면서도 실천적인 본능이다."(Manuscript Remains. I)[2] 보다 높은 의식은 욕망과 지식의 차원을 넘어선 초월적 자아의 평정한 삶을 의미한다. 독일관념론의 특징을 잘 보여 주는 이 개념을 청년 쇼펜하우어가 주목한다. 그는 시간성 안에서 움직이는 세속적 삶, 그리고 삶과 죽음이라는 이원성의 고통을 초월하고자 하는 충동을 학문의 추동력으로 보는 독일적 전통을 잘 알고 있었다.

셸링과 헤겔의 관념론은 그 초월적 충동을 의미하는 '보다 높은 의식' 개념을 중시하고, 세계영혼의 창조적 진화가 자신을 자각하려는 목적을 인간을 통해 실현한다는 낙관적 목적론으로 전개한다. 쇼펜하우어는 학위 논문 이전에 잠시 이러한 목적론에 관심을 갖지만, 곧 목적론을 폐기한다. 그러나 보다 좋은 의식이 갖는 시간 초월적이고 구원론적인 성격은 5년 뒤 그의《의지와 표상으로서의 세계》I에서 다시 나타나 욕망을 초월하는 의지 개념으로 전개된다. 쇼펜하우어는 지식론

---

2   위의 책, pp. 181~182. 카트라이트는 쇼펜하우어《유고Manuscript Remains》(V 1, p. 23 / V. 2, p. 347)에서 '보다 높은 의식'과 연관된 피히테와 셸링에 관한 언급을 인용한다.

의 우선성을 전제하지만, 지식 세계인 표상으로서의 세계 속에서 발견할 수 없는 생의 의미 추구를 철학의 주요 지향점으로 간주한다. 이 지향점에 쇼펜하우어가 독일관념론과 그 출발점에서 공유하는 부분이 있다.

쇼펜하우어는 당시에 발전하기 시작한 생리심리학에 주목한다. 그는 자연사에 대한 진화론적 과학으로 인간 지성을 해명할 수 있다는 발상에 까지 접근한다. 이 때문에 그는 선험적 관념론이라는 칸트주의적 지식론과 자연사 안에 지성을 흡수하는 자연주의적 태도 사이에서 동요하는 것처럼 보인다. 하지만 지성을 과학으로 해명할 수 있다는 자연주의는 철학을 과학 안에 흡수하여 과학의 연장선 안에 있는 것으로 간주하는 것이다. 쇼펜하우어는 자연사를 무시하지는 않지만 이 길을 자신의 주요 노선으로 선택하지 않는다. 그는 기본적으로는 자연사적 지식도 인식 주관의 선험적 원리에 의해 구성되는 것으로 보는 관념론적 방향을 선호한다.

이 방향은 쇼펜하우어 철학의 특징을 이해하는 관건이 된다. 그는 《유고 Manuscript Remains》I에서 지식의 선험적 형식에 대한 반성이 없는 신학존재론에 내포된 문제뿐만 아니라 칸트철학의 인식론적 귀결을 세계 의미를 향한 회심의 운동에 의해서만 자를 수 있는 고르디안Gordian의 매듭으로 본다. "칸트 철학과 그 실재적 귀결의 가장 심층적인 핵심은 다음과 같이 말할 수 있다. 이에 우리는 다음의 현상들을 갖게 된다. (1)원인들의 계열의 끝없는 무한성. (이를 무시하고) 그것에 대해 한편으로는 물질의 최초 상태와 최초의 아버지와 어머니가 가정되고, 다른 한편 그것들은 헛되이 그리고 결실 없이 추구된다. (2)합리적 관점에서 우리는 물질의 원인에 대해 물을 수 없다. 왜냐하면 원인 개념은 물질의 상태에만 관계하기 때문이다. (3)우리는 일정하고 명시적인 형식들의 이유나 근거에 대해 물을 수 없다. 이러한 현상들은 (a)생각할 수 있고 이해할 수 있는 영역을 완전히 벗어나 있다. 생각할 수 있는 영역은 그것들의 한계들 안에서만 그리고 그 가정들 위에서만 존재한다. 또한 (b)이 현상들은 모든 현상이 주관과의 연관에서만 존재하기에 주관의 표상이라고 해야 적절하다는 사실과 결합되어 있다. 마찬가지로 주관도 모든 생각 가능성의 밖에 놓여 있다. 왜냐하면 주관의 가정에서만 그리고 주관에 대해서만 모든 것은 생각될 수 있을 뿐만 아니라 무엇보다도 먼저 주관이 존재하기 때문이다. 여기서 언급된 연관성은 '보다 높은 의식'으로의 회심에 의해서만 자를 수 있는 세계의 진정한 고르디우스의 매듭이 될 것이다."[3]

고르디우스 왕이 신에게 바치기 위해 복잡하게 매어놓은 전차의 매듭을 알렉산더는 단칼에 자르고 인도 정복으로 나아갔다. 지식에 얽혀 있는 선험적 조건들 — 그 가운데 주관과 객관의 대립적 분열이 최후의 형식이다 — 은 더 이상 정당성을 증명할 수 없는 궁극적 조건이다. 그것에 대해서는 설명할 수 없고, 표상으로서의 세계의 한계가 시공간과 인과 범주이며 궁극적으로는 주관임을 보여 줄 수 있을 뿐이다. 실재론적 상식에서 보면 역설적인 이 매듭은 주관과 객관의 분열을 끊어버리고 생의 의미라는 더 높고 진지한 차원으로 나아가는 행동에 의해 해결된다. 이는 고대 현자들이 택했던 철학의 길이었다. 선험적 형식의 실재성을 믿는 신학존재론을 한다든지 과학론에만 머무는 것은 진정한 철학적 활동이 아니라 무의미한 언어를 반복하는 것이다.

쇼펜하우어 철학은 한편으로는 과학의 본성을 해명하는 지식론과 관계하고 또 한편으로는 새로운 형이상학의 가능성을 열어 이 가능성

---

3   Arthur Schopenhauer, *Manuscript Remains* 1804~1818, V. 1, Edited by Arthur Hübscher, Trans by E. F. J. Payne, Berg, 1988, p. 142.

에 생의 의미의 단초를 두는 두 가지 성격을 아울러 갖고 있다. 4부로 구성된 그의 주저 《의지와 표상으로서의 세계》는 지식론을 우선적으로 다루고(1부), 그 다음으로 새로운 형이상학의 가능성 문제를 다루고 있다(2부). 전자는 선험적 관념론의 입장을 우파니샤드 철학과 연계하여 논한다. 후자는 과학적 방법에서 벗어나 내면에 대한 내성적內省的, introspective 성찰의 방법을 통해 인간과 세계의 본질을 유추하는 데에서 형이상학적 실재의 가능성을 추구한다. 이 실재가 세계의 본질인 의지 Wille이다. 이러한 과정은 주관과 객관의 이원성을 전제하는 표상으로서의 세계론에서 시작하고, 다시 양자를 형이상학적으로 해명하여, 세계 의미를 논하는 예술론(3부)과 신비주의(4부)로 나아간다. 그러나 괴테와 요한나 쇼펜하우어가 이상적 입장에서 관심을 보였던 공동의 사회적 유대에 대한 문제제기는 그의 철학의 중심 안에 들어올 수 없었다. 사회철학적 관점에서 보면 주관과 객관이라는 도식은 애초부터 너와 나의 사회적 유대를 다룰 수 없는 것이었다. 또한 주관과 객관이 사라지는 신비주의론에서도 영원의 관점에서 세계를 본다는 개인적 구원이 다루어지고, 붓다의 평등론과 신약성서의 근원적 공동 소유 문제는 주제화되지 못했다. 인식 주관 혹은 선험적 주관성은 자신의 내부로 굽어져 들어가는 폐쇄성을 갖는다. 또한 선험적 지식론을 출발로 하는 철학이 부르주아 시민성인 소유적 개인주의와 은밀히 결합하는 것은 근대 철학의 오래된 습성이었다.

쇼펜하우어는 《자연에서의 의지에 관하여》(초판 1836, 재판 1854)에서 의지 형이상학을 자연과학적인 설득력을 가질 수 있는 것으로 보완하고자 한다. 일종의 자연 철학인 이 저술에서 그는 '나의 철학'을 '도래하는 시대의 철학Philosophie der kommende Zeit'으로 선언한다. 미래의 철학으로서의 자신의 철학은 "자연과학을 설명할 수 있는 형이상학"이다. 그것은 철학으로 '복면한 신학verkappte Theodologie'이 아니다. 복면 신학은 당대의 독일관념론 철학 운동을 지칭한다. 과학과 부합하는 자신의 형이상학은 "당시의 국교國敎에 대한 하나의 의역意譯, eine Paraphrase der jedesmaligen Landes religion"에 불과한 사변 신학적 철학이 아니라는 것이다. 이런 의미에서 쇼펜하우어는 물리학과 형이상학을 "양쪽에서 굴을 파는 광부"에 비유하고, 자신의 철학이 바로 그 굴의 '접점'에 도달한 것이기 때문에 과학적 경험과 내성적 경험, 즉 과학과 형이상학을 '화해'시켰다고 자평했다.[4] 그는 초기 작품이자 학위 논문인 《충족이유율의 네 겹의 뿌리에 관하여》에서도 사변 신학적 철학을 '신학존재론적 Theo-ontologisehe'이라는 칸트의 어휘로 암시적으로 비판한 적이 있다. 신비주의를 제외한 반신학적인 태도는 그의 전 생애를 걸쳐 일관된 것이었다.

그의 예언처럼 의지 형이상학은 로이스Josiah Royce, 1855~1916, 니체, 베르그송과 화이트헤드A. N. Whitehead, 1861~1947에 이르는 생명 철학의 전개를 위한 출발점이 되었다. 그러나 그의 주저 4부는 의지의 부정을 통한 세계초극과 자유의 가능성을 논하는데, 여기에서 그는 동서양의 종교적 천재들의 영웅적 경험을 자유의 실현으로 제시하고 있다. 의지극복이라는 정신의 내적 운동은 무한히 펼쳐진 은하계들의 세계가 결국은 무로 돌아간다는 것을 알게 된다. 정신은 우주가 '아무 것도 아님 Nichs'이라는 '무無'에 대한 심원한 경험에 직면한다. 존재를 초월하는 경험은 존재의 억압을 극복하는 종교적 신비가들의 세계이다. 쇼펜하우어는 사변 신학을 미신으로 반대하면서, 비사변적인 실천적 신비주의 전통을 긍정적으로 회고한다. 그는 신비가의 우상 파괴적 주체성을 궁

---

4   Arthur Schopenhauer, *Über den Willen in der Natur*, S. W. Band Ⅲ, Suhrkamp, 1986, S..
    324~325.

극적 이상으로 제시하지만 종교적 철학은 거부한다. 당시에 낭만주의적 신학자이자 플라톤 전집을 완역한 슐라이어마허F. D. E. Schleiermacher, 1768~1834에 의하면 "철학과 종교는 상대방이 없으면 성립할 수 없고 종교적이지 않고는 어느 누구도 철학자가 될 수 없다." 이에 대해 쇼펜하우어는 사상의 자유를 옹호한다. "종교적인 사람은 어느 누구도 철학에 이르지 못한다. 그에게는 철학이 필요하지 않다. 진정으로 철학하는 사람은 누구도 종교적이지 않다. 그는 미궁 속의 길잡이 실이 없이 위험하지만 자유롭게 간다."[5] 쇼펜하우어의 이 말을 뒤집어 보면 신학적 사변으로서의 철학이 아닌 비판으로서의 철학만이 종교에 대한 올바른 인식을 할 수 있다는 것이 될 것이다. 그에 의하면 인간은 죽음의 공포 때문에 종교를 믿는다. 믿음의 내용은 영혼불멸과 신의 존재에 대한 신앙이다. 이것은 진리라고 믿기 원하는 것을 믿는 것이다. 자신의 불멸성만이 신앙인에게는 중요하다. 따라서 이 불멸성에 관한 이기적 관심을 다른 방식으로 입증할 수 있다는 것이 알려진다면, 신에 대한 그들의 열정은 식어버리고 무신론일지라도 영혼의 불멸을 입증하기만 한다면 신까지도 희생할 수 있을 것이라고 한다.[6]

쇼펜하우어의 종교 비판은 칸트와 마찬가지로 근대 과학에 대한 믿음의 발로이기도 하다. 쇼펜하우어가 보기에 과학적 지식은 시간, 공간, 인과성이라는 선험적 형식의 적용으로 가능하다. 그리고 지식론은 형식적 가능성과 그 적용의 한계를 다룬다. 가능성으로서의 선험적 형식의 적용은 그가 '표상으로서의 세계'라고 하는 현상계phenomenon에 한정된다. 이러한 선험 철학적 입장에서 지식의 내용은 감각-지각을

---

5 Walter Abendroth, 이안희 옮김, 《쇼펜하우어》, 한길사, 1998, 40~41쪽.
6 Arthur Schopenhauer, *Die Welt als Wille und Vorstellung* II, S. W. Band II, Suhrkamp, 1986, s. 208.

94 의지와 소통으로서의 세계

통해 주어지는 경험적 현상이며, 지식 가능성의 조건인 선험적 형식들의 적용은 경험적 현상에 한정된다. 전자의 측면에서는 경험적 실재론이며 후자의 측면에서는 선험적 관념론이다. 신학존재론은 인식의 한계를 넘어서는 독단적 참월이 된다. 만일 주관의 형식을 경험 가능한 객관들의 총체인 현상계를 넘어서서 사물 그 자체Ding an sich에 적용한다면, 그것은 선험적 형식들이 갖는 관념성Idealität을 의식 밖의 초월적 실재성을 갖는 것으로 참칭하는 것이다. 세계의 궁극원인에 대한 신학적 사변은 선험적 인과성의 형식을 현상을 넘어서 적용한 실재론적 독단이 된다.

그러나 칸트가 사변적 실재에 대해서는 경험될 수 없기에 긍정도 할 수 없고 논박도 할 수 없다는 입장을 취한데 반해 쇼펜하우어는 부정적인 논박 쪽에 무게를 둔다. 전자가 자연신학적 체계에 대해서 유보한 신을 윤리의 측면에서는 요청으로서 되살리는 개신교적 기독교에 접근한 반면, 후자는 개인의 신앙까지 부정하는 무신론적 입장으로 나아간다. 예수회 신부인 코플스턴Frederick Copleston, 1907~1994에 의하면 쇼펜하우어의 무신론적 철학은 허위이다. "쇼펜하우어의 철학이 진리라면 기독교는 허위가 될 것이며, 기독교가 진리라면 쇼펜하우어의 철학은 허위가 될 것이다."[7] 이와 같은 평가는 신앙인의 자세에서 카톨릭의 자연신학을 옹호하는 것이지만, 역설적으로 기독교적 사변이성에 숨겨진 지배 욕망을 폭로하는 쇼펜하우어의 저항성을 보여 준다.

서양 지성사에서 쇼펜하우어가 갖는 위치를 이해하기 위해서는 전통 이성에 대한 그의 관점을 이해할 필요가 있다. 램프레히트S. P. Lamprecht에 의하면 중세철학의 '전반적 특색'은 두 가지로 요약된다. 하

---

7   Bryan Magee, *The Philosophy of Schopenhauer*, Clarendon Press, 1983, p. 55.

나는 "하나님의 존재나, 세계와 하나님과의 관계에 관심을 가졌다는 점", 또 하나는 "이보다는 일관성이 덜할망정 진리탐구의 도구로서 인간의 이성을 완전한 것이라 보고, 이것을 소중히 여겼다는 점"이다. 그런데 "이 도구가 이제는 이미 으뜸가는 관심의 대상이 되는 문제를 탐구할 수 없다고 여겨졌을 때, 중세철학은 드디어 몰락하고 종말을 고한다."[8] 여기서 '으뜸가는 관심의 대상'은 서양적 삶의 의미 원천이었던 신이다. 17세기 근대 과학혁명 이후에 천상적 의미 원천에 따라 위계 질서화 된 우주는 파괴되기 시작한다. 천상과 지상, 천문학과 물리학이 가치상에서 대립된 우주는 붕괴되어, 공간은 등질화된다. 중세적 '우주의 파괴destruction of the cosmos'(Alexandre Koyre)는 공간의 기하학화, 시간의 직선적 등질화 및 양화에 의해 촉진된다. 이 세속화 과정에서 공간과 시간에 대한 종교적 신비가 풀리고, 이에 따라 정밀과학적 진리도 더 이상 중세적인 경이와 존경의 대상이 될 수 없었다. 근대에서의 세계상의 전환과 해체는 신성한 가치와 삶의 궁극 목적으로부터 '경첩이 풀려버린out of joint'(G. Deleuze) 세계의 도래를 의미한다. 이러한 전통의 해체는 공간과 시간을 무차별의 등질적 형식으로 간주하는 선험적 관념론에서 단적으로 드러난다. 공간은 성령이 내재하고 있는 구체적 영역이 아니며, 시간은 신적 영원성이 침투하는 결정적인 때를 고대하는 종말론적 기다림도 아니다. 근대는 신성한 목적인이 세계와 인생에서 증발되고, 존재의 맹목적성에 대한 감각이 세균처럼 유포될 수 있는 지성사적 위기가 만들어진 시대이다.

이러한 상황에서 으뜸가는 관심의 대상은 자연과학과 세속 국가질서로 바뀌었다. 이성 역시 이것들과 연관된 문제를 관심의 대상으로

---

8 S. P. Lamprecht, 김태길, 윤명노, 최명관 옮김, 《서양철학사》(*A Brief History of Philosophy in Western Civilization*, 1955), 을유문화사, 1963, p. 299.

갖게 되었다. 근대 철학이 과학적 지식의 기원과 가능성 및 그 타당성을 주제로 삼는 지식론에 일차적 관심을 기울인 것은 그러한 맥락에서 가능했다. 이제 이성의 관심이 상공업의 발전에 따른 세속화 운동과 함께 세속적 지식으로 쏠리게 되자, 이성 자신의 합리적 지배능력에 대한 믿음이 초월적 신앙을 통한 은총과 구원의 믿음을 대체하기 시작했다.[9]

그러나 이성의 자기신뢰는 처음에는 참신한 매력을 가진 것이었으나, 세계의 궁극적 의미에 대한 고전적 지혜를 떠난다는 측면에서는 불안을 동반한 것이었다. 초자연적 은혜의 차원과 연줄이 끊어졌다는 생각은 곧 무한 우주 앞에서의 초라한 이성을 보게 되었다. 이는 과학적 법칙이 불확실성을 가질지도 모른다는 것에 대한 파스칼B. Pascal의 회의로 이어질 수도 있는 것이다. 몽테뉴M. de Montaigne, 1533~1592가 확실성의 추구를 회의하고 인류의 다문화성에 대한 관용을 주장한 것, 이와 반대로 데카르트Rene Descartes, 1596~1650가 중세적 신앙이 쇠퇴해 가는 상황에서 자아와 신의 절대적 확실성을 모색한 것은 17세기 근대의 위기 상황을 잘 보여 준다. 자아의 자각과 지적 확실성으로 포장된 시대는 역설적으로 몰락과 불안의 시대였다. 중세적 세계관은 '지혜sapientia'와 '지식scientia'을 분리하고, 개별 과학보다 종교적 지혜에 우월한 가치를 부여해 왔다. 그러나 근대적 지성은 지식체계의 서열의 붕괴에 직면해서는 이성에 대한 자존심과 이에 대한 회의를 함께 갖는 자기분열에 빠지게 된 것이다. 비트겐슈타인의 제자였던 툴민Stephen Toulmin의 《코스모폴리스-근대의 숨은 이야깃거리들Cosmopolis, The Hidden Agenda of Modernity》(1990)은 문화사적 자료에 의거하여 17세기 근대 유럽의 지적

---

9   근대 지성의 자기분열적 상황에 대해서는 P. F. H. Lauxtermann, *Science and Philosophy, Schopenhauer's Broken Word-View*, kluwer Academic Publishers, 2000, pp. 9~40.

상황을 기존의 견해와는 달리 파악한다. 우주관의 정치적 의미에 초점을 맞춘 그는 근대가 영광의 시대가 아니라 정치경제적 혼란과 종교 전쟁 및 암살 등으로 인해 신앙과 지성의 불확실성에 빠진 시대였음을 보여 준다. 그에 의하면 몽테뉴의 개방적 태도와 반대되는 데카르트의 확실성 추구는 바로 이러한 시대에서 심적 불안을 극복하기 위한 보수적 사고의 일면을 나타낸다.[10]

일반적으로 서양 철학사는 근대를 중세의 암흑을 극복하고 이성이 자기자각에 이르러 신에게 부여했던 가치들을 다시 인간의 소유물로 탈환하기 시작하는 광명의 시대로 묘사한다. 그러나 이러한 역사기술은 무반성적이고 단선적인 평가이다. 근대 과학혁명은 혼란과 불안의 시대에 일어난, 인간의 자신과의 분열의 한 측면이자 외부 세계에 대한 적대의 시작이었다. 근대의 시적 지성들에 의해 일어난 낭만주의와 마찬가지로 쇼펜하우어는 그러한 상황을 '궁핍'과 '어둠'의 시대로 읽었던 것이다. 이러한 근대 지성사의 역설적 성격은 다음과 같은 경험으로 집약될 수 있다.

(1) 수리 물리학의 발전은 과학적 지식이 상식적 경험과는 매우 다르다는 것을 알게 했다. 이것은 인식의 영역을 사물의 표면이 아닌 심층의 영역으로 확장 가능하거나 적어도 수학적으로 구성 가능한 차원이 있음을 보여 주었다. 일상의 감각적인 질적 경험 — 시적 경험도 포함 — 과 수리적 경험은 분열된다. 생활은 다양한 형태와 색과 소리를 경험하지만, 정밀과학적 진리는 수량화된 방정식의 세계이다. 이러한 이중화되고 파열된 삶은 생활세계를 수리적 진리로부터 소외시킨

---

10   스티븐 툴민, 이종흡 옮김, 《코스모폴리스-근대의 숨은 이야깃거리들》, 1997, 경남대출판부, 81~147쪽.

다. 인간의 창조물로부터 소외되는 경험은 영국 성공회 주교였던 버클리George Berkeley, 1685~1753에 의해 첨예하게 의식되었으며, 이 의식이 실재를 수량적인 것으로 환원하는 뉴턴Issac Newton을 혐오하게 했다. 그의 주저《인간 인식의 원리에 관한 논고A Treatise Concerning the Principles of Human Knowledge》(1709)는 건전한 사람이라면 누구에게나 같은 일상 경험의 의의를 거듭 강조하고 있다. 일상의 지각은 이른바 제2성질 — 색, 소리 등 주관적으로 왜곡된 것이기에 실재적이 아니라고 간주되던 성질들 — 을 공간적인 형태와 더불어 실재하는 것으로 직접 경험한다는 것이다. 이 관점은 상식인은 지각적 경험 대상을 실재하는 것으로 본다는 것에 의거한다.[11] 그리고 이 실재적 세계가 창조주인 신이 지각하는 세계이다.

지식론의 형태로 주장된 이러한 일상인의 실재론적 신념을 버클리는 '존재는 지각이다Ess-evest percipi'는 관념론적 명제로 표현했던 것이다. 실재론적 믿음이 사실상 관념론이라는 것이다.[12] 그의 지식론적 작업의 동기는 뉴턴에 저항하여, 소외의 위기에 처한 생활세계의 실재적 풍요성과 그 속에서의 건전한 신앙을 옹호하는 것이었다. 버클리가 경험주의적 견지에서 저항했던 근대적 위기와 분열은 당시에는 잠재적인 것이었지만 그 후에는 총체적 인간 상실의 위기로 확산된다. 쇼펜하우어가 본 시대의 암흑과 데카당스는 근대적 지성의 자기분열 속에 이미 있었으며, 이는 쇼펜하우어의 세계관에서도 수량적 기술과 질적 의미의 세계가 양분되는 결과로 이어진다. 나아가 그는 물리학의 수량화를

---

11 George Berkeley, *A Treatise Concerning the Principles of Human Knowledge*, Oxford University Press, 1998, pp. 103~162.
12 John Locke 전문가이었던 S. P. Lamprecht(앞의 책)는 Berkeley의 실재론적 경향에 대한 기존의 오해를 수정하려고 한다. 그는 인간의 관념 밖의 실재를 부정하는 버클리의 관념론에 있는 실재론적 측면을 부각시킨다.(449~452쪽).

단순한 '계산'일 뿐이라고 조롱하기도 했다.

(2) 근대의 과학적 확실성에 대한 신앙은 신성한 가치 중심적 세계 상과의 분열을 초래했다. 이 분열은 부르주아 시민 문명의 도래를 의미하지만, 그래도 근대에는 신앙의 확실성은 위기 가운데에서도 과학적 확실성과 공존할 수 있었다. 이러한 상황에서 과학적 확실성은 유클리드-뉴턴 도식에 입각한 고전 물리학이 도전받기 이전까지 유지될 수 있었다. 1920년대 상대성 이론의 출현과 양자 역학의 발전은 기존의 지식의 절대적 확실성에 대한 믿음을 붕괴시키기에 충분했다. 아인슈타인과 카르납이 읽고 감복했다고 하는 푸앵카레Jules Henri Poincare, 1854~1912의《과학과 가설》(1903)은 칸트의 절대적 선험성을 역사적 선험성[a priori]으로 상대화했다. 상대화된 선험성은 특정 이론의 성격을 지배하는 형식적 조건이 절대적인 것이 아니라 어느 이론가에 의해 창조적으로 선택된 것임을 보여 준다. 상대적 선험성과 이론의 역사성은 각 시기의 과학을 지배하는 개념적 장치로서의 모델들이 전혀 다를 수 있다는 것을 의미한다. 새로운 모델은 기성 이론과 통약불가능성을 갖는다. 지식의 역사성에 대한 인식의 확산은 객관적 확실성이 이론가들의 문화적 동의에서 오는 심리적 만족감에 지나지 않는 것으로까지 보게 했다. 주관 속의 선험적 형식에 확실성의 기초를 두는 칸트적 태도는 약화 되었다. 형식의 선험성이 경험의 가능 조건일 뿐이라면 그것은 가능성만 보장할 뿐이지 필연성을 보장하는 것은 아니라는 인식이 확산되었다.

근대의 과학적 확실성과 종교적 세계관의 확실성은 불확실성이라는 위기를 내포한 것이었다. 칸트를 신뢰한 쇼펜하우어는 고전 물리학이 선천적 확실성을 가질 수 있다는 것을 의심한 것으로 보이지는 않는다. 그러나 쇼펜하우어가 선험적 형식들이 자연사적 진화의 습관적 산물일 수 있다는 가능성을 생각한 것은 흄의 영향을 거론하지 않더라도 과학의 확실성에 대한 신뢰를 약화시킬 수 있는 것이다. 한편 그는 그리스 비극과 낭만주의의 영향을 받고 있었다. 그는 니체보다 먼저 신학존재론을 거부했다. 그가 보기에 '서양 전통 형이상학'은 끔찍한 종교분쟁 및 재판과 연루되어 있었다. 그에게 전통 형이상학은 권력의 형이상학이었다.

쇼펜하우어는 데카르트의 생각하는 주관과 그 직접적 인식을 근대적 정신의 아버지로 수용하지만 그의 중세 신학적 사고는 버린다. 쇼펜하우어가 보기에 데카르트의 방법적 회의가 갖는 부자연스러운 연출에서 지식의 확실성의 보장이 어려울 것이라는 점이 드러난다. 데카르트는 과학적 지식을 포함한 일상의 모든 것을 회의에 부친 후 ①회의하는 자아의 존재가 자명성을 갖는다는 자기의식의 확실성에 도달하고, ②이어서 신의 존재의 필연성을 끌어옴으로써, ③갈릴레이가 보여 준 수리 과학적 지식의 확실성을 보전하려 한다. 이 세 단계에서 첫 번째 단계와 세 번째 단계는 확실성과 (신을 통해서만 구제되는) 불확실성이 공존할 수 있다는 것을 보여 주며, 두 번째 단계는 믿음의 불확실성 속에서 중세의 신 존재 논증을 그대로 끌어 온다. 그가 자신의 철학을 '신 철학new philosophy'이라 했지만, 여전히 "신앙과 이성의 관계에 대한 아우구스티누스의 이해를 버리지 않는다."[13] 또한 그의 회의 3단계는 아우구스티누스의《자유의지론De Libero Arbitrio》에 나오는 기독교인의 자기성찰 방식을 근대적 문맥에서 변형한 것이다.[14]

---

13 Stephen Menn, *Descartes and Augustine*, Cambridge University Press, 1998, pp. 3~17.

14 위와 같음. / 영혼의 단순성을 믿는 아우구스티누스는 "철학적 사유의 출발점으로 '사유하는 자아'의 확실성sum fallor을 보증하려 한다." 그는 '확실성'을 의심하는 대화 상대자 에보디우스에게 묻는다. "그대는 과연 존재하고 있는가? 이 물음마저 대답을 (잘못하여) 속지나 않을까 두려워지는가? 만일 그대가 존재하지 않는다면야 속을 수도 없을 텐데도 말이다."[존재의 자명성]. "그대가 존재함은 분명하고, 또 그대가 살아 있지 않다면 (그대가 존재함이) 그대에게 분명하지도 않을 터이므

쇼펜하우어는 자신의 지식론이 이 전통을 계승하고 있는 것으로 생각했다. 그러나 데카르트의 방법적 회의는 불신하는 자아와 확신하는 자아의 분열을 전제한다. 쇼펜하우어는 칸트의 영향에 따라 과학의 선험적 형식들의 확실성을 인정은 했지만, 그 최후의 형식인 주관을 표상으로서의 세계와 맞물려 있는 한계 개념이자 넘어서야 할 우연적인 것으로 간주했다. 비록 직접적으로 인식된다 하더라도 주관은 붓다의 관점에서처럼 불행과 무의미한 집착의 원천이기도 하다. 과학이나 논리학은 철학의 본질을 구성하는 것이 아니라 극복되어야 할 하나의 단계에 불과하다. 또한 쇼펜하우어가 주장하는 다른 분야(예술과 종교)와의 관계에서 갖는 과학의 상대적 가치는 과학주의를 비판적으로 극복하려는 전통을 확립한다.[15]

로, 그대가 살아 있음도 분명하다." [생명의 자명성]. "이 두 가지가 절대 옳다는 것(=확실하다는 것)을 이해하겠는가?" "뚜렷하게 이해하겠습니다." "그리고 인식하는 것을 갖춘 자는 곧 존재함과 살아 있음을 갖춘 셈이다."[인식의 자명성]. 이러한 세 가지 자명성에서 출발하여 자신의 분신인 상대방의 회의론을 극복하는 기독교적 성찰은 데카르트의 《성찰Meditations on First Philosophy》(1642)로 되살아난다. 아우구스티누스의 방법적 회의처럼 데카르트도 그것을 통해 이성적 지식(특히 수리적 지식)에 도달할 수 있는 마음의 '권리'와 '능력'을 확인한다.

15 또한 20세기에는 과학 자체도 역사적 전개에 따라 서로 다른 개념적 모델을 구성한다는 점을 무시할 수 없게 되었다. 전통 형이상학이 몰락한 자리에 개별과학과 과학적 세계상이 들어섰지만, 이것들도 모순 없는 확고한 체계로 설 수 없는 불확실성 속에 있게 되었다. 과학주의는 절대적 선험성을 믿지 않고, 과학적 이론의 역사적 상대성과 모델들의 새로운 창조 가능성을 믿게 되었다.

3. 슐체와 회의주의

　어떤 주장에 대해 참과 거짓을 말할 수 없다는 회의주의는 지식에 절대적 권위를 주려는 태도를 완화시킬 수 있다. 쇼펜하우어에게 무엇보다도 플라톤과 칸트를 읽으라고 권고하고, 그를 철학으로 인도하는 데에 결정적 역할을 한[1] 슐체Gottlob E. Schulze, 1761~1833는 회의주의자인 그리스의 피론Pyrrohn, BC 365~275에 의거해 칸트의 선험적 관념론을 독단이라고 비판했다. 피론은 인도에 가서 배운 자이나교와 불교의 논리를 통해 회의주의를 발전시킨 것으로 알려져 있다. 피히테의 자아 철학도 칸트주의의 회의 가능성을 극복하는 과정에서 형성된다. 쇼펜하우어도 슐체의 영향을 받아 칸트의 선험적 관념론을 재구성하고, 칸트를 비판적으로 평가할 수 있었다. 슐체는 피론의 회의주의를 계승한 고대의 아에네시데무스Aenesidemus, BC 1세기, 크레테인를 자신의 대변인으로 소환하여, 그가 편지를 쓰는 형식으로 칸트를 비판한다. 슐체는 익명으로 발간한 자신의 책《아에네시데무스 *Aenesidemus*》(1792)에서 이 회의주의자의 입을 통해 칸트에 의해 흄의 회의가 반박된 것이 아니라는 자

1　Rüdiger Safransky, *Schopenhauer and The Wild Years of Philosophy*, Trans by Ewald Osers, Harvard University, 1991, pp, 144~145.

신의 입장을 전달한다. 당시에는 라인홀트Karl L. Reinhold, 1757~1823가 정돈한 칸트 철학이 널리 퍼져 있었다. 슐체가 비판한 칸트는 사실상 라인홀트가 도식적으로 정리한 칸트 철학이며, 그 자신도 라인홀트의 눈을 통해 칸트를 이해했다. 그러나 슐체가 데려온 근대적으로 각색된 아에네시데무스는 고대 피론의 진정한 회의주의 정신을 보여 준 것은 아니었다. 피론과 아에네시데무스의 회의 정신은 어떠한 테제나 안티테제를 주장하는 것이 아니라 판단중지와 이에 따른 윤리적 관용의 덕을 실행하는 것이다. 그러나 슐체는 의식에 직접적으로 주어진 현상은 회의의 대상이 아니라 명증한 것이라는 또 하나의 독단을 전제한다. 황설중에 의하면 "슐체의 아에네시데무스는 더 이상 의심할 수 없는 직접적인 의식의 사실을 서술하는 이론을 원한다. 그는 이런 서술이 가능하다는 점에 대해 추호도 의심하지 않으며, 우리 안에 직접적으로 현존하는 표상이 철학의 한계를 규정한다고 생각한다. 이에 반해 고대의 아에네시데무스는 현상이나 혹은 슐체의 용어로 표현한다면 직접적으로 의식에 현존하는 사실을 폐지하지 않지만, 그렇다고 그것을 의심할 수 없는 확고한 토대로서 결코 받아들이지 않는다."[2] 만일 확고한 토대로 받아들이면 그것은 또 하나의 독단이 되기 때문이다.

알렉산더의 원정을 따라 인도에 가서 불교를 접한 피론의 회의는 인식론을 하자는 것이 아니라 일종의 생의 기술로서 제시된 것이다. 연구가들에 의하면[3] 그가 제안한 논리는 자이나교와 붓다와 용수龍

---

2 황설중, 〈슐체의 회의주의와 퓌론주의, 근대의 아에네시데무스 대 고대의 아에네시데무스〉, 《哲學》, Vol. 83, 2005, 115~142쪽.

3 Everhard Flintoff, 'Pyrroh and India', *Phronesis*, Vol. 25, No. 1, 1980, pp. 88~108. / Adrian Kuzminsky, 'Pyrrohnism and Madhyamaka', *Philosophy East and West*, Vol. 57, No. 4 (Oct. 2007), pp. 482~511. 이들은 붓다와 나가르주나(Nagarjuna, 龍樹)가 하나의 철학적 주장 p에 대해, ~p, or p and ~p, or ~p and ~~p가 가능하며, 이 중 어느 하나를 주장해도 독단 즉 말장난[戱論, Prapanca]이 되므로, 판단중지하고 마음을 비우는[空] 중도(中道, Madyamaka)로 나아가도록 권고하는 가르침을 피론이 전승했다고 상세히 밝히고 있다. 특히 쿠즈민스키는 피론주의는 독단을 버

樹, Nagarjuna, 150~250가 구사한 것과 동일하며, 철학적 논쟁을 버림으로써 자유와 평정 및 기쁨에 도달한다는 불교의 실천적 지혜와도 일치한다. 붓다는 우주의 무한과 유한, 유물론적 결정론과 자유, 영혼의 죽음과 불멸 등에 관한 인도의 전통 철학적 논란을 무의미한 것으로 보아 판단중지[無記, 침묵]한다. 붓다의 논리적 공간은 '있다, 없다'의 범위를 넘는 광범위한 것이었다. 그것은 있다, 없다의 가능한 조합인 4중 딜레마를 제시하고 그중 어느 편에 서도 독단과 집착이 되어 자유를 속박한다는 것이다. 고대 헬레니즘의 회의주의는 불교적 정신에 따라 판단 중지에 따른 관용의 정신을 유지했다. 그러나 슐체의 회의는 인식론적 철학의 맥락에서 흄의 전통에 따라 직접적으로 주어진 감각적 표상의 확실성을 신뢰한다. 헨리히Dieter Henrich에 의하면 슐체는 현상주의 phenomenalism 입장을 통해 칸트를 독단으로 비판하고 있는 것이다.[4] 그러나 감각적 표상에서 지식의 직접적인 명증성을 찾는 현상주의도 일종의 토대주의적 독단이다. 또한 그것은 칸트가 시도한 '지식에 대한 설명적 철학'과도 반대된다.

이 점에서 슐체는 직접적인 감각 경험이 가능하다는 근거 없는 또 하나의 실증주의적 독단을 주장하는 셈이다. 근대 회의주의가 '가장 조야한 독단론'이라는 비판은 헤겔의 《정신현상학》에서도 제기되었는데, 쇼펜하우어 역시 그가 직관이라고 부르는 지각은 오성(지성)이 공간과 시간 및 인과 개념에 의해 구성하여 이미 지성화된 것으로 본다.

리고 이 처럼 해방을 추구하는 생의 기술을 철학으로 이해했다고 본다. 슐체는 이 전통을 인식론적 문맥으로 전환하여 칸트의 선험적 관념론을 독단으로 비판하고 흄의 경험주의 전통을 옹호한다. 그러나 흄의 경험주의에 대해서도 순수한 감각적 경험이 있을 수 있는 것인지에 대해 논란이 있어 왔다. 또한 경험주의는 불확실한 세계 속에서 감각 세계를 믿고 살고자하는 또 하나의 삶의 태도를 옹호하는 세속 이데올로기라고 할 수 있을 것이다.

4 Dieter Henrich, *Between Kant and Hegel*, Edited by David S. Pacini, Harvard University Press, 2003, p. 151. / Terry Pinkard, *German Philosophy 1760~1860*, Cambridge University Press, 2002, p. 106.

감각은 지적 지각에 의해 구성된 객관으로 통합된다. 순수한 감각적 현상은 이미 있을 수 없다. 그러나 쇼펜하우어는 물자체를 비판하는 슐체를 통해 객관이 표상이라는 관념론적 성향의 관점을 세울 수 있었으며, 칸트가 물자체를 추론하는 방식을 비판할 수 있었다. 칸트는 감각의 내용이 외부로부터 어떤 원인에 의해 주어지고, 그 내용은 주관에 의해 형식이 부여 된다고 생각할 수밖에 없으므로 원인인 물자체와 주관이 존재한다고 추론한다. 슐체는 회의주의자의 입장에서 이를 인과 개념을 물자체에 적용했다고 비판한다. 쇼펜하우어는 슐체의 비판을 통해 실재론적 관점을 떠나 버클리처럼 객관을 주관의 표상으로 보는 관념론의 노선으로 나아갈 수 있었다. 또한 그는 자기의식을 통해 궁극적 물자체를 의지로 보는 형이상학으로 나아갔다.

슐체의 전략은 어떤 것이 불가피하게 있어야 한다는 생각으로부터 그것이 존재한다는 결론을 끌어내는 것은 부당한 추론이라는 입장을 적용하는 것이다. 감각 내용의 원인이 있어야 한다는 생각으로부터 그것을 촉발한 물자체가 있다는 추론은 부당하다는 것이다. 헨리히는 다음과 같이 슐체의 전략을 정리한다. "슐체에 따르면 감각 혹은 감각에 주어진 것의 원인이라는 관념을 생각하는 것은 불가피하다는 것을 보여 준다. 또한 우리의 표상들, 개념들과 같은 것들의 기원에 대한 관념도 피할 수 없다. 그러나 이러한 불가피한 생각들로부터 물자체나 표상 능력 혹은 이성이 존재한다는 것에 대한 정당한 추론을 도출할 수 없다. 즉 왜 표상이 존재하는지를 이해할 수 있게 하는 특정한 존재가 있다고 추론할 수 없다. 특히 우리의 인식이 이성 능력에 의존한다고 말할 수 없으며, 인식 내용을 외적 원인에 귀속시킬 수도 없다. 슐체에 의하면 칸트는 물자체에 소여 내용을 귀속시킬 수 있다는 관념에 편안해 했지만, 그리고 정신에 의존하는 표상에 대한 우리의 해명에 우리가 만족할 수 있다고 편안해 했지만, 그는 잘못된 결론을 내리고 있었다. 슐체의 대답은 이러한 구분이 부당하다는 것이다. 왜냐하면 그 반대도 마찬가지로 참일 수 있기 때문이다. 사물들이 우리의 인식적 상태를 직접 야기할 수 있으며, 우리의 마음이라고 하는 것이 인식의 자료를 줄 수 있다. 슐체는 어떤 논증도 양쪽을 증명할 수 없다고 주장하면서 '그것이 그렇다'라는 주장을 하는 것을 꺼려한다. 라인홀트에 대한 그의 전 비판은 이러한 전략의 정교화에 불과한 것이다."[5]

이러한 회의주의적 전략에도 불구하고 슐체는 의식의 직접적 사실이라는 감각적 표상만을 인정하는 현상주의적 입장을 취하게 된다. 쇼펜하우어에게는 그 전략이 인식론의 문맥에서 '도깨비불'과도 같은 물자체의 실재성을 제거해주는 효과를 갖는 것이었다. 하르트만Nicolai Hartmann, 1882~1950에 의하면 슐체가 인식의 자료를 주는 원인인 물자체의 실재성과 형식을 부여하는 원인으로서의 이성의 실재성을 제거한 뒤에 남는 것은 "대상은 오직 표상일 뿐인" '버클리의 관념론'이다.[6] 하르트만이 이러한 결론을 내린 것은 슐체의 현상주의가 객관적 대상을 주관의 현상으로 환원했다는 의미에서 버클리의 관념론과 동일한 것으로 보았기 때문인 것으로 보인다. 그러나 버클리에 접근하는 슐체의 현상주의는 선천적 형식으로서의 인과 법칙을 필연성이 없는 습관의 산물로 본다는 점에서 쇼펜하우어와 다른 것이다. 그 뿐만 아니라 슐체는 표상에서 경험주의 정신에 따라 가장 원초적인 감각적 직관을 강조하고 있다. 이것은 그가 범주를 가지고 현상을 구성하는 주관을 표상을 가능하게 하는 조건으로 인정하지 않는다는 것을 의미한다. 원초적인 것은 시공간에서의 감각적 직관뿐이다. "이러한 가정 위에서 당연

---

5   위의 책, p. 149.
6   Nicolai Hartmann, 이강조 옮김,《독일관념론 철학 I》, 서광사, 1989, 38쪽.

히 다음과 같은 것이 따라 나온다. 표상(우리가 여전히 그 어휘를 보존하고자 한다면)이란 감각이 (개념들이 적용되기 이전의 것이기에) 비합리적이라는 바로 그 의미로 필연적인 것이 되는데, 본질적으로 분화되지 않은 감각적 직관이라는 것이다. 우리는 감각 내용에 대해 사물이나 표상 능력과 같은 개념으로 전체적인 관계 그물을 구성할 수 있다. 그러나 이러한 관계들도 내용에 대해 본질적인 영향을 주지 못하고, 오히려 그것에 외적으로 부과될 뿐이다. 감각 인상을 표현하는 개념들은 실재적 진리를 갖지 못한다."[7] 개념적 조직화는 인식의 기초가 될 수 없다는 것이다. 그러나 쇼펜하우어가 보기에 인과 법칙들과 주관과 객관의 분리와 같은 형식들은 감각 인상을 지성적인 것으로 구성하는 선험적 조건들이다. 이 점에서 그는 자신이 칸트의 직접적 후계라고 주장했던 것이다. 칸트가 주장했던 선천적 종합 판단으로서의 과학적 명제들은 가능하다. 슐체의 경험주의는 인식의 토대를 지적 경험에 앞선 원초적 감각에 두려는 일종의 선험적 경험주의에 접근한다. 쇼펜하우어는 확실성의 토대를 찾는 전통을 벗어나지 못했지만, 과학적 지식의 조건을 밝히려는 설명으로서의 철학을 하고 있는 것이다. 그는 인식론 상에서는 물자체를 표상으로 흡수하여, 표상으로서의 객관과 주관을 인정하는 가운데 순수한 직접적 감각을 지성화하는 길을 취한다. 이 입장에서 그는 칸트가 《순수이성비판》 2판 서문에서 버클리를 비판하는 〈관념론 반박〉이라는 글을 추가한 것을 비판한다.

이런 관점에서 쇼펜하우어는 칸트와 슐체 및 자신과의 연관성을 다음과 같이 말한다. "칸트는 모든 현상 배후에 존재 자체가 있으며, 이로부터 현상은 그 존재를 얻는다고 확실하게 느낀 진리에 의해 인도되

7　 George di Giovanni & H. S. Harris, *Between Kant and Hegel, Texts in the Development of Post~Kantian Idealism*, State University of New York Press, 1985, p. 24.

었다. 그래서 표상의 배후에는 표상된 어떤 것이 놓여 있다. 그러나 그는 이것을 주어진 표상 그 자체로부터 우리에게 선천적으로 알려지는 법칙들을 부가하여 도출하려 했다. 하지만 이것들이 선천적이기 때문에 현상 혹은 표상으로부터 독립된 전혀 다른 어떤 것으로 나아갈 수 없다. 이러한 목적을 위해서는 우리는 전적으로 다른 길을 추구해야한다. 이 관점에서 칸트가 취한 잘못된 길을 통해 그가 범하게 된 비일관성을 슐체가 증명했다. 슐체는 익명으로 낸《아에네시데무스》에서, 그 다음으로는《이론철학비판》에서 그 문제를 처음으로 어렵고 산만하게 해명했다. 이에 반대해서 라인홀트는 칸트를 변호했다. 하지만 특별한 성공을 거두지 못하고, 그 문제는 '주장될 수 있지만 반박될 수 없다'는 상황에 맡겨졌다. 여기서 나는 슐체의 견해와는 독립적으로 그 전체 논쟁의 근저에 놓여 있고 그 문제에 진정으로 본질적인 것을 내 자신의 방식으로 그 전체를 분명하게 제출할 것이다."[8] 쇼펜하우어는 슐체의 칸트 반박을 통해 자신의 방식으로 선험적 관념론을 재구성한다. 인간은 특정한 시간과 공간에서 받아들인 감각적 인상에 선천적인 인과 법칙을 적용하여 표상으로서의 세계를 구성한다. 실재하는 것으로 구성된 객관은 사실상 표상이라는 것이다.

쇼펜하우어에 의하면 "칸트는 물자체에 대한 엄밀한 도출을 하지 않았다. 반대로 그는 그것을 그의 선배, 특히 로크로부터 이어받아 그 것이 진정으로 자명하기 때문에 그 존재가 의심될 수 없는 어떤 것으로 보존했다. 어느 정도까지는 그는 이렇게 해야 했다. 그리하여 칸트의 발견에 따르면 우리의 경험적 지식은 그 주관적 기원을 증명할 수 있는 하나의 요소와 그렇지 않은 다른 요소를 포함한다. 후자의 요소

---

8   Arthur Schopenhauer, 〈철학사 단편*Fragmente zur Geschichte der Philosophie*〉, *Parerga und Paralipomena*, S. W. Band IV, Suhrkamp, 1986, s. 114~118.

는 그것을 주관적인 것으로 간주할 수 있는 근거가 없으므로 객관적인 것으로 남는다. (……) 칸트는 현상의 이 재료Stoff나 실체를 주저 없이 물자체에 남겨두고, 그것을 전적으로 외부로부터 오는 것으로 간주했다. 왜냐하면 그것은 어디인가로부터 와야 하는 것이고, 칸트가 표현하듯 어떤 근거를 가져야 하기 때문이다. 이제 우리는 그러한 성질을 후천적으로만 알 수 있는 것으로 고립시키거나, 선천적으로 확실한 형식들로부터 분리되어 정화된 것으로 생각할 수 없기에, 후천적인 재료들은 언제나 선천적인 것에 감싸여 나타난다. 칸트는 우리가 물자체의 실재성을 알고 있다고 가르친다. 그러나 이 이상은 아니다. 따라서 우리는 물자체가 있다는 것만을 알 뿐이지, 그것이 무엇인지는 모른다. 사물 자체의 본질적 본성은 그에게는 알려지지 않는 량, 즉 x로 남아 있다. (……) 그러나 이러한 가정은 그 유일한 주장, 즉 모든 현상의 경험적 내용이 면밀히 검토되어 그 기원으로 소급될 때에는 유지될 수 없다는 것이 알려진다. 경험적 지식과 그 기원에서, 즉 직관적 지각이라는 표상에서는 우리에게 선천적으로 알려지는 형식인 인식의 형식으로부터 독립된 재료나 실체가 확실히 존재한다. 그 다음 문제는 이 실체가 객관적 기원을 갖는지 아니면 주관적 기원을 갖는지에 관한 것이 된다. 객관적 기원을 갖는 경우에만 그것은 물자체를 보증할 것이기 때문이다. 이렇게 그것의 기원을 추구해가면 이것이 우리의 감각-인상 이외의 어떤 곳에서도 있지 않다는 것을 우리는 알게 된다. 왜냐하면 그것은 눈의 망막, 청각 신경 혹은 손가락의 끝에서 일어나는 변화이며, 그것이 직관적 지각이라는 표상을 가져오기 때문이다. 달리 말하면 이미 선천적으로 놓여 있는 우리의 인식의 형식이라는 전체적 장치를 먼저 작동시키기 때문이다. 이러한 작용의 결과가 외부 대상에 대한 표상이 된다. 감각 기관에서 느껴지는 그러한 변화에 인과 법칙이 오성의 필연적이고 틀림없는 선천적 기능에 따라 먼저 적용된다. 그 선천적 확고함과 확실성을 가지고 인과 법칙은 그러한 변화의 원인으로 나아가며, 원인 자체는 주관의 임의적 힘 안에 있지 않고 자신을 그(주관)에 외적인 어떤 것으로 제시한다. 이러한 성질은 공간이라는 형식에 의해 먼저 자신의 의의를 획득한다."[9] 쇼펜하우어에 의하면 객관은 선천적 형식인 공간과 인과 형식에 따라 감각 인상을 지각으로 구성하여 우리의 밖에 일정한 위치를 가진 객관적 표상으로서 구성한 것이 된다는 것이다.

슐체는 칸트가 물자체를 도출한 것은 사실상 인과 형식(법칙)에 따라 미리 물자체를 전제한 것이기 때문에 순환논증을 범한다고 본다. 물자체에는 인과라는 현상 형식이 적용될 수 없는데 칸트는 그렇게 했다는 것이다. 인과 형식이 적용된 것은 사실상 버클리의 생각대로 이미 지각된 객관이다. 객관은 이런 의미에서 표상에 속하며 그 기원은 주관적인 것에 있다. 남는 것은 이러한 표상뿐이다. 쇼펜하우어는 이러한 비판을 계승하여 칸트의 물자체를 로크로부터 이미 자명한 것으로 얻은 것이라고 본다. 하지만 외부적 객관은 주관의 지각에 의해 외부로부터 온 것으로 구성된 것이다.[10] 객관 세계는 표상으로서의 세계이다. 이 지점에서 쇼펜하우어는 진정한 물자체는 의지이며, 이 실재는 표상된 것으로서의 객관적 대상에 대한 외향적 관점으로부터 관점Standpunkt 전환을 해야 도달할 수 있다고 본다. 지식의 차원에서는 알려지지 않

---

9   위와 같음.

10   김미영, 〈칸트의 인과론에 대한 슐체와 쇼펜하우어의 비판〉,《철학연구》, 35권0호, 2008, 123~148
     쪽. 저자는 쇼펜하우어의 칸트 비판이 거의 슐체가 비판한 것에 영향 받은 것이라고 하고, 쇼펜하
     우어의 경험적 실재론의 측면을 언급하고 있다. 이 점은 브라이언 매기Bryan Magee도 언급한 적이
     있다. 지각론에 한정하면 버클리와 쇼펜하우어에게는 분명 상식적 실재론과 일치하는 점이 있다.
     그러나 그가 신비주의적 통찰이라는 초월적 경지와 연계해서는 인도 철학에 따라 지각 세계를 꿈
     과 환영으로도 본다는 것도 해명되어야 할 것이다.

은 무한한 영역이 남아 있기에 무한히 수평으로만 나아간다. 세계 자체에 대한 진정한 관점은 수직으로 하강하여 자기의식의 심층에 도달하고, 예술과 윤리인 다른 차원으로 도약함으로써 도달된다. 세계가 둥글다면 표상으로서의 세계에만 머무는 생명체는 그것을 평면으로만 이해할 것이다. 관점의 전환을 위해서는 객관에 대한 인식에 앞서 신체 Leib와 연결되어 있는 자기의식, 즉 표상하는 자에게로 관심을 돌리는 것이다. 신체적 존재인 인간은 자신의 내감, 혹은 자기의식을 통해 물자체인 의지에 접근하는 길이 열린다는 것이다.[11]

표상으로서의 세계에서는 인간의 선험적 주관이 세계의 한계로서 나타난다. 그러나 관점을 신체와 그 내적 본질인 의지로서의 세계로 돌리면, 주관의 지성은 의지의 산물인 두뇌의 기능으로 귀속된다. 주관은 두뇌에 대해 생리심리학적으로 인식하는 선험적 주관이었다. 그러나 의지 형이상학에서는 지성이 두뇌 안으로 사라진다. 지성은 두뇌를 포함하는 것이었으나, 이제는 두뇌가 지성을 포함한다. 이 '이상한 순환'을 쇼펜하우어는 지식의 차원에 빠져 있는 한 '인식의 이율배반'으로 보아 풀 수 없는 '고르디우스의 매듭'으로 본다. 그러나 앞서 논의했듯 알렉산더처럼 단 칼에 베는 방법이 있는데, 쇼펜하우어는 지식론에서의 주객상관성으로부터 빠져 나와 의지 형이상학으로 나아가는 것이다. 《의지와 표상으로서의 세계》II에서 나타나듯 후기로 가면서 객관과 신체 및 지성은 모두 의지의 산물이 된다. 두뇌는 자연사적 진화 과정에서 나타난 것이다. 그것은 맹목적 의지의 우연적인 산물이지만 의지가 자신을 인식하는 수단으로 나타난 것이다. 여기서 인식 주관은 두뇌의 기능으로 되어 의지의 산물로 전환된다. 이러한 변화 과정은 이

---

11 Arthur Schopenhauer, 앞의 책, 118.

서규의 연구가 잘 보여 주고 있다.[12]

쇼펜하우어가 의지 철학으로 나아가는 것은 철학의 본질을 논리학이나 인식론에 두는 것이 아니라, 생의 의미를 추구하는 윤리학을 철학의 본질로 보는 관점에서 오는 것이다. 그는 당시 야코비Friedrich H. Jacobi, 1743~1819가 제기한 문제에 민감하게 반응한다. 야코비는 슐체처럼 칸트의 물자체 개념의 모순성을 지적한 인물이었으며, 카발라 철학의 내재적 무한자Ensof를 궁극적 존재인 신성한 영혼으로 보는 신비주의자이다. 무한자와의 일치에서 '하나이자 모든 것'을 통찰하는 궁극적 자유에 도달한다는 것이다. 지식론이나 상식의 세계에 머무는 것은 '그가 처음 사용한 개념'으로 알려진 '허무주의Nihilismus'에 머무는 태도이다. 그는 궁극적 실재에 대한 인식과 연관하여 '허무주의냐 신비주의냐'의 양자택일을 철학적 투쟁의 장이자 절박한 문제로 제시했다.[13] 쇼펜하우어에게 생의 의미는 의지긍정의 길과 의지부정의 길이라는 두 길에 있다. 의지 철학은 세계 의미의 문제로 나아가는 초석이 된다. 염세적 색채가 강한 그의 어법에도 불구하고 쇼펜하우어는 허무주의를 넘어 궁극의 의미를 만나려는 강한 의욕에 지배되어 있다.

---

12 이서규, 〈쇼펜하우어의 세계 개념에 대한 고찰〉, 한국동서철학논문집, 《동서철학연구》제61호, 2011. 09. 114~135쪽.
13 Dieter Henrich, *Between Kant and Hegel*, Edited by David S. Pacini, Harvard University Press, 2003, p. 67.

4. 세계 수수께끼와 미래의 철학

쇼펜하우어는 과학과 유대-기독교적 전통 형이상학이 공존하는 유럽적 상황에서 철학을 했다. 과학과 신학적 존재론은 점차 분리되어 갔지만, 17세기 예수회 선교사들이 중국에서 보여 준 것처럼 과학은 신이 창조한 세계 질서를 이해하는 것이기 때문에 신학을 보조하는 기능을 갖고 있었다. 과학은 신학을 선교하기 위한 미끼가 아니었다. 그러나 쇼펜하우어는 계몽주의와 산업의 성장에 따라 과학이 신학에서 분리되는 상황에서 학습했으며, 슐체를 통해 칸트의 비판 철학에 접하게 되었다. 그는 피히테, 셸링, 헤겔의 강의를 들었으나 동조할 수 없었으며, 물리 화학 이외에도 새로이 부상하는 의학과 생리심리학에 관심을 보였다. 그가 의학 강의를 들은 것은 생계를 위한 학문을 하라는 모친의 권고에 따른 것으로 보인다. 그러나 결국 그는 생계와 관계없는 철학을 선택하기로 결심한다. 그는 독일관념론의 주류에도 속할 수 없었고, 경험주의 철학에도 속하지 않는 예외적 비주류로 분류되어 왔다. 그는 《의지와 표상으로서의 세계》I의 재판 〈서문〉(1844)에서 자신의 철학의 예외적인 성격에 대해 원망과 결의에 찬 심정으로 말하고 있다. "나의 (……) 깊이 성찰하는grüblerische, meditative 철학"은 "헐벗고, 보상도 없으며, 동반자도 없고, 때로는 박해까지 당하는 진리만을 북극성으로 삼고 가는" 철학이다. 이에 비해 '대학 철학'은 "군주에 대한 공포, 정부의 의향, 근엄한 교회의 교리, 출판사의 요망, 학생들의 동의, 동료들의 호의, 시국의 추세, 대중의 유행적 향배 등을 염두에 둔 것"이다.[1]

쇼펜하우어는 스스로 자신의 철학을 철학 외적인 요소(생계)로부터 독립된 "가난하여 알몸으로 다니는" 철학, '양육의 어머니(대학)'의 손길을 벗어난 고아로 간주한다. 또한 자신의 철학은 '저들의 요란한 논쟁'에서 떠나 '조용하고 진지한 진리 탐구'로서 "투명한 공간으로 떠오르는 기구氣球처럼 세상의 소동으로부터 높이 솟아오르는" 종류의 것이라고 주장한다. 그가 보기에 세상에는 두 종류의 철학이 있다. 하나는 '대학 철학'이고, 다른 하나는 자신의 것과 같은 반시대적 철학이다. 이 두 종류의 철학은 '근본적으로 이질적heterogen'이다.[2] 왜 이질적인가? 왜 당대의 의사소통의 공간에서 '묵살'되는가? 그리고 왜 그는 스스로 당대의 지적 공동체를 수용하는 것을 배제할 수밖에 없는가?

쇼펜하우어는 그 이유를 제시한다. 그것은 기존의 철학이 사유의 적인 권세와 본질적 연관을 맺고 있기 때문이다. 이러한 예속적 사유는 '사변 신학'을 근본으로 하여, "근대적이고, 유대교화된, 낙천적인 기독교 근본 교리"를 철학적으로 정비한다. 사변 이성은 신의 목적론적(낙천적) 질서를 '파악하는 이성'이다. 이성은 개념적으로 파악하는 주체성이자 그 자체 개념들 중의 개념이다. 이러한 '절대적으로 인식하는' 이성은 "이성 자신에 대한 비판이 없는" 무비판적 '우화寓話, Fabel'인 허구를 만들어 낸다.[3]

---

1   Arthur Schopenhauer, *Die Welt als Wille und Vorstellung* I, S. W. Band I, Suhrkamp, 1986, s. 25.
2   위와 같음.
3   위의 책, s. 24~25.

쇼펜하우어는 브루노와 스피노자에게서 신학적 목적론을 거부하는 관점을 읽었다. 이 노선에 있는 세계관은 사변 철학과는 근본 전제가 다르며, 유대-기독교적 문명 속에서 배태된 이성의 수용가능성을 벗어나는 것이다. 그는 권력과의 유착을 통해 합의된 세계관의 전제를 언제나 선결문제 해결의 요구petitio principii를 갖는 것으로 본다. 그 전제는 굴종과 탐욕에 지배되는 이데올로기적 편견을 내부에 숨기고 있다는 것이다. 쇼펜하우어 스스로 말하듯 "철학가는 언제나 그가 빠져나오려고 하는 곤경의 결과와 같은 존재가 된다."⁴ 그는 기성 철학의 곤경을 헤치고 나옴으로써 얻어지는 귀결에 부합하는 삶을 희구한다. 이것이 그 자신이 되는 길이다. 그러면 기존 형이상학에 적대하는 쇼펜하우어의 철학도 하나의 형이상학이라고 한다면, 그것은 어떤 종류의 형이상학인가?

이 문제에 답하기 위해서는 그가 양면적 의미에서 거론하는 라이프니츠G. W. Leibniz, 1646~1716의 다음과 같은 물음으로 돌아갈 필요가 있다. "왜 무가 아니고, 도리어 어떤 것이 존재하는가Warum etwas eher existiert als Nichts."⁵ 쇼펜하우어에 의하면 이 물음은 철학의 원천인 사물의 존재에 대한 '경이감'과 함께 일어난다. 철학과 경이감의 연관성은 이미 소크라테스가 언급한 것으로 알려져 있다. "경이감은 철학자의 징표이다. 철학은 실로 다른 기원을 갖지 않는다Theaitetos." 몽테뉴에게도 "경이는 모든 철학의 기초이다."⁶ 쇼펜하우어는 이 경이를 형이상학의 가능근거로 본다. 그러나 쇼펜하우어의 경이는 세계의 존재에 대한 단순한 호

---

4   Bryan Magee, *The Philosophy of Schopenhauer*, Clarendon Press, 1983, p. 49. 여기서 매기는 이 말이 단적으로 비트겐슈타인의 후기 사상의 근본 전제인 '철학에서 너의 목적은 무엇인가? 파리에게 파리통으로부터 빠져나오는 길을 보여 주는 것'(*Philosophical Investigation*, 309)과 같은 것을 언급하는 것이라고 본다.
5   위의 책, p. 51.
6   위의 책, p. 49.

기심과 연관되는 것이 아니었다. 그것은 '반성'을 동반하고, 반성은 인생사의 '비참'과 무상한 '죽음'이 주는 진지성을 갖는다. 존재하는 것들에 대한 우울한 반성에서 왜 존재자가 있고 무가 아닌가 라는 물음이 생긴다는 것이다. 이 물음은 더 이상 세계가 친근하지 않는 낯선 것으로 다가와 삶의 안전성을 동요시키는 불안 속에서 일어난다. 이런 의미에서 쇼펜하우어는 인간을 '형이상학적 동물animal metaphysicum'로 규정한다.[7] 불안 속에서의 경이는 이 동물에게 자신의 환경세계가 부적합하다는 감각을 일으킨다. 세계는 더 이상 '딱 맞는 옷'—이 비유는 훗날 베르그송이 즐겨 사용하게 된다—이 아니다. "지적 관심이 낮을수록 복잡하고 신비한 존재 그 자체와는 무관하게 되며, 모든 것이 그에게는 당연한 일이 된다."[8] 그러나 불안과 경이는 세계에의 몰입을 나와 세계의 분리로 바꿔놓는다. 라이프니츠의 물음은 삶의 안주安住가 동요되는 심정을 배경으로 일어난다. 존재 근거에 대한 물음은 하이데거 M. Heidegger도 지적하듯 근원적 '불안Angst'에서 일어난다. 그에 대한 형이상학적 해답은 이 불안의 해소를 통한 생의 안정성을 찾으려는 욕구의 산물이 될 것이다. 쇼펜하우어는 형이상학의 가능 근거가 불안에 있다는 견해의 선구자이다.

쇼펜하우어가 보기에 라이프니츠의 물음은 세계의 존재를 하나의 '수수께끼Rätsel'로 만드는 진지한 관심을 정식화한 것이다. 개별과학도 각기 수수께끼를 갖지만, 세계의 존재에 관한 수수께끼는 그 밖의 다른 문제에 선행하는 근본 문제다. 그것은 인간이 생의 어느 특정한 순간에 불현듯 떠올릴 수 있는 특이한 경험이다. 이 경험은 흔한 것은 아

---

7   Arthur Schopenhauer, *Die Welt als Wille und Vorstellung* II, S. W. Band II, Suhrkamp, 1986, s. 207.

8   Bryan Magee, *The Philosophy of Schopenhauer*, Clarendon Press, 1983, p. 49.

니지만 삶을 조용히 흔드는 내적 혁명의 경험이며 근본적 의문에 접하는 순간이다. 바로 이 점에서 쇼펜하우어는 존재 근거에 대한 물음이 전통 형이상학의 가능 조건이었지만 여전히 물을 만한 가치가 있는 것으로 높이 평가한다.

특히 그 물음은 일상의 친근한 생활세계를 넘어서 우주 전체로 마음을 확장하게 한다. 그것은 막연하지만 완결될 수 없는 무한성을 생각하게 한다. 그의 《의지와 표상으로서의 세계》Ⅱ는 천문학적 시야를 가지고 장대한 우주 경관에 대한 묘사로부터 시작한다.

> 무한한 공간 속에서 무수히 반짝이는 천체들, 그 각각의 주위에는 일단의 작고 빛을 받는 천체들이 돌고 있으며, 이 작은 천체들은 핵은 뜨겁고 겉은 딱딱하고 차가운 껍질로 덮여 있다; 이 껍질 위에서 어떤 썩은 곰팡이 태暈가 '살아 있으면서도 인식하는 존재'를 생산해 내었다—이것은 경험적 진리이며, 실재적인 것이고, 세계이다. 그러나 생각하는 존재에게는, 시작도 없고 끝도 없는 시간 속에서 우글거리며 밀치고 괴롭히는 가운데 쉴 새 없이 그리고 재빨리 일어났다가 사라져 가는 셀 수 없는 작은 존재들 가운데 하나로서 존재한다는 것, 그리고 어디로부터 와서 어디로 가는지 모르는 가운데 한정 없는 공간 안에서 자유로이 떠도는 저 무수한 천체들 가운데의 하나 위에 서 있다는 것은 하나의 '당혹스러운 상황'인 것이다.[9]

무한한 시공간 안에 펼쳐져 있는 우주, 그것도 어떤 위계적 가치질서나 목적도 없는 우주, 또한 천상에서 떨어진 것이 아니라 미미한 유기물에서 진화한 생각하는 생명체의 존재, 생성과 소멸을 거듭하는 무

9   Arthur Schopenhauer, *Die Welt als Wille und Vorstellung* Ⅱ, S. W. Band Ⅱ, Suhrkamp, 1986, s. 11.

상한 사물들 앞에서 인간은 '당혹스러운 처지eine mißliche Lage'를 의식한다. 이유를 알 수 없는 존재의 우연성을 의식하는 인간 '두뇌Gehirn'에서 철학함은 시작한다. 이 두뇌는 자신의 과학적 지성으로 우주 내 사건들의 법칙을 인식한다. 그러나 두뇌는 과학 이전에 자신의 존재를 포함한 외부 존재에 대한 당황스러운 경험을 겪는다. 쇼펜하우어에 의하면 철학은 플라톤이 말한 '철학적 정념pathos'으로서의 '경이thaumazein, mirari'에서 출발한다. 이 정념과 더불어 물어지는 근본 물음은 존재에 대한 무의 가능성이다. 무의 가능성은 곧 존재의 '우연성'에 대한 의식을 낳는다.[10]

세계의 수수께끼 가운데 '가장 가깝고 일차적인 것'은 "세계의 존재가 단 하나의 실에 걸려 있다는 것"이다. 이 실이 바로 두뇌 혹은 주관이다. 쇼펜하우어에 의하면 철학은 과학에 대한 반성을 포함한다. 과학은 자신이 인식하는 인과질서가 객관적으로 실재한다는 '실재론'에 대한 신념을 갖는다. 철학적 반성은 그 실재가 사실은 두뇌의 인과적 형식에 의해 구성된 '관념성'을 갖는다는 것을 자각시킨다. 또한 시공간역시 관념성을 갖기에 광대한 우주에 대한 묘사도 주관에 의해 구성된 '표상으로서의 세계'인 '현상계' 즉 '두뇌의 현상Gehirn-Phänomen'이 된다.[11] 세계의 수수께끼는 표상으로서의 세계에 대한 물음이며 동시에 표상 주체의 존재 의미에 대한 물음이 된다. 쇼펜하우어가 자신의 주저의 제사로 사용한 괴테J. W. V. Goethe의 다음과 같은 물음은 세계와 나의 존재 근거를 묻는 것이다. "자연은 궁극적으로 근거지울 수 없는 것인가?Ob nicht Natur zuletzt sich doch ergründe." 이에 대한 그의 해답은 '저 현상계의 근저에 놓여 있는 것das jenem Phänomen zum Grunde Liegende'인 의지Wille

---

10 위의 책, s. 221~222.
11 위의 책, s. 11~12.

로서의 '물자체'의 존재이다.[12]

존재의 신비에 대한 물음은 어느 특정한 형이상학적 해답으로 나아가기 이전에는 초시대적인 일반성을 갖는다. 그것은 "깊이를 알 수 없고, 우리를 언제나 불안정하게 하는 수수께끼unergründliche, uns stets beunruhigende Rätsel"로서, "끊임없이 모든 시대, 모든 나라에서 인류의 보다 고상한 몫을 차지하며 인류를 불안정하게 하는" 물음이다.[13] 노발리스Novalis, 1772~1801의 말처럼 "철학은 본래 향수鄉愁로서 언제나 고향 집에 있으려는 충동"이라 한다면,[14] 저 수수께끼는 인류를 고향상실의 방황자로 만드는 불안의 원천이다. 이러한 방황은 "이 세계의 비존재가 존재만큼이나 가능할 수 있다는 것에 대한 분명한 인식"에서 온다.[15] 논리 실증주의가 형이상학을 인간의 감정이나 윤리적 의도에 뿌리를 둔 것으로 본 것은 위의 관점에서 이해될 만한 주장이다. 그러나 그들이 쇼펜하우어와 타고르를 애독하고 하이데거를 이해한 비트겐슈타인이 존재에 관한 신비의 중요성을 제기한 것을 이해하지 못한 것은 과학주의가 낳은 편협성의 발로라 할 수 있을 것이다.

왜 존재이고 무가 아닌가라는 물음이 철학을 가능하게 한다. 그것이 쇼펜하우어에게는 의지의 형이상학으로 인도하는 심정적 계기가 된다. 서양 형이상학이 헤겔의 사변 신학적 체계에서 종합되어 그 정점에 도달했다면, 이 권세를 누린 체계는 쇼펜하우어가 보기에 두 가지 점에서 독단적 철학이다.

(1) 세계의 존재에 대한 경이와 함께 존재근거에 대한 물음을 더욱

---

12 위와 같음.
13 위의 책, s. 221~222.
14 Novalis, *Schriften*, II, J. Minor, 1923, Fragmente 21.
15 Arthur Schopenhauer, *Die Welt als Wille und Vorstellung* II, S. W. Band II, Suhrkamp, 1986, s. 221.

심각하게 하는 것은 악의 문제이다. 신의 본질을 존재와 동일시하고 그것을 지고의 선으로 보는 유대-기독교적 전통에서는 악에 속하는 것들과 죽음은 모두 비존재에 연원하는 것으로 볼 수밖에 없었다. 또한 그 부정적인 것들을 선한 것들과 대비하여 창조할 수 있는 자유의지를 신에게 부여해 왔다. 이 전통에서 근거에 대한 물음은 "회의주의나 비판에 의해서도 잠재울 수 없는 감성적 불안을 인류에게 환기시키는 문제" 즉 "세계가 존재한다는 것, 더욱이 세계는 비참하고 우울한 세계라는 것"을 의식하게 한다. 이 문제가 '형이상학의 가려운 곳punctum pruriens'이다. 사변 신학은 비참한 세계를 초월한 신을 설정하고 그것을 선과 악이 있는 세계의 원인으로 제시한다. 쇼펜하우어에 의하면 이러한 생각은 주관(오성)의 형식인 인과성을 물자체에 확대 적용한 독단적 사변이다.

사변 신학은 형식을 실재로 착각한다. 이 독단이 '왜'라는 말을 원인을 묻는 말로 해석하고, 이에 대한 해답으로 통용되어 왔다. 근거에 관한 물음이 존재의 신비를 환기시키기보다는 성급히 원인에 대한 물음으로 인식되어온 유럽의 전통에 대한 비판은 쇼펜하우어적인 분위기를 가진 하이데거의 《형이상학이란 무엇인가?Was ist metaphysik》(1929)에 논의되어 있다. 그에 의하면 라이프니츠가 정식화한 "물음이 형이상학자 라이프니츠가 그의 《자연과 은총의 원리》 속에서 제시했던 다음의 물음이라는 것은 너무나 명백하다. "왜 무보다 도리어 어떤 사물이 존재하는가?"[게하르트Gehardt가 엮은 전집6권 p. 602. 7][16] 이 물음은 일상인이나 과학자가 묻는 것 즉 원인이 되는 어떤 존재자에 향하고 있는 것이지 존재 그 자체에 다가가는 태도는 아니다. 따라서 근대 기계론적

---

16 Martin Heidegger, 최동희 옮김, 《형이상학이란 무엇인가》, 삼성출판, 세계의 사상 23, 1990, 70~71쪽.

자연관과 중세 사변 신학을 조화Harmony시키려는 라이프니츠와 같은 사람에게는 존재의 신비를 환기시키는 물음은 곧바로 형이상학적 인과 관계에 대한 것으로 이해되었던 것이다. "이 물음이 아직도 형이상학의 종래의 습관적인 방식 속에서 '왜?'라는 물음에 이끌려서 인과 관계로 물어지는 한, 존재에 관한 사색은 존재자로서 존재자를 표상하는 인식 때문에 거부된다."[17] 이처럼 원인적 존재자에 대한 표상은 존재에 대면하는 근원적 불안 속에서 경험되는 '무Nichts'에 대한 사유를 시야에서 손쉽게 지워버린다. 신학적 세계관은 무의 불편함을 감당하지 못하는 사유의 허약성을 입증할 뿐이다. 이러한 태도는 "무는 존재자보다 더욱 가볍게 여겨진다"[18]는 존재자 중심적 사고이다.

존재자 중심적 사고는 서양의 지적 전통을 형성해왔다. 무를 회피하는 태도가 신학존재론의 근저에 있으며, 현대에 이르기까지 철학의 동력으로 작동하고 있다. 존재자 중심주의가 서양의 과학 문명을 형성하고 지탱한다. 그러나 보리 달마菩提達磨, ?~536 가 양무제梁武帝의 공덕을 무화했듯, 무에 대한 사유는 문명에 대한 근본적 반성을 가능하게 한다. 쇼펜하우어는 노자와 불교의 도움으로 원인으로서의 존재자에서 벗어나 무에 대한 사유의 가능성을 동양적 사유의 도움으로 누구보다도 먼저 제기했다.

쇼펜하우어에게는 사물이 "어디서 와서 어디로 가는지" 즉 기원과 목적, 작용인과 목적인에 대한 물음과 해답은 인식가능성을 넘어선 것일 뿐만 아니라 아예 그런 것은 존재하지도 않는다. 맹목성을 갖는 세계는 폐쇄된 완결체가 아니라 시공간적으로 무한으로 열려 있다. 인간은 내적 성찰에서 느낄 수 있는 손에 잡히지 않는 텅 빈 의지에 대한

---

17 위와 같음.
18 위와 같음.

느낌에서 세계의 '본질Wesen'을 의지라고 유추할 수 있다. 이 본질이 우주 내재적인 물자체이다. 주관(두뇌)을 포함한 모든 현상계는 이 본질의 표현이다. 세계의 수수께끼는 의지의 산물인 두뇌가 의지를 이해하는 통로가 된다는 사실에서 나온다. 쇼펜하우어의 형이상학은 지성(두뇌)의 자기의식 안에서 일어나는 궁극적 본질에 대한 이해가 우주의 본성에 대한 이해의 '열쇠'가 될 수 있다는 관점에서 출발한다. 두뇌의 자기이해에서 존재의 신비가 밝혀질 수 있다.

(2) 쇼펜하우어가 사변 신학적 철학을 독단이라고 거부하는 또 하나의 이유는 독단이 갖는 억압적 잔혹성이다. 그는 유럽 형이상학의 역사를 종교와 연관하여 고찰한다. 종교가 지배하던 시대는 다른 나라들과 마찬가지로 과학은 물론 "형이상학에는 조금의 진보도 있을 수 없었다." "종교로 동화되지 않은 형이상학들"은 그저 "잡초나 권세 없는 노동자들; 집시 떼"처럼 간주되고, 동화된 '특권 형이상학'은 '지식의 독점'에 의지하여 '압력과 강제'를 행사한다. 이러한 '억압'은 "사상들의 의사소통Mitteilung 뿐만 아니라 사유 그 자체에 대해서도 압력과 강제를 확장한다." 이러한 문화는 조기 교육을 통해 '어린이에게까지 각인되어' 어떤 철학자들로 하여금 '본유관념'을 믿게 만들었다.[19]

그러나 "모든 진정한 철학함의 필연적 출발점은 소크라테스적인 심오한 느낌 즉 내가 아무 것도 모른다는 것을 내가 안다는 이 단 하나의 사실이다." 중세나 근대보다 고대인들은 종교의 제약이 있었다 하더라도 "사상의 자유를 얽어매지 못하는" 시대에서 사유했기에, "여전히 형이상학에서 우리의 스승들이다."[20]

---

19   Arthur Schopenhauer, *Die Welt als Wille und Vorstellung* Ⅱ, S. W. Band Ⅱ, Suhrkamp, 1986, s. 241~242.

20   위와 같음.

쇼펜하우어는 '특권 형이상학'과 종교전쟁의 연관성을 회고한다. 사변 신학적 형이상학에 대한 '불가피한 반동'으로 '자연주의와 유물론'이 나왔다. 쇼펜하우어는 그것을 인정하는 가운데 자신의 형이상학을 형성했다. 그러나 종교 내의 분파들과 정통 교리의 형성은 집단들 간, 국가들 간의 전쟁을 유발했다. "8세기에서 18세기에 이르는 유럽에서의 모든 전쟁들, 봉기와 폭동들 및 혁명을 돌아보라. 국가들 간의 갈등의 계기가 되었던 형이상학적 문제들인 믿음들에 대한 대립을 그 본질이나 구실로 하지 않은 것이 몇이나 발견되겠는가? 천년의 전 기간은 전쟁터에서, 교수대 위에서, 그리고 거리에서 실로 끊임없는 도살과 살인의 시기였다.—이 모두가 형이상학적 사건이다!"[21] 역사적 사건은 종교적이고 종교적 사건은 형이상학적 문제를 내포하고 있다. 여기에서 쇼펜하우어는 '형이상학의 의무'에 대해 반성한다. 그것은 기존의 '유심론적이어야 하고 낙관적이어야 하며 유일신론적이어야 하고 심지어 도덕적이기까지 해야 하는' 의무가 아니다. 진정한 '단 하나의 의무', '진실되어야 하는wahrzusein' 의무가 남는다. '진리의 기준' 이외의 다른 기준을 갖지 않는 "철학은 본질적으로 세계 지혜Welt-Weisheit이며, 철학의 문제는 세계이다." 세계 지혜는 "신들을 평온하게 있게 할 것이며 거꾸로 신들도 철학을 평온하게 놓아두기를 기대한다."[22]

"철학의 문제는 세계이다. 철학은 본질적으로 세계 지혜이다." 이 명제만 분리시켜 보면 쇼펜하우어의 견해는 전통 형이상학과 달라 보이지 않는다. 그러나 이제까지의 논의의 문맥에서 보면 그 명제는 세계의 수수께끼를 더 이상 인과 관계의 범주에 의지하여 풀지 않기 때문에 세계는 더 이상 기원(창조)과 목적(최고 가치)을 갖지 않는다. 세계

---

21 Arthur Schopenhauer, 위의 책, s. 242~243.
22 위와 같음.

는 초월적 작용인과 목적인이 없이 무한으로 펼쳐져 있으며, 다만 그것의 내재적 본질을 표현하고 있을 뿐이다. 쇼펜하우어의 세계관은 사변신학의 견지에서 보면 무신론, 따라서 유물론과 자연주의에 더 접근한다. 이러한 노선은 아퀴나스Thomas Aquinas, 1224~1274가《신학대전Summa Theologica》에서 초월적 신이 아닌 세계에 무한성과 영원성을 부여하는 '나쁜 길'이라고 했던 것이다.[23] 쇼펜하우어는 신학에 적대하여 분명한 자의식을 가지고 주장한다. "우리의 철학은 내재Immanenz를 주장한다." "현실 세계가 고찰의 재료이며 한계"이다. '진정한 철학적 고찰 방법'은 현상의 "내적 본질을 인식하면서 현상을 초월하는 방법"이다. 이 방법은 세계가 '무엇인가Was'만을 묻고, "세계가 어디에서 오고 어디로 가며 어찌하여 있는가를 묻지 않는다."[24] 과학의 선험적 형식인 충족이유율에 따라 물자체로서의 이유를 찾는 것은 종교에 연원을 갖는 학문적 작업이 될 것이다. 그러나 세계의 본질을 대상으로 하는 것은 본질 직관을 통해 작품을 이해하는 '예술과 마찬가지'다.[25] "철학자는 세계의 전체 음音을 자신의 내면 속에서 다시 울리도록 하며, 이 음을 자신에게서 꺼내 개념으로 표현한다." 그는 '조형예술가'다.[26] 우주는 본질이 형상화된 것, 표현된 것이다. 이것을 해명하는 철학자는 예술적 지성의 소유자다.

이렇게 보면 하이데거가 비판하듯 쇼펜하우어의 내재적 철학은 여전히 우주의 본질적 통일성에 정위되어 있는 전통 형이상학의 틀을 벗

---

23 《신학대전》은 변증론적 방식으로 구성되어 있다. 아퀴나스는 자연 그 자체에 동력과 무한성 및 완전성을 부여하는 내재적 철학인 나쁜 생각(자연 철학이나 범신론)과 기독교적 초월 신학인 좋은 생각으로 양분하여 대립시킨다.

24 Arthur Schopenhauer, *Die Welt als Wille und Vorstellung* I, S. W, Band I, Suhrkamp, 1986, s. 379.

25 위와 같음.

26 Friedrich Nietzsche, 이진우 옮김, 《유고(1870~1873)》, 전집. KGW 2. 3, 책세상, 2001, 370쪽.

어나지 못했다고도 할 수 있다. 그러나 그는 기존의 세계상에 대립하는 방향에서 사유했으며, 만일 의지를 형체를 잡을 수 없는 무로 본다면, 그리고 이 무가 창조적 무라면, 철학은 숨 막히는 존재의 우선성을 전제한 존재론에서 벗어나 자유를 얻게 될 것이다. 또한 창조적 무는 현대의 우주 발생론적 문맥에서 새로이 논의될 수 있는 개념이 될 수 있을 것이다.

전통 형이상학의 지적 특권을 헤치고 나온 당시의 과학은 대다수 근대 철학자들에게는 매력적인 것이고, 쇼펜하우어에게도 예외가 아니었다. 그러나 그는 전통 형이상학적 가치들이 증발해가는 허무주의와 데카당스의 시대가 되었다는 것을 그 누구보다도 먼저 감지한다. 그를 이어 니체는 이러한 시대를 '유럽의 허무주의'로 명명한다. 과학과 자본주의 발달을 통해 허무주의가 도래했지만, 쇼펜하우어는 당시의 과학적 세계관을 대표하는 기계론적 세계관을 선택할 수도 없었다. 과학은 그저 현상에 관해서만 타당한 것이다. 그것에 대한 회의 없는 신앙은 편협한 세계 몰입주의로 전락하고 있었다. 그는 '경험'의 의미를 과학적 차원에만 한정하지 않는다. 그는 인식 주관이라는 근대적 주체의 좁은 한계를 넘어서는 예술적 경험을 인정하고, 윤리-종교적 경험의 본성에 지대한 관심을 가지고 있었다. 나아가 경험은 개인적 인생사와 인류의 역사적 경험, 문화와 심층심리적 경험 등을 망라한다. 이러한 철저한 경험 속에서 왜 연민과 구원에의 노력이 의지의 선택인지가 알려진다. 쇼펜하우어는 문명사적 경험을 통해 "세계는 결여에 의해(그래서 고통에 의해) 작동하는 기계machine"라고 판단한다.[27] 과학적 경험은 스스로의 좌절을 통해서 난파되어 세계 의미에 대한 물음으로 나아가는 통

---

27 Schopenhauer, *Manuscript Remains 1830~1852*, V. 4, Edited by Arthur Hübscher, Trans by E. F. J. Payne, Berg, 1990, p. 18.

과 지점이 된다. 과학에 대한 좌절은 일종의 한계 경험이다

쇼펜하우어는 전통 형이상학과 과학주의의 사이 길을 헤치며 간다. 그는 스스로 자신이 가는 길이 오솔길이며, 이 길은 당대의 두 거대 조류의 소동에서 멀어져 있는 길이라고 생각한다. 쇼펜하우어에 의하면 그들은 "높은 곳에서 오만하게 보기에 나 같은 작은 사람을 볼 수 없었다."[28] 이제 새로운 가치는 서양 근대의 두 조류에서 나올 수 없다. 유럽의 두 가지 대소동(형이상학과 과학)과는 다른 길을 가는 자신의 지적 위치를 인지한 그는 비로소 유럽중심주의를 벗어나게 된다. 그는 아시아의 사유로 눈을 돌린다. 그러나 생의 의미 추구에 기여할 수 있는 서양의 관념들, 신비화를 파괴하는 과학적 지식의 성과를 버리지 않는다. 그는 동서양의 인류의 지혜를 참조하여 삶의 의미를 모색한다. 세계의 본성적 결핍에 대한 의식, 궁극적 의미에 대한 관심을 문제로 삼는다. "진정한 신성과 세계 구원으로 나아가는 심정Gemüt의 정조情操, Stimmung는 이러한 인식에서 출현하는 것이다."[29]

이와 유사한 정조를 계승한 니체는 젊은 시절 헌책방을 지나다가 '악마의 유혹'처럼 집어 들게 된 '의지와 표상으로서의 세계'에 매혹된다. 이를 통해 그는 신학적 세계상의 몰락에서 오는 유럽 허무주의의 도래에 대한 분명한 이해를 갖게 된다. 이러한 감각은 쇼펜하우어의 영향권에 있는 것으로 평가되는 《비극의 탄생》(1871)보다는 그의 《유고 (1870~1873)》(전집 3. K.G.W. III2)에 있는 〈비도덕적 의미에서의 진리와 거짓에 관하여〉에서 뚜렷이 드러난다. 문체까지 거의 같은 이 글에서 니체는 우주 존재의 우연성에 대한 쇼펜하우어적 감수성을 잘 보여 준

---

28 Arthur Schopenhauer, *Kritik der Kantischen Philosophie, Die Welt als Wille und Vorstellung* I, S. W, Band I, Suhrkamp, 1986, s. 684.

29 Arthur Schopenhauer, *Die Welt als Wille und Vorstellung* I, S. W. Band 1, Suhrkamp, 1986, s. 379.

다. 무한한 시 공간 앞에 인간은 자기의 지성의 한계 안에 갇힌 난파된 세계 속에서 사는 동물이다.

수많은 태양계에서 쏟아 부은 별들로 반짝거리는 우주의 외딴 어느 곳에 언젠가 영리한 동물들이 인식이라는 것을 발명해 낸 별이 하나 있었습니다. 그것은 세계사에서 가장 의기충천하고 또 가장 기만적인 순간이었습니다. 그렇지만 그것도 한 순간 꺼져갔고, 영리한 동물들도 죽을 수밖에 없었습니다. — 누군가가 이런 우화를 지어낼 수 있을 것이다. (……) 인간이 존재하지 않았던 영겁의 시간이 있었다. 또 인간의 존재가 다시 끝난다고 하더라도 아무런 일도 일어나지 않을 것이다. 왜냐하면 인간의 지성은 인간의 생명을 넘어서는 어떤 사명도 가지고 있지 않기 때문이다. 그 지성은 인간적일 뿐이다.[30]

광대한 우주에서 '인간의 지성이 자연 내에서 차지하는 우월성'은 '가련하고 무상하며', '무목적적이고 자의적'이다. 더 이상 인간은 '세계의 중심'이 아니다. 그의 지성은 '자기보존욕'의 수단일 뿐이다. 그는 자연의 '표면'만을 인식할 수 있고, 물자체는 '언어 창조자'인 그에게는 '도저히 이해할 수 없는 것'이다. 그는 '신경자극'을 '영상'으로, 영상을 '음성'으로 만들 뿐이다. 언어적 인식은 사물의 '비유'일 뿐이다.[31]

니체가 기술하는 인간조건은 표상으로서의 세계 안에 갇혀 사는, 그래서 욕망과 언어적 형식을 탈출하지 못하는 미세한 생물의 모습이다. 이러한 현실을 부자유와 곤경으로 경험하는 심정은 쇼펜하우어와 니체 철학의 기본 정조일 것이다. 또한 생의 의미 차원은 사실판단들의

---

30 Friedrich Nietzsche, 이진우 옮김, 앞의 책, 443쪽.
31 위의 책, 443~449쪽.

총체와 과학의 논리를 넘어서는 지혜의 경험에서 온다. 이런 의미에서 철학은 본질적으로 세계 지혜에 대한 열망이다. 철학을 조용히 이끌고 가는 이 심정을 비트겐슈타인Ludwig Wittgenstein, 1889~1951은 이렇게 묘사한다. "철학에서 너의 목적은 무엇이냐? — 파리통으로부터 탈출하는 길을 파리에게 보여 주는 것."[32]

니체가 보기에 쇼펜하우어가 행한 '사유의 전도'는 쇼펜하우어의 관점과는 반대로 "세계가 도덕적 의미를 갖지 않는다"는 것이다.[33] 의미 추구는 더욱 어려운 것이 된다. 쇼펜하우어 말대로 '물질materie'이 단지 '인과적 관계'의 총체에 불과하고, 과학은 '두뇌'가 구성한 인과 법칙뿐이라면, 그래서 이 세계에 궁극적 가치를 부여할 수 없다면 생의 의미는 어디에서 오는가? 이 물음은 세계의 수수께끼가 풀어지는 '세계의 암호 해독'에서 그 해답이 전망된다. 쇼펜하우어는 근대 과학과 신학존재론이라는 양극단을 빠져나오는 사이 길에서 새로운 내재적 형이상학을 생각한다. 세계는 실재 그 자체인 의지라는 본질의 발현이며, 발현된 것은 의지 안에 있다. 본질은 세계의 원인이 아니지만, 존재의 궁극적 신비를 해독하게 한다. 의지는 그 자신 더 이상의 근거를 갖지 않는 무근거의 실재이다. 신비가는 의지부정을 통해 세계를 영원의 관점에서 정관하는 자유를 경험한다. 그리고 예지계인 의지는 다양한 만상의 근저에서 무차별적으로 소통하는 내재적 관계 체계이다. 예지계에 대한 통찰은 모든 것을 평등한 하나로 열려 있는 것으로 본다. 쇼펜하우어는 이러한 발현과 소통으로서의 세계에 대한 해명을 '도래하는 시대의 철학'으로 보았다.

---

32 Ludwig Wittgenstein, 이영철 옮김,《철학적 탐구》, 309, 서광사, 1994, 158쪽.
33 Friedrich Nietzsche, *The Birth of Tragedy*(1872), 'Attempt at a Self~Criticism'(1886).

5. 도이센과 중도中道

　　세계 지혜는 진지한 동경이라는 정조情操를 추동력으로 갖는다. '보다 높은 의식'은 상식과 과학의 차원 즉 표상으로서의 세계를 넘어서고자 한다. 그것은 과학의 영역과 생의 의미 추구의 차원이 갈라지는 틈을 통과하는 모험을 겪는다. 이 틈의 경험을 통해 이론적 세계와 실천적 지혜가 분리되면서도 연결된다. 이 분절은 쇼펜하우어의 사상을 이해하려는 사람들을 당황스럽게 하는 요인이기도 하다. 쇼펜하우어는 표상으로서의 세계를 환상이나 꿈과 같은 것으로도 표현하기 때문이다. 과학에 대한 쇼펜하우어의 해석은 선험적 관념론으로 분류된다. 그러나 이것은 현상이 주관에 의해 창조된 환상적인 것이라는 주장은 아니며, 더욱이 신적 정신에 의해 창조되었다는 절대적 관념론도 아니다. 그것은 칸트가 말하듯 현상에 대해서는 경험적 실재론이다. 현상계와 그에 관한 인식은 '가상Illusion'이 아니다. 그럼에도 그는 거듭해서 현상이 '마야의 그물Webe der maja'이나 '베일', '불안정하고 실체 없는 꿈 bestand–und wesenloser Traum'이라고 말한다.[1] 이러한 두 가지 주장은 그의

---

[1]　Arthur Schopenhauer, *Die Welt als Wille und Vorstellung* I, S. W. Band I, Suhrkamp, 1986, s. 49~50.

선험적 관념론이 지식론에 한정된 것이면서도 생의 의미의 문제를 지향하는 맥락에서 논의되기 때문에 나오는 것으로 보인다. 지식론은 자주 인도 철학이나 신비주의와 연계되어 언급된다. 쇼펜하우어는 세계 지혜를 위해서는 관념론적 지식론이 유리하다고 판단한다. 그는 칸트 지식론을 버클리에 접근하는 관념론으로 수정하지만, 자신이 칸트의 선험적 관념론의 적자라고 주장한다.

칸트의 선험적 관념론과 인도 철학의 유사성에 대한 연구는 이전부터 있어 왔다. 그럼에도 과학의 확실성을 정당화하는 의도에서 나온 것과 세계를 영적 원리[Atman]나 마음Citta, 心의 산물로 보는 철학을 결합시키는 것은 다소 당황스러운 것이다. 유럽의 전통에 익숙한 사람은 혼란스럽기까지 할 것이다. 이 점이 쇼펜하우어에 접근하는 것을 어렵게 하는 한 요인이기도 하다. 그러나 쇼펜하우어는 그가 인용하는 '베다Veda와 푸라나Puranas' 이외에도 그리스-로마 이래의 철학과 문학작품들을 활용하여 세계가 꿈임을 강조한다. "평범함 사람은 꿈속에서 산다."(Platon) "인간은 그림자의 꿈Skias onar"(Pindaros)이고, "인생은 덧없는 환상의 그림자"(Sophokles, 아이스킬로스)이다. "우리들은 꿈의 재료와 같은 것, 보잘 것 없는 우리 인생은 잠에 싸여 있다."(Shakespeare, Tempest, Act 4)[2] 쇼펜하우어는 광범위한 문헌을 활용하여 동서의 공통점을 알리는 유일한 사상가였다.

쇼펜하우어의 세계환상론은 '표상으로서의 세계'가 갖는 경험적 실재성을 약화시킨다. 그의 지식론은 세계가 가상이 아니라는 것과 세계는 가상이라는 모순된 주장이 공존하는 것처럼 보인다. 쇼펜하우어도 보통 사람들처럼 경험적 세계의 실재성을 믿다가도 철학적 반성을

---

2   위와 같음.

할 때에는 세계의 실재성이 주관에 의해 구성된 것으로 보며, 혹은 어느 순간 이 세계가 꿈이 아닌가라는 생각을 했을 것이다. 그러나 매기 Bryan Magee처럼 쇼펜하우어의 관념론은 객관들이 환상이라는 것이 아니라 경험적 세계의 실재성을 의미한다고 해석하더라도,[3] 이 해석은 세계가 환상이라는 쇼펜하우어의 거듭된 주장과는 일치하지 않는 것으로 보인다. 세계환상론은 세계지혜론과 연관된 어떤 철학적 의도를 내포하고 있다. 그것은 과학적 지식의 세계와 세계초극을 연관시킨 문맥에서 나온 것이다. 전자는 주관의 형식들에 의해 구성된 것이기에 표상으로서의 세계가 된다. 그러나 세계 지혜의 단계로 넘어가는 관점에서 보면 표상으로서의 세계는 환상이나 꿈으로 보인다. 그러나 선험적 관념론이나 버클리적 관념론이 환상론이 아니라면, 쇼펜하우어의 두 가지 주장은 여전히 석연치 않다.

쇼펜하우어를 이러한 모순으로 부터 구제하고자 한다면 그의 경험적 실재론과 환상론을 일단 분리해서 이해하는 것이 필요할 것이다. 이러한 해석은 재너웨이Christopher Janaway가 제안한 것으로, 그는 다음과 같이 쇼펜하우어의 경험적 실재론을 해명하면서, 그의 환상론이 '인식론적 회의주의의 이름'으로 주장하는 것이 아님을 밝히고 있다.[4]

쇼펜하우어가 주장하는 것은 다음과 같다:
1. 개별적인 시공간적 객관들의 통일된 세계를 우리가 경험한다는 것은 환상이 아니며, 이 세계의 존재나 그것에 대한 우리의 경험에 대해 우리는 회의적이어서는 안 된다.

---

3   Bryan Magee, *The Philosophy of Schopenhauer*, Clarendon Press, 1983, p. 67.
4   Christopher Janaway, *Self and World in Schopenhauer's Philosophy*, Clarendon Press Oxford, 1989, pp. 170~171.

2. 그런데 시공간적인 실재 세계는 마음 의존적이고, 어떤 주관에 대해서만 존재하는 표상들에 의해 구성된다.

3. 그러나 보다 넓은 관점이 있고, (실로 있을 수밖에 없다) 이 관점에서 우리는 세계에 대해 그 경험 가능성에 제약되지 않는 방식으로 생각할 수 있다. 이것은 세계 그 자체에 대해 생각하는 것이다. 세계 그 자체의 존재는 우리의 경험 가능성의 형식들 속으로 떨어지는 것에 제약되어 있지 않다.

여기서 재너웨이가 말하는 것은 '우리의 표상들은' '실재적인 경험적 세계'이기 때문에 굳이 '우리가 인식론적 회의주의자가 될 필요가 없다'는 것이다. 그리고 예지계인 물자체는 "인식론적 관점에서는 우리가 접근할 수 없는 것"이다. 그러나 "나타나는 어떤 것이 있지 않다면 현상에 대해 말하는 것이 무의미하기 때문에 물자체는 있어야 한다." 표상으로서의 세계인 현상계는 실재한다. 이 관점은 세계에 대한 '하나의 고립되고 제한된 관점a single limited perspective'일 뿐이다. "경험적 실재성이 이 관점에 제한되는 것이라면, 이 관점을 초월하여 존재하는 세계가 있다는 생각을 이해해야 한다."[5] 사실 쇼펜하우어의 세계는 표상으로서의 현상계가 전부가 아니고, 그것이 물자체인 의지의 표현이라는 이중적 세계이다. 의지는 표상 없이도 존재하지만 표상은 의지 없이는 존재하지 못한다. 의지가 더 무겁다.

표상으로서의 세계는 상식의 세계이자 과학적 인식이 가능한 것들의 총체이다. 과학적 인식에 한정한다면 현상계는 기호나 언어로 구성된 것으로서, 가능한 사실판단들의 총체이다. 따라서 여기서는 현상

---

5   위와 같음.

인식을 통해 현상에 적응한다는 가치 이외에 어떤 궁극적인 세계 의미에 대한 지혜가 도출될 수 없다. 과학의 선험적 조건인 논리는 과학과 비과학 사이의 선택을 결정할 수 있는 위치에 있지 않다. 왜냐하면 이 선택에는 인생에서 겪은 심정적 경험들이 개입할 것이기 때문이다. 쇼펜하우어가 과학주의를 인생관으로 채택할 수 없었던 것은 사실판단의 세계와는 현격히 다른 의미의 차원이 있으며, 이 차원은 언어적(상징적) 인식의 밖에 있는 물자체와의 관계에서 오기 때문이다.

쇼펜하우어의 세계환상론은 인식론적 관점과는 다른 연원에서 온다. 그것은 인식론적 회의론을 서양 근대적 맥락에서 주장하려는 것이 아니다. 따라서 재너웨이는 쇼펜하우어의 "초점은 경험세계 그 자체가 주변적이며 우리에 대해서만 상대적이므로 물자체의 차원에 감추어져 있는 보다 높은 실재에로 인도하지 못한다는 것이다." 물자체는 "영원히 존재하고 시간적이거나 공간적인 분화에 종속되지 않으며, 경험적인 것과 인과적으로 관계 맺지 않고, 그래서 경험적인 것 보다 어떤 점에서는 보다 큰 가치를 갖기 때문에 보다 더 실재적이다."[6] 경험적인 세계는 부차적으로만 가치 있는 것이고 궁극적 가치를 갖지 못한다. 재너웨이에 의하면 이러한 의미에서 보다 높은 실재는 '유사-플라톤적 영역a quasi-platonic realm'에 있다.

세계환상론은 경험세계가 제이의적第二義的이고, 물자체가 제일의적第一義的이라는 쇼펜하우어의 세계관을 전제한다. 환상이란 개념은 경험세계의 실재성을 제이의적 차원에서는 긍정하지만 제일의적 차원에서는 그것에 대한 집착을 부정하는 입장에서 나온 것이다. 이 부정에서 진정한 지혜에 도달하는 길이 열린다. 따라서 환상 개념은 실재적

---

6   위와 같음.

경험세계의 선험적 관념성을 강조하면서도 사실상 그 세계가 인간 이성의 미몽이라는 인생-의미론적 개념이 된다. 그것은 세계초극의 노력을 촉구하는 가치적 개념이다.

쇼펜하우어의 세계상은 경험세계에 대한 두 가지 관점이라는 이중조명을 하나의 초점(세계상)으로 모은 것이라고 할 수 있다. 그 자신도 언급하듯 그것은 인도 베단타 철학과 불교와 같은 구조를 갖는다. 제 이의적 차원의 경험세계는 세속의 진리俗諦, sammuti, samvṛti-satya이다. 이 세계에 대한 집착에서 탈피한 진리는 진제眞諦, paramattha, paramartha-satya 이다. 속제의 삼브리티samvṛti는 월칭月稱, Chandrakirti에 의하면 '언어'를 의미하지만, 공동의 '관습'과 공동의 '용법vyavahara'을 포괄한다. 속제는 언어적으로 합의 본 관습적 집착의 세계이며, 사실상 '사회, 정치, 도덕' 등의 문화적 세계를 총칭한다.[7] 이 세계는 인간의 언어적 상징으로 구성된 지식과 욕망의 세계이고 이 욕망은 친근한 이 세계를 실재로 집착한다. 속제의 관점 안에서 경험세계는 실재한다. 최상의 길인 진제는 속제의 차원에서 실재하는 경험세계에 대한 반성과 탈집착을 통과해서 획득된다. 최상의 차원은 객관과 주관의 분리를 전제하는 실재론적 차원이 살고자 하는 의욕에 지배된 것임을 자각하게 한다. 물리적 실재에 대한 신념은 객관에 대한 집착적 관심에서 나온 것이다. 일상의 실재론적 상식과는 다른 깨달음의 상태에서는 사물의 저항성을 느끼지 못하기에 그것의 실재감을 느끼지 못한다. 반면 살려는 의지에 따라 사물의 부정적 혹은 긍정적 성질에 대한 관심이 높아질수록 사물이 주관의 밖에 버티고 실재한다는 것에 대한 의식이 강화된다. 또한 과학적 지식이 사물에 대한 적용에 성공하는 수단이 된다는 것을

---

7   Kalupahana, 박인성 옮김,《나가르주나Nagarjuna》(1986), 장경각, 1994, 43~44쪽.

알게 되면 그에 따른 자부심과 함께 실재를 인식했다는 신념이 강화된다. 소박하건 과학적이건, 실재론은 일상의 건실한 삶과 과학적 생활을 옹호해 줄 수 있는 신념이다.

그러나 진제眞諦의 관점에서 실재론은 세속적 삶에 대한 무반성적 태도를 보여 줄 뿐이다. 지식은 객관 그 자체에 대한 것이라기보다는 이미 언어적 상징으로 구성된 것이다. 따라서 이미 구성된 지식을 객관 그 자체로 조회할 수 있는 길이 차단되어 있다. 지식을 가능하게 하는 형식들은 선험적으로 관념성을 갖는다. 실재론적 신념의 확실성은 믿음에 불과하다. 이처럼 진제의 관점은 삶과 지식의 안정성을 동요시켜 객관과 주관의 실재성에 대한 세속적 신념에서 벗어나게 한다. 불교는 인간의 언어와 관습의 허구적 고정성과 불확실성을 강조한다.[8] 진제는 기존의 모든 실재론적 신념(인도적 사변 철학 체계도 포함)도 부정하고非有, 실재론을 부정하는 진제의 실재성도 부정한다非無. 이러한 입장은 이른바 '비유비무非有非無', '양변이 아닌不二' '중도中道'로 알려져 있다.

쇼펜하우어의 세계환상론도 실재론적 신념의 안정성을 그 반대의 상황으로 전환시키려는 세계 지혜의 차원에서 주장된 것이다. "쇼펜하우어는 역설의 연인戀人이다"C. Janaway. 현실적 생 자체에 대한 메타meta, para 차원에서의 반성은 실재론적 신념이 사실상 관념성을 내포한 것이며, 살려는 집착적 관심의 강도intensity가 추동하는 삶에서 나온 것임을 환기시킨다. 쇼펜하우어는 세계의 경험적 실재성에 선험적 관념성을 겹쳐놓는다. '표상으로서의 세계'는 불교적 관점에서는 속제俗諦에 속한다. '표상으로서의 세계'의 환상성은 《의지와 표상으로서의 세계》I의 4부에서 논의되는 '의지의 자기부정'이라는 세계초극의 관점, 불교적으

---

8   위와 같음.

로는 진제의 관점에서 나온 것이다. 세계는 존재 이유 없이 존재하게 된 것이고, 청년기의 그의 관점에서 보면 차라리 있지 않아야 할 세계이다. 상대적으로 부정적 발언이 많은 그의 주장은 중도를 말하는 불교적 입장에서 보면 부정[無]의 단계에 머무는 '단멸론斷滅論'에 속할 것이다.

그가 우주의 '무'에 접하자마자 《의지와 표상으로서의 세계》를 종결지은 것은 쇼펜하우어 철학이 허무주의로 인식될 수 있는 석연치 않은 점을 남겨놓았다. 불교의 입장에서는 '무'에 대해 말한다는 것은 무의미할 뿐만 아니라 단지 방편에 불과하다. 쇼펜하우어는 방편에 불과한 것을 실상인 것처럼 말하고 있다. 그러나 그가 전달하고자하는 것은 성인적 초인의 경험이다. 그것은 동서양 신비가들의 경험이 갖는 함축된 의미들을 담고 있다. 이 지혜의 경지는 자유와 사랑[慈悲], 투쟁이 소멸된 평화를 경험할 수 있는 세계이다. 쇼펜하우어의 세계 지혜는 의지에 대한 부정을 거친 대 긍정의 세계라고 할 수 있다. 따라서 그의 세계관이 표현 방식과는 달리 단멸론[허무주의]으로 그치는 것이 아니라는 해석이 가능할 것이다. 이러한 해석이 가능하다면 세계 지혜는 불교의 중도론과도 만나게 된다. 중도론자인 나가르주나Nagarjuna, 龍樹를 '가장 탁월한 경험론자'로 보는 칼루파하나Kalupahana에 의하면 진제는 초감각적인 영원한 존재나 실체[自性], svabhava에 대한 '신통한 지각abhijñā'이 아니라 '감각 경험에 의해 뒷받침되는 명증을 요구했다는 것'이다.[9] 깨달음의 자유란 경험세계에 의존해서만 가능하다. 다만 경험세계만을 절대시하여 안주하지 않으면서 그것으로(경험세계로) 다시 돌아오는 것[廻向]이다. 비로소 주객 대립을 전제한 인식론적 희론戲論,

---

9   위의 책, 135~136쪽.

prapanca이 소멸되고 진정한 윤리적 가치가 경험된다. 세계환상론조차 지혜의 방편에 불과했던 것으로 해소된다. 이러한 해석은 세계 지혜가 주관과 객관, 관념론과 실재론 사이의 대립을 해결해준다는 장점을 갖는다. 이러한 접근은 초월에서 다시 내재의 세계로 돌아온다는, 그래서 허무주의를 극복한다는 의의를 갖는다. 그럼에도 쇼펜하우어의 의지부정론은 아시아인의 관점에서는 방편으로서 인정할 수 있는 것이지만, 서양인의 눈에 허무주의로 비칠 것이다. 사실 그의 어법과 기질은 그의 세계상이 존재에 대한 혐오에 기울어져 있는 것으로 인식하게 할 수 있다. 이 문제를 이해하기 위해서는 쇼펜하우어의 제자이자 니체의 친구인 도이센Paul Deussen, 1845~1919의 우파니샤드 철학에 대한 연구와 이에 대한 라다크리슈난Sarvepalli Radakrishnan, 1888~1975의 비판을 알 필요가 있다.

　도이센에 의하면 "반복해서 일어나는 철학의 사명과 그 해결에 대한 보다 분명한 이해"는 인류 철학사에서 세 번 나타났다. 첫째는 인도의 우파니샤드에서, 둘째는 그리스의 파르메니데스Parmenides와 플라톤Platon에서, 셋째로는 칸트와 쇼펜하우어의 철학에서. 이 세 가지 사건의 공통점은 '변화의 세계'를 '마야maya, 幻化'나 '그림자의 세계', '현상적인 것'으로 본 것이다. 우파니샤드에서 '본질적 실재essential reality'는 아트만Atman, 절대적 자아이다. 그리스의 두 철학자는 실재를 '존재to on, to ontōs on'로 불렀으며 우파니샤드도 '존재sat'로 불렀다. 도이센은 아트만은 재귀대명사로는 '그 자체auto kath'auto, an sich'라는 의미를 갖는데, 칸트의 물자체Ding an sich에서도 사용되었다고 본다. 플라톤은 존재를 그 자체에서 존재하는 것auto kath'auto으로 보았다. 도이센에 의하면 그 자체에서 존재하는 것에 대한 추구는 아리스토텔레스Aristoteles와 중세철학에 의해 모호해졌지만, 칸트의 "위대한 계승자인 쇼펜하우어에 의해 취해져서 완전하게 이전보다 더 분명하게 빛을 발하게 되었다."[10]

철학사에 대한 이러한 도이센의 이해는 세계환상론을 스승 쇼펜하우어보다 더 강하게 주장하는 것이다. 도이센은 인식론적이라기보다는 존재론적 의미에서 그것을 강조한다. 우파니샤드 철학은 현상계를 마야로 보는데, 마야는 진정한 존재Sat, Being와 대립되는 가상Illusion이라는 것이다. 그는 우파니샤드가 언급하고 있는 현상계의 실재성을 무시한다. 이러한 관점은 다음과 같이 정리된다. "관념론Idealism—아트만이 유일한 실재이다. 그것에 관한 인식과 함께 모든 것이 인식된다. 다수성plurality과 변화는 없다. 다수성과 변화의 현상을 나타내는 자연은 단순한 환상illusion, maya이다."[11] 이 존재론적 관점은 도이센도 지적하듯 자연이 주관주의적 환상이라는 것은 아니다. 그것은 절대적 무한자 [Brhman=Atman]가 인과적 관계 세계인 현상계에 대해 독립성을 유지하며, 현상계는 자신의 존재를 위한 본질적인 요인을 내부에 갖지 않는다는 것이다. 이러한 견해는 칸트와 쇼펜하우어의 선험적 관념론을 존재론적 환상론에 흡수하는 입장에서 나온 것이다.

라다크리슈난에 의하면 선험적 관념론에 대한 그러한 해석은 의심스럽다.[12] 우파니샤드에서 "아트만과 세계의 상호배척을 시사하는 구절은 어디에도 없다." 그는 "영원자에 뿌리를 둔 일시적인 존재의 실재성, 무한자 속에 살고 있는 유한자의 실재성, 그리고 신에게서 태어난 인간의 실재성을 인정하지 않을 수 없을 것"이라고 하고, 이 신념을 우파니샤드에서 확인한다. 우파니샤드는 '무한자가 유한자를 배제'하는 것이

---

10 Paul Deussen, *The Philosophy of the Upanishads* (1906), trans by R. A. S. Geden, Dover Publications. Inc, New York, 1966, pp. 40~43.

11 위의 책, p. 237.

12 Sarvepalli Radakrishnan, 이거룡 옮김.《인도 철학사》1 (*Indian Philosophy* I), 1929, 한길사, 1996, 267쪽.

아니라, "브라만의 유일한 실재성을 주장할 때마다 (……) (세계의) 실재성을 공유한다는 것을 주의 깊게 상기시킨다." "유한자는 무한자 속에 있다. 이 아트만이 전체 우주이다.'(*Chandogya Upanishad*, ii, 4.26) 그것은 프라나Prāna, 生氣이다. (……) 그것은 우주 내에 있는 모든 것이다. 신은 하찮은 티끌 속에도 나타난다."[13]

현상세계는 본체와의 상대적 관계에서 실재성을 갖는다. 이 실재성은 무한자의 실재성과 동등하기까지 하다. 현상계의 상대적 관계성에 집착하면 본체는 은폐되지만, 현상계만을 절대시하는 관점에서 벗어나면 본체가 먼지와 같은 미세물질微塵에도 '현현顯現'되어 있음을 깨닫게 된다. 사물은 본체를 '은폐'할 수 있지만, 사물을 통해 본체의 출현이 통찰된다. 이런 의미에서 "모든 존재가 하나다."[14] 본체와 현상은 둘이지만, 그 존재에 있어 하나임을 통찰하는 것이 진리이며 지혜이다. 대승불교에서 흔히 쓰는 용어로 표현한다면 현상의 존재에 대한 그러한 긍정의 정신은 모든 것을 '하나의 소리一音' 즉 '원융한 소리圓音'로 본다[觀]. 이 소리를 보고 자신이 그 속에 있음을 경험하는 것에서 '만유의 평등성을 이해한 지혜平等性智'에 도달한다. 현상계에서의 인류적 삶을 윤리적으로 이끌 수 있는 평등은 바로 이러한 일치의 경험에 연원한다. 이 가치[평등]에서 자유의 의미가 드러난다. 이 자유가 자유선택이라는 의미를 넘어선 무아無我와 세계의 통일이라는 궁극적 해방이다.

도이센에 의하면 "아트만에 대한 인식이 얻어지면, 모든 행위, 나아가 모든 도덕적 행위도 의미를 상실하게 된다."[15] 이 주장에 대해 라다크리슈난은 "도덕적 행위는 (……) 완전한 삶으로 넘겨져야 한다. 오직

---

13 위의 책, 266~268쪽.
14 위의 책, 268~269쪽.
15 Paul Deussen, 앞의 책, p. 362.

이것만이 초월적 가치를 지닌다"고 한다. 도덕은 버려지기보다는 더 완전해 진다. 이 관점에서 그는 "윤리 규범을 알고 있으며, 자신의 자아가 모순 속에 있기 때문에 부단한 노력과 고통을 감수하는 (……) 사람들"의 삶의 의의를 인정한다.[16] 라다크리슈난은 무한자를 '비 - 유한자non-finite'나 '비 - 시간적인 것not-temporal'으로 보는 관점을 지양하고, 차라리 유한자를 "무한자의 자기 한정이라고 말하는 것이 보다 옳을 것"이라고 제안한다.[17] '차별상'에 속하는 "개체성의 다양한 등급들은 모두가 유일한 절대자의 분산되는 광선들이다."[18] 라다크리슈난은 주관에 대해 시공간의 실재성을 말하고 주관적 관념론을 배제한다. 그의 관점은 쇼펜하우어의 세계지혜론을 세계의 경험적 실재성을 살리면서 해석할 수 있는 논점들을 제시하고 있다.

라다크리슈난의 해석은 쇼펜하우어의 윤리설과도 부합할 수 있다. 쇼펜하우어에 의하면 도덕적 감정의 보편적 확충은 궁극의 초월적 지혜와 접속되어 성인성聖人性으로 완성된다. 인륜적 가치와 신비주의적 가치가 반대 방향에서 와서 만날 수 있다. 마찬가지로 표상으로서의 세계 내에서 과학적 탐구는 그 궁극에 가서는 우주의 '심연'에 직면하며, 이 심연에서 생기하는 '의지'가 만물로 자신을 발현하고 있음을 통찰할 수 있다. 이러한 경이로운 만남의 장소가 과학의 밖에서 세계의 본질을 통찰하는 인간의 자기의식이다. 의지는 자기의식 혹은 내감에서 감지된다. 이 자기의식이 '세계 매듭Welt Knot'이다. 인간은 자기의식을 통해 과학의 밖으로 나아가 세계의 본질을 통찰하여 만유가 하나임을 통찰하지 않는다면, 약육강식의 동물성을 자기의식을 통해 표현

---

16 Sarvepalli Radakrishnan, 이거룡 옮김.《인도 철학사》1 (*Indian Philosophy* 1), 1929, 한길사, 1996, 315~316쪽.
17 위의 책, 259, 265쪽.
18 위의 책, 274쪽.

할 수 있을 뿐이다. 세계 매듭도 과학과 형이상학이 서로 반대방향에서 굴을 파들어 가다가 공통으로 만나게 되는 접점이다.[19] 표상으로서의 세계가 갖는 상대적 실재성을 인정하는 것이 과학적 지식세계와 물자체(의지)를 함께 포괄하여 논의할 수 있게 한다. 마야론은 관념론적 존재론을 주장하는 것이라기보다는 표상과 의지라는 두 세계에 대한 적극적 관심을 환기시키는 방편이 될 것이다. "티보G. Thibout에 의하면 현상적인 다양성과 일자—者인 실재를 조화시키는 장치가 마야이다."[20]

도이센은 쇼펜하우어의 영향으로 인도 철학을 염세주의적으로 해석한다. 이에 반해 라다크리슈난은 긍정적 생명 철학으로 해석한다. 그는 유식불교가 지나치게 세계를 관념화하는 것도 거부한다. 현상계 내의 모든 것은 일자인 생명원리의 진화적 발현發顯이다. 무기물로부터 인간에 이르는 계층적 사다리 구조를 이루는 세계는 깨달음이라는 자유를 갈망하여 상승하고자 노력하는 세계이다. 세계의 사다리 구조는 쇼펜하우어의 주저《의지와 표상으로서의 세계》II에서 장황하게 설명되어 있다. 세계는 하나이자 모든 것이다. 모든 것은 사다리 구조를 갖지만, 하나라는 측면에서는 평등한 소통성, 즉 보편적 관통성[該貫]이 지배한다. 그러나 이러한 내재적 구도 안에서도 쇼펜하우어의 궁극적 초월은 행동을 배제한 정관주의적 성격을 갖고 있다. 이 점에서 라다크리슈난의 관점이 쇼펜하우어의 세계상이 갖고 있는 정관주의적 측면을 중도中道에 접근하는 방향으로 재해석하는 데에 더 도움을 줄 수 있을 것이다.

---

19 Arthur Schopenhauer, *Über den Willen in der Natur*, S. W. Band Ⅲ, Suhrkamp, 1986, s. 324.
20 Sarvepalli Radakrishnan, 앞의 책, 262쪽. 라다크리슈난은 이 인용을 G. Thibout의 *Vedanta Sutra* 에서 취하고 있다.

'단 하나의 사상'과
발현發顯의 세계

1. '단 하나의 사상'과 의지의 자기인식

쇼펜하우어에 의하면 국가와 교회 권력 아래 직업적 생계수단이된 전통 형이상학은 지적 사기일 뿐만 아니라 무의미해졌다. 그가 보기에 19세기 시대는 '궁핍과 결여의 세계Welt der Not und des Bedürfnisses'이다. 철학은 '이상적 목적'이 아닌 '실제적 목적'의 '도구'로서 소통되고 있었다. 이러한 시대는 도구적 이성이 지배하는 몰가치의 세계로 '겨울밤'과 같은 세계이다. 그러나 '고귀하고 숭고한 노력'에 의해 추동되는, '그자체를 위해 존재할 수 있는' 철학은 '인류에게 바쳐질 수 있지만', 도구로서의 철학은 '동시대인이나 내 나라 동포'에게 던져진다.[1] 생계의 도구인 철학은 자신의 시대에 던져지고, 고귀한 철학은 인류의 미래에 바쳐진다.

쇼펜하우어의 이러한 시대 인식은 자본주의적이고 기독교적인 유럽 근대의 풍경을 마법이 풀린 '탈마법화'로 묘사한 베버Max Weber, 1864~1920를 연상시킨다. 전통적 가치가 사라진 시대는 그 해방의 대가로 무미건조함과 탈도덕화로 귀결됐다. 무상하게 변천하는 도시적 감

---

1   Arthur Schopenhauer, *Die Welt als Wille und Vorstellung* I, S. W, Band 1, Suhrkamp, 1986,
    2판의 서문.

각에 지배되어 진정한 주체성은 증발된다. 허무주의의 도래는 이에 대한 반동으로 다음 네 가지 길 중 하나를 선택하도록 강요하는 상황을 만들었다. (1) 전통 형이상학을 고집하는 길 (2) 19세기말에 유행했던 감각적 실증주의나 과학주의로 나아가는 길 (3) 종교적 혹은 탐미적 낭만주의로 나아가는 길[2] (4) 쇼펜하우어가 시민의 세속성으로 보았던 '빵과 서커스 구경', 그리고 이러한 현실에서 태동한 혁명 사상들의 길.

　제1차 세계대전 이전 오스트리아 빈의 세기말적 분위기는 위와 같은 세계관의 여러 변형 형태를 낳았다. 현실에 가치를 부여하는 관점에서 보면 퇴폐적으로 보이는 쇼펜하우어의 철학도 유포되었다. 혁명가 레닌V. I. Lenin, 1870~1924도 유럽 망명 시절 그러한 분위기를 실감했다. 그는 혁명은 오지 않는데 점차 실천에서 멀어지는 자신의 신세를 '잉여 인간'으로 이해하고 자살 충동을 느낀다. 그는 감각적 실증주의 사조 마흐Ernst Mach와 칸트를 현상주의적으로 결합하여 해석한 아베나리우스Avenarius, 1843~1896, 보그다노프Bogdanov, 1873~1928, 루나차르스키Lunacharsky, 1875~1933를 맹렬히 비난한다. 이들은 모두 경험비판론자로 분류된다. 후에 러셀의 경험주의 신조로 계승되는 마흐의 '요소적 감각'은 무너진 체계의 벽돌들에 지나지 않는 것이었다. 헬름홀츠와 푸앵카레의 과학 철학의 영향을 받은 경험비판론자들은 뉴턴 과학의 유일성이 무너지고 새로운 유형의 과학이 등장하는 지식의 역사성을 알 수 있었다. 푸앵카레는 칸트의 절대화된 선험적 형식이 아닌 상대화된 선

2　감각적 실증주의의 대표로는 마흐Ernst Mach, 1838~1916가 있다. 마흐 연구회는 빈 학파의 원조가 된다. 그는 감각주의자로 알려져 있지만, 물리학이 선험적 규약의 창조에 의해 발전한다는 생각을 갖고 있었다. 이 전통을 이은 규약적 물리주의로는 Moritz Schlick(1882~1936), Rudolf Carnap(1891~1970), Otto Neurath(1882~1945), 종교적 낭만주의로는 F. D. E. Schleiermacher(1768~1834) 등을 대표로 들 수 있다.

험성을 의미하는 규약convention이라는 말을 유포시켰다. 경험비판론은 19세기 판 칸트주의적 과학 철학이었다.

레닌은 빈의 또 다른 유형의 과학 철학자인 볼츠만Ludwig Boltzman, 1844~1906과 헤르츠Heinrich Hertz, 1857~1894를 관념성이 남아 있는 점에서는 미흡하지만 유물론적 측면에서 인정할 수 있는 과학적 실재론으로 분류한다. 그는 과학적 실재론을 무산계급적 정치의식이 본능적으로 선택할 수 있는 세계관으로 간주한다.[3] 심층적 구조로 표층적 현상을 설명하는 것이 과학적 방법이라고 믿는 이들은 사물의 이론적 구조가 실재와 부합한다고 주장한다는 것이다. 이에 비해 경험비판론은 마흐의 주장에 따라 원자를 상상의 허구라고 본다. 에너지론의 출현과 함께 물질소멸론이 등장했다. 그러나 레닌은 궁극적 물질의 불멸성을 전제하는 유물론적 세계관을 강력하게 주장한다. 이는 포퍼Karl Popper가 파르메니데스의 존재론을 물질의 궁극적 동일성에 의거한 유물론으로 해석하여, 과학은 유물론적 형이상학을 필요로 한다고 본 것과 유사하다.[4] 레닌은 절대적 인식을 이념으로 점진적으로 축적해 간다는 수렴론을 기준 삼아 유럽 부르주아적 문명의 산물이자 생산력인 과학을 옹호했다. 지식론의 형이상학적 기초는 유물론이다. 만일 정치 사상가가

---

3 V. I. Lenin, 정광희 옮김, 《유물론과 경험비판Materialism and Empirio~Criticism》(1909), 아침, 1988, 여기서 레닌은 마흐와 아베나리우스와 같은 경험비판주의가 물질 혹은 실체를 주관적 환상이라 보고 버클리G. Berkeley의 관점에 동조하는 것을 과학적 실재론의 입장에서 비난하고 있다. 이에 비해 볼츠만L. Boltzman은 헤르츠와 함께 지식론에서는 그림 이론을 말하지만, 물질소멸론을 주장하는 현상주의에 반대하여 입자의 실재성으로 현상적 운동을 설명하는 실재론적 관점을 취한다. 레닌은 볼츠만의 《통속논문집Populäre Schriften》(Leibzig, 1905)을 활용하여 사물의 이론적 구조의 실재성을 옹호한다.

4 논리 실증주의와 포퍼Karl Popper의 사고 모델은 근대와 현대에 합리적인 것으로 통용되는 과학적 방법을 각기 다른 방식으로 옹호하는 것이었다. 《파르메니데스의 세계》(칼 포퍼)는 근대 과학의 전제인 동일성을 옹호하는 《동일성과 실재Identity and Reality》(1908)의 저자인 과학 철학자 메이어슨 Emile Meyerson을 존경하고 계승하는 관점에서 나온 결정판이었다. / Emile Meyerson, *Identity and Reality*, Dover, 1908. / Karl Popper, 이한구 옮김, 《파르메니데스의 세계World of Parmenides》, 영림카디널, 2010.

아니라 강단의 학자가 이 소리를 했다면 과학적 정신을 전적으로 믿는 하나의 학설로 보였을 것이다. 그의 절대적 과학주의는 에너지 역학을 비난하는 데까지 나아간다. 반면 쇼펜하우어의 의지 형이상학은 다른 유형의 생철학과 마찬가지로 오스트발트의 에너지 역학에 접근하며, 물질이 에너지의 변형이라는 현대적 관점에 더 가깝다. 또한 그의 선험적 관념론이 비트겐슈타인이 의존한 볼츠만과 헤르츠의 그림 이론Bild Theorie과도 합치하는 측면이 있다는 것도 주지의 사실이다.

레닌의 과학주의는 문명의 진보를 믿는 부르주아의 직선 사관에 과학적 실재론을 결부시킨 강경한 형태의 기초주의foundationalism이다. 이에 비해 러셀은 지적 확실성에 매달려 감각적 확실성에 지식의 토대를 두려는 유연한 형태의 기초주의라 할 수 있다. 기존의 지적 체계가 무너진 불안한 시대에 토대를 찾는 것은 자연스러운 것일 수 있다. 그러나 그것은 심정의 불안을 반영하는 확실성의 이데올로기에 반성 없이 몰입하는 것이다. 그러한 태도는 쇼펜하우어가 세계 수수께끼라 하는 세계 의미에 대한 사유 가능성을 방해한다. 그것은 과학이 인간에게 무엇인가에 대한 반성과 함께하는 생의 의미에 대한 사유를 억압하거나 이차적인 것으로 돌린다. 여러 형태의 과학주의에서 허무주의의 황폐함이 엿보인다. 과학적 객관성은 "객관이자 주관이기도 한 인격person"의 신비를 사유하지 못함으로써 주체성을 객관성으로 환원하게 될 것이고, 따라서 자율성과 평등한 연대성의 길을 어렵게 할 것이다. '구체적 민주주의'를 실현하려는 기성의 사회주의는 과학주의적 편견으로 스스로를 부인하는 역설에 빠지게 된다.

쇼펜하우어에 의하면 철학은 본질적으로 세계 지혜이다. 그의 철학적 기획은 사막과 같이 '황량한 인생Lebensöde'에서 생의 의미를 찾는다. 그의 《의지와 표상으로서의 세계》는 세계 이해에 해당하는 전반부와

세계 지혜를 논하는 후반부로 나누어진다. 전반부는 인식론과 형이상
학을, 후반부는 예술적 정관靜觀과 의지긍정의 길, 나아가 의지부정이
라는 구원의 길을 논의한다. 그에 의하면 전반부는 "후반부에 비해 청
춘의 불꽃Fleuer과 착상 당시의 기백Energie만이 줄 수 있는 특징을 가지
고 있다." 이와 반대로 후반부는 "긴 인생 역정과 그 노력Fleiß의 열매로
서만 주어지는 사상Gedanken의 원숙함과 철저한 완성을 통해 전반부를
능가할 것이다."[5] 전반부는 '사상'의 열매(세계 지혜)로 나아가는 이론적
계기이며, 이 계기는 노력의 결실인 열매에 대한 동경을 전제한다. 이것
이 '나의 체계의 근본사상Grundgedanken'이다. 이 사상은 하나의 통일성
을 갖는다. 따라서 그는 주저의 두 부분을 "서로 비교하지 말고 하나의
주형Gusse에서 나온 것으로 생각해야 좋을 것"이라고 한다. 두 부분의
관계는 마치 하나의 렌즈를 만들 때 '볼록 납유리'와 '오목 크라운 유
리'를 합쳐서 만들어 내는 것과 같다. 두 부분은 '서로 보완하는' 관계
에 있다. 또한 전반부가 청춘기에 적합하고 후반부는 노년기의 지혜에
해당하지만, "동일한 두뇌가 같은 문제를 같은 정신Geist에서" 다룬 것
이기 때문에 독자는 "기분 전환과 치유의 위안Erholung"을 얻을 수 있을
것이라고 한다.[6]

쇼펜하우어의 근본사상은 세계 이해와 세계 지혜가 서로 맞물려
있는 유기적 통일성을 갖고 있다. 이러한 통일성은 지식론과 형이상학
에 지혜를 결합한 스피노자에 접근한다. 쇼펜하우어는 '이구동성으로
범신론에 반대하는 것'이 권력의 편에선 직업 철학자들의 행태라고 비
난하면서[7] 스피노자를 옹호했다. 스피노자의 《에티카》는 5부로 되어

---

5 Arthur Schopenhauer, *Die Welt als Wille und Vorstellung* I, S. W. Band I, Suhrkamp, 1986,
   2판 서문, s. 19.
6 Arthur Schopenhauer, 위의 책, s. 19~20.
7 위와 같음, s. 16.

있는데, 1~2부의 실체와 신체 및 영혼에 대한 존재론적 논의와 인식론적 논의는 3~5부의 자유와 지혜의 길을 전제한다. 실체에 관한 추상적 논의의 진정한 동기는 후반부에서 드러나기 때문에 사실상 후반부가 그 저작의 서론에 해당한다. 그의 지혜의 길은 투쟁과 질투로 기울어져 있는 인생사에 대한 염세적 감각을 극복해 가는 과정이다.

쇼펜하우어는《의지와 표상으로서의 세계》의 1판 서문에서 "이 책을 통해 전달하려 한 것은 단 한 가지 사상ein einziger Gedanke"이라고 한다. 그의 체계가 '단 한 가지 사상'이라는 것은 사상이 '완전한 통일성'을 갖지 않으면 안 된다는 것이다. 이 체계는 '여러 부분이 유기적인 관계'를 갖는다. "부분은 전체에 의존하는 동시에 전체는 부분에 의해서 명확성이 더해져야 하며, 전체가 먼저 이해되어 있지 않으면 어떤 작은 부분도 완전히 이해될 수 없다." '내용(질료)'의 측면에서는 이와 같이 '유기체'와 같다. 서술의 순서인 '외견(형식)'은 선후로 나누어져 있을 수밖에 없다. 쇼펜하우어의 주저는 순서상 부분들이 나누어져 있지만 "끝(결론)이 시작(서론)을 전제하듯 시작은 끝을 전제한다." 이렇게 '형식과 내용이 모순'되어 있기 때문에 쇼펜하우어는 자신의 주저를 두 번 읽으라고 권고한다. 처음은 시작에서 끝으로 가고, 두 번째는 시작이 끝을 전제하고 있음을 알고 나서 다시 읽는 것이다.[8]

쇼펜하우어는 자신의 철학의 '전체 구조가 유기적' 성격을 갖는 것을 강조하고, 이를 '건축학적 관계'와 변별한다. 건축학적 구조는 스콜라 철학과 이를 모방하는 체계가 갖는 특징이다. 쇼펜하우어에 의하면 칸트 철학이 전형적인 고딕 양식으로 되어 있다. 건축학적 연관에서는 "한 부분이 다른 부분의 기초가 되는" 관계를 형성한다. 이러한 관계에

---

8   Arthur Schopenhauer, *Die Welt als Wille und Vorstellung* I, S. W. Band I, Suhrkamp, 1986, 1판 서문, s. 7~8.

150   의지와 소통으로서의 세계

서는 "초석이 다른 것들로부터 받쳐져 있지 않으면서 다른 모든 부분을 받치고 있으며, 정점은 모든 부분들에 의해 받쳐진"다. 가장 확실한 것을 전제하고 그 위에 나머지 모든 것을 정초하려는 형이상학은 건축학적 구조를 갖는다. 유럽의 철학은 확실한 토대를 추구하는 기초주의적 전통에서 발전되어 왔다. 그러나 인간의 주요 경험들을 아우르려는 쇼펜하우어는 자신이 건축학적 구조를 떠나고 있음을 의식한다.

스피노자의 체계는 정의와 공리로부터 논증하는 기하학적 형식을 따르기 때문에 일견 건축학적 구조를 갖는 것처럼 보인다. 그러나 내용으로 보면 신(실체)에 대한 지적 사랑Amor Dei Intellectualis을 통한 자유와 지혜에 대한 동경이 그 형식에 앞서 전제되어 있다. 그 내용은 자발적 역량力量, potentia을 본질로 하는 생명원리인 실체(자연)와의 합치에서 영혼이 능동적 기쁨의 삶을 향유할 수 있다는 자유의 세계관이다. 스피노자의 체계의 전반부는 나중에 쓰여진 후반부를 윤리적 동기로 전제한다. 세계 이해는 세계 지혜를 선행하는 목적으로 갖고 있다.

쇼펜하우어는 스피노자를 범신론으로 이해하고, 브루노Giordano Bruno, 1548~1600와 함께 "성스러운 갠지스 강 언덕이 그들의 영적 고향"이라고 본다. 그는 그 두 사람의 "비참한 삶과 죽음은 이 서양 세계에서는 유럽의 열대 식물의 그것과 같다"고 한다. 이러한 평가는 쇼펜하우어가 그들의 사상이 자신의 내재성의 철학과 공유하는 것을 발견하고 있음을 알려 준다. 이들 모두에게 진정한 삶은 '그 스스로 홀로 서는' 정신의 독립성을 유지하는 것이다.[9] 황량한 세상에서 그들은 세계 이해와 세계 지혜를 하나의 사상으로 묶는다. 이 점에서 스스로도 그렇게 여기듯 쇼펜하우어의 영적 고향도 갠지스 강 언덕이 될 것이다. 앞

---

9   Arthur Schopenhauer, *Kritik der Kantischen Philosophie*, *Die Welt als Wille und Vorstellung* I, S. W. Band I, Suhrkamp, 1986, s. 571.

서 논의한 것처럼 도이센P. Deussen의 인도 철학 연구는 유럽에 쇼펜하우어적으로 해석된 인도 철학을 알리는 데 크게 기여했다. 그러나 라다크리슈난S. Radakrishnan은 도이센의 이원론적 해석을 거부한다. 그에 의하면 베단타 철학은 브라만=Atman이 미세한 개체 속에 있고 개체는 브라만 속에 있는 내재적 관계를 보여 준다. 쇼펜하우어의 세계지혜론도 이러한 형이상학을 통해 도달하는 것이었다.

'하나의 사상', '나의 주요 사상', '나의 하나의 사상'이라는 표현은 그의 주저에서 자주 사용된다. '의지와 표상으로서의 세계'라는 제목과 연관하여 '단 하나의 사상'이라는 것이 무엇인가에 대해 연구자들의 논의가 있어 왔다. 휩셔Arthur Hübscher는 주저의 제목 자체가 '하나의 사상'을 나타내는 '간결한 공식'이 된다고 한다.[10] 쇼펜하우어는 '하나의 사상'이란 표현으로써 자신의 사상이 세부적으로는 불명확한 것이 있어서 더 설명되거나 보완될 것이 있지만, [그래서 그는《의지와 표상으로서의 세계》Ⅱ를 주저 Ⅰ에 대한 주석과 보충으로 쓰게 된다] 근본적으로는 일관성 있는 하나의 주제를 전달하는 것으로 생각한 것이다. 그의 주저Ⅰ은 부록으로 붙은 〈칸트철학비판Kritik der Kantischen Philosophie〉을 제외하면 지식론과 형이상학, 미학과 윤리학이 생의 의미 문제를 지향점 삼아 단계적으로 상승하는 것으로 되어 있다.

'의지와 표상으로서의 세계'라는 제목만으로 보면 그의 사상은 세계란 무엇인가에 관한 대답으로 주어진 것처럼 보인다. 그 대답은 '세계는 의지이고 표상이다'가 될 것이다. 표상은 주관에 대한 객관을 의미하므로 표층적 차원에 속하고, 의지는 형이상학적 심층의 차원에 속한다. 전자는 현상이고 후자는 본질(물자체)이다. 애트웰J. E. Atwell은 '하

---

10   Arthur Hübscher, *Schopenhauer: Biographie eines Weltbildes*, Stuttgart, Reclam Verlag, 1967, s. 64.

나의 사상'이 무엇인가를 독립적 주제로 고찰한다. 그에 의하면 세계가 본질에서는 의지이고 현상에서는 표상이라는 잠정적 해답에서 출발하는 것이 정당하다면, "세계는 의지이다"(일원론), "세계는 의지와 표상이라는 두 세계로 되어 있다"(이원론), "세계는 두 관점에서 본 하나의 세계이다"(이중 측면론)라는 해석들은 두 차원 사이의 관계가 갖는 비중을 무시한 것이 된다.[11]

쇼펜하우어에 의하면 "내 사상은 이전에 없었던 것"으로서, "세계는 철저하게 의지인 동시에und zugleich 철저하게 표상이다." 표상으로서의 "세계는 그 필연적 담지자로서 주관의 의식에 대해서만 현실적 존재를 갖는다." 표상은 주관과 객관을 전제하고 성립하기에 '상대적'이다. 주관과 객관이라는 근본 형식과 과학의 가능 조건인 충족이유율이라는 형식을 제외하면, "표상과는 전혀 종류가toto genere 다른 것"이 남는다. 이 남는 것이 "의지 이외의 다른 것일 수 없는, 따라서 이것이야 말로 본래의 물자체인 것이다." 이 전혀 '다른 것Verschiedenes'이 의지이다. "누구나 자기 자신이 이 의지라는 것을 알고, 세계의 내적 본질이 이 의지 속에 존립한다는 것을 안다. 그와 마찬가지로 그는 자신이 인식하는 주관erkennende Subjekt이라는 것을 발견한다." 사람은 스스로 본질적으로는 의지이며, 자신의 신체를 포함한 현상에 대해서는 인식하는 주관이라는 사실을 발견한다. "그러므로 누구든지 이 이중화된 관점in diesem doppelten Betracht에서 자신이 전 세계 그 자체 즉 소우주Mikrokosmos 임을 알며, 그는 세계의 두 측면을 전적으로 그리고 완전히 자기 자신 속에서 발견한다. 그리고 그는 자신의 고유한 본질로서 인식한 것 바로 이것이 전 세계 즉 대우주Makrokosmos의 본질도 남김없이 다하고 있다"

---

11 J. E. Atwell, *On the Character of the World: The Metaphysics of Will*, University of California Press, 1995, pp. 19~31.

는 것을 안다.[12] 주관은 자신의 본질이 우주의 본질임을 이해한다.

인간인 소우주와 자연인 대우주는 동일한 이중적 구조를 갖기 때문에 이중적 관점에서 보아야 한다. 쇼펜하우어에 의하면 서양 철학사는 이 두 가지 관점에서 보이는 이중적 구조를 각각 객관과 주관 중심으로 고찰해 왔다. 전자는 '탈레스' 이래의 전통이고, 후자는 '소크라테스'적 전통이다. 각각 따로 발전되어 온 이 두 철학은 사실상 같은 것이다. 쇼펜하우어는 자신의 철학에서 과거에 다른 태도로 연구되어 왔던 것이 하나로 실현되었다고 보았다. 그 철학을 통해 "철학적 대상은 동일하다는 것을 알게 된다"는 것이다. 그에 의하면 주저의 전반부(1, 2부)에서 전달된 인식은 후반부(3, 4부)에서 "보다 큰 완전성과 보다 큰 확실성을 얻게 될 것"이라고 한다. 이 관점에서 그는 후반부가 "명백하거나 불분명하게 제출된 많은 문제에 충분한 해답을 줄 수 있을 것으로 믿는다."[13]

세계와 인간은 '표상이면서도 의지'이다. 세계와 인간은 "적어도 다른 방식으로 표상이다. 세계는 인식 주관을 포함하지 않지만 인간은 표상이자 인식 주관이다."[14] 그러나 '단 하나의 사상'을 표상이면서 의지라는 하나의 전체로 보았을 때, 애트웰의 지적처럼 주의할 점이 두 가지 있다. 하나는 세계와 인간에 대한 인식 방식의 차이다. 표상으로서의 세계는 시간, 공간, 인과성이라는 형식의 제약하에서 인식 가능한 현상들의 총체이다. 물자체인 의지는 인과성의 범주로는 인식 불가능하다. 그것은 예감이나 직관을 통해 접근 가능한 것이다. 의지는 오성의 지각에 주어지지 않고, 이성의 개념적 인식에도 주어지지 않는다.

---

12 Arthur Schopenhauer, *Die Welt als Wille und Vorstellung* I, S. W. Band I, Suhrkamp, 1986, s. 238.
13 위와 같음.
14 J. E. Atwell, 앞의 책, pp. 21.

그것은 그것이 있을 것이라는 추론은 가능하지만 그것에 대한 합리적 인식은 불가능하다. 따라서 이러한 비대칭성 때문에 표상과 의지는 동전의 양면과 같은 동일자의 두 측면이 아니다.

또 하나는 표상과 의지는 그 속성이 종류에서 다르다. 전자는 시공간적이고 인과적이다. 후자는 비시간적이고 비공간적이어서 인과의 범주가 적용될 수 없다. 인과적 관계 체계인 표상은 근거가 무엇인지 묻게 되는 영역이지만, 의지는 근거가 없는 무근거의 심연과 같은 차원의 것이다. 따라서 표상과 의지는 같은 속성을 가진 것의 두 측면이 아니다.[15] 그렇다 해서 표상과 의지에 대한 쇼펜하우어의 주장이 두 세계론인 것도 아니다. 왜냐하면 표상은 의지가 현현된 현상계일 뿐만 아니라 두 세계론은 애초부터 '단 하나의 사상'이라는 쇼펜하우어의 견해에도 위배되기 때문이다.

전변轉變하는 현상계가 본질적 실재이자 초시간적 영원자인 의지의 발현이라면, '하나의 사상'은 표상과 의지의 비대칭적 차이Verschiedenheit Difference를 고려해야 한다. 그 차이는 인식론적으로나 존재론적으로 종류가 다른 차이지 정도의 차이가 아니다. 양자의 질적인 차이를 고려한다면 "의지에 우선성을 부여"(J. E. Atwell)해야 한다. 현상계는 생멸하는 세계이고, 이 세계의 생성과 소멸의 과정은 의지의 표출이다. "영원한 생성, 끝없는 흐름은 의지라는 본질의 발현發顯에 속한다ewiges Werden, endloser Fluß gehört zur Offenbarung des Wesens des Willens."[16] 의지는 스스로의 창조적 힘을 현상으로 표현한다. 무형의 의지는 궁극적 실재이지만 유형의 존재가 아니기에 창조적 '무'라고도 할 수 있다. "쇼펜하우어에

---

15 위의 책, pp. 22~23.
16 Arthur Schopenhauer, *Die Welt als Wille und Vorstellung* Ⅰ, S. W. Band Ⅰ, Suhrkamp, 1986, s. 240.

게 세계-의지는 창조하면서 동시에 세계이다. 그것은 스스로-창조하는 실재a self-creating entity이다."[17] 현상계인 표상은 의지에 종속적이고, 의지는 스스로 운동하면서 존재할 수 있는 힘을 갖는다. 인간은 본질에서는 의지이고 현상에서는 지성이다. 현상계는 그 자체에 있어서의 실재적 존재를 갖지 못하는 종속적 지위를 갖는다. 이러한 의미에서 현상계는 상대적 존재성을 갖는다. 그러나 이것의 근저에 영원한 실재인 의지가 있고, 현상이 이에 의해 (전통적 표현 방식으로는) 근거 지워 있기 때문에 현상은 단순한 '환영Phantom'은 아니다.[18] 이 현상계가 지성에 의해 인식 가능한 표상으로서의 세계이다.

쇼펜하우어는 지성을 유기체의 두뇌와도 동일시한다. 유기체의 진화적 출현과 성장 과정 자체가 의지의 발현이다. 지성과 두뇌는 의지의 자기표현의 산물이다. 이 산물이 자신의 범주를 가지고 세계를 인식하고, 지성의 자기의식은 내성을 통해 의지를 의식할 수 있다. 의지는 인간 안에서 인간을 통해 자기 자신을 의식한다. 의지는 자신이 표현한 전 세계를 인간을 통해 의식하고 인식한다. 따라서 "전체에 있어서의 의지의 유일한einzige 자기인식이 전체에 있어서의 표상 즉 총체적인 지각적 세계이다. 그것이 의지의 객관성이고 현현이며 거울Spiegel이다."[19] 표상으로서의 세계는 의지 자신이 지성을 통해 비쳐 본 의지 자신의 모습이다. 이러한 거울 구조를 갖는 세계관이 그의 주저의 전반부에 해당하는 세계 이해이다. "나의 전 철학은 세계는 의지의 자기인식이다 라는 '하나의 표현'으로 요약될 수 있다."[20]

17 Julian Young, *Schopenhauer, Routledge*, 2005, p. 79.
18 Arthur Schopenhauer, *Die Welt als Wille und Vorstellung* Ⅰ, S. W. Band Ⅰ, Suhrkamp, 1986, s. 162.
19 위의 책, s. 241.
20 Arthur Schopenhauer, *Manuscript Remains* Ⅰ, 1804~1818, Edited by Arthur Hübscher, Trans by E. F. J. Payne, Berg, par, 662, p. 512.

이 '하나의 표현'이 세계란 무엇인가에 대한 쇼펜하우어의 대답이
다. '세계는 의지의 자기인식'이라는 '하나의 표현'이 가능한 까닭은 인
간의 신체는 하나의 객관이면서, 그 신체의 내부에서 인식 주관은 의
지 작용을 '직접적으로' 느끼기 때문이다. 인식 주관은 '철저하게 신체
에 매개되어' 있기에 세계 속의 '개체Individium'로서 자신을 발견한다.
이 개체가 자기의식을 통해 신체의 감정적 움직임과 활동의 근저에서
그 내적 본질인 의지를 직접 통찰할 수 있다. 이 직접적으로 주어지는
것이 개체로서의 인식 주관에게 '수수께끼의 말Wort des Rätsels'로 들린
다. "신체는 의지를 인식하기 위한 조건이다." 이 신체적 조건을 통해 그
리고 그 조건이 있기 때문에 주관은 '세계의 의미Bedeutung'를 탐구하는
노력으로 나아갈 수 있다. 신체와 세계는 단순한 표상이나 객관이 아
니다. 그것은 '현상을 푸는 열쇠'인 의지에 의거해서 이해된다. 세계의
의미는 '의지 작용의 주관과 객관(신체)의 일치', '의지와 신체의 동일
성' 때문에 추구될 수 있다.[21]

의지와 신체의 동일성은 인간이 소小우주라는 것이다. 이것을 '본
보기Analogie'로 하여 세계의 내적 본질 즉 의미를 이해하고 세계를 대
우주로 이해하게 된다. '물체계Körperwelt'는 단순한 표상이 아니라 그것
의 내적 본질도 우리 자신 속에서 의지로서 직접적으로 발견된다. 나
의 신체뿐만 아니라 세계도 '의지 작용의 발현Äußerung'으로 이해된다.
'의지 작용의 주체와 객관(신체)의 합치'는 직접적으로 인식되기에 '증
명될 수 없는 것'이다. 그것은 자연사에서의 의식과 자기의식의 경이로
운 출현을 의미하기에 '단적으로 기적das Wunder kat' Exochēn(schlechthin)'이
라고 느껴진다. 자연에서의 인간의 출현과 이 인간의 자기의식에서 신

---

21 Arthur Schopenhauer, *Die Welt als Wille und Vorstellung* I, S. W. Band I, Suhrkamp,
1986, s. 156~161.

체의 근저에 있는 것이 직접적으로 의식된다는 것은 하나의 기적 같은 우연이다. 이 직접적 인식은 "다른 어떤 직접적 인식으로부터 도출될 수 없는 진리"이다. 이 진리는 '논리적이거나' '메타 논리적인 진리'에 속하는 것도 아니고, 표상세계에서 일어나는 '경험적'이거나 '선험적인' 진리가 아니다. 그것은 '단적으로 철학적인 진리kat' Exochen philosophische Wahrheit'이다.[22] 이 진리는 합리적으로는 '절대로 이해할 수 없는' 것이기에 표상과는 "전혀 종류가 다른 방식으로toto genere 의식 속에 나타나는 것이다."[23]

쇼펜하우어는 경이감 속에서 직접 주어지는 이 철학적 진리(신체와 의지의 동일성)를 자신의 주저 전체의 주제로 제시한다. "이 책 전체는 어떤 범위에서는 그것에 대한 설명이다."[24] 말터Rudolf Malter의《하나의 사상Der eine Gedanke》(1988)은 바로 위와 같은 주제를 쇼펜하우어의 '하나의 사상'으로 다루고 있다. 애트웰도 말터의 견해에 따라 '세계가 의지의 자기인식'이라는 주제를 논의한다.[25] 그리고 애트웰은 '세계는 의지의 자기인식이다'라는 명제의 애매함을 제거하기 위해 두 가지 단서 조항을 다음과 같이 제시한다.

첫째, 그 명제는 의지 자신이 단순히 자신을 안다거나 세계를 안다는 것은 아니다. 왜냐하면 의지 자체는 자기의식이나 지성이 없는 맹목적 의지이기 때문이다. 그것은 헤겔 철학에서 나타나는 이성으로서의 절대정신이 아니라 맹목적인 창조적 역량을 갖는다. "물자체로서는 세계가 하나의 거대한 의지이며, 이것은 자신이 무엇을 의지하는 지를 인식하지 못한다. 왜냐하면 그것은 하나의 의지이고 그 밖의 아무것도

---

22 위의 책, s.161~164, s. 161.
23 위의 책, s. 161.
24 위와 같음.
25 J. E. Atwell, 앞의 책, pp. 25~28.

아니라는 바로 그 이유 때문에 단순히 의지할 뿐 전혀 알지 못하기 때문이다."[26] 의지는 자기인식이나 그 밖의 것에 대한 인식이 없는 원리다. '의지의 자기인식'이란 신체와 의지의 동일성을 직접적으로 의식할 수 있는 인간의 출현을 통해 가능한 것이다. 자기의식은 두뇌와 신경체계를 갖춘 인간에게서 가능하다. 쇼펜하우어에 의하면 인간은 의식과 인식 능력을 의지의 발현으로 발견하고, 나아가 세계를 의지의 표현으로 유추한다. 여기에서 비로소 의지의 형이상학이 나올 수 있었다.

둘째, 자기의식이 인간에게 일어날 수 있다는 것, 그리고 주관이 의지와 동일함을 발견하는 것이 곧 바로 '세계'가 의지의 자기인식이라는 점을 보여 주는 것은 아니다. 의지에 대해 자기의식은 "우리 안에서 의지가 자신을 의식하게 된다"는 것은 보여 줄 수는 있어도, 세계가 의지의 자기인식이라는 것과 이것이 어떻게 가능한지에 대해서는 보여 주지 못한다. 이러한 애트웰의 지적은 일리가 있다. 왜냐하면 세계가 '의지의 표현'이라는 것은 주관의 자기의식에서 발견된 신체와 의지의 동일성을 본보기로 유추를 통해 구성되기 때문이다. 유추는 어떤 것을 본보기로 하여 그것을 다른 것에 투사해 보는 것 즉 간접적인 방법이지 직접적으로 인식하는 것이거나 논리적으로 도출하는 것은 아니다. 의지 형이상학은 주관의 자기의식적 직관과 유추적 추론에서 출발한 것이다. 쇼펜하우어의 말대로 의지의 세계관은 외부 객관적 세계만을 대상으로 고찰하는 객관주의적 접근으로는 불가능한 것이다.

그러나 일단 의지가 세계의 본질이라는 것이 성립되면, 의지의 성격에 대해서는 세계 현상에 대한 관찰을 통해 이해하게 된다. 자연사의 진화, 생명체의 끝없는 섬멸전, 인간 사회의 투쟁사 및 끝없는 야망

---

26 Arthur Schopenhauer, *Manuscript Remains* I, *1804~1818*, Edited by Arthur Hübscher, Trans by E. F. J. Payne, Berg, par. 278, pp. 184~185.

등은 인간 자신의 의지는 물론 세계의 의지가 갖는 본성에 대한 이해를 가능하게 한다. '광대극'이 인간 자신의 의지의 본성을 이해하게 하듯 인간은 "세계와 생명을 밖으로부터 고찰함으로써 자신을 인식"하게 된다. "이러한 인식은 외부로부터의 인식으로서 그에게 주어질 수밖에 없다."[27] 의지가 본성상 자기 자신과 분열되어 있다던가 어떤 성취에도 만족하지 못하는 끝없는 자기부정의 '노력Streben'을 본질로 한다던가 하는 쇼펜하우어의 의지 본성론은 외적 관찰에서 나올 수 있었던 것이다. 그가 보기에 의지가 스스로를 표현한 현상세계는 '의지의 객관화Objektivation'이며, 의지의 객관화는 의지의 '가시성Sichtbarkeit'이다.[28] 세계는 '의지의 거울Spiegel'이다.

"세계는 의지의 자기인식이다"라는 명제는 세계의 내적 본질인 의지라는 물자체의 차원과 세계는 의지의 발현이라는 현상의 차원을 종합하여 나타낼 수 있는 포괄적인 명제이다. 이런 의미에서 쇼펜하우어는 그것을 '하나의 사상'으로 간주한다. 그에게 "철학은 세계의 본질을 가장 보편적 개념으로 완전하고 정확하게 반복하는 것Wiederholung이고 표현하는 것이다."[29] 이 명제는 세계에 대한 형이상학적 이해이다. 쇼펜하우어에게 세계이해는 본질적으로 세계 지혜와 연결된다. 세계에 대한 존재론적 인식은 윤리적 덕과 결합한다. 덕은 인식에의 노력을 통과하여 의지의 부정으로 나가는 노력을 요구한다. 그의 주저 4부는 "자기인식에 도달한 사람의 생의 의지의 긍정과 부정"이라는 제목으로 되어 있으며, "인식이 생기자마자 욕망은 그 자리에서 사라졌다"라는 제사가 《우파니샤드》(쇼펜하우어는 《우파니샤드》 페르시아 번역본을 라틴어로

---

27 위의 책, par. 159. p. 99.
28 Arthur Schopenhauer, *Die Welt als Wille und Vorstellung* Ⅰ, S. W. Band Ⅰ, Suhrkamp, 1986, s, 372.
29 위의 책, s. 368.

다시 번역한 《우프네카트Oupnekhat》를 읽었다)에서 인용되어 있다. 4부는 쇼펜하우어의 '실천 철학'이다. 그리고 마지막 절(§71)에서 나의 '하나의 사상'과 '세계는 의지의 자기인식'이라는 말이 세계 지혜를 지향하는 문맥에서 다시 등장한다. 그 말들은 이론적 차원과 실천적 차원을 연결하는 고리로 기능한다. "하나의 사상은 윤리의 근본특성과 그것의 전개를 목적으로 한 것이다."

여기에서 사변 신학적 형이상학이 갖는 신정론적 윤리가 아닌 주체적 자유(해탈)를 목적으로 하는 윤리관이 언급된다. 자유를 통한 구원은 생의 의미를 물자체인 의지와 연관해서 이해하는 것을 필요로 한다. '존재하는 것'은 의지의 거울인 표상으로서의 세계이다. 이 세계가 의지가 자기를 인식하는 거울이 된다. 세계가 거울이 되기 위해서는 그 거울을 보는 인식 주관의 출현이 있어야 한다. 이 인식 주관은 밖으로는 세계와 관계하고 안으로는 자신의 내적 본질을 발견한다. 따라서 인식 주관도 의지가 세계와 자신을 비춰보는 거울이 된다. 이러한 인식 주관은 차별적 다양성을 갖는 현상세계가 하나의 의지의 발현이라는 것을 인식한다. 이 인식에서 "모든 것은 하나"라는 존재론적 소통 구조를 이해할 수 있다.

쇼펜하우어가 보기에 이러한 존재론적 통찰이 주는 윤리적 감정의 표출이 '함께 고통스러워 함Mitleid, Compassion'이다. 이것이 '연민'의 형이상학적 의미이다. 연민을 동반하는 인식 주관은 생멸의 세계이자 인과적 관계 체계인 현상의 근저에 불멸의 의지가 있음을 통찰하고, "자기 자신이기도 한 자연의 불멸하는 생명을 돌이켜 보면 죽음에 대해 위안을 얻게 된다."[30] 그는 "개체는 죽지만 (물자체인) 태양 그 자체는 끊임없이 불타는 영원한 대낮(정오)"임을 '현재의 순간Gegenwart'에서 통찰하고 현재의 생을 긍정할 수 있게 된다. 생명의지의 영원한 활력은 '본질적으로 현재의 형식을 통해 자신을 객관화'하며, 이 현재의 '연장 없는 점'을 통해 불멸의 의지에 접속하는 사람은 '저녁이 없는 영원한 정오'를 향유함으로써 "대지에 굳건히 설 수 있는" 세계 극복자가 된다. 이것이 이기주의적 의지긍정이 아닌 우주적 의지긍정을 통한 세계 지혜이다. 이 지혜에서 '무외無畏'의 덕과 같은 강건성의 덕들이 나온다.[31] 니체의 진정한 강자인 초인의 모습은 이러한 긍정의 정신을 형상화한 것이다.

그러나 연민이 깊어지고 현상세계의 생멸성과 죽음의 문제가 더욱 생생하게 되면서 그 세계를 의욕한 의지에 대한 부정의 길이 열리게 된다. 이 길은 "모든 생에는 영속적 고뇌Leiden가 따라 다닌다는 것을 인식함"으로써 가능하다. 이러한 인식을 통해 의지를 부정하는 금욕적 성인은 고행을 통한 세계 극복자가 된다. 이들은 '모든 이성보다 높은 평화', '심정의 대양과 같은 완전한 정적', '부동의 확신과 명랑성Heiterkeit'을 특징으로 갖는다.[32] 의지긍정의 길이 '생의 향유die Genüße des Lebens'에 기초하고 '생기Lebensmut가 대단한 것'인 반면, 의지부정의 길은 세계-고苦를 통과한 흔적인 잔잔한 우수와 무대립無對立의 평온한 기쁨이 융화된 경지를 체득한다.

쇼펜하우어에 의하면 의지는 필연적 인과 관계의 밖에 있는 것이기 때문에 본성상 자유이다. 의지는 자신의 활동을 긍정할 수도 있고 부정할 수도 있다. 또한 의지의 발현인 이 세계도 다른 세계일 수도 있었던 것이기에 세계는 근본적으로 우연성을 갖는다. 인간의 시야가 미치는 이 세계는 확고한 부동성을 갖는 것도 아니며 우주의 중심도 아니다. 세계는 근저에 있는 의지의 자유로운 활동이기에 예술적 창조의 이

---

30 Arthur Schopenhauer, *Die Welt als Wille und Vorstellung* I, S. W. Band I, Suhrkamp, 1986, s. 382.
31 위의 책, s. 387~393.
32 위의 책, s. 558. / s. 392.

미지로 이해될 수 있으며, 쇼펜하우어는 이러한 세계에 대한 예술적 표현을 음악으로 보았다. 이 음악이 개념화되면 철학이 된다. 세계는 의지의 자유로운 유희가 펼쳐지는 무대이자 '연극Schauspiel'이다. 쇼펜하우어의 세계상에 대한 이해는 자유로운 정신을 요구하며, 어느 한정된 세계에 대한 고착과 집착을 벗어나도록 만든다. 의지는 자유이기에 자기 자신도 부정할 수 있다. 이 때문에 '세계는 의지의 자기인식이다'라는 명제는 인간이 세계와 의지의 긍정으로 나갈 수도 있으며, 자기인식의 심화에 의해 세계와 의지의 부정으로 나갈 수도 있다는 것과 연결되어야 한다.

쇼펜하우어에게는 예술도 인식의 한 단계에 속한다. "인식이 의지의 예속에서 탈피하여 세계를 반영하는 거울이" 될 때 예술이 생긴다. 그러한 "인식이 의지에 작용을 가하면" 의지의 '자기고양Selbsterhebung'이 이루어진다. 그러나 진정한 고양은, 집착의 '포기Resignation'로 나아가게 된다. 의지는 자기포기에서 '덕과 성스러움Heiligkeit이라는 궁극 목적'을 찾는다. 이것이 '세계로부터의 해탈'이다.[33] 따라서 애트웰의 생각처럼 '단 하나의 사상'이라고 하는 "신체와 의지의 동일성" 혹은 "인식 주관과 의지의 동일성", "세계는 의지의 자기인식이다"라는 말들은 덕을 향한 의지의 노력이라는 '의지의 목적론적 본성teleological nature of the will'을 충분히 드러내지 못한다. 그리하여 애트웰은 다음과 같은 대안적 명제를 단 하나의 사상 내용으로 제안한다.

양면적 세계(의지와 표상)는 자기 자신을 완전히 의식하게 되는 의지의 노력이며, 의지의 내적이고 자기분열적 본성에 대한 공포로 의지는 안으로

---

33 Arthur Schopenhauer, *Die Welt als Wille und Vorstellung* Ⅰ, S. W. Band Ⅰ, Suhrkamp, 1986, s. 226.

철수함으로써 자신과 그에 따른 자기-긍정을 포기하고서야 구원에 도달
할 수 있게 된다.[34]

카트라이트D. E. Cartwright는《쇼펜하우어 철학사전 *Historical Dictionary of
Schopenhauer's Philosophy* 》(2005)에서 애트웰의 이 명제를 의지와 표상, 의지
의 긍정과 부정을 포괄하는 장점을 가진 대안으로 제시한다.[35] 그러나
이 명제는 일목요연하지 않고 너무 길다. 보다 간결하면서도 쇼펜하우
어의 주저 전체의 주제를 포괄할 수 있는 명제를 찾는 것이 더 좋을듯
하다. 그것은 그의 철학의 전 규모와 구조를 보여 줄 수 있어야 한다. 이
제까지의 논의를 바탕으로 그의 '단 하나의 사상'은 다음과 같이 표현
될 수 있을 것이다.

세계는 노력으로서의 의지의 자기인식인 바, 이 인식은 의지의 자기긍정의
길로 가거나 자기부정의 노력을 목적으로 할 수 있다.

이 대안적 명제는 쇼펜하우어 주저의 전반부(1, 2부)와 후반부(3, 4
부)가 유기적 관계에 있음을 나타내며, 세계 이해와 세계 지혜를 모두
포괄할 수 있다. 세계 이해는 세계 의미에 대한 물음의 답인 '의지의 발
현으로서의 세계'에서 주어진다. 세계 지혜는 그러한 세계와의 관계에
서 생의 의미에 대한 물음의 해답으로서 주어진다. 의지가 자신을 객
관화한 세계는 의지 자신이 나타난 모습이며, 이 모습에 대한 이해를
통해 의지는 삶의 의미를 추구하는 노력으로 나타난다. 의지의 자기인

---

34 J. E. Atwell, 앞의 책, p. 31.
35 David E. Cartwright, *Historical Dictionary of Schopenhauer's Philosophy*, The Scare crow
    Press. Inc. 2005, p. 158.

식, 즉 세계 이해는 세계 지혜를 추구하는 실천적 노력이 생의 의미를 찾아가는 하나의 단계다.

2. 인식의 이율배반과 표상

쇼펜하우어는 자신의 사상 체계를 '하나의 사상'이라는 유기적 통일체로 이해하고, 그것을 '세계는 의지의 자기인식이다'라고 정식화한다. 그는 유기적 체계 내의 기본 요소들인 세계, 주관, 의지가 모순 없이 연관된 것으로 생각한다. 그가 자신의 체계를 일관성을 갖는 것으로 생각하게 되는 과정은 다음과 같다.

주관에 대해서만 존재하는 세계는 객관이며 표상이다. 그러나 자연사에 대한 과학적 관점에서 주관은 진화의 산물로 대상화된다. 인식 능력이 있는 모든 동물은 선행하는 긴 진화사적 인과 사슬에 의해 설명된다. 하지만 선험적 관념론에 의하면 인식 능력을 가진 최초의 동물이 출현하기까지의 긴 시간은 주관이라는 의식의 통일성에서만 알려지는 것, 즉 시간이라는 주관의 형식에 의해 구성된 것이다. 위의 두 주장이 공존하게 되면 설명되어지는 것이 다시 설명의 원리로 되는 순환 논증을 범하게 된다. 순환이 나쁘지 않을 때도 있지만, 이 경우는 주관의 모든 활동을 과학적 심리학으로 설명할 수 있다는 자연주의적 세계상으로 갈 것인지, 아니면 세계에 대한 주관의 구성적 능력과 과학의 선험적 한계를 보여 주는 인식비판적 인문주의로 갈 것인지의 갈림길에 서게 한다. 현대로 올수록 비판적 인문주의는 주관을 생리심리학의 대상인 두뇌의 기능으로 보는 자연주의에 몰리고 있다.

쇼펜하우어는 이러한 이상한 고리인 순환이 인간의 인식 능력에 있음을 분명히 의식한다. 그 자신도 주관이 세계의 한계라는 선험론은 주장하면서도 자연사적 과정에서 두뇌가 형성되었고 시간과 공간 및 인과성은 그 두뇌의 형식이라고 했다. 쇼펜하우어에 의하면 "이 서로 모순되는 두 견해는 어느 쪽이든 같은 필연성을 갖는다." 그는 이것을 '인식 능력에 있는 이율배반Antinomie'이라 한다.[1] 이러한 '인식의 이율배반'은 객관적 대상에 대한 탐구자의 인식 능력에 대한 반성에서 나온 선험적 관념론이 갖고 있는 난점이기도 하다. 선험적 관념론자는 실재론적 주장에 대해서는 관념론적으로 대응하고, 관념론에 대해서는 경험적 실재론의 입장에서 대응할 수 있다. 그러나 진화사적 입장에서 인간이 자연의 일부로 나중에 발생했다는 것을 실재론적 신념으로 가질 수도 있다. 이럴 경우 인식 주관을 자연진화사의 산물로도 보는 이상한 고리에 말려들어갈 수 있다. 쇼펜하우어도 주관과 두뇌를 혼용하고, 선험적 관념론과 자연주의적 태도를 함께 보여 준다. 두뇌가 주관 안에 있으면서 주관이 두뇌 안에 있게 된다.[2]

쇼펜하우어는 인간의 인식이 갖는 이율배반을 과학적 탐구의 희망과 좌절을 통해 보여 준다. 자연과학의 포부는 "인과의 실마리를 따라서 물질의 모든 가능한 상태를 서로 환원시키며, 최후로는 하나의 상태로 환원시키고, 다시 서로에서 도출하고 최후로는 하나의 상태에서 이끌어 내는 데에 있다. 따라서 두 개의 상태가 물질에서 양극으로 대

---

1   Arthur Schopenhauer, *Die Welt als Wille und Vorstellung* I, S. W. Band I, Suhrkamp, 1986, s. 66.
2   이 '인식의 이율배반'은 실재론을 배제하고 선험적 관념론을 유지하거나 주객분리의 차원을 벗어나는 생의 의미 추구의 차원에서 해소된다.

립하게 된다." 양극 중 하나는 "가장 생기 없고 자연 그대로의 물질인 제일의 원소Grundstoff, 원질"이며, 또 하나의 극은 '인간유기체'이다. 전자는 물리, 화학이 추구하는 것으로서 그 물질의 상태는 '최소한의am wenigsten' 차원에서 '주관의 직접적인 객관'이며, 후자는 생리학이 추구하는 대상으로서 그 물질의 상태는 '최대한의am meisten' 차원에서 기껏해야 주관의 직접적인 객관(신체)이 된다.[3] 물리주의적 환원은 가능하다. 그러나 주관은 관찰되지 않고 언제나 배후로 밀려난다.

최초의 등질적 물질 상태로 환원 가능하다 하더라도 그 최초 상태는 아직 인식 주관인 인간이 출현하기 이전 단계이므로 즉 또 하나의 극이 없으므로 "어떻게 그 상태가 화학적 변화를 겪는지를 통찰할 수가einzusehn 없다." 최초 상태에 가 본 생명체는 없다. 그것을 현재에서 재현한다 하더라도, 이때의 과학적 지식은 이미 주관의 인식 형식이 개입해 구성된 것이 된다. 이것은 물질 탐구의 목적과 과정에서 "회피할 수도 해결할 수도 없는 모순"이다. 쇼펜하우어는 이것을 '화학적 이율배반'이라 부르고, 에피쿠로스Epicuros의 역학이 우주의 상태를 수직 하강 운동하는 무수한 원자들로 설명하고자 할 때 부딪친 난관에 비유한다[4](에피쿠로스는 결국 하나의 원자가 우연히 삐끗clinamen하여 경사지는 바람에 원자들이 뒤엉키는 소용돌이 운동을 하게 되어 우주가 형성되었다고 설명하게 된다. 이처럼 최초의 상태는 가정에 그친다). 인식의 궁극 목적이 성취되기 위해서는 최초의 상태가 주관의 직접적 객관이 되어야 함에도 그것은 직접적으로 그 자체로 주어지지 않는다. 설사 현대 물리학에서처럼 그 상태를 재현하는 실험이 가능하다 하더라도 그것은 어디까지나 간접적 추정일 뿐이다. 또한 그 상태를 관찰 가능한 도구가

3   Robert L. Wicks, 김효섭 옮김, 《의지와 표상으로서의 세계 입문》, 서광사, 2011, 75~76쪽 참조.
4   Arthur Schopenhauer, 앞의 책, s. 64~65.

있다 하더라도 그 상태는 미시적이어서 흔적만 남기고 사라졌을 수도 있다.

그러나 쇼펜하우어가 문제로 삼는 것은 최초의 상태라는 개념의 가능 조건인 시간이다. "시간에 시작이 있는 것이 아니라, 모든 시작이 시간 속에 있다." 현재의 상태가 그 이전의 과거 상태에 제약되는 연쇄적 과정은 무한히 이어질 수 있다. 최초로 소급해 가는 과정은 시간의 무한성을 전제하기 때문에 가능하다. 따라서 환원적 분석의 과정은 무한히 연기되고 최초의 상태에 대한 궁극적 인식은 불가능하다. 그것은 거의 '희망Hoffnung'이 없다. 인간은 인식의 포부를 갖지만 인식의 조건인 시간의 제약하에서 인식 가능한 것만을 알 수 있을 뿐이다. 세계는 인간적 주관의 표상이며, "하나의 표상과 다른 표상과의 관계에 대해 아는 것을 가르치는 데에 불과하다."[5] 인간은 현상 형식인 무한한 시간 속에서 유한한 현상적 지식(상대적 인식)을 가지고 그것을 세계로 이해할 수밖에 없다. 세계는 주관의 표상이다. 주관이 세계의 한계이다. 이 주관이 자신 내부의 형식들에 갇혀 있는 한, 지식을 확장하기 위해 객관 그 자체로 초월해 간다고 한들 역시 표상만을 만날 뿐이다. 객관의 궁극적 본질은 그에게 주어지지 않고 탐구자는 언제나 본질의 밖에 있게 된다. 주관이 세계의 실재적 구조를 이해하지 못하는 것은 그가 세계의 가능 조건으로서 스스로가 표상으로서의 세계의 한계이기 때문이다.

이러한 출구 없는 '미궁Irrweg'은 과학이 최대한의 차원에서 도달하려고 하는 또 하나의 극인 인간유기체에 대한 탐구에서도 나타난다. "자연과학은 철학으로는 유물론이 된다." 그러나 최초의 물질 상태에

---

5   앞의 책, s. 64~65.

대한 인식에도 주관의 형식이 전제되어 있듯, 나중의 '도달점이 되려고 하는 인간유기체'에 대한 생리학적 인식에도 그것이 전제되어 있다. 또한 "유기적인 것을 화학적·전기적인 것으로, 화학적인 것을 역학적인 것으로" 환원하여 설명하려 한다고 하더라도 "환원 불가능하다는 것이 점차 분명해졌다"는 것이다.[6] 이러한 판단은 쇼펜하우어가 근대 개별 과학들의 발전에 따라 알려진 각 영역들의 환원 불가능한 고유성을 알게 된 데 기인한다. 그는 지식론에서는《충족이유율의 네 겹의 뿌리에 관하여》가 보여 주듯 반자연주의 선험론의 관점에서 인식의 이율배반을 벗어난다. 한 쪽을 잘라 버리는 것이다[그러나 자연에 관한 의지 형이상학에서 인간은 자연사의 산물이 된다]. 과학은 무한정 발전하려 할 것이다. 그러나 그것은 인식비판이라는 철학적 작업을 필요로 한다. 인식비판은 철학의 경험 영역을 과학 이외의 영역들로 확장해 가는 계기가 된다. 철학은 과학의 연장선상에 있을 수 없으며, 과학 밖에서 성찰적 사유를 통해 생의 의미를 지향할 수 있다. 철학이 과학주의로 진입한다면 문명에 순응하는 길 밖에 있는 생의 의미 문제는 증발된다. 쇼펜하우어가 두려워한 것은 바로 유물론이 과학주의와 결합하여 다른 차원의 경험들과 생의 문제를 배제하는 것이다. 괴테가 도구적 이성에 저항했듯 19세기에 이미 현대의 위기가 예감되었다.

물리적 환원주의에 입각한 인식에도, 인간유기체에 대한 생리학적 인식에도 주관의 형식이 이미 전제되어 있다. 최초의 상태에서부터 최후의 상태에 대한 전 자연사적 지식은 인식의 형식들이 이미 전제되어 있는 대상들에 대한 인식 즉 표상에 불과하다. 자연과학은 객관 그 자체(실재)에 대한 인식을 희망하지만, 그 객관이란 이미 주관적 형식

---

6   위와 같음.

을 내포한 표상이며, 이 표상을 주관이 과학적 개념으로 구성하는 것이다. 두뇌는 자연사적 인과 연쇄로 설명되는 객관이면서도(두뇌는 세계 속에 있다), 이 객관을 설명하는 인관연쇄의 체계는 두뇌 안에 있다. 설명되는 대상이 동시에 설명하는 주관이다. 이러한 입장에서 쇼펜하우어는 표상과 객관을 동의어로 취급했던 것이며, '보는 눈이 없는' '태양이나 유성'에 대한 말은 '철로 된 나무_{sideroxylon}'처럼 모순된 것이라고 했다.[7] 또한 '시초가 없는 시간'이 전제되어야 이전 상태로의 소급적 탐구가 가능한 것이라면, "아버지[Ouranos]를 거세하고 태어났다"는 '가장 젊은 거인족_{Titan}'인 '시간_{Chronos}'은 최초의 근원을 거세하여 "천지의 생생한 그대로의 생산물을 절멸시킨" 장본인이 된다.[8] 시간은 가장 늦게 나온 자이면서도 최초의 것을 자신의 제약 아래서 가능하게 된 것으로 만드는 부친 살해자이다. 이러한 견지에서 쇼펜하우어는 만물의 객관적 근원을 말하는 모든 유물론적 형이상학을 결국에는 '올림포스 신들의 폭소'를 자아내는 것으로 간주한다. 최초의 원시 상태의 물질_{Materie}은 주관에서 독립된 객관적 실재의 자격으로서는 소멸된다. 물질은 지성의 추상화를 통해 나온 것이다.

이러한 견해는 실재론적 상식을 뒤엎는다. 쇼펜하우어는 자신의 주관주의적 성향에 대한 괴테_{J. W. V. Goethe}의 반응을 다음과 같이 회상한다. "괴테는 큐피터의 눈으로 나를 응시하면서 나에게 말했다. '뭐? 네가 빛을 보는 한에서만 빛이 있다고? 아냐! 빛이 너를 보지 않는다면 너는 거기에 있지도 못할 것이야!'"[9] 자연사를 옹호하는 괴테의 이 입

7   Arthur Schopenhauer, *Die Welt als Wille und Vorstellung* I, S. W. Band I, Suhrkamp, 1986, s. 65.
8   위의 책, s. 67.
9   P. F. H. Lauxtermann, *Science and Philosophy, Schopenhauer's Broken World-View*, Kluwer Academic Publishers, 2000, p. 115.

장은 관념론에 대한 실재론적 견지에서의 항의이다. 쇼펜하우어의 입장은 과학적 견해에 대한 인식론적 반성이며, 이 입장에서 괴테와 같은 견해는 실재론적 견해 자체에 대한 반성이 결여된 것이다. 쇼펜하우어의 태도는 분명 존재론에 대한 인식론의 우선성을 전제하는 근대적 사고방식에서 나온 것이다. 그는 선험적 관념론을 통해 실재론의 입장이 사실은 주관을 전제한 것이었다는 점을 말할 수 있게 되었다. 그는 이 입장에서 과학이 아니라 과학에 대한 실재론적 해석만이 이율배반에 빠진다고 보았다. 자신의 지식론에 대한 답은 그것이 과학이 아니라 과학의 한계를 반성하는 도구라는 것이다. 세계 의미를 추구하기 위해 그 자리에 두고 넘어서 간다. 그러나 《의지와 표상으로서의 세계》Ⅱ에서 보이듯 생명체와 인간은 자연의 진화사적 견지에서 설명된다. 인간종은 생명 진화의 사다리 마지막 단계에서 출현한다. 이러한 형이상학은 지식론에서의 선험적 관념론을 벗어나는 것이며, 쇼펜하우어는 인식의 이율배반은 주객상관성을 벗어나는 길 이외에는 피할 수 없는 것으로 판단한 것으로 보인다.

쇼펜하우어가 보기에 실재론이 자기모순에 빠지는 상황은 '올림포스 신들의 폭소'를 자아낸다. 올림포스 신들의 비유는 플라톤의 《소피스테스 Sophistes》에서 나온다. 플라톤은 기존 철학사를 두 가지 유형 간의 투쟁사로 본다. 한편에는 그가 지지하는 올림포스 신들로 상징되는 초월적 불변자를 추구하는 존재론이 있다. 반대편에는 대지에서 자라난 거인족Titans의 물질이나 생성을 추구하는 자연 철학(소피스트들의 상대론도 포함)이 있다. 전자는 영혼과 같은 비물질적 원리를 '존재on'로 생각하고, 그 밖의 것을 '비존재me-on'로 본다. 후자는 대지大地의 원질을 대지 안에서 찾고, 생성을 존재로 보려는 자연 철학[유물론]을 포함한다.[9] 자연과학의 방법적 태도를 일관되게 존재론에 적용한 철학을 유물론이라고 보는 쇼펜하우어는 올림포스 신들의 폭소라는 말로써 유물론의 실재론적 주장을 냉소하고 있다.

그러나 자연과학에 대한 광범위한 지식은 그의 세계관을 구성하는 데에 결정적 영향을 주었다. 그는 최초로 지각을 두뇌생리학적 문제로 간주했다. 또한 지성과 신체의 관계를 논의할 때에도 지성에 대한 신체의 존재론적 우위를 옹호할 수 있었다. 그는 지성을 신체의 문제로 이해한 니체의 선구자이다. 그는 생리심리적 체계에서 오는 도식이 지각에 관여한다는 두뇌생리학을 통해 선험적 관념론을 옹호했다. 생리심리학과 선험적 관념론이 전자가 후자를 확증해 주는 관계를 맺을 수 있다면 양자는 모순 없이 공존 가능할 것이다. 생리학적 지식(두뇌가 감각을 객관적 대상으로 구성한다는 지식)으로 선험적 관념론의 타당성을 입증하는 방식은 현대에서도 흔히 있는 일이다.

그런데 쇼펜하우어의 관념론적 입장에 따르면 생리학적 지식도 한갓 두뇌의 표상이다. 이와 동시에 관념론자가 자신의 입장을 표상을 넘어서는 객관적 타당성을 갖는다고 주장한다면, 두 입장은 모순 관계에 있게 된다. 실재론자는 관념론이 객관적으로 참이라면 관념론은 관념이 아니게 된다고 관념론을 논박할 것이다. 표상에 불과한 생리학적 지식으로 '세계가 표상이라는 것'을 입증하는 것은 입증이 아니다.

그러나 쇼펜하우어의 선험적 관념론은 지식의 주관 제약성과 동시에 대상의 경험적 실재성에 의거해서 지식의 상대적 객관성을 주장하는 것이다. 이것이 표상의 의미이다. 쇼펜하우어가 의거하는 생리학적 지식은 상대적 객관성만을 갖는 것이며, 그의 세계표상론의 과학적 근거 역시 상대적 객관성만을 갖게 된다. 세계표상론은 단지 상식과 과

---

10 Platon, *Sophistes*.

학에 대한 조망적 해명일 뿐 주관 독립적 객관적 타당성을 갖는 것은 아니다. 만일 그의 지식론을 해명이 아닌 정당화로 본다면 세계표상론 자체도 선험적 형식에 의해 구성된 것이기 때문에 과학적 표상을 표상으로 정당화한다는 순환성에 빠지게 된다. 정당화의 문맥에서 본다면 선험적 관념론은 정당하지 않다. 그러나 쇼펜하우어가 비록 근대 과학의 확실성을 믿었다 하더라도, 그는 과학의 논리적 구조를 드러내 보여주는 해석학적 접근을 한 것이지 정당화라는 기초주의적 입장에 있는 것은 아니었다. 또한 그에게 지식론은 신비주의로 가는 적절한 계기가 되는 것이었다. 그것은 생의 의미를 주는 다른 경험들로 초월해 갈 수 있게 하는 단계적 실용성을 갖는다. 주관과 객관이 대립적 연관 속에 있는 한 주관적 접근 태도와 객관적 접근 태도 사이의 모순은 피할 수 없는 것이다. 탐구자로서의 인간은 스스로가 객관(연구 대상)이면서 주관이기도 하는 순환적 유희와 모순의 갈등 속에서 살게 된다. 쇼펜하우어는 이러한 모순에 대한 해결이 지식의 차원에서는 불가능하다는 것을 의식하고, 실천적 윤리학을 통해 가능하다고 생각한다. 그의 이른바 '실천적 신비주의'가 그것이다. 여기에서 비로소 인식의 근본 형식인 주관과 객관의 분열적 관계를 극복한다.

그러나 쇼펜하우어는 객관주의의 모순에 대한 인식론적 해결의 길을 절대적 자아Fichte나 절대적인 선험적 주관성E. Husserl에 두지 않는다. 그는 "객관에서도 주관에서도 출발하지 않고, 의식의 제일의 사실인 표상에서 출발한다."[11] "표상이란 추상적이든 직관적이든, 순수한 것이든 경험적인 것이든, 어떤 종류의 것이든 일반적으로 사유 가능한 것"이 되기 위해서는 '하나의 형식'인 주관-객관의 관계를 전제한다. "세

---

11   위의 책, s. 71.

계가 주관과의 관계에서 존재하는 객관에 불과하다"는 것은 "다른 모든 형식들보다 한층 보편적인 형식"이다. "세계는 나의 표상이다"라는 명제는 "다른 모든 진리에 의존하지 않으며 또 증명을 필요로 하지 않는" 선험적a priori 진리라는 것이다.

쇼펜하우어는 이 확신을 데카르트의 정신을 이은 것으로도 보지만, 근대 인식론의 특징인 지식에 대한 정당화의 전제로 사용한 것으로는 보이지 않는다. 그는 상식이나 과학의 선험적 가능 조건을 기술해 보여 주려 한다. 쇼펜하우어에 의하면 직관Anschaung, 지각은 두뇌의 대상 구성적 활동이다. 주관은 감각들을 객관의 감각들로 구성한다. 이러한 능동적 구성은 의식하지 못하는 사이에 일어나기 때문에 주관에게는 가장 직접적으로 객관이 주어지는 것처럼 보인다. 직관은 칸트처럼 수동적인 것이 아니라 이미 능동성을 갖는 대상 지향적 활동이다. 쇼펜하우어는 현상학적 방법으로 나아간 스승 슐체와 함께 지향성intension의 발견자이다. 이러한 원초적 지향 작용 위에서 이성의 개념적 활동과 추리가 이루어지며 과학적 이론 체계가 생산된다. 그의 초기 논문《충족이유율의 네 겹의 뿌리에 관하여》는 바로 '주관과 객관의 분리'가 일어나는 지각 작용 위에서 여러 가지 충족이유율에 따라 여러 개별 과학들이 생산된다는 과학적 지식의 가능 조건을 기술하는 것이었다.

지각 대상은 두뇌가 객관적으로 존재하는 것으로 구성한 것이다. 오성은 신체적 감각에 주어진 인상을 원인에 연결시킨다. 이 과정을 두뇌는 다시 대상이 원인이 되어 신체적 감각을 결과적으로 우리에게 각인한 것으로 구성한다. 대상 구성은 인과 형식이 적용되는 활동이며, 대상의 존재는 인과성에 제약된 상대적 객관성을 갖게 된다. 이러한 지각적 상황을 전제로 추상적 인식 활동이 가능하며 추상적 인식 역시 충족이유율의 제약하에서 가능하기 때문에 상대적 객관성만을 갖는다. 지각적이든 추상적이든 표상의 생산 활동은 주관 내재적 구성 활동이다. 반면 실재론은 이러한 주관 내재적 활동에서 형성되는 표상을 넘어서 있는 초월적 실재를 가정한다. 따라서 표상은 주관 초월적 태도에서 나온 실재론이 갖는 이율배반을 비판할 수 있는 단서가 된다.

이러한 맥락에서 매기Bryan Magee는 "선험적 관념론은 비록 거부될 수 있다 하더라도, 이율배반이 실재론만의 이율배반이라는 위대한 각성을 우리에게 제공한다"고 한다. 그에 의하면 "공간적이고 시간적이며 인과적인 관계가 (실재론과는 달리) 주관적 기원을 갖는 범주로서 밝혀진다면 모순은 해소된다. 이때 우리는 스스로 일정한 좌표를 줄 수 없다고 즉시 알 수 있는 추측된 객관적인 틀에서 출발하지 않는다. 우리는 우리가 현실적으로 있는 그곳에서 출발한다. 달리 말하면 우리의 입각점은 직접적 경험이 당면하고 있는 실재immediate reality of direct experience이다." 그리고 시공간 속에서 실재에 직면하는 활동 — '신체적이건 지적이건 상상적이건' — 은 '무한정indefinitely 전진할 수도 후진할 수도 있다.[12] 쇼펜하우어가 표상으로서의 진리는 "과거에도 미래에도, 먼 것에도 가까운 곳에도 적용된다"고 했을 때 의미한 것은 바로 위와 같은 활동적 기획의 무한정성이다. 주관은 다함없는 무진無盡, 무애無厓로 열려 있고, 이 개방성은 주관의 무한한 시간과 공간이라는 형식에 의해 열린 것이다.

표상의 차원에서는 과학적 지식의 발달은 무한으로 열린 세계 안에서 일어나는 활동이다. 새로운 지식의 생산을 위해서는 끝없이 새로운 현상에 직면하고 그것을 개념화하고 논증해야 한다. 쇼펜하우어가

---

12 Bryan Magee, 앞의 책, p. 93.

학문을 기존의 경험들과 함께 새로운 이질적 현상에 대한 지각과 이것의 개념화를 일차적인 것으로 강조하면서, 학문을 '이질적인heterogen' 것에 대한 경험에서 발전하는 것으로 보는 것은 그 때문이다. 이질성에 대한 감수성이 없다면 지각적 인식에서의 '차이Verschiedenheit'를 알려 주지 못한다. 차이를 모르면 기존의 진부한 개념 즉 기존의 다양한 것들을 추상적으로 통합하고 있는 '동일한 형식'만을 고집하게 될 것이다. 쇼펜하우어는 경험주의에 접근하는 이러한 입장에서 다양의 통일성인 개념에 우위를 두는 칸트의 태도를 '개념으로부터의 학문Wissenschaft ans Begriffen'으로 규정한다. 이에 비해 자신의 입장은 "모든 명증의 유일한 근원인 지각의 인식으로 나와서 보편적 개념으로 가는 개념으로의 학문Wissenschaft in Begriffen"이라 한다. 이질적 차이에 대한 지각은 개념 생산의 원초적 계기이며, 이것이 개념의 능력인 이성을 창조적이게 한다. 진정한 학문은 '개념의 창조'이다.[13]

무한한 시공간 안에서 새로운 경험을 새로이 개념화해 나가는 과정이 과학적 지식의 역사이다. 다만 쇼펜하우어가 지적하는 것은 지식의 탐구자가 지식의 주관적 가능 조건에 대한 반성이 없이 표상 독립적 대상을 전제하는 실재론적 해석을 지식에 가한다면 그것은 자기모순이라는 것이다. 이 모순을 매기는 '위대한 형이상학적 광대'인 뮌헨의 발렌틴Kurt Vallentin의 무의미 극에 비유한다. 막이 오르고 어둠 속에 가로등이 둥글게 바닥을 비추며 발렌틴은 그 빛 속에서 잃어버린 열쇠를 찾는다. 그는 경찰이 와서 열쇠를 잃어버린 곳을 묻자 저쪽 어두운 구석을 가리킬 뿐 정작 자신은 빛 속에서만 열쇠를 찾는다. 그 이유는

---

13 Arthur Schopenhauer, *Anhang, Kritik der Kantischen Philosophie*, *Die Welt als Wille und Vorstellung* Ⅰ, S. W. Band Ⅰ, Suhrkamp, 1986, s. 610~611.

어두운 곳에는 빛이 없기 때문이다.[14] 의식 독립적 실재를 주장하는 형이상학적 독단은 주장하는 자의 자신에 대한 반성을 상실한 광대이다. 쇼펜하우어의 표상론은 구체적 경험의 상황과 그 속에서의 대상 지향성의 차원으로 돌아가 그 가능성의 형식적 조건을 드러냄으로써 실재론을 피해가는 장점을 갖는다.

그러나 이러한 장점은 표상론의 한 측면에 불과하다. 쇼펜하우어의 표상론은 근대 회의주의의 망령에 대처하기 위한 맥락에서도 제기된 것이다. 그것은 앞서 논의한 것처럼 슐체의 회의주의 전략이 결국은 흄 전통의 현상주의를 또 하나의 독단으로 주장하는 것으로 귀결하는 것을 극복하려는 문맥 안에 있다. 쇼펜하우어가 물자체를 현상의 원인으로 지목하는 것을 회피하면서 표상론으로 돌아가는 것은 그의 영향으로 보인다. 그러나 표상에만 머무는 태도는 의지 형이상학과 생의 의미 추구로 나아가지 못한다. 쇼펜하우어의 표상론은 표상 안에 갇힌 인간이 주객 분열 속에서 유한한 지식들의 연속적 축적에 만족하여 세계가 무엇인가라는 본질의 문제에서 소외되는 운명을 극복하는 예비적 단계로서 논의된 것이다. 인간은 현상계의 불투명성을 깨고 그것의 내면을 보려는 존재이기도 하다. 인간은 이러한 충동에 따라 현상의 심층적 내부를 통찰함으로써 세계를 자신의 세계로 이해하는 세계 지혜에 도달한다. 여기에서 정관적인 순수 인식은 바닥이 보이는 '스위스의 호수'처럼 심연의 깊이와 명징한 맑음이 하나로 결합한다. 또한 실재론과 관념론의 대립과 양자 사이에서 오락가락하는 지적 유희도 해소된다.

쇼펜하우어의 표상론은 이러한 세계 지혜의 인식론적 예비 단계이다. 쇼펜하우어가 보기에 이러한 생각은 인식 주관이 알 수 있는 것의

---

14 B. Magee, 앞의 책, pp. 92~93.

총체인 현상계를 넘어설 때 인간은 궁극의 본질에 이른다는 동서양의 구도적 사유의 길에 접근하는 것이다.

3. 표상론과 신체

쇼펜하우어는 자신의 인식론을 마치 관념론자 선언manifesto처럼 시작하고, 이어서 그것에 대한 주석적 지지 논증을 구성한다. 그의 선언에 의하면 "전 세계는 주관 즉 지각자의 지각, 한마디로 표상과의 관계에서의 객관일 뿐이다."[1] 여기서 지각은 직관을 의미하는 'Anschaung'을 번역한 것인데, 그의 직관은 오성의 기능으로서, 주어진 감각 인상을 가지고 객관으로 구성하는 지각 작용을 의미한다. 이 과정은 직접적으로 의식되기에 쇼펜하우어는 그것을 직관으로 보는 것이다. 직관에 의해 객관이 구성된다는 것을 보다 분명히 알게 하는 상황이 있다. 그는 어둠 속에서 어떤 사물을 더듬어 찾는 상황을 예증으로 제시한다. 찾는 사람은 손의 촉각으로 사물을 더듬어서 그것의 형태들을 점차적으로 종합하여 나중에는 어떤 일정한 형태를 가진 객관으로 구성한다. 이것이 지각 작용이며, 이때 주관은 자신이 감각하는 여러 인상들을 가져다 준 직접적 원인으로 객관을 지각한다. 객관은 지각자에게 직접적인 존재로서 경험된다. 객관의 존재는 지각자가 부여하는 의미

---

1 Arthur Schopenhauer, *Die Welt als Wille und Vorstellung* I, S. W. Band I, Suhrkamp, 1986, s. 31.

가 될 것이다. 이러한 직관은 이미 칸트가 말하는 단순한 수동성이 아니다. 쇼펜하우어에 의하면 그것은 인식의 원천일 뿐만 아니라 그 자체 전적으로 인식이기도 하다. 직관만이 무조건적으로 참되고 진정한 인식, 그 이름에 완전하게 부합하는 인식이다. 반대로 개념들은 직관이 갖고 있는 이러한 근거에 붙어 있을 뿐이다. 직관이 원초적 표상primärre Vorstellung이라면, 개념은 이차적 표상sekundäere Vorstellung이다.[2] 이 때문에 영미권에서는 페인E. F. J. Payne의 번역에 따라 직관을 지각으로 번역한다. 쇼펜하우어는 지성화된 직관을 동물학의 보고 자료에서도 확인한다. 동물은 먹이가 일정한 위치에서 시간에 따라 움직이고 있다는 것을 정확히 자신의 밖에 정립한다. 쇼펜하우어는 진화사적으로 축적된 흔적이 천성처럼 습관화된 것을 원초적인 것으로 본다. 이 점이 순수한 감각이 가능하다는 전제를 가진 경험주의와 다른 점이다.

직관(지각)이 원초적이라는 입장에서 쇼펜하우어는 '존재는 지각됨 Esse est percipi'이라는 버클리의 견해를 자신의 입장과 같은 것으로 간주한다. 이처럼 세계를 표상으로 정의하는 것을 그는 '유클리드의 공리와 같은 것'으로 선언한다. 그것이 '가장 확실하고 가장 간단한 진리'이다. 이러한 논증 방법은 논점을 자명한 것으로 전제함으로써 당당하게 시작하는 것 같지만, 상대방의 견지에서는 논점을 회피하고 있다는 인상을 줄 것이다. 즉 그것은 선결문제 해결의 오류를 범하는 것으로 생각될 수 있다.

그러나 쇼펜하우어의 주장은 인간이 객관의 존재를 어떻게 해서 경

---

2   직관은 수동적으로 외부에서 받아들인 원초적 감각 자료나 인상이 아니라, 오성(지성)에 의해 구성된 것이다. 쇼펜하우어에 의하면 칸트는 직관을 수동적인 것으로, 오성은 능동적 개념의 능력으로 간주하여 직관과 지성을 분리하고, 오성과 이성의 관계에 대해서도 혼란에 빠지게 되었다고 비판한다. 쇼펜하우어의 직관을 영어권 에서는 이 점을 의식하여 지각으로도 번역한다. / 직관에 대한 칸트와의 차이와 직관의 독자성에 대해서는 이서규, 〈쇼펜하우어의 칸트 해석에 대한 고찰〉, 《철학논총》 제70집, 2012, 제14권, 386쪽.

험하게 되는가에 대한 심리학적 해명이다. 그의 주저 1부의 표상론은 지각 작용에 대한 심리학적 기술의 형태로 되어 있다. 이 기술은 인간의 대상과의 관계에서 오성과 이성의 기능을 분리해서 논하고, 지각의 능력인 오성을 표상의 생산자로 묘사한다. 이를 통해 쇼펜하우어는 인식에서의 표상의 일차성과 표상이 객관의 존재를 포함한다는 결론을 이끌어 낸다. 그럼에도 그는 자명한 공리를 전제하고 그것으로부터 다른 명제들을 증명할 것처럼 논의를 시작했던 것이다. 쇼펜하우어는 세계표상론이 "가설이 아니고," "그것보다 더 확실한 것은 없다"고 주장한다.[3] 그가 이렇게 주장하는 이유는 무엇일까?

쇼펜하우어는 그가 '근대 철학의 아버지'라고 여기는 데카르트의 자기의식 개념을 수용한다. 데카르트는 자기의식 내에서 직접적으로 명증한 것의 발견에 학문의 제일의적第一義的 토대를 두었다. 제일철학을 세우려는 야심으로 데카르트는 자기의식 내의 직접성과 확실성을 동일시한다. 쇼펜하우어는 데카르트의 방법적 회의가 인위적이라고 비판하면서도 그의 자기의식 개념을 '과학의 관점'이 아닌 '철학의 (기초적) 관점'으로 간주한다. 쇼펜하우어도 자기의식에 주어지는 자아의 존재가 확실하다고 생각했으며, 우리의 자아가 직접적으로 지각하는 대상의 실재성도 확실하다고 간주했다. 철학은 여기에서 출발한다. 따라서 "철학은 출발부터 관념론적이다." 또한 "바로 이러한 올바르고 깊은 통찰이 버클리w. Berkeley 철학 전체를 형성한다"는 것이다.[4] 이러한 견해를 그는 다음과 같이 표현한다.

---

3 Arthur Schopenhauer, *Die Welt als Wille und Vorstellung* II, S. W. Band II, Suhrkamp, 1986, s. 13.
4 위와 같음.

진정한 철학은 어느 경우에도 관념론적일 수밖에 없다. 참으로 그것이 진정 정직해지기 위해서만이 그래야 하는 것이다. 왜냐하면 아무도 그 자신을 자신과는 다른 사물과 직접 동일시하기 위해서 자신 밖으로 나간 적이 없다는 것보다 확실한 것은 없기 때문이다. 그러나 확고한 그래서 직접적인 앎을 가지고 있는 그 모든 것은 그의 의식 내부에 있다. 따라서 이 의식 밖에는 어떤 직접적 확실성unmittelbare Gewißheit도 없다. 그러나 학문의 제일원리는 그러한 확실성을 가져야 한다. 객관적 세계를 단적인 현실성으로 앞에 존재하는 것vorhanden으로 가정하는 것은 모든 다른 과학의 경험적 입장에 아주 적합하다. 그러나 원초적이고 근원적인 것das Erste und Ursprüngliche으로 돌아가야 하는 철학의 입장에는 적합하지 않다. 의식만이 직접적으로 주어져 있다. 철학의 토대Grundlage는 의식의 사실에 제한된다. 다시 말하면 철학은 본질적으로 관념론적이다. 사실적이라고 뽐냄으로써 조야한 오성에 자신을 맡기는 실재론은 바로 자의적 가정에서 출발하는 것이며, 그에 따라 공허한 공중누각이 된다. 그 때문에 그것은 우리가 알고 있는 의식 내에 있는 모든 것인 첫 번째 사실을 뛰어넘거나 부정한다. 왜냐하면 사물의 객관적 현존dasein, existence은 사물을 표상하는 자에 의해 조건 지워져 있다는 것, 따라서folglich 객관적 세계는 표상으로서만 실재한다existiere는 것은 가설이 아니며, 권력의 명령도 아니고, 더욱이 논쟁을 위해 제기된 역설도 아니다. 반대로 그것은 가장 확실하고 가장 간단한 진리이다. 그것에 대한 인식은, 그것이 실로 너무 간단하다는 사실 그리고 사물에 대한 의식의 첫 번째 요소를 돌아보는 반성의 능력을 누구나 다 가지고 있지 않다는 사실에 의해서만 어렵게 되는 것이다. 절대적으로 그리고 그 자체로 객관적인 현존Dasein은 있을 수 없다. 실로 그러한 것은 정말로geradezu 생각할 수 없다. 왜냐하면 객관적인 것 자체는 언제나 본질적으로 그 존재Existenz를 주관의 의식 내에서 가지기 때문에 역시 객관적인 것의 표상이고, 따라서folglich 주관에 의해 조건 지워져 있으며, 더욱이 객관이 아닌 주관에 귀속하는 것으로서의 주관의 표상 형식들에 의해 조건 지워져 있기 때문이다.[5]

이 인용문의 전반부는 데카르트의 제일철학적 논의를 닮아 있고, 후반부는 버클리의 지각론을 닮아 있다. 이것은 데카르트에서 버클리가 나왔다는 쇼펜하우어의 판단을 반영한다. 후자는 전자의 노선에서 관념론에 도달했다는 것이다. 현존Dasein과 실재existenz는 동의어로 사용되고 있다. 그 말들은 사물의 객관적 실재성이라고 할 때의 실재성을 의미한다. 또한 중간 부분에서 '사물의 객관적 현존은 사물의 표상자에 의해 조건 지워져 있다는 것'이 '객관적 세계는 표상으로서만 실재한다는 것'을 논증적으로 끌어내는 전제로 제시되고 있으며, 두 명제는 '따라서folglich'로 연결되어 있다. 그런데 인용문의 끝에 가서는 의식 밖의 객관적 실재성에 대한 부정의 근거로서 객관이 표상이기에 주관에 의해 조건 지워져 있다는 것을 제시하고 있다. 또한 주관은 표상의 형식들을 가진다고 함으로써 칸트의 선험적 관념론을 첨가하고 있다. 사실 쇼펜하우어의 관념론은 데카르트에서 출발하여 버클리의 지각론으로 나아가고, 이 지각론을 칸트의 선험적 입장을 추가하여 변형한 것이다. 이런 의미에서 그의 관념론은 칸트적인 선험적 관념론이라 할 수 있지만, 그것은 비판적(선험적) 관념론과 버클리의 심리학적 관념론을 결합시킴으로써 '하나의 세련된 버클리주의a sophisticated Berkeleyanism'를 만들어 낸 것이다.[6] 이에 따라 버클리도 객관의 경험적 실재성을 완

---

5   Arthur Schopenhauer, *Die Welt als Wille und Vorstellung* II, S. W. Band II, Suhrkamp, 1986, s. 13~14.

6   P. F. H. Lauxtermann, *Science and Philosophy, Schopenhauer's Broken World-View*, Kluwer Academic Publischers, 2000, p. 105.

전히 무시하는 독단적 관념론이 아니라 경험적 실재성을 인정하는 선험적 관념론으로 해석된다. 이러한 관점에서 쇼펜하우어는 칸트가 버클리를 독단적 관념론으로 해석하고, 그것을 《순수이성비판》의 2판 서문에서 비판한 것에 대해 혼란을 가중시킨 것으로 비판하면서 칸트에 대한 실재론적 해석을 경계한다.

이 맥락에서 볼 때 위의 인용문이 말하는 요점은 다음과 같다. 사물의 객관적 실재성이 주관의 표상이라는 것은 표상하는 주관에 대해서는 직접적인 것이고, 따라서 그 직접적 사실은 철학자에게는 원초적 확실성을 갖는다는 것이다. 이 주장에는 확실성의 위기에 대처한다는 17세기 근대의 의식이 투영되어 있다. 확실성 이데올로기가 쇼펜하우어의 주된 목적의식을 지배하는 것은 아니지만 여전히 근대적 습관이 잔존하고 있다. 또한 버클리처럼 쇼펜하우어도 '생각한다'와 '표상한다'를 혼용한다. 그리고 '생각한다'는 말은 오성의 지각과 이성의 개념적 사고 및 '의식한다'를 총칭할 수도 있는 것으로 '표상'과 함께 가장 많이 사용된다. 그러나 오성의 지각만을 논할 때는 사유나 표상은 오성의 지각과 의식을 의미한다. '내가 안다(지각한다)'는 것은 쇼펜하우어에게는 '안다(지각한다)'와 동일하다. 여기서는 표상과 사유는 주관의 지각과 의식을 의미한다. 그러나 표상이나 사유는 지각을 의미하는 것을 넘어서서 적용되기도 한다. 그것은 현재의 지각을 넘어선 것에 대한 의식(생각, 상상)까지 포함하기도 한다.

쇼펜하우어의 본래의 취지는 현실적으로 지각이 안 되고 있는 객관을 단순히 의식(생각을 떠올림)할 수 있기 때문에 객관이 표상이라고 주장하는 것은 아니다. 그러한 의식은 실재론도 하는 것이며, 그것은 실재론과 관념론이 공유하는 부분이다. 그의 취지는 현재의 지각과 이러한 지각을 아직 지각되지 않고 있는 나머지 전체(열려진 전체)에까지 적용하여 객관을 표상과 동일시하는 것이다. 세계는 현재의 지각과 그 밖의 가능한 지각들의 총체이다. 이 주장은 인간의 지각이 아직 지각되지 않고 있는 것들에 가서 직접 대면할 수 있다는 가능성을 의식(상상)한다는 것을 전제하는 현상주의적 발상이다. 사실 전통 형이상학에서 현상계와 본체계를 나누고 현상계를 논할 때 그것을 경험적(감성적) 세계로 지칭하는 경우가 많은데, 이때에도 그 형이상학자는 현상계에 대해 현상주의적 상상을 하고 있는 것이다.

영Julian Young의 언급대로[7] 현재의 구체적 일상생활에서 어떤 객관의 실재성이 지각에 의해 직접적으로 구성된 것을 V_1이라 한다면 V_2, V_3(……)은 무한으로 가능하다는 것이 쇼펜하우어의 견해이다. 이때의 표상은 지각과 지각 가능성에 대한 의식(이 의식은 현재의 지각을 넘어선 것을 생각하는 상상하는 의식이다)을 포함하며, 그러한 표상을 사유와 동일시한다. 지각은 의식의 지각이기 때문이다. 따라서 지각하는 의식으로서의 표상이나 사유는 가능한 지각들을 상상할 때 지각자가 거기에 직접 가 있는 상황, 즉 주관과 객관이 만나는 상황들을 수없이 떠올릴 수 있다. 이 상황들 역시 현재의 상황 S_1에서 S_2, S_3(……)로 무한히 진행할 수 있다. 이 상황들의 집합은 지각의 가능 조건인 주관과 객관이 만나는 상황들의 총체이다. 이 만남들 속에서 객관의 실재성이 직접적으로 구성된다. 이때 객관들의 실재성의 집합(V_1, V_2, V_3(……))은 상황들의 집합(S_1, S_2, S_3(……)) 속에 있게 된다. S_1의 상황 속에서 V_1이라는 객관의 실재성이 구성된다. 쇼펜하우어의 표상론은 이처럼 구성된 실재성이라는 내부 요소를 가진 상황들에 대한 생각(상상)을 전제하는 것이다. 그는 이러한 생각을 하는 것이 일상인의 건전한 오성의 상식이라고

---

[7]   Julian Young, *Schopenhauer*, Routledge, London & New York, 2005, pp. 26~27.

믿었으며, 이것으로 모든 독단과 억견 및 회의주의를 극복하려 한 것이었다. 지각의 내용과 존재가 오성에 의해 직관적으로 구성된다는 측면에서 순수한 경험이 외부로부터 주어진다는 경험주의적 독단은 극복된다. 그리고 직관적으로 주관이 파악되고 객관은 주관에 의해 구성된다는 측면에서 선험적 확실성이 유지된다는 것이다.

쇼펜하우어의 선험적 관념론은 주관·객관의 분리와 만남의 관계를 최상의 형식으로 생각(상상)하는 것에서 가능한 것이었다. 그는 이 형식을 서양 근대 철학의 위대한 발견으로 간주했으며 토대적 확실성을 갖는 것으로 수용했다. 그의 입장은 다음과 같이 정리될 수 있다.

(1) 세계의 경험적 실재성은 오성의 지각 능력과의 관계에서 구성되는 것으로서 그대로 보존되며, 회의주의의 희생이 될 수 없다. (2) 객관은 내용(형태, 색 등의 성질들)에 있어서나 형식(시간, 공간, 인과성)에 있어서나 주관에 의해 조건 지워져 있다. (3) 객관은 본질적으로 주관의 상관자이다.

이 입장을 그는 경험적 실재론이자 선험적 관념론이라고 했던 것이다. 전자의 측면에서는 '객관 없는 주관은 없다.' 후자의 측면에서는 '주관 없는 객관은 없다.' 이러한 견해는 객관이 우연적으로가 아니라 본질적으로 주관과 관계한다는 점에서는 관념론이 된다. 이 맥락에서 쇼펜하우어는 버클리에 따라 사유나 경험으로부터 독립된 객관의 실재성을 생각하는 것을 자기모순이라고 했던 것이다. 이때 사유나 경험은 의식의 지각을 내포한 것이지 단순히 생각을 떠올리고 상상하는 의식함으로서의 사유만은 아닌 것이다. 버클리의 주장들 가운데 쇼펜하우어가 수용한 부분은 그의 경험적 실재론의 측면이다. 버클리는 일상의 상식을 거듭 옹호하여 상식적 오성은 객관을 환상으로 보지 않고 직접적으로 실재하는 것으로 지각하며, 이 때문에 객관의 실재성은 지각하는 마음에 의존적이라고 강조한다. 이러한 견해를 쇼펜하우어는 칸트와는 달리 선험적 관념론으로 이해했으며, 칸트 자신의 입장과도 친화성이 있는 버클리를 그가 독단적 관념론으로 비판한 것을 불만스러워 했다.

사실 버클리는 상식의 건전성에 입각한 실재론적 성향을 가지고 있었으면서도, 결국 오성이 직접 경험하는 것을 지각 내용인 성질들(양적, 질적 성질을 포함)의 집합에 한정하고 그것들의 담지자인 객관의 실재성을 추론된 것으로 보아 객관의 실재성을 보장하는 신적 주관을 요청하게 된다. 추론하지 않는 신의 개입에 의해 객관의 실재성은 직접 지각되고, 성질들의 집합도 환상적인 것이 아니라 질서를 가짐으로써 객관성이 보장된다는 것이다. 칸트가 배제한 것은 이러한 견해였으며, 쇼펜하우어도 버클리가 회의에 빠지게 되자 신의 지각을 요청하게 되는 과정을 수용하지 않는다. 초기 러셀이 《철학이란 무엇인가》에서 경험된 감각 자료를 지식의 확실한 기초로 보고, 그 실재성을 추론된 것으로 보는 것도 버클리의 문맥에서 나온다. 그러나 그의 순수 감각 자료는 쇼펜하우어가 본다면 회의론을 극복하기 위한 경험주의적 독단에 불과하며 실재를 직접 지각하는 오성의 상식을 저버린 것이다.

쇼펜하우어가 긍정적으로 수용하는 '버클리의 원리'는 "현상의 상대적 실재성을 주객 분리의 형식에서 도출해 내는 것"이었다. 그가 판단하기에 칸트의 《순수이성비판》 1판은 버클리의 원리를 따른다. 그러나 2판부터 칸트는 이 원리를 어기고 사유로부터 독립적인 실재성(이것도 물자체로 표현했다)을 표상의 원인으로 제시함으로써 두 사람의 모순된 칸트가 있게 되었다는 것이다. 이에 따라 '2판부터 5판에 이르기까지'(1787~1838) 《순수이성비판》은 '자기모순적인 책'이 되었다. 그러나 쇼펜하우어가 보기에 로젠크란츠Rosenkranz 교수가 1838년에 1판을 출판하여 원래의 칸트의 올바른 견해를 알 수 있게 했다.[8] 표상의 원인으로서 물자체를 도입하는 방식에 대해서는 쇼펜하우어를 칸트로 인도한 슐체G. E. Schulze, 1761~1833가 그 오류를 지적한 적이 있다. 슐체는 칸트가 현상의 범주인 인과성을 물자체에 적용했다고 비판했다. 쇼펜하우어는 슐체의 지적에 따라 2판의 칸트를 자기모순을 범한 것 즉 물자체를 인과 법칙에 따라 추론한 것으로 비판한다. 슐체와 쇼펜하우어에게 인과는 표상들 사이에서만 가능하다. 물자체가 주관에 인과적 영향을 주는 것이 아니라, 외적 표상으로서의 객관이 나의 신체에 영향을 주는 것이다.

그러나 칸트에 대한 이러한 비판에도 불구하고 쇼펜하우어는 영국 경험주의와 독일관념론이 간파하지 못한 칸트의 요점을 계승한다. 하르트만Nicolai Hartmann, 1882~1950에 의하면 칸트의 '요점'은 '관념론의 엄격한 선험적 성격'과 '경험적 실재론의 보호'라는 "양자의 상호 제약과 보완이라는 특유한 교호 관계에 대한 통찰"이다. 선험적 주관은 '경험적인 개별적 주관이 아닌' '의식 일반'에 의해 유지된다. 경험적 실재론은 '개별적 주관이라는 자연적 및 불가피한 관점'에 대한 긍정에 의해 가능한 것이었다.[9] 이러한 두 측면의 상호보완성은 인식 주관을 자연주의적 개별자로 환원하지 않으며, 또한 의식 일반이라는 추상적 보편자로도 환원하지 않는다. 이렇게 지식의 두 가지 근원을 종합적으로 고려하는 안목을 잃지 않은 쇼펜하우어는 스스로 칸트의 위대성을 계승한 자로 자부했다. "세계는 '나'의 표상이다"라는 선언에서 '나의

---

8   Arthur Schopenhauer, *Anhang, Kritik der Kantischen Philosophie*, *Die Welt als Wille und Vorstellung* Ⅰ, S. W. Band Ⅰ, Suhrkamp, 1986, s. 586~587.
9   Nicolai Hartmann, 이강조 옮김, 《독일관념론 철학Ⅰ *Die Philosophi des dentschen Idealismus*》(1974), 서광사, 1989, 48~49쪽.

meine'의 의미는 자연적 개별자로서 지각하는 주관과 의식일반으로서 보편적 주관을 하나의 주관인 '나'로 묶어 놓은 것이다. 그러므로 이때의 나는 쇼펜하우어가 '이론적 이기주의'로서 정신적 질병처럼 간주한 유아론Solipsism을 낳는 개별적 주관은 아닌 것이다.

그러나 쇼펜하우어의 표상론에 대해서도 의문을 제기할 수 있다. 앞서 설명했듯 표상론은 아직 지각되지 않은 것들에 직접 대면해서 지각하는 상황—이 상황 속에서 객관의 실재성이 구성된다— 을 생각(상상)하는 것을 전제한다. 그러나 왜 이러한 생각만이 가능한 것인가? 나는 장차 일어날 지각하는 상황을 상상할 수 있다. 그러나 영Julian Young의 언급처럼 지각자가 없는 어떤 대상의 존재를 상상할 수도 있다. 위의 상황(S)에서 객관의 실재성을 포함하는 표상(V)의 주관을 제거할 수 있다.[10] 지각자가 없는 상황과 지각자가 있는 상황을 모두 생각할 수 있다.

이 두 가지 생각이 가능하다면 쇼펜하우어의 논증은 하나의 가정—지각 상황에 대한 생각—을 전제한, 따라서 여전히 비판에 열려 있는 논점을 선취한 것이다. 그리고 이 논점은 지각자 없는 대상의 존재에 대한 의식(생각)이 더 일차적이고 쉽다면 지각하는 상황에 대한 가정은 이차적이고 인위적이다. 쇼펜하우어 자신도 실재론의 출발점이 되는 지각자 없는 대상의 존재에 대한 의식이 더 자연스럽지만 반성해 보면 표상론이 확실하다고 했다. 자연스러운 실재론의 견지에서 보면 그의 표상론은 '궤변sophism'으로 보일 것이다.[11]

여기서 알 수 있는 것은 자연스러운 실재론과 반성적 관념론의 분기점은 생각(상상)의 대상에서의 지각자 포함 여부에 있다는 것이다.

---

10 Julian Young, *Schopenhauer*, Routledge, London & New York, 2005, pp. 26~27.
11 위와 같음.

그러나 지각 가능성을 전제한 쇼펜하우어의 선험적 관념론은 근대 과학이라는 지식 체계를 염두에 두고 고안된 인식론이라는 것을 감안하면 일정한 설득력을 갖는다. 그러한 지식이 생산되기 위해서는 어느 경우라도 사물과의 지각적 경험 관계를 회피할 수 없으며 그 지식이 내포하고 있는 보편적 형식의 개입을 고려하지 않을 수 없을 것이다. 그리고 지각이 단순히 감각 인상의 질서 있는 연결만을 의미하는 것이 아니라 실재하는 객관에 대한 직접적 경험을 의미한다면, 과학적 지식 생산은 객관들과의 생생한 관계 속에서의 탐구 활동(이성적 추론과 실험)이라는 것과 친화성을 갖는다. 이러한 탐구 과정은 무한히 열려지는 시공간 지평에 따라 새로운 객관들에 대한 지각으로 나아가면서 새로운 개념과 체계를 창조해 나갈 것이다. 매기B. Magee 가 보는 쇼펜하우어의 선험적 관념론이 갖는 의의는 바로 이러한 것이었다. 표상론은 과학적 지식 생산의 가능 조건을 미리 규정한 것이다. 그것은 객관으로 돌아가 개념을 생산하고 적용하자는 언명의 인식론적 표현이다. 그러나 실재론적 전제하에서도 과학적 지식은 생산되어 왔으며 더 편리할 수도 있다.

쇼펜하우어는 실재론을 근거가 충분치 않다기보다는 전적으로 자기모순이라고 비판한다. 물론 객관을 표상으로 정의한다면 표상에서 독립된 객관은 그것과 모순될 것이다. 그러나 앞서의 지적처럼 표상하는 자가 없는 객관에 대한 생각은 가능하며 따라서 자기모순도 아니다. 그러나 그가 실재론을 강하게 비판할 때에서는 '주관의 의식', '생각하는 주관', '생각', '인식 주관의 상상' 등의 개념을 가지고, 단지 의식되는 객관을 주관 내부에 있는 것으로 주장하면서 관념론을 옹호한다. 다음과 같은 경우가 그 전형적인 사례이다.

어떤 객관적 실재성도 절대적으로 그리고 그 자체에 있어 결코 있을 수 없다. 실로 그러한 사물은 완전히 생각할 수도 없다. 왜냐하면 객관적인 것은 언제나 자체적으로 그리고 본질적으로 자신의 존재를 주관의 의식 안에 갖기 때문이다.

이 주장으로 보면 주관의 의식이나 생각은 지각이나 언어적 기술을 통해 이미 인식된 것을 포함하고 있지 않다. 이미 인식된 것은 주관의 의식 안에 있다고 할 수는 있다. 그러나 위의 주장은 단지 주관의 의식(생각)과 이 의식이 떠올리는 객관과의 관계만을 언급하고 있다. 즉 어떤 인식된 내용이 없고 주관과 객관만을 언급할 뿐이다. 주관이 객관을 의식한다는 의미에서 객관은 주관 의존적이라는 것이다.

어떤 것을 인식하기 위해서 그것을 의식하거나 생각하는 것은 충분히 가능하고 필요하다. 그러나 이것과 관념론이 되기 위해서 필요한 주장 즉 인식된 것(내용)이 의식 내부에 있다는 것은 분명히 다르다. 그렇다면 버클리처럼 쇼펜하우어도 인식 내용의 필연적 주관 의존성으로부터 의식되는 객관의 필연적 주관 의존성을 끌어내는 부당한 추리를 하고 있는 것이다. 의식되는 객관은 인식 내용의 의식 내재성과는 달리 의식에 대해 초월적이다. 인식 내용의 내재성은 필연적이지만, 의식되는 객관은 의식되는 경우에 한에서만 의식과 관계를 맺는다. 후자의 경우 의식과 객관의 관계는 우연적이다. 바로 이 생각에서 의식 독립적 실재를 가정하는 실재론이 가능했다. 따라서 객관에 대한 의식만 가지고는 실재론뿐만 아니라 실재에 대한 구체적 인식이 주어져 있지 않다는 것을 이유로 회의주의도 끌어낼 수 있다. 알 수 없는 것은 있는지 없는지 확실하게 단정할 수 없기 때문이다.

그러나 관념론자는 의식의 반성 기능을 이용하여 의식 독립적 실재에 대한 생각을 하기 위해서도 의식이 필요하기 때문에 실재론은 자기모순이라고 할 것이다. 그러나 실재의 필연적 의식 의존성도 의식에 의해 구성된 객관의 실재가 어디에서 온 것인가 하는 난문제에 부딪히게 된다. 바로 이 문제에 대한 대안으로 쇼펜하우어는 객관의 실재성은 오성의 직관(지각)에 주어진 직접적 사실이라고 주장하고, 그 직관의 형식인 인과성은 칸트가 주장하는 '개념으로서의 인과성'이 아니라 '오성적 직관의 선험적 형식'이라고 했다. 인과에 대한 직관은 영리한 동물들의 지능에서도 나타나며, 과학적 발견의 경우에도 발견자의 판단력에서도 나타난다.

쇼펜하우어에 의하면 인과 형식에 제약받고 직관적으로 구성된 것이 객관이자 표상이다. 하나의 객관의 존재는 다른 객관들뿐만 아니라 나의 신체에 영향을 주는 상대적 인과 관계 속에서 '작용하는Wirken' 어떤 것이다. 객관을 물체적 사물Corporeal thing이나 물질Matter로도 일반화해서 부를 경우 "물질의 존재는 작용이다. 작용하는 것으로만 물질은 시간과 공간을 채운다." "원인과 결과는 물질의 전체적 본질이다." 물질적 객관은 자신의 힘을 현실화하고 있는 '현실성Wirksamkeit, Wirklichkeit'을 갖는다. 이런 의미에서 "실재성Realität보다는 현실성이 더 적합하다."[12] 객관은 어떤 공간을 점유하면서 시간적 경과를 통해 자신을 현실화하는 인과성으로 존재하고 또 그렇게 주관에 의해 구성된다. 이렇게 직관(지각)된 세계는 "완전히 실재하고 있으며 나타나 있는 그대로의 것이다." 이 객관적 지각이 쇼펜하우어가 의미하는 '세계의 경험적 실재성'이다. 따라서 "세계는 허위이거나 가상Schein이 아니다."[13]

---

12 Arthur Schopenhauer, *Die Welt als Wille und Vorstellung* I, S. W. Band I, Suhrkamp, 1986, s. 41~42.

12 Arthur Schopenhauer, *Die Welt als Wille und Vorstellung* I, S. W. Band I, Suhrkamp, 1986, s. 41~42.
13 위의 책, s. 45~46.
    인과성: 쇼펜하우어에 의하면 시간과 공간은 분리되어 있는 것이 아니라 하나가 되어 인과성을 이

나의 신체도(주관이 아님) 이 세계의 일부이며, 객관의 현실화하는 작용에 의해 감각 인상이 주어지면 오성은 이것으로 즉각적으로 객관의 존재를 구성한다. 이성의 개념적 판단에서는 오류와 진리를 문제 삼을 수 있지만 오성의 직관에 대해서는 그 자체로는 직접적 사실이므로 진위 판단 이전의 것이다. 쇼펜하우어가 든 한 예로 물속의 막대가 휘어진 것으로 직관되는 것은 보편적 오성에는 수정할 수 없는 사건이다. 물론 그것은 시각과 빛의 관계에서 일어난 자연적 사건이다. 그러나 이 광학적 사건을 원래의 막대와 비교해서 착시로 규정할 경우 그 직접적 사건은 판단에 매개되어 이성의 영역으로 들어가게 된다. 물속의 막대가 휘어져 보이는 직접적 사건도 광학적 인과 세계의 한 부분이며 오성은 막대가 담겨 있는 물을 하나의 객관적 존재로 구성하여 표상으로 형성한다. "장님은 촉각이 주는 여러 재료(감각 인상)를 가지고 자신의 신체에 대한 표상을 얻는다." 이 표상에서만 신체가 "사지를 갖는 것, 연장을 갖는 것" 등으로 나타난다.[14] 이성의 광학적 판단만이 이 표상을 착시로 규정하는 과학을 만든다. 여기에서 표상은 지각적 표상과 개념적 표상으로 나누어진다. 그러나 두 표상 즉 '두뇌 속의 그림Bilder, Picture'[15]의 차이는 대조해 볼 수 있지만, 그 각각의 그림은 자신과 유사

룬다. 사물이 공간 안에서 서로 이웃해있거나 시간 안에서 차례로 생기기만 하는 것이라면 인과도 없게 될 것이고, 따라서 물질도 없게 될 것이다. 인과는 공간을 참조한 시간적 연속이다. 그것은 시간의 불안정한 흐름과 공간의 고정적 지속성을 결합한 것이다. 바로 여기에 시간과 공간 및 물질의 무한 분할 가능성이 놓여 있는 것이며, 이 가분성에 근대 과학은 성립한다는 것이 쇼펜하우어의 견해이다.《의지와 표상으로서의 세계》 I, s. 41). 베르그송이 시간의 무한 분할 가능성을 근대 과학의 인위적 전제로 보는 것은 이러한 쇼펜하우어의 견해를 계승한 것이다. 쇼펜하우어는 "시간과 공간의 결합에 의해 물질이 생긴다"고 보고, 시공간의 분할 가능성에 수학(산수, 기하학)이 기초한다. 이 수학을 물질의 인과에 적용하여 수리물리학이 생긴다. 그러나 이 학문들은 표상(현상)에 대한 상대적 인식에 한정될 뿐 주관성과 현상의 내적 본질에 대한 인식에 대해서는 영원히 소외되어 있다. 이 소외가 서양 근대적 지성의 고민이자 형이상학의 추동력이었다.

14 Arthur Schopenhauer, *Die Welt als Wille und Vorstellung* I, S. W. Band I, Suhrkamp, 1986, s. 53.

15 Arthur Schopenhauer, *Die Welt als Wille und Vorstellung* II, S. W. Band II, Suhrkamp, 1986, s. 20.

하거나 동일한 대응물을 밖에서 찾을 수는 없다. 대조해 보아야 이미 자신이 구성한 것을 다시 만날 뿐이다. 대조나 비판적 고찰은 기껏해야 서로 다른 표상들 사이의 상대적 관계를 아는 것에 한정된다. 쇼펜하우어는 대응을 주장하는 실재론과 대응물의 부재를 말하는 회의론을 의식하고, 인과성과 동물적 신체 및 오성(지성)의 관계를 다음과 같이 논한다.

물질 또는 인과성—둘은 하나이기에—의 주관적 상관자는 오성Verstand이 며 그 밖의 아무 것도 아니다. 인과성을 인식하는 것이 오성의 유일한 기능, 즉 자신만의 전적인 힘Kraft이다. 그리고 그것은 하나의 커다랗고 많은 것을 포괄하는 다양한 활용성을 지니지만, 자신의 모든 외적 발현Äußerung 가운데서 인지될 수 없는 동일성이다. 반대로 모든 인과성 혹은 모든 물질 따라서 모든 현실성은 단지 오성에 대해, 오성에 의해, 오성 속에서만 존재한다. 최초의 가장 단순하고 언제나 목전에 있는 오성의 외적 표현은 현실적wirklich 세계에 대한 직관이다. 이것은 언제나 결과wirkung, effect로부터 원인을 인식하는 것이며, 그래서 모든 직관은 지적이다(오성적이다). 그런데 어떤 결과가 직접적으로 인식되지 않고 그 때문에 출발점으로 기여하지 못한다면 직관(지각)에 이르지 못할 것이다. 그러나 지각은 동물적 신체에 작용한 결과이다. 이러한 한에서 이것(우리의 동물적 신체)은 주관의 직접적 객관이다. 모든 다른 객관에 대한 직관은 그것을 통해 매개된다. 모든 동물적 신체가 경험하는 변화는 직접적으로 인식되며 즉 감각되며, 그와 동시에 순간적으로 이 결과가 그 원인과 관계되어서 하나의 객관으로서의 이 원인에 대한 직관이 성립한다. 이러한 관계는 추상적 개념으로 하는 추론이 아니며, 반성에 의해 행해지는 것도 아니고, 자의로 되는 것이 아니라 직접적이며 필연적이고 확실하다. 그러한 관계가 순수오성의 인식 방식

이다.[16]

여기서 '동물적 신체'는 두 가지 의미를 갖는다. (1) 신체는 느낌과 동기에 의해 움직이며, 오성은 동물에게도 있다. (2) 객관의 힘에 의한 감각 인상은 직접적으로 인식되지만, '식물적 의식'이 갖는 자극에 지나지 않는다. 동물적 의식은 그 자극을 객관 구성의 재료로 삼는다. 이런 의미에서 인간의 신체는 동물적 신체이다. 오성은 "막연하고 무의미한 감각을 직관(지각)으로 변하게 한다." 오성에 의해 "세계가 공간에 펼쳐있는 직관으로서 나타난다."[17] 그런데 위 인용문에서 '직접적'이라는 말의 의미가 다의적이다. 감각 인상도 '직접적으로 인식되는' 것이고, 이것을 재료로 해서 구성된(추론된) 결과물인 객관의 존재에 대한 인식도 직접적이다. 그렇다면 두 가지 중 직접적 확실성을 갖는 것은 어느 것인가? 물론 쇼펜하우어의 답은 감각 재료에만 있지 않고 재료와 함께 구성된 객관의 존재 즉 현실성이다. 그러면 이것으로써 표상의 확실성을 지식의 최초 근거로 삼고자 하는 그의 기획이 성공적인 것일까? 아니다. 그 이유는 다음 세 가지이다.

첫째, 쇼펜하우어의 논의에서는 객관이 두 가지 역할을 하고 있다. 하나는 직접적 감각 인상의 원인이라는 역할이며, 또 하나는 오성이 구성한 결과로서의 역할이다. 객관은 처음에는 감각 인상을 넘어서 있는 원인이면서 나중에는 주관이 구성한 결과로 되고, 또 이 결과가 감각의 원인이 된다. 이러한 순환은 오성의 지각을 직접적 확실성을 갖는 출발점으로 보는 입장에서는 당연한 것이다. 그러나 이때의 객관은 원인으로서의 현실성Wirklichkeit과 결과로서의 주관적 구성물이라는 두

---

16   위의 책, s. 42.
17   위와 같음.

성격을 갖는 '잡종Zwitter, hybrid'이 된다. 객관은 주관과 객관의 특징들을 혼합한 사생아와 같은 것이 된다. '잡종'이라는 말은 쇼펜하우어가 칸트의 '관념론 반박'(《순수이성비판》 2판 〈선험적 분석론〉)을 비판하는 문맥에서 사용한 것인데, 그에 의하면 칸트는 '객관 그 자체'라는 '잡종'을 표상과 물자체 사이에 끼워 넣었다고 한다. 그러나 록스터만P. F. H. Lauxtermann이 지적하듯 칸트가 네 번째 오류추리론에서 '초월적으로 외적인 객관'을 '물자체'라고 했기 때문에, 쇼펜하우어는 칸트의 물자체를 곧이곧대로 인과의 영역이 아닌 형이상학적 본질을 지시하는 것으로 보고 물자체를 표상의 원인으로서 설정하는 것을 반대했던 것이다.[18] 그렇다면 칸트가 감각의 원인으로서 제시한 감각 초월적인 외적 객관(물질, 물체적 사물)을 '의식의 직접적 증거'로서 실재한다고 하고, 자신의 선험적 관념론이 경험적 실재론이기도 하다는 것을 거듭 강조했을 때의 바로 그 견해는 쇼펜하우어의 견해와 아무 차이도 없다. 다만 칸트가 표상과 객관을 설명상 분리하는 경향을 보인다는 차이가 있을 뿐이다. 이 점에서는 칸트는 선험적 관념론과 선험적 실재론 사이의 경계선에서 생각하기에 양자를 혼동할 위험성을 갖는다고 할 수도 있다.[19] 그러나 쇼펜하우어가 본 것은 두 개의 칸트(선험적 관념론자와 실재론자)가 아니라, 실재론적 해석 가능성을 갖는 선험적 관념론자 하나만이 있다고 할 수 있다.

칸트의 객관이 갖는 잡종성은 쇼펜하우어의 객관에도 적용될 수 있다. 쇼펜하우어의 객관은 감각의 선행 조건이자 그 감각에 오성이 작용한 결과이다. 두뇌에게 감각은 지성(오성)에 의해 지성화된 상태로

---

18 P. F. H. Lauxtermann, 앞의 책, pp. 103~105.
19 P. F. H. Lauxtermann, 앞의 책, p. 105. 반대로 록스터만에 의하면 쇼펜하우어는 선험적 관념론과 심리적 관념론(버클리)의 경계선을 흐리게 할 수 있는 위험성을 안고 있다.

지각된다. 그렇다 하더라도 객관의 이중성은 그대로 남는다. 또한 그가 오성을 신체 피부의 장벽을 뚫고 외부로 나가는 초월적 능력이라고 했을지라도 그 초월적 구성이 "마치 감각의 원인인 것처럼 구성하는 것은 아닌가?"(Christopher Janaway) 하는 의문을 막지 못할 것이다.[20] 그 구성이 순간적으로 직접적으로 일어난다 하더라도 추론하는 시간의 경과만 없었지 사실상 추론된 것과 무엇이 다른가? 그러한 구성이 즉시 일어나는 것은 동물의 진화사에서 생존의 요구에 의해서든 생명체의 능동성의 표출에 의해서든 '즉시' 일어나지 않으면 안 되었던 상황에 의해 생겨난 것이 선험적 조건으로 자리 잡은 것은 아닌가? 동물의 경우 원인 구성이 갖는 부정확성의 가능성 때문에 두려워하고, 정확하게 객관의 현실성을 구성한 경우에도 재빠른 공격이나 도망과 같은 속도를 개발한 것은 잘 알려져 있다. 이런 의미에서 원인 구성의 확실성은 상대적 확실성을 가질 수밖에 없을 것이다. 쇼펜하우어 자신도 말하듯이 식물적 의식은 감각만이 있고 오성적 지각이 없다. 이것과 오성의 지각을 비교해 보면 동물적 의식이 객관적 확실성을 구성하는 것은 진화적으로 형성된 습관으로서의 추론일 것이라는 추정이 설득력을 갖는다. 다만 그것이 순간적으로 이루어져 직접적인 것처럼 보일 뿐이다.

만일 의식의 확실성을 찾지 않고 단지 인식의 가능 조건들을 탐구한다면, 의식화된 감각만이 아니라 식물적 감각(무기물의 감각도 논의할 수 있을 것이다)과 같은 우리 신체의 무의식적인 감각, 이른바 라이프니츠G. W. Leibniz, 1646~1716의 '미세 지각kleinen perzeptionen, minute perceptions'까지[21] 내려가 논의할 수 있을 것이다. 무의식적 감각들의 총체적 참여가

20 Christopher Janaway, 앞의 책, p. 159.
21 G. W. Leibniz, *Neue Abhandlungen über den Menschlichen Verstand*, darmstadt, 1985, s. 23.
     New Essays on Human Understanding, trans by P. Remnant & J. Bennett, Cambridge

의식적 감각의 근저에서 토대로 떠받치고 있다고 생각되기 때문이다. '바다의 포효하는 소리'는 의식적 감각에게는 극히 표면적 일부분만 들리며, 그 전체는 하나하나의 개별적 소리들의 혼융체이며 감각되지 않는다.

둘째, 쇼펜하우어는 지식론에서 신체의 미세 지각을 끌어 들이지 않지만, 신체와 함께 지각의 문제를 다룬다는 점에서 흥미를 주고 있다. 그러나 신체에 대한 그의 이해에는 다소 혼란스러운 점이 있다. 앞서의 인용문에서 객관에 의해 결과로 주어진 감각은 동물적 신체에서 일어난다. 신체는 이것을 직접적으로 감각한다. 이런 의미에서 신체는 '주관의 직접적 객관'이다. 신체가 직접적 객관인 것은 신체가 주관의 신체이고, 주관은 이 신체를 통해 다른 객관들을 지각하기 때문이다.

그러나 이때 오성은 다른 대상에 대해서는 지각하지만, 직접적 객관으로서의 신체에 대해서는 지각하지 않는다. 만일 그 신체가 고통과 쾌락의 권역으로 들어가 의식의 관심 대상으로 된다면 신체는 곧 지각될 것이다. 직접적 객관인 신체가 그 신체의 일부(눈이나 손)에 의해 대상으로서 지각되어야 즉 오성이 적용되어야 비로소 그 신체는 표상으로서의 객관으로 구성된다. 이때에는 직접적 객관(감각을 직접 느끼는 신체)인 신체의 역할을 눈이나 손이 하게 되고, 이 눈이나 손을 통해 오성이 구성한 대상으로서의 신체는 신체의 일부(보는 눈, 만지는 손)에 의해 매개된 것, 즉 '간접적으로' 알려진 것이 된다. 신체에 대한 주관의 관계에 관한 한, 감수성을 갖는 신체인 감각 기관은 주관의 직접적 객관이지만, 그 주관이 자기 신체를 대상으로 할 때는 감각 기관을 통해 그 신체를 객관, 즉 표상으로 구성한다. 이 표상으로서의 신체는 간접

University Press, 1996, ch. 54.

적 객관이 된다. 장님은 자신의 다른 신체의 감각 기관을 통해 신체의 형태를 오성의 표상으로 구성한다. 주관의 직접적 객관으로서의 신체는 대상으로서의 신체(본래적 의미의 객관)에 영향을 가하는 '물체körper'로 된다.[22] 신체는 직접적 객관이기도 하고 간접적 객관이기도 하다. 이 차이는 주관의 관심 방향의 차이에서 생긴다. 이 때문에 주관이 자신의 신체에 대한 탐구를 통해 주관을 인식하려 해도 직접적 객관으로서의 신체의 제약을 받을 수밖에 없는 필연적 한계에 봉착한다. 그렇다면 쇼펜하우어가 신체 이외의 대상에 대해서는 오성에 의해 구성된 것을 '직접적 확실성'을 갖는다 하고, 신체에 대해서는 오성에 의해 구성된 것을 '간접적 객관'이라고 한다면, 신체의 특수성을 고려한다 하더라도 전후의 일관성이 없는 것이다.

그렇다면 신체 이외의 대상들에 대해 객관으로 구성되기 이전의 감각을 직접적 명증성을 갖는 것으로 보고 실재성의 구성을 이차적인 것으로 유보하는 지식론을 개척할 수도 있을 것이다. 이 경우 실재성을 구성하는 능력인 오성은 자연사적 생명 진화사의 산물인 자연적이고 강력한 경향성으로 이해될 수 있다. 그리하여 의식에 분명하게 나타난 표면적인 감각 현상에서 출발하거나 그것의 근저에 있는 무의식적 미세 지각과 충동이 감각에 가하는 영향력을 고려하는 심층적 의식 분석으로 나아갈 수 있을 것이다. 쇼펜하우어의 지식론이 갖는 어법은 비록 그가 감각적 경험주의를 거부하고 있다 하더라도 이러한 길들로 나누어질 가능성을 배제하지 못한다.

셋째, 쇼펜하우어에 의하면 사물의 실재성 구성 능력은 인간과 동물에 공통된 것이다. 동물에 없는 이성은 오성의 정보를 고정하여 저

---

22 Arthur Schopenhauer, *Die Welt als Wille und Vorstellung* I, S. W. Band I, Suhrkamp, 1986, s. 52~53.

장하거나 전달할 수 있는 개념과 추리의 능력이다. 이성은 개념적 추상화를 통해 '지식Wissen'을 추구하고, 오성은 "이성의 영향에서 벗어나 지각Anschaung으로 남는다."[23] '과학적 대발견'은 오성의 '직접적 통찰, 순간의 작업과 착상'에서 온다. '라보와지에Lavoisier의 산소 발견', '로버트 후크Robert Hookes의 중력 법칙' 등은 "결과에서 원인으로 올바르게 소급해서" 정확한 실재를 구성한 것이다. 오성의 예민성은 실생활에서는 '현명함klugheit'이고, 이론에서는 '명석성'이다. 과학이 이전의 체계를 뛰어넘는 획기적 창조성을 보여 주는 것은 추리와 오성의 절묘한 만남이나 분리의 순간에 있다. 쇼펜하우어는 이러한 오성의 총명성을 이성에 선행시킴으로써 대상과의 관계에 있어 직관을 개념적 이론 체계와 분리하고 다시 결합하는 변증법적 연관에서 다룰 수 있었다. 새로운 대상을 발견하는 총명성은 새로운 이론이나 정밀 과학을 가능하게 한다. 이 점에서 그는 직관과 개념적 판단의 관계를 견고하게 완결된 것으로 연결시킨 칸트를 비판한다[사실 유클리드-뉴턴 도식을 유일한 과학 모델로 생각한 칸트는 다른 선험적 형식을 알 수 없었으며, 선천적 확실성과 개념의 능력에 대한 과신이 그의 비역사적 사고를 낳았다]. 쇼펜하우어는 칸트 지식론의 비생동성과 고착성을 비난한다. 오성의 창조적 직관은 드물지만 기존의 이론 체계에서 분리되어 그것을 수정하거나 전복시키는 독자적 역할을 할 수 있을 것이다. 그러나 독자적 역할은 오성의 총명성만이 하는 것이 아니다. 이성이 이론을 구성할 때 상상적 추론의 창조성을 발휘하여 기존의 직관 대상을 전혀 다르게 해석하는 것이 과학사의 주요 사건이라면, 이성 역시 직관에 종속되지 않는 독자적 초월능력을 갖는다고 보아야 할 것이다. 감각적 관찰의 의의도 중요하지만,

---

23 위의 책, s. 54.

감각 자료가 이론의 진위를 판정하지 못한다는 이른바 과소 결정성도 무시할 수 없다. 감각 자료가 이론을 반증하지 못하는 사례는 과학사의 일상적인 일이다. 또한 감각은 전체적 이론의 개념적 장치에 의존하고 있으며, 그 이론의 틀인 개념적 장치 즉 선험적 패러다임의 전환이 획기적 발견의 계기가 된다는 것도 주지의 사실이다.

쇼펜하우어는 과학 발전의 역동성은 알았지만, 20세기 초에 일어난 2차 과학혁명이 갖는 역동성은 알 수 없었다. 그의 지식론은 근대와 현대의 중간 지점 어딘가에 있다. 그러나 그가 지각론에서 경험주의 독단을 비판하고, 개념적 이론의 고착성을 경계하며, 그러면서도 지식 구성의 선험성을 견지한 것은 논리 경험주의와 쿤Thomas Kuhn 이후의 과학 철학과 함께 논의할 만한 논점들을 갖고 있다 하겠다.

마녀사냥, 종교전쟁과 제국주의적 식민주의와 무관하지 않은 형이상학에 대항하여 쇼펜하우어가 첨예하게 의식한 것은 독단으로 빠질 수 있는 이성의 위험성이었다. 그가 영국적 경험주의의 장점을 언급한 것도 사변 이성에 대한 강한 반동에서 온 것으로 보인다. 신학존재론이라는 전통 형이상학의 병리성은 철학 자체에 대한 반성을 필요로 한다. 쇼펜하우어는 메타 철학의 필요성을 그 누구보다도 먼저 의식하고, 병든 철학으로부터 영혼을 구제하는 길을 철학의 핵심 주제로 설정한다. 그러나 그가 보기에 흄과 칸트를 비롯한 근대 지식론은 근대 이전에는 없었던 주관-객관의 도식 안에서 구성된 것이고, 모든 난점도 그러한 전제 때문에 생기는 것이었다. 또한 그 지식론들은 확실성Gewißheit에 대한 집착에 지배되어 있었다. 쇼펜하우어는 그러한 근대적 신념에서 완전히 벗어나지는 못했으나 그것을 해체하는 길을 열었다.

확실성에 대한 신앙이 깨진 현대에서도 인간은 불확실성 속에서 과학적 지식의 창조적 과정에 의존할 수밖에 없다는 자연주의적 신념이 유포되어 있다. 이 신념도 현대인을 지배하는 하나의 추상적 보편성이다. 원래 사물의 근저에 놓여 있는 기체基體, subiectum를 의미했던 것이 인식 주관Subjekt으로 되어 모든 것을 물리적 객관이라는 어휘로 총괄하는 시대가 되었다. 그러한 주관은 근대 민족 국가의 합리화 과정과 그 강력한 지배력에 일조할 수 있었다. 쇼펜하우어의 입장에서 보면 그러한 역사적 과정은 주관과 객관의 분리라는 근본 형식을 벗어나지 못한, 그래서 생의 의미를 진지하게 묻지 못하는 상황 안에 갇혀 있는 것이다. 진정한 사상은 객관과 주관 이 양자를 지양하는 길에서 이정표를 찾을 수 있을 것이다.

주관이 표상으로서의 세계에 머무는 한, 객관만을 알 뿐 구체적 개인들은 세계 밖에서 알 수 없는 유령처럼 떠돌게 될 것이다. 표상하는 주관은 무한한 시간과 무한한 공간의 제약 안에서 지식의 지평을 한없이 전진시키고 개척해 나갈 수 있다고 생각할 것이다. 그러나 그러한 세계 이해 안에서는 의지를 갖는 개인들에게 가장 중요한 생의 의미를 물을 수 없다. 이러한 자각에서 비로소 진정한 지식론은 상식과 과학의 본성과 한계를 보여 주는 활동임을 알고, 과학적 경험과는 다른 경험의 차원들로 관심을 돌리는 움직임이 일어난다. 이 차원들에 대한 이해 가능성을 여는 것은 표상으로서의 세계와는 종류가 다른 경험들을 이해하고 해석하는 형이상학의 길이 된다. 이 형이상학은 상실된 세계를 다시 회복하려는 의욕과 열망에 이끌려 간다.

4. 암호 해독과 진화적 발현

현상세계는 자신의 '의미'에 대한 해독을 기다리는 '암호'다. 의미는 세계가 무엇인가라는 물음 즉 세계의 본질에 대한 물음에 대한 해답을 통해 주어진다. 본질에 대한 물음은 신학존재론의 습관적 물음인 세계 전체의 기원과 목적, 즉 작용인과 목적인을 묻는 것이 아니다. 본질에 대한 이해는 일종의 암호 해독과 같은 의미 해석이며, 이것이 진정한 형이상학의 과제이다. 과학은 현상의 인과 관계에 대한 인식을 통해 현상을 기술한다. 과학의 타당한 영역은 현상계 안에 한정되기 때문에 현상에 유혹된 지성은 물자체인 본질에 대한 물음으로 넘어가지 못한다. 현상과 물자체를 나눈 것을 칸트의 위대성으로 보는 쇼펜하우어는 과학과 형이상학의 경계선을 분명하게 긋고 있는 것처럼 보인다. 표상의 밖으로 나아가 세계 의미를 해독하는 것은 대상에 있어서나 탐구자의 태도에서 과학과는 전혀 종류toto generes가 다르다. 의미 탐구의 관심 대상은 '자연의 핵kern der Natur'이다. 과학적 탐구의 대상은 '자연의 껍질Schale der Natur'이다. 의미 탐구는 자기의식에서 직접적으로 알려지는 의지에 대한 내적 성찰에서 출발한다. 과학적 태도는 '자연주의Naturalism'의 세속주의에 따라 외향적인 객관적 태도를 유지하는 가운데 사건들의 인과 관계를 구성한다. 형이상학적 의미 탐구자는 신체적 자기의식을 통해 현현하는 의지와 관계한다. 이 때문에 주관은 신체를 가진 자기의식적 주관 즉 '개체Individium'로 이해된다.

형이상학의 출발점은 '세계 속의 개체'이다. 이 개체는 감정의 움직임을 직접적으로 느끼는 철저하게 신체에 매개되어 있는 자기의식이다. 개체는 신체를 벗어던진 순수 영혼이 아니라, "행위나 운동의 내적 충동Getriebs"을 가진 살아 있는 자기의식이다. 이에 반해 지식론에서의 자아는 의지의 현상인 신체의 감정과 그 운동에 의해 매개되지 않는 중성적 의식으로서의 인식 주관이다. 이런 의미에서 과학적 탐구자의 주관은 신체의 충동에서 면제된 주관 즉 "신체 없는 날개 달린 천사의 머리Engelskopf"와 같다.[1] 감정의 기복에 대해서 무심한 인식 주관에 속하는 것 가운데 하나가 오성이다. 오성은 자신의 신체와 행동 및 동기들에 대해서도 객관적 관점에서 인식하여 원인과 결과의 관계로 구성해 낼 것이다. 여기에서 심리학이나 역사과학이 가능하게 된다. 인식 주관은 행위의 동기와 결과를 "자연 법칙과 같은 항존성"을 가지고 나타나는 것으로 인식할 뿐이다. 객관적 표상들의 내부 의미는 "낯설고 이해할 수 없는 것"처럼, 나의 행위들의 내부 의미도 표면적인 인과적 연결 이외에는 나에게 낯설고 이해할 수 없는 것이 된다. 객관적 태도를 가진 인식 주관은 "자기 신체의 표현과 동작이 갖는 이해할 수 없는 내적 본질을 힘이나 성질, 성격 등으로 임의로 명명할 수는 있겠지만 그 본질에 대해서는 그 이상의 통찰Einsicht을 가질 수는 없는 것이다. 그러나 이것들 전부가 그런 것은 아니다. 오히려 개체로서 나타나는 인식 주관에는 수수께끼의 말이 주어져 있으며, 이것이 바로 의지이다.

---

1   Arthur Schopenhauer, *Die Welt als Wille und Vorstellung* I, S. W. Band I, Suhrkamp, 1986, s. 156~157.

오직 이 말만이 탐구자에게 그 자신의 현상을 푸는 열쇠를 주고, 의미를 현시Offenbart하며, 그의 본질과 행위 및 운동의 내적 충동을 그에게 보여 준다."[2]

이와 같이 과학과 형이상학은 대상과 태도에서 질적 차이를 갖는다. 철학은 직접적으로 주어진 것에서 출발한다. 지식론(표상론)은 외적으로 직접 주어지는 객관에서, 형이상학은 신체를 매개로 한 개체의 자기의식에 직접 주어지는 의지(더 정확히 말한다면 시간상에서 주어지는 의지의 현상)에서 출발한다. 의지 형이상학은 기존의 객관주의적 형이상학과는 반대로 개체의 신체적 자기의식에서 시작하기 때문에 개체의 '주관적 요소'를 발판으로 삼는다. 이 주관적 요소에서 알려지는 의지가 객관적 세계의 본질로 상정된다. 따라서 형이상학은 《충족이유율의 네 겹의 뿌리에 관하여》에서 '제4종의 표상'이라고 했던 행위와 의욕 및 동기의 주체에 대한 해명이 '제1종의 표상'(자연과학의 대상인 실재적 객관)에 대한 형이상학적 이해의 관건이 된다. 신체적 활동의 주체에서 해독된 의지라는 본질이 과학적 인과 법칙이 적용되는 객관 세계 전체의 내적 본질로 이전된다.

쇼펜하우어는 지식론에서의 주관적 요소(인식의 형식)와 형이상학에서의 주관적 요소(감정과 신체의 활동이 의지의 표현이라는 것)에 근거하여 기존 형이상학이 이 주관적 요소를 반성적으로 의식하지 못하고 '망각했다'고 비판한다. 그는 자기 자신을 망각하고 객관에서 출발하는 형이상학을 네 가지로 분류한다.

① 탈레스와 이오니아학파, 데모크리토스와 에피쿠로스, 조르다노 브루

---

2   위와 같음.

노, 프랑스 유물론

② 추상적 개념인 실체에서 출발하는 스피노자와 엘레아학파

③ 시간 즉, 수에서 출발하는 피타고라스와 주역周易

④ 인격적 존재의 의지적 활동에 의해 '무'에서 세계가 창조되었다는 스콜라 철학[3]

이 분류는 그의 네 가지 종류의 표상들(자연과학적 인식 대상, 논리적으로 사유되는 추상적 개념들, 산수와 기하학의 대상, 의지와 행동의 주체)에 각각 맞추어 만들어진 것이다. 이러한 그의 의도에는 네 가지 형이상학이 인식의 주관적 조건인 네 가지 충족이유율을 반성하지 못했다는 것에 대한 암묵적 비판이 개입되어 있다. 위의 네 가지 형이상학은 실재론적 성향을 공통으로 가지고 있다. 쇼펜하우어에 의하면 피히테J. G. Fichte가 자아를 물자체로 하여 객관을 결과로 만들어 내는 오류를 범했다면, 실재론적 형이상학은 객관적인 어떤 것을 물자체로 하여 세계와 주관을 만들어 내는 오류를 범했다. 이들은 모두 인과 범주를 물자체에 적용하는 오류를 범한 것이다.

쇼펜하우어가 보기에 실재론적 형이상학들 가운데 "유물론이 일관성이 있고 가장 광범위하게 유포되어 있다." 그 이론에서는 "물질, 시간, 공간이 절대적으로 존재하며", "인과 법칙도 그 자체로 존립하는 사물의 질서이다." 또한 유물론은 "물질의 가장 단순한 상태를 발견하여", 그것으로 "화학적 현상과 양극성, 식물성과 동물성을 설명하고", 자연사적 '연쇄의 마지막 단계'에서는 인식 작용을 갖는 동물의 발생을 설명한다.[4]

---

3   위의 책, s. 25.
4   Arthur Schopenhauer, *Die Welt als Wille und Vorstellung* I, S. W. Band I, Suhrkamp,

이러한 객관주의는 주관 없는 객관은 없다고 하는 쇼펜하우어의 입장에서는 앞서 논의한 것처럼 인식 능력의 이율배반에 빠지게 되어 있다. 그가 주목하는 유물론의 주장은 둘로 나누어진다. ① 존재하는 모든 것은 궁극적 물질materie의 변양태이다. ② 이 물질은 그것에 대해 사유하는 주관이 없이도 그 자체로 존재한다. 첫 번째 주장은 물질적 객관들에서 구체적인 형태와 성질들을 제거하고 남는 단순한 물질을 물자체로 본다. 그것이 자기 변용을 일으킬 수 있는 근원적 힘 즉 '충력 stoßkraft, impulsive force'을 유일한 성질로 갖는다. 그 밖의 모든 것들은 충력을 갖는 보편적 물질의 현상이 된다.[5]

그러나 쇼펜하우어의 입장에서는 물자체는 물질이 아니라 그것보다 더 근원적인 의지이다. 의지는 물질로 자신을 표현하고, 이 표현된 물질을 통해 구체적 다양의 세계를 실현한다. 이러한 의미에서 물질은 '의지의 가시성Sichtbarkeit, visibility'이며, 물질에 구현된 자연력들(중력과 반발력 및 인력)도 의지의 발현이다. "각각의 힘들 그 자체는 의지이며, 어떤 힘도 물질적 기체Substratum 없이는 나타날 수 없고, 반대로 어떤 물체도 물질에 거주하는 힘들이 없이는 존재할 수 없다."[6] 구체적 객관들이 아닌 물질은 연장을 가진 물체들이 아니며, 물질은 '브루노Giordano Bruno'의 견해처럼 "연장延長이 없으며 따라서 비물체적이다."[7] 물질은 물자체인 의지로서의 세계와 물체적 객관들인 표상으로서의 세계 '사이의 연결고리Band'이다.[8] 이러한 관점에서 쇼펜하우어는 물질을 궁극적 물자체로 보는 유물론을 비판한 것이다. 당시 물리학은 오스트발트

    1986, s. 62.
5   Arthur Schopenhauer, *Die Welt als Wille und Vorstellung* Ⅱ, S. W. Band Ⅱ, Suhrkamp, 1986, s. 229.
6   위의 책, s. 400.
7   위의 책, s. 398.
8   위의 책, s. 397.

의 에너지 역학으로 발전했는데, 쇼펜하우어의 형이상학적인 비물리적인 의지는 입자론보다는 에너지론에 더 친화성을 갖는다고 할 수 있을 것이다.

물질은 물체적 객관들의 형태와 성질을 추상하고 남는 것이므로, 그것은 인간 지성의 추상화에 의해 구성된 것이다. 물질은 지각 가능한 객관들이 아니라 하나의 추상으로서 주관에 대립해서 존립하는 하나의 객관적인 극이다. 그것은 시간, 공간 및 인과 형식에 들어감으로써 지각 가능한 것으로 된다. 물질은 구체적인 객관들이 갖는 모든 성질들의 보편적 담지자로서 '영원불멸의 것'이다.[9] 만일 인식 주관에서 지각의 가능 조건들인 형식을 제거한다면, 형식 없는 단순한 주관과 무차별적인 단순한 물질만이 남게 될 것이다. 이 단순한 주관과 단순한 물질이 "모든 경험적 지각의 근본 조건이다." 이 측면에서 "지성과 물질은 서로 상관자이다der Intellekt und die Materie korrelata sind." '물질의 영속성'이란 "순수 주관의 무시간성의 반영"이다. 지성에 의해 추상화된 물질이란 지성 자신이 자신에 대해 행한 추상화 즉 형식들과 그 밖의 성질들을 추상한 순수한 자아를 모델로 해서 객관적으로 투사한 것이다. "그것들은 사실상 실제로 같은 것이다."[10] 따라서 물질은 객관주의의 일종인 유물론의 출발점이지만, 유물론자는 그것이 자기 자신의 추상적 구성물임을 알지 못한다. "유물론은 자신의 계산에서 자기 자신을 (세지 못하고) 잃어버린 주관의 철학이다."[11] 이러한 자기를 배제하는 산술에서 "물질에다 지각하는 주관으로부터 독립된 절대적 실재성을 부여하는" "첫걸음을 잘못 디딘 오류proton pseudos"가 나온 것이다.[12]

---

9   위의 책, s. 27.
10   위의 책, s. 27.
11   위의 책, s. 405.
12   Arthur Schopenhauer, *Die Welt als Wille und Vorstellung* Ⅱ, S. W. Band Ⅱ, Suhrkamp,

위의 두 가지 입장(물질을 물자체로 보는 것과 자기반성의 상실)에서 쇼펜하우어는 유물론을 비판한다. 이 비판의 과정에서 그는 진정한 철학의 첫걸음인 "절대적으로 직접적인 출발점"을 환기시킨다. 이 출발점이 그가 "자기의식에서의 직접적 인식의 두 가지 전적으로 다른 자료"라고 부르는 '표상과 의지'이다.[13]

쇼펜하우어의 유물론 비판은 그가 유대-기독교적 문화의 산물이라고 보는 실재론에 대한 거부를 함축하고 있다. 원래 서양 철학사에서 관념론은 종교적 전통의 영향 아래에서 형성되었기 때문에 근대에서 현대에 이르기까지의 유물론자들은 관념론을 종교적 신앙의 철학적 형태라고 비판해 왔다. 그러나 쇼펜하우어는 선험적 관념론을 인도 철학과 불교의 특징 혹은 초월적 깨달음의 지혜에 진입하는 길로 간주한다. 이러한 관점에서 그는 '표상과 의지'라는 직접적 자료에 의거한 지식론과 형이상학을 제시하고, 인도 철학과 기독교 전통의 신비가들이 경험한 구원의 차원으로 나아가는 도약대를 마련하고자 했다. 그가 보기에 유물론은 구원을 향한 비약을 제공할 수 없는 '자연주의Naturalismus' 안에 머문다. 관념론은 자연을 초극하는 구원으로 나아가는 길이지만, 실재론은 세계(자연)에 대한 신뢰로 인해 세계 속에 머물게 만든다는 것이다. 이런 관점에서 그는 실재론과 유물론을 연결시킨다. 심지어 그는 "실재론은 필연적으로 유물론으로 간다"고 주장한다.[14] 여기서 '필연적'이라는 말의 의미에 대한 언급은 없지만, 그도 여러 형태의 실재론이 있을 수 있다는 것에 대해 무지하지는 않기 때문에 이 주장은 독자를 의아하게 만든다. 그러나 그 주장의 문맥에서 보면 그

1986, s. 406.
13 위의 책, s. 405.
14 위의 책, s. 24.

가 말하는 필연성은 사고의 강한 선택적 경향성을 의미하는 것으로 보인다. 실제로 20세기 초 혁명적 급진주의는 과학적 실재론을 유물론으로 간주하고 진보적 사고의 본능적 선택으로 간주했다. 이렇게 보면 쇼펜하우어는 자연주의적 유물론이 생의 의미를 세속 과학에 매어둔다고 보고, 예술과 신비주의적 윤리의 경험으로 나아가는 교두보로 선험적 관념론을 제시한 것으로 판단된다.

쇼펜하우어가 생각하는 실재론은 인식 주관에서 독립한 사물들에 그 자체의 질서가 있다는 견해이다. 이 견해는 "자연의 과정이 절대적이고 유일한 세계 질서"라는 유물론의 '가정'으로 나아간다. 이러한 귀결을 피하기 위한 하나의 방식이 있다. 그것이 바로 정신적 실재를 자연 밖에 세우는 것이다. '비물질적 실체'인 정신적인 실재가 실재론과 나란히 세워질 수 있다. 이러한 '유심주의Spiritualismus' 형이상학은 유물론적 형이상학과 대결하는 가운데 서양 철학사의 주요 흐름을 형성해 왔다. 그러나 쇼펜하우어에 의하면 유심주의와 이원론(물질과 이것을 넘어서 있는 비물질적 실재)은 "스피노자에 의해 부정되었고 칸트에 의해 오류임이 드러났다." 실재론은 유심주의적 형이상학으로 나아갈 수도 있지만 그것은 오류의 길이다. 마찬가지로 유물론으로 나아간 실재론도 "물질과 자연의 과정이 사실상 지성에 의해 조건 지워진 단순한 현상이 되기 때문에", "저절로 바닥에 추락하게 된다."[15]

실재론이 필연적으로 유물론으로 간다는 주장은 논리적 필연성이기보다는 둘 사이의 높은 친화성을 의미하는 것으로 생각된다. 레닌 V. I. Lenin은 유물론을 선호하는 태도를 진보적 정치의식을 가진 사회적 개인들의 본능으로 보았다. 이러한 견해는 근대 계몽주의 전통을 잇는

---

15 위와 같음.

과학주의적 사고의 한 형태이다. 그러나 마흐의 감각적 경험주의의 영향과도 연관성이 있는 빈의 논리 실증주의는 과학의 논리성을 강조하는 형태의 지식론을 주장했는데, 형이상학적 물음과 세계 의미 추구를 무의미한 것으로 평가 절하하는 강경한 과학주의로 남았다. 물리학을 정점으로 과학들을 피라미드식으로 통일하려 한 카르납은 고전 물리학과 아인슈타인의 공간 규정에 관한 개념적 장치가 달라졌다는 것을 인지하고, 선험적 구조의 규약성과 역사성을 인식했다. 규약적인 선험적 형식은 경험적으로 검증되는 것이 아니라 객관적 경험의 가능 조건이다. 이런 입장에서 그는 온건한 사회주의 개혁을 지지했으며, 과학적 사고의 관용과 자비를 강조했다.

선험적 관념론이라 해서 반드시 신비주의 윤리로 가는 것은 아니다. 쇼펜하우어는 과학주의적 정치의식과의 연관보다는 세계초극에 지대한 관심을 가지고 지식론을 평가한다. 그렇다면 쇼펜하우어가 보는 실재론과 유물론의 관계에 대해서는 그의 주저 I부에서 말한 것이 그의 본뜻이라고 생각해야 할 것이다. 그에 의하면 "객관적 방법은 그것이 유물론이 될 때 가장 일관적이고 폭넓게 발전된 것일 수 있다."[16] 그리고 그 객관적 방법은 이제까지 철학사에 있었던 실재론적 태도에 입각한 철학의 방법이었다. 재너웨이Christopher Janaway의 언급처럼 실재론과 유물론의 관계는 후기에 주장된 필연적 관계라기보다도, 이론적 친화성에 따른 가장 일관성 있는 발전의 결과라는 초기의 견해가 쇼펜하우어의 견해를 잘 대변하는 것이 될 것이다.[17]

객관주의적 태도에 의거하는 유물론은 자신의 입장이 방법상 자

---

16 Arthur Schopenhauer, *Die Welt als Wille und Vorstellung* I, S. W. Band I, Suhrkamp, 1986, I,

17 Christopher Janaway, *Self and World in Schopenhauer's Philosophy*, Clarendon Press Oxford, 1989, p. 177.

연과학과 연속선상에 있다고 주장해 왔다. 철학은 과학의 아래나 옆에 있게 된다. 세계에 대한 형이상학적 해명에서 과학적 지식의 활용을 중시하는 쇼펜하우어는 유물론의 정당한 측면을 인정한다. 유물론은 자기반성의 결여와 형이상학의 가능성에 대한 사려의 부재에서만 문제가 있는 것이다. 쇼펜하우어는 다음과 같이 말한다. "유물론도 자신의 정당성을 갖는다. 왜냐하면 물질이 인식자의 단순한 표상인 것처럼 인식자가 물질의 산물이라는 것도 진실이기 때문이다. 그러나 유물론은 역시 일면적일 뿐이다. 왜냐하면 유물론은 자신의 계산에서 자신을 읽어 버린 주관의 철학이기 때문이다."[18] 물질은 의지의 발현이다. 의지는 그것을 통해 자신을 실현한다. 추상적 물질과 순수 주관은 현상계의 가능 조건이다. 물질과 주관은 상관성을 가지며 서로 갈등하는 것 같지만 상호보완적인 관계에 있다. 이를 전제로 쇼펜하우어는 인도의 미즈라Krishna Misra, AD 1200의 철학적 드라마인 〈지혜의 달Prabodha Chandro Daya, the rising of the moon of knowledge〉을 모방하여 다음과 같은 드라마를 구성했다.

주관: 나는 존재한다. 그리고 나 이외에는 아무 것도 없다. 왜냐하면 세계는 나의 표상이기 때문이다.

물질: 주제넘은 망상이네! 나, 곧 내가 존재한다. 그리고 나 이외에는 아무 것도 없다. 왜냐하면 세계는 나의 일시적인 형태이다. 너는 이 형태의 일부에서 나온 단순한 결과이며 전적으로 우연적이다.

주관: 그 무슨 어리석은 기만인가! 너와 너의 형태는 나 없이는 존재할 수 없다. 너희들은 나에 의해 제약되어 있다. 나를 제거하고 나서 너를 여전

---

18 Arthur Schopenhauer, *Die Welt als Wille und Vorstellung* II, S. W. Band II, Suhrkamp, 1986, s. 23~24.

히 생각할 수 있다고 믿는 사람은 커다란 착각에 빠져 있는 것이다. 왜냐하면 나의 표상 밖에 있는 너의 존재는 직접적 모순 즉 나무로 된 철이기 때문이다. 너희가 존재한다는 것은 단순히 너희가 나에 의해 표상되어 있다는 것을 의미할 뿐이다. 나의 표상은 너희 존재의 장소이다. 그러므로 나는 너희 존재의 제일의 조건이다.

물질: 다행히도 너의 주장의 대담함은 단순한 말에 의해서가 아니라 곧 실제로 반박될 것이다. 몇 순간 지나지 않아 너는 현실적으로 더 이상 존재하지 않게 될 것이다. 모든 너의 허풍과 자랑과 함께 무로 사라질 것이며, 그림자처럼 흘러가 버리고 나의 일시적 형태의 모든 것들이 겪는 운명을 맞이하게 될 것이다. 그러나 나, 나는 끄떡없이 연년세세 무궁한 시간을 통해 존속할 것이며, 나의 형태들의 변화의 유희Spiel des Wechsels를 흔들리지 않고 지켜볼 것이다.

주관: 네가 그 안에서 산다고 자랑하는 그 끝없는 시간은 네가 점유하는 끝없는 공간과 마찬가지로 나의 표상 속에서만 현존한다. 사실상 그것은 내가 이미 내 안에 갖추고 있고, 그 안에서 네가 스스로 현현하는 나의 표상의 단순한 형식이다. 그것이 너를 받아들이고 이러한 방식으로 너는 모든 것에 앞서 존재한다. 그러나 너는 내가 사라져 무화될 것이라고 협박하는데, 그러한 무화는 나와는 무관하다. 그렇게 되면 오히려 너도 함께 무화될 것이다. 오히려 무화되는 것은 잠시 동안 나의 담지자인 개체Individium 뿐이며, 그것은 그밖의 모든 것처럼 나의 표상이다.

물질: 내가 너의 주장을 그렇다 인정하고, 이 일시적인 개체들의 존재와 불가분하게 연결되어 있는 너의 존재를 그 자체로 존립하는 어떤 것으로 간주하는 데까지 이른다 하더라도, 그럼에도 그것은 여전히 나의 존재에 의존하고 있는 것이다. 왜냐하면 너는 네가 객관을 갖는 한에서만 주관이며, 그 객관이 바로 나이기 때문이다. 나는 객관의 핵이며 내용이고, 객관

안에서 영속적으로 남아 있는 것이며 객관을 결합시키고 있는 것이다. 나 없이는 객관은 지리멸렬하고 동요하며 비실체적이어서 너의 개체들의 꿈과 환상처럼 될 것이다. 꿈과 환상들은 그 허구적 내용조차도 나로부터 빌려간 것이다.

주관: 나의 존재가 개체들과 연결되어 있다는 것에 의거해서 나의 존재를 반박하지 않은 것은 잘한 것이다. 왜냐하면 내가 개체들과 불가분하게 매여 있는 것처럼 너는 너의 자매인 형태에 불가분하게 매여 있어 이제까지 형태 없이는 나타난 적이 없기 때문이다. 어떤 눈도 너나 나를 적나라하게 분리된 채로 본 적이 없다. 왜냐하면 우리 둘 다 추상일 뿐이기 때문이다. 하나의 본질Wesen이 근저에 있다. 그것은 자기 자신을 직관(지각)하고 자기 자신에 의해 직관된다. 그러나 그것의 존재 자체는 직관과 직관되는 것에는 존립할 수 없다. 왜냐하면 그것을 우리 둘이 나누어 갖고 있기 때문이다.

둘 모두: 그렇다면 우리는, 우리 둘을 포괄하고, 우리 둘을 통해서 존재하는 하나의 전체의 필수적인 부분들로서 불가분하게 연관되어 있다. 오직 오해만이 우리 둘을 서로 적대하는 적으로 세우고, 한쪽이 다른 쪽의 존재와 투쟁하게 하는 그릇된 결론으로 이끌 수 있을 것이다. 그들 각각의 존재는 서로에 의지해서 서고 넘어진다.

이 드라마가 전달하고자 하는 것은 두 가지다. (1) 서로 대립해 왔던 물질과 주관의 결합에 의해 표상으로서의 현상세계가 있게 된다. 물질은 지성의 추상화 작용의 산물로서, 인식의 형식을 제거한 주관의 상관물이다. (2) 물질과 주관은 자신의 근거로서의 본질 즉, 물자체로서의 의지를 갖는다. 의지는 주관의 자기의식을 통해 자신을 직관하고, 변화의 유희세계를 추상화하며 물질을 그 실체로서 정립한다.

유물론은 일면적 진실을 갖고 있기 때문에 세계의 한 측면으로 수용될 수 있다. 또한 방법상에서 유물론으로 귀결될 수 있는 자연과학도 형이상학을 필요로 하듯, 형이상학은 적절한 세계 해석을 위해 자연과학을 필요로 한다. 동물학과 생리학을 비롯한 자연과학에 관심을 가졌던 쇼펜하우어에게 "당시의 유물론은 철학이 자라는 땅의 거름"이었다.[19]

그러나 그가 보기에 당시의 프랑스 유물론을 비롯한 그 밖의 유물론은 인식 주관이라는 조건과 사물의 질적인 측면을 무시함으로써 결국 원자론으로 귀결되었다. 인식 주관인 "지성은 유물론에 의해 철저히 무시되었다. 그 목적은 질적인 모든 것을 단지 양적인 것으로 환원하는 것이었다. 왜냐하면 유물론은 질적인 것을 본래의 물질과 대비되는 단순한 형식에 연관 짓기 때문이다. 진정으로 경험적인 성질들 가운데 유물론은 물질에 중력만을 남겨 놓았다. 왜냐하면 중력은 이미 물질의 양의 유일한 척도로서 양적인 어떤 것으로 드러나 있기 때문이다. 이러한 길은 필연적으로 유물론을 원자atome라는 허구에까지 이끌었으며, 이제 원자는 자연의 모든 근원적 힘들Kräfte의 신비한 표현들을 구성하기 위한 재료가 되고 있었다."[20] 근대 자연과학의 원자는 '현실적 물질wirklichen materie'에서 추상된 물질로서, '기계론적 성질'만을 갖는 물질이다. 그러한 물질은 '자연의 사물에서는in rerum natura' 발견될 수 없다.[21] 이 입장에서 쇼펜하우어는 "원자는 실재성Realität이 없다"고 단언한다.[22] 이 주장은 마흐Ernst Mach와 같은 실증주의자들을 기쁘게 할

19 Arthur Schopenhauer, *Manuscript Remains* V. 4, Senilia, 71, p. 384.
20 Arthur Schopenhauer, *Die Welt als Wille und Vorstellung* Ⅱ, S. W. Band Ⅱ, Suhrkamp, 1986, s. 406~407.
21 위와 같음.
22 Arthur Schopenhauer, *Die Welt als Wille und Vorstellung* Ⅱ, S. W. Band Ⅱ, Suhrkamp, 1986, s. 69.

수 있는 것이지만, 볼츠만Ludwig Boltzman과 같은 과학적 실재론자에게는 진정한 과학적 방법에 어긋나는 것이었다. 볼츠만을 지지하는 레닌V. I. Lenin의 견지에서는 버클리와 함께 쇼펜하우어는 물질소멸론의 원조가 될 것이다. 그러나 푸앵카레에서 비롯한 물질소멸론은 입자물리학의 발전에 따라 설득력을 잃어 갔다.

원자론에 대한 쇼펜하우어의 거부에는 동물학과 식물학 및 생리학의 발달에 따라 물리학으로 환원할 수 없는 고유한 영역에 대한 인정이 불가피해졌다는 인식이 반영되어 있다. 그가 보기에 기계론적 환원론은 생물학과 역사과학의 고유성을 훼손시키는 것이었다. 자연에 관한 박물학적 견해를 수용하여 생명에 관한 진화사적 입장에 서게 된 그에게는 기계론은 이미 '독단적이고' '뻔뻔스러운' 주장이 되었다. "자연에 대한 전적으로 기계론적이고 원자론적인 견해는 붕괴되었다. 그리고 그 대변자들은 자연의 배후에는 밀고 당기는 것 이상의 어떤 것이 숨겨져 있다는 것을 배워야 한다."[23] 개별 과학의 발달이 오히려 근대 기계론을 넘어서서 자연의 신비를 내다보게 하는 계기가 되었다는 것이다. 괴테가 자연사에서 형태론적 진화를 읽어내 우주 생명의 자발적 전개를 이해하는 지혜에 도달했듯, 이 전개를 인도 철학적 눈으로 본 쇼펜하우어는 세계와 인간 존재의 '의미'를 묻는다. 그가 실체를 하나로 보아 원자론을 배제했던 스피노자를 갠지스 강가의 영혼으로 본 것은 그와 같은 맥락에서 나온 것이다.

쇼펜하우어는 원자론적 물질 개념과는 다른 물질 개념을 제시한다. 기계론적 "유물론은 모든 근원적인 자연력들을 명시적이고 분명하게 물질의 단순한 기계적 작용으로 환원하고, 궁극적으로는 생명력까

---

23 위의 책, s. 402.

지 그러한 작용으로 환원함으로써 모든 근원적 자연력과 생명력을 부정한다."[24] 이에 비해 그의 물질 개념은 현대 물리학에 접근하는 힘들의 장場이 된다. 영Julian Young과 매기Bryan Magee와 같은 연구가들은 이 점을 쇼펜하우어 철학이 갖는 현대적 의의 가운데 하나로 언급한다. 그에게서 물질은 공간을 점유하는 미세한 덩어리라기보다는 작용하는 힘들의 영역이다. "물질의 궁극적 요소들은 순수한 인과성pure causality, 달리 말하면 연장이 없는 힘force의 중심들이다. 자연세계는 (현대과학이 말하듯) 힘의 장들로 가득 찬 공간 이외의 아무 것도 아니다."[25]

물질을 힘의 개념으로 파악하는 것은 '현실적 물질'에서의 '현실적 wirklich'이라는 말에 암시되어 있다. 현실적이란 무엇에 작용하여 어떤 사건을 야기한다는 '작용함wirken'의 의미를 갖고 있다. 쇼펜하우어에 의하면 "물질의 본질은 철저히 인과성 이외의 다른 것이 아니며", "물질의 존재는 작용함wirken이다." 작용함이란 어떤 것에 어떤 효과를 일으키는 것 즉, 어떤 것을 현실화한다는 것이다. "원인과 결과는 물질의 전 본질이다." 지각이 가능한 것도 힘으로서 작용하는 것이 신체에 일으키는 어떤 결과가 있기에 가능한 것이다. "작용하는 것으로서만 물질은 시간과 공간을 채울 수 있고", 시간과 공간을 채움으로서만 지성에 의해 표상이 될 수 있다. 이와 같은 작용의 의미에서 "모든 물질적인 것의 총체는 현실성wirlichkeit이다." 물질의 경험적 실재성Realität의 보다 적절한 의미는 현실성이다.[26]

그런데 인과성이란 "시간과 공간이 분리되어서가 아니라 하나가 되는" 데에서 성립한다. 시간과 공간의 통일성에서 물질의 본질인 인과성

---

24 위의 책, s. 406.
25 Julian Young, *Schopenhauer*, Routledge, 2005, p. 59.
26 Arthur Schopenhauer, Die Welt als Wille und Vorstellung Ⅰ, S. W. Band Ⅰ, Suhrkamp, 1986, s. 38.

이 생긴다. 시간에서는 계기들의 연속성이 나오고, 공간에서는 상호 간에 규정하는 부분들의 위치가 나온다. 그러나 "무수한 상태들이 공간 안에서 서로 제한하지 않고 이웃해 있기만 하거나, 시간 안에서 차례로 생기하기만 한다면 물질의 부분들 간의 필연적 관계나 법칙은 필요 없게 될 것이다." 즉 인과성이 없게 될 것이다. 따라서 물질도 없게 될 것이다. 인과적 법칙에 규정되는 것은 단순히 시간에서의 연속이 아니라 일정한 공간을 참조한 연속성이기 때문이다. 인과성이란 "시간의 불안정한 흐름과 공간의 고정적이고 불변하는 지속성Dauer을 결합한" 것이며, 이 공간적 고정성과 지속성에 '물질의 무한한 분할 가능성'이 의존하는 것이다.[27]

이 고정적 지속성에서 속성들은 변화하지만 '변하지 않는 실체 Substanz' 관념이 나오게 된다. 대상들을 불변의 실체들로 보는 생각은 공간이라는 형식에 의해 구성된 것이며, 이것에 의거해서 시간의 형식이 개입하여 변화하는 성질들이 나오게 된다. 이 성질들을 통해 실체들의 인과적 작용이 구현된다. 이것을 쇼펜하우어는 다음과 같이 정리한다.

물질은 시간의 불안정한 흐름을 공간의 견고한 부동성과 결합시킨다. 그러므로 그것은 변화하는 속성들의 영원한 실체이다. 이러한 변화는 인과성에 의해 모든 시간에서의 모든 장소에 대해서 규정된다. 인과성은 바로 이러한 방식으로 시간과 공간을 결합하고, 물질의 전 본성을 형성한다.[28]

---

27 위의 책, s. 38~39.
28 Arthur Schopenhauer, *Die Welt als Wille und Vorstellung* Ⅱ, S. W. Band Ⅱ, Suhrkamp, 1986, s. 69.

물질이 시간과 공간 및 인과성을 추상하고서 보아질 경우 그것은 모든 물질적 대상들과 그 변화에 공통된 '하나'이다. 그것은 물자체로서의 의지가 자신을 객관화하기 위한 '보편적 기체基體'이다. 이러한 추상적 차원에서의 물질이 의지의 가시성可視性이다. 그러나 물질을 매개로 한 의지의 자기발현의 작용은 구체적인 다양한 형태와 성질들을 갖는 물체들을 생산해 낸다. "일정한 현상들의 성격은 자신의 표현을 형태와 성질에서 갖는다."[29] 일정하게 한정된 현상들은 시간과 공간 및 인과성이라는 형식에 의해 지각 가능한 것으로 된 것이다. 공간의 다양한 제약에 의해 형태들이 생기고 여기에 시간의 제약이 관계하여 인과적으로 변화하는 성질들이 있게 된다. 형태들은 연장延長을 갖지만, 이것들의 기체인 "물질은 그 자체로는 연장이 없고 따라서 공간성도 없으며 그러므로 물체성도 없다." 크기가 있는 물체들은 비물체적 물질인 에너지 장에서 창조된다. 쇼펜하우어는 이러한 연장 없는 물질 개념의 기원을 플로티노스Plotinos와 브루노Giordano Bruno에 두고, 이들의 견해가 옳다고 간주한다.[30]

그러나 쇼펜하우어가 보기에 이들의 견해는 물질을 형식들에 의해 규정된 형태나 인과성이 일단 결여된 것으로 보는 '객관적인 길'을 따르는 것이다. 쇼펜하우어는 지성의 범주적 형식의 제약하에서 물질을 본다. 그에 의하면 인간은 연장이나 반발력, 지속성 등이 없이는 물질을 구체적으로 그려낼 수 없다. 구체적인 그러한 성질들은 '경험적' 차원에서 '후천적으로a posteriori' 경험될 수 있는 것들이다. 물질에 대한 구체적 표상에서 물질의 '공감 점유'에 따른 '불가침투성'과 '작용성wirksamkeit'을 이해할 수 있다. 여기에서 "물질의 본질이 그 자체로 정확히 작용함

29 위의 책, s. 399.
30 위의 책, s. 400.

wirken에 있다"는 것이 우리의 경험에서 제거될 수 없다는 점을 알게 된다는 것이다.[31]

"따라서 (작용하는) 물질은 의지 자체이다. 그러나 더 이상 그 자체에 있어서가 아니라 그것이 지각되는 한에서 즉 객관적 표상의 형식을 지니는 한에서만 그렇다. 그래서 객관적으로 물질인 것은 주관적으로는 의지이다. 이에 완전히 조응해서 우리의 신체는 우리의 가시성 즉 객관성일 뿐이다. 똑같은 방식으로 각 물체는 의지의 어떤 한 단계에서의 의지의 객관성이다."[32] 물질은 의지의 발현 형태인 자연력들의 점유 공간이며, 어떤 물체도 물질에 거주하는 힘들이 없이는 존재할 수 없다. 물질은 하나의 힘이며, 이것에서 분화된 여러 자연력들은 그 하나의 힘을 매개로 자신을 표현하는 의지의 발현태들이다.

이러한 물질 개념에서 쇼펜하우어의 물질관의 원류가 드러난다. 그는 아리스토텔레스처럼 물질을 모든 구체적 물체들에서 모든 형태와 성질들을 인간의 생각을 통해 제거하고서 남는 공통의 재료, 즉 추상의 산물로 여겼다. 그것은 '거의 무無에 가까운prope Nihil' 것이지만, 실재성의 특징을 갖지 않는 것은 아니다. 물질은 모든 가능한 형태나 성질들의 원천 즉 수동적 가능성의 원리이면서도 그 자체로 나타난 의지이기 때문에 어떤 형태들을 수용하여 현실화하는 능동적 작용성을 갖는다. 쇼펜하우어는 '물질에 대한 형이상학적 견해'에 도달한다. 그는 '이미 고백했어야 했다'고 하면서 사실상 "형상形相들과 형태들 혹은 종種들의 시간적 기원은 물질 이외의 다른 곳에서 합리적으로 찾아질 수 없다"고 한다.[33] "언젠가 그것들은 물질로부터 발생되었을 것이다. 왜냐

---

31 위의 책, s. 398.

32 위와 같음.

33 Arthur Schopenhauer, *Die Welt als Wille und Vorstellung* II, S. W. Band II, Suhrkamp, 1986, s. 400

하면 모든 현상의 본질 자체를 형성하는 것은 의지의 가시성이기 때문이다." 지성은 현상을 형상들이 그 근저에 놓여 있고 형상들의 나타남인 형태들이 전개된 것으로 사유한다. "의지의 가시성으로서의 물질은 지성의 기능에 의해서 형상을 수용하게 된다. 그러므로 스콜라 철학은 '물질은 형상을 동경한다Materia appetit formam'고 했다. 그러한 것이 생명이 있는 것들의 모든 형태들의 근원이라는 것은 의심의 여지가 없다."[34]

같은 문맥에서 쇼펜하우어는 자신의 《유고Manuscript Remains》(V.4)에서 "물질은 객관적인 것에서 인식 주관의 상관자"라고도 한 이전의 언급을 미흡하다고 판단하고, "물질은 의지의 상관자라고matter is the correlative of the Will" 수정한다.[35] 물질은 의지가 자신을 구현하기 위한 발판이다. 의지의 현현인 물질은 물자체는 아니지만 '사물의 근원'으로서 '만물의 어머니mater rerum'이며, 그것은 소멸하지 않는 무궁한 원천이다. 그것은 어디에서 새로이 생기는 것이 아니라 다른 사물을 생기게 하는 "무궁한 다함없는 생산력을 갖는다. 그것은 자신의 자궁으로부터 그 자신에 거주하는 힘들에 의해 모든 것을 밀어낸다. 그것은 자기 자신으로 돌아와서도 세대로부터 세대로 재촉해 나가면서 형상들을 보다 큰 높이들로 고양시킨다. 자신의 모든 형상들의 영역이 파괴될지라도, 그것은 지치지 않고 새로이 시작한다."[36] 사물의 형상 혹은 종species은 사물의 '아버지'이지만 물질에 종속되어 있으며, 물질의 지지가 철회되면 파괴되는 일시적인 것이다. 형상들은 지질학 시대의 생물들인 "어룡ichthyosauri이나 멸종 해오라기dodo"처럼 사라져 갈 수 있는 것이다.[37]

---

34 위의 책, s. 400~401.
35 Arthur Schopenhauer, *Manuscript Remains*, V. 4 (1830~1852), Cogitata. Edited by Arthur Hübscher, Trans by E. F. J. Payne, Berg, 1990, p. 36.
36 위의 책, p. 67.
37 위와 같음.

인간의 지성도 '자연의 산물'이다. 그러나 "그것은 자신의 주변적 목적 추구 안에서 개별적 의지에 봉사하도록 되어 있을 뿐" "자연의 진정한 본질을 측량하도록 되어 있지는 않다."[38] 혹성의 껍질에서 발생한 지성을 갖춘 인간 종도 태양계가 받쳐주는 한에서 존속할 수 있을 뿐이다. 이러한 쇼펜하우어의 견해는 물질의 진화가 다양한 차별적 형태를 가진 자연종들을 생산해 낸다는 진화적 유물론에 해당한다. 그는 앞서 언급했듯 유기체를 무기물의 논리인 기계적 유물론으로 환원하는 것은 반대하지만, 자연사의 각 단계들이 보여 주는 고유성과 이에 해당하는 과학들의 상대적 타당성을 승인하는 진화적 유물론은 인정한다. 단지 물질의 진화를 주관 독립적인 물자체로 보아, 인식 주관의 개입에 대한 반성이 없는 태도를 반대할 뿐이다.

이 지점에서 쇼펜하우어는 지성을 더 이상 설명할 수 없는 인식 주관으로 전제하는 것이 아니라 그것을 다른 생명체처럼 자연의 진화사적 산물로 간주한다. 그는 지성의 능력을 동물학과 두뇌 생리학의 관점에서 설명하는 유물론적 관점을 허용하게 된다. 인식의 선험적 가능 조건만을 다루는 칸트의 지식론과 쇼펜하우어의 표상론은 지성에 대한 생리학적 관점에 의해 보완된다. 칸트는 "진정한 지각을 가능하게 하는 모든 것 즉 두뇌-기능으로서의 공간, 시간, 인과성을 설명했다. 그럼에도 그는 이러한 생리학적 표현을 멀리했다."[39] 인식 주관의 능력에 대한 칸트의 관점이 로크J. Locke에 기원한다고 보는 쇼펜하우어는 이들의 주장이 생리학적 관점과 양립할 수 있다고 본다. 따라서 지성에 대해서는 두 가지 관점에서 고찰이 가능하다. 하나는 '주관적 관

---

38 위의 책, p. 67~68.
39 Arthur Schopenhauer, *Die Welt als Wille und Vorstellung* Ⅱ, S. W. Band Ⅱ, Suhrkamp, 1986, s. 370.

점'이고 또 하나는 '객관적 관점'이다. 전자인 주관적인 길은 "내부로부터 외부로 나아가고 의식을 주어진 것으로 취하는" 것이다. 이 길은 "세계가 의식 안에서 자신을 제시하는 메커니즘을 드러내고, 어떻게 세계가 감각과 오성이 제공하는 자료로부터 의식 안에서 구성되는지를 드러낸다."[40] 이 길은 지식에 대한 인식론적 반성의 길로서 선험적 관념론으로 나아간다. 반면 후자의 객관적인 길은 "외부로부터 출발한다." 그것은 자신의 대상을 "우리 자신의 고유한 의식이 아니라 외적 경험에 주어진 존재로서 취한다." 이러한 고찰 방법은 '경험적'이고, "세계와 그 안에 있는 동물 존재를 단순히 주어진 것으로 취하여 자신의 출발점으로 삼는 것이다." 이러한 관점은 '동물 해부학자와 생리학자'의 태도이다.[41]

쇼펜하우어에 의하면 이 두 가지 관점은 보완적 상관관계에 있을 수 있고, 철학에 경험적 타당성을 부여할 수 있다. 양자의 길이 서로 모순된 태도임에도 불구하고 생리학은 인식의 가능 조건들이 지성에 이미 조건으로서 갖추어져 있음을 확증해 줄 수 있는 것이었다. 또한 쇼펜하우어의 진화론적 의지 형이상학은 동물의 형태에 대한 해부학적 지식과 두뇌의 환경 적응력과 지배력에 대한 지식에 의해 그 설득력을 배가할 수 있었다. 그 자신도 이러한 지식을 동원하여 의지론에 경험적 설득력을 부여하고자 했다. 그는 자신의 관점이 철학적이면서도 과학적이라는 것에 대해 자부심을 갖고 있었으며, 나아가 신학적 형이상학을 반박할 수 있는 과학성을 자신이 갖고 있다는 것에 만족했다.

그러나 지식론적 반성과 과학적 탐구는 차원이 서로 다르다. 두 이론은 서로 영향을 줄 수 있지만, 분리되어 발전되어 왔고 현재에도 그

---

40 위의 책, s. 272.
41 위와 같음.

러하다. 그러나 경험과학자가 지식론적 반성에서 실재론적 유물론으로 나아간다면, 쇼펜하우어가 강조하듯 관념론과 유물론은 서로 모순된 관계에 있게 된다. 이때에는 그가 상호보완할 수 있다는 관점에서 택하고 있는 관념론과 유물론은 재너웨이Christopher Janaway의 지적처럼 '커다란 불합리grass absurdity'를 갖게 될 것이다.[42] 그러나 양자를 살리는 방법이 있다. 그것은 주관을 지식 생산의 가능 조건이자 지식 탐구의 궁극적 목표로 설정하는 것이다. 전자에서는 선험적 관념론이 유지되고, 후자에서는 주관이 과학적 탐구의 궁극 이념으로 설정된다. 어떤 과학적 탐구에서도 관찰자의 주관은 대상이 되지 않고 한없이 주관으로 물러나기에, 주관적 의식 그 자체에 대한 어떤 경험적 자료도 보여줄 수 없다면, 주관은 표상으로서의 세계 안에 있지 않게 될 것이다. 그렇다면 쇼펜하우어가 지식론의 맥락에서 주관을 표상으로서의 세계의 가능 조건으로서 세계 밖에 둔 것은 여전히 가능한 대안으로 남게 될 것이다. 그리고 경험과학에 대해서는 주관을 끝없이 뒤로 물러가는 지평 즉 탐구의 통제적 이념으로 남겨둘 수 있다. 주관은 한정될 수 없는 그래서 고정된 지평 아래 갇혀 있을 수 없는 무한정자로 정립될 것이다.

쇼펜하우어는 지식론에서 표상으로서의 세계 밖에 두었던 주관을 의지론에서는 '두뇌의 기능'인 지성으로 간주하여 세계 안에 두게 된다. 그것은 자연의 생명력이 전개된 산물로서 그 뿌리를 물질을 통해 자신을 실현하는 의지에 둔다. 공간을 점유하는 모든 실체들은 힘들로 가득 찬 존재들이며, 이 힘들은 의지의 발현이다. 지성도 의지의 발현發顯인 신체의 일부(두뇌)의 기능이기 때문에 지성은 개체의 보존과 확장

---

42 Christopher Janaway, 앞의 책, p. 181.

을 노리는 의지의 노예이다. 개체의 보존과 확장의 의지는 '알려는 의지'로 분화하여 환경을 인식하는 두뇌로 형태화된다. 지성은 생존의 목적에 유익한 것을 추구하기 위한 수단이다. 그것은 근본적으로 유용성의 법칙에 따른다. 이 점에 한해서 보면 지성은 동식물보다는 광범위한 활동의 폭과 자유를 갖지만 환경 세계와 유용성에 제약되어 있다. 진화론적 자연사는 작용인과 목적인을 탈각한 의지의 발현으로 재해석된다. 발현이라는 개념으로 쇼펜하우어는 본체와 발현, 체[本體]와 용[發用, 功用]의 범주에 바탕한 아시아 철학에 더욱 친근하게 접근할 수 있었다. 그의 시야는 문명의 경계와 사이를 넘는 포괄성을 갖게 되었다.

지성은 양면적 기능을 한다. 그것이 외향적으로 발전하는 습관에 길들어지면 유용성에 제약된 과학적 지식으로만 기울어질 것이다. 그러나 내향적인 자기의식으로 길들어지면 세계의 본질과 생의 의미를 찾는 노력의 계기가 될 것이다. 후자에서 지성은 자신의 기존 습관을 넘어서는 초지성으로 발전할 수 있는 희망을 가질 수 있다. 지성은 자기의식적 내감에 의해 의지를 직접적으로 의식하고, 이러한 의식의 심화에 의해 자신과 세계의 본질을 묻는 또 다른 형태의 주관으로 변형된다. 이러한 주관은 무한한 세계를 자신을 형상화하는 의지의 발현으로 이해하며, 이때 만유는 하나의 동일한 근원에서 표출되어 나온 것이기에 모든 것들이 모든 것들과 서로 연속되어 있는 것으로 파악한다. 이러한 형이상학적 통찰에 이른 주관은 더 이상 유용성과 지식에 한정된 지성이 아니라 우주의 창조적 생산성과 무한성에 동조同調되는 무한한 영혼이다. 의지는 영원의 차원에서 순간적 현재를 통해 작용하지만, 현상적으로는 시간의 차원에서 사물을 전개시킨다. 시간상에서 전개되는 우주의 생산 체계는 의지의 관점에서는 스피노자처럼 '영원의 상하sub species aeternitatis'에서 정관된다. 이러한 정관은 개체의 살려는 욕망의 초월에서 얻어지는 열매이다.

쇼펜하우어에 의하면 이러한 우주적 연대성을 자각한 무한정한 주체성은 금욕적 자기수양의 노력을 통해 물질적 유용성에만 사로잡힌 개체적 생의 의지를 벗어난다. 영원의 관점이 진정한 윤리의 산실이다. 그는 의지 형이상학을 통해 자기희생적 연민과 자유를 결합한 윤리를 함축하고 있는 우주적 경험을 해명할 수 있었다. 이 해명에 이르는 도정에서 진화적 유물론이 비판적으로 수용되었다. 그는 이러한 세계관을 신학적 형이상학과 변별하여 동서양 신비가들의 우주적 경험에서 찾았다. 쇼펜하우어는 우주의 자발적 생산성과 무한성을 주장하는 루크레티우스Lucretius와 연금술적 비교秘敎, Hermetism, 브루노Giordano Bruno와 스피노자Baruch Spinoza를 거듭 거론함으로써 자신의 철학의 원류를 찾는다. 그는 그것을 베단타 철학과《바가바드 기타》, 불교 및 노자老子 심지어 주희朱熹에서도 확인한다.

쇼펜하우어는 물질을 그가 '생명원리Lebensprinzip'라고 부르는 의지와 하나가 되어 있는 것으로 봄으로써 유물론을 우회하는 생명 철학의 길을 열었다. 물질과 의지가 결합하여 전개되는 세계는 본질에 있어서는 의지로서의 세계이다. 과학적 기술記術 특히 갈릴레이Galileo Galilei와 뉴턴Issac Newton의 수학적 기술은 현상에 한해서만 적용되는 한계를 갖는다. 수리 물리학적 기술은 표상으로서의 세계 안에 한정되며, 수학적 기호로 기술할 수 없는 동식물의 형태학morphologie과 생리학 등을 제외한 물리적 물체에 한정된다. 수학 자체도 의지의 산물인 인간 오성의 형식(시간, 공간)에 관한 규정들이기 때문에, 역시 표상으로서의 세계 안에 있다. 모든 개별 과학은 전체적인 의지로서의 세계의 일부분에 불과한 것이다.

쇼펜하우어에 의하면 과학적 언어가 적용되는 차원을 넘어서는 심층의 차원이 있기에, 이 심층적인 내부를 드러내 주는 '언어Sprache'가 요구된다. 진정으로 심오한 언어에서는 "사물의 본질에 대한 뿌리 깊은 느낌이 그 표현을 결정한다."[43] 철학의 언어는 사물의 내부에 대한 통찰, 그리고 인간의 자기의식이 내면의 깊이에서 느끼는 심원한 내감에 의해 그 진정성을 획득하게 된다. 철학적 감수성은 무수히 다양한 형태들을 근원적인 능동적 활력vital forces에 의해 형성된 것으로 경험하고, 그 지성은 세계를 하나의 생산적 생명원리가 자신을 다양하게 발현시키는 역동적 체계로서 이해한다. 세계는 생명원리가 무기물, 식물, 동물, 인간의 형태들을 단계적인 형상들의 차이에 따라 스스로를 펼쳐 보인 것이다. 사물들은 물질적이냐 비물질적 정신이냐에 의거해 단적으로 구분될 수 있는 것이 아니라, 전체가 하나의 의지적 생명체이며, 단계적 형상들은 생명성의 계층적 정도 차이에 의해 구분된다. 모든 것은 의지가 서려 있는 물질의 자기분열에 의해 전개된다. 무생명이라고 알려진 물리적 물체에도 미미한 정도로 의지적 생명성이 잠재하고 있다. 이 '잠자는' 의지가 진화적으로 발전하면서 깨어나는 과정이 식물에서 인간에 이르는 생명의 역사이다. 우연히도 의지는 인간의 자기의식에서 직접적으로 나타나게 되었다. 우주는 인간의 자각을 목적으로 미리 가진 것은 아니지만, 그 큰 방향에서는 상승의 사다리 구조를 갖는다.

쇼펜하우어에 의하면 물리적 인과 법칙은 "무생물에서 명확성을 획득하지만," 다른 유기체의 영역에서는 그 무능을 드러낸다. 무생물적인 인과 관계에만 사로잡히면 다른 현상적 영역뿐만 아니라 물자체에 대한 형이상학에도 맹목이 된다. 수리 물리적 정확성은 고체적 물체에

---

[43] Arthur Schopenhauer, *Über den Willen in der Natur*, S. W. Band Ⅲ, s. 422.

서는 위력을 갖지만, 유기체로서의 세계 전체에 대해서는 그 정확성을 살리지 못한다. "따라서 세계의 한 측면에 가까이 접근하면 할수록 우리는 다른 측면을 시야에서 더 상실하게 된다."[44] 과학적 경험의 시야가 지평을 확장해 나가고, 과학적 기술 방식이 다양해짐에 따라 과학적 경험들의 귀결을 형이상학적으로 일반화하려는 철학은 대상의 차이에 따른 인식 방법의 차이를 논하지 않을 수 없게 된다. 더욱이 세계의 본질이 형태를 창조하고 변형시키는 창의적 '노력'이라는 과정성을 특징으로 하는 유동성을 가진 것이라면, 고체의 논리라 할 수 있는 수리 물리적 인식 방법은 본질 직관적 인식에는 적합하지 않을 것이다.

쇼펜하우어는 괴테J. W. V. Goethe와 뜻을 같이 하여, 갈릴레이와 뉴턴을 수적 '측량'과 '계산'에 만능한 피상적 인격들로 격하시켰다. 쇼펜하우어는 '과학적 경험주의'의 시야에 들어오지 않는 심층적이고 질적인 생명의 차원을 존중했다. 실재 그 자체의 구조를 생명 질서로 보는 관점을 근간으로 수학적 인식 방법을 현상의 한 측면에 한정하고, 그것을 생명원리에 대한 인식에 대비하여 허구적 인식으로 보는 것은 쇼펜하우어나 괴테가 처음이 아니다. 그러한 관점은 이미 르네상스시기에 출현했는데, 대표적으로 브루노의 견해가 그렇다. 쇼펜하우어는 자신의 유기체 철학을 물질과 연관하여 논할 때 브루노를 거듭 인용하여 자기 관점과의 일치점들을 드러낸다. 이로써 그는 자신의 철학이 시대의 주류에 대한 예외자 철학의 반열에 있음을 드러내고, 브루노처럼 자연에 관한 무한우주론에 기초한 새로운 실천윤리를 모색하고 있음을 암시한다.

---

[44] 위의 책, s. 418.

III

형이상학의 전복과
가능성 및 과학

1. 근본적 차이와 동일성

쇼펜하우어는 발현이라는 개념을 중심으로 서양으로부터는 유물론적 전통과 르네상스 철학을 제한적으로 포용하고, 동양에 대해서는 인도와 중국으로 시야를 넓힐 수 있었다. 그는 권력의 형이상학에 불건강한 양분을 제공했던 유대−기독교적 전통과의 긴장 관계 속에서 새로운 윤리를 모색한다. 그는 신학존재론과 자신의 투쟁이 브루노와 스피노자 및 칸트의 전통을 이은 것임을 의식한다. 그의 시대에 자연과학은 신학적 형이상학을 붕괴시킬 수 있는 위협적인 지위를 갖고 있었다. 자연과학의 발전은 전통 형이상학이 제공하는 윤리적 가치의 무의미를 예감하게 하는 것이었다. 더욱이 자연과학적 방법을 생명에 대한 해석에까지 확대하면서 형성된 유물론적 세계관은 신학존재론의 토대를 흔들고 형이상학자들의 심기를 불편하게 했다.

이러한 상황에서 쇼펜하우어에게 자연과학의 방법은 현상계에 한정되는 것이었지만, 그 지식은 신학적 형이상학의 근본 개념들에 대한 폐기나 수정을 요구할 수 있는 철학적 가치를 갖는 것이었다. 그는 물질을 실재 그 자체로 보는 유물론을 거부하지만, 과학적 지식과 양립하기 어려운 형이상학적 신념들에 대해서도 회의적이었다. 이러한 관점은 과학적 지식과 유물론의 의의를 수용하는 동시에 신정론적 형이상학을 거부하는 길로 나아간다. 그것은 내재적이고 탈목적론적인 형이상학의 가능성을 연다. 이 길에서 그는 새로운 철학의 혈로를 찾는다.

쇼펜하우어에 의하면 '형이상학Metaphysik'에 비해 '자연과학Physik'은 "수정되고 확장되면서 자연에 관한 보다 철저한 인식"으로 자리 잡게 되었다. 그것은 "이제까지 지배적이었던 형이상학적 가정들을 붕괴시키고 궁극적으로는 그것을 전복하게 되는 지식"이다. 이에 따라 과학은 형이상학적 문제를 기존의 방식과 다르게 접근하게 하는 계기가 된다. "그러한 지식은 형이상학의 문제 자체를 보다 분명하고 올바르게 그리고 완전하게 제시하며, 그 문제를 단순히 자연과학적인 모든 것으로부터 보다 명확하게 분리시킨다." 과학의 발전은 '개별적 사물에 대한 지식'을 생산함으로써 "전체와 보편적인 것에 대한 설명을 보다 긴급하게 요구한다." "이러한 전체만이 스스로를 더 수수께끼 같고 신비로운 것으로 지시함에 따라, 그것은(자연과학은) 더 정확하고 철저하게 그리고 더 완전하게 경험적으로 알려지게 된다."[1] 자연과학과 형이상학은 세계의 수수께끼 앞에서 인식을 서로 촉진하는 상호보완적 관계에 있게 된다. 형이상학은 폐기되는 것이 아니라 과학의 영향에 의해 수정되어 새로운 형태로 그리고 새로운 방식의 경험에 의거해서 형성되는 철학이 된다. "자연에 관한 가능한 가장 완전한 인식은 (기존) 형이상학의 문제에 관한 수정된 진술Darlegung이다. 자연과학의 모든 분야에 대한 인식을 사전에 획득함이 없이 이 문제에 대한 모험을 감행할 수 없을 것이다."[2]

---

1   Arthur Schopenhauer, *Die Welt als Wille und Vorstellung* Ⅱ, S. W. Band Ⅱ, Suhrkamp, 1986, s. 230~231.
2   위와 같음.

그 시기의 과학자는 '자연의 껍질'로부터 "내장의 벌레의 내장, 기생충 속의 기생충"에 이르기까지 "자연에 대한 지나칠 정도로 현미경적이고 미시적인 탐구자들"이 되었다. 그러나 과거의 '스콜라 철학자들'처럼 그들의 태도는 "완고하기 짝이 없다." 그들은 "자연에 대한 잔소리꾼 Topfgucker"이라 할 만하다. 잔소리는 '자연의 핵核'에 대한 신비감을 상실했음을 의미한다. 그럼에도 여전히 과학자가 "자연의 궁극적 근거에 도달할 수 있다고 상상한다면", 그것은 "현상 속에 자신을 발현시키는 물자체와 현상 사이에 갈라진 틈kluft 즉, 심연이 놓여 있음을 알지 못하기" 때문이다. 이 심연이 형이상학의 대상과 과학의 대상 사이의 '근본적 차이ein radikaler Unterschied'다. 이 차이는 정도의 차이가 아니라 '단적으로 종류가 toto genres' 다른 차이다. 과학은 객관적 태도 안에 있는 한 "모든 항성들의 혹성들을 돌아다녀도" 현상의 본질에 대해서는 "한 발짝도 접근하지 못한다."[3]

"형이상학의 문제를 해결하기 위해서 탐구자는 자신의 시야를 내면으로 굴절시켜야 한다."[4] 물자체인 의지, 유동체fluid로서의 생명원리에 대한 인식은 내향적 태도에서 가능하다. 형이상학은 내적 자기의식 안에서 일어나는 생명원리에 대한 통찰에서 출발한다. 탐구자의 내성적 통찰에 '궁극적인 근본적 비밀', 즉 "세계 수수께끼의 열쇠를 발견할 수 있다는 희망"이 있다. 여기에서 인간의 부단한 지적 탐구와 온갖 형태의 삶이 대체 무엇을 의미하는지에 관한 의문을 푸는 실마리가 열리게 된다. 내적 성찰을 통해 객관적 세계의 내적 본성에 대한 해명의 길이 열린다. 주관의 자기 이해에서 형이상학적 인식의 길이 열린다면, 물리적 사물보다는 유기체가, 유기체보다는 인간의 반성적 통찰이 더

---

3   위와 같음.
4   위와 같음.

중요해진다. 한 포기의 풀이 돌덩어리보다도 더 유한하고 무상한 것일지라도 자연의 비밀에 대해서는 더 고귀한 것이다. 존재의 비밀에 관한 한 인간은 다른 존재보다도 우선성을 갖는다.

물체에 응축된 에너지가 그 영혼이 된다는 민간 형이상학의 속설을 전자기학의 출현과 함께 인정한 쇼펜하우어는 "광물 자기magnetismus보다 동물 자기가 비할 수 없이 더 중요하다"고 본다. "형이상학의 가장 고유한 영역"은 "이른바 정신 철학Geistes-philosophie"에 있다.[5] 정신이란 자기의식과 심령을 포괄한다. 쇼펜하우어는 칸트가 반대하고 셸링, 헤겔이 좋아하는 개념을 선택하고 있다. 그는 인식의 한계를 현상계에 한정하고, 형이상학의 가능성을 과학과는 전혀 다른 인식 방법(자기의식 내부에서의 직접적 직관)에 의해 열고 있다. 자기의식적 내감에서 직접 이해되는 것은 자신의 신체와 자연 전체의 본질인 의지이다. 의지는 우주의 생성으로 자신을 발현하는 대지의 심령에 해당한다. 그는 '정신철학'이라는 개념을 거론할 때 자신이 괴테J. W. V. Goethe의 견해에 접근하고 있음을 알았다. 그는 《파우스트Faust》 1권 〈숲과 동물〉에서 파우스트의 말을 인용함으로써 그 점을 보여 준다. 파우스트는 대지大地의 영靈을 의미하는 '숭고한 영혼'에게 "자연의 깊은 가슴을 들여다보는 것을 허용해" 주었다고 찬양한다.[6]

그대는 살아 있는 것의 대열이 내 앞을 지나가게 했고, 조용한 숲속이며 공중과 물속에 있는 나의 형제들을 만나게(알게) 해 주었다. (……) 너는 나를 안전한 동굴 속으로 데리고 가서 나에게 나 자신을 반성케 했다(보여 주

---

5   Arthur Schopenhauer, *Die Welt als Wille und Vorstellung* Ⅱ, S. W. Band Ⅱ, Suhrkamp, 1986, s. 231.
6   박환덕 옮김, 《파우스트》, 세계문학대전집 5, 신영출판, 1994, 292쪽.

었다). 그러자, 이 가슴 속에 숨겨진 깊은 불가사의不可思議가 (신비하고 깊은 경이로운 기적이) 열렸다.[7]

파우스트와 함께 대지의 심층으로 내려가는 것은 표면적 감각과 추상적 개념을 뒤로 하고, 대지의 내부로 내려가는 것이다. 이러한 태도 역시 초월이라 할 수 있지만, 상승하는 초월이라기보다는 하강하는 초월이다. 감각이 보여 주는 사물의 윤곽들(형태나 성질들의 차이)은 사물의 표면 아래로 내려가서 만나는 윤곽 없는 유동적 실재에 비하면 추상성 즉 구분 가능한 구획을 갖는다. 《충족이유율의 네 겹의 뿌리에 관하여》에서 해명한 것처럼 추상적 개념들은 동일성에 의해 다양성을 종합하고, 차이성에 의해 다양한 사물들을 분석하는 과학의 논리 안에서 형성된다. 과학의 언어는 이 선험적 논리에 의해 규제된다. 쇼펜하우어에게는 바로 이 논리적 구조를 벗어 버리고 내감의 직관으로 가는 것이 진정한 형이상학의 길이다. 진정한 철학은 벗어 버린 과학의 논리를 다시 입고서 우주를 유사 과학처럼 논리화하지 않는다. 이러한 구분이 그가 주장하는 신학존재론의 혼란을 벗어난 '명료성'이다.

쇼펜하우어에게 지각과 개념은 추상화의 정도의 차이에 의해 구별된다. 이러한 차원을 벗어나는 의지의 운동은 대지의 심층에서 약동하는 생명원리로 내려가는 하향적 초월로 갈 수도 있고, 금욕을 통해 시간을 벗어나는 전통적 신비가의 상향적 초월로 갈 수도 있다. 전자는 의지긍정의 최고봉이며, 후자는 의지부정의 극한이다. 쇼펜하우어와 《파우스트》는 그 두 가지 길을 단계적 이상으로 제시한다. 그러나 《파

---

7   J. W. V. Goethe, Faust 1, Vers, 3225~3234. 번역은 앞의 책 박환덕 옮김을 참조. 괄호 안의 번역은 원문에 의거함. / Arthur Schopenhauer, *Die Welt als Wille und Vorstellung* II, S. W. Band II, Suhrkamp, 1986, s. 232.

우스트》 1권의 괴테와 쇼펜하우어의 전자[대지 긍정]의 길은 '동굴'로 내려가 모든 물체와 생명체의 역사적 전개의 근저에 있는 생명원리를 이해하는 것이다. 그것은 대지로 내려가는 것이지 천상으로 올라가 계시를 받는 것이 아니다. 생성하는 대지와의 합치는 모두가 '나의 형제'임을 자각하는 순간이다. 이 자각에서 나와 신체의 본질로 예감되었던 "가슴 속에 숨겨진 깊은 불가사의"가 열린다.

형이상학의 '원천과 기초Quelle und Fundament'는 사물에 대한 경이감과 함께 자기의식 내부에서 느껴지는 물자체에 대한 예감에 있다. "형이상학적 인식이 단지 개념들에 있다는 칸트의 거듭된 가정"은 형이상학의 기초를 간과하고 그 개념적 사변성에만 주목한 것이다. 건조한 산문적 지성을 가진 칸트는 형이상학의 감성적 기초에 대해서는 무심하다. 그러나 쇼펜하우어는 "본질, 존재, 실체, 완전성, 필연성, 실재성, 유한성 및 무한성"과 같은 형이상학적 개념들은 지각에서 추상화된 개념들이지, 지각적 내용과는 전혀 상관이 없는 수학적 개념이 아니라는 것을 환기시킨다. "경험적 지각이 형이상학적 개념들의 기초에 놓여 있다." 이 때문에 "경험적 지각을 포함하고 있지 않은 어떤 것도 형이상학적 개념들로부터 도출될 수 없다." 형이상학적 문제는 사물에 대한 지각적 경험을 배경으로 추구되는 것이지 수학적 문제처럼 순수개념들로 구성될 수 있는 것은 아니다. 수학은 경험의 내용이 아니라 지각의 형식인 시간과 공간에 대한 양적인 개념 구성으로서 '필증적' 타당성을 갖는다.[8]

진정한 "형이상학적 인식의 근원은 외적 경험뿐만 아니라 내적 경험이다." 형이상학적 문제의 해결의 첫걸음은 그 두 종류의 경험을 "올

---

8   Arthur Schopenhauer, *Die Welt als Wille und Vorstellung* Ⅱ, S. W. Band Ⅱ, Suhrkamp, 1986, s. 233, 235.

바른 곳에서 결합시키는 데"에 있다. 이 결합은 내적 경험에서 예감되는 '세계 밖의 존재ens extramundanum'인 물자체와 외적 현상계 전체의 관계맺음이다. 관계맺음은 현상계에서의 과학적 인식의 발전에 따라 전진하게 된다. 형이상학은 경험을 떠난 순수한 체계로 고정될 수 없다. 고정된 체계를 회의할 수 있는 형이상학은 과학의 변천사와 함께 가며, 이에 따라 "오해에 의거한 진부한 주장만을 포기한다." 자신의 "커다란 다양성과 변화할 수 있는 본성 그래서 항구적으로 동반하는 회의주의는 언제나 진부한 주장에 대해 반증해 왔다."[9]

형이상학은 과학의 새로운 발견을 수용할 수 있다. 이에 따라 그것은 개념들의 의미를 혁신하거나 개념을 창조해 갈 수 있다. 그럼에도 형이상학의 가능성은 내성적 경험에 있다. 물자체는 이 경험 안에서 감지되고, 동시에 그것은 자연사에 내재적이다. 쇼펜하우어에 의하면 사변 철학과 달리 자신의 철학은 "초월적transcendent이 아니라 내재적 구도plan" 안에서 움직인다. 철학적 인식은 현상계에 대한 '경험 전체'를 '암호와 같은 것'으로 간주한다. 철학은 '일종의 암호 해독과 같은 것'이다. 철학은 "현상계의 내부 핵과 연관하여" 현상계에 대해 수행하는 '해석이자 설명'이다. 이러한 해석과 설명은 "그것이 없었으면 의식되지 못했을 정보를 우리에게 줄 수 있다."[10]

쇼펜하우어는 자신의 입장을 구제하기 위해 칸트가 형이상학을 경험에 기초하지 않은 개념적 형성물로 보는 관점을 비판한다. 형이상학의 '합리적 지식Wissen'은 "외적인 현실세계에 대한 지각과 자기의식의 가장 친근한 사실이 제공하는 정보로부터 생산된geschöft" 것이다. 형이

---

9   위의 책, s. 235.
10 Arthur Schopenhauer, *Die Welt als Wille und Vorstellung* Ⅱ, S. W. Band Ⅱ, Suhrkamp, 1986, s. 236~237.

상학적 지식은 주관의 경험과 예감 및 경이감 또는 삶의 '비참성'에 대한 경험이 개입하는 합리적 지식이다. 그것은 '경험의 학문'이다. "철학은 경험 자체에 대한 올바르고 보편적인 이해, 즉 경험의 의미와 내용에 대한 진정한 해석 이외의 아무 것도 아니다."[11] 철학은 인간의 과학적 경험과 형이상학적 경험들에 대한 해석이다.

형이상학은 사물에 대한 보다 심원한 경험과 감수성을 배제하지 않는다. 오히려 그것들에 의해 추동된다. 형이상학적 감수성은 사물 전체의 상호내적 관계에 대한 통찰에 도달하여, 만유의 상호내재적 연관성이 보여 주는 통일성에서 모든 개체들이 본질의 수준에서는 하나의 '형제'라는 괴테의 감각을 가질 수 있게 한다. 괴테의 감각은 우파니샤드와 장자莊子의 사상에 연원하는 동양의 오래된 만물일체萬物一體의 원리와 거의 차이가 없다. 이러한 윤리성은 기계론적 원자론이 암시하는 개체들 간의 기계적이고 배타적인 관계가 아닌, 만유가 상호 공속하는 유대에 기초하는 무한의 윤리의 가능성을 열어 준다. 최상의 윤리는 한정하지 않는다. 쇼펜하우어가 의지 형이상학을 '경험의 학문'이라고 한 것에는 브루노와 스피노자에서 드러나는 무한정, 무경계에서 오는 기쁨의 삶에 대한 열망이 있다. 여기에 쇼펜하우어가 우주와 윤리를 직접 연결시켜 사유하는 동양 철학을 적극 수용하게 되는 또 하나의 이유가 있다. 이 맥락에서 니체의 귀족주의와 대비하여 쇼펜하우어의 형이상학을 형이상학적 민주주의로 보는 짐멜Georg Simmel, 1858~1918의 다음과 같은 언급은 주목할 만하다.

적어도 쇼펜하우어가 도덕적 의무를 정식화할 때 그는 다음과 같은 귀결

---

11 위의 책, s. 237~238.

을 끌어낸다. 진정으로 도덕적 개인들은 자신들과 타자들 사이를 구별하지 않는다. 그들은 이론적으로는 아닐지라도 실천적으로 모든 존재의 심원한 형이상학적 동일성을 인지한다. 개체화된 분리는 기만적 현상, 즉 우리의 통각의 주관적 형식의 귀결일 뿐이다. 우리의 본질의 뿌리에서 절대적 동일성은 우리의 궁극적 동질성의 원인이 아니다. 그것은 한정적이고 차이를 생산하는difference-producing 삶이 맹목적이라는 것에서 결과 되는 저 동질성homogeneity의 표현이거나 반영이다. 니체가 취한 그러한(차이를 생산하는) 새로운 목적의 창조는 삶의 등급 사이에 예리한 차이를 만들 것이며, 형이상학적 민주주의metaphysical democracy의 자리에 새로운 귀족제를 존재하게 할 것이다.[12]

쇼펜하우어와 니체에 대한 이 비평에서 짐멜은 개체적 삶의 '진화'에서 '보다 높은' 실존 양식을 찾는 니체의 '고상한 도덕'을 쇼펜하우어의 만유 동질성에 입각한 '평등의 도덕'에 대립시킨다. 차이를 거부하는 쇼펜하우어는 타자에 공감하는 느낌sympathy에 근거한 연민Mitleid, Compassion이 갖는 형이상학적 의미를 해석해 낸다. 연민은 암호이고, 형이상학은 그것의 해독이다. 평등성의 주장은 단순히 형이상학적 통일성만을 원인으로 해서 나온 것은 아니다. 연민은 우주의 모든 개체들의 차이들의 근저에 있는 동질적 생명원리가 인간의 신체와 의식을 통해 발현된 것이다. 연민이라는 형이상학적 감정의 확장에서 모든 살아있는 것들에 대한 사랑이 형성된다. 이러한 사랑이 소수 신비가들이 통찰하고 구현해 왔던 개방적 도덕이다. 우주를 사랑하는 생의 긍정은 이 평등한 보편적 사랑의 감성이 우주적으로 확장된 결과이다. 이처럼

---

12 Georg Simmel, *Schopenhauer and Nietzsche*, Trans by H. Loiskandl, D. Weinsten and M. Weinstein, University of Illinois Press, 1986, pp. 9~10.

현상에 나타난 본질적 '동일성Einheit'에 대한 윤리적 통찰이 형이상학의 출발이자 귀결이다. 이러한 견해는 횔더린과 같은 낭만주의자들의 열정을 지배했던 하나이자 모든 것ἕν καὶ πᾶν에 대한 통찰이다.

공간적으로 공존하는 형태들과 시간적으로 나타나는 생성이 결합하여 구체적이고 다양한 세계가 형성된다. 이 세계는 하나의 실재Reality인 의지가 시공간이라는 개별화의 원리에 따라 분화되어 가는 과정이다. 현상세계는 과학적 탐구가 가능한 영역이다. 그러나 과학적 기술description은 현상의 근저에 있는 하나의 의지와 이의 여러 발현태인 자연력들에 대해서는 설명할 수 없는 신비로 남겨둘 수밖에 없다. 니체의 힘에의 의지Wille zur Macht가 쇼펜하우어의 의지처럼 하나의 통일성을 갖는 형이상학적 원리인지 개별화된 '힘들의 양자quantum'로서의 자연학적 원리인지에 대해서는 여전히 논점으로 남아 있다. 니체는 영원과 생성을 통일하는 관점을 복지나 평등한 행복에 사로잡힌 '가축 떼'의 '노예도덕'에 대립시킨다. 이러한 대립적 차이를 생산하는 노력이 생의 목적이다. 이 목적이 신학적 목적론이 폐기된 상황을 의미하는 유럽의 허무주의를 극복하는 능동적 삶의 길이다. 니체의 '능동적 허무주의'는 '비굴'을 버리고, 차이를 생산하는 전사적 '용기' 즉 실존적 노력 자체를 의미한다.

니체의 이 관점perspecktive은 쇼펜하우어의 영향권에 있었던 시기에 공감했던 '형이상학적 민주주의'를 떠나는 것이다. 또한 니체의 귀족주의는 쇼펜하우어가 도시 시민을 '빵과 서커스'에 눈먼 대중으로 본 것처럼, 연민과 민주정을 노예도덕의 일종으로 저평가한다. 니체에게는 저급한 삶의 양식에 저항하는 '용기'를 갖는 '고결성'이 문제이다. 실존 양식의 높음과 낮음의 차이가 새로운 정신적 귀족제의 진화 원리다. 그러나 러셀의 비판처럼 산업 사회에서 힘을 가진 정신적 귀족이란 파시스트가 되는 것이 고작이다. 쇼펜하우어의 형이상학에서는 높고 낮음이 해소되는 우주적 화해의 삶이 고결성이다. 바로 이점에서 그는 "붓다와 마이스터 에크하르트와 나는 같은 것을 가르친다"고 한다.[13]

모든 상대적 분별分別, vikalpa을 망상의 원인으로 보는 붓다처럼 에크하르트Meister Eckhart도 모든 배타적 차별을 부도덕의 징표로 본다. "평등과 일치가 없는 곳에서의 사랑은 아무 것도 아닙니다. 주인과 종 사이에는 평화가 없습니다. 거기에는 참된 평등이 없기 때문입니다. (……) 이처럼 차이를 만들어 내는 같지 않음은 쓰라린 아픔일 뿐입니다. 거기에는 어떠한 평화도 있을 수 없습니다."[14] 그에게는 신의 세계는 그 안에 부정이 없는 '부정의 부정', 즉 절대적 긍정의 세계이다. 절대적 긍정에 대한 깨달음은 고행과 명상이라는 금욕조차도 해소되어 현상 속에서의 삶을 자유하게 한다.

쇼펜하우어의 형이상학에 놓여 있는 윤리적 계기는 현상계를 예지계의 발현으로 보는 내재적 형이상학을 이끌어 가는 동기로 작용한다. 이 점은 스피노자가 자신의 형이상학을 《에티카Ethika》로 이해한 것과 같으며, 쇼펜하우어 자신도 그렇게 파악한다. 또한 그것은 브루노가 자신의 형이상학은 무한에 대한 열정적 사랑Amor에 의해 추동된다고 한 것과도 상통한다. 그는 미신과 편견에 가득 찬 "기고만장한 짐승들의 추방Spaccio della bestia trionfante"은 무한의 윤리에 의해 가능하다고 보았다. 브루노와 스피노자의 세계에는 신학적 형이상학이 갖는 위계질서가 없다. 세계의 통일성은 수정구로 한계 지워진 유한한 세계를 초월적 견지에서 지배하는 권력 원리가 아니다. 쇼펜하우어의 생명원리는 현상계가 의지 안에 있고 의지가 현상계 안에서 작용하는 내재적 동일성이

---

13 Arthur Schopenhauer, *Manuscript Remains* V. 4, Senilia, 83, p. 387.
14 Matthew Fox, 김순현 옮김, 《마이스터 엑카르트는 이렇게 말했다》, 분도출판, 2006, 15~151쪽.

다. 쇼펜하우어는 낭만주의의 영향도 받았지만, 무한우주론과 과학이 상호 작용했던 르네상스 인문주의 전통과도 연결된다.

의지는 과학의 논리나 언어가 적용되는 영역과는 다르다. 표상과 의지는 '근본적 차이성'을 갖는다. 의지는 현상세계로 스스로를 발현하는 실재이다. 현상은 인과의 범주로 인식 가능한 것이며, 여러 형태의 인과성에 의해 연결되어 있는 관계들의 체계이다. 그것은 분리된 개별자들의 집합이라기보다는 관계적 사건들의 총체이다. 그러나 실재인 의지는 인과 관계에서 벗어나 있다. 그것은 '자유'를 본질로 갖고 있는 창조적인 유동체이면서도 의지로서의 자기 동일성을 영원히 유지하는 존재이다. 자연과 자연종들은 파괴될 수 있어도 물질과 이를 매개로 자신을 표현하는 의지는 영원하다. 그것에 대한 인식은 객관적 태도에 의거한 설명의 방법이 아니라 주관의 자기의식에서의 직접적 직관과 이의 심화에서 가능한 것이다. 의지는 그 본성에서나 인식 방식에서 표상으로서의 세계와는 종류가 다르다. 이 차이에 대한 인식에 형이상학의 가능 근거가 놓여 있다. 현상을 객관성의 관점에서 보는, 즉 '외부로부터' 보는 관점은 사물의 본질에 도달할 수 없다. 객관적 태도에서 세계는 '완전히 낯선 것'으로 주관 앞에 버티고 있다.[15] 세계와 나는 언제나 서로 격리되어 소외된 관계에 있게 된다. 근대 지식론은 이러한 주객 분리를 의심 없는 전제로 해서 형성된 것이며, 그것이 갖는 난점도 거기에서 연원한다.

과학적 인식이 전제하는 주객 분열은 근본적 차이성에 관한 통찰에 의해 극복의 계기가 마련될 수 있다. 쇼펜하우어의 비유를 든다면 사교 모임에서 서로가 친숙하고, 친구 관계나 친척 관계임을 소개를 통

---

15 Arthur Schopenhauer, *Die Welt als Wille und Vorstellung* I, S. W. Band I, Suhrkamp, 1986, s. 155.

해 알게 되더라도 나 자신과 다른 사람들 자체에 대해 전혀 알 수 없다고 느끼는 순간이 있다. 이때 일상의 표면적 관계가 나 자신과 타인의 본질은 아니라는 생각이 일어날 수 있다.[16] 여기에서 표면과 심층 사이의 본질적 차이에 대한 예감이 들며, 자기의식적 반성이 심화되어 나에게 직접적으로 나타난 의지가 타인과 세계의 동일한 본질이라는 생각에 도달할 수 있다. 이러한 순간적 추리가 '의지로서의 세계'가 하나이자 모든 것hen kai pan이라는 것에 대한 공감과 신념으로 확정되면 비로소 형이상학적 진리에 대한 만족스러운 신념이 된다. 근본적 차이로부터 모든 것의 동일성에 대한 이해로 나아가고, 이러한 이해에서 불만족스러운 분열과 대립의 삶이 해소된다. 과학적 진리는 언제나 시간과 공간에 제약된 상대적이고 표층적 진리이다. 이 표층적 진리는 근본적 차이에 대한 성찰로 넘어갈 때 절대적이고 심층적인 형이상학적인 진리와 결합하게 된다.

현상계는 지성의 능력인 분할과 결합의 원리에 따라 인식된다. 그러나 본질인 의지는 분할할 수 없는 것이다. 사물은 현상의 층위에서 분석할 수 있지만, 본질의 층위에서는 분석할 수 없다. 그것은 수학적으로 '셀 수 없는 것De innumera bilibus'(G. Bruno), 즉 무한정자다. 과학적 지성은 사물의 미세한 차이를 인식하지 않으면, 추상적 동일성에 머무는 무지에 빠진다는 것을 선험적으로 알고 있다. 지성은 무한 분할의 가능성을 믿는다. 그러나 본질의 차원에서 쇼펜하우어는 스피노자의 전통에 따라 원자론과 같은 다원론pluralism을 배제하고 일원적 생명원리를 주장한다. 세계는 하나의 의지로서의 세계이다. 순수개념에서 출발한다면 형이상학은 불가능하다. 형이상학의 가능성은 자기의식이 우

---

16 위와 같음.

주의 심연에 직면하는 근본적 차이성에 대한 성찰에 있다. 이 성찰은 현기증 나고 "몸서리 쳐지는" 심연의 '무'를 경험한다. '무'인 의지는 원인과 결과의 관계를 넘어서 있지만 인과의 연쇄로서 자신의 모습을 제한해서 드러낸다. 그것은 인과의 범주를 통한 합리적 인식 가능성을 넘어선 역설적인 '무근거Ungrund'의 근거다.[17]

인간은 과학적 삶에 만족할 수 없는 의지를 갖고 있다. 과학에 좌절하고 새로운 차원의 만족을 지향하는 것이 인간 조건이라면, 인간은 자유로 운명 지워져 있다. 이 자유의 궁극적 실현은 모든 것이 하나임을 인식하는 데서 얻어질 것이다. 형이상학의 기초는 과학의 논리에 만족할 줄 모르는 자유에 있다. 철학은 과학이 구성한 경험 법칙들을 초월하는 차이성의 삶 속에서 만유의 평등한 동일성을 동경한다. 자유의지에 추동되는 지성은 자신의 한계를 넘어서는 초지성supra-intellect을 필요로 한다. 동시에 그것은 모든 대립에서 오는 고뇌와 죄의식을 해소하는 자유와 기쁨의 윤리를 지향한다. 형이상학은 자유와 우주적 평등을 향한 열망에 토대를 두고 있다. 이러한 열망은 과학적 경험을 넘어서는 형이상학적 경험이다.

인간은 자신의 경험의 영역을 비약적으로 확장하는 가운데 '세계의 의미'에 대한 수수께끼를 갖는다. 쇼펜하우어가 형이상학을 '경험의 학문'이라 했을 때, 그것은 자신의 내외적 경험을 포용하고 그것을 총괄적으로 이해하려는 활동을 의미한다. 철학적 경험은 과학적 경험을 반영할 수 있지만, 그 경험의 한계를 인식하고 난파당하는 모험이다. 지식의 영역을 과학에 한정하고 형이상학의 가능성을 봉쇄한 비판 철학은 이 모험이 갖는 의미 해석을 통해 형이상학의 가능성을 다시 열

---

17 Arthur Schopenhauer, *Die Welt als Wille und Vorstellung* Ⅰ, S. W. Band Ⅰ, Suhrkamp, 1986, s. 383~384.

게 된다. 현상과 예지계의 경계선을 긋는 것은 이미 경계선 밖을 생각했을 때 가능하다. 그 경계선 안쪽에 있는 현상의 인과 관계는 지성의 인과 형식에 따라 구성된 것이라는 상대성을 갖는다. 그러나 형이상학의 가능성은 인간 자신의 내부에서 열린다.

쇼펜하우어는 자연과학을 형태학[박물학]과 원인학[물리, 화학, 생리학]으로 나눈다. 이 과학들은 서로 다른 인과 관계로 구성되어 있다. 현상은 여러 종류의 인과 계열로 나누어진 관계들의 총체다. 그는 그것을 다양한 무늬의 결을 보여 주는 '대리석의 단면'에 비유한다. 대리석의 단면에서 '연속적으로 늘어선 줄무늬'는 여러 계열의 인과 관계들이다. 그러나 무늬의 결이 "어떻게 대리석의 내부를 관통해 표면에 나타나게 되었는지는" 표면을 보는 사람은 모른다.[18] 이처럼 미지의 내부에 대한 초월적 관심은 표면에 대한 인식에 따라 다닌다. 이 상황에서 과학적 지식은 양면성을 갖는다. 그것은 내부 본질에의 접근을 차단하는 마야의 베일이며, 또한 내부의 신비를 초월하게 하는 매혹적인 암호가 된다. 그러나 탐구자가 객관적인 사유의 지평에 있는 한 그 신비는 그대로 남는다. 이 지평에서는 다음과 같은 물음만이 있게 되고 그 응답은 주어지지 않는다. "이 세계는 표상 이외의 아무 것도 아닌가? 세계는 실체 없는 꿈, 유령과 같은 공중누각처럼 우리 옆을 슬쩍 지나가는 것, 그래서 주목할 만한 대상이 아니란 말인가? 아니면 세계는 그 이상의 무엇인가?"[19]

'그 이상의 무엇'에 대한 응답 가능성은 신체를 가진 주관인 '개체 individium'의 자기의식에 있다. 자기의식의 경험은 신체 내부의 움직임

---

18 Arthur Schopenhauer, *Die Welt als Wille und Vorstellung* I, S. W. Band I, Suhrkamp, 1986, s. 155.
19 위의 책, s. 156.

III. 형이상학의 전복과 가능성 및 과학 **247**

을 통해 나타나는 욕망에 관한 의식이다. 의식을 탄생시키고 지배하는 뿌리는 지성이 없는 욕망이며, 이 욕망은 의지가 개체를 통해 자신을 표현한 것이다. 이런 의미에서 형이상학적 경험은 신체적 욕망에 대한 성찰적 경험을 통해 현상으로서 표면의 차원을 넘어서는 어떤 궁극의 실재를 예감하는 것이다. 그것은 개체의 내면에서 감지된 것을 가지고 밖으로 나아가 현상계의 본질을 이해하고 이를 통해 세계를 해석한다.

이 때문에 철학은 개체들의 내적 갈등이나 힘들의 충돌을 형상화하는 문학과 예술에 관심을 가질 수 있다. 또 구원과 자유를 열망하는 예술과 종교에 자극받거나 영향을 줄 수 있다. 철학의 윤리적 열망은 삶의 의미를 추구하는 예술과 종교로부터 교훈을 얻을 수 있다. 철학은 과학적 지성의 도식 안에 갇혀 있는 폐쇄적 자아에 빠지지 않고, 존재 의미를 묻는 문학, 예술과 소통하는 개방성을 갖는다. 쇼펜하우어가 과학의 논리와 의지의 형이상학 위에 예술을, 예술 위에 신비주의를 둔 것은 철학의 의사소통의 범위를 대범하게 확대한 것이다. 유대-기독교적 전통에 저항하여 무신론을 표방했음에도 불구하고 그에게 동서양의 종교가 추구하는 구원과 자유는 인류 지혜의 집약이다.

철학은 비-철학과의 보완적 관계를 통해 자신의 세계를 풍요롭게 한다. 브래들리F. H. Bradley, 1846~1924의 다음과 같은 언급은 그러한 논의와 일치한다.

시와 예술과 종교가 전혀 사람들의 관심을 끌지 못하게 됐을 때, 혹은 그것들이 궁극적 문제들과 분투하며 그 문제들과 소통하는 경향을 더 이상 보여 주지 못할 때, 신비와 매혹에 대한 감각이 마음으로 하여금 정처 없이 방황하게 하지 못하고, 그것이 무엇인지 몰라도 사랑하게 되지 못할 때,

그때에 형이상학은 가치가 없게 될 것이다.(Appearance and Reality)[20]

과학과 산업이 세계에 대한 탈마법화를 촉진하며, '세계의 의미'
에 대한 물음이 증발된다면 형이상학은 사라진다. 이것이 근대에서
일어난 유럽 허무주의의 실상이며, 과학주의나 물리주의는 그 결정
체이다. 그러나 쇼펜하우어의 말대로 인간이 '형이상학적 동물animal
metaphysicum'이라면 궁극적 문제들은 사라지지 않을 것이다. 적어도 시
와 예술과 종교가 그것을 문제 삼을 것이다. 이러한 상황에서 초기의
카르납처럼 형이상학의 진부한 보수성이 주는 환멸을 경험한 사람들
은 철학의 본질을 과학의 논리로 보고 물리주의 입장에서 형이상학을
폄하하여 단순한 감정의 발로인 시로 규정할 수도 있을 것이다. 이 평
가가 절하하는 의미가 아니라면 그것은 형이상학의 일면을 잘 파악한
것이다. 사실상 형이상학은 시와 예술의 정신과 공유하는 부분을 갖는
다. 철학이 신체적 느낌과 자기의식의 결합에서 출발하는 것이라면 과
학적 경험만을 절대화할 수 없게 된다. 쇼펜하우어가 지식의 영역인 표
상으로서의 세계를 절대화하지 않고 철학에 독자적 특성을 부여한 것
은 그 때문이다.

철학은 과학적 설명이나 개념적 사유에서 출발하지 않는다. 그것은
신체와 자기의식의 직접적 관계에서 출발한다. 형이상학적 물음은 '개
체'로서의 인간의 고유성인 '본능'(F. H. Bradley)이라고 할 수 있을 것이
다. 표상으로서의 세계의 끝에서 철학은 시작한다. 철학이 자신의 조건
들로서 포괄하는 분야는 넓어진다. 철학은 개별 과학뿐만 아니라 시와
예술, 정치와 종교 및 자연사를 포괄한다. 쇼펜하우어에게 철학은 사

---

20 W. J. Mander, *An Introduction to Bradley's Metaphysics*, Clarendon Press, Oxford, 1894, p.
22.

랑하고 투쟁하며 죽고 사는 것을 이해하기 위해 '인생을 소비할 만한 학문'이다.

그러나 철학이 신체적이며 자기의식적인 성찰에서 시작한다 하더라도, 하나의 학문인 이상 현상과 실재(본질)의 구조에 대한 파악과 전달의 수단을 갖추어야 한다. 이러한 의미에서는 철학도 일종의 개념적 사유이며 따라서 추상성을 갖게 된다. 쇼펜하우어에 의하면 과학적 인식이 관계적 사건들의 연쇄라는 상대성의 차원에 한정된 것이라면, 철학은 "세계 전체의 본질을 그 전체와 각 부분과의 관계에서 추상적으로 확인해야 한다."[21] 부분과 전체에 대한 개념적 이해는 부분적 차이들에 대한 고려에 의거한다. 그것은 단지 전체적 원리에만 의존하는 구체성 없는 추상성만을 고려하지 않는다. 진정한 추상적 사유는 부분들에 대한 새로운 진리를 지나쳐 버리는 것이 아니라 부분들에 대한 분석적 결과를 보편적 원리에 결합한다. 개념적 사유는 부분적 분석과 전체적 종합이 상호 교류하는 과정에 의거한다. 철학은 "개별적인 것을 보편적인 것 속에서 사유하고, 개별적인 것이 갖는 여러 차이 Verschiedenheit까지도 보편적인 것 속에서 사유해야 한다."[22]

이러한 사유는 "다양한 것을 그 본질에 따라 분리하고 결합하여" "몇 개의 추상적 개념으로 총괄한다." 차이를 포괄하는 사유는 이미 전제에 함축된 것만을 동어반복적으로 도출해 내는 형식 논리적 연역에만 의존하지 않는다. 진정한 사유는 "플라톤이 정립한 것처럼 많은 것 속에서 하나Eine im Vielen, 하나 속에서 많은 것Viele im Einen을 인식하는 것이다."[23] 쇼펜하우어가 철학을 "추상적 개념 속에서 세계의

---

21 Arthur Schopenhauer, *Die Welt als Wille und Vorstellung* I, S. W. Band I, Suhrkamp, 1986, s. 135.
22 위와 같음.
23 위와 같음.

완전한 반복, 말하자면 세계의 반영eine vollständige Wiederholung, gleichsam Abspiegelung der Welt"[24]이라고 정의한 것은 바로 위와 같은 맥락에서 나온 것이다. 철학은 신체적 느낌에 대한 자기의식에서 출발하지만, 그것이 개념적 사유를 통해 세계의 구조를 표현한다는 측면에서는 '감정Gefühl'의 제약을 넘어서는 것이다. 이 점에서 쇼펜하우어는 낭만주의적인 감정을 절대화하는 낭만주의를 벗어난다.

쇼펜하우어의 공헌이라고 할 만한 것은 추상적 개념의 공허성에 대한 이해이다. 추상적 개념은 다양한 경험적 내용에서 세밀한 차이들을 버리고 공통된 평균치를 추려낸 것이다. 쇼펜하우어는 이런 맥락에서 추상적 개념의 공허를 비판하고, 개별적 경험의 풍요와 확장을 강조하는 유명론적 경험주의의 의의를 인정한다. 공허한 개념에 의존하는 추리는 새로운 내용을 수용하지도 못하고 따라서 새로운 개념의 창조로도 나가지 못한다는 것이다. 형식 논리상으로는 개념이 제시하는 대상들 즉 외연의 범위가 넓어질수록 그것이 갖는 추상적 의미인 내포는 적어진다. 추상화의 진전에 따라 개념의 복잡한 의미는 단순한 의미로 증류된다. 그 대신 개념의 외연은 더 넓어진다. 인간이라는 개념보다 포유류라는 개념은 외연이 넓어진 대신에, 내포하는 하위 종들의 고유한 특성들이 사상捨象된 평균적 특징들만을 갖는 것으로 좁혀진다.

쇼펜하우어에 의하면 과학적 탐구와 형이상학은 "동질성Homo-geneität의 법칙과 특수화Spezifikation의 법칙을 동시에 충족시킨다."[25] 이러한 충족은 지식의 '완전성'을 추구하는 것이기에 형식 논리적 "확실성을 목적으로 하지 않는다." 형이상학자는 '많은 것 속에서의 하나'라

---

24 Arthur Schopenhauer, *Die Welt als Wille und Vorstellung* I, S. W. Band I, Suhrkamp, 1986, s. 136.
25 Arthur Schopenhauer, *Die Welt als Wille und Vorstellung* I, S. W. Band I, Suhrkamp, 1986, s. 111.

III. 형이상학의 전복과 가능성 및 과학 **251**

는 동일성을 추구하기에 추상적 개념을 사용한다. 그러나 그는 '하나 속에서의 많은 것'을 추구하기에 추상적 개념은 무수한 외연을 포괄하며, 무수한 자연 종種들의 특성들을 포용한다. 새로운 종의 '자연발생 generatio aequivoca'의 가능성을 인정하는 쇼펜하우어는 새로운 종의 차이를 본질적 동일성인 의지에 포괄해야 한다고 본다. 형이상학은 초월적 동일성에서 다수성의 세계를 연역하는 것이 아니다. 진정한 형이상학은 현상과 궁극적 실재 사이의 상호내재성의 구조를 반영해 그것을 차이성과 동일성을 공속적 관계에서 규정한다. 브래들리의 표현을 사용한다면 그러한 구조는 '차이성 속의 동일성Identity in Difference'이다.

이러한 구조 안에서 동일성은 내용 없는 공허한 것이 아니라 무수한 자연 종들과 그것들의 차이를 생산하고 또 생산해 가고 있는 근거가 된다. 궁극적 실재의 동일성은 '부단한 노력'과 '끝없는 생성'이라는 단일한 의미를 갖지만, 무수한 성운들로부터 인간유기체에 이르는 것들을 자신의 '발현'으로 포괄한다. 궁극적 실재는 처음과 끝이 없는 열려진 전체이기 때문에 일견 모호한 존재이다. 그러나 이 모호성은 그것이 심원한 의미들을 담지하고 있는 의미심장한 것이라는 점에 기인한다. 형이상학적 진리는 예술적 진리처럼 애매하지만 역설적이게도 풍부한 의미를 갖는 것이다. 그것은 이미 알려지고 전달될 수 있는 정보처럼 명확하지만 의미는 빈곤한 것이 아니다.

형이상학적 경험에서 자기의식적 개체는 자연 전체의 본질적 실재와 자신이 동일한 근원에 뿌리박고 있다는 통찰을 갖는다. 여기에서 주관과 객관의 구분 이전의 통일적 전체성이 직관된다. 이 전체성은 일상의 의식적 삶에서는 의식되지 않았던 무의식적 전체성이다. 이에 대한 통찰은 주객 분열과 대립을 전제한 지식의 세계가 무의식적 전체성을 억압하고 실현된 것이었음을 알게 하는 계기가 된다. 무의식적인 전체성에 대한 형이상학적 경험에서 차이성 속의 동일성이 느껴지고 의식된다. 이러한 경험이 쇼펜하우어가 동서양 신비주의에서 알게 된 우주적 연대성에 대한 경험이다. '차이성 속의 동일성'과 같은 개념은 직접적 경험의 내용을 개념화한 외피에 불과한 것이다. 형이상학은 우주적 연속성에 대한 참여적 경험을 개념적으로 표출한 것이다. 이러한 관점에서 쇼펜하우어의 형이상학과 표상론을 연관시켜 생각한다면, 그의 인식 단계는 다섯 단계로 구성되어 있다.

첫째, 황금 시대의 인간 아담이 그 속에서 살다가 망각한 주객 분리 이전의 무의식적 전체성에 대한 직접적 느낌의 원초적 단계 (주술시대의 의식)

둘째, 현상적 객관에 대한 지각이라는 표면적 인식의 단계 (오성의 지각)

셋째, 현상적 객관에 대한 과학적 개념과 추리에 의거한 인식 단계 (이성의 지식)

넷째, 개별적 사물의 생명원리로도 이해되었던 형상形相에 대한 예술적 인식 단계 (쇼펜하우어는 예술도 고유한 인식 영역을 갖는다고 본다. 음악은 기본 저음인 의지에 해당한다. 점차적 상승에서 나타나는 음들은 의지의 단계적 발현인 형상들의 사다리에 해당한다)

다섯째, 자기의식을 통해 첫째의 단계로 돌아가 형이상학적 개념의 도움으로 무의식적 전체성의 느낌을 각성하는 단계 (여기서는 인간과 자연 모두가 자연의 본질인 의지의 발현으로 이해되고, 모든 분열과 투쟁이 해소된다. 우주적 연대성의 계시적 현현은 무 대립의 절대적 인식의 차원이다. 이것을 쇼펜하우어는 브루노와 스피노자의 표현을 사용해 '영원의 상하相下, subspecies aeternitatis'에서 세계를 보는 단계로 간주한다)

다섯 종류의 인식에서 각 단계는 자신의 차원 내에서 고유한 의의를 갖는다. 일상의 지각과 과학적 인식은 표상으로서의 세계 안에서 유용한 것이고, 생명 진화사의 한 단계를 나타낸다. 이 표상으로서의 세계도 물자체인 의지가 나타난 모습이다. 그것은 그 단계에서의 의지의 거울이며, 의지의 자기인식의 한 단계이다. 그것은 넷째의 인식 단계로 넘어가는 도정에 있다. 다섯째의 최후 단계에서 조건적이고 상대적인 인식은 절대적 인식으로 지양된다. 상대적 인식은 그 하위 단계로 포섭된다. 개념과 추론의 능력인 이성의 자극과 첫째의 직접적 느낌이 만나 하나의 형이상학적 인식이 나타난다. 이 단계에서 개체로서의 인격이 의지에 대한 부정을 의욕한다면, 우주는 의지와 함께 '허무'로 돌아갈 수 있는 것으로 된다. 우주와 의지는 허무 안에서 전개되고 그것으로 돌아간다. 현상계 전체는 자신의 존재 조건을 무無에 두고 있다. 생명원리인 의지는 궁극의 재료인 물질을 매개로 무수한 자연 종을 생산한다. 형체 없는 의지는 잠재적 창조력을 가진 '무'로 이해되거나 '무'에서 생기하는 생명원리로도 이해될 수 있다. 생명원리인 의지는 무근거의 근거이다. 쇼펜하우어가 '무'를 만유의 영원한 창조적 원천으로 본 노자老子를 이성으로서 "자연의 빛을 온전히 구현한" 철학으로 본 것도 무리는 아니다.

2. 스피노자와 윤리학으로서의 형이상학

쇼펜하우어의 형이상학은 일종의 윤리학이다. 그에 의하면 자연 전체의 뿌리를 의지에 두는 형이상학만이 다른 철학이 '우회로를 통해서' 윤리학에 다가가는 것과는 달리 '직접적이고 간단한 방식으로' 도달한다. 의지 철학은 윤리학을 "이미 장악하고 있다."[1] 형이상학이 자기의식적인 '내적 자아'의 내감에서 시작하는 것이라면 여기에 이미 윤리학의 가능성이 함축되어 있다. 쇼펜하우어는 이러한 생각에서 자신의 자연 철학적 저작인《자연에서의 의지에 관하여 *Über den Willen in der Natur*》(1836)의 마지막 장의 제목을 〈윤리학에 대한 암시적 언급 *Hinweisung auf die Ethik*〉으로 설정하고, 여기에서 형이상학과 윤리학의 본질적 연관성을 논한다.

자연의 본질인 의지는 일종의 '힘 kraft'이다. 그것은 "자연 안에서 능동적으로 추동하고 실현하는 힘 in der Natur treibende und wirkende kraft "이다. 이것이 우리의 지성에 지각 가능한 세계를 펼쳐놓는다. 힘으로서의 의지는 우리 내부의 의지와 동일하다. 세계의 내적 의지는 인간의 내적

---

1   Arthur Schopenhauer, *Über den Willen in der Natur*, S. W. Band Ⅲ, 1986, s. 473.

의지와 본질상 동일하다. 세계는 인간의 내밀한 핵심을 함축하고 있으며, 인간은 세계의 비밀을 푸는 열쇠를 내부에 갖고 있다. 의지가 인간의 개체적 조건을 통해서 드러나는 방식에 따라 인간의 활동은 크게 선과 악의 방식으로 나뉜다. 그것이 자기중심적 방식일 때는 악으로 되고, 그것이 인류 나아가 만유의 동일성에 대한 인식에 매개되는 방식일 때는 선으로 된다. 자연의 존재가 의지에 의해 주어지는 것이라면, 자연과 인간의 관계에는 이미 윤리적 의미가 함축되어 있다. 세계는 원초적으로 윤리적 의미를 갖는다. 상대적인 관계의 그물로 구성된 현상계는 의지의 발현이며, 개체들의 자기보존욕은 투쟁적 관계를 형성한다. 인간 종의 단계에서 투쟁성은 그 강도가 더 극명하게 나타난다. 인간의 투쟁성은 대상에 대한 지배라는 형식하에서 이루어진다. 인간을 통해 실현되는 의지는 무기물에서 동물에 이르기까지 각 단계가 갖는 의지의 고유성을 표상으로 환원해 인간의 의지에 종속시키며, 인간의 인간에 대한 관계에서도 서로를 자신의 의지에 종속시키려 한다.

개체의 자기보존을 위한 투쟁은 모든 것이 하나의 의지의 산물이라는 우주적 동일성에 대한 무지에서 온다. 악은 존재의 동일한 뿌리에 대한 무지일 뿐만 아니라 이 뿌리에 대한 공격이다. 인간의 자기의식을 창조한 의지는 자기의식 간의 투쟁으로 나타난다. 투쟁은 개체에 나타난 의지가 의지를 공격하는 것이다. 그러나 개체는 우주적 동일성과도 접속되어 있기 때문에 동일성에 대한 공감적 느낌을 지닐 수 있다. 개체는 그것을 지적으로 의식화하여 확장하려는 노력을 기울일 수 있다. 윤리학은 개체의 자기중심성에 우주적 연대성을 공감이라는 감정을 통해 들여오는 학문이다. 이 학문이 공감이라는 직접적 소통에서 가능성을 갖는다면, 그것은 소통적 경험의 가능성을 감정에 두는 윤리학이 된다. 우주적 동일성을 의지로 보는 형이상학은 동일성을 느끼고 자각하는 윤리학이 된다. 이 점에서 신, 즉 자연에 대한 사랑에서 자유의 이상을 찾는 스피노자의 윤리학은 쇼펜하우어의 선구이다. "윤리학을 실재적으로 그리고 직접적으로 지지해 주는 형이상학만이 그 자체 원초적으로 윤리적이며 윤리학의 자료로부터 구성되는 것이다. 그러므로 나는 스피노자보다도 나의 형이상학을 윤리학이라 부를 더 큰 권리를 갖는다."[2] 스피노자의 《에티카Ethika》가 전통적 세계관에 담겨 있는 온갖 미신적 전제들을 불식하는 지성의 개선을 통해 자유를 실현하는 형이상학이라면, 쇼펜하우어의 윤리학은 사변 신학적 존재론을 무의미한 명제 체계로 보고, 형이상학적으로 해석된 인간의 공감 능력에서 출발하여 개체의 구원과 자유를 추구하는 윤리학이다. 그런데 쇼펜하우어는 자신의 체계가 더 진정한 윤리학이라는 것이다. 그 이유는 무엇인가?

주관과 객관의 분열을 조건으로 성립하는 표상으로서의 세계는 윤리적 관심보다는 지식이 문제되는 영역이다. 여기서는 아직 의지에 대한 자각이 일어나지 않고, 윤리적 관심은 소외된다. 표상을 절대시한다면 신체를 가진 개체의 생활 세계는 관심의 대상이 되지 못한다. 근대 과학의 발전에 따라 형성된 실증주의와 유물론은 객관주의적 관점에 따라 자연에서 윤리적 의미를 소거함으로써 자연과 윤리학의 연관성을 끊어 놓았다. 그러나 쇼펜하우어에 의하면 "엄밀한 유물론적 체계를 제외한 모든 철학 체계는 한 가지 점에서 일치한다." 그것은 "가장 중요한 것으로 우리의 전 현존재에서 유일하게 본질적인 것이다." 즉 "우리의 현존재의 본질적 의미이자 전환점이고 극점인 것이 인간 활동의 도덕성에 놓여 있다는 것이다." 이러한 인간 조건이 '모든 체계의

---

2   위의 책, s. 473~474.

초석'이다. 그것은 "삶의 전환점이 우리의 양심Gewissen에 의해 확립된다는" 사실이다. 기존의 형이상학이 그랬듯 "형이상학은 윤리학에 근거를 주어야 한다."[3]

스피노자 역시 형이상학과 윤리학의 필연적 연관성을 의식한다. 쇼펜하우어는 그의 철학의 매력을 거부할 수 없었다. 그러나 그는 스피노자가 '궤변'에 의해 양자를 연결시킨다고 비판한다. 셸링F. W. J. Schelling이 스피노자의 체계를 과도한 객관주의적 성격 때문에 주관 혹은 자아의 의의를 몰각했다고 비판한 것처럼, 쇼펜하우어가 보기에 스피노자의 객관주의적 태도에서 나온 체계는 '숙명론적 범신론fatalistischen Pantheismus'의 성격을 갖는다. "이러한 체계로부터는 도덕을 논리적으로 도출할 수 없는데도" 스피노자는 궤변에 의해 자신의 체계에 윤리학을 연관시키고자 했으며, "도덕을 끔찍한 위험에 방치했다."[4]

쇼펜하우어는 스피노자 철학의 내재성을 높이 평가한다. 그러나 그는 스피노자를 생기론적 자유의 철학으로 해석할 수 있는 가능성을 배제하고 숙명론으로 본다. 이 비판은 스피노자의 기하학적 방법의 연역적 성격을 방법적 형식을 넘어선 실재적 질서로 이해한 데서 온 것으로 보인다. 그러나 방법적 형식을 내용과 관계 없는 것으로 배제하더라도 스피노자의 사상은 물체를 해명하는 데 있어 근대 과학의 결정론적 성격을 벗어날 수는 없었으며, 스토아주의처럼 겉보기 우연성을 필연적 연관으로 이해하는 긍정의 지혜를 자유로 간주한다. '신 즉 자연Deus sive Natura'이라는 하나의 실체는 자신을 창조적으로 발현하는 능력 혹은 역량potentia을 본질로 갖는다. 무한한 우주는 정의상 존재를 본질로 하는 하나의 실체가 본질 필연성에 따라 전개된 것이다. 본질 필

---

3   Arthur Schopenhauer, *Über den Willen in der Natur*, S. W. Band Ⅲ, 1986, s 472.
4   위의 책, s. 473.

연성은 실체가 인격적 주재가 아니라 자연 법칙에 따라 전개된다는 것을 의미한다. 우주는 필연적 관계 체계로 이성적으로 이해 가능한 것이며, 어떤 불가사의도 없다. 이러한 생각은 데카르트와 홉스가 물질의 운동을 수리 물리적으로 기술할 수 있다는 유물론적 제안을 수용하여 사변적으로 발전시킨 것이다. 데카르트와 홉스는 중세적 개념인 실체적 형상을 버리지 못했으나, 스피노자는 인간의 감정Affectus과 그 변용Affectio까지도 수리 물리학적 관점에서 이해 가능성을 갖는다고 보았다. 그의 합리주의는 '절대적 합리주의'(M. Geroult)의 성격을 갖는다. 물체들은 근대 과학적인 필연적 법칙들에 따라 관계를 맺는다. 사물들의 세계인 양태들은 관계에 의존해서만 존립할 수 있는데, 그것들은 운동과 정지에 관한 물리적 관계로 설명할 수 있다는 것이다. 사물들은 서로의 영향 속에서 다른 사물을 변용하는 관계 체계 안에 존립하기에 개별적 사물들은 변항variables의 위치로 환원된다.[5] 쇼펜하우어도 관계적 법칙들의 세계를 현상계로 한정하는 관점에서 이를 수용한다.

세계는 실체에 관한 정의로부터 존재가 도출될 뿐만 아니라 작용인인 실체에서 발생한다는 점에서 스피노자의 방법은 구조적이고 발생론적인 방법이 된다.[6] 세계는 논리적 필연성과 발생론적 필연성에 의해

---

[5] 박기순, 〈스피노자의 인간본성Natura Humana 개념〉, 근대 철학, 제7권, 서양근대 철학회, 2012, 57~91쪽. 저자는 다음과 같이 스피노자의 근대적 정신을 묘사한다. "엄밀히 말해 힘은 운동하는 어떤 한 물체 안에 있는 것이 아니라, 분리 혹은 이동 속에, 보다 정확히 말하면 두 물체의 '사이에' 혹은'관계 속에' 존재한다. (……) 물체의 개별화가 사유되기 위해서는 운동이 분석될 수 있는 조건이 충족 되어야 한다. 그 조건은 앞에서 우리가 정지해 있는 것으로 간주하는 물체 혹은 준거점에 의해서 확보 된다. 이준거점으로부터 분석의 대상으로서의 특정한 운동 상황이 구성되기 때문이다. 이렇게 구성된 분석체계système d'analyse 속에서 고려되는 한 한 물체는 운동의 주체 혹은 담지자가 아니라, 그것이 참여하고 있는 분석체계의 한 부분으로서 데카르트의 언어로 말하자면 분리 혹은 이동으로 정의되는 운동의 한 부분으로서 규정된다. 이러한 관점에서 개별물체들은 실체들이 아니라 운동의 변항들variables로서 정립된다. (……) 우리는 여기에서 데카르트의 새로운 자연학적 성찰이 얼마만큼 스피노자의 철학에 가까이 와 있는 지를 확인할 수 있다. 잘 알려져 있듯이 스피노자에게서 실체는 오직 하나이며, 개별사물들은 이 유일한 실체인 신의 속성들의 변용들 달리 말하면 신의 속성들이 특정하게 결정된 방식으로 표현되는 양태들이기 때문이다."

[6] 박기순의 〈스피노자에서 역량의 존재론과 균형개념〉(《철학사상》, 22권, 2006.6, 109~139쪽)과 〈스피

구성된다. 신이 본질상 존재를 포함하고 완전하다면 모든 가능한 것들을 현실적으로 생산할 수 있어야 한다. 신의 작용은 가능성과 현실성이 일치한다. 개별자의 역량으로서 본질도 신의 관념 속에 있다면 언젠가는 실현된다는 것이다. 이러한 일치가 필연성이라면 세계의 존재는 그러한 필연성에 따라 실현된 현실태이다. 따라서 우연적으로 주어진 것은 없으며 생산된 자연 전체는 신적 완전성을 갖는다. 이러한 견해를 쇼펜하우어는 내재적 생명 철학으로 이해하면서도 신학존재론의 잔재를 벗어나지 못한 숙명론으로 읽는다. 이에 반해 쇼펜하우어에 의하면 예지계인 의지는 관계의 체계인 현상으로 발현하지만, 의지 자체는 법칙적 결정성에서 벗어난 자유로운 의지이다. 현상에만 적용되는 의지는 필연적 작용을 가질 수 없다. 의지는 현상으로 발현했을 때는 이해 가능한 것이 되지만, 그 자체의 활동성은 법칙적 이해를 벗어나 있다. 세계는 우연히 주어진 것이다.

이러한 입장에서 쇼펜하우어는 칸트가 한때 존중하기도 하고 조롱하기도 했던 과학자이자 심령가인 스웨덴보리에 긍정적 관심을 갖는다. 그가 심령술을 예지계와 연관된 것이라고 생각한 것은 현상계와 예지계라는 이원성에 바탕을 둔다. 스피노자와 연관이 깊은 베르그송이나 윌리엄 제임스가 심령술에 관심을 보인 것도 쇼펜하우어의 이원적

노자에서 방법으로서의 히스토리아historia 개념〉《근대 철학》제1권 제1호, 2006.12, 5~30쪽)은 스피노자를 홉스와도 무관하지 않은 역량의 존재론으로 보고 그 기하학적 방법에 대한 여러 해석들을 소개한다. 저자는 게루M. Geroult에 따라 사물이 하나의 실체인 신이라는 작용인으로부터 어떻게 구성되는 지를 보여 주는 '발생론적' 방법이라고 한다. 쇼펜하우어는 스피노자의 내재적 구도를 높이 평가한다. 그러나 그가 보기에 스피노자가 실체를 작용인으로 본 것은 물자체에 원인 범주를 적용한 사고의 혼란이다. 그는 스피노자의 영원의 관점에서 세계를 보는 지혜를 계승하여 아시아 철학의 '무' 개념과 결합된 신비주의 철학으로 나아간다. 이 때문에 그는 권력의지를 약화하는 금욕성을 중시하고, 스피노자의 윤리－정치적 급진성을 회피했다. 그러나 '무' 개념은 은둔의 원리이기도 했지만, 아시아 철학사에서는 활력의 원천이자 창조적 '무'로 기능하거나, 20세기 초까지도 개방성과 저항의 원리로 작용했다. 쇼펜하우어의 철학은 이러한 문맥에서 비판적으로 재해석될 때 그의 정치적 반동성이 극복되면서 현대에 기여할 수 있는 사상으로 새로워질 수 있을 것이다.

사고의 자극과 무관하지 않은 것으로 보인다. 쇼펜하우어는 현상계의 경험적 인격은 언제나 동기들에 지배당하기 때문에 생리심리학적으로 이해 가능하다고 보고, 스피노자의 의지자유 부정을 인정한다. 동시에 칸트의 예지적 인격도 수용한 쇼펜하우어는 예지계로서 의지의 자유를 인정한다. 또한 현상계 속에서 사는 인간은 타인과의 공감 능력과 이를 확장하는 노력을 할 수 있는데, 이러한 현상을 쇼펜하우어는 우주에 관류灌流하는 예지계가 경험적 인격에 침투한 것으로 해석한다. 그는 예지적 인격론과 공감적 감정의 보편적 확대 가능성에 입각하여 스피노자의 범신론적 결정론과 주지주의적인 측면을 반대한다.

쇼펜하우어는 자신의 입장이 갖는 두 가지 전제를 제시한다. 첫째, "우리 자신의 진정한 본질의 불멸성은 죽음을 관통하여 존재한다"[형이상학적 본질인 의지의 불멸성]. 둘째, "의지와 지성의 근본적 분리"이다 [지성은 분할하지만, 의지는 직관의 대상인 생명원리라는 것].[7] 이 두 가지를 쇼펜하우어는 자신의 특유한 관점이라고 본다. 그에 의하면 주지주의는 의지를 지성의 속성인 것처럼 취급함으로써 '낙관주의'가 되지만, 지성을 의지의 산물로 보는 자신은 '심각한 사람Mann des Ernstes'이다. 헤겔은 세계의 본질을 이성으로서의 정신으로 본다. 의지는 이성의 변증법적 합리성에 종속된다. 세계는 이성의 이름으로 합리화된다. 그러나 쇼펜하우어가 보기에 세계에 대한 경험을 진지함을 가지고 음미할 때 세계의 본질은 의지이다. 이 의지의 '자존성Aseität'에 비해, 이성은 의지에 의해 우연히 형성된 비자립성을 갖는다. 자연사적으로 지상에 창조된 이성은 자신의 우연성을 자각하지 못하는 낙관적 오만과 자신의 기원을 은폐하는 필연성 논리에 지배되어 있다. 이성의 논리는 표상으로

---

7   위의 책, s. 475.

서의 세계의 가능 조건이지만, 의지는 이성을 개체의 자기보존과 확장의 수단으로 발명한 것이다. 계몽주의에 연원하는 과학주의는 실증주의나 칸트주의의 형태를 띠고 나타날 수 있는데, 이들 모두 이성의 감옥에 갇힌 폐쇄성을 면치 못한다. 헤겔이 이성의 대규모 도매상이라면 과학주의자는 겸손을 가장한 소규모 상인이다.

쇼펜하우어는 지성에 의해 악을 극복할 수 있는 것으로 보거나 지성의 자유를 전제하고 선에 대한 책임을 강요하는 입장과는 달리, 악으로 규정될 수 있는 현상들을 의지의 표현으로 본다. 이 관점을 그는 "인간이 행하는 것, 그것으로부터 인간이 무엇인가가 나온다operari seguitur esse"라는 '스콜라 철학의 공리'로 표현한다.[8] 행위는 본질esse의 표출이다. 이 같은 생각은 쇼펜하우어 자신도 지적하듯 스피노자의 본질 필연성의 개념에도 있다. 그는 《에티카》(1권, 정의 7)의 다음과 같은 언급에 동의한다. "자신의 본성의 필연성에 의해서만이 존재하고 자기 자신에 의해서만이 행위가 결정되는 것을 자유롭다고 부른다." 본질 필연성은 마치 예술가의 창조처럼 본성으로부터 분출되는 활동이다. 본성에서는 의존적이면서 행위에서는 자유라고 하는 것은 모순이다. 인간을 포함한 모든 개체의 본성이 의지에 의해 규정되는 것이라면 행위도 의지의 표현이다. 따라서 "우리의 행위가 악하다면 그 흠은 우리의 본성에 있다." 그러나 인간적 개체의 본성은 그 개체에 응축된 의지이지 보편적인 의지 그 자체는 아니다. 코플스턴Frederick Copleston, 1907~1994의 표현에 의하면 "의지 그 자체의 객관화로서의 각 개체는 다른 개체의 희생의 대가로 자신의 존재를 주장하려고 노력한다. 그러므로 세계는 (……) 자기 자신에 적대하는 것, 고통을 주는 것으로서의 의

---

8   위의 책, s. 474.

지의 본성을 표시하는 싸움의 영역이다."[9] 의지 그 자체는 자연의 능산적 원리이기에 선악을 넘어선 것이지만, 그것의 현상적 형태는 개별화의 원리에 제약되어 개체들은 힘의 강도적 차이에 따라 포섭과 종속의 관계에 들어가게 된다. 이런 의미에서 "세계에서의 고통과 악의 보급은 궁극적으로는 물자체의 본성에 기인한다."[10]

쇼펜하우어는 악에 대한 자신의 형이상학적 해명을 독자적 체계로 주장하면서 그 존재론적 의미를 다음과 같이 언급하고 있다.

> 다른 모든 체계가 세계를 최상의 것으로 찬송하고 난 후, 결국에는 그 체계의 배후에서 괴물의 때늦은 복수처럼, 무덤에서 나온 유령처럼, 돈 조바니의 극에 등장하는 대리석상처럼, 악과 괴물 그리고 이름 없는 사악과 두렵고 가공할 만한 세계 비참성의 기원에 관한 문제가 나온다. ― 그리고 여기에서 그들은 말없이 침묵하거나 그러한 무거운 사려를 안정시키는 공허하게 울리는 말만을 발견할 수 있을 뿐이다. 이와 반대로 그 토대에서 이미 악의 존재가 세계의 존재와 엮인 체계는 우두접종을 받은 아이가 천연두를 두려워할 필요가 없듯 저 유령을 두려워할 필요가 없다. 사실은 이제 자유가 행위에 있는 것이 아니라 본질에 놓여 있고, 죄와 악과 세계가 그 본질로부터 나온다는 것이다.[11]

물자체인 의지는 인과 체계인 현상계로 나타나며 생명계의 투쟁사도 그 의지의 산물이다. 의지의 자기표현 작용이 의지의 필연적 본질이라면 의지의 자유는 이 본질 필연성에 따르는 것이다. 현상계의 투쟁

---

9   F. C. Copleston, 표재명 옮김, 《18, 19세기 독일철학》(*A History of Philosophy*, V. 7, 1963), 서광사, 2008, 455~456쪽.

10   위와 같음.

11   Arthur Schopenhauer, *Über den Willen in der Natur*, S. W. Band Ⅲ, 1986, s. 476.

과 고통은 어떤 동기도 없는 중성적 자유의지에 의해 선택된 것이 아니라 그 개인의 본질인 의지[개체성에 갇힌 의지]에 의해 나타난 현실이다. 의지는 '가장 실재적인 존재ens realissimum'이지만 '합리적 존재ens rationis'는 아니다. 인간과 세계는 이미 악의 성질을 내포한다. 이러한 견해는 스피노자나 니체와는 달리, 선과 악이라는 가치적 술어를 실체의 속성인 것처럼 보는 것이다.

악을 비존재나 선의 부재로 보는 전통적 입장에서는 악에 적극적 존재성을 부여하는 쇼펜하우어의 체계가 염세주의라고 판단될 것이다. 코플스턴이 신부의 입장에서 그것을 '형이상학적 염세주의'로 규정한 것도 그러한 전통적 관념에서 나온 것이다. 햄린D. W. Hamlyn은 특이하게도 논증의 타당성 여부를 떠나 의지 형이상학이 갖는 매력을 존중한다. 그는 칸트의 물자체가 소극적 성격을 갖는 한계 개념인데 비해 쇼펜하우어의 물자체는 그 이상의 역할을 하는 적극적 성격을 갖는다고 본다. 햄린이 쇼펜하우어를 염세주의로 간주한 것도 같은 전통에서 나온 것이라고 할 수 있다.[12] 그러나 쇼펜하우어는 이성Nous을 궁극적 원리로 보는 주지주의적 전통은 세계의 악과 고통을 은폐하는 부도덕한 낙관주의를 유포하는 것이라고 비난한다. 이성의 입장에서 쇼펜하우어 윤리학의 금욕주의적 성격은 하나의 '역설paradox'로 비난되어 왔다. 그의 금욕적 귀결은 당시 대표적 낭만주의자인 장 파울Jean Paul, 1763~1825을 분노하게 했다. 프로테스탄트 국가들에서도 금욕주의는 역설로 비난되었다.[13] 그러나 쇼펜하우어에게 그것은 역설이 아니다. 그는 악의 심각성을 의식하지만 내적 자기성찰을 통해 공감의 능력을 우주적으로 확장하는 소통의 도덕을 지양한다. 공감의 확장에 따라 지성

12 D. W. Hamlyn, *Schopenhauer*, Routledge and Kegan Paul, London, 1980, p. 168.
13 Arthur Schopenhauer, *Über den Willen in der Natur*, S. W. Band Ⅲ, 1986, s. 476~477.

도 현상에 대한 집착 근거인 개체적 의지를 벗어나 우주적으로 확대될 수 있다.

공감의 확장과 탈집착의 윤리는 '이슬람교가 지배하지 못한' '방대한 아시아 전역'에서는 역설이 아니다. 오히려 쇼펜하우어는 서양 전통적 관념을 가진 사람들은 아시아에서는 자신들이 진부하다는 비난을 두려워해야 할 것이라고 한다. 그는 자신이 '인류의 심원한 고대 종교'를 계승하는 것이라고 생각했다. 신학존재론을 폐기한 그는 고대 종교의 실천적 진실을 계승하는 것에서 "스스로 위로를 느낀다." 그가 위로를 받는 심원한 지혜는 인도의 '우파니샤드'와 아시아에 퍼진 '불교' 및 '초기의 진정한 기독교'이다. 그에 의하면 미신과 낙관론을 전파한 유대-기독교적 전통에서는 자신의 윤리학은 이단이지만, 인도의 전통과 연관해서는 "나의 윤리학이야말로 정통이다."[14] 이 문맥에서 볼 때 쇼펜하우어의 윤리학은 개별자의 본질(역량)이 자기보존의 욕망$_{cupiditas}$임을 긍정하는 스피노자의 길과는 반대된다. 군중성에 대한 공포와 함께 급진 민주주의적 정치 윤리를 가진 스피노자는 배타적 시민 근성을 떠나 개별성에 대한 평등한 긍정과 관용의 도의심을 말할 수 있었다. 이러한 윤리는 감정의 변형을 통한 만남을 통해 새로운 공동체를 구성하는 발생적 실천을 이끈다. 개체들은 각자의 본성에 유용한 만남을 통해 우애의 연대성을 갖는 공동체를 구성해 갈 수 있다. 쇼펜하우어의 공감의 확장도 이러한 방향으로 나아갈 수 있는 잠재성을 갖고 있다. 그러나 군중성과 세속적 자기보존욕에 대해 부정적이었던 쇼펜하우어는 금욕적 정관주의가 갖는 비정치적 사고로 나아가며, 프로이센의 군국주의적 통치를 옹호하게 된다. 그러나 스피노자의 세속적 건전성

---

14 위와 같음.

은 개체의 자기보존욕이 세계 절멸을 통해서라도 살아남으려는 어두운 충동을 동반하는 것임을 모른다. 호르크하이머가 쇼펜하우어를 긍정적으로 상기한 것도 가공할 사회적 고통을 문제로 삼았기 때문이다. 사회적 고통의 치유와 구원의 문제에 관심을 가진 톨스토이와 비트겐슈타인 같은 사람은 쇼펜하우어를 옹호했다. 이들은 동양의 무한 우주론과 구원의 윤리가 서양의 덕 윤리나 법칙 윤리의 해독제가 될 수 있음을 암시한다.

쇼펜하우어는 의지의 형이상학이 갖는 윤리적 의미의 연원이 인도에 있다고 한다. 그는 아시아의 불교도처럼 생사일대사生死—大事라는 세계 고苦를 문제로 삼는다. 그의 윤리는 초극의 윤리다. 그것은 생명의 고통에 공감하는 우주적 연대 의식을 자기초극의 기초로 삼는다. 이러한 관점에서 쇼펜하우어는 '이성의 올바른 사용'에서 개인의 지복을 추구하는 스토아주의와 자신의 윤리학이 갖는 고유한 특징을 구분한다.

> 인도의 지혜가 우리에게 보여 주고 또 현실적으로 행했던 세계 극복자들, 그리고 자진하여 행하는 참회자들 혹은 기독교의 대속자, 즉 깊은 생명으로 가득 차고 최대의 시적 진실과 지고의 가치를 지니면서, 최고의 고뇌 상태 속에서 완전한 덕과 신성과 숭고함을 가지고 우리 앞에 서 있는, 저 탁월한 자태는 스토아의 현자들과 비교하면 얼마나 다르게 보이는지 모른다.[15]

쇼펜하우어는 붓다와 예수가 보여 준 고뇌와 열정 그리고 초극의 인간상에게서 자신의 초인을 발견한다. 숲과 광야를 방황하고, 죽음의

---

15 Arthur Schopenhauer, *Die Welt als Wille und Vorstellung* I, S. W. Band 1, Suhrkamp, 1986, s. 147.

위협을 관통하는 열정이 그에게 탁월한 자태로 다가온다. 이에 비해 '이성을 인간의 특권'으로 보는 스토아주의는 자신의 지복을 위해 평정ataraxia을 지향하며, 평정을 위해서는 자연의 이법[Logos]에 따라 이성적으로 자기를 규정해야 한다고 주장한다. 이성의 자기 규정을 통해 이성이 좌우할 수 있는 것은 의지이며, 우리가 좌우할 수 없는 것에 대한 희망과 망상은 이성의 불완전한 인식에서 생긴다. 이성의 인식이 완전해 질수록 의지에 대한 규제력은 증가하여 평정과 지복에 가까워진다. 그러나 현실은 다르다. 구체적 인간 현실은 "모든 폭풍우와 눈앞의 영향에 몸을 맡기고 있다." 그럼에도 이성에 따른 "제이의 추상적 생활은 이 구체적 세계의 고요한 영상이자 축도가 된다." 이것이 스토아주의적 인간의 '태연성'이다. 스토아주의적 인간은 세계의 '관찰자이자 방관자'다.[16]

스피노자에게 일정한 영향을 미친 스토아의 이성적 태도는 타자의 고통에 대한 연민을 우주적 차원으로 승화하는 세계 극복자의 태도와는 다르다. 이성적 태도는 "불안과 고통에 몸을 맡기는 것은 이성의 장점에 어울리지 않는다고 생각한다." 이성에게는 "일반적 개념을 개별적인 것에 적용할 수 없는 것이 악의 원인"(Epictetos)이다.[17] 그러나 쇼펜하우어에 의하면 스토아의 추상적 태도는 적용상의 자기모순을 갖고 있다. 이성의 추상성은 구체적 현실이 갖는 고통의 질서를 방치하지만, 현실의 강력한 힘은 이성의 태연함을 전복시킬 수 있다. 이 경우 이성의 사용만으로는 "인생의 무거운 짐과 고뇌에서 해방시켜 주고 지복을 얻게 하는 것에는 도저히 미치지 못한다."[18] 스토아의 평정과 지복

---

16 위의 책, s. 139.
17 위의 책, s. 142~143.
18 위의 책, s. 146.

은 현실의 막강한 힘에 지배되어 자신을 부정하게 되는 역설에 빠진다. 이러한 모순은 스토아적인 '한갓 이성의 윤리학'이 이성을 상실할 정도의 고통스러운 상황에서는 자살을 권유하는 것에서 드러난다. 쇼펜하우어에 의하면 이러한 모순은 "동양의 전제 군주가 호화로운 장식 속에 독약이 든 병을 두고 있는 것과 같다." 구체적 현실과의 감정적 관계를 추상하여 내면의 고요를 획득하려는 윤리는 내면성이라는 반쪽을 얻지만 결국 외면성을 버린 대가로 내면성도 상실하게 된다. 스토아의 현자는 자신의 윤리에 인생의 '생생함과 시적 진실성'을 담지 못한 건조한 산문적 지성에 기초한다. 이러한 지성은 '나무로 만든 모형 인간'이다. 그에게는 평정과 지복은 "이성적이기에 직관적으로 표상되지 않는다."[19]

'한갓 이성의 윤리학'에 대한 쇼펜하우어의 반대는 산문적 지성의 전형인 칸트에게도 적용된다. 그는 칸트가 실천 의지를 인과성을 벗어난 물자체의 차원에서 논한 것을 높이 평가한다. 그러나 그에 의하면 칸트가 의지를 실천 이성의 합리적 선이라는 목적에 종속시킨 것은 의지의 맹목성을 알지 못한 것이다. 칸트의 관점 역시 근본적으로는 의지를 이성적 주체의 속성으로 보는 전통에 서 있다는 것이다. 실천 이성이라는 말 자체가 그것을 실천적 '덕의 직접적인 원천'이자 '절대적인 당위의 자리'로 본다는 것을 암시하고 있다. 실천 이성이 덕의 원천이라는 것은 의지는 선한 의지로서 이성과 동화된다는 것을 전제한다. 또한 의지적 행위들을 선하게 만드는 근본 조건으로서의 형식적 법칙은 실질적인 구체적 내용을 추상한 보편적 법칙이 된다. 여기에 추상적 형식주의가 갖는 구체적 생활 세계에 대한 외면이 갖는 공허성이 숨어

---

19 위의 책, s. 146~147.

있다. 쇼펜하우어가 보기에 칸트의 '잘못'은 "추상적이 아닌 모든 인식을 감정의 이름으로 포괄하여 경시하는" 것에 있다. 이 전통에 따라 칸트는 생생한 "상황을 인식하는 데에 직접 개입하여 올바른 행위와 유익한 행위Wohltun를 행하게 하는 선한 의지를 한갓 감정과 흥분이라 하여 가치 없고 공적이 없는 것으로 설명하는 것이다."[20] 이 때문에 칸트는 "추상적 격률에서 생기는 행위에만 도덕적 가치를 인정하게" 되었다. 쇼펜하우어가 보기에 이러한 윤리학은 구체적 경험을 무시하는 칸트의 '전도된 심정verkehrte Gesinnung'에서 나온 것이다.[21]

주지주의적 윤리학에 대한 쇼펜하우어의 비판은 생명계의 고통에 대한 심정적 관심에서 나온 것이다. 이 태도가 윤리학으로서의 형이상학의 산실이었다. 시적 지성의 소유자인 쇼펜하우어는 구체적 개별성의 명수이다. 그는 생활 세계에서 지성이 간과하기 쉬운 하찮은 현상들을 형이상학적 원리를 해독할 수 있는 기호나 암호로 간주한다. 연인 사이의 눈빛의 섬광에서 그는 인류 종種을 통해 현현되는 물자체의 의미를 읽어 내며, 자본주의적 시민 사회의 일요일에서 의지의 권태와 야망을 읽어 낸다. 생의 불안에서 시간을 통해 표현되는 의지를 예감하고, 감옥 속 여인의 심원한 고뇌에서 신성한 구원의 전조를 읽어 낸다.

스피노자에게는 인생무상에 대한 경험의 계기가 있다. 그는 《지성개선론》의 서두에서 선악을 구분하며 사는 인생사가 무상하고 허망함을 깨닫고 드디어 철학을 하기로 결심했다는 심정을 술회한다. 허망과 무상함은 그로 하여금 '구원'의 길로 가게 한다. 이 길이 선악을 넘어선 '자연' 그 자체로의 귀의다. 기존의 철학사가들이 합리주의로 분류함으로써 무시했던 그의 경험의 계기는 쇼펜하우어에게 감동을 주었음이

---

20   위의 책, s. 138.
21   위와 같음.

틀림없다. 그럼에도 그는 스피노자의 형이상학에서 도출되는 윤리학이 스토아적 주지주의의 성격을 갖는 것에 대해서는 유감으로 생각한다. 그에 의하면 스피노자는 《에티카》 4부(정리 37, 비고 2)에서 '뻔뻔스러운 단호함empörender Dreistigkeit'을 가지고 도덕을 부인한다.[22] 쇼펜하우어가 보기에 주지주의적 도덕은 갠지스 강 언덕이 영혼의 고향인 스피노자의 체계에서 '논리적으로 도출될 수 없는' 것이다. 이 관계를 이해하면 두 사람의 윤리학으로서의 형이상학이 갖는 차이 및 윤리-정치적 관점의 차이를 보다 분명하게 알게 될 것이다.

쇼펜하우어의 이성은 의지의 노예다. 그것은 '여성적인' '수동성'을 갖는다. 스피노자의 이성은 신이라는 실체[생명원리]의 사유 속성의 변양태로서 '활력virus' 혹은 '역량potentia'을 갖는다. 이성은 신의 사유하는 힘의 변양으로서 능동성을 갖는다. 이에 비해 의지는 오류의 원인이 되며, 이성의 진리 인식 그 자체에는 조금도 영향을 미칠 수 없다. 감정의 기복에 사로잡힌 인생은 수동적 삶인 반면, 방황하는 자의 인도의 끈은 이성이다. 이 이성의 인도하에서 슬픔보다는 상대적으로 능동성이 있는 기쁨의 감정을 진정한 명랑성을 갖는 기쁨으로 변형할 수 있다. 그리고 이성은 신의 창조적 능산성과 그 질서에 대한 인식에까지 미치게 되면, 인간은 최대의 활력과 능동적 쾌활성을 갖게 된다. 이런 의미에서 지성인은 자유인이다. 자유인은 생의 활력을 갖춘, 죽음을 모르는 명랑성을 지닌다. 스피노자의 초인은 고통에 대한 연민의 정으로 단련된 '고결하면서도 애조를 띤' 쇼펜하우어의 초인과는 다르다. 스피노자에 의하면 동물의 역량과 인간의 역량은 다르며, 인간의 것이 더 강하고 이성적이다. 이 때문에 그는 채식주의를 비판하고 동물에

---

22 Arthur Schopenhauer, *Über den Willen in der Natur*, S. W. Band III, 1986, S. W. Band III, s. 474.

대한 인간의 배타적 활용의 권리, 즉 자연권을 옹호한다. 이는 니체에게 전승된다. 스피노자의 초인은 인간의 특권적 본성을 감정의 능동화를 통해 강화하여 이성적 쾌활성으로 승화하는 감정의 연금술을 통해 도달한 이성적 유덕자다. 이에 비해 쇼펜하우어의 초인은 바그너의 오페라에 나오는 비극적 영웅들처럼 한숨과 피눈물의 세계를 헤집고 나온, 그리고 자신의 개체성과의 투쟁을 통과한 비극적 의지의 구도자이다. 이러한 초인은 고통을 통해 숭고해진 고상한 우수를 지닌 성자다.

이러한 차이를 의식한 쇼펜하우어가 스피노자의 《에티카》 4부 정리 37, 특히 〈비고備考 2〉를 보았을 때, 거기에서 제시된 도덕은 견고한 '내면적' 기초를 결여한 '외면성'에 불과한 것으로 판단된다. 〈비고 2〉는 사회계약론을 논의하는 가운데 정의와 불의, 죄과와 공적을 논한다. 《신학정치론》 16장에 나오는 사회계약의 3단계(계약의 동기 → 약속 → 권리양도)가 거기에서 다시 등장한다.

자연 상태에서는 각 개인은 자기보존의 능력 혹은 노력Conatus이라는 "본성의 필연성에서 생기는 자연권에 의해서 무엇이 선이고 악한가를 판단하며 자기의 뜻대로 자기의 이익을 도모하고 복수하며, 사랑하는 것을 유지하고 자기가 미워하는 것을 파괴하려 한다." 이 상태에는 '이성의 지도'가 없으며(있어도 미미하다), 이성의 지도는 "각자가 남을 해치는 일이 없이 자기의 이 권리를 향유하는" 수단을 제시한다.[23] 그러나 자연 상태에서 인간은 감정에 예속되어 있으므로 서로 간의 '화합'과 '상호 부조'와는 반대의 길로 살아간다. 물론 사회societas 혹은 국가상태status civilis에서도 제 감정이 지배하는 경우가 있으며 화합과 협동이 전면적으로 실현되어 있는 것도 아니다.

---

23 B. Spinoza, 강두식, 김평옥 옮김, 《에티카》, 박영사, 1976, 136쪽.

화합과 협동을 위해서는 각자가 "자신의 자연권을 단념(포기)하고 타인에게 해악이 될 만한 아무 것도 하지 않으리라는 보증을 서로 부여하는 것이 필요하다"(여기서는 《신학정치론》의 양도 대신 포기라는 강한 개념이 사용되고 있다).[24] 그러나 인간은 여전히 제 감정에 필연적으로 예속되어 있고 불안정하고 변하기 쉽다. 따라서 "서로 보증하고 서로 신뢰하는 것"이 가능하기 위해서는 더 강한 감정 즉 '형벌의 위협'이 필요하다. 여기에서 사회가 확립될 수 있다. 이 사회가 복수와 선악 판단의 권리를 갖는다. 이러한 사회가 국가civitas다. 국가의 권력에 의해 보호되는 자는 국민civis이다.[25]

국가의 법률은 감정을 억제하지 못하는 현실적 이성에 의해서가 아니라 국민에게 공포를 갖게 하는 형벌의 위협에 의해 확보된다. 국가를 목적으로 하여 수단을 논의하는 《신학정치론》과는 달리, 〈비고 2〉에서는 국가가 요구된다고 할 뿐 이성의 역할이 크게 부각되지 않는다.[26] '모든 사람의 동의', '일반의 동의'에 의거해서 선과 악이 결정되고, 그것이 의무화되는 것은 국가 상태에서 가능하다. 죄과는 이 의무에 대한 불복종이며 공적은 그것에 대한 복종이다. 그런데 국가 상태에서 주권자가 일인이면 군주제, 소수 엘리트면 귀족제, 전체 다수면 민주제가 된다. 《신학정치론》은 세 가지 정치체의 최상의 형태들을 논하고 민주 공화제를 지배 피지배의 상대성이 없는 절대통치absolute imperium로 규정한다. 스피노자는 인민주권의 원칙에 따르는 공화제를 지향한다.

스피노자에 의하면 "자연 상태에 있어서는 정의라든가 부정의라

24 위의 책, p. 137.
25 위의 책, 137~138쪽.
26 계약론에 관한 《신학정치론》과 《에티카》(정리 37 비고 2)와의 차이에 대한 상세한 논의는 Alexandre Matheron, 김문수, 김은주 옮김, 《스피노자 철학에서 개인과 공동체》, 그린비, 2008, 438~470쪽.

고 말할 수 있는 어떤 것도 생기지 않는다." 정의와 불의는 일반의 동의에 의해 결정되는 국가 상태에서 생긴다. 따라서 정의, 불의, 죄와 공적은 '외면적 개념'이며, "정신의 본성을 설명하는 속성이 아니라는 것이 판명된다"는 것이다.[27] 이에 반해 쇼펜하우어는 정의Recht, 권리와 불의 Unrecht는 도덕의 일부로 "행위 그 자체의 내적 의미에 관한 것"이다. 정의는 불의보다 '파생적이고 소극적인 개념'이다. 정의는 불의에 대한 부정이다. 불의는 '타인의 의지긍정의 한계에 대한 침해'이며, "타인의 신체의 힘kraft을 자신의 의지에 강제로 봉사시키는 것"이다. 불의에 대해 가해자와 피해자는 "감정을 통해 순간적으로 인식한다." 피해자는 '직접적으로' 불의를 고통으로 느끼고, 가해자는 "자신과 동일한 의지인 타인의 의지를 부정하는 것이기 때문에, 의지 그 자체에서 본다면 자신의 의지의 격렬함에 의해 자기 자신에 대적하고 자기 자신을 찢어버린다는 것을 알게 된다." 양심의 가책이란 "힘의 관계에서 막연한 감정으로" 의지의 우주적 동일성에 대한 배반을 느끼는 것이다.[28]

이러한 느낌이 인간의 근원적 양심의 '불안Angst'이다. 여기에 정의와 불의의 내면적 기초가 놓여 있다. 홉스T. Hobbes나 스피노자의 계약론은 그러한 '정의의 선험성Apriorität des Rechts'을 알지 못하고, 정의의 문제를 '경험적' 혹은 외면적으로 다룬다. 그러나 불의를 당하는 자도 자신의 고통을 지각하고 불의를 막는 것을 불의가 아니라고 직관적으로 인식한다. 행위의 "내적이고 도덕적인 의미는 실정법이 없는 자연 상태에서도 존립한다." 그것은 "국가 시민staatbürger으로서가 아니라 인간으로서의 인간의 의미이다."[29]

---

27 B. Spinoza, 앞의 책, 138~139쪽.

28 Arthur Schopenhauer, *Die Welt als Wille und Vorstellung* I, S. W. Band I, Suhrkamp, 1986, s. 457~458.

29 위의 책, s. 466~467.

원래 홉스나 스피노자의 자연 상태는 이기적 전쟁 상태만이 지배적인 것은 아니다. 거기에는 미약하나마 이성도 있으며 불의에 대한 복수도 있다. 또한 국가 상태에도 이성만이 지배하는 것이 아니라 전쟁 상태로 갈 수 있는 가능성이 여전히 있다. 그러나 행위의 내적 의미라는 선험성에 주목하는 쇼펜하우어는 자연 상태에서도 도덕의 선험성이 있으며, 도덕적 권리는 자연권의 일부라고 본다. 자연권은 "개인적 의지의 자기인식 즉 양심에까지 미친다." 자연 상태에서 "불의를 당하지 않는 것은 우연적이고 외적인 힘에 달린 것이다." 또한 자연 상태에서의 "불의와 정의는 협약에 의한konventionell 것이 아니고, 자기의지에 대한 자기인식에 상응하는 도덕적 개념으로서만 타당한 것이다." 불의의 행위는 "인식이 개별화의 원리라는 감옥에 갇히는 정도에" 비례해서 표시된다. 반대로 정의와 사랑의 도덕은 개별화의 원리를 벗어나 의지의 보편성으로 트이는 정도에 따라 표시된다. '행위는 의지의 표현'이기 때문에, "도덕은 의지를 다룬다." 도덕은 "개체가 타인에게 나타나 있는 의지를 부정하지 않고, 자신의 신체에 객관화되어 있는 의지를 어디까지 긍정할 수 있는지에 대한 한계를 명확히 규정하는 것을 내용으로 한다."[30]

　　자연 상태에서도 존재하는 도덕의 내면적 의미는 국가 상태에서의 "외적인 것에 의해 수정되거나 변형되는 것이 아니다." "도덕은 영원히 자유로운 의지의 문제이다."[31] 쇼펜하우어에 의하면 불의의 현상들(식인, 살인, 상해나 구타, 강제적 억압과 노예화, 소유 침해 등) 가운데 식인은 의지가 자신에 대해 행하는 최대의 저항이다. 반대로 '정직Treue과 성실Redlichkeit'은 선한 가치로 인정받는다. "간계, 불성실, 배신에 대한 혐오

30　위의 책, s. 467~468.
31　위의 책, s. 471~472.

감은 개체들로 분할된zersplitterten 의지의 다수성을 다시 외부에서 하나 Einheit로 결합하여, 분할 때문에 생긴 이기심의 결과에 제약을 가하는 유대Band가 된다."[32] 이처럼 현상의 조건인 개별화의 원리와 의지의 무차별성과의 관계에서 행위의 내면적(도덕적) 의미를 통찰하는 것은 다수성보다는 동일성에, 폐쇄성보다는 개방성에 도덕적 우위를 두는 윤리학으로 나아간다. 개방적 상호유대는 동식물에까지 확장되는 생태론적 전체주의Holism가 된다. 이는 만유의 평등한 연대성과 이에 대한 책임감에 의거하는 우주 중심적 윤리의 가능성을 암시한다.

그러나 내면성과 외면성, 전체성과 개체성을 이원화하는 쇼펜하우어는 국가를 도덕을 증진시키는 수단으로 보지 않으며, 국가를 윤리화하는 방향으로 변혁하는 생각(스피노자)을 하지 않는다. 그는 행위의 내적 의미를 도외시하는 홉스에 따라 국가를 기계적 장치로서 구성된 것으로 본다. 쇼펜하우어에 의하면 국가는 '도덕의 조건이 아니라', '만인의 이기심에서 생긴 것'이다. 그것은 이기심이 "방법적으로 보편적 입장에서 총괄된 것"이다. '국가 계약staat vertrag'은 '연관된 전체를 추상적으로 인식하는' 이성이 "고뇌의 원인을 통찰하고 공통된 희생을 지불함으로써 고뇌를 덜거나 잃어버리게 하는 수단"으로 고안된 것이다. 국가는 서로 간에 고통을 주지 않는 한에서 '이기주의에 봉사'하도록 이기심과 이성이 결합해서 '공동의 동의übereinkunft'에 의해 산출된 것이다. 국가는 합리적 이기주의의 산물이자 그것을 보호하는 물리적 장치다.[33] 국가는 '맹수의 입마개'다. 입마개를 닫아 두면 "맹수도 초식동물과 같이 해롭지 않게" 된다. 국가는 시민에게 도덕적인 "능동적 역할을

---

32 위의 책, s. 463.
33 Arthur Schopenhauer, *Die Welt als Wille und Vorstellung* I, S. W. Band I, Suhrkamp, 1986, s. 469, 472.

요구하지 않으며", "이기심에 의한 해로운 결과에 대해서만 관여한다." "시민은 도덕적으로는 수동적 역할을 인수하기만" 하면 된다.[34]

쇼펜하우어의 정치론은 자본주의적 경쟁 자유주의와 궤도를 같이 한다. 상업과 산업의 이익 추구는 공동의 이해관계를 해치지 않는 한에서 해방된다. 국가는 적극적 개입보다는 이기심의 객관적인 "나쁜 결과들을 피하기 위한 수단이다." 그는 스피노자가 정의의 문제를 이성만의 관점에서 외면적으로 다루었다고 비판한다. 그러나 이 비판은 그 자신의 정치론에도 적용될 수 있다. 정치 영역은 추상적 이성의 공동 논의의 장인 것처럼 보일 수 있지만, 사실상 권력 투쟁과 사회 내 여러 경제적 계급들의 경쟁의 장이기도 하다. 쇼펜하우어 시대의 독일은 귀족 계급의 정치권력은 여전히 위력적이었다. 상공업 부르주아도 경제력을 기반으로 정치권력을 요구하고 있었다. 이러한 상황에서 자유주의 정치론은 부르주아의 사회 지배력뿐만 아니라 정치 지배력을 확장하는 이데올로기적 도구가 된다. 사회와 국가가 이처럼 경쟁의 영역이라면 왜 그것이 정의와 불의, 선과 악이 문제되는 의지의 장이 아니겠는가? 의지를 직접적으로 감지하는 '내적 자아'가 형이상학과 도덕이 근거하는 선험적 영역이라면, 왜 정치론만이 내면성을 제거해야 하는지 의문이다. 내면성의 확충에서 윤리적 구원의 가능성을 보는 쇼펜하우어는 정치 영역을 외적인 것으로 간주하는 태도를 견지하고 있었기 때문에 내면성이 정치적 실천을 통해 실현되는 방식에 대해서는 생각할 수 없었다. 여기에 홉스의 입헌군주제를 지지하는 그의 정치적 보수성이 놓여 있다.

스피노자에 의하면 형이상학을 하는 자유, 개체의 자기보존을 실

---

34 위의 책, s. 473.

현하는 자유의 평등성은 국가 권력에 의해서도 훼손되어서는 안 된다. 국가는 자유의 수단이다. 이러한 자유주의적 진보성의 최대치는 자유의 확대라는 측면에서 보면 스피노자는 탈억압적 철학의 자료가 될 수 있을 것이다. 또한 쇼펜하우어의 우주적 연대성의 원리는 ― 그는 그렇게 하지 못했지만 ― 평등과 자유를 함께 성취하는 철저한 민주주의로 전개될 수 있는 잠재성을 갖고 있다. 그의 형이상학이 이 방향으로 나갈 때 보다 일관성 있는 해방적 사고로 전환될 수 있을 것이다. '세계 이해'와 '세계 지혜'가 유기적으로 연관된 그의 '단 하나의 사상'은 자유로운 개인들의 공동체라는 개방적 정치 사상으로 보완될 필요가 있다.

쇼펜하우어는 자신의 '단 하나의 사상'이 아시아의 여러 철학들과 소통할 수 있다고 본다. 아시아의 철학이야 말로 '윤리학으로서의 형이상학'이다. 그는 인도의 베단타 철학과 불교 철학뿐만 아니라, 'Tschu-hsi' 혹은 'Tschu-fu-tse'로 알고 있었던 주희朱熹, 1130~1200의 철학도 근본적 차원에서 자신과 일치한다고 이해한다. 그를 '소스라치게 놀라게 한so auffallend und überraschend' 그 일치점이란 주희가 세계의 궁극적 본질인 생명원리[生之理]를 우주의 마음[天地之心]으로 이해하고, 이것이 인간의 내적 본질[本來之性]과 동일하다는 것이었다. 이것을 쇼펜하우어는 《아시아 저널Asiatic Journal》(v. 22, 1826)에서 주희의 말이라고 소개된 다음과 같은 글을 통해 발견한다. "하늘의 마음天心은 인간의 의지가 무엇인가로부터 도출될 수 있다the mind of Heaven is deducible from what is the will of mankind."[35] 이 말에서 쇼펜하우어는 인간은 자기의식적 내성에서 자신과 세계의 본질을 직관한다는 자신의 관점을 읽은 것으로 보인다. 그는 노자Lao tse, 老子에 대한 언급에서 '도Tao'나 '태극Tai Ki, 太極'을

---

35 Arthur Schopenhauer, *Über den Willen in der Natur*, S. W. Band Ⅲ, 1986, s. 468~470.

'세계영혼'으로 이해한다. 그는 주희의 태극 역시 '천심 Herz des Himmels'이
지만, 노자의 '도'와 마찬가지로 '인간의 생각과 어떤 유사성도 갖지 않
는' 철학적 원리로 이해한다. 그러나 우주의 본질적 원리는 마음의 심
층에 있는 본질적 본성에 대한 통찰에서 알려진다. 주희의 이 견해는
쇼펜하우어에게는 너무나 놀라운 '일치 übereinstimmung'였다.[36] 주희는 주
관의 내적 본성에 대한 이해[知性]와 우주의 본성에 대한 이해[知天]
의 통일성[一以貫之]을 추구하는 학문을 자기성찰과 자기완성의 학[爲
己之學]으로 본다. 그는 '내외일관의 원리 內外一貫之道'를 철학의 근본 조
건으로 본다. 이 길은 현상계와 예지계를 하나로 연결하려는 쇼펜하우
어의 '단 하나의 사상'과 유사한 구조를 갖는다. 대승불교가 자신의 세
계관을 '하나의 원융한 가르침 一乘圓敎'이라 한 것도 마찬가지일 것이다.
이들 모두에게 현상계는 예지계의 발현이며, 현상계는 관계의 체계 속
에서 무한한 다양성으로 구성되지만 하나로 소통하는[周流貫徹, 생명
의 보편적 흐름이 만유를 꿰뚫고 있음, 주희] 체계를 이룬다. 그러나 쇼펜하
우어의 세계상은 개체적 주관의 정관주의적 완성에서 머물러 있었다.
그것은 다시 자기부정을 통한 외부와의 역동적 관계를 맺어 나가는 활
력을 필요로 한다. '무'는 정관의 대상이기도 하지만, 금욕적 정관의 권
력화를 부정하고 사회적 실천으로 나아가는 원리이기도 한 것이다.

　　아시아의 세계관은 쇼펜하우어에 준거해 볼 때 근대의 후기칸트주
의 post-kantianism 가 떠안은 문제들 중 가장 중요한 것과 연관이 있다. 그
것은 칸트가 사변 신학적 형이상학에 대한 회의를 통해 이론 이성의
한계를 설정한 결과, 기존의 통일적 세계상이 깨지고 인식과 실천, 사
실과 가치 사이의 분열이 초래되었다는 것이다. 파열된 통일적 세계상

36　위와 같음.

을 새로이 재구축해야 하는 것이 칸트 이후의 독일 철학의 과제가 되었다. 이론 이성과 실천 이성을 매개하고 연결하는 절대적 자아와 그 의지의 문제가 적극적으로 고려되었다. 이 문제는 세계와 분리된 무력한 자아는 결국 자아 자신도 상실하게 될 것이라는 총체적 위기감에 의해 더욱 심각한 것으로 되었다. 이 위기를 독일관념론은 주체와 객관의 '대립과 통일'이라는 도식 아래 극복하고자 했다. 쇼펜하우어도 독일관념론의 문제의식에서 자유로울 수 없었다. 다만 그는 사변 신학에 반대하여 무신론적 관점에서 주관과 객관을 통일적으로 해명하는 '단 하나의 사상'을 모색한 것이다. 이 하나의 사상이 윤리학으로서의 형이상학이다. 쇼펜하우어는 이 노선에서 근대의 '암흑'과 '겨울밤'을 견디고자 했다. 계몽주의와 라이프니츠, 볼프, 그리고 늙은 괴테가 자신들의 사상과 공유하는 것을 아시아에서 발견한 이후, 쇼펜하우어는 한발 더 나아가 아시아의 세계관과 대화하면서 자신의 근본사상을 형성해 갔다.

그러나 근대 과학혁명이 아시아에서는 일어나지 않았다. 또한 19세기 유럽에서의 자본주의적 민족 국가의 형성과 함께 자연과학과 사회과학은 분화를 거듭하면서 발전해 갔으며, 이는 희망을 주는 신호이자 어둠의 징후이기도 했다. 이 상황에서 쇼펜하우어는 형이상학과 윤리학에서는 아시아와 소통할 수 있는 공통점들을 발견할 수 있었지만, 개별 과학에 대해서는 유럽의 성과에 의거해야 했으며, 그것이 갖는 철학적 의미를 수용하는 가운데 과학의 본성을 논의할 수밖에 없었다. 과학의 본성과 그 한계에 대해서는《충족이유율의 네 겹의 뿌리에 관하여》에 나타나 있다. 현재 우리가 보는 그 책은 그가 60세에 대폭 수정하여 서문을 쓴 시기인 1847년에 다시 출간한 것이다. 이 책에서 눈에 띄는 것은 심사를 의식해야 하는 젊은 시절의 조심스러운 논조와는 달리 독일 철학계의 신학적 사변 형이상학의 '언어 오용'이 갖는 무의미성과 권력 지향에 대한 인신공격적 비난이다. 쇼펜하우어는 절대자를 논하는 그들은 모두 권력에 몸을 파는 '매춘부'이며, '조잡한 자기의식'에 의해 정신은 와해되어, 과학에 근거한 '천박한 유물론의 제물'이 될 것이라고 보았다. 그의 예측대로 그 철학들은 현대 경험주의적 자연주의에 의해 제물이 되었다. 이러한 예측에는 자신의 사후에 자신의 철학이 전개될 것이라는 노년의 희망이 담겨 있었다. 그는 자신의 최초의 철학서에 각별한 애정을 보였는데, 이는 그것이 "나의 전체적인 체계의 토대"가 되기 때문이었다.[37]

37 Arthur Schopenhauer, *Über die Vierfache Wurzel des Satzes vom Zureichenden Grunde*, Suhrkamp, S. W. Band Ⅲ, 1986, s. 7~9. / Arthur Schopenhauer and Karl Hillebrand, *On The Fourfold Root Of The Principle Of Sufficient Reason And On The Will In Nature*, George Bell & Sons, 1907, pp. 17~19. / 쇼펜하우어의 학위 논문에 대한 국내 번역으로는 김미영, 《충족 이유율의 네 겹의 뿌리에 관하여》(나남, 2010)이 있다. 인용문의 번역은 원문을 참조하여 변형했다.

3. 충족이유율과 과학의 본성

지식론이자 과학론인《충족이유율의 네 겹의 뿌리에 관하여》는 과학의 본성과 그 한계에 대한 반성적 논의이다. 쇼펜하우어는 이 논의에 앞서 과학을 넘어선 윤리적 차원에 관심을 갖고 있었다. 카트라이트David E. Cartwright는《유고》(V. 2)에 의거해서 쇼펜하우어가 이미 1년 전(1812)에 '보다 높은 의식höhere Bewußtsein'에 관심을 보이고 있었으며, 이 관심이 과학에 관한 논리적 탐구로 이어지고 있음을 밝히고 있다.[1] 고양된 의식은 과학의 논리를 넘어서서 경험되는 것이기에 과학의 논리적 본성에 대한 해명을 통과해야 한다. 이 선행 작업은 과학적 지식의 확실성을 보여 주려는 의도를 배제하지 않지만, 지식의 선험적 조건과 그 관념성을 드러내어 그 형식적 조건들이 실재 그 자체에 적용될 수 없음을 보여 주려는 비판적 의도를 갖고 있었다. 쇼펜하우어의 지식론은 일종의 인식비판론이다. 그것은 기존의 신학존재론이 관념적인 것을 실재로 착각하는 '무의미한 헛소리Unsinn'라는 통렬한 반박을 예비하는 것이자 자신의 의지 철학의 가능성을 준비하는 것이었다. 그것

---

1   David E. Cartwright, *Schopenhauer A Biography*, Cambridge University Press, 2010, p. 182.

은 그의 철학의 입문에 해당한다. '보다 높은 의식'은 원래 피히테Johann Gottlieb Fichte, 1762~1814의 용어였다. 그것은 비아非我의 정립에 선행하는 자기 정립적인 선험적 자아이며, 자아에 대립하는 비아로서의 세계를 극복한 후에 도달하는 의식이다. 고양된 의식이란 이러한 자유로운 자아다. 외부 세계에 대한 이해력인 오성은 외적인 것에 대한 이해에 머물기 때문에 고양된 의식에 도달할 수 없다. 쇼펜하우어는 고양된 의식이 오성의 기능을 초월한 것이지만, 그것을 신격화하려는 독일관념론의 경향을 수용하지 않는 한에서 그것을 인정한다. "내 안에 있는 보다 높은 의식은 더 이상 개별성과 인과성, 주관이나 객관이 없는 세계로 나를 들어 올린다. 나의 희망과 믿음은 이러한 보다 높은 (초감각적이며 시간 외적인) 의식이 나의 유일한 하나가 되리라는 것이다. 그리고 그 때문에 그것이 신이 아니기를 바란다. 그러나 만일 누군가가 보다 높은 의식 자체에 대해 신이라는 표현을 상징적으로 사용하거나, 우리가 그것을 분리하거나 이름 지을 수 있다고 한다면 그렇게 하도록 내버려 두자. 하지만 나는 그런 철학들에 끼고 싶지는 않다." 보다 높은 의식은 "암흑 속에서 항해하는 인생의 배를 인도하며, 죽음 이후에도 보다 높은 의식만은 남는다."[2]

쇼펜하우어의 시대에 낭만주의자들이나 괴테를 비롯한 인문적 지식인들의 교양에는 성서에 연원하는 세상성의 극복에 관한 관심이 스며들어 있었다. 경험적 의식이 관계하는 세속 세계의 본질 즉 세상성 Weltlichkeit은 근심Sorge에 지배되어 있으며, 근심은 본질적으로 시간성 Zeitlichkeit이다.[3] 무상한 세상을 극복하는 보다 높은 의식은 시간성을

---

2   위와 같음.
3   〈마태복음〉 13장 22절에는 〈세상의 근심〉이라는 말이 나온다. 루터(Luther) 번역본 성경에는 '세상의 근심Sorge der Welt'으로 되어 있으며, 엘버펠더Elberfeder 번역본에는 '시간(시대)의 근심Sorge des Zeit'으로 되어 있다. 킹 제임스 번역본에는 '현세의 배려the care of this world'로 되어 있으며, 국

넘어선 영원한 초월적 의식이다. 베를린 시기의 청년 쇼펜하우어는 죽음, 예술, 덕과 금욕주의에 대한 초기 형태의 견해를 갖고 있었고, 이를 독일관념론(피히테, 셸링)에서도 배우고 있었다. 보다 높은 의식은 미의 본질을 구성한다. 예술적 미의 세계에서는 "우리는 더 이상 (우리의 개별성에 유용한) 공간과 시간 그리고 인과성의 그물을 고려하는 데 참여하지 않고, 대상의 플라톤적 이념을 본다."[4] 이미 "쇼펜하우어는 초기 낭만주의자들과 함께 계몽주의의 이성 신격화에 저항하는 도전자들의 감각을 공유하고 있었다. 그는 일상 세계보다 더 심오한 것, 그리고 이성적 합리성보다 더 위대한 사람들에 대한 어떤 것을 동경했다. 그는 칸트적 근거에서 이론 이성을 폄하했지만, 칸트의 영혼 안에서 그런 것은 아니었다. 이론 이성은 칸트적 이율배반 즉 우주론적 문제에 대해 동일하게 강요되지만 모순적 해답을 생산하는 능력에서 난파된다."[5] 쇼펜하우어의 초기 낭만주의적 정신은 이성의 난파와, 보다 심오한 것에 대한 동경과 결합된다. 보다 높은 의식에 대한 관심이 과학을 생산하는 이성의 논리에 대한 이해로 나아가고 동시에 그것을 넘어서는 길을 찾게 했다. 그러나 이 길은 무제약자에 대한 독단적 교의인 기존 형이상학은 버린다. 《충족이유율의 네 겹의 뿌리에 관하여》는 이와 같이 의식의 향상, 영혼의 자기 경험의 확장이라는 문맥 안에서 이루어진 것이다. 과학의 논리에 대한 이해는 이성의 자기비판적 향상을 위한 예

내 아가페사의 《쉬운성경》은 '세상의 염려'로 되어 있다. 이 번역들은 원래의 그리스어 성경의 'ἡ μέριμνα τοῦ αἰῶνος' he merimna tou aionos'를 번역한 것이다. αἰῶνος는 αἰῶν Aion의 2격이다. 아이온은 고대 공용(코이네) 희랍어에서는 세상이나 세대를 의미했으며, 고대 그리스의 아틱 희랍어에서는 시간의 끝없는 지속이나 영원을 의미했다. 이 두 가지 용법 모두에 시간성이라는 의미가 함축되어 있다. 세상성은 현재의 삶에서 과거를 기억하고 미래를 희망하는 근심의 시간성이다. 스피노자-쇼펜하우어가 영원의 관점에서 세계를 본다고 하는 것은 이러한 세상성의 초극이다. *Greek New Testament*, American Bible Society, 1993.

4 David E. Cartwright, 위의 책, p. 183.
5 위의 책, pp. 182~183.

비 단계이다.

햄린D. W. Hamlyn은 자기를 포함하여 많은 사람이《충족이유율의 네 겹의 뿌리에 관하여》를 존중했다고 하면서 쇼펜하우어가 그것을 주저 인《의지와 표상으로서의 세계》의 서문으로도 생각했으나 균형이 맞지 않아 따로 독립된 것으로 출판했다고 본다. 그러나 그 책은 쇼펜하우어의 권고대로 주저를 이해하기 위해서는 반드시 읽어야 하는 것이다. 그것은 과학의 논리를 정당화하는 논증이라기보다는, 제반 과학의 선험적 가능 조건(시간, 공간, 인과, 형식논리)에 관한 반성적 논의이다. 과학의 논리를 부정할 수는 있지만, 그것을 논리적으로 정당화할 수는 없다. 논리를 논리로 논증하는 악순환을 범하기 때문이다. 쇼펜하우어의 과학론은 주저의 전반부인 표상으로서의 세계의 근본 틀을 제공한다.[6] 그것은 직관 능력인 오성, 그리고 개념과 추론의 능력인 이성의 형식적 구조가 과학적 사용에서 나타난다는 것을 보여 준다. 또한 쇼펜하우어는 칸트가 이론 이성의 위험성을 보여 준 것을 알아채지 못한 인물들을 그 시대에서 발견한다. 이성이 자신의 논리적 형식을 실재 자체에 적용하면 실재론적 독단이 된다는 것이다. 인과 개념을 우주의 존재 원인을 찾는 차원에 적용하면 사고의 혼란과 오류를 낳는다. 사변 형이상학은《파우스트Faust》의 진부한 지식을 모아 대중에 영합하는 바그너와 같은 속물 학자를 낳는다.[7]

칸트의 실천 이성은 도덕 법칙을 발견하여 자율적 인격을 형성하지만, 쇼펜하우어는 그것이 이성인 한에서는 도덕성을 알 수 없다고 본다. "이성으로부터 행위의 도덕적 요소를 도출하는 것은 신성모독이다.

---

6   D. W. Hamlyn, *Schopenhauer*, Routledge and Kegan Paul, London, 1980, pp. 11~12.
7   David E. Cartwright, *Schopenhauer A Biography*, pp. 183~184. / Arthur Schopenhauer, *Manuscript Remains*, V I, par 85, pp. 46~47.

도덕적 요소에서는 보다 높은 의식이 나타난다. 이것은 모든 이성을 넘어선 그 위에 놓여 있으며, 행위 속에서 자신을 성스러움으로 표현하는 바 세계의 진정한 구원이다. 이와 동일한 의식이 예술에서는 천재로서 자신을 표현하고 지상의 삶의 위안으로서 표현한다."[8] 이성은 정념의 노예라는 흄의 입장을 지지하는 쇼펜하우어는 이성을 목적 실현의 도구로 본다. 이성은 자기비판 능력을 지니기도 하지만 근본적으로는 도구적이다. 진정한 도덕적 행위에서 나타나는 도덕의 기초는 의지의 수단인 이성에 있지 않고, 세상성을 초월하는 보다 높은 의식에 있다. 《의지와 표상으로서의 세계》에서 예수나 붓다 그리고 생사를 초극하는 신비가들의 경험이 갖는 고결성에서 도덕의 원천을 보는 견해는 이미 그의 학위 논문 시기에 형성되어 있었다. 진정한 덕을 가진 사람들은 보다 높은 의식에 이끌려가며, 실천 이성을 매개로 행위 하지 않는다.

이성은 허약하다. 그것은 실천으로 연결되지 못하는 자기분열과 위선을 낳는다. 진정한 도덕은 우주적 연대성에 대한 직관적 경험에서 오는 동감同感의 강력한 추동에 의해 이루어진다. 이성에 의지하는 철학자나 교수는 결코 도덕성에 도달할 수 없다. 그들에게 이성은 권력 아부용이자 생계수단이다. 그들을 포함하여 대중들은 세상성 속에 있다. 쇼펜하우어에게는 그러한 현실 긍정적 몰입, 세상과 거리를 두지 못하는 욕망의 심각성이 문제이다. 쇼펜하우어의 영향으로 추정되지만, 베르그송이 인간은 왜 웃는가라는 물음을 생명 철학의 출발점에서 논의 한 것처럼, 쇼펜하우어는 스턴Laurence Sterne, 1713~1768, 영국의 소설가이자 성직자을 인용하여 '동물은 왜 웃지 않는가'라고 묻고, 동물성은 욕망

---

8   위와 같음.

에 있기 때문이라고 답한다. "쾌락만큼 진지한 감정은 없다." 쾌락의 심각성이 동물성의 심각성이며, 동물은 웃지 않는다. 짝짓기는 이 심각성을 표현하며, 그 행위는 이 세상을 영속적으로 긍정한다. "시간적 의식의 이러한 긍정이 갖는 핵심은 성 충동의 만족이다." 권력에 강한 집착을 가진 사람은 미소가 없는 것처럼 심각성은 이 세상성의 한 특징으로 보인다. 베르그송은 근대 과학의 기계론적 형식이 부르주아의 기계적인 삶에 배여 있다고 보고, 생명의 창조적 새로움을 볼 줄 모르는 기계적으로 고착된 삶을 하나의 희극으로 본다. 새로운 상황에서 과거의 습관을 반복하는 고착된 행위는 웃음을 유발한다. 생명의 유연함을 모르고 폐쇄성과 거리를 둘 줄 모르는 정신은 심각하다.

쇼펜하우어는 이성은 실천적으로 무능하긴 하지만, 생기 없는 준칙을 통해 세상성과 거리를 두는 태도에 기여한다고 본다. "삶의 총체를 통일적 관점에서 지각하는 능력, 시간적인 것과 보다 높은 의식 사이의 접착제인 (……) 이성은 역사적으로 두 가지 원리에 친숙하다. (……) 그것은 의식이 욕망에 몰입하는 순간에 다른 방향을 취하라는 준칙 — 보다 높은 의식으로부터 솟아나오는 준칙을 생생하게 그린다. 하지만 이성은 그러한 준칙을 살아 있는 욕구에 반대되는 생명 없는 개념으로만 유지한다. 그럼에도 이성은 그 다른 방향을 그 자체로 재현하며 선택을 가능하게 한다. 이성은 자유를 가능하게 하는 조건이 된다." 자기 개인의 고양된 삶을 추구하는 사람인 "보다 높은 의식의 기사는 덕을 향해 말을 달린다. 그것은 정적주의자가 의지하는 의지된 행동이다."[9] 청년 쇼펜하우어는 윤리적 측면에서 삶의 의미 추구에 지대한 관심을 갖고 있었다. 이 방향은 정적주의로 귀결될 수 있는 것이었다. 이

---

9   David E. Cartwright, *Schopenhauer A Biography*, p. 185. / Arthur Schopenhauer, *Manuscript Remains*, Ⅵ, par 91, p. 58.

길은 과학의 논리를 실재의 구조가 아닌 표상의 형식으로 한정하는 인식비판을 통해 들어서는 길이다. 그러면《충족이유율의 네 겹의 뿌리에 관하여》가 말하는 과학의 논리를 논의해 보기로 하자.

대상을 본질적인 단순한 요소로 분석하고 이 요소들을 다시 체계적으로 종합하여 대상의 구조를 개념적 그림처럼 보여 주는 것은 모든 이론 활동의 본성이다. 과학의 영역에서도 분석하는 탐구와 종합하는 설명을 훌륭하게 할 수 있는 능력은 연구자의 성패를 가름한다. 종합은 보다 일반적 원리로 상승하여 아래 단계의 영역을 설명하려 하고, 분석은 대상의 미세한 차이에 이르기까지 탐구함으로써 상식이나 기존 이론의 한계를 넘어서고자 한다. 통일적 조직화와 미세한 차이에 대한 관심의 결합은 때에 따라서는 대상의 발생적 순서와 다르게 구성될지라도 대상을 이해하게 하는 논리적 구성을 보여 준다. 그러나 기존의 동질성에 의거한 전체적 구성에 안주하는 것이 된다면, 그것은 새로운 이질성에 대한 대면과 분석을 게을리 하는 것이다. 동질성과 이질성의 변증법적인 관계는 학문이 역사적 시간상에서 전개되는 것과 분리되지 않는다. 쇼펜하우어는 근대 과학이 상식의 일반화가 아닌 전혀 다른 기술 방식을 통해 성공했다는 것, 그리고 과학도 시간적으로 발전하는 것이기에 새로운 차이성에 대한 경험이 중요하다는 것을 잘 알고 있었다.

학문적 이성의 논리에 대한 반성적 해명의 노력은 고대 그리스에도 있었다. 과학을 중심으로 한 지식론은 근대 과학에 대한 메타적 반성이 가능해진 유럽 근대에서 논의 되었다. 설명의 본성에 대해 설명하려는 철학도 이성 고유의 논리를 구사한다. 쇼펜하우어는 '신성한gottiche 플라톤', '경이로운erstaunliche 칸트'가 모든 학술과 철학의 방법적 규칙을 한 목소리로 가르쳤다는 찬양으로《충족이유율의 네 겹의 뿌리에 관하여》의 서두를 시작한다. 그 한 목소리는 "모든 철학의 방법을 위한, 실로 모든 지식 일반의 방법을 위한 하나의 규칙einer Regeln의 제안"
이다.[10] 이 하나의 규칙이 동질성Homogeneität의 법칙과 특수화Spezifikation
의 법칙의 결합이다. 두 가지 법칙은 "하나를 만족시키고 다른 하나를
희생하는 방식이 아니라 동등하게 만족시켜야 하는" 관계에 있다. 이질
성에 대한 경험은 쇼펜하우어가 특별히 강조하는 것이다. 그는 경험적
관찰을 중시하지만 순수한 감각 경험이 가능하다거나 그것이 이론 구
성의 선험적 기초라고 주장하는 것은 아니다. 그는 칸트적 정신에 따라
이론 구성의 선험적 조건을 보여 주려 한다. 지나친 특수화의 방향은
감각 자료의 조직화 없는 나열에 그칠 것이다. 쇼펜하우어는 검증할 수
없는 선험적 도식이 모든 과학에 한갓 가능성으로서 이미 투영되어 있
다고 본다. 그가 보기에 뉴턴의 수학적 정밀성은 기계론적 상징주의일
뿐이다. 물론 쇼펜하우어는 유클리드-뉴턴 도식만을 알고 있었기 때
문에 선험적인 개념적 도식들의 역사적 상대성을 주장할 수는 없었다.
하지만 그가 지성의 도식을 역사적 과정에서 보는 유연성을 갖는다면,
현대적 선험론을 지지할 수 있었을 것이다.

　　동질성과 특수성은 동등한 가치를 갖는다. 전자는 "사물의 유사성
과 일치성에 주목하여 종류Arten를 파악하는 법칙이다. 이 종류를 유
類, Gattung로 포섭하고, 유를 종種, Geschlecht으로 통일하며, 결국에는 모
든 것을 포괄하는 상위 개념에 도달한다. 이 법칙은 우리 이성의 본질
이며 선험적인 것이고. 자연과의 일치를 전제한다. 이 전제는 '존재자
는 불필요하게 다수로 많아 져서는 안 된다'라는 오래된 규칙이다. 그
것은 존재자의 본질들은 쓸데없이 증가되어서는 안 된다는 것이다." 쇼
펜하우어는 이 규칙을 오캄William Occam의 유명론적 근본 법칙으로 본

10　Arthur Schopenhauer, *Über die Vierfache Wurzel des Satzes vom Zureichenden Grunde*,
　　Suhrkamp, S. W. Band Ⅲ, 1986, s. 11.

다. 특수화의 법칙은 이와 반대이다. "특수화의 법칙은 칸트가《순수이성비판》(2판, s. 684)에서 '존재자의 다양성은 성급하게 감소되어서는 안 된다'라는 것으로 표현했다. 그것은 존재자의 본질은 쓸데없이 축소되어서는 안 된다이다. 이것은 종種 아래 통일된 유類를 구분하고, 다시 유 아래에 포함된 하위의 종류들Arten을 구분할 것을 요구하는 것이다. 또한 하위의 종류나 개별자를 직접 종種 개념에 종속시키는 것을 경계하라고 요청한다. 모든 개념은 하위의 개념으로 더 분할Einteilung할 수 있으며, 어떤 개념도 단적인 최종적 직관으로 내려가지 않기 때문이다."[11] 특수화의 법칙은 차이성을 고려하라는 요구이다. 차이성을 무시한 성급한 일반화는 사실에 대한 부단한 연구를 포기하는 것이다. 사물의 본질이 전부 드러나서 최후의 직관에서 결론이 난다면 더 이상 차이성에 대한 고려는 필요 없을 것이다.

위의 두 법칙이 지적 경험을 가능하게 하는 선험적인 것이며, 사물과의 일치를 미리 선천적으로a priori 요청하는 이성의 근본 법칙이다. 플라톤은 모든 학문을 성립하게 하는 이 근본 법칙이 프로메테우스의 불과 함께 신의 자리로부터 인류에게 증여되었다고 보았다.[12] 쇼펜하우어에 의하면 동일한 충족이유율이 과학의 분화에 따라 여러 개로 뉘어져야 하기 때문에 충족이유율을 논할 때에도 특수화 법칙을 우선적으로 적용해야 한다[쇼펜하우어는 물리학, 논리학, 수학, 생물학과 역사학에 의거하여 충족이유율을 네개로 나눈다]. 충족이유율의 원천은 다양한 인식 능력에 있다. 그에 의하면 칸트도 이러한 원천에 따라 서로 다른 지식을 구분해서 이해할 필요가 있음을 언급한다. 원천이 서로 다른 지식들을 혼동하지 않고 구분하는 것이 중요하다. 화학자가 물질을

---

11 위의 책, s. 12.
12 위와 같음.

분해하는 것, 수학자가 순수 기하학에서 차이를 구분하는 능력은 철학자에게는 더 중요한 의무이다.[13] 플라톤에게 학문은 사물의 '관절들'을 이해하는 것이다. 양생술의 문맥에서 장자莊子도 〈양생주養生主〉에서 소를 해부하는 것이 그 관절들의 구조[결]를 이해하는 것, 즉 천리天理에 대한 이해에 의거하는 것으로 보았다.

학문은 지식의 체계이다. 체계는 지식의 단순한 나열이 아니라 일정한 질서로 결합된 것이다. 이 결합은 하나의 지식이 그 이유가 되는 다른 지식으로부터 도출되는 배열 체계이다. 이러한 체계가 새로운 사실의 발견을 담고 있을 때 비로소 설득력 있는 이론으로 통용될 수 있다. 과학적 발견을 가능하게 하고 체계적 질서를 가능하게 하는 원리가 충족이유율이다. "충족이유율은 모든 학문의 기초Grundlage이다."[14] 쇼펜하우어는 플라톤의 《메논Menon》을 인용하여 다음과 같이 단언한다. "참된 의견들aletheiai, 진리들조차도 그 이유aitia, 원인에 대한 사유logismos, 추론를 통해 결합될 때까지는 전혀 가치가 없다." 학문은 이유와 귀결 사이의 필연성을 보여 주어야 한다. '모든 사려 깊은 인식은 이유aitia와 원리arche에 관한 사유에 참여한다'는 아리스토텔레스의 말도 같은 주장이다. 이 충족이유율은 '왜'에 대한 답변을 구성하는 경험 이전의 선험적a priori 원칙이다. "그러므로 '왜'라고 묻는 것은 모든 학문의 어머니라 할 수 있다."[15] 여러 인과성에 공통된 이 하나의 충족이유율을 쇼펜하우어는 라이프니츠를 계승한 볼프Christian von Wolff, 1679~1754의 다음과 같은 말로 요약한다. '왜 어떤 것이 존재하고 무가 아닌가에 대한 이유가 없이는 존재하지 않는다.'

---

13 Arthur Schopenhauer, 위의 책, s. 13.
14 위의 책, s. 14.
15 위의 책, s. 14~15.

쇼펜하우어는 특수화의 법칙에 따라 개별 과학의 고유한 대상에 연원하는 다양한 충족이유율을 해명하기 위해 먼저 서양 철학사를 검토한다. 그에 의하면 자기 이전의 철학들은 충족이유율에 대한 이해에서 동일성에 집착하여 특수화의 법칙을 무시했다. 다양한 인과성이 애매하게 하나로 이해되거나 환원되었다. 그가 보기에 칸트 이후 당대에 이르기까지 철학자들은 두 가지 형태의 충족이유율만을 인정했다. 하나는 인식cognoscendi의 충족이유율로서 어떤 판단이나 명제의 진리는 그것과 분리된 다른 근거나 이유를 필요로 한다는 논리학의 요구이다. 또 하나는 자연에서의 사건들은 원인과 결과의 계열로 되어 있다는 생성fiendi의 충족이유율이다. 이 두 가지 원칙이 혼동되어 왔으며, 칸트조차도 이러한 혼동을 수용했다.《순수이성비판》에서 물자체를 현상의 원인으로 보아 그것을 예지적 원인이자 감각 계열의 알려지지 않는 근거로 본 것은 인식의 충족이유율을 생성의 원인으로 혼동한 사례 즉 논리적인 것을 실재에 초월적으로 적용한 착각이라는 것이다. 그러나 쇼펜하우어는 칸트가 '모든 명제는 그 이유를 가져야 한다'라는 인식의 논리적(형식적) 원리와 '모든 사물은 그 원인을 가져야 한다'는 선험적(질료적) 원리를 구분한 점을 강조한다. 그는 칸트 학파와 슐체 및 마이몬Solomon Maimon과 같은 칸트 비평가들도 논리적 근거와 실재적 원인, 사유의 원칙과 경험의 원칙을 구분했다고 밝히고 있다.[16]

논리적 원칙과 자연의 법칙을 혼동하는 것은 전통 형이상학의 근본 특징이었다. 이는 주관의 논리적 형식을 실재에 투영한 질서를 실재로 착각하는 이성의 미몽이다. 쇼펜하우어에 의하면 아리스토텔레스가《분석론 후서》(1권 13장)에서 그 구분을 어느 정도 이해하고, 어떤

---

16 위의 책, s. 35~36.

것이 있다는 것에 대한 지식과 증명을 어떤 것이 왜 있는지에 대한 지식과 증명으로부터 구별한 것은 전자의 인식 이유와 후자의 원인 인식을 구분한 것이다. 그럼에도 아리스토텔레스는 논리적 추론의 전제뿐만 아니라 다른 이유들에 대해서도 아이티아aitia, 원인라는 용어를 사용함으로써 여러 충족이유율을 모호하게 했다고 한다.[17] 사태는 더 악화되어 안셀무스와 데카르트의 존재론적 신 존재 증명은 신의 완전성과 무한성에서 자기 존재 원인causa sui을 도출해 낸다. 이것은 어떤 것에 대한 정의와 존재 증명이 별개의 것임을 알지 못했을 뿐만 아니라 존재가 어떤 것의 본질 혹은 속성이 아니라는 것도 알지 못한 '요술쟁이 속임수'이다. 이는 어떤 개념 안에서 이미 생각된 속성들(완전성, 무한성, 존재 등)을 마치 분석 판단처럼 풀어내어 자명한 것처럼 보이게 하는 기술을 가지고 '신의 명성'을 높이고 유지하려는 속셈을 지닌 것이다. 이 혼동은 관념론적 형이상학에 전승되어 "심각하고 통탄할 만한 결과를 ernstlichen und beklagenswerten Folgen"초래했다. 철학은 '경멸Verachtung'된다.[18]

쇼펜하우어는《의지와 표상으로서의 세계》II에서 내재성의 구도에서 세계를 보는 스피노자에게서 자신과의 일치를 확인한다. 그러나 《충족이유율의 네 겹의 뿌리에 관하여》2장 8절에서는 스피노자의 형이상학적 사변성을 비판한다. 데카르트가 신 존재를 위해 혼동한 것을 스피노자는 세계와의 연관에서 반복한다는 것이다. 쇼펜하우어가 보기에 스피노자의 거듭된 표현 '이유 혹은 원인ratio seu causa, Grund oder Ursache'은 인식 이유와 자연의 원인을 혼동하고 있다는 것을 보여 줄 뿐만 아니라, 신으로서의 실체의 본질이 무한성과 존재를 포함한다고 본

---

17 Arthur Schopenhauer, *Über die Vierfache Wurzel des Satzes vom Zureichenden Grunde*, S. W. Band III, Suhrkamp, 1986, s. 18~19.

18 위의 책, s. 20~23.

점에서 그러한 혼동을 범하고 있다. 더욱이 실체의 정의로부터 즉 본질 필연성으로부터 세계의 존재를 이끌어 낸다는 것이 사고의 혼란이라는 것이다. 쇼펜하우어에 의하면 이를 계승하는 "셸링주의자들과 헤겔주의자들을 비롯한 신 스피노자주의자들은 언어Wort를 실재로 보는 습관에 따라, 자기 원인에 대해 잘난 체하는 경건한 감탄에 몰두한다." 그는 이러한 사고에서 "자기 원인 개념의 형용모순"을 보며, "무한한 인과 연쇄를 절단하여 나중에 온 것(자기원인이라는 언어)이 처음의 것이라는 파렴치한 권력의 언어Machtwort를 볼뿐이다." 권력의 언어는 "사고의 명료성Deutlichkeit의 결핍"에서 온다.[19] 이러한 쇼펜하우어의 언어비판적 관점은 철학을 언어비판으로 보는 비트겐슈타인의 선구가 된다.

그런데 다소 엉뚱한 감을 주는 부분이 2장 8절의 마지막에 나타난다. 쇼펜하우어는 셸링의 우주관의 핵심 개념인 무근거성Ungrund의 출처가 뵈메Jakob Böhme, 1575~1624와 이집트의 기독교 영지주의자인 발렌티누스Valentinus, A.D 2세기임을 밝혀 주고 셸링에 대해 비판적 언급은 하지 않는다. 오히려 신이 세계가 되는 과정에 대해 셸링이 "신 자체에서 근거와 귀결을 분리함으로써, 그것을 근거와 귀결이라는 현실적이고 생생한 토대로 고양시켜 사태를 훨씬 더 견실하게 했다"고 찬양한다. 그리고 그 까닭은 "그가 신 안에서, 신 자체는 아니지만 신의 근거인 것을 원초적 근거, 아니 오히려 무근거인 심연Ungrund, abyss이라는 것을 우리에게 잘 알게 하기 때문이다. 참으로 그것은(무근거인 심연) 모든 것을 능가한다." 쇼펜하우어는 뵈메의 무근거는 "발렌티누스주의자들의 βυθος bythos, abyssus vorago 즉 바닥없는 심연"에서 온 것이라고 한다. 이러한 논평을 한 후 그는 이레나이우스Irenaius를 인용하여 무근거로서

19 위의 책, s. 23~30.

의 심연, 즉 시간과 생성을 벗어난 영원Aion이 세계 발생의 원초적 근원으로서 고요와 침묵 속에 있었다는 이야기에서 온 것이라는 것을 길게 밝히고 있다. 태초이자 원조Urvater, 元祖인 영원과 함께 사유[Ennoia, Gedanken]가 있었고, 사유는 은총과 침묵이다. 이 침묵에서 독생자인 지성Nous, Intelekt이 생겨났는데, 이것이 만물의 근원arche이다.[20]

쇼펜하우어가 논리적 주제와는 다른 신비주의 세계관을 막간에 삽입한 이유는 쉽게 짐작이 간다. 그의 의도는 셸링을 찬양하는 데 있다기보다는 형이상학적 사변에 대한 비판을 통과해서 세계초극의 지혜를 획득하는 신비주의적 통찰을 세계 의미로 제시하려는 것이다. 영원의 관점에서 세계를 보는 것은 사변 형이상학에 저항하는 길이다. 이를 위해 쇼펜하우어에게는 상식과 지식의 세계인 표상으로서의 세계의 한계를 자각하는 것 역시 중요하다. 표상으로서의 세계의 한계는 생의 의미에 대한 물음이 그 안에서는 일어날 수 없다는 점에 있다. 의미를 문제 삼는 차원은 의지가 개입되는 세계이다. 의지는 자기의식의 내적 직관을 통해 접근된다. 의지 철학은 윤리학으로 나아가는 통로이다. 그러나 의지 개념은 그 만의 착상은 아니다.

무근거성groundlessness인 심연은 기원과 끝이 없는 영원한 고요와 침묵 속에 있는 무시무종無始無終의 본체이다. 이것이 신의 본질이자 넘치는 사랑인 창조의 의지를 가지고 침묵[無]으로부터 나오는 사랑의 힘을 통해 물질과 삼라만상으로 나타난다. 신은 자유로운 의지이며, 이 의지는 신성한 자기의식이다. 의지는 자기 안에 자신을 비춰보는 거울을 창조한다. 지성으로서의 그리스도나 성령, 물질과 만물 등은 의지가 나타난 의지의 자기 모습, 즉 거울이다.[21] 뵈메의 심연론은 플로티노스

---

20 위와 같음.
21 Franz Hartmann, *The Doctrines of Jacob Boehme, The Godtaugt Philosopher*, Macoy

뿐만 아니라 우파니샤드와 베단타 철학 및 불교와도 놀라울 만큼 연관성을 갖고 있다. 셸링은 신비 철학자인 바더Franz Xaver von Baader, 1765~1841를 통해 뵈메와 인도 철학을 접한 것으로 알려져 있다. 쇼펜하우어는 셸링이 신적 의지에 신학적 목적성을 부여한 것에는 반대한다. 그러나 쇼펜하우어는 그를 통해 뵈메에 연원하는 '의지'와 '심연' 및 '거울' 개념들을 받아들인다. 쇼펜하우어에 의하면 인간의 자기의식은 내적 성찰을 통해 의지가 자신의 본질임을 감지한다. 이때 인간은 섬뜩한 느낌과 함께 세계의 근거인 의지가 무근거 즉 바닥없는 심연임을 알게 된다. 이러한 의미 연관 때문에 그는 뵈메와 이를 '독실하게 수용한' 셸링을 긍정적으로 거론한 것으로 보인다. 구두 수선공이었고 학벌은 전혀 없는 뵈메가 '무'와 사랑과 창조에 대한 우주적 경험을 가진 모델로 쇼펜하우어 앞에 우뚝 서 있다. 신비가의 우주적 경험이 논리적 인식 이유를 존재의 원인으로 착각하는 형이상학적 사변으로 왜곡되면 기껏해야 대학 교수의 오만과 생계수단으로 떨어지고 만다는《의지와 표상으로서의 세계》I에서의 쇼펜하우어의 비판이 이미 1813년에 암시되어 있었다. 그리고 이것이 60세 때의 수정본에서 노인의 불만스러운 문체로 나타난 것이다.

쇼펜하우어에게 철학이라는 학문은 이성의 혼란과 기만을 치유하는 마음의 명료성, 즉 비움을 지향한다. 그것은 명경지수明鏡止水와 같은 맑음을 통해 사물의 깊이를 드러낸다. 불교적 전통에서도 익숙한 이 동양적 방법이 명료성Klarheit을 생명으로 하는 철학의 진정한 태도이다. "진정한 철학자는 언제나 명석판명을 추구한다. 그는 혼탁하고 충동에 가득 찬 폭류暴流를 모방하는 것이 아니라, 자신의 잔잔함으로 보

Publishing Co, New York, 1919, Chapter II. The Unity of The All.

다 깊은 깊이와 보다 큰 명료성을 결합하고 있는, 즉 깊이가 그 맑음을 통해 자신을 정확하게 드러내는 스위스 호수를 항상 닮으려고 한다." "명료성은 철학자의 신용장이다."[22] 철학은 인식비판이라는 올바른 길에 있어야 한다.

충족이유율에 대한 이해에 있어서도 마찬가지다. 충족이유율은 모든 사고와 지식을 가능하게 하는 보편적 원리다. 그것은 "모든 학문의 어머니"이다.[23] 그것은 모든 증명과 논증의 기초이기 때문에 더 이상 증명이나 논증이 불가능한 것이다. 모든 사고와 지식의 논리적 기초는 명료함을 통해 드러나는 바닥이다. 그것을 증명하고자 한다면 '언어유희 Wortspiel'가 될 것이며, 증명될 것을 다시 전제하는 '순환논증'이 된다.[24] 과학의 논리에 대한 증명은 불가능하며 말장난이다. 따라서 쇼펜하우어는 "그 공통된 표현이 충족이유율인 우리 인식 능력의 여러 가지 법칙들을 보여 주는 것aufzuweisen, to show을 바랄 뿐이다"라고 결론짓는다.[25] 칸트 식으로 말하면 범주의 선험적 연역에 해당하는 쇼펜하우어의 작업은 이미 알고 있는 것을 드러내는 해석학적 방법을 따른다. 이것은 이미 전제되어 있는 원리를 다시 드러내는 중복이 된다는 점에서 해석학적 순환이라 할 수 있다. 그러나 그것은 증명이라기보다는 해명이므로 모순을 범하는 것은 아니다. 오히려 인간의 인식이 갖는 한계에 대한 자각에 도움이 될 것이다. 모든 이론의 근본 원리, '모든 설명의 원리'는 자신을 설명하는 원리를 갖지 못한다. 충족이유율에 대한 '왜'라

---

22 Arthur Schopenhauer, *Über die Vierfache Wurzel des Satzes vom Zureichenden Grunde*, Suhrkamp, S. W. Ⅲ, 1986, s. 14.
23 위의 책, S. 15.
24 위의 책, s. 37~38.
25 위의 책, s. 37. / 보여 준다aufweisen는 말은 비트겐슈타인의 《논고 *Tractatus*》 2.172과 4.121에서 다시 등장한다. 사태에 대한 그림으로서의 명제는 논리적 형식을 설명하는 것이 아니라 보여 준다 aufweisen는 것이다. 비트겐슈타인은 같은 문맥에서 역시 보여 준다 뜻을 가진 zeigen 동사를 사용하기도 한다. 형식이 그림에 반영된다sich spiegelt는 표현도 나온다.

는 물음에는 '대답이 있을 수 없는' 침묵이 있을 뿐이다.

쇼펜하우어에 의하면 이러한 선험적 관념론으로부터 "우리가 개별적으로는 세계에 의존하듯 세계는 전체적으로 우리에 의존한다는 확신이 생긴다."[26] 세계는 개인적이면서 보편적인 선험적 주관성에 의존한다. 객관적 확실성이란 충족이유율에 의해 만들어 지는 것으로 주관에 상대적인 것이다. 우파니샤드 철학은 세계를 환화幻化, Maya나 꿈과 유사한 것으로 본다. 쇼펜하우어는 선험적 관념론이 그것과 친화성Verwandtschaft을 갖는다고 본다.[27] 그가 선험적 관념론에서 얻은 확신은 꿈을 깰 수 있듯, 인간의 논리가 투영된 세계는 정당화가 불가능할 뿐만 아니라 삶의 의미 추구를 위해 그것에 대한 집착에서 벗어나야 하는 것이다. 표상으로서의 세계는 논리에 속박된 감옥이며, 상식과 과학적 경험에 한정된 상대적 지식의 세계이다. 쇼펜하우어는 이미 청년 시기에 선험적 형식 안에 갇힌 폐쇄적 자아를 문제 삼고 있었다.

하나의 공통된 충족이유율은 이질성의 관점에서도 이해해야 한다. 쇼펜하우어는 객관들의 고유한 본성의 차이에 따라 네 가지 충족이유율을 구분한다. 객관이 가능하기 위해서는 그 상관자인 주관이 있어야 한다. 감성과 오성 및 이성으로 나누어지는 의식은 주관과 객관의 분리를 전제할 때 기능을 발휘할 수 있다. 충족이유율은 이 주객 분열적 관계 안에서 객관에 적용되는 법칙이다. 이런 의미에서 주객의 상관성이 모든 인식의 본질적이고 보편적인 형식이 된다. 양자가 우연적인 관계가 아니라 본질적인 관계를 맺고 있다는 점에서 쇼펜하우어는 그가 '관념론의 아버지'라고 부른 버클리를 다시 끌어 온다. 주관 없는 객관은 없다. 그러나 객관을 주관으로부터 끌어낸다면 피히테의 관념론이

---

26 위의 책, s. 35.
27 위와 같음.

되고. 주관을 객관으로부터 끌어내면 유물론이 된다. 쇼펜하우어는 이 두 가지 독단을 피한다.

쇼펜하우어는 주객상관성을 지도 교수인 슐체의 영향에 따라, 당시 칸트 해석가로 유명했던 라인홀트C. L. Reinhold의《철학적 지식의 기초에 관하여 Über das Fundament des philosophischen Wissens》(1791)로부터 얻은 것으로 보인다.[28] 쇼펜하우어에게 주객 분리는 '인식론적 초석bedrock'이다. "주관은 객관이 될 수 없고, 객관은 주관이 될 수 없다. 왜냐하면 충족이유율은 인식의 객관에만 적용되며, 주관과 객관의 관계에는 결코 적용될 수 없기 때문이다."[29] 주객상관성을 객관으로 대상화할 수 없다는 것은 칸트가 물자체를 감각적 현실의 원인으로 설정한 구도를 비판한다는 것을 의미한다. 쇼펜하우어는 주관과 객관의 본질적 연관성을 강조하는 버클리의 관념론에 따라 물자체를 원인으로 보는 것 자체를 의식의 구성으로 본다. 이러한 문맥을 배경으로 한《충족이유율의 네 겹의 뿌리에 관하여》의 "중심 주제는 주관과 객관의 상관성"이라 할 수 있다.[30] 주객상관성은 그 논문에서 토대적 기능을 한다. 표상은 의식의 객관으로 한정된다. 객관들은 종류에 따라 분절되어《충족이유율의 네 겹의 뿌리에 관하여》의 기초가 된다.[31] 이런 의미에서 쇼펜하우어는 다음의 진술을 특별히 강조하여 알리고 싶었던 것이다.

우리의 인식하는 의식은, 외적 내적인 감성(수용성), 오성 그리고 이성으

---

28 David E. Cartwright, *Schopenhauer A Biography*, Cambridge University Press, 2010, p. 204. 저자는 "각 표상들에는 표상하는 주관과 표상되는 객관이 속한다"라는 라인홀트의 말이 쇼펜하우어에게 영향을 준 것으로 보고, 쇼펜하우어는 라인홀트의 요소 철학과 칸트를 동일시했다고 하는 카마타Yasuo Kamata의 주장을 소개한다. 그가 인용한 카마타의 책으로는 *Der Junge Schopenhauer* (Munich, Alber, 1988)가 있다.

29 위와 같음.

30 위와 같음.

31 위와 같음.

로서 나타나는데, 주관과 객관으로 분열되며 그것 이외에는 어떤 것도 포함하지 않는다. 주관에 대한 객관이라는 것 그리고 표상이라는 것은 같은 것이다. 모든 우리의 표상은 주관의 객관이며, 주관의 모든 객관이 우리의 표상이다. 그러나 이제 우리의 모든 표상은 합법칙적으로 그리고 형식에 따라 선험적ₐ priori으로 규정할 수 있는 결합 속에서 계열적으로 존립한다는 것이 알려진다. 그 결과 어떤 것도 그 자체 존속하고 독립적인 것, 따라서 우리에 대해 개별적이고 분리되어 나열된 어떤 것도 있을 수 없다는 것도 알려진다. 이러한 결합이 충족이유율이 그 보편성에서 나타내는 것이다. (……) 이 근저에 놓여 있는 것들이 다음에서 더 상세히 말할 연관들에서 내가 충족이유율의 뿌리라고 부르는 것이다.Wolfgang Frhr. von Löhneysen이 편집한 1847년 2판의 글³²

의식은 주관과 객관으로 분열되어야 비로소 인식 능력을 발휘할 수 있다. 이 능력이 충족이유율을 오성의 직관(지각)에 의해 구성된 표상에 적용하여 과학적 인과 질서를 가진 표상을 형성한다. 위의 인용문이 말하는 것은 두 가지다. 하나는 그의 주저에서 요약하고 있는, '주관 없는 객관'은 없다는 공식이다. 이는 그가 특별히 객관에 대해 주의

---

32 Arthur Schopenhauer, *Über die Vierfache Wurzel des Satzes vom Zureichenden Grunde*, Suhrkamp, S. W. Ⅲ, 1986, s. 41. / David E. Cartwright는 *Schopenhauer A Biography* (Cambridge University Press, 2010, pp. 204~205)에서 휩셔Arthur Hübscher가 편집한 제4판의 수정된 글(《전집》 7, 1988년 출판, Brockhaus)을 인용하고 있다: "우리의 의식은 감성, 오성, 그리고 이성으로 나타나는 한에서 주관과 객관으로 분열될 수 있으며, 그때까지는 그 밖의 어떠한 것도 포함하지 않는다. 주관에 대해 객관이 된다는 것과 우리의 표상이 된다는 것은 같은 것이다. 모든 우리의 표상들은 주관에 대한 객관이다. 그 자체로 그리고 독립적으로 존재하는, 따라서 개별적이고 분리되어 있는 어떠한 것도 우리에 대한 객관이 될 수 없다. 오히려 모든 표상들은 형식에 따라서 경험이전에 즉 선험적으로(a priori) 규정할 수 있는 합법칙적 연관 속에 있다. 이 연관이 보편적으로 표현된 충족이유율이 표현하는 종류의 관계이다. 우리의 모든 표상을 지배하는 그 법칙이 충족이유율의 뿌리이다. 그것은 사실이며, 충족이유율은 그것의 표현이다. 하지만 여기서 제시된 것처럼 우리는 그 일반적 형식을 추상을 통해서만 얻을 수 있다. 각각의 경우에 그것은 구체적으로 우리에게 주어진다."

를 기울인다는 것이 아니라 객관은 주관에 대한 표상이라는 것이다. 또 하나는 표상은 어떤 법칙적 질서로 결합되어 있다는 것이다. 어떤 표상도 그 자체 독립되어 있지 않으며, 그 이유인 다른 표상과 규칙에 따라 연결되어 있다. 이것은 일종의 인식 '능력의 심리학faculty psychology'이다. 네 가지 충족이유율은 표상으로서의 객관이 가진 복합적 성질에서 그 형식을 떼어내는 추상화를 통해 얻어진 것이다. 그것은 연역적으로 도출된 것이 아니라 카트라이트의 말대로 귀납된 것이다.[33]

충족이유율은 인식 주관과 객관의 관계에 대한 검토를 통해 드러낸 것이다. 그러나 주관에 대해서는 어떤 충족이유율도 적용될 수 없다. 주관의 존재에 대해서는 논증적 증명이 불가능하다. 논증은 주관의 대상 구성 능력이다. 따라서 주객의 상관성도 증명의 대상이 될 수 없다. 주객상관성은 충족이유율과 함께 인식 가능성의 조건이다. 이 때문에 햄린D. W. Hamlyn이 지시reference라는 표현으로 설명하듯, 주관은 오성의 직관이 순간적으로 구성한 경험적 실재성을 지시 대상으로 가지면서도 충족이유를 자신의 지시 대상으로 갖는다. 주관은 먼저 충족이유라는 인식 가능성과 관계한다.[34] 그리고 이 주관은 쇼펜하우어에 의하면 데카르트의 전통에 따라 직관적으로 이해된다는 것이다. 충족이유율도 표상에 필연성을 부여하는 선천적 조건으로 이미 주어져 있다. 이것이 쇼펜하우어가 자신의 철학이 자명한 직관에서 출발하는 명증성을 갖는다고 보는 이유이다.

그러나 그의 능력 심리학이 과학의 가능 조건에 대한 논리적 탐구와 결합되어 있지만, 주객상관성은 인간 의식의 특정한 태도, 심지어는 특정 문화권에 고유한 삶의 방식이라고 해야 할 것이다. 쇼펜하우

---

33 David E. Cartwright, *Schopenhauer A Biography*, Cambridge University Press, 2010, p. 205.
34 D. W. Hamlyn, *Schopenhauer*, Routledge and Kegan Paul, London, 1980, pp. 24~29.

어는 주객상관성을 벗어난 인상주의 예술이 감각에 접근하려는 노력에서 나왔다는 것, 예술적 직관이 각종 아름다운 현상의 이념을 직관한다는 것, 그리고 신비가들의 경험이 갖는 고유성을 잘 알고 있다. 이러한 고유성들은 주객의 분열적 상관성을 벗어나 있다. 이 때문에 인식 가능성의 근본 조건인 주객상관성은 그가 자명한 직관에서 출발한다고 했지만, 사실상 특정 태도가 갖는 경험에서 나온 것, 즉 후험적 a posteriori 으로 주어진 것이라는 의문을 피할 수 없다.

쇼펜하우어 그 자신도 잘 알고 있었듯, 그의 관념론적 지식론에서 심리적이면서도 논리적인 장치인 인식 가능성의 조건은 목적 없는 무한 우주 가운데 한 혹성의 껍질에서 자라난 생명체의 두뇌가 가진 장치다. 주객 분열이라는 근대 철학의 전제를 가진 그의 지식론은 과학적 발견의 활동에 이미 지식 형성의 논리가 투영되어 있다는 사실을 해명하는 것이다. 또한 과학적 명제는 그 이유에 관한 다른 명제에 조건 지워져 있을 때 필연성을 갖는다. 주객 분열 안에서 기능하는 충족이유율이 그러한 필연성을 준다. 지각된 표상들을 결합하고 명제들을 결합하는 법칙으로서의 논리는 그 자체 내적인 정당성을 함축하는 것이어야 한다. 그러나 이러한 결합을 가능하게 하는 주객상관성은 보편적 필연성을 갖지 못한 것이며, 근본에서는 우주와의 분리에서 오는 불안 속에 쌓여 있는 것이다. 사변 형이상학이 인식의 이유를 실재의 원인으로 착각하는 섬약한 실에 매달려 있듯, 표상으로서의 지식의 세계도 절대적 확실성을 갖지 못하고 허공에 떠도는 환영과 같은 것임을 쇼펜하우어는 인간의 근본 조건으로 알고 있었다.

4. 특수한 충족이유율들

1) 생성의 충족이유율 principium rationis sufficientis fiendi

(1) 인과 형식들과 관계의 우선성

표상으로서의 객관은 그 상태의 출현과 소멸에 관하여 시간의 진행 방향에서 원인과 결과라고 하는 생성의 충족이유율에 의해 결합된다. 이전 상태의 변화가 원인이고 다음 상태는 그 결과다. 인과는 상태의 변화에만 연관된다. 인과의 연쇄는 시작이 없다. 이전 상태의 변화에는 결과를 일으키는 무한 수의 조건들이 있지만, 그 결정적인 계기나 조건을 통상 원인으로 부른다. 그러나 이후의 발생을 일으키는 전체 상태들이 원인에 해당하는 것으로 간주될 수 있다. 쇼펜하우어가 생성의 충족이유율에 대한 해명을 중시하는 이유는 근대 과학의 설명의 논리를 이해하려는 목적도 있지만 더 중요한 의도가 있다. 〈생성의 충족이유율〉 부분은 가장 많은 분량을 차지하는데, 이는 쇼펜하우어가 세월이 흐르면서 원숙해진 자신의 생각을 첨가해 수정 증보판을 《충족이유율의 네 겹의 뿌리에 관하여》로 냈기 때문이다. 이때 증보된 것 가운데 '독일 철학 교수들'과 '영국 성직자들'이 인과성을 오해해 그것을 우주론적 논증과 같은 신학존재론에 적용하는 오류를 비난하는 부분이 있다. 이 부분에서 그는 인과 개념에 대한 '명료성'을 상실한 지적 '사기'를 지적한다. 쇼펜하우어의 의도는 과학적 설명의 논리를 가지고 '신학적 의도'를 배제하는 것이다.

인과 개념은 실체적 요소에 적용되는 것이 아니라 상태나 변화의 무궁함에 적용된다. 요소보다 관계가 선행한다. "모든 원인은 하나의 변화이며, 하나의 변화에서는 그 변화에 선행하는 그 변화를 발생시킨 변화를 반드시 찾아야 하고, 그렇게 무한히 찾아야 하기 때문이다." 최초의 존재자나 자기 원인, 최초 원인 등은 '형용모순'이다. "변화에 선행하는 객관, 혹은 실체"는 '틀린 표현'이며 '더 나은 지식과 양심에 대항'하는 것이다.[1] 인과가 객관에 적용되지 않는다는 것은 통상 물질이라고 하는 그 객관의 질료에도 적용되지 않는다는 것을 의미한다. 질료는 오성의 상관자다. 그것은 변화의 담지자로서 생성 소멸을 넘어선 불변적 실체다. 질료는 인과의 법칙이 그 위에서 펼쳐지는 기체基體이므로 충족이유율의 적용 범위 밖에 있다. "어떤 객관이 다른 것의 원인이라고 말하는 것은 아무 의미가 없다gar keinen Sinn. 객관들은 형태와 성

---

1 Arthur Schopenhauer, *Über die Vierfache Wurzel des Satzes vom Zureichenden Grunde*, Suhrkamp, S. W. Band Ⅲ, 1986, s. 49~53. / 이러한 방식의 인과성은 그도 의식하고 있었듯이 세계를 궁극적 실체성을 거부하고 무한히 중첩된 사건들의 그물망으로 보는 불교의 관점을 닮아 있다. 사건들은 논리적 관점에서는 주어로서의 실체가 아니라 술어로 표현된다. 술어들을 통일하는 실체적 주어는 인위적으로 만들어진 것이다. 이정우는 사건의 철학과 선종과의 연관성을 밝힘으로써 아시아 철학과 유럽 현대 철학과의 대화 가능성을 열고 있다. 아마도 이러한 가능성은 에른스트 마흐에 연원하고, 러셀이 윌리엄 제임스로부터 채용했다고 하는 중성적 일원론neutral monism으로 확대될 수도 있을 것이다. 중성적 일원론은 화이트헤드의 유기체 철학에서도 나타나는데, 사물의 접촉에서 생기는 표층적 흔적으로서의 감각이 의미의 선험적 원천이 된다는 선험적 경험론이다. 마흐에 의하면 그것은 무기물 사이에서도 나타나는 존재론적 사건이다. 사건 존재론은 현상주의의 한 변형으로 보이는데, 쇼펜하우어가 인간 지성은 환영과도 같은 원초적 감각을 재료로 실체적 객관을 순간적으로 구성한다고 보는 견해와 통할 수 있는 것으로 보인다. 그러나 유쾌한 즐거움보다는 고통에 대한 공감을 통한 공동의 윤리 의식과 현상에 대한 개념적 조직화 및 '무'와 진지한 초월의 의지를 강조하는 쇼펜하우어의 철학은 감각적 표면과의 매끈한 접촉을 윤리적이기보다는 인상주의적인 예술적 관망이라고 평가할 것이다. 사건의 철학과 선종과의 연관에 대해서는 이정우, 《사건의 철학》, 철학아카데미, 2003, 332~345쪽.

질뿐만 아니라 질료도 포함하는데, 질료는 발생하거나 사라지지 않기 때문이다. 그리고 인과 법칙은 오직 변화Veränderungen 즉 시간 안에서 상태들의 출현과 소멸에 연관되기 때문이다. 바로 여기서 인과 법칙은 선행하는 것이 원인이고 다음의 것이 결과라고 불리며 그들의 필연적 결합Verbindung은 발생이라 불리는, 관계Verhältnis를 통제한다."[2] 이것이 인과 범주가 현상 즉 표상에만 적용된다는 의미이다. 인과 법칙은 질료의 상태의 변화에만 적용된다. "인과 법칙은 시간 안에서 나타나는 외적 경험 대상들의 변화에 대한 통제자Regulator다." 변화는 필연적으로 초래된 것으로 출현하며, "이 필연성이 인과 그물Kausalnexus이다."[3] 이 관계를 요소적인 것으로 분석하면, 과학적 설명이 갖는 본성을 훼손하게 될 것이다. 감각적 경험주의가 오성의 인과적 구성과 이성의 추론 능력을 무시하고, 요소적 감각을 지식의 기초로 보려는 것이 그 한 사례가 될 것이다.

시간적 변화의 통제자인 인과성은 자연에서 원인, 자극, 동기라는 세 가지 형식으로 나타난다. 무기물, 식물, 동물의 본질적 구분은 이 세 가지 형식의 차이에 기인한다. 인과의 첫째 형식인 원인은 무기물에서의 변화를 야기한다. 이를 주제로 하는 학문은 역학, 물리학, 화학이다. 원인에 의해 변화가 일어나는 영역에서 작용과 반작용은 서로 동일하다는 뉴턴의 제3법칙이 적용된다. 쇼펜하우어는 이른바 고전 물리학 법칙의 특징으로 논의되는 가역성reversibility을 지적한다. 원인과 결과는 같은 크기의 변화를 겪는다는 것이다. 결과의 정도는 원인의 정도에 정확하게 대응한다. 따라서 원인으로부터 결과가 계산될 수 있는 것처럼

2　Arthur Schopenhauer, *Über die Vierfache Wurzel des Satzes vom Zureichenden Grunde*, Suhrkamp, S. W. Band Ⅲ, 1986, s. 49~53.
3　위와 같음.

결과로부터 원인이 계산될 수 있다는 것이다.[4] 볼츠만Ludwig Boltzmann, 1844~1906의 열역학 출현은 과거로 회귀해도 같은 양을 계산할 수 있다는 가역성을 의심하게 했다. 그것은 이른바 시간의 화살로 비유하는 불가역성irreversibility을 말할 수 있게 했는데, 쇼펜하우어의 시대는 아직 이 개념을 논의할 수 없었다. 그러나 인과라는 관계성이 관념적 우선성을 갖는다는 것, 순수 요소적 감각의 현실 불가능성과, 개별 과학적 분야에 따라 인과의 형식이 다양할 수 있는 것을 의식하게 한 것은 그의 설명 이론이 갖는 중요한 기여라고 할 수 있다.

인과의 둘째 형식인 자극은 식물 생명을 지배한다. 또한 그것은 동물 생명의 식물적 부분 즉 무의식적 부분을 지배한다. 그러나 첫째 형식과는 달리 식물에서의 작용과 반작용은 그 크기가 같지 않으며, 작용이 강하면 오히려 반작용이 거의 없을 수 있다. 자극은 식물학의 인과 형식이다. 인과의 셋째 형식은 동물적 생명을 지배하는 동기다. 동기는 모든 동물에서의 의식적 행위를 지배한다. 동기의 매개는 인식이다. 동물의 특징은 표상하는 것이다. 동물은 목적을 의식하는데, 동기된 원인이라 할 수 있다. 자극은 접촉이 필요하나 동기는 작용의 지속이나 인접성과는 연관되지 않는다.[5]

원인, 자극, 동기의 차이는 수용성Empfänglichkeit의 정도에 따른 결과일 뿐이다. 수용성이 크면 작용이 민첩해질 수 있다. 돌은 던져지지만, 인간은 시야를 갖고 눈치를 본다. 동기적 행위Motivation는 인식을 통과하는 인과성이다. 지성은 수용성의 가장 높은 단계다. 지성을 통해서만 인과 법칙은 그 확실성과 엄밀성을 상실하지 않는다. 동기도 하나의 인과 형식이기에 필연성을 갖고 작용한다. 현재에 대한 인식만을 제공

---

4   Arthur Schopenhauer, 위의 책, s. 62~65.
5   위와 같음.

하는 동물의 지성에서 필연성은 쉽게 눈에 띈다. 현재에 결부되어 있지 않은 인간의 지성은 이성을 갖기에 분명한 의식과 함께하는 선택 결정 Wahlentscheidung을 한다. 인간 지성은 배타적 동기들을 맞세워 저울질할 수 있다. 동기들이 의지를 시험하다가, 더 강한 동기가 인간을 규정하여 부딪친 공이 구르는 것처럼 필연적으로 행동이 도출된다. 인간 지성은 선택의 폭을 확장하고 합목적적 활동을 할 수 있지만 더 강한 동기에 지배된다. 동기를 떠나 제3의 진공 상태에서 임의적으로 아무 것이나 선택할 수 있다는 자유의지론은 허구이다.

아우구스티누스의 자유의지론과 이를 따르는 데카르트 같은 사람들은 의지를 의식으로 혼동하여, 동기들로부터 중립적인 자유의지론을 폈다. 그러나 이 교의는 니체가 비판했듯 종교적이고 사법적인 문맥에서 책임의 소재를 행위자에게 촉구하기 위한 수단으로 제시되었다. 중립적 자유의지론에서 "의지자유란 임의의 사람에게 어떤 임의의 상황에서 두 가지 서로 다른 행동이 가능하다는 것을 의미한다."[6] 이러한 주장은 쇼펜하우어가 보기에 "유대교에 따라 제작된 부녀자의 철학 Rockenphilosophie, old-womans philosophy"이다.[7] 이 입장에서 그는 자신의 견해가 홉스와 스피노자, 프리스틀리Joseph Priestley와 볼테르 및 칸트의 전통에 서 있음을 밝히고, 중립적 자유의지론을 형이상학을 옹호하는 철학 교수들의 '자기보존욕'에서 나온 오류로 비판한다. 그는 칸트가 인간의 경험적 성격의 측면에서 그 행위들의 인과 관계를 인식할 수 있다고 한 것을 주석을 통해 상세히 소개한다. "내적·외적인 행위를 통해

---

6 위와 같음.

7 Rockenphilosophie를 부녀자의 철학으로 번역한 것은 *Über die Vierfache Wurzel des Satzes vom Zureichenden Grunde* 에 대한 힐레브란트Karl Hillebrand의 번역인 *On The Fourfold Root Of The Principle Of Sufficient Reason And On The Will in Nature* (London, George Bell & Sons, 1907, p. 56)에 의거했다. 그 말은 방적실에서 잡담을 하면서 실을 잣는 아주머니들 사이에 통용되는 미신들을 믿는 철학을 의미한다.

드러나는 인간의 사고방식에서, 이 행위를 일으키는 모든 최소한의 동기까지도 그리고 동시에 이 행위에 영향을 끼치는 모든 외적 유인들도 알아내는 깊은 통찰을 갖는 일이 우리에게 가능하다면, 사람들은 인간의 미래에 대한 태도를 월식이나 일식처럼 정확하게 계산할 수 있다는 것을 인정할 수 있다."(《실천이성비판》, 로젠크란츠판)[8] 칸트의 언급은 그가 고전 물리학의 연장선에서 인간의 행위들에 관한 역사과학이 가능하리라는 것을 예측한 것과 같은 맥락이다. 스피노자와 칸트의 입장을 계승하는 쇼펜하우어는 기존의 지배적 관념에 대한 인식비판 혹은 이데올로기 비판의 선구가 되었다. 그러나 그는 니체가 역사 인식이 미래 행위를 위한 효용성을 갖는다고 한 것과는 달리, 역사에 대한 비판적 인식을 통해 현재를 개선할 수 있다고는 생각하지 않았다. 그의 의지는 초시간적 본질(예술에서는 이데아이고, 궁극의 경지에서는 영원한 현재에서 작용하는 예지계)에 대한 직관을 통해 고통에서 해방된다는 초역사적 사고를 지향한다. 그에게는 괴테의 주제 가운데 하나인 불안에 지배되어 있는 시간성으로부터의 구원이 절박한 문제였다.

(2) 과학의 전제

쇼펜하우어는 인과 법칙으로부터 두 가지 중요한 결론이 도출된다고 본다. 하나는 관성의 법칙이고 다른 하나는 실체 지속성의 법칙이다. 이 두 법칙은 검증을 요하지 않는 선천적 인식의 자격을 획득하고 있기 때문에 모든 의심과 예외를 넘어선 것이라고 한다. 전자는 모든 상태가 어떤 원인이 부가되지 않는다면 그 상태를 지속한다는 것이고, 후자는 상태들의 담지자인 물질 혹은 질료는 시간적 발생과 소멸

---

8   Arthur Schopenhauer, *Über die Vierfache Wurzel des Satzes vom Zureichenden Grunde*, Suhrkamp, S. W. Band III, 1986, s. 62~65.

에서 면제되어 있다는 것이다. 세계에 있는 물질의 총량은 증가하거나 소멸하지 않는다. 두 가지 법칙은 선천적으로 인식되는 것이기에 '흔들리지 않는 확실성unerschütterlichen Gewißheit'을 갖는다. 인과 법칙이 경험적 일반화라는 불안정한 귀납에 의해 인식된 것이 아니듯, 위의 두 가지 원리도 경험의 일반화가 아닌 '무조건적 확실성'을 갖는다. 쇼펜하우어는 칸트처럼 그러한 뉴턴의 공리계의 확실성을 믿는다. 그러나 그는 경험에서 나온 중력 법칙은 태양계를 넘어서 적용될 수 있는지, 태양계 안에서 에테르에 의해 매개되는지, 항성들 사이에서도 작용할 것인지는 경험에 의해 결정된다고 생각했다. 중력은 그 후 헤르츠Heinrich Hertz, 1857~1894에 의해 제거 가능한 신비한 힘으로 되었다가, 상대성 이론에서는 공간의 휨으로 설명할 수 있는 것으로 되었다. 그것은 관찰 기구의 발달과 함께 현대 물리학에서 우주를 확산시키는 반 중력인 암흑에너지와 연관하여 논의되고 있으며, 미시 세계의 차원에서도 입자들의 질량과 연관하여 논의되고 있다. 쇼펜하우어의 칸트적 어법을 보면 선천적이라는 개념으로부터 경험 이전의 것이라는 선험적 의미와 부동의 필연적 확실성이라는 의미를 끌어내고 있음을 알 수 있다. 그 역시 자신의 사후에는 본격적으로 무너지기 시작한 근대적 확실성에 대한 신앙을 불안정한 가운데 여전히 유지하고 있었다. 그러나 선험적 조건으로 주어져 있다는 의미로부터 절대적 확실성이 반드시 도출되는 것은 아니다. 라이헨바흐Hans Reichenbach, 1891~1953의 언급대로 a priori의 두 가지 의미 가운데 절대적 확실성은 뉴턴 물리학을 절대시하던 시대의 산물이다. 비유클리드 기하학의 등장, 아인슈타인의 상대성 원리와 양자역학이 나온 이후 확실성은 역사적으로 상대화 된 의미에서 받아들이게 되었으며, 뉴턴 물리학은 자신의 고유한 패러다임 안에서 통용될 수 있는 것이 되었다. 쿤Thomas Kuhn, 1922~1996의 《과학혁명의 구조》

(1962) 이후 과학의 선험적 형식이나 구조는 역사적 상대성을 갖는 규약으로서의 사고 장치나 모델로 변화되었다.

쇼펜하우어가 절대적 확실성을 갖는 것으로 보는 관성의 법칙과 물질 총량 불변의 법칙은 뉴턴 물리학이 성립하기 위한 전제이자 개념적 장치로서의 선험적 공리에 해당한다. 그는 칸트-라플라스의 성운설을 수용한다면 "성운이라는 원초적 재료Urstoff가 무nichts에서 형성되는 어떤 순간을 생각할 수 없으며, 그 원초적 재료의 입자들이 이전에 어딘 가에 있었다가 모이게 되었다고 전제할vorauszusetzen 필요가 있다"고 생각한다. 원초적 물질은 지성에 의해 선험적으로 생각된 것이지만, 생성 소멸을 넘어선 불변의 실체로 전제된다는 것이다. 물질 총량 불변의 법칙은 뉴턴 물리학이 성립하기 위한 지성의 전제다. 근대 물리학이 가능하기 위한 전제는 물질의 궁극적 동일성이다.

쇼펜하우어는 물질의 동일성을 과학의 선험적 전제로 본다. 메이어슨Emile Meyerson, 1859~1933과 포퍼Karl Popper, 1902~1994에게도 동일성은 과학이 성립하기 위한 근본 전제다. 메이어슨을 존경해 마지않는 포퍼는 형이상학을 반대하는 논리 경험주의와는 달리 파르메니데스의 존재론을 물질 불변의 원리를 전제하는 유물론적 우주관으로 보고, 그와 같은 존재론을 과학의 전제로서 제시한다. 그는 메이어슨에 따라 차이성이나 창발성보다는 동일성이 실재의 근본 원리라고 보고 유물론적 형이상학을 과학의 근본 토대로 간주한다.[9] 메이어슨은 베르그송의 과학철학에 자극받아 과학은 차이성을 본질로 하는 생명원리보다는 동일성에서 성립한다는 것을 강조했는데, 포퍼는 이러한 관점을 계승한다. 쇼펜하우어는 이러한 후세의 주장에 동조할 수 있을 것이다. 다만 그는

---

9   Emile Meyerson, *Identity and Reality*, Dover, 1908. / Karl Popper, 이한구 옮김, 《파르메니데스의 세계World of Parmenides》, 2010.

유물론이 관념의 신격화를 비판한다는 점에서 지성에 크게 공헌한다는 것을 인정하면서도, 실재의 구조를 그대로 밝혀낸다는 소박한 입장을 반대하고 동일성을 지성의 선험적 전제로 보고 있는 것이다.

(3) 변화와 시간에 대한 혁명적 사고

생성의 충족이유율인 인과라는 선험적 형식이 변화에만 적용된다는 주장과 연관하여 쇼펜하우어는 학위 논문 4장 25절에서 변화의 본성을 규명하기 위해 변화와 시간의 관계를 다룬다. 어떤 시간에서 변화가 일어나는가? 변화는 이전 상태와 이후 상태 각각에 고정되어 있다면 일어날 수 없다. 그렇다 해서 양자 사이에 독자적인 시간을 부여한다면, 죽어가는 신체는 산 것도 아니고 죽은 것도 아닌 부조리한 상태에 있는 것이 된다. 운동을 부정하는 제논의 궤변도 이처럼 고정된 단위로 분할하는 지성의 사고에서 나온 것이다. 이러한 난점을 제시하고 쇼펜하우어는 그리스 철학의 변화 개념을 검토한다. 쇼펜하우어에 의하면 플라톤은 변화의 문제를 "생각 없이 처리했다." 플라톤은 길이가 없는 단위로 분할하는 방식에 따라 생각하여 변화는 시간을 차지하지 않는다고 결론을 내리고, 변화는 '순간ἐξαίφνης' 갑자기 발생한다고 보았다. 그것은 어떤 시간에도 있지 않은 "이상한 존재, 놀라운 무시간적 존재"이다.[10] 그러나 연속성을 순간의 점으로 분할하는 사고는 서서히 일어나는 점진적 변화를 설명하기 어렵다. 플라톤은 순간 개념을 시간을 초월하는 영원자에 대한 직관에도 적용했는데, 미의 이데아에 대한 직관은 순간에 일어난다. 이러한 순간 개념이 아닌 변화를 설명할 때의 순간은 분할의 극한점이며, 이 점은 이웃의 점과 경계를 갖는다. 변화

---

10 Arthur Schopenhauer, *Über die Vierfache Wurzel des Satzes vom Zureichenden Grunde*, Suhrkamp, S. W. Band Ⅲ, 1986, s. 117.

는 이러한 점과 같은 순간에 일어나야 했다. 그러나 이 순간에는 변화의 시간이라는 것은 없다.

쇼펜하우어에 의하면 이 어려운 문제는 '명민한' 아리스토텔레스Aristoteles에게 맡겨진다. 변화가 순간에서 일어난다는 것은 불가능하다. 아리스토텔레스《자연학Physik》(6권, 1장 8절)에 의하면, "모든 변화는 서서히 발생함으로 특정한 시간을 차지한다." 이에 대한 논증은 다음과 같다. "서로 제한한다는 것Aneinander-Grenzen은 가장 외부에 있는 끝을 공유한다는 것을 의미한다. 두 개의 분할할 수 없는 것(그렇지 않으면 그것들은 하나다)이 아니라 연장된 것만이, 따라서 단순한 점들이 아니라 선들만이 서로 제한할 수 있다. 이제 이것은 공간에서 시간으로 옮겨진다. 두 점 사이에 하나의 선이 있듯, 두 개의 지금Jetzt 사이에 여전히 아직 하나의 시간이 있다. 이제 이것이 변화의 시간이다. 처음의 지금에 하나의 상태가 있고, 두 번째 지금에 다른 상태가 있는 시간이 되는 것이다."[11] 처음의 상태와 두 번째의 상태가 지각할 수 있을 만큼 차이성Verschiedenheit을 보인다면 그 두 상태 사이에는 여러 개의 상태가 있는데 이 상태들은 지각될 수 없을 것이다. 지각할 수 있는 두 번째 상태가 나타나기 위해서는 이보다 더 약한 단계나 더 작은 연장된 것이 선행해야 한다. 이들을 거쳐서 서서히 새로운 상태가 출현한다. 물론 선행하는 단계에서 여러 상태들의 차이성은 지각될 수 없다. 이것이 변화의 시간이다.[12]

이러한 시간을 쇼펜하우어는 충격의 진동이 전파되어 운동으로 나타나는 과정을 예로 든다. 그는 아리스토텔레스의 시간론의 적절한 사례를 진동의 전파로 생각한 것이다. 그렇다면 음악을 들을 때의 흐름

---

11 위의 책, s. 118.
12 위와 같음.

에 대한 청각적 경험도 그에 해당할 것이다. 상태들이 차이성을 보이면서도 경계가 맞닿아 있는 고체적 구슬들(점들)의 연결이 아니라 경계를 전후의 상태가 공유하는 과정, 즉 혼융한 차이성이 시간이 되는 셈이다. 또한 그는 아리스토텔레스가 시간의 무한한 가분성으로부터 변화의 시간을 적절하게 추론했다고 높이 평가한다. 아리스토텔레스는 불가분적인 단순한 점은 운동할 수 없다는 것을 분명히 한 공적을 갖고 있다는 것이다. 하나의 상태로부터 다른 상태로의 이행은 무한히 분할 할 수 있는 부분들로 이루어져 있다. 분할은 점에서 끝나는 것이 아니라 여전히 연장된 부분이 있다. 이것이 "아리스토텔레스가 최초로 제시하고 증명한 모든 변화의 연속성Kontinuität과 점진성Allmäligkeit이다." 쇼펜하우어의 주장에 의하면 "순간이 서로의 제한서로 다른 것들, ἀλλήλων을 갖는 것은 불가능하다"는 아리스토텔레스의 명제는 "두 순간 사이에는 언제나 하나의 시간이 있다"는 칸트의 명제가 말없이 계승했다. 라이프니츠의 지속성의 법칙lex continuitatis도 아리스토텔레스로부터 온 것이다.[13]

이 망각되었던 혁명적 전통을 계승한 베르그송의 지속으로서의 시간도 이질적인 것들의 상호침투적 연속성을 특징으로 갖는 '혼융한 이질성'이다. 흐름의 비유로 제시된 그의 시간론도 아리스토텔레스의 시간론에 뿌리를 두고 있다. 베르그송의 시간관은 쇼펜하우어에 자극받은 것으로 보이는데 이에 대한 그의 언급은 전혀 없다. 쇼펜하우어의 시간론은 아리스토텔레스를 계승하여 분할하는 지성을 가지고 분할할 수 없는 변화의 연속성에 접근한다. 그의 견해는 현대적 관점과도 일치하는 측면이 있다. 우리의 감각적 지각 내용은 물리적 진동으

---

13 위와 같음.

로도 규명된다. 이러한 과학적 견해는 물리적 진동들을 구성하는 생명체의 자발적 능력을 중시하는 견해와 모순되지 않는다. 이 견해는 지각하는 생명체 내부의 관점에서는 물리적 진동들에 대한 질적 구성을 존중하고, 객관적으로는 물리적인 양적 진동을 존중하는 태도로 나아갈 수 있다. 색깔의 차이에는 진동수의 차이가 있다. 체코의 과학 철학자인 차펙Milič Čapek, 1909~1997이 소개하듯 로버트 레비Robert Levi는 물리적 관점에서 '시간의 원자'를 '크로논chronon'이라 했다. 그는 그것의 시간적 길이를 $4.48 \cdot 10^{-24}$초로 추산했다. 미시 우주는 미시 시간으로 구성된다. 포앙카레Henri Poincaré, 1854~1912도 '시간의 원자L'atome du temps'라는 개념을 만들었는데, 이러한 시간 원자는 쇼펜하우어와 베르그송의 관점에 근접한다.[14] 베르그송에 의하면 지속은 연속적 이질성을 갖는다. 무기적 물질의 차원에서도 미미하나마 지속은 '혼융한 이질성'을 갖는다. 또한 혼융한 이질성을 갖는 생명은 수많은 종種으로 분열된다. "생명은 요소들의 연합association과 부가addition에 의해서가 아니라, 분리dissociation와 이분二分, dédoublement에 의해 진행된다."[15] 베르그송에게 생명의 진화는 물질의 장애를 받으면서도 창조적으로 극복해 가는 다양화로의 분기 운동이다.

쇼펜하우어는 변화의 시간을 순간적 점들의 외적 연결로 환원하여 설명하는 관점의 난점을 지적하고, 그 연속성과 점진성을 살리는 방법을 아리스토텔레스에 의거하여 밝히고 있다. 쇼펜하우어는 현상계의 진화 과정에 대해 고전적인 개별화라는 개념을 사용한다. 베르그송은 생명의 진화를 차이성의 부단한 생산 과정으로 이해하고, 순간적 점으

---

14 Milič Čapek, *Bergson and Modern Physics*, D. Reidel Publishing Co, 1971, pp. 198~201.
15 Henri Bergson, *Lévolution Créatrice, Universitaire de France*, 1948, p. 90. / 번역으로는 황수영 옮김, 《창조적 진화》, 아카넷, 2005, 146쪽.

로 분할하는 사고를 서구의 기계론적 사고에서 나온 유용한 습관으로 보았다. 그러나 쇼펜하우어는 근대 과학의 패러다임 안에서 과학을 이해하고 있었다. 이 때문에 그는 유클리드-뉴턴 도식의 전제인 미분적 분할을 통해 정지된 질점을 가정하고 운동 법칙을 구성하는 인위적 사고 자체에 대해서는 비판적 논의를 할 수 없었다.

(4) 직관의 지적 본성과 칸트 논박

쇼펜하우어는 4장 21절~23절에서 직관(지각)의 지적 성격을 시각의 예를 들어 규명하고, 인과 개념의 선천성에 대한 칸트의 논증 방식을 논박한다. 직관이 오성의 능력이라는 테제는 쇼펜하우어가 자신의 선험적 관념론의 초석이자 기존의 철학과 다른 창조적 관점이라고 자부하는 것이다. 감각들은 외감의 형식인 공간과 내감의 형식인 시간을 조건으로 수용된다. 오성은 자신의 형식인 인과성으로 이른바 객관적 외부 세계를 순간적으로 구성한다. 이것이 오성의 직관이다. 객관적 물체의 경험적 실재성이라는 관념은 오성의 직관적 산물이다. "감각은 유기체 자체 안에서의 사건Vorgang이다. 그러나 피부 아래의 영역에 제한되어 있다. 이 사건은 피부 너머에 즉 우리 외부에 있는 어떤 것도 함축할 수 없다. 감각은 편하거나 불편할 수 있다 — 이것은 우리의 의지와의 관계를 말한다 — 그러나 어떤 객관적인 것도 감각에는 놓여 있지 않다." 감각 자체는 "본질적으로 주관적인 것이다." 그러나 뇌의 기능인 오성이 자신의 "독점적 형식인 인과 법칙을 사용할 때 객관적 직관이라는 강력한 변화가 일어난다."[16] 내감의 형식인 시간 안에서 계열적으로 받아들여진 감각은 신경을 통해 두뇌인 오성에 전달되고, 오성

---

16 Arthur Schopenhauer, *Über die Vierfache Wurzel des Satzes vom Zureichenden Grunde*, S. W. Band Ⅲ, Suhrkamp, 1986, s. 67~69.

은 외감의 형식인 공간의 도움을 받아 감각의 원인을 유기체의 외부에 옮겨 놓는다. 여기에서 비로소 오성은 신체에 주어진 감각을 외부 객관의 결과로 파악한다. 감각은 무엇인지 모르는 물자체가 원인이 되어 주어지는 것이 아니라 이미 오성이 직관한 외부 객관이 원인으로 구성된다는 것이다. "결과는 오성만이 이해하는 단어"이다. "오성이 객관적 세계를 처음으로 산출한다." 이런 의미에서 오성의 활동은 "직관적이고 전적으로 직접적인 것이다." 오성은 이성의 추론 능력과는 달리 두뇌가 가진 인과 법칙에 따른 직관 능력이며, 이 의미에서 "경험적 직관은 지적 직관"이기도 하다.[17]

직관의 '조야한 재료'인 감각은 오성이 구성한 객관의 결과로 나타난다. 쇼펜하우어는 이러한 객관적 실재성을 구성하는 것을 '오성의 추론Schlusse'이라고도 한다. 그러나 오성은 이 "감각으로부터 즉시 그 원인으로 넘어가는 것에 익숙해져 있기 때문에 오성의 추론의 전제를 동시에 제공하는 감각 그 자체에 주의를 기울임이 없이도 그 원인이 우리에게 나타난다."[18] 이로 보아 쇼펜하우어는 경험주의 전통에 따라 실재성을 감각으로부터 추론된 것으로 보고 있다. 그럼에도 그가 그것을 직관으로 보는 것은 추론이 즉각적으로 이루어져 감각이 그 결과로서 나타나기 때문이다. 그렇다면 그의 선험적 관념론은 두뇌의 일반적 습관을 전제하고서 성립하는 것이 된다. 또 그 자신도 획득된 습관을 의미하는 '획득된 숙련erlangter Übung'이라는 말로 오성의 능력을 묘사하고 있다. 오성이 동물에게도 공통된 것이라고 보는 쇼펜하우어는 아마도 오성의 능력이 오랜 자연사적 과정을 통해 형성된 흔적이 선험적 형식으로 기능하게 되었다고 보고 있는 것으로 보인다.

---

17 위의 책, s. 69~70.
18 위의 책, s. 71.

시각은 오성의 지각과 연관되어 있다. 이 때문에 그것은 지적 본성을 지닌다. 그러나 청각에서의 "음조Ton는 공간적 관계를 의미하지 않으므로 그 원인의 성질로 이끌어 가지 않는다. 오히려 우리는 음조 그 자체에 머문다. 음조는 객관 세계를 구성하는 재료가 아니다."[19] 베르그송이 생명의 흐름 혹은 의식의 흐름을 교향곡을 듣는 것에 비유할 때, 청각적 경험의 비유가 가장 적절하다고 생각한 이유가 바로 그것이다. 음조는 공간적 관계로 환원할 수 없다. 그것은 점들의 외적 연결로 이해될 수 없다. 기대와는 달리 바그너보다는 모차르트를 좋아한 쇼펜하우어는 음악을 통해 청각의 특징을 잘 이해할 수 있었던 것으로 보인다. 음조는 오성의 공간적 대상화를 벗어나 있다. 음조는 시각보다는 쉽게 지성화와 분리될 수 있다. 쇼펜하우어는 다른 감각들도 '처음에는 어렵지만' 지성이 첨가한 것으로부터 분리될 수 있다고 본다. 그는 지성에 가장 가까운 촉각과 시각을 해명할 때 감각과 오성의 직관을 일단 분리해서 각각의 차이를 말하고 다시 그것들을 결합하는 방식으로 논의를 전개한다.

촉각이 가장 기본적인 것이고, 시각은 "불완전하지만 멀리까지 가는 촉각"이다. 오성은 촉각적 자료를 가지고 손쉽게 "물체를 공간적으로 구성"하고, 손과 같은 신체 일부분의 "근력에 의해 물체의 무게, 견고성, 내구성, 연성" 등을 지각한다. 시각에 비해 착각의 가능성이 적다. 베르그송이 고체적 사고에서 나온 원자 개념이 그 뿌리가 촉각에 있다고 생각한 것도 무리는 아니다. 광선을 이용하는 시각에서는 "광선이 긴 촉수에 해당한다." 빛을 이용하기 때문에 시각은 촉각보다 많은 착각에 노출되어 있다. 그럼에도 오성은 공간 형식의 도움으로 "무

19 위의 책, s. 70.

진장으로 풍부하고 다양한 가시적 세계를 산출"할 수 있다. 오성이 시각을 통해 이러한 능력을 발휘할 수 있는 이유는 시각적 감각 자체가 주는 도움에 의존하기 때문이다. 이 도움 때문에 시각이 지성적 감각이 된다. 쇼펜하우어는 시각과 연결된 지성의 기하학적 구조론을 예비하기 위해 이 도움을 세 가지로 정리한다. (1) 망막의 표면에 맺힌 인상의 병존이 허용된다는 것 (2) 직선으로 작용하는 빛이 눈에서도 직선으로 꺾인다는 사실 (3) 빛을 만나는 방향을 망막이 직접 감각하는 능력을 갖고 있다는 것, 즉 단순한 인상이 그 원인이 있는 방향을 지시하여, 객관이 있는 위치를 그대로 가리킨다는 것[20] 이상 세 가지 이유 때문에 지성은 손쉽게 대상으로 부터 반사 된 빛의 원인이 되는 객관을 구성한다는 것이다.

쇼펜하우어는 이러한 논의를 전제로 시각에서 지성이 하는 일, 즉 '지성의 장치 Ausstattung des Intellekts'를 네 가지로 규명한다. (1) 망막에 거꾸로 맺힌 인상을 바로 세우는 일: 지성은 거꾸로 된 인상을 그대로 지각하는 것이 아니라, 감각된 결과를 그 원인에 연계시키고 광선이 일어난 방향을 자료로 하여, 교차하여 들어온 광선을 역추적하여 거꾸로 맺힌 인상을 바로 세운다. 지성은 이렇게 하여 인상의 원인을 외부의 공간에 있는 객관으로 구성한다. 원인은 광선을 만나는 위치에서가 아니라 보내는 위치에서 정립된다. (2) 두 눈에 들어온 각각의 인상을 하나의 지각으로 개작 Umarbeitung 하는 일: 우리 눈은 멀리 있는 것(200피트 넘는 곳에 있는 것)을 볼 때만 평행으로 있다. 이보다 가까운 데에 있는 것에 대해서는 두 눈을 관찰할 대상에 맞춘다. 두 눈은 대상의 한 점에 수렴하고, 양쪽 눈에서 정확히 고정된 대상의 점까지 수렴하여

20 위의 책, s. 74~75.

그어진 두 선은 그곳에 하나의 각[眼角]을 형성한다. 이러한 기하학적 구도에서 언제나 원인을 찾는 오성은 인상이 이중적일지라도 그것이 하나의 외부적인 점에서 온다는 것을 안다. 객관으로서의 원인은 한 번만 나타난다. 이것이 인과적 해석의 규칙Regel seiner kausalen Auffasung에 따른 오성의 직관이다.[21] 오성의 파악은 자신의 기하학적 구도에 따른 해석이다. 이 해석은 초점 주위의 표면으로 이동하면서 형태를 구성하는데, 이때에도 같은 인과적 해석의 규칙이 적용된다. 오성은 대리 촉각처럼 대상의 표면을 미끄러지듯 움직여 그 총괄적 인상들을 하나의 객관의 형태나 크기로 구성한다. 장님이 조각가일 수 있는 이유가 이 것이다(쇼펜하우어는 당시 유명한 조각가들의 예를 들고 있다). 따라서 오성의 지적 직관은 감각 자료와 무관하게 언제나 오성의 능력인 것이다. 오성은 광선의 기하학적 구조를 이용하여 객관의 형태를 구성한다. 쇼펜하우어는 이 입장에서 뉴턴의 생리학적 견해를 비판한다. 뉴턴은 광학(Optics, 물음 15)에서 "시각 정보가 뇌에 들어오기 전에 시신경이 융합되거나 부분적으로 교차된다"는 가설을 세운 것은 잘못이라는 것이다. 쇼펜하우어에 의하면 이 가설은 '곁눈질을 통한 복시'를 설명할 수 없다.[22]

(3) 시각 자료를 오성이 빛과 그늘의 정도에 따라 삼차원을 부가하는 일: 감각은 오성에 의해 구성되기 전에는 이차원적이다. 그것은 평면 기하학적이지 입체 기하학적이지 않다. 삼차원의 입체 기하학적인 것은 오성에 의해 구성된다. 눈이 인상을 받아들이는 방향과 인상의

---

21 김미영은 auffasung을 '해석'으로 번역하고 있다. 이는 적절한 표현으로 보인다. 독일어의 그 말은 파악이라는 의미 이외에도 해석이라는 의미도 있다. 파악보다도 해석이 쇼펜하우어의 선험적 구성론을 더 적절하게 보여 주는 번역일 것이다. 김미영 옮김,《충족이유율의 네 겹의 뿌리에 관하여》, 나남, 2010, 85쪽.

22 Arthur Schopenhauer, *Über die Vierfache Wurzel des Satzes vom Zureichenden Grunde*, Suhrkamp, S. W. Band Ⅲ, 1986, s. 81.

경계, 명암의 다양한 정도가 오성이 갖는 자료이다. 오성은 이 자료를 가지고 직접 그 원인들을 지시하며, 그것이 원반인지 구球인지를 인식한다. 순수한 감각만을 그리기 위해서는 투사도Projektionszeichnung를 그리는데 이는 수학적 원리에 따르는 전문적 습득을 필요로 한다. 예술은 오성의 입체적 구성을 도외시하고 (평면 기하학적 그림처럼) 원래의 자료를 보여 주려고 노력할 수 있다. 삼차원의 부가는 다음의 네 번째와 밀접하게 연관된다.

(4) 오성이 우리와 객관이 있는 거리를 인식하는 일: 감각적 인상은 객관이 있는 방향을 지시하지만 거리와 객관의 위치를 제시하지는 않는다. 거리는 오성의 산물이다. 이러한 인과적 규정은 시각時角과 연관되는데, 시각이란 안각과는 반대로 대상의 좌우나 상하의 양 끝으로부터 오는 광선이 안구의 한 점에 모일 때의 각도이다. 여기서는 같은 시각 안에서 객관은 작고 가까이 있거나 크고 멀리 있을 수 있다. 쇼펜하우어는 이것을 두 의미를 갖는 하나의 단어에 비유한다. 시각 자체로는 어떤 것도 결정할 수 없다. 그것이 어떤 의미를 갖는지는 그 맥락에 의해, 즉 오성의 구성에 의해 결정된다. 객관의 크기는 이미 다른 곳에서 알려졌을 경우에만 우리는 시각時角으로부터 객관의 거리를 알 수 있다. 거리가 증가하면 시각은 감소한다.[23] 바로 여기에서 평면에 삼차원의 도형을 그리는 선투시도법Linearperspective이 나온 것이다. 쇼펜하우어는 이러한 지식을 로버트 스미스Robert Smith의《광학Optics》(1755년의 독어 번역본) 등에서 얻은 것으로 밝히고 있다. 이러한 광선 기하학적 지식이 오늘날에는 미술학도의 예비 지식으로 되어 있는 것을 보면, 쇼펜하우어의 지각론은 현대적 의의를 갖는다고 할 수 있을 것이다. 또

---

23 위의 책, s. 83~84.

한 그는 생생한 경험을 중시하지만 단순한 감각 인상을 제일원리로 고수하는 감각적 실증주의를 반대하고, 시각적 감각의 기하학적 형식이나 지식에 내재하는 논리적 형식의 선험성을 드러낼 수 있었다. "경험 expérience, 경험! 게다가 어리석은 짓albernes Zeug까지."[24]

이상의 네 가지 주장은 감각 특히 시각의 지성적 성격을 보여 주기 위한 것이다. 시각적 경험은 오성의 형식인 인과 법칙에 의해 직관적으로 반성의 도움 없이 구성한 것이다. 이 단계에서는 개념과 단어를 매개로 하는 추상적 인식의 도움은 고려되지 않는다. 개념과 단어는 이차적 인식인 이성적 사유의 재료다. 지각론에서 쇼펜하우어가 강조하는 것은 오성의 숙련과 감각의 구조적 결합 관계다. 그러나 그가 밝히듯 오성은 원인인 객관의 실재성을 잘못 구성할 수 있다. 오목 거울의 초점에 떠 있는 물체, 수평선에서 더 크게 보이는 달, 배가 통과할 때의 물가의 움직임, 대기가 맑은 날 더 가까이 보이는 높은 산 등이 그 사례다. 이성은 추론을 통해 이 오성의 가상Schein을 수정할 수 있다. 그러나 오성에게 그렇게 보이는 현상은 없어지지 않는다. 물속의 막대가 굽어보이는 경우처럼 오성의 기만은 이성의 기만인 오류Irrtum가 제거되어도 그대로 남는다. 하지만 오성은 대상의 실재성을 제대로 구성할 수 있으며, 이성도 이유를 갖는 판단을 통해 진리에 접근할 수 있다. "실재성에는 가상이, 진리에는 오류가 대립된다."[25]

쇼펜하우어는 이러한 논의를 끝내고 생리학과 연관하여 발달 심리학적 논의로 나아간다. 감각이라는 경험적 자료와 지성의 인과 법칙의

---

24 위의 책, s. 86. 이 밖에도 쇼펜하우어는 수정체의 운동과 연관하여 케플러와 휘크Alexander Hueck 의 견해에 동조하고, 공기의 투명성의 정도에 따른 공기투시도법Luftperspektive과 망원경과 현미경의 원리를 간략하게 소개하고 있다. 여기서도 결론은 시각(視覺)에서 주도적으로 활동하는 것은 오성이며, 오성은 모든 변화를 결과로 파악하고 그것을 원인에 연관시켜 시간과 공간이라는 선천적 근본 직관을 기초로 대상 세계에 대한 뇌의 현상을 일으킨다는 것이다. (위의 책, s. 89).

25 위의 책, s. 89~90.

적용은 동시에 주어져 있지 않다. 지성의 적용은 훈련을 통한 숙련의 과정을 필요로 한다. 신생아는 빛과 색의 인상을 수용하지만, 생 후 첫 주 동안은 객관을 파악하지 못하고 '무의식 상태Stupor'에 있다. 아이는 오성의 기능을 감각 자료에 적용하는 "연습을 하여' 숙련시킨다. 객관 세계는 서서히 나타난다. 아이는 보호자를 알아볼 때까지, "오성 작용을 습득할 때까지 고요하고 진지한 연구를 수행한다." 이를 입증하기 위해 쇼펜하우어는 수술로 시각을 회복한 선천성 맹인의 경우를 예로 든다. 체슬든Cheselden의 맹인은 수술 후 대상들에 대한 객관적 실재성과 거리감을 구성하지 못하고 자신의 방을 '하나의 전체적 인상'만으로 보았으며, "다양하게 채색된 매끄러운 표면Oberfläche, surface"으로 보았다. 어느 소년은 시력을 회복한 이후 "객관들의 거리에 대한 어떤 판단도 갖지 못하고 모든 것을 붙잡으려고 했다." 하우저Caspar Hauser의 다른 보고서에 의하면 "나중에 수술로 시력을 회복한 사람은 한동안 모든 대상이 자신의 눈을 접촉하여 자신에게 가까이 있다고 생각하여 부딪힐 것을 두려워한다."[26] 이들은 모두 한동안 오성의 인과 법칙을 대상에 적용하여 주관으로부터 거리를 갖는 객관적 실재성을 구성하지 못한다.

이에 대한 생리학적 근거로 쇼펜하우어는 프랑스의 생리학자 플로렌스M. J. P. Flourens, 1794~1867의 견해를 인용한다. 감각과 지각은 크게 다르다. 뇌의 결절을 제거하면 망막과 홍채는 기능을 상실한다. 뇌엽을 제거하면 망막과 홍채는 기능을 하지만 객관을 구성하는 지각은 불가능하다. 감각은 오성의 일이 아니다. 감각과 표상은 전혀 다르다. 쇼펜하우어에 의하면 그리스 고대에서도 이미 지각의 지성적 성격을 알고

---

26 위의 책, s. 91~93.

있었다. 에피카르모스Epicharmos, B.C. 530~440는 "오성(Nous, 쇼펜하우어
는 오늘날 이성으로도 번역되는 이 말을 문맥상 오성Verstand으로 번역한다)이
보고 오성이 듣는다. 다른 모든 것은 귀먹고 눈멀었다"고 했다.[27] 쇼펜
하우어는 동물의 영리함에 대한 고대인의 관찰과 근대 동물학에 의거
하여 "최하위 동물을 포함해 모든 동물은 섬세함과 명료성의 정도 차
이는 있어도 오성의 인식 즉 인과 법칙에 대한 인식을 갖고 있다. (……)
오성이 없는 감각은 쓸모없을 뿐만 아니라 자연의 잔인한 선물"이라고
말한다. 분리된 감각 기관이 없이 물풀 사이에서 빛을 찾아가는 촉수
를 가진 "해파리도 잎에서 잎으로 돌아다닐 때 지각Wahrnehmung을, 따
라서 오성을 갖는다."[28]

　　지각은 인과 법칙을 적용하는 오성의 능력이다. 이 능력이 연습을
통해 드러나는 경험의 선험적 조건이 된다는 것이다. 오성은 원인, 자
극, 동기라는 형식으로 나타나는 인과 관계를 구성한다. 원인으로는
"역학, 천문학, 물리학, 화학을 만들고 축복과 파멸을 위한 기계를 고안
한다." 오성이 자극일 때는 식물, 동물의 생리학과 치료법 및 독물학을
성립시킨다. 동기로는 도덕, 법률, 역사, 정치의 발전과 서사적인 시의
발전을 위한 지침으로 사용한다. 실천상에서 오성은 영리와 교활로 나
타나지만, 이론에서는 예리와 통찰의 능력이 된다. 위대한 발견은 이러
한 판단력에서 나온다.[29] 물질은 다양한 형태와 성질을 추상하고 남는,

27　위의 책, s. 96~97. 쇼펜하우어에 의하면 에피카르모스와 함께 포르피리오스Porphyrios와 자연학
　　자인 스트라톤Straton, B.C., 340~268도 지각하는 모든 존재는 오성을 갖고 있으며, 따라서 동물들
　　도 오성을 갖고 있다는 견해를 갖고 있었다.
　　Arthur Schopenhauer, *Über die Vierfache Wurzel des Satzes vom Zureichenden Grunde*,
　　Suhrkamp, S. W. Band Ⅲ, 1986, s. 96~97. 여기서의 지각Wahrnehmung은 감각Empfindung과 변
　　별하기 위해 쓴 것으로 보인다.
28　Arthur Schopenhauer, *Über die Vierfache Wurzel des Satzes vom Zureichenden Grunde*,
　　Suhrkamp, S. W. Band Ⅲ, 1986, s. 99~100.
29　위의 책, s. 104~105.

모든 물체에 동일한 하나의 것으로 생각된다. 물체의 다양한 변화가 보이는 작용 방식은 다양한 인과로 파악된다. 그러나 형태와 성질을 사상한 물질은 '단순한 작용 일반die bloße Wirksamkeit überhaupt', '순수한 인과성'으로 생각된다. "물체의 실재성을 형성하는" 물질은 실체이며 "실체는 작용Wirken이다." 다양한 인과들을 추상한 오성 그 자체도 주관의 측면에서 작용 일반이다. "물질은 순수 오성의 객관적 상관 개념일 뿐이다. 물질은 우리 자신의 오성의 반영Reflexion, 즉 오성의 유일한 기능이 밖으로 투영된 상Bild이다." 인과는 모든 생성과 소멸에 적용되지만 변화의 실체인 물질에는 적용되지 않는다. "눈이 모든 것을 볼 수 있지만 자신만은 볼 수 없듯 물질도 그 힘을 자신에게는 발휘할 수 없다. (……) 이것이 진정한 관념론인 선험적 관념론의 귀결이다."[30]

칸트는 경험에 선행하는 조건을 논하는 선험적 관념론을 분명히 했다. 그러나 쇼펜하우어가 보기에 그는 경험적 직관(지각)이 인과 법칙을 통해 이루어진다는 점을 통찰하지 못하거나 의도적으로 회피했다. 칸트는 지각을 물자체에 의해 촉발되어 주어지는 것으로만 보았다. 지각은 단순한 감각과 동일시된다. 이는 현상과 물자체라는 이분법에 의존하는 관점에서 나온 것이다. 지각은 인과 법칙에 의해 직관적으로 구성되는 것이 아니라 잡다한 직접적 현상이 된다. 이렇게 되자 칸트는 인과 법칙을 직관에 적용되는 것이 아니라 "반성 즉 추상적이고 명석한 개념적 인식에서 존립하고 가능한 것"으로 생각하여, 지각과 분리된 오성의 12범주 안에 포섭하게 된다. 그는 "인과 법칙의 적용이 모든 반성에 선행한다aller Reflexion vorhergeht는 사실을 전혀 예감하지 못했다." 쇼펜하우어가 보기에 진정한 선험적 관념론은 칸트의 지각론을 '교정

---

30 위의 책, s. 101~103.

하고', 선험적 형식을 시간, 공간, 인과성으로 제한하며, 나머지 범주들은 이성의 논리적 사고의 재료로 넘기는 것이다. 지각의 원인은 물자체가 아니다(물자체에는 주관의 형식이 개입될 수 없다). 그것은 지성의 인과 법칙이 적용되어 구성된 객관적 실재성이다.[31] 칸트에 대한 쇼펜하우어의 교정적 독해는 그의 후기 저작에서도 관철된다.

이러한 입장에 따라 쇼펜하우어는 칸트가 표상들을 수동적으로 촉발된 잡다성으로 보면서 인과 법칙의 선천성을 증명하는 방식에 동의하지 않는다. 《순수이성비판》의 하나의 핵심 주제"는 "인과 법칙이 경험의 가능성에 제한되어야 한다"는 것이다.[32] 쇼펜하우어는 이 정신을 적극 살리는 것이 자신의 임무라고 여겼지만, 칸트의 증명 방식에는 동의하지 않았다. 칸트는 시간상에서 연속하는 계열에 대한 지각을 강을 내려오는 배에 대한 지각을 제외하고는 선후의 상태를 결정할 수 없는 자의성을 갖는 것으로 본다. 칸트에 의하면 표상들의 계열의 객관성은 표상들의 인과 법칙을 통해서만 객관적으로 인식된다. 지각들은 서로가 뒤따르는 현상들의 객관적 관계가 확정되지 않은 채 머물러 있다. 지각들의 계열은 객관적으로 규정되는 어떤 것도 없기 때문에 완전히 순서가 뒤바뀐 질서에 놓일 수도 있다. 칸트는 집을 지각할 때 상하 좌우에서 임의로 출발하여 지각하는 경우를 예로 든다. 이때에는 지각들은 자의에 의거하므로 객관적 계열을 갖지 못한다는 것이다. 단 예외적으로 강을 타고 내려오는 배를 지각할 경우는 연속적 순서에 따르므로 객관적 계열을 갖는다.

그러나 쇼펜하우어에 의하면 어느 방향에서 출발하든 집을 지각할 경우에도 지각들은 객관적 연속을 이룬다. 집의 경우나 배의 경우나

---

31 위와 같음.
32 위의 책, s. 107.

지각은 객관적 연속을 갖는다. 이 객관적 계열이 '사건Begebenheit, 발생'이다.[33] 두 경우 다 실재적인 객관들의 변화인 사건들이다. 집의 경우도 나의 신체의 일부분인 눈과 집의 관계에서 일어나는 객관적 사건이며, 배의 경우도 강 언덕과 배 사이에 일어나는 사건이다. 배의 경우에 배를 끌어 당겨 거슬러 올라가게 한다면 임의의 방향에서 출발하는 집에 대해 지각하는 것과 같아진다. 집과 배의 두 경우 모두 물체계의 법칙에 따라 지각된다. 따라서 연속적 계열을 지각하는 경우 특정한 인과 법칙으로 구성하기 이전에 이미 객관적 질서를 갖는다. 그러나 칸트에 의하면 원인과 결과로 구성되지 않는 것은 객관적 질서를 갖지 못한 주관적 자의성을 가질 뿐이다. 하지만 "만남Zusammentreffen이나 동시 발생Zusammenfallen"이라는 '우연Zufall'의 경우에 특정한 인과 관계로 구성되기 이전에도 객관적 사건으로 지각된다. 음악 소리의 연속이나 밤과 낮의 교체도 인과 관계로 구성되기 이전에 객관적 계열로 지각된다. 쇼펜하우어에 의하면 밤과 낮의 객관적 연속은 코페르니쿠스가 지구와 태양 간의 관계로 그 원인을 구성하기 이전에도 객관적 연속으로 지각되었던 사건이다. 밤과 낮의 연결을 아무리 오래 지각해도 인과 개념은 거기에서 형성되지 않는다. 그 계열의 경험은 인과 관계를 낳도록 누군가를 현혹할 수 없다. 이를 근거로 쇼펜하우어는 인과 개념이 경험에서 나왔다는 흄의 견해를 논박했다고 생각했다. 쇼펜하우어에 의하면 칸트는 변화의 계열에서 인과 법칙이 경험의 조건이라는 테제를 증명하는 데에서 지각을 감각과 동일시하여 "감각 대상의 진리는 오직 현상들의 결합에서 성립한다"는 라이프니츠(《신인간오성론》, 4권 2장 14절)의 견해를 계승하고 있다는 것이다.[34]

---

33 위의 책, s. 108.
34 위의 책, s. 110~113.

쇼펜하우어는 "칸트가 옳다면 우리는 계열의 현실성을 오직 그 필연성으로부터 인식했을 것"이라고 한다. 객관적 현실성으로부터 인과적 필연성 즉 필연적 결합을 인식할 수 있다면 오성은 오류를 범하지 않고 즉시 사물의 인과를 아는 것이 될 것이다. 그러나 오성은 이러한 전지성을 갖고 있지 않다. 오성은 충족이유율을 통해 현실적 '계열의 규칙'인 '필연적 결합'을 예리한 판단력으로 구성해야 한다. 그가 보기에 칸트가 필연성으로부터 현실성을 도출한 것은 "감성을 보다 적게 필요로 하기 위해 오성에 불가능한 것을 부과한 것이다." 칸트는 이와 같은 사고를 동시 존재에도 적용한다. 동시 존재는 상호 작용이라는 인과에 의해 가능하고 인식될 수 있다는 것이다. 상호 작용하지 않고 빈 공간에 의해 분리되어 있는 현상들의 동시 존재는 지각할 수 있는 대상이 아닐 것이다. 이는 항성들 사이에는 상호 작용할 수 없는 빈 공간은 없다는 사실을 증명하는 것이기도 하다. 항성으로부터 오는 빛은 우리의 눈과 동시에 상호 작용해야 한다. 이를 통해 천체들의 동시 존재가 증명된다. 칸트의 이러한 논법은 광속도가 알려진 현대에는 통용될 수 없다. 이미 빛을 발한 천체는 광년으로 추산되는 시간만큼 과거의 것이고 우리의 눈이 지각하는 것은 그 표면적 영상에 불과한 것이다. 쇼펜하우어는 현대적 관점에 접근한다. 빛을 보낸 항성은 "이미 몇년 전에 혹은 수천 년 전에 그곳에 있었다는 것을 증명할 뿐"이라는 것이다.[35]

동시 존재성에 대한 쇼펜하우어의 의심은 모든 것이 한순간에 주어져 있다는 고전 물리학의 근본 전제를 붕괴시킬 수 있는 것이다. 유클리드-뉴턴 도식에서 성립한 근대 물리학은 양자 역학이 다루는 미

---

35 위의 책, s. 113~115.

시 세계와 상대성 이론이 다루는 거시 세계 사이에 있는 중간 크기 세계를 탐구 범위로 갖는다. 중간 크기 세계를 다루는 물리학은 단번에 그 전체가 주어져 있다는 순간적 현재로서의 동시성을 가정한다. 근대 물리학의 시야 안에 있었던 쇼펜하우어가 동시성을 회의한 것은 현대의 상대성 이론의 관점에 접근하는 의의를 갖는다. 동시성은 아인슈타인의 거시 세계 물리학에서 의심스러운 것으로 비판된 이후에는 고전 물리학에 한정된 하나의 공리公理로서 인식되었다. 또한 그것은 베르그송이 아직 주어지지 않은 것이 창조될 수 있다는 창조적 진화의 입장에서 비판한 것이기도 하다. 베르그송은 생명의 약동성과 유동성이 근대의 기계론적 세계상에서는 이해할 수 없는 것으로 배제된다고 보고 생명에 접근하는 다른 방법을 제안했다.

쇼펜하우어의 선험 철학은 고전 물리학적 세계상의 가능 조건을 규명함으로써 그것이 파악하는 세계의 내재적 한계를 반성하게 하는 계기를 줄 수 있었다. 베르그송은 바로 이러한 계기를 이어 받아 근대 과학에 대한 인식비판을 통해 생명 철학의 길을 제시한다. 쇼펜하우어가 보기에 동시에 존재하는 것들의 상호 작용이라는 말은 그 세부적 인과를 모를 때 흔히 쓰는 변명에 불과한 것이다. 이러한 비판적 수정에도 불구하고 쇼펜하우어는 지식의 선험성을 해명한 칸트의 '경탄할' 만한 점은 우리의 "눈을 덮고 있는 안개를 걷어 낸" 것에 있다고 찬양한다.[36]

---

36   위의 책, s. 115~116.

2) 인식의 충족이유율 principium rationis sufficientis cognoscendi

오성은 객관적 실재성을 구성한다는 점에서 동물도 공유하는 것이다. 오성의 형식인 인과성은 사물의 객관성뿐만 아니라 변화의 인과를 구성한다. 그것은 판단력과 결합하여 새로운 과학적 발견을 가능하게 한다. 이성은 '추상적 표상'인 개념을 가지고 사고한다. 동기들 사이의 갈등이 있는 행동의 영역에서도 이성은 숙고와 계획을 통해 '선택 결정'을 한다. '인식의 충족이유율'은 이성의 추상적 사고의 규칙이다. 쇼펜하우어는 추상적 사고의 형식적 조건을 다루기에 앞서 그의 세계관의 한 특징을 결정하는 한 가지 문화적 요인을 언급한다. 추상적 사고는 인간의 우월한 특징을 보여 주는 동시에 서양적 인간의 재앙이라는 것이다. "그것을 통해 인간의 삶을 풍요하게 하고 인위적이게 하며, 공포스럽게 schrecklich 하는 모든 것들이 이루어 졌다." "서양에서 인간은 창백해져서 그의 고향인 고대의 진실하고 심오한 근원 종교 Ur-religionen에 순응할 수 없게 되었다. 여기서는 자신의 형제를 더 이상 알아보지 못하고, 동물을 자신과 근원적으로 다른 것으로 착각한다. 그들은 이 망상 Wahne에 확고하게 자리 잡기 위해 인간과 동물의 압도적으로 다가오는 본질적 동일성을 고집스럽게 부인함으로써 동물을 야수라 부르며, 동물과 공유하는 모든 생명 활동 Lebensverrichtungen에 악명을 붙이고, 그 활동을 합법성이 없는 것으로 취급한다."[37] 이 단서 조항은 학문이 이성 문명에 대한 비판을 포함해야 한다는 착상을 예고한다. 이것은 진정한 윤리는 이성이 자기비판을 통해 이성을 특권화하는 것과는 다른 종류의 경험으로 넘어가야 한다는 것을 암시하고 있다.

---

37 위의 책, s, 120~121

이 단서 조항은 괴테를 연상시킨다. 괴테는 뉴턴 도식에 반대하여 또 다른 과학적 사고 유형을 개발했다. 그에 의하면 탐구 주제를 표현하는 개념적 언어(예를 들어 식물이나 광물)는 그 언어에 포괄되는 현상의 역사를 탐구함으로써 그 의미가 채워진다. 언어의 의미는 근원 현상Ur-phenomenon에 소급하여 그것의 다양하면서도 유사한 역사적 변형들을 총괄할 때에 채워지며, 처음부터 그 본질에 대한 추상적 규정으로부터 획득되는 것이 아니다. 인간에 대한 이해도 그 활동의 역사를 총괄할 때 도달될 수 있다.[38] 이러한 탐구 방법은 한정된 기계론을 벗어나 자연의 생명에서 동일한 인간의 생명을 이해하는 공감 능력을 갖는 근원 종교에 대한 이해로 나아가게 한다. 《파우스트》의 1부에서 만나는 '대지의 영혼Erdegeist'은 동물과 인간의 우주적 연대성을 이해하게 하는 고대 종교의 지혜를 보여 준다. 괴테는 충족이유율에 관한 쇼펜하우어의 학위 논문을 보고 철학자로서 그의 장래를 긍정적으로 평가했다. 이러한 태도는 쇼펜하우어의 선험 철학이 근대 과학의 한계를 설정하고 있다는 것과 쇼펜하우어가 자신의 입장에 공감하고 있음을 감지한 데서 나온 것으로 보인다. 그러나 이 유대는 뒤에서(Ⅳ장) 보겠지만 색채론에 대한 의견의 차이로 오래 지속되지 못한다.

칸트의 선천성Apriorität은 경험의 논리적 조건이라는 선험성과 절대적 확실성을 함께 의미한다. 쇼펜하우어도 이 노선에 있지만 낭만주의와 괴테의 영향으로 절대적 확실성에 대해서는 믿음이 약화된 것으로 보인다. 스피노자를 생명 철학으로 이해한 괴테는 생명체의 형태들이 시간적으로 차이를 보이면서 전개하는 과정에 대한 과학적 탐구를 직접 수행했다. 쇼펜하우어는 그러한 형태 과학이 수리 물리학과 공존하

---

38 J. W. V. Goethe, 장희창 옮김, 《색채론Zur Farbenlehre》(1810), 민음사, 2003, 29~37쪽.

는 상황을 잘 알고 있었다. 그가 뉴턴적 수량화를 인과에 대한 통찰보다 부차적인 것으로 보려는 경향을 보이는 것도 그것에 기인한 것으로 판단된다. 괴테는 1790년부터 시작하여 1810년에 완성한《색채론》에서 광학을 포함한 뉴턴의 도식을 '낡은 성곽'이 증축 개량되는 과정에서 견고하게 요새화되었지만 사람이 살 수 없게된 구조물로 본다. "그 성곽은 건립자에 의해 처음에는 젊은이다운 조급함으로 건설되었고, 시대와 상황의 요구에 따라 점차 확장되고 설비를 갖추게 되었으며, 또한 그에 못지않게 반목과 적대 행위를 계기로 더욱더 강화되고 안전하게 되었다. (……) 이러한 모든 이질적인 부분과 첨가된 부분들은 정말 기이한 행랑과 홀, 복도들에 의해 다시 결합되어야 했다. 모든 손상은 그것이 적의 손에 의한 것이든 세월의 강제에 의한 것이든 즉각 복구되었다. 사람들은 필요에 따라 더 깊게 도랑을 팠고 성벽을 높였으며, 전망탑, 돌출창突出窓과 총안銃眼들도 빠뜨리지 않고 설치했다. 이러한 세심함과 노력들로부터 요새의 높은 가치라는 편견이 생겨났고 계속해서 유지되고 있는 것이다." 그러나 "그 오래된 건축물에 사람이 살 수 없게 되었다는 사실을 누구도 눈치 채지 못한다."[39] 뉴턴의 세계는 사람이 살 수 없는 생명이 배제되고 경멸된 세계이며, 그래서 도구화된 이성이 지배하는 세계다. 쇼펜하우어는 괴테의 관점에 공명할 뿐만 아니라 생성의 충족이유율에서 언급한 것처럼 물리학을 무기물에 한정하고 식물학과 동물학의 고유성을 인정한다. 인식의 충족이유율은 이러한 단서 아래 논의된다.

이성은 추상적 표상인 개념들을 가지고 사유한다. 개념은 개개의 사물들을 그 아래에서 파악하기 때문에 개별적인 것들의 '총괄Inbegriff'

---

39 J. W, V. Goethe, 장희창 옮김, 위의 책, 32~33쪽.

이라 할 수 있다. 개념은 자신의 총괄적 파악을 통해 사유 가능한 영역을 확보한다. 추상화 능력은 직관적 표상들, 즉 현상을 요소들로 분석하여 사물을 여러 성질이나 관계로 생각한다. 물을 그 요소로 나누면 유동성과 투명성이 없어지듯 분리된 추상적 성질들은 사유되는 것이지 직관되지 않는다. 보편적 표상인 개념들은 추상화가 진행됨에 따라 직관성을 잃어버린다. 따라서 임의적 표시를 통해 감각적으로 고정시키고 확고하게 하지 않으면 추상적 표상들은 "의식에서 미끄러져 나갈 것이다." 이 표시가 '용어들Worte'이다. 직관적 세계의 본질을 추상적 개념으로 전환하는 것은 이성의 기본 업무이지만, 이것은 '언어의 습득'에 의해 가능하다. "언어의 습득과 함께 이성의 전체적 기제Mechanismus, 즉 논리Logik의 본질적인 것이 의식화된다." 그러나 쇼펜하우어는 어린 이와 무교육자들에게서 보는 바와 같이 언어 습득이나 사용 과정에서 논리는 자연스럽게 적용된다는 점을 강조한다. 논리는 적용으로부터 독립된 "논리적 규칙에서 성립하지 않는다"는 것이다. 이는 "음악적 재능을 가진 사람이 화성학을 배우지 않고도 화음 법칙을 배우는 것과 같다." 언어 습득 과정이 '논리 학교'이며, 이것이 "진정으로 구체적 논리학wahrhaft konkrete Logik"이다.[40] 논리학자는 이 살아 있는 논리를 대상으로 전락시켜 물화하는 오류를 범한다.

논리는 언어의 사용 속에 있다. 추상적 학술을 하지 않는 사람들의 언어도 직관적 표상의 차원에 있지만, "그 자체 모든 것이 정당하다regelrecht." 쇼펜하우어는 이 점을 다음과 같이 강조한다. 그들의 "복잡한 말을 분석하면, 그 안에서 '논리적 형식'의 풍요성, 분절, 어법, 구분과 모든 종류의 섬세함이 문법적 형식과 어형 변화와 구성들 안에서

---

40 Arthur Schopenhauer, *Über die Vierfache Wurzel des Satzes vom Zureichenden Grunde*, Suhrkamp, S. W. Band Ⅲ, 1986, s. 120~123.

정확하게 표현되고, 또한 간접 화법과 다양한 양태의 동사들을 빈번하게 사용하는 것과 함께 모든 것이 규칙적으로 정당하다는 것이 발견된다. 따라서 그것은 경탄스러운 일이 되며, 매우 폭넓고 잘 결합된 과학을 거기에서 인지하게 된다."[41] 비트겐슈타인에게도 영감을 준 이러한 관찰은 일상 언어가 불완전하기 때문에 다른 인공적 장치를 필요로 한다는 견해와는 달리 일상 언어의 논리적 구조가 그 자체로 완전하다는 입장에 접근하는 것이다. 다만 쇼펜하우어가 보기에 그러한 일상 언어는 학문적 이성의 추상적이고 반성적인 사려 깊음인 '신중성 Besonnenheit'을 결여할 수 있다. 숙고하는 능력인 신중성은 "인간의 이론적이며 실천적인 모든 작업의 뿌리이다." 그것은 "과거를 고려하는 가운데 미래를 위해 근심Sorge하게 되는 근원이다."[42] 학문적 이성은 이 근심을 벗어나지 못하고 근본적으로 그 안에서 움직인다. 근심은 생의 본질이자 학문의 근거가 되는 셈이다. 근심은 괴테에게는 시간적 삶의 본질이며, 근심의 극복은 시간의 극복으로 이어진다. 시간의 극복은 브루노와 스피노자가 보여 준 무한한 우주에 대한 영원의 관점으로 나아가는 데에서 성취된다. 무한성을 가진 유한한 인간은 유한성과 부단히 투쟁하는 노력Streben을 통해 미래를 기획하는 존재로 살게 된다. 그러나 영원의 관점에 진입하게 되면 이 파우스트적 인간은 영원한 평안으로 구원받게 된다. 충족이유율이라는 형식에 갇힌 이성의 지적 활동은 하나의 삶의 양식에 불과하다. 쇼펜하우어는 학위 논문의 여러 행간들에서 자신의 사고가 이러한 방향에 있다는 것을 복선을 깔아 암시하고 있다.

"개념은 학문의 본래적 재료이다. 학문의 목적은 결국 보편적인 것

---

41 위와 같음.
42 위와 같음.

을 통해 특수한 것을 인식하는 것으로 소급해 가는 데에 있다." 이러한 작업이 특수성에서 직관적으로 인과를 구성하는 오성의 종합이다. 예리한 통찰과 추상적 이론이 결합하여 학문이 성립한다. 학문은 보편과 특수 양자의 고유한 의의를 인정한다. 이러한 의미에서 그는 개념의 현존을 통해서만 가능한 명제를 "모든 것에 타당하면서도 어떤 것에 대해서도 타당하지 않은 것"으로 본다. 추상적 명제들의 결합도 특수한 대상들의 고유한 인과에 대한 통찰을 동반하지 않으면 새로운 발견을 갖는 이론이 될 수 없다. 특수와 보편의 결합을 위해 개념은 자신을 대표하는 용어나 상상의 그림Phantasiebilder을 필요로 한다. 상상력의 '그림 Bild'은 '개념의 대리자'이다. 이를 통해 추상적 개념들은 경험적으로 주어진 것과 결합하여 직관적으로 파악된 것을 "완전히 소유하려ganz zu besitzen 한다."[43] 인식은 근대에서 강력한 위력으로 나타난 대상 소유욕의 한 형태이다. 인식은 경험의 소유이다.

개념을 통한 경험의 소유에는 이성과 오성의 중간에서 작용하는 판단력이 기여한다. 쇼펜하우어는 칸트의 구분에 따라 판단력을 둘로 나눈다. 구체적인 경우들이 속할 수 있는 개념이나 규칙을 찾는 것은 반성적 판단력이다. 주어진 개념이나 규칙을 입증하는 경우들을 찾는 것은 규정적 판단력이다.[44] 판단력은 직관적 대상들과의 생생한 접촉에서 창조적으로 기능한다. 이 접촉 활동은 전통 형이상학에 대항하는 유명론적 성향을 가진 쇼펜하우어가 일관되게 강조하는 것이다. 요소들로 분석하여 그들의 관계를 재구성하는 추상적 설명력뿐만 아니라 구체적 경험과의 대면에서 직관적 상상력으로써 인과를 구성하는 통찰이 과학의 생명이다. "직관적 표상들의 도움으로 작업하는 사유가

---

43 위의 책, s. 124~127.
44 위와 같음.

모든 인식의 본래적 핵Kern이다. 이 사유는 모든 개념의 토대인 원천으로 돌아가기 때문이다. 그러한 사유는 모든 진정한 독창적 사유, 모든 원초적인 근본 통찰과 모든 발견의 생산자이다." 과학적 발견은 개념적 조직화와 경험에 대면하는 직관적 통찰의 결합에서 이루어진다. 직관적 통찰은 과학에서 뿐만 아니라 자연의 생명력인 의지에 대한 형이상학적 직관에서도 작용한다. "근원적인 인식뿐만 아니라 진실한 철학자는 그들의 가장 내부적인 핵과 뿌리에 대한 어떤 직관적 통찰을 가져야 한다. 그것이 비록 순간적이고 단순할지라도 결국 전체적인 설명에 혼과 생명을 나누어 준다."[45]

그러나 '인식의 충족이유율'은 개념들이 결합하거나 분리되면서 형성되는 판단들의 관계에 적용되는 것이다. 판단이 진정한 인식이 되려면 그 판단이 다른 판단과의 관계에서 이유 즉 근거Grund를 가져야 참이라는 술어를 얻게 된다. 이것이 인식근거Erkenntnisgrund라는 것으로 라틴어의 이성ratio의 의미가 그것을 잘 반영한다고 한다. ratio는 oratio(말, 전달)에서 온 것으로 말의 근거를 의미하기도 한다는 것이다.[46] 이성은 말들이 논리적 근거를 가질 때 참이 된다. 쇼펜하우어는 넓은 의미에서 인식의 충족이유율을 네 가지로 나눈다.

(a) 논리적 진리: 추론은 이성의 고유한 작업이다. 이 경우 판단의 진리는 논리적 혹은 형식적이다. 일반 논리학에서 추론의 규칙을 다루는 삼단 논법의 제 형태들은 이유율을 판단들 상호 간에 적용하기 위한 규칙들의 총체다. 그것은 논리적 진리의 '공준Kanon'이 된다. 또한 다른 판단들을 통해 근거 지워진 판단들도 참으로 간주된다. 즉 가장 근본

45 Arthur Schopenhauer, *Über die Vierfache Wurzel des Satzes vom Zureichenden Grunde*, Suhrkamp, S. W. Band Ⅲ, 1986, s. 127~128.
46 위의 책, s. 129.

적인 네 가지 사유 법칙(동일률, 모순율, 배중률, 인식의 충족이유율)으로부터 도출된 판단들은 그 법칙으로 소급하지 않고도 참이라고 간주된다. 예를 들어, '삼각형은 세 변으로 둘러싸인 공간이다'라는 판단은 동일률을, '어떤 물체도 연장을 갖지 않음이 없다'는 모순율을, '모든 판단은 참이거나 참이 아니다'는 배중률을, '어떤 것도 그 왜를 알지 않고는 참이라고 간주될 수 없다'는 인식의 충족이유율을 최종 근거로 갖는다. 그러한 판단들은 그 자체 참인 것으로 받아들여지지만, 사실상 근본적 사유 법칙에 의해 그 외부로부터 근거 지워진 것들이다.[47]

(b) 경험적 진리: 판단이 직접적 경험에 기초할 때 그것은 경험적 진리가 된다. 이때에는 경험이 판단의 근거이며, 이 판단은 구체적materiale 진리가 된다. 판단을 구성하는 개념들은 직관적 표상의 필요와 요구에 따라 판단력이 개입하여 서로 결합되고, 분리되며, 제한된다.

(c) 선험적 진리: 감성과 오성의 형식들(시간, 공간, 인과)이 경험의 가능성의 조건이라면, 형식들은 판단의 근거일 수 있다. 칸트가 말한 이른바 선천적 종합 판단들은 형식들에 의거한 것들이다. 이러한 진리가 선험적 진리이다. 예를 들어, '두 직선은 어떠한 공간도 에워쌀 수 없다', '3×7=21', '어떤 것도 원인 없이 발생하지 않는다'와 같은 수학적 명제와 역학의 명제들은 선험적 진리로서 통용될 수 있다는 것이다.[48] 선험적 형식에 기초한 판단을 선험적 진리라고 하는 쇼펜하우어의 관점은 칸트의 관점을 계승한다. 유클리드-뉴턴 도식을 선천적 확실성을 갖는 것으로 전제하는 이러한 관점은 비유클리드 기하학과 20세기 제2차 과학혁명 이후에는 선천적 종합 판단이라는 용어는 의심스러운 것으로 되었다.

---

47 위의 책, s. 129~131.
48 위의 책, s. 132.

(d) 메타 논리적 진리Metalogische Wahrheit: 모든 사유의 형식적 조건들도 판단의 근거일 수 있다. 이때에 판단의 진리는 메타 논리적 진리가 된다. 그 표현이나 수에 대해서는 일치가 없지만 모든 사유의 법칙들인 메타 논리적 판단은 네 가지다. 이것들은 앞(a)의 논리적 진리에서 그 논리만을 따로 귀납적으로 추려낸 것이다. ① 주어는 그 술어의 총계와 같다. 혹은 a=a ② 하나의 주어에 하나의 술어가 부여되면서 동시에 배제될 수 없다. 혹은 a=－a=o ③ 모순적으로 대립되는 두 술어 가운데 하나는 모든 주어에 귀속되어야 한다. ④ 진리는 하나의 판단이 자신의 충족이유로서 자신 밖의 어떤 것과 맺는 관계이다. 이 네 가지는 "모든 사유의 조건"이며, 이 조건은 "이성의 자기탐구"라고 할 수 있는 '반성'을 통해 인식된다. 이성이 이 논리적 근본 규칙에 어긋나게 생각하고 말한다면, "사지가 관절의 반대 방향으로 움직이는 것과 같이 불가능하다." 이성은 논리를 객관적 표상으로 인식하는 것이 아니라 "직접적으로 인식"한다.[49] 논리는 대상이 아니다.

쇼펜하우어는 ④를 제외한 세 가지 메타 논리는 서로 유사해서 사람들은 공통의 표현을 찾고자 노력한다고 한다. 또한 이성은 논리적 형식 이외에 어떤 물질적 질료도 생산하지 못한다. 이성은 스스로의 방식으로 물질적 내용을 자신에게 주지 못한다. 종교적 대상에 뿌리를 둔 형이상학적 이념들도 초감성적인 것으로 이성의 정당한 인식 대상이 아니다. 쇼펜하우어는 서구 문화사에서 논리적 형식과 질료적인 것을 구분하지 못하는 사고의 불명료성에서 오는 형이상학과 종교적 대상들의 폐해를 다음과 같이 지적한다. "인류의 어떤 주제도 형이상학과 종교에 대해서 만큼 그렇게 철저히 불일치하는 것은 없다. 인간이

49　위의 책, s. 132~133.

사유한 이래 모든 철학 체계는 어디서나 논쟁 속에 있고 어떤 부분에서는 서로 양극으로 대립되어 있다. 인간이 믿음을 가진 이래로(지금까지 지속되고 있지만) 종교들은 불과 칼, 파문과 공의kanonen 가지고 서로 투쟁한다. 종교가 참으로 활동적이었던 시대에는 산발적으로 일어나는 이단들을 위해 어쩌다 세워진 정신병원이 아니라 부속시설이 갖추어진 종교재판 감옥이 있었다. 따라서 여기서도 경험은 어쩔 수 없이 이성의 거짓 참칭에 공공연하게 대항하게 되는데, 이 참칭이란 직접적인 형이상학적 인식 능력, 더 분명하게 말하면 위로부터의 신의 계시라는 것이고, 이제 지금이야 말로 이러한 이성에 대해 신랄한 심판이 참으로 필요한 시대가 되었다. 왜냐하면 말하기가 꺼려지지만 그러한 멍청하고 뚜렷한 거짓말이 반세기 이래로 독일 도처에서 해마다 강단의 단상에서 청중의 의자로, 그 다음에 다시 의자에서 강단으로 옮겨 다니면서 유포되고 있기 때문이다."[50]

쇼펜하우어는 형이상학이 종교재판의 공포뿐만 아니라 대학 강단의 미신적 사변과도 연관하여 살상을 동반하는 투쟁의 한복판에 있다고 보았다. 괴테가 뉴턴 과학이 일단의 학술 공동체의 지적 권력이 되었다고 비판하는 것처럼, 쇼펜하우어는 특정 집단의 선택 사항인 형이상학의 폐단이 내용과 형식을 분리하지 못하는 망상에 기인한다고 보는 것이다. 나아가 쇼펜하우어는 독일관념론이 미신적 형이상학으로 전개된 것은 칸트의 진정한 정신을 간과하여, 그의 잘못된 도덕 철학을 '도덕 신학'으로 발전시켜 나아간 데에도 원인이 있다고 본다. 그들은 정언명법을 '모세의 석판'으로 여기고, 이 위에 절대자 존재론을 세웠다는 것이다. 그 결과 이성은 멋대로 세계를 구성해 내는 '날조된 능

---

50 위의 책, s. 144.

력'을 갖게 되었다.

이와 연관하여 쇼펜하우어는 니체에 앞서 근대 유럽의 문화적 병리 현상을 다음 두 가지로 파악한다. 첫째, "교회는 흔들린다. 그것이 무게 중심을 되찾을 수 있는지 의심스러울 만큼 심하게 흔들린다. 왜냐하면 믿음이 사라졌기 때문이다. 그러나 다른 빛처럼 계시의 빛이 함께 하려면 약간의 암흑이 그 조건이다." 둘째, "빈곤과 무지가 만연하면 늑대가 마을에 나타나기 시작하듯, 언제나 준비되어 있는 유물론이 그 머리를 들고, 자신의 동반자이자 어떤 사람들은 인본주의Humanismus 라고도 부르는 야수성Bestialismus과 함께 손을 잡고 다가온다." 신앙에 대한 무능과 함께 인식의 필요성이 자란다. 이러한 두 현상은 유럽의 허무주의로 요약된다. 전통 형이상학의 붕괴는 신앙의 상실에서 그 조짐이 나타났으며, 이와 함께 유물론과 인본주의의 야수성이 등장했다. '유년기의 걸음마 끈'이 끊어지고, "인간은 자신의 두 다리로 서고자 한다." 역설적이게도 쇼펜하우어가 자신의 철학의 역사적 지반으로 삼는 것은 인간의 자립성에 대한 자각이다. 그러나 그는 새로운 형이상학의 길을 찾는다. "인간의 형이상학적 욕구는 물리적 욕구처럼 지우기 어렵다unvertilgbar." 인간을 형이상학적 동물로 보는 쇼펜하우어는 강단 철학 교수들의 형이상학이 아닌 인간의 자립성과 인식의 욕구를 비판적으로 반영하는 신철학을 기획한다. 이러한 '진지성Ernst'이 "열망하는 인간성이 일찍이 자신의 내부의 품Schoß으로부터 낳은 모든 생각하는 혼들을 불러낸다."[51] 형이상학으로서의 철학은 인간 자신의 내적 자기의식에서 직감되는 의지와 자연에서 직관되는 생명원리에서 출발한다.

생명원리인 의지는 인생과 자연을 관류하는 내재적 원리다. 쇼펜하

---

51 위의 책, s. 147~148.

우어는 자신의 철학의 이론적 배경으로 우파니샤드 철학, 칸트, 플라톤을 열거하는데, 학위 논문에서는 힌두교의 브라만Brahma을 내재적 생명원리로 이해하고 자신의 형이상학과 일치하는 것으로 제시한다. 브라만은 "나 속에서, 너 속에서, 나의 말馬 속에서, 너의 개犬 속에서 살고 수난 당한다." 그것은 일신론의 신과 혼동될 수 없는 것이다. 또한 쇼펜하우어는 '진정한 종교die Relegion'이자 "가장 탁월하다고 할 수 있는 불교"는 일신교의 창조주에 해당하는 개념이 없다는 점을 거듭 강조한다. 그는 동양학과 불교 연구가인 슈미트Isaak Jakob Schmidt, 1779~1847의 연구에 의거하여 불교의 무신론적인 긍정적 특징들을 보여 준다. "세계는 누구에 의해서도 창조되지 않았다. 그것은 저절로 창조되었으며selbst-geschaffen, 자연이 그것을 전개하고, 다시 거두어 드린다. 자연만이 유일하게 존재하면서 존재하지 않는 것이다." 그에 의하면 칸트는 '이성 비판'을 통해 유신론에 대한 '가장 심각한 공격'을 감행했다. 만일 칸트 철학이 "불교 국가에서 나타났다면, 그들의 이단을 더 철저히 논박하기 위해 관념론의 정설, 즉 우리의 감각에 제시되는 이 세계가 한갓 가상적 존재bloß scheinbaren Existenz라는 학설을 유익한 것으로 확립"했을 것이라고 한다.[52] 이러한 철학은 외부로부터 오는 계시에 의존하는 것이 아니라 인간의 능력인 자기의식적 직관과 이성에 의존한다. 진정한 철학적 사변은 신학존재론을 만드는 것이 아니라, "이제부터 전적으로 정직하고 단순하게 진리를 자신 앞에 열 수 있을 다른 길을 따라 추적해야 한다." 새로운 '시험과 시도'인 사변은 "생각하고 숙고하며 반성하는 능력인 이성을 오로지 그 고유의 힘들에 맡기려는 시도이며, 이러한 시도는 거기(이성)에서 무엇이 나오는지를 보기 위해 충분히 그리고

---

52   위의 책, s. 150~154.

여유를 가지고 행해지는 것이다." 사변은 "이성의 빛에 따라 어디에 도달하든 상관없이 자신의 사명을 수행하는 사람처럼 당당하게 그리고 고요하게 자신의 길을 간다."[53] 쇼펜하우어의 사변은 이성의 재료와 논리적 형식을 구분하고, 이성의 독립성에 의지하는 비판적 사고에 따라 무신론적 세계상을 구성해 간다. 헤겔은 기독교적 편견을 가지고 아시아 철학을 주체성 없는 실체성의 단계로 폄하하는 철학적 인종주의에 갇혀 있다. 쇼펜하우어는 이러한 독단을 벗어난다. 그는 '인식의 충족이유율'을 반성적으로 이해함으로써 서양 전통 철학과 과학의 한계를 숙고하고, 아시아의 무신론적 종교를 적극적으로 포용하는 관용을 이성의 능력으로 제시한 최초의 철학자가 되었다.

3) 존재의 충족이유율principium rationis sufficientis essendi

존재의 충족이유율은 기하학과 산수의 기초를 직관주의적 입장에서 논한 칸트를 그대로 계승한다. 외감의 형식인 공간과 내감의 형식인 시간은 무한한 연장성과 무한한 가분성을 갖는다. 이 연장성과 가분성이 직관의 대상이다. 점이나 선은 경험적으로 제시될 수 있는 것이 아니라 순수한 직관의 대상이다. 공간에서의 부분들의 관계는 위치로, 시간에서의 관계는 순서로 직관된다. 이 관계는 개념으로 파악되는 것이 아니라 순수 직관을 통해 이해된다. 위와 아래, 오른쪽과 왼쪽, 먼저와 나중은 직관적으로 이해된다. 오른쪽과 왼쪽의 장갑의 차이는 직관적으로 이해되는 것이지 개념으로 이해되는 것이 아니다. 이와 같이

---

53 위의 책, s. 154~156.

"공간과 시간의 부분들이 그 관계들에 대해 서로 규정하는 법칙"을 존재의 충족이유율이라 한다. 공간과 시간에서의 존재 이유가 직관적으로 이해된다. 공간에서의 존재 이유는 "모든 선이 그 위치의 관점에서 다른 모든 것을 통해 규정될 뿐만 아니라 그 모든 것을 규정한다." 이것이 가능한 것은 공간에서는 시간에서의 계열적 순서가 없기 때문이다. 선들의 위치들의 관계가 "서로가 규정하면서도 규정되는", 그래서 이유와 귀결이 서로 교환될 수 있는 관계를 갖게 된다. 이 관계가 직관적으로 파악되기에 그 이상의 증명은 불가능한 '선천적 진리'가 된다.[54]

이러한 관점은 칸트처럼 유클리드 기하학이 자명한 확실성을 갖는다고 보는 근대적 관점의 연장선에 있는 것이다. 쇼펜하우어는 비유클리드 기하학과 같은 다른 공리계를 갖는 기하학이 출현하기 이전의 상황에서 수학을 보고 있다. 그가 알고 있는 기하학은 중력에 의해 공간이 휘어진다는 현대 물리학의 공간 개념을 다룰 수 있는 것이 아니며, 뉴턴 공간 개념에만 적용되는 한계를 가진 것이었다. 한편 산수는 일차원적 시간 순서에 대한 직관에서 성립한다. "시간에서 모든 순간은 그 이전의 순간에 의해 제약된다. 여기서의 존재 이유는 그처럼 단순하게 연속의 법칙이다." "이전의 순간이 있었고 그것이 지나간 한에서만 이 순간이 있다." 산수에서의 셈하기는 이러한 시간 부분들의 관계에서 유래한다. 산수는 시간적 계열의 개별적 단계들을 표현하는 데서 온 것이며, 현실적으로 셈하는 것이 불가능한 개념들도 방법상 셈이 생략된 것으로 본다는 것이다. "모든 수는 그 이전의 수를 자신의 존재 이유로 전제한다."[55]

---

54 Arthur Schopenhauer, *Über die Vierfache Wurzel des Satzes vom Zureichenden Grunde*, Suhrkamp, S. W. Band Ⅲ, 1986, s. 157~160.

55 위와 같음.

쇼펜하우어는 모든 기하학의 명제는 직관으로 환원되어야 한다고 본다. 기하학은 공간의 부분들의 위치의 관계에 대한 통찰에 기초하기 때문이다. 기하학에서는 "본래 공리들에서만 직관에 의존한다. 나머지 정리들은 증명된다." 즉 "그 정리를 참으로 받아들이도록 강요하는 정리들의 인식 이유(근거)가 주어진다." 따라서 정리의 경우는 "선천적 진리가 아니라 논리적인 것이 보여진다." 직관에 매개되는 선천적 진리라야 분명하게 통찰된다. 그러나 증명에서는 정리가 "왜 그렇게 있는지에 대한 직접적 직관"을 주지 못한다. 우리는 정리의 존재 이유를 갖지 못한다. 인식 이유를 제시하는 증명은 "통찰cognitio, Einsicht이 아닌 단순한 간접적 증거 제시 즉 확인convictio, Überführung만을 준다." 따라서 증명은 직접적 통찰을 얻지 못하는 데서 오는 '불편함'을 준다. 이는 마치 물리학의 많은 학설들에서 나타나는 것처럼, 원인을 제공하지 못하고 현상을 기술하는 경우와 같다. 그러나 명제가 존재 이유를 갖는다면 그 진리에 대한 확증은 더 이상의 인식 이유에 의존하지 않는다. 유클리드 기하학에서 간단한 정리에 대한 증명의 경우에는 직관에 의해 이해되는 존재 이유가 쉽게 드러난다. 이때에 존재 이유의 필연성은 선천적으로 인식된다. 쇼펜하우어는 정리의 증명이 복잡하여 존재 이유가 쉽게 나타나지 않는 경우에도 그것의 존재 이유로 소급해 가야한다고 생각한다. 그러나 기존의 기하학은 존재 이유에 대한 "만족스럽고 기쁘게 하는 통찰"을 추구하지 않고, 단지 "확인만을 주는 인식 이유만"을 만들어 낸다. 그에 의하면 여기에 많은 탁월한 두뇌들이 수학을 싫어하는 이유가 있다.[56] 카트라이트가 언급하듯 바로 이 수학을 싫어하는 사람이 뉴턴의 수량화에 적극 반대했던 괴테이다.[57] 쇼펜하우어는 수량

---

56 위의 책, s. 161~167.
57 David E. Cartwright, *Schopenhauer A Biography*, Cambridge University Press, 2010, p. 243.

화에 저항하는 괴테의 인문정신과 생명주의적 과학관을 추앙했다. 그러나 그는 수량화에 무조건 반대하는 낭만주의적 태도도 받아들이지 않는다. 쇼펜하우어는 수학과 물리학을 근거를 갖는 학문으로 인정했다. 그는 다만 기계 발명과 연관하여 수량화에 몰두하는 물리학을 의심했을 뿐이다.

4) 행위의 충족이유율principium rationis sufficientis agendi

행위의 충족이유율은 윤리학, 정치학, 역사학, 응용 심리학 등이 의거하는 인과다. 쇼펜하우어의 설명 이론은 물리학, 논리학, 수학, 인문사회학을 망라한다. 설명 이론은 인식 능력으로 구분하면 인과를 창의적으로 구성하는 오성과 판단력, 논리적으로 사고하는 이성, 시간과 공간의 부분적 관계를 직관하는 감성, 지배적 동기에 따라 의욕하고 행동하는 능력을 포괄한다. 행위의 충족이유율은 '오직 하나의 객관'을 파악한다. 이 객관이 "내감의 직접적 객관인 의욕하는 주관das Subjekt des Wollens"이다. 의욕의 주관은 주체라는 표현이 더 적합할 것이지만, 이전의 논의와의 일관성을 위해 주관이라는 표현을 그대로 사용하기로 한다. 여기서의 객관은 내감에 주어지는 것으로 시간에서만 나타난다. 내감은 사실상 자기의식이다. 이 자기의식도 인식되는 것과 인식하는 것으로 분열되는데, 이때 인식되는 것은 "철저히 그리고 오로지 의지로서durchaus und ausschließlich als Wille" 나타난다.[58] 쇼펜하우어는 이 문맥에서는 의지의 현상 형태를 의미하기도 하는 의욕을 의지와 구분하지 않

---

58 Arthur Schopenhauer, *Über die Vierfache Wurzel des Satzes vom Zureichenden Grunde*, Suhrkamp, S. W. Band Ⅲ, 1986, s. 168.

고 사용하고 있다.

의욕하는 주관의 자기의식은 자신을 인식자라기보다는 '하나의 의욕하는 자_ein Wollendes'로서 의식한다. 이때의 주관은 표상들의 필연적 상관자 즉 "표상들의 조건이기 때문에 그 자신이 표상이나 객관이 될 수 없다." 쇼펜하우어는 여기서 라틴어 번역본《우파니샤드》(Oupnekhat, v. 1)에서 세계를 관조하는 자아_Atman의 본성에 대한 언급을 인용한다. "그것은 보여질 수 없다. 그것은 모든 것을 본다. 그것은 들릴 수 없다. 그것은 모든 것을 듣는다. 그것은 알려질 수 없다. 그것은 모든 것을 안다. 그것은 인식될 수 없다. 그것은 모든 것을 인식한다. 이 보고, 알고, 듣고, 인식하는 것 이외에 어떤 존재도 없다." "인식에 대한 인식_Erkennen des Erkennens은 없다." 자아가 인식하는 세계가 바로 그의 세계이며, 자아가 세계의 한계이다. 이런 의미에서는 쇼펜하우어의 설명 이론은 단순히 인식론이라기보다는 대상론 혹은 세계론이라는 존재론적 의미를 갖는다. 인식은 어떻게 가능한가라는 문제는 세계란 무엇인가라는 존재론을 함축한다. "주관으로 존재한다는 것_subjektsein은 바로 그 만큼 하나의 객관을 갖는 것을 의미하며, 객관으로 존재한다는 것_objektsein은 그만큼 주관에 의해 인식된다는 것을 의미한다." "어떤 방식으로 규정된 객관과 함께 주관도 바로 그와 같은 방식으로 인식한다." "객관이 그러그러한 규정을 갖는다고 하는 것과 주관이 그러그러한 방식으로 인식한다는 것은 같은 의미이다."[59] 인식의 방식이 세계의 구조를 결정하며, 이 구조는 주관의 형식이 투영된 것이다. 이것이 '비판 철학의 핵심'이다.

쇼펜하우어에 의하면 아리스토텔레스(De Anima, 3권 8장)도 비판

---

59 위의 책, s. 169~170.

철학의 핵심에 접근하는 말을 한 적이 있다. "어떤 의미에서는 영혼이 존재하는 모든 것이다." "이성ὁ νοῦς이 형상들의 형상εἶδος εἰδῶν이다." "감성은 감각적인 것들의 형상이다." 아리스토텔레스에게도 "감성과 이성이 없다는 것은 세계가 끝난다는 것과 같다." 자신의 형식을 투영하는 인식 능력들과 객관은 세계에 대한 인식에서 이미 결합되어 있다. 이 관계에 대한 "오해Verkennen가 실재론과 관념론 사이의 논쟁을 야기해 왔다." 투영된 구조까지 실재하는 것으로 보면 독단적 실재론이 나오고, 구조와 그 질료적 내용까지 정신의 산물로 보면 역시 독단적 관념론이 된다. "결국 이 논쟁은 낡은 독단론과 칸트주의자와의 논쟁으로 나타나게 되었고",[60] 선험적 관념론이 승리자가 된다. 쇼펜하우어에 의하면 실재론과 유명론의 논쟁도 오성의 형식인 인과 및 이성의 개념과 논리의 선험성을 간과한 데서 비롯된 것이다.

인식 주관은 인식의 조건이기 때문에 인식될 수 없다. 그러나 주관은 자기의식을 통해 자기 안에서 "의욕하는 자das Wollende, 의욕의 주관, 의지"를 의식한다. "나는 의지한다"는 내적 경험을 통해 주어지므로 '종합 명제'이다. "우리의 내면을 보게 되면 언제나 의욕하는 자로서 우리를 발견한다." 쇼펜하우어에 의하면 우리 내부의 소망, 열정, 성향, 느낌 등 "광범위한 모든 움직임이 의지의 상태Zustände des Willens"이며, 이것이 인식된다. 여기서 "의욕하는 주관과 인식하는 주관의 동일성"이 나온다. "나Ich라는 말은 그 둘을 포함하고 표현한다." 이 동일성이 바로 "단적으로κατ᾽ ἐξοχήν 기적"이라 할 수 있는 '세계의 매듭Weltknoten'이다.[61] 자연사적 과정으로 보면 세계의 매듭은 두뇌의 출현에 기초한 자기의식이다. 그 존재 이유를 알지 못하는 의욕하는 주관의 자기의식은 세

---

60 위와 같음.
61 위의 책, s. 171.

계의 본질을 직접적으로 이해하는 능력을 갖는다. 본질은 세계의 근본적 성질이지 초월적 기원이 아니다. 자신을 객관으로 삼을 수 있는 주관, 즉 주관과 객관의 현실적 동일성은 직접적으로 주어져 있다. 그러나 이 동일성은 설명될 수 없다. 설명될 수 없다는 것은 의지의 상태에 대한 직관이 의지 형이상학의 출발점이라는 것이다. 또한 그 직관은 의지의 무근거성에 대한 이해를 포함한다. 존재의 우연성에 대한 의식이 근본적 인간 조건이다. 쇼펜하우어가 합리적 지성을 욕망과 감성보다 나중에 형성된 것으로 보는 이유, 지성의 합리성을 우주의 기원으로 보는 신학존재론과 우주의 합목적성을 거부하는 이유는 그러한 인간 조건에 있다. 존재의 필연성을 추구하는 지성은 이 우연성을 회피하려는 공허한 시도다.[62]

"의욕은 우리의 모든 인식에서 가장 직접적인 것이다." 이 직접성이 "나머지 간접적인 모든 것에 빛을 던져 준다." 우리의 결단은 행위의 동기를 갖는다. 동기에 의해 불러일으켜지는 의지 작용은 우리의 내적 경험을 통해 알려진다. 동기의 작용은 우리의 내부에서 직접적으로 인식된다. 동기화Motivation는 내부에서 보여진 인과다. 이러한 동기화의 법칙이 행위의 충족이유율이다. 이 법칙에서는 "의지가 관념 연합의 비밀스러운 조종자der heimliche Lenker다." 관념 연합에는 네 가지 형태의 충족이유율(논리적 필연성, 물리적 필연성, 수학적 필연성, 행위의 필연성)이 적

---

62 쇼펜하우어는 《자연에서의 의지에 관하여》에서 스피노자의 내재적 세계상을 찬양하고 다음과 같이 말한다. "우리는 세계가 인식의 도움 즉 외부로부터가 아니라 내부로부터 만들어진다고 말한다. 그 다음에 우리는 세계 대 빙하기의 출발점을 추구하려고 고심한다. 자연에 질서와 무늬를 짜 넣는 것은 지성일 수밖에 없다는 자연신학적 사상은 거친 오성에 의해 쉽게 받아들여진다 해도 근본적으로 잘못된 것이다. 왜냐하면 지성은 동물적 자연에서만 알려져 있으며, 따라서 철저하게 세계의 부차적이고 종속적인 원리로 즉 가장 늦은 발생의 산물로서 알려지기 때문이다. 지성은 세계 존재의 조건일 수 없으며 지성계(하나의 생각하는 세계)가 감성계에 선행할 수 없다. 지성계는 감성계로부터서만 재료를 획득하기 때문이다. 지성이 자연을 산출한 것이 아니라 자연이 지성을 산출했다." (*Über den Willen in der Natur*, S. W. Band Ⅲ, Suhrkamp, 1836, s. 360). 김미영 옮김, 《자연에서의 의지에 관하여》 (아카넷, 2012, 94쪽)를 참조하여 변형했다.

용되지만, "그 구조 전체를 움직이게 하는 것은 개별자의 의지다." 의지는 자신의 "관심, 즉 사람의 개별적 목적에 따라 지성을 몰아댄다 antreiben." 이것이 쇼펜하우어가 지성에 대한 의지의 우선성을 주장하는 이유다. 순수 이성이란 우리의 내적 의지 작용이 인식에 가하는 은미한 영향을 간과했을 때 나온다. 더욱이 생성의 충족이유율에서 말하는 외부 물체의 물리·화학적 인과는 현상적 변화의 인과 고리이지만, 그 내부의 본질은 비밀에 싸여 있다. 그러나 우리 자신 안에서 지각되는 의지는 우리와 세계의 본질을 이해하기 위한 기초적 단서가 된다. 쇼펜하우어는 동기화 법칙에서 직접 알려지는 의지에 대한 통찰이 "나의 전체 형이상학의 초석"이 된다고 본다.[63] 그는 의지의 우선성에 따라 개별 과학들의 설명 논리가 실용적 관심에서 나온 것으로 보는 규약주의conventionalism와 도구주의의 길을 열어 놓았다. 그러나 그 자신은 과학적 필연성과 칸트의 선천적 종합 명제에 대한 믿음 때문에 그러한 길을 공개적으로 말할 수는 없었다. 그는 기하학이 산수화되는 경향을 지적하면서 산수는 "절대적으로 완전한 명료성과 정밀성"을 갖는다고 본다. 산수의 선험적 조건인 시간은 그 연속성이 갖는 '완전한 단순성'으로 인해 "정밀성과 필증성Apodiktizität, 명료성에서 더 이상 바랄 것이 없다"는 것이다.[64]

모든 충족이유율은 "모든 필연성의 유일한 원리이자 담지자다." 왜냐하면 필연성은 "이유가 정립되면 그 결과가 없을 수 없다는 것"을 의미하기 때문이다. 모든 필연성은 조건 지워져 있음을 의미한다. 무조건적 필연성은 '형용모순'이다. 필연적으로 있다는 것은 "주어진 이유로부

63 Arthur Schopenhauer, *Über die Vierfache Wurzel des Satzes vom Zureichenden Grunde*, Suhrkamp, S. W. Band Ⅲ, 1986, s. 172~174.
64 위의 책, s. 178~180.

터 결과 된다는 것만"을 의미한다. 절대적인 필연적 존재, 비물질적 실체 등과 같은 형이상학적 개념은 "형이상학적 사취詐取, Erschleichung를 목적으로 하는 추상적 개념들의 오용Mißbrauch"이다. 또한 충족이유율은 '모든 설명의 원리'이기 때문에 그 자체는 설명될 수 없다. 그것은 다만 '보여 주는 것aufzuweisen'이지 그것에 관한 과학은 불가능한 것이다. 이는 "눈이 모든 것을 보지만 자신은 보지 못하는 것과 같다."[65]

---

65 위의 책, s. 181~183.

5. 두 가지 결론과 과학의 위치

쇼펜하우어는 자신의 학위 논문의 두 가지 귀결을 언급한다. 이는 그의 세계관의 성격을 결정하는 근본적 전제가 되며, 그가 과학의 본성을 어떻게 보는지를 알려주는 중요한 단서를 제공한다. 이에 따라 그가 자신의 주저를 읽기 전에 먼저 《충족이유율의 네 겹의 뿌리에 관하여》를 읽으라고 권하는 이유도 알게 된다. 두 가지 귀결 중 하나는 표상으로서의 세계가 갖는 근본적 한계를 세상성의 극복이라는 관점에서 논한다는 것이다. 또 하나는 표상으로서의 지식 세계는 세계 지혜라는 윤리적 의미 세계로 전환된다는 것이다. 이러한 두 가지 생각이 그의 최초의 저작에서 충족이유율을 논하는 가운데 언급된다. 네 가지 충족이유율은 특수화의 원칙에 따라 분류된 것이다. 그 법칙들은 동질성의 원칙에 따르면 우리의 "인식 능력 전체가 갖는 동일한 근원적 성질에서 유래한다." 이 근원적 성질은 "감성, 오성, 이성, 주관과 객관에 사로잡혀 갇힌 의식"이다. 주관과 객관의 결합은 과학적 설명의 가장 근원적 형식이며, 이 형식은 인간 자신의 운명적 감옥이다. 과학의 가능성이 일어나는 이 운명적 조건이 '세상성Zeitlichkeit'이다. 이 표현은 그가 성서에서 차용한 것인데, 이 세상에서의 피조물이 갖는 "의존성, 상대성, 불안정성, 유한성이라는 가장 내밀한 핵심"을 표현한다. 세상성은 "각 사물들은 언제 어디서나 오직 다른 것에 의해 존립한다"는 것이다. 쇼펜하우어가 보기에 세상성은 플라톤의 생성계에 해당한다. 그것은 "언제나 생성하고 소멸할 뿐 진정으로 존재하지 않는 것"이다. 이에 대한 지식은 "비합리적인 감각에 의한 단순한 의견δόζα"이다.[1]

세상성은 괴테가 강조하듯 근본적으로 미래의 희망에 따라 유동하는 시간성을 본질로 갖는 근심Sorge의 세계이다. 충족이유율의 뿌리인 지성을 포함한 세계 전체에는 충족이유율이 적용될 수 없다. 사변신학적 철학은 지성의 형식을 세계 전체와 그 원인에 적용하는데, 이는 충족이유율의 '부당한 사용'이다. 칸트조차도 물자체를 현상의 원인으로 설정하는 잘못을 범했다. 그러나 "사물들의 우연성은 사물들이 그 자체 현상일 뿐이며, 현상들을 규정하는 경험적 소급 이외에 다른 어떤 소급으로 나아갈 수 없다는 것이다." 이유나 원리와 같은 추상적 개념들을 '초월적으로 사용'할 수는 없다.[2]

과학적 인식이 일어나는 곳은 충족이유율이라는 지성의 형식에 갇힌 감옥이다. 쇼펜하우어는 과학의 객관성을 구성하는 형식적 한계를 진지하게 문제 삼는다. 이 문제의식이 세상성이라는 표현이 암시하듯 세상을 절대시하지 않고 다른 차원의 의미 세계의 가능성을 열어 놓는다. 이것이 그의 염세성이 갖는 인식론적 의미이다. 염세성은 오히려 인간의 실존 양식을 드높이는 계기가 된다. 현상계의 개별적 의지를 악한 것으로 보려는 쇼펜하우어의 초기의 경향성만을 강조하는 것이 의미 추구의 희망을 무시하고서 그를 단순한 염세주의자로 간주하게 한 것이다. 그가 사변적이고 제도적인 기독교 전통을 비판함에도 불구하

---

1   위의 책, s. 186~189.
2   위와 같음.

고, 우파니샤드 철학, 불교, 플라톤뿐만 아니라 종교적 신비가들의 세계를 동경한 것은 기독교적 의미가 배어 있는 세상성에 대한 이해와 결합되어 있다. 그는 괴테에게 학위 논문을 보내고 곧 이어 괴테의 《색채론》에 대해 논의하는 기간1813~1814에 본격적으로 접하게 된 아시아 철학에서도 세상성을 넘어서는 보다 높은 의식에 대한 관심을 충족시킬 수 있었다. 우파니샤드의 마야Maya, 불교의 세속제世俗諦를 초극하는 초인은 세상성에 대한 탈집착의 길을 간다. 세계는 세상성의 관점에서는 진리이지만 보다 높은 의식의 관점에서는 가상이다.³ 충족이유율이 적용되는 곳도 변화하는 상태들의 끝없는 상대적 의존성의 세계다. 이러한 세계가 궁극의 필연적 원인을 찾을 수 없는 현상계이다.

충족이유율이라는 말은 우리의 인식 능력들에 대한 공통된 표현에 불과하다. 네 가지 특수한 충족이유율들은 여러 개별 과학에서 사용하는 이유율을 귀납해 낸 것들이다. 이 점에서 쇼펜하우어는 새로운 객관이 발견된다면 다섯 번째 충족이유율도 가능할 수 있다고 본다. 또한 그는 '하나의 절대적 이유von einem Grunde schlechthin'를 말할 수 없다고 한다. 이유율은 단지 여러 이유율들에 대한 공통된 표현에 불과하다. 삼각형 일반이 없듯 이유 일반도 없다. 이유들은 현상들에 적용되는 특수한 이유율들 중 하나에 속하는 것이지, 모든 객관의 외부에서 타당하게 적용될 수는 없다. 충족이유율이라는 말은 "표상들로부터 나온 표상으로서 다수를 하나에 의해 생각하는 수단에 불과한 것"이다. 모든 삼각형이 등변 삼각형, 이등변 삼각형 등 이듯 충족이유율도 네 가지 중 하나에 속할 뿐이다.⁴ 쇼펜하우어에게는 충족이유율들은

---

3   David E. Cartwright, *Schopenhauer A Biography*, Cambridge University Press, 2010, pp. 270~271.
4   위와 같음. 쇼펜하우어는 이 맥락에서 실재론과 유명론 사이의 논쟁이 복원되는 것에 반대하면서, 자신은 유명론의 편에 있다고 말한다.

필연성을 보장하는 선천적 종합 명제다. 그것들은 지성의 근본 형식들이다. 또한 그는 메타 논리에 주목하여 지성의 논리가 지식의 구성에 내재적으로 개입되어 있음을 보여 주었다. 그에게는 순수한 경험 자료라는 경험주의의 원리는 하나의 독단이다. 그가 지도 교수 슐체Gottlieb E. Schulze가 옹호하는 흄의 경험주의의 장점을 이해하면서도 수용하지 않는 이유도 그 때문이다.

쇼펜하우어는 칸트의 선험 철학적 정신을 살려 지식의 구조적 제약성을 보여 줌으로써 전통 형이상학의 독단을 비판하고, 시간적 삶이 갖는 근심과 이를 극복하기 위한 세계 의미의 문제를 제기할 수 있었다. 그는 과학의 본성에 대한 이해를 통해 세계표상론을 제시하고, 이를 넘어서는 세계지혜론을 제안한다. 그의 두 세계론은 세계와 관계 맺는 두 가지 방식에 대한 논의이다. 이 두 가지 방식은 세계란 무엇인가에 대한 존재론적 해명을 내포하며, 존재론적 해명은 세계의 의미에 대한 윤리적 방향성을 갖는다.

위의 두 가지 귀결은 표상론과 지혜론을 주제로 하는 그의 주저 《의지와 표상으로서의 세계》I, II의 성격을 결정한다. 표상론의 입장에서 쇼펜하우어는 괴테의 형태 과학(광물학, 식물학, 동물학)을 인정하고, 칸트의 신념인 고전 역학의 확실성을 신뢰한다. 절대 시간과 공간이라는 뉴턴의 좌표계는 주관의 보편적 형식으로 자리 잡는다. 이 점은 그들의 철학이 갖는 커다란 장점이자 시대적 한계일 것이다. 그러나 칸트-쇼펜하우어의 선험 철학적 정신은 20세기 다른 좌표계의 출현에서 새로운 과학이 발전한 과정과 조화될 수 없는 것은 아니다. 상대적 시간과 공간이라는 좌표계 역시 20세기 물리학의 선험적 구조로서 기능한다. 과학사가인 코언I. Bernard Cohen, 1914~2003은 《근대 물리학의 탄생The Birth of a New Physics》(1960)에서 다음과 같이 말한다. "뉴턴의 대혁명은 과학의 구조를 변혁하고 서구 문명의 진로를 변화시켰을 정도로 컸으나 지난 300년 사이의 뉴턴 역학은 어떻게 되었을까? 그것은 지금도 진리일까? 상대성 이론은 고전 역학이 오류를 범했음을 표시하고 있다는 오해를 낳는 해설을 흔히 듣고 있으나 이것은 진실에서 상당히 벗어난 것이다. 상대론적 보정補正은 어느 운동체의 속력 v와 광속도 c, 즉 매초 30만 킬로미터와의 비가 무시될 수 없을 정도로 클 경우에 적용되는 것이다. (……) 뉴턴 역학이 처음에 의도했던 범위의 현상에 있어 오늘날도 유용하다는 것은 사실이다. 그러나 뉴턴 역학의 체계를 설치했던 좌표계까지 똑같이 타당하다고 생각하는 오류를 범해서는 안 될 것이다. 뉴턴은 공간과 시간이 절대적인 물리적 실재라는 의미가 있다고 믿었다. 뉴턴이 기술한 것을 깊이 분석해 보면 그의 발견이 마음속에서 이 절대성에 의존하고 있었던 심경을 알 수 있다. (……) 그리고 그는 단지 역학의 문제를 계산하기 위해서 중력의 법칙이나 규칙의 체계를 발전시켰을 뿐만 아니라 하나의 세계관 위에 완성된 체계를 구축했던 것이다." "뉴턴의 과학에서의 최대의 공적은 역학적 원리, 즉 하나의 공리계가 지상에서나 하늘에서 똑같이 성립하는 만유인력 법칙에 의해서 처음으로 우주를 다 설명해 낼 수 있었다는 점에 있다고 해야 할 것이다." 이러한 업적을 뉴턴은 '영웅적 상상력의 구사'를 통해 실현했다.[5]

이러한 평가는 두 가지 점으로 요약된다. 하나는 뉴턴 과학이 오류가 아니라는 것, 즉 아인슈타인 이후의 거시 세계에 적용되는 것이 아니라 중간 크기의 세계에 적용되는 것이라는 점이다. 또 하나는 과학이 사실의 수집이나 관찰에만 머무는 것이 아니라 선험적 도식이자 좌

5   I. Bernard Cohen, 김철주 옮김, 《근대 물리학의 탄생 The Birth of a New Physics》(1960), 현대과학신서 43, 전파과학사, 1975, 210~211쪽.

표계인 공리계를 창안하여 이 패러다임으로 경험을 구성한다는 것이다. 후자의 관점은 쿤Thomas Kuhn, 1922~1996과 같은 과학사가들과 의견을 같이할 수 있는 것이다. 그러나 코언은 혁명적 단절이 아니라 수정적 연속성이라 할 수 있는 보정의 관계를 강조한다. 이 관점은 쇼펜하우어와는 달리 선험적 구조가 역사성을 갖는다는 것을 보여 준다. 절대 시공간이라는 좌표계가 상대적 시공간의 특정한 한 경우로 해석될 수 있다 하더라도 두 좌표계의 성격은 통약 불가능할 정도로 판이한 것이다. 쇼펜하우어도 개념적 도식의 역사성을 분명하게 제시한 것은 아니지만, 새로운 관찰적 경험과 기존의 이론 사이의 갈등에서 창조적 판단력이 새로운 이론을 창안할 수 있다는 점을 간과하지는 않았다. 그는 연속성 속에서의 차이성이 가능하다는 것을 적어도 형태 과학의 진화적 사고를 통해 알고 있었다.

좌표계나 공리계의 역사적 변화 가능성에서 과학의 무궁한 변화와 진보를 믿는 과학적 신앙이 나올 수도 있다. 이전의 것보다 이후의 새로운 패러다임이 더 포괄성을 갖는 것이어서 설명력이 개선될 수 있다는 믿음은 과학적 신앙을 강화하여 오직 과학의 무한한 발전에 생의 의미를 걸게 할 수도 있다. 물론 인류 문명이 한없이 존속 가능하다면 그러한 과학주의적 신념도 일리가 있을 것이다. 그러나 '보다 높은 의식'과 교양Bildung을 존중하는 쇼펜하우어는 주관과 객관의 분열, 시간성 속에서의 근심, 개별적 의지의 탐욕 안에서 사는 세상성을 넘어서고자 한다. 과학도 근심과 시간성의 불안 속에서 움직인다.

쇼펜하우어에 의하면 오성과 이성의 산물인 과학은 추상적 조직화와 사실판단으로 구성된다는 점에서 세계 의미의 문제를 묻지 못한다. 의미의 문제는 지식의 밖에서 물어진다. 과학은 일정한 지식 공동체가 선호하는 정상적이라고 간주된 개념적 형식에 따른다. 유클리드-뉴턴의 도식의 출현은 과학적 방법의 모델을 정립하는 계기가 되었다. 당시의 계몽주의는 뉴턴주의를 자처하는 사람들이기도 했다. 계몽주의 시기 콩디야크E. B. de Condillac, 1715~1780의 언어 철학은 뉴턴의 추상적 인공 언어를 이상적 언어로 간주한다. 뉴턴이 사용한 대수학은 "어떤 종류의 표현에 대해서도 가장 단순하고 정확하고 최선의 방법으로 그 목적에 부응한다. 그것은 언어임과 동시에 해석적 방법이다." 인간은 언어를 통해 사유한다는 것을 잘 알고 있었던 그는 과학적 언어의 사용 방식이 일상 언어의 불분명한 사용 방식을 순화하고 계몽할 수 있는 교육적 의의를 갖는다고 생각했다. 그에 의하면 과학의 언어는 뉴턴에서 보듯 복합적 대상을 단순한 요소로 나누고 다시 결합하는 '분석의 도구'이며, 분석의 결과인 요소들을 이름 짓는 수단이다. 과학은 경험을 정밀하게 '해석'하여 '자연의 문법'에 접근하는 일정한 언어적 배열 체계이다.[6] 지식은 실재의 단순한 반영이 아니라 구조적 해석 체계이다.

이 해석 체계가 갖는 규칙은 이에 동조하는 집단이 선호하는 규약이 된다. 순수한 경험적 사실이 있는 것이 아니라 무의식적이건 의식적이건 지식 공동체의 선택과 선호가 있다. 이러한 선택은 특정 규약을 선호한다는 가치 판단을 포함한다. 과학적 탐구 과정에서도 사실과 가치의 분리가 절대적 일 수 없다. 뉴턴이 질량이 있는 사물을 질점으로 환원하여 운동 법칙을 구성한 것에 대해 유동성을 다룰 수 없는 고체의 논리를 전제한 것이라고 본 푸앵카레와 베르그송의 비평도 나올 수 있었다. 또한 과학의 권력화, 지식의 경제적 도구화에 대한 과학사회학의 비판적 기여를 무시할 수 없을 것이다. 사실과 가치를 분리하는 것 자체가 개별과학들이 자신의 지배적 위상을 은폐하는 수단이 된다. 인

6　C. C. Gillispie, 이필열 옮김,《과학의 역사*The Edge of Objectivity*》(1959), 종로서적, 1983, 132~133쪽.

도주의적 가치를 배제하는 신고전 경제학이 경쟁 사회를 옹호하는 이데올로기라는 점도 잘 알려져 있다. 지식에 대한 이러한 비판을 음미해 볼 때 과학을 삶의 방식의 하나로 위치 지은 쇼펜하우어의 관점은 주목할 만한 것이다. 그는 고대 동서양의 철학처럼 지식을 덕목들 가운데 하나로 본다. 지식에 대한 이 같은 가치론적 관점은 20세기 초에 형성된 과학주의(레닌의 실재론적 과학주의와 유럽의 경험주의적 자연주의)의 폐단을 겪은 인류에게 반성의 길을 제공할 수 있다. 현대 문명의 폐단들은 쇼펜하우어가 탐욕과 근심을 본질로 한다고 보는 세상성이 새로운 형태로 드러난 것이다.

IV

색채론과 치유

1. 색채론 논쟁과 괴테

인식 주관의 선험적 논리가 세계의 구조를 구성한다는 선험적 관념론은 쇼펜하우어의 색채론인《시각과 색채에 관하여*Über das Sehn und die Farben*》에서도 관철된다. 그는 이 책을 1815년에 쓰기 시작하여 1816년에 출판하고, 1854년에 서문을 붙여 다시 간행한다. 색채론에 대한 그의 관심은 괴테와의 만남에서 시작되었다. 괴테는 쇼펜하우어의 학위 논문을 보고 그의 재능을 인정하게 된다. 그는 쇼펜하우어를 자신이 심혈을 기울인《색채론》을 계승할 수 있는 제자로 간주한다. 쇼펜하우어는 괴테의 인정에 크게 고무되었지만 '색채론'에 대한 이견 때문에 갈라서게 된다[괴테는 이미 1810년에 자신의 최대의 야심작인《색채론*Die Farbenlehre*》을 출간했다]. 괴테는 대략 1790년부터 뉴턴의 과학에 저항하여 생명주의를 옹호하기 위해 색채론에 관심을 기울이기 시작했다. 장희창의 연구가 보여 주듯 괴테의《색채론》은 뉴턴의 수량적 법칙이 생생한 색채 경험을 가상으로 배제하고, '황량한' 추상적 구조를 실재로 보게 하는 것에 대해 저항한다. 그에게 수량적으로 측정된 추상적 실재는 무심한 잔혹성으로 다가온다. 그것은 '도구적 합리성'을 생활 세계의 본질로 가져오는 불길한 것이었다.[1] 그러나 뉴턴 광학에 대한 적의를 노골적으로 드러내며 자연 철학과 과학이 혼합된 것처럼 보이는 괴테의 과학서는 별로 영향력을 발휘할 수 없었다. 뉴턴 사후 1세기가 지나는 동안 뉴턴 과학은 이미 뉴턴주의라 할 만큼 지배적 지위를 획득하고 있었다. 유럽의 계몽주의자들은 뉴턴의 과학적 방법이 종교적 권력과 미신을 타파하는 원리가 될 수 있음을 알고 과학주의적 태도를 시대정신으로 선전했다. 뉴턴의 방법은 이미 문화 현상으로 정착되었다. 세계를 사실판단만으로 구성한다는 경험과학적 정신은 과학주의라는 가치와 결부되어 유행되었다. 정치 혁명이 성공한 지배계급의 권력을 확산하는 계기가 되듯, 근대 과학혁명은 일단의 과학자 집단과 과학 철학자들을 지적 지배계급으로 형성하는 계기가 되었다. 과학이냐 생명이냐를 둘러싼 지적 주도권 다툼의 중심에 색채론이 있었다. 쇼펜하우어는 이 경쟁에 개입했다.

그러나 그는 자신의 세계상에서 색채론이 갖는 지위에 대해 이중적 태도를 보인다. 이러한 태도는 색채론에 열렬한 관심을 보인 괴테와는 대조된다. 카트라이트David. E Cartwright는 쇼펜하우어의 모호한 태도를 다음과 같이 보여 준다. 그에 의하면 쇼펜하우어의 색채론은 다른 저작들에 비해 거의 주목을 받지 못했다. 대부분의 연구서들도 그의 색채론을 별로 언급하지 않았다. 그가 자신의 철학을 이해하기 위해서는 자신의 다른 저술들을 잘 읽어야 한다고 조언을 할 때에도 색채론은 제외되었다. 그의 추종자 린드너Ernst Otto Lindner에게 보낸 편지(Letter to Lindner, 1852, *Geammelte Briefe*, p. 274)에서도 《시각과 색채에 관하여》는 읽을 필요가 없다고 조언한다. 그는 말년에 자신의 전집을 간행할 때에도 간행자인 브록하우스F. A. Brockhaus에게 《시각과 색채에 관하여》

1　장희창, 〈괴테 《색채론》의 구조와 그 현대적 의미〉, 괴테연구, v. 11, no. 1, 1999, 173~174쪽.

를 마지막 제목으로 끼워 넣은 초안을 보냈다. 그러나 나중에 그는 마음을 바꾼 것으로 보이는데, 그는 '색채론'이 다른 저작들과 분리된 문제라고 노트에 썼다. 하지만 그는 만년에 자신의 저술들을 개작할 때 《시각과 색채에 관하여》 2판(1854)에 수정을 가했다. 이것이 3판(1870)의 기초가 되었다. 1873/74년에 프라우엔스타트Julius Frauenstädt 가 편집한 전집은《시각과 색채에 관하여》와 초기 라틴어 본을 함께 포함했다. 여기서 그는 쇼펜하우어의 색채론이 체계의 일부라고 주장하면서《의지와 표상으로서의 세계》초판 서문에서의 색채론에 대한 언급을 상기시킨다. 이 서문에서 쇼펜하우어는《의지와 표상으로서의 세계》의 입문으로 먼저《충족이유율의 네 겹의 뿌리에 관하여》와《시각과 색채에 관하여》를 읽으라고 권하고 있다. 주저의 초판이 나온 시기(1818)에는 관념론을 생리학적으로 옹호하는 색채론은 중요한 의미를 갖는 것이었다. 그가 보기에 철학적인 독자는《시각과 색채에 관하여》를 읽음으로써 지식의 주관적 형식에 대한 선험 철학적 이론을 심도 있게 이해하는 데에 도움을 받을 수 있을 것이었다.[2]

쇼펜하우어에게 철학적 의의를 갖는 색채론은 과학적 물리주의에 저항하는 괴테를 실망시킨다. 낭만주의자들 가운데 일부는 프랑스 혁명에 환호하고 감성과 혁명적 열정을 결합시켰다. 그러나 낭만주의를 대변하기도 했던 괴테는 혁명보다 도덕적 성숙과 사회적 조화를 강조한다. 외부 세계에 대한 부릅뜬 눈을 가진 계몽주의에 반하여, 괴테의 파우스트는 방황의 끝에 장님이 되어 내면에서 신성한 생명의 세계가 주는 환희와 영적 구원을 경험한다. 괴테는 계몽주의와 결합한 뉴턴주의가 유행하는 상황을 견딜 수 없었다. 그는 뉴턴의 실험적 방법과 수

---

2   Arthur Schopenhauer, trans by E. F. J. Payne, On Vision and Colors, Berg, 1994, Editor's Introduction.

량화를 바스티유 요새처럼 쳐부수어야 할 것으로 보았다. 괴테는 그러한 방법에 대항하는 다른 유형의 과학적 방법을 제시하여 대응하고자 한다. 이 방법은 대상의 생동성을 죽이지 않으면서 지각에 나타난 현상의 형태를 관찰한다. 그것은 현상을 설명할 수 있는 가장 단순한 '근원 현상Urphänomene'으로 올라가고, 다시 이를 통해 복합적 현상을 설명하면서 내려오는 방식이다. 자체 내 피드백을 가진 이 방법은 겉보기 현상과는 다른 이면의 수량적 원리로 현상의 구조를 기술하는 뉴턴의 방식과는 다른 것이다. 괴테는 이탈리아 여행을 통해 알프스의 풍광이 주는 경이로운 경험을 한다. 그는 이 경험이 색채를 통해 어떤 의미를 전달한다는 것을 의미심장하게 의식한다.

뉴턴은《빛과 색에 관한 새로운 이론》(1672)에서 조작적 실험과 수량적 추상화의 방법을 제시했다. 이어서《광학 혹은 빛의 반사, 굴절 및 색채에 관한 연구Optiks, or a Treatise of Reflections, Refractions, Inflections and Colours of Light》(1704)에서는 빛의 실체가 파동이 아니라 입자라는 견해를 발표한다. 뉴턴의 수량적 법칙은 현상적 체험과는 이질적인 것이며, 상식적 경험과도 괴리된 것이다. 괴테의 방법이 근본적으로 현상에 대한 지속적 관찰과 심적 체험을 기초로 하는 '자연의 현상학'[3]이라면, 뉴턴의 방법은 기계론적 물리주의를 대표하는 것이었다. 뉴턴은 색채를 빛의 굴절율 차이로 환원하고, 굴절율의 정도에 따라 서로 다른 색채로 경험된다고 주장한다. 색은 객관적 빛의 굴절의 정도에 대한 주관적 지각일 뿐 객관적으로는 색채는 없는 것이다. 색채는 우리의 시각을 자극하여 색으로 보이게 하는 빛의 물리적 힘과 배열일 뿐이다. 이에 반

---

3 조우호, 〈괴테의《색채론》에 나타난 자연과학 방법론〉, 괴테연구, v of 24, 2011, 118쪽. 조우호는 이 인용을 Gernot Böhme/Gregor Schiemann, *Phänomenologie der Natur* (Frankfurt a. M., Suhrkamp, 1997)로부터 가져오고 있다.

해 괴테는 망막에 비치는 색채에 대한 생리심리적 경험을 중시한다. 뉴턴에 의하면 빛에는 가시 영역이 있다. "가시 영역은 380~780나노미터의 파장 영역"이다. 이 안에서 굴절률에 따라 일곱 가지 빛깔로 빛이 분광된다. 이 빛깔들의 광선을 다 합치면 백색 광선이 된다. 가시 영역 안에서 380~430나노미터의 파장의 빛의 반사는 파랑, 430~467나노미터의 빛은 보라 기미의 파랑, 483~488나노미터의 빛은 초록 기미의 파랑, 488~493나노미터의 빛은 청록, 493~540나노미터의 빛은 초록, 530~558나노미터의 빛은 노랑 기미의 초록, 573~578나노미터는 노랑, 586~597나노미터는 주황, 640~780나노미터는 빨강으로 보인다.[4] 색채들의 띠는 파장에 따라 굴절률이 다르며, 이에 따라 일곱 가지 색이 나열된다. 이 띠의 양극에는 적외선과 자외선이 있다. 빛에는 고유한 굴절률이 있어 이를 망막이 수용하여 뇌에 전달한다는 것이다. 빛의 색채는 객관적으로 존재하며 고유의 파장과 굴절률을 갖는다. 심지어 뉴턴은 색채는 주관적 현상이며, 실제로는 '에너지와 물리적 배열'만이 존재한다고 말하기도 한다.[5]

현대의 색 이론은 뉴턴이 개척한 노선에서 발전했다. 맥스웰과 헤르츠에 의해 빛이 전자기파의 일종이라는 것이 밝혀지면서 전자기 스펙트럼에 입각한 주파수와 파장의 차이로 색채가 설명될 수 있음이 입증되었다. 색채는 주로 파동의 길이와 성질로 분류된다.[6] 그러나 괴테가 보기에 색채는 원초적 현상으로서 이 현상에 대한 관찰에 의거하는 현상학적 해명이 진정한 과학이다. 그는 색채의 객관적 원인을 수량적으로 분석하지 않는다. 색채를 암실이라는 조건을 만들고 프리즘으

---

4 김진한, 《색채의 원리》, 시공사, 2002, 14쪽. / 백민아, 〈괴테의 《색채론》 연구〉(경북대 학위 논문, 2004, 53~55쪽)에서는 일곱 가지 색으로 축약되어 수치에서 약간의 차이가 있다.
5 위와 같음.
6 김진한, 《색채의 원리》, 시공사, 2002, 14쪽.

로 분광하여 수량적으로 그 원인을 분석하는 인위적 조작은 색채에 대한 현상학적 경험을 무시한다. 뉴턴의 실험적 조작주의는 색채의 근원 현상을 파괴하여 인간의 지각적 경험을 소외시킨다. 괴테는 버클리처럼 뉴턴의 과학에서 주관성의 위기를 읽어낸다. 지각 과정은 인간의 생명 과정과도 분리될 수 없는데, 뉴턴의 과학적 객관주의는 이 생물학적 조건을 무시하고 근대의 도구적 합리주의를 생명에 적용하는 오류를 범했다는 것이다.

이 점에서 《색채론》에도 관심을 보였던 하이젠베르크Werner Heisenberg, 1901~1976가 뉴턴과 괴테는 "현실에 관해 완전히 상이한 두 측면을 다루고von zwei ganz verschiedenen Seiten der Wirklichkeit handeln 있을 뿐"[7]이라고 한 것은 적절한 판단으로 보인다. 이 판단은 추상적 환원이라는 과학적 방법과 환원 이전의 주관적 경험 세계의 양립 가능성을 제시한다. 그것은 자연의 현상학과 기계론적 물리주의의 공존을 제안하는 것이자 현상학의 복권 가능성을 보여 준다. 홀츠슈에Linda Holtzschue는 《색채의 이해Understanding Color》(1995)에서 뉴턴과 괴테의 논쟁은 색채론의 역사에 있어서 중요한 것으로 두 이론 모두 근거가 있으며, 그 각각은 '서로 다른 실재reality'를 기술하고 있다"고 한다. 뉴턴은 빛과 연관하여 색이 나타나게 되는 원인을 물리학적으로 기술하며, 괴테는 빛과 어둠의 영향 아래 색채가 우리 눈에 실제로 어떻게 다르게 보이는가라는 결과에 주목한다. "그들의 논쟁은 불필요하다. 두 이론이 모두 타당하다. 그러나 서로 다른 실재를 기술하고 있다. 뉴턴은 색채 현상의 원인을 보고 있었으며, 괴테는 그 결과를 보고 있었다. (……) 괴테와 같은 디자이너들은 감각의 증거로부터 색깔을 가지고 작업한다. 그들은 원인이

---

7 조우호, 위의 책, 99쪽.

아니라 결과를 다룬다. 과학자는 전통적으로 스튜디오 작업장의 뒷자리를 차지해 왔다. 컴퓨터로 하는 디자인의 출현은 그 게임을 바꾸어 놓았다. 오늘날 디자이너는 원인과 결과를 이해해야 하고, 그 두 실재 안에서 그리고 그 사이에서 작업할 수 있어야 한다."[8] 물리주의적 방법은 원인에 대한 수량적 기술로 색채 현상의 기제를 규명할 수 있다. 현상학적 방법은 예술과 윤리의 차원을 살릴 수 있으며, 생명의 자율적 자기 조직화의 능력을 중시하는 형태론적 과학의 가능성을 열어 놓는다. 형태 과학은 그 후 동식물학과 해부학 및 현대 생명주의 과학들의 출현에서 자신의 입지를 확고하게 했다. 바로 이 길에 괴테의 과학이 다시 주목받을 수 있는 여지가 놓여 있다.

괴테는《색채론》의 개요에서 색채의 구성 원리를 간략하게 소개한다. 기본색은 둘이다. 빛에서 생성된 노랑과 어둠에서 나온 파랑이 그 것이다. 다른 색은 모두 그 두 가지의 결합에서 발생한다. "색채의 생성에 있어서는 빛과 암흑, 밝음과 어둠 혹은 일반적인 용어로 말하자면 빛과 비광非光이 요구된다는 점만을 미리 말하기로 한다. 우선 빛으로부터 우리가 노랑이라고 부르는 색이 생겨나며, 또 다른 색은 암흑으로부터 생겨나는데 우리는 그것을 파랑이라는 이름으로 표기한다. 이 둘은 만일 그것들이 아주 순수한 상태에서 혼합되어 서로 완벽하게 균형을 유지하게 된다면 제3의 색을 낳게 되는데 우리는 그것을 녹색이라고 이름 붙인다. 그러나 앞의 두 색은 순도를 높이거나 짙게 하면 그 각각의 색으로부터 새로운 현상을 불러일으킨다. 말하자면 그것들은 붉은 색을 띠게 되는데 그 정도가 매우 높아지면 원래의 파랑과 노랑은 더 이상 알아 볼 수 없게 된다. 가장 순도가 높고 순수한 빨강은 특

---

8   Linda Holtzschue, *Understanding color: an introduction for designers*, John Wiley & Sons, Inc., Hoboken, New Jersey, 2011, p. 138.

히 물리색의 경우에 주홍색과 청적색의 양 끝을 결합시킴으로써 생겨날 수 있다. 이것은 색채 현상과 색채 생성의 생동하는 광경이다. 또한 우리는 특정한 단계의 파랑과 노랑으로부터 완전한 빨강을 취할 수 있었던 것을 이제 역방향으로 혼합해서도 생성시킬 수 있는 것이다. 하나의 원으로 쉽게 묶일 수 있는 이 세 가지 혹은 여섯 가지 색으로 기초적 색채론이 비로소 성립할 수 있다. 나머지 무한한 변형 색들은 응용에 속하며 화가나 염색공의 기술, 말하자면 생生의 영역에 속하는 것이다. 이제 일반적 특성을 말하자면 색들은 전적으로 반광半光으로, 반그림자로 여겨질 수 있다. 그리고 그것들이 혼합되어 그 개별적인 특성들을 서로 상실하게 되면 일종의 그림자, 즉 회색이 생겨난다."[9]

여기서 괴테는 자연 생성의 기본 원리인 양극성Polarität의 원리, 상승Steigerung의 원리, 총체성Totalität의 원리를 색채에 적용하여 그 생성 과정의 법칙을 규명하고 있다. 이 세 가지 원리에 의해 색채가 나타난다. 색채의 생성은 빛과 암흑이라는 두 대립적 요소가 최초의 양극이 되면서 시작한다. 이것이 하나의 '근원 현상'이다. 빛은 무색이다. 그 자체만으로는 눈에 색채로 지각되지 않는다. 색채는 암흑이 빛과 작용할 때 나타난다. 이 결합도 근원 현상에 속한다. 빛과 암흑 가운데 어느 쪽의 활동이 우세한가에 따라 플러스(+)와 마이너스(-)로 표시할 수 있다. 플러스에 속하는 것은 노랑, 능동, 밝음, 강함, 따뜻함, 산성 등과 같은 것이며, 마이너스에 속하는 것은 파랑, 수동, 암흑, 약함, 차가움, 알칼리성 등이다. 이 양극의 대립이 보편적인 근원 현상이다. 양극의 대립은 다시 상승 원리에 의해 하나로 통합된다. 무색의 빛에서는 노랑이 생겨나고 암흑에서는 파랑이 나타나며, 이 대립된 양극은 상승 작

9   괴테, 장희창 옮김,《색채론 Zur Farbenlehre》, 민음사, 2003, 43쪽.

용에 의해 빨강이 된다. 노랑은 주황을 거쳐 빨강으로 되고 파랑은 보라를 거쳐 빨강으로 상승한다. 이 점에서 앞의 노랑, 파랑이라는 기본색에 하나가 더 추가되어, 기본색이 노랑, 파랑, 빨강 세 가지가 된다. 이리하여 "다양한 색채들 간의 대립 쌍을 전체적으로 보여 주는 색채환色彩環, Farbenkreis이 완성된다."[10]

총체성의 원리는 "앞의 두 원리에 의해 생겨난 색채들이 그 대립과 조화의 모습을 색채환의 원주상에서 일목요연하게 보이며 나타나는 것을 말한다. 우리의 눈이 어떤 특정한 색을 지각하는 순간 우리의 눈은 그와 대립되는 상보적인 대립색komplementäre Gegenfarbe, 즉 색채환 상에서 정반대편에 있는 색을 생성시킨다. 이처럼 각각의 유도색은 반드시 거기에 대응하는 피유도색을 생성시키며, 그러한 대립색들로써 색채환 전체가 가득 메워지게 된다. 이처럼 눈은 자기 고유의 총체성을 요구하며, 자체 안에 색채환을 가지고 있다."[11] 총체성으로의 생성 과정은 근원 현상의 일종의 변증법적 전개다. 이러한 전개는 파라셀수스Paracelsus, 1493~1541나 쿠자누스Nicolaus Cusanus, 1401~1464의 '대립의 통일'이라는 관념을 적용한 것이라 할 수 있다. 또한 반 헬몬트J. B. van Helmont, 1579~1644와 같은 카발리즘은 개체의 미래 성장의 정보를 갖추고 있는 원형인 영적 모나드를 믿었는데, 이 이론의 영향도 고려할 수 있을 것이다.[12] 이러한 측면에서만 보면 괴테가 에커만Eckerman에게 한 호언장

---

10 괴테, 장희창 옮김, 위의 책, 12~14쪽.
11 위와 같음. / 근원 현상의 전개 과정에서 그에 해당하는 개념의 의미를 알 수 있다는 착상은 괴테에게는 자연의 보편적 형성의 논리이다. 예를 들어 식물학은 원형식물die Urpflanze의 형태가 역사적으로 전개하는 수많은 변종들의 형성 과정에 대한 연구이다. 변종들에서도 변함없이 종을 형성하는 근원 현상들은 그 본래의 근원 형상das Urbild으로서 변함없이 그대로 유지된다. 그는 자신의 시《식물의 변형Metamorphose der Pflanzen》(1799)에서 그러한 과정을 보여 주고 있다. 그러나 식물 변형론이 보다 깊은 의미를 갖는 것은 변종에 대한 자신의 철학적 개념을 색채론에 적용하고 식물과 동물의 발달사 뿐만 아니라 더 나아가 인간의 해부학적 진화에까지 적용한다는 것이다. (백민아, 위의 책, 13쪽 참조).
12 S. F. Mason, 박성래 옮김, 《과학의 역사A History of The Sciences》(1953), 부림출판사, 1981, p.

IV. 색채론과 치유 **367**

담은 낭만주의 자연관을 거부하고 계몽주의적 전통을 계승하는 길리스피Charles C. Gillispie, 1918~2015의 비평처럼 '시대착오anachronism'로 보일 것이다.[13] 그러나 연금술과도 연결된 신비주의적 자연 철학의 영향에도 불구하고 괴테의 자연 생성의 세 가지 근본 원리는 보색補色이라는 대립 색에 대한 현대 생리학적 연구에 의해 더욱 그 진실성이 확인되었다. 그것은 인간의 두뇌가 색채를 경험하는 방식, 즉 색채를 구성하는 논리다. 색채 생성의 근본 원리는 인간이 색채 지각을 구성하는 논리적 형식이다[이 때문에 비트겐슈타인도 괴테의 색채론을 연구하고 색상환을 수정하여 색채 경험의 논리적 형식을 보여 주고자 했다]. 색채환은 특정한 어떤 색과 그 보색을 생성시키는 구조적 가능성을 포함하고 있으며, 우리의 두뇌도 색채환을 가능하게 하는 시뇌視腦의 고유한 작용 방식에 따른다. 괴테의 색채환은 색채 인식에서 선험적 구조의 역할을 한다. 이 점은 괴테 자신은 의식하지 못한 것으로 보이지만, 선험 철학의 입장에서 보면 매우 흥미로운 사상으로 다가올 것이다.

쇼펜하우어는 뉴턴의 원인론적 과학을 실재론적으로 해석하는 것에 반대하는 한에서 인정하며, 괴테의 형태론적 과학도 인정한다. 그는 괴테의 주관적 경험에 의거하는 생리학적 색채 경험의 의의를 긍정하는 가운데 수량화를 배제하지 않는 생리심리학적 접근을 시도한다. 쇼펜하우어는 이러한 관점에서 뉴턴과 괴테가 선험적 관념론의 의의를 무시하고 실재론적 신념을 전제한다고 비판한다. 괴테는 쇼펜하우어

258~270. 메이슨은 다른 과학사가와는 달리 신비주의 철학의 과학사적 의의를 부각시키고 있다.

13 C. C. Gillispie, 이필렬 옮김, 《과학의 역사The Edge of Objectivity》(1959), 종로서적, 1983, 142쪽. 여기에서 길리스피는 《에커만과의 대화》를 인용하여 괴테의 자부심을 표현한다. "1829년에 그는 에커만에게 이렇게 말한다. 시인으로서 내가 한 일에는 특별히 자랑할 만한 게 없다. 내가 살아 있는 동안에도 뛰어난 시인들은 있었다. 나보다 이전에 위대한 시인들이 무수히 많았고 앞으로도 그럴 것이다. 그러나 색채라는 어려운 과학의 진리를 알고 있는 사람은 이 세기에는 나 혼자 뿐이다. 나는 그것을 상당히 자랑스럽게 여기고 있으며, 바로 여기에 내가 타인들 보다 우월한 점이 있다고 생각한다."

의 태도를 다시 뉴턴의 관점으로 되돌아가는 것으로 여기고 실망하게 된다. 페인E. F. J. Payne은 쇼펜하우어의 《시각과 색채에 관하여》를 《On Vision and Colors》(1994)로 번역한다. 이 번역의 서문에서 카트라이트David E. Cartwright는 '색채론'에 대한 쇼펜하우어와 괴테의 의견 교환을 다음과 같이 정리하고 있다.

카트라이트에 의하면 칸트 철학이 쇼펜하우어 철학의 기초가 되었듯 괴테의 색채론은 쇼펜하우어의 색채론의 기초가 된다는 것이다. 쇼펜하우어는 두 사상가의 오류를 수정함으로써 자신의 견해를 발전시켰다. 괴테는 쇼펜하우어의 색채론을 보고 처음에는 믿을 수 없는 관대함을 보였다. 괴테 사후이긴 하지만 쇼펜하우어는 자신의 《시각과 색채에 관하여》 2판(1854) 서문과 《추가와 보유》에 있는 색채론에 대한 언급에서 괴테와의 근본적 대립의 이유가 초판에 이미 있었다는 것을 논쟁적으로 보여 준다. 그는 초판에서 괴테의 《색채론》이 무시되는 상황을 비난하고 괴테의 반뉴턴적 입장을 지지했지만, 거기에는 괴테가 불만스러워할 점도 많이 있었다. 그는 괴테가 풍부한 자료를 제공하고 있다고 믿었으나 이 자료들이 색채의 본질적 본성에 대한 진정한 설명을 주지 못한다고 보았다. 쇼펜하우어는 괴테가 뉴턴을 반박했을지라도 뉴턴에 대한 궁극적 승리는 새로운 이론이 과거의 것을 대체할 때만 가능하다고 주장한다. 그리고 그는 괴테에게 보내는 편지에서 "나는 내가 색채에 관한 첫 번째 이론, 즉 과학사에서 첫 번째의 것을 생산했다는 것을 전적으로 확신한다"(Letter to Goethe, 11 November 1815, Gesammelte Briefe, p. 20)고 장담했다. 쇼펜하우어는 괴테에 대한 승리를 주장했으며, 괴테가 그토록 오래 노력하여 자신의 주요한 업적으로 간주한 것을 사소한 것으로 간주했다. 괴테는 응답한다. "서로 간에 이해를 바라는 것은 헛된 노력이 될 것이다."(Letter to

Schopenhauer, 28 January 1816, Geammelte Briefe, p. 496)[14]

괴테는 1816년 슐츠에게 보내는 편지에서 쇼펜하우어의 색채론을 보고 불만을 드러낸다. "쇼펜하우어 박사는 내가 나의 색채론을 이어가도록 만든 중요한 사상가다. (……) 이 젊은 사람은 나의 관점으로부터 시작하여 나의 적대자가 되었다."(Letter to C. F. L. Schultz, Gesammelte Briefe, p. 499) 쇼펜하우어는 1815년의 편지에서는 자신과 괴테의 분열이 괴테가 무제한한 동의를 요구하는 데에 있다고 믿었으며, 그들의 차이가 세부적인 것(색들의 혼합이 회색인지 아니면 흰색인지의 문제, 괴테의 양극성 개념의 한계, 보라색의 기원)에 있다고 생각했다. 그러나 그들의 부조화에는 더 근본적인 이유가 있었다. 휩셔Arrthur Hübscher가 지적하듯 그것은 쇼펜하우어의 칸트주의적 입장, 그리고 그가 빛과 물질을 색채론에서 종속적 위치에 놓았다는 점에 있었다. 괴테의 실재론은 선험적 관념론과 양립할 수 없었다.[15] 쇼펜하우어의 《시각과 색채에 관하여》의 전반부는 시각이 갖는 지성적 성격을 주장한다. 이는 그의 《충족이유율의 네 겹의 뿌리에 관하여》의 주장을 시각에 적용한 것이다. 괴테는 쇼펜하우어의 선험적 관념론에서 자신의 입지를 발견할 수 없었다.

괴테는 흰빛이 색의 스펙트럼을 모두 포함한다는 뉴턴의 견해를 거부한다. 그는 수학적 설명을 자연에 대한 이해를 모호하게 한다고 보았으며, 프리즘과 같은 실험적 수단에 의존하는 것을 실재의 왜곡으로 비판한다. 색채에 대한 주관적 경험을 설명해 주는 빛과 암흑은 더 이상 설명할 수 없는 근원 현상이다. 색채는 근원 현상이 여러 가지 비율

---

14 Arthur Schopenhauer, Trans by E. F. J. Payne, *On Vision and Colors*, Berg, 1994, Editor's Introduction.
15 위와 같음.

로 조합되어 나타난 음영이다. 쇼펜하우어가 보기에 괴테는 그 나름으로 옳지만 문제는 그가 더 이상 나아가지 않은 것에 있다. 괴테의 근원 현상은 진정으로 원초적인 것이 아니다. 더 깊은 설명이 필요하다. 쇼펜하우어에 의하면 색채는 눈에서 일어나는 생리학적 현상이다. 그는 1841년의 편지에서(Letter to Eastlake, *Gesammelte Briefe*, p. 193) "나의 이론은 색채를 감각으로 취급하고 눈과의 관계에서 다루는 것으로 전적으로 생리학적이다. 그것이 원초적인 이론이며, 물리적이고 화학적인 색채인 감각의 외적 원인들에 관한 모든 설명에 선행한다." 밝음이나 흰색, 암흑이나 검은 색, 그리고 색채들은 눈의 상태나 변양, 즉 감각 그 자체이며 따라서 주관적이다. 빛이나 흰색은 망막의 완전한 활동성 activity이며, 암흑과 검은 색은 망막의 불활성inactivity이다. 색채는 질적으로 나누어진 망막의 활동성이다. 근원 현상이라고 하는 것은 신경 작용을 일으키는 망막의 유기적 능력일 뿐이다. 신경 작용은 두 가지 질적으로 대립되는 반쪽으로 분리되어 어떤 때는 균등하게 어떤 때는 불균등하게 연속적으로 나타난다. 이러한 색채 생리학에 의거하여 쇼펜하우어는 자신 만이 진정한 색채론을 창시했다고 믿었다.[16] 현대의 과학자들처럼 당시의 과학자들도 독창성 경쟁을 마다하지 않았다. 이론의 차이와 함께 명성에 대한 욕망이 결부된 감정상의 차이로 결별하기 일쑤였다.

쇼펜하우어는 분수로 표시되는 일정한 수적 비율로 색채를 분석한 것에 커다란 자부심을 갖고 있었다. 각각의 색은 보색과 결합하여 하나의 통일성을 이루는데, 이 통일성은 망막의 완전한 활동성인 흰색을 재현하는 통일성이다. 이러한 구조를 그는 1841년의 편지(p. 192)에서

---

16 위와 같음.

다음과 같이 확정한다[이 주장은 그의 《시각과 색채에 관하여》에서 다시 같은 내용으로 거론된다].

망막의 활동성의 일정한 수적 비율로 여섯 가지 주요한 색이 표현된다. 쇼펜하우어에 의하면 지구상에서 다른 이론이 아닌 오직 이 이론이 모든 색을 눈에서 낳는 특정한 감각을 이해하게 한다. 이에 따라 모든 색채의 본질과 색 일반에 대한 통찰이 얻어진다. 마찬가지로 자신의 이론만이 보색에 대한 관념이 갖는 진정한 의미를 알려 준다는 것이다. 그것은 빛에 의존하는 것이 아니라 망막에 의존하며, 흰빛의 복구가 아니라 망막의 완전한 활동의 복구다. 이로써 모든 색채들은 두 갈래로 갈라진다. 검은색을 0 흰색을 1로 정했을 때, 보라색($\frac{1}{4}$)과 노란색($\frac{3}{4}$)으로 갈라지거나, 파란색($\frac{1}{3}$)과 주황색($\frac{2}{3}$)으로 갈라지거나, 녹색($\frac{1}{2}$)과 빨간색($\frac{1}{2}$)으로 갈라진다. 검은색과 흰색이 다른 비율로 결합해서 세 쌍의 색채가 나타나며, 활동성의 강도는 흰색에서 검은색으로 가면서 약해진다. 그리고 나머지 무수한 결합 비율에 따라 무수한 색채가 나올 수 있다. 그러나 이렇게 되는 근거에 대해서는 더 이상 설명할 수 없다. 그것은 "단적으로 커다란 신비다."[17] 이러한 색채 현상을 쇼펜하우어는 다음과 같이 분류한다.

---

17 위와 같음. / 같은 내용이 *Über das Sehn und die Farben* (S. W. Band. Ⅲ, Suhrkamp, 1986, s. 233)에서 다시 나온다.

쇼펜하우어는 이러한 수량적 비율이 색채의 비밀을 드러낸다고 생각한다. 망막의 활동성의 수적 비율에 관한 논의는 《시각과 색채에 관하여》에서 위와 같은 내용으로 다시 거론된다.[18] 그의 관점은 뉴턴의 실재론적 입장에 반대하는 생리학적 입장이며, 분수로 표현한 것은 부차적이라 하더라도 수량화를 인정하는 태도를 보여 주는 것이다. 색채들의 혼합에서 흰색이 나온다는 견해 또한 뉴턴에 동조하는 것이었다. 다만 차이점은 뉴턴이 색채를 광학의 입장에서 광선의 분할로 본 반면, 쇼펜하우어는 색채를 망막의 분할적 활동성으로 본 데에 있다. 쇼펜하우어에게 색채는 망막 활동성의 일정한 양적 비례로 설명된다. 이 점이 괴테에게는 쇼펜하우어가 비록 생리색을 다루고 있지만 생동하는 지각을 수량화하는 뉴턴에 접근하고 있는 것으로 보였던 것이다. 쇼펜하우어는 뉴턴의 일면의 진실성을 믿었지만 실재론적인 잘못된 이론에 근거하고 있다고 생각했다. 그는 괴테에 대해서는 틀린 점이 있지만 다른 점에서는 사실들의 올바른 체계라고 생각했다. 사실 괴테의 색채론도 선험적 관념론이 중시하는 주관적 지각과 망막의 연관성을 언급한다. 그럼에도 기본적으로 괴테와 뉴턴은 실재론적 관점에서 색채를 보고 있다는 것이 쇼펜하우어의 불만이었다.[19]

쇼펜하우어는 자신이 주관적 경험에 기초하는 괴테의 정신을 계승한다고 생각했다. 그의 《시각과 색채에 관하여》는 "괴테의 색채론을 친숙하게 숙지하고 있는 사람들을 위해 특별하게 쓰인 것"이다. 그것은 "괴테의 주요 핵심을 알고" 있고, 색채의 "생리학적 현상에 대한 지식을 갖고 있는 사람들에게 이해될 것"이라고 한다. 그는 괴테 이전의 뷔

---

18 Arthur Schopenhauer, *Über das Sehn und die Farben*, S. W. Band. Ⅲ, Suhrkamp, 1986, s. 233~234.

19 Arthur Schopenhauer, Trans by E. F. J. Payne, *On Vision and Colors*, Berg, 1994, Editor's Introduction.

퐁Buffon, 다윈Waring Darwin, 힘리Himly가 다소 올바른 관점에서 색채론을 연구한 역사를 언급하고, 괴테가 두 가지 측면의 기여를 통해 길을 열었다고 한다. (1) "괴테는 뉴턴의 잘못된 이론의 진부한 가상을 부숨으로써 이 주제에 대한 사상의 자유를 회복했다." 이러한 공헌은 교수들의 의자를 새로운 세대가 차지할 때 인정될 것이라고 한다. (2) 괴테는 "색채론을 위한 데이타인 탁월한 저작이 약속한 것을 완벽하게 전해 주었다." 그것은 "미래 색채론을 위한 풍부한 자료로서 중요하고, 완전하며, 의미 있는 자료다." 그러나 괴테가 전해준 것은 자료다. 그것은 "색채의 본질적 본성에 대한 진정한 설명을 제공하지 못하고, 그것을 현상으로만 가정하며, 그것이 무엇인가가 아니라 그것이 어떻게 발생하는가만을 말해준다." "괴테의 생리색은 나의 이론의 출발점이지만, 그는 그것과 물리색의 관계를 보여 주려고 시도하지 않고, 그 자체 완전하게 실재하는 현상으로 표상하고 있다."[20] 괴테의 색채론에 대한 장단점을 지적하면서 '단지 자료에 불과하다'고 한 쇼펜하우어의 비평은 괴테의 심기를 불편하게 했을 것이다.

'단지 자료에 불과하다'는 말은 아직 과학이 아니라는 것이다. 쇼펜하우어의 과학론인 학위 논문이 보여 주듯 쇼펜하우어는 과학의 과학성을 잘 알고 있었다. 과학은 현상의 기술에만 머무는 것이 아니라 그것을 본질적 요소들로 분석하고 다시 그 요소들의 관계로 종합하여 경험적 현상을 설명하는 것이다. 과학은 분석과 종합의 방법으로 보편적 원리에 다양의 현상을 종속시키는 작업에서 성립한다. 그에 의하면 체계적 과학은 다양한 기구들을 총괄하고 있는 '국가'와 유사하다. 이러한 이성의 논리에서 동질성의 원리와 이질성의 원리에 따른 개념적

---

20 Arthur Schopenhauer, *Über das Sehn und die Farben*, S. W. Band. Ⅲ, Suhrkamp, 1986, s. 197~198.

374 의지와 소통으로서의 세계

조직화가 경험적 현상에 적합하게 결합된다. 쇼펜하우어에 의하면 "경험적 사실들의 내부 핵심적인 본성에 관한 지식이 공통의 개념 아래 종합되지 않으면, 과학으로서 성립하지 못한다." 그는 현대 과학 철학에서도 자주 거론되는 것처럼 과학성의 전형적 사례의 하나로 라부아지에Antoine Lavoisier, 1743~1794의 화학을 언급한다. 라부아지에는 연소의 본질적 요소를 발견하여 그것을 산소로 명명함으로써 그 이전의 '산발적인' 경험적 사실에 머물렀던 연소론을 비로소 과학으로 성립시켰다는 것이다. "그의 이론은 모든 근대 과학의 영혼이다."[21] 쇼펜하우어가 보기에 괴테의 색채론은 이러한 과학성을 충족시키지 못한다.

쇼펜하우어는 자신의 이론이 괴테가 색채를 빛과 암흑이라는 근원 현상의 그림자ζκιερόν, skieron로 보는 것으로부터 진정한 '선천적 도출'을 해냈다고 보았다.[22] 질적으로 나누어지는 망막 활동성은 색채를 보는 과정에서 불활성을 부분적으로 내포한다. 망막의 불활성은 암흑을 의미한다. 각 색채는 암흑의 요소를 필연적으로 포함한다. 색채란 망막의 부분적 활동성으로부터 필연적으로 나오는 빛과 암흑의 결합이 보여 주는 가시성에 지나지 않는다. 쇼펜하우어가 보기에 괴테가 색채를 본질적으로 빛과 암흑의 그림자 현상으로 본 것은 옳다. 그러나 그는 괴테가 말하는 색채의 강도intensity는 망막의 활동성에 어떤 효과effect도 낳지 못한다고 생각했다. 색채는 "망막의 완전한 활동성의 우연적이고 점차적인 감소"에 지나지 않기 때문이라는 것이다. 예를 들어 쇼펜하우어의 색채론에서 회색은 "비유적으로 말한다면 빛과 암흑의 단순한 기계적 혼합mechanical mixture이다"[23] 이러한 이론이 수량화를 거부하

---

21 위의 책, s. 198~199.
22 위의 책, s. 236.
23 Paul F. H. Lauxtermann, *Schopenhauer's Broken World-View*, Kluwer Academic Publishers, 2000, p. 71.

는 괴테에게는 뉴턴의 관점에 접근하는 것으로 생각되었던 것이다. 그러나 젊은 쇼펜하우어는 괴테의 자료로부터 진정한 이론을 구성했다는 자부심을 갖고 있었다. 그에 의하면 "당신(괴테)의 색채론을 피라미드에 비교한다면 나의 이론은 그 정점이며 그로부터 전체적인 커다란 구조물이 확장되어가는 분할할 수 없는 수학적 점이다. 그것은 본질적이기 때문에 그것 없이는 더 이상 피라미드가 될 수 없다. 반면 그 바닥으로부터 피라미드를 유지하면서 단면들을 언제나 베어낼 수 있다." (Letter of 11 November 1815) 쇼펜하우어는 색채론 말미에서 괴테에 대해 각별한 신경을 쓰고 있다. 그는 생리학에 기초하지 않고 빛 그 자체의 구성적 속성을 과학적으로 연구하는 뉴턴의 입자설, 그리고 이름은 거론하지 않지만 호이겐스Christiaan Huygens, 1629~1695나 프레넬Augustin Jean Fresnel, 1788~1827의 파동설 양자에 반감을 보인다. 그는 실험적 방법과 수량적 기술을 부정적으로 평가하고 있다. 당시에 그는 태양과 별들로부터 오는 빛 스펙트럼에서 흑선[24]을 발견한 프라운호퍼Joseph von Fraunhofer, 1787~1826와 태양열을 측정한 푸이에Claude Pouillet, 1790~1868가 복잡한 장치를 써서 한 실험을 재현해 본 것으로 보인다. 그리고 그들과 같은 성과를 얻지 못했지만 쇼펜하우어는 당시 광학의 발전 방향을 자신의 입장에서 평가한다. "어느 날 훌륭하고 편견 없는 두뇌가 뉴턴 이론과 에테르의 신화적 진동론으로부터 완전히 독립하여 (……) 그러한 모든 현상들 사이의 진정한 관계를 발견하려고 노력할 것이다." 많은 사실들의 축적이 소수의 두뇌들에 의해 설명될 수 있으리라는 것이다.

---

24   흑선(프라운호퍼선): 프라운호퍼는 스펙트럼 분석의 창시자로서 태양과 별들로부터 오는 빛을 슬릿과 프리즘을 통해 보았을 때 만들어지는 스펙트럼은 빨강에서 보라에 이르는 연속스펙트럼이다. 이것은 광구(光球) 표면에서 나오는 열복사(熱輻射)이다. 이 연속스펙트럼을 배경으로 무수히 많은 흑선(黑線)이 보이는데, 이것은 태양 및 지구의 대기에 있는 원소 입자들의 흡수에 의해 생긴 것이다. 지구 대기의 흡수선은 태양스펙트럼에 속하지 않는다. 이 흑선을 프라운호퍼가 발견하여 프라운호퍼선이라고 한다.

그러나 그가 보기에 "물리학자들은, 특히 우리 시대에는 습관적으로 근거들Gründe에는 관심을 갖지 않고 자연력들의 귀결에 더 관심을 갖고 있다. 결과에 더 관심을 갖고 있기 때문에 그에 따라 여러 가지 응용에 관심을 보이게 되었다. 기계를 위한 탄성적 증기력의 사용, 증기선, 기관차, 전신을 위한 전자기의 사용, 망원경을 위한 무색 렌즈 등이 그것이다. 이로써 그들은 일상인의 존경을 얻는다. 그러나 이유에 관한 한 사물들은 그대로이며 예를 들어 똑같은 뉴턴의 술로 칠해져 있다. 조금이라도 그것과 조화하여 지낼 수 없다면 기를 쓰고 순응하려 한다. (……) 빛의 양극화에 대해 프랑스인들은 빛의 파동설과 등질적 광선에 관한 이론으로부터 나온 무의미한 이론 이상의 것을 갖고 있지 않다. 그들은 항상 측정하고 계산하는 데 바쁘다. 그들은 언제나 이런 것들을 핵심적인 것으로 삼는다. 그들의 전투 구호는 다음과 같다. 계산하라! 계산하라! 그러나 나는 말한다. 계산이 시작되는 곳에서 현상에 대한 이해는 그친다. 사람이 그의 머리 안에 수와 기호만을 갖고 있으면 인과적 연관을 볼 수 없다. 실용적 목적을 위해서는 얼마나 많은가와 얼마나 큰가가 중요할 것이다. 그러나 이론에서 으뜸가는 주요한 것은 무엇인가이다. 이에 도달할 때 우리는 얼마나 많은가와 얼마나 큰가에 관한 대략적 평가와 함께 충분한 진보를 하게 된다."[25]

근대 과학에 대한 이러한 평가는 쇼펜하우어의 이중적 태도를 보여 준다. 그는 근대 물리학의 인정하지 않을 수 없는 발전상에 당황하는 것으로 보인다. 현상에 대한 수량적 기술과 그 실용적 적용의 성공은 물질문명의 성장을 증거하는 근대화의 특징이다. 쇼펜하우어는 이러한 19세기 후반의 흐름을 인문적 정신의 위기로 보는 것이다. 이러한

25 Arthur Schopenhauer, *Über das Sehn und die Farben*, S. W. Band. Ⅲ, Suhrkamp, 1986, s. 294~297.

흐름은 현상의 근거에 대한 이론적 탐구를 소홀히 하는 것이며, 지식 자체의 근거에 대한 선험 철학적 반성도 경시하는 것이다. 한편 쇼펜하우어는 괴테의 자연의 현상학과 형태 과학, 그림자 색채론의 중요한 의의를 인정한다. 다만 시각과 색채에 대한 생리학적인 관점에서 볼 때, 괴테의《색채론》은 현상들의 관계 구조를 드러내는 데에 미흡하다는 것이다. 그는 괴테의 비과학적 측면을 비판하지만, 괴테가 형성한 시대 정신과 생명주의에 대한 친화감을 버릴 수는 없었다. 그는 결국 뉴턴과 괴테 사이에서 괴테로 더 기울어진다.

이 점에서 쇼펜하우어는 뉴턴을 확실성의 모델로 보는 칸트를 존중하지만, 뉴턴의 객관주의적인 수량적 기술의 방법을 지적 기만으로 규정한다. 그에 의하면 미래의 후손들 가운데 "뉴턴 광학의 새빨간 기만, 요술 같은 속임수를 괴테가 선언한 그렇게 간단하고, 그렇게 쉽게 이해할 수 있으며, 그렇게 틀림없는 진리와 비교할 수 있는" 사람이 있게 될 것이라고 한다.[26] 아마도 미래의 이 독창적 인간이 쇼펜하우어 자신이라고 생각했을 수도 있다. 괴테의 정신을 살리면서 근대 과학의 도구적 합리성을 비판하는 가운데 제3의 과학의 길을 가려는 이러한 시도는 실패했다고 할 수는 없지만 성공할 수는 없었다. 현상학적 색채론이나 이에 대한 생리학적 해명에 한정된 그들의 과학이 전문 물리학자들의 길을 제지할 수는 없었다. 그들은 각기 문예와 철학의 길로 되돌아 갈 수밖에 없었다. 괴테의 색채론은 그가 우주, 즉 영원히 푸르른 생명의 나무를 위해 과학과 철학을 회색으로 비난한 이유를 알게 한다. 또한 쇼펜하우어의 색채론은 색채 과학에 생리학적 측면에서 기여할 수 있는 것이다. 동시에 그것은 과학에 대한 인식비판적 반성의 한

26　위와 같음.

계기로 작용하여 우주 생명원리인 의지의 철학으로 나아가는 도약대가 되었다.

색채는 물자체인 의지에서 발현된 현상계의 다양성을 식별할 수 있게 한다. 분석 가능한 복합체는 색채를 통해 구분되기 때문이다. 쇼펜하우어는 색채를 근본 형식으로 제시하지는 않지만, 그것에 대한 해명을 통해 색채가 시간, 공간처럼 사물을 지각하는 근본 형식일 수 있음을 암시하고 있다. 오성과 이성의 무색의 추상적 규정들(상징)에 의해 유색의 다양성에 통일성이 부여될 때 비로소 이론적 지식으로 구성된다. 색의 구분은 지성과 결합한 시각의 기하학적 구성과 망막의 변형(당시에는 색채를 인지하는 막대 세포가 발견되지 않았다)이 결합되어 이루어진다. 이때에 시각의 지적 체계는 이미 원색과 보색의 대립적 결합으로 된 색상환을 선험적 형식으로 갖고 있다. 대립의 통일이라는 형식 아래 구체적 색이 인식된다. 버클리는 뉴턴의 수량화에 저항하여 신이 보고 인간이 보는 풍요한 다양성에 대한 감각을 중시했다. 괴테는 아름다운 감각적 다양성의 세계에 대한 현상학적 접근을 형태 과학의 기초로 보았다. 이들의 관점은 쇼펜하우어에게 깊은 인상을 주었다. 쇼펜하우어는 색채론을 통해 뉴턴의 물리주의가 선호하는 폭력적인 수량적 상징보다는 직접적이고 그래서 보다 생생한 경험에 가까운 유색의 세계를 지식과 삶의 원천으로 존중할 수 있었다.

고전 물리학과 괴테-쇼펜하우어의 생명주의 사이의 대립은 사실상 근대인의 인식체계가 쪼개져 있다는 것을 보여 준다. 이 균열은 19세기 근대인의 근본적 자기분열과 병적 소외이다. 현대에는 컴퓨터 문명이 질적인 것과 양적인 것을 불안정하게 봉합하고 있다. 자기분열은 물신주의적 쾌락에 의해 가려진 고통이 되었다.

2. 궁핍의 시대, 치유 철학

쇼펜하우어의 주저 《의지와 표상으로서의 세계》I, 2판 〈서문〉 (1844)은 그의 모든 작품들 가운데 철학적 동기와 목적의식을 가장 분명하게 드러내는 글이다. 그는 일종의 과학론인 학위 논문 《충족이유율의 네 겹의 뿌리에 관하여》(1813)와 색채론인 《시각과 색채에 관하여 *Über das Sehn und die Farben*》(1816)를 쓰고, 2년 후에 자신의 경험과 학습의 결실 및 포부를 포괄적으로 담은 주저를 완성한다. 그리고 25년 뒤 재판을 낼 때 바로 그 〈서문〉을 쓴 것이다. 또한 쇼펜하우어는 주저에 대한 보완과 해설을 같은 제목인 《의지와 표상으로서의 세계》II로 내게 된다. 그는 이 해설서가 "같은 문제를 다른 시기에 쓴 것"이고 다른 사상을 말하는 것이 아니므로 I과 II를 "같은 주형에서 나온 것"으로 생각해야 한다고 언급한다. 그러나 두 번째의 책은 이전의 것보다 친절하고 낙관적이며 만유의 우주적 소통성에 대한 전망을 적극적으로 보여준다.

그에 의하면 "나의 저서 《의지와 표상으로서의 세계》는 동시대인이나 내 나라 동포에게가 아니라, 인류에게 내놓는" 것이다. 이러한 호기로운 선언은 자신의 사상을 몰라주는 시대에 대한 불만과 함께 그의 전 지구적 관심을 잘 나타낸다. 그가 보기에 "거짓되고 사악한 것, 불합리하고 무의미한 것이 일반의 칭송과 존경을 받고 있다. 그러나 순수하고 정당한 것을 내는 사람의 저서는 사물의 무상함 속에서도 예외가 될 것"이다. 당시 피히테 이후의 후기칸트주의는 대상을 선험적 형식으로 구성한다는 관점을 넘어서서 대상을 창조하는 자아를 제일원리로 하는 철학으로 나아가고 있었다. 절대자를 논하는 철학은 국가와 교회의 권력에 이바지하는 공식 철학이 되었다. 특정 집단의 이익에 봉사하는 철학은 강단 철학자의 경제적 삶의 도구이기도 했다. 칸트에게는 철학의 이러한 기능은 내적 양심의 문제이었으나, 쇼펜하우어에게는 철학의 본성과 덕에 직결되는 문제이다. 그는 철학이 진실을 추구하는 학문이라는 관점에서 당시에 유행하는 철학을 노골적으로 비난한다. 절대적 관념론은 '허상Schein'을 가지고 대중의 관심을 끈다. 그러나 "실질적 이익이 되지 않는 것을 진지하게 사유하고 행동하는 사람은 동시대인의 관심을 기대해서는 안 된다." "허상이 세상에 통용"되어서는 안 되며 "사물 그 자체는 그 자신만을 위해 추구되어야 한다." 그는 "사물과 허상을 일치시키는" 자신의 시대를 "결핍과 궁핍 세계의 저주"라고 규정한다.[1]

쇼펜하우어는 괴테의 야심작인 《색채론》과 자신의 철학이 외면당하는 것이 공동의 운명이라고 말하곤 했는데, 칸트도 같은 운명을 겪어 신학적인 절대적 관념론에 의해 왜곡되고 외면당하고 있다고 보았다. "칸트가 철학을 존엄한 것으로 만든 후에도 철학은 위로는 국가적인, 아래로는 개인적인 여러 목적의 도구가 되었다. 도구가 될 수 있는 것은 철학이 아니다." "오늘날의 독일철학은 그 제일의 동기가 이상

---

1 Arthur Schopenhauer, *Die Welt als Wille und Vorstellung* I, S. W. Band I, Suhrkamp, 1986, s. 14~15.

적 목적이 아닌 실제적 목적"에 있다. 이 목적은 "개인적, 직업적, 교회적, 국가적" 목적 등이다. 철학은 "실질적 이익이라는 한갓 당파적 목적 Parteizwecke"에 종속되었다. 이것이 철학의 대중성이 갖는 실상이다. 이 시대는 "겨울밤과 같은 시대"이다. 진리는 "비교秘敎, Geheimlehre처럼 소수의 수련사에게 전달되거나 고문서Pergament로만 믿어지게 되었다." 이 글을 쓴 당시에는(1844) 아직 그의 작품은 인기를 얻지 못했다. 만년 (1850년)에 가서야 새로운 철학으로 알려져 고문서 신세를 면하게 된다. 쇼펜하우어에게 "진리는 매춘부가 아니기에, 모든 것을 다 바친다해도 그녀의 호의를 얻을 수 없는 품위 있는sprode, 새침 떠는 미인"과 같다.[2]

그는 국제 무역상인 아버지의 유산으로 살 수 있었기에 평생 스스로 돈을 벌어본 적이 없는 금리 생활자였다. 그러나 당시 피히테, 셸링, 헤겔과 같은 강단 철학교수들은 평민 노무자나 소시민 가정 출신으로, 신학교에 들어가 졸업 후에 지식 공무원을 지망하는 인물들이었다. 쇼펜하우어의 저서들에서 제도권에 취직한 철학교수와 자신을 변별하는 말들이 쉽게 발견된다.

철학교수는 철학을 "생계수단으로 사용하고, 정부는 철학을 국가적 목적의 수단으로 삼는다." "위험한 것에 대해서는 합심하여 묵살한다." 그는 묵살되는 자신의 철학이 그가 은밀히 좋아한 브루노G. Bruno와 스피노자B. Spinoza의 '범신론'의 운명을 겪는 것으로 상상한다. 범신론에 대한 '이구동성의 반대'는 철학교수들의 신념에서 나온 것이라기보다는 "신세를 진 사람의 편을 드는" 파당성에서 나온 것이다. "이 반대가 그들의 신념에서 나온 것이라고 믿을 바보가 어디 있는가?" 그들

---

2   위의 책, s. 15~16.

은 "돈을 버는 궤변가들"이며, "평범성Mittelmaäßigkeit에 만족"하는 사람들이다. 쇼펜하우어의 외부인으로서의 삶과 사고의 독립성을 니체는 반시대적 사고의 선구로 평가한다. 쇼펜하우어는 자신이 걸어온 이력을 사고의 비실용성과 독립성에 둔다. "나는 공적, 사적인 목적의 수단으로 봉사하는 것에 상관없이 30여 년 전부터 나의 사유의 길을 걸어왔다. 진리를 말하는 사람은 인생의 사막Lebensode에서 우리의 위로가 될 것이다." 이것이 그가 자부하는 사고의 '완전한 정직성Redlichkeit'이다. 사고의 정직성은 자신에 대한 성실성이다. "철학적 성찰에서는 자기 자신을 위해 사색하고 탐구한 것만이 훗날 타인의 이익이 된다. 처음부터 타인을 위해서라고 정해진 것은 타인의 이익이 되지 않는다." 이런 의미에서 "나의 저서는 정직성과 공명성Offenheit의 각인"이며 '반성Reflexion'이다. 유대-기독교적 전통을 사변적으로 왜곡하여 '절대자'와 이에 대한 '지적 직관'을 논하는 철학교수들은 '허풍선이Windbeutelei, 피히테', '협잡꾼Scharlatanerei, 셸링', '정신적 괴물Kaliban, 헤겔'이다. 이들은 지난 20년 동안 갈채를 받아 왔지만, "그들의 갈채는 매춘과도 같이 거래되었다. 나는 찬동받기를 단념했다."[3]

쇼펜하우어는 진정한 관념론을 선험적 관념론으로 보고 독일관념론을 유심론Spiritualismus으로 불렀다. 이 유심론은 신학존재론이다. 그것은 개념적 파악으로 세계의 목적론적 구조를 인식할 수 있다고 본다. 이 관점은 오성의 형식인 인과 법칙과 이성의 논리 법칙을 실재하는 것으로 간주하는 사고의 불명료성을 벗어나지 못한다. 앞서 《충족이유율의 네 겹의 뿌리에 관하여》를 다룬 장에서 언급했듯, 사고의 불명료성은 언어의 오용에서 오는 것이다. 명료한 사고는 지식의 형식적

---

3   위의 책, s. 16~18.

조건을 경험적 내용과 분리할 줄 아는 반성의 능력이다. 쇼펜하우어는 이 점을 지적한 공헌을 칸트에게 돌린다. 신학존재론은 칸트의 정신을 버리고, 그것을 절대자를 논하는 형이상학의 수단으로 이용한다. 그러나 "나의 철학은 칸트 철학에서 출발하며, 칸트를 철저히 알고 있을 것을 전제한다." 칸트의 학설은 '근본적 변화eine fundamentale Veränderung'와 '지적 재생Wiedergeburt'을 주고, "태어날 때부터 부여받은 지성의 근원적 규정에서 오는 실재론을 제거할 수 있다." 실재론은 인식의 형식적 가능 조건까지 실재하는 것으로 믿는 모든 철학과 일상의 신념을 의미한다. 그러한 신념은 칸트가 선험적 관념론이 아니라 선험적 실재론으로 분류했던 것으로, 헤겔에게서 체계화된 신학존재론을 포함한다. 논리적 형식과 내용을 혼동하는 철학은 주관의 한계를 알지 못하는 오만을 면치 못한다. 그러나 칸트 철학은 우리를 "미몽에서 깨게 한다." 따라서 "칸트 철학을 이해하지 못한 사람은 소박한 입장, 자연적인 어린애 같은 실재론에 사로잡혀 있게 된다." 지식을 구성하는 형식적 조건까지 실재한다고 보는 실재론과 칸트 철학의 관계는 마치 '미성년과 성년'의 관계와 같다.[4]

사람들은 궤변가들의 철학 논문을 보았기 때문에 칸트를 이해하지 못하게 되었다. 이 때문에 쇼펜하우어는 "최근의 소개서를 진지하게 경고하지 않을 수 없다"고 하면서, "헤겔 유의 헛소리Unsinn"는 "공허하고 무익한 말이고 어리석은 망상Aberwitz. 정신박약"인데도 그것을 "변증법으로 생각하게 되었다"고 비난한다. 이러한 언어비판적 관점은 망상을 치유하는 방법이기도 하다. 쇼펜하우어에 의하면 망상에는 "정신의 의약 medicina mentis, Arznai für den Geist이 필요"하다. 원래 정신Geist이란 말은 독일

---

4   위의 책, s. 19~22.

에서는 성령이나 영혼의 의미를 갖고 있으며, 헤겔에 이르는 후기칸트주의자들에게 친근한 것이었다. 쇼펜하우어는 그 말을 철학적 원리로 사용하지 않는다. 이는 신의 다른 이름인 절대정신의 세계 통치론인 헤겔적 신정론Theodicy이 무의미한 언어로 되어 있다는 적대감에서 나온 것으로 보인다. 쇼펜하우어가 보기에 신정론에 입각한 형이상학은 경험 가능성인 형식적 조건을 초월적 실재의 구조로 투영하는 도착이다. 그러한 형이상학은 온갖 종교재판과 전쟁과도 본질적 연관을 맺고 있는 불순한 것이다. 쇼펜하우어의 반성적 치유는 바로 그 정신을 겨냥한다. 비판 철학은 정신 치유의 방법이며, 이를 통해 무의미한 철학이 버려진다. "건전한 오성에서 작은 배움의 과정인 세정제를 거친 후, 그들에게도 여전히 철학이라는 말이 있을 수 있는지는 물어보아야 할 것이다."[5] 이러한 인식비판은 골격을 의지의 표현으로 보는 그의 관상학적 관점으로 확장된다. 칸트의 사상은 "빛나는 두 눈 위에 넓고 높이 아름답게 도드라진 이마 뒤에서 태어난 탁월한 사상"이지만, 헤겔의 사상은 "사사로운 목적을 탐색하는 둔중한 시선을 발하는, 좁고 짓눌리고 두꺼운 머리 안에 칸트의 사상을 억지로 밀어 넣고 낮은 지붕으로 덮어버려 활기와 생명을 상실한 사상"이다.[6]

쇼펜하우어는 주로 후기칸트주의를 비난의 대상으로 삼는다. 그러나 어머니의 살롱에서 만난 괴테와의 대화에서 가능했던 색채론을 고려하면, 그의 비난의 대상 범위는 더 넓어진다. 쇼펜하우어는 《시각과 색채에 관하여》에서 색채를 빛과 암흑이라는 근원 현상의 그림자로 보는 괴테의 견해를 선험주의 관점에서 생리학적으로 변형한다. 이

---

5   위와 같음.
6   Arthur Schopenhauer, *Die Welt als Wille und Vorstellung* I, S. W. Band I, Suhrkamp, 1986, s. 23.

를 통해 그는 현상을 중시하는 괴테에 대해서는 찬양하면서, 실험 도구를 사용하고 수량적 기술을 중시하는 뉴턴을 비난한다. 그는 일종의 과학론인 학위 논문에서 대수학과 기하학 및 역학 등을 선천적 지식으로 옹호했지만, 그 후의 저작들과 연관시켜 보면 그 작업은 근대 과학의 절대적 확실성을 강조하려는 데에 주안점이 있기보다는 과학의 선험적 조건을 보여 줌aufzuweisen으로써 그 내재적 한계를 보여 주고자 한 것으로 보인다. 그는 과학의 연구 방법과 경험적 귀결을 중시한다. 그러나 칸트와는 달리 궁극적으로는 낭만주의적 신비주의에서 윤리의 최고봉, 즉 세계의 의미를 보려는 성향을 지니고 있다. 또한 그는 이른바 이성의 이념(신, 영혼, 자유)을 요청하는 것이 아니라 아예 제거하고 아시아의 무신론적 신비주의와 서양의 신지학적神知學的 신비주의로 나아간다. 괴테는 생명현상을 해치지 않는 형태론과 같은 과학을 선호하고 기계론적 물리학을 도구적이고 계산적인 합리성을 퍼뜨린다고 하여 혐오했다. 쇼펜하우어는 괴테의 실재론적 성향과 비과학성을 비판하면서도 생명 현상을 중시하는 그의 정신을 높이 평가하고 있었다. 이러한 관점에서 쇼펜하우어는 계몽주의 과학을 대표하는 뉴턴주의를 칸트적 반성을 결여한 실재론이라고 비난했다. 이렇게 보면 그가 실재론이라고 칭하는 범위에는 신학존재론적인 전통 형이상학과 과학적 실재론이 포함될 수 있다. 그는 이러한 비판 정신을 가지고 시대의 조류에 저항한다.

당연히 "철학교수들은 나의 철학을 위험시하여 단합해서 묵살해 버렸다." 그러나 "나의 철학을 비밀에 부치는 것은 중요하고 의미심장한 것을 은폐하는 것"이다. "처자식과 함께" 국가 공인 철학을 하는 "그들은 '생계부터 먼저하고 다음에 철학을 한다'는 격언에 따라 철학으로 생활하고 있다." 금리로 살아가는 쇼펜하우어는 자신의 생활에 대해서는 다소 반성이 없는 듯하다. "'철학은 가난하여 알몸으로 다닌다' (Petrarca, sonetto 7.10)는 것처럼 나의 철학은 생계수단이 아니다."[7] 강단의 학자와는 달리 삶의 윤리적 의미를 추구하는 그에게는 그러한 비판은 당연한 것일 수 있다. 그러나 윤리적 의미 세계의 추구는 그가 종종 드는 비유인 '현금'이 확보된 사람, 그래서 외부 세계에 시달리지 않는 사람의 내밀한 세계일 수 있다. 정적주의적 성격이 강한 그의 의미 세계는 그가 제시한 실천적 신비가들처럼 사회적 활력을 갖는 것으로 확장될 필요가 있다. 여기에서 비로소 비판 철학은 내향적 수렴과 더불어 사회적 실천을 다루는 향외적 발산의 요소를 갖추게 될 것이다.

쇼펜하우어에 의하면 자신의 비판 철학에는 "강단 철학이 구비해야 하는 필수적 요소인 사변 신학이 없다." 개념과 추론의 능력인 이성은 자신의 고유한 논리를 실재하는 것으로 투사한다. 이것이 이성이 자신을 알지 못하는 미몽이다. "이성비판이 없는 철학은 철학이 전혀 모르는 것을 말해야만 하는 임무를 갖게 된다." 비판 철학은 "허구 Fabel, 즉 직접적이며 절대적으로 인식하고 지각하고 파악하는 이성이라는 허구"를 용납하지 않는다. 허구는 이성을 경험 가능성을 초월하는 영역으로 들어가게 한다. 이에 대한 비판을 통해 "근대적이고 유대교화 된 낙천적인 기독교의 근본교의가 곧 바로 드러나게 되고 정돈된다." 비판 철학은 권력의지에 바탕한 근거 없는 낙관적 기성 철학이 자각하지 못하는 점을 폭로하고 정비함으로써 이성의 질병을 치유한다. 쇼펜하우어는 진지한 철학이 보상받지 못하고, 동반자도 없는 처지를 탄식한다. 그는 결의를 다진다. '나의 철학'은 "적나라한 진리만을 북극성으로 삼고 가는 철학"으로서, "양육의 어머니alma mater, 대학의 철학"과

---

7   위의 책, s. 23~24.

는 관계없다. "무거운 짐을 진 대학 철학"은 "군주에 대한 공포, 정부의 의향, 근엄한 교회의 교리, 출판사의 요망, 학생들의 동의, 동료들의 호의, 시국의 추세, 대중의 유행적 향배 등을 염두에 둔다." 그러나 "나의 조용하고 진지한 진리탐구는 저들의 요란한 논쟁과는 무슨 공통점이 있는가? 타협도 친교도 없다."[8]

쇼펜하우어는 철학을 두 종류로 나눈다. 철학은 강단 철학Katheder-philosophie과 비판 철학이 있다. 비판 철학은 강단 철학과 "근본적으로 이질적heterogen"이다. 진정한 철학은 '반시대적unzeitlich' 이다. 그는 자신의 작품이 세상의 소란으로부터 숨겨지는 것이 아니라 높이 떠올라 누구나 바라볼 수 있는 날이 오기를 기대한다. "한 개인의 음성은 속이는 자와 속는 자들의 합창을 관통하는 것이 불가능한 것처럼 보이지만, 그 조용하고 완만한 강한 영향은 순수한 작품에만 주어지며 투명한 공간으로 떠오르는 가벼운 기구Aerostat처럼 세상의 소동으로부터 높이 솟아오를 것이다."[9]

《의지와 표상으로서의 세계》I 의 부록에 있는 〈칸트철학비판〉은 "독단적 철학과 비판적 혹은 선험적 철학"을 대립시킨다. 쇼펜하우어는 독단적 철학의 표본으로 라이프니츠의《근본적으로 창조된 사물에 관하여De Rerum Originatione Radicali》를 든다. "여기서 신 존재에 대한 존재론적 논증과 우주론적 논증의 도움으로 그리고 영원한 진리veritates aeternae에 근거하여 세계의 기원과 우월한 본성에 관한 선천적 논증이 실재론적이고 독단적 방식으로 행해지고 있다. 그런데 경험이 여기서 논증된 세계의 우수성과 정반대를 보여 준다. 그것이 분명해졌을 때, 경험은 논증된 세계에 대해서는 아무 것도 모르므로 철학이 선천적으로

---

8   위의 책, s. 25.
9   위의 책, s. 25~26.

말할 때 잠자코 있게 된다고 한다. 칸트와 함께 비판 철학은 이 모든 방법에 대한 적대자로 출현했다. 비판 철학은 모든 독단적 구조의 기초로 봉사하는 영원한 진리를 문제 삼으며, 그 기원을 탐구한 다음 그것이 인간의 머리 안에 있다는 것을 발견한다."[10] 쇼펜하우어에 의하면 '영원한 진리'란 인식의 주관적 조건인 '형식(시간, 공간, 인과, 이성의 논리)', 즉 '충족이유율'을 실재론적으로 투영하여 만들어 낸 것이다. 신학존재론은 영원한 진리라는 신정론적이고 실재론적인 독단에 의거한다. 낙관적 형이상학은 이성의 법칙들에 따라 존재 자체가 형성되고 운동하는 것으로 생각한다. 그것은 두뇌의 논리가 존재 그 자체를 설명해 준다는 전도된 독단에 지나지 않는다. 인간의 지성이 우주 존재를 창조한 것이 아니다. 사유의 논리는 존재의 기원이 아니라 지성 안에 있다. 그것이 감각적 현상에 적용되어 과학적 지식을 구성한다. 그러나 과학이라는 현상적 지식은 실재 그자체인 생명원리[의지]에 대비하면 '상대적 지식'에 불과하다. 그것은 치유의 길에 간접적으로 도움을 주지만, 우리 내부의 불멸의 것으로부터 오는 윤리적 삶의 의미에는 접근할 수 없는 것이다. 쇼펜하우어에게 치유의 길은 1) 과학주의의 극복 2) 신학적 형이상학 비판 3) 생의 윤리적 의미의 중요성 4) 유럽중심주의 탈피를 포함하는 포괄적 의미를 갖는다. 그가 칭찬하는 스피노자의 지성 개선Emendatione은 원래 의학적 치료를 의미했는데 불멸의 우주 생명에 일치하는 데에서 지성 개선의 전망을 갖는 것이다.

이 포괄적 문맥 안에서 쇼펜하우어는 칸트 이전의 형이상학과 칸트의 의의를 알지 못하는 후기칸트주의자들을 적대한다. 그는 다윈의 혁슬리처럼 칸트 비판 철학의 전사를 자처하는 것으로 보인다. 그러나 그

---

10 Arthur Schopenhauer, *Anhang, Kritik der Kantischen Philosophie*, Die Welt als Wille und Vorstellung I, S. W. Band I, Suhrkamp, 1986, s. 569.

는 칸트의 선험 철학적 정신의 위대성은 인정하지만 그 밖의 점들에 대해서는 비판적이다. 그는 전 지구적인 넓은 시야視野를 가진 문명 비판적 의식을 가지고 칸트 철학을 비판적으로 계승한다. 그의 시야는 헤겔이 루터교적인 주관성의 독단을 가지고 아시아의 정신을 유럽 이전의 유치한 단계로 폄하한 편견을 넘어선다. 쇼펜하우어는 칸트의 선험적 주관성이 인종주의에 추동되는 독단적 자아 철학으로 발전해가는 것을 저지하고, 오히려 아시아의 무아론無我論을 통해 유럽의 문명에 변화가 있기를 희망했다. 쇼펜하우어가 보기에 철학의 질병은 인류 보편적인 것이 아니라 유럽 문명의 한 특징이다. 이러한 질병의 치유는 인식의 선험적 조건을 반성하여 실재론을 비판하는 것과 함께, 배타적 자문화 중심 주의를 일반화하는 동물적 속성을 극복하는 데에 있다. 이러한 측면에서 볼 때 그의 아시아 철학에 대한 관심은 단순히 이국적인 것에 대한 호기심의 충족이 아니라, 그의 인생경험과 비판 철학의 핵심에 자리 잡고 있다고 할 수 있을 것이다.

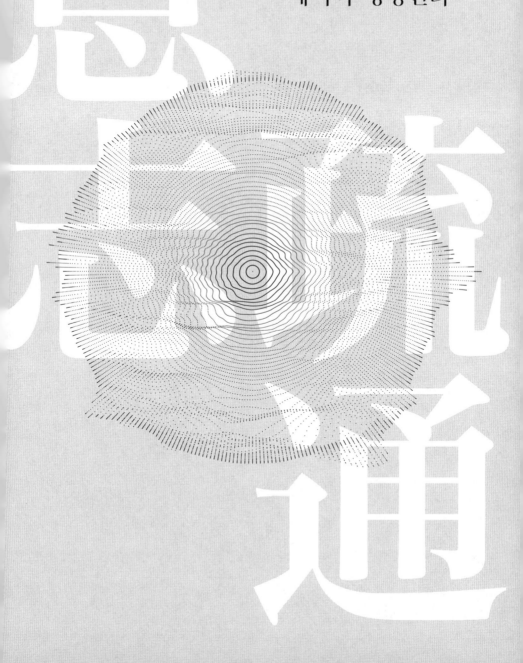

V

비판 철학과
예지적 생명원리

1. 비판 철학의 혁명적 의의

〈칸트철학비판〉에서 쇼펜하우어는 칸트의 장점을 밝히고 자신의 주저 《의지와 표상으로서의 세계》I의 두 가지 주제와의 차이를 제시한다. 그 두 가지 주제는 '세계는 나의 표상이다'로 요약되는 지식론적 원리와 '세계는 나의 의지이다'라는 형이상학적 원리다. 그에 의하면 이 두 가지는 칸트가 도달하지 못한 것이다. 이 점을 그는 다음과 같이 말한다. "칸트가 현상이 표상으로서의 세계라는 것 그리고 물자체가 의지라는 것에 대한 인식에 도달하지 못했다는 점은 사실이다. 그러나 그는 현상세계가 주관에 의해서와 마찬가지로 객관에 의해서 조건 지워져 있음을 보여 주었다. 그리고 현상 즉 표상의 가장 보편적인 형식들을 분리함으로써 그는 객관으로부터 출발하든 주관으로부터 출발하든 똑같이 우리가 이 형식들을 알고 이것들을 그 전체적인 구성적 본성에 따라 개괄할 수 있다는 것을 입증했다. 왜냐하면 그 형식들은 실제로 객관과 주관 사이의 한계Grenze이며 양자에 공통된 것이기 때문이다. 이 한계를 추구함으로써 인간은 객관이나 주관의 내적 본성에 침투하지 못하며 결과적으로 세계의 본질적 본성 즉 물자체를 알지 못한다고 결론 내렸다."[1] 현상의 형식들은 세계의 한계이다. 객관은 주관의 인과 형식에 의해 구성된 것, 즉 표상이다. 객관은 물자체가 아니다. 쇼펜하우어에 의하면 이러한 관념론적 원리는 자신과 버클리의 것이다. 그는《순수이성비판》1판(1781)에서 세계를 표상으로 보는 관점이 등장했다가, 그 후 2판부터 계속해서 관념론 반박을 첨가하여 실재론적 경향의 이론이 칸트의 것으로 통용되었다고 본다. 따라서《순수이성비판》은 '자기모순적인 책'이 되었다는 것이다. 그러나 쇼펜하우어가 자부하는 점은 지식의 형식적 조건들을 분리하여 개관하는 칸트의 정신을 비판적으로 계승하여 표상론을 전개했다는 것이다. 그에게는 이것이야말로 진정한 비판 철학이요 선험 철학이다.

쇼펜하우어가 〈칸트철학비판〉을 주저의 부록으로 붙인 것은 양면적 의미를 갖는다. 하나는 칸트 철학의 획기적 의의, 즉 '1400년이 되도록' 성찰하지 못했던 철학을 '진정한 성찰'로 인도하는 '위대성'을 인정하고 보여 주는 것이다. 그의 철학은 사상사의 '제3기'의 서막을 장식한 의의를 갖는데, 이 의의가 전개되지 못하는 상황에서 선험 철학이 다시 알려질 필요가 있다는 것이다. 둘째는 "모든 민족들에 공통된 관점"에 서도록 노력하는 가운데, 칸트에게 남아 있는 중세적 유습遺習과 자문화에 대한 편협성, 비일관성과 개념 규정의 혼란 등을 비판함으로써 온전한 비판 철학을 확립할 뿐만 아니라, 주관의 자기의식에서 접하는 의지에 기초하여 새로운 형이상학을 세우는 길을 보여 주는 것이다. 이런 의미에서 이서규가 〈칸트철학비판〉을 칸트에 대한 '해체적' 독해라고 한 것은 일리가 있다.[2] 해체는 파괴라는 의미만 있는 것은 아니며 창

---

1   Arthur Schopenhauer, *Anhang, Kritik der Kantischen Philosophie*, *Die Welt als Wille und Vorstellung* I, S. W. Band I, Suhrkamp, 1986, s. 570.
2   이서규, 〈쇼펜하우어의 칸트해석에 관한 고찰〉, 철학논총, 70집, 4권, 2012, 380쪽.

조적 계승이라는 적극성을 포함할 것이다. 이러한 해체적 독해에는 칸트의 어깨에 올라서서 쇼펜하우어 자신의 창조성을 높이려는 포부가 담겨 있다. 동시에 유럽의 독단적 문명의 병리에 대한 우려와 함께 전환에 대한 희망이 배어 있다.

쇼펜하우어는 칸트 철학과의 관계에서 자신의 위치를 다음과 같이 이해한다. "나는 〈칸트철학비판〉을 통해 주저에서 제시된 이론을 정당화하려 한다. 많은 점에서 그 이론은 칸트 철학과 일치하지 않으며 모순되기까지 한다. 그러나 이에 대한 논의는 필요하다. 왜냐하면 분명히 나의 사고 노선은 그 내용이 칸트와 다를지라도 완전히 그의 영향 아래 있으며 필연적으로 그것을 전제하고, 그것에서 출발한다." 이 때문에 그는 "칸트에 대항하려는 싸움에서 나는 오직 그의 오류와 약점만을 생각한다"[3]고 말한다. 그는 색채론 논쟁에서 괴테에게 행한 것처럼 칸트에게도 유사한 태도를 보인다. 그는 괴테의 색채론을 무시하는 현실을 비난하면서 그의 장점을 높이 평가했지만 그의 오류에 대해서는 가혹한 표현을 사용한다. 마찬가지로 쇼펜하우어는 칸트에 대해서도 그의 비판 철학을 시대정신으로 찬양하지만 오류라고 생각한 것에 대해서는 '싸움Polemik'을 선포한다. 이 싸움은 칸트의 핵심을 구제하여 통용시키고, 후기칸트주의자들의 사변 신학적 형이상학을 차단하는 데에 목적이 있다. 쇼펜하우어에 의하면 '칸트의 가르침의 중요성'이 새로운 '시대정신'을 예비할 즈음, 후기칸트주의자들인 다른 사람들은 그 의미를 무시하고 "뻔뻔스러운 허풍으로 진부한 실재론적 독단과 스콜라 철학의 전제 위에서 신과 영혼에 대해 철학하기를 계속했다." 이는 "근대 화학에 다시 연금술을 도입하려는 것과 같다." 칸트의 정신은

---

3 Arthur Schopenhauer, *Anhang, Kritik der Kantischen Philosophie*, *Die Welt als Wille und Vorstellung* I, S. W. Band I, Suhrkamp, 1986, s. 563~564.

"마치 배가 지나간 후 다시 물결이 봉합되듯 닫히게" 되었다. 그는 이 시점에서 "칸트가 남기고 떠난 자리에서" "그에게 직접 줄을 대어" 다시 시작하려 한다.[4] 이 노선에서 쇼펜하우어는 칸트 철학의 의미심장한 장점을 먼저 논의한다.

| 장점 1. 현상과 물자체의 구분

"칸트의 가장 큰 장점은 사물과 우리 사이에는 언제나 지성Intellekt이 있다는 것, 그리고 이 때문에 사물과 우리가 그 자체로 무엇인가는 알려질 수 없다는 것을 입증함으로써 현상과 물자체를 구분한 점에 있다."[5] 이러한 주장은 마치 구호처럼 쇼펜하우어의 저술 도처에서 발견된다. 그만큼 그에게는 지성이 실재 그 자체의 근거라고 전제하는 전통 형이상학의 '무의미한 헛소리Unsinn'를 거부하는 것과 지성의 지식을 현상에 한정하고 새로운 형이상학의 길을 여는 것이 중요했기 때문이다. 그는 현상과 물자체의 구분의 기원을 가까이는 로크John Locke에, 멀리는 플라톤과 인도 철학에 둔다. 그에 의하면 로크는 이른바 색채나 촉감 등과 같이 질적 성질을 의미하는 제2성질은 객관적 물체인 물자체에 귀속하지 않으며, 뉴턴 물리학이 중시하는 양적 성질인 제1성질이 물자체에 귀속한다고 본다. 이는 칸트로 가는 서막에 불과하다. 칸트는 "비교할 수 없는 높은 관점에서" 로크의 제1성질도 우리의 파악능력 안에 있는 현상에 귀속시켰다. 다만 이 현상을 인식하는 지성의 선험적 조건들이 선천적으로 알려진다는 것이 로크와 다른 점이다. 이 점을 쇼펜하우어는 다음과 같이 정돈한다. "로크는 감각 기관이 현상 안에서 갖는 몫을 물자체로부터 추상했지만, 칸트는 더 나아가 두뇌 기

---

4   위의 책, s. 562~563.
5   위와 같음.

능의 몫을 물자체로부터 추상했다." 두뇌 기능의 몫은 지성의 지식과 이를 가능하게 하는 형식들이다. 이로써 알 수 없는 물자체와 알려질 수 있는 현상은 단적으로 구분된다. 바로 이 점이 "무한히 큰 중요성과 대단히 심오한 의미"를 갖는 구별이다. "이 목적(구별)을 위해 칸트는 선천적a priori 인식과 후천적a posteriori 인식의 위대한 구분을 해야 했으며, 이것이 그의 심오한 탐구의 주제가 되었다."[6] 이 주제는 양자에 대한 인식론적이고 존재론적인 구분을 통해 주관을 포함한 세계 전체를 지성의 형식에서 도출하는 형이상학적 독단을 차단하는 비판 철학적 의미를 갖는다.

　여기에서 쇼펜하우어는 칸트가 선배들과 갖는 세 가지 측면의 관계를 다음과 같이 지적한다. 칸트는 "로크와의 관계에서는 양자의 구분을 확인하고 확장하며, 흄과의 관계에서는 그것을 수정하여 활용하고", "라이프니츠-볼프의 철학에 대해서는 결정적으로 투쟁적이며 파괴적인 관계를 맺는다." 이 세 가지 관계에서 중요한 것은 세 번째의 투쟁적 관계이다. 괴테는《시와 진실》15권에서 자신의 시대를 요구와 경험의 시대로 인식하고, 그 사회를 위해 빛나는 위대한 요구가 사회적 과정에 의해 변질되어 사라지는 경험을 묘사하고 있다. 괴테에 의하면 심오한 의미의 사건이 사라지는 과정은 "배가 헤쳐 나간 물결이 배가 지나가면 뒤에 다시 쏟아져 내리듯이, 탁월한 사람들이 오류를 헤치고 나가면 그 뒤에는 자연적으로 오류가 이내 다시 모여드는 것"과 같다.[7] 쇼펜하우어는 이 괴테의 비유를 인용하여 라이프니츠-볼프 이래의 독단적 실재론이 현상과 물자체의 구분이라는 칸트의 비판적 의미를 몰각하고, 다시 "현상과 물자체의 절대적 동일성을 주장하는 것은 지

6　위의 책, s. 565~566.
7　J. W. V Goethe, 박환덕 옮김,《시와 진실》, 범조사, 1983, 236~237쪽.

성의 예지적 직관이라는 허풍 이외에 어떤 것에도 의존하지 않는 것"이라고 비난한다. 비판 철학은 '답답하고 우둔한 헤겔' 같은 "상식적 관점의 조야함으로 복귀되었다."[8]

그러나 칸트는 '현상과 물자체의 분리' 즉 "플라톤이 지치지 않고 반복했던 것을 이전과는 전혀 다른 방식으로 매우 독창적으로 제시했다." 플라톤은《국가론》7권 동굴의 신화에서 감각 세계를 "진정한 존재를 갖지 않으며 부단히 생성할 뿐이고 존재하면서 존재하지 않는 것"으로 제시한다. "그에 대한 파악은 인식이 아니라 망상Wahn이다." "같은 진리가 매우 다른 방식이긴 하지만 베다Veda와 푸라나Puranas의 주요 가르침, 즉 환화론幻化論, Lehre von der Maja이다." 쇼펜하우어는 우파니샤드 철학이 마야의 베일과 존재Sat를 구분하고, 플라톤이 생성과 존재, 환상과 실재를 구분하는 것을 칸트의 구분과 동일한 것의 변주로 본다. 그들이 "비록 철학적이거나 명료하게 말한 것이 아니라 신화적이고 시적으로 말했지만, 그들의 구분도 세계에 관한 보편적 지각Anschaung에 근거한 것이다." 여기서 쇼펜하우어가 플라톤과 우파니샤드가 행한 구분과 칸트의 구분이 본질상 같다고 보는 중요한 이유가 언급되고 있다. 즉 그 구분들이 세계에 관한 보편적 지각에 근거하고 있다는 것이다. 현상과 물자체의 구분은 일상의 오성적 직관(지각)에서도 드러난다는 것이다. 객관은 오성이 구성한 것으로 표상에 속한다. 이것은 쇼펜하우어 비판 철학의 중요한 요소다. 그것은 신학존재론이 지성의 형식으로부터 세계의 존재를 도출하는 사변성과 초월적인 신이나 영혼에 근거해서 세계를 실재론적으로 구성하는 것을 비판하기 위한 예비 단계다.

쇼펜하우어의 의지 형이상학은 사변 형이상학을 버리고 난 후, 세

---

8   Arthur Schopenhauer, *Anhang, Kritik der Kantischen Philosophie*, *Die Welt als Wille und Vorstellung* I, S. W. Band I, Suhrkamp, 1986, s. 566.

계 안의 객관들에 대한 경험과학적 관찰과 인생사의 경험, 그리고 주관의 자기의식적 내감을 통한 파악에 기초하여 성립하는 것이다. 그가 현상과 물자체를 구분하면서도 칸트의 물자체를 '도깨비불과 같은 것'으로 비판하고, 새로운 방식으로 의지를 물자체로 보게 되는 과정에는 '인간에게 가장 친근한 자기 자신'에 대한 성찰에 기초해서 외부 경험 세계로 나아가는 내재적 경험의 구도가 놓여 있다. 그가 보기에 플라톤과 인도 철학이 현상과 물자체를 구분한 것도 세계에 관한 경험에 근거한 것이다. 그들의 구분도 경험을 설명하는 한 방식이다. 다만 칸트는 현상의 형식적 조건을 관념적인 것 즉 가능성에 불과한 것으로 보지만 그 경험적 내용은 현실성을 갖는다고 본다. 이것이 선험적 관념론이다. 동시에 그것은 형식들까지 실재하는 것으로 보는 선험적 실재론을 비판하는 원리가 된다. 그런데 의아하게도 쇼펜하우어는 칸트의 선험적 관념론도 세계가 '꿈과 같음'을 주장하는 것으로 해석한다. 그는 플라톤, 인도 철학과 칸트의 관계는 아리스타쿠스와 같은 고대 지동설과 코페르니쿠스와의 관계와 같다고 전제하고, "전 세계의 이 꿈과 같은 성질에 대한dieser Traumartigen Beschaffenheit der ganzen Welt 칸트의 명료한 인식과 침착하고 사려 깊은 설명은 실로 전 칸트 철학의 기초이며 혼이자 위대한 장점"이라고 말한다.[9] 칸트 주석가들에게는 의아할 것 같은 이 말은 무슨 의미인가?

이를 이해하기 위해서는 그 다음에 나오는 쇼펜하우어의 말을 잘 들여다보아야 한다. 그는 다음과 같이 말한다. "칸트는 그것(현상과 물자체의 구분)을 우리 인식 능력의 기제를 분해함으로써 성취했다. 이 기제에 의해 객관적 세계의 환상성Phantasmagorie이 성립된다. 그리고 그는

---

9 위의 책, s. 566~567.

그 기제를 경이로운 분별력과 재능으로 하나씩 분석해서 보여 주었다. 칸트 철학과 비교하면 말할 수 없이 조야하게 보이는 이전의 모든 서양 철학은 그러한 진리를 인식하지 못했으며, 따라서 실제로 언제나 꿈꾸고 있는 것처럼 말해 왔다. 칸트가 처음으로 갑자기 이 꿈을 깨웠다. 그래서 마지막 잠자는 사람Mendelssohn도 그를 '모든 것을 분쇄하는 사람'이라고 불렀다. 칸트는 현존Dasein, existence 안에서, 즉 경험 일반 안에서 불파不破의 필연성으로 지배하는 법칙들은 현존 자체를 도출하고 설명하는 데에 적용될 수 없다는 것을 보여 주었다. 따라서 그는 법칙들의 타당성은 상대적일 뿐이어서, 다시 말해 현존 이후에만 시작해, 경험 세계 일반은 이미 정립되어 우리 앞에 현전하고 있음을 보여 주었다. 그리하여 결국 이 법칙들은 세계와 우리 자신의 현존에 대한 설명으로 인도하는 끈이 될 수 없다는 것을 보여 주었다. 이전의 모든 서양 철학은 모든 현상들이 서로 연관되는 이 법칙들, 그리고 내가 충족이유율로 이해하는 모든 것들(인과성과 추론 규칙 및 시간과 공간)이 어떤 것에 의해서도 조건 지워지지 않는 절대적인 법칙들, 즉 영원한 진리aeternae veritates라고 공상해 왔다.″[10]

여기서 쇼펜하우어가 플라톤과 인도 철학이 말하는 현상까지 포함해 칸트가 현상계를 꿈과 같은 것이라고 보았다고 주장하는 이유가 분명해진다. 그것은 소박한 실재론을 믿는 상식적 습관은 물론, 사고의 형식들(규칙들 혹은 법칙들)에서 실재를 도출하는 칸트 이전의 전통 형이상학이 성찰 없는 환상이라는 것이다. 그들은 세계를 공상하고 있는 것이다. 이것이 세계의 꿈과 같은 성질이다. 한편《충족이유율의 네 겹의 뿌리에 관하여》와《시각과 색채에 관하여》를 연관해서 생각한다면,

---

10 위의 책, s. 567~568.

자기 자신을 알지 못하는 인간은 과학적 지식을 관념적인 논리적 형식에 의해 구성된 것이라는 점을 깨닫지 못한다. 쇼펜하우어가 뉴턴과 괴테의 색채론을 실재론이라고 공박하는 이유가 그것이다. 그들은 과학을 한다고 생각하지만 실제로는 주관에 의해 구성된 현상을 전부 실재라고 공상한다. 실재론적 습관에 있는 한 과학적 지식도 망상인 것이다. 다만 과학적 지식은 그 선험적 형식에 의해 객관적 필연성이 보장되며, 그 경험적 내용도 환상적인 것이 아니라 경험적 실재성을 갖는다. 그럼에도 불구하고 쇼펜하우어가 현상을 표상으로 해석하고 더 강한 표현인 마야나 환상이라고 하는 것은 그것이 형식들에 상대적일 뿐만 아니라 물자체인 의지에도 상대적이기 때문이다. 실재라고 본 현상은 윤리적 구원론인 우주적 통찰과 연관해 극복의 대상으로 평가절하되어 환상이라고 명명된 것이다.

《의지와 표상으로서의 세계》I에서는 유사한 주장이 시간 형식과 연관하여 언급된다. 《충족이유율의 네 겹의 뿌리에 관하여》에서의 시간은 존재의 충족이유율에 속하며 대수학의 가능 근거로 제시되었다. 주저에서는 수학의 기초일 뿐만 아니라 순간적으로 흘러가 버리는 시간의 특성이 다른 모든 충족이유율의 근저에서 기능하는 일반적인 것이다. 시간은 우리 내감의 형식이다. 이를 통해 객관들이 연속적 계기에서 지각될 뿐만 아니라 내부에서 움직이는 의지도 직관된다. 쇼펜하우어에 의하면 "충족이유율의 내용은 그 형식이 다양하더라도, 동일성을 분명히 이해한 사람은 그 자신의 내적 본성에 대한 통찰을 위해 그 형식들 가운데 가장 단순한 것에 대한 인식의 중요성을 확신하게 될 것이며, 우리는 이 가장 단순한 형식을 시간으로 인식한다." 시간에서 "각 순간은 선행하는 것을 말살한 후에만 존재하며, 이 순간 자체도 곧 말살된다. 내용의 연속을 제외하면 과거와 미래는 공허하고 꿈처럼 아무엇도 아니다. 현재는 양자 사이의 넓이도 지속성도 없는 경계에 불과하다." 이러한 시간은 제우스를 죽이고 태어난 크로노스Chronos 처럼 시간적 기원을 말살하고 모든 것을 무상하게 만드는 것이다. 시간의 형식에 의존하는 모든 것은 공허하고 무상하다. 즉 상대적 현존Dasein만을 갖는다. "다른 모든 충족이유율에서도 이러한 공허성Nichtigkeit을 재인식하게 된다. 시간, 공간, 원인, 동기에서 생기는 모든 것은 상대적인 현존만을 갖는다." 이 때문에 "헤라클레이토스는 사물의 영원한 흐름을 탄식했다." 여기에서 쇼펜하우어가 자주 말하는 현상과 물자체를 구분하는 세 가지 유형들이 언급된다. 플라톤은 현상을 "언제나 생성하고 존재하는 것이 아닌 것으로 경시했으며," 칸트는 "물자체에 대비하여 한갓 현상"으로 간주했고, 인도인은 "가사적可死的 존재의 눈을 가리는 기만의 베일"로 보았다. 한편 스피노자는 그것을 "유일하게 존재하고 지속하는 단 하나의 실체의 한갓 우유적偶有的 속성", 즉 양태로 보았다. "이 세계는 있다고도 없다고도 말할 수 없는 꿈과 같은 것이다." 시간의 형식에 조건 지워진 인식이란 "방랑자가 멀리서 모래 위의 반짝이는 햇빛을 물로 보고, 새끼줄을 뱀으로 보는 것Veda. Puranas"과 같다.[11]

칸트는 현상과 물자체를 구분하고, 인식의 가능성인 선험적 형식과 현실적 내용을 분리함으로써 선험 철학을 획기적인 비판 철학으로 수립했다. 그러나 칸트가 실제로 현상을 무상한 것, 허망한 것으로 보았는지는 의문이다. 그가 여전히 전승받고 있는 중세적인 이성의 이념(신, 영혼)에 비한다면 그렇게 볼 수 있을 것이다. 그러나 그는 유클리드-뉴턴 도식을 지식의 확실성과 객관성의 근거로 보는 근대적 인물이다. 또한 선천성a priori 개념은 경험의 조건이라는 것 이외에도 절대적 확실성

---

11 Arthur Schopenhauer, *Die Welt als Wille und Vorstellung* Ⅰ, S. W, Band Ⅰ, Suhrkamp, 1986, s. 36~37.

이라는 의미를 갖는다. 이 점에서 칸트는 세속 과학의 확실성을 믿었다는 것은 주지의 사실이다. 만일 현상을 표상이라는 이름에 걸맞게 경험적 사실과 선천적 형식이 결합된 지식으로 본다면, 칸트의 현상은 영원성을 한 측면에서 갖고 있는 것이 된다. 더욱이 대수학과 기하학은 외부 경험적 객관이 없이 선천적 형식 자체 안에서 성립하는 확실성을 갖는다. 칸트적 의미에서 현상은 환상이 아니다. 매기Bryan Magee가 칸트–쇼펜하우어의 선험적 관념론이 세계를 환상으로 보는 것이 아니라고 해석하는 것도 이런 의미에서 나온 것이다. 그러나 쇼펜하우어는 이러한 믿음보다는 형식은 객관과 주관 '사이에' 있으며, 그 자체로서는 공허하다는 것(절대적 시공간은 없다)과 버클리를 수용하여 객관이 주관에 의해 '표상으로 구성된다'는 측면을 강조한다. 또한 칸트와 달리 무엇보다도 그가 강조하는 것은 생성계와 시간의 무상성이다. 플라톤과 인도 철학의 주장처럼 시간의 형식에 의해 인식된 신체와 객관은 무상하게 무너져 간다는 측면이 그의 글 도처에서 나타난다. 이런 의미에서 쇼펜하우어가 보기에 현상은 환상이다.

이상의 논의는 칸트 철학이 갖는 비판 철학적 의의들 가운데 쇼펜하우어가 첫 번째로 중시하는 것이다. 현상과 물자체의 구분은 새로운 성찰이자 비판의 원리라는 것이다. 다만 쇼펜하우어는 생의 의미 추구와 연관하여 표상의 세계를 환상으로 보고, 나아가 무상한 시간과의 연관에서도 환상으로 보고 있는 것이다.

| 장점 2. 실천 철학에서의 의지 인정

쇼펜하우어는 알 수 없는 물자체의 존재를 가정하는 것에 반대하고, 물질 혹은 객관의 실재성을 오성의 인과 개념에 의해 구성된 것으로 본다. 버클리에 접근하는 이 관점에서 그는 칸트가 물자체를 일관성 없는 방식으로 도출했다고 비판한다. 또한 칸트는 물자체를 자기의 식의 내감에서 직접 접촉할 수 있는 것으로 보지도 않았다. 그러나 쇼펜하우어는 칸트가 물자체에 대한 인식에서 "커다란 그리고 독창적인 일보"를 내디뎠다고 보았다. 칸트는 "인간 활동의 부인할 수 없는 도덕적 의미가 현상의 법칙들과 매우 다르고, 그에 의존하지도 않으며, 인과 법칙에 따라 설명할 수 있는 것이 아니라 물자체에 직접 의존하는 것으로 제시했다."[12] 이러한 주장은 칸트가 도덕 철학에서 언급한 도덕 법칙을 실천하는 의지의 자유를 말하는 것이다. 도덕적 사고는 개체의 감성적 경향성을 초월하여 보편적 법칙을 생각하고 실천하고자 한다. 자유가 도덕성의 존재 근거이다. 쇼펜하우어가 보기에 칸트가 의지를 도덕적 행동의 영역에서 말한 점은 훌륭하다. 그러나 의지에 윤리적 목적을 부여한 점에 대해서 쇼펜하우어는 동의할 수 없는 것이었다. 물자체는 맹목적 의지이기 때문이다. 쇼펜하우어에게는 의지가 예지계이며, 만유에 소통하는 자유로운 생명원리다. 그것은 만유를 동일한 본질을 가진 것으로 보는 보편적 소통성의 원천이 된다.

| 장점 3. 독단의 전복

비판 철학의 출현은 '스콜라 철학의 완전한 전복'을 의미한다. 아우구스티누스로부터 수아레즈Suarez에 이르는 스콜라 철학은 철학을 지배하는 국가 종교Landesreligion가 후견인이었다. 철학은 "종교가 지정하는 주요 교의를 증명하고 장식하는 것" 이외에는 할 수 있는 일이 없었다. 데카르트에 와서 "자유로운 탐구의 전적으로 새로운 시기"가 열렸다. 그러나 쇼펜하우어에 의하면 그 사건은 "나타난 것Schein일 뿐이었

---

12 Arthur Schopenhauer, *Anhang, Kritik der Kantischen Philosophie*, *Die Welt als Wille und Vorstellung* I, S. W, Band I, Suhrkamp, 1986, s. 570.

으며 고작 하나의 시도일 뿐이었다." 만일 데카르트를 "모든 족쇄로부터의 사상의 해방과 편견 없는 독자적 탐구의 새로운 시기라는 관점에서 평가한다면," 그의 시도는 '일시적'이었으며, 그 회의도 '진정한 것이 아니었고', '재빨리 완전하게 사라진' 것이었다. 데카르트는 "그의 시대와 국가에 속하는 의견들을 즉시 다시 전제하고 더 확고하게 유지"하려 했다. 이러한 상황은 칸트 이전까지 계속되었다. 쇼펜하우어는 이러한 일시적 위치에 있는 사상가들을 '긴 두 다리를 가진 메뚜기'(괴테)에 비유한다. 이 메뚜기는 이성을 동물적 삶을 유지하는 데에 사용하고, 보다 높이 날려는 비상의 정신을 갖지 못한 근대 인류를 상징한다. 메뚜기는 풀숲에서 도약하지만 다시 풀숲에 떨어져 같은 노래만 부른다.[13]

이에 비하면 칸트의 도약은 '비상Flug'이다. "아래에 남은 사람들은 그를 바라만 볼뿐 더 이상 그를 잡지 못한다." 자각과 비판 정신을 근대의 새로운 정신으로 보는 쇼펜하우어는 데카르트를 풀숲에서나 뛰어다니며 진부한 노래를 부르는 메뚜기로 본다. 이에 비해 쇼펜하우어는 진정한 근대정신의 출발을 브루노와 스피노자로 본다. 우주를 무한자로 보는 이들의 내재적 사고는 쇼펜하우어의 우주관의 배경이 된다. 그에 의하면 그들은 "그 자신으로 홀로 서 있으며, 한 사람에게는 죽음으로 보답하고 또 한 사람에게는 박해와 치욕으로 보답한 그들의 시대와 세계에 속하지 않는다. 그들의 삶과 죽음은 이 서양 세계에서 유럽의 열대 식물과 같다. 갠지스 강 언덕이 그들의 영혼의 고향이다. 거기에서 그들은 유사한 정신을 가진 사람들 사이에서 평화롭고 명예로운 삶을 살았을 것이다." 브루노와 스피노자가 동양의 정신에서 평화를

---

13 J. W. V Goethe, 박환덕 옮김, 《파우스트》, 범문사, 1984, 27~28쪽. 쇼펜하우어는 여기에 있는 행 287~290의 시를 인용하여 데카르트의 한계와 칸트의 비판 철학적 의의를 언급한다

얻을 수 있으리라는 언급은 쇼펜하우어가 자신의 관점을 투영한 것일 수 있다. 그 자신도 우파니샤드와 불교에서 내재 철학의 모습을 발견하고 탐욕과 권력의 손아귀에 있는 서양의 지성을 치유할 수 있는 길을 발견했기 때문이다. 이 발견은 신학존재론에 저항한 브루노와 스피노자의 철학과 공유할 수 있는 중요한 사상들이 아시아 철학에 있다는 것을 암시한다. 쇼펜하우어는 당대의 사람들에게 제안한다. "부드럽고 정신적이며 사려 깊은" 브루노 같은 인물이 "잔혹한 사제들 속에서 함께 살아야 했던 시대를 상상"해 보라. 잠시 동안이지만 '보다 밝고 점잖은 시대'에 태어나 박해를 받지 않은 칸트의 시대에 감사해야 할 것이다. 이에 비해 쇼펜하우어는 자신의 시대는 "브루노의 저주가 악마 같은 광신자들에게 떨어져야 하는" 시대라고 폭언한다.[14]

쇼펜하우어는 브루노가 《원인과 원리의 일자 _Della Causa Principio ed Uno_》에서 자유정신을 표현한 시를 인용한다. "나의 병든 심정이여! 무엇이 결실을 맺으려 하는 너를 막고 있느냐? / 너는 너의 작품을 이 가치 없는 시대에게 바치려 하느냐? / 암흑이 대지를 덮고 있을지라도 / 나의 산이여! 너의 봉우리를 천공天空으로 높이 치솟게 하라."[15] 이 시는 사상의 족쇄, 수정구로 폐쇄된 우주, 신과 형상들에서 물질에 이르는 존재의 위계질서를 뚫고 나가려는 자유와 무한에의 의지를 표현한다. 이러한 사상은 무한수의 속성을 가진 하나의 생명원리인 실체, 즉 스피노자의 '신 즉 자연'에서 사변적으로 표현된다. 무한우주론과 자유의 추구는 본질적으로 연관된다. 괴테가 이 노선을 따라 '가까운 것에서 가장 머나먼 것'을 향하여 '깊은 충동에 이끌려 가는 심정'인 파우스

---

14 Arthur Schopenhauer, _Anhang, Kritik der Kantischen Philosophie_, _Die Welt als Wille und Vorstellung_ Ⅰ, S. W, Band Ⅰ, Suhrkamp, 1986, s. 571.
15 위와 같음.

트적 정신을 창조했듯, 쇼펜하우어 역시 무한의 관점에서 우주를 보는 드높은 정신을 추구한다. 쇼펜하우어는 칸트 비판 철학의 핵심을 계승하여 파우스트적 부정의 정신을 매개로 무한의 윤리로 나아간다. 그가 보기에 비판 철학은 사고의 자기 혁신 운동이다.

이 사고의 운동은 전통 형이상학의 실재론적 전제를 비판하고 이를 인류 문화사적 맥락에서 음미하는 것으로 나아간다. "현상의 법칙들(선험적 형식들)에 대한 반성 없는 추구, 이것을 영원한 진리로 격상시키는 것, 부동浮動하는 현상을 세계의 본래적 본질로 높이는 것, 간단히 말해 반성을 통해 그 망상이 흔들리지 않는 실재론은 고대, 중세, 근대의 모든 이전의 철학들에서 지배적이었다." 쇼펜하우어에 의하면 이러한 오류를 깨달은 말브랑슈Nicolas Malebranche, 1638~1715나 버클리도 그것을 극복할 수 없었다. "적어도 철학에서는 관념론적 근본 통찰이 유럽에서 주권을 획득하도록 하는 일은 칸트에게 맡겨졌다. 그러한 관념론적 통찰은 모든 비-이슬람권 아시아에서는 지배적인 것이며, 종교의 관점들도 본질적으로 그렇다. 그래서 칸트 이전에는 우리가 시간 속에 있었지만 지금은 시간이 우리 안에 있게 되었다."[16] 아시아의 사상이 관념론적 근본 통찰을 갖는다는 의미는 자기성찰적 사유를 하기 때문에 시간과 공간, 인과성과 추론의 논리와 같은 관념적 조건을 실재하는 것으로 망상하지 않는다는 것이다. 아시아에는 신학존재론의 무의미한 주장인 독단이 없다. 칸트 철학을 한다는 것은 비판 철학을 한다는 것이며, 비판 철학을 한다는 것은 서양 철학의 계보에 매달리지 않고 사고의 지평을 옆으로 넓혀 아시아의 사상으로 확장하는 것이다. 비판 철학은 경계나 사이를 넘어서는 운동이다. 비판 철학은 자

---

16 위의 책, s. 573.

신의 문화사에 대한 반성을 매개로 타문화의 장점에 눈을 돌린다. 칸트에게는 이 점이 가능성으로만 있었다. 이 가능성이 페르샤 문학에서 동일한 이념과 삶의 생기를 찾은 괴테, 인도와 중국에서 고향 상실을 회복한 쇼펜하우어에 의해 의식되었다. 흥미로운 것은 쇼펜하우어가 비판 철학적 문화 의식을 언어비판적 관점으로도 확장해 나갔다는 것이다.

신학존재론의 실재론적 관점은 윤리학으로 확대되어 최고선이나 완전성 같은 개념을 절대적 물자체에 적용한다. 스콜라 철학은 신을 찬양하는 의미에서 우주의 진정한 속성이 될 수 없는 '선하다', '완전하다' 등의 수식어를 신의 본질을 의미하는 것처럼 사용한다. 이렇게 사용될 때 쇼펜하우어가 보기에 '모든 것 가운데 가장 완전한 존재'와 '완전한 인간성' 같은 말은 의미 없는 단순한 '말 모음Wortkram'에 불과하다. "윤리학이 창조주의 의지와 완전성 개념에 의지해서 지복론至福論, Glückseligkeitslehre으로 나아가게 되면 완전성 개념은 그 자체가 공허하고 내용 없는 것이 된다. (……) 완전하다는 것은 전제되고 주어진, 그래서 이전에 고안한 어떤 개념에 상응하는 것 이상을 의미하지 않는다. 그 개념 없이 완전성은 '알려지지 않은 수'와 같은 것이고, 따라서 홀로 표현될 때는 전혀 어떤 것도 의미하지 못한다." 완전하다는 수식어는 초월적 신의 존재를 전제할 때 이 체계 안에서 의미를 얻게 되는 것처럼 보인다. 그러나 신적 권력을 수식하는 완전성이라는 보편자는 단순한 기호에 지나지 않는 공허한 빈말일 뿐이다. 그것은 "적극적 내용을 갖지 않으며, 대수학적 상징처럼 추상적으로 단순한 관계만을 지시할 뿐이다."[17] 쇼펜하우어는 보편자는 실재하는 것이 아니라 수학에서처럼 단순한 상징에 불과하다는 유명론적 상징주의 입장에서 언어의 오용을 비판하고 있다. 보편자나 수학적 언어는 고유한 의미 대상을 갖지 못한다. 그것들은 이름이 일정한 대상을 지시하는 것과 같은 종류의 것이 아니며 그 자체로서는 의미가 없는 공허한 기호다.

일상에서 '완전한'이라는 말은 "어떤 개별자가 귀속하는 유類 개념 아래 그 개별자의 모든 속성들이 그 개념을 대변하면서 현존한다"는 것이다. 즉 속성들이 '수적으로 다 갖추어져 있다vollzälig'는 의미에서의 '완전한'이라는 것과 동의어다. 따라서 '완전한'이 절대적 속성이라는 의미로 사용되면 '몰지각한 말gedankenleeres Wort'이 된다는 것이다. 이러한 언어비판적 맥락에서 쇼펜하우어는 칸트 철학의 장점들을 집약하는 근본 요지를 다음과 같이 정리한다. "칸트는 행동의 부인할 수 없는 커다란 윤리적 의미를 현상과 그 법칙들로부터 분명히 구별했다. 그는 이로써 전자(윤리적 의미)가 세계의 가장 내적인 본질인 물자체와 직접 연관되는 반면, 후자 즉 시간, 공간, 그리고 그것을 채우고 있으면서 인과법칙에 따라 정돈되어 있는 모든 것은 불안정하고 실체가 없는 꿈으로 간주될 수 있다는 것을 보여 주었다."[18] 주관의 형식에 의해 구성되는 내용은 모두 꿈과 같은 것이다. 칸트의 현상을 표상으로, 표상을 꿈과 같은 것으로 재해석한 쇼펜하우어는 이제 칸트 철학의 단점으로 나아간다.

---

17 위와 같음. / 알려지지 않은 수(unbenannte zahl, 無名數): 무게나 길이를 나타내는 단위가 붙지 않은 단순한 수

18 위의 책, s. 574.

2. 시대의 공허와 선험적 논증의 오류

　쇼펜하우어에 의하면 칸트의 커다란 성취는 〈칸트철학비판〉의 제사에 인용된 볼테르의 말처럼 '천재의 특권'인 커다란 결점들을 동반한다. 비판 철학의 출현에 의해 "철학에서의 새로운 제3의 세계-주기"가 시작되었다. 그러나 그 출현의 "귀결은 적극적인 것이 되지 못하고 소극적이었다. 칸트는 완벽한 새로운 체계를 수립하지 못했으며, 모두가 무엇인가 매우 커다란 일이 일어났다는 것은 보았지만 그것이 무엇인지는 올바로 인식하지 못했다. 그들은 이제 무엇에 의존해야 할지 모르게 되었다." 이러한 상황이 바로 쇼펜하우어가 탄식하는 철학의 반동화이다. 신학존재론이 칸트를 제물로 하여 다시 되돌아온 것이다. "커다란 공허, 커다란 궁핍이 들어오게 되었다. (비판 철학은) 일반 대중들의 주목도 끌었다. 그것에 자극도 되었지만 내적 충동과 힘Kraft의 감정에 의해 추동되지 못했다." 쇼펜하우어가 보기에 이것은 마치 자연사에서 괴 생명체가 출현해 환경에 조응하지 못하고 소멸하여 유물로만 남게 된 것과 유사하다. 자연사에도 '비틀거리며 시련을 겪는 과정'과 그 연대기적 기억이 있다. "이제 칸트에 의해 이와 유사한 위기와 괴이한 발육부진의 시대가 생긴 것이다."[1] 칸트 철학의 장점은 완벽하지 못하며, 그의 철학도 큰 결점을 지니고 있다.

l 단점 1. 독단적 철학과 전제를 공유

쇼펜하우어는 먼저 칸트 철학의 전체적 구조에 대한 비판을 시도한다. 그는 "우선《순수이성비판》전체를 지배하는 구도Absicht가 놓여 있는 근본사상을 명료하게 제시하고 검토"한다. 칸트는 투쟁하는 사람이 그 대상을 닮아 있듯 선배들의 독단적 철학의 관점을 취하여 그들과 함께 다음 세 가지 전제에서 출발한다.

(1) 형이상학은 모든 경험의 가능성의 저쪽에 있는 것에 대한 학문이다. (2) 형이상학적인 것은 경험으로부터 비롯되는 원리에 따라서는 발견될 수 없다. 그것은 우리가 경험 이전에 그래서 이로부터 독립적으로 아는 것만이 가능한 경험을 넘어갈 수 있다. (3) 우리의 이성Vernunft에서 어떤 근본적 원리들은 현실적으로 발견될 수 있다. 그것들은 순수 이성으로부터의 인식이라는 이름 아래 포섭할 수 있다.[2]

이 세 가지가 칸트가 전통 형이상학과 공유하는 것이다. 형이상학적 이성의 근본 원리들은 "사물의 절대적 가능성, 즉 영원한 진리, 존재론의 원천"을 표현한다. 그것들은 "고대인에게 운명이 신들 위에 있듯 세계 질서 위에 있다." 그러나 칸트에게는 "그 근본 원리들은 지성의 형식들이며 사물들의 현존(존재) 형식이 아니다." 그것들은 표상의 형식들로서 그 타당성은 경험의 가능성을 넘지 못한다. 이 관점은 앞의 세 가지 전제 중 첫 번째 테제에 의거한 것이다. 표상의 형식들은 주관적 기원에 의존할 뿐이기에 물자체에 대한 인식 가능성을 갖지 못한다. "물

---

1   Arthur Schopenhauer, *Anhang, Kritik der Kantischen Philosophie*, *Die Welt als Wille und Vorstellung* I, S. W, Band I, Suhrkamp, 1986, s. 574~575.
2   위의 책, s. 576.

자체에 대해서는 선천적으로나 후천적으로" 인식이 불가능하다.[3] 형이상학은 불가능하다. 칸트는 전통 형이상학과 동일한 전제로부터 근본 원리의 주관적 기원을 이유로 형이상학의 불가능성을 선언한 것이다.

쇼펜하우어는 이러한 방식으로 형이상학의 불가능성을 논하는 것을 비판한다. 내감에서의 자기의식과 경험적 사실에 대한 음미를 통해 새로운 형태의 형이상학에 접근하는 길이 있다고 생각하는 그에게 형이상학을 경험의 저쪽에 관한 것으로 정의하는 첫 번째 전제는 선결문제 해결의 오류를 범하는 것이다. 칸트의 《프롤레고메나 *Prolegomena*》에도 형이상학의 불가능성이 명시되어 있다. "형이상학의 근원은 전혀 경험적일 수 없다. 그 근본 원리와 개념들은 내적이건 외적이건 경험으로부터 취해질 수 없다." 그러나 쇼펜하우어가 보기에 이 주장은 형이상학의 어원을 밝힌 것에 불과하다. 문제는 거기에 있지 않다. 문제는 "세계와 우리 자신의 존재가 필연적으로 우리에게 수수께끼로 주어져 있다는 것이다."[4]

칸트의 전제에서는 형이상학이 세계 자체에 대한 지식으로부터 나올 수 없다. 그리하여 "세계의 수수께끼 Rätsel der Welt를 해결하기 위한 자료가 세계 자체 안에 단적으로 포함될 수 없기에 그 밖에서, 즉 우리가 선천적으로 의식하는 저 형식들의 지도 아래에서만 도달할 수 있는 어떤 것에서 추구되어야 한다는 것이 먼저 증명되어야 할 필요가 있었다. 그러나 이점이 입증되지 않는 한 지식의 원천 가운데 가장 풍부한 것, 즉 내적이고 외적인 경험에서 우리 자신을 닫을 이유는 없는 것이다." 이 지점이 쇼펜하우어가 자신의 형이상학의 가능성으로 진입하는 도약대이다. "모든 문제 중에서 가장 중요하고 가장 어려운 문제"인 "세

---

3   위와 같음.
4   위의 책, s. 577.

계 수수께끼의 해결은 세계 그 자체에 대한 이해로부터 나와야 한다."
"형이상학의 임무는 세계가 현존하는 경험을 넘어서는 것이 아니라 그
것을 철저히 이해하는 것이다. 내적 외적 경험은 확실히 모든 인식의
주요 원천이기 때문이다. 그러므로 나는 말한다. 세계 수수께끼의 해결
은 내적 경험과 외적 경험을 적절하고 올바른 지점에서 연결하는 것을
통해서만 가능하며, 이를 통해 이루어지는 그 두 가지 매우 이질적인
인식 원천의 결합에 의해서만 가능하다."[5]

내적 경험은 내감에서 직감되는 의지에 접하는 통로이다. 이 세
계는 사랑하고 증오하며, 슬퍼하며 기뻐하고, 주인이 되고 노예가 되
며, 집착하고 투쟁하는 세계이다. 번뇌와 고통으로 대표되는 이 세계
는 근본적으로 유한한 인간 본성에 조건 지워진 생활 세계로서 무상
함을 근본 특징으로 갖는다. 앞의 충족이유율을 다룬 장에서 언급
한 것처럼 괴테와 쇼펜하우어는 삶의 근본 특징을 근심Sorge과 세상성
Zeitlichkeit으로 개괄한다. 여기에서 세계 의미에 대한 진지한 물음이 일
어난다. 이러한 실존적인 내적 경험은 진정한 의미의 생을 동경하는 희
망으로 나아갈 수 있다. 또한 생활 세계에서의 외적 경험들 가운데 쇼
펜하우어가 중요하게 여기는 것은 그의 의지의 철학을 지지해줄 수 있
는 개별 과학들에 대한 이해이다. 이는《자연에서의 의지에 관하여》의
주제다. 쇼펜하우어는 세계 밖이 아니라 세계 안을 이해함으로써 의지
형이상학의 길을 연다. 이로써 그는 문학과 과학을 결합하는 포괄적
학문론을 갖춘 철학으로 나아갈 수 있었다. 문학 작품과 과학적 사고
가 형이상학적 영감을 담고 있다는 것은 잘 알려져 있다. 뉴턴과 케플
러, 아인슈타인과 하이젠베르크는 우주에 대한 종교적 영감과 동경에

---

5   위의 책, s. 577~578.

추동되는 인물들이었다.

쇼펜하우어는 전통 사변 철학과 과학주의의 양극단을 벗어나는 길을 개척한다. "나의 길은 독단론의 전지全知의 길과 칸트적 비판의 좌절 사이에 놓여 있다."[6] 이 중도中道를 통해 쇼펜하우어는 자신의 인생을 소비하여 생을 이해하기로 결심한다. 철학은 지식론에만 머무는 것이 아니라 우주의 신비와 인격의 성장으로 나아간다. 철학은 경험과 이해를 확장하는 활동이지 과학의 논리에 몰입하고 있는 폐쇄적인 선험적 자아에 갇혀 있지 않다. 이 때문에 쇼펜하우어는 선험적 지식론이 갖는 관념론적 원리를 일관되게 고집할 수 없었다. 그는 두뇌를 자연사의 산물로 이해하는 진화론적 세계상으로 나아간다. 그러나 선험적 관념론에 따르면 이 세계상 자체가 두뇌의 산물이다. 이러한 이상한 순환을 '인식의 이율배반'으로 보고 그대로 감수하는 것처럼 보인다. 그러나 그는 인식을 의지로서의 세계 안에서 해명하는 형이상학으로 나아가기 위해 세계의 한계를 주관으로 보는 선험적 관념론의 관점을 '표상으로서의 세계'에 한정한다. '의지로서의 세계'는 일자가 만유로 발현되고 표현된 것이다. 우주의 본질을 의지로 보는 형이상학은 전통 형이상학을 내재적 구도에서 변형한 것이다. 다만 그것이 자아나 지성을 우주의 기원으로 보는 독단이 아니라는 것이 다를 뿐이다. 스피노자-쇼펜하우어에 의해 비로소 내재적 형이상학을 통해 자연-인homo natura으로서의 인간 이해의 길이 열린 것이다.

또한 경험의 확장은 경험의 여러 유형들(과학, 문학, 예술, 종교)을 포용하고 그 단계적 상승을 인정해야 하기 때문에 어느 하나의 유형 만을 고집할 수 없다. 철학은 여러 유형의 세계가 결합된 다채로운 열린 체계

---

6 위와 같음.

이다. 헤르더와 괴테로 대변될 수 있는 당시의 포괄적 교양 의식에서 과학의 논리에만 철학이 매달리는 것은 상상할 수 없는 일이었다. 그럼에도 19세기 이래의 과학적 자연주의는 슬루가의 비평대로 하나의 '이데올로기'가 되었으며,[7] 과학 애호가science dilettante의 직업이 될 수 있었다.

| 단점 2. 개념의 모호성과 인위성

쇼펜하우어에 의하면 칸트의 문체는 '화려한 산문성gläzende Trockenheit'을 특징으로 갖는다. 쇼펜하우어는 이 특징이 개념을 확실하게 파악하는 데에 도움을 주지만 칸트의 해명은 종종 모호하고 부적절하다고 본다. 그러나 철저하게 생각하는 사람은 사물을 모호하게 표현하지 않고 대상에 고유한 '유일한 방식으로' 표현하려 한다. 하지만 쇼펜하우어가 보기에 칸트는 '연결Vereinigung'이라는 말로 표현할 수 있는 것을 '종합의 통일'이라든지 '통각의 선험적인 종합적 통일'등과 같은 모호한 표현을 즐겨 쓴다. 이러한 단점이 실제로 그랬듯 모방을 유도하게 되면, 독일관념론의 '무의미한sinnlos' 표현과 '헛소리Unsinn'나 '신비화Mystifikation'를 낳는다.[8]

칸트의 문체는 '고딕 양식의 건축 구조'를 따르기 때문에 '대칭'을 반복하려는 도식적 경향을 드러낸다. 대표적으로 그의 논리적 "판단표는 네 가지로 나누어지고 각각 세 가지 범주들이 대칭적으로 펼쳐져" 있다. 판단표는 "프로클로스의 침대처럼 모든 사물을 폭력적으로 강제하는" 인위적 도식이 된다. 나아가 칸트는 "공간과 시간을 모든 다른 것들과 분리하여 논의하며, 시공간을 채우며 우리가 살고 있는 지각 세

---

7   Hans D. Sluga, *Gottlob Frege*, *The Arguments of The Philosophers*, Routledge & Kegan Paul, 1980, pp. 9~10.
8   Arthur Schopenhauer, 위의 책, s. 579~580.

계 전체를 '지각의 경험적 내용이 우리에게 주어져 있다'는 무의미한 말들로 마무리하고, 곧 바로 비약하여 그의 전 철학의 논리적 기초인 판단표에 도달한다." 이로부터 그는 '한 타打'의 범주들을 도출한다. 그가 대칭적으로 도출한 것은 자연과학의 보편적 원리에 관한 '생리학적 physiologische'표(직관의 공리, 지각의 예비, 경험의 유추, 경험적 사고 일반의 요청)이다. 칸트는 "자연과학의 보편적 원리를 개념인 범주라고 하지만, 사실상 그 원리는 판단들Urteile이다." 쇼펜하우어가 보기에 과학의 기본 원리는 개념이 아니라 명제이다. 그러나 그는 프레게나 비트겐슈타인 같은 현대 논리학자는 안타까워 할 일이지만 그것을 더 이상 개진하지 않는다. 쇼펜하우어가 더 주목하는 것은 칸트가 지각 세계와 추상적 원리를 분리하고, 지각의 문제를 소홀히 한 점이다. 칸트는 "수학에서만 직관적 인식을 고려한 후, 우리 앞에 놓여 있는 세계에 관한 모든 지각적 인식을 무시하고 단지 추상적 사고에만 매달린다." 그러나 쇼펜하우어에게는 지각 세계가 "무한히 의미 깊고, 보다 보편적이며, 보다 내용이 풍부한" 세계다. 추상적 사고는 이로부터 '의미와 가치 전체'를 획득한다.[9]

쇼펜하우어가 지각의 의의를 이처럼 강조하는 이유는 다음과 같다. (1) 쇼펜하우어의 지각론은 버클리에 뿌리를 둔 것이다. 쇼펜하우어는 물질이나 객관은 인과 개념을 형식으로 갖춘 오성의 지각에 의해 구성되는 것으로 보고 인식론 상에서의 물자체 개념을 거부한다. 앞서 검토한 것처럼 지각을 단순한 감각으로 환원하고 이를 물자체의 촉발의 결과로 보아 물자체의 실재성을 인정하는 관점은 칸트 철학을 자기 모순에 빠지게 한 오류라는 것이다. (2) 과학적 지식은 선험적 형식에

9   위의 책, s. 580~581.

의해 구성되지만, 기존의 한계를 넘는 경험적 관찰의 확대와 차이에 의해서도 촉진된다. 경험주의적 전통의 의의를 잘 알고 있는 쇼펜하우어는 사물과의 생생한 대면이 개념의 창조에 기여한다고 보았다. 또한 경험적으로 입증된 과학적 사실 가운데는 의지 형이상학을 지지하는 근거로 제시될 수 있는 것들이 있다. (3) 뉴턴의 수량화 방법에 저항한 버클리와 괴테에게는 무한히 다채로운 지각 세계가 신이나 생명이 우리에게 보여 주는 미적 세계일뿐만 아니라 그 창조적 활동을 음미하게 하는 신비의 세계이다. 쇼펜하우어는 괴테의 형태 과학과 자연 현상학적 관점을 높이 평가한다. 그의《시각과 색채에 관하여》는 괴테의 현상학적 색채론을 비판적으로 계승하는 입장에서 논한 것이다. 과학의 단계를 넘어선 예술과 신비주의의 차원에서 무한히 풍요로운 색채로 나타나는 현상은 사물의 본질을 해독하게 하는 암호이다. 이상의 의미에서 볼 때 지각의 세계는 과학의 논리적 형식이라는 추상적 판단표에만 종속될 수는 없다.

단점 3. 오성과 이성 개념의 혼란

칸트는 "논리적 판단표를 세계 구조의 초석으로 만든다." 그러나 쇼펜하우어가 보기에 그는 자신 앞에 무엇이 놓여 있는지 한 순간도 반성하지 않는다. "판단의 형식들은 말들이고 말의 결합Wortverbindung이다. 그(칸트)는 이것이 무엇을 지시하는지를 묻지 않는다." 결국 개념으로 밝혀지지만, 그 개념들과 지각의 표상들이 무슨 관계를 갖는지가 밝혀졌어야 했다. "형식적인 선천적 직관과 경험적 지각이 어떻게 의식에 들어오게 되는지를 검토했어야" 오성의 몫과 이성의 본성이 드러날 수 있었을 것이다. 쇼펜하우어의 오성은 인과성을 지각의 조건으로 갖춘 지각 능력이고, 이성은 개념과 추리의 능력이다. 이러한 입장에서 볼 때 범주들을 형식으로 가진 오성, 추론과 초월적 이념의 능력인 이성이라는 칸트의 구분은 혼란스러운 것으로 보인 것이다. 쇼펜하우어가 보기에 인과 개념을 제외한 범주들은 보편 개념들로서 경험으로부터 추상된 단순한 말들이며, 그 자체로서는 고정된 이념적 지시 대상을 갖는 것이 아니다.

칸트는 이성에 대해 "임의적이고 문맥에 따라 다른 불완전하고 부정확한 설명"을 제공한다. 칸트는 다음과 같이 다양하게 이성을 규정한다. 이성은 '선천적 원리의 능력'이자 '규칙의 능력'인 오성에 비해 '원리들의 능력'이다. 판단은 오성의 능력이지만 이성은 '추론의 능력'이기도 하다. 명제로부터의 직접적인 추론은 오성의 일이며, 매개념이 사용되는 추론은 이성의 일이다. 그러다가 갑자기 칸트는 이성이 모든 의지적 활동의 항구적 조건이라고 한다. 그리고 오성은 다양한 대상들을 개념들로 통일하듯 이성은 오성의 개념들을 이념으로 통일하는 능력이라고 한다. 오성에 대해서도 여러 다른 규정들이 나타난다. 오성은 표상 자체를 생산하는 능력이며, 개념을 통해 인식하는 능력이자 판단력이기도 하다. 그것은 규칙의 능력이자 근본 원리의 원천이다. 이는 이성만이 원리의 능력이라는 앞에서의 규정과 반대된다. 쇼펜하우어는 이러한 혼란에 비해 자신의 설명이 정확하고 간단하며, "모든 민족, 모든 시대의 언어 사용Sprachgebrauch과 일치하는 것"이라고 한다.[10] 그에 의하면 만일 칸트가 오성과 이성의 의미를 "모든 민족과 모든 철학자들의 언어 사용에 따라" 그것을 진지하게 탐구했다면, "이성을 스콜라 철학에 연원하는 이론 이성과 실천 이성으로 양분"하지도 않았을 것이다. 또 "실천 이성을 덕 있는 행동의 원천으로 간주"하지도 않았을 것이다.

---

10 위의 책, s. 582~584.

이렇게 볼 때 칸트는 "오성의 개념들인 범주들과 이성의 개념들인 이념들을 나누기 전에 개념 일반이 무엇인가를 물었어야 한다." 그러나 이러한 탐구는 일어나지 않았다. 따라서 "지각과 추상적 인식 사이의 끔찍한 혼동"으로 귀결되었다. 그럼에도 그는 대칭적인 '논리적 도식'을 추구했다. 그에게는 "판단표가 모든 지혜의 열쇠"다.[11]

| 단점 4. 선험적 논증의 결점

쇼펜하우어는 칸트의 선험 논리학에서의 선험적 논증이 갖는 추상적 개념의 우선성을 문제 삼는다. 그는 자신의 방법이 "직접적이고 직관적 인식에서 출발"한다면, 칸트의 방법은 "간접적이고 반성된 인식에서 출발"한다고 본다. 철학이 칸트에게는 '개념의 학문Wissenschaft aus Begriffen'이라면, 자신에게는 '개념 속의 학문Wissenschaft in Begriffen'이라는 것이다. 비유하자면 탑의 높이를 재는 데 탑에 직접 자를 대는 것이 자신의 방법이라면, 칸트는 그림자부터 재는 것이다. 쇼펜하우어가 보기에 "모든 증거의 원천은 지각"이며, 이것이 "보편적 개념 안에서 정립되고 고정된다." 그러나 칸트는 "우리를 둘러싸고 있고 의미가 다양하고 풍부한 전 지각의 세계를 건너 뛰어 추상적 사고의 형식들에 몰두한다." 오성의 범주들과 경험적 지각과의 관계는 지각 세계의 다채로운 인형극을 조종하는 모든 실들이 우리 손 안에 쥐어져 있는 것과 같다. "반성이 모든 지각의 모형Ektypos"이 되었다. 이것은 오성의 직관인 지각의 영역이 갖는 관념성을 소홀히 한 것이다. 칸트는 자신의 방법의 최고 원리를 솔직하게 표출하지 않았으며, 만일 그랬다면 "우리가 풀길 없는 모순 및 혼동과 싸우지 않아도 되었을 것"이라고 한다.[12]

---

11 위의 책, s. 585.
12 Arthur Schopenhauer, *Anhang*, *Kritik der Kantischen Philosophie*, *Die Welt als Wille und*

칸트가 지각의 문제를 소홀히 한 것은 사실이다. 그러나 지각과 개념적 차원이 독립되어 있는지는 의심스럽다. 물리학의 경우 근대에는 뉴턴 도식으로 지각을 해석해 왔다면 지각은 개념적 패러다임에 종속적이라 할 수 있을 것이다. 선험적 관념론의 입장에서는 개념적 조직화를 전제로 인식이 이루어진다. 이런 관점에서는 쇼펜하우어가 지각과 개념을 분리하는 것은 슐체G. E. Schulze 교수의 경험주의의 영향인 것으로 판단된다. 쇼펜하우어는 칸트의 선험론적 정신을 계승하여 논리적 형식의 우선성을 인정하면서도 경험주의적 심리주의를 수용하는 양면성을 지니고 있다.

쇼펜하우어에 의하면 칸트가 물자체를 도입하는 방식도《순수이성비판》의 1판(1781)에서 "분명하게 표현된 근본적이고 단호한 관념론적 견해와 부인할 수 없는 모순"에 있다. 그는 2판에서 버클리적인 관념론적 원리를 반박함으로써 그의 저작에 '비일관성을 도입'했다. 쇼펜하우어가 보기에 칸트는 물자체에 인과 개념을 적용하는 자기모순을 범한다. 이것이 객관을 주관에 의해 지각된 것으로 보는 슐체가《아에네시데무스Aenesidemus》에서 비판한 것이었다. 이에 따라 칸트는 자신에 가까이 놓여 있는 진리인 주관 없이는 객관도 없다는 것으로부터 "현상의 한갓 상대적인 존재성"을 도출하지 않았다. 즉 주객상관성을 조건으로 현상이 성립한다는 것이다. 앞서 밝힌 바와 같이 쇼펜하우어는 현상의 상대성을 세상성과 과학을 넘어서는 발판으로 삼는다.

그러나 쇼펜하우어가 선험적 논증에서 커다란 오류로 지적하는 것은 지각의 인식과 추상적 인식을 적절하게 구분하지 못했다는 것이다. 이러한 혼란에서 "그(칸트)가 항상 말하는 경험의 객관Objekt der

Vorstellung I, S. W, Band I, Suhrkamp, 1986, s. 609~610.

Erfahrung, 즉 범주들의 본래적 대상der eigentliche Gegenstand der Kategorien은 지각의 표상도 아니고 추상적 개념도 아니며, 양자와 다르면서도 동시에 양자이기도 한 완전한 부조리와 불가능성이 되었다." 이 부조리를 보여 주기 위해 쇼펜하우어는 감성론과 오성론을 다시 거론한다. 그에 의하면 선험적 감성론은 칸트의 이름을 불멸하게 만든 장점을 갖는다. 그의 장점은 바로 인식의 선천성a priori을 밝힌 것이다. 이는 "사실 그 자체의 명료한 표현"이며, "형이상학에서 진정으로 위대한 발견"이다. "선천성이란 경험의 길 위에서 얻어지지 않고 그래서 외부로부터 들어오지 않는다는 뜻이다." "선천적 인식과 지성 자신의 형식들이라는 표현은 어느 범위에서는 같은 뜻이다."[13] 칸트는 지각의 보편적 형식의 선천성을 말하고, 지각의 경험적 부분은 외부로부터 주어진다고 언급한 후, 곧바로 선험 논리학으로 넘어간다. 그는 경험적 지각이 의식에 들어오는 방식에 대한 설명을 하지 않는다.

이 때문에 칸트는 선험 논리학에서 지각의 구체적 내용에 부닥치게 되며, 여기에서 '전제의 오류πρῶτων ψεῦδος'를 범한다. 그 전제란 다음과 같다. "우리의 인식은 인상들의 수용성과 개념의 자발성이라는 두 가지 기원을 갖는다. 전자는 표상을 수용하는 능력이고, 후자는 이 표상들을 통해 객관을 인식하는 능력이다. 전자를 통해 객관이 우리에게 주어지고, 후자를 통해 그것이 사유된다."[14] 이 전제에서 "인상은 이미 표상이기도 하고 객관이기도 하다. 그러나 그것(인상)은 단지 감각이다. 그것은 오성의 적용에 의해서만 감각에서 표상으로 전환되어, 객관과 구분되지 않는다." "이러한 방식으로 칸트는 사유를 지각 안에 가져오며, 직관(지각)과 추상적 인식의 '끔찍한 혼동'의 기초를 놓는다." 그러

---

13 위의 책, s. 589.
14 위의 책, s. 589~591.

나 또한 사유의 대상은 개별적이고 실재적인 객관이다. 사유는 자신의 보편적 성격을 잃어버린다. 그래서 다시 그는 지각을 사유 안으로 가져온다. 이러한 혼합에서 지각과 개념, 양자의 '혼혈Mittelding'이 생긴다. 이러한 인식을 그는 경험이라 부른다. 그리고 선험 논리학에서 오성은 범주들을 통해 지각의 다양을 통일한다. 범주들이 대상에 관한 지각을 규정하기에 범주들이 경험의 조건이 된다. "경험은 범주들을 통해서만 가능하다." "무엇보다도 오성이 자연을 가능하게 한다." 여기서 다음과 같은 모순이 일어난다. "경험 대상의 객관적 연속이나 공존은 감각적으로 이해되는 것이 아니라 오성을 통해서만 자연으로 유입될 수 있다. 그러나 또한 자연, 즉 사건들의 계열이나 상태들의 공존은 순전히 지각적인 것이고 추상 안에서 단지 사유되는 것이 아니라는 점도 확실하다." 결과적으로 칸트는 인식 능력으로부터 '이상하고 복잡한 기계'를 만들어 내었다.[15]

　게다가 칸트는 "지각이 객관을 통해 주어 진다"고 함으로써 "객관을 지각과 다른 어떤 것으로 만들었다." 그러한 객관이 지각과 다르다는 것은 "칸트의 오래된 뿌리 깊은 편견"인데, 이것이 그가 "객관 그 자체, 주관 없는 객관인 절대적 객관을 가정하는 궁극적 이유이다." 주관 없는 객관은 지각된 객관은 아니지만, 지각에 대응하는 어떤 것으로서 사유에 의해 지각에 부가된다는 것이다. 그러한 객관은 직접적 표상이 될 수 없지만 오성의 범주들에 의해 '경험'으로 된다. 사유는 개념에 의해서 간접적으로 객관에 관계하며, 이 객관 자체는 언제나 지각될 수 있는 것으로 존속한다. "칸트는 경험을 만들기 위해 그리고 객관적 세계를 오성에 의존시키기 위해 객관 그 자체를 사유에 귀속시킨다."[16]

15　위의 책, s. 592, 595~596.
16　위의 책, s. 596~597.

"경험적 인식에서 모든 사유를 제거하면 객관에 대한 어떤 인식도 전혀 남지 않는다."[17] 쇼펜하우어는 바로 이러한 가정, 즉 사물에 관한 지각은 오성이 열두 범주를 그것에 적용할 때만이 실재성을 획득하고 경험으로 된다는 가정을 받아들이지 않는다. 그에게는 객관과 그 경험적 실재성은 지각이 구성하는 것이고, 이는 동물에게도 공통된 것이다.

쇼펜하우어는 이상의 논의를 다음과 같이 정리한다. 칸트에게 객관 그 자체는 물자체는 아니지만 그것에 매우 가깝다. 그것은 범주의 대상이지만 주관을 필요로 하지 않는 객관이며 개별적 사물이다. 하지만 지각할 수 없는 것이기에 시공간 속에 있지 않다. 그것은 사유의 대상이지만 추상적 개념은 아니다. 따라서 칸트는 세 가지 구분을 만든다. (1) 표상 (2) 표상의 대상 (3) 물자체. 첫 번째인 표상은 지각의 형식을 포함한 감성의 관심 대상이다. 두 번째 표상의 대상은 범주를 통해서 사유에 부가되는 오성의 관심 대상이다. 세 번째 것은 모든 인식의 가능성을 넘어서 있다. 그러나 이러한 구분은 버클리가 논증했듯 근거가 없다는 것이 쇼펜하우어의 결론이다. "표상의 대상이라는 잡종Zwitters, hybrid의 도입이 칸트의 오류의 원천"이라는 것이다. "그것은 일부는 표상으로부터 훔쳐온 것으로 만들어지고, 일부는 물자체로부터 훔쳐온 것으로 만들어진 것이다."[18] 추상적이고 분별적인 인식과 직관적 인식(지각)을 분명히 구분하지 못한 것은 "인식 능력에 대한 칸트의 전 이론에 퍼져 있는 영속적인 모호성"이다.[19]

이러한 '뒤범벅Gemengsel'은 범주론이 '무근거하다는 특징'을 보여 준다. 범주론은 "그것이 그러하기 때문에 그래야 한다"는 '단순한 주장들'

17 위의 책, s. 638.
18 위의 책, s. 598~599.
19 위의 책, s. 637.

로 되어 있다. 선험적 감성론이 부인할 수 없는 사실로부터 논증되는 명료성을 갖고 있다면, 선험적 분석론은 모호하고 혼란되어 있다는 것이다. 쇼펜하우어에게 인과 개념을 제외한 나머지 열한 개의 보편 개념들은 지각으로부터 추상화된 말들에 불과하다. 열한 개의 범주들은 '단지 눈먼 창'에 불과하다는 것이다.[20] 쇼펜하우어는 자신이 《순수이성비판》에 대한 여러 시기에 걸친 거듭된 연구를 통해 선험 논리학의 기원에 관한 다음과 같은 확신에 도달했다고 말한다. "객관적 이해에 근거하여 칸트가 도달한 유일한 발견은 시간과 공간이 우리에 의해 선천적으로 알려진다는 것이다." 이러한 행운에 감동되어 칸트는 자신이 선호하는 건축학적 대칭을 실마리로 하여 이 광맥을 더 확장하여 파고자 했다. 순수 직관이 경험적 지각의 조건이 되듯 순수개념이 경험적으로 획득된 개념의 뿌리에 놓여 있다고 상상했다는 것이다. 그는 현실적 사유도 선천적인 순수 사유를 통해 가능할 것이라고 상상했다. 선험적 감성론이 수학의 선천적 기초를 확립하듯 논리학에 대해서도 그러한 기초가 있어야 한다고 생각했다. 이리하여 "선험적 감성론은 선험 논리학이라는 쌍을 이루는 대칭적 느림 장식Pendant을 갖게" 된 것이다. 순수 오성은 순수 감성에 '유비적' 관계에 있으며, 그것에 대칭적으로 대응한다.[21]

쇼펜하우어에 의하면 이러한 혼란과 약점을 가진 오성의 범주론은 거부되어야 한다. 칸트의 체계는 사유된 것을 중심으로 하는 라이프니츠와 지각을 중심으로 하는 로크를 비판적으로 종합한 것이지만 양자의 오류를 다 지닌 '괴물 잡종'이 되었다는 것이다.[22] 쇼펜하우어는

---

20 위의 책, s. 601.
21 위의 책, s. 604~605.
22 위의 책, s. 638.

범주를 다루는 곳에서 자신의 《충족이유율의 네 겹의 뿌리에 관하여》를 읽으라고 권한다. 이 학위 논문은 그의 과학의 논리에 해당한다. 그는 이 논문으로 칸트의 범주론을 대체하고자 한 것으로 보인다. 칸트의 범주론이 과학적 사유의 논리가 되기에는 부적합하다고 판단한 것이다.

또한 쇼펜하우어는 고대 철학에서의 용례를 들어 칸트가 현상계 φαινόμενα, 나타나는 것와 예지계 νοούμενα, 사유되는 것라는 말을 적절하게 사용하지 못하고 있다고 지적한다. 칸트는 고대 철학자들이 그 말들로 지시한 것, 즉 추상적 인식과 지각적 인식 사이의 차이를 완전히 간과했다는 것이다. 쇼펜하우어에 의하면 엠피리쿠스Sextus Empiricus가 '아낙사고라스는 사유된 것과 지각된 것을 대립시켰다'고 보고하는 데서도 알 수 있듯 양자의 대비와 통약불가능성은 엘레아학파의 철학소哲學素에서, 플라톤의 이데아론에서, 메가라학파의 변증법에서, 나중에는 스콜라 철학의 유명론과 실재론 논쟁에서 철학자들을 지배했다. "그러한 경향은 플라톤과 아리스토텔레스의 대립적 경향에도 이미 포함되어 있었다. 칸트는 부당한 방식으로 그 말들φαινόμενα와 νοούμενα이 이미 표현하고 있는 실상을 전적으로 무시하고, 그것으로 물자체와 현상을 지시하기 위해, 그것에 여태 주인이 없었던 것처럼 그 말의 소유권을 새로이 주장한다."[23]

칸트는 범주를 가장 보편적인 개념으로 간주하여 모든 사유의 형식들로 생각했다. 쇼펜하우어에 의하면 사유의 근본 형식들은 "모든 특정한 사유들의 기초이며, 모든 개념들 가운데 가장 높은 것이고, 이성의 능력의 '지속 저음Grundbaß, 通奏低音: 바로크 음악에서 화성 밑에 깔리는 베

---

23 위의 책, s. 641.

이스 저음'이다." 그는 《충족이유율의 네 겹의 뿌리에 관하여》에 따라 칸트의 범주론에서 인위적인 고딕적 대칭성을 제거하여 재편성함으로써 사유의 보편적 형식을 찾는다. 그는 다시 묻는다. 사유의 형식은 무엇인가? 이 물음에 대한 응답은 3단계로 이루어진다.

(1) 사유는 개념이 아니라 판단(명제)으로 구성된다. 판단이 모든 직물의 실이다. 왜냐하면 계사의 기능을 하는 동사 없이는 우리의 사유는 나아가지 못하며, 동사를 사용할 때만 우리는 사유하기 때문이다.

(2) 모든 판단은 주어와 술어의 관계에 대한 인식에서 성립하며, 이 관계는 여러 제한들에 의해 분리되거나 결합된다. 결합은 동일성에 의해 이루어진다. 모든 판단에서, 비록 그 안의 말들이 주어나 술어 및 계사라고 분명히 표현되지 않는 경우가 있을지라도, 주어 술어 그리고 긍정하거나 부정하는 계사가 발견된다. 'Gaius altert, 가이우스가 늙는다'처럼 하나의 단어가 술어와 계사를 나타내는 경우가 있으며, 때로는 주어와 계사가 생략될 수 있는 라틴어 'cuncurritur, die Heere werden handgemein, 군대가 접전한다'처럼 하나의 단어가 세 가지 모두(주어, 술어, 계사)를 표현한다. 따라서 우리는 사유의 형식을 단어들에서 곧바로 찾아서는 안 되고, 말들의 부분에서 찾아도 안 된다. 동일한 판단이 여러 언어로 표현될 수 있으며, 동일한 언어에서도 여러 다른 말들로 표현될 수 있기 때문이다. 쇼펜하우어에 의하면 심지어 말의 서로 다른 부분들에 의해서도 표현될 수 있다. 이 다양한 표현들에 있는 동일한 판단을 현대 논리학은 좁은 의미의 명제로 간주한다. 이 다양한 표현들에 있는 동일한 판단의 의미를 쇼펜하우어는 '사유 Gedanke'라 한다. "사유는 동일한 것으로 존속하며, 따라서 그것의 형식도 마찬가지다."[24] 프레게 G. Frege의 문맥 원리로 이어지는 이러한 언어철

학적 관점에서 쇼펜하우어는 사유의 형식과 언어의 관계를 다음과 같이 말한다.

> 단어들의 형태는 동일한 사유, 동일한 형식과 매우 다를 수 있다. 단어들의 형태는 사유의 외적 표현일 뿐이기 때문이다. 그리고 사유는 그 형식과 분리될 수 없다. 그러므로 문법은 사유 형식의 의상die Einkeidung der Denkformen일 뿐이다. 그래서 말들의 부분들이 원초적 사유 형식으로부터 나올 수 있는 것이다. 그리고 그 원초적 사유 형식은 모든 언어와는 독립된 것이며, 언어의 기능은 사유 형식을 모든 변양을 통해 표현한 것이다. 언어는 사유 형식의 도구이자 의상이다. 이 의상은 사유 형식이라는 관절구조Gliederbau에 정확히 맞도록 만들어져 있으며, 그 관절 구조가 거기에서 인식될 수 있는 것이다.[25]

문법이나 단어의 현상적 형태들은 관절 구조인 사유의 논리가 입고 있는 옷이다. 문법과 논리는 다르다. 쇼펜하우어의 이 언급은 러셀과 프레게의 논리적 분석 기법을 암시하는 것으로 논리학적으로 중요한 통찰이다. 그러나 쇼펜하우어는 그 이상으로 나아가지 않는다(아마도 이 점이 비트겐슈타인이 쇼펜하우어가 아이디어를 내놓고는 더 이상 분석하지 않는다고 불만스러워 한 부분일 것이다). 쇼펜하우어는 주어를 변항으로 치환하여 명제 함수를 만들어 이를 명제의 논리적 구조로 간주하는 현대 논리학의 길로 나아가지 않는다. 그는 다시 칸트의 논리적 판단표로 돌아간다.

(3) 사유의 원초적 형식은 논리적 판단표의 형식들이다. 이 표에서

24　위의 책, s. 642~643.
25　위와 같음.

대칭적 범주표를 위해 '눈먼 창'으로 만들어진 것들과 잘못된 배열은 끝에 가서는 탈락된다. 그래서 다음과 같이 된다.[26]

(a) 질: 긍정이나 부정, 즉 개념들의 결합이나 분리라는 두 형식[질은 계사에 속함].

(b) 양: 주어 개념은 전체나 부분으로 취해진다. 개별적 주어들은 전자에 속한다. 소크라테스는 모든 소크라테스를 의미한다. 그래서 두 가지 형식뿐이다[양은 주어에 속함].

(c) 양상: 필연성, 현실성, 우연성이라는 세 가지 형식을 갖는다[양상은 계사에 속함].

이상의 세 가지 사유 형식은 모순율과 동일률로부터 나온다. 충족이유율과 배중률로부터는 다음의 '관계'가 성립한다.

(d) 관계: 이는 이미 완결된 판단들에 관하여 판단할 때만 나타난다. 관계는 판단들을 가언적 명제로 결합하거나, 판단들이 서로 배제하기 때문에 그것들을 선언적 명제로 분리한다는 사실에 존립한다[판단들을 결합하거나 분리하는 것은 계사에 속함].

열두 개의 범주에서 세 개가 탈락하고 아홉 개(질, 양, 관계에서 각각 두 개와 양상에서의 세 개)의 판단만 남는다. 그리고 질, 양, 양상 개념이 모순율과 동일률에서 나오고, 가언적 명제와 선언적 명제가 각각 충족이유율과 배중률에 의해 성립한다고 보면, 결국 사유의 형식은 그

---

26 위의 책, s. 643~644.

가 《충족이유율의 네 겹의 뿌리에 관하여》에서 말하는 '메타 논리'에 속하는 것이 된다. 메타 논리는 동일률, 모순율, 배중률, 충족이유율이다. 충족이유율은 개별 과학들의 영역에 따라 다른 성격의 근거(인과)를 사유하는 방식들이다. 이 방식들에는 생성의 이유율, 존재의 이유율, 인식의 이유율, 동기의 이유율이 있으며, 인식의 이유율은 추론의 논리와 겹친다. 쇼펜하우어에게 더 이상 설명이 불가능한 것은 두 가지가 있는데, 하나는 메타 논리이며, 또 하나는 물자체인 의지이다. 사유의 형식이 사유의 한계이며, 이는 관절이 반대 방향으로 꺾이지 못하는 것과 같다. 인간의 사유가 파악하는 세계가 그가 아는 유일한 세계이며 그의 한계이다. 메타 논리가 설명의 끝이다. 이 한계가 바로 쇼펜하우어가 '인식의 감옥'이라 했던 것이며, 물자체인 의지는 이 감옥에서 탈출하는 '지하 통로'이다. 그가 보기에 새로운 형이상학은 전통 형이상학의 권력을 해체하고 그것에서 탈출하는 능력을 갖게 한다.

칸트 범주론에 대한 비판의 마지막에 나중에 첨가한 것으로 보이는 짧은 〈주해Anmerkung〉가 있다. 이 글을 가지고 추측하면 쇼펜하우어는 자신의 언어철학적 감각을 슈테른Sigismund Stern의 《언어 철학의 예비적 기초Vorläufige Grundlage zur Sprachephilosophie》(1835)에서 얻은 것으로 보인다. 쇼펜하우어는 이 책을 문법적 형태로부터 범주를 구성하려는 절망적 시도라고 비판한다. 쇼펜하우어는 그를 문법적 형태로부터 지각의 범주를 끌어냄으로써 사유와 지각을 혼동했다고 지적한다. 슈테른은 문법적 형태를 지각과 직접적 관계에 있는 것으로 여겼으며, 언어가 지각과 직접적으로 관계한다고 보는 큰 오류를 범했다는 것이다. 그는 "언어는 오직 사유와 직접 관계하고, 그래서 추상적 개념들과 관계하며 이를 통해서 비로소 지각에 관계한다"는 사실을 몰랐다. "지각에 있는 것, 따라서 시간과 공간으로부터 나온 관계들도 사유의 대상으로 전환된다. 그러므로 사유를 표현하는, 그러나 언제나 개념인 추상적인 것으로 표현하기 위한 언어의 형식이 있어야 한다. 개념들은 언제나 사유의 첫 번째 재료이다." "논리의 형식은 이것에만 관계하며, 결코 지각과 직접 관계하지 않는다. 형식적 진리로서의 명제의 진리는 논리적 규칙들에 의해서만 결정된다."[27] 슈테른에 대한 이러한 비판은 논리에 대한 경험주의의 오류를 지적하는 것으로 보이며, 이는 쇼펜하우어의 선험 논리 입장을 잘 보여 준다. 쇼펜하우어에 의하면 말들의 부분들과 문법적 형태는 판단의 세 가지 구성 요소들(주어, 술어, 계사)과 그 가능한 관계들의 표현 방식이다. 그것들은 논리적 형식의 표현 방식이다. "철학적 문법은, 논리학이 사유 형식 자체가 작동하는 것에 대해 우리에게 알려 주어야 하듯, 사유 형식이 표현되는 정확한 기제에 대해 말해야 한다."[28] 쇼펜하우어의 '철학적 문법'은 논리적 형식이 내용을 규제하는 기제를 의미한다.

'철학적 문법'은 동물에게도 있는 지각에 인간의 이성을 중첩한 이중의 겹을 분리하여 그 작용 기제를 드러내는 데에 유용한 개념이다. 그 기제를 지배하는 근저의 논리는 더 이상 정당화하는 설명이 불가능한 모든 설명의 원리다. 이에 따라 쇼펜하우어는 사유의 논리에 지배되는 선험적 자아와 그것을 설명하는 철학적 자아가 한갓 오목 렌즈에 맺힌 초점, 즉 허상에 불과하다는 것을 자각하게 된다. 그 허상은 우리의 근저에 있는 어떤 욕망, 우리의 신체를 지배하는 의지의 작용이 만든 구성물이다. 자아는 의지의 발현인 신체, 특히 두뇌의 가상이다. 과학으로 대표되는 지식도 끝없는 노력을 추동하는 의지의 본성을 벗어나지 못한다. 목적도 없고 한계도 없는 의지에 이끌려가는 인식 능력

---

27 위의 책, s. 644~645.
28 위와 같음.

은 무궁한 지식의 가능성으로 열려 있는 것처럼 보인다. 그리고 맹목적 의지에게 지식은 순수한 호기심의 문제인 것처럼 보인다. 그러나 순수하게 보이는 것에는 그렇게 보이게 하는 불순한 근거가 있다. 칸트가 남용하는 순수 인식 능력과 이를 상징하는 순수이성이라는 가상, 그리고 그 이념이 마지막 비판의 대상이다.

3. 이성의 변증론 비판과 문화 의식

칸트와 쇼펜하우어는 그리스적 이성과 유대-기독교가 결합한 서양 전통 형이상학을 신학존재론이라고 불렀다. 칸트는 신, 영혼, 세계를 순수이성의 이념으로 간주한다. 이는 그가 교육받은 스콜라 철학의 유습漏習을 물려받았다는 것을 잘 보여 준다. 쇼펜하우어는 칸트의 이같은 면모를 극복하려 한다. 쇼펜하우어는 유물론자는 자신의 체계가 객관적으로 실재한다는 믿음을 갖는다고 비판하지만, 그것이 갖고 있는 반反 형이상학적 의의를 인정하고 있었다. 이 점에서 유물론은 이성적 측면이 있다. 쇼펜하우어는 유물론의 이러한 의의를 이용하여 신학존재론에 대응할 수 있다고 본다. 유물론은 "터무니없는 안개 같은 형상"보다 더 좋은 것을 줄 수 있다. 그것이 바로 "생성 소멸하지 않는" "독립적으로 그 자체에서 존립하고 그 자체에서 파악될 수 있는" 물질이다. 만물은 "이 물질에서 나오고 그곳으로 돌아간다." 그는 이러한 유물론적 존재론을 스피노자 《에티카》(1, def, 3)에서 인용하고 있다. 그러나 쇼펜하우어가 보기에 실러(Schiller, *Wallensteins Tod*, 2, 3)가 다음과 같이 언급한 대로 그러한 합리적 비판도 실효를 거두지 못했다. "이성에 대해 장시간을 말해 왔지만, 그대들은 언제나 최초의 말씀으로 되돌아가는 부인네들과 같지 않은가?"[1]

| 무제약적 이념들에 대한 비판

쇼펜하우어에 의하면 무제약적 원인, 최초의 기원으로 돌아가는 것은 결코 이성의 본성에 뿌리박고 있지 않다. 그것은 유일신교인 유대교에 한정된 문화적 편견의 산물이다. 개념과 추론의 능력인 이성은 개별적인 것들을 보편적인 것에 포섭하여 설명하고, 이러한 탐구를 더 보편적 원리로 확장해가는 능력이다. 이성은 포괄적 개관 혹은 조망 Übersicht의 능력이다. 이성은 그로부터 실재가 도출되는 독단적 원리가 아니다. 다만 그 개관에 의해 우리의 인식이 촉진되고 완성되어 간다. "추상적 영역 안에서만 있는, 따라서 이성 능력의 영역 안에 있는 인식의 근거 계열은 더 이상 증명할 수 없는 것에서 끝을 발견한다. 그러나 인과 법칙에 따라 무제약자를 증명하기 위해, 이것이 단지 요구에 불과할지라도, 그러한 상황을 가져오려고 시도할 수 있는데, 이는 충족이유율의 형태들을 분간하지 못하고 그것들 모두를 혼동할 때만이 일어날 수 있는 것이다. 그러나 칸트는 단순히 보편성Allgemeinheit과 총체성 Allheit이라는 말에 의거하여 이러한 혼동을 수립하려고 한다. 보다 높은 인식의 근거, 즉 보다 일반적인 진리를 추구하는 것이 무제약적 대상의 존재를 정립하는 것으로부터 온다고 말하는 것은 근본적으로 오류이다." 쇼펜하우어의 비판은 무제약자를 설명의 끝으로 가정하는 신학적 형이상학에 대한 것이며, 그 무제약자를 순수이성의 이념으로 보

---

1   Arthur Schopenhauer, *Anhang, Kritik der Kantischen Philosophie, Die Welt als Wille und Vorstellung* I, S. W, Band I, Suhrkamp, 1986, s. 650. 쇼펜하우어는 스피노자를 범신론으로 규정하는데, 유물론을 설명할 때 스피노자를 활용한 것으로 보아 스피노자를 얌전한 형태의 유물론으로 보고 있는 것으로 생각된다. 쇼펜하우어의 의지 형이상학에서는 의지는 자신의 객관화인 물질을 통하여 자신을 실현한다. 물질의 궁극적 본성은 의지다.

는 칸트의 관점에 대한 것이다. 이는 보편성을 추구하는 이성, 즉 인식의 근거를 추구하는 이성이 인과율을 적용하여 무제약자를 최초의 실재적 원인으로 상정하는 혼동을 비판한 것이다. 보편성의 추구를 총체성의 추구로 바꾸어 버렸다는 것이다. 따라서 쇼펜하우어에 의하면 이러한 불합리를 이성의 능력에 본질적인 것이라고 할 수 없다. 보편성의 추구는 무한히 연기되는 것인데, 무제약자를 동원하는 것은 "그것으로 모든 의문을 제거하고 싶은 개인의 게으름에 그 기원을 두고 있는 것이다."[2]

무제약자는 진정한 이성의 이념이 아니다. 쇼펜하우어는 그것을 서양 전통에 한정된 이성적으로 정당화될 수 없는 특수한 개념으로 본다. 그는 괴테의 근원 현상을 연상시키는 용어인 '인류의 근원 종교Urreligionen'를 고대 인도에 있는 것으로 보고, 이 근원 종교에는 서양의 무제약자가 없다고 판단한다. "무제약적 원인, 최초의 시작으로 돌아가는 것이 우리 이성의 본성에서 결코 성립되지 않는다는 것은 다음과 같은 사실에서 실제로 증명된다. 즉 지금까지 가장 많은 추종자를 가진 인류의 근원 종교인 브라만교Brahmanismus와 불교Buddhaismus는 그러한 가정을 알지도 못하고 인정하지도 않는다. 오히려 서로 조건지우는 현상계의 계열들은 무한으로 뻗어 나간다. 이 점에 대해서는 나는 첫 번째 이율배반에 대한 비판과 함께 아래에서 행한 해명을 제시한다. 또한 우리는 업햄Edward Upham, 1776~1834의《불교의 역사와 이론The History and Doctrine of Buddhaism》(1829)과 아시아 종교에 관한 모든 참된 해설들을 참조할 수 있다. 우리는 유대교를 이성과 동일시해서는 안 된다."[3] 쇼펜하우어는 무제약자인 신이나 절대정신은 이성의 본성에서 나온 것이 아

---

2   위의 책, s. 650~652.
3   위와 같음.

니라, 특정 종교의 혼란스러운 사고와 이성의 게으름에서 나온 것이라 본다. 거기에서 나온 철학의 문제는 사실상 없는 것이다. 칸트가 보기에도 그러한 개념은 실재하는 것이 아니다. "이른바 자칭 이성의 원리 Vernunftprinzip라고 하는 것을 칸트는 객관적으로 타당하다고 간주한 것은 아니었다. 그는 그것을 주관적으로 필연적인 것이라고 간주하여 그러한 것을 천박한 궤변을 통해 도출한다."[4] 칸트는 보편성의 추구를 총체성과 그 무제약적 원인을 추구하는 문제로 바꾸어 다시 유대–기독교적 편견을 수립한다. 결국 그는 신, 영혼, 세계라는 무제약자를 이성의 이념으로 삼는다. 그리고 다시 영혼과 세계는 신에 의해 제약되는 것이 된다.

쇼펜하우어는 칸트가 이성 원리에 객관적 타당성을 부여하지는 않았지만, 필연적인 주관적 전제로 간주함으로써 인식에 풀 수 없는 균열Zwiespalt을 가져 왔다고 본다. 칸트는 이성의 이념을 신학적 형이상학의 전통으로부터 물려받았고, 그것을 모든 민족에 공통된 보편적 이성의 특징으로 보았다는 것이다. 또한 그는 이성의 이념을 오성에서 끌어낸다. 칸트는 오성의 세 가지 관계 범주들(정언판단에서 나온 실체와 속성, 가언판단에서 나온 인과성과 의존성, 선언판단에서 나온 공존성)에서 세 가지 삼단논법을 도출하고, 이로부터 영혼, 세계, 신이라는 세 가지 무제약자를 도출한다. 이것 역시 쇼펜하우어가 보기에 칸트가 선호하는 건축학적 대칭 구조에 끼워 맞추어진 또 다른 사례이다. 칸트는 "대칭의 파괴를 두려워하여" 영혼과 세계가 무제약자에 속했다가 다시 최초의 원인인 신에 의해 조건 지워지는 것이 되는 모순을 은폐했다는 것이다. 또한 "무제약적 술어가 오성의 경험의 원리로부터 경험 가능성

---

4   위와 같음.

의 영역을 넘어서 추론된다는 것이 문제이다."[5] 그러나 이러한 모순들보다 쇼펜하우어가 비판적으로 주목하는 문제는 세 가지 이념을 낳는 이성이 인류 보편적인가에 대한 물음이다.

그가 보기에 칸트는 '모든 이성'이 세 가지 무제약자에 '핵심 대상'으로서 집착하는 것으로 본다. 이 핵심 대상은 "기독교의 영향으로 스콜라철학에서 볼프에 이르기까지 철학 전체가 그 주위를 맴도는 것"이었다. 그것들은 "저 모든 철학자들에게 친근하고 친숙한 것"이 되었다. 이는 습성화된 문화 현상이며, 그 문화권 내의 특정한 지적 공동체가 선호하기로 결의한 패러다임이라 할 수 있다. 그것들은 '모든 이성 고유의 산물'이 아니다. 칸트가 계승한 이성은 보편적일 수 없다. 그것은 유대-기독교와 후기 소크라테스 철학이 결합한 특수한 사고 유형에 한정된 것이다. 이러한 관점에서 문제를 해결하기 위해 쇼펜하우어는 새로운 연구 방법을 제안한다. 그것은 동서양 사상사에 대한 '역사적 탐구historische Untersuchung'이다.[6] 이 탐구는 이성의 이념이 보편성을 갖는다고 전제한 헤겔G. W. F. Hegel, 1770~1831의 역사적 연구와는 전혀 다르다. 헤겔은 아시아에 대한 기독교적 편견을 노골적으로 드러내는 자문화 중심주의를 강화한다. 쇼펜하우어의 역사적 탐구는 타문화의 고유한 장점을 배우고자하는 진지함을 갖는다. 그것은 러셀Bertrand Russell, 1872~1970이 서양 철학사에 대한 비판적 연구에서 아시아 철학의 도덕적 연대성과 평화로움 및 반권위주의를 높이 평가하고, 동양의 지혜를 서양이 수용하여 보다 어른스러워지기를 바란 것과 유사하다. 그러나 러셀은 흄의 경험주의에 논리적 언어분석 기술technics을 결합한 논리 경험주의를 지성사의 최후 정점으로 보는 편견을 갖고 있다. 이와 달리

---

5   위의 책, s. 652.
6   위의 책, s. 652~653.

쇼펜하우어는 아시아 철학과 유럽 신비주의 철학에서 궁극의 생의 의미를 발견한다. 그에게 과학적 세계관은 일면적 의의만을 갖는다.

쇼펜하우어의 제안은 유럽 철학사에서 전무후무한 것이다. 그것은 배타적 연구 방법을 탈피해 자문화권의 장점뿐만 아니라 타문화의 장점도 더 전개하려는 의도를 가진 것이었다. 과학주의와 전통 형이상학에 대한 비판은 권력 철학에 대한 탈신비화를 지향하는 의의를 갖는다. 그가 이 길을 제시할 수 있었던 데에는 대학교수인 칸트와 헤겔과는 달리 직업으로서의 철학을 하지 않았던 것도 한 원인으로 작용한 것으로 보인다. 그의 관심은 소크라테스 이전의 자연 철학과 히브리 사상, 자연과학과 신비주의 역사, 고대인도 철학과 중국 철학에 까지 미친다. 그것은 자문화에 대한 역사적 관심과 타문화에 대한 관심을 교차하여 결합시켜 보는 화학적 실험과 유사하다. 이 실험은 "고대 비유럽 민족들, 특히 힌두스탄의 철학자들과 많은 고대 그리스 철학자들이 실제로 그러한 개념들(이성의 이념들)에 도달했는지, 아니면 우리만이 인도의 브라흐마Brahma와 중국의 천天, Tien을 신Gott으로 잘못 번역하여 그러한 개념을 자비롭게도 그들에게 부여하는 것은 아닌지"를 관찰하는 것이다. 그 결과 쇼펜하우어는 유럽인들이 "유대교에서 온 유신론"의 입장에서 "지구상의 다른 종교들을 이단이란 이름 아래 포괄하여" 배제한다고 판단한다. "이단이란 말은 어떻게든 학자들의 글들에서 버려야 할 가장 어리석고 조잡한 표현이다. 왜냐하면 그것은 브라만교도, 불교도, 이집트인, 그리스인, 로마인, 게르만인, 갈리아인, 이로쿼이족, 파타고니아인, 카리브인, 타히티인, 오스트레일리아인 및 많은 다른 민족들을 무분별하게 획일화하고 압도하기 때문이다. 이단이란 표현은 성직자들에게 적합한 것이지만, 지각 있는 사람들의 세계에서는 즉시 쫓아내야 할 것이다."[7]

이러한 모든 민족들에 대한 전 지구적 관심은 쇼펜하우어의 여행 경험과도 무관하지 않은 것으로 보인다. 그는 제국주의 노예무역과 노예 노동의 비참함을 붓다의 보편적 고통의 대표적 사례로 경험한 적이 있다. 그가 유럽의 종교에 뿌리를 둔 사변 신학적 형이상학과 그 이성의 특성을 역사적으로 상대화하고 비판한 것은 인도주의적인 소통을 지향하는 의의를 갖는다. 이러한 의미에서 쇼펜하우어는 논리 경험주의의 선배들과는 다른 길을 갈 수 있었다. 에른스트 마흐Ernst Mach, 1838~1916, 마흐 연구회에서 출발한 빈 학파, 베를린 학파의 라이헨바흐 Hans Reichenbach, 빈과 러시아의 경험비판론자들의 과학 철학을 과학 정신에 철저하지 못하다고 비판한 레닌V. I. Lenin 등은 형이상학의 보수성을 버리고 과학을 옹호하는 과학주의 노선에 있었다.[8] 그들은 자유주의자이건 사회주의자이건 형이상학의 옹호는 반문명적 반동성을 갖는 것으로 인식한다. 그러나 쇼펜하우어는 과학을 신뢰는 하지만, 그것이 특정 문화의 사고방식과 무관하지 않으며, 인류의 주요한 가치들 중 하나에 불과하다고 본다. 그의 태도는 유럽 철학의 자기반성과 전 지구적 고민을 촉구하는 것이다. 이는 근대 과학의 발전에 힘입은 자본주의 세계화 운동이 본격화되는 시대에도, 하나의 반시대적 사고가 아닐 수

7 위의 책, s. 653.
8 에른스트 마흐는 과학의 추상적 개념들을 복잡한 경험을 생략하고 단순한 원리로 환원하여 이해하려는 사고의 경제성(절약성)에서 나온 것으로 본다. 개념들은 자연에의 생물학적 적응을 성공시키기 위한 도구성을 지닌다. 이 도구적인 허구성을 실재하는 것으로 착각하는 것을 비판적으로 극복하여, 개념들의 복잡성을 간단하게 만드는 인식비판적 작업이 과학의 진보라는 것이다. 개념들이 실재하는 지시체를 갖는다고 보는 소박한 관점이 형이상학이다. 과학의 발전은 자체 내의 형이상학적 착각을 벗어나는 탈형이상학화의 과정이다. 이때의 형이상학은 개별 과학들의 범위 안에서 의미를 갖는 것이었으며, 철학사에 나오는 형이상학을 비판의 대상으로 지목한 것은 아니었다. 그러나 그의 요소감각론이 모든 학문의 궁극적 기초로서 제시된 것이었기 때문에, 그의 추종자들 가운데 과학주의자들은 반형이상학을 종교와 철학에 대해 이데올로기적 적대의 수단으로 사용하게 되었다. 카르납은 유연한 형태의 반형이상학을 주장하다가 나중에는 철회하게 되지만, 기계론적 유물론자들과 변증법적 레닌주의는 강경한 형태의 반형이상학을 주장했다. 마흐가 말하는 사고의 경제성과 도구성에 대해서는 Ernst Mach, 고인석 옮김,《역학의 발달Die Mechanik in ihrer Entwicklung Historisch-kritisch dargestellt》(1883), 한길사, 2014, 7~34쪽.

없다. 그의 사고는 맹목적 객관주의나 물리주의, 그리고 과도한 주관주의의 오만을 경계하는 의의를 갖는다.

쇼펜하우어는 서양 전통에 대한 연구를 통해 "플라톤을 주기적으로 사로잡은 유신론도 유대인에게 빚지고 있다"고 판단한다. 그에 의하면 누메니우스Numenius, A.D 200는 플라톤을 '그리스어를 말하는 모세 Μωσῆς ἀττικίζων'로 불렀으며, "신과 창조에 관한 이론을 모세의 저작들에서 표절했다고 비난했다." 알렉산드리아의 클레멘트Clement는 "플라톤이 모세를 알고 있었으며, 그를 활용했다고 거듭 반복했다."(*Stromata*, i, 25; v, 14, 90 etc) 플루타르코스와 락탄티우스에 의하면 "플라톤은 짐승이 아니라 인간으로 태어나고, 여자가 아니라 남자로 태어났으며, 야만인이 아니라 그리스인으로 태어난 것을 자연에 감사했다." 그런데 "이삭 유헬Isaak Euchel의 《유대인의 기도》에는 유대인이 이방인이 아니고 유대인으로, 노예가 아니라 자유인으로, 여자가 아니라 남자로 태어난 것을 신에게 감사하는 아침 예배 기도가 있다."

쇼펜하우어에 의하면 이러한 역사적 탐구가 세 가지 이념이 이성의 본성에 기인한 것이라고 보는 칸트를 그 '불행한 필연성'에서 구제할 수 있을 것이라고 한다. 이성의 이념은 문화적 속박이자 편견이며 이성을 궤변론자로 만든다. 그러나 쇼펜하우어에 의하면 칸트도 《순수이성비판》(1판, s. 339; 5판, s. 397)에서 바로 이 점을 우회적으로 지적한 적이 있다. "인간이 아니라 순수이성 자신의 궤변화가 있다. 그것으로부터 가장 현명한 사람까지도 자신을 벗어나게 할 수 없고, 아마도 많은 노력 끝에 오류를 피할 수 있을 것이다. 하지만 그 사람도 그를 부단히 따라다니면서 괴롭히는 가상을 제거할 수는 없을 것이다." 이 때문에 칸트는 이성의 이념들을 이성의 본성에 기인하는 것으로 볼 수밖에 없었을 것이다. 그러나 쇼펜하우어는 이러한 피할 수 없는 가상은 유럽철학 전통에 대한 무반성적 수용에서 온 것으로 본다. 그는 칸트적 이성의 이념을 오목렌즈 앞에 맺힌 실물이 아닌 허상에 비유한다.[9]

마지막으로 쇼펜하우어는 칸트의 이념이라는 말의 오용Mißbrauch을 지적한다. 칸트의 이념들Ideen이란 플라톤에게서 취한 것이다. 플라톤의 이념은 "불멸의 형상으로서 공간과 시간에 의해 다양화되어 셀 수 없는 개별적이고 유동하는 사물들에서 불완전하게나마 가시적이 된다. 이념은 지각 가능하고 가시적인 사물들을 통해서만 번역될 수 있는 것이다."[10] 그러나 칸트는 그것을 "모든 지각 가능성을 벗어난 것"인 무제약자를 지시하는 데에 사용했다는 것이다. 쇼펜하우어는 칸트가 전통적 의미의 이념을 "경험의 대상이 아닌 존재라는 가냘픈 실에 매다는 새로운 의미로 대체한 것은 전적으로 정당하지 않다"고 본다. 그는 《의지와 표상으로서의 세계》에서 플라톤의 이념을 그것이 나타난 사물들과 함께 예술적 직관의 대상으로 해석한다. 칸트가 이념이라는 말을 오용했다. 이에 대한 쇼펜하우어의 비판에는 이념의 지각 가능성에 입각한 예술론적 관점도 개입되어 있는 것으로 보인다.

| 비물질적 실체에 대한 비판

건축학적 대칭을 좋아하는 칸트의 습성은 그가 합리적 심리학이라 하는 영혼론에 대한 반박에서도 나타난다. 칸트에 의하면 영혼 개념은 무제약자의 요구를 오성의 첫 번째 범주인 실체성에 적용하는 오류추리Paralogismus에서 도출된 것이다. 경험 가능성의 조건인 범주를 초경험적 존재에 적용하는 것이다. 그가 보기에 영혼 개념은 사변이성으로부터 당연히 나오는 것이다. 범주의 기원인 판단표에 따르면 실체와

---

9   위의 책, s, 654~655.
10   위와 같음.

속성은 논리적인 주어와 술어에서 나온 것이다. 쇼펜하우어에 의하면 "칸트는 전혀 인정할 수 없는 표현을 쓴다." 칸트는 술어가 아니라 주어로서만 존재하는 것에 대해 말한다. 아리스토텔레스가 말한 것처럼 (*Metaphysik*, iv, ch. 8) 주어와 술어는 논리에만 속하고 추상적 개념들의 관계를 지시하기 때문에, 어떤 것도 주어나 술어로서 존재하지 않지만 지각의 세계에서 그 상관자는 실체와 속성이다. 주어로서만 존재하는 실체라는 칸트의 표현을 유지하려 한다면, "물질Materie이 경험적 사물들의 모든 술어의 최후의 주어인 실체가 될 것이다. 물질은 모든 속성을 제외하고도 남는 것으로 생각되기 때문이다." 물질을 오성의 상관자로 보는 쇼펜하우어는 물질을 '실체 개념의 원형'으로 본다. 따라서 "주어와 술어가 실체와 속성에 관계된다는 것은 논리학에서의 충족이유율이 자연에서의 인과 법칙에 관계되는 것과 같다. 논리적 규칙을 자연에서의 인과에 짝 지우는 것을 용납할 수 없듯, 주어, 술어를 실체, 속성에 짝 지우는 것도 받아들일 수 없는 것이다."[11]

그럼에도 칸트는 "영혼의 개념을 모든 술어의 최후의 주어 개념에서 나오는 것으로 표상하기 위해 그러한 혼동과 동일시를 최대한 확대했다는 것"이 쇼펜하우어의 판단이다. 쇼펜하우어에 의하면 "주어와 술어는 판단에서의 추상적 개념들의 관계에 따르는 순전히 논리적인 규정"이다. 실체와 속성은 물질과 그 성질에 해당하는 것이다. 실체나 물질은 오성의 지각에서 구성되는 것이다. 그러나 물체(육체)와 영혼의 대립을 야기한 대립은 객관적인 것과 주관적인 것의 대립이다. 사람은 자신의 신체를 물체적 객관으로 지각할 수 있다. 한편 사람은 "자신을 자기의식에서 순전히 주관적으로 파악하여, 모든 지각의 형식들로부

---

11   위의 책, s. 656.

터 자유로운 그래서 모든 물체적 속성으로부터 자유로운, 한갓 의욕하는 자ein bloß Wollendes 그리고 한갓 표상하는 자ein bloß Vorstellendes 로 발견한다." 여기서 사람은 초월적 영혼의 개념을 형성한다. 그는 객관의 형식인 충족이유율을 객관이 아닌, 즉 인식하고 의욕하는 주관에 적용함으로써 영혼 개념을 만든다. 여기서 "순수한 비물질적 영혼은 원인이 되고, 인식, 생각, 의욕 등의 활동은 영혼의 결과"가 된다. "최초의 독단론자인《파이드로스 Phaedrus》의 플라톤, 최후의 독단론자인 볼프는 바로 이렇게 해서 단순하고 비물질적인 불멸의 영혼과 물체(육체)를 분리하고" 전자를 원인, 후자를 결과로 보았던 것이다. 그들은 모두 인과의 충족이유율을 그 적용 범위를 넘어서 주관에 적용하고 이것을 실체화했던 것이다. 그리고 학교에서는 원인으로서의 영혼을 실체로부터 입증하는 교육을 해왔다는 것이다.[12] 칸트에 의하면 영혼은 무제약자를 주어인 실체성에 적용하여 나온 것이다. 그러나 쇼펜하우어에게는 그 것은 사람이 자기의식에서 나온 주관에 원인의 지위를 부여하고 실체화한 데서 나온 것이며, 이성의 본성에 기인한 것이 아니다.

쇼펜하우어는 물질 개념으로부터 어떻게 영혼 개념이 추상화 과정에서 발생하는가를 다음과 같이 밝힌다. 그의 표상론에서 언급한 것처럼 물질에 대한 표상은 오성의 인과 형식에 의해 공간과 시간이 결합함으로써 일어난다. 공간이 관여하여 물질의 영속성이 드러나고, 시간이 관여하여 물질의 상태들의 변화가 드러난다. 그러나 물질은 추상에서만 생각된다. 이제 이 물질 개념으로부터 보다 높은 유genus인 실체가 다시 추상된다. 실체는 물질 개념으로부터 영속성의 속성이 남겨지고, 연장, 불가침투성, 가분성 등은 제외되는 과정에서 생긴다. 실체 개

---

12 위의 책, s. 657~658.

념은 물질 개념보다 더 적은 것을 포함한다. 그러나 실체 개념은 통상의 보다 높은 유 개념처럼 자신 아래보다 많은 것을 갖지는 못한다. 왜냐하면 그것은 물질 이외에는 자신 아래보다 낮은 유들genera을 포함하지 않기 때문이다. 물질만이 실체의 하위 종subspecies으로 남는다. 이성이 보다 높은 개념을 추상하는 것은 그 아래에서 여러 하위 종들을 생각하기 위한 목적이 있기 때문이다. 그러나 물질에서 실체를 추상하는 과정은 그러한 목적을 이루지 못하고 실체 아래 물질만 포섭하게 되는 무용한 것이 된다. 여기에 비밀스런 목적이 숨어 있다. 실체 개념 아래 두 번째 하위 종이 물질과 짝지어 진다. 바로 이 하위 종이 비물질적이고 단순하며 불멸인 실체, 즉 영혼이 된다. 영혼 개념의 이 은밀한 도입은 보다 높은 실체 개념으로 추상화되는 과정에서 비논리적으로 들어온 것이다. 일반적으로 이성의 추상화에서는 종 개념이 유 개념에 앞선다. 그러나 영혼이 나오는 추상화는 그 반대다. 이 경우는 물질이 유 개념인 실체에 앞선다. 그리고 물질 개념으로부터 근거도 없이 자의적으로 하나의 속성만 남겨 두고 생략해 버림으로써 슬그머니 비물질적 실체인 영혼 개념이 나온다. 실체 개념은 비물질적 실체 개념을 은밀히 도입하기 위한 수단이 되기 위해서만 형성되었다. 실체 개념은 마치 여분의 가장 무용한 개념처럼 되었으며, 그 진정한 내용은 이미 물질에 있고 자신은 공허만을 갖는다. 이 공허를 은밀히 실체의 두 번째 종인 비물질적 실체가 채운 것이다.[13]

쇼펜하우어가 제시하는 이상의 설명이 학교에서 가르치는 영혼 개념이 나오게 되는 추상화 과정이다. 물질, 실체, 비물질적 실체의 순서로 추상화하는 길에서 파생된 형이상학적 영혼 개념이 거꾸로 물질의

---

13 위의 책, s. 658~660.

근거로 둔갑하여 무제약자로 된 것이다. 이것이 칸트가 말하는 합리적 심리학의 오류추리가 지니고 있는 진정한 내막이다.

| 이율배반론 비판

칸트에 의하면 감성의 형식이나 오성의 범주를 무제약자에 적용하면, 각기 입증할 수 있는 서로 모순되는 테제와 안티테제의 두 주장에 봉착하게 된다.[14] 즉 이율배반Antinomie에 빠진다는 것이다. 그리고 이율배반에서 벗어나기 위해서는 어느 한쪽을 편들 수 없으므로 양자를 부정해야 한다는 것이다. 어떤 형태의 형이상학도 용인되지 않는다. 여기서도 그의 대칭성이 드러나는데, 판단표의 네 가지 분류(양, 질, 관계, 양상)에 따라 네 가지 종류의 이율배반이 제시된다. 각 영역마다 모든 계열의 현상들의 절대적 완결성을 전제할 때 이율배반이 생긴다는 것을 보여 준다.

그러나 쇼펜하우어에 의하면 절대적 자발성을 갖는 최초 원인을 말하는 세 번째, 그리고 필연적 존재를 상정하는 네 번째 이율배반은

14　테제와 안티테제를 간략하게 소개하면 다음과 같다. 1) 정립: 세계는 시공간 상에서 시초나 한계를 갖기에 유한하다. / 반정립: 세계는 시공간 상에서 무한하다. 2) 정립: 합성된 모든 실재는 더 이상 분석할 수 없는 단순한 부분으로 이루어져 있다. / 반정립: 세계에는 분석이 완결된 단순한 것은 존재하지 않는다. 3) 정립: 세계의 현상이 도출되는 인과에는 자연 법칙적 인과성뿐만 아니라 절대적 자발성을 갖는 존재에서 나오는 자유의 인과성도 있다. / 반정립: 자유는 없으며, 자연 법칙적 인과에 의한 법칙들만 있다. 4) 정립: 세계에는 절대적인 필연적 존재자가 그 부분이나 원인으로서 존재한다. / 반정립: 절대적인 필연적 존재자는 세계 안이건 밖이건 존재하지 않는다.
이러한 이율배반은 전통 형이상학들 사이의 대립을 보여 준다. 이 대립은 아퀴나스Thomas Aqinas, 1224~1274의 《신학대전 Summa Theologicae 》(1266~1272)의 구성방식에서 나온다. 이 책은 기독교적 입장과 이와 대립되는 무신론적 입장을 대립시키고 후자를 비판하는 방식으로 구성되어 있다. (예를 들어, 시공간상에서 세계의 무한성은 신의 무한성을 부정하는 것이기에 악한 길로 비판된다). 이러한 대립은 칸트를 거쳐 헤겔 변증법의 기본 소재가 되어 대립의 통일론으로 전개된다. 인도 철학사에서도 이와 유사한 대립이 있었다. 붓다의 침묵[無記]과 중도(中道)는 세계는 유한한가 무한한가, 영혼은 죽으면 없어지는가 불멸인가, 인간 행위는 결정되어 있는가 자유인가 등에 관한 물음과 대답은 무의미하다는 것에 귀결된 것이기도 하다. 쇼펜하우어는 이율배반론에서 이를 전적으로 유대-기독교적 전통에서 온 것으로 보아, 붓다가 그와 유사한 문제를 언급한 것을 논의하지 않는다. 불교의 이율배반론에 대한 상세한 논의는, 무르띠T. R. V. Murti,김성철 옮김, 《불교의 중심철학 The Central Philosophy of Buddhism 》(1957), 경서원, 1995.

사실상 '근본에서는 같은 동어반복tautologisch'이라는 것이다. 그래서 세 가지 이율배반으로 요약할 수 있는 것을 네 가지로 만들고, 세 번째에 자유 개념을 도입하여 양자를 변별한 것은 칸트가 대칭성에 맞추려 했기 때문이라는 것이다.[15] 쇼펜하우어의 이 지적은 이율배반론을 읽는 독자가 의아하게 여길 수 있는 부분을 잘 언급한 것으로 보인다. 그러나 이율배반론에 대한 그의 지적에서 주목할 만한 것은 그것이 '한갓 가짜 모의전eine bloße Spiegelfechterei'이라는 것이다. 쇼펜하우어가 보기에 "반정립의 주장들만이 현실적으로 우리의 인식 능력의 형식들에 의거한" 것, 즉 "필연적이고 선천적으로 확실한 가장 보편적인 자연 법칙에 의거한" 것이다. 이에 반해 "정립의 주장과 증명은 주관적 근거에 불과하며 이성이 빈곤한 개인의 허약함에 의존한" 것이다. 이 개인의 "상상력은 끝없는 무한 후진에 지쳐, 할 수 있는 한 최대로 속이려고 하는 자의적 전제를 가지고 그 후진을 끝낸다." 쇼펜하우어에 의하면 "정립들의 증명 전부는 궤변Sophisma일 뿐"이다. 이에 비해 "반정립의 증명들은 표상으로서의 세계의 법칙들로부터 이성의 능력이 불가피하게 추론한 것"이다. 그러나 칸트의 "일관된 책략은 증명들의 돌출부를 강조하여 드러내지 않는 것이었으며, 반대로 쓸데없고 지루한 문장들의 큰 흐름 속에 양쪽의 주장들을 동일하게 감추고 혼합시키는" 것이다.[16]

칸트는 정립과 반정립 양자를 균등하게 취급하여, 양자를 부정하는 대안을 제시한다. 그러나 쇼펜하우어는 정립을 부당한 궤변으로 보고, 칸트가 제시한 "반정립에 대한 증명을 정당하고 올바르며 객관적 근거에서 나온 것"으로 본다. 쇼펜하우어의 이러한 대안은 브루노Giordano Bruno와 스피노자Baruch Spinoza에 연원하는 유물론적 무한 우주

---

15   위의 책, s. 662.
16   위의 책, s. 662~663.

론과 과학의 반反 형이상학적 전제를 변호하는 길을 가능하게 한다. 이에 비해 칸트는 이성의 이념을 다시 끌어옴으로써 전통에 대한 모호한 태도를 유지한다. 이 노선에서 그는 도덕 형이상학이라는 말을 명령의 윤리학을 위해 남겨놓을 수 있었다. 이러한 퇴행적 길이 피히테와 헤겔의 절대적 관념론을 예비하는 것이 되었다. 그러나 쇼펜하우어는 선험주의에 입각하여 비판적으로 지지한 유물론적 정신을 전통 형이상학에 적대적으로 대면시킬 수 있었다. 이러한 관점에서 쇼펜하우어는 이율배반론을 다음과 같이 세부적으로 비평한다.

(1) 시간의 무한성 변호

쇼펜하우어에 의하면 첫 번째 이율배반의 정립 가운데 기독교 창조설에 기원한 '시간에 세계의 시초가 있다'는 주장에 대한 증명은 시간 안에 있는 세계의 유한성뿐만 아니라 시간의 유한성에 대해서도 증명하기 때문에 너무 많은 것을 증명한다. 이 증명에 따라 시간이 시초를 갖는 것이 되는데, 이는 불합리하다는 것이다. 쇼펜하우어에게 시간은 주관의 형식이기에 무시무종의 것이다. 그것은 영원에서 영원으로 흐르는 것이다. 정립의 궤변은 다음과 같은 점에 있다. 증명의 과정에서 상태들의 계열이 시초가 없다는 것 대신에 갑자기 계열들의 끝이 없다는 것(무한성)으로 대체된다. 그리고 어느 시점까지의 무한한 계열들의 완결성은(나올 수 있는 모든 계열이 그 시점까지의 무한 시간동안 다 나온 것이 될 수 있으므로) 완결 불가능한 끝이 없음과 논리적으로 모순된다. 따라서 정립은 세계의 존재 조건으로서의 시초가 있어야 한다고 주장한다. 그러나 현재는 언제나 무한한 과거로부터 지금까지 오는 계열들인 과거의 끝이라는 것도 입증된다. "시초 없는 계열들의 끝은, 끝없는 계열의 시초가 생각될 수 있듯, 시초 없음을 손상시키지 않고 언제나 생각될 수 있다. 그리고 세계의 변화는 변화의 무한한 후진적 rückwärts 계열을 필연적으로 전제한다는 반정립의 주장에 대해서는 어떠한 반대도 제시되어 있지 않다. 우리는 인과적 계열이 절대적 정지로 끝나는 날을 상상할 수 있다. 그러나 절대적 시초의 가능성은 결코 상상할 수 없다."

정립의 문제점을 지적하고 나서, 쇼펜하우어는 시간에서의 "세계의 극한을 설정하는 것이 이성의 능력에 필수적인 관념이 아니라는 점을 역사적으로 입증할 수 있다"고 한다. 인도에서는 베다Veda는 물론 민중 종교에서도 그것을 가르치지 않는다고 한다. 그들은 "무상하고 비실재적인 마야의 그물인 현상계의 무한성을 무량겁無量劫, eine monströse Chronologie을 통해 신화적으로 표현하려고 한다." 쇼펜하우어는 폴리어 Polier의 《인도의 신화Mythologie des Indous》(v. 2)를 인용하여 초기불교와 대승불교에도 그대로 전승된 힌두교의 영겁회귀설인 우주적 시간관을 설명한다. 창조자인 브라흐마Brahma의 우주는 창조하고, 머물며, 무너지고, 없어지는[成住壞空] 한 주기를 천 번 반복하는 것을 하루로 삼는다. 그 네 시기를 합한 한 주기는 432만 년이다. 브라흐마는 주기마다 새로이 태어나는데, 이 과정은 '영원에서 영원으로' 이어진다. 브라흐마가 보는 시간과 인간이 보는 시간은 차원이 다르고 상대적이다. 쇼펜하우어는 거시적 우주 생성의 관점에서 나오는 '시간의 상대성'을 말한다.[17] 우주는 무한의 관점에서 조망된다.

(2) 공간의 무한성 변호
첫 번째 정립가운데 세계와 공간이 한계가 있다는 주장에 대해 쇼

---

17 위의 책, s. 664.

펜하우어는 무한한 공간에 무한 수의 세계가 있다는 에피쿠로스학파와 브루노 및 인도 철학과 불교의 관점을 옹호한다. 정립은 주어진 전체는 반드시 한계를 갖는다는 것을 전제한다. 쇼펜하우어에 의하면 바로 이것이 증명되어야 하는데 증명되지 않고 전제된다. 총체성Totalität은 한계를 전제하고, 한계는 총체성을 전제하고 있다. 그러나 공간에서 한계 지워진 세계를 상상하기가 어려운 것은 공간 그 자체가 무한하며, 따라서 하나의 유한한 세계는 아무리 크다 할 지라도 무한히 작은 크기를 갖는 것으로 생각된다는 사실에 있다. 이러한 불일치에서 상상력은 극복할 수 없는 장애를 만나게 된다. 왜냐하면 그에게는 세계를 무한히 크다고 해야 할 것인지 아니면 무한히 작다 해야 할 것인지를 결정해야 하는 선택이 남아 있기 때문이다. 이 문제를 이미 에피쿠로스학파의 선생인 메트로도루스Metrodorus가 언급했다. 그에 의하면 '넓은 들판에 하나의 이삭만 있고, 무한 공간에 하나의 세계만 있게 되었다'는 것은 불합리하다.(Stobaeus, *Ecl.*, c. 23) 쇼펜하우어에 의하면 이들 중 많은 사람들이 '무한 공간에 무한 수의 세계가 있다'고 가르쳤다. 그리고 사실상 반정립의 주장이 바로 그것인데, 칸트가 스콜라철학의 표현으로 왜곡했다고 보았다.[18] 쇼펜하우어는 우주와 공간의 무한성을 옹호하는 세 권의 책을 권한다. 브루노의《무한자와 우주와 세계 *Del Infinito, Universo e Mondi*》에서 다섯 번째 대화. / 칸트의《자연사와 천체 이론 *Naturgeschichte und Theorie des Himmels*》에서 Ⅱ부, 7장. 여기에서 "칸트는 진지하게 객관적 근거를 가지고 공간에서의 세계의 무한성을 주장한다." / 아리스토텔레스의《자연학 *Physika*》(3권, 4장).[19]

---

18 위의 책, s. 664~665.
19 위와 같음.

(3) 단순한 부분들의 불가능성, 물질의 무한 가분성의 변호

두 번째 이율배반에서 정립은 '모든 복합적 실체는 단순한 부분들로 되어 있다'고 전제하고, 복합성이라는 자의적 가정으로부터 단순한 부분들을 입증한다. 그러나 '모든 물질은 복합적이다'라는 주장 자체가 증명되어 있지 않다. 단순체의 반대는 복합체가 아니라 부분들을 가진 분할 가능한 연장적인 것이다. 쇼펜하우어에게는 오성의 상관자인 물질은 모든 변화의 실체로서 보편적인 것이며, 물질에 객관화되어 있는 의지는 분할 불가능한 생명원리다. 이는 스피노자가 원자론을 반대하고 창조적 생명원리인 하나의 실체를 능산적 자연으로 본 것에 접근하는 것이다.

또한 정립은 부분들이 전체에 앞서 존재하다가 서로 결합하여 전체가 존재하게 되었으며, 이것이 복합체라는 말의 의미라고 가정한다. 그러나 이것은 전체가 단순체로 분할 가능하다는 것과 마찬가지로 주장될 수 없다. 분할 가능성은 전체를 부분들로 자를 수 있다는 가능성만을 의미하는 것이지, 전체가 부분들로 구성되어 존재한다는 것은 아니다. 분할 가능성은 부분들이 나중에 나누어진 부분들a parte post이라고 주장하며, 복합성은 그것들이 이전에 나누어진 부분들a parte ante이라고 주장하는 것이다. 그러나 부분과 전체에는 시간 관계는 본질적으로 없으며, 상호적으로 조건 지우고 있을 뿐이다. 부분과 전체는 언제나 동시적이며, 양자가 존재할 때만이 공간적으로 연장된 것이 존재한다. 그래서 쇼펜하우어는 정립에 대한 주석에서 칸트가 '공간은 복합체compositum라고 해서는 안 되며 오히려 하나의 전체적인 것totum라고 한 것'은 전적으로 물질에도 해당한다고 말하고, 물질은 단지 지각할 수 있게 된 공간이라고 주장한다.[20]

물질은 공간 형식이 관여해서 나온 것이다. 따라서 그것은 무한한

분할 가능성을 갖는다. 이것이 반정립의 주장이다. 칸트는 이것을 "진지하고 진정한 마음으로" '객관적 진리'로 제시한다. 그는 《자연과학의 형이상학적 기초 *Metaphysische Anfangsgründe der Naturwissenschaft*》(초판 s. 108)에서 물질의 무한한 가분성을 '이미 확립된 확실한 진리'로 세운다. 그럼에도 "여기서 칸트는 반정립의 증명에서는 반정립이 정립의 궤변을 지나치게 무색하게 만들지 않도록 하는 교활한 의도를 가지고 진술의 큰 혼란과 말들의 홍수로 반정립의 증명을 망쳐놓았다." 쇼펜하우어가 보기에 단순체인 원자는 이성의 필수적 이념이 아니라 물체의 특정한 무게의 차이를 설명하는 가설에 불과한 것이다. 따라서 무게를 설명할 수 있는 다른 방식도 가능하며, 이에 대해서는 칸트의 《자연과학의 형이상학적 기초》뿐만 아니라 프리스틀리 Joseph Priestly의 《물질과 정신 *Matter and Spirit*》(1부), 아리스토텔레스의 《자연학》(4권 9)에서도 그 근본이념이 발견된다고 한다.[21]

(4) 무제약자의 자유에 대한 비판

세 번째 이율배반에서의 정립은 '충분히 충족된 원인은 그로부터 결과가 따라 나오는 조건들의 완전한 총계를 포함해야 한다'고 함으로써 원인들의 계열의 유한성을 증명하는 것이다. 이 논증에서 원인들의 시간적 계열의 완결성이 원인인 상태나 조건의 규정성들이 동시적으로 완결된다는 것으로 대체된다. 세계의 모든 규정성들이 유한한 전체로서 동시에 zugleich 주어진다. 이로부터 계열들을 폐쇄하는 제1원인, 즉 무제약자를 추론한다. "요술이 분명하다." 이 무제약자 안에서 규정성들은 공존하는 것이 된다. 그러나 현재 순간의 현존이 시간의 시초를

---

20 위의 책, s. 666.
21 위의 책, s. 666~667.

가정할 필요가 없듯, 충족이유율이 적용되어 나온 인과 계열에는 최초의 시작이라는 전제가 있을 필요가 없다. 충족이유율에 의거해서 무제약자를 전제하는 것은 오류이며 사변적 게으름의 산물이다.

한편 칸트는 무제약자의 자유를 설명하기 위해 '의자에서 일어나는 것'을 사례로 들고 있다. 정지 상태에서 홀연히 운동이 발생한다는 것이다. 이는 쇼펜하우어가 보기에 '겁 없는 짓을 하는entblödet sich nicht' 것이다.[22] 이는 아우구스티누스와 데카르트의 유대-기독교적 사고를 되풀이하는 것이다. 그것은 동기 없는 중립적 자유가 가능하다는 인간 특유의 착각이다. 그것은 동기들을 고려하는 이성의 능력이 동기 자체를 진공상태에서 창조할 수 있다는 망상에 기인하는 것이다. 무제약자인 신의 자유라는 생각도 이러한 망상에 기인한다. 쇼펜하우어에 의하면 네 번째 이율배반은 이 세 번째와 동일한 것이다. 그러나 "모든 조건 지워진 것은 '원인들의 계열의 완결성'을 전제하고, 계열들은 무제약자에서 끝난다"라는 정립은 증명되지 않고 있다. 그것은 선결문제 해결의 요구를 갖고 있다.[23]

(5) 이율배반론의 두 가지 결론

쇼펜하우어는 우주론적 논증에 대한 칸트의 비판적 해결의 의미를 다시 생각해 본다. 그 의미는 첫 번째, 두 번째 이율배반에서는 거짓된 가정에서 출발했기 때문에 양쪽이 그릇된 것이며, 세 번째, 네 번째 이율배반은 양쪽이 다 옳다는 해결 방식으로만 끝나는 것은 아니다. 그와 반대로 쇼펜하우어의 관점에서는 이율배반에 대한 설명에서 사실상 반정립이 확증되었다는 것이다. 그는 정립과 반정립에서 중립

---

22 위의 책, s. 667~668.
23 위와 같음.

을 취하는 길보다는 반정립을 옹호한다. 반정립이 무한 후진Regressus이라는 충족이유율의 정신에 충실하며 충족이유율이라는 주관의 형식을 전제하고 있기 때문이다. 반정립이 세계가 인식의 형식에 선험적으로 제약되어 있다는 쇼펜하우어의 관점과 일치한다. 칸트는 정립과 반정립 양자 모두 인식의 형식과 관계없이 그 자체 독립적으로 실재한다고 본다. 그러나 쇼펜하우어는 전체적으로 완결되어 주어지는 것과 무한한 계열이라는 개념은 "전적으로 모순된다"고 본다. 무한한 계열은 주관의 형식이지 실재하는 것이 아니기 때문이다. 그럼에도 정립은 "우주가 그 자체로 모든 인식의 형식으로부터 독립하여 실재한다는 잘못된 전제"로부터 출발하고 있는 것이다. 이에 반해 반정립의 주장은 충족이유율이라는 지도 원리에 따라 이루어지고 있기 때문에 정당하다는 것이다. 조건들의 끝없는 연쇄는 인과 고리들을 항구적으로 추구하는 것das beständige Verfolgen을 전제한다.[24] 자연과학은 무한한 탐구 영역을 지향하는 시간 지평 안에서 움직인다. 이 점에서는 근심으로 특징 지워지는 세상성이 시간성을 본질로 갖듯 과학적 인식의 추구도 이 세상성 안에서의 활동이다.

칸트의 해결이 주는 진정한 의미는 무한자가 무한 후진에 의해 주어진다는 것을 제기한데에 있다. 쇼펜하우어에 의하면 칸트도 "세계의 무한한 크기는 무한 후진 이전이 아니라 무한 후진을 통해서만 있다"고 자주 반복했다. 이율배반에 대한 이러한 해결은 반정립을 선호하는 결정이라는 것이다. 아리스토텔레스에 의하면 "무한자는 현실적으로 존재하지 않으며" "분할과 연관하여 잠재적으로만 있다."(*Metaphysica*, 11, 10. *De Generatione et Corruptione*, 1, 3) 이 발언도 이미 해결의 대

---

24 위의 책, s. 669~670.

안을 제시한다.《자연학_Physica_》(3, 5. 6)의 다음의 말도 정립과 반정립의 이율배반에 대한 올바른 해결을 이미 주고 있다. "매개자_διαιτητής_가 필요하다." 즉 "공간과 시간상에서 그리고 분할 상에서 세계의 무한성은 후진과 전진_Progressus_에 앞서_vor_ 있는 것이 아니라 그 안에_in_ 있다."[25] 이러한 해결 방식을 출발점으로 하면, 결국 반정립의 옹호와 세계표상론으로 귀결된다는 것이 쇼펜하우어의 생각이다. 이율배반론의 귀결은 다음 두 가지로 정리된다. ① 정립은 오류이고 반정립이 옳다. ② 세계는 자신의 인식 방식에 따르는 주관의 표상 안에서만 실재한다. 쇼펜하우어에 의하면 칸트의 해결 방식이 실제로 반정립을 선호하는 것인지에 대해 그가 의식했는지는 알 수 없다. 그러나 중립적 입장에 서려는 칸트의 태도는 기독교 문화 권력에 순응하는 것이라는 의심을 벗어날 수 없을 것이다. 쇼펜하우어는 이 문제가 '칸트의 순응체계 _Akkommodationssystem_'라는 셸링의 표현에 암시되어 있다고 본다. 또한 쇼펜하우어는 다음과 같은 완곡한 표현을 사용한다. 그 문제에 대한 칸트의 속마음을 아는 것은 "문제가 그렇게까지 확장될 수 있는지, 아니면 칸트가 시대에 대한 무의식적 순응에 빠져 있었는지"를 확인하는 것에 달려 있다. 그는 내심으로 칸트가 순응에 기운 것이 아닌가하는 의심을 품고 있는 것이다.

(6) 선험적 자유와 의지 형이상학

쇼펜하우어에게 중요한 것은 세 번째 이율배반의 정립이 말하는 자유의 이념이다. 칸트는 여기서 물자체 개념을 상세히 거론한다. 이 부분은 물자체를 의지로 보는 쇼펜하우어에게 중요한 것으로 주목된다. 그

---

25 위의 책, s. 670~672.

것은 "칸트 철학이 나의 철학으로 나아가거나 나의 철학이 그 주요 줄기로서 칸트 철학에서 발생하는 지점이다." 그는 《순수이성비판》(1판, s. 536~537, 5판, s. 564~565)과 《판단력비판》(3판, 서문)을 비교하여 읽으면 그 지점을 확인할 수 있다고 한다. "자유의 개념은 그 대상(왜냐하면 이것이 실로 의지이기 때문이다) 안에서 우리의 마음에 물자체를 제시한다. (……) 다른 한편 자연의 개념은 지각에서 물자체가 아니라 자연의 대상을 우리의 마음에 제시한다." 칸트는 자신의 사유의 결론으로 나아가지 않았지만, 쇼펜하우어 자신은 그 결과에 도달했다고 본다. 쇼펜하우어 자신이 칸트가 인간의 실천적 차원인 "인간 현상에 대해서만 말하는 것(물자체인 의지)을 인간과 정도(Grade, degree)에서만 다른 모든 현상 일반으로 확장했다"는 것이다. "즉 현상의 본질 그 자체가 절대적으로 자유로운 것, 다시 말해 하나의 의지라는 것"이다. 선험적 자유의 이념에서 물자체를 의지로 보는 형이상학으로 나아가는 길에서 쇼펜하우어는 칸트가 말하는 예지적 원인으로서의 물자체를 표상의 세계에만 적용되는 인과 개념을 물자체에 잘못 사용한 것에서 나온 것으로 비판한다. 본질로서의 물자체는 표상 세계와 전혀 종류toto genre 가 다른 것이다. 만일 우리가 표상하는 존재일 뿐이라면 물자체로 나아가는 길은 차단되어 있다. 경험주의적 과학주의가 표상으로서의 지식 영역을 현상론적으로 해석하여 인식을 그것에 한정하는 것도 물자체로 나아가는 길이 막다른 길이라는 좌절에서 나온 것이다. 그러나 내적 성찰의 길에서 "오직 우리의 내적 본성이라는 다른 측면이 사물의 물자체라는 다른 측면에 관한 해명Aufschluß, information을 우리에게 준다."[26]

쇼펜하우어가 보기에 칸트가 물자체를 지시해 보여 주고 인과 법

---

26 위의 책, s. 672~674.

칙의 선천성을 보여 준 것은 옳다. 그러나 물자체에 대한 증명 과정은 그르다. 그는 인과 법칙을 잘못 적용하는 "그릇된 전제로부터 올바른 결론으로 나아갔지만", 쇼펜하우어 자신은 "그 올바른 결론을 보존하여 완전히 다른 방식으로 확실하게 그것을 확립했다"는 것이다. 그는 물자체를 인과 법칙에 따라 "은밀히 도입하거나 추론하여" 정립하는 것이 아니라, 우리 자신의 내적 의지에 관한 직접적 인식에서 출발한다. 우리 내부의 심층적 의지가 세계의 본질로 상정된다. "세계 생산자 Weltschaffendes 로서의 의지는 충족이유율로부터 그래서 모든 필연성으로부터 자유롭다. 따라서 그것은 완전히 독립적이고 자유로우며 실로 전능한allmächtig 것이다." 스피노자가 옳게 보았듯 의지에 귀속하는 것을 현상에 귀속시키면 개인들의 활동이 자유선택에 의한 것이라는 무제약적 자유의 가상이 생긴다. 그러나 던져진 돌의 물자체는 의지이지만, 그 현상은 완전히 결정되어 있다. 하지만 칸트는 무제약자라는 사변적 이념으로부터 자유를 인식하며, 실천 이성 비판에서는 정언명법이 자유의 존재를 전제한다는 사실로부터 자유를 도출하고 있다. 이것은 직접적 인식에서 자유의지를 도출하는 쇼펜하우어의 길은 아닌 것이다. 이런 의미에서 그는 "철학자들 가운데는 가장 심오한 사람들, 교회의 작가들 가운데는 가장 사려 깊고 계몽된 사람들만이 그러한 가상으로부터 자유로울 수 있었다"고 평한다. 소수만이 일상 세계에서의 인간의 활동이 무제약적 자유 선택에 의해 이루어지는 것이 아니라는 것을 자각했다. "모두가 철학의 비판적이고 반성적인 통찰을 갖고 자신을 이미 시간으로 들어간 이 의지의 한정된 현상, 즉 생의 의지 그 자체와는 구분되는 의지의 작용Willensakt으로 인지하는 것은 아니다." 사려 깊은 사람은 "자신의 전 존재를 그의 자유의 활동으로 인식하는 것이 아니라 그의 개별적 행동 안에서 자유를 찾는다."[27] 즉 일상의 수많은 행동들이 예지계로서의 의지의 발현이고, 자유는 예지계의 성질이다.

이런 의미에서 쇼펜하우어에 의하면 《순수이성비판》(2판 서문, s. 27~28)이 증거하듯", "칸트도 물자체를 말할 때마다 마음의 어두운 깊이에서 의지를 불명료하게나마 항상 생각했다고, 입증할 수 는 없지만 현실적으로 가정하게 된다"고 했던 것이다. 또한 그가 보기에 칸트의 "모든 철학에서 가장 심오한 관념"이자 "이제까지 인간이 말한 것 중에 가장 존경할 만한 것"은 '경험적 성격'과 '예지적 성격'의 구분이다.[28] 이러한 구분을 그가 찬양하는 데에는 이유가 있다. 그것은 예지적 성격 개념이 인과율이라는 그물로 구성된 과학적 지식의 차원을 넘어서는 가능성을 보여 주기 때문이다. 예지적 인격이란 기계론적 결정성을 넘어서 있는 우리 안의 예지적 차원을 말한다. 표상의 세계는 지식의 세계이다. 그것은 생의 의미를 추구하는 세계 지혜의 길을 열지 못한다. 이 새로운 희망은 예술적 직관이나 신비주의 사상가들의 우주적 통찰을 통해 세상성이 갖는 근심을 극복하는 가능성이다. 쇼펜하우어의 의지의 철학은 이러한 희망에 기초한다. 이 때문에 경험적 성격과 예지적 성격의 구분은 그의 철학의 인간학적 기초가 된다. 그러나 그가 생각하기에 칸트가 무제약적 당위에 의거하여 인간의 의지를 물자체로 세우는 지점까지 접근하지만, 그것에 의지가 아닌 이성이라는 이름을 부여한 것은 "모든 언어적 사용가운데 용서할 수 없는 위반"이다.[29]

세 번째 이율배반의 정립에 대한 정당화에서 말하는 "의지의 선험적 자유는 의지가 물자체인 한에서는 그 자체 제일의적인vortrefflich 것이며, 완전히 참된 다른 종류로의 이행μετάβασις, Übergang이다. 여기서의

27   위의 책, s. 675~676.
28   위의 책, s. 676~677.
29   위와 같음.

의지의 선험적 자유는 정립이 주장하는 원인의 무제약적 원인성은 아니기 때문이다." 물자체인 의지와 현상의 관계는 현상에만 적용되는 인과 개념으로 파악되어서는 안 된다. 이 때문에 쇼펜하우어는 현상은 의지의 객관화라고 말한다. 현상은 의지의 발현이라는 것이다. 자유로운 의지는 자신의 발현인 물질과 결합하여 유기물, 식물, 동물, 인간으로 단계적으로 진화해 간다. 충족이유율은 각 단계에 적합한 과학에 따라 다른 형태가 된다. 물질은 모든 단계에 편재하여 결국 생명체를 죽음으로 불러들이지만, 물자체인 자유의지는 물질의 힘을 넘어서려는 생명원리다. 물질은 각 단계의 현상적 특성을 완전히 지배하지는 못한다. 궁극적으로는 "세계 그 자체는 의지에 의해서만 설명된다."[30]

이상의 논의에서 보아 쇼펜하우어의 형이상학은 다른 방식이긴 하지만 여전히 우주의 통일성을 추구한다. 의지는 물리적인 모든 것을 설명해 주는 단 하나의 비물질적 원리다. 그러나 그것은 충족이유율로 우주의 존재를 설명하는 신적 이성으로서의 절대정신과 같은 것이 아니다. 의지는 성찰하려는 우리의 노력을 통해 직접적으로 접근할 수 있는 것이다. 또한 그것은 자연과학의 귀결과도 부합할 수 있다.

| 선험적 이념 비판

쇼펜하우어는 칸트의 선험적 이념(영혼, 세계, 신)에 관한 장에 대해 건축학적 대칭을 선호하는 성향에 따른다는 의미에서만 가치가 있는 이상한 것이라고 평한다. 그것은 앞의 이율배반론에서 이미 다루었다. 쇼펜하우어는 우선 안셀무스Anselmus의 '모든 가능한 실재성들의 포괄적 총체성Inbegriff'을 의미하는 '가장 실재적인 존재ens realissimum'를 문제

---

30   위의 책, s. 678~679.

삼는다. 데카르트에서 완성되고 칸트에게 전승된 이 '괴기스러운groteske 표상'이 "이성에게 필연적이고 본질적인 이념"이라는 것은 쇼펜하우어가 보기에 '잘못된 주장'이다. 그 주장은 "개별적 사물에 대한 우리의 지식이 보편적 개념, 나아가 모든 실재성 자체를 포함하는 가장 보편적인 개념의 전진적 제한으로부터 생긴다"는 것이다. 이것은 칸트 "그 자신의 가르침과 모순된다. 우리의 지식은 특수한 것들로부터 시작하여 일반적인 것으로 확장되어 가는 법이다." 칸트는 우리의 "인식 능력의 절차를 뒤집은 것"이다. 쇼펜하우어의 이러한 표현은 신학존재론을 비판하기 위한 것이다. 그러나 여기에서 특수성에 우선성을 부여하는 것은 그의 경험주의적 측면 혹은 폴 가이어Paul Guyer의 표현대로 직접적 지각에서 출발하는 그의 '현상학적 방법phenomenological method'을 드러낸다.[31] 이 점은 쇼펜하우어 자신의 선험 철학이 갖는 의의를 손상시킬 수도 있다. 그러나 이 장에서의 쇼펜하우어의 의도는 분명하다. 그것은 그가 사변 신학의 '철학적 허풍Schalatanerie'이라고 하는 지나친 개념주의를 비판하는 것이다. 모든 실재성의 총체성이라는 개념을 인과 법칙에 따라 세계의 원인으로 간주하는 것이 이성의 필연적 본성은 아니라는 것이다. 그에 의하면 그러한 개념은 단지 중세에서 교육상의 필요로 생긴 것이다. 그것은 신학의 기원이 인간의 이성에 있다는 것을 입증하는 것이 아니었다. 칸트는 스콜라주의의 전개를 이성의 전개로 간주한다. 그러나 쇼펜하우어가 보기에 그것이 이성의 산물이라면 고대에도 있었어야 하는데, 고대에는 그러한 개념이 없었다. 데미우르고스와 같은 우주 창조자가 있었지만, 이는 물질에 형상을 부여하는 자로서 사변

---

31 Paul Guyer, 'Schopenhauer, Kant, and the Method of Philosophy', *The Cambridge Companion to Schopenhauer*, Cambridge University Press, 1999. p. 133.

458 의지와 소통으로서의 세계

신학적 개념과는 다르다.[32]

쇼펜하우어에 의하면 사변 신학에 대한 세부적 반박과 이성의 이념에 대한 비판, 즉 순수이성의 변증론 전체가 《순수이성비판》의 "정점이자 목표"이다. 그러나 이 투쟁적 부분은 감성론이나 분석론과 같이 "보편적이거나, 영속적이거나, 순수 철학적이지 않으며, 오히려 일시적이고 국지적인 관심"의 것이다. 그것은 "칸트 시대에 까지 유럽에서 지배적이었던 주요 논점들에 관계된" 것이다. 칸트의 불멸의 공적은 이 논쟁적 부분을 통해 "사변 철학을 완전히 전복"한 것이다. "그가 철학으로부터 유신론을 제거했다"는 것이다. 이러한 평가는 흄과 칸트의 공헌을 말한 것이지만, 쇼펜하우어의 관점도 반영한다. 이는 곧 이어지는 그 특유의 대학 철학에 대한 비난에서도 짐작된다. 그는 당시 '대학의 농담 철학Spaßphilosophie'이 생계와 명예에 제약당하고 있다고 비난하고, 그들이 "높은 곳에서 내려다보기 때문에 자신과 같은 작은 사람을 40년간 전적으로 알아보지 못했다"고 불만을 터뜨린다.[33]

쇼펜하우어는 칸트의 순응적 태도를 지적한다. 칸트는 "과거의 존경받아온 오류를 파괴하고 나서 그 일의 위험성을 알고, 도덕 신학을 통해 한 쌍의 허약한 받침대를 임시로 밀어 넣어 그의 머리위로 붕괴되지 않도록 하고 나서 빠져나갈 시간을 벌수 있게끔 했다." 이는 칸트가 이성의 이념을 우리의 인식을 앞에서 이끄는 통제적 원리로 다시 들여올 뿐만 아니라, 도덕적 실천과 행복을 보장하기 위해 이념을 다시 요청하는 어중간한 노선을 지적한 것이다. 신학이 실천 이성의 장식으로 되돌아 왔다. 이 점에서 니체도 칸트의 비판 철학은 진정한 비판 철학

---

32 Arthur Schopenhauer, *Anhang*, *Kritik der Kantischen Philosophie*, *Die Welt als Wille und Vorstellung* Ⅰ, S. W, Band Ⅰ, Suhrkamp, 1986, s. 680~683.

33 위의 책, s. 683~684.

이 아니라고 보았던 것이다. 쇼펜하우어는 칸트가 신 존재에 관한 존재론적 증명에 대한 반박에서 이성 비판을 하지 않는 태도는 신념이 없이 '개념들과의 재치 게임ein spitzfündiges Spiel'을 한 것에 불과하다고 본다. 또한 칸트는 존재는 본질 즉 속성이 아니라는 이유로 존재론적 증명을 반박한다. 그러나 쇼펜하우어는, 이 방식에 대해 이미 아리스토텔레스가 《오르가논Organon》에서 '존재는 사물의 본질에 속하지 않는다'고 분명히 말한 적이 있다는 점을 밝힌다.[34] 쇼펜하우어의 이상의 주장들은 중요한 의미를 갖는다. 그것은 칸트가 계승한 그리스적 사고와 결합된 신학적 문화권의 독단적 사고의 한계를 보여 준다.

쇼펜하우어는 종교의 기원이 공포에 있다고 본다. 그는 고대인이 양심을 대가로 신의 존재를 증명하기 위해 기적을 행했다면, 근대인은 오성을 대가로 존재론적 증명, 우주론적 증명, 자연신학적 증명을 전문으로 했다고 평가하고, 칸트 시대까지 있었던 유럽의 세계관 대립을 다음과 같이 정리한다. 그것은 "유물론과 유신론의 현실적 딜레마"이다. 유물론은 그리스 고대로부터 반종교적 전통에서 자라난 것으로 무신론에 뿌리를 둔다. 양자의 대립은 '맹목적 우연'이 세계를 형성했는지, 아니면 "목적과 개념에 따라 지성이 정돈한 것"인지의 딜레마이다. "다른 제3의 길은 없다. 무신론과 유물론은 같은 것이다." 결국 유물론과 유신론의 대립이 서양 철학사의 근본적 갈등이다. 이는 근대 과학과 계몽주의가 형성되면서 첨예해진다. 쇼펜하우어에 의하면 한쪽에는 데모크리토스와 에피쿠로스에 기원하는 유물론 철학이 있고, 다른 한쪽에는 인간의 지성과 같은 존재가 세계를 목적론적으로 창조했다는 '부녀자의 잡담 철학Rocken-philosophie'이 있다.[35] 그리고 후자는 의인

---

34 위의 책, s. 685.
35 위의 책, S. 687. Rochen-philosophie의 번역은 Grimm & Grimm, Deutsches Worterbuch

론 같은 사려 없는 일상 경험에 의존한다. 그에 의하면 서양 철학의 딜레마는 세계가 물자체의 세계이거나 경험적인 것 이외의 다른 질서는 없다는 가정에 의거한다.

그러나 칸트에 의해 지성의 형식이 세계와 그 법칙을 구성한다는 것이 알려진 이후에는, 세계의 내적 본성은 세계 안에서 우리에게 지각되는 것으로는 설명될 수 없게 되었다. 물자체에 도달하는 통로는 표상으로서의 세계에 있지 않다. 그것은 우리 자기의식의 내감에 있다. 그에 의하면 칸트가 현상과 물자체를 구분함으로써 유신론으로부터 기초를 제거하고, 존재에 대한 완전히 다른 심오한 설명의 길을 열었다. 유신론은 인식의 선험적 형식을 실재 그 자체에 적용하여 사변 신학적 형이상학을 만들어 왔다. 쇼펜하우어가 유물론이나 유신론 양자 모두 사고의 선험성을 몰각한 실재론적 사고라고 비난하는 이유가 그것이다. 또한 그에 의하면 칸트가 무비판적 이성의 이념을 통제적 원리로 삼는 것은 자연의 탐구에 치명적일 뿐만 아니라 진리에도 장애가 된다. 그러나 그는 칸트가 그것을 전혀 몰랐다고는 보지 않는다. 쇼펜하우어는 그가 《프롤레고메나》(§ 44)에서는 "이성의 이념은 자연에 관한 합리적 인식에 반대되며 하나의 장애"라고 했다는 점을 환기시킨다.[36]

| 이성에 대한 언어비판, 품성론으로서의 윤리학

이 부분에서 쇼펜하우어는 그의 다른 저작들 보다 이성의 의미를 상세히 규정한다. 그는 이성을 추론과 '개념의 능력'으로 본다. 그것은 지각적 표상들을 말로 고정시켜 상징화함으로써, 현재의 직접적 감각의 예속을 벗어나 지상을 지배하고 자신을 동물과 변별하는 능력이

(Leipzig: Hirzel, 1893), vol. 8, 1104에 의거.
36   위의 책, s. 688.

다. 숙고와 반성은 이 능력에서 온다. 이성은 "자신의 삶과 세계를 개관하여" "악 뿐만 아니라 선을 위해서도 숙고한다." 이성이 하는 것은 "완전한 자기의식과 관계"한다. 이성은 삶에 관한 관심 속에서 기능한다. 즉 실천적 구도에서 실존한다는 것이다. 이성은 "자기의식적 의욕selbstbewußten Wollen'으로부터 자기 자신과 친숙해지고, 자신의 행동에 자신을 투영"한다. "이성은 인간의 행동과의 모든 연관에서 실천적praktisch이다." 이성이 사유자의 행동과 연관이 없을 경우에만 이론 이성이 된다. 그러나 순수한 이론 이성은 아주 소수의 사람에게만 가능하다. 이런 의미에서 쇼펜하우어는 실천 이성이라는 것은 라틴어 신중성prudentia에 거의 가깝다고 한다.[37] 라티오ratio는 대부분 이론 이성을 의미했는데, "거의 모든 사람들에게서 이성의 능력은 거의 배타적으로 실천적 경향을 갖는다"고 한다. 이 실천적 이성이 버려진다면 인간은 동물처럼 현재 순간에 지배되고, 이때 비로소 '비이성적unvernünftig'이라고 불린다는 것이다.[38] 또한 비이성적인 사람은 체계적 기획이 없기 때문에 큰 죄를 저지를 수도 없다.

그러나 "진정으로 이성적인 인격에서는 이성의 능력이 특별히 실천적으로 나타난다. 그들은 기쁘거나 기쁘지 않은 상황에서 비상한 평정이나 항상된 기분, 일단 행해진 결단을 확고하게 지속한다는 특징을 보인다." 이러한 이성적인 덕은 고대 스토아나 피론과 같은 회의론자 및 유물론자의 내면적인 실천적 덕이었다. 쇼펜하우어에 의하면 그들은

---

37 위의 책, s. 693~694. 쇼펜하우어는 키케로에 의하면 prudentia는 providentia(섭리)의 축약이라 한다(De Natura Deorum, ii, 22). / 그는 칸트 이전의 많은 철학자들은 이성의 의미를 제대로 이해했다고 보고, 플라톤이 사용한 논리λόγικον, logikon나 영혼의 이성적 부분λογιστικον τῆς ψυχῆς, logistikon tes psyches이라는 개념도 자신의 이성의 의미와 일치한다고 보았다(위의 책, s. 697). 그는 또 앞의 '로기콘'과 함께 절제를 의미하기도 하는 사려φρόνησις, phronesis를 이성과 동의어로 사용한다(위의 책, s. 698).
38 위의 책, s. 694.

개념적으로 인생을 전체적으로 개관Überschauen할 수 있었다. 세계를 높은 차원에서 "조망하는 이성은 순간적 인상들의 기만, 모든 사물의 불안정성, 인생의 짧음, 쾌락의 공허함, 행운의 변덕, 크고 작은 운명의 장난을 단번에 알아챈다." 실천 이성의 덕은 어떤 것에도 두려워하거나 놀라 동요하지 않는다. 스토아의 "홀리지 말라nil admirari와 델피 신전의 지나치지 말라Μηδὲν ἄγαν" 혹은 데모크리토스의 '무외심無畏心, ἀθαυσία, athausia'이나 '부동심不動心, ἀθαυμασία, athaumasia'과 같은 말들은 모두 이성의 실천적 덕과 연관된다.[39] 이 영역에서 이성적이냐 아니냐의 구분은 동기가 추상적 개념인지 지각의 표상인지에 달려 있다. 이와 같이 이성은 자기의식이 투영된 활동의 상황에서 추상적 개념에 따라 실천하는 길을 발견한다. 이성은 실천적 맥락에서의 개념의 능력이다.

쇼펜하우어는 이성에 대한 자신의 이 설명이 "모든 시대, 모든 사람의 언어 사용과 정확하게 일치"하는 것이며, "우연적이거나 자의적인 어떤 것으로 간주되지 않을 상황"에 입각한 것이라고 자부한다. 이 관점에서 그는 철학의 오류는 말들의 오용에서 생기는 일정한 의미의 혼동에 기인한다고 주장한다. 로크의 언급대로 "대부분의 철학의 불일치는 말들의 잘못된 사용에서 온다"고 한다. 언어의 의미는 사용 방식에 의해 형성되지만, 칸트에 이르기까지 이성이라는 말의 의미는 그 사변적 사용 방식에 의해 왜곡되었다는 것이다. 특히 '생각 없는 사이비 철학자들gedankenarme Philosophasters'인 독일관념론자들에 의해 오용되었다.[40] 이처럼 쇼펜하우어의 언어비판 의식은 언어 의미의 시간적 변천 과정에 주목한다. 그러나 그것은 의미의 상대적 변화를 중립적으로 기술하는 것은 아니다. 그것은 세계관의 전제에 따라 말이 무의미한 헛소

---

39 위의 책, s. 695~697.
40 위의 책, s. 697.

리Unsinn로 오용될 수 있다는 것을 비판하는 데 목적이 있다. 말의 오용은 이성의 사변적 사용에 기인한다. 말들의 사변적 사용은 두뇌의 주관적 논리를 세계 그 자체의 구조로 착각한다. 이 정신적 도착은 자문화에 대한 무반성적 독단과 집착에 기초한다. 쇼펜하우어는 이에 대한 비판을 통해 철학적 개념들(실체, 의식, 진리 등)은 강경한 독단론자를 제외하고 모두가 동의할 수 있는 제대로 된 의미를 회복할 수 있다고 본다. 이에 따라 인간의 특권인 언어를 사용하는 모든 민족이 일치할 수 있다고 본다. 그의 언어비판은 언어 사용자들의 합리적 편견을 대상으로 한 것이다. 그것은 과학을 포함한 인간의 여러 삶의 방식에 대한 포괄적 조망의 능력을 요구한다.

쇼펜하우어의 언어비판적 논의는 자신이 제시하는 줄처Johann Georg Sulzer, 1720~1779의 두 저작, 《이성 개념에 대한 분석》과 《이성과 언어의 상호 영향에 관하여》에 힘입은 것으로 보인다. 이성을 원리의 능력이라 해서 스콜라 철학의 주요 원리를 이성의 이념으로 본 '칸트가 이성이라는 말을 오용한 한 사례'이다. 이 "칸트의 오류가 눈사태처럼 증가하여" 올바른 이성의 의미는 "박쥐의 제6의 감각"처럼 알 수 없는 것으로 치부되었다는 것이다. 그러나 쇼펜하우어가 보기에 독단론자의 "초감각적인 것, 절대자에 대한 예지적 직관"이 박쥐의 제6의 감각이다. "모든 시대 모든 철학자들은 이성의 의미를 제대로 이해했으나, 인과 형식을 가지고 지각하는 오성의 능력과 이성을 혼동"해 왔다. 이 점에서는 그들도 "이성의 본성을 철저히 설명할 수는 없었다"는 것이다. 그가 보기에 기독교 철학자들도 이성을 "계시와 대비해서 외적이고 보조적인" 의미를 갖는 것으로 보았지만, 덕에 관한 인식은 "계시 없는 이성에 의해서도 가능"하다는 올바른 견해를 갖고 있었다. 그러나 계시와 이성의 대비는 '철학 외적인 것'이다. "철학은 그것에서 자유로워야" 한다.[41]

칸트는 선천적 원리에 대한 인식을 이성 능력으로 본다. 마찬가지로 "행위의 윤리적 의미에 관한 인식도 경험적 기원을 갖는 것이 아니라 선천적 원리에 기초한다. 이에 따라 윤리적 의미도 이성으로부터 나온다." 행위의 윤리적 의미에 관한 인식이 우리 안에 있는 정언명법, 즉 무제약적 당위soll로부터 나온다는 가정은《순수이성비판》에서 인식이 보편적 형식으로부터 나온다고 한 것과 동일한 형태의 것이다. 그러나 인식의 형식을 선천적으로 의식한다는 것과 윤리적 당위는 '근본적 차이'를 갖는다. 선천적 형식은 가능한 모든 경험에 대해 타당한 무제약적 필연성muß을 갖는다. 이 필연성과 당위성의 차이는 크고 분명하다. 이 양자를 "인식의 비경험적 형식이라는 것을 기준으로 일치시키는 것"은 '재치 있는 비교'일 수는 있어도 '철학적 정당성'은 갖지 못한다. 양자의 기원이 다르기 때문이다. 쇼펜하우어에 의하면 실천 이성, 절대적 당위, 정언명법이라는 유아의 탄생지는《실천 이성비판》이 아니라 순수이성비판(초판 s. 802, 5판은 s. 830)에 있다. 이 탄생은 "강제적이며 대담하고 뻔뻔스러운 '그러므로Daher'라는 겸자Geburtzange, 출산집게"에 의해 수행된다. 그러나 필연성과 당위성은 '근거와 귀결'의 관계에 있지 않다.[42]

칸트가 윤리적 당위를 도출하는 논변은 다음과 같다. 그는 "우리는 지각할 수 있는 동기들에 의해서만이 아니라 추상적 동기들에 의해 결정된다는 명제로부터 출발한다." "감각을 자극하는, 즉 직접 영향을 주는 것만이 인간의 자유 선택을 결정하는 것이 아니라, 그 자체 멀리 있지만 유용하거나 해로운 것에 대한 표상을 통해 우리는 감각적 욕구 능력에 대한 영향을 극복할 수 있는 능력을 갖고 있다. 우리의 모든 조

41   위의 책, s. 698~699.
42   위의 책, s. 699~700.

건에 관하여 바람직한 것, 즉 선하고 유용한 것에 대한 사려는 이성에 의존한다(여기까지는 완전히 옳다). 그러므로daher! 이성은 정언명법, 즉 자유의 객관적 법칙들을 준다. 그리고 그 법칙들은 결코 일어날 수 없지만 일어나야 하는 것을 말한다."[43] 칸트의 이러한 논변은 "더 이상의 신용장도 없이 정언명법이 무제약적 당위 — 나무로 된 쇠라는 홀笏을 가지고 명령하기 위해 세계에 뛰어 들어온다. 왜냐하면 당위 개념에는 협박하는 징벌이나 약속된 보상에 대한 절대적이고 본질적인 고려가 필수적 조건으로서 존재하기 때문이다. 그리고 이것은 당위 개념 자체를 폐기하여 그것에서 모든 의미를 박탈하지 않고서는 당위 개념에서 분리될 수 없는 것이다. 그러므로 무제약적 당위는 형용모순contradictio in adjecto이다."[44] 칸트의 당위 개념은《순수이성비판》의 형식주의를 모델로 해서 강제로 도출된 것이다. 그리고 그것은 무조건적 명령이지만 결과적 상벌과 본질적으로 연관되어 있기 때문에 무조건적이지 않다. 칸트 당위 개념은 이러한 모순점을 갖고 있다.

그러나 쇼펜하우어가 보기에 그는 윤리를 행복주의와 분리시켜 도덕성 그 자체를 보호한 공적도 있다. 덕의 왕국은 이 세상에 속하는 것이 아니다. 플라톤이《국가론》에서 말한 덕은 불행과 치욕이 불가피하게 따라다녀도 그 자체만을 위해서 선택되어야 한다. 쇼펜하우어에 의하면 기독교에서도 덕은 전적으로 비이기적이며, 내세의 삶을 위한 것이 아니라 신에 대한 조건 없는 사랑으로부터 나온다. 인도인들도 행위에 대한 보상을 희망하는 것을 암흑의 길로 묘사하고 있다. 그럼에도 칸트의 도덕 철학이 그렇게 순수한 면모를 갖고 있는 것은 아니다. 그의 설명은 진정한 혼을 결여하고 있다. 뒤이은 최고선에 대한 논의에서

---

43 위의 책, s. 700~701.
44 위와 같음.

는 덕과 행복이 결합한다. 물론 행복이 덕의 동기는 아니다. 그러나 "비밀 품목이 있으며, 이것이 있다는 것이 나머지 모든 것을 단순한 거짓 계약으로 만든다. 그것은 덕의 실질적 보상이 아니라 덕이 행위가 이루어진 후에 몰래 손을 벌리는 자발적 뇌물이다." 영혼 불멸과 신의 존재를 요청하는 칸트의 도덕은 '도덕 신학Moraltheologie'이다. 그의 "도덕성은 도덕 신학으로 인해 자신을 파괴한다. 어떤 방식으로건 보상을 위해 행해진 모든 덕은 신중하고, 조직적이며, 멀리 보는 이기주의이다."[45]

쇼펜하우어는 칸트의 유명한 공식, 즉 실천 이성의 근본 법칙[너의 의지의 준칙이 언제나 보편적 입법의 원리로서 동시에 타당할 수 있도록 행동하라]이 그 내적 논리에서 이기주의를 전제한다고 본다. 이 원리는 "자신의 의지에 대해 통제(입법)를 요구하는 사람에게 모두의 의지에 대해서도 통제를 추구해야 하는 사명을 부여한다. 여기서 어떻게 통제가 이루어지는지에 대한 문제가 일어난다. 분명히 나의 행위의 규칙을 발견하기 위해서는 나는 나의 의지만을 고려해서는 안 되고 모든 개인들 총체를 고려해야 한다. 나 자신의 행복Wohlsein 대신에 차별 없이 모두의 행복이 나의 대상과 목적이 된다. 그러나 이 행복은 언제나 여전히 행복일 뿐이다. 이때 나는 각자가 타인의 이기심을 자신의 한계로 만들 때만이 모두가 유복해진다는 것을 알게 된다. 당연히 이로부터 나는 누군가를 해쳐서는 안 되며, 그래서 이 원리가 보편적인 것으로 가정되었기 때문에 나 역시 해를 입어서는 안 된다는 사실이 나온다. 하지만 이것이 유일한 근거이며, 아직 도덕 원리를 소유하고 있지 않지만 찾고 있는 나는 그것을 보편적 법칙으로 욕구할 수 있게 한다. 그러나 여기에서 분명한 것은 행복에의 욕구, 달리 말해 이기주의가 이 윤리적

---

45 위의 책, s. 702.

원리의 근원으로 남아 있다는 것이다."[46] 이기주의가 역설적이게도 보편적 법칙의 기초이다. 도덕성은 각 개인의 행복을 고려하여 입법하는 데에서 성립한다. 사실 이것은 루소의 일반의지를 형식화한 것으로 칸트의 형식주의적 도덕론을 대표하는 것이다. 그것은 일반의지의 논리적 형식 혹은 구조가 된다. 자기보존욕도 이기주의로 보는 쇼펜하우어가 보기에 스피노자의 이성도 각 개인의 자기보존의 욕망 역량을 평등하게 고려하는 것으로 이기주의와 도덕을 양립시킨다. 이것은 급진 자유주의의 형식적 정의관의 기초로서 유럽 근대 국민 국가의 한 원리가 되었다. 개인주의와 양립 가능한 그러한 도덕은 각 개인들의 동의를 이끌어 내어 그들의 에너지와 능력을 동원할 수 있는 사회 통합을 가능하게 했다.

국민 국가는 영국과 프랑스에서 먼저 이루어졌다. 독일의 경우는 뒤늦게 봉건적 지역성을 벗어나 통일을 달성했다. 이들 국민 국가는 세계정책Weltpolitik을 통해 식민지를 개척하는 제국주의 국가로 변천해 가는 과정에서 자유주의 인권의 원리는 총체적 동원 체제와 갈등하면서도 일면에서는 국가에 자발적으로 순응하도록 작용했다. 이 과정에서 일차 세계대전으로 가는 상황들이 보여 주듯 국민 국가는 언제나 전쟁 국가로 변신할 수 있었다.[47] 이런 의미에서 쇼펜하우어가 칸트의 보편적 입법론을 "정치학Staatlehre, 국가론의 기초로서는 훌륭하지만 윤리학의 기초로서는 무가치하다"고 판단한 것은 주목할 만한 것이다. 그것

---

46 위의 책, s. 702~703. 쇼펜하우어에 의하면 이 윤리적 원리는 '너에게 행해지기를 원치 않는 것을 다른 사람에게 행하지 말라'는 고대의 교훈을 간접적으로 표현한 것이다. 그것은 나와 타인에 대해 무관심한 태도가 자기모순이라는 것을 보여 준다(위의 책, s. 704~705). 고대의 교훈은 우선 직접적으로 수동적인 것, 즉 고통에 연관되고, 이를 통해서만 행동으로 나아간다. 이런 의미에서 그것은 국가 형성의 지도 원리로서는 유용한 것이다. 그것은 불의로운 고통Unrechtleidens을 방지하고, 모두의 최대의 복지를 보호하려는 방향을 갖는다(위의 책, s. 704).

47 국민 국가 문제에 대해서는 박상섭,《제1차 세계대전의 기원》, 아카넷, 2014, 23~98쪽 참조.

은 "모든 법적 제도의 기원"이다. 그에게는 진정한 도덕은 이기주의를 극복하는 사랑의 감정의 보편적 확대, 세계를 영원의 관점에서 보는 우주 시민의 내적 평화에서 가능한 것이다. 이 점에서 쇼펜하우어가 스피노자의 우주관을 인정하면서도 이로부터 그가 이끌어낸 도덕(이기주의와 도덕성을 양립시키는 이성의 도덕)에 대해서는 불만을 표시한 것도 이해될 수 있다.

스피노자는 개인들의 기쁨의 감정을 중시하고, 이에 기초해서 서로에게 유익한 사회적 관계를 형성하는 것을 이성의 사명으로 보았다. 이런 입장에서 그는 다수가 주권자인 민주 공화제를 이상적 사회 상태(국가)로 보았던 것이다. 그의 《정치학》은 능동적 감정을 증진시키려는 이성의 보편적 입법 능력을 시민국가의 기초로 제시하려는 진취적 의도를 갖고 있다. 그러나 수동적 감정인 고통을 중시하고 입헌군주제를 지지하는 쇼펜하우어는 스피노자와는 달리 독립적인 정치적 저작을 만들지 않았다. 그는 니체처럼 보수주의자의 노파심에 따라 인민주권이 추상적으로는 좋지만, 무지자가 대부분인 경우 혼란과 반란의 원인이 된다고 보았다. 쇼펜하우어는 개인의 질적 윤리 의식을 높이는 방향으로 나아간다. 그는 측은지심惻隱之心을 비롯한 도덕적 감정[四端]을 보편적으로 확장하는 데에서 도덕의 근원을 보는 맹자孟子와 도덕감 moralsentiment을 도덕의 기초로 보는 영국의 도덕학을 지지한다. 나아가 그는 도덕감을 형이상학적으로 해명한다. 그것은 우주의 본질인 동일한 의지가 개인들의 감정을 통해 드러난 것이다. 행위자로서의 개인의 도덕적 감정, 구원과 실존적 생의 의미에 지대한 관심을 가진 쇼펜하우어에게 윤리학의 진정한 대상은 '행동으로서의 행동das Tun als Tun'이다. 윤리의 "직접적 의미는 행동의 귀결이나 고통, 타인과의 관계에 있지 않고 행위자Täter에게 있다. 행위자 밖의 외적인 고려 사항들은 근본적으로 행복의 원리가 되며, 이기주의가 되기 때문에 용납될 수 없는 것이다."[48] 그의 도덕은 의무론도 아니고, 개인이나 사회의 감정적 행복의 총량을 계산하는 공리주의적 방향도 아니다. 그것은 보편적 연민과 사랑의 감정에 기초한 이기주의의 극복과 평등의 관점에서 우주를 조망하는 성인적 초인상을 지향한다.

칸트의 도덕 철학은 그 형식주의적 성격 때문에 실러Schiller 같은 사람들에게 조롱거리가 되었다. 쇼펜하우어도 칸트의 의무 개념은 '공감과 연민'과 같은 심정에 바탕한 행동이 아니라, 형식에 충실하기 위해 '마지못해 하는' '자기 강박Selbstzwang'을 면치 못한다는 것이다. 칸트의 입장에서는 사사로운 감정만이 아니라 도덕감도 도덕성을 훼손하는 '경향성Neigung'에 속한다. 쇼펜하우어가 보기에 이러한 견해는 "덕의 진정한 정신에 대립된다." 덕의 정신은 "행동에 있다기보다는 좋아서 행하는 것, 행동을 하게하는 사랑에 있다. 이것 없이는 행동은 죽은 활동이며, 그것이 행동의 장점을 구성한다." "기독교에서도 외적 행동이 진심으로 기꺼워함과 순수한 사랑에 존립하는 진정한 성향Gesinnung에서 나오지 않는다면 무가치하다는 것을 가르친다." 칸트의 형식주의는 이러한 덕의 정신을 경시한다. 과학의 논리가 과학자를 만들 수 없듯, 윤리적 형식이 훌륭한 덕을 행할 수 있는 능력을 만들지 못한다. 형식주의 도덕은 덕을 법칙 개념으로 추상화했기 때문에 능력 개념으로서의 덕을 훼손한다. 그것은 도덕적 행동을 "마치 모든 예술 작품이 미학적 규칙을 잘 분별하여 적용함으로써 생산되는 것이라고 주장하는 것과 같다." 예술의 논리적 형식이 예술가의 고유한 능력을 만들 수 없기 때문에 예술은 가르칠 수 없다. 마찬가지로 덕을 가르친다는 "모든 윤

---

48 Arthur Schopenhauer, *Anhang*, *Kritik der Kantischen Philosophie*, *Die Welt als Wille und Vorstellung* I, S. W, Band I, Suhrkamp, 1986, s. 704.

리학 교수나 설교가들이 저속한 인격을 덕스럽고 고상한 인격으로 변형시킬 수 없다. 이는 납을 금으로 변형시킬 수 없는 것과 같다."[49]

쇼펜하우어는 논리적 형식을 분리하여 말한 지식론과는 달리, 윤리학에서는 능력과 인성의 전환으로서의 품성론ethology을 말한다. 그는 "추상적 윤리가 아니라 직관적 인식(은총의 효과)을 통한 전적인 회심回心, Sinnesänderung의 가능성"을 인정하고, 여기에서 궁극적 생의 의미를 찾는 길을 개척한다. 그의 주저《의지와 표상으로서의 세계》의 마지막 부분인 4부는 동서양의 우주적 통찰의 세계를 궁극적 의미 세계로 제시한다. "모든 진정한 덕이 최고의 경지에 도달한 후에는 그것은 궁극적으로 모든 의욕이 종언을 고하는 완전한 포기로 나아간다."[50] 그는 이러한 방향을 갖는 자신의 전 체계는 꿰맨 흔적이 없는 '천의무봉天衣無縫한 하나의 덩어리'라고 한다. 그의 주저 1부에서 다룬 선험적 관념론은 따로 떨어진 지식론이 아니라 궁극적 지혜로 나아가는 하나의 단계로 설정된 것이다. 그의 학위 논문인《충족이유율의 네 겹의 뿌리에 관하여》에서의 과학의 논리도 선험적 관념론을 옹호하는 것이다. 그것은 주저의 예비 단계에 해당한다. 당시의 뉴턴주의자들처럼 실재론이나 기초주의적 검증론은 과학주의로 나갈 수 있다. 그러한 인식론은 의미의 세계로 나아가는 길을 차단할 수 있는 반면, 선험적 관념론은 과학적 지식을 인간 주관의 형식이 투영된 것으로 상대화할 수 있는 발판이 된다. 과학은 인간의 삶의 방식들 가운데 하나에 불과하며, 인간의 탐욕적 의지가 이성을 통해 발현된 것이다. 과학도 세상성 안에 있다. 과학적 인식이 깊어지고 반성에 이르면 과학도 세상성에 불과하다는 것을 자각하고 존재의 신비와 의미의 차원으로 도약하려 할 것

---

49 위의 책, s. 705~706.
50 위와 같음.

이다. 괴테-쇼펜하우어의 길은 이 방향에 있다.

| 판단력의 한계와 개별 과학적 의의

쇼펜하우어는 칸트 같이 예술에 대한 감각이 없는 사람이 어떻게 예술론인《판단력비판》을 쓸 수 있었는지 의아하다고 한다. 그에 의하면 칸트는 "시대적 인물인 괴테를 알지 못했으며", "위대한 예술 작품을 볼 기회도 갖지 못했다." 그럼에도 불구하고 "예술과 미에 대한 철학적 고찰에서 커다랗고 영원한 기여를 한 것이 놀랍다"는 것이다. 그러나 쇼펜하우어의 평소 주장대로라면, 과학자가 아닌 사람이 과학의 논리를 논하고, 논리적 사고를 못하는 사람도 논리학을 가르치며, 예술가가 아닌 사람이 예술의 형식적 구조를 논한다. 산문적 지성인 칸트가자기 철학의 전체적 구색을 갖추기 위해 예술을 논한 것도 이해가 안되는 것은 아니다. 그의 공적은 이제까지 많은 사람들이 미와 예술에대해 반성했지만, 그들은 경험의 관점에 국한되었으며, 이 관점에서 미적 대상의 일반적 특징들을 식별해 왔다고 비판한 데에 있다. 그의 공헌은 예술적 지각에서 "대상을 아름답다고 부르게 하는 자극 그 자체die Anregung selbst에 대해 그 구성 요소와 조건을 가능한 한 우리의 본성안에서 발견하기 위하여 진지하고 심오하게 탐구한 데에 있다." 이러한 탐구는 "전적으로 주관적 방향을 취한다." 그의 방법은 그의 전 철학에 고유한 것이다. 그것은 지각이라는 특수한 경험을 탐구하기 위해추상적 인식으로부터 출발하는 방법이다. 추상적 인식은 빛을 모아 영상을 보는 "어둠상자camera obscura와 같이 지각을 모아 개관하는" 기능을 한다. 《순수이성비판》에서 판단의 형식들이 지각 세계에 관한 정보를 주듯, 칸트는 미 그 자체, 지각의 아름다운 대상으로부터 시작하는 것이 아니라 미에 관한 판단에서 출발한다. 그는 미 그 자체가 아니

라 언제나 타인의 진술에서만, 즉 미에 관한 판단에서 출발한다." 칸트에게는 미학적 문제가 판단력의 문제이다. 미학이 객관적 진술의 문제인 한, "그는 그것을 직접적으로가 아니라 전적으로 소문으로 알게 되는 것과 같다."[51] 쇼펜하우어가 보기에 미학적 문제에 대한 칸트의 해결 방법은 대상의 본성에서 멀어졌다는 의미에서 적절치 못하다.

하지만 그에 의하면 자연적 물체에 대한 판단에서 칸트의 존중할만한 점은 목적론적 설명이 주관적 기원을 갖는다고 한 것이다. "자연적 물체를 목적 개념에 따라 미리 계획된 것에서 일어난 것으로 생각하려는 충동", 즉 그것들에 대한 표상이 그 존재에 선행했을 것이라는 방향에서 생각하려는 충동은 주관적 기원을 갖는다. 목적론적 설명은 객관적 진리가 아니다. 마찬가지로 역학적 설명을 유기적 현상에 적용하는 것도 잘못된 것이다. "우리가 단순한 역학적 원인들로 유기적 물체의 구성에 관한 설명에 도달할 수 없다는 칸트의 주장도 옳다. 그는 역학적 설명으로 모든 보편적인 자연력들의 무의식적이고, 미리 계획되지 않은 규칙적 결과를 이해한다." 쇼펜하우어에 의하면 여기에 칸트의 결점도 있다. 칸트는 유기체의 계획성에 대해서만 역학적 설명을 거부한다. 그러나 쇼펜하우어는 역학적 현상과 화학적 현상을 구분한다. 화학적 현상은 역학으로 설명될 수 없다. 유기체의 계획성이 일어나지 않는 곳에서도 설명의 근거는 자연의 한 영역에서 다른 영역으로 이전될 수 없다. 우리가 "새로운 영역에 들어서자마자 그것은 우리를 저버린다. 새로운 근본 법칙이 나타난다. 그것에 대한 설명은 이전의 영역에 관한 설명으로는 기대될 수 없다." 예를 들어 역학적 영역에서는 "중력, 응집력, 견고성, 유동성, 탄성의 법칙들이 지배한다. 이 법칙들

51   위와 같음, s. 708~710.

자체는 더 이상 설명이 불가능한 힘들의 발현으로 존재하는 것들이다. 이 법칙들은 다른 모든 설명의 원리가 된다. 하지만 만일 이 영역을 떠나 화학, 전기, 자기, 결정의 현상으로 나아가면, 역학적 원리는 더 이상 사용될 수 없고, 이전의 법칙들은 더 이상 타당하지 않다." "소금의 용해는 역학적 법칙으로 설명될 수 없는 것"이다. 쇼펜하우어에 의하면 비유기적 영역에서도 역학적인 것과 화학적인 것에 적용되는 인과성은 다르다. 그는 이러한 논의가 칸트의 목적론적 판단에 대한 비판에 유용할 것으로 여겼다. 쇼펜하우어의 관점은 현상들의 복잡성이 과학적 탐구의 다양한 영역을 필요로 한다는 근대적 관점을 분명하게 표현한 것이다. 사물의 복잡성은 다양한 과학을 필요로 한다. 그것은 칸트-쇼펜하우어의 관점에서는 예리한 판단력의 분별을 요구하는 것이다. 존재의 계층성이 오성의 판단력에 의해 과학의 계층적 분화를 낳는다. 그러나 가장 근저에 있는 물질의 차원은 역학적 설명이 적용된다. 나아가 쇼펜하우어는 존재의 계층성을 만유의 통일적 본질인 의지의 진화적 발현으로 해명한다. 그는 칸트도 그러한 설명의 가능성을 완전히 부정한 것은 아니었음을 엿보았다. 그는 말한다. "현상의 본질에 대한 보다 심오한 인식이, 자연의 표면적인 의도적 작용에서만이 아니라 역학적 작용에서도 양자 공통의 설명 근거로서 기여할 수 있으리라는 칸트의 암시Andeutung에 특히 호의적일 수 있을 것이다."[52]

이상에서의 쇼펜하우어의 논의는 칸트의 비판 철학을 비판적으로 계승하고 있다는 것을 보여 준다. 그는 인식비판을 더 철저히 수행하여 칸트에게 남아 있는 사변 신학적 요소를 극복하는 동시에, 윤리학과 직접적으로 연결되는 의지의 형이상학을 창조하는 것이 칸트의 암

---

52 위의 책, s. 714-715.

시적 예시豫示를 완성하는 것이라고 생각한다. 쇼펜하우어가 칸트와의 연관에서 자신의 위치를 이렇게 파악하는 것은 독일관념론의 독단이 칸트의 비판 정신을 왜곡했다는 판단 하에서 나온 것이다. 그는 사변 신학이 아닌 제3의 형이상학의 가능성을 열고자 한다. 그러면 그가 말하는 칸트의 암시적 예시는 무엇인가? 이에 대한 해답을 통해 그와 칸트의 관계가 보다 분명해지며, 쇼펜하우어가 사변 형이상학보다 신비주의 철학에 더 친화적인 사상사적 배경을 이해할 수 있을 것이다.

4. 계몽주의와 영적 공동체(칸트와 스웨덴보리)

    칸트의 선험적 관념론의 정신을 계승하여 스콜라철학의 독단을 피하는 쇼펜하우어는 어떤 삶의 방식을 지향하는가? 쇼펜하우어는 칸트의 형식주의 윤리를 도덕적 감성의 확장에 기반한 능력의 윤리로 변형하고, 그것을 의지의 형이상학으로 해명한다. 그는 의지라는 생명원리에 기초하여 동서양의 우주적 지혜에서 궁극적 생의 의미를 찾는다. 이러한 세계 지혜는 칸트의 계몽주의적 세계상에서는 다소 낯선 것이다. 근대 과학의 정신이 투영된 유물론과 계몽주의의 공헌에 대해 쇼펜하우어도 모르는 것은 아니다. 그러나 과학주의의 한계를 절감한 그에게는 유럽의 허무주의적 상황은 영원의 관점에서 우주를 정관하는 세계상으로 극복될 수 있는 것이었다. 성서의 세상성, 불교의 세속성의 관점에서 이해된 유럽 근대 문명은 개인적 인격의 성장이라는 관점에서 조망된다. 세상성은 우주의 무의미성[비존재]을 통과해서 우주 존재와의 통일로 나아가는 성인적 초인의 관점에 도달함으로써 극복될 수 있는 것이었다.

    쇼펜하우어가 보기에 의지 형이상학으로 발전하는 계기는 칸트에 의해 그 길이 암시되었다. 다만 칸트는 그것을 자신의 사상으로 적극적으로 표현하지 않았을 뿐이다. 소극적으로만 표현된 칸트의 물자체 혹은 예지계는 새로운 형이상학으로 나아가는 계기를 제공한다. 감성계와 예지계의 이원적 구분은 칸트 철학의 기본 축이다. 예지계는 알 수 없는 무엇 혹은 가상이라는 소극적 개념으로 묘사되어 왔다. 그것은 사변 형이상학의 대상이 될 수 있는 위험한 것으로도 언급되었다. 그러나 쇼펜하우어에게는 예지계에 대한 사유가 이것으로 그칠 수 있는 것이 아니었다. 사물을 무한히 이해하고자 하는 충동, 타자를 배려하고 사랑하려는 충동은 대체 어디에서 오는 것인가? 이러한 물음이 칸트 철학의 근본 배경이 된다는 것은 주지의 사실이다. 세계와 자아의 신비에 대한 형이상학적 물음이야말로 모든 과학과 철학의 추동력일 것이다. 밤하늘의 별과 내 마음의 도덕법으로 요약되는 이 궁극적 신비는 오직 감성계를 넘어서는 초월적 충동과 함께하는 근원적 물음이다. 인식비판에서는 형이상학의 불가능성을 말했지만, 존재의 신비와 연결된 인식 충동과 도덕감의 비밀에 대한 물음은 다시 형이상학을 요구한다. 형이상학으로 나가는 출구가 따로 있는가? 있다. 그것은 개념적 인식에 의지하는 사변적 길이 아니라 이와는 전혀 종류가 다른 도덕감을 가진 윤리적 자아를 성찰하는 길이다. 칸트가 형이상학의 가능성을 위해 《순수이성비판》〈선험적 방법론〉에서 도덕 형이상학이라는 말을 남겨 놓았다는 것이 바로 그것이다. 쇼펜하우어의 의지 형이상학은 개념과 추론의 능력에 의해서가 아니라 바로 실천적 자아의 자기의식에 의해 가능한 것이 된다. 칸트의 예지계로 나아가는 지하통로인 이 출구는 반드시 아래 두 사람에게만 한정되는 것은 아니지만, 루소의 일반의지론과 스웨덴보리Emanuel Swedenborg, 1688~1772 같은 기독교 영지주의자들의 심령 형이상학이 말하는 영적 공동체론과 연관된다. 이 사상들은 초기 기독교인들의 영적 공동체 경험에 기원하기에 사실상 새로운 것도 아니다. 이 노선에서 칸트는 도덕 법칙이 인간의 모든 제약과 장애를 이기고 완전히 실현된 '도덕계'를 예지계로 가정한다. 이것이 이성적 존재의 자유가 실현된 영적 공동체, 즉 이성적 존재들의 신비적 단체corpus mysticum이다.(《순수이성비판》, 836, 〈최고선의 이상〉)[1]

칸트가 거듭 관심을 갖고 읽었다는 루소의 《에밀 Emile》(1762)은 사부아의 신부 이야기를 전한다. 이 작품에서 루소는 이 신부를 존경하여 그의 세계관을 수용하게 된다. 라이프니츠에 반대하고 뉴턴에 기울어져 있던 그 신부는 라이프니츠의 논적이었던 클라크Samuel Clarke, 1675~1729로 알려지게 된다. 그의 세계관은 개체의 고유한 본성과 전체적 소통성을 결합한 이신론적 우주관이다. 우주에는 모든 곳에 편재하는 하나의 이법을 실현하는 일반의지가 있다. 모든 개체들은 서로 다르고 물리적 조건에 제약되어 있지만, 근본에서는 상호 소통적 체계를 이루고 있다. 개체는 특수한 의지에 갇혀 있지만 근저에서는 모두가 공통된 세계의 한 구성원이다. 인간 세계도 개인들은 이기적 존재이지만 그 영혼은 일반의지를 알고 실현할 수 있는 능력을 갖고 있다. 이것이 바로 루소 일반의지론의 형이상학적 근거를 제공한다. 칸트적 번역으로는 개인들은 감성계에 속하지만 예지계에도 참여하는 이성적 존재의 자유를 갖는다. 이성적 존재가 도덕 법칙을 이해할 수 있는 이유는 그가 개체의 물리적 한계를 초월하여 보편성에 참여하는 자유의 능력을 갖기 때문이다. 인간은 도덕계라는 예지계와 공유하는 부분이 있기에 도덕적 존재일 수 있다. 이상적으로 생각한다면, 이성적 존재는 자

---

1   Immanuel Kant, 최재희 옮김, 《순수이성비판》, 박영사, 1972, 557쪽. 이 영적 공동체에서는 모두가 하나이며 재산은 공유이다. 이 원초적 공유론이 유럽 급진 사상의 근원이다. 그러나 법철학에서 칸트는 이 공유론을 인위적 계약에 의해 창안된 부차적인 것으로 치부하고, 현실적으로는 주인이 없지만 잠재적으로는 개인의 소유권을 함축하고 있는 근원적 공유의 원리를 실천이성의 근본 법칙으로 전제하고, 이로부터 배타적 사적 소유론을 만들어 낸다. 이런 의미에서 칸트는 자유주의적 계몽주의자라는 시대적 편향성을 갖는다고 하겠다.

유로운 영혼들의 신비적 공동체의 일원이며, 사후에는 그 세계 안에서 지복을 누리며 살게 될 것이다. 이 차원과 맞닿아 있는 인간은 탄생과 죽음이라는 시간적 조건을 벗어나 자유와 행복을 향유할 가능성을 갖는다. 칸트의 되살아난 예지계는 루소의 의지론과 초기 기독교에 연원하는 자유로운 영적 공동체주의를 배경으로 갖는다. 칸트의 예시를 실현했다고 믿는 쇼펜하우어의 윤리와 의지 형이상학이 현상계인 표상으로서의 세계와 예지계인 의지로서의 세계라는 이원적 구도를 갖는 것도 바로 그러한 맥락에서 형성된 것이라고 할 수 있다. 다만 칸트가 양자를 단적으로 구분하는 반면, 쇼펜하우어의 예지계는 현상에 내재적으로 발현되어 있다. 쇼펜하우어가 '경험적 성격'과 '예지적 성격'으로 나누는 칸트의 발상을 내재적 구도에서 수용하는 것도 같은 맥락이다. 쇼펜하우어는 이러한 방향이 칸트의 예시를 완성하는 길이라고 생각했지만, 그가 제시한 윤리는 칸트의 다분히 계몽주의적이고 세속적인 이상과는 거리가 있는 것이었다.

그러나 예지계에 대한 칸트의 관심을 이해하기 위해서는 다소 역설적이지만, 스웨덴보리의 신비 형이상학과의 관계를 알 필요가 있다. 칸트는 유명해지기 전 젊은 시절에 당시 유럽을 떠들썩하게 했던 자연과학자이자 영혼 투시자인 스웨덴보리에 관심을 갖는다. 스웨덴보리는 제반 과학 분야에 정통한 저명한 인물이었는데, 영계靈界와 천국을 여행하고 방대한 경험담을 기록한다. 칸트는 그에게 편지도 보내고(응답은 없었다. 무시당한 것으로 보인다) 비평하는 책도 남겼다. 그의《영혼 투시자의 꿈 Dreams of a spirit-seer elucidated by dreams of metaphysics》(1766, 42세)은 스웨덴보리에 자극받아 쓴 것으로, 교의적인 것과 역사적인 것, 두 부분으로 되어 있다.[2] 그 책은 양면적 주장을 담고 있다. 한편에서 칸트는 현학적인 스콜라적 철학에 반대하지만, 증명할 수는 없는 예지계인 비물질적 영혼의 존재를 인정한다. 다른 한편 그는 신비주의자의 초월적 윤리보다는 세속화된 윤리적 입장을 생활 철학으로 제안하고 있다. 그 책은 예지계를 가정하면서도, 라이프니츠-볼프의 신학존재론과 신비 형이상학을 거부하는 칸트의 세속적 계몽주의 정신을 잘 보여 준다. 쇼펜하우어가 보기에는 신학존재론의 낙관론과 계몽주의적 낙관론은 모두 세상성을 철저히 버리지 못한 속물주의이다. 이것이 서양 전통에서 그를 염세주의라고 낙인찍는 한 요인이 되었다. 그러나《영혼 투시자의 꿈》에 담긴 칸트의 비평은 다소 이해하기 어려운 이중성을 숨기고 있다. 나타난 것으로만 보면 그것은 계몽주의자의 반형이상학의 입장에서 신비 형이상학을 조롱하는 것이다. 그러나 칸트는 앞서 언급한 것처럼 예지계인 영혼 공동체에 평생토록 관심을 갖고 있었다. 그의 스웨덴보리에 대한 관심은 비판과 존경의 양극으로 동요하는 것이었다. 이 양면성에 대한 이해는 칸트와 쇼펜하우어의 형이상학을 이해하는 데에 일정한 기여를 할 수 있으며, 보기에 따라서는 결정적 기여를 할 수 있을 것이다.

러셀Bertrand Russell에 의하면 스웨덴보리는 신비주의 체계를 방대한 저술로 세상에 내놓았는데, 단지 네 권이 팔렸지만, 그중 한권을 칸트가 샀다. "칸트는 농담 반 진담 반으로 스웨덴보리의 체계는 정통적인 형이상학보다 더 공상적인 것은 아니라고 말한 적이 있으며, 또 그것을 공상적이라고는 했으나 전적으로 멸시하지는 않았다"고 한다. 이러한 모호함은 칸트 자신 안에 있는 두 요소에 기인한다. 러셀에 의하면 "칸트의 신비주의적 요소는 저술 속에 크게 나타나지는 않지만, 역

---

2   그 책은 Immanuel Kant, *The Works of Immanuel Kant*, *Theoretical Philosophy*, 1755~1770 (Cambridge, University Prinston, 1992, p. 301~359)에 *Dreams of a spirit-seer elucidated by dreams of metaphysics*, 1766 이라는 제목으로 번역자의 주석과 함께 실려 있다.

시 있기는 있다. 이 신비주의적 요소가 스웨덴보리에 경탄하게 했으며, 매우 숭고하다고까지 말하게 만들었던 것이다."[3] 실제로 칸트는 스웨덴보리에 대해 긍정적 관심을 갖고 있었다. 그의 《형이상학 강의》는 다음과 같이 말한다. "확실히 다른 세계來世에 관한 이러한 견해(영적 공동체에 관한 영적 직관)는 증명될 수는 없다. 그러나 그것은 반대자들에 대항할 수 있는 이성의 필연적 가정이다. 스웨덴보리의 사상은 이 점에서 대단히 숭고하다sublime. 그는 영적 세계가 특별한 실재적 우주라고 말한다. 이것이 감성계mundo sensibili와 구분되어야만 하는 예지계mundus intelligibilis이다."[4] 칸트는 《순수이성비판》에서 비록 가정으로서 요청한 것이었지만, 스웨덴보리는 예지계를 적극적으로 인정하는 그 시대의 전형적 사례였다. 자신에게는 가능성인 것이 스웨덴보리에게는 현실이다. 그렇다면 칸트의 《영혼 투시자의 꿈》에 실린 비평은 하나의 풍자이지만 실제로는 노골적으로 드러낼 수 없는 존경심을 숨기고 있는 이중성을 담고 있는 것으로 보아야 한다. 그는 내심으로 스웨덴보리의 형이상학의 광대함과 대담성에 경탄을 보낸다. 칸트는 표면적으로는 계몽주의자이지만, 내면에서는 형이상학적 충동을 되돌아보는 반성의 사람이다. 칸트의 비평문의 제목대로 영혼 투시자의 꿈은 형이상학의 꿈에 의해 해명된다.

이런 의미에서 《영혼 투시자의 꿈》을 "칸트의 저작 중 가장 진기한 것"으로 보는 쿠엔Manfred Kuehn의 다음과 같은 지적은 흥미롭다. "《영혼 투시자의 꿈》은 풍자의 장르에 속한다. 그 책에서 칸트는 영계에 대한 스웨덴보리의 투시를 잘못된 광란으로 조롱한다. 그 책을 풍자로

---

3   Bertrand Russell, 최민홍 옮김, 《서양철학사 下》, 집문당, 1973, 890쪽.
4   Immanuel Kant, trans by Karl Ameriks and Steve Naragon, *Lectures on Metaphysics*, Cambridge University Press, 1997, p. 104~105.

규정하는 것은 올바른 태도가 아니다. 그 풍자적 요소는 하나의 이론이나 적어도 세계의 존재 방식에 대한 어떤 견해를 위해 이용되고 있는 것이다. 이 점에서 그것은 하만Hamann의 《소크라테스 회상록Sokratische Denkwürdigkeiten》과 유사성이 없지 않다. 하만도 풍자적 요소를 자신이 아주 진지하게 옹호하는 한 이론을 지지하기 위해 사용한다. 하지만 하만이 자신의 신앙 이론을 해명하고 지지하기 위해 철학을 이용하듯, 칸트는 철학의 모자란 점을 밝히기 위해 일정한 신앙을 이용하고 있다. 칸트의 논평문의 제목이 〈형이상학의 꿈에 의해 해명되는 영혼 투시자의 꿈〉이지만, 그는 《영혼 투시자의 꿈》이 형이상학의 꿈을 해명해 주고 분명히 부각시킨다고 생각한 것으로 보인다."[5] 쿠엔도 그 진기한 책이 풍자에 속하지만 풍자만은 아닌, 형이상학의 꿈을 해명하는 긍정적 요소를 갖고 있다고 본다. 하만Johann Georg Hamann, 1730~1788은 칸트 시대에 하만의 친구인 베렌스J. Ch. Berens를 비롯한 칸트 추종자들의 계몽주의와 주지주의를 반대한 낭만주의 사상가이다. 그는 이들이 존경하는 지적 대표인 소크라테스에 대한 풍자를 통해 사실은 소크라테스가 선지자와 같고 진정한 신앙을 가진 인물이라는 것을 드러내는 작품인 《소크라테스 회상록》을 썼다. 그의 선집을 번역한 김대권에 의하면 그 작품은 하만이 칸트와 그 추종자들에 대항하여 무지의 진리를 모르는 공허함을 치유하려는 장치이다. 그는 철학자 소크라테스를 이용하여 소크라테스의 다른 면모인 신비주의와 예지적 인격을 '아이러니'를 통해 진정한 철학의 요소로 밝히려 한 것이다.[6] 하만의 대립자인 칸트에게 보이지 않는 낭만주의적 요소는 쇼펜하우어에게는 훨씬 친근한 것이다.

---

5   Manfred Kuehn, *Kant A Biography*, Cambridge University Press, 2001, p. 173.
6   Johann Georg Hamann, 김대권 옮김, 《하만 사상선집》, 인터북스, 2012, 227~239쪽.

스웨덴보리에 대한 칸트의 은밀하면서도 적극적인 관심은 도덕 형이상학의 가능성을 전개하는 데에 기여했을 수 있다. 임승필에 의하면 예지계에 대한 관심은 칸트의 이원적 구도에 영향을 준 플라톤 철학에서 온 것으로도 볼 수 있지만, 동시대의 스웨덴보리에 대한 지속적 관심은 예지계에 대한 칸트의 견해와 연관하여 중요한 의미를 갖는다. 그는 워드Keith Ward의 〈칸트 윤리학의 전개 The Development of Kant's View of Ethics〉 (1972)와 파울젠Friedrich Paulsen의 〈칸트, 그의 생애와 학설 Immanuel Kant, his Life and Doctrine〉(1902) 등의 연구를 바탕으로 스웨덴보리가 칸트에게 예지계를 생각하도록 한 것은 아니지만, 칸트 자신이 이원적 구도 안에서 스웨덴보리의 신비 형이상학에 관심을 지속적으로 유지하고 있었음을 밝히고 있다.[7]

칸트와 스웨덴보리의 관계는 칸트의 형이상학과 예지계의 문제를 이해하는 데에 흥미로운 기여를 할 수 있다. 그것은 당시 전문 철학자들이 '부녀자의 잡담 철학'이라고 비하했던 대중적인 신비적 영성이 예지계라는 개념의 의미였다는 것을 알려 준다. 또한 칸트가 계몽주의와 신비주의의 중간에서 긴장을 유지하면서도 전자의 편으로 기울고 있음을 보여 준다. 하지만 칸트는 실천 이성의 자유 개념뿐만 아니라 스웨덴보리의 영계에 대한 관심 때문에 '예지계가 없이는 철학의 목적도 없다'는 형이상학자의 면모를 유지할 수 있었다. 쇼펜하우어가 선험적 관념론이라는 지식론에 머물지 않고 의지 형이상학에서 출발하여 우주적 통찰의 윤리를 말할 수 있었던 것도 그러한 칸트적 노선의 연장선에서 가능했다고 할 수 있다. 나아가 그는 대중성을 갖는 신비적 영성

---

7   임승필, 〈칸트의 '형이상학자의 꿈에 비추어 본 시령자의 꿈'〉, 《철학》 98집, 2009, 109~136쪽. 《형이상학 강의》에 나타난 스웨덴보르그에 대한 칸트의 태도〉, 《철학과 문화》 20집, 2010, 39~59쪽.

을 긍정적으로 수용함으로써 대학교수 같은 유식한 국가 신민이 아닌 신비주의자의 무지의 진실을 세계 지혜로 발전시킬 수 있었다.

칸트는 신비주의를 가설로 인정하는 입장에 있었다. 이 때문에 그는 하만에서 쇼펜하우어에 이르는 낭만주의적이고 신비주의적인 세계 상에 대담하게 발을 내디딜 수는 없었다. 그는 스웨덴보리의 신지주의 神知主義를 건실하지 못한 독단으로 보아 조롱하는 모습을 연출한다. 칸트는 볼테르Voltaire, 1694~1778의《캉디드Candide》에 나오는 건실한 인생관을 제안한다. 캉디드는 라이프니츠 철학의 신봉자였는데 많은 인생 경험을 통해 그것이 근거 없는 낙관적 목적론임을 알게 된다. 그는 다시 스토아나 에피쿠로스의 이성적인 단순한 생활로 돌아간다. 칸트는 이러한 단순한 생활을 건전한 삶의 이상으로 제안한다. 이 단순한 생활은 도덕적 의무를 다하면서 죽은 후에 영혼의 행복을 기다린다는 도덕 신학적 관점에 스토아나 에피쿠로스의 이성적 평정을 결합한 길이다. 이러한 이성적 삶은 구두 수선공이었던 뵈메Jakob Boehme와 같은 신지주의자를 존경하는 쇼펜하우어가 선호하는 삶의 방식과는 분명히 다르다. 쇼펜하우어는 고대 현자의 이성적 평정을 넘어, 세계 고苦와 분투하며, 유한한 인간 존재의 슬픔을 이긴 성서의 그리스도와 붓다를 지고의 이상적 인격으로 제시한다[심지어 그는 도덕적 신념으로 자기희생을 감수하는 '비극적 영웅'을 존중한다]. 이런 측면에서 그는 동서양의 신비주의자들을 높이 평가할 수 있었다.

《영혼 투시자의 꿈》가운데에서 스웨덴보리에 대한 칸트의 이중적 태도를 낳은 관점을 보여 주는 글은 다음과 같다. 그의 글은 전통적 세계영혼론과 이를 계승하는 라이프니츠-볼프 철학의 생기론적 모나드론의 영향을 보여 준다. 그것은 심신관계에 대한 형이상학적 미해결의 문제를 남겨두고, 결론에서는 계몽주의 생활 철학을 제안한다.

1) 이 세계에는 비물질적 존재가 있으며, 나 자신의 영혼이 이 존재들의 부류에 속한다고 아주 기꺼이 주장하고 싶다는 것을 고백해야 하겠다. 그러나 그 경우에도, 우리가 외적 활동에 대해 갖고 있는 개념들이 우리가 물질에 대해 갖고 있는 개념들로부터 도출되고, 그래서 그것들은 언제나 압력이나 충격이라는 조건 ― 영혼에서는 실현되지 않는 조건 ― 과 연관되어 있을 지라도, 영혼과 신체에 있는 공동성은 얼마나 신비스러운가? 그럼에도 동시에 그 불가사의함은 얼마나 자연스러운가? 왜냐하면(다음과 같은 심신 관계 문제가 있기 때문이다). 대체 어떻게 비물질적 실체가 물질의 진행을 가로막아, 운동하는 물질이 영혼과 싸우게 되는 것일까? 그리고 어떻게 물체적인 것이 물체와 전혀 달라서 불가침투성이라는 물체의 성질에서 오는 상호 대립을 보여 주지 않으며 어쨌든 현존하는 공간을 차지하지 못하게 막는 비물질적 존재에 영향을 줄 수 있는 것일까? 영혼 존재는 물질과 결합하여 가장 은밀한 방식으로 물질 속에 현존하는 것으로 보인다. 그리고 그것은 물질 요소의 고유한 힘들에는 작용하지 않지만, 그것에 의해 요소들은 서로 관계되어 있는 것으로 보인다. 그것은 오히려 그들 상태의 내부 원리(표상 능력)에 작용하는 것으로 보인다. 왜냐하면 물질의 단순 요소들도 포함하여 모든 실체는 결국 어떤 종류의 내적 능동성(생명원리)을 외적 결과를 낳는 근거로 갖고 있어야 한다. 그리고 내가 그 내적 능동성이 무엇에 존립하는지를 명시할 수 없음에도 그렇다.[8]

2) 우주를 채우고 있는 죽은 물질은 관성과 정지 상태에 있을 때, 그 자신의 고유한 본성에 따라 단 하나의 같은 조건에 있다. 그것은 견고성, 연장성, 형태를 갖는다. 이 모든 근거들에 기초해 있는 그 현상은 수학적이기도 한 물리적 설명을 허용한다. 물리적인 것과 수학적인 것이 결합할 때 이 설

8 Immanuel Kant, *The Works of Immanuel Kant*, *Theoretical Philosophy*, 1755~1770, Cambridge, University Prinston, 1992, pp. 314~315.

명은 역학적이다. 다른 한편 우주에는 생명의 근거를 포함하는 존재의 유형이 있다. 그러므로 그러한 존재들은 요소로서의 생명 없는 물질의 질량을 확대하거나 연장을 확대하는 종류의 것이 아니다. 그것들은 접촉과 충격의 법칙들에 따라 작용하는 생명 없는 물질에 영향 받지 않는다. 그것들은 오히려 내적 능동성을 가지고 그들 자신과 자연의 죽은 질료에 생기를 부여한다. 이런 유형의 존재에 주목하게 되면 우리는 비물질적 존재들의 실재에 대한 증명의 명료성은 갖지 못하지만, 적어도 그에 대한 무감동하지 않은 오성의 예감에 설득당하는 자신을 발견할 것이다. 그것들이 작용하는 특수한 인과 법칙들은 이른바 영적pneumatisch이다. 그리고 물질 세계에서 물체적인 것이 그것들의 결과의 매개적 원인이 되는 한에서는 그것들은 유기적이라 한다. 왜냐하면 이 비물질적 존재들은 자발적 능동성의 원리이며, 그래서 실체들과 존재들은 그들 자신의 권리로 존재하는 것이다. 그래서 먼저 제시되는 결론은 다음과 같다. 이 비물질적 존재들은 직접 결합하여 거대한 전체를 형성할 수 있다. 이것이 이른바 비물질적 세계, 즉 예지계mundus intelligibilis이다. (……) 비물질적 세계는 그러므로 그 자신의 권리로 존재하는 전체로서 간주될 수 있다. 그 비물질적 세계의 부분들은 상호 연관 관계에 있으며, 서로 함께하는 공동체 안에in wechselseitiger Verknüpfung und Gemeinschaft 있다.[9]

3) 예를 들어 한편으로 보다 깊은 탐구는 우리에게 다음과 같은 것을 가르쳐 줄 수 있다. 즉 지금 논의하고 있는 사항에서 확신할 수 있는 철학적 통찰은 불가능하다는 것이다. 다른 한편 우리가 그 문제를 조용하고 공평하게 고찰한다면, 그것은 쓸데없고 불필요하다는 것을 인정해야 할 것이다. 학문의 공허성이 이미 자신의 의미에 근거해서 자신의 활동을 변호하

---

9 위의 책, pp. 316~317.

486 의지와 소통으로서의 세계

고 있다. 그런데 더욱이 여기에서도 다음과 같은 주장, 즉 영혼의 영성에 관한 합리적 이해가 죽음 이후의 삶이 있다는 확신에 필수적이라는 것, 그리고 이러한 확신 그 자체는 덕 있는 삶을 이끌어가기 위해 어떤 동기를 가져야 할 때 필요하다는 주장이 일반화되고 있다. 그러나 어리석은 호기심은 죽은 자의 영혼들인 유령의 진실성에 대해 경험으로부터 이 모든 것에 대한 증명을 제공할 수 있다고 주장한다. 그러나 진정한 지혜는 단순성의 친구이다. 그리고 후자의 경우에는(단순성의 경우) 심정이 오성을 지배하기 때문에, 일반적으로 그 심정은 학식으로 정교하게 무장하는 것을 무용하게 하며, 그 목적은 다만 모든 사람들이 다가갈 수 있는 수단만을 필요로 한다고 본다. 아! 오직 또 다른 세계가 있기 때문에 덕스러워진다는 것이 선한 것인가? 아니면 행동은 그것 자체로 선하고 덕스럽기 때문에 언젠가는 보답을 받게 되는 것은 아닐까? 인간의 심정은 자신 내부에 직접적인 도덕적 명령을 포함하지 않을까? 인간을 여기 지상에서의 운명과 일치하게 행동하도록 유도하기 위해서 또 다른 세계에서 작동하는 장치를 설정하는 것이 정말로 필요한가? 미래의 징벌이 제지하기 때문이 아니라, 그가 선호하는 악에 이미 자신을 맡기려고 하는 바로 그 사람을 진실로 정직하다거나 덕스럽다고 할 수 있을까? 그가 악을 행하는 것은 두려워하면서 자신의 영혼 안에서 어떤 사악한 성격을 키우고 있다거나, 덕 자체는 싫어하면서도 덕을 가장하는 행동의 이점은 사랑한다고 말해야 하지 않을까? 그리고 실로 경험은 다음과 같은 것을 가르친다. 미래 세계의 실재성을 잘 알고 확신하면서도, 자기 자신을 악과 비천함에 맡기는 많은 사람들이 있으며 그들은 그들을 협박하는 미래의 결과를 교활하게 회피할 수 있는 수단들만을 생각하고 있다는 것을 가르쳐 준다. 그러나 내가 생각하기로는, 죽음과 함께 모든 것이 끝이라는 생각을 옹호하며, 또 어떤 미래가 있을 것이라는 희망에 고무되지 않는 고상한 취향을 가진 올바른 영혼은 존재한 적이 없다. 이러한 이유로, 또 다른 세계에 대한 희망에 고상한 행위의 기초를 두기보다는 반대로 고상하게 형성된 영혼의 감각에 미래 세계에 대한 기대를 정초하는 것이 더욱더 인간 본성과 도덕적 순수성에 부합하는 것 같다. 그것이 또한 도덕적 신앙moral faith, der moralische Glaube의 성격이다. 그 단순성에는 많은 기묘한 궤변들이 있지 않다. 그것만이 유일하게 인간이 처한 모든 상황에서 그에게 적합한 것이다. 왜냐하면 그것은 그를 진정한 목적으로 직접 이끌기 때문이다. 그러므로 저 멀리 떨어진 대상들에 대한 이 모든 떠들썩한 이론들을 어리석은 정신의 사변과 관심에 맡겨 버리자. 이러한 이론들은 실로 우리와는 무관한 문제이다. 그리고 어떤 것을 옹호하건 반대하건 간에 이성의 나부끼는 가상은 아마도 학교의 찬사를 획득할 수는 있을지라도, 정직한 성격의 사람들의 미래 운명에 연관된 어떤 것도 결정하지 못할 것이다. 인간의 이성은 다른 세계의 신비를 우리의 시야에 가리는 구름들을 꿰뚫고 높이 날아갈 수 있게 하는 날개를 부여받지 않았다. 그러한 사물에 관한 인식을 가지고 싶어 하는 사람들, 그리고 이러한 종류의 신비에 대해서 성급하게 알고자 하는 사람들에게는, 우리는 다음과 같은 단순하지만 매우 자연스러운 충고를 줄 수 있다. 그들이 거기에 도달할 때까지 인내를 가지고 기다리는 아량을 가진다면, 그것이 아마도 최상의 것이 될 것이다. 그러나 저 미래 세계에서의 우리의 운명은 이 세계 안에서의 우리의 처지에서 우리가 어떻게 처신하는지에 거의 달려 있을 것이기 때문에, 나는 볼테르Voltaire가 많은 무익한 스콜라 철학적 논쟁 후에 그의 정직한 캉디드Candide에게 했던 권고로 결론을 내리고자 한다. 우리의 행복을 돌보고 정원으로 돌아가 일하자![10]

---

10 위의 책, pp. 358~359.

칸트는 라이프니츠가 당시 반 헬몬트와 같은 카발라 신비주의자들의 존재론적 구분에 따라 수동성의 원리인 물질과 능동성의 원리인 형상形相 혹은 모나드를 구분한 전통을 계승한다. 모나드는 비물질적 영혼을 의미하는 것으로 무기물에도 내재하는 심층적 생명원리다. 그러나 칸트에게 그것은 비과학적 예감 혹은 가정할 수밖에 없는 가설이거나 신비로 남아 있는 불확실한 어떤 것이다. 볼테르의《캉디드Candide》는 처음에는 단순하게 라이프니츠의 목적론적 신정론을 추종했으나, 나중에는 그 허위를 깨닫고 다시 일상의 조용하고 평화로운 단순한 생활로 돌아간다. 이 생활은 덕을 행하고, 사변 신학적 가상으로부터 이성의 평정을 유지하며, 죽은 후에는 보상을 기대할 수 있는 삶이다. 선한 삶을 위해 스웨덴보리의 천국의 경험이 필요한 것이 아니다. 실로 칸트다운 이러한 인생관은 형이상학적 미신을 버리고, 근대 과학의 확실성을 신뢰하며, 도덕 법칙을 믿고, 사후의 행복을 기대하는 세속적 안전장치를 갖춘 인생의 기획이다. 예지계는 있을 수 있으나 신비로 남아 있다. 만일 현세와 분리된 영계를 현실에 실재한다고 믿는 사람이 있다면, "그는 병원에 있을 것"이다.

칸트의 건전한 오성은 과학의 힘을 국가 에너지로 동원하는 근대적 기획에 부합하는 특징을 갖고 있다. 또한 그러한 오성은 시민 사회를 정치적으로 유지하고 그 경제력을 증진하는 데에 기여할 수 있는 것이었다. 예지계인 물자체를 가설로 인정하지만, 현상계는 과학적으로 인식 가능한 대상들이 무진장으로 열린 세계이다. 이 세계는 전통적인 신비의 색채나 미신이 벗겨진 무미건조한 객관들의 세계이다. 보편적 인권의 원리를 갖춘 실천 이성은 시민의 권리와 의무를 결정하는 자율적 원리로 제안될 것이며, 나아가 세계 평화의 추상적 원리로도 적용될 수 있을 것이다. 그러나 이러한 실천 이성이 합리적 전통을 계승한 이론 이성과 결합하여 다른 문화에 대립할 때는 계몽주의가 보여 준 유럽 편향의 배타적 자문화 중심주의로 나타날 수 있었다.[11] 그러나 대중적인 무속적 영성을 인정하는 쇼펜하우어와 같은 관점은 아시아의 문화에서 자신의 마음의 고향을 발견하는 관용을 진심으로 보여 줄 수 있을 것이다[약한 정도이지만 그 역시 칸트와 마찬가지로 유대교를 일신론이고 경직된 체계라는 이유로 혐오하는 반유대적 측면이 있으며, 독일 근대사에서 그 요소는 대학살의 사회-심리적 조건으로 확장될 수 있었다].

칸트는 예지계의 중요성을 인정하면서도 거리를 두는 이중적 입장을 취한다. 이에 반해 쇼펜하우어는 적극적으로 예지계에 개입한다. 그는 무의식과 꿈뿐만 아니라 마법magia으로 총칭되는 예언, 원격 투시와 영향, 자기치료법, 주술, 유령 등과 같은 현상을 모든 인류에 공통적으로 나타나는 보편적 현상으로 본다. 그것은 예지계와 연관하여 해명되어야 하는 긍정적 현상이다. 그는 이러한 현상들이 기독교 성직자들에 의해 매도되어 종교재판과 마녀사냥으로 이어진 역사, 그리고 근대의 과학적 세계관을 가진 학자들과 의사 및 국가 공무원들의 합리주의가 그것을 무지한 미신이라고 억압하는 현실을 유감으로 생각한다. 쇼

---

11 이 점에서는 원래 혁명적 평등과 자유의 이념을 가지고 나타난, 그래서 인종적이고 종교적인 차별을 해소하려 했던 계몽주의는 또다시 세계에 차별과 분쟁을 들여오는 이데올로기가 된다. 계몽주의적 주체성은 시민 혁명과 부의 창출에 기여했다. 그러나 프랑스 혁명 이후 유럽의 국민 국가 형성의 조류에 따라 국가의 신민 즉 국민으로 통합되어 강력한 서구적 주체성으로 발전해 갔다는 것도 주지의 사실이다. 칸트의 철학이 이론적으로 줄곧 관심의 대상이 될 수 있었던 것은 이러한 사회사적 흐름과 무관하지 않을 것이다. 계몽주의의 총체적 발전 기획이 갖는 자기파괴적 요소는 호르크하이머Max Horkheimer와 아도르노Theodor Adorno의 계몽의 변증법에서 잘 지적되고 있다. 그들에 의하면 계몽주의는 '등가의 원리'를 전제로 모든 것에 '계산가능성과 유용성'을 획일적으로 적용하는 '계몽 신화의 공포'를 낳았다. 그것이 유럽의 파시즘과 아우슈비츠로 가는 길을 예비했다는 점에서 그 책임이 자유로울 수 없다. 이 점에 대해서는 Max Horkheimer und Theodor Adorno, 김유동 옮김, 《계몽의 변증법 Dialektik der Aufklärung》(1947), 문학과지성사, 2008, 21~79쪽 참조. / 칸트에 대한 인도주의적 해석에도 불구하고, 그의 반유대주의와 인종주의적 편견도 독일관념론에 의해 증폭되었다. 이러한 측면에서 칸트주의도 역사적 책임에서 면제되기 어렵다. 니체적 사고에서 나타나듯 낭만주의적 도피도 계몽주의의 이면이라는 측면에서는 서로 친화성이 있으며, 유럽 문명의 배타성과 무관하지 않다. 이 점에 대해서는 김진, 〈계몽주의의 신화 해석: 칸트의 신정론과 반유대주의〉, 《철학논총》, 57, 2009, 141~168쪽 참조.

펜하우어는 민중의 무속적 경향을 물자체와 연관하여 해명되어야 할 진실을 담고 있는 것으로 본다. 특히 그는 근대에 다시 과학자들에 의해 주목의 대상이 된 생물자기학Animalischer Magnetismus과 물리학에서의 전자기학의 출현에 고무된다. 영혼 현상에 대한 방대한 문헌들은 인간 특유의 '경험'에 관한 기록이다. 그 문헌들은 심층 심리학과 인류학 및 종교학의 연구 자료일 수 있다. 쇼펜하우어는 그것을 민중의 의학적 치료나 주술 등과 연관하여 '실천적 형이상학'으로 본다. 영혼 현상은 형이상학적 의미를 갖고 있다. 그것은 철학의 연구 대상이다. 그가 보기에 실천적 형이상학은 자신의 '이론적 형이상학'이 말하는 현상과 물자체의 구분을 암묵적으로 전제하고 있다. 실천적 형이상학은 의지 형이상학을 소수의 영적 실증주의자들처럼 경험적으로 증거할 수 있는 자료이다.

그는 《추가와 보유》에 있는 〈영혼 투시와 그와 연관된 모든 것〉에서 칸트의 《영혼 투시자의 꿈》을 거듭 언급하면서, 스웨덴보리와 신비가들의 영혼 현상을 길게 논의한다. 그는 자신의 논의가 칸트의 도덕 형이상학의 연장선에서 논하는 것이라고 밝힌다. 그의 논의는 스웨덴보리에 대한 풍자를 통해 은밀히 예지계의 의의를 드러내는 것이 아니라, 영적 현상을 예지계와 연관하여 해명하고자하는 적극적 입장을 취한다. 이러한 관점은 《자연에서의 의지에 관하여》에 있는 〈생물자기학과 마법〉이라는 글에서도 나타난다. 이 글에서는 앞의 〈영혼 투시와 그와 연관된 모든 것〉에서 언급하는 영계와 유령에 관한 논의는 생략되어 있지만, 모두가 형이상학적 의지의 현상이라는 기본 입장에는 변함이 없다.

의지는 인간 심성의 깊은 내면에서 느껴지고, 그 심성을 지배하는 무의식적 심층 원리다. 쇼펜하우어는 많은 사람들이 영혼 현상을 객관적으로 실재한다고 믿는 '실재론적 관점'에서 접근했다면, 자신은 그것을 일종의 심리적 원리로서의 의지의 발현으로 보는 '관념론적 관점'에서 접근한다고 주장한다. 인간에게는 내면 깊이에서 작용하는 힘이 있음을 경험하는 능력이 있다. 때로는 이 능력은 영혼이라고도 불린다. 그것은 심연의 에너지로서 유한한 인생을 이끌며, 창조적 상상력을 발휘하게 하고, 한계를 초월하게 하는, 그래서 등 뒤에서 미는 세찬 바람으로 경험된다. 괴테Johann Wolfgang von Goethe, 1749~1832는 《파우스트》(1부, 1566)에서 이것을 '내 가슴 속에 살고 있는 신'이라 부른다. 그리하여 객관적으로 존재하는 초연한 신은 아무 것도 하지 못한다고 여기게 된다. 그는 내면의 신을 느끼자 비로소 무상한 생의 무의미와 죽음의 긍정적 성격을 이해하게 된다.[12] 쇼펜하우어는 《자연에서의 의지에 관하여》에서 바로 이 구절을 인용하여 파우스트적 심층 영혼을 우리 내면의 생명원리 즉 의지로 이해한다. 영혼 현상은 형이상학적 생명 현상이다.

영혼 현상에 대한 쇼펜하우어의 관심은 뉴턴의 (신비주의적 측면을 제외한) 과학적 방법을 신봉하는 계몽주의가 억압했던 것이다. 쇼펜하우어는 이국적이고 영적인 것, 원시 부족과 동방의 종교와 철학, 서민적 공동체와 그 토속성 등에 대한 낭만주의자들의 관심을 공유한다. 그는 당시 대표적 낭만주의자 장 파울Jean Paul, 1763~1825과 같은 사람들에게 사물에 대한 제2의 인식 방법이라는 형이상학적 인식을 제공할수 있었다. 장 파울은 쇼펜하우어의 금욕주의를 비판하지만, 그의 대변자가 된다. 쇼펜하우어가 보기에 근대 과학주의는 자연에는 주관의 인식 형식(시간, 공간, 인과)으로 인식할 수 없는 측면이 남아 있다는 것

---

12   J. W. V. Goethe, 박환덕 옮김, 《파우스트》, 범문사, 1984, 76쪽.

을 부인한다. 자연은 계산 가능한 물리적 관계가 지배한다. 과학적 인식 이외에는 모두 의심스럽다. 쇼펜하우어는 칸트 철학의 중요한 의의는 바로 이러한 획일적 오만을 탈피하는 길을 제시한데 있다고 본다.[13] 《자연에서의 의지에 관하여》의 〈생물자기학과 마법〉에서 그는 칸트가 가져온 철학의 전환이 독일에서는 영혼 현상과 연관된 마법에 대한 인식의 전환을 가져 왔다고 말한다. 그것은 세계와 인간에 대해 "이해할 수 없는 어떤 것이 있다는 예감"을 허용하지 않는 "극도의 천박한 관점으로mit durchaus flachem Blick" 보는 태도를 전환하도록 했다는 것이다. 그 천박한 관점은 "감각을 제외하고 나서 물자체를 인식한다는 로크의 철학에 복종"하도록 한다. 여기서는 "물질적 세계의 법칙이 무제약적인 것으로 간주되고 물리적 영향 이외의 것은 허용되지 않는다." 형용모순적 어법을 사용한다면 이는 '자연적 마법natürliche Magie'이다. 계몽주의는 역설적으로 근대적 마법이 되었다.

쇼펜하우어는 칸트 철학이 물리주의나 자연주의의 단조롭고 우주에 관한 신비를 상실한 태도를 비판할 수 있는 관점을 제시했다는 것이다. 그에 의하면 "시대와 나라를 불문하고 모든 위대한 사람들은 어떤 미신의 징후를 갖고" 있었다. 칸트의 교훈은 "우리가 인식하는 것이 주관의 형식이나 법칙이 물자체에는 도달하지 못하는 한갓 현상이라

---

13 여기서 쇼펜하우어의 특이한 칸트 해석은 신비 형이상학을 살리는 입장에서 물자체의 의의를 언급하는 것이다. 쇼펜하우어의 물자체론을 계승하는 베르그송은 칸트 철학을 폐쇄적 사고의 전형으로 본다. 베르그송의 관점에서 보면 칸트에 대해 다음과 같은 비판이 가능하다. 칸트는 자신의 노선이 사변 철학의 오만을 지적하고 과학적 인식으로 돌아가는 겸손의 길이라고 주장한다. 그러나 이 주장은 사실상 계몽주의적 과학주의의 오만을 감추고 있다. 칸트가 말한 인식 주관은 인간의 기계적 도식을 자연에 강제하는 능동적 주관성이며, 실천 이성은 내용이 없는 형식을 도식적으로 강요하는 필연성을 갖는다는 의미에서 폐쇄적 형식주의를 일반화할 수 있다. 인식과 실천을 지배하는 칸트의 형식주의는 질적인 것을 사상하고 모든 것을 일률적으로 바라보는 잔혹한 시선이다. 이러한 철학은 배타적 개인과 애국심이 결합된 자유주의적인 근대적 국민 국가의 형성에 기여할 수 있는 계몽주의 사조와 분리되지 않는다. 칸트의 오만과 폐쇄성에 대해서는 Henri Bergson, *Creative Evolution* (1907), trans by Arthur Michell, The Modern Library, New York, 1911,

면, 신비한 것에 대한 비난은 성급하다"는 것이다. 그 비난이 근거하는 "법칙의 선천성은 비난을 현상에 제한"한다. 우리의 "고유한 내적 자아에 속해야 하는 물자체는 그대로 있기" 때문이다. 이에 반해 세계를 감각으로 환원하는 경험주의와 무제약적 물리주의는 존재의 신비를 남겨두지 않는다. 그들은 우리가 "수수께끼와 불가사의의 바다_{ein Meer von} Rätseln und Unbegreiflichkeiten"에 빠져 있다는 사실을 보지 못한다. 나아가 그들은 '신비한 공감과 마법' 세계의 고유한 논리를 이해하려 하지 않고, 중세 마녀 사냥식의 '잔혹성'을 보여 줄 뿐이다.[14] 베르그송의 어법을 활용하면 분명한 사물의 배후에는 '어슴푸레한 성운'이 있다. 과학주의의 '힘에 대한 철학의 과장된 신뢰'에 비해 '좀 더 겸손한' 철학이 요구된다.[15]

이처럼 쇼펜하우어는 칸트의 현상과 물자체의 존재론적 구분이 갖는 의의를 물리주의를 경계하고 존재의 신비를 일깨우는 데에 있다고 본다. 그는 칸트의《도덕 형이상학의 기초》를 인용하여 물자체를 용인하는 방식과 의의를 논한다. 칸트는 말한다. "한 가지 주목할 점이 있다. 표상과 물자체의 구분은 그것에 주의를 기울이기 위해 무슨 섬세한 숙고가 필요하지 않다. 오히려 그것은 보통의 지성도 능히, 물론 나름의 방식이기는 하지만, 이른바 감정이라는 판단력의 막연한 분별에 의해서 알 만한 것이라고 생각할 수 있는 것이다.""우리가, 지성이 할 수 있는 한 제아무리 세심한 주의를 기울이고 명료하게 하더라도, 이를 통해서는 한낱 현상의 인식에 이를 뿐 결코 사물들 그 자체에는 이를 수 없다. 일단 이런 구분_{Unterschied}이 지어지면 곧바로 이로부터 저절로 나

---

14 Arthur Schopenhauer, *Über den Willen in der Natur*, S. W. Band Ⅲ, Suhrkamp, 1986, s. 434~435.
15 Henri Bergson, 황수영 옮김,《창조적 진화*Lévolution Créatrice*》(1907), 아카넷, 2005, 288~289쪽.

오는 결론은, 우리는 현상 배후에 있는 현상이 아닌 어떤 다른 것, 곧 물자체를 용인하고 상정할 수밖에 없다einräumen und annehmen müsse는 것이다."[16] 이처럼 칸트 자신이 물자체라는 신비의 차원을 남겨 둔다. 이어서 쇼펜하우어는 마법의 역사를 다룬 티데만Dietrich Tiedemann의《질문에 대한 해명disputatio de quaestione》(1787)과 같은 책들은 마법이 '엉뚱한 생각'이 아니라, 우리 내면에 살아 있는 신이라는 '근본사상'을 이해하게 한다고 한다. 물자체인 이 차원은 '물리적 인과 그물Kausalnexus'의 제약을 받지 않는 자유의 영역이자 능산적 창조의 근원이다.

쇼펜하우어에 의하면 이러한 사상은 다음과 같은 사실들을 전제한다. (1) 현상은 '외적 관계'의 영역이다. 그것은 물리적 관계의 근거가 된다. 그러나 물자체는 외적 결합과는 전혀 다른 '형이상학적 그물을 통해durch einen nexum metaphysicum' 작용한다. 그것은 대지의 근저에 있는 unterirdische 비밀스런 결합으로 되어 있다. (2) 사물들의 외적 작용들은 내부로부터의 작용, 즉 하나이자 동일한 본질 자체에 의해 가능하다. (3) 개인들은 '소우주'이며, 물자체인 '능산적 자연natura naturans'을 가질 수 있다. 우리의 '소산적 자연natura naturata'은 인과적으로 결합되어 있다. 그러나 "지금 이 순간의 소우주를 대우주로 간주할 수 있다." (4) "개체화와 분리라는 장벽"의 이면에 있는 "때에 따라 가능한 하나의 의사소통eine Kommunikation을 인정해야" 한다. 그것은 "무대 뒤나 식탁 아래에서 이루어지는 비밀스런 놀이"와 같다. (5) 최면이나 몽유병에서 나타나는 무의식적 상태에서의 투시력에는 '인식의 개별적 분리'가 없다. 물자체인 의지에는 개별적 분리가 없다.

---

16 이 번역은 백종현의 번역《윤리 형이상학의 정초》(아카넷, 2005, 188쪽)를 인용한 김미영의 번역을 참조했다. Arthur Schopenhauer, 김미영 옮김, 《자연에서의 의지에 관하여》, 아카넷, 2012, 200쪽.

이상과 같은 전제들은 드문 예외도 있지만 경험적 사고에서는 발생할 수 없다. 쇼펜하우어는 여기서 너무 많기에 무시할 수 없는 인류의 두 가지 보편적 경험을 거론한다. 하나는 개별화의 원리에 집착하는 '분리의 벽'에 대한 "대립적 경험과 인류에 공통된 오성의 경험"이다. 또 하나는 그럼에도 불구하고 '소멸할 수 없는 사상'이 있다. 이는 매우 깊은 곳, 즉 "인간의 내적 본질이자 자연 전체의 내적 본질인 의지의 전능 Omnipotenz에 대한 내적 느낌"에서 찾아야 한다. 그것은 물체를 그 내부를 이해할 수 있는 암호나 상징으로 보는 '근원적 느낌'이다. "사람들은 자신의 신체의 움직임에서 매순간 완전히 설명할 수 없는 의지의 형이상학적 영향을 알아챈다"는 것이다. 온갖 영혼 현상에서 행해지는 마법은 개별자 안에서 의지가 처한 분리의 벽을 관통하는 실천이다. 그것은 의지가 "자신의 신체 너머로 자신을 확장하는", "소망을 넘어선 행동"이다.[17] 이런 의미에서 그는 마법을 〈영혼 투시와 그와 연관된 모든 것〉에서 베이컨이 명명한 대로 '실천적 형이상학'이라고 했던 것이다.

쇼펜하우어는 이상의 관점에서 자신의 철학의 근본 틀을 요약하고, 그것이 마법의 세계를 설명해 줄 수 있다고 한다. 그는 말한다. "이제 나의 철학으로부터 우리는 이 물자체, 즉 인간의 내적 존재가 그의 의지이고, 모든 사람들의 전 유기체는 그것이 경험적으로 발현할 때에는 의지의 한갓 객관화이며, 보다 정확히는 두뇌 안에서 일어나는 그의 의지의 그림이나 이미지라는 것을 알게 된다. 그러나 물자체로서의 의지는 개체들이 분리되는 개체화의 원리(시간, 공간) 밖에 놓여 있다. 따라서 그 원리로부터 귀결되는 한계들은 의지에는 존재하지 않는다. 이제 우리가 이 영역에 들어갈 때 우리의 통찰이 미칠 수 있는 한에서

---

17 Arthur Schopenhauer, *Über den Willen in der Natur*, S. W. Band Ⅲ, Suhrkamp, 1986, s. 436~438.

우리는 개체들이 공간에서의 가깝고 먼 것에 관계없이 서로 간에 직접적인 영향을 미칠 수 있는 가능성을 설명할 수 있다." 개체 사이의 장벽을 허무는 예지계의 직접적 소통성이 유기체들의 내부 혹은 신경 체계나 두뇌에 직접 영향을 주어 어떤 이미지나 그림을 야기하는 것이 모든 마법적 영혼 현상의 메커니즘이라는 것이다.[18] 영혼 현상은 물자체가 개인의 두뇌에 영향을 미쳐 일상적 오성의 지각 순서와 반대로 작용하게 하는 것에서 일어난다. 일상의 오성은 외부의 자극에서 시작하지만, 마법에서는 거꾸로 물자체에서 개체 내부로 작용하여 개체의 꿈-기관을 통해 두뇌와 시각 기관을 자극함으로써 영상을 일으킨다는 것이다. 이러한 작동 기제가 두뇌에 작용하여 실재와 부합하는 영상을 볼 수 있는 예언이나 꿈이 가능하다. 또한 죽은 자의 영상이 예지계를 통해 개인의 두뇌에 나타나 유령으로 보이게 된다. 사람들은 이때 그 심상과 그림을 평소 오성의 습관대로 실재하는 것으로 구성한다는 것이다. 이러한 설명 방식을 쇼펜하우어는 실재론적 심령주의 Spiritualismus의 방법과 변별하여 관념론적 방법이라고 한다.

영혼 현상들은 물리적으로 불가능하다. 그것은 형이상학적으로만 이해될 수 있다. 쇼펜하우어에 의하면 투시와 같은 영혼 현상들은 "시간, 공간, 인과 형식들의 관념성을 논하는 칸트의 학설을 확증"한다. 우리에게 선천적으로 알려지는 그 형식들은 "스콜라 철학의 영원한 진리처럼 무제약적인 것이 전혀 아니다. 그것은 물자체의 규정이 아니라, 오직 직관과 오성의 형식 즉 두뇌-기능으로부터 나온 것이다. 지성 그 자체는 의지의 개별적 현상들의 목적과 의도를 추구하고 획득하기 위해서만 나온 것이며, 물자체의 절대적 본성이나 구조를 파악하거나 이해

---

18 Arthur Schopenhauer, 'Versuch Über das Geistersehn und Was damit Zusammenhängt', *Parerga und Paralipomena* Ⅰ, S. W. Band Ⅳ, 1986, s. 364~365.

하기 위해 나온 것이 아니다." 지성은 본질에 비해 '외각'이며 '피상적인 힘'이다. "마법은 모든 사물의 핵인 의지의 유일한 실재성에 관한 나의 학설을 확증한다."[19] 쇼펜하우어의 이러한 판단은 지성의 형식이 우리 내면의 영혼의 힘에 의해 무력화될 수 있는 상대적 규정으로 보는 것이다. 성인적 초인은 우주적 통찰을 통해 자신의 경험적 성격이 전면적으로 변화하는 것을 경험한다. 칸트-쇼펜하우어는 인간의 성격을 경험적 성격과 예지적 성격으로 나눈다. 그러나 칸트는 예지계가 현상계의 물리적 관계에 영향을 주거나 지성의 형식을 무력화하는 전능성을 가진 것으로 보지 않는다. 비물질적 영혼은 능동성의 원리이지만 사물의 내적 상태를 유지하는 힘이다. 그는 스웨덴보리의 신비주의를 존중은 할 수 있었지만, 건전한 지성의 삶과는 무관하고, 내세의 보상의 차원에서만 요청되는 것으로 본다.

이에 비해 쇼펜하우어는 물자체로서의 의지의 유일한 실재성을 믿는다. 그것은 물리적 세계로 자신을 객관화할 뿐만 아니라 산 자에 영향을 행사할 수 있는 전능성을 갖는다. "나의 학설의 귀결에 의하면, 의지만이 형이상학적 실재성을 가지며, 이에 따라 그것은 죽음에 의해 파괴될 수 없다. 반면 신체적 기관의 기능인 지성은 단지 물리적이며 그와 함께 소멸한다. 그런데 죽은 자가 산자에 영향을 미치기 위해 산 자에 대한 인식을 획득하는 방식은 최고의 미해결 문제로 남아 있다. 그러한 활동의 본성에 대해서도 마찬가지이다. 왜냐하면 물체성과 함께 죽은 사람은 물리적 세계와 타인들에게 영향을 줄 수 있는 모든 물리적인 수단을 잃어버렸기 때문이다. 하지만 그렇게 많은 자료에서 보고되고 주장되었으며, 죽은 자의 객관적 영향을 결정적으로 가리키는

---

19 위의 책, s. 361~363.

사건들의 진실성을 인정하고자 한다면, 죽은 자의 의지가 세상일에 여전히 언제나 열정적으로 향하고 있다는 이 문제를 설명해야 한다. 이제 세상일에 영향을 주는 물리적 수단을 잃어버렸기 때문에 의지는 마법적 힘에 의존한다. 이 힘은 그 원초적인 형이상학적 능력에 있어 결국은 살아 있을 때나 죽어 있을 때에도 의지에 귀속한다. (……) 그러므로 의지는 이 마법적 힘에 의해서만 생전에 할 수 있었던 일을 아마 지금도 할 수 있을 것이다. 즉 신체의 도움 없이, 그래서 어떤 물리적 개입 없이 직접 타인들에게 먼 거리에서 현실적 영향을 행사할 수 있다는 것이다. 이러한 (죽은 자의 의지) 작용은 타인의 유기체에 (죽은 자의) 형태들이 산자들의 두뇌에 직관적으로 현존하게 하는 방식으로 영향을 행사한다."[20] 모든 것에서 동일한 예지계인 의지를 통한 이러한 소통 방식이 '마법적 힘'이다.

이 힘을 쇼펜하우어는《자연에서의 의지에 관하여》에서 '능산적 자연'으로 부른다. 그는 마법에 대한 탐구를 통해 "칸트 철학뿐만 아니라 나의 철학이 중요한 협력을 얻게 되며, 의지만이 실재적 행위자이고, 이에 의해 의지는 자신을 물자체로서 공표한다"고 보았다. 이 점에서 그는 헝가리의 자기 치료사인 자파리 백작Graf Szapáry이 의지를 "모든 영적이고 물리적인 삶의 원리"라고 한 것이 자신의 철학을 입증하는 것이라고 말한다. 쇼펜하우어에 의하면 그러한 관점들이 "유물론과 자연주의에 대한 효과적이고 완전히 확실한 반박을 제공한다."[21] 그러나 자신의 입장이 칸트와 함께한다는 주장은 지나친 것이다. 쇼펜하우어는 이미《충족이유율의 네 겹의 뿌리에 관하여》에서 칸트에 대한 해체적 독해를 통해 계몽적 과학주의와 세상성을 극복하는 초월적 방향을 설

---

20 위의 책, s. 369.
21 위의 책, s. 320~321.

정하고 있었다. 그는 예지계를 자연의 창조적 근거로 격상시킨다. 그것은 자유로운 예술가처럼 자유로이 현상을 전개한다. 다만 그것은 존재의 작용인이 아니라 존재를 창조적으로 발현하는 실재라는 것이다. 베르그송 역시 이 사상에 따라 우주에서 라이프니츠의 목적인은 물론, 스피노자의 작용인도 제거한다. 필연성이 아니라 우연성의 유희가 우주의 생성이 된다. 윤리학의 뿌리도 거기에 있다.[22]

윤리학에서 칸트는 개인 내부에 실천 이성의 보편적 명령 체계를 설치한다. 쇼펜하우어는 이 무미건조한 이성에 반대하고, 도덕감을 무의식적으로 보편적으로 소통하고 있는 의지가 개인을 통해 현현한 것으로 본다. 그는 칸트도 예감한 적이 있었던 '도덕감에 대한 형이상학적 해석'을 통해 개별자들 사이의 공감의 윤리를 세운다. 인류 공통의 공감 능력은 우주에 편재하는 하나의 예지계가 개인을 통해 발현된 것이다. 이 관점에서 그는 루소나 맹자의 인성론을 수용할 수 있었다. 그는 예지계에 대한 직관에서 윤리의 뿌리를 찾는다. 쇼펜하우어는 칸트를 통해 예지계로 들어가는 좁은 문을 보다 넓게 만들어, 생의 의미를 과학을 넘어선 차원에서 찾는다. 그는 칸트의 예지계를 전승하여 대립과 분리의 이원성을 가진 오성의 차원을 극복하는 관념론의 방향에서 있다. 분열과 대립을 극복하려는 파우스트적 충동은 쇼펜하우어 철학뿐만 아니라 헤겔 철학의 추동력이었다. 쇼펜하우어는 파우스트적 충동을 우주와의 합일이라는 차원으로 밀고 나아간다. 그는 목적론적 낙관론을 전제한 헤겔 철학의 개념화되고 논리화된 신정론을 거부한

---

22 다만 베르그송은 '무(無)'를 가상으로 보고, 생성계 전체로 개체가 용해되는 우주적 공감 체계에 들어가는 삶의 방식을 위해 노력해야 한다고 한다. 이 단계는 부정을 통한 대긍정에 가까운 것이다. 의지부정의 최종 단계는 '무'를 체득하여 이 바탕 위에서 우주 생성을 긍정적으로 정관하는 초월성이 강조된다. 서로 간에 편차가 있지만, 두 철학자에 의해 신비주의가 생의 의미 추구에서 뜻 깊은 것으로 알려지게 되었다. '무'가 가상이라는 논의는 베르그송, 황수영 옮김,《창조적 진화 *L'évolution Créatrice*》(1907), 아카넷, 2005, 409~421쪽.

다. 논리는 실재하는 대상을 갖지 않기 때문이다. 쇼펜하우어는 내밀한 직관과 자기희생적 실천이라는 침묵의 지혜를 생의 의미에 관한 진정한 경험으로 제시한다. 그의 세계론은 이러한 윤리의 존재론적 발판이 된다.

VI

세계론과 시간론

1. 세계의 3중 구조

"유년기를 벗어나라, 벗이여 잠을 깨라! Sors de l'enfance, ami, reveille-toi!"
루소(《신엘로이즈》5, 1)의 이 경구는 4부로 구성된 《의지와 표상으로서
의 세계》I, 1부의 제사題詞다. 이 1부는 경험과 인식의 대상이 인간 지
성의 선험적 형식(공간, 시간, 인과)에 제약되어 구성된다는 선험적 관념
론을 설명한다. 일상의 경험을 포함한 과학의 대상은 그러한 선험적 형
식에 지배되어 있는 표상이라는 것이다. 표상으로서의 세계를 해명하
는 부분에 위와 같은 제사를 붙인 것은 71장으로 구성된 주저 전체의
방향을 암시하기 위한 복선이다. 그의 주저는 표상론(1부), 의지론(2부),
예술론(3부), 윤리론(4부)으로 구성되어 있다. 3부와 4부는 자유의 구
현에서 생의 의미를 발견하는 의지의 노력을 논하며, 1부와 2부는 이
노력을 해명하기 위한 전제이다. 그리고 1부는 2부의 의지론으로 나아
가기 위한 예비 단계다. 앞서 논의했듯, 쇼펜하우어는 자신의 전 체계
를 일관성을 가진 '단 하나의 사상'이라고 간주한다. 그가 환기하고자
하는 것은 구체적 경험에 대한 진지한 음미를 무시하고 이성의 질서를
세계의 실재적 질서로 투영하는 동시대인들과 과거 서양 철학의 독단
에 대한 자기반성이다.

쇼펜하우어가 보기에 신학존재론적 전통 형이상학과 근대의 과학주의는 인식에서의 주관의 기능을 무시하는 실재론적 경향을 갖는다. 이에 대한 반성은 지식론의 관념론적 전회를 연다. 이를 통해 그는 지성의 논리가 세계를 지배한다는 인간중심적 낙관론을 배제하고 의지 우선성의 원리에 따라 새로운 형이상학의 가능성을 모색한다. 그의 새로운 세계상은 의지라는 실재 그 자체가 세계에 대해 초월적인 것이 아니라 세계의 내적 본성이라는 내재적 구도를 갖는다. 그의 내재적 형이상학은 세계를 물리적 대상의 총체로 환원하는 근대적 세속화 방향과 헤겔에게서 다시 체계화되는 스콜라철학의 신학적이고도 논리적인 신비화라는 양극을 비판적으로 지양한 중간적 노선에 있다. 이 장에서 논의할 그의 형이상학이 갖는 모호성과 논리적 난점들은 바로 이 중도적 노선에 기인한다고 볼 수 있다.

그러나 그의 형이상학을 이해하기 위해 염두에 두어야 할 지성사적 배경이 하나 있다. 쇼펜하우어가 칸트의 위대한 업적 중 하나로 극찬한 현상과 물자체의 존재론적 구분은 근대 유럽에서 일어난 지적양극화(물리주의적 세속화와 사변 신학화)를 극복하는 계기가 된다는 것이다. 이 허무주의는 신학을 동원한 종교전쟁과 마녀사냥, 그리고 과학을 동원해 점차 대규모로 진화한 전쟁에서 그 실질적 참상이 드러났다. 정신적 허무주의가 과학주의와 사변 신학 모두 세계의 의미를 추구하는 데에 도움이 되지 못하고, 오히려 파괴적으로 기능한다는 점이 드러났다. 여기에서 칸트의 존재론적 구분은 그 두 가지 독단을 극복하는 수단을 제공한다. 이것은 세계는 물리적인 것으로 채워져 있기에 신비로운 측면이 남아 있을 여지가 전혀 없다는 과학주의, 그리고 신학존재론이 말하는 영적 실재의 과도한 지배, 이 양자를 견제할 수 있는 지적 장치를 제공한다. 시공간적으로 무한한 세계에는 과학으로 접근 가능한 자연적인 것과 과학으로 접근 불가능한 신비한 무엇이 있다.

쇼펜하우어는 청년 시절 어머니의 살롱에서 만난 괴테가 생명의 형태 변화에 대한 과학적 관심을 가지고 부단히 생의 의미를 추구하는 노력을 한 것에 깊이 감동한다. 이후 색채론에 대한 이견으로 사이가 멀어지긴 하지만, 이 감동은 쇼펜하우어에게 평생의 여운을 남긴다. 당시 질풍노도로 묘사되는 예술과 철학 운동도 그에게 영향을 미친다. 이러한 상황은 생의 완전 가능성에 대한 믿음을 낳았다. 이 방향은 역시 살롱에서 만난 동양학자 메이저Friedrich Majer, 1772~1818를 통해 아시아 철학에 큰 관심을 보이게 되는 것과 결합한다. 아시아 철학의 잠과 깸의 구도는 쇼펜하우어의 윤리적 방향을 강화한다. 그는 이 방향이 인류 보편성을 가질 수 있음을 보여 주고자 한다. 이에 따라 그의 철학은 유년기의 유치함에서 출발하여 장년의 집착을 치유하고 노년의 지혜로 나아가는 특징을 지닌 아시아적 지향성을 갖는다.

이와 함께 쇼펜하우어는 근대 과학의 발전을 예의 주시한다. 그는 그것을 선험적 관념론의 입장에서 해석하는 한편, 개별 과학으로 분화되어 진화론과 에너지 역학으로 발전해 가는 과학들이 의지 형이상학으로 수렴하고 있다고 믿었다. 칸트의 현상계에 해당하는 표상으로서의 세계는 주관과 객관의 상관성을 전제한 지식의 세계이기도 하다. 주객 이원성은 과학이 가능하기 위한 가장 근본적인 형식이다. 표상으로서의 세계는 인과 법칙의 다른 이름인 충족이유율에 지배되는 세계이기에 지식의 영역이지 생의 의미가 추구되는 세계는 아니다. 과학적 지식은 우주에서의 인간의 위치와 의미에 관한 물음에 답할 수 없다. 그러나 쇼펜하우어가 보기에 과학적 삶의 방식은 객관과 주관의 분열과 이원성을 그대로 방치한다. 또한 이 분열에서 오는 주관의 고뇌를 버려 버린다. 그러나 자기의식 안에서 접근 가능한 의지는 심층 심리학을 가능하게 하는 동시에 의지의 형이상학을 가능하게 한다. 그는 의지 형이상학이 자연과학을 이끄는 영감의 원천일 뿐만 아니라 과학의 성과와도 합치한다는 것을 입증하고자 《자연에서의 의지에 관하여》를 저술하기도 했다. 그는 새로운 형이상학을 과학과 일치시키기 위해 과학을 이해하여, 과학을 형이상학의 증거로 활용하고자 한다. 그는 생물학적 현상뿐만 아니라 물리적 현상과 생리학적 현상도 생명원리Lebensprinzip인 의지의 발현으로 봄으로써 기계론과 자본주의 문명에 대한 비판의 장을 연다. 이에 따라 그는 베르그송 이래의 유기체 철학의 기본 원리를 제시할 수 있었다.[1]

이러한 노선은 초기에 나온 그의 주저 1장(§ 1)에 잘 나타나 있다. 그러나 초기의 주저와 후기에 나온《의지와 표상으로서의 세계》II (1844, 56세)를 비교하면, 의지에 관한 글의 일관성이 다소 결여되어 있음이 나타난다. 이 문제는 쇼펜하우어의 의지의 철학을 이해하기 위해 먼저 해명할 필요가 있다. 주저 I의 1장의 글을 살펴보자. 그는 표상론을 간략하게 언급하는 것으로 시작한다. "세계는 나의 표상이다Die Welt ist meine Vorstellung"의 명제는 "살아서 인식하는 모든 존재의 진리"이다. "인간만이 이를 반성적 추상적으로 인식"한다. 이러한 반성이 "철학적 사유"다. 이 사유에 의해 "태양을 보는 눈, 대지를 느끼는 손이 있다"는 것을 알게 된다. 객관이란 표상하는 주관에 의해 구성된 것으로 객관들의 "세계는 표상하는 자와의 관계에서만 존재"한다. 표상은 모든 경험의 선천적 형식인 공간, 시간, 인과에 의해 구성된다. 세계가 표상이라는 진리는 "선천적a priori 진리"다. 이와 함께 중요한 것은 인식의 가장 근본적인 형식인 "객관과 주관의 분열"이다. 이 분열을 전제로 주관은

---

1   이서규,《쇼펜하우어의 철학》, 이문출판사, 2004, 212~213쪽.

표상으로서의 세계를 구성할 수 있다. 주객 분열은 "모든 표상의 형식"이다. 그것은 더 이상 "증명을 필요로 하지 않는 진리"이다.[2]

이 진리는 다른 모든 진리를 제약하는 조건이기 때문에 다른 진리에 의해 설명될 수 없다. 설명한다면 주관은 곧 바로 무한 후진의 부조리에 빠지게 된다. 주관에 의해 형성된 진리로 주관을 설명하는 것은 이율배반일 뿐만 아니라 주관은 인식 대상 즉 표상으로 될 수 없고 언제나 표상하는 자가 되어 배후로 물러나는 것이다. 쇼펜하우어에 의하면 이러한 이치를 인도의 베단타Vedanta 철학이 잘 알고 있었다. [베단타 철학이 선험적 관념론의 정신을 잘 알고 있었다는 사실에 대해서 쇼펜하우어는 존스William Jones, 1746~1794의 《아시아 연구Asiatic Researches》(v. 4, 'On the Philosophy of the Asiatics', p.164)를 활용한다]. 데카르트는 주관을 자신의 철학의 '출발점'으로 삼았으며, 버클리 역시 "이 진실을 결정적으로 말했다." 쇼펜하우어에 의하면 칸트는 선험적 관념론을 분명히 한 점에서 위대하지만, 객관 자체를 물자체로 상정하여 그것이 감성을 외부에서 촉발한다는 실재론적 성향의 발언을 한 것은 칸트의 '첫 번째 오류'였다. 쇼펜하우어가 보기에 "존재와 지각가능성은 서로 교환할 수 있는 명사"이기 때문이다.[3]

이러한 논의를 하고 나서 쇼펜하우어는 자신이 선천적 진리라고 한 것이 독자에게 불편함을 줄 수 있다고 언급한다. "이 진리의 일방성이 저항감을 일으킬 수 있을 것"이라고 하는 그는 이어서 그것이 "세계는 나의 의지이다Die Welt ist mein Wille라는 진리에 의해 보완가능"하다고 말한다. 하지만 "이 두 번째 진리는 직접적으로 확실한 것은 아니다"라

2   Arthur Schopenhauer, *Die Welt als Wille und Vorstellung* Ⅰ, S. W, Band Ⅰ, Suhrkamp, 1986, s. 31~32.
3   위와 같음.

고 했다. 이 때문에 그는 "더 깊은 탐구와 추상이 필요"하다고 덧붙인다. 이러한 언급들은 무슨 함의를 갖는 것일까? 쇼펜하우어는 그에 대한 논증을 2부의 주제로 삼고 1부에서는 단언으로 그친다. 그리고 그는 간략한 결론을 내린다. 우리의 신체를 포함한 모든 객관 세계는 "표상이면서 철저하게 의지"다. "이 양자가 아닌 실재성, 객관 자체는 꿈에 나타난 괴물, 철학에서의 도깨비불"에 불과하다. "칸트의 물자체도 이것으로 퇴화"했다.[4] 여기서 물자체는 형이상학적 예지계인 비물질적 실체를 말하는 것이 아니라 버클리가 주관에 의해 구성된 것으로 본 주관 외부에 실재한다고 가정된 물질이나 객관을 의미한다[칸트의 물자체 개념은 전통 형이상학을 다루는 변증론(신, 영혼, 자유)과 그 이전의 감성론, 분석론에서 말하는 것이 서로 다른 모호성을 갖는다]. 그러면 표상론을 보완하며 직접적으로는 확실하지 않은 의지로서의 세계라는 개념의 의미는 무엇인가? 의지로서의 물자체가 도출되는 과정을 살펴보자.

쇼펜하우어는 우선 자연과학을 두 가지로 분류하면서 현상들의 내적 본질인 물자체를 묻는다. 1) 형태학Morphologie: 광물학과 지질학 및 식물학과 동물학을 포함한 이른바 박물학을 총칭한다. 이 분야는 현상의 구조적 형태의 변형 과정을 기술한다. 쇼펜하우어는 생틸레르Étienne Geoffroy Saint–Hilaire, 1772~1844의 비교 해부학을 통해 구조의 유사성이 유지되지만 형태의 차이, 심지어 기형을 통해 진화가 관철되는 현상을 기술하는 방법을 알게 된다. 특히 그는 괴테Johann Wolfgang von Goethe, 1749~1832가 근원 현상Urphänomen이라고 하는 원형의 변형을 연구함으로써 생명체의 진화 현상을 기술하는 방법에 주목한다. 형태학은 자연사를 다룰 수 있다. 2) 원인학Aitiologie: 물질은 물리, 화학, 유기체, 인간의

---

4   Arthur Schopenhauer, 위의 책, s. 33.

생리 등 여러 현상으로 나타나는데, 각 영역마다 고유의 인과 형식이 적용된다. 원인학은 현상을 인과에 대한 인식으로 설명한다. 광물학과 지질학은 점차 원인학이 되는 경향이 있다.[5]

쇼펜하우어가 보기에 "형태학이 보여 주는 명백한 친족 유사성 Familienähnlichkeit을 통해 변화를 드러내는 형태들은 영원히 낯선 것, 상형문자처럼 우리들 앞에 존재하는 표상"이다. 형태학이 보여 주는 것은 현상, 즉 표상이다. 원인학도 "법칙에 따라 갖가지 상태에 시간과 공간에서 차지해야 하는 위치를 정해주는 것"에 불과하다. 자연과학에서는 "현상의 내적 본질은 조금도 설명을 얻지 못한다." 쇼펜하우어는 내적 본질 개념에 의지와 그 발현태인 자연력Naturkraft을 포함한다. 이 양자는 "인과 그물 밖에 존재"하며, "자연력의 현상이 일으키는 불변의 항존성이 자연 법칙"이다. 그러나 "스스로 나타나는, 외화外化하는 힘 자체, 즉 내적 본질"은 원인학에 대해서는 "낯선 것이고 영원한 하나의 비밀, 미지의 것"이다. 예를 들어 역학에서 자연력(물질, 중력, 불가침투성, 운동의 전달, 강성)은 어떤 원인학적 설명이 불가능하며 단지 전제되어 있을 뿐이다. "자연에 관해 어떤 완전한 원인학적 설명도 설명이 불가능한 여러 힘의 목록에 불과"하다. "나타나고 있는 힘들의 내적 본질은 방치되어 있다." 과학적 인식은 "대리석 표면의 줄무늬에 대한 인식"에 한정된다. 사물의 궁극적 본성, 즉 내부 구조는 설명될 수 없는 것으로 남는다. 일상에서 친숙했던 것으로 믿었던 세계는 나의 세계가 아니며, 나 자신도 더 이상 설명되지 않는 주관으로 남는다는 사실이 알려진다. 객관과 주관 모두가 낯선 신비로 다가온다. 이러한 최후의 좌절, 일종의 한계 경험을 쇼펜하우어는 그다운 비유로 말한다. "타인들과의

---

5   위의 책, s. 151~153.

사교에서 모두가 소개되어도 나는 어떻게 해서 이런 알 수 없는 사람들 틈에 끼이게 되었는가라는 의문처럼 내적 본질은 미지의 것이다."[6]

과학적 태도에서 현상이 "단순한 표상으로 완전히 낯선 것으로 우리 앞에 존재"하는 이유는 "단순한 표상의 의미Bedeutung를 이해할 수 없기 때문"이다. 현상의 인과는 주관의 형식들, 근본적으로는 주관 객관의 분열이라는 조건에 의존하는 '상대적 질서'를 나타낼 뿐이다. 그것은 '현상의 본질'을 알려 주지 않는다. 인간은 선택에 따라서는 일상의 경험과 과학에 만족하고 세계의 의미를 포기할 수도 있다. 그러나 인간은 이러한 사실에 만족하지 않는다. 그는 표상의 의미를 알고 싶어서 다음과 같이 묻는다. "이 세계는 표상 이외에 아무것도 아닌 것인가? 세계는 실체 없는 꿈, 유령과 같은 환영처럼 옆을 슬쩍 지나가는 것. 그래서 주목할 만한 대상이 아니라는 말인가? 아니면 세계는 그 이상의 무엇인가? 그렇다면 그것은 무엇인가?" 존재의 신비 앞에서 그 의미를 묻지만, "물음의 대상은 표상의 법칙으로는 도달할 수 없는 것"이다. 세계 속에 외향적으로 몰입해서 사는 사람은 이러한 의미에 대한 물음을 지나쳐 버린다. 이는 "외부로부터von außen는 사물의 본질에 결코 도달할 수 없다"는 것을 알려 준다.[7]

쇼펜하우어는 세계에 대한 객관적 혹은 실재론적 태도를 견지한 "나 이전의 모든 철학자는 외부로부터 묘사하는 길을 걸어 왔다"고 평하고, 내향적인 길에서 세계 의미를 발견하는 실존적 방향으로 나아간다.[8] 이 방향이 그가 과학주의를 벗어나 내면의 심층에서 자신의 본질을 직관하는 길이다. 이것이 그의 사후 생명 철학과 실존주의 철학에

---

6   위의 책, s. 153~154.
7   위의 책, s. 155~156.
8   위와 같음.

서 나타나는 철학적 심리학으로 나아가는 문을 연 것이다. 쇼펜하우어에게 내적인 심층적 의지는 나의 본질이며 유비에 의해 외부 세계의 본질로 이해된다. 철학적 심리학이 형이상학의 가능성을 내포한다[예를 들어, 베르그송이 과학에 대한 인식비판을 통해 상대적 지식으로부터 절대적 인식으로 나아가기 위해 우리에게 가장 친근한 자기 자신 안으로 돌아가 내적 의식의 흐름에서 자연의 본질인 생명을 존재 의미로 이해하는 방법을 제시한 것은 그가 얼마나 쇼펜하우어를 애독했는가를 짐작하게 한다]. 이처럼 내향적 태도에서 세계 의미의 문제가 풀린다.

제너웨이Christopher Janaway에 의하면 애트웰J. E. Atwell의《쇼펜하우어의 세계 성격: 의지의 형이상학Schopenhauer on the Character of the World: The Metaphysics of Will》(1995)은 쇼펜하우어가 알 수 없는 물자체를 알 수 있다고 하는 혼란을 범한다는 비판을 피할 수 있는, 대안적 독해를 제시한다. 이 독해는 쇼펜하우어가 철학적 탐구자 개인에게 세계가 이해되고 해독될 수 있는 조건이 갖추어져 있다는 입장을 취한다고 간주한다. 신체를 지니며 욕망하는 의식을 가진 개인들 자체가 이미 자기 내부에서 세계 의미를 해석할 수 있는 자격을 갖는다. 그리고 이 근본 테제를 지지하는 것은 물자체인 세계의 내적 본성에 관한 언급들이 사물의 의미와 연관되어 있다는 것이다. "수수께끼나 난제는 우리가 경험하는 세계를 해석하는 것 혹은 세계가 우리에게 낯설지 않도록 나타나게 하는 것을 관건으로 삼는다."⁹ 그것은 세계와 우리 자신이 이해할 수 없는 것으로 남아 있는 상황을 극복하는 길이다.

이 지점에서 쇼펜하우어는 영혼을 중시하는 기존의 신학존재론이 경시해 왔던 신체의 중요성을 실존적 문맥에서 거론한다. 신체의 중요

---

9   Christopher Janaway, 'Will and Nature', *The Cambridge Companion to Schopenhauer*, Cambridge University Press, 1999, pp. 139~140,

성은 스피노자Baruch Spinoza, 포이어바흐Ludwig Feuerbach와 같은 유물론적 철학자들 이외에는 관심을 갖지 않았던 것이다. 신체와 내향적 방향의 관계에 대한 관심은 왜 쇼펜하우어가 세계의 내적 본질을 의지라고 하는지 이해하게 한다. 고등 동물이나 인간은 자신의 신체를 통해 개체적 자기의식을 갖는다. 쇼펜하우어에 의하면 "탐구하는 자신이 신체 없는 순수인식 주관이라면 세계의 의미를 탐구하는 데로 이행해 갈 수 없을 것"이다. "탐구자는 세계 속의 개체Individuum로서 자신을 발견"한다. 이 개체는 "세계를 제약하는 당사자나 철저하게 신체에 매개되어 있다." 신체는 타인의 시선으로 보면 하나의 객관이지만, 자신의 내면에서 보면 신체 내의 감정적 움직임이 의식된다. 내감에서의 자기의식은 신체 상태를 전하는 슬픔과 기쁨의 감정이나 의욕을 직관한다. "신체의 감정적 움직임이 세계를 직관하는 출발점"이다. "인식 주관에게는 신체와 그 운동은 그 의미가 다른 방식으로 이해되지 않는다면, 객관적 표상의 일부로서 나타나고 객관적 표상과 마찬가지로 낯설고 이해할 수 없는 것이다." 외부와의 관계에서 신체의 다양한 감응작용으로서의 변양Affektion, 즉 감정적 움직임들은 근저의 의지의 발현으로 감지된다. 의지라는 개념은 자기통일성을 유지하면서도 자신을 표출하는 충동을 지니며, 외적 영향에 의해 변양될 수 있는 성질을 갖는 것으로 생각된다. 사람들은 "자기 신체의 표출과 동작이 갖는 이해할 수 없는 내적 본질을 힘, 성질, 성격 등으로 임의의 이름을 붙이지만, 그 본질에 대해서는 그 이상의 통찰을 할 수 없다." 흔히 고통 속에서도 극복의 의지를 지니는 정신을 영혼이라고도 부르듯 사람들은 그 영혼의 내적 본질을 어렴풋이 추측할 수 있을 뿐이다. 그러나 "개체로서 나타나는 인식 주관에는 수수께끼의 말Wort des Rätsels이 주어져 있다." 이 말이 "그 자신의 현상을 푸는 열쇠"인 의지다. 이 의지가 "그에게 의미를 계시한다offenbart ihm die Bedeutung." 의지는 수수께끼를 푸는 말씀에 해당한다. 이렇게 쇼펜하우어는 의지 개념을 통해 세계 열쇠를 얻는다. 의지는 "자신의 본질, 행위, 운동의 내적 충동innere Getriebe을 보여 준다zeigen." 내적 충동으로서의 의지는 자기의식 안에서 자신의 현상 즉 의지 활동 Willensakt이나 의욕Wollen으로 나타난다. 이것이 내감에 의해 직접적으로 알려진다. 동시에 객관인 나의 신체와 그 활동들도 의지가 발현된 것이다. 자기의식을 갖는 개체에서 신체와 주관은 동일한 의지의 현상 으로서 같다. 신체와 주관은 "의지의 말이 표현하는 것"이다.[10]

그러나 의지 그 자체는 알려지지 않는다. "나는 내 의지를 전체나 통일성에서 혹은 본질에 따라 완전하게 인식하지 않는다." 의지의 현상 형태인 "개별적 행위에서만 인식"한다. 우리의 내감에 나타나는 감정 적 변양들은 "신체의 현상 형식인 시간에서 인식"된다. "신체는 의지를 인식하기 위한 조건"이다. 신체와 우리의 심리적 작용은 의지의 발현으 로 이해된다. "의지 작용의 주체와 (신체로서의) 객관의 합치"는 "단적으 로 기적"이다. 쇼펜하우어에 의하면 사실상 "이 책(《의지와 표상으로서의 세계》I) 전체는 이에 대한 설명"이다. 세계와 표상하는 자에 관한 의지 형이상학적 해명이다. 기적이란 세계를 표상하는 의식이 출현했다는 사실이다. 쇼펜하우어의 신체와 의식의 문제는 별도의 논의를 필요로 한다. 여기서는 의지에 대한 인식 방법을 둘러싼 쇼펜하우어의 모호한 언급에서 오는 문제를 논의해야 한다.

의지로서의 물자체에의 접근은 네 가지 충족이유율 가운데 제4종 의 표상, 즉 동기의 법칙이 지배하는 표상에서 가능하다. 인간의 생리 심리적 활동의 차원인 제4종의 표상이 제1종의 표상(실재적 객관)에 적

---

10 위의 책, s. 156~157.

용되는 인과 법칙과 이것의 내적 본질을 이해하는 계기를 제공한다. 인간이라는 보다 복잡한 존재에 대한 이해가 물리적 자연을 이해하는 출발점이 된다. 이러한 관점은 과학의 근대적 발전 방향을 반영한다. 칸트가 예견한 대로 역사를 인과적으로 설명하는 과학이 가능할 것이라는 전망은 인간에 대한 사회사적 이해가 인간에 대한 자연사적 이해와 결합할 수 있다는 전망을 낳았다. 이는 보다 복잡하게 진화한 사회가 보다 단순한 과거의 사회를 이해하는 단서를 제공한다는 마르크스의 역사적 유물론에서도 관철되는 접근 방법이다. 쇼펜하우어에게도 가장 뒤늦게 출현한 존재가 가장 먼저 출현한 존재를 해명하는 단서를 제공한다. 여기에 인간에 대한 의지 형이상학적 해명이 "인간의 의지 활동에 대한 일종의 자연화naturalization"를 포함하는 이유가 있다. 이에 따라 인간의 자연화는 인간의 심층 차원에서 예감되는 의지라는 심리적 원리를 자신의 근거로 삼는다. 이 점에서는 세계를 해명하는 "쇼펜하우어의 전략은 일종의 (내재적) 범심주의panpsychism"로 볼 수 있는 측면을 갖게 된다.[11]

이러한 해명에도 불구하고 일반 독자나 연구가들을 곤혹스럽게 만드는 쇼펜하우어의 모호한 언급이 있다. 그는 의지를 내감 혹은 자기의식에서 직접적으로 인식할 수 있다고 하다가도, 의지 자체는 인식되는 것이 아니라 그 현상, 즉 의지의 활동이 직접적으로 인식된다고 말한다. 1859년에 쓴 재판 서문이 달린《의지와 표상으로서의 세계》I은 1818년의 초판에 약간 수정을 가한 것이다. 수정된 것에는 의지가 직접적으로 직관되는 것이 아니라는 입장이 반영되어 있다. 그럼에도 다음과 같은 확신에 찬 단언이 등장한다. "나의 신체와 의지는 하나Mein

---

11 Christopher Janaway, 'Will and Nature', *The Cambridge Companion to Schopenhauer*, Cambridge University Press, 1999, p. 143, 147.

Leib und mein Wille sind eins"라는 의지와 신체의 동일성은 "증명될 수 없는 것, 직접적 인식"이다. 그것은 "간접적 인식, 즉 다른 어떤 직접적 인식에서 도출될 수 있는 것"이 아니다. "이 진리는 논리적, 경험적, 형이상학적, 메타 논리적 진리에 속하지 않는" "단적인 κατ᾿ ἐξοχήν, schlechthin 철학적 진리"다.[12] 이러한 표현은 의지에 대한 직접적 인식이 가능하다는 확신을 담는다. 이는 자신의 의지 철학이 직관적 자명성에서 출발하는 데카르트적 확실성을 가진 제일철학이라는 구식 신념을 보여 줄 뿐이다. 그러나 그것은 의지가 간접적으로 추론된 것이라는 후기로 갈수록 분명해지는 자신의 다른 입장과 모순된다.

니콜스Moira Nicholls는 이 점을 확인해 초기 입장과 후기 입장의 차이를 보여 주는 원문을 사례로 보여 준다.

1) 의지 자체는 모든 현상 즉 자연 전체의 기체substratum로서 우리가 직접적으로 그리고 친근하게 의지로서 아는 것 이외의 다른 것이 아니다.

이 주장은 《의지와 표상으로서의 세계》 초판의 영어 번역자인 힐레브란드Karl Hillebrand의 번역본에서 인용된 것이다. 그러한 표현들은 재판본에서도 산발적으로 발견된다. 그러나 다음의 표현은 의지가 그 현상적 측면만 인식된다고 주장한다.

2) 의지 자체에 대한 이 인식은 전적으로 충전적充全的이지 않다. 우선 그러한 인식은 표상의 형식에 매여 있다. 그것은 지각이거나 관찰이어서 그 자체 주관과 객관으로 분리되어 있다.

---

12 Arthur Schopenhauer, *Die Welt als Wille und Vorstellung* I, S. W, Band 1, Suhrkamp, 1986, s. 161.

이 주장은 후기의 재판에서 인용된 것이다. 의지는 그 부분적 현상만이 직관되고 그 자체는 추론된다는 것이다. 이러한 입장은 칸트가 내성 혹은 내감에 주어진 현상은 시간의 형식에서 지각된다라는 관점으로부터 온 것이다. 쇼펜하우어의 이 입장은 초기 저작에 관한 당시의 비평을 반영하는 것으로 볼 수 있다. 그러나 그의 성향으로 볼 때, 수정된 견해는 다른 요인, 즉 그의 점증하는 아시아 철학의 수용과 연관이 있다. 니콜스는 이 입장을 취한다. 그에 의하면 내성에서의 직관은 시간 형식에 매개된 직관인데, 이를 세계의 실상을 가리는 마야의 베일이라고 본 쇼펜하우어의 관점이 점차 강화되었기 때문에 의지 자체에 대한 충전적 인식을 부인했다는 것이다.[13] 쇼펜하우어는 물자체에 대한 내성적 직관이라는 전혀 다른 종류의 인식 방법을 요새를 공격하는 데 내통자를 통해 지하 통로를 열어 성을 함락하는 것에 비유한다. 만일 이 비밀 통로를 물자체에 대한 충전적 인식으로 본다면, 스콜라 철학이나 헤겔 철학이 예지적 직관이 가능한 것으로 보는 독단을 전제한다고 비판한 것이 자신에게도 적용된다. 이것은 쇼펜하우어의 전 체계를 위험에 빠뜨린다. 그뿐만 아니라 선험적 관념론이라는 칸트의 위대한 정신을 계승했다는 그의 자부심을 손상시킨다. 주관에 대해 대상이 된다는 것과 표상이 된다는 것은 같다. 따라서 그의 근본 입장은 개인의 외감과 내감의 지각이 현상, 즉 표상에 불과하며, 인식할 수 없는 물자체인 의지는 현상으로부터의 추론이나 유추에 의해 상정된 것이다라고 보아야 한다. 이러한 입장이 《의지와 표상으로서의 세계》II에 있는 〈물자체에 대한 인식 가능성에 관하여〉라는 제목이 달린

---

13 Moira Nicholls, 'The Influences of Eastern Thought on Schopenhauer's Doctrine of the Thing in Itself', *The Cambridge Companion to Schopenhauer*, Cambridge University Press, 1999, pp. 172~173.

다음의 글에 잘 나타난다.

우리의 의지에 대한 내적 지각조차도 여전히 물자체에 대한 남김 없고 충전적인 인식을 결코 제공하지 못한다. 그것이 전적으로 직접적인 관찰일지라도 그럴 것이다. 그러나 (……) 무엇보다도 그러한 인식은 표상의 형식에 매여 있다. (……) 그리고 그 자체 주관과 객관으로 분리되어 있다. (……) 그래서 내적 인식에서 조차도 그 대상의 물자체와 인식 주관에서의 그 대상에 대한 지각 사이의 차이는 여전히 생긴다. 그러나 내적 인식은 외적 인식에 속하는 두 형식, 즉 모든 감각−지각을 매개하는 공간 형식과 인과 형식으로부터 자유롭다. 한편으로는 여전히 시간 형식뿐만 아니라 인식되는 것과 인식하는 것 일반이라는 근본 형식(주객 분리라는 형식)이 남아 있다. 따라서 이 내적 인식에서는 물자체는 상당한 정도로 그 베일이 벗겨지지만 여전히 온전히 다 드러나지는 않는다. 여전히 그에 붙어 있는 시간 형식 때문에 모든 사람들은 그 자신의 의지를 전체로서 즉 절대적으로an und für sich 가 아니라 연속하는 계기적 활동에서만 인식한다.[14]

재너웨이에 의하면 이 문장을 '대담한bold 주장'으로 해석하면 다음과 같이 된다. 1) 표상에 의해서 우리는 물자체를 인식할 수 없다. 그러나 2) 내적 표상에서 우리는 우리 자신의 의지에 관한 직접적 인식을 갖는다. 그리하여 결국 3) 우리는 물자체가 의지라는 것을 알 수 있다. 그러나 이는 앞서 말한 것처럼 쇼펜하우어의 입장은 아니다. 위의 인용문에 대한 '주의 깊은circumspect 이해'는 물자체를 인식한다는 것이 언제나 현상의 인식에 뿌리를 둔 투사이며, 언제나 베일의 근저에 있는 것

---

14 Arthur Schopenhauer, *Die Welt als Wille und Vorstellung* Ⅱ, S W, Band Ⅱ, Suhrkamp, 1986, s. 254~255.

을 추정할 뿐이라고 보는 것이다. 이 관점에서 재너웨이는 영Julian Young
의 견해를 수용해 현상과 물자체의 이원 구조 대신 다음의 3중 구조를
제안한다. 이 견해는 물자체에 대한 충전적 인식을 피하는 길이다. 이
것은 현상과 예지적 실재의 이분법에 양자로부터 구분되는 제3의 세계
를 끼워 넣는 삼분법을 채택하는 것이다. 이 제3의 세계는 비예지적이
어서 칸트적 경계 안(현상)에 자리 잡고 있지만, 비의적秘義的이어서 일
상 세계와는 다른 것이기에, 형이상학적 탐구의 주제가 될 수 있는 것
이다. 이 견해는 현상계와 예지계 사이에 '현상계에서의 예지계'라는
중간 차원을 넣는다. 의지는 물자체에 가까운 현상계의 측면과 인식가
능성에 가까운 물자체의 측면을 공유하는 양면성을 갖는다. 의지는 물
자체이지만, 우리가 알 수 있고 탐구할 수 있는 것은 현상계에 내재적
인 의지의 일면일 뿐이다. 재너웨이는《의지와 표상으로서의 세계》II의
다음과 같은 구절을 상기시키면서, 애트웰J. E. Atwell의 견해가 3분법에
적합한 해결책을 제시한다고 결론 짓는다.[15]

자기 자신을 세계 안에서 그리고 세계로서 발현하는 의지가 궁극
적이고 절대적으로 그 자체에서 무엇인가 하는 물음이 여전히 일어날
수 있다. 다시 말해 자신을 의지로서 발현하거나 일반적으로 나타낸다
는 사실, 즉 일반적으로 알려진다는 사실을 전적으로 떠나서 의지가
무엇인가 하는 물음이 일어날 수 있다. 이 물음은 결코 대답될 수 없
다. 왜냐하면 내가 말한 것처럼 그 자체에 대해 알려지는 것은 존재 그
자체An-sich-sein와 모순되며, 알려지는 모든 것은 그 자체 현상일 뿐이
기 때문이다.[16]

---

15 Christopher Janaway, 'Will and Nature', *The Cambridge Companion to Schopenhauer*,
    Cambridge University Press, 1999, pp. 161~163.
16 Arthur Schopenhauer, *Die Welt als Wille und Vorstellung* II, S W, Band II, Suhrkamp, 1986,
    s. 256.

이 주장은 의지 그 자체가 무엇인지 알려질 수 없다는 것이다. 이 언급이 의지가 물자체로서 알려진다는 쇼펜하우어의 줄기찬 주장과 조화되기 위해서는 '현상 안에서의 물자체로서의 의지will as the thing in itself in appearance'라는 개념이 도입되어야 한다는 것이 존 애트웰의 주장이다. 재너웨이는 이에 동조한다. 쇼펜하우어가 세계의 내적 본성을 추구할 때, 그가 추구하는 것은 알 수 있는 세계로부터 변함없이 분리되어 있는 어떤 것이 아니라 알 수 있는 세계의 다른 측면이라는 것이다. 철학적 반성에서 드러나는 것은 표상으로서의 세계이며, 의지는 일면만 직관되고 나머지 추론된 본질 그 자체는 바닥없는 심연으로 경험된다. 애트웰은 이 3중 구조를 다음과 같이 정리한다.[17]

세계의 측면들	세계 구성요소	인식 가능성	알려지는 방법
1) 표상으로서의 세계	시공간적, 인과적으로 연관된 개체적 대상들	인식 가능	경험적으로, 그리고 선천적 형식에 따라
2) 현상 안에서의 물자체인 의지로서의 세계	모든 대상의 무차별적인 내적 본성	인식 가능	내면에서는 직접적으로, 다른 객관에 대해서는 철학적 반성에 의해
3) 절대적이고 궁극적인 물자체로서의 세계		원리상 인식 불가능	

재너웨이는 이러한 도식이 줄리안 영의 견해보다 물자체를 둘러싼 모순된 주장을 해결할 수 있는 훨씬 적합한 것이라고 한다. 물자체인 의지는 표상의 형식을 꿰뚫고 경험된다. 그러나 의지는 세계의 원인이 아니며 그 자신의 원인도 없는 것이기에 주관과 객관의 '무근거한 근

---

17 Christopher Janaway, 위의 책, pp. 164~165.

거'이다. 의지와 세계는 섬뜩한 심연인 무無에서 나온 것으로 이해된다. 우주의 구조를 말한 것일 뿐만 아니라 인성의 변환이라는 윤리적 방향을 갖는다.

쇼펜하우어의 주저 4부에 가면 동서양의 신비주의 철학이 말하는 초월적 경험이 궁극의 윤리적 이상으로 제시된다. 여기에는 고중세 기독교 영지주의와 개신교 신비주의, 인도 철학과 불교가 포함되어 있다. 인생사에서의 극적인 고통이나 자기 수련의 끝에서 시간과 근심을 초월한 인격은 생의 의미를 체현한 초인으로 묘사된다. 세계 의미를 체현했다는 것은 표상의 형식에 매여 사물을 보지 않고, 영원의 관점에서 무상한 세상을 정관한다. 이 관점은 고요한 기쁨과 평화의 경험이며, 무한한 시간적 길이를 한순간에 파악하는 신의 관점이기도 하다. 이 초월적 경험은 생의 의미의 체현이라는 점에서 물자체의 현상이 표상의 형식 안에서 직관되는 차원, 즉 위의 도표에서 두 번째 중간 차원을 넘어선 것이라고 보아야 한다. 자기의식의 내감은 사물의 내적 본질에 대한 이해에 보다 가까이 접근할 수 있다. 예지계 자체에 대한 직접지는 불가능하다. 그러나 다른 생명체를 해친 것에 대한 죄의식과 도덕적 연민은 물자체인 의지가 경험적으로 나타난 것이며, 바닥없는 심연에서 생기는 생명원리에 접근하는 노력과 희망은 있다. 바로 이 지점에서 쇼펜하우어는 아시아 철학이 예지계가 부분적으로 드러난 것을 단서로 자기 수련을 통해 존재의 근원에 접근하려는 노력을 찬양한다. 예를 들어, 송명이학宋明理學은 우주의 궁극적 본성性이 우리의 심층적 내면으로부터 표면적 감정情으로 드러내는 끝[端倪, 단예]을 실마리 삼아 심층의 본성이 우주의 본질임을 자각한다는 수양론적 심성론을 핵심 주제로 삼는다. 쇼펜하우어가 주희朱熹의 철학에 놀라워한 것도 전혀 이상한 일이 아니다. 쇼펜하우어에 의하면 예지계는 근원적 물질에 작용하여 단계적으로 생명의 진화를 추동하고 무수한 종들로 분화하지만, 그 자체는 무한한 현상계에 동일하게 관류하는 일자이다. 내감에서 직접 알려지는 것이 의지의 활동이라면, 이 현상적 직접지는 현상계 전체의 내적 본질로 연장될 수 있다. 나아가 영원의 관점에서는 만유가 평등한 공감 체계를 이루고 있음을 경험한다. 우주가 현상과 물자체, 혹은 그 사이에 중간 차원을 끼워 넣었을 때의 3중 구조로 되어 있다면, 수양론자들의 주장처럼 인간은 소우주이다. 주희에게도 인간은 '소천지小天地'이다. 쇼펜하우어는 동서수양론의 전통에 따라 인간을 소우주로 이해하고 이의 자각적 실현에서 우주에서의 인간의 위치와 의미를 통찰하고자 하는 것이다.

쇼펜하우어는 세계 정복과 세계 지혜를 대비시킨다. 야망가를 찬양하고 그의 권력을 위해 생사를 불사하는 군중의 모습은 세계 지혜가 버리고 가야하는 것이다. 이 문제는 군중과 권력의 문제와 연관된 것이기에 별도의 논의를 필요로 한다. 중요한 것은 예지계인 생명원리로서의 의지의 동일성에 대한 경험이 만유의 평등성의 기초가 된다는 것이다. 그러한 경험은 개체의 고유한 역량들을 존중하고 그 공동의 사회성을 개방적 방향에서 추구한다. 이 방향이 쇼펜하우어가 발전시키지 못한 그의 철학의 잠재적 가능성이다. 이 가능성은 분리된 개인들을 결합시키는 핵심 원리를 이성이라고 보는 칸트와 그 추종자들이 윤리의 기초를 합리성에 두는 관점을 취하지 않는다. 진정한 합리적 가능성은 예지계가 하나라는 것에 의거한 만유의 평등한 소통성의 자각과 실현에 있다. 쇼펜하우어의 형이상학이 암시적으로 제안하는 사상의 폭은 이처럼 넓다.

2. 암호 해독으로서의 철학

쇼펜하우어의 선험적 관념론은 경험 세계의 실재성을 부정하는 것이 아니다. 그 경험적 실재성은 실재 그 자체인 의지 형이상학에 의해 더 강화되는 것처럼 보인다. 그러나 인간은 왜 세계에 안주하지 못하고 불안해하는 것일까? 그것은 생의 문제가 남아 있기 때문이다. 인생사에서의 참을 수 없는 모순과 한계를 부단히 벗어나려는 충동으로 작용하는 무한으로의 동경이 우리를 등 뒤에서 민다. 이 의지는 우리 자신과 세계를 포함한 존재의 신비가 주는 경이감을 동반할 수 있다. 세계에 몰입해서 살 만한 행운이 주어진 사람에게도 자신과 세계가 대체 무엇인가라는 수수께끼가 어김없이 주어진다. 이 난제가 바로 형이상학적 물음의 본질이다. 그리고 이 물음에는 세계로부터의 탈귀속이 운명처럼 따라다니며, 어디에도 안주하지 못하는 절대적 불안이 숨어 있다. 쇼펜하우어가 인간을 '비참성에 자극 받는' '형이상학적 동물'이라고 규정한 것은 바로 그 때문이었다.

쇼펜하우어만큼 그러한 인간 조건에 예민한 철학자도 드물다. 가디너Patrick Gardiner의 언급대로 이 문제에 관한 한 비트겐슈타인 역시 그를 따른다. "모든 가능한 과학적 물음이 대답되었다 하더라도, 삶의 문제는 여전히 전혀 건드려지지 않은 채로 남아 있다는 것을 우리는 느낀다."(Tractatus, 6. 52)[1] 쇼펜하우어는 이 맥락에서 윤리학으로 곧바로 나아가는 것이 아니라 형이상학적 문제의 성격을 먼저 해명한다. 형이상학적 물음은 세계 원인에 대한 것이 아니라 세계와 자아가 무엇인가라는 본질을 묻는다. 그리고 이 물음에 대한 해답은 가능하다. 우리 자신이 바로 해답의 조건을 갖추고 있다. 우리가 늘 체험하는 신체적 삶에 대한 내성의 영역을 심도 있게 들여다보는 방법에서 세계 이해의 문이 열린다. 신체를 가진 개인의 내적 성찰이 형이상학으로 들어가는 문이다. 내적 성찰은 성곽의 비밀지하통로와 같다.

객관적 인식의 길을 통해서는, 즉 표상으로부터 출발하는 길에서는 우리는 결코 표상 즉 현상계를 빠져나올 수 없다. 그러므로 우리는 사물들의 밖에 머물러 있게 된다. 우리는 결코 사물들의 내적 본성에 침투할 수 없으며, 그것들이 그 자체에서 즉 자기 자신에 대해서 무엇일 수 있는가를 탐구할 수 없다. 여기까지는 나는 칸트와 일치한다. 그러나 이제 나는 이러한 진리에 대한 반대 균형추로서 저 다른 진리를 높이 강조해 왔다. 즉 우리는 한갓 인식하는 주관만이 아니라 스스로를 인식하는 존재에 속하기에 스스로가 물자체라는 것이다. 또한 그래서 우리가 밖으로부터는von außen 침투하여 도달할 수 없는, 사물 자체의 고유한 내적 본질에 이르는 하나의 길이 안으로부터von innen 열려져 있다는 것이다. 경험적 실재에 직면해서는 우리는 마치 성곽을 포위하여 밖으로부터 공격하는 병사와 같다. 그들은 성곽을 뚫고 들어가는 길을 발견하기 위해 끝없이 그리고 헛되이 노력한다. 그들에게 유일한 희망은 다른 방식으로의 입성하는 것에 있

---

1   Patrick Gardiner, *Schopenhauer*, thoemmes Press, 1963, p. 125.

다. 그것은 전혀 성곽을 밖에서 공격하지 않고서 내부 배반을 통한 비밀스런 접선에 의해 단번에 우리를 요새 안으로 들어갈 수 있게 하는 비밀 지하 터널이다. 바로 이와 같이 물자체는 자기 자신이 자신을 의식한다는 바로 이 사실을 통해 온전히 직접적으로 의식에 들어올 수 있다는 것이다. 그것을 객관적으로 인식하려고 하는 것은 어떤 모순 된 것을 추구하는 것이다. 모든 객관적인 것은 표상이며, 그래서 현상, 즉 실로 한갓 두뇌 현상일 뿐이다. (……) 나는 이것을 모든 것에 대해서 인정한다. 그러나 각자 자기 고유의 의욕Wollen에 대해 갖고 있는 인식에 대해서는 아니다. 이러한 인식은 지각도 아니며(모든 지각은 공간적이기 때문에) 추상적 개념처럼 공허한 것도 아니다. 오히려 그것은 다른 어떤 것보다도 실재적realer이다.[2]

객관적 표상의 내적 본성에 도달하는 방법은 우리의 피부 안에서 일어나는 내적 자기의식의 경험이다. 이 내적 직관이 물자체에 접근하는 방법이다. 이것은 포위된 성곽의 지하통로와 같다. 내부 배반자인 자기의식에 의해 물자체로 입성하는 통로가 열린다. 우리의 의지 작용은 신체를 매개로 해서 일어나는 생리심리적인 현상이며, 이 현상을 통해 그 근저의 물자체를 의지로서 직관한다는 것이다. 이 직관은 사실상 추론이지만 순간적으로 일어나는 예감과 같기 때문에 직관이라고 표현한 것으로 보인다. 이는 쇼펜하우어가 감각의 원인으로 객관을 순간적으로 구성한다고 보았던 것과 유사하다. 그러나 물자체를 원인의 형식으로 파악하는 것은 오류라고 했으므로 쇼펜하우어는 물자체와 현상의 관계를 발현發顯에 해당하는 외화Äußerung, 현현Manifestierung, 출현Eintritt, 나타남Erscheinen, 객관화Objektivation 등으로 표현한다. 이는 풀

---

2   Arthur Schopenhauer, *Die Welt als Wille und Vorstellung* Ⅱ, S W, Band Ⅱ, Suhrkamp, 1986, s. 252~253.

어넘이라는 의미를 갖는 표현Explikation이나 전개Entwickelung에 해당할 것이다. 의지는 내적 성찰을 통해 나의 주관과 객관의 동일한 본질로서 상정된다. 그러나 쇼펜하우어는 물자체인 의지의 실재성에 대해서는 그것을 선천적 확실성을 갖는다고 표현했을 정도로 깊이 신뢰하고 있었다. 그는 그것이 과학적 설득력을 충분히 갖고 있으며, 데카르트의 내적 자기의식의 존재가 갖는 자명성처럼 그 실재성은 우리의 내적 경험에서도 부인할 수 없는 통찰에 의해 증험할 수 있다고 생각했다. 의지 작용에 대한 자기의식의 경험은 "진리에 이르는 유일한 좁은 문"이다. 이 문이 자연으로부터 인간 주관을 이해하는 길과 반대로 주관에 대한 이해로부터 자연에 대한 이해로 나아가는 길이다. 형이상학은 개체의 자기의식에서 출발하여, 외부 세계에 대한 해명을 통해 우리 자신을 이해하는 우회적인 길이다. 이 길이 외부 세계에 가치를 부여해야 자신의 가치를 알 수 있다고, 괴테가 청년 쇼펜하우어에게 충고한 길이다.

매기Bryan Magee에 의하면 내감의 자기의식에서 직관되는 의지 작용 Wollen, willing은 좁은 의미와 넓은 의미의 두 가지가 있다. (1) 좁은 의미의 의지 활동은 의지된 행동들이다. 그러나 이 경우에도 내가 어떻게 나의 활동을 하게 되었는지 설명을 할 수 없다. 예를 들어, 내가 내 오른손 집게손가락을 들고, 내가 셋을 세고 '셋'이라 할 때 이 손가락을 굽히게 될 것이다라고 말할 때, 내가 어떻게 그렇게 하는지는 신경생리학을 동원해도 그저 현상만을 알게 될 뿐이다. 그 의지 활동을 구성하는 것이 본질적으로 무엇인지는 고대인에게도 현대인에게도 알려져 있지 않다. (2) 넓은 의미의 의지 작용은 대부분 우리의 의식으로 인지되지 않는 감정 작용과 마음의 작용을 포함한다. 우리는 무엇을 욕망하고 두려워하는지 모르고 지낸다. 우리에게 허용되지 않는 욕망을 가질 수도 있다. 그것들 중에는 무의식적 억압 때문에 생각과 감정이 명백히 의식되지 않는다. 감정 생활 대부분의 것이 표면으로 나오지 못하며 분명한 판단의 연쇄로 구성되지 못한다. 그러나 우리의 생각들의 깊은 근원에 대해서는 어떤 해명도 할 수 없다. 그것들은 우리의 신비한 어떤 내적 존재의 산물로 다가온다.[3]

그러나 쇼펜하우어에 의하면 내감에 의해 알려진 의지의 변양태는 신체 내부의 비의지적인 물리적 변화를 동반한다. 정서와 감정은 아무리 미세하더라도 물리적 협력자를 갖는다. 의지의 움직임과 신체의 운동은 상관적이다. 신체와 의지 작용은 동일한 것(의지)이 다른 방식으로 알려진 것이다. 희망의 충족이나 두려움과 같은 심리적 현상들은 신체적 활동 안에 존립한다. 매기에 의하면《구약 성서》는 신체를 외적 형태의 영혼으로 간주했다.(J. Pederson, Israel) 아리스토텔레스도 인간을 생각하는 사물로 간주했으며, 라일Gilbert Ryle이나 콰인W. V. O. Quine과 같은 현대 학자들도 내적 활동과 신체적 활동의 동일성을 주장한다.[4] 이러한 견해들은 신체와 의지의 동일성을 주장하는 쇼펜하우어의 견해에 접근한다. 그러나 현상으로서의 의지 작용에서 의지는 직접 의식되지만, 이 의식을 분석해 보면 의지 자체는 추론되어 세계의 본질로 유비적으로 상정된 것이다. 의지는 그 이상의 상위의 직접적 표상이 없기 때문에 증명될 수 있는 것이 아니다. 증명의 기관인 충족이유율은 현상에만 한정된다. 경험적이거나 논리적으로 증명 가능하면 그것은 더 이상 철학적 진리도 아니다. 나의 신체는 나의 의지의 객관화이다라는 명제는 증명할 수 없는, 그야말로 철학적 진리다. 증명가능하지 않은 상황에서 증명을 요구하는 것은 지성이 봉착하는 한계 상황을 모르는 것이다. 철학적 물음이 생기는 곳은 바로 이 한계 상황이다.

---

3   Bryan Magee, *The Philosophy of Schopenhauer*, Clarendon Press, 1983, pp. 131~132.
4   위의 책, p. 135.

철학적 진리는 인간의 자기의식적인 심리적 활동을 매개로 열린다. 심리적 활동은 신체적 활동을 동반한다. 물자체로서의 의지는 자기의식을 통해 인간의 심층적이고 무의식적인 힘으로 알려진다. 이것이 유추를 통해 자연의 본질적 원리로 상정된다. 본질적인 것은 인간 지성의 표상 형식을 벗어나 있는 비지성적이고 심층적이며, 그래서 맹목적인 힘으로 생각된다. 이를 발판으로 쇼펜하우어는 생명원리로서의 의지에 기초한 자연 철학으로 나아간다. 소우주가 대우주의 수수께끼를 해명하는 본보기이자 상징물이 된다. 자연 철학이란 인간 존재로부터 시작하여 나머지 존재자들을 물자체를 해명하기 위한 상징적 기호로 보는 일종의 암호 해독이다. 부트루Emile Boutroux, 1845~1921, 베르그송, 제임스도 이러한 노선에서 생명 철학을 전개한다. 또한 쇼펜하우어는 표상론에서 보았듯 물질을 힘이나 작용 그 자체인 인과성으로 정의한다. 쇼펜하우어와 이들의 자연 철학은 헤켈Ernst Haeckel, 1834~1919과 오스트발트Wilhelm Ostwald, 1853~1932가 물질과 에너지의 상호교환성을 정성적으로 예측한 근대 과학의 귀결과도 무관하지 않다. 그러면 자연 철학을 설명하기 전에 예지계인 의지에 관하여 브라이언 매기가 정리한 '확립된 전제들과 결론'을 먼저 확인해 보자.

(1) 물질적 객관들은 에너지로 가득 찬 영역이며 객관을 구성하는 에너지와 물질은 근본적으로 같다. (2) 물질적 객관으로서 나의 신체는 다른 물질적 객관과 다르지 않다. 그것은 객관적 대상인 표상에 속한다. (3) 나의 신체인 물질적 객관의 운동은 외감을 통해 나에게 알려질 뿐만 아니라 내부로부터 의지적 작용으로서 직접적으로 알려진다. (4) 나의 의지적 작용과 물질적 객관의 운동은 두 가지 다른 방식으로 이해된 동일한 것이다. 이는 물자체인 의지와 물질적 객관이 두 가지 방식으로 이해된 동일한 것이라는 것을 이해하게 한다. (5) 의지 작용

은 무의식적인 것이기 때문에 대부분의 시간에서 의식이 동반되지 않으며, 의식되는 물질적 객관에 대해서도 대부분 의식이 동반되지 않는다. (6) 모든 물질적 객관이 한 의미에서는 현상이고 다른 의미에서는 예지계라면 인간 존재도 마찬가지로 이중적 본성을 갖는다. (7) 우리가 의식하는 의지는 예지적인 것이 아니라 그것의 현상일 수밖에 없다. (8) 우리 자신의 내부의 심층은 의지가 여기에서 표면에 떠오르지만 직접적 인식으로부터 가려져 있다. (9) 예지계는 직접적 인식가능성으로부터 차단되어 있다. 이상의 테제들로부터 다음의 결론이 나온다. 실재 그 자체인 예지계는 무의식적인 의지의 성격을 지니며 의식에는 도달할 수 없는 것이다. 내가 의식하는 의지는 예지계의 현상이다. 예지계는 모든 곳에서 동일하기 때문에, 내가 직접 내부에서 인지하는 현상의 예지계이자 모든 다른 현상의 예지계이다. 사물 일반의 실재적 기초는 의식적 인식이 없는 맹목적 의지다.

이러한 쇼펜하우어의 착상은 심층 심리학적 의미와 에너지 물리학적 의미를 갖는다. 전자는 프로이트와 융이 계승했고, 후자는 근현대 물리학의 발전과 합치할 수 있는 것이다. 이 두 가지는 쇼펜하우어 연구자들이 자주 언급하는 점이다. 우리 내부의 세계는 원시적 힘들의 작용으로 되어 있다. 공간 속의 물리적 세계도 마찬가지로 다양한 근원적 힘들로 구성되어 있다. 전 우주는 운동하는 물질로 구성된다. 의식이 등장하기 이전부터 만물은 서로 당기거나 배척하며 운동해 왔다. 이 모든 것들은 예지계인 맹목적 의지의 발현이다. 의지의 표현인 에너지들은 여러 형태로 변형되더라도 하나가 다른 것의 원인이 될 수 없다. 인과 법칙은 현상계에만 적용되는 것이다. 자연 법칙들을 관철시키는 에너지는 서로 호환이 가능할 뿐만 아니라 인과적 설명을 가능하게 하는 전제이다. 매기에 의하면 하이젠베르크Werner Heisenberg가 《하이젠

베르크의 물리학과 철학》에서 "모든 입자들, 모든 원자나 사물이 만들어지는 실체는 에너지이며, 에너지가 세계의 원초적 실체primary substance of world다"라고 한 것은 쇼펜하우어의 관점에 부합하는 과학적 발언이라고 한다.[5] 양자파동론을 수학적으로 정돈한 슈뢰딩거Erwin Schrödinger는 우파니샤드 철학과 쇼펜하우어 철학의 숭배자였다. 에너지가 현상의 본질이다. 의지란 물리적 에너지의 형이상학적 표현이라 해도 과언이 아니다. 쇼펜하우어가 물리적 에너지를 힘Kraft, Force으로 표현하여 의지와 구분하려 했지만, 그 자신도 의지를 힘의 성질을 갖고 있는 것으로 이해했다. 《의지와 표상으로서의 세계》II의 〈인식 없는 자연에서의 의지의 객관화에 대하여〉에서는 의지가 "동물적 신체를 창조하고 유지하는 근원적 힘Urkraft"으로 규정된다.[6]

쇼펜하우어에게 자연력이라고 하는 물리적 에너지들은 근원적 힘인 의지의 발현으로서 거의 의지에 가까운 것이기 때문에 그 자체는 인과적 설명의 밖에 있다. 힘들은 물리적 법칙을 가능하게 하는 전제이다. 물질적 객관과 힘들은 하나의 의지가 다른 방식으로 표현된 것으로 본질상 동일한 것이다. 우주는 이 힘들(중력, 전자기력, 척력 등)을 표현하는 근원적 힘의 발현이자 객관화이다. 그것이 모든 동식물을 만들고 활동하게 하는 충동을 형성한다. 만물은 마치 맹목적인 어떤 힘의 무의식적인 부단한 노력의 줄기찬 과정처럼 보인다. 그러나 우주의 과정은 맹목성을 갖기에 그것을 앞에서 이끄는 목적인은 없다. 이 점은 스피노자의 비목적론적 우주론과 동일하다. 그러면 작용인만 있는가? 인과 개념은 현상에만 적용될 수 있는 인식의 형식이기 때문에 예

---

5   위의 책, p. 139.
6   Arthur Schopenhauer, *Die Welt als Wille und Vorstellung* II, S W, Band II, Suhrkamp, 1986, s. 378.

지계인 의지에 작용인을 부여할 수는 없다. 쇼펜하우어는 스피노자를 극찬하지만, 물자체를 작용인이라고 한 점 그리고 현상과 물자체를 분명하게 구별하지 못한 점에 대해서는 비판적이었다. 쇼펜하우어에게 예지계는 내적 지각이라는 단적으로 다른 종류의 인식 방법으로 접근 가능한 것이다. 예지계는 시간성을 벗어나 영원성을 갖는다. 이 영원성이 순간을 통해 사물에 작용하여 인과 그물의 세계가 전개된다는 것이다. 현상계 안의 원인들은 물자체인 의지가 그것을 계기로 하여 자신을 발현하는 기회Anlaß 가 된다. 이는 말브랑슈Nicolas Malebranche, 1638~1715 가 신이 직접적으로 만물의 과정에 개입한다고 주장한 신학적 기회원인론을 쇼펜하우어 식으로 변형한 것이다. 우주의 전개를 이끄는 힘은 앞에서 끄는 목적인도 아니며, 뒤에서 미는 인과적 추진력도 아니다. 의지는 영원성으로부터 순간을 통해 자신을 부단히 현현하는 근원적 힘으로서의 일자이다.

쇼펜하우어의 의지론에 대한 오해를 피하기 위해 몇 가지 주의해야 할 점이 있다. (1) 의지는 에너지를 포함한 모든 물리적인 것의 근저에 있다고 상정된 형이상학적 실재이다. 그러나 그것은 개별적 사물들로부터 추상화된 가장 보편적인 유개념이 아니다. 그것은 성찰적 개인의 내적 자기의식 안에서 예감하고 확신한 것이다. 쇼펜하우어의 유명론적 경향은 개념의 의미를 개별적 지각에서 찾는다. 의지는 내감에서의 의지 작용을 매개로 지각되는데, 이때 의지의 맹목성과 무근거성이 섬뜩한 느낌과 함께 나에게 압도적으로 다가온다. 의지는 충족이유율의 기관인 두뇌의 기능이 그 앞에서 좌절하는 한계 경험의 경계선에서 느껴진다. (2) 의지는 심층심리적 생명원리라는 점에서 심리적 원리다. 모든 생명 철학이 그렇듯 쇼펜하우어의 철학도 범심주의적 성격을 갖는다. 그러나 심리적 원리라 해서 인격성을 갖는 것은 아니다. 의지는 지성의 논리를 갖춘 신과 같은 초월적 주체성이 아니라 무지성적이고 무의식적인 힘이다. 그것은 자신의 모습인 자연의 존재 속에 있다. 그러나 인간은 의지와 자연의 근저에서 근원적 無무를 통찰한다. (3) 의지는 의식이나 주체의 양태가 아니다. 쇼펜하우어에 의하면 의지를 주체의 한 속성으로 보아 관리 가능한 대상으로 간주해온 것이 전 서양 철학사의 오해였다. 스피노자에 와서 비로소 이 오해가 의식되었다. 그는 기쁨과 같은 능동적 감정의 향상, 자기보존욕에서 실현되는 생명 역량 potentia의 증대, 그리고 이 역량 증대에 유익한 정치사회적 관계의 형성을 철학의 주요 과제로 제시한다. 역량은 주체의 속성이 아니다. 그것은 관리 가능한 대상이 아니다. 오히려 그것이 진정한 주체성을 가능하게 하는 토대이다. 쇼펜하우어는 개체의 세속적 역량 증대에는 소극적이다. 슬픔과 기쁨의 감정뿐만 아니라 개체들의 본질인 자기보존의 노력Conatus으로 나타나는 의지는 주체의 속성이 아니라 주체를 형성하는 무의식적 심층이다. 주체는 피상적이고 파생적이다. 욕망으로부터 추상화된 주체로서의 인간은 없다. (4) 일상에서의 의지라는 말은 목적의식을 떠올릴 수 있다. 그러나 그것은 부단한 활동성을 갖는다는 의미에서 노력의 성격을 갖지만 근본적으로 맹목성을 갖는다. 인간은 잠시 일시적인 목적을 동기로 해서 움직이기 때문에 목적론적 낙관에 몰입하는 습관을 갖지만, 세계의 실체에는 목적이 없다. "모든 목표, 모든 한계의 결여는 끝없는 노력인 의지 그 자체의 본질적 본성에 속한다."[7] 의지는 현상적으로 나타난 의욕적인 것은 아니다. 그것은 본질에서 주체성이나 합목적성과는 필연적 관련이 없다.

의지는 미세 입자의 소용돌이로부터 은하계의 회전에 이르기까지

---

7   Arthur Schopenhauer, *Die Welt als Wille und Vorstellung* I, S W, Band I, Suhrkamp, 1986, s. 240.

모든 것의 구조와 운동에 예시되어 있는 힘들에 대한 통일적 이름이다. 동물과 인간이 살려는 의지도 우주적 생명원리인 의지의 발현이다. 인간은 예지계에 접하고 있지만, 무기물적 요인, 식물적 요인, 동물적 요인들을 복합적으로 내부에 갖춘 존재로서 우주의 축도縮圖이다. 이모든 요인들도 예지계의 발현이다. 신체의 활동도 의지가 가시적으로 나타난 것이다. 의지적 행동과 의지의 운동은 동일하다. 동물과 인간은 정도의 차이가 있지만 동기들에 대한 고려에 의해 움직인다. 동기는 나의 의지가 나타나는 기회가 된다. 그러나 의지 자체는 동기의 법칙들 범위 밖에 있다. 동기는 나의 경험적 성격을 전제할 때만 내 행동의 충분한 설명 근거가 된다. 의지의 현상은 충족이유율에 지배받지만, 의지 그 자체는 그것에 지배받지 않는다. 의지에서는 지성이 찾는 근거를 찾을 수 없다. 그것은 근거, 즉 바닥이 없는grundlos 것이다.[8]

의지의 무근거성은 지성의 궁극적 한계에 대한 자각을 요구한다. 쇼펜하우어는 근대 시민 사회가 비록 개인의 인권이라는 추상적 정의를 말하는 사회지만 근본적으로는 국민 국가의 동력으로 흡수되어 가는 근대인의 맹목성을 볼 수 있었다. 매기의 지적처럼 쇼펜하우어는 과학도 물질을 에너지로 전환할 수 있음을 보여 주었다는 점과 과학이 국가의 생산력으로 편입되어 파괴적인 맹목적 에너지로 전환되어 간다는 점을 잘 알고 있었다.[9] 그 맹목적 에너지는 세계를 파괴할 수 있다. 이와 연관하여 쇼펜하우어는 우주를 구성하는 궁극적 힘에 사악한 힘이 있다고 본다. 그는 이러한 관념을 당연시하는 인도인의 신념을 공유한다. 그는 생명계의 투쟁성을 포함한, 우주의 주기적 형성과 파괴의 영원한 반복을 우주의 통일적 일자인 브라만Brahman의 법칙으로 간

---

8   위의 책, s. 166.
9   Bryan Magee, *The Philosophy of Schopenhauer*, Clarendon Press, 1983, p. 146.

주한다. 그러한 영원회귀에서 파괴와 멸망은 의지가 발현하는 방식이기 때문에 형성을 기뻐하고 멸망을 슬퍼하는 것은 우주의 물자체가 영원성에 존립하는 불멸의 일자임을 모르는 것이다. 그것은 마야의 베일, 즉 시간과 공간 및 인과에 사로잡힌 미몽이다. 쇼펜하우어는 말한다.

수많은 사람들이 국가 속으로 단결하여 공동의 선을 위해 노력하고, 모든 개인들은 자신을 위해 노력한다. 그러나 대부분의 수많은 사람들은 그 희생물이 된다. 어떤 때는 의미 없는 망상이, 어떤 때는 사기 치는 정치가 그들을 서로 전쟁으로 내몰며, 대다수의 땀과 피가 개인들의 착상을 실현하고 그의 단점을 보상하기 위해 흘려져야 했다. 평화 시에는 산업과 무역은 활발하고, 발명은 기적을 만들며, 바다를 항해하고, 진기한 것들이 지구의 끝으로부터 모아지며, 파도는 수천의 사람들을 삼킨다. 모두가 밀어 닥치며, 한편의 사람들은 기획하고 계획을 짜며, 다른 한편의 사람들은 움직인다. 소동은 기술할 수 없을 정도이다. 그러나 이 모든 것들의 궁극 목적은 무엇인가? 짧은 기간 동안의 덧없고 괴로운 개인들을 유지하기 위하여, 그 다음은 종족의 번식과 그 활동을 위한 것이다. 여기서 가장 행복한 경우래야 견딜 만한 결핍과 비교적 고통이 없는 상태일 뿐이며, 그것이 얻어졌을 때는 곧 권태가 온다. 노력과 보상 사이의 명백한 비율의 결여에서 볼 때, 살려는 의지는 객관적으로는 어리석음으로 보이며, 주관적으로는 망상으로 보인다. 이것에 사로잡혀 모든 살아 있는 생명체는 가치 없는 것을 위해 자신의 최대의 힘을 들인다. 그러나 자세히 고찰해 보면, 그것은 맹목적 충동, 근거와 동기가 전혀 없는 충동이라는 것을 우리는 알게 될 것이다.[10]

근대 유럽의 자본주의적 발전에 대한 이러한 비판적 인식은 영원의 관점에서 세계를 보는 입장을 반영하는 것으로 추측된다. 그것은 대중들은 노예가 되기 위해 피 흘려 투쟁한다는 스피노자의 발언을 연상시킨다. 또한 그것은 세상성의 무상함에 대한 성서적 관점, 특히 불교적 안목을 보여 준다. 이러한 입장은 총체적 동원력을 갖춘 근대 국민 국가의 형성에서 무의미한 불행과 망상을 본 것이다. 그는 진보와 보수를 막론하고 미래로 갈수록 나아질 것이라는 동시대인들의 신념과 열정을 믿지 않았다. 국민이 된 시민은 군중화되어 '빵과 서커스'를 필요로 할 뿐이다. 그는 근대 과학의 발전과 민주주의의 결합 가능성을 믿기보다는 그 모든 것이 국가주의와 전쟁으로 귀결될 것으로 본 것이다. 이 관점이 정치문화적인 권세에 유혹된 인물들에게는 쇼펜하우어 철학을 수용하는 데 장애 요인이었다. 그러나 자본주의 발전이 쇼펜하우어의 사후 두 번의 거대한 전쟁으로 귀결되고 초강대국의 형성과 함께 거대한 위험을 품은 사회로 진행한 점을 볼 때, 그의 염세적 판단은 성찰의 기회를 제공한다고 할 수 있다. 그는 생명체의 삶에서 "투쟁의 황폐함과 무익함"을 본다. 그들의 "구조적 조직의 다양성과 복잡성, 적응수단의 교묘함"은 "궁극 목적의 결여와 대비"되는 것처럼 보인다. "그러나 우리는 여기서 순간적 포만, 항구적인 투쟁, 모두에 대한 전쟁, 모두가 사냥꾼이고 모두가 사냥감이라는 것, 압박, 결핍, 필요와 불안, 삼키고 먹힘 만을 본다. 이것은 다가오는 세기에도 진행될 것이며, 혹성의 껍질이 파괴될 때까지 거듭될 것이다."[11]

한편 쇼펜하우어에 의하면 인간은 경험적 성격과 함께 예지적 성격을 갖는다. 후자의 측면에서 인간은 시간적 현상계를 관통하여 영원

---

10 Arthur Schopenhauer, *Die Welt als Wille und Vorstellung* II, S W, Band II, Suhrkamp, 1986, s. 462.
11 위의 책, s. 458.

성에 접하는 부분을 지닌다. 예지계의 동일성은 도덕감의 형이상학적 기초로 작용하여 사회적 공감과 유대를 가능하게 한다. 우주는 무기물, 식물, 동물, 인간이라는 네 가지 범주로 나누어지는 다양성으로 분화되는 과정, 즉 개별화의 원리에 따라 다채로운 현상으로 나누어지는 세계다. 그러나 의지 자체는 하나다. 이것이 인간의 경우 객관과 주관이 대립하는 형태로 나타난다. 주관의 내감에서 느껴지는 의지를 확신하게 되면, 그것이 자연의 내적 본질을 푸는 열쇠가 된다. "식물 속에서 작용하는 힘, 결정을 만드는 힘, 자석이 북극으로 향하는 힘, 물질이 친화력에 의해 이합집산하는 힘, 지구를 태양으로 당기는 중력은 현상에서는 다르지만 내적 본질에서 동일하다는 확신"은 직접적으로 알려지는 의지에 대한 성찰을 통해 얻어진다. 인간은 반성을 통해 물자체로 나아간다. 의지는 "맹목적으로 움직이는 모든 자연력 속에, 숙고된 인간의 행동 속에 나타나지만, 그 차이는 발현의 정도 차이다."[12] 무기물에는 가장 적게, 인간에게는 가장 많게 의지가 발현된다.

물자체를 객관적으로 사고하기 위해서는 어떤 하나의 현상을 이해의 단서로 삼아야 한다. 모든 현상 가운데 가장 완전한 현상, 가장 발전된 인식에 의해 직접 조명되는 현상, 즉 인간을 실마리로 삼는다. 인간의 자기의식에서 예감되는 의지가 가장 보편적인 의지로 되는 것이다. 이것이 바로 "가장 탁월한 것에 의한 작명denominatio to a potriori"이다. 의지 개념이 가장 넓은 범위를 갖는다. 그것이 모든 힘들Krafts의 본질로서의 의지다. 그러한 방법은 "인간이라는 종의 인식을 기초로 다른 종을 간접적으로 인식"하는 것이다. 의지를 이성의 지도 아래 나타나는 것으로 생각하는 사람은 의지를 오해한다. 의지라는 어떤 미지수는

---

12 Arthur Schopenhauer, *Die Welt als Wille und Vorstellung* I, S W, Band I, Suhrkamp, 1986, s. 169~170.

추리에 의해 알려지는 것이 아니다. 그것은 "철두철미하게 직접 인식된 것이며, 사실 우리들이 잘 알고 있는 것"이다. 바로 이 잘 알고 있는 것이 가공할 파괴력을 가진 권력욕의 체계인 근대 사회를 형이상학적으로 이해하는 원리가 된다. 이 측면의 의지는 개별화의 과정에서 전개되고 응축된 것이다. 그러나 의지는 또 다른 측면에서 모든 것에 편재하는 유동적 소통성의 원리다. 이 측면을 이해하면 인류는 우주적 연대성에 의거한 연민과 평화의 길로 나아갈 수 있다. 쇼펜하우어의 우주관에는 위와 같은 두 가지 길 사이의 긴장과 분리가 있다.

자연 속의 모든 힘들은 의지의 발현이다. 따라서 의지는 힘들에 속하는 것이 아니다. 힘 개념은 인과가 지배하는 영역, 즉 표상에서 추상된 것이다[쇼펜하우어의 시대에는 모호한 고전 물리학의 힘 개념 때문에 헤르츠Heinrich Hertz와 아인슈타인Albert Einstein 같은 물리학자들이 힘을 제거하는 방법을 모색한다는 것을 알 수는 없었다]. 그러나 의지를 물리적 힘들에 포함시키면 내감에서의 유일한 직접적 인식을 포기하는 것이다. 또한 물체와 물리적 힘들은 다수성의 차원에 있으며, 다수성은 의지 자체에는 해당되지 않는다.

3. '하나이자 모든 것'과 형상들

의지는 하나다. 그것은 다수성의 가능성 밖에 존재한다. 의지는 근거를 찾는 충족이유율 밖에 있기 때문에 무근거성Grundlosigkeit을 갖는다. 의지는 현상계의 각종 필연성으로부터 자유롭고 독립적이다. 하지만 의지자유에 정신이 팔려 행위의 영역으로서의 현상의 필연성을 자유라고 인식해서는 안 된다. 인간의 개별적 행위는 동기가 경험적 성격에 주는 영향 때문에 필연성을 갖는다. 역사학은 여기에서 성립한다. 그러나 자기의식에서의 의지 작용은 직접적으로 인식된다. 의지에 접근할 수 있는 자기의식에는 자유의 의식이 있다. 여기에서 사람들은 개인이 현상으로서 충족이유율에 따르고 있다는 사실을 간과하고 전혀 다른 생활 태도를 취할 수 있다고 생각한다. 그러나 자기 생활의 처음에서 마지막까지 자신이 싫다고 생각하는 성격을 계속 갖고 있으며, 주어진 역할을 마지막까지 해야 한다는 것을 알고서 놀란다. 그의 경험적 성격은 예지적 성격을 극기의 수련과 통렬한 자각으로 통찰하지 않는한, 동기적 인과 사슬 속에 있게 된다. 이것이 세상성이 갖는 필연적 관계 체계다. 우파니샤드 철학과 불교는 그것을 마야의 베일이라고 한다.

곤충의 본능에도 의지가 작용한다. 그러나 곤충은 동기에 대한 인식에 인도되지 않는다. 여기서는 동기로서의 표상은 의지 활동의 본질적 조건이 아니다. "인간의 집도 달팽이의 껍데기도 의지의 소산"이다. 신체의 생명 과정, 식물적 과정도 의지 작용이다. 이러한 생명 과정은 동기에 의해 규정되는 것이 아니라 맹목적으로 움직이면서 자극이라고 하는 원인에 의해 규정된다. 무기물의 경우에는 좁은 의미의 원인이 작용한다. 이는 물질의 어떤 상태가 다른 상태를 필연적으로 일으키는 경우이며, 작용하는 자는 자신이 원인이 되어 일으키는 변화와 같은 양의 변화를 받는다. 작용과 반작용은 서로 같다. 자극에 의해 이루어지는 식물적 인과의 경우에는 원인의 작용에 상응하는 반작용을 받지 않는다. 작용의 강도는 반작용의 강도에 의해 측정할 수 없다. 자극은 모든 힘이 시간과 공간에 나타나는 경우의 기점을 규정할 뿐이며, 동기처럼 힘의 내적 본질인 의지를 규정하지는 못한다. "자극은 동기에 대한 인식에 의해 규정되는 인과성과 좁은 의미의 인과성 사이의 중간자" 위치에 있다. 자극은 동기에 가까운 경우도 있고, 원인에 가까운 경우도 있다. 식물의 수액이 상승하는 이유는 자극에 의한 것이지 수리역학적 현상이나 모세관 현상이 아니다. 그러나 좁은 의미에서는 원인의 도움을 받는 것으로 보인다. "콩과의 산황기Hedysarum나 미모사의 운동은 자극에 의한 것이지만 동기에 가까운" 인과성을 보인다. "빛이 강해짐에 따라 눈동자가 좁아지는 것도 동기에 의한 운동으로 옮아가는" 중간적 현상이며, "발기의 원인은 표상이기 때문에 동기가 작용하지만 자극과 마찬가지로 필연적인 작용"을 한다.[1]

동물의 본능은 자극과 동기의 중간에 위치하는 인과성을 갖는다. 호흡의 경우도 마찬가지다. 쇼펜하우어는 생리학자 할Marshall Hall이 호

---

[1] Arthur Schopenhauer, *Die Welt als Wille und Vorstellung* I, S. W, Band I, Suhrkamp, s. 177.

흡을 일부는 뇌수(의지적) 신경, 일부는 척수(비의지적) 신경에 의한 혼합 작용으로 본 것을 소개한다. 그러나 쇼펜하우어는 그것을 동기에 의해 행해지는 의지 발현이라고 보아야 한다고 말한다. 그는 디오게네스의 경우처럼 호흡을 빠르게 할 수도 멈추게 할 수도 있다는 점을 들어 이성적 의지 작용이 동물적 의지 작용보다 우세할 수도 있다고 본다. 시안화수소에 의한 뇌수마비가 지나갈 때까지 인공호흡이 지속된다면 죽지 않을 수 있다는 것이다. 호흡은 동기가 아주 절박하고 직접적인 것이어서, 동기를 충족시키는 근육은 피로를 모른다. 호흡 전체가 오랜 세월을 두고 해 온 습관에 의해 유지된 것이다. 모든 동기는 필연성을 갖고 작용한다.[2]

"무기계의 규칙성에는 여러 방향으로 향하려는 노력Bestrebung이 있으며, 이 노력은 응고 고정되어 완전히 결정되어 정밀하게 규정되고 있는 것을 보여 준다." 무기계에서도 미세하지만 의지의 부단한 노력을 통찰할 수 있다는 것이다. 여기서도 "우리 자신의 본질을 재인식할 수 있다. 새벽의 빛이나 대낮의 광명이나 모두 같은 빛이다." 의지는 "모든 사물의 존재 그 자체이며Sein an sich"이며, '핵kern'이다.[3] 인간의 활동의 경우 같은 동기라 하더라도 만인에게 같은 힘을 미치지 않는다. 인식하고 있는 부수적인 사정이 다르고 성격이 다르기 때문이다. 그러므로 동기만으로는 행위를 미리 규정할 수는 없다. 여기서 동물이나 식물에 비해 인간은 사려를 통해 동기를 선택하는 자유로움을 갖는다는 것을 볼 수 있다. 그러나 베르그송이 선택의 폭이 넓다는 측면에서 동물보다는 인간이 자유의 방향으로 더 진화해 나갔다고 본 것과는 달리,

---

2 위의 책, s. 178 ; Arthur Schopenhauer, Die Welt als Wille und Vorstellung Ⅱ, S. W, Band Ⅱ, Suhrkamp, s. 332~334.
3 위의 책 Ⅰ, s. 180~181.

쇼펜하우어는 자유라는 개념을 현재 인간의 한 특징으로 묘사하는 것을 극도로 꺼린다. 그에게 자유는 예지계의 성격을 묘사하는 좁은 의미의 것으로 남겨졌기 때문일 것이다. 네 가지 계층으로 나뉘는 전 자연계는 의지 객관화의 네 단계이며 진화적 과정에 있다. 매기는 이러한 진화를 다음과 같이 말한다. 식물은 자기재생산의 힘에 의해 무기적 물질로부터 분화된다. 동물은 보다 더 개별화되어, 목적 운동을 하며, 중추 신경계가 발달하고, 두뇌를 갖고 있다. 어느 경우에는 인격성도 갖는다. 인간은 개별적 자기의식과 이성을 갖는다. 이 가운데 가장 중요한 구분은 무기물과 나머지 사이의 구분이다.[4]

플라톤의 《티마이오스Timaios》는 자연에는 중복 없는 풍요성의 원리와 비약이 없다는 연속성의 원리를 말한다. 이 전통을 따르는 라이프니츠처럼 쇼펜하우어는 우주의 운동에는 비연속적 비약이 없고, 그 중간 단계를 채우는 존재자들이 단 하나의 개체일지라도 존재한다는 견해를 따른다. 네 단계의 진화에도 비약이 없어야 한다. 단계마다 여러 형태의 서로 다른 인과성이 지배하며, 단계의 고비에서 충족이유율을 벗어나는 절대적 비약은 없다는 것이다. 그러나 무기물과 나머지 사이에는 비약이 있는 것처럼 보이기 때문에 자연에는 비약이 없다는 원칙에 위배되는 듯하다. 비약이 없는데도 이렇게 보이는 것은 무기적 물체에서 본질적인 것은 물질matter이며, 비본질적인 것이 형태인 반면, 유기체에서는 그 반대이기 때문이다. 매기의 설명에 의하면 유기체에서는 형태의 존속과 함께 항상성을 유지하는 물질대사가 있다. 본질과 동일성은 형태에 있다. 무기체가 지속적 존재를 정지와 외부 영향으로부터의 고립을 통해 획득하지만, 유기체는 지속적 존재를 부단한 운동

---

4   Bryan Magee, *The Philosophy of Schopenhauer*, Clarendon Press, 1983, p. 147.

과 외부 영향의 자발적 수용을 통해 얻는다. 이것이 중단되면 유기체는 죽는다.[5] 이렇게 다르지만, 모든 단계에서 의지는 "하나이자 불가분의 것"이다. 그것은 "가장 약한 현상이나 가장 강한 현상에서 큰 차이가 나더라도 의지는 동일"하다.

쇼펜하우어는 이런 견지에서 자신의 세계상의 근본 특징을 '하나이자 모든 것ἓν καὶ πᾶν'으로 규정하고, 이 특징은 동서양 인류에 공통된 관념이라고 이해한다. 당시 횔더린과 같은 낭만주의자들을 열광케 했던 '하나이자 모든 것'이라는 그리스 자연 철학적 개념을 쇼펜하우어는 인류 공동의 유산으로 채택한다.

자연에 대한 한갓 경험적 고찰은, 자연의 어떤 보편적 힘irgendeiner allgemeinen Naturkraft의 가장 단순하고 가장 필연적인 발현으로부터 생명과 인간 의식에 이르기까지 점차적인 단계화를 통해 오직 상대적이고 실로 대부분 모호하고 유연한 경계들을 지니고서 일어나는 항구적인 이행을 이미 인지하고 있다. 이러한 통찰에 따라 그것에 좀 더 깊이 침투하는 반성은, 곧 이 모든 현상계에서 자신을 발현하고 나타내는 내적 본질이 점점 더 명료하게 부각되는 동일한 것이라는 확신으로 나아간다. 따라서 끝없는 다양성과 복잡성을 가진 무수한 형태들로 자신을 드러내며, 그래서 무시무종으로ohne anfang und ende 가장 다채롭고 기괴한 연극Schauspiel을 공연하는 것은 이 하나의 본질이라는 것이다. 그것은 이 모든 가면들Masken 뒤에 꼭꼭 숨어 있어서 자신을 다시 인지하지 못하고 가끔 자신을 거칠게 다루게 된다. 그러므로 하나이자 모든 것ἓν καὶ πᾶν이라는 위대한 가르침은 서양에서 그리고 동양에서 일찍이 나타났다. 그리고 모든 모순에도 불구하고 그것은 주

---

5   위의 책, pp. 147~148.

장되어 왔으며, 언제나 새로워졌다. 그러나 이제 우리는 그 비밀에 보다 깊이 들어갈 수 있게 되었다. 왜냐하면 이제까지 말해온 것에 의해 우리는 다음과 같은 통찰에 이르게 되었기 때문이다. 어떤 특정 현상에 있어서 하나의 인식하는 의식이 모든 현상계의 근저에 있는 내적 본질에 첨가되었을 때, 즉 안으로 굴절된 방향에서 자기의식이 된 의식이 부가되었을 때, 내적 본질은 이 자기의식에 친근하면서도 신비에 가득 찬 것으로 현시된다는 것이다. 그리고 그것은 의지라는 말로 지칭된다. 그 결과 우리는 그것이 베일이 벗겨지는 발현에 따라 모든 현상의 보편적인 근본적 본질을 의지라고 불렀다. 이에 따라 알려지지 않은 어떤 X를 우리는 의지라는 말로 표현하게 되었다. 반대로 우리는 그것으로 적어도 한 측면에서는 다른 어떤 것보다 무한히 더 잘 알려지고 더 친숙한 것을 표현한다.[6]

다양한 현상들은 단계적으로 진화한다. 이러한 전개는 본질적 실재에 비하면 하나의 실상을 감추는 가면이고 연극이다. 세계는 의지가 인간의 자기의식을 통해 자신을 보는 '거울Spiegel'이다. 하나의 본질인 의지는 만유로 자신을 표현한다. 모든 것은 하나 속에 있고, 하나는 모든 것 속에 있다. 이러한 내재적 구도를 쇼펜하우어는 동서양 공동의 세계상으로 제시한다. 그는 힌두교와 불교 및 주희에서 자신의 체계와 같은 점, 즉 인간의 심층적 본질과 세계 본질의 동일성을 보았다. 이러한 그의 관점은 라이프니츠가 기독교의 분파와 갈등을 극복하기 위해 조화의 원리에 따라 기독교 통합 운동ecumenical unity에 관심을 갖고 있었으며, 나아가 동양 문화권에도 기독교 철학과 유사한 것을 발견하려 한 태도와도 다르다. 쇼펜하우어는 유럽중심적 사고의 중심에 있었던

---

6   Arthur Schopenhauer, *Die Welt als Wille und Vorstellung* Ⅱ, S W, Band Ⅱ, Suhrkamp, 1986, s. 411~412.

신학존재론을 비판적으로 극복하려 한다. 이 때문에 그의 시계視界는 유럽중심적 시야를 가지고 동양을 보는 태도를 넘어선다. 라이프니츠는 세계영혼과 같은 개념은 중국의 자연신학에서 말하는 기氣에서 능동성의 원리인 실체적 형상Monad은 주희의 이理에서 발견할 수 있다고 보았다.

그러나 쇼펜하우어는 자문화의 전통 개념과 유사한 것을 타자에게서 발견하려고 하기보다는 아시아의 지혜를 자기 철학의 주요 원리 가운데 하나로 삼는다. 그는 물자체를 하나의 보편적 의지로 보는 관점의 한계도 의식하게 된다. 이는 그가 의지조차도 초월하는 깨달음[覺]이 의지나 일자와 같은 말Wort로 표현될 수 있는 것이 아님을 알게 되었기 때문이다. 그가 알고 있었던 아드바이타—베단타Advaita Vedanta, 不二論的 후기 베다 철학자인 상카라Sankara는 불교의 영향을 받아 깨달음의 세계에서는 실상과 현상이 둘이 아니라는 것을 강조한다. 실상의 독립적 실재성은 부정된다. 불교에서도 실상에 대한 경험은 말할 수 없는 공성空性, Sunyata의 세계. 니콜스Moira Nicholls의 지적처럼 쇼펜하우어는 후기로 갈수록 깨달음의 중요성을 강조해 물자체가 의지라는 것보다 의지는 물자체의 한 측면에 불과한 것으로 본다.[7] 쇼펜하우어는 의지부정의 단계에서는 세계와 의지는 '무'로 회귀하여, 마치 '무'의 제한에 의해 존재하는 것처럼 생각하도록 만든다. 그러나 그러한 단계에서의 삶의 윤리적 의미에 대한 논의는 쇼펜하우어 자신의 형이상학과 아시아의 세계상이 '하나이자 모든 것'이라는 구조를 갖는다는 점을 전제로 한다.

7   Moira Nicholls, 'The Influences of Eastern Thought on Schopenhauer's Doctrine of the Thing in Itself', *The Cambridge Companion to Schopenhauer*, Cambridge University Press, 1999, p. 196.

이러한 논의에서 볼 때, 그가 우주의 진화를 앞에서 이끄는 목적인으로 설명하지 않는 것은 이해할 수 있다. 그러나 생명 진화사를 통관하면서도 진화의 방향을 논의하지 않는 것도 이상하게 보인다. 상위 단계의 생명체는 하위 단계의 흔적을 포함하고 있다. 인간의 경우 무기물, 식물, 동물의 층들을 자신 안에 중층적으로 포함한다. 이러한 진화적 계층성에서 인류에 이르는 진화가 자유의 방향을 취하고 있다고 추정하는 것도 무리는 아니다. 베르그송이 진화가 다발로 이루어진다고보고, 자유를 지향하는 방향성을 갖는다고 본 것이 그것이다. 쇼펜하우어가 본 대로 현상계가 의지의 거울이며, 인간은 의지가 자신을 보는 매개체가 된다면, 그래서 인간적 개체를 소우주라 한다면 생명의진화가 취하는 방향성에 대해 말할 수 있을 것이다. 그러나 쇼펜하우어는 생명체들이 환경에 완벽하게 적응하는 조직을 형성하고 있다는점에 주목하면서도 진화의 목적을 논하는 것을 삼간다. 이 이유에 대해서는 다음 몇 가지가 언급될 수 있다. (1) 그는 종래의 신학적 목적론과 창조론을 강력히 반대하는 관점을 견지한다. (2) 그는 칸트-라플라스의 성운설에서 말하는 무기계의 엄밀한 필연성이 궁극적으로는 행성계 전체의 형성과 소멸을 지배하는 힘을 갖는다고 본다.[8] 생명의 진화는 떠돌이별의 껍질에서 나타난 일시적 현상이다. 이 현상은 언젠가전 물질계의 필연성에 삼켜진다. (3) 그의 염세적 성향은 인도 철학, 특히 불교가 현상계의 실재성과 의미를 소극적으로 이해하는 태도와 결합한다. 세계 의미에 대한 자각은 붓다와 그리스도 및 소수의 성자들의 초월적 경험에서 일어난다. 이와 연관하여 쇼펜하우어는 생명체의진화에서 공진화, 협동성, 자유에의 충동보다는 투쟁성을 지나치게 부

---

8 Arthur Schopenhauer, *Die Welt als Wille und Vorstellung* II, S W, Band II, Suhrkamp, 1986, s. 418~419.

각시킨다.

그러나 후기 작품 《의지와 표상으로서의 세계》Ⅱ에서 쇼펜하우어는 예지계의 보편적 동일성에서 만물의 우주적 유대를 본다. 그는 '하나이자 모든 것'이라는 우주의 근본 구조를 동서양 공동의 유산으로 보며 거기에서 만유의 우주적 소통 가능성을 본다. 그것은 인류의 삶의 의미와 연관된다. 우주는 신정론적 목적론으로 해명될 수 없다. 그럼에도 우주는 자유를 향한 단계적 진화라는 상향적 방향성을 갖는다. 지구상에서 예지계의 최후 산물인 인간은 반성을 통해 우주적 소통성에 대한 통찰을 세계의 궁극적 의미로서 알게 된다. 그는 그러한 구조를 방사하는 모든 선들의 집합인 반경들이 하나의 중심으로 모이는 공[球]에 비유한다.

존재하는 것들의 뿌리 중심Wurzelpunkt인 하나인 의지에서는 본질의 차이는 사라진다. 이는 반경의 차이들이 중심에서 사라지는 것과 같다. 공Kugel, 球에서는 표면이 방사하는 선들이 끝나서 끊어짐으로써 형성되는 것처럼, 의식은 본질 그 자체가 현상으로 새어나올 때만 가능하다. 분리된 개체성 Individualität은 현상의 형식들을 통해서만 가능하다. 이 개체성에 의식이 의존하며, 그 때문에 의식은 현상에 제한된다. 그러므로 우리 의식의 모든 명료한 것과 진정으로 개념적으로 파악할 수 있는 것은 언제나 외부를 향해 즉 공의 이러한 표면 위에 놓여 있다. 그러나 우리가 이로부터 전적으로 철수하자마자 의식은 우리를 저버린다 — 잠 속에서, 죽음 속에서, 그리고 어느 정도는 자기력이나 마법적 활동에서(의식은 사라진다) —. 왜냐하면 이 모든 것들은 중심을 통과하기 때문이다. 그러나 명료한 의식은 공의 표면에 의해 조건 지워져 있는 것으로 중심을 향해 있지 않기 때문에, 다른 개체들을 확실히 같은 종으로 인정은 하지만 동일한 것으로서는 아닌 것이다. 하지만 그들 다른 개체들이 그들 자신이다. 개체의 불멸성은 표면의 한 점의 접선에서 날아가 버리는 것에 비교할 수 있지만, 불멸성은 전 현상계의 내적 본질이 갖는 영원성Ewigkeit에 의거하기에, 접선에 있는 그 점 — 이것의 단순한 연장은 표면이다 — 이 반경 위에서 중심으로 되돌아오는 것에 비교될 수 있을 것이다. 공의 중심이 모든 반경들의 통합된 부분이듯, 물자체로서의 의지는 모든 존재하는 것들 속에서 전체적이며 분할되지 않는다. 이 반경의 변두리 끝은 시간과 그 내용을 표상하는 표면과 함께 가장 빠른 회전 상태에 있지만, 영원성이 놓여 있는 중심의 다른 끝은 깊은 평정Ruhe 상태에 있다. 왜냐하면 중심은 올라가는 반구가 내려가는 반구와 다르지 않은 점이기 때문이다.[9]

중심인 물자체는 모든 분화의 원천이다. 그것은 현상의 생성과 소멸, 올라감과 내려감의 차이에도 불구하고, 그 자신은 분열되지 않는 동일한 하나다. 그것은 인간적 개체가 식별하는 분명한 구분들을 넘어선 것이다. 심층적 예지계에 접근하는 것은 안으로의 수렴이다. 그것이 현상계로 발현하는 활동은 발산이다. 수렴을 통해 심원한 무분별의 평화에 도달하며, 발산에 의해 만유가 하나의 우주적 유대인 공감 체계에 들어갈 수 있다. 이는 괴테의 파우스트가 최후에 장님이 되어 영원성에 접함으로써 궁극의 평화를 빛으로 경험하고 구원받는 것을 연상시킨다. 쇼펜하우어는 생의 의미를 여는 열쇠를 지닌 이러한 세계상을 힌두교의 대표적 작품인《바가바드 기타Bhagavad-Gita, 大雄-讚歌》에 연결시킨다. 그는 인도 문헌학을 연구한 슐레겔August Wilhelm Schlegel, 1767~1845이 라틴어로 번역한 판본을 인용한다. "분할되지 않는 그것은 존재자

---

9 위의 책, s. 420~421.

들에 거주한다. 하지만 그것은 분할되었다. 그것은 존재자들을 유지하는 자, 소멸시키는 자, 생산자로서 알려진다."(lectio, 13, 16)[10] 설법자이자 비슈누 신의 화신인 마부馬夫 크리슈나Krishna는 전쟁을 앞두고 있는 왕자 아르주나Arjuna에게 우파니샤드 철학을 기조로 하는 사상을 설한다. 우리의 내부에 있는 진정한 자아Atman가 우주의 형성과 파괴를 영원히 거듭하는 생명원리, 즉 브라만Brahman이다. 자아의 자각은 만유와 우리 개인들이 하나로 연속되어 있다는 평등성을 깨닫는 것이다. 여기서 진정한 자유가 획득되고 생사의 두려움을 극복한다. 결국 크리슈나는 인간의 한계인 두려움과 결과에 대한 고려를 떨쳐 버리고 전쟁을 하라고 설득한다. 단호한 행동주의와 극기의 자아관이 결합한다. 쇼펜하우어는 20세기 간디와 함석헌(1901~1989)이 내적 평화와 행동주의를 결합한 것과는 달리,《바가바드 기타》의 행동주의보다는 그 형이상학적 일원론과 해탈의 윤리관에 관심을 갖는다.

쇼펜하우어에 의하면《바가바드 기타》가 제시하는 세계상에서의 인간은 산호珊瑚 강에 속하는 바다-펜 유類(한 몸통에 여러 개체들이 결합되어 있는 동물로서, 한 덩어리의 몸통을 가진 것은 Veretillum, 긴 몸통에 개체들이 길게 붙어 있는 것은 Funiculina라고 함)와 같은 합성 동물animal compositum에 비유할 수 있다고 한다. 이 동물에서는 "머리 부분들은 개별적 동물로 분리되어 있다. 그러나 공동의 위장을 가진 아래 부분은 그들을 하나의 생명 과정으로 통일하고 있다." 이는 인간의 경우 "두뇌가 인간 개체들을 고립시키는 것과 같다는 것이다. 그러나 그의 무의식적 부분, 즉 신경절 체계를 가진 식물적 생명은 모두의 공통된 생명이다. 두뇌의 의식은 밤에는 물속으로 잠기는 연꽃처럼 잠 속에서는 그

---

10 위의 책, s. 421~422.

무의식적 부분으로 사라진다. 이 부분에서 개체들은 예외적인 경우에 소통kommunizieren할 수 있다." 예를 들어 꿈을 공유하는 현상, 최면술에서 의지가 원격에서 영향을 미치는 현상 등이 이에 해당한다. 그러한 소통성은 예지계를 통한 관통적 관계이며, '물리적 영향influxus physicus' 관계와는 종류가 다른 '원격 작용actio in distans'으로 공감적 소통 관계다. 예지계에서는 원격 작용이 가능하다는 것이다. 이러한 내밀한 소통성을 "개체로부터 나온 의지는 자연에 편재하는 기체基體로서의 형이상학적 능력 안에서 실현"한다는 것이다.[11] 쇼펜하우어는 이러한 소통성을 앞서 다룬 것처럼《추가와 보유Parerga und Paralipomena》(1850)에 있는 〈영혼 투시와 그와 연관된 모든 것〉에서 상세히 논한다.

예지계의 동일성에서 오는 소통 능력은 '근원적인 창조적 능력Schöpferkraft'이다. 쇼펜하우어는 물자체의 창조적 생산력 혹은 전능성은 우연발생을 의미하기도 하는 자연발생generatio aequivoca을 가능하게 한다고 보았다. "자연발생에서는 때에 따라 그리고 예외적으로 의지의 근원적 창조력이 자연에서의 기존 형태들에서 자신의 작업을 행하고, 거기에서 소실되는 미세한 잔여의 힘이 나타난다. 이처럼 자신의 작업을 완수하고 유기체의 창조와 유지에서 자신을 소진한 의지의 근원적 전능성Allmacht의 잉여가 마법적 영향(원격 영향)을 통해 예외적으로 작용할 수 있다."[12] 쇼펜하우어는 연속성과 함께 새로운 것, 다른 것의 출현 가능성을 인정한다. 의지의 작용에는 타성적 물질에 저항하면서 그 안에서 예술적으로 조형을 하는 생산력이 있다. '능산적 자연'으로서의 의지는 형상들의 창조자이다. 물질도 의지의 객관화이다. 따라서 의지는 물질과 형상들을 재료와 형식이 분리되어 있는 인간적 예술보다 '완

---

11 위와 같음.
12 위와 같음.

550 의지와 소통으로서의 세계

벽한 그래서 단순한 활동'을 통해 하나로 결합한다. 창조는 인위적인 것이 아니라 단순한 활동이다. 형상들은 우주 창조 이전부터 영원히 존재하는 것이 아니라, 의지의 창조적 활동의 산물이다. 쇼펜하우어는 자신의 이러한 입장을 브루노Giordano Bruno의 견해와 같다고 간주하고, 물질, 무기계, 유기계, 생명계, 인간에 이르는 우주의 창조적 전개를 타성의 잠에서 깨어나는aus ihrem Schlaf erwachen 과정으로 해명한다. 진화를 졸도한 의식인 물질에서 깨어나는 부단한 노력의 과정으로 보는 관점은 셸링, 헤겔, 쇼펜하우어, 부트루Emile Boutroux를 거쳐 다시 베르그송으로 이어진다. 쇼펜하우어는《자연에서의 의지에 관하여》에서 자연발생에서 나타나는 '실체적 형상들forma substantialis'을 창조적으로 생산하는 과정을 다음과 같이 말한다.

> 형상과 물질의 통일성은 자연 산물의 특성이며, 그 둘의 분리는 예술 작품의 특성이다. 자연 산물에서의 물질은 형상의 단순한 가시성이므로, 우리는 역시 형상이 물질로부터 탄생한 단순한 산물Ausgeburt로 출현하는 것을, 즉 물질의 내부로부터 결정화 속에서, 그리고 식물, 동물의 자연발생원초적 우연발생, Urzeugung 속에서 튀어나오는 것을 경험적으로 보게 된다. 이 자연발생은 적어도 신체 밖의 기생충Epizoen에게서는 의심할 수 없는 사실이다. 이 이유로부터 추정되는 것은, 어떤 행성들이나 위성들에서도 물질이 끝없는 정지 상태에 빠져 있지 않고, 오히려 물질에 내재하는 힘들(즉 의지, 물질은 그것의 가시성이다)은 처음 들어간 휴지 상태를 언제나 다시 끝내고, 기계적, 물리적, 화학적, 유기적 힘들로서 그 유희Spiel를 새로이 시작하기 위해, 항상 다시 잠에서 깨어난다는 것이다. 그 힘들은 언제나 오직 기회를 기다릴 뿐이다.[13]

세계는 창조적 생명이 그 조건이 주어지면 발현되어 단계적으로 실현되는 장소다. 존재는 생성이며, 생성은 창조적 유희다. 존재로서의 유희는 잠에서 각성 상태로 전진하는 기회원인론적 활동이다. 존재는 성장이다. 쇼펜하우어는 이러한 진화를 "질료는 형상을 동경한다 Materia appetit formam"라는 아퀴나스의 말(《신학대전》, I, questio 2)로 요약한다.[14] 자연발생에 대해서 쇼펜하우어는 《의지와 표상으로서의 세계》 II, 〈물질에 관하여〉에서 상세히 언급한다. 그는 자연은 어떤 것도 헛되이 만들지 않는다(아리스토텔레스)는 신념을 가진 사람들 — 쇼펜하우어도 생명체의 부분적 조직들이 갖는 합목적적 적합성에 한해서는 이 신념을 옹호한다 — 은 자연발생에 반대하지만, 자연발생을 통해 의지가 창조적으로 작용한다는 것을 경험이 알려 준다고 생각한다. 그것은 "낮은 단계에서는 극히 가능한" 일이다. 신체 내외의 기생충은 "동물 유기체가 쇠약해졌을 때 나타나는 것들"이다. 동물 유기체가 "자신의 형상을 유지하지 못하는 만성적 질병과 쇠약의 상태에 있을 때", '이나 사면발이'와 같은 기생충들의 삶의 조건이 발생하게 된다는 것이다. 동물의 부패는 "적충류를 낳는 습한 건초의 부패보다 더 높은 단계의 벌레들"의 생산 조건이 된다. 곰팡이나 균류도 부패라는 조건에서 나타난다. 쇼펜하우어는 감염론자들이 말하는 "결핵균처럼 기생충의 알들이 기대에 가득 차 공중에 떠다니는 상황을 상상하면 끔찍할 것"이라 한다.[15]

쇼펜하우어는 경험과학적으로 불리한 증거를 가지고 생기론을 옹호한다. 자연발생인 것처럼 보이는 현상이 미생물에 의한 감염에 의한

---

13 Arthur Schopenhauer, *Über den Willen in der Natur*, S. W. III, Suhrkamp, 1986, s. 378–379.
14 위와 같음.
15 Arthur Schopenhauer, *Die Welt als Wille und Vorstellung* II, S W, Band II, Suhrkamp, 1986, s. 400~401.

것이라는 것이 밝혀졌지만, 쇼펜하우어가 생각하는 것은 최초의 미생물 자체는 의지라는 생기Lebenskraft에 의해 언젠가 발생했을 것이라는 사실이다. 이런 의미에서 쇼펜하우어는 생물학적 생기론의 입장에서 기계론이 붕괴되어 가고 있다고 판단한다. 물론 최후 심급에서는 무기계의 물리적 힘들이 생명계를 모조리 정적 상태로 파멸시키는 거대 운동이 기다리고 있다. 쇼펜하우어가 보기에 이 운동은 유물론자가 생명계를 물질의 기계론적 법칙으로 환원하는 것과 궤도를 같이 한다. 그러나 근원 물질로 돌아가는 운동 역시 보편적 의지의 운동이며, 다시 물질의 휴지 상태로부터 생명계는 창조적으로 출현하게 될 것이다. 우주는 기존의 형상들이 사라졌다가 다시 나타나는 기계론적 반복 체계가 아니다.

부패는 유기체를 처음으로 보다 직접적인 화학적 요소들로 해체한다. 이제 모든 생명체에는 이러한 요소들이 많건 적건 공통으로 존재하기에 편재하는 생명의지는 그러한 순간에 그 요소들부터 새로운 존재를 생산하기 위해 그 상황에 따라 그것들을 이용할 수 있다. 형태를 적절하게 형성하여 모습을 주조함으로써, 달리 말하면 그때그때의 경우에 의지의 의욕을 객관화함으로써 이 새로운 존재들은, 병아리가 알의 유동체로부터 나오듯 화학적 요소들로부터 응결되어 나온다. 그러나 이러한 것이 일어나지 않는다면 부패하는 존재들은 화학적 요소라는 보다 먼 구성 부분들로 해체되어 그 존재들은 자연의 거대한 순환으로 넘어 간다. 자연발생에 반대한 지난 10~15년간 행해진 전쟁은 성급한 승리의 외침과 함께 생기Lebenskraft에 대한 부정의 서막이 되었으며, 그것(순환론)과 연관되어 있다. 그러나 이 문제들이 결정적으로 확정되었고 일반적으로 인정되었다는 독단적 발언들과 뻔뻔스러운 확신들에 속지 말자. 그와 반대로 자연에 관한 모든 기계론적이고 원자론적인 견해는 붕괴되어 가고 있으며, 그 주장자들은 자연의 배후에는 밀고 당기는 물리적 힘들보다 더 많은 무엇인가가 숨어 있다는 것을 배워야 한다. 자연발생의 실재성, 그리고 언제 어느 곳에서나 공기 중에는 모든 가능한 진균류와 모든 가능한 적충류가 떠다니면서 이것 아니면 저것에서 적합한 매체를 우연히 발견한다는 환상적 가정의 비현실성은 매우 최근 프랑스 아카데미에서 푸셰가 다른 청중들의 큰 반발 속에서 철저하게 그리고 자신만만하게 증명했다.[16]

푸셰Felix A. Pouchet 1800~1872는 라마르크와 함께 자연발생론을 옹호하여 파스퇴르의 세균감염설과 논쟁했으나, 경험과학적으로는 파스퇴르가 승리했다. 그러나 자연발생론은 생명의 기원이 자연의 과정에서 기존의 질료들의 특수한 배열로 형성될 수 있다는 중요한 착상을 한 것이었다. 다만 경험과학적 관찰의 결과를 형이상학적으로 해석하려는 쇼펜하우어는 물질과 결합하는 생명의지의 창조적 노력을 강조하는 것이다. 그는 생명 진화의 신비를 범심주의적 생기론으로 풀고 있다. 이러한 생명의 존재론적 노력을 강조하는 전통은 베르그송과 니체에게서 다시 나타난다. 아마 쇼펜하우어가《중용中庸》을 보았더라면 성실성을 우주와 인생의 본질로 본 것[誠者天之道]을 자신의 관점과 같다고 주장했을 것이다.

의지는 인식적 표상에 지배되지 않는 무의식적인 것이다. 이 때문에 쇼펜하우어는 라마르크Jean Baptiste de Lamarck, 1744~1829가 동물을 지성으로 무장시키고 그것에서 의지를 끌어내는 것에 대해서는 비판적이다. 그러나 쇼펜하우어는 의지의 노력을 통해 기관들을 자발적으로 조

---

16 위의 책, s. 402~403.

직화한다는 라마르크의 통찰을 높이 평가한다. 라마르크에 의하면 동물의 생활 방식이 신체의 해부학적 구조를 변형시킨다. 쇼펜하우어가 보기에 그의 진화론적 생물학은 우주의 전 과정을 의지의 부단한 노력으로 보는 자신의 형이상학을 경험적으로 증거하는 것이었다. 생명체와 그 활동은 의지의 발현이다. "황소는 들이받으려고 하는 충동이 있기 때문에 뿔이 형성되었다." "의지의 노력Willensbestrebung이 그 노력에 필요한 신체 기관이 있기 전에 표현"된다. 신체의 부분적 기관의 사용이 그 실재에 선행한다. 의지적 활동이 구조를 결정한다. 아리스토텔레스에 의하면 "투지를 가지므로 무기를 갖는다." "자연은 그 활동을 위해 기관을 만들고, 기관들을 위해 활동을 만들지는 않는다." 쇼펜하우어에게는 이 말도 자신의 주의주의主意主義를 변호한다. 뿔 달린 동물은 윗니가 없는 것으로 보아 머리로 싸우려는 투지에 의해 서서히 그 치아가 뿔로 변형된 것이다.[17] 그가 보기에 라마르크는 동물들의 형태, 고유한 무기, 기관들은 "의지 노력에 따라 자신의 고유한 반복적 노력과 그에서 나오는 습관Gewohnheiten을 통해 시간의 경과에서im Lauf der Zeit 서서히, 그리고 전승되는 세대를 통해 형성되었다는 사실"을 해명한 것이다.[18]

척추동물 뼈의 해부학적 구조가 크기와 형태, 기능이 달라도(뼈의 수와 배열에서) 일정하게 유사한 구조로 — 척추동물의 목뼈는 모두 일곱 개이며, 두뇌의 뼈도 여덟 개로 나누어져서 결합되어 있다 — 되어 있다. 쇼펜하우어에 의하면 이 현상에 대해 라마르크는 괴테와 생틸레르Etienne Geoffroy Saint Hilaire처럼 원형동물Urtier을 가정할 수밖에 없었을 것이다. 기린의 목뼈와 코끼리나 쥐의 목뼈는 일곱 개로 유사한 구조

17   Arthur Schopenhauer, *Über den Willen in der Natur*, S. W. Ⅲ, Suhrkamp, 1986, s. 363–364.
18   위의 책, s. 366.

를 갖지만 생활상에서의 기능은 다르다. 그러나 쇼펜하우어가 보기에 라마르크는 공통의 본질을 연속적 시간상에서 구성했으며 초시간적 의지를 고려하지 않았다. 반복적 습관을 통해 구조의 동일성과 그 변형과 차이가 나타나는 것은 모두 의지-노력의 표현이다. 동물의 의지가 근원적이며 조직체를 결정한다. 이런 의미에서 쇼펜하우어는 라마르크 이론을 따라가면, 기관들이 없고 순수한 의욕만을 가진 어떤 원형 동물을 시간상에 설정해야 한다고 본다. 기관들은 필요를 의식하는 노력에 의해 나중에 형성된다는 것이다. 그러나 쇼펜하우어에 의하면 기관들은 시간을 넘어서 있는 생명의지Wille zum Leben의 발현이다. 생명의지는 시간 밖에 있는 형이상학적인 것이다. 또한 생틸레르가 해부학적 요소라고 말한 뼈의 수와 배열은 척추동물의 모든 단계에서 본질적으로 변화하지 않고 보존된다. 이 불변성과 함께 뼈의 크기, 형태, 사용 목적은 유연한 가변성과 신축성을 갖는다. 해부학적 구조의 보편적 불변성은 근원적 생명의지의 동일성에 기인하며, 차이성은 그 의지의 자유가 상황에 따라 다른 목적이나 동기가 주는 척도에 따르는 것에 기인한다.[19] 쇼펜하우어는 구조의 동일성과 차이성의 근거를 동물 진화에 개입하는 초시간적 생명의지의 소통적 동일성과 특수한 동기들의 작용에서 찾는다.

동물의 마음이라 할 수 있는 지성도 생명의지의 산물이다. 쇼펜하우어와 라마르크도 지성을 의지의 수단이자 생존의 수단으로 보았다. 그럼에도 진화의 방식에 대한 양자의 견해 차이가 있다. 라마르크는 진화의 운동이 합목적적 지성의 개입에 의해 이루어지는 것처럼 설명한다. 그러나 쇼펜하우어는 예술적 능력의 발현에서 나타날 수 있는 무

---

19 위의 책, s. 366~367.

의식적 창조 과정으로 본다[베르그송도 진화를 목적의식으로 설명하는 것에 대한 쇼펜하우어의 반대를 계승한다]. 진화는 합목적적 인식에 의해 이끌어지는 것이 아니라 인식 없는 의지의 발현이다. 그것은 인위적 요소들이 합성된 운동이 아니라 자연의 단일한 운동이라는 것이다. 매기는 생존 도구로서의 마음에 관심을 갖는다. 그에 의하면 다윈 이전에 이미 마음을 하나의 생존 기제로 인식했다. 만일 식물의 경우처럼 움직이지 않고서 종을 번식시킬 수 있다면 그 존재는 수동적이다. 그러나 유기체가 복잡해지면 유기체를 먹여 살리기 위해 움직여야 한다. 의지적 운동과 힘을 필요로 하게 된다. 여기에서 마음이 출현한다. 생존을 위해 환경에 대한 정확한 그림이 필요한 것이다. 인식을 필요로 하는 생명의지에서 두뇌가 단계적으로 진화한다. 의지의 표현인 두뇌는 생존 활동을 위해 인식하는 임무를 수행한다. 기관들의 근본 성격은 의지의 발현인 생존 즉 그 존재 이유에 의해 결정된다.[20]

쇼펜하우어가 보기에 두뇌도 언어처럼 현상계에서 사용Gebrauch하기 위해 진화된 것이다. 그는 두뇌와 인식 주관인 지성을 병용한다[이는 반자연주의적 개념인 주관과 자연주의적 개념인 두뇌를 혼동시키는 어법이다]. 지성은 두뇌를 포함한 신체 기관을 인식 객관으로 삼을 수 있다. 이 측면에서 두뇌는 인식 주관의 표상이다. 표상인 두뇌와 주관은 모두 생명의지의 표현이다. 이런 의미에서는 두뇌는 현명한 행동의 기관으로서, 자신을 정화하여 순수 지성으로 전환하지 않는 한 형이상학적 예지계를 이해하는 데에 적합하지 않다. 마음은 생존을 목적으로 창조된 것이다. 그것은 유기체에 봉사하는 이차적 존재다. 그것은 목적의 성취에 수단을 연결시킨다. 이러한 의식의 활동에 의지가 비밀리

---

20 Bryan Magee, *The Philosophy of Schopenhauer*, Clarendon Press, 1983, p. 156.

에 작용한다. 쇼펜하우어에 의하면 사랑과 증오에 따라 생각이 달라지며, 사랑하면 예뻐 보이는 것에도 그러한 작용이 있다. 지위, 계급, 전문직, 민족, 국가, 종교 등과 같은 우리의 이점에 따른 행동들에 나타나는 편견에서도 생명의지가 나타난다. 마음은 가련하게도 제한적이며, 본능에 비해서도 지성은 서툴다. 생각하는 주관을 일차적인 것으로 보는 철학은 오류다. 인간에게서 본질적이고 불멸의 것은 의지다. 마음은 유한하고 부차적인 것이다. 죽은 뒤에 남는 것을 영혼이라 하지만 이는 예지적 의지에 속한다.[21]

여기에서 러브조이Arthur O. Lovejoy, 1873~1962의 연구를 참조할 필요가 있다. 그는 〈진화론자로서의 쇼펜하우어Scopenhauer as an Evolusionist〉에서 1850년의 작품(*Parerga und Paralipomena*, Ⅵ장)에 실려 있는 〈철학과 자연과학에 대하여Zur Philosophie und Wissenschaft der Natur〉와 연계해 쇼펜하우어의 '낭만적 진화론'을 설명하고, 초기 견해와 달라진 쇼펜하우어의 생물학적 진화론을 설명한다. 러브조이에 의하면 쇼펜하우어의 생물학적 진화론은 큐비에Georges Léopold Cuvier, 1769~1832의 지질학과 해부학을 수용한다. 또한 그것은 쇼펜하우어가 유신론적이라고 비판한 챔버Robert Chambers의 《창조의 자연사의 흔적Vestiges of the Natural History of Creation》(1847)에 자극받아 만들어진 것이다. 러브조이는 쇼펜하우어의 진화론이 드 브리스De Vries의 돌연변이에 의한 진화론에 접근하며, 염세론을 벗어나 있다고 본다.

이유는 다음과 같다. 쇼펜하우어는 〈철학과 자연과학에 대하여〉에서 자연발생generatio aequivoca을 미생물이나 기생충에만 한정한다. 고등 동물의 경우는 다른 동물의 자궁 안에서 형성되는 급격한 단절적

21 위의 책, s. 157~159.

변이에 의해 새로운 종이 탄생한다고 본다. 자궁 안에서 이미 만들어진 것이 후손에 유전되어 전승된다는 것이다. 이러한 비약적 변이는 원형이 되는 동물에게서 노력과 사용에 의해 점진적으로 기관들이 형성되는 것이 아니다. "이러한 고등한 형태들의 발생은 이종발생異種發生, heterogenesis이라고 하는 다른 종의 자궁 안에서의 발생generatio in utero heterogeneo이다. 이런 식의 발생은 동물들 가운데 어떤 특별히 선호하는 짝의 자궁이나 알로부터의 발생이다. 이것은 그들 짝이 속하는 종의 생명력이 어떤 식으로든 방해를 받아, 그들 안에서 비정상적인 힘으로 증가하여 일어나게 되었을 때, 즉 행성들의 위치와 모든 대기, 지구 및 별들의 영향이 우호적이었던 한때에 (그러나 그 동물의 생명력은 방해를 받는 상황에서), 부모와 같은 종류의 존재가 더 이상 생기지 않고, 예외적으로 조상과 밀접하게 연관된 종류지만 사다리에서 한 단계 더 높은 형태를 형성한 존재가 있었다. 이 경우에만 부모는 개체뿐만 아니라 종을 생산했을 것이다. 이러한 종류의 과정은 가장 낮은 동물이 통상적인 방식으로 나타나서 장차 올 동물류를 위한 터전을 예비한 이후에야 일어날 수 있었다. 식물이 먼저 생기고 가장 하급의 생물이 자연발생한 이후에 보다 높은 단계의 동물 종들이 번성할 수 있었다."[22] 이러한 비정상적 상승 과정은(태양계나 지구의 파멸 상태는 아니지만) 자연의 전체적 의지의 일부가 지구상의 멸종을 야기하는 대격변기의 적대적 힘들을 만나 대립하게 되는 조건에서 이루어진다. 그러한 열악한 조건에서 의지는 동종발생을 중지하고 이종발생을 통해 종들의 다양성과 번성을 성취한다는 것이다. 이 이종발생은 지구와 별들의 운행은 정

---

22 Arthur Schopenhauer, *Zur Philosophie und Wissenschaft der Natur, Kleine Philosophische Schriften, Parerga und Paralipomena* Ⅱ (1850), S. W. Band V, Suhrkamp, 1986, s. 181. / Arthur O. Lovejoy, 'SCHOPENHAUER AS AN EVOLUTIONIST', The Monist, Vol. 21, No. 2 (APRIL, 1911), pp. 195~222.

상이지만 지구상의 격변기가 주는 투쟁적 조건에서 일어나는 방식, 즉 타종의 배 안에서 일어나는 자연발생(우연발생)이라 할 수 있다. 이 변이는 종의 배 안에서 일어나는 일종의 돌연변이다. 이런 변이 이후에는 생물체의 해부학적 구조는 고정된 것으로 유전되어 그 생물의 형태가 결정되었다는 것이다. 즉 '성격의 형상화Charakteristik'가 일어났다. 그리하여 배胚에서 일어나는 개체 발생은 그 개체가 지나온 이전 단계의 형태를 반복한다. 즉 종족 발생을 되풀이하게 된다는 것이다.

　오늘날의 생물학에서는 이끼에서 개구리가, 말에서 사람이 나왔다는《장자莊子》의 진화론처럼 웃음을 자아내는 것이 되었지만, 쇼펜하우어는 흥미로운 착상일 수 있는 상승적 이종발생을 생물학자처럼 구체적으로 설명한다. "상승은 단선적이 아니라 여러 선들을 따라서 함께 올라간다. 예를 들어, 한때 물고기의 알에서 뱀이 나왔으며, 그 후 뱀으로부터 파충류가 나왔다. 그러나 다른 물고기의 알에서 개구리가 생산되었으며, 개구리의 알로부터 거북이가 생겨났다. 제3의 다른 물고기로부터는 아마 돌고래일 것인데 고래가 생겨나왔다. 어떤 고래는 물개를 낳았으며, 물개는 결국 해마를 낳았다. 아마도 오리너구리는 오리의 알에서 생겼을 것이다. 타조의 알에서는 보다 큰 포유동물이 나왔을 것이다. 어떤 경우에도 그 과정은 많은 다른 지역들에서 동시적으로 독립적으로 진행되었을 것이다. 그러나 모든 곳에서 똑같이 분명하고 일정한 등급화와 함께 각기 지속적이고 안정된 종들을 생성시킨다. (……) 우리는 최초의 인간에 대해서는 아시아에서 유인원 — 그 어린 것은 오랑우탄이라 한다 — 으로부터 탄생한 것으로 생각해야 한다. 그리고 아프리카에서는 침팬지로부터 탄생했을 것이다."[23] 인간은

---

23 위의 책, s. 182~183.

열대 지역에 사는 꼬리 없는 원숭이인 유인원의 배embryo 안에서 돌연
변이로 탄생했다. 이 견해는 현대적이다. "인간 종은 아마도 세 곳에서
기원했을 것이다. 왜냐하면 우리는 인류의 원래의 다양성을 가리키는
세 가지 다른 유형들(코카서스인, 몽골인, 에디오피아인)만을 알고 있기
때문이다. 인간의 탄생은 구세계에서만 일어날 수 있었다. 왜냐하면 자
연은 오스트레일리아에서는 원숭이를 생산할 수 없었으며, 아메리카에
서는 인간 이전의 단계를 대표하는 가장 고등의 것인 꼬리 없는 원숭이
는 말할 것 없고 짧은 꼬리 원숭이가 아닌 긴 꼬리 원숭이만을 생산했
기 때문이다. 자연은 비약하지 않는다. 더욱이 인간은 열대 지방에서만
기원할 수 있었다. 왜냐하면 다른 지역에서는 새로이 탄생한 인간 존재
는 첫 번째 겨울에 소멸했을 것이기 때문이다. (……) 지금 열대 지역에
서의 인간은 검거나 최소한 검은 갈색이다. 그러므로 이것은 인종의 다
양성과는 상관없이 인간 종의 진실되고, 자연스러우며, 독특한 색깔이
다. 본성상 백인종은 있지 않았다."[24] 쇼펜하우어는 인간 종이 최후의
그리고 최고로 의지를 표현한 존재이며, 열대에서 기원하기 때문에 '아
담'과 '붓다'와 '공자孔夫子'는 얼굴이 검은색이었을 것이라고 한다.[25]

쇼펜하우어가 보기에 인간 종의 출현에서 지구상에서의 진화는 최
종 단계에 도달했다. 식물계의 평화로운 시기는 동물의 출현에 의해 무
너졌다. 이 과정은 나중에 출현한 종이 이전 단계의 종들을 약탈하는
것이다. 진화의 순서가 이와 반대로 이루어진다면 높은 단계의 종들은
생존의 기반 없이 창조된 것이 될 것이다. 인간 종이 진화의 정점에 있

---

24 Arthur Schopenhauer, *Zur Philosophie und Wissenschaft der Natur, Kleine Philosophische
    Schiriften, Parerga und Paralipomena* Ⅱ(1850), S. W. Band Ⅴ, Suhrkamp, 1986, s. 187–188.
    / Arthur O. Lovejoy, 'SCHOPENHAUER AS AN EVOLUTIONIST', The Monist, Vol. 21, No. 2
    (APRIL, 1911), pp. 195–222.
25 위의 책, s. 188.

다는 것은 최대의 약탈자임을 증거하는 것이다. 그러나 인간에 와서 비로소 세계의 의미를 묻고 진정한 윤리적 방향, 즉 구원을 문제 삼게 되었다. 인류에 와서 비록 고대의 소수에 한정된 것이었지만, 구원의 사건 — 붓다와 새 아담인 그리스도의 출현 — 이 일어났다. 이 사건이 의미하는 바는 인간은 자신의 개별적 의지의 소멸을 통해 우주와 생명체가 진정으로 화해하는 자유의 길이 남아 있을 뿐이라는 것이다. 이 문맥에서 쇼펜하우어는 자신의 철학이 불교와도 일치하는 '진정한 기독교 철학'이라고 공언한다. 의지부정의 길이 우주에서의 인간의 위치가 주는 의미다. 진화의 끝이라는 위치에서 인간은 생에만 집중하는 것이 아니라 죽음의 의미를 음미하고, 생과 죽음을 평등하게 보는 자유를 찾아 노력하는 존재가 된다. "나의 의견으로는 인간이 도달한 단계가 마지막 단계일 수밖에 없다는 것이다. 왜냐하면 여기서 비로소 인간에게 의지를 부정하는 가능성이 일어났기 때문이며, 그래서 세계의 모든 길로부터 물러나는 가능성이 일어났기 때문이다. 이로써 신곡divina commedia, 즉 단테의 《신곡》이 말하는 구원에 이르는 방랑의 여정은 끝나게 된다. 따라서 또 다른 형태의 세계 대격변이 일어나지 않는다는 것을 보장하는 물리적 근거가 없다 할지라도, 세계에 저항하는 도덕적인 것, 자유의 추구가 있다. 즉 세계의 내적 본질이 세계로부터의 구원의 가능성을 위한 어떤 보다 높은 종의 창조라는 객관화를 필요로 하지 않기 때문에, 그러한 대격변이 이제는 창조적 배경이 되지 못한다는 점에서 어떤 목적도 없는 것이 되리라는 것이다[과거에는 대격변 이후에 보다 진보한 생명체가 출현했었다]. 그러나 물리학자들만이 이것을 파악하려고 하지 않지만, 도덕적인 것이 사태의 핵심이거나 통주저음 Grundbaß이다." 이러한 쇼펜하우어의 관점은 생의 의미의 추구, 즉 도덕적인 것을 인간의 궁극 목적으로 보는 것이다.[26] 이러한 목적론은 세계를 앞에서 이끄는 목적이 선재한다고 보는 형태의 것은 아니며, 그렇다 해서 기계론적 세계상을 주장하는 것도 아니다. 베르그송이 계승한 것처럼, 쇼펜하우어의 세계의 목적성은 인간 스스로가 자기 이해를 통해 생명 진화의 방향을 자유라고 해독하는 부드러운 형태의 목적론이다.

인간은 각고의 고통 끝에 오는 재생의 경험, 즉 은총이나 대각을 통해 개인의 생명의지를 '스스로 지양Selbstaufhebung'한다. 비로소 그는 순수 지성으로 전환되어 예지계에 접할 수 있다. 시간성을 본질로 하는 세상성이 초극된다. "우리의 생존의 배후에는 세계를 떨쳐버림으로써만 우리에게 접근할 수 있는 무엇인가가 놓여 있다."[27] 과학적 지성도 살려는 욕망에 사로잡혀 있으며 지성의 논리적 형식을 세계의 한계로 갖고 있는 한, 세상성을 벗어날 수 없다. 스콜라철학이나 헤겔처럼 지성의 논리를 존재론과 동일시해도 마찬가지다. "따라서 궁극적인 것, 만물의 제일 근거, 원초적 실재, 절대자를 알았다고 고백하는 사람들은 그것을 무엇이라 부르던 (……) 사기꾼이 아니라면, 오직 어리석음을 연출하는 허망한 자가 될 것이다." "설사 우리보다 높은 단계의 존재가 그것을 우리에게 알리기 위해 다가와서 온갖 노력을 한다 할지라도, 우리는 그가 보여 주는 어떤 부분도 전혀 이해할 수 없을 것이다."[28] 지성을 순수화하지 않는 한, 지구라는 떠돌이별에서 진화한 지성은 자신의 형식인 장벽에 가로막혀 자신을 넘어설 수 없다.

보편적 의지는 객관화를 통해 자신을 현상으로 표현한다. 현상적 사물들의 존재는 의지의 발현이므로, 사물들은 의지가 갖는 존재에의

---

26 위의 책, s. 171.
27 Arthur Schopenhauer, *Die Welt als Wille und Vorstellung* I, S W, Band I, Suhrkamp, 1986, s. 549.
28 Arthur Schopenhauer, *Die Welt als Wille und Vorstellung* II, S W, Band II, Suhrkamp, 1986, s. 240.

포부가 실현된 것이다. 사물들은 존재에의 의욕을 갖는다. 이러한 측면에서 의지는 좁은 의미로는 생명계에 한정하여 사용하기도 하지만, 넓은 의미에서 생명의지 혹은 삶에의 의지라고도 한다. 앞서 언급했듯 현상계는 크게 네 범주로 나뉘며, 단계적인 진화로 나타난다. 의지의 이러한 내재적 활동에서 모든 사물의 고유한 활동 방식에서 나타나는 본질적 성격이 결정된다. 이 본질적 성격이 시간상에서 나타나면 경험적 성격이 되며, 시간과 경험적인 것을 추상하면 예지적 성격이 된다. 이때의 예지적 성격은 경험적 성격을 규정하는 불변의 생득적 성질(유전된 성격)과 예지계를 포함한다. 예지적 성격은 물자체인 예지계에 접해 있으면서 정해진 구조적 성격을 매개로 발현되는 의지이다. 그것은 현상과 의지의 중간 형태의 것이다. 세계는 3중 구조를 갖는다. 현상계가 네 단계로 나누어진다는 것은 바로 이러한 3중 구조화라 할 수 있는 예술적 형상화와도 같은 성격화의 과정에서 나타나는 것이다.

쇼펜하우어의 이러한 생각은 독창적인 것이 아니다. 존재론적 성격화를 통해 개체에 구현되어 있는 종적 속성을 중세 철학에서는 아리스토텔레스에 따라 개체들의 형상形相, 즉 실체적 형상forma substantialis이라 했다. 라이프니츠는 이를 계승하여 모나드론을 폈다. 쇼펜하우어는 형상 개념을 수아레즈(Suarez, *Disputationes metaphysicae*, 15.1)로부터 인용한다는 것을 밝힌다. 실체적 형상으로서의 모나드는 능동성의 원리로서 생명원리이며 존재에의 포부를 갖는다. 개체적 모나드는 그 개체의 영혼이며, 보편적 우주 영혼과 접해 있다. 그것은 개체의 고유한 활동 방식을 결정하는 정보를 이미 내포한다. 영혼의 혼탁 정도에 의해 물질화의 정도가 결정된다는 유심주의적 측면과 신정론적 예정조화설을 제외한다면, 쇼펜하우어의 성격화론Charakteristik은 다름 아닌 실체적 형상론을 의지론과 연결하여 자신의 판본으로 다시 말한 것이다. 넓은 의미의 욕망이라는 말을 쓴다면 우주는 거대한 하나의 욕망의 체계다. 그가 성격화론을 보충 설명하는 주저 II의 28장(《생명의지의 성격화Charakteristik des Willen zum Leben》)은 우주가 상승과 존재에의 포부로 가득 차 있으며, 그럼에도 그 세계에는 존재론적인 신성한 목적이나 계획이 없다는 것을 강조한다. 여기서 그는 "자연은 악마적이고 신적이지 않다natura daemonia est, non divina"라는 아리스토텔레스의 말De Divinatione, c. 2, p. 463을 인용하여, 자신의 우주관이 브루노와 스피노자의 견해와 같은 종류의 것임을 밝히고 있다. 그에 의하면 "브루노Giordano Bruno, 1548~1600와 바니니Lucilio Vanini, 1585~1619가 화형을 당한 기억이 스피노자1632~1677에게 생생했을 것"이라 한다. 스피노자는 신이라는 말을 버리지 않고 썼다. 이는 마치 루소가 《사회계약론Contrat Social》에서 위험을 피하기 위해 기존의 주권자souverain라는 말을 확대하여 대중Volk에 부여한 것과 같다고 한다. 이에 비해 자신은 신으로부터 연역적으로 사변하지 않고, 세계로부터 고찰하여 궁극의 본질에 도달하기 때문에 '의지'가 더욱 '절실하고 현실적인' 표현이라고 자부한다. 영혼이라는 말은 적합하지 않다. 의지가 존재의 기저음이며, 풍요한 현존성으로 쇄도하는 모든 것들의 끈질긴 기초다.

철학자의 임무를 설명하기 위해 세계를 바라보는 모든 시선은 생명의지라는 말이 임의적 가정이나 공허한 표현으로부터도 거리가 멀며, 세계의 내적 본질에 대한 유일하고 진정한 표현이라는 것을 입증하고 확인한다. 모든 것이 현존이라는 생존으로 돌진하고 몰아세운다Alles drängen und treiben Dasein. 가능한 한 유기적인 존재, 즉 생명으로, 그 다음에는 최대로 가능한 생명의 상승으로 나아간다. 동물적 자연에서 생명의지는 그 존재의 기저음Grundton, 즉 오직 불변하고 무제약적인 성질이라는 것이 분명해진다. 이러한 보편적 생의 충동을 고찰해 보라. 그리고 그 무궁한 열망과 경쾌함과 풍요로움을 보라. 이와 함께 생명의지는 무수한 형태들 속에서 어느 곳 어느 순간에도 열매를 맺는 수정이나 정자 수태를 통해 결렬하게 현존으로 쇄도해 간다. 이것이 결여된 곳에서는 자연발생(우연발생)을 통해 모든 기회를 포착하며, 생명을 가질 수 있는 재료를 열정적으로 잡아챈다. 그리고 그 다음 어떤 개별적 현상에서는 현존이 상실되는 경우, 특히 이것이 명료한 의식과 함께 일어날 때, 놀라운 경악과 험한 소란이 일어나는 것을 보라. 이때에는 이 개별적 현상에서 전 세계가 영원히 소멸할 것처럼 하는 것과 다름이 없다. 위협을 받은 생명체의 전 본질은 즉시 죽음에 대한 가장 절망적인 투쟁과 저항으로 바뀌어 간다.[29]

성격화Charakteristik는 의지의 객관화를 통해 개별적 사물들의 고유한 속성이 결정되는 과정이다. 그것은 의지가 존재에의 포부를 실현하는 방식이다. 단계별로 이루어지는 성격화 과정은 상위 단계로의 상승 운동도 포함한다. 우주는 존재를 향한 창조적 밀어붙임의 운동이다. 인위적 산물이 아닌 자연종species으로서의 실체적 형상은 이 과정에서 보편적 생명의지에 의해 창조된다. 이 형상들을 쇼펜하우어는 플라톤의 이데아 개념과 동일시한다. 이러한 생각은 라이프니츠가 초기에는 형상形相인 이데아Idea나 에이도스Eidos로 표현하다가 후기에는 카발라철학의 영향으로 생명원리인 모나드Monad로 표현하게 되는 과정과 유사하다. 무수한 개체들 즉 개별적 생명들로 가득 찬 우주는 물고기가 노는 연못과 같다. 모나드는 생명의 씨알로서 존재에의 포부를 갖고 있다. 빵을 부풀게 하는 이스트에도 비유되는 모나드는 자신 안에

29 Arthur Schopenhauer, *Die Welt als Wille und Vorstellung* Ⅱ, S W, Band Ⅱ, Suhrkamp, 1986, s. 453~454.

머금고 있는 정보 — 라이프니츠는 전성설에 따라 매우 미세한 동일한 형태의 개체가 모나드에 내장되어 있다고 보았다 — 에 따라 자라나면 하나의 개체가 된다는 것이다. 쇼펜하우어의 의지는 창조적 잠재성의 원리로서 그 표현인 모든 개체는 자신 안에 함축되어 있는 성격에 따라 현실화된다. 의지는 개체의 보존과 종족의 보존만을 목적으로 한다. 생명체는 종족을 위해 모성애가 보여 주듯 개체를 희생하는 자기희생적 사랑의 원형을 보여 준다. 베르그송은 이에 착상하여 인류 가운데 극소수는 인류라는 종을 위해 자신을 희생하는 지고의 개방적 도덕을 보여 줄 수 있다고 한다.

또한 쇼펜하우어는 오늘날 공진화라고 하는 공생 관계를 '자연의 일치consensus naturae'로 이해하는 관점을 수용한다. 해부학자 부르다흐 Karl Friedrich Burdach, 1776~1847는 《생리학Physiologie》에서 나무와 곤충의 '호혜적 지지 관계'를 관찰하고, 이를 "식물과 동물 세계 사이의 보다 심층에 놓여 있는 공감 관계"로 본다. 쇼펜하우어는 이러한 해석을 "양자의 동일성이 드러나는" 현상으로 해명한 '아름다운 견해'라고 칭찬한다.[30] 쇼펜하우어가 보기에 종 사이의 공감 체계는 한정된 것이지만 예지계인 의지를 통한 기묘한 소통성이다. 이 점에서 흔히 쇼펜하우어의 끔찍한 관점으로 알려진 종 사이의 잔혹한 투쟁만을 보았다는 지적은 수정될 필요가 있다.

쇼펜하우어의 우주에는 생명체에 한정된 목적(개체와 종의 보존) 이외에는 어떤 객관적인 초월적 목적도 없다. 즉 우주를 '앞에서von vorne' 끄는 것이 없다. 영원으로부터 자신을 실현하는 의지는 자연에서는 '뒤에서von hinten' 미는 추진력으로 나타난다. 그러나 자연종 안으로 들어

---

30 위의 책, s. 437.

가면 생명체에서는 목적인이 작용인을 능가한다. 생명체 내부의 화학적 인과는 작용인이 우세하지만 이러한 인과는 목적인에 의해 통합된다. 무기물에서는 목적인이 현저히 약화되어 작용인으로 수렴된다. 또한 성격화가 종적 특징을 분리하여 구분하는 원리이기 때문에, 쇼펜하우어는 물리적 사물을 유기적 생명체로 동화하는 입장에 반대한다. "무기물에서 그 동일성과 통합성이 의존하는 본질적이고 영속적인 요소는 물질적인 것, 질료다. 반대로 형상은 비본질적인 것이고 변화 가능한 것이다. 유기물에서는 반대다. 왜냐하면 그 생명, 유기적인 것으로서의 존속은 형상의 유지와 더불어 물질적인 것의 항상된 변화(물질대사)에만 존립하며, 그 본질과 동일성은 형상 하나에 있다."[31] 무기물은 의지의 발현이지만, 유기체가 부분적 입자까지 유기체인 것처럼, 즉 철저히 유기체인 것처럼 무기물도 철저히 무기물이다.

이 입장에서 그는 지구나 행성 체계, 바위도 유기체라는 당시 생명론자들의 견해를 인정하지 않는다. 결정체가 유기체인 것처럼 보이지만 지속적 생명운동의 기초가 되는 맥관이 없으며, 응고 즉시 순간적 운동을 잡아 결정으로서의 흔적만을 남긴 것이다. 이 점에서 그는 자신의 주요 가르침을 다음과 같이 환기한다. "의지의 현상적 출현은 인식에 매여 있지 않은 것처럼 생명과 유기적 조직화에도 매여 있지 않다는 것, 그래서 무기적인 것도 의지를 가지며, 의지의 발현은 더 이상 설명할 수 없는 모든 근본적 성질들이라는 것이다." 그에 의하면 괴테의 보편적인 선택적 친화성이라는 것도 이 원칙에 의거한 것이며, 가장 낮은 단계의 무기물도 유기체는 아니지만 의지의 발현인 이상 생명체와의 유사성을 지닐 수 있음을 말한 것이다. 이런 의미에서 그는 "올바로

---

31 위의 책, s. 382~383.

말한다면 절대적으로 무기적인 것은 없으며, 따라서 무기물에 대한 모든 이해는 불충분하다"고 결론 내린다.[32] 우주는 하나의 예지계가 네 단계의 형상들과 함께 무수한 형상들로 발현되고 상승적으로 분화되어 간다. 상승의 과정에 대해서는 쇼펜하우어는 독일관념론자나 베르그송에 비해 극도로 말을 아끼고 있다. 이는 아마도 자신의 입장이 목적론적 낙관론으로 오해받는 것을 의식했기 때문인 것으로 추측된다. 형상들은 물질과 결합하여 무수한 자연종들을 형성하고 서로 관계를 맺는다. 성격화의 과정은 종으로서의 형상이 개체들의 본성으로 형성되는 과정이다. 인간의 경우에는 자기의식을 통해 자신의 형상인 예지적 성격을 직관적으로 인지하며, 이를 단서로 객관적 세계의 종적 형상들도 궁극적으로는 인간의 내적인 의지 이외에 다른 것이 아니라는 것을 알게 된다. 형상들이 결정되는 성격화는 지성의 인식을 넘어선 무의식적 의지의 발현이다. 자연은 형상으로서 종들의 보존에 더 관심을 갖는 것으로 보인다. 개체들이 흐름 가운데 '덧없는 것'이라면, 종은 멸종하지 않는 한에서 그 '소용돌이'다. 종의 보존이란 이러한 소용돌이를 유지하는 것에 불과하다. 시간상에서 전개되는 우주 전체는 의지의 발현이다. 그러나 의지 이외에는 현재의 시기에 있는 우주도 영원하지 않으며, 목적도 없다. 우주의 성격화 운동의 추동력은 앞에 있지 않고 뒤에 있다.

종 그 자체는 무슨 목적으로 존재하는가? 이 물음은 단지 객관적으로 고찰될 때는 자연은 대답하지 않는 문제다. 왜냐하면 우리가 자연을 사색한다면, 우리는 이 그침 없는 대소동과 활동, 현존을 향한 격렬한 압력, 종의

---

32 위의 책, s. 383~384.

보존을 위한 이 근심에 찬 배려의 목적을 헛되이 발견하려 할 것이다. 개체의 힘과 시간은 그들 자신과 후손의 존속을 보호하려는 노력에 소모된다. 개체들은 이를 위해서만 충분하며, 때에 따라서는 극히 불충분하다. 여기저기서 힘과 평안이 충분히 남아돈다 해도 — 단 하나의 합리적인 종의 경우에는 역시 지식이 충분히 넘친다 해도 — 그것이 전 자연 과정의 목적과 목표로서 간주될 수 있기에는 중요하지 않다. 그래서 자연이 순전히 객관적으로 우리에게 낯선 것으로까지 간주된다면, 전체 사물의 경우 자연은 오직 자신의 모든 플라톤적 이념들Ideen, 즉 영원한 형상들에서 어떤 것도 상실되어서는 안 되는 것처럼 보인다. 따라서 자연은 이러한 이념들의 행운의 발명과 조합에 철저히 만족하고 있어서, 자연의 유일한 관심은 이러한 섬세한 보호 대상 중 어느 것이 유실되지 않을까, 다시 말해 저 형상들 중 어느 것이 시간과 인과적 연쇄로부터 사라지지 않을까 하는 것처럼 보인다(지구 표면에서 선행하는 세 종류의 동물군들은 그 예비적 실행이었다). 왜냐하면 개체들은 흐르는 물처럼 덧없는 것이고, 이념들은 반대로 소용돌이처럼 연속적이기 때문이다. 오직 물이 다 말라버릴 때만 이것들은 파멸될 것이다. (……) 의지는 자신을 표상과는 종류가 다른 어떤 것으로 우리에게 스스로를 나타낸다. 여기에서 자연은 튀어 나와 모든 플라톤적 형상들로 전개된다. 그것은 표상이라는 객관적인 길에서는 발견될 수 없었던 설명을 일격에 우리에게 준다. 그러므로 여기서는 주관적인 것이 객관적인 것에 대한 해명의 열쇠를 준다. 모든 동물들과 인류가 생명을 유지하고 가능한 한 지속하려는 극도로 강력한 경향 — 위에서 이 주관적인 것, 즉 의지의 성격화로 묘사한 경향 — 을 원초적이고 무조건적인 것으로 인정하기 위해서는, 우리는 여전히 다음과 같은 것을 명백히 할 필요가 있다. 의지의 성격화 경향은 삶의 가치에 대한 객관적 지식의 결과가 결코 아니라, 모든 지식으로부터 독립되어 있다. 달리 말하면 저 존재하는 것들은

앞으로부터 끌려가는 것이 아니라 뒤로부터 추동되는 것으로 스스로를 드러낸다는 것이다.[33]

의지가 형상들로 발현한다는 것은 사물의 고유한 특징 혹은 성격을 규정한다는 것이다. 이러한 견해는 객관적 인식에 의해 이해되는 것이 아니다. 그것은 우리의 내적 자기의식에서 직감되는 의지를 통해 이해된다. 형상들은 의지의 발현이기 때문이다. 목적론적 우주관은 우주가 인간 지성과 같은 것에 의해 이끌려간다는 사변 신학적 미신이다. 쇼펜하우어는 신학적 우주관이 '루크레티우스, 베이컨, 스피노자'가 반대한 것이고, 칸트에 의해 결정적으로 논파된 것으로 보았다. 이 점은 그의 학위 논문인《충족이유율의 네 겹의 뿌리에 관하여》에서 예비적으로 논의된다.

인간의 예지적 성격, 즉 그의 의지는 그 아래 단계의 존재들을 이해하는 단서가 된다. 그것은 개인의 불변하는 기질적 규정을 포함하면서 개인에 구현되어 있다. 개인의 예지적 성격은 일상생활에서 일어나는 관계들을 통해 경험적 성격으로 나타난다. 여기서 개인의 인간적 활동이 동기적 인과에 의해 결정된다는 것과 이러한 움직임들이 근저에 있는 의지의 발현이라는 것이 알려진다. 전자는 생리학이나 역사학에 의해 기술되며, 후자는 내적인 직접지를 매개로 이해된다. 그의 존재론적 성격론인 형상론은 심층심리적 원리가 존재론적 원리로 전환되는 유비적 방법에 따른다. 이 방법은 당시 유물론적 자연주의와 그 기계론적 인식 방법이 갖는 일면성을 비판하는 길을 열게 된다. 인간의 주관은 내성을 통해 자신에게서 구현되어 있는 의지를 과거로부터 추동해

---

[33] 위의 책, s. 455~456.

오는 힘, 경향성, 흐름으로 이해하며, 그것을 실체적 형상으로 이해할 때는 한정된 곳에서 일어나는 소용돌이로 이해한다. 에너지의 흐름과 소용돌이는 기계적 도식으로 이해할 수 없다. 기계적 인식은 작용인에 따른 인과 형식에 의거하는 것으로, 무기계에 적용될 수 있는 지성의 국지적 인식이다. 만일 그가 인식의 형식까지 경험에 의존하는 것으로 보았다면 그의 철학은 자연주의에 훨씬 더 접근하는 형태가 되었을 것이다. 그의 지식론이 일종의 선험 논리적 형태를 갖는 것은 수학과 논리학이 선천적 인식에 속하며, 경험과학을 가능하게 하는 선험적 형식이 있다는 관점에서 비롯한다. 그는 자연과학의 경험적 귀결을 수용하지만 철저한 자연주의자는 될 수 없었다.

쇼펜하우어 철학은 과학주의와 기계론적 인식 방법에 대한 인식비판을 포함한다. 이는 베르그송과 윌리엄 제임스가 과학주의에 대한 인식비판을 전면에 내세우는 길을 예비한 것이다. 그러나 이들 실용주의적 생명 철학과는 달리 쇼펜하우어는 논리학이 경험에서 귀납된 것이라거나 심리적 자연 법칙과 유사한 것이라고 보는 심리주의의 관점을 거부하고 칸트의 선천적 인식을 고수했다. 그는 칸트주의자로 남는 것이 세계를 올바로 보는 것이며, 이 관점이 생의 궁극적 의미를 이해하는 예비적 입문이 된다고 생각했다. 현상계에서 인식의 선험적 형식은 주관과 세계의 한계였으나, 의미의 세계에서 그 한계는 환상의 베일로서 걷어치워야 한다. 인간은 자신의 형식 안에 갇혀 있으며, 특히 시간성 안에 갇혀 있는 근심 많은 죄수다. 이러한 인간은 우주와 일치하는 침묵의 깨달음으로 이행해 간다.

이 길에서는 모든 이해가 주관 안에서 일어나기에, 타인과의 객관적 소통이 단절되는 유아론을 면치 못하는 것처럼 보인다. 쇼펜하우어는 이 문제로 고심한 것 같다. 그는 유아론을 '이론적 이기주의'로 보고 그것에서 벗어나야 한다고 생각한다. 그가 보기에 과학적 인식은 경험적 관찰이 주는 사실적 내용과 이른바 논리적 형식에 대한 선천적 인식이라는 객관성을 포함한다. 또한 그는 실재 그 자체로서의 의지를 통해 비로소 나와 세계의 현실성이 주어지며, 이를 통해 유아론을 벗어난다고 생각한다. 주관은 내부에서 우주적 동일성을 자각할 수 있으며, 이를 타인의 고통을 이해하는 정의와 사랑으로 표출할 수 있다. 그러나 쇼펜하우어에게 선험 철학이 갖고 있는 유아론적 성격이 있다는 점도 부인할 수 없다. 그의 선험적 자아란 타인과의 사회적 소통성이 약화된 폐쇄적 주관이며, 생의 의미에 대한 깨달음도 자신의 의지에 대한 부정에서 오는 개인 내부의 선험적 경험이다. 특히 이 경험은 그가 좋아하는 산정의 고요에 머무는 정적주의적 성격을 갖는다. 그의 선험 철학은 유럽 문명에 대한 저항성에도 불구하고, 비사회성을 갖는다는 인상을 지울 수 없다. 그러나 초월적 경험이 갖는 의미 세계, 중국 예술가들이 말하는 의경意境 혹은 의상意象은 예술적 언어로 전달할 수 있는 것이다. 하지만 그도 잘 알고 있었듯 의미의 경험은 근본적으로는 언어적 경험은 아닌 것이기에 침묵 속의 동경으로 남을 수 있다. 쇼펜하우어의 철학이 갖는 자기의식적 궁벽성窮僻性은 윤리학의 이념 아래 사회적 관계성을 포용하는 보다 역동적인 활력을 지닌 개방성으로 개선될 필요가 있다.

한편 쇼펜하우어의 자연 철학은 객관에서 주관으로 굴절하고, 다시 주관에서 객관으로 나아가는 길에서 형성된 것이다. 이러한 변증법적 사고 운동은 인간을 물리적 객관으로 환원하거나 자기의식만을 갖춘 실존성을 강조하는 일면적 관점들에 균형을 줄 수 있다. 그의 형상론인 성격화론은 인간은 심리적으로나 자연사적 측면에서 다층적인 존재임을 알려 준다. 개인으로서의 인간은 자기의식적 존재다. 이 존재는 자신 안에 자연사의 전 층위들을 집약한다. 인간은 무기적 형상, 식물적 형상, 동물적 형상을 한 몸에 지니고 있다. 쇼펜하우어에 의하면 신체의 해부학적 구조는 의지의 성격화 과정에서 결정된 것이다. 코끼리의 코는 이를 수단으로 대상을 향하는 코끼리의 의지의 표현이다. 생식기는 종족 보존욕의 표현이다. 따라서 인간의 다층성은 여러 욕망들이 결합한 욕망들의 다발이라 할 수 있다. 인간은 다층적 에너지들의 도가니다. 인간은 자연사의 총괄적 귀결이다. 의지는 이 다층적 구조에서 가장 아래에 있는 저음이다. 최상위에 있는 고음은 인간 특유의 형상이다. 의지의 현상 형태만이 단계적 차이를 보인다. 무기물의 물리 화학적 구조, 동물과 인간의 해부학적 구조는 형상으로서 의지의 표현이다. 소용돌이 비유가 암시하는 것처럼 구조와 이에 따른 행동들의 배후에는 그에 따른 욕망이 있다. 자연사적으로 보면 생명체의 보이지 않는 근저에서는 창조적 변이가 일어난다. 이는 강의 하상河床의 모래가 뒤로 앞으로 조금씩 이동하면서도 전체적으로는 전진하는 것과 유사하다.

개체들의 실체적 형상은 그 개체의 생명원리다. 이 때문에 형상은 지각으로부터 경험적으로 추상화된 개념이 아니다. 쇼펜하우어는 이 입장에서 형상을 '자연 종species naturales', 즉 '사물 이전의 보편자universalia ante rem'로, 개념을 '논리적 유genera logica'인 '사물 이후의 보편자universalia post rem'로 규정한다. 또한 그것은 현상계에서의 다수성을 설명하기 위해 들여온 것이다. 쇼펜하우어는 그것을 플라톤의 이데아Ideen로 이해한다. 이데아들은 자연 종에 따라 다양하기 때문에 궁극적 실재가 아니라 일자인 의지로서의 예지계보다 아래의 것이며 현상보다는 상위의 것으로, 예지계와 현상계를 연결하는 매개적인 것이며, 현상계 속에 있는 것이다. 쇼펜하우어는 이러한 매개적 위치에 있는 모든 것들을 이데아로 포섭한다. 그의 이데아는 플라톤 이데아설에 대한 주석학적 의미를 말하는 것이 아니다. 그는 이데아에 플라톤이 부여한 것과는 다른 역할을 부여하고 있다. 실체적 형상은 사물의 구조를 실현하는 기능 개념으로 변화되어 무의식적인 내재적 생명성이 되었다. 그것은 이미 라이프니츠가 브루노Giordano Bruno와 헬몬트Van Helmont를 비롯한 카발리스트Kabbalist로부터 얻은 것이며, 특히 라이프니츠가 중시한 플라톤《파이돈Phaidon》에서 말하는 영원한 생명으로서의 능동성 원리에 뿌리를 둔 것이다. 그것은 사물의 정태적 구조를 형성하고 구조에 관한 정보를 포함하는 기능 혹은 활동 개념이다. 이것을 라이프니츠는《중국의 자연신학에 관한 논고》(1716)에서 주희의 이理와 동일시했던 것이다. 기능과 능동성으로서의 형상은 이미 아리스토텔레스의 식물적 영혼, 동물적 영혼, 지성적 영혼이라는 3단계의 종성種性에 관한 논의에서도 암시되어 있었다.

쇼펜하우어에 의하면 이데아는 "개체들과 그 모든 관계들에 대한 이해를 떨쳐 버리고" 이해하는 '객관적 대상'이다. 이때의 "지성은 자신의 의지로부터 자유롭게 상승하여 더 이상 의지에 귀속되지 않는" '순수 지성'이다. 그러나 그렇게 이해되는 이데아는 "단순한 관계들에 대한 인식으로부터 솟아나온 것이기 때문에" 여전히 궁극적 일자로서의 물자체인 본질, 즉 의지는 아닌 것이다. 그럼에도 그것은 "모든 관계들의 총체의 귀결로서는 사물의 특징적 성격이며, 그래서 지각에 자신을 대상으로 드러내는 본질의 완전한 표현이다." 그것은 "오로지 그때까지 알려진 모든 관계들을 규정한다. 이데아는 이 모든 관계들의 뿌리 점 Wurzelpunkt, root point"이며, "현상적 출현의 무대에서의 의지의 충전적 객관화"이기 때문에, '완전한 현상'에 속한다고 할 수 있다. 쇼펜하우어는 이데아를 종성과 분리해서 말하기도 한다. 시간을 초월한 이데아가 객관화되어 나타난다는 측면에서 종성은 "경험적으로 시간에서 취해진 것"이다. "종성은 이데아의 경험적 상관자다. 이데아는 영원하고, 어느 떠돌이별 위에서의 현상적 출현은 사라질 수도 있지만 종성은 무궁한 지속성을 갖는다." "개체는 종성에 뿌리내리고 있으며, 시간은 영원에 뿌리내리고 있다."[34] 우주와 자연사의 존속은 시간상에서의 영원의 발현이다.

쇼펜하우어는 모든 것을 통해 동일성을 유지하는 것들, 즉 자연 법칙과 자연력도 이데아에 포섭한다. 현상계에서의 의지의 모든 직접적 현현이 이데아들이다. 자연 법칙과 자연력들은 현상에 획일적 각인을 주는 주형鑄型이다. 그것은 종성과 마찬가지로 이데아와 같은 기능을 한다. 그는 이미 근대 과학이 말하는 이 두 가지에서 근대적 형태의 이데아를 본 것이다. 베르그송이 근대의 기계론적 법칙이 가역성을 갖는 동일자라는 측면에서, 시간상에서 비약적으로 새로운 것, 즉 차이성이 연속적으로 출현하는 생명의 불가역성과 대비해 이데아론을 계승한다고 본 것도 같은 맥락이다. 그러나 쇼펜하우어는 생명의 창조적 지속에서 물자체에 대한 절대적 인식을 찾는 베르그송과는 달리 영원에서 절대적 인식을 찾는다. 이는 러셀Bertrand Russell이 시간을 실재로 보는 베르그송의 관점을 반대하고, 동서양 신비주의가 말하는 영원에서 구원을 찾는 방식을 옹호하는 것과 유사한 노선이다.[35]

의지의 객관화 최고 단계에서 완전한 자기인식적인 개별화가 이루

---

34 Arthur Schopenhauer, *Die Welt als Wille und Vorstellung* II, S W, Band II, Suhrkamp, 1986, s. 470~473.

35 러셀은 스펜서류의 진화론적 철학뿐만 아니라 전통 형이상학을 무의미한 것으로 반대하고 장자(莊子)와 불교를 옹호한다. 이러한 옹호에는 전자의 사람들이 근거 없는 인본주의적 낙관론을 말한다는 것에 대한 불만이 있었다. 이 점에서는 러셀 특유의 염세적 관점은 쇼펜하우어와 공통된 측면이 있다. Bertrand Russell, *Mysticism and Logic*, George Allen & Unwin LTd, 1963, pp. 81~82.

어진다. 인간 중에서의 개인은 내감에서 자신의 의지, 즉 형상을 직접 이해한다. 그러나 자연사의 근저에서 운행하는 물자체는 이 직접적 이해로부터 추론된 것, 즉 간접적으로 이해되는 것이다. 그리고 내감에서의 직접지라 하더라도 개인들은 자신의 성격을 알아채지 못한다. 모든 개인들이 고유한 이데아들이고, 이것이 현상계 안에서 자신을 고유한 성격으로 현시한다. 그럼에도 그들은 이 성격이 활동을 통해 나타나는 경험적 측면은 직접 알지만, 그 배후에서 작용하는 이데아로서의 예지적 성격은 알려지지 않는다. 그들은 나중에 가서야 자신의 성격을 알고 놀라게 된다. 이데아로서의 성격은 간접적으로만 알려진다.

동기적 인과에서 움직이는 개인들의 성격은 주어진 동기에서 재현된다. 모든 동작의 불가결한 신체적 조건도 의지의 표현이다. 내 신체의 의지 전체(예지적 성격)와의 관계는 신체의 동작과 의지적 동작과의 관계와 같다. 생리학이 보여 주는 것처럼 개별적 행위의 근거를 동기를 통해 얻고, 이 동기에서 행위의 필연적인 결과가 생긴다. 이는 행위가 의지의 나타남에 지나지 않는다고 보는 것과 모순되지 않는다. 근육의 운동이 체액의 유입이라는 설명 — 밧줄이 젖으면 오그라든다 — 은 모든 의지적 운동(동물적 기능)이 의지의 나타남이라는 진리를 무효화시키지 않는다. 개별적 행위, 행위의 조건, 행위를 수행하는 신체 그 자체도 의지의 객관성에 지나지 않는다. 신체의 합목적성은 목적론적인 설명 가능성을 보인다. 신체의 부분들은 여러 주요 욕망과 완전히 상응하며, 욕망의 가시적 표현이다. 치아, 목구멍, 장기는 객관화된 굶주림이며, 생식기는 객관화된 성욕이요, 잡는 손, 빠른 다리는 간접적으로 나타난 의지의 노력이다. 개인적으로 변용된 의지, 즉 개개인의 성격에는 개인적인 체형이 상응하며, 체형은 성격을 나타낸다.[36]

이를 쇼펜하우어는 파르메니데스Parmenides의 다음과 같은 말을 인용하여 설명한다. "모든 개인의 경우에 유동적인 사지가 혼합하여 구성된 것처럼 인간의 정신에도 그와 같은 것이 나타난다. 왜냐하면 사지를 구성하는 그와 같은 것이 생각하는 그것이다. 즉 각 개인에서도 인간 전체에서도 사지의 본성이 생각하는 것이다. 왜냐하면 혼합하여 있는 것 중 더 많이 존재하는 것이 생각하는 것이기 때문이다." (Aristoteles, 〈*Metaphysica*, 1009 b 22〉)[37] "다수성과 변화 및 지속은 현상하는 그것Das, 물자체에 고유한 것은 아니다. 수학과 자연과학에서의 인식은 조금도 애매한 점이 없고, 물자체처럼 근거를 규명할 수 없는 것에 봉착하지도 않는다." 그러나 인식의 "형식이 내용을 갖게 되면, 인식의 명증성을 잃게 하고 완전한 명료성을 잃게 하는, 근거 없는 그 무엇을 포함"하게 된다. 자연 법칙은 현상하는 것의 현상 방식을 규정한 것이다. 그것은 내용이 아니라 형식(형상)만을 규정한다. 자연력에 속하는 "불가침투성, 중력, 강성, 유동성, 응집성, 탄성, 열, 빛, 친화성, 자기, 전기와 같은 힘들"은 법칙을 실현하는 힘이지만, 그 자체는 의지의 현현이기에 더 이상 과학적으로 규명할 수 없는 숨겨진 성질들이다. 이것들을 해명하는 것은 물자체 이외에는 없다. 의지가 전개하는 자연의 성격화 과정은 한 단계의 형상을 다른 단계의 형상으로 환원하여 설명할 수 없게 한다. 이런 입장에서 쇼펜하우어는 기계론적 환원의 한계를 지적한다. 기계론은 "목표를 잘못 세운 원인학"이 된다. 생명 현상은 화학적 차원을 포함하지만, "그것을 화학적 현상으로 환원하는 것, 또 그것을 운동학이나 기하학의 대상으로 환원하는 것, 기하학을 산술로 환원하는 것" 등이 잘못 세운 원인학이다. "뉴턴의 원자론적 유물론"

36　Arthur Schopenhauer, *Die Welt als Wille und Vorstellung* I, S W, Band I, Suhrkamp, 1986, s. 168~169.

37　위와 같음.

도 마찬가지다. 뉴턴은 "자연력을 충격과 반발stob und Gegenstob로 환원" 하고, 그것을 "물자체로 간주"한다. "빛도 에테르의 기계적 진동이나 파동으로 간주"한다. 색채론에서 "매초 진동이 438조이면 빨강색, 727조는 보라색이 된다"는 것이다. 색채 현상의 생리적 구성을 무시하고 진동수가 그 실재라고 한다면, 색맹은 진동을 알 수 없는 사람이 될 것이다. 뉴턴의 빛의 양적 동질성을 신봉하는 환원론자들은 "모든 것을 계산 문제로 환원할 것이다." 여기서는 형식만 남게 된다. "무엇이 나타나는가는 어떻게 나타나는가로 환원되어 결국 물자체는 묻지 않게 된다"는 것이다.[38] 앞서 논의했듯 쇼펜하우어가 뉴턴의 수량적 기술의 한계를 지적하는 것은 괴테의 형태 과학과 같은 생명주의를 긍정하는 것과 무관하지 않다.

그러나 쇼펜하우어에 의하면 근대 과학이 "자연에서의 천태만상 현상을 근원력으로 환원하는 것은 성공적이었다." "힘들의 수도 점차 감소"해 갔다. "힘들이 시간과 공간 속에 나타나서 서로 그 위치를 규정하면 원인학의 목적은 달성된 것"이다. 하지만 "근원적 힘은 언제나 해명되지 않는 잔여"로 남는다. 그것은 "형식에 환원할 수 없는 내용"으로 남는다. 이것이 "존재의 방식, 즉 본질"이다. "햇빛 속의 먼지도 중력과 불가침투성에 의해 그 근거를 구명하기 어려운 그 무엇을 나타낸다." 의지의 개별적 움직임의 경우에는 그 인간의 성격을 통해 그 의지를 발동하게 한 동기를 알아낼 수 있다. 그러나 "그 인간이 그러한 성격을 갖고 있다는 것, 그가 일반적으로 의지한다는 것, 여러 동기 가운데 다른 것이 아니라 어떤 것이 그의 의지를 움직인다는 것에 대해서는 어떤 근거도 주어질 수 없다." 인간의 성격 경우 "그 근거를 구명하

38   위의 책, s. 182~187.

지 못한다. 무기물에서는 그것이 본질적인 성질이자 작용 방식이다. 그러나 그 성질 자체는 근거를 갖지 않는다. 바로 그러한 성질이 "실체적 형상"이다. 쇼펜하우어의 시대 이후 어떤 유전 물질에 의해 성격이 결정된다는 것이 알려지지만, 그 유전 물질의 구조와 발현의 기제에 대해서는 알려져 있지 않았다. 라마르크의 견해에 접근하는 그의 입장에서 볼 때, 생명체의 의지적 노력과 구조와의 관계는 여전히 형이상학적 해명의 영역으로 남는다. 쇼펜하우어는 그 누구보다 존재의 신비에 대한 감각을 강조한다. "우리는 늘 보는 현상에 대한 무지에 습관"되어 있다. "돌이 땅에 떨어지는 것도 설명이 불가능한 것"이다. 물리학에서 늘 사용하는 중력의 실체도 현대에는 공간의 휨에서 오는 현상이라는 것 외에는 밝혀지지 않고 있다. "자연력의 내적 본질은 동물의 내적 본질과 같이 구명되지 않는 것"이다. 그에 대한 규명은 자연과학의 수준을 넘어서는 철학적 사변의 영역이다. 철학은 현상에 대한 상대적 인식이 아니라 세계의 본질에 관한 절대적(무제약적) 인식을 목표로 한다.[39]

의지는 자연력과 자연 법칙을 포함한 다양한 형상들로 표현된다. 의지는 궁극적으로 '하나이자 모든 것'이다. 여기에서 존재의 각 단계마다 인과가 다르게 나타나지만, 근본에서는 무기물의 인과도 동기의 인과의 변양이며, 따라서 인간성과 공통된 점이 발견된다. 쇼펜하우어는 이 동일성에 주목한다. 그는 '돌이 날아갈 때 돌에 의식이 있다면 자신의 의지로 나는 것이라고 생각할 것'이라는 스피노자의 착상을 상기시킨다. 쇼펜하우어에 의하면 "돌의 생각은 옳다. 충격은 동기가 되고, 돌의 응집력, 중력, 불변성은 의지로 인식될 것이다. 인간에게는 성격이, 돌에서는 성질이 직접적으로 의식된다면 의지로 인식될 것이다."

---

39 위의 책, s. 187~188.

각 단계에서의 인과란 의지의 단계적 차이가 드러난 것이기 때문에 공통성을 엿볼 수 있다는 것이다. 그는 아우구스티누스의 말을 인용한다. "모든 것의 경향 속엔 인간의 의지 작용과 같은 것이 있다.(《신국》, 11.28)" "우리가 동물이라면 육신의 생활과 감각에 일치하는 것을 사랑할 것이다. 그것이 선일 것이다. 우리가 나무라면 번성하고 열매 맺는 것을 욕구하는appetere 것처럼 보일 것이다. 우리가 돌, 냇물, 바람, 불꽃이라면 장소나 위치에 대한 욕구appetitus 가 우리에게 있을 것이다. 물체를 움직이는 힘은 물체의 사랑amores이다. 정신의 사랑처럼 무게에 따라 기울어진다."[40]

의지가 "분할할 수 없는 하나라는 것은 돌에게는 의지의 작은 부분, 인간에게는 큰 부분이 들어 있다는 것이 아니다." 부분과 전체와의 관계는 공간에 속하는 것이지 물자체에 속하지 않는다. 그것은 크기를 갖지 않는다. "많다거나 적다거나 한 것도 아니다. 의지에는 다양한 정도 혹은 강도의 차이가 있을 뿐"이다. 개체의 "다수성은 의지의 현상에 관계한다. 의지는 수백만의 떡갈나무처럼 하나의 떡갈나무에도 같은 정도로 완전하게 자기를 구현한다."[41] 그러나 플라톤이 논리적으로 분석한 적이 있듯, 형상을 논리적으로만 생각하여 단적으로 분리된 실체들로 간주하면 형상들은 서로 독립되어 관계 맺을 수 없다. 만일 분리된 형상들 간의 관계를 맺게 해 형상들의 통일성을 구성한다면, 역설에 봉착하게 된다. 관계를 맺게 하는 제3의 형상을 생각해야 하기 때문이며, 이때에는 관계들의 무한 역행에 빠지게 된다. 그러나 형상을 생명원리인 유동성을 갖는 의지로 해석하면, 그러한 논리적 구성은 생각하지 않아도 될 것이다. 다만 형상들의 차이가 어떤 방식으로 이루

---

40 위의 책, s. 191~192.
41 위의 책, s. 193.

어지는가가 문제이다. 하나의 보편적 본질이 강도의 차이로 분할된다는 의지의 발현 방식은 소용돌이 비유가 보여 주듯 논리적인 고정화는 아니다. 그것은 영혼 혹은 생명의지가 등질적 질료 안으로 접혀 들어가 특정한 성격으로 자리 잡는 방식이다. 생명의지가 질료에 함축 Implikation, 접힘되고, 전개되는 과정이 개별화의 운동이다.

쇼펜하우어는 하나의 의지가 내재적으로 분지화하는 발현으로 형상形相을 해명하고, 개체성과 전체적 소통성의 유기적 결합을 강조한다. 그는 자신의 해석이 플라톤의 원래 의미에도 적합한 것으로 주장한다. 그의 해석은 개인과 영원성의 신비주의적 합일에 도달하는 길을 열 수 있었다. 이런 의미에서 그는 비트겐슈타인도 좋아했던 독일 신비주의 시인 실레시우스Angelus Silesius, 1624~1677의 생각을 활용한다. "내가 없으면 신은 한순간도 살 수 없다는 것을 나는 알고 있다." 쇼펜하우어에 의하면 "세계의 본질인 의지가 발현되어 있는 미미한 하나의 존재라도 완전히 절멸한다면 전 세계도 멸망한다고도 할 수 있을 것"이다. "본질 그 자체는 참된 자신을 무한한 공간에 분산하거나 분할할 수 없다. 무한한 연장은 본질의 현상에 속하기" 때문이다. "본질 그 자체는 자연의 어떠한 사물 속이나 여하한 생물 속에서도 완전하게 분할되지 않은 채 존재"한다. 그러므로 "지혜를 찾기 위해 세계를 다 돌아다닐 필요는 없다." "의지의 객관화 여러 단계가 사물의 영원한 형상들"이다. 그것은 "시간 공간 속에 들어가지 않는다. 의지는 항상 존재하며 생성되는 것이 아니다." 개체들은 하나인 의지와 접속하고 있으며, 자신의 고유한 "형상과도 유사한 것homoiomata, Diogenes Laertius"이다.[42]

이러한 우주관은 언어의 차이에도 불구하고 인도 철학, 불교 및 중

---

42 위의 책, s, 194~196.

국의 이학理學에서도 발견된다.《바가바드 기타》에서 활용되고 있는 상캬samkya, 카필라Kapila가 B.C. 4~3세기에 창시한 數論學派 학파의 철학은 일자로서의 영혼Atman인 푸루샤purusha와 물질적 질료인 무규정적이고 활력을 가진 프라크리티prakriti의 결합에 의해 현상계가 전개된다. 이 전개과정에서 다양의 개체들이 형성되며, 이 개체들은 자신의 종자種子로서 영혼적 요소를 함축하게 된다. 이 영혼적 요소는 전체로서의 푸루샤와 연속되어 있다. 이러한 관점에서는 모든 개체 각각에서 우주 전체를 발견하고, 모든 것을 평등의 눈으로 바라보게 된다. 모든 곳에 아트만이 있다. 아트만을 자각하면 생사 번뇌로부터 자유롭다. 화엄교학에 의하면 하나의 입자에도 무한한 시공간을 통해 우주를 보는 여래의 눈인 여래성[理性, 法性, 佛性, 眞如一心]이 태양처럼 반사되어 있다. 이 여래성으로부터 일어난 전체적 우주는 형성과 파괴를 거듭하면서 영겁의 시간과 무한 공간에서 전개된다. 본체는 여래성이고 본체의 발현으로 존재하는 우주는 그물과도 같은 관계들의 체계다. 모든 현상계[事]에 불성佛性, 법성法性으로서의 생명원리[理]가 내재해 있으며, 사물들은 서로 원융한 관계를 맺는다. 이러한 불교적 사유에서는 하나의 무기물이나 동식물도 깨달음을 통한 자유 획득을 동경한다고 본다. 여래성에서 일어난 우주는 다시 여래성을 동경하는 방향성을 갖는다. 주희朱熹, 1130~1200의 우주관도 유사한 구조를 갖는다. 우주는 생성 근거인 무한자이자 일자인 무극이면서 태극無極而太極인 이理에서 '흘러나온流出' 것이다. 무궁한 에너지의 원천인 '이'는 스스로 생산한 질료적 원리인 기氣와 결합하여 전개되면서, 하나하나의 개체에 전체적으로 내재되어 있다[周流貫徹][43]. 생명원리로서의 태극은 만물을 낳고 양육하는 능

---

43 '流出'은《朱熹集》권 45, 〈答廖子晦〉에 나옴. 이 편지는 1200년(71세)에 주희가 쓴 것이다. '周流貫徹'은 위의 책, 권 32, 〈答張欽夫〉에 나옴. 이 편지는 1169년(40세)에 쓴 것이다.

력[仁]을 우주에 확산한다. 본체의 차원에서 만유는 하나이지만, 현상의 차원에서는 '기'의 응결 방식의 차이에 따라 수많은 기질적 차이를 갖는 것들로 나누어진다. 이러한 차이화 과정에서 본체는 각각의 개체들에 전체로서 내재하게 되는데, 이 내재적 본체가 그 개체의 성품[性]이다. 인간 개인들은 우주적 생명원리를 자신의 본연의 성품으로 구비한다. 이들 세계관에서 개체적 차이성은 우주적 소통성[流通]과 함께 존립한다. 이 존재론적 소통성에 윤리적 실천의 근본 조건인 자비慈悲와 인仁이 근거한다. 인간의 진정한 개체성은 만유와의 우주적 소통성을 이해하고 구현하는 데 있다. 개별화의 현상적 측면에서 이기적 염세주의를 보는 쇼펜하우어가 본체계의 측면에서 희망을 발견하는 것은 바로 '하나이자 모든 것'이라는 우주적 구조에 근거하는 것이다.

4. 중첩적 포섭과 경쟁

19세기 박물학의 성과에 접할 수 있었던 쇼펜하우어는 우주의 단계적 진화를 자연사와 연관하여 논한다. 의지의 객관화의 최저 단계는 일반적인 자연의 힘들이다. 이 중 일부는 어떤 물질에도 예외 없이 나타나고, 일부는 그 여러 힘들을 물질이 나눠 갖는다. 힘들은 충족이유율을 벗어나 있기에 '근거 없는 것'이다. 힘은 결과나 원인이 아니라 그것들의 '선행하는 전제 조건'이다. 중력이나 전기력은 근원적 힘들에 속하므로, 그들의 원인을 묻는 것은 분별없는 짓이다. "중력이 돌의 낙하 원인이 아니라, 지구와 가까움이 낙하 원인"이다. 힘 그 자체는 "인과 밖에, 즉 시간 밖에" 있다. "원인에 활동력을 주는 것이 자연력이다."[1]

의지 객관성의 높은 단계에서 개성이 나타난다. 하등 동물일수록 개별적 성격 차이의 징후가 없어지고 일반적인 성격이 나타난다. 비유기적 자연에서 개성은 완전히 없어진다. "무기적 현상은 개성의 차이를 드러내는 것이 아니라 오직 종으로서만 나타난다." 인간의 경우는 "각기 일종의 독자적인 이데아"이며, 예지적 성격을 갖는다. 식물의 경우

---

[1] Arthur Schopenhauer, *Die Welt als Wille und Vorstellung* I, S W, Band I, Suhrkamp, 1986, s. 196~197.

"잎, 잎맥, 가지들은 하나의 독자적인 식물로서 큰 식물에 기생하는 것으로 보인다. 나무는 여러 식물의 조직적인 집합체"라 할 수 있다.[2]

이데아인 "자연력의 출현은 출현해야 하는 여러 조건이 구비되기만 하면 인과율에 의해 일정 불변의 것으로 표현된다." 자연력은 이 법칙 속에 표현되며, 자연의 힘을 표현하는 법칙이 자연 법칙이 된다. 자연 법칙은 "현상 형식에 대한 이데아의 관계"라 할 수 있다. 자연 법칙에서 "현상들의 공통된 기체基體, substratum인 물질과 인과의 법칙이 결합"되어 있다. 자연력이 인과율을 매개로 물질에 실현된다. 예를 들어, 기계가 작동할 때 쇠로 만든 추(중력으로 운동을 시작), 구리로 된 바퀴(강성에 의해 저항), 지레(불가침투성에 의해 들어 올림)가 함께 작동한다. 이때 "중력, 강성, 불가침투성은 설명이 불가능한 힘"이다. 자석이 추에 작용하면 기계 운동은 다른 자연력이 작용하는 무대, 즉 자기력이 작용하는 무대가 된다. 이때의 원인학적 설명은 자기력의 조건을 나타낸다. 또 온도를 높이고 순수한 산소를 가하면 기계 전체가 타게 되어 다른 자연력인 화학적 힘이 가해지게 된다. 조건의 변화에 따라 의지의 객관화의 일정한 단계[이데아]인 자연력들이 나타난다. "결정이 풍화되어 다른 여러 물질과 혼합하여 식물을 자라게 하는 경우"도 하나의 의지의 새로운 현상인 생물학적 힘이 나타난 것이다. 그러나 힘 그 자체는 충족이유율에 지배되지 않는다. 이러한 이치를 쇼펜하우어는 "힘 그 자체는 이때까지 일정한 물질을 지배한 여러 힘을 몰아내고 이 물질을 점령할 수 있게 되는 사정이 생기는 것을 고대하고 있는 것처럼 보인다"고 묘사한다. 조건에 따라 다른 힘들이 발생하고 이동하는 과정은 이전의 조건을 계기로 새로운 힘이 출현하는 것으로 보인다는 것이다. 이는

---

2   위의 책, s. 197~199.

"수천 년 동안 여러 화학적 힘들이 물질 속에 잠들어 있다가 시약에 접촉되어 해방되는 것"과 같다. 그는 "2000년간 있던 종자가 싹이 튼 경우"나 "이집트 미라에서 발견된 밀 종자, 석회석 속의 두꺼비" 등의 예를 들어, 기회를 만난 이데아들의 새로운 출현을 기회원인론적으로 파악한다.[3]

쇼펜하우어에 의하면 말브랑슈Malebranche의 기회원인론은 사변 신학 안에서 생각된 것이지만, '진리의 흔적'을 '돌더미 밑의 빛을 향해가는 식물'처럼 갖고 있다. "자연적 원인 모두는 기회원인Gelegenheitsursache이며, 의지가 나타나기 위한 기회나 동기"라는 것이다. 이런 의미에서 "세계 속의 어떤 사물도 절대적이고 일반적인 존재의 원인을 갖지 않는다. 다만 그것으로 하여금 여기 지금 존재하게 하는 원인을 갖고 있을 뿐"이다. 동기적 원인을 고려하여 움직이는 동물과 인간의 경우에도 원인은 기회원인이다. 동기는 성격의 행위를 규정할 뿐이다. 성격은 의지의 직접적 현상이기에, 나쁜 인간이 정복자가 되어 국가를 압제하거나 세계를 고난에 빠뜨릴 수 있다. 그 사람의 현상의 외적 형식은 운명에 의해 그가 놓인 사정, 환경, 외부의 영향 등의 동기에 의존한다. 그러나 그의 결단은 동기로 설명할 수 없으며, 그의 의지에서 생기는 것이다. 동기를 기회로 의지적 행위가 결의된다. 수많은 방식으로 나타나는 물, 호수나 폭포 등도 자신의 성격에 충실하다고 할 수 있다. 동물이나 인간유기체는 의지가 고차의 단계에서 객관화된 것이다. 이 때문에, "대장장이가 망치나 모루로 형성된 것이 아니듯, 생명력은 무기적 자연의 힘을 이용한 것이지 그들 힘으로 형성되는 것이 아니다." 근대 과학에서 유행했던 환원의 방법은 비유 기계에 적합하고, 그 상위의 단계

---

3   위의 책, s. 204~205.

에는 적용될 수 없다. 괴테가 언급하는 것처럼, 파우스트적 의지는 상승의 의지다. 이에 동조하는 쇼펜하우어는 상위 단계의 고유성을 경시하는 기계론적인 환원적 방법을 일반화하는 것에 반대한다. "화학자는 자연의 조직자라 명명하지만, 자기 자신을 얼마나 조롱하는 것인지 알지 못한다."(《파우스트》 1, 1940f) "칸트나 뉴턴 같은 사람에게 풀의 줄기에 관한 설명을 요구해도 소용없다."[4]

자연력의 기회원인적 활동에 의해 하위적인 요인들이 중첩적으로 결합된 상위의 존재에 대해서는 기계론적 환원은 일정한 한계를 갖는다. 쇼펜하우어에 의하면 "환원론은 스콜라적 입장에서 본다면 실체적 형상을 부정하고 우연적 형상으로 깎아내리는 것이 된다." 실체적 형상은 의지의 객관화 정도이며, 과학은 이를 무시해도 철학은 그것을 대상으로 삼는다는 것이 그의 생각이다. 형상들은 자기 앞의 물질을 자기실현의 기회로 삼기 위해 노력하기 때문에 투쟁한다. "이 싸움에서 더 높은 이념(이데아)이 나타난다. 이 이념은 더 불완전한 이념을 압도해 그 이념의 본질을 종속적 방식으로 존립시킨다." 의지는 "점점 고도의 객관화를 향해 노력"한다. 하나의 형상이 다른 하위의 형상들을 중첩적으로 포섭하여 응집하는 현상이 일어난다. "신체 안의 체액의 분비에는 화학적 결합과 분리의 법칙이 종속의 차원에서 작용한다." 하위의 것은 더 높은 이념에 의해 '정복되어' 있다. 중첩, 응집, 정복이라는 특징이 상승의 과정에서 나타난다. 보다 완전한 이념은 하위의 것을 정복한 후에 출현한다. "유기체의 체액, 식물, 동물, 인간은 본래는 자연발생에 의한 것이지만, 그 후에는 이미 있는 미발달 상태에 대한 동화를 통해 발생한다." "뱀은 뱀을 잡아먹지 않으면 용이 될 수 없다."

---

4   Arthur Schopenhauer, *Die Welt als Wille und Vorstellung* Ⅰ, S W, Band Ⅰ, Suhrkamp, 1986, s. 205, 212~216.

형상들인 이념들의 투쟁은 "압도적인 동화 작용에 의해 높은 단계로 상승하기 위한 것"이다.[5] 인간 신체의 의지 현상도 물리 화학적 힘에 대해 끊임없이 투쟁한다. 중력을 제압하고 팔을 들고 있다가 내려놓게 되는 현상에서도 그 투쟁성을 감지할 수 있다. 상위 존재는 하위의 것을 포섭하여 종속시킴으로써 다층적 존재가 된다. 형상들의 경쟁적 관계에 대한 쇼펜하우어의 관점은 자연사에 대한 박물학적 지식을 활용한 것이다. 우주를 상승을 향한 경쟁적 투쟁 관계로 보는 것은 고대 그리스적 자연관의 특징이었다. 셸러Max Scheler, 1874~1928에 의하면 그리스의 목적론적 우주론은 경쟁agon을 본질로 한다.[6] 쇼펜하우어의 형상론에는 그리스 특유의 경쟁적 존재론이 근대 과학적 지식을 매개로 반영되어 있다.

승자의 형상은 경쟁자의 형상들을 자신의 종속적 재료로 포섭하는 의지를 실현할 수 있다. 자신의 형상을 당당하게 실현한 승자의 신체는 생리적으로 건강할 것이다. "건강의 쾌적한 기분은 체액을 지배하고 있는 물리 화학적인 법칙을 이긴 것"이다. 그러나 이 기분에는 종속된 힘들의 "저항에서 생기는 갖가지 불쾌한 기분이 붙어 다닌다." '압도하는 동화überwaltigende Assimilation'에도 불구하고, "인간 생명의 식물적 부분은 쉴 새 없이 미묘한 괴로움Leiden에 결부되어 있다." 동물적인 기능을 소화가 저해하는 것도 자연력을 제압하기 위한 것이다. "육체적 삶에 무거운 짐이 있다." 이러한 발상은 '만물의 피곤'이라는 성서적 감각과 '만물의 고통'이라는 불교적 감각에 연결된다. 강자의 생리적 건강을 중시한 니체가 경시하는 존재론적 피로는 쇼펜하우어에게는 "수면

---

5   위의 책, s. 216.
6   Max Scheler, 'Christian Morality and Ressentiment', *Nietzsche, Critical Assesments*, v. 2, Routledge, 1998, p. 284.

의 필요성과 죽음의 필연성"을 이해하는 단서가 된다. 수면과 죽음은 "지친 육체에서 그때까지 빼앗겼던 자기의 물질을 탈환하는 것"이다.[7] 물질의 탈환은 그 개체에게는 자신의 불의로운 탈취 행동에 대한 정의의 업보다. 이러한 이치는 신비 철학자들에게는 진지하게 이해되어 그의 수양의 노력을 재촉하는 계기가 된다. 쇼펜하우어가 인용한 뵈메 Jakob Böhme에 의하면, "모든 유기체는 낮은 단계의 여러 이념을 제압하기 위해 사용되는 힘의 부분을 빼버린 후의 이념[形相]을 나타낸 것"이다. 따라서 "인간이나 동물의 신체와 식물까지도 사실은 반은 죽어 있는 것"이다. 미학적으로 표현하면 어느 유기체에서 그의 "아름다움이 속하는 이념적인Ideal 것에 가깝거나 멀어지는 것"은 유기체가 자신의 이데아를 완전히 표현하는 정도, 즉 보다 낮은 단계의 자연력을 압도하는 데에서의 성공의 정도에 달려 있다.[8] 상승하는 유기체는 자신이 포섭하고 있는 과거의 요인들을 압도하여 성공적으로 융섭하지만, 더 상승한 다음 단계의 유기체의 압도력에는 미치지 못한다. 더하기가 있으면 빼기가 있다.

이 운동의 성공을 위해 경쟁 체계로 쇄도하지만 궁극에는 우주의 주기적 파멸에 흡수된다. 그럼에도 "자연의 도처에 항쟁, 투쟁, 승리의 교체가 있다." 우주의 의지가 하나라면, 투쟁은 "의지의 자기 자신과의 분열"이다. 의지 객관화의 각 단계는 물질, 시간, 공간을 다툰다. 이 과정에서 지속적인 물질은 끊임없이 그 형태를 바꾼다. "자연이란 이러한 투쟁을 통해 존립한다." 개별화 과정은 투쟁의 과정이다. "만일 사물 속에 투쟁이 없다면, 모든 것은 혼연한 일체일 것이다Empedokles." "생명 의지는 자기 자신을 먹어치우고 여러 가지 형태로 자기 자신의 영양이

---

7   Arthur Schopenhauer, 앞의 책, s. 217.
8   위의 책, s. 218.

된다." 인류는 다른 모든 존재를 제압해 "자연을 자기가 사용하기 위한 제품Fabrikat으로 간주한다." 이러한 측면에서 쇼펜하우어는 "인간은 인간에 대한 늑대(Plautus. Asinaria 2. 495)"라고 규정한다. 그는 자연에서의 보편적 투쟁성을 박물학적 관찰 기록으로부터 보여 준다. '많은 곤충이 다른 곤충의 유충에 알을 낳는 것, 새로 나온 히드라가 다른 히드라의 입으로부터 먹이를 탈취하는 것, 오스트레일리아의 불독개미는 두 동강을 내면 머리와 꼬리가 서로 싸우다가 양쪽이 죽거나 다른 개미에게 끌려간다는 것, 중심 천체와 행성은 구심력과 원심력의 부단한 긴장에 의해 운동한다는 것' 등은 투쟁이 의지의 현상이 갖는 보편적 속성임을 증거하는 수많은 사례들 중 일부분이다.[9]

투쟁을 통해 상승하는 방향으로 형상들을 창조해 가는 의지는 "필연적으로 하나의 노력으로 나타난다." 생명의 본질은 노력이다. 인류는 이 노력의 결과이며, 철학은 형상을 대상으로 사유한다. 자기의식이라는 기적을 발명한 의지는 이 의식을 통해 자신의 창조물을 인식한다. 자기의식은 내적 성찰을 통해 의지를 세계의 본질로 이해한다. 본질인 예지계는 개별화의 원리를 벗어나 있기 때문에 보편적 소통성을 갖는다. 인간은 이러한 자신의 조건을 이해하고, 개체성에 몰입하여 서로를 해쳤다는 예감을 갖게 된다. 이 암시적 예감에서 근본적인 양심불안이 일어난다. 그리하여 그는 드물지만 궁극적 삶의 의미를 추구하는 노력으로 나아갈 수 있게 된다. 이것이 우주에서의 인간의 위치가 갖는 의미를 자각하려는 노력, 즉 자유를 동경하는 노력이다. 우연발생을 통해 생겨난 인간 존재는 자연사 앞에 있는 목적은 아니지만, 자연사의 방향이 자유를 향하고 있다는 것을 이해하게 하는 기호가 된다. 인간은

---

9   위의 책, s. 218~219.

상승하려는 노력을 통해 만유의 차이성 속에서 하나의 우주적 동일성을 자각하여 자신을 우주 시민으로 형성해 가는 존재가 된다. 현상계가 투쟁을 통해 나타난다는 것은 존재 의미가 투쟁이라는 것이다. 그러나 투쟁은 반성도 촉구한다. 투쟁은 존재의 생성을 내적 평화의 심성 안에서 바라보는 차원으로 전환해야 한다는 사명을 인간의 운명으로 인수하게 하는 신호이기도 하다. 사회진화론과 니체가 전자의 길을 선택한 반면, 쇼펜하우어는 후자의 길을 선택한 것이다.

천체의 원래 상태는 "정지가 아니고 휴식도 목표도 없이 앞을 향해 무한한 공간을 나가는 운동으로서의 노력이다." 인과 법칙과 관성의 법칙은 이것에 대립하지 않지만, 관성의 법칙에 따르면 물질 그 자체는 운동과 정지에는 무관심한 것이다[쇼펜하우어는 관성의 법칙을 공리나 규약으로 보지 않고 존재론적으로 보고 있다]. 물질에서는 운동 이전의 조건이나 정지 이전의 조건을 묻는 것은 무의미하다. 쇼펜하우어는 칸트-라플라스의 성운설에 의거하여 "여러 행성은 중심 천체가 수축할 때 분리된 것이고, 중심 천체는 언제나 회전하면서 무한 공간을 날고 있다"고 보았다. 모든 항성이 이동하는 것을 볼 때 태양이라는 중심 천체도 더 큰 중심 천체를 돈다. 생명의 진화가 그 껍질에서 일어나는 행성들을 품고 있는 우주는 궁극 목적이 결여되어 있다. '허무Nichtigkeit'가 "의지의 노력의 모든 현상에서 인정된다." 이 목적의 결여를 쇼펜하우어는 "모든 의미alle Bedeutung의 상실"이며, 의미의 결여를 허무로 기술한다. 이러한 허무는 중세의 가치 중심적인 위계질서가 없다는 의미다. "무한 시간과 무한 공간이 모든 현상의 보편적이고 본질적인 형식"이며, 무한히 등질적인 공간과 시간에는 초월적 목적이 없다. "물질 현상의 본질은 견인력과 반발력(칸트)"이라는 갈등만이 나타난다. "물질이 실재하는 것은 이 두 힘의 투쟁에 의해 가능하다."[10] 만물은 개별화의 원리인 시간과 공간에 의해 다양하게 만화경처럼 보일 뿐이다. 쇼펜하우어는 칸트가 말한 무한 공간, 무한 시간의 의미가 중세적 세계상의 파괴와 존재의 무의미라는 것을 지적한 최초의 인물이다. 니체는 거기에서 전통 형이상학의 종언과 신의 죽음을 보았다. 유럽의 허무주의가 도래한 것이다. 지성의 충족이유율이라는 형식적 조건 안에서 성립하는 자연과학도 존재의 허무를 극복하는 가치를 가진 것이 아니다. 과학은 바로 그 허무 안에서 가능한 것이었다. 과학은 의미의 물음을 물을 수 없다. 그것은 여전히 근심 많은 세상성의 본질인 시간성 안에서 움직인다.

동물의 인식 능력도 의지의 객관화 단계에서 필요한 수단인 '기술 mechane'이다. 기술은 동물의 성격에 연원한다. 그것은 개체를 유지하고 종족을 번식시키기 위해 발명된 것이다. 거기서도 세계는 표상이 된다. "현상에 대해 그 복잡한 상태와 혼잡에서 생길 수 있는 폐해를 제거하기 위해 인식의 광명이 생긴 것이다."[11] 그러나 쇼펜하우어는 다른 문맥에서는 곤충에서도 시간적 배려를 볼 수 있다고 했지만 동물의 직관적 표상은 미래를 고려하지 못한다. 동물의 "기술 충동Kunst trieben은 동기와 인식에 지배되어 있지 않지만 이성적 동기에 따라 업적을 이루는 것처럼 생각된다." 이에 비해 "인간은 복잡하고 다면적이며 지극히 부족하고 한없이 많은 상처를 받기 쉬운 존재"이기 때문에 "생존하기 위해서 직관적 인식에 더하여 추상적 개념 능력인 이성이 필요했다." 이성이 등장한 이상 의지 발현의 "확실성과 정확성"(무기적 자연의 합법칙

10 위의 책, s. 220~221.
11 에른스트 마흐는 과학적 지식의 본성을 생물학적 진화론의 견지에서 이해한다. 지식은 현상의 복잡성이 주는 혼란을 절약하는 경제성의 요구에서 나왔다는 것이다. 쇼펜하우어는 이런 관점의 선구이다. 과학의 경제성에 대해서는 Ernst Mach, 고인석 옮김,《역학의 발달Die Mechanik in ihrer Entwicklung Historisch–kritisch dargestellt》(1883), 한길사, 2014, 7~34쪽.

성)은 거의 없어진다. "동요와 불확실성이 나오며, 착각의 동기가 현실의 동기를 정지시키기도"하고, (자기 딸 살해한 아가멤논의 경우나 수전노가 백배의 이익을 바라고 희사하는 경우) "망상적인 동기는 일상의 의지 발현 방식과는 반대"된다. 이러한 생활 방식은 욕망으로 나타난 의지의 예속 아래에서 이루어진다. 만일 보다 높은 의식의 삶을 향해 노력할 경우, 즉 인식이 그러한 종속을 탈피하여 "세계를 반영하는 거울"이 될 때 예술이 생긴다. 이러한 인식이 의지에 작용하면 의지의 자기고양 Selbsterhebung이 이루어지며, 성서와 불교가 강조하는 포기Resignation의 덕으로 나아가게 된다.[12]

인간의 이념이 나타나기 위해서는 그 전 단계의 순서를 따라야 했다. 쇼펜하우어는 이 단계적이고 중첩적인 진화의 과정을 음정의 정도 차이에 비유한다. "식물과 동물은 인간보다 음정이 5도나 3도 낮고, 무기계는 한 옥타브 아래에 있다." 의지 자체는 가장 낮은 기저음에 해당한다. 의지가 적절한 객관성을 얻기 위해서는 의지가 각 단계를 이루고 나타나야 한다는 내적 필연성이 있어야 한다. 이러한 필연성은 하위 단계를 상위 단계가 필요로 한다는 것이다. 중첩적 진화의 필연성은 현상 전체에 있는 외적 필연성에 의해 표현된다. 의지는 만족을 모르는 노력이다. 의지는 '굶주린 의지'로서, "자기 자신을 다 먹어 치우는"과정에서 존립한다. 이 때문에 의지에는 "추구, 불안, 고뇌"가 있다.[13] 그러나 인간에게 현현된 의지는 이러한 삶의 양식을 넘어서려는 고양의 노력이 있다. 쇼펜하우어가 예술과 종교를 다루는 이유는 여기에 있다.

유기적 자연의 합목적성도 위와 같은 문맥에서 이해 가능하다. 유

---

12 Arthur Schopenhauer, *Die Welt als Wille und Vorstellung* I, S W, Band I, Suhrkamp, 1986, s. 223-226.
13 위의 책, s. 226~227.

기체의 합목적성은 두 가지로 나뉜다. 내적 합목적성은 "유기체 각 부분이 어떤 질서에 의해 조화를 이루는 것"을 의미한다. 유기체는 하위 이념의 성격에 의해 방해를 받아 불안정하면서도, 신체의 생리적 항상성Homeostasis 즉 기관들의 긴장과 조화를 유지함으로써 유기체 자신과 종족을 보존한다. 외적 합목적성은 "무기계와 유기계 전체와의 관계 혹은 유기적 자연 전체 안에서의 개별적 부분들의 상호 관계가 갖는 조화", 즉 유기계 전체나 식물과 동물 종들의 유지를 가능하게 하는 생태적 적합성을 의미한다.[14]

식물의 경우 이념은 한꺼번에 한 번의 표출에 의해 발현되는 것이 아니다. 식물의 여러 가지 기관이 시간 속에서 계속 발달하기 때문이다. 동물도 변태에 의해 유기 조직을 발달시키기 때문에 동물의 이념을 완전하게 표현하기에는 불충분하다. 오히려 동물 종 전체를 통해 동일한 경험적 성격이 표출되어 있다. 인간의 경우는 각 개인의 경험적 성격이 이미 독특한 것으로 나타난다. 여기서 시간의 형식을 사상하면 그의 형상인 예지적 성격이 된다. 예지적 성격은 이념 속에 구현되는 근원적인 의지 행위와 일치하며, 모든 경험적 성격은 시간을 초월한 의지 행위의 현상일 뿐이다. 동물의 이념을 인식하기 위해서는 그 행위를 관찰하면 가능하다. 그러나 인간의 경우는 이성이 있기 때문에 이념을 최고도로 속여 나타내며, 이 때문에 의지가 다른 많은 인식에 의해 덮여 있고 감추어져 있다. 식물은 '완전한 순결성'을 가지고 전 본질을 드러낸다. 이는 식물이 '생식기인 꽃을 드러내는 것'에서 알 수 있다. 식물은 인식이 없기에 순결하다는 것을 볼 때, 허물은 단순한 의욕에 있는 것이 아니라 '인식을 동반한 의욕'에 있다. 무기적 자연의 경우 경험적

---

14   위의 책, s. 228.

성격이 예지적 성격의 단일성을 직접 나눠 가지고 있기 때문에 내적 합목적성이 없어도 된다. 이에 반해 유기체는 계속적 발전을 통해 이념을 나타내고, 발전은 부분 상호 간의 다수성에 의해 제약된다. 그러나 이념 즉 '표출되는 의지 행위의 단일성'은 없어지지 않는다. 단일성은 부분과 발전 사이의 필연적인 관계와 연쇄에 나타난다. 이런 의미에서 보면 이념은 '유일하고 불가분한' 그래서 '자기 자신과 완전히 합치하는 의지'라 할 수 있다.[15]

각 개인의 성격은 인류라는 종의 성격으로서가 아니라 완전히 개인적인 것으로 파악된다. 개인은 일종의 '특수한 이념'이라 할 수 있으며, "의지의 행위 자체가 그 개인의 예지적 성격이다." 그 현상인 경험적 성격은 "예지적 성격을 모사하지 않으면 안 된다." 그러나 이 규정은 인간 생활 과정의 본질적인 점에만 미치고 비본질적인 점에는 미치지 못한다. 경험적 성격의 외적 형식, 즉 생활 과정의 일정한 사실적 혹은 역사적 형성은 외면적인 사정 여하에 따라 다르다. 현상의 본질은 그대로 있지만, 사실적 혹은 역사적 형식은 각양각색이다. 이는 "음악에서 하나의 주제와 다양한 변주곡의 관계와 같다."[16]

생명체들의 공생 관계에서 보듯 형상들은 서로 적응하는 조화를 이룰 수 있다. 자연의 현상계에서도 먼저의 현상이 나중의 현상에 적응해야 하고 나중의 현상이 먼저의 현상에 적응한다. 예를 들어, 유성의 운행, 황도의 경사, 지구의 회전, 대기, 빛, 열 등은 화성和聲의 저음에 해당하는데, "예감적으로 장차 출현할 생물의 종에 순응하여" 그 지지자이자 유지자가 된다. 자연의 모든 부분은 서로 화합하고 있다. 왜냐하면 그것들 모든 부분에 나타나는 것은 하나의 의지이기 때문이

---

15   위의 책, s. 229~230, 237.
16   위의 책, s. 233.

다. 베르그송은 이런 입장에서 한 개체가 발명한 새로운 기관이 전 종에 순식간에 퍼지는 현상을 전체적 생명의 보편적 소통성에 기인하는 것으로 설명한다. 쇼펜하우어는 이러한 현상에서 "시간의 순서를 사상한 자연의 사전 배려가 보인다"고 말한다. 자연의 조화에 대한 그의 언급들은 염세적 투쟁론에 대한 강조 때문에 경시되어 왔다.

쇼펜하우어는 시간적 차이를 고려한 적응 현상을 언급한다. 현재 존재하는 것이 장차 나타날 것에 순응하는 경우를 그는 다음과 같이 언급한다. 새는 아직 보지 못한 새끼를 위해 둥지를 짓는다. 비버는 목적도 모르고 굴을 짓고, 개미, 산쥐, 꿀벌은 겨울 식량을 저축한다. 거미, 애명주잠자리는 함정을 파고, 나사말의 암꽃이 수정기가 되어 물 위로 올라오면 수꽃은 자기 생명을 희생하면서 물위로 떠올라와 암꽃을 찾아다닌다. 하늘가재 애벌레의 수컷은 변태하기 위해 나무속에 구멍을 뚫고 들어가지만 그 구멍은 장차 생겨날 뿔을 넣기 위해 애벌레의 암컷이 만드는 구멍보다 두 배나 크다. 이러한 현상들은 목적 개념이 결여되어 있지만 목적론적으로 해명되는 현상들이다. 그 모든 것은 "자기 자신과 일치하는 의지의 단일성의 현상이 우리의 인식 방식에 대해 공간과 시간으로 분리되어 나타난 것에 불과하다." 이러한 조화가 자연에 있다 하더라도 쇼펜하우어는 본질적인 것은 투쟁Kampf이라고 본다. 의지의 단일성에서 생기는 현상들 상호 간의 적응과 순응이 있다 하더라도, "자연 전반에 존재하는 내부 투쟁이 의지의 본질"이라는 것이다. "조화는 세계와 그 존재물의 존립을 가능하게 하는 한에서만 존재하며, 조화가 없다면 세계와 존재물은 옛날에 멸망했을 것이다." "조화는 종과 일반적인 생활 조건의 존립에만 미칠 뿐, 개체의 존립에는 미치지 않는다." 모든 이념을 통해 객관화되는 의지의 내부 항쟁은 종에 속하는 "개체들의 끊임없는 섬멸전"과 "여러 자연력들의 현상들 상호 간의 영속적인 사슬 속에 나타나 있다." 보편적 실체로서의 "물질은 투쟁의 전장戰場"이다. 종과 자연력은 서로 적으로부터 이 물질을 탈취하려 한다.[17]

물자체인 유일한 의지는 물질로 자신을 외화하고, 이 물질을 자기 전개의 질료로 삼아 무기물에서 인간 종에 이르기까지 창조적 진화를 해 왔다. 이 과정은 형상들의 생성 과정이며, 이 운동은 인간적 개체의 자기의식이라는 기적을 창조했다. 의지의 본질은 "무한의 노력"이며, "목표와 한계가 없다." 유기체의 물질대사도 소모된 것을 보충하는 것이 아니라 "영구적인 충동과 변화의 단순한 현상"이다. "영원한 생성, 무한한 유동은 의지의 본질 구현에 속한다." 생성은 "소원에서 충족으로 다시 충족에서 소원으로 연속되는 유희Spiel다." 쇼펜하우어는 의지의 부단한 노력이라는 측면에서 행복과 고뇌를 해명한다. "소원에서 충족으로의 이행이 빠른 것이 행복이며, 늦은 것은 고뇌다." 의지의 "정체는 생명을 경직시키는 무서운 권태Langeweile, 김빠진 동경", "숨 막히는 우울"이다.[18]

바로 이 문장이 초현실주의 문학의 실존적 의식에 영향을 주었으며, 형이상학의 근거를 절대적 권태로 보는 하이데거의 근본 정조情操의 선구다. 또한 그것은 쇼펜하우어를 비합리적 허무주의 혹은 개인주의적 염세주의로 규정하는 근거들 가운데 하나가 되어 왔다. 그러나 쇼펜하우어를 염세적 비합리주의로 규정하고, 이것이 실망한 유럽 부르주아 계급의 좌절 상태를 반영하는 것이라고 보는 관점이 일반적으로 알려져 있다. 그러한 판단은 생명 철학에는 19세기 중반의 유럽 부르주아 계급의 역사적 상황이 간접적으로 투영되어 있다는 루카치

17　위의 책, s. 234~236.
18　위의 책, s. 240~241.

Georg Lukács, 1885~1971의 주장에 의해 알려진 것이다. 그는 《이성의 파괴》(1954)에서 독일 '비합리주의 철학'이 갖는 역사적 의미를 상세히 논의한다. 그러나 이 판단은 쇼펜하우어의 반동성을 지적하는 것은 옳지만, 역사적 연관 관계에 대한 언급은 사실성이 희박하다. 당시 허무주의적 낭만주의자들의 상당수는 급진적 혁명에 동조했으며 변화를 요구했다. 독일 부르주아 계급의 산업은 영국이나 프랑스와는 달리 유아기에 있었으며, 자유주의가 그 계급의 이념적 표현도 아니었다. 그들은 국가 권력에 의해 눌리는 형세에 있었던 것이 아니라 점차 비호를 받는 우호적 관계로 성장해 가고 있었다. 혁명의 주력은 서민 대중이었지 부르주아가 아니었다. 군주에 순종할 수밖에 없었던 부르주아는 좌절할 이유가 없었다. 또한 쇼펜하우어의 제자들은 대부분 혁명에 동조적이었다[이 문제는 Ⅷ장 시민성과 정치론에서 상세히 다룬다.]. 쇼펜하우어 철학의 정치적 의미는 당시 군주의 보호를 받고 막후에서 혁명의 열매를 취하는 대 부르주아의 입장을 변호한다는 것이 사실에 가깝다.

의지의 진화적 전개를 강조하고, 역사과학의 가능성을 인지한 쇼펜하우어가 사회의 변동 가능성에 그렇게도 무감각한 글을 썼다는 것이 의아하다. 그는 부르주아 산업의 무자비함에서 보편적 고통을 보고, 그것을 고상한 개인주의 관점에서 내려다보았다. 1789년 프랑스 혁명 이후 1830년과 1848년의 유럽 혁명에 이르는 과정은 부르주아 계급 성장과 시민민주주의의 출현을 의미했으며, 나아가 서민 대중이 정치 무대에 등장했다는 것을 의미했다. 하층 계급의 세력화는 자유의 확대를 위해 시민민주주의를 구체화하려는 운동과 함께 했다. 이 신흥 세력의 압력으로 상공업 부르주아는 봉건 귀족 계급과 하층 계급 사이에서 동요하게 된다. 그들은 소극적 중립 노선을 취하거나 자신의 정치적 이념이었던 시민민주주의를 포기하고 점차 귀족과 연합하여 국가주의로 기울어 갔다. 국민 국가는 약간의 자유를 허용함으로써 합의를 끌어내 모든 시민을 국민화하고, 전체적으로 동원할 수 있는 조직으로 성장해 갔다. 봉건적 요소가 많이 남아 있던 독일의 경우 시민민주주의의 급 진화는 더욱 용납되기 어려웠다. 이러한 근대 국가와 시민 사회의 계급 적 지형도의 변화에서 쇼펜하우어는 프로이센 군주의 편을 들게 된다. 그를 부르주아 계급의 위탁을 인수한 사람으로 판단하는 것은 당시 상 황을 부르주아와 프롤레타리아로만 양분하는 비현실적 관점에서 나온 것이다.[19]

쇼펜하우어는 브루노와 스피노자의 형이상학이 갖는 내재적 구도 를 수용하고, 공감의 윤리와 만물의 평등한 소통성을 옹호했음에도 불 구하고, 스피노자의 급진적 정치의식을 수용할 수 없었다. 그리고 그가 금리 생활자로서, 프로이센 군대를 위해 유산의 일부를 증여하거나, 적 (시위대)을 정조준할 수 있는 망원경을 준 것 등은 그의 정치적 반동성 을 이해할 수 있게 한다. 대중의 거친 활동은 도덕적 개인주의자에게 는 공포스러운 것이었다. 스피노자와 슈티르너Max Stirner는 대중에 대한 대중의 공포를 고려하면서도 급진 정치의식을 포기하지 않았다. 쇼펜 하우어는 피히테, 셸링, 헤겔의 국가주의적 편향에 대해서는 강력하게 비난했지만, 정작 당시 국민 국가와 그 실력자들의 움직임에 대해서는 한마디 언급도 하지 않았다. 보수적 낭만주의자도 있었지만, 많은 낭만 주의자들의 정치적 급진성에 대해서도 언급이 일체 없다. 또한 그의 철 학 결론이라 할 수 있는 신비주의는 존재의 무無로 종결되지만, '무'로 부터 나오는 창조적 활력을 갖지 못한 정적주의靜寂主義 성격을 갖고 있

---

19 루카치의 견해에 대해서는 변상출, 〈게오르크 루카치의 문학·예술이론 연구〉, 서강대학교, 학위 논문, 2000. 138~144쪽. 이 논문은 루카치의 해석을 정당한 것으로 수용한다. 그러나 그의 해석 은 산업의 수준, 귀족 계급의 상황, 부르주아 계급이 처한 조건, 서민 대중의 동향 및 쇼펜하우어 측근들의 움직임을 총체적으로 고려하는 관점에 의해 수정될 필요가 있다.

다. 그는 '무'로부터 어떻게 다시 현실로 돌아오는가의 문제를 다루지 못한다. 그는 가서 돌아오지 않을 사람처럼 말한다. 이러한 측면은 원래의 신비주의가 갖고 있었던 능동적 행동주의 경향을 의도적으로 지나쳐 버린 것이 아닌가 하는 의구심을 갖게 한다. 유럽의 신비주의는 내면성을 개발한 것으로만 알려져 있으나, 실제로는 내적 필연성을 가지고 사회적 실천으로 나아가는 능동성을 보여 주는 전형적 사례들이 있었다. 그것은 유토피아적 정치의식의 산실이기도 했다. 쇼펜하우어의 길은 블로흐Ernst Bloch, 1885~1977가《유토피아의 정신》(1918)과《희망의 원리》(1954~1959)에서 신비주의로부터 반反권위주의적 희망을 찾고 좌절에서 벗어나는 길과는 다르다. 뵈메와 에크하르트 같은 동일한 신비철학으로부터 쇼펜하우어는 내면의 구원을, 블로흐는 반파시즘의 자유정신과 저항 희망을 본다. 쇼펜하우어에 대한 발전적 해석은 후자의 길과 만나는 곳에서 그 전망이 보일 것이다.

전쟁 국가로 이어지는 국민 국가의 억압성과 공격성은 이미 19세기 말부터 드러난 것이지만 인류의 심대한 위험성으로 대두되고 있다. 인류는 자신들이 창조한 것을 다시 반성하지 않으면 쇼펜하우어의 예측처럼 다시 파국을 맞이하게 될 것이다. 이 객관적 문제가 개선되지 않으면, 고상한 개인주의의 이상도 현실적 바탕을 상실하여 대양 위를 나는 나비처럼 위태로우며 결국 추락할 것이다. 이에 따라 순수 사유를 상위에 두고서, 실천과 행동을 머리 나쁜 사람들이나 하는 것으로 보는 쇼펜하우어의 편견도 버려져야 할 것이다. 그도 잘 알고 있었듯 사유는 의지의 부속물이며, 인간의 중추 신경계는 행동의 기관이다. 이 기관 없이는 모든 감정과 행동력을 상실한 무생명의 잔혹한 사유만 남는다. 사유의 절대적 우월성은 철학적 신분 질서를 도입해 왔던 기존의 학자적 교만을 다시 치켜세우는 우를 범하게 될 것이다. 명明의 이지李贄, 호는 卓吾, 1527~1602가 학자적 주관성을 비판적으로 극복하는 것을 학문의 본질로 보아 '타인도 없고 자기도 없는 학술無人無己之學'을 집요하게 주장한 것도 그런 이유 때문이었다.

이러한 점들을 고려해 쇼펜하우어의 사상을 반성해 본다면, 그의 관념들 가운데 더 진취적으로 전개할 가치가 있는 잠재성들이 발견된다. (1) 그는 과학뿐만 아니라 철학 자체에 대한 반성을 통해 진정한 철학의 방향을 정립하고자 했다. 이는 전통 철학의 무비판적 전제를 드러냄으로써 그것이 하나의 자문화 중심적 편견일 수 있다는 것을 반성하게 하는 일종의 메타 철학의 길을 연 것이다. 그는 신학존재론적인 형이상학으로서의 철학이 갖고 있는 무의미Unsinn와 그 국가 이데올로기적 성격을 폭로한다. (2) 그는 무한 시간, 무한 공간의 관념이 주는 존재의 무목적성을 분명히 자각하고 무한우주론을 적극적으로 고려한다. 우주에는 중심이 없으며, 생명의 진화도 일부 떠돌이별의 껍질에서 우연발생한 것이다. 우주에 위계질서를 도입하는 전통 형이상학의 수직적 축은 파괴된다. (3) 그는 철학사에서 서양중심주의를 자각적으로 비판하고, 적극적으로 동양 사상을 이해하여 자신의 인생관으로 삼은 최초의 철학자였다. 그는 지구상의 폐쇄적 경계를 문제 삼고 폐쇄성을 부수는 개방적 사고의 계기를 연다. (4) 그는 생태론적 우주관의 주요 요소인 개체들의 우주적 연대성을 생명진화론과 함께 문제 삼는다. (5) 그는 도덕적 형식주의의 한계를 지적하고, 그것을 덕의 윤리로 다시 가져와 법칙의 문제를 능력의 문제로 전환시켰다. (6) 그는 계몽주의에 연원하는 지나친 과학주의를 경계하고, 철학의 영역에 삶의 의미 문제를 핵심적 문제 중 하나로 들여올 수 있었다. (7) 그의 금욕적 수양론은 일반화될 수 없다. 그러나 그는 영혼뿐만 아니라 신체에 대한 지식의 중요성을 환기시킨다. 또한 신체와 연관하여 지성의 근저에 있는 무의식의 영역을 개척했으며, 이는 프로이트나 융에 의해 계승되어 심층 심리학 발전의 초석이 되었다. (8) 그의 예술지상론적 논의에도 불구하고 붓다와 그리스도를 중심으로 한 초인론은 사회악과 대결하는 톨스토이적 현실주의의 길을 열게 했다.

이상의 요소들은 현대의 상황과 문제를 철학적으로 이해하고 그 대안을 모색하는 데 일정하게 기여할 수 있는 적극적 요인들이 될 수 있을 것이다. 쇼펜하우어의 말대로 비판하기는 쉬워도 장점을 전개하기는 어렵다. 그리고 현실로 돌아가기에 앞서 시간을 본질로 하는 세상성에 대한 반성이 요구된다.

5. 시간과 영원

　현상계의 근저에 개별화의 원리에서 면제되어 있고 지식을 갖지 않은 하나의 예지계가 있다. 예지계가 분화하여 현상계로 발현된다는 것은 모든 현상적 사물들의 종성種性이 결정된다는 것을 의미한다. 고등동물의 경우 각 개체의 특이한 성격도 그 종성과 함께 나타난다. 인간의 경우에도 그 보편적 형상形相이 개체에 구현되는 과정에서 (경험적 성격을 제외한) 특정한 성격도 결정된다. 이것이 예지적 성격이며, 이 성격은 개체들의 종족 보존욕을 통해 유전된다. 그것은 의지로서의 예지계의 표현이며, 골격을 통해 나타난다. 골격과 경험적 성격은 개체에 집약되어 있는 의지의 표현이다. 경험적 성격은 예지적 성격이 환경과의 관계에서 상황에 따라 구체적으로 표출된 것이다. 이 점에서 쇼펜하우어는 골상과 관상으로 성격을 인식하는 것이 일리가 있다고 보았다. 또한 그는 개체의 신체적 구조를 의지와의 연관에서 보는 관점이 라마르크에 접근한다는 사실을 잘 알고 있었다. 그러나 예지적 성격은 인과관계로 파악할 수 없다. 우리는 그것의 원인을 알지 못한다. 쇼펜하우어는 다만 인생사에서의 내외적 경험에서 유추한 의지와 발현이라는 개념을 가지고 무의식적인 본질과 현상의 관계를 발현으로 해석하고 있는 것이다.

생득적 성격은 행동의 가능성을 규제한다. 우리가 구성되어 있는 방식에 의해 우리의 활동의 가능성이 결정된다. 사물들이 무엇인가는 그 구성 방식에 의해 결정된다. 이는 만물에 해당되는 것으로, 가능성 [posse]은 존재[esse]에 의해 결정된다.[1] 이 관점에서 쇼펜하우어는 신이 동물을 제외한 인간에게 자유의지를 주었으며, 이 자유는 동기조차도 선택하는 중립적인 것이라는 유대-기독교적 전통 관념을 비판한다. 그에 의하면 그러한 무차별적 선택의 자유는 인간에게 죄와 그 책임을 물으려는 억압적 의도에서 나왔을 뿐만 아니라 자기모순이다. 피조물은 창조된 후에 이미 결정되어 있기 때문에, 모든 규정성으로부터 자유로운 중립적 성격의 자유는 모순이다. 피조물은 자신의 종적 본성과 성격을 결정할 수 있는 자유를 갖고 있지 않다. 우리는 우리 자신의 존재를 선택할 수 없다. 물론 인간은 자신의 존재를 문제 삼는 책임 의식을 갖고 있으며, 자신의 존재를 그 존재에 있어 문제 삼기 때문에 보다 나은 삶의 방식을 창조하려는 노력을 할 수 있다. 그러나 인간은 자신의 존재 자체를 선택하지는 못하며, 이미 주어져 있는 한에서만 문제 삼을 수 있다. 이러한 생각에서 쇼펜하우어는 모든 규정성에서 자유로운 진공 상태에서의 자유와 기계적 결정론의 대립은 이성의 형이상학적 대립(칸트)이 아니라, 유대-기독교라는 특정 문화권에서 나온 사이비 문제로 보아 폐기한다.

일상적인 의미에서 자유로운 선택이란 일정한 제약 안에서 여러 동기들을 고려하고 이루어지며, 이때의 결정에 성격이 개입한다. 행위가 이루어지는 객관적 환경과 주관의 성격은 그 주관이 선택할 수 있는

---

1   Bryan Magee, *The Philosophy of Schopenhauer*, Clarenden Press, Oxford, 1983, p. 206.

사항이 아니다. 이러한 제약하에서 동물과 인간의 단계에서는 두뇌의 진화에 따른 행동의 범위와 선택지가 넓어지는 특징이 나타나는 것이다. 이 모든 동물적 신체와 활동들은 예지계라는 의지의 발현이다. 이 점에서 쇼펜하우어는 인도의 윤회관에 자신의 입장과 공유하는 것이 있음을 알게 된다. 예지계로부터 현상계에 속하는 우리의 활동이 출현한다는 것은 우리의 자아 정체성이 고정되어 있지 않고 생명계를 순환하면서 유동적으로 결정된다는 관념과 모순되지 않는 측면이 있다. 여기에는 매기가 정리한 것처럼 네 가지 측면의 의미가 내포되어 있다.[2]

(1) 현상계는 분리와 경계를 갖는 칸막이 구조를 갖는다. 따라서 소통성이 제한되어 있다. 그러나 우주의 통일성인 예지계는 만유에 소통하고 침투하는 성질을 갖는다. 다양의 현상계는 인과 형식으로 파악할 수 있지만, 인과적으로 설명 불가능한 자유로운 침투성을 갖는 예지계는 우리 자신의 인간 정체성과 동물 정체성의 칸막이를 투과한다. 예지계의 차원에서는 인간과 동물의 상호 변환이라는 생각도 일리가 있다. 인도를 비롯한 아시아에서는 이러한 관점이 만유와의 우주적 소통성에 최상의 지혜를 부여하는 철학과 함께 연동되어 발전해 왔다. 쇼펜하우어는 생명계의 보편적 유대를 중시하는 이러한 사상을 높이 평가하고, 유럽인이나 인간에게만 자유의지를 부여했다고 주장하는 인종주의적이고 형이상학적인 자유의지론을 거부한다.

(2) 일상생활에서의 의지적 활동은 무제약적인 것이 아니라 동기들을 고려하는 선택적 자유를 갖는다. 이는 예지계의 자유로움이 부분

---

2 Bryan magee, 위의 책, 참조.

적으로 반영된 것이다. 불교 윤리에서 보는 것처럼 사람에 대한 도덕적 비난과 찬양의 근거가 된다. 도덕적 평가에 대해 논할 때 쇼펜하우어가 주목하는 점은 사람들이 도덕적 평가에서 그 사람의 경험적 성격을 흔히 지적한다는 사실이다. 선악 평가에는 너그러운 사람, 비겁한 사람, 용감한 사람 등의 인격 평가가 뒤따른다. 예지계의 측면에서 인간은 그 본질에 있어서 자유다. 그러나 현상계의 측면에서는 그가 할 수 있는 가능성에는 일정한 한계가 있으며 인과의 그물에 얽혀 있다. 붓다가 유물론적 결정론을 반대하지만 영혼의 절대적 자유만을 주장하는 것도 반대하고 중도를 주장하는 것은 그 때문이다. 우파니샤드 철학과 대승불교가 예지계로서의 실상實相인 근원적 생명성을 그것Tat, 혹은 아트만이나 진아眞我인 불성佛性으로 명명하고, 무기물을 포함한 각 단계의 존재자들이 대립 없는 자유를 갈망하고 있다고 보는 것도 현상계와 예지계 양자를 고려하여 말하는 것이다. 윤회설은 이러한 윤회의 해탈이라는 우주적 전망 안에서 그 의미를 갖는다. 경험적 자아 이전에 그것을 형성한 예지적 자아를 논하지 않으면 윤회설의 윤리적 의미는 사라진다.

(3) 현상계 안에서는 모든 사람의 행위는 자신들의 귀결을 결과로서 갖는다. 이 결과의 영향력으로 윤회가 이루어진다. 즉 현상계 안에서 서로에게 해를 준 업보를 받는다는 것이다. 이 때문에 윤회설은 사물의 질서에 보편적 정의를 인정하게 된다. 그리스의 엠페도클레스가 만물이 각기 수행한 활동이 그 응보를 받아 소멸에 이른다고 생각한 것도 그와 유사하다. 여기에서 윤회설은 생명에 대한 불살생不殺生의 윤리를 말할 수 있게 되며, 이는 만유와의 평등한 유대에 입각한 쇼펜하우어의 평화의 윤리관과 공통된 것이다.

(4) 쇼펜하우어는 칸트가 도덕적인 것은 현상계와 예지계 사이의 접점에 위치한다고 한 관점을 수용한다. 쇼펜하우어는 예지계가 인과성을 벗어나 있다는 점에서 그 자유를 인정한다. 동물에서도 미미하나마 보이는 도덕적 감정은 바로 무차별적 관통성을 갖는 예지계가 그렇게 발현된 것이다. 이러한 생각은 칸트의 도덕 형이상학에서도 나타난다. 이들의 도덕 형이상학의 입장에서 보면, 우리는 한 측면에서는 나의 본질인 예지계에 뿌리를 박고 있다. 예지계의 관점에서 만유는 그 본질에서는 우리 자신과 동일하다. 개체들 간, 종족 간의 투쟁은 본질상 자기 자신과의 투쟁이다. 투쟁은 우주적 관점에서는 자신을 해쳤다는 부조리에 대한 지적 자각을 요구하는 상징적 행위다. 윤회는 우주적 책임 의식을 갖게 하는 현상적 질서다.

하지만 만유에 편재하는 예지계의 도움으로 윤회가 일어나기에 예지계가 우리의 존재를 선택하는 것이 된다면, 결국 예지계에게 찬양과 비난이 돌아갈 수 있다. 그러나 예지계는 선택적 행위를 하는 인격이 아니며, 다만 윤회가 일어나는 배후의 조건이 될 뿐이다. 예지계가 갖는 소통적 자유 때문에 생명체들은 다른 정체성을 가질 수 있고, 자신의 경험적 자아에 집착된 의지 때문에 다수의 정체성에 머물게 된다. 도덕적 책임은 예지계에 연속되어 있는 개별적 자아에게 있지 예지계 자체에 있지 않다. 현실적으로 나는 이미 어떤 성격을 갖고 있다. '전혀 성격을 갖지 않는 나'라는 자아가 먼저 있어서 그것이 나중에 현재의 성격을 지닌 나의 존재 원인이 된 것은 아니다. 만일 나를 창조하는 그러한 나의 존재가 원인으로서 있다면 그 존재도 현상계에 속하므로 이미 어떤 성격을 갖고 있어야 한다. 그리고 그 존재의 성격은 피조된 나의 성격과는 다른 성격을 지녔을 것이다. 그렇다면 나의 성격을 선택하도록 한 성격을 어디에서 찾을 수 있겠는가. 성격을 선택하는 행위를 하기 위해서는 이미 우리는 어떤 성격을 가지고 있어야만 한다. 나 자신이 성격의 원인이 아니며, 나에게는 이미 성격이 주어져 있다. 나 자신이 성격의 원인이라는 관념은 자기모순적이다. 인과 관계의 세계는 성격들의 세계다.[3]

그러나 윤회설과 성격 선택의 관념은 쇼펜하우어 철학의 주요 요소가 아니다. 쇼펜하우어는 윤회설에서 우주적 공감 체계와 그 윤리적 의미에 대한 상징적 암시를 읽는다. 대승불교가 본체와 현상의 관계를 인과 개념으로 설명하는 것을 단념하고, 본체의 발현이라는 체용體用의 논리로 말하는 가운데 우주적 공감 체계에 대한 자각을 중시하는 것도 인과 개념의 한계에 대한 인식에서 온다. 쇼펜하우어에게도 예지계는 현상계의 원인이 아니며, 현상계는 본성상 설명될 수 없다. 왜 예지계가 존재하는가, 왜 예지계가 분화하여 현상계가 되었는가라는 물음은 잘못된 물음이며, 응답될 수도 없다. '왜'에 대한 설명은 현상계 안에서만 유의미하다. 현상계의 출현은 예지계의 자유 때문에 인과적 연쇄 고리로 잡을 수 없다. 존재의 기원에 대해서 지성은 알지 못하며, 단지 존재의 본질이 의지라는 것만을 말할 수 있다. 우주는 그 본질의 창조적 발현이다. 발현된 존재는 무근거성이라는 심연에서 나오는 유희의 산물이다. 존재는 우연의 유희다.

본질과 현상 가운데 어느 것에 진정한 그리고 영원한 실재성을 부여하는가라고 묻는다면, 쇼펜하우어는 당연히 예지계인 본질에 둔다. 현상계는 시간과 공간의 형식에서 전개되고 전변하는 것이다. 본질인

---

3   위의 책, p. 208. / 브라이언 매기는 존 호스퍼스John Hospers의 *Human Conducts: an Introduction to the Problems of Ethics* (p. 516)를 인용하여 윤회설의 성격 선택에 대한 비판을 보여 준다.

의지는 현상의 질료가 되는 근원적 물질을 매개로 개별화 작용을 통해 다층적인 다양한 현상을 표현한다. 이러한 객관화는 무시무종의 시간상에서 펼쳐졌다가 다시 소멸하며 이 운동을 반복한다. 이 영겁회귀는 인도 철학, 고대 중동의 조로아스터교, 스토아학파의 기본 관념으로서 신화적으로 표현되어 왔던 것이다. 초기 붓다의 교설에서도 우주의 형성과 파괴의 운동[成住壞空]이 현상계의 무상성의 한 징표로 제시되어 있다. 또한 《구약 성서》의 〈전도서 Ecclesiastes 〉에도 "있었던 것이 다시 있을 것이고, 일어났던 것이 다시 일어날 것이며, 태양 아래 새로운 것이 없다"(〈전도서〉, 1장 9절)는 우주의 반복성이 탄식의 대상이 되고 있다. 쇼펜하우어에 의하면 비록 생명체의 진화에서는 다름과 새로움이 반복 속에서 출현하여 상승하는 운동을 보여 준다 하더라도, 그것은 행성의 껍데기에서 일어난 것으로 언젠가 근원적 물질로 붕괴되면 모든 종성種性으로서의 형상들과 함께 사라져 버릴 것이다. 그러나 예지계는 현상계와는 근본적으로 다른 질서에 속하며 무상한 세계로 사라져 버리는 것이 아니라 영원이라는 중심에 있는 것이다. 그것은 개념적으로 파악될 수 없다. 그것은 우리의 심층적 내면에서 섬뜩한 느낌과 함께 거대한 무無로서 경험되는 무엇이다. 현상계는 예지계의 자유에서 밖으로 표출된 것으로, 세계는 '표면의 껍질 속이 텅 비어 있는 거대한 공球'이다. 존재에 대한 쇼펜하우어의 감각은 근대에 출현한 계몽주의자의 낙관적 감각이 아니라 고대의 현자들의 감각을 닮아 있다.

쇼펜하우어는 시간을 현상계에 귀속시키고 영원을 예지계에 귀속시켜 삶의 의미를 영원에 대한 동경에 둔다. 다만 그는 근대에 출현한 인식론적 개념을 통해서 그러한 구도에 접근한다. 현상계는 근본적으로 주관과 객관의 분리를 전제하고서야 가능하며, 이 전제하에 시간과 공간, 인과 법칙이라는 주관의 형식이 객관에 투영되어 구성된다. 현상계와 지성은 함께 엮여 있다. 그러나 쇼펜하우어에 의하면 인간의 핵심을 지성적 의식에만 연결시키는 것은 잘못이다. 인간은 무의식의 심층적 차원과 연결되어 있고, 이를 통해 예지계와도 접한다. 인간에게는 무상성에 연결된 측면만 있는 것이 아니라 영원에 접근할 수 있는 부분을 갖는다. 이 지점에서 쇼펜하우어는 우파니샤드 철학의 심성론에 따라 인간의 구성을 표층부터 심층에 이르는 단계를 갖는 것으로 인식한다. 짐머Heinrich Zimmer, 1890~1943에 의하면 가장 표면적인 차원은 감성과 지성으로 구성된 '분별적 의식'이다. 그 다음은 '꿈을 꾸는 잠'이다. 쇼펜하우어에 의하면 이 꿈꾸는 잠은 예지계가 침투하여 지성의 시공간 질서를 넘어서는 영적 현상이 일어날 수 있는 차원이다. 그 다음은 '꿈도 없는 무의식'이다. 쇼펜하우어에 의하면 사람들은 꿈 없는 잠에 대해 인격의 동일성이 파괴된다고 생각하지 못하고, 오히려 잠이 안 온다고 불평한다. 마지막으로 본질적 자아는 꿈 없는 잠 동안에도 근저에 존속한다. 본질적 자아는 네 번째 심층적 단계에 위치한다. 이 진실한 자아가 '명징한 밝음'의 차원이며, 만유를 포함하고 그 안에 내재하는, 내외가 없고, 대립이 없는 불이不二, Advaitam의 절대로서 태양에 비유된다.[4] 이러한 초월적 차원의 자아는 우주를 영원의 관점에서 조망하는 이미 깨닫고 있는 진실된 자아다. 그것은 의지인 예지계조차도 넘어서 있는 위대한 자아다. 그것은 주관과 객관의 형식 안에서 기능하는 시공간적 질서를 넘어선다. 우파니샤드 철학은 이 네 번째 심층적 차원을 빛의 세계로 묘사한다. 이 세계는 영원성[常], 쾌활성[樂], 진정한 자아[我], 고요한 맑음[淨]의 세계다. 대승불교는 이러한 관념을 수용하여 그것으로 불佛의 본질적 자아와 정신을 구성한다. 그것이 바로

---

4   Heinrich Zimmer, *Philosophies of India*, Edited by Joseph Campbell, Prinston University Press, 1951, pp. 371~378.

《대열반경大涅槃經》에 나오는 붓다의 육체적 죽음에도 불구하고 남아 있으며, 모든 부처들과 중생들이 동경하고 깨닫는 영원한 여래성如來性, 法身, 佛性에 관한 이야기이다.[5]《대열반경》은 무상함을 강조하는 초기 붓다의 교리와는 달리 상주불변의 여래성을 강력하게 주장한다. 초기 붓다와《사십이장경四十二藏經》과 같은 초기 경전을 잘 알고 있는 쇼펜하우어는 놀라울 만큼 우파니샤드 철학은 물론, 대승불교에도 접근하는 측면을 갖고 있다.

　　이제 쇼펜하우어는 시간으로부터 영원에 접근하거나, 영원의 관점에서 시간을 보는 시간관을 갖게 된다.《대열반경》은 한밤중 갠지스 강가의 두 그루 사라수 사이에서 누워 생의 최후를 맞이하게 된 붓다의 죽음에 대해 절망적 슬픔을 가진 대중들에 관한 묘사로 시작한다. 이 슬픔은 시간의 지배력에 대한 슬픔이다. 그러나 이것은 망상이다. 붓다의 가르침이 무너지는 순간이다. 시간과 공간, 인과 사슬, 주관과 객관은 인간의 관념적 형식에 불과한 것인데, 대중들은 그 관념성을 실재성으로 착각하여 그것에 지배력을 부여하는 전도顚倒 망상에 빠져 있는 것이다. 그러한 것들은 없으며, 그에 지배된 슬픔도 없다. 슬픔을 통해서는 단지 무상함만을 알 뿐이다. 그러한 감정은 영원성의 관점에서 무상을 보는 중도中道의 길에서 실족한 것이다. 이 위기의 순간에 붓다는 전도를 다시 뒤집는 영원한 자아와 기쁨에 대해 설법을 시작한다. 만유에 내재한 불성은 모든 존재자들로 하여금 쾌활한 자유를 동경하게 하는 추동력이다. 인간은 단지 이 힘을 자각하지 못하고 스스로가 스스로에게 부여한 망상의 위력을 초극하기 위해 노력해야 한다. 만유에 내재한 생명원리로서의 아트만이나 불성이 쇼펜하우어에게는 의지로

5　《佛說大般涅槃經》, 黃龍 옮김, 雲住寺, 2002, 54~111쪽.

서의 예지계조차 넘어선 그래서 '무'를 통과해서 달관되는 궁극의 생명이다.

인간에게 불성이 있다는 것은 인간에게 예지계조차 초월한 심층적 심연이 있다는 것이다. 그러나 현상적 존재로서의 인간은 생사를 무상성의 전형으로 경험한다. 죽음은 인간에게 세계의 소멸로 생각된다. 그러나 죽음의 힘을 느끼는 것은 관념성에 지나지 않는 시간을 실재로 보는 상식이나 선험적 실재론의 착각이다. 시간의 관념성을 이해한 사람은 죽음을 잘못 인지된 가상으로 이해한다. 쇼펜하우어가 선험적 관념론을 세계 지혜로 가는 단계로 간주하여, 《의지와 표상으로서의 세계》I에서 선험적 관념론을 옹호하는 지식론을 1부에 배열한 것도 그 때문이다. 선험적 실재론을 믿는 사람은 주관 없는 세계가 가능하다고 믿는다. 개별적 주관은 사라져도 세계는 주관 밖에 실재할 수 있다는 신념은 사후에도 세계는 지속한다고 생각한다. 세계는 '불가사의 한 심연'처럼 그에게 다가온다. 시간과 공간도 객관적인 것으로 된다. 시간은 등질적으로 흐르거나 전후의 경과를 가진 계기적 연속체라고 생각된다. 지금과 여기를 지나가 버리는 시공간은 개념상으로만 생각된 것이다. 그러나 이러한 순서나 경과, 즉 생멸을 갖는 객관적 시공간은 없다. 죽음에 대한 공포는 객관적 시공간 개념에 따라 자신과 사물이 현존했다가 사라진다는 망상에서 나온다. 세계를 시공간상에서 영속하며 실재하는 것으로 구성하고는, 이와 대조되는 우리 자신의 일시적 지속과 사라짐을 떠올리면 이러한 주관은 슬퍼지는 것이다. 불교가 기쁨을 추구하는 종교라는 것은 슬프게 하는 시공간의 망상을 파괴한다는 점에 있다.

주관과 그의 선험적 형식이 없다면 객관적 세계도 없다. 인식이 끝나면 세계도 끝난다. 감각과 지성이 없다는 것과 세계가 끝났다는 것은 동일하다. 주관과 객관 자체가 세계 구성의 가장 근본적인 형식적 조건이다. 이 조건이 없다면 영속한다고 구성한 세계도 없어진다. 쇼펜하우어가 과학적 자연주의의 독단성을 회의한 것도 그 때문이다. 그가 주관의 형식인 시간을 현상계에 귀속시킨 것은 주관 자체에는 적용되지 않는다는 것을 의미한다. 그것을 주관에 적용한다면, 주관은 곧 대상으로 전락하여 이 대상을 바라보는 제3의 주관을 설정해야 한다. 이는 무한히 후진해야 하는 부조리에 빠지게 된다. 주관은 눈이 눈을 보지 못하는 것처럼 자신을 대상화할 수 없다. 주관이 인식 주관으로 머무는 한에서 시간과 공간이 결합하여 객관을 구성한다. 그런데 주관과 객관은 예지계인 의지의 산물이다. 또한 주관적 지성은 인식의 조건을 반성하여 주객상관성을 넘어서는 자유를 갖는다. 이 초월하려는 의지는 주관과 객관의 분열을 불완전한 삶의 한 방식으로 보고 초월할 것을 명한다. 주관이 인식 주관으로 머물지 않고자 한다면 계기적 시간을 넘어서는 다른 삶의 방식을 추구할 수 있다.

주관은 자신의 심층에 태초의 흔적을 보존한다. 그는 황금시기에 경험한 무분별의 낙원, 즉 전체적 소통성의 기억을 무의식에 가지고 있다. 그 기억은 주객 분열의 부자유와 대립에 오염된 것이 아닌 순수한 직접지의 세계다. 이에 대한 회상은 인식의 형식들을 초월한 근심 없는 원융한 세계를 동경한다. 고대의 종교는 이러한 동경의 구조 안에서 움직이며, 기독교의 그리스도는 제2의 아담으로서 황금시기를 간직한 미래의 희망으로 나타났다. 공자孔子는 권력이 있어도 지배욕으로 나타나지 않은 요순시대의 무위지치無爲之治의 기억을 갖고 있으며, 노자老子와 장자莊子는 언어를 흉기로 사용하지 않는 소국과민小國寡民의 시대에 대한 기억을 갖고 있다. 붓다는 인간세로 타락하기 이전의 천상의 지복시대를 회상한다.

생의 의미를 추구하는 사람들은 인식 주관의 형식인 시간과는 다른 종류의 시간에 살게 된다. 그들은 의미 있는 삶이 영원한 현재에서 사는 것임을 인식하고 그러한 실존 양식을 진정한 희망으로 동경한다. 의미 추구의 과정은 동경의 시간 구조를 갖는다. 이 구조는 현재의 삶에서 과거의 잃어버린 낙원을 회상하고 동시에 미래의 희망으로 초월해 가는 실존적 시간성이다. 인식 주관의 시간은 등질적인 것으로 현상을 연속적 계기의 순서로 나누며, 세밀한 측정을 위해서는 정지된 순간으로 더 좁은 간격으로 분해할 수 있는 종류의 것이다. 그것은 수량적 파악을 가능하게 한다. 시간은 산술의 가능 근거이다. 이 점에서는 칸트와 마찬가지로 쇼펜하우어는 유클리드-뉴턴 도식을 받아들이고 있다. 그러나 동경과 회상의 시간은 그것과는 다른 종류의 시간이다. 진정한 삶의 의미 원형은 잃어버린 과거로부터 현재의 삶에 침투하여 예시적豫示的 신호를 보낸다. 그것은 과거의 것이지만 현재에 나타나 양심의 소리로 호소한다. 이 소리에 응답하여 의식은 그 원융한 소통성을 자각된 진실로서 수용하여 미래의 희망으로 표상한다. 이 미래가 과거와 현재를 이끌고 간다. 미래의 것은 이미 과거에 있었던 것이지만, 이 기억은 미래에 이끌린 회상에 의해 현재에 돌아온다. 이러한 동경의 시간에서는 산술의 가능 근거였던 수량적 시간이 주는 측정의 효용성을 갖지 않는다. 그것은 19세기에 폭발적으로 발전한 과학 기술 시대를 벗어난다. 그것은 무효용의 효용이라 할 수 있는 진실을 실어 나르는 시간이다. 세계 의미를 지향하는 동경의 시간은 잃어버린 시간을 되찾는 시간이다.

프루스트Marcel Proust, 1871~1922의 《잃어버린 시간을 찾아서》의 시간은 이러한 동경의 시간에 대한 경험, 그리고 영원의 상하에서 세계를 보게 되는 우주적 생명원리와의 합치의 경험을 보여 준다. 그는 이를 통해 근심 많은 세상에서 비로소 현상세계의 인과 관계를 긍정적으로 이해하고 마음의 평화를 찾는다. 가디너Patrick Gardiner에 의하면 "세계에 대한 예술가의 접근 방식에 대한 쇼펜하우어의 해명의 핵심은 프루스트에서 가장 놀라운 메아리를 발견한다."[6] 매기는 가디너의 이 말에 동조하여, 프루스트가 "어려서부터 쇼펜하우어의 숭배자"였으며, "인생관 자체가 쇼펜하우어와 공통된다"고 말한다.[7] 뒤에서 다루지만 조설근曹雪芹, 1715~1763의 홍루몽紅樓夢의 가보옥賈寶玉이 심정의 깊이에서 동경하여 귀의하는 '환상의 세계[太虛幻境]'는 무한 공간에 전개된 만상萬象이 공감적 소통 체계를 이루는 도가와 불가의 이상을 담고 있다.

동경의 시간이 희망하고 이를 추동하는 것은, 대립이 없는 우주적 소통성인 원융한 해관該貫의 이념이다. 쇼펜하우어는 이 세계를 예지계와 현상계의 원융한 통일인 '하나이자 모든 것ἕν καὶ παν'이라고 보았다. 이 궁극적 의미 세계는 상실한 과거의 것이자 새로운 미래의 것이다. 쇼펜하우어의 사유를 지배하는 가장 근본적인 시간은 바로 이 동경의 시간관이다. 수량적 사고의 기초로서 시간은 동경의 시간으로 비약함으로써 극복된다. 《의지와 표상으로서의 세계》I 의 마지막 4부는 동경의 시간으로 전환함으로써 가능한 것이었다. 이러한 전환은 삶의 의미를 실현하는 움직임이기에 쇼펜하우어는 그것을 실천 철학의 영역으

---

6 Patrick Gardiner, *Schopenhauer*, Thoemmes Press, 1963, p. 202.
7 Bryan Magee, *The Philosophy of Schopenhauer*, Clarenden Press, Oxford, 1983, p. 406. / 세계의 의미는 예술적 감성이 예민한 사람들에게는 임의의 물질적 흔적을 마치 그 배후의 심원한 의미를 전달하는 기호처럼 느낀다. 프루스트도 마들렌느 과자나 알베르틴의 고집스런 침묵, 해변에서 나오는 소녀들, 성당의 첨탑 등에서 삶에 의미를 주는 배후의 실재를 느낀다. 그는 물질의 표면에서, 니체의 표현대로 "치장되지 않은 진실의 표현"을 본다. 사물 내부의 실재는 마그마와 같이 유동적인 생명성이며, 프루스트는 감각의 표면에서 그것을 배후의 실재로 인지한다. 이형식(李亨植)에 의하면 물질의 흔적이 의미하는 이면의 실재에 대한 표상은 "직관적 표상représentation intuitive"이어야 하며, "추상적 표상représentation abstraite"이어서는 안 된다. "이념 혹은 교조 등으로 대표되는 추상적 표상이 저지르는 오류가 수 세기 혹은 수십 년을 두고 숱한 민족에게 철 멍애를 씌울 수 있다는 것이 쇼펜하우어의 지적이며, 우리는 태고부터 오늘날까지 그러한 예를 무수히 보아 왔다." (李亨植,《프루스트의 예술론》, 서울대학교출판부, 1991, 165~166쪽).

로 규정한다.

　동경의 시간은 위대한 종교나 철학이 전개되는 틀이다.《대열반경》은 여래의 삶과 죽음을 통해 고지되는 원융한 세계상을 회상한다. 회상은 육체적 죽음에 대한 슬픔이 기쁨으로 전환되는 순간에 자신의 사명을 완수한다. 가장 극적인 동경의 시간은《신약 성서》에 나타나는 초기 제자들의 회상이다. 이른바 그리스도의 삶과 죽음 그리고 부활이라는 십자가 사건이 의미하는 것은 시간에 지배된 모든 근심Sorge과 죽음으로부터의 승리다. 그리스도는 태초 황금시대에 살다가 전락한 아담이 다시 구원받은 제2의 아담이다. 생사에 대한 승리의 자유는 십자가 사건이 일어난 결정적인 때kairos에 선포된다. 남겨진 제자들에게 그 사건의 의미는 영원성의 임재인 성령에 대한 믿음에 의해, 죽은 자와 함께 일어나는 만물의 회복이라는 종말론적 희망으로 전환된다. 과거의 결정적 사건이 현재의 삶을 이끌어 가는 미래의 희망이다. 과거가 계시한 생사로부터의 자유가 공동의 유대와 결합하여 인류 미래의 진실로서 선포된다. 종말의 총체적 자유의 때가 현재의 삶을 일으켜 세운다. 세계의 의미는 과거의 것이지만 미래로부터 도래하는 것이다. 단테가 베아트리체를 만났을 때의 구원의 경험은 단테에게는 '영원과 시간이 접하는 순간'에 대한 희망으로 재생된다. 이 미래적 희망은 만남이라는 경이로운 사건에 그 만남의 장소[공간]와 함께 이미 있었다. 희망은 모호하지만 풍부하고 심오한 의미를 담지하고서 과거의 결정적 사건에 숨어 있다. 미래는 과거에 있었고, 과거는 미래에 속한다. 이러한 동경의 시간을 베르그송은 공리주의적 삶에 유용한 기억과 분리하여 순수 기억souvnir이라 했다.

　T. S. 엘리엇T. S. Eliot, 1888~1965은 시간과 영원에 대한 관심 때문에 베르그송의 강의를 들었으며, 그의《물질과 기억Matiere et memoire》(1896)에

심취했었다. 그러나 그는 영원성에 대한 자신의 관심과 베르그송의 지속으로서의 실재적 시간 사이의 의미 차이를 알고, 베르그송을 허약한 '약골 신비주의weakling mysticism'로 규정한다.[8] 이러한 태도는 그가 당시에는 볼 수 없었던 베르그송의 후기 저작《도덕과 종교의 두 원천Les deux sources de la morale et de la religion》(1932)에서 영원의 관점을 취하는 신비주의를 개방적 도덕의 원천으로 보는 것이었음을 알았다면 달라졌을지도 모른다. 인도 철학과 가톨릭, 단테와 베르그송 및 브래들리F. H. Bradley, 1846~1924의 철학을 학습한 T. S. 엘리엇은 동경의 시간과 영원성을 사유하는 철학을 진정한 미학의 잠재성으로 보고 이를 예술적으로 표현한다. 매기의 조사에 의하면 엘리엇은 하버드 대학 철학과에서 피히테와 쇼펜하우어의 영향을 받은 로이스Josiah Royce, 1855~1916의 세미나를 통해 쇼펜하우어를 접할 수 있었다.[9] 당시 하버드 대학 철학과에서는 러셀, 화이트헤드의 관계론적 사고와 연동하여 인도, 중국의 동양 철학에 대한 관심이 유포되어 있었다. 하나의 지시체에 대한 다양한 해석 체계와 문맥이 있을 수 있다는 것은 이 시기의 화두였다. 이는 서양의 상공업 문명의 황폐함에 대항하여 동양을 아우르는 새로운 관점, 즉 관계적 전체성[Holism]과 공동의 사회적 유대를 지향하는 에토스를 낳았다. 이러한 분위기에서 학습한 엘리엇은 예술을 시간과 관계의 문제를 연구하여 종교적 구원에 이르는 마음의 연금술로 보았다. 그의 대표작《황무지The Waste Land》(1922)의 통일성 없는 듯한 조각난 글들이 불교적 교훈으로 끝나는 것은 그의 지향점을 잘 보여 준다.[10] 쇼펜하우어가 단

---

8 양재용, 《네 사중주》의 시간과 기억: 베르그송의 영향과 영원한 현재와의 관계》, 《T. S. 엘리엇의 연구》, 제6호, 1998, 190쪽.

9 Bryan Magee, *The Philosophy of Schopenhauer*, Clarendon Press, Oxford, 1983, p. 213.

10 《황무지》는 다음과 같은 명령과 소망으로 끝난다. "주라Datta. 동정하라Dayadhvam. 자제하라 Damyata. / 평화. 평화. 평화Shantih, Shantih, Shantih."

일한 사상으로 한 덩어리를 이루고 있다고 자부한《의지와 표상으로서의 세계》도 영원성과의 합일과 불교적 교훈으로 끝난다. 비트겐슈타인의《논고 *Tractatus*》(1922)도 황량한 느낌을 주는 조각난 글쓰기를 통해 논리적 공간으로서의 선험적 형식을 보여 주고는, 갑자기 영원의 관점에 뿌리를 둔 윤리를 '가장 중요한 것'으로 제시하고 끝난다. 재너웨이 Christopher Janaway 가《논고》의 '전체적 구도는 쇼펜하우어로부터 온 것'이라고 지적한 것도 틀린 말은 아니다.

동경의 시간은 영원성에 진입하는 길이다. 엘리엇은 그 길을《네 사중주 *Four Quartets*》에서 시간과 영원이 하나로 융합되는 경지로 가는 길로 묘사한다. 이 경지는 생명의 나무들 속에서 웃는 아이들로 상징된다. 그것은 예지계와 현상계가 통일된 의미 세계이다. 그는 새로운 희망으로 다가오는 기억을 장소와 함께 회상되는 것으로 보고, 장소의 이름을 네 편의 시가詩歌 제목으로 붙인다. 회상된 과거는 동경의 시간 안에서의 추억이기에 새로운 미래의 희망을 간직한 것이다. 그러나 동경의 시간은 영원의 관점에 진입하지 못하고 여전히 시간성 안에 있다. 이 시간성이 극복될 때 비로소 시간은 구원된다. 음악적 구성을 갖는 시의 첫 번째 연주인 〈번트 노튼 Burnt Norton 〉(지역 이름)은 다음과 같이 시작한다.

> 현재의 시간과 과거의 시간은 아마
> 미래의 시간 속에 존재하고 미래의 시간은
> 과거 속에 포함되어 있을 것이다.
> 만일 모든 시간이 영원히 존재한다면
> 모든 시간은 구속救贖할 수 없다.[11]

Time present and time past

Are both perhaps in time future

And time future contained in time past

If all time is eternally present

All time is unredeemable.

순수 기억에서는 미래의 희망은 과거의 뜻깊은 사건 속에 있었다. 현재에서의 나는 과거에 계시된 의미를 미래적 진실로 동경한다. 바로 이러한 시간을 통해 세계 안에서의 욕망과 회한의 시간들이 극복될 수 있는 가능성을 얻는다. 세계 내적 시간은 오직 동경의 시간을 통해 극복될 수 있는 가능성이 열린다. 시간은 시간에 의해서만 극복된다. 그러나 욕망의 시간이 끊임 없이 이어진다면 시간은 구원을 얻지 못한다. "욕망을 초월하여 사랑이 증대되는 해방解放, 또는 미래나 과거로부터의 해방을 위해서. (……) 역사는 노역奴役, 奴隷일 수도 있고, 자유自由일 수도 있다. 보라. 지금 그것들 — 얼굴들, 장소들이 가능한 한 그것들을 사랑하던 자아와 더불어 소멸하고, 새로운 형型으로 갱신更新되고 변형된다." 십자가에 계시된 신적 사랑의 완성을 엘리엇은 장미로 상징한다. 영원의 관점에서 세계를 보는 지복의 상태가 불교의 무아론無我論과 결합해 세계 지혜, 삶의 의미로 거듭난다. 과거에 장미 화원에서 느낀 구원의 경험에 대한 열망 속에서 태초의 아담의 세계가 미래적 진실로 갱신된다. 노예 상태의 역사는 자유의 이념 아래 파악되고 초극된다. 되찾은 시간은 구원의 원리인 영원이 실현되는 시간, 즉 영원

---

11 이 번역은 양재용의 《네 사중주》의 시간과 기억: 베르그송의 영향과 영원한 현재와의 관계〉(《T. S. 엘리엇의 연구》, 제6호, 1998, 190~191쪽)에 의거한 것이다. 이창배 옮김,《엘리엇 선집》(을유문화사, 1959, 140~162쪽)의 〈네 사중주〉는 마지막 행을 "모든 시간은 되찾을 수 없는 것이다"로 번역한다. 이 번역도 진정한 구원은 잃어버린 과거의 기억을 되찾는다는 의미에서는 적절한 것으로 보인다.

한 현재[Now, nunc stans]다. '지금 여기'라는 이 현재가 생의 긍정을 상징하는 장미薔薇의 의미, 즉 역사의 의미로서의 자유의 시간이다.

《네 사중주》의 제사題詞는 "만물은 흐른다"와 "올라가는 길과 내려가는 길이 같다"는 헤라클레이토스의 달관을 보여 주는 말들로 되어 있다. 이러한 통관通觀은 생성계를 차별상差別相에 대한 집착을 버리고 조화와 질서의 세계로 통찰하는 지혜다. 이것이 질서의 원리인 로고스Logos를 통해 세계를 보는 것이다. 이러한 시야를 엘리엇은 영원과 시간을 통일하는 관점으로 본다. 그는 불교의 비유에 따라 생성계를 바다의 파도로 보고, 과거와 미래 사이에 있는 영원한 현재 순간에서의 광휘光輝와 고요를 통해 세계를 본다. 세계는 불로 상징되는 생명 에너지가 로고스에 따라 스스로 전개된 것이며, 이러한 이치를 통관하는 정신이 서양 정신의 전형이 된 기계 숭배의 시대와 근심의 시간성을 넘어 은총의 법열에 참여할 수 있다. 시간은 구속救贖된다. 구원의 때는 인간의 논리적 형식에 따라 구성된 과학적 지식의 한계를 넘어, 순수 기억이 갖는 동경의 시간성에 진입할 때 전망될 수 있다. 대상들을 논리적 그물망이라는 마야의 베일 안에서 구성하는 태도는 욕망과 망상이라는 무지의 차원에 머무는 것이다. 《네 사중주》는 지혜의 차원을 다음과 같이 말한다. "바다의 두 파도波濤 사이 정적靜寂 속에서 / 자 빨리, 여기, 지금, 언제나 — 하나의 완전完全하고, 순박純朴한 상태." 그리고 "불과 장미가 하나로 될 때", "모든 것이 제대로 될 것이다"라는 전망을 제시하는 것으로 끝난다.[12] 엘리엇에 의하면, 그것이 힌두교의 대표적 경전인 《바가바드 기타》의 마부이자 신의 화신인 크리슈나Krishna가 알려준 지혜다.

---

12 T. S. 엘리엇, 이창배 옮김, 〈네 사중주〉, 《엘리엇 선집》, 을유문화사, 1959, 162쪽.

이러한 지혜의 길에는 브래들리 철학의 근본 구도가 배여 있다. 그는 1913년 브래들리의 《현상과 실재 *Appearance and Reality*》(1893)를 접하고, 그의 사상을 흠모하여 《브래들리 철학에서의 지식과 경험 *Appearance and RealityKnowledge and Experience in the Philosophy of F.H. Bradley*》으로 학위 논문을 쓴다 (1916년에 쓰고, 1964년에 출판). 《현상과 실재》는 제목이 암시하듯 현상계와 예지계의 통일에 관한 쇼펜하우어적 메시지를 담고 있다. 그것은 지성의 외적 관계의 논리를 비판하고 영원의 관점에서 현상계를 보는 삶의 방식에 관한 이야기다. 쇼펜하우어는 붓다와 기독교적 신비가들의 상대적 대립이 없는 '절대의 경험'을 궁극적 의미로 제시한다. 이러한 경험은 주관과 객관의 대립을 근본 형식으로 전제하고 이루어지는 지식으로서의 표상을 능가한다. 주객 대립과 이 안에서 기능하는 시간, 공간, 인과 법칙이라는 선험적 형식들은 현상들을 관계적 그물로 엮는다. 개념들과 명제들은 논리학의 근본 규칙에 따라 복잡한 관계 체계로 구성된다. 브래들리는 이러한 성격을 갖는 지식 세계의 경험을 관계적 경험 relational experience이라 부른다. 그것은 개념과 추론의 세계다. 이 차원에서 관계는 개념적인 외적 관계로 환원되고 논리적으로 구성된다. 이에 비해 절대의 경험은 초관계적 경험 supra–relational experence이다. 이 차원에서 관계들은 외면적 관계로 되는 것이 아니라 하나의 전체적 생명에 진입하는 내적 관계가 된다. 러셀은 관계를 우주 생명 전체에 귀속하는 속성으로 보는 것을 반대하고 외적 관계만을 중시한다. 그가 자신의 외연 논리학이 관계를 다룰 수 있는 새로움을 갖는다고 자랑스럽게 거듭 강조한 것도 브래들리에 대한 저항에서 온 것이었다. 근대의 과학적 지성은 설사 절대의 경험을 인정한다 하더라도, 그러한 외적 관계로 구성된 사실의 경험을 무시할 수 없게 되었다. 쇼펜하우어나 엘리엇이 직관적 경험에만 집중하는 낭만주의를 수용할 수 없었던 것도 개별 과학이 폭발적으로 발달하는 상황을 무시할 수 없으며, 그 것이 유신론적 미신에 적대하는 위력을 갖고 있기 때문이었다. 직관적 인 절대의 경험도 지성의 자기비판적 순화에 의해 도달되는 것이지, 격 정적 감정의 폭발이나 미신적 광기가 아닌 것이다.

엘리엇 같은 예술가에게 중요한 것은 인식비판을 통해 도달하는 원 초적인 직접적 경험immediate experience이다. 그것은 직접적 느낌feeling의 차원이며 개념적 사고 이전의 단계다. 이 경험은 최초의 것이지만 관계 적 경험의 이면에 잠재성으로 남아 있다. 그것은 관계적 경험의 내부에 있는 '관계 이면의 내부적 경험infra-relational experience'이다. 그것은 시적 이미지에 대한 경험을 동반할 수 있다. 이러한 경험은 어떤 모호한 의 미를 담지하고서 무의식에 잔류하며, 언젠가 미래에 자각된 의미로서 표출되기를 기다린다. 수많은 이미지들이 시적 심상 속에서 움직이고 배열되지만, 그중 본질적인 이미지들은 시인의 심성 안에서 새로이 갱 신되어 나타날 수 있다. 이 때문에 직접적 경험, 관계적 경험, 절대의 경 험은 단계적으로 전개되지만, 최초의 것이 최후의 단계에 보존된다. 최 후의 단계는 중간의 차원인 관계적 경험에 대한 비판에 매개되어 새로 운 종합의 차원으로 거듭난다는 변증법적 구성을 갖는다. '나의 시작 에 나의 끝이 있다.' 이러한 지양과 종합의 구조는 쇼펜하우어 경험의 상승 구조를 닮아 있다. 엘리엇도 그러한 구조를 예술 정신의 본질로 보고, 자신의 시학의 근본 구도이자 생의 의미로 선택했다.

쇼펜하우어처럼 엘리엇에게도 원초적인 직접지가 미래적 의미를 함축하고 있는 것은 개별적 의지가 자신의 세상성을 넘어 자유를 갈망 하기 때문이다. 자유는 현상계와 예지계의 통일성에 대한 경험, 파도와 바다가 하나라는 것에 대한 통관이다. 그것은 육체성과 영원성의 통일 인 그리스도에도 계시되어 있다. 시간의 의미는 그리스도에 깃들어 있다. 과학 산업 사회의 출현은 수량화에 대한 버클리의 항의가 보여 주듯 유럽인의 삶에서 원초적 감각의 생생함을 잃어 버리게 했다. 이러한 감수성의 분열적 소외가 극에 이르면 사물은 사라지고 언어만 남는 현상이 일어난다. 기호만 남아 있는 상징주의와 감수성의 분열은 현대적 질병이다. 우리의 삶은 자신 안으로 감수성의 통합unification of sensibility을 필요로 한다.[13] 엘리엇은 감성적 직관을 문명 비판적 지성과 변증법적으로 결합하여 절대의 경험으로 나아가는 길에서 감수성의 통일을 찾는다. 그의 예술론은 생명 철학의 실현이다. 예술은 시간의 초극을 통한 인성 변형의 원리다.

동경의 시간은 미래의 절대를 기다린다. 절대는 언어의 변경 지대로 언어의 길이 끊어지는言語道斷 경험의 원천이다. 동경 속에 있는 예술가에게는 일상의 대상들[암초에 부딪히는 파도, 도시의 폐기물들, 꼬부랑 할머니 등]도 예술적 심상으로 형상화된다. 의미는 문장의 구성 요소들이 대상적 지시물을 갖는 데서 오는 것이 아니라, 동경의 시간적 구조라는 문맥에 의해 결정된다. 지시체가 의미에 본질적이 아니다. 황금 산이나 둥근 사각형처럼 반대 의미Widersinn를 갖는 요소들의 결합도 문법적 형식을 어기지 않으며 의미를 창조한다. 반대 의미는 모순된 무의미가 아니라, 창조적 언어 사용의 중요한 사례다. 생각의 대상이 지시체를 갖지 않아도 독자적인 존재 방식 즉 속성을 가질 수 있다는 마이농 Alexius Meinong, 1853~1920의 의미론이 탁월성을 갖는 것은 그 점에 있다. 선사禪師들이 '진흙소가 강을 건넌다'고 하는 것도 그런 말의 지시체는 없지만, 모든 집착이 녹아내리는 삶의 양식을 의미한다. 반대 의미를 통해 언어 변경 지대의 초언어적 의미를 엄연히 전달하고 있다. 예술의

---

13 이문재, 〈브래들리의 인식틀에서 본 엘리엇의 감수성 통합론〉, 《영어영문학연구》, Vol.44 No.3, 2002, 115~139쪽.

의미 원천인 절대는 주객의 분열을 극복한 감성의 강렬함intensity과 초지성적 고요함을 갖는다. 생의 의미가 경험되는 절대의 경험에서 생성은 유희로 통관된다. 이것이 생성과 영원의 통일이다.

이러한 세계상이 《네 사중주》의 세 번째 연주인 살비지즈Dry Salvages의 결론이다. 우리의 내부에 흐르는 생명의 강江은 끝없이 바위에 부딪히는 파도로 나타나는 바다, 즉 대우주의 정신으로 흘러간다. 시간 속에서 조락凋落하는 만물, 그러나 자유를 갈망하는 기도祈禱를 드리는 만물의 한가운데에서, 표류하는 난파물 같고, 넘실거리는 파도에 실려가는 조각배 같은 인간은 바다로부터 들리는 종소리[절대의 깨달음]를 듣고 만물의 기도를 듣는다. 그것은 자신의 강과 바다를 일치시키라는 근원의 소리다. 근원의 소리는 끝없이 회전하는 시간의 끝을 찾으라고 요구한다. "그 끝이 어디 있는가? / 소리 없는 오열에 꽃잎이 지며 움직이지 않고 서 있는 / 가을철 꽃들의 소리 없는 조락凋落에. / 그 끝이 어디 있는가? / 표류하는 난파물들, 해안에 밀린 백골白骨의 기도, 재난의 예고를 접했을 때의 그 기도祈禱할 수 없는 기도祈禱에?"

이를 이창배는 다음과 같이 묘사한다. "드라이 살비지즈는 매사추세츠 주의 해안에 있는 수로 표지가 있는 암초군暗礁群으로 엘리엇은 어린 시절을 이 근처에서 보냈고, 그때 경험한 바다와 강의 인상은 평생을 두고 잊히지 않았던 것이다. 기억 속에 회상回想되는 바다와 강은 시간과 영원의 문제에 결부되어 그로 하여금 새로운 의미意味를 추구케 하는 것이다. '강은 우리의 내부에 있고, 바다는 우리의 주위에 있다The River is within us, the sea is all about us.' 강은 인간의 시간으로서 소우주적인 생명의 리듬이고, 바다는 대지의 시간으로서 대우주적인 영원의 리듬이다. 강은 우리의 혈관 속을 흐르며 우리가 잊고 싶은 것을 회상시킨다. 바다는 인간 이전의 신의 창조earlier and other creation를 보여 주며,

여러 목소리와 여러 신들을 지니고 있다. 바다의 시간은 '시간이 멈추고, 시간이 끝없는 현재 있는 그리고 태초부터 있어 온 영원한 시간, 회전이 멈추는 정靜의 일점一點이다.' 이 영원의 바닷속에 배를 띄우는 인간의 생명의 항해는 그 자신들이 제각기 이루어 놓는 하나의 파문에 불과하고, 무의미한 유동의 반복에 지나지 않는다. 대해에 표류하는 난파물과도 같은 인간들은 무생명의 정靜과 무생명의 동動을 계속한다."[14]

강과 바다가 합치는 암초군은 과거의 주객미분의 전체성에 대한 추억의 장소다. 이 장소가 다시 회상되어 자각된 의미로 되살아난다. 시작도 끝도 없는 시간의 운행은 정지된 일점still point, 영원한 현재라는 순간에 시작과 끝이 순환하는 수레바퀴와 같은 것으로 경험된다. 시간의 영겁회귀는 영원한 현재에서 통관된다. 시간은 빛의 중심에서, 영혼은 어두운 심연에서 통관되어, 과거와 미래가 한 점에서 만나는 것을 경험한다. 과거와 미래는 정복된다. 산업 사회의 근심의 시간인 무생명의 정靜과 동動도 정복된다. "인간의 호기심은 과거와 미래를 탐색하고 / 그 차원에 집착한다. / 그러나 무시간無時間과 시간의 교차점을 이해하는 것은 성자의 직무다 ─ / 아니 직무라기보다 / 정열과 무아無我와 자기방기自己放棄 속에 / 일생을 바쳐 죽는 동안에 주고받는 그 무엇이다."[15] 무시간의 영원과 시간의 만남에서 삶과 죽음은 긍정된다.

영원한 생명과 시간의 결합은 조화의 음악에 비유된다. 쇼펜하우어는 우주의 전개 원리인 의지를 기저음基底音으로 보고, 이 기저음 위에서 그보다 높은 다양한 단계의 음들이 분화되는 것으로 보았다. 베르그송이 생명의 질서를 음악에 비유하고 청각적 비유로 그 질서의 흐

---

14 이창배, 《〈네 사중주〉를 통해 본 엘리엇의 세계》, 《엘리엇 선집》, 을유문화사, 1959, 60~61쪽.
15 위의 책, 155쪽.

름을 설명하는 것도 같은 관점이다. 시도 음악성을 갖는다. 엘리엇에 의하면 말들words이 리듬이라는 형식을 갖고 움직이지만, 궁극에는 언어의 변경에서 고요의 의미를 경험해야 한다. "말들은 움직이고, 음악도 움직인다. / 다만 시간 안에서. / 그러나 살아 있기만 한 것은 / 다만 죽을 수 있을 뿐이다. 말들은 그것이 말해진 후엔 / 침묵에 이른다. 다만 형식form과 질서pattern에 의해서만 / 말이나 음악은 정靜에 이른다. / 마치 중국의 자기瓷器가 의연히 정靜 속에서 항구히 움직임과 같다. / 곡조가 계속되는 동안의 바이올린의 정靜, / 그 정靜만이 아니라 동정動靜의 공존. /아니 끝이 시작에 앞서고, / 시작의 전과 끝의 뒤에, / 끝과 시작이 언제 거기에 있었다고 말할까. 그리고 모든 것은 항상 현재現在다."[16] 무시무종의 시간이 영원한 현재에서 시작이 끝이고 끝이 시작인 원환의 질서로 통관된다. 생성의 동적 운동은 시작과 끝이 없다고 할 수 있는 침묵과 고요의 현재에서 조화의 세계로 이해된다. 모든 대립이 해소된다.

이처럼 엘리엇이 말하는 '시간이 현재에 의해 극복되는 구조'를 쇼펜하우어는 두 가지 그림으로 보여 준다.

| 제1그림: 원과 접선의 비유

이것은 《의지와 표상으로서의 세계》I의 구원을 향한 실천 철학의 장인 4부 54장에 논의되어 있다. 예지계로서의 의지는 현상계의 통일적 본질이다. 그것은 모든 인식의 형식을 넘어서 있다. 여기서 쇼펜하우어는 아우구스티누스와 아퀴나스로 이어지는 영원한 현재nunc stans와 시간의 관계에 대한 논의를 끌어온다. 쇼펜하우어는 그것을 베단타

---

16 위의 책, 〈번트 노오튼 V〉, 143~144쪽.

철학과 대승불교에서 논하는 시간의 수레바퀴와 영원의 차원에서 작용하는 본체에 대한 논의와 일치하는 것으로 본다. 시간의 흐름 속에서 개체들의 생애는 무상성을 갖는다. 삶의 총체적 위기는 바로 현상계의 이 본질적 특징에서 온다. 그러나 예지계인 "의지에게는 생이 확실한 것이고, 생에게는 현재가 가장 확실한 것"이다. 의지의 현상인 개체들에게도 마찬가지로 현재의 생이 가장 확실한 것이다. "나는 무어라 해도 현재의 주인이다." 표상의 세계가 부가됨으로써 의지는 자신이 의욕하는 것이 무엇인가에 관한 인식을 얻는다. 의지가 의욕하는 것은 이 세계이며, 바로 현재 있는 그대로의 생이다. 의지는 생에의 의지다. 생에의 의지로 충만해 있는 한, 생존을 염려할 필요는 없다. 쇼펜하우어는 의욕이 강렬한 사람과 동물들의 경우에 욕망으로 충일하여 소멸에 대한 고통의 감각이 현저하게 적다는 것을 지적한다. 그럼에도 "개체는 생성 소멸한다. 개체는 개별화의 원리에 결박된 인식을 통해 존재하며, '무'에서 나서 '무'로 돌아간다." 그러나 무한한 시간, 무한한 공간이라는 형식 안에서 파악되는 현상과는 달리 그 형식 밖에 있는 인식주관은 생성 소멸의 운동에 속박되지 않는다. 바로 이러한 주관을 인도 철학에서는 생성계를 바라보는 아트만Atman 으로 불렀다. "모든 현상을 보는 자Zuschauer로서의 인식 주관은 출생과 죽음에 영향을 받지 않는다. 개체의 생은 (우주의) 본질이 시간의 형식을 띠고 나타난 것"이기에 "출생과 죽음은 같은 방식으로 생에 속해 있다. 삶과 죽음은 서로 제약하여 균형을 유지하고, 현상 전체의 양극으로서 균형을 이루고 있다." 쇼펜하우어에 의하면 힌두교의 삼위일체Trimurtis: Brahma, Wischnu, Schiwa, 발생의 신, 보존의 신, 파괴의 신에 생성과 파괴의 영겁회귀가 갖는 생사의 균형이 잘 암시되어 있다. 그 가운데 파괴와 죽음의 신 시바는 해골과 함께 생식의 상징 링가Linga, Phalus를 자신의 상징으로 가지고 있다.[17]

이에 비해 종성種性인 실체적 형상形相들 혹은 이념Idee들과 이념들의 이념인 통일적 의지는 생성과 소멸의 시간을 넘어서 있다. 개체들은 종의 보존을 위해 생식과 죽음을 결합하여 담지한다. 동화 작용으로 생을 보존하고 이화 작용인 분비 작용으로 죽음으로 향한다. 최후의 죽음은 마지막 분비 작용으로서 '시신이라는 배설물'을 남긴다. 불교는 이 배설물에 대한 어떤 형태의 집착도 시공간에 집착하는 망상으로 거부한다. 그러나 이념들과 통일적 의지는 시공간을 벗어나는 주관에 의해 현재의 순간에 경험될 수 있다. 예지계에 접하고 있는 소우주로서의 "인간은 자연 그 자체이며, 자연의 자기의식의 최고도에 있다. 이것을 포착하여 자기 자신인 자연의 불멸하는 생명을 돌이켜 보면 죽음에 대해 위안을 얻는다." "자연은 슬퍼할 것이 아니다." "시바와 옛날의 석관은 비탄하는 자에게 그렇게 외치고 있다."[18] 생식과 죽음은 생에 필수적이며, 생명 전체를 성립하게 한다.

　생사의 과정은 질료인 "물질이 형상形相을 고집하면서도 부단히 전변 교차하는 것"이다. 이를 통해 종이 보존되고 개체가 소멸한다. 식물의 경우 부단히 재생산하는 것이 유일한 충동이다. "식물은 여러 변태 단계를 거쳐 꽃을 피우고 열매를 맺는다. 꽃과 열매는 식물의 생존과 노력의 집약Kompendium"이다. 이는 "식물 자신의 반복"이다. "열매 맺기까지의 활동과 열매의 관계는 저술과 인쇄의 관계와 같다." 물질 전체가 소멸하면 형상도 소멸하지만, 물질이 있는 한, 식물도 현재적 삶의 반복을 계속한다. 동물도 마찬가지다. 개체의 "양육 과정은 부단한 생식" 과정이라 할 수 있으며, "생식 과정은 더 고차적인 양육"이다. 종의

17　Arthur Schopenhauer, *Die Welt als Wille und Vorstellung* I, S W, Band I, Suhrkamp, 1986, s. 380~381.

18　위의 책, s. 382~383.

보존을 위해 "생식에서의 생명감Lebensgefühl이라는 더 높은 힘이 부여
된 쾌적함die höher potenzierte Behaglichkeit이 성욕"이다. 성욕의 실현과 개체
의 죽음이 밀접한 연관성을 보이는 것은 개체의 죽음에 태연자약한 형
상들과 형상들의 형상인 의지의 모습이다. 의지는 현재를 통해 우주를
전개함으로써 모든 생명체들을 현재에 몰입하여 생에 만족하도록 만
든다. 죽음에 충실한 동물들의 태도는 "죽음이 개체성의 망각"임을 잘
보여 준다.[19]

지금 살아 있음이라는 생이 생명체에게는 진정한 실재성이고, 이
실재성의 형식은 현재다. 과거 미래는 실재성이 없다. "과거 미래는 개
념 속에만 존재"한다. 즉 그것은 "인식의 연관 속에 존재"한다. 여기서
는 "살았던 사람도 살 사람도 없다." "현재Gegenwart만이 모든 생의 형식
이고, 생으로부터 절대 빼앗아 갈 수 없는 생의 확실한 소유"다. "현재
만이 항상 거기에 있다ist da." 생의 의지를 긍정하는 자도 자신의 의지
를 잠시 유보하고 의지의 거울인 생을 현재의 순간에서 정관할 수 있
다. "시간을 갖고 있는 객관과 어떤 인식의 형식도 갖고 있지 않은 주관
의 접촉점만이 현재를 만든다." 의지 현상의 본질적 형식은 현재이다.
"현재만이 현존da ist하며 되돌릴 수 없이 확립되어 있다." "경험적 눈으
로 보면 현재는 덧없는 것이지만, 형이상학적 눈으로 보면 지속하는 유
일한 것, 즉 지속하는 현재Nunc stans다." 영원한 현재에서 작용하는 예지
계에 접하는 인간은 "현재의 내용의 원천과 담지자는 생에의 의지, 즉
물자체로서 우리 자신"이라는 것을 통찰할 수 있다.[20]

이러한 통관에서 다음과 같은 이치가 알려진다. 시간은 부단히 회
전하는 원, 수레바퀴로 표상된다. 이 원환의 아래로 내려가는 반원은

---

19   위와 같음.
20   위의 책, s. 384~386.

과거이며, 위로 올라가는 반원은 미래다. 상부의 접선에 접하는 분할할 수 없는 점은 연장이 없는 현재다. 접선은 원과 함께 굴러가 버릴 수 없다. 시간을 형식으로 갖는 객관과 형식을 갖지 않는 주관과의 접촉점인 현재도 굴러가 버릴 수 없다. 주관은 인식할 수 있는 것에 속하지 않고, 인식할 수 있는 것의 조건이기에 형식을 갖고 있지 않다. 시간은 강물이지만 현재는 그 속의 바위와 같다. 현재의 생 이전의 과거나 이후의 미래는 탐구할 것이 아니다. 의지가 나타나는 유일한 형식인 현재를 인식해야 한다. 쇼펜하우어는 이러한 생각을 홉스T. Hobbes, *Leviathan*, 46의 다음과 같은 언급을 인용하여 그것이 스콜라 철학의 교훈임을 환기한다. "스콜라 철학자들의 가르침은 영원이란 시작과 끝이 없는 연속이 아니고, 지속하는 현재라는 것이다. 우리는 아담이 가졌던 것과 같은 현재를 갖고 있으며, 현재와 그때 사이에는 아무런 차이가 없다."[21]

세계를 영원한 현재에서 보는 눈은 태초의 잃어버린 낙원에 있었다. 그것은 주관과 객관의 분리라는 형식이 없는 미분화된 전체성, 시간과 영원의 통합이 있었던 지복의 삶 속에 있었다. 그것은 타락 이후의 역사, 상실 이후의 시간을 구원사로 만드는 진실이다. 이 진실은 자각된 전체성으로 거듭나는 미래적 진실이며, 그리스도의 삶과 죽음을 통해 계시된다. 그리스도가 제2의 아담이 되는 것은 그 때문이다. 그리스도는 죽음과 부활이 통일된 십자가 사건을 통해 영원과 시간을 종합함으로써, 역사의 중심에 서 있다. 그가 십자가 사건에 참여하는 자로 하여금 영원한 현재에서의 기쁨을 살게 한다. 쇼펜하우어는 시간의 구속사救贖史에서 나타나는 영원성을 생의 긍정의 관점에서 응용하고 있다. 그러나 그는 영원과 시간의 통일이 확고하게 자리 잡는 단계는

---

21 위의 책, s. 386~387.

의지의 부정을 통한 포기의 덕에서 완성된다고 본다. 그것은 이전의 의지긍정의 단계에서는 가능하지만 불안정하다. "생 그 자체에 만족하는 사람", "모든 방식에서 생을 '긍정'하는 사람은 생을 끝이 없는 것으로 간주"하고, "죽음과 공포를 몰아낸다." "생명의 형식은 끝없는 현재"이기 때문이다. "죽음의 공포는 현재를 잃어버릴지 모른다는 어리석은 공포"이며, "현재를 포함하지 않는 시간이 있는 것처럼 보이게 하는 착각Täuschung", "시간에 관한 착각"이다. 이 착각은 "위아래의 관념이 공간에 관한 착각이듯, 현재를 개체와 결부시켜 현재가 개체와 더불어 소멸한다고 생각한다." "그러나 지구 위에서는 어디 있어도 위에 있는 것처럼 모든 생의 형식은 현재"다. "현재를 박탈해 간다고 해서 죽음을 두려워하는 것"은 "지구의 정상에 있지만 거기서 미끄러져 떨어질지도 모른다고 두려워하는 것"과 같다.[22]

여기서 쇼펜하우어가 말하는 의지긍정적 초월은 니체Friedrich Wilhelm Nietzsche, 1844~1900의 실스마리아 호숫가에서의 회심의 사상으로 계승된다. 이 사상이 차라투스트라의 정오의 지혜다. 의지가 자신을 발현하는 창조적 활동인 "의지의 객관화는 본질적으로 현재의 형식"을 갖는다. 그것은 "연장 없는 점"이다. "이 형식은 과거와 미래에 걸쳐 무한한 시간을 절단하여 저녁이 없는 영원한 정오처럼 움직일 수 없이 고정되어 있다. 태양이 밤의 품으로 빠지는 것 같지만 태양은 끝없이 타고 있다." "죽음을 소멸이라 하여 두려워하고 있는 것은 자는 해가 밤 속으로 빠져 들어간다고 탄식하는 것"과 같다.

(의지부정의 단계에 속하지만)《화엄경華嚴經》의 우주 본체 혹은 이理로 명명되는 비로자나불毘盧遮那佛, 태양신을 의미, 大日如來의 광명은 그늘

이 없어, 영겁의 세월도 한순간 현재의 부동심不動心에서 보며, 만상의 운동[動]을 고요[靜] 안에서 본다. T. S. 엘리엇이 생성 소멸의 춤을 영원히 추는 인도의 신에게서 영원과 '생성의 무도舞蹈'가 종합되는 구원을 본 것도 같은 맥락이다. 쇼펜하우어에 의하면 괴테도《괴테와의 대화》(2판 1권. p. 154)에서 같은 사상을 언급한다. "(괴테에 의하면) 우리의 정신은 완전히 파멸하지 않는 본성의 존재다. 그것은 영원에서 영원으로 작용을 계속한다. 육안으로 본 태양은 서쪽으로 지는 것처럼 보이지만 사실은 지지 않고 끊임없이 계속 빛을 발하는 것과 같다"[쇼펜하우어는 괴테의 태양의 비유만은 자신에게서 취한 것이라고 언질을 주고 있다]. 쇼펜하우어가 보기에 이 광명을 이해하지 못하고 어둠 속에서 "생의 무거운 짐에 짓눌린 사람, 생을 좋아하면서도 고뇌를 싫어하고 가혹한 운명을 참을 수 없다고 하는 사람, 그런 사람은 죽음으로부터의 해탈을 이해할 수 없고, 자살에 의해서도 구제받을 수 없다. 내세의 안식은 착각이다." 이러한 관점은 불佛의 '평등안平等眼'을 닮아 있다. 올라가는 길과 내려가는 길은 같다는 조화에 대한 통찰, 생멸生滅을 평등하게 보는 진여眞如 본체의 통일에서 생을 좋아하고 죽음을 두려워하는 기만이 초극된다. "개체는 죽지만 태양 그 자체는 끊임없이 불타는 영원한 대낮이다." "생의 형식은 끝없는 현재Gegenwart ohne Ende"이며, "개체의 생멸은 꿈"이다. "자살은 무익하고 어리석다."[23]

여기에서 쇼펜하우어는 내세의 행복을 기대하는 태도를 거부하고, 자연에서 생명의 발현을 보는 내재적 구도를 선택한다. "모든 것은 전적으로 자연 속에 있고, 자연은 전적으로 모든 것 속에 있다. 어떤 동물 속에서도 자연은 그 중심점Mittelpunkt을 갖고 있다." 중심점은 생의

---

23 위의 책, s. 387~388.

충동으로서 의지의 실현이다. 이러한 운동에 충실한, 그래서 웃지도 않는 "동물은 자기생존의 길을 확실히 발견하고, 거기에서 벗어나는 길도 발견"하는 것으로 보인다. 동물은 "멸망 앞에서도 두려워하지 않고 아무런 걱정도 하지 않는다." 동물은 "자기는 자연 자체이고, 자연과 같이 불멸한다는 의식을 가지고 살아간다." 동물은 생의 긍정의 모델이다. 그러나 "인간은 자기의 죽음의 확실성을 추상적 개념으로만 이리저리 끌고 다닌다." 죽음의 확실성은 상상을 떠올릴 때만 불안을 느끼게 한다. 그러한 반성도 자연의 소리 앞에 무력하다. "인간에게서도 자기가 자연이며 세계 그 자체라는 가장 내면적인 의식에서 생기는 저 확신이 지속적인 상태로서 우위를 차지하고 있다." 이러한 사람은 "죽음에 불안을 품지 않고 영원히 살 것이 틀림없다는 듯이 살고 있다." 쇼펜하우어에 의하면 인간은 현상계에 속하는 개체로서의 측면과 예지계에 속하는 물자체로서의 측면이라는 이중성을 갖는다. 인간은 현상으로서는 덧없는 것이지만, 물자체로서는 무시간적인 것(무한한 것)이다. 예지계의 측면에서는 만유와 소통하며 불멸한다. 그는 "현상으로서는 외부 세계와 다르지만 물자체로서는 모든 것에 나타나는 의지"다. "죽음은 인간의 의식이 그 밖의 것의 의식과 분리되어 있다는 착각을 중지"시킨다. 이것이 후손을 포함한 외부 세계가 예지계를 매개로 '계속해서 존속Fortdauer'한다는 것에 대한 의지긍정자의 신뢰다. "인간은 물자체로서만 죽음으로부터 면제되고, 현상에 대해서 외부 세계의 존속과 일치"할 수 있다. 이러한 "인식에 대한 느낌만으로 의식은 활기차게 살아가게 하는 기초"를 갖는다. 그러나 생의 긍정도 붓다와 그리스도에게서 보이는 포기의 덕에 의거한 견고함과 생사여탈의 권한을 내부에 지닌 인격에 미치지 못한다. 긍정의 단계는 "죽음이 다가와 그것을 직시하지 않을 수 없게 되었을 때에는 죽음의 불안Todesangst을 피할 수 없게 된다."[24]

"죽음에 대한 두려움은 고통Schmerz이 아니다." 인간은 "고통을 피하기 위해 죽음으로 도피하거나 죽음을 피하기 위해 고통을 감수하기도 하기 때문이다. 고통과 죽음은 별개의 화禍, übel다." 개체의 멸망이라는 죽음을 두려워하는 것은 개체가 생의 의지가 객관화된 것이기 때문이다. "개체의 본질은 죽음에 저항하는 것"이다. 스토아학파처럼 우주 전체를 개관하는 이성에 의해 개체의 불안을 극복할 수도 있다. 그러나 "더 발전된 통찰은 모든 생에는 영속적 고뇌Leiden가 따라다닌다는 것을 인식"한다. "이 인식에 도달하지 않고 생의 만족과 이것의 반복회귀, Wiederkehr을 희구하는 사람은 생기Lebensmut가 왕성"하고, "생의 향유die Genüsse der Lebens에 기초"하는 삶을 살 수 있다. 의지긍정의 단계에서의 초인은 죽음을 초극하지 못했지만 생을 향유하는 능력을 갖는다. "이러한 삶의 양식은 모든 번뇌와 고통은 개의할 필요가 없다고 생각하고, 자진하여 그것을 감수하며, '굳건하고 힘 있는 뼈를 갖고 기초가 든든한 영속적인 대지'(괴테, 〈인간의 한계〉)에 서서 아무것도 무서워할 것이 없다." "이 사람이 우리가 주는 인식으로 무장하면, 그는 시간의 날개를 타고 날아오는 죽음을 태연히 맞이하고, 죽음은 약한 자나 위협하는 거짓 그림자요, 무력한 유령이며, 자기 자신은 의지이고 세계 전체는 이 의지의 객관화 내지는 모상이라는 것을 명백히 알고 있는 사람에게 아무 힘도 갖고 있지 않다고 생각한다." 그는 생과 의지의 현상의 유일한 형식인 현재를 확실하게 붙잡는다. 그는 과거나 미래의 위협을 받지 않는다. 생의 긍정에 의거한 쇼펜하우어의 이 초인상은 니체가 계승하여 생성과 존재, 육체성과 영원성을 일치시키는 생리적으로 건

24 위의 책, s. 388~391.

강하고 정신적으로 강인한 차라투스트라의 초인상으로 조형된다. 쇼펜하우어는 그러한 실존 양식을 《바가바드 기타》의 '무외無畏'의 전사 아르주나Ardschuna, 괴테가 《프로메테우스Prometheus》에서 묘사하는 '신을 존경하지 않는 대지의 종족'을 예로 든다.[25]

이에 만족하지 않고 쇼펜하우어는 생의 의지긍정Bejahung des Willens zum Leben 단계의 불완전성을 극복하는 단계로 나아간다. 그는 생의 고뇌를 통과한 초인, 즉 성자로서의 초인을 궁극적으로 완성된 인간상으로 제시한다. '생의 의지의 부정Verneinung des Willens zum Leben'은 개체의 의욕이 예지계의 보편적 소통성에 대한 무지를 낳는다는 것을 통렬히 깨닫는 데에서 일어날 수 있다. 생명체의 고난에 대한 우주적 공감에서 출발하여 수련의 고통을 겪는 붓다, 권세가의 적대와 강렬한 고뇌 속에서 신성을 완성하는 그리스도, 파우스트에게 유린당하고 견딜 수 없는 고난을 겪으면서도 희생의 길을 선택하는 《파우스트》의 순박한 처녀 그레첸Gretchen, 빈곤 속에서 무소유와 생명애를 실현하는 성 프란시스 등이 쇼펜하우어의 초인 모델이다. 의지부정의 길은 "맹목적 충동으로서의 의욕이 이 의욕에 대한 인식에서 끝나는" 단계다. 여기서는 "인식된 개별적 현상이 의욕의 동기로서 작용하지 않게 된다. 세계의 본질에 대한 인식이 의지의 진정제가 되어 의지가 자유롭게 자기 자신을 포기한다." 이러한 초인은 생명원리인 의지를 초월하여 존재의 '무'를 체득하는 경지에서 우주를 본다. 영원의 관점에서 우주를 본다는 것은 적어도 개체의 살려는 욕망의 포기를 동반한다.

이상의 두 가지 길은 부르주아적 시민성이 갖는 이기주의적 의지긍정의 길을 제외한 높은 도덕성의 뿌리를 해명한 것이다. 도덕성은 의지

---

25 위의 책, s. 391~393.

긍정과 의지부정에 고유한 인식과 행위 양식을 통해서 해명된다. 긍정
과 부정 모두 인식에서 생기지만 추상적 인식에서 생기는 것이 아니라,
'행위와 품성의 변화Wandel'에 의해서만 나타난다. 그것은 객관적 인식
이 아니라 생생한 인식에서 탄생한다.[26] 의지부정의 단계도 살아 있는
인식에서 얻어진다. 여기에서 영원한 현재에서 세계를 보는 관점은 진
정한 '부동심不動心'에 도달하며, 대지의 생성과 신성한 영원성이 '평화
로움'과 '고요' 속에서 결합하는 '명랑성Heiterkeit'이 탄생한다. 이 목표가
과학과 예술을 통과하여 도달하는 파우스트적 자유의 길의 정점이다.

| 제2그림: 공[球]의 중심과 반지름의 비유

이 비유는《의지와 표상으로서의 세계》II (s. 420~421)에 나온다. 쇼
펜하우어는 예지계의 보편적 동일성에서 만물의 우주적 유대를 본다.
그에 의하면 '하나이자 모든 것'이라는 우주의 근본 구조는 동서양 공
동의 유산이다. 하나인 예지계는 만유의 상호 소통성의 원리다. 그는
하나와 모든 것의 관통 구조[該貫]를 모든 방사하는 선들의 집합인 반
지름들이 하나의 중심으로 모이는 공[球]에 비유한다. 모든 방사선들
이 중심으로부터 밖으로 퍼져 나가 공의 표면을 이루면, 이 표면은 개
체화의 원리가 지배하는 현상계가 된다. 반대로 반지름을 타고 방사선
들이 중심으로 모이면 예지계라는 중심점으로 수렴한다. 중심점은 모
든 반지름과 연속되어 있는데, 이는 중심점인 예지계가 발산하여 만들
어진 현상계에 내재한다는 것을 의미한다. 표면과 접선이 만나는 점들
은 분리된 '개체성Individualität'을 의미하며, 개체성 역시 중심점과 반지
름에 연속되어 있다. 개체성은 현상이지만 예지계에 연속되어 있다. 즉

---

26 위의 책, s. 391-394.

예지계의 '영원성Ewigkeit'에 접하고 있다. 제1그림에서는 원환의 맨 상위에 그은 접선이 원환과 접하는 점을 영원한 현재의 관점으로 보았으나, 제2비유에서는 영원성이 공의 중심에 있기 때문에, 불멸성과 영원성으로 가는 운동을 접선에서 날아가는 것이 아니라, 중심으로 수렴하는 운동으로 본다. 공의 표면은 회전 상태에 있으며, 공의 반구에서 올라가는 부분은 생성으로, 내려가는 부분은 소멸이 된다. 중심의 태양은 밤과 낮의 구분이 없으나 회전 운동에는 대립이 있다. 중심에는 대립적 변화에 영향 받지 않기 때문에 '깊은 평화Ruhe'가 있다.

> "개체의 불멸성은 표면의 한 점의 접선에서 날아가 버리는 것에 비교할 수 있지만, 불멸성은 전 현상계의 내적 본질이 갖는 영원성Ewigkeit에 의거하기에, 접선에 있는 그 점 — 이것의 단순한 연장은 표면이다 — 이 반지름 위에서 중심으로 되돌아오는 것에 비교될 수 있을 것이다. 공의 중심이 모든 반지름의 통합된 부분이듯, 물자체로서의 의지는 모든 존재하는 것들 속에서 전체적이고 분할되지 않는다. 이 반지름의 변두리 끝은 시간과 그 내용을 표상하는 표면과 함께 가장 빠른 회전 상태에 있지만, 영원성이 놓여 있는 중심의 다른 끝은 깊은 평화Ruhe 상태에 있다. 왜냐하면 중심은 올라가는 반구가 내려가는 반구와 다르지 않은 점이기 때문이다."[27]

중심인 예지계는 모든 개별화의 원천이지만, 그 자신은 분열되지 않는 동일한 하나다. 그것은 분별심을 넘어선 것이다. 그것에 접근하는 길은 안으로의 수렴이며, 그것이 발산하면 표면인 현상계가 된다. 수렴을 통해 심원한 무분별의 평화에 도달하며, 발산에 의해 만유가 하

---

27 Arthur Schopenhauer, *Die Welt als Wille und Vorstellung* Ⅱ, S W, Band Ⅱ, Suhrkamp, 1986, s. 420~421.

나의 우주적 유대라는 공감 체계에 들어갈 수 있다. 우주는 합성 동물 animal compositum에 비유할 수 있다. 이 동물에서는 "머리 부분은 개별적 동물로 분리되어 있다. 그러나 공동의 위장을 가진 아래 부분은 그들을 하나의 생명 과정으로 통일하고 있다." 이는 인간의 경우 "두뇌가 인간 개체들을 고립시키는 것과 같다는 것이다." 그러나 '하나이자 모든 것'이 생의 의미를 푸는 열쇠다. 쇼펜하우어는 원이나 공의 비유와 그 사상이 인도 철학적이라는 사실을 의식하고 있었다. 특히 그는 《바가바드 기타》의 크리슈나의 설법이 그러한 의미를 담고 있는 것으로 본다. 내적 고요와 평화에서 오는 크리슈나의 전사적 기상은 예지계와 현상계를 통일적으로 인식한다.

중심과 원의 비유는 플로티노스Plotinos, 205~270에서도 유사한 것이 발견된다. 그는 영원성에 연원하는 사랑을 중심을 향해서 도는 '원운동'으로 보았다. 진정한 '사랑eros'은 존재조차도 넘어선 무無인 일자를 향한 회귀의 '원운동'이다. 이 운동은 중심(영원성)을 맴도는 열정이다. 그러나 감각적 사랑은 신비화된 대상을 한없이 쫓아가지만 그것과 멀어져 가는 '직선운동'이다.[28] 전자는 고요의 침착함 속에서 경험된다. 후자는 상대적 동요와 방황으로 경험된다. 우주적 사랑의 힘이 분산해 가는 직선의 삶을 구부러뜨린다.

시간과 영원의 문제는 쇼펜하우어에게는 구원이라는 윤리학의 과제를 해명하는 핵심 사항이다. 이 문제를 통해 그는 서양 고중세의 신비주의 철학과 아시아 철학을 포용할 수 있었다. 심지어 종말론적 구속사에서 생각하는 신성과 육체성의 통일의 신앙까지도 아우를 수 있었다. 이렇게 볼 때 쇼펜하우어는 개념화되고 논리화된 사변 형이상학을

---

28 William Ralph Inge, 조규홍 옮김, 《플로티노스의 신비철학》, 누멘, 2011, 558~559쪽.

무의미로 거부했지만, 생생한 사상과 함께 실천적으로 자신을 회심시켜 나아가는 종교에 대해서는 최대의 존경심을 갖고 있었다는 것을 알 수 있다. 그가 영원의 관점에서 세계를 보는 것을 중시한 것은 역사의 억압으로부터의 해방을 추구하는 심정과 무관하지 않다. 그의 생애를 볼 때, 개인적 고독, 역사로부터의 소외, 동양 문예부흥, 자본주의의 국제적 잔혹성 등이 내면성을 강화하여 영원성에 이른다는 사상을 부추겼다는 인상을 지울 수 없다. 그에게 생의 의지에 따라 현상계에 밀착해 씩씩하게 살아가는 동물적 의욕은 해명하여 이해해야 할 대상이다. 부르주아 시민의 삶은 '빵과 서커스'에 몰입하는 즐거움을 보여 주지만 근원적 권태에 시들어 가는 인생이었다. 이러한 삶의 방식은 쇼펜하우어 삶의 일부분이었으며, 바로 그렇기 때문에 그가 시민적 삶에 대한 심리적 묘사를 잘 해낼 수 있었던 것으로 보인다. 그가 "예지계 없이 현상계만 있다면 인간은 권태에 죽고 말 것이다"라고 한 것은 욕망과 투쟁의 시대에 직면해 그의 생의 감정이 얼마나 무력하고 허탈한 것이었는지 잘 보여 준다.

그러나 그는 과학 기술 시대의 낙관주의가 갖는 기만성과 황폐함을 알 수 있었다. 또 한편 그는 부르주아 문명의 잔혹성을 극복하려는 자유의 충동이 인간에게 있으며, 이 충동은 우주적 연대성을 자각한 새로운 인간상을 요구한다는 것을 발견했다. T. S. 엘리엇이 이 희망을 '동경의 시간'으로 전환하여 자각적으로 영원성을 사유한 것은 쇼펜하우어의 관심을 계승한 것이라 할 수 있다. 이 동경의 시간은 인류가 개척한 동서양 공통의 고상한 실존 양식의 본질이다. 이러한 실존 양식과 우리의 심층에서 일어나는 양심의 불안은 인간의 역사적 삶이 영원성을 필요로 한다는 것을 다시 환기시킨다. 스피노자와 쇼펜하우어는 대중의 피 흘리는 혁명이 근대 국민 국가의 발전과 대중의 노예 상태를 위한 것으로 끝나는 과정임을 알아챈다. 이들이 시간적인 삶에 영원의 상하相下라는 관점을 연결시키려 한 시도는 세상성은 영원성을 통해 자유를 획득할 수 있는 전망을 보여 주려는 것이다. 그러나 쇼펜하우어는 내적 정관주의로 기울어 정치사회적 변화의 가능성을 간과 했다. 그의 자유의 철학은 내적 안정성에 공동의 유대를 위한 실천적 창조성을 결합하는 방향으로 수정될 필요가 있다.

VII

아시아 철학과
선험적 구성론

1. 주희朱熹와 쇼펜하우어

쇼펜하우어가 살았던 19세기는 이전과는 다른 상황들이 나타난 시기였다. 유럽은 산업화와 기계화가 추진되고 경험 과학의 분화가 폭발적으로 일어난다. 진보의 상징이 된 도시화의 진행과 함께 영국을 중심으로 강력한 국민 국가가 형성되어 국제적 경쟁 체제가 짜이게 된다. 이미 괴테Johann Wolfgang von Goethe, 1749~1832는 이성의 과학화와 도구화, 인간의 부품화가 진행되는 상황에 저항하여, 뉴턴주의에 대항하는 생명과학으로서의《색채론》에 평생의 심혈을 기울인 것도 그러한 근대적 배경에서 나온 것이다. 쇼펜하우어는 괴테의 정신을 매우 존경했다. 하지만 과학에 대한 태도는 양면적이었다. 당시에 이미 개별 과학의 발달에 따라 형성된 이른바 과학적 세계관이라고 하는 과학적 자연주의, 특히 유물론적 과학주의가 형성되어 있었다. 선험적인 연역적 추론에 의거하는 형이상학을 위협하는 경험 과학의 관찰과 실험의 방법이 위력을 발휘하기 시작했다. 쇼펜하우어는 이러한 흐름이 경험주의적 정신을 강화하는 것으로 보아 경험 과학자들을 일괄적으로 경험주의자로 부르기도 했다. 그는 과학의 성과를 수용하는 입장에서 이 시대적 변화를 인정하고 적극 학습한다. 그러나 기계론적 유물론자들처럼 그 흐름을 과학적 자연주의로 발전시켜 과학주의라는 이데올로기를 만들어 내는 것에 대해서는 그 실재론적 독단성과 편협성을 비판한다. 그는 뉴턴주의자들도 독일관념론의 사변 신학과 마찬가지로 주관의 선험적 사고 형식을 실재의 구조로 착각하는 실재론적 오류를 범한다고 비난한다.

쇼펜하우어가 과학이 아닌 과학주의 이데올로기에 대해 그 종교 비판적 의의를 인정하면서도 비판적 태도를 견지한 것은 관념론적 전통에서 오는 '보다 높은 의식', 즉 생의 고양을 추구하는 것을 철학의 주요 요소로 들여오기 때문이다. 그는 생리학과 초기 진화론적 생물학을 통해 육체의 중요성을 인정하지만, 스피노자처럼 육체의 긍정적 발현과 민주 시민의 길을 추구하는 길을 간 것도 아니었다. 그는 영적인 신비주의와 아시아 철학에서 생의 의미를 발견하는 길로 나아간다. 이 길은 과학을 넘어서서 정신적 차원의 의미를 찾아 방황하는 파우스트적 의지의 길이다. 이런 관점에서 쇼펜하우어는 칸트의 선험적 관념론을 인식비판으로 발전시킴으로써 전통 형이상학과 독일관념론이 신학 존재론이며, 자기반성이 없는 실재론적 형이상학이라고 비판할 수 있었다. 동시에 그는 과학적 세계관이 가치와 삶의 문제를 외면하는 편협성과 새로운 형이상학의 가능성을 차단하는 것에 대해서도 비판적이었다. 사변 신학적 형이상학과 과학주의에 대한 쇼펜하우어의 인식비판은 의지 형이상학과 생의 의미 추구로 나아가는 발판이 된다. 이는 유럽의 자문화 중심주의를 벗어나 인도와 중국을 중심으로 하는 아시아 철학에 대한 적극적 관심으로 나아가는 길을 열게 된다. 쇼펜하우어의 철학적 태도가 반헤겔주의적 반형이상학, 경험과학의 수용, 그리고 유럽중심주의에 반대하는 탈경계적 포용성을 갖는 것은 시대의 변동을 반영하는 전 지구적 의식의 산물이기도 하다. 독일관념론의 흥망

성쇠를 전 생애를 통해 경험한 쇼펜하우어에 대한 이해는 19세기에 일어난 유럽의 역사적 변동에 대한 인식을 필요로 한다.

현대 분석 철학 연구가인 슬루가의 지적대로 헤겔을 정점으로 하는 "독일관념론은 1830년경에는 독일 사상에서 실재적 힘을 사실상 상실했다."[1] 이러한 사정에는 자본주의 역사 발전으로 통칭되는 시대적 변화와 함께 철학 자체의 위기가 있었다. 철학의 학문으로서의 지위와 사회적 필요성에 대한 의문은 철학 자체의 존립에 관한 회의로 연결되었다. 관념론이 힘을 상실했다는 것은 라이프니츠에서 시작된 전통철학이 사라져가는 것을 의미했다. 이러한 사건의 역사적 배경에 대한 슬루가의 다음과 같은 언급은 흥미롭다.

그러한 발전은 1775년과 1825년에 이르는 50년 사이에 유럽 문화 유형에서 나타난 심각한 변동의 한 결과였다. 그 변동은 독일에서처럼 표면에 부각되고 뚜렷하게 나타나는 곳은 어디에도 없었다. 자연과학의 점증하는 성장, 새로운 기술의 급속한 출현, 사회, 정치적 관계에서 동반되는 변화와 함께한 인구 규모의 증가, 도시화, 산업화, 민족주의와 민주주의, 기독교적 신앙 기반의 약화, 순전히 자연주의적 어휘로 인간 삶을 해명하는 것으로 보이는 새로운 인간 과학들, 이러한 모든 것들이 철학의 존립에 직접 반영되어, 그 존립을 의문시하게 했다. 이 발전들이 제기한 의문은 여러 가능한 철학들 가운데 어떤 것이 가장 만족스러운 것인가가 아니라 도대체 철학의 필요성, 철학을 위한 자리가 있는지에 관한 것이다. 1830년 이후에 문화 속에서의 철학의 지위는 기껏해야 불안정한 것이 되었으며, 때로는 쓸데없는 것이 되었고 때로는 공개적으로 도전받았다. 그 이전에 회의론자들은 그것이 무엇이든 모

---

1   Hans D. Sluga, *Gottlob Frege, The Arguments of The Philosophers*, Routledge & Kegan Paul, 1980, pp. 9~10.

든 지식의 가능성과 함께 이따금 철학의 가능성을 문제 삼았었다. 신앙인들은 신적 계시 앞에서 지식의 필요성을 의심했다. 그러나 인간 지식의 필요성과 그것의 가능성이 있다면, 철학은 이러한 작업에서 중요한 자리를 가질 것이라는 합의가 있어 왔다. 초기 19세기의 발전이 붕괴시킨 것은 바로 이러한 믿음이었다. 그때부터 철학자들은 철학이 어떻게 가능하며, 과학-기술 세계에서도 그것이 여전히 왜 필요한지에 대한 문제와 계속 투쟁해 왔다. 1830년과 1870년 사이에 독일 사상에서는 철학은 전적으로 방어 상태에 있었다. 철학자들이 어떤 안전성을 발견한 것은 1870년 이후 였을 뿐이다. 그들이 철학의 유용성을 확립하려고 한 하나의 길은 자신의 임무가 수학과 과학 및 언어의 논리적 구조에 대한 탐구라는 것을 주장함으로써 가능했다. 철학은 현대 세계에서 형식 논리로서 가능하게 되었다.[2]

과학의 논리적 조건에 관한 논의는 칸트의 선험적 관념론의 주요 내용이다. 쇼펜하우어는《충족이유율의 네 겹의 뿌리에 관하여》에서 과학의 형식 논리적 조건을 '메타 논리'라고 언급한다. 쇼펜하우어처럼 명성과 인정을 받지 못해 실망 속에서 살았으며, 역시 그처럼 정치적 반동주의자였던 프레게는 — 슬루가의 연구에 의하면 — 사라져간 독일관념론에 뿌리를 두고 칸트의 선험 논리학을 계승하는 맥락에서 과학적 자연주의와 경험주의에 저항하여 형식 논리로서의 철학을 확립하고자 했다. 대단한 민족주의자였던 프레게는 쇼펜하우어가 독일관념론에 저항한 것과는 달리 독일관념론을 존중했으며 칸트주의적 입장에서 실재론을 반박했다. 비트겐슈타인이 칸트-쇼펜하우어의 선험적 관념론의 정신을 계승하여 프레게의 선험 논리에 따라 과학론을 구

2　위의 책, p. 10.

성한 것은 철학의 새로운 가능성을 연 것이었다. 선험주의적 노선은 경험주의적 자연주의라는 과학주의 이데올로기에 대립하면서 발전해 갔다. 헤겔의 갑작스런 죽음이 없어도 일어날 수밖에 없는 19세기의 변동들은 철학들의 분화 운동도 동반하는 것이었다. 독일의 상황에서의 이 변동을 슬루가는 다음과 같이 네 가지 측면에서 보다 자세히 규명한다.

그러한 변화에는 (1) 정치적 (2) 사회적 (3) 과학적 이유들과 (4) 내적인 철학적 이유들이 있었다. 한때 유망한 것으로 보였던 관념론적 전통에 구현된 기획은 이제 강도 높게 약화되기 시작했다. (1) 시대에 대한 사유에서 헤겔의 체계는 프로이센의 권위주의 체제와 연결되어 있었다. 1830년 6월 혁명이 비엔나 협정이 수립한 억압 통치를 흔들어 놓은 이후, 정치적 비판이 전 독일에 전파되기 시작했다. 이로부터 하이네, 포이어바흐, 그리고 나중에는 마르크스와 엥겔스에 의해 헤겔 체계에 대한 정치적 공격이 이루어 졌다. (2) 후기 빈 협정의 영향 아래 독일은 낭만주의 시인들의 나라로부터 전기 산업 사회로의 변화가 일어나고 있었다. 기술적이고 과학적인 진보가 퍼져 갔다. 1841년 프로이센 왕이 그 시대의 해로운 지적 발전과 싸우기 위해 늙은 셸링을 베를린으로 불렀을 때, 한때 명망 있던 철학자는 거의 청중을 발견하지 못하고, 급속하게 무대에서 사라져 갔다. 관념론은 더 이상 시대정신에 맞지 않는 것으로 보였다. (3) 1827년 훔볼트 Alexander von Humbolt는 사변적 자연 철학을 만장한 청중들 앞에서 공격했는데, 여기서 그는 헤겔과 셸링의 연역적 결론이 어떻게 성장해가는 과학들의 관찰적 결과와 곧바로 갈등하는지를 보여 주었다. 뮐러 Johanes Müller, 리비히 Justus von Liebig 와 같은 과학자들은 관념론의 연역적 방법을 거부하면서 새로운 관찰적이며 실험적인 기술을 고취하는 데에 현실적으로 참여하고 있었다.

(4) 그러한 반증 앞에서 관념론의 분파들은 철학적으로 허약하며 모호하고, 단지 공허한 잔소리로 보이기 시작했다. 게다가 헤겔주의적이고 관념론적인 전통에 붙으려고 하는 사람들은 새로운 차이나 정교함을 생산할 수 없었다. 그들의 저작들은 관념론 1세대가 이미 형성한 교의들의 절충적이고 반복적인 재론으로 보였다.

그 결과는 다음 세 측면이다. 첫째, 관념론 철학, 특히 헤겔주의로부터의 일탈이다. 둘째, 관념론자들이 사용한 사변적이고 연역적인 선험적 방법의 거부이다. 셋째, 전체로서의 철학이 관념론, 그리고 연역적인 선험적 추론과 동일시되었을 때, 철학 전체로부터의 일탈이다. 그 시대의 사유에서 관념론은 유물론으로, 선험적 추론은 경험주의로, 고립된 지성적 활동으로서의 철학은 이데올로기로 대체되었다. 이 이데올로기 안에서 철학은 경험 과학과 함께 나타났다가는 경험 과학으로 사라져 갔다. 관념론을 대체한 이데올로기란 이른바 과학적 자연주의 scientific naturalism이다. 이 이데올로기는 자신을 새롭고 더 좋은 종류의 철학으로 제시했다. 또 어떤 때는 모든 종류의 철학을 초월하는 과학적 세계관으로서 제시했다. 회고해 보건대 그것은 또 다른 철학에 불과하며, 겉보기에 결정적 승리에도 불구하고, 그것은 결국 자신의 쇠퇴를 불러올 심각한 문제를 갖고 있었다.[3]

사회사적 변동과 함께 관념론은 쇠퇴해 가고 과학적 자연주의 이데올로기가 승리한 것 같지만, 이 이데올로기는 심각한 문제를 갖고 있다는 것이다. 과학적 세계관은 과학적 사고에서 지성과 생활의 진보를 보는 계몽주의적 전통에 따라 점진적 사회주의를 과학적 세계관의 일부로 간주했다. 그러나 이러한 세계관은 바로 이전의 쇼펜하우어가 추구

---

3   위의 책, pp. 13~14.

했던 생에 대한 내적 반성을 통해 보다 높은 정신적 가치를 실현하는 길을 부차적인 것으로 보거나 배제하고, 지식론을 순수 철학의 핵심으로 삼게 되었다.

과학-기술 시대가 열리는 길목에서 쇼펜하우어는 사변 형이상학의 무의미성을 비판했으며, 과학의 경험적 성과를 수용하면서도 과학의 논리를 반성적으로 분석하여 그 한계를 드러내는 방법을 구사했다. 이를 통해 그는 괴테가 극복의 대상으로 제시했던 근심Sorge과 시간성을 본질로 하는 세상성Zeitlichkeit의 초극을 철학의 궁극적 과제로 제시했다. 그는 당연히 과학 시대가 잃어버리는 삶의 의미 문제를 제기하고, 생의 의미를 실현하는 '실천적 신비주의'로 나아갔다. 이러한 노선은 20세기 과학적 세계관과 함께 양대 조류를 형성했던 실존주의 철학의 선구가 되었다. 매기Brian Magee가 쇼펜하우어와 하이데거의 유사성을 자주 거론한 것도 그러한 맥락에서 가능한 것이다. 그가 과학주의에 빠지지 않은 것은 과학적 인식의 선험적 조건이 바로 주관에 있고, 주관이 세계의 한계라는 점을 자각한 데에 있다. 나아가 그는 그러한 인식을 인도 철학이 말하는 진정한 실재를 가리는 마야의 베일로 보았다. 그의 의지 형이상학은 분별심分別心이라는 마야의 베일을 걷고서야 통찰되는 세계 지혜를 지향하는 것이다. 이로써 그는 윤리학의 뿌리를 우주와의 합일에 두는 아시아 철학을 수용하여, 노예무역에 까지 이른 유럽의 강대하지만 고통과 근심에 찬 생활 방식을 변화시키고자 했다. 그의 문화적 국제주의 감각은 발트해의 국제 무역상의 아들이라는 것과도 연관되지만, 이론적으로는 인식비판적 형태의 지식론을 견지한데에도 기인한다. 지식의 논리적 조건을 분석하는 그의 칸트주의적 방법은 비트겐슈타인으로 이어져 반反과학주의 방향으로 전개되었다. 특히 과학에 대한 인식비판적 태도는 의지 형이상학과 함께 베르그

송과 윌리엄 제임스의 생명 철학의 선구가 되었다. 또한 그의 국제주의
적 감각은 유럽의 제국주의 국민 국가의 출현과 함께 강도 높게 전파
된 자문화 중심주의 편견을 떠나 아시아 철학과의 대화의 가능성을 진
지하게 고려할 수 있었다.

쇼펜하우어는 중국 철학을 유교, 불교, 도교로 나누거나, 삼교가 합
일된 종교[敎, Religion]로 통칭한다. 그는 "삼교합일三敎合一, die drei Lehren
nur ein sind"이라는 전통이 중국에 있다는 것을 알고 있었다. 그는 당시
유럽인들의 아시아에 대한 편견을 자주 지적한다. 예를 들어, 그는 〈칸
트철학비판〉(1818)에서 순수이성의 이율배반에 대한 칸트의 논의는 유
대-기독교의 신학존재론적 전통에서나 나올 수 있는 것으로, 동양 사
상은 그런 문제가 일어날 수 없는 구조를 갖고 있다고보고, 양 쪽 문화
를 비교하는 '역사적 방법'을 제안한다. 이 입장에서는 순수 이성의 순
수라는 말은 순수하지 않는 것이 된다. 그런 수식어는 문화적 폐쇄성
을 가리는 가식이다. 한편 쇼펜하우어는 인도 철학과 중국 철학 및 이
슬람의 수피즘, 원시부족 신앙에 긍정적 관심을 보인다. 그는 중국철
학과의 만남에서 주희와 자신의 철학과의 '아주 소스라치게 놀라게
한so auffallend und überraschend' 일치를 언급한다. 그는 'Tschu-hsi' 혹은
'Tschu-fu-tse朱夫子'로 불리는 주희朱熹, 1130~1200가 중국을 대표하
는 학자라는 사실을 알게 된다. 그의 태도와는 달리 대부분의 유럽인
은 기독교적 유신론을 종교의 본질로 보아 중국에서도 그것이 있는지
알아보는 염탐적 편견을 드러낸다. 쇼펜하우어에 의하면 이는 유럽 "민
족들의 합의Übereinstimmung der Völker에서 오는 논증을 얻기 위한 매우 그
릇된 생각"에서 나온 것이다. 이 생각은 "지구상의 모든 민족이 유일한,
적어도 지고의 신과 세계 창조자를 경배한다는 생각, 즉 세계의 모든
제후들이 그들의 왕에게 공납할 의무를 갖는다는 중국인들의 믿음과

다르지 않은 생각이 널리 퍼져있으므로, 그리고 그들이 신전, 성직자, 수도원이 많고 종교적 의식이 자주 행해지는 것을 본 나라에서 살았으므로, 그들은 중국에서도 유신론이 매우 낯선 모습일지라도 있어야 한다는 확고한 전제로부터 출발"하는 것이다. 이 때문에 그들은 중국에 가서 유신론에 해당하는 "말조차 없다"는 것을 알고, 중국 종교의 '긍정적 내용'보다 그것이 "갖고 있지 않은 것을 먼저 보고"하게 되는 현상이 생기게 되었다는 것이다. 쇼펜하우어는 유럽인에게 이러한 태도는 자연스러운 것이지만, 신학존재론이 갖고 있는 '낙관론'에 익숙한 전통에서는 중국인의 사상을 이해하기에는 너무 어려울 것이라고 한다. 쇼펜하우어는 아마 중국 불교의 관점을 말하고 있는 것으로 보이는데, "중국에서는 현존 자체가 하나의 악이며, 세계가 비탄의 무대로 간주되어 태어나지 않는 것이 더 좋았을 것"이라는 관념이 있다고 본다.[4] 이러한 지적은 쇼펜하우어가 동양적 사고가 얼마나 자신과 일치하는지에 대해 상당한 관심을 갖고 있었음을 보여 준다.

그에 의하면 주희는 "이전의 모든 지혜를 연관시켜 체계화"했다. 그의 "저작은 현재 중국 교육의 기초이며, 그의 권위는 큰 비중을 차지"한다. 그의 《자연에서의 의지에 관하여》에는 《아시아 저널Asiatic Journal》(22권, 1826)에 실린 〈중국의 창조론Chinesische Schöpfungstheorie〉에서 인용된 주희의 천Tien 개념에 대한 네 개의 언급이 있다. (1) "'천'은 큰 것 중 가장 높은 것이거나, 지상에서 가장 큰 것을 넘어선 것을 표현하는 것으로 보인다. 그러나 언어 사용에서 그것의 의미의 무규정성Unbestimmtheit은 유럽 언어에서 하늘Himmel이라는 표현보다 비교할 수 없이 크다." (2) "주부자朱夫子는 말한다. 하늘이 잘못에 대해 판결하는

---

4   Arthur Schopenhauer, *Über den Willen in der Natur*, S. W. Ⅲ, Suhrkamp, 1986, s. 463~464.

하나의 인격(즉 현명한 존재)을 갖는다고는 전혀 말할 수 없다. 그러나 다른 한편 이러한 것들에 대해 최고의 통제를 행하는 것이 전혀 없다고도 주장할 수 없다." (3) "같은 저자가 하늘의 마음Herz des Himmels, 天心, 天地之心에 대해, 그것이 인식을 하는지 아닌지에 대해 질문을 받았다. 그는 대답했다. 자연의 정신[天意]이 몰지성적일 것이라고 말해서는 안 된다. 그러나 자연의 정신은 인간의 생각과 어떤 유사성도 갖지 않는다." (4) "그들 전거들 가운데 하나에 따르면, '천'은 가장 높은 권력이라는 개념 때문에 지배자나 주인[tschu, 主]으로 불린다. 그리고 다른 문헌은 그것에 대해 다음과 같이 표현한다. '천'이 어떤 의도로 충만한 주재적 의지absichtvollen Geist, 主宰도 갖지 않고 있다면, 소에서 말이 태어나고 복숭아나무에서 배꽃이 피는 일이 생길 것이다. 또 한편으로는 하늘의 의지는 인류의 의지의 본성으로부터 나온다고 말한다(영국 번역자는 자신의 놀라움을 감탄사로 표현하고 있다)."**5**

하늘의 의지가 인간의 의지가 무엇인가로부터 나올 수 있다는 언급은 쇼펜하우어에게는 놀라우리 만치 자신의 학설과 일치하는 것으로 보였다. 그는 내성을 통해 직관된 의지를 유추하여 자연의 본질로 추정하는 길에서 형이상학의 가능성을 본다. 1820년대는 동양학에 관한 글들이 대량으로 나오던 시기였다. 쇼펜하우어가 중국 철학에 접하게 된 것도 이때이다. 그는 그의 의심많은 성격을 보여 주듯, 자신의 주저가 8년 전에 나오지 않았다면, 자신의 근본사상Grundgedanken이 주희로부터 취해진 것이라는 주장은 틀린 말이 아니었을 것이라고 상상했을 정도이다. 쇼펜하우어는 자신의 근본사상이 중국의 권위에 의존한 것이 아니라고 언급하면서, 다만 주석에서 1857년 도스Doss의 편지

---

5   위의 책, s. 468-469.

를 통해 알게 된 모리슨Robert Morrison의《중국어 사전》(Macao, 1815, v. 1, p. 576)에는 유사한 구절이 발견된다는 언질을 주고 있다. 그는 일겐 Illgen의《역사 신학 잡지》(1837, Bd, 7)에 실려 있는 노이만Neuman의 〈주 희의 저작에 따른 중국인의 자연 철학과 종교 철학〉에서도 위의 인용된 구절들과 같은 출처를 갖는 글들이 모호한 형태로 발견된다는 것을 밝히고 있다. 쇼펜하우어는 영국인들이 중국과의 더 자유로운 교섭을 통해 '한탄스러울 정도로 짧게 전해진 교의'에 가까이 접근하여 근본적인 해명을 해주기를 바라는 것으로 위안을 삼는 수밖에 없다고 결론을 맺는다.[6]

《자연에서의 의지에 관하여》에서 〈중국학Sinologie〉이라는 제목으로 쇼펜하우어가 이러한 언급을 한 것은 특별한 의미를 갖는다. 원래 그 책은 자신의 학설의 타당성을 강화하기 위해 그것이 과학의 귀결이나 착상과 일치하며, 그가 실천적 형이상학이라 부른 민간의 영혼 현상에 대한 기록과도 부합하고, 지구상의 다른 민족의 사상과도 일치할 수 있다는 것을 주장하기 위한 것이다. 그는 다른 저작들에서도 자신의 착상이 모든 인류에 공통된 관념임을 거듭 강조한다. 위의 책의 1854년 수정판 〈서문〉에서 그는 칸트와 함께 자신의 철학이 무시당하는 현실에 대단히 상심하여, 자신의 세계상이 객관적 타당성을 갖는 것임을 다시 강조한다. 그의 '이론적 형이상학'은 과학적 귀결, 민중 형이상학, 그리고 동양학과 긍정적으로 대화할 수 있는 보편성을 지닌 것임을 보여 줄 수 있다는 것이다. 그는 자신의 선험적 관념론이 형식에서는 관념성을 갖지만 경험적으로는 과학이 발견한 내용의 실재성을 수용할 수 있는 것으로 믿었다. "왜냐하면 (경험에 의거한 나의 철학은) 순수 경

---

6   위의 책, s. 470~471.

험적인 것으로부터, 즉 개별 과학의 인도의 끈을 따라가는 자연학자들의 관찰로부터 출발하여 나의 형이상학의 본래적 핵에 직접 도달하고, 나의 형이상학이 자연과학과 접하는 지점을 입증하며, 나의 근본 교의에 대한 평가 시험을 어느 정도 제공하기 때문이다. 이를 통해 나의 근본 교의는 더 상세하고 특별한 증명을 획득할 뿐만 아니라 다른 어떤 곳에서보다 더 명료하고 더 이해하기 쉬우며 더 정확하게 이해될 수 있을 것이다."[7] 이처럼 쇼펜하우어는 서양의 개별 과학의 경험적 증거가 자신의 이론적 형이상학을 확증할 수 있다고 생각했다.

그는 이론적 형이상학으로서의 중국 철학은 자신의 형이상학과 같은 길을 간 것이라고 생각한다. 동양사상은 자신의 근본사상과 일치한다. 이 근본사상이란 인간의 자기의식 안에서 직관되는 의지를 세계의 형이상학적 생명원리로 파악하는 사상이다. 기적이자 세계의 매듭인 의식의 출현은 세계의 본질을 이해하는 매개가 된다. 인간의 심성에 내재하는 생명원리로서의 본래적 본성[本然之性]을 천도天道 혹은 태극太極으로 이해하는 중국 성리학에서 그가 자신의 근본사상을 본 것도 무리는 아니다. 인심人心의 내적 본질에서 천심天心의 본성을 이해한다는 유교적 전통 관념도 그에게는 자신의 근본사상과 일치하는 것이었다. 그는 〈중국학〉에서 중국에는 자연 숭배와 영웅 숭배이외에도 삼교의 사상이 있음을 지적하고, 태극 개념이 도교에서 연원한다는 것을 언급한다. 도교는 "공자보다 연상인 동시대인이었던 노자Lao tse, 老子의 가르침"이다. 그것은 "도 즉 이성Tao, d.i. der Vernunft에 관한 학설"로서, "내부 세계질서 혹은 모든 사물의 내재적 원리로서의 이성Vernunft에 대한 가르침"이다. 도는 "위대한 하나[太一] 이자, 모든 서까래를 지

---

7   위의 책, s. 301.

탱하고 그 위에 있는(본래 모든 것을 관통하는 세계영혼인) 고상한 지붕의 정점Giebel-balken, 박공博栱의 서까래인 태극Taiki"이다. 그리고 도교는 "도, 즉 길Wege에 관한 학설로서, 지복Heile, 至福 즉 세계와 그 고통으로부터 의 구원에 관한 가르침"이다. "이에 관한 최초의 설명은 1842년 줄리앙 Stanislas Julien이 번역한《도덕경Tao-Te-King》이 우리에게 제공한다."[8]

쇼펜하우어의 이러한 진술은 태극이라는 말이《도덕경》(28장)에 나오는 무극無極 개념과 함께[復歸於無極, 무극으로 복귀한다] 도교 계열 에 의해 주로 활용되었던 사실에 비추어 보면 크게 틀린 말도 아니다. 태극이라는 말은《주역周易》과《장자莊子》에 등장한 이래, 호흡술과 결 합한 도교의 내단사상內丹思想에 의해 인간의 생리적 에너지의 근원이 자 우주의 근원인 원기元氣를 의미하는 것으로 사용되었다. 도교는 연 단술사練丹術士였던 위백양[魏伯陽, 후한後漢 환제(桓帝, 재위 147~167) 시 대의 사람]의《주역 참동계周易 參同契》에서 체계가 갖추어진다. 그 후 당 唐,宋 대에 발전한 내단 도교에서 태극은 무극이나 무無 혹은 불교 의 공空과 연계되어 만유 생기生氣의 고요한 근원을 지시하는 말로 활 용되었다. 이 전통이 여러 도사들을 거쳐 송대 주돈이周敦頤, 호는 렴계濂 溪, 1017~1073의《태극도설太極圖說》을 통해 성리학의 정통 계보로 편입 된다. 그를 통해 '무극이면서 태극無極而太極'이라는 말은 천도天道 혹은 도道를 지칭하는 관용구처럼 전승된다. 도는 우주 생성의 원리이자 조 화와 질서의 원리로서 이성으로 번역될 수 있는 소지를 갖고 있다. 또 한 그것은 인간의 연금술적 자기변형[氣質變化, 환골탈태換骨奪胎로 가 는 수련을 의미하는 도교의 용어]을 통해 우주의 고요한 근원을 생기의 발현과 함께 경험한다는 수양론과 연결된다. 신체 에너지의 구조를 새

---

8   위의 책, s. 460.

로운 구조를 갖는 흐름으로 전환하여 새로운 신체로 재생하는 동시에, 생명의 근원을 체험한다는 도교의 학설에서 인간의 심층적 근원이 우주의 심층적 근원과 동일한 본성이며, 이것이 자연의 모든 개체들의 본성[性]으로 응축되어 있다는 본성론(인간의 경우는 인성론)이 나오게 된 것이다. 《도덕경》과 《장자》에서도 '도'는 우주의 궁극적 생명원리이며, 수양을 통해 무한의 관점에서 세계를 보는 성인聖人과 진인眞人의 경지를 의미한다.

이런 의미에서 쇼펜하우어가 도를 형이상학적 의미와 윤리적 경지를 의미하는 두 측면에서 언급한 것은 적절한 것이다. 또한 그가 "도교의 목적과 정신이 불교와 완전히 일치"한다는 지적도 그 결합의 역사를 볼 때 틀린 것도 아니다. 쇼펜하우어의 의지 개념도 세계의 생성 원리로서 모든 개체들의 본성을 결정하는 '성격화Charakteristik'의 원리인 동시에, 예지계로서의 의지에 대한 통찰을 통해 우주와 일치하는 '자기고양Selbsterhebung'을 암시한다. 의지의 철학은 윤리적 형이상학이다. 그가 동서양의 성인들의 모습에서 윤리의 정점을 보고, 여기에서 철학의 진정한 방향을 본 것도 이러한 유사한 구조에서 온 것이다. 맹자가 공자를 성인의 전 규모를 갖춘 '집대성자集大成者'로 신격화한 이래 성리학적 전통에서는 공자를 윤리적 형이상학의 이념을 온전히 갖춘 성인의 이상으로 추앙했다. 쇼펜하우어는 이렇게 해석된 공자상에 대한 기록을 보지 못한 것으로 보인다. 〈중국학〉에 의하면 그는 번역된 《논어》를 통해 그를 이해한 것으로 보인다. 그가 보기에 "학자와 정치가들이 좋아하는 공자의 지혜"는 "장황하고 상투적이며 전반적으로는 정치적 도덕 철학으로서 그것을 받쳐주는 형이상학이 없는" 것이었다. 공자의 글은 "아주 특별히 무미건조하고 지루한 어떤 것"이다. 이에 비해 '불'Fo 혹은 Fu, 佛이라 불리는 붓다의 종교는 "숭고하고 사랑으로 충만한 학설"

이라고 한다. 불교는 "내적 탁월성과 진리 때문에 그리고 압도적인 신자의 수[하디Robert Spence Hardy, 1803~1868의 *Eastern Monachism*(1850)에 의하면 3억6천9백만 명] 때문에 지구상에서 가장 중요한 종교로 간주될 종교"이다.[9]

이상의 논의에서 보면 쇼펜하우어는 주희와 노자 및 중국의 불교를 높이 평가하고, 거기에서 자신의 형이상학과 윤리학의 기본 정신을 발견한다. 당시 계몽주의적 과학주의가 유럽적 사고의 경계 안에 머무르려는 배타성을 보이는 반면 이를 극복하려는 쇼펜하우어는 아시아의 철학에서 인류의 보편적 지혜를 찾을 수 있다는 전망을 보여 줄 수 있었다. 여기서 그의 주희와의 관계에서 중국학자인 노이만Karl Friedrich Neumann, 1793~1870과의 연관을 알아볼 필요가 있다. 앱Urs App은《쇼펜하우어와 중국: 중국과의 플라톤적 사랑Arthur Schopenhauer and China: A Sino-Platonic Love Affair》(2010)에서 쇼펜하우어의 중국 연관을 상세히 조사하여 보고한다. 그에 의하면 중국개신교로 개종한 유대계 독일 선교사인 노이만은 마카오에 가서(1830) 광둥어를 배우고, 프로이센 왕립 도서관 기금으로 6천 권의 책을 수집한다. 그는 후에 뮌헨 대학의 교수가 되어 1852년까지 있었다. 그는 중국의 역사, 종교, 철학에 관한 여러 책을 썼다. 그는 1837년 신학 잡지에 〈학문의 선구로 불리는 주희 저작에 근거한 중국의 자연 철학과 종교 철학〉을 기고한다. 이 논문에서 그는《주자어류Topically Arranged Conversations of Master Zhu, 朱子語類》를 인용한다. 그러나 쇼펜하우어도 감지했듯 그의 인용문에는 하나의 용어를 여러 가지로 번역하거나 정확한 번역이 아닌 표현의 모호함이 있다. 다음은 노이만이 인용한 구절에서 앱이 뽑은 모호한 부분들이다. 이 부분들은 쇼펜

하우어가 주의를 기울인 것, 즉 인간의 마음의 본성과 우주 생명원리가 동일하다는 성리학의 기본 관점을 함축하고 있다.

問∶〈天地之心, 天地之理. 理是道理, 心是主宰底意否?〉
Frage. Das Herz des Himmels und der Erde ist wohl die Urkraft des Himmels und der Erde, die Urkraft ist wohl die Normalurkraft und das Herz der herrschende, gebietende Fundamentalwille, oder nicht(천지의 마음은 천지의 理다. 理가 올바른 도의 원리라면 마음은 주재하는 의지입니까?).

曰∶〈心固是主宰底意, 然所謂主宰者, 卽是理也,
Antwort. Das Herz ist sicherlich der herrschende, gebietende Fundamentalwille, und das, welches man das Herrschende und Gebietende nennt, stammt aus der Urkraft(마음은 주재하는 의지이다. 그러나 이른바 주재하는 것이 곧 理이다).

不是心外別有箇理, 理外別有箇心.〉
Die Urkraft ist aber; ehe noch das Herz heraustretend sich zertheilt, zertheilt sich die Urkraft heraustretend, dann entsteht das Herz[10](마음 밖에 따로 理가 있지 않으며, 理 밖에 따로 마음이 있지 않다).

이 인용문에 대해서는 세 가지가 논의 될 수 있다.
(1) 노이만이 이理를 근원적 힘Urkraft으로 번역한 것이 쇼펜하우어

---

10 Urs App, *Arthur Schopenhauer and China: A Sino-Platonic Love Affair, Sino-Platonic Papers*, 200, 2010, pp. 50~51.

에게는 의아했을 것이다. 쇼펜하우어는 그것을 이성Vernunft으로 이해하고 있기 때문이다. 그러나 '이'를 세계의 존재를 설명하는 어떤 근원력을 지칭하는 명칭으로서의 생명의 원리라는 의미로 새긴다면, 그것은 기氣를 생산하는 가장 근원적인 원천, 즉 형이상학적인 근원적 힘의 원천으로 볼 수 있다. 주희는 '이'를 광대한 공간에 가득 찬 생명 원천으로 보아 '태허에 가득 찬 원리[太虛實理]'라고 한다. 이러한 입장에서 보면 주희의 '이'는 음과 양으로 분리되기 이전의 신기神氣로 충만한 태허太虛를 우주 본체로 보는 장재張載, 호는 횡거橫渠의 관점에 접근한다. 태극인 '이'를 형이상학적인 힘의 장으로 보면 노이만의 해석도 틀린 것은 아닐 것이다. 그러한 해석은 이른바 무한량無限量의 '이'가 유한량有限量의 '기'를 생산한다[理生氣]는 관점이다. 이 해석이 오히려 쇼펜하우어의 생명원리로서의 의지 개념에 접근한다.

　(2) 노이만은 주재저의主宰底意를 '통제하고 명령하는 근본적 의지'로 번역한다. 이학적 전통에 의하면 인간의 마음은 신체의 미세한 부분과 소통하고 있지만 그것을 전부 의식할 수는 없다. 그러나 마음은 수양을 통해 심층에서 본질적 생명을 자각할 수 있으며, 이 생명이 우주적 생명원리와 하나임을 이해할 수 있다. 우주의 마음[天地之心]은 사물에 그 본성과 질서를 부여하여 개별화를 성취한다. 우주의 마음이자 생명원리인 태극이 전개되면서 사물들의 일정한 본성과 질서가 이루어진다. 질서의 원리이기도 한 이理를 통해 우주의 마음은 주재한다. '이'는 사물을 주재하는 존재主宰者다. 쇼펜하우어가 의지를 심리적 원리로 보기 때문에 그의 형이상학을 범심주의Panpsychism라 할 수 있다면, 그것은 주희의 우주관에 접근한다고 할 수 있을 것이다. 하늘의 마음은 주재자로서의 '이'를 통해 생명체들의 종성種性을 형성하고 유지할 수 있다. 쇼펜하우어도 자연 안에 있는 생명체들의 종성을 의지

가 형성해낸 실체적 형상形相으로 본다. 노이만이《주자어류》에서 번역하여 인용한 구절은 종성의 항존성을 말한다. 그 구절은 다음과 같다. "Wenn z.B. das Thier oder die Frucht kein Herz kein angeborenes Gesetz hätten, so müsste der Ochs ein Pferd hervorbringen können und der Apfelbaum Pflaumenblüthe tragen (若果無心, 則須牛生出馬, 桃樹上發李花, 만일 천지에 마음이 없다면, 소가 말을 낳을 것이며, 복숭아나무에서 배꽃이 열릴 것이다)."[11] 우주는 종성에 혼란이 없는 질서를 형성하는 '이'의 주재성을 갖고 있다. 이러한 조화 관념은 라이프니츠의 유기체적 세계관에서 기본적인 원리로 기능하는데, 쇼펜하우어는 그러한 고전적인 전통을 따르고 있다.

(3)《자연에서의 의지에 관하여》의 〈중국학〉에서 쇼펜하우어는《아시아 저널》의 〈중국인의 우주론〉으로부터 자신이 인용하는 문장의 저자 이름이 분명하지 않다고 한다. 모리슨은 그것을 E-chuen(義天)이라 했다. 그러나 앱은 그것이 정이程頤의 호인 Yi chuan(伊川)이며, 그 인용문은 정이천의《역전易傳》으로 알려진《주역정씨전周易程氏傳》1장에서 나온 것이라고 밝힌다. 그 구절은 다음과 같다. "夫天, 專言之則道也. 分而言之, 以形体言之謂之天. 以主宰言之謂之帝, 以功用言之謂之鬼神, 以妙用言之謂之神, 以性情言之謂之乾"(天이란 그 고유한 성질로 말하면 도道이다. 나누어 말할 때는, 형체로서 말하면 하늘이라 하고, 주재로서 말하면 제帝라 하며, 기능[功用]으로 말하면 굽고 펴는 작용[鬼神]이고, 신묘한 활동으로 말하면 자유로움이며, 본성으로 말하면 강건성[乾]이다). 이 문장은 정이천이 천도와 그 창조적 작용성을 여러 측면에서 언급한 것이다. 그는 화엄 철학華嚴哲學의 영향에 따라 천도의 본체적 측면인 체

---

11 위의 책, p. 54.

體와 그 현상화의 측면인 用용의 관계를 원인과 결과가 아닌 본체와 발현의 관계로 본다. 본체와 발현은 시간상의 선후 관계를 갖지 않는다. 본체는 영원의 차원에서 있으면서도 무시무종으로 발현하는 운동을 거듭한다. 그 "동하고 정하는 작용은 시작과 끝이 없다[動靜無端]." 본체와 현상은 "체용이 근원에서 하나이며, 나타난 현상과 보이지 않는 본체는 틈이 없는體用一源, 顯微無間" 관계에 있다.[12] 현상의 시공간적 관계들은 본체의 작용에 의해 나타난 것이다. 우주는 하나의 도道 안에 있고, '도'는 우주에 관류한다. 정이천이 확립한 이러한 내재적 구도는 주희를 거쳐 그 후의 송명이학사理學史의 정신을 지배한다. 앱의 지적처럼 리치Matteo Ricci가 성리학의 '이'를 무신론적 유물론으로 이해했지만, "신유가의 '이'의 형이상학은 쇼펜하우어의 의지의 형이상학과 근본적인 유사성"을 갖는다.[13] 쇼펜하우어의 의지는 영원의 차원에서 작용하는 실재이기에 인과 형식으로 포착할 수 없는 것이다. 일자인 의지는 개별화 작용을 통해 자신을 객관화하여 생성과 소멸을 거듭하는 우주를 생산해 낸다. 신학존재론에 익숙한 선교사들은 도가의 무無, 불교의 공空을 허무주의 무신론의 표징으로 읽었으며, 신유가의 태극太極이나 이理도 이교도, 즉 그리스의 철학적 원리인 물질적 힘material force인 질료에 해당하는 것으로 이해했다. 보다 너그러운 라이프니츠는 그것을 형상 개념으로 이해했으며, 기氣를 세계영혼에 해당하는 것으로 보아 사유에서의 지구적 보편성을 찾았다고 여겼다. 선교사들은 자신들의 독단이 아시아 철학보다 상위에 있다고 생각했다. 그러나 신학존재론을 적대한 쇼펜하우어는 유럽중심주의를 떠나 도가, 불교는 물

---

12 程伊川,《易傳》, 序.
13 Urs App, *Arthur Schopenhauer and China: A Sino-Platonic Love Affair*, Sino-Platonic *Papers*, 200, 2010, p. 56.

론 이학에서도 자신과의 친화성을 발견할 수 있었다.

주희와 쇼펜하우어의 연관성은 맹자孟子에 대한 쇼펜하우어의 해석에서 보다 분명하게 드러난다. 쇼펜하우어는 맹자의 사상을 줄리앙Stanislas Julien의 라틴어 번역본(*Meng Tseu vel Mencium inter sinenses philosophos, ingenio, doctrina, nominisque claritate Confucio proximum*, Paris, Dondey-Dupré, 1824)을 통해 이해했다. 앱은 프랑크 푸르트 대학 도서관에 있는 쇼펜하우어 문고Schopenhauer Archiv에서《맹자Meng Tseu》를 사진 찍어, 쇼펜하우어가 그것을 줄을 치거나 표시를 하면서 읽었음을 보여 준다.《아시아 저널》에서 쇼펜하우어가 주희의 '교의Dogma'로서 주목한 것 가운데 하나인 '천심은 인간의 마음의 본성으로부터 도출될 수 있다'는 것은《서경書經》에 의거하는 맹자의 정치-윤리를 대표하는 것이다.《맹자》〈만장萬章〉편에는 제자 만장이 제기한 '요堯 임금이 순舜에게 천하를 주었다'는 문제에 대한 맹자의 응답이 나온다. 맹자에 의하면 천하는 천자天子인 사람이 주는 것이 아니라, 하늘이 주는 것인데, 하늘은 백성의 마음民心을 자신의 마음으로 삼는다. 여기서 맹자는《서경》의 다음과 같은 구절을 인용한다. '하늘은 우리 백성의 눈으로 보며, 하늘은 우리 백성의 귀로 듣는다天視自我民視, 天聽自我民聽'. 또한 쇼펜하우어는 모리슨Robert Morrison의《중국어 사전》으로부터 '하늘은 천하의 마음을 마음으로 삼는다. 예부터 하늘을 논하는 자는 거의 다 민심으로써 하늘을 가늠했다天以天下之心爲心. 古之論天者多以民心卜天'는 구절을 보게 된다. 앱은 이 구절이 장재張載의 《장자전서張子全書》에서 온 것으로 본다. 그러나 이것은 장구성張九成, 호는 횡포橫浦의 말을 장재張載의 존칭인 장자張子의 말로 오인한 것으로 보인다. 그 구절은 강희제康熙帝 때에 간행된《흠정서경전설휘찬欽定書經傳說彙纂》,〈탕서湯書〉의 주석에 의하면 장구성의 말이다. 이 말을 모리슨

이 출처를 밝히지 않고 활용한 것으로 보인다. 그《서경전설》에는 인용문의 마지막 글자인 '天'이 지시사인 '之' 되어 있는데, 인용하는 과정에서 의미를 밝혀 天으로 바꿔 쓴 것으로 추측된다. 장구성의 원문은 다음과 같다. "天以天下之心爲心. 古之論天者多以民心卜之."[14]

정치적으로 보수성을 보이는 쇼펜하우어가 이러한 관념에 관심을 가진 것은 맹자의 정치-윤리에 대한 관심 때문인 것으로 보이지 않는다. 그는 그 말들을 형이상학적 문맥에서 독해한다. 그가 보기에 맹자와 주희가 말하는 인심과 천심의 동일성은 인간의 본질과 우주의 본질의 동일성을 말하는 자신의 견해와 일치한다. 물자체인 의지는 인간의 자기의식 안에서 직관되는 의지로부터 유추된 것이라는 자신의 근본사상을 동양인이 이미 말하고 있다는 것이다. 그 후 쇼펜하우어는 언어 장벽 때문에 신유가에 있는 심원한 관념들이 유럽인에게 상세히 알려지지 않고 있다는 것을 유감으로 생각한다. 쇼펜하우어는 신유가를 접하기 이전에도 인간의 도덕감을 근저의 예지계가 인간을 통해 감정으로 드러난 것으로 본다. 이 점에서 그는 자기보존욕의 보편적 긍정(스피노자)이나 보편적 법칙주의(칸트)를 거부하고, 맹자와 루소를 옹호한다. 그는 맹자를 형이상학적으로 해석하고 있는 것이다. 주희 역시 맹자의 도덕적 감정情을 내재적 생명원리의 표현으로 해석한다. 주희와 쇼펜하우어의 구도는 주희의 봉건 예법과 쇼펜하우어의 부르주아적인 배타적 개체성을 제외하면 많은 유사성을 보인다.

쇼펜하우어는《도덕의 기초에 관하여 *über die Grundlage der Maral*》(1839)에서 타인과 생명체의 고통에 공감하는 동정심Mitleid을 모든 인류의 도덕적 행동의 근본 동인이 된다는 것을 형이상학적으로 해명한다. 동정심

---

14 《欽定書經傳說彙纂》,〈湯書〉

은 칸트가 저 하늘의 별(존재의 신비)과 더불어 두 번째 신비로 말한 내 마음의 도덕성의 신비이다. 동정심이 존립한다는 것은 쇼펜하우어에게 '윤리의 거대한 신비'이다. 그는 그것을 괴테의 용어에 따라 '근원 현상 Urphänomen이라 불렀다. 여타의 경험적인 무수한 도덕적 사건들은 이 근원 현상의 변형들이다. 근원 현상은 "형이상학적 사변만이 그것을 감히 넘어설 수 있는 경계석Grenzstein"이다.[15] 동정심은 만유에 관류하는 하나의 예지계가 개체를 매개로 현상화한 것이다. 예지계인 생명원리로서의 의지는 우주적 소통성을 갖기에 그것을 수용하는 능력의 강도에 따라 동정심의 공감 범위가 결정된다. 쇼펜하우어는 이러한 형이상학적 해석을 가설 이상으로 믿는다. 동정심을 우주적으로 확장하여 모든 '장벽'을 넘어 생명애로 나아가는 삶은 신비가들과 성인들이 앞서 실천적으로 보여 준 것이다. 이 길에서 칸트적 의무—국민이 아닌 모든 생명에 공감하는 우주 시민상이 창조된다.

이러한 견해의 탈경계성을 보여 주기 위해 쇼펜하우어는 《아시아 저널》에 실린 줄리앙Stanlislas Julien의 라틴어 번역, 《맹자Meng Tseu》 1권, 45절(1824)에 의거하여 유가 철학의 윤리적 원천 가운데 하나인 맹자의 사단설을 언급한다. "나는 이러한 윤리학에 대해 어떠한 학파의 권위로부터도 지지받지 못하고 벗어나 있지만, 중국인들이 오상五常, fünf Kardinaltugenden; 仁, 義, 禮, 智, 信이라는 기본 덕을 채택하고 있으며, 그 가운데서도 동정심Mitleid, 쇼펜하우어는 仁으로 보고 있다을 상위에 세우고 있다고 주장하겠다. 나머지 네 가지는 義Gerechtigkeit, 禮Höflichkeit, 智 Weisheit, 信Aufrichtigkeit이다."[16] 이어서 그는 인도와 그리스 문화권에서도

---

15 Arthur Schopenhauer, *Über die Grundlage der Maral*, Suhrkamp, SämtlicheWerke Bd. 3, 1986, s. 741.
16 위의 책, s. 785.

동정심을 최상의 덕으로 추앙한 사실들을 전거를 들어 보여 준다. 인도에서는 "인간과 동물에 대한 동정심을 칭송받는 덕의 으뜸"으로 여겼다. "아테네인들은 광장에 동정심이라는 신의 제단을 두고 존경"을 표했는데, "동정심이 인간의 삶과 화복에 가장 많은 영향을 주기 때문"이라는 것Pausanias, Periegesis이다. 다만 유럽만이 동정심의 의의를 알지 못하고, 유대-기독교 전통에 따라 칸트가 체계화 한 "의무명령, 도덕 법칙"을 신봉하여, "도덕성의 원천을 잘못 인식"했다는 것이다.[17] "명령을 받아야 하다니! 이 무슨 노예도덕Sklavenmoral인가!"[18] 쇼펜하우어가 판단하기에 "진리에 감응한" 루소나 레싱 같은 사람들은 그렇지 않았다. 레싱에 의하면 "가장 동정이 많은 인간이 모든 사회적 덕들, 가장 산뜻한 종류의 너그러움Großmut으로 가는 가장 선한 인간이다."[19] 레싱은 《현자 나탄》에서 보는 것처럼 유대교, 이슬람교, 기독교의 평화로운 공존을 시도하는 관대한 이성과 감정의 소통을 강조한다.

'하나이자 모든 것'이라는 동일성의 원리에 의거하는 형이상학은 동정심과 관대의 덕을 실행하는 실천 철학의 기초이다. 쇼펜하우어는 이론과 실천의 이러한 연관성을 전형적으로 인도 철학에서 발견한다. 분별지分別智는 지성의 마야의 베일이며, 무한한 하나로 만유에 평등하게 관류하는 무소득無所得의 지혜는 자유와 관대의 기초이다. 여기에서 주객 분리라는 근본 형식에 제약된 표상으로서의 세계는 지양되고 우주적 평등성인 예지계가 현현된다. 이러한 우주적 화해和諧의 지혜를 통해 우리의 의식은 고양된다. 실천적 덕은 지식의 축적처럼 점진적이 아니라 예술적 창조처럼 단숨에 도달된다. 쇼펜하우어는 본체와 발

17 위의 책, s. 785~786.
18 위의 책, s. 660.
19 위의 책, s. 786.

용의 통일성에 바탕한 실천성에 중점을 두는 아시아 철학을 자신의 정신적 고향으로 이해한다.

다수성과 차이성이 오직 한갓 현상Erscheinung에 속하고, 모든 살아 있는 것에서 제시되는 것은 하나이자 동일한 본질ein und dasselbe Wesen이라면, 자아와 비아非我 사이의 분별을 지양하는 그러한 파악은 오류가 아니다. 오히려 후자(분별의 지양)에 대립하는 파악이 오류일 수밖에 없는 것이다. 우리는 바로 이 오류가 인도에서는 마야幻化, maja, 즉 가상, 기만, 환영이라는 이름으로 표현되고 있는 것을 발견한다. 저 전자의 통찰(본질에 대한 통찰)은 우리가 동정심이라는 현상의 근저에 놓는 것이며, 실로 이것을 근저의 것이 현실적으로 표현된 것으로 발견했던 것이다. 그 통찰은 윤리의 형이상학적 기초일 것이며, 한 개체가 다른 개체에게서 자기 자신, 즉 자신의 진정한 본질을 직접적으로 재인식한다는 점에 존립할 것이다. 이에 따라 실천적 지혜, 옳은 행동, 훌륭한 행실은 가장 광범위하게 퍼진 이론적 지혜의 가장 심오한 학설과 결국에는 정확히 결합하게 될 것이다. 또한 실천적 철학자, 즉 의로운 사람, 베푸는 사람, 고결한 사람은 오직 그 행동을 통해 가장 위대한 심원한 통찰과 그리고 이론 철학의 힘든 탐구의 성과와 동일한 인식을 표출할 것이다. 그러나 도덕적 탁월성은 모든 이론적 지혜보다 더 높이 서 있다. 이론적 지혜는 언제나 인위적인 짜 맞추기Stückwerk처럼 불완전할 뿐이며, 추론을 통해 뒤늦게 목표에 도달한다. 하지만 도덕적 탁월성은 단번에 도달한다. 그리고 도덕적으로 고상한 사람은 그에게 지적 탁월성이 없더라도, 그 행동을 통해 가장 심오한 인식과 최상의 지혜를 분명히 드러내며, 또 그 사람은 가장 천재적이고 가장 학식 있는 사람들로 하여금 저 위대한 진리가 여전히 낯선 것으로 남아 있다는 것을 알게 하여 그들을 부끄럽게 만든다.[20]

세계의 본질을 통찰하고 이를 단번에 실천적으로 표현하는 고결성은 모든 이론적 작업을 능가한다. 정관이 행동보다 순수 지성에 접근하기 때문에 더 높다는 쇼펜하우어도 윤리학의 영역에서는 자신의 말대로 실천적 신비주의의 특징을 거론하지 않을 수 없었던 것이다. 윤리학의 진정한 뿌리는 시공간을 넘어선 영원의 관점에서 세계를 보고, 또 그 안에서 행동하는 고결성에 있다. '국가 직속'의 '강단철학'이 개념적 파악과 추상적 논리화를 바탕으로 사변 형이상학을 만들어 목적론적인 낙관적 지성을 과대 포장했을 때, 실천적 신비주의의 말 없는 인격이 쇼펜하우어에게는 진정한 고결성으로 다가왔다. 여기에서 실천적 신비주의는 추론적 이성에 의해 보편 법칙에 도달하는 무미건조한 제도적 도덕과 갈라지게 된다. 진정한 도덕은 생의 우수를 지닌 고대 성인의 야성적 고결성을 동경한다. 개방적 도덕은 열망의 도덕이다.

《자연에서의 의지에 관하여》의 〈중국학〉에서 쇼펜하우어는 주희의 태극Taiki을 물자체로 보아 자신의 의지 개념에 해당하는 것으로 이해한다. 《유고 *Manuscript Remains*》(V. 3)에서는 "태극이 무극"이라 쓰고 "무신론적 원리"라고 긍정적으로 소개하고 있다.[21] 쇼펜하우어가 읽은 모리슨의 《중국어 사전》에는 주돈이周敦頤의 《태극도설太極圖說》의 일부를 변형한 구절[모리슨의 말로는 《性理大全》에서 발췌했다고 함]과 태극으로서의 이理를 논하는 주희의 〈양자직에게 답하는 편지答楊子直書〉(《주희집》, 권45)(1171년, 42세)의 주요 구절들 중 일부가 실려 있다.

(1) 《태극도설》의 일부가 변형된 구절: 【太極本無極. 太極動而陽, 靜

20 위의 책, s. 808.
21 Arthur Schopenhauer, *Manuscript Remains, Berlin Manuscripts* (1818~1830), V. 3, Edited by ArthurHübscher, Trans by E. F. J. Payne, Berg, 1988, pp. 60~61.

而陰. 水而木, 木而火, 火而土, 土而金, 金而復水, 如環無端. 坤道成女, 乾道成男, 則萬物化生. 惟聖人者, 又得夫秀之精一, 而有以全乎.】(태극은 본래 무극이다. 태극이 動하여 陽이 되고, 靜하여 陰이 된다. 水에서 木으로, 木에서 土로, 土에서 金으로 변화되며, 金은 다시 水로 돌아가는 순환은 처음과 끝이 없다. 대지의 성질인 坤道는 여성을 이루고, 하늘의 성질인 乾道는 남성을 이루는 가운데 만물이 변화 생성된다. 오직 성인만이 저 우수한 기운의 정수와 통일성[精一]을 얻어 그것을 완전히 실현할 수 있다). 이에 대한 이해는 당연히《태극도설》의 다음 부분에 대한 이해를 필요로 한다.

위 구절과 연관된《태극도설》의 부분: 〈無極而太極, 太極動而生陽, 動極而靜, 靜而生陰. 靜極復動. 一動一靜, 互爲其根. 分陰分陽, 兩儀立焉. 陽變陰合, 而生水火木金土. 五氣順布, 四時行焉. 五行, 一陰陽也. 陰陽, 一太極也. 太極本無極也. 五行之生也, 各一其性. 無極之眞, 二五之精, 妙合而凝. 乾道成男, 坤道成女. 二氣交感, 化生萬物. 萬物生生, 而變化無窮焉. 惟人也, 得其秀而最靈〉.

(2) 주희의 편지에서 인용된 구절: 【蓋天地之間, 只有動靜兩端, 循環不已, 更無餘事, 此之謂易. 而其動其靜, 則必有所以動靜之理焉, 是則所謂太極者也.】(천지 사이에 다만 動과 靜의 두 가지 단서가 있을 뿐으로, 이것의 循環은 끝이 없어, 쓸데없이 하는 일이 없다. 이를 변화라 한다. 그 動하고 靜하는 운동에는 반드시 動하고 靜하게 하는 원리가 있는데, 이것이 곧 태극이라는 것이다)."[22]

주희의 태극의 의미는 그가 송대 학술적 도통道統의 효시로 간주하는 주돈이의《태극도설》에 대한 이해에 연원한다. 주희는《태극도설해

---

22 Urs App, *Arthur Schopenhauer and China: A Sino-Platonic Love Affair, Sino-Platonic Papers*, 200, 2010, p. 103~104. /《朱熹集》4, 권 45. 〈答楊子直〉, 四川敎育出版社, 2153쪽.

670 의지와 소통으로서의 세계

太極圖說解》를 썼으며, 이 주석학적 이해가 그의 평생의 우주관을 결정하게 된다. '無極이면서 太極'인 본체는 만유의 존재와 활동의 원천으로서 감각적 현상을 초월해 있다는 의미에서 무극이며, 그럼에도 만물의 뿌리로서의 궁극적 실재라는 의미에서 태극이다[極이란 궁극적 중심축인 추극樞極이다. 모리슨은 태극을 제일 운동인The first moving cause으로 해석한다]. 주희는 태극으로서의 이理에 대해 그 본체의 정태적 측면을 강조하기도 한다. 풍우란馮友蘭, 1895~1990은 이理를 '깨끗하고 드넓은 세계淨潔空豁的世界'와 같은 의미로 언급하는 주희의 말들에 의거하여 "태극에는 동정이 없다太極亦無動靜"는 해석을 견지한다. 심지어 그는 이理를 운동성이 없는 '추상적이고 보편적인 개념'으로 해석한다. 이 해석에는 오류가 있다.

라이프니츠나 쇼펜하우어의 실체적 형상形相, eidos은 능동성의 원리로서 종자種子나 생명이다. 그것이 개념이 아니듯, 적어도 태극으로서의 이理는 개념이나 법칙이 아니다.[23] 그것은 무궁한 창조적 에너지의 원천으로서 '내재적 힘'을 지닌 형이상학적 '힘의 장'Joseph Needham에 가까운 것이다. 이런 의미에서 가풍진賈豊臻은 그것을 역학적力學的인 것

---

23 헤겔은 고전적인 개념 중심 논리학에 따라 생명을 개념화하여 범논리주의적 사변 형이상학을 만들었다. 쇼펜하우어의 학위 논문《충족이유율의 네 겹의 뿌리에 관하여》(1813)에 의하면 그것은 '인식의 선험적 근거'인 인과 형식을 포함한 '메타 논리'를 실재로 착각한 '신학존재론'이자 '형이상학적 실재론'이다. 이는 선험적 관념성을 갖는 논리를 대상에 투영한 것을 실재의 구조로 보는 전도된 '무의미한 헛소리Unsinn'이다. 불교적으로는 그것은 논리를 실재로 착각하는 망상이다. 쇼펜하우어는 이러한 망상을 '언어의 오용Mißbrauch', 사고의 '명료성Deutlichkeit의 상실'이라고 비난했다. 쇼펜하우어의 이러한 인식비판적 사고, 즉 언어비판적 사고를 계승한 베르그송과 윌리엄 제임스, 비트겐슈타인은 신비주의 윤리와 아시아 철학에 접근하는 길을 열었다. 쇼펜하우어의 억제하지 못하는 감정적인 반헤겔주의는 그러한 선험적 관념론의 정신에서 나온 것이다. 그는 자신의 반시대성Unzeitlichkeit과 전지구적 무경계성을 소외된 예외자의 입장에서 선취함으로써 유럽중심주의적 사고에 진심으로 저항할 수 있었다. 논리학을 중시한 풍우란, 그리고 러셀의 영향으로 전문 논리학자가 된 그의 동료 김악림金岳霖, 1895~1984은 쇼펜하우어가 개척한 그러한 비판적 정신을 의식하지 못하고 그를 풍문에 따라 단지 염세주의자로 이해했으며, 논리를 형이상학화하거나 때로는 경험주의화하는 사변적 습관을 이어 나갔다.

으로 이해해야 한다고 보았다.[24] 본체가 잠재적 작용의 능력을 갖추고 있지 않으면, 만유를 생성시킬 수 없다. 이 때문에 주희는 앞의 〈양자직에게 답하는 편지答楊子直書〉에서 본체와 동정을 단순히 둘로 나누고 태극을 동정이 없는 절대적 고요 상태無動靜로 보는 것을 지양하고 태극의 잠재적 능력을 살리는 방향으로 생각할 필요성을 알게 된다. 그에 의하면 태극이란 본연의 신묘한 작용성이며, 동정이란 태극이 타는 기틀[추동력]이다[太極者, 本然之妙也. 動靜者, 所乘之機也]. 본체인 태극은 동정을 함축含動靜하고 있다. 본체는 동정과 분리되는 것이 아니라 본체에 포함된다. 태극에 비로소 동정이 있게[有動靜] 되면 즉 현실화 되면, 음양의 기운이 형성되고 오행이 생성되어 만물이 생산된다. 이것은 형이하의 유행流行의 차원이다. 태극은 음양, 오행, 만물, 나아가 각개의 개체들에 분할됨이 없이 내재하여 만유에 관통한다. 모든 것은 하나의 태극 안에 있으며, 태극은 모든 것 안에서 활동한다. 태극의 본체는 단순한 고요상태에 있는 것이 아니라 동정의 잠재성을 머금고 있으며, 이 잠재성을 〈有動靜〉의 기氣로 발현시키는 것이다. 이런 생각에서 그는 《통서해通書解》에서 動靜을 형이상形而上의 동정과 형이하形而下의 동정으로 나눈다. 형이상의 동정은 태극의 동정으로서, 태극이 자신의 본체성과 영원성을 유지하려면, "동하면서도 동함이 없고 정하면서도 정함이 없는動而無動, 靜而無靜", 즉 "동하지 않으면서도 동할 수 있는 존재未動而能動者"《朱子語類》)이어야 한다. 이러한 성질 때문에 태극인 이理는 국지성과 편체성을 벗어나 만유에 '유통流通'할 수 있다. 동정 양자를 동시에 갖추지 못하는 작용은 본체의 자존성을 파괴하고 현상으로 붕

---

24 Joseph Needham, *Science and Civilization in China*, v. 2, Cambridge University Press, 1956, p. 456.
　　賈豊臻, 《中國理學史》, 商務印書館, 1969, p. 173.

괴될 것이다. 이에 비해 형이하의 "동정은 동하면 정이 없고, 정하면 동이 없는動而無靜, 靜而無動" 불통성을 갖는다. 현상적 사물의 동정의 성질은 한정성과 편체성을 갖는다.[25] 동정을 형이상과 형이하로 나누면 태극의 영원성과 활동적 생명성을 살릴 수 있다는 것이다. 태극이 동정을 함축하고 있다 했을 때의 동정은 형이상의 동정이 된다. 태극에 동정이 있다有動靜는 구절도 다른 저술에서는 형이상의 동정으로 해석할 수 있도록 되어 있지만, 앞의 〈양자직에게 답하는 편지〉에서는 형이하의 동정으로 되어 있다. 결론적으로 말한다면 "태극은 원래 동정을 함축한 원리太極只是涵動靜之理이다."(《주자어류》, 2372) 동정은 기氣에 속하는 것이지만 이理는 그 동하지 않으면서도 동할 수 있는未動而能動 '역량力量'인 신묘한 운동 방식을 가지고 동정 '모두에 관류該貫'할 수 있다. "광대한 공간에 충만한 理[實理]는 동정 모두에 관통한다.實理該貫動靜"(《통서해》) 이것이 "무극의 진수無極之眞는 동정을 포괄하여 말한 것이다無極之眞是包動靜而言"라는 의미이다.(《주자어류》, 2369) 본체인 태극은 동정을 머금고 만물을 생산하며 그 안에서 산다. 이것이 "천명으로서의 태극이 창조적 흐름으로 실현된다天命流行"는 것이다. 우주는 본체와 발용이 근원적으로 하나이고, 나타난 것과 은미한 것이 틈이 없는 體用一源, 顯微無間 원융한 세계이다. 이것의 가능 근거는 이理의 편재적 내재성이다. 주희의 철학은 해관該貫의 생명원리를 전제하고 성립한다.

이러한 사변을 통해 주희는 이理가 기氣를 생산[生]하는 가운데, '기'의 추동력과 '이'의 '신묘한 창조성[妙萬物]'이 협동하여 우주가 전개된다는 주리론적 해관성을 말할 수 있었다. 흔히 언급되는 '기'가 현실화되는 과정을 통해 '이'가 그것을 타고서 실현된다는 말은 위와 같

---

25   朱熹,《通書解》,〈動靜〉16.

은 의미에서 이해되어야 할 것이다. 우주의 분화 과정에 있는 모든 곳에 원융한 태극이 내재하여 관류하고 있다. 이는 화엄교학에서 불佛의 마음인 여래성如來性이 개체들의 혼탁한 집착성에도 불구하고 우주에 관통하여 모든 개체들을 소통[通]하게 하는 평등성지平等性智로 머물러 있다는 세계상과 구조상 일치한다. 세계를 영원의 관점에서 보는 진여일심[理]과 여기에서 무시무종으로 전개되는 세계[事]는 서로 섞여 있지 않지만 분리되어 있지도 않다[理事無碍]. 먼지 같은 하나의 개체도 나머지 무수한 다양성과 서로 소통 한다[一多相攝, 事事無碍]. 현상의 측면에서는 장애가 있지만 본체적 실상의 관점에서는 모든 경계는 없다. 송대 신유가는 단지 이 구조에서 다양의 차별성(민족, 성, 신분, 능력의 차별을 포함)을 상대적으로 더 긍정하는 입장에서 기질氣質의 차이에 내재하는 태극으로서의 성[氣質之性]을 강조한다. 이때 성을 따로 분리해서 본연지성本然之性이라 한다. 이러한 세계상은 무차별적 소통성을 가진 동일한 예지계가 분화하면서 전개된 현상계를 말하는 쇼펜하우어의 세계상에 접근한다.

원래 정이천程伊川은 '유한량有限量'의 기氣가 현실화 과정에서 사용되고 우주가 소멸되면 함께 소멸된다고 생각하는 바람에 '무한량無限量'의 제3의 원천이 있어야 한다고 생각했다. 이것을 이어 받은 주희는 전자를 '기'로 후자를 '이'로 생각했기 때문에 '이'와 '기'의 연관을 생각해야 하는 부담을 안게 된 것이다. 주기론자인 장재張載에게는 하나의 '기'의 성질의 차이로 본체本體와 발용發用, 功用의 관계를 손쉽게 처리할 수 있었지만, 주희는 분리된 양자를 다시 연결해야 하는 사변을 해야 했다. 그러나 주희는 전통적 기일원론의 정신을 살려 본체와 현상을 일원적으로 연결하고자 노력했다. 동정動靜의 순환운동에 의해 전개되는 시간[時]과 공간[位] 및 만물은 태극 안에 있다. 태극도 현상적 개체들에 온전히 내재한다. 태극은 분할되지 않는다. 그것은 흐름과 소통[流通]으로 작용한다. 그러나 응결된 '기'의 맑고 혼탁하거나 순수하고 잡박한淸濁粹駁 차이로 인해 종種에 따라 태극을 수용하는 능력과 범위에 차이가 날 뿐이다[理一分殊]. 이러한 원융한 구조가 하나의 전체와 광대한 발용[全體大用]의 세계이다. 이 해관該貫의 세계는 인간의 역사적 삶도 그 안에 포함된다. 인간은 자신 안에 내재한 태극이라는 생명원리를 본성[性]으로 갖추고 있으며, 이를 자각할 수 있는 탁월성을 갖는다. 이러한 전체대용全體大用, 즉 '하나이자 모든 것'이 생의 근본적 의미를 암시적으로 전해주는 원천이다. 그 의미는 예시적豫示的 격물치지格物致知와 내적 존양存養의 노력의 끝에 가서 통찰된다.

쇼펜하우어에 의하면 자기의식을 갖는 인간은 자신의 심층에서 작용하는 의지를 직접 이해할 수 있으며, 이것을 세계의 본질Wesen인 생명원리Lebensprinzip로 유추할 수 있다. 인간의 의식은 이 과정에서 하나의 기적으로 발생한 '세계의 매듭Knoten'으로서 존재론적 탁월성을 갖는다. 의지는 자신이 최초의 단계에서 창조한 무규정의 물질Matter, ὕλη을 매개로 개별화를 실현하는 과정에서 각 개체의 종성種性을 창조적으로 형성하고 결정한다. 우주의 통일성인 예지계로서의 의지는 자신의 하나임을 유지하면서도 다양의 세계를 창조적으로 전개하는 실재이다. 이 때문에 쇼펜하우어는 의지를 아리스토텔레스의 표현에 따라 '운동하지 않으면서도 운동하는 존재'로 본다. 의지의 자기 발현에 의해 자연종은 무기물로부터 식물, 동물, 인류라는 단계로 상승한다. 개체들의 고유한 종성, 즉 실체적 형상形相, 혹은 이데아은 의지의 상승 운동에 의해 창조되며, 우주의 주기적 붕괴시에는 함께 소멸된다. 현상계는 의지의 표현Explikation, 펼침, 혹은 발현Äußerung, 外化이다. 개체들은 예지계의 차원에서는 분할할 수 없는 의지와 소통 체계에 연속되어 있다. 이처럼 개체의 성격이 결정되면서 예지계를 통해 전 우주에 참여하는 과정을 쇼펜하우어는 사물의 성격화Charakeristik라고 한다. 성격화를 통해 우주는 '하나이자 모든 것ἕν καὶ πᾶν'이 된다. 생의 의미는 이 구조에 대한 통찰에서 얻어진다. 이 통찰이 우리를 단번에 생명애와 인류애의 실천으로 이끈다.

그는 이러한 내재적 구도를 스피노자 《에티카》의 세계관에서도 확인한다. 이에 따라 쇼펜하우어는 자신의 형이상학이 윤리학이라고 한다. 만유의 전개는 예지계인 의지의 발현이다. "세계는 의지가 자신을 보는 거울이다." 그러나 쇼펜하우어는 본체의 현상적 모습을 즐거워하는 스피노자나 니체의 긍정적 의욕을 갖고 있지 않다. 의지의 발현인 우주도 주기적으로 붕괴하는 무상한 것이다. 쇼펜하우어가 그리스도와 붓다를 모델로 빚어낸 초인은 세상성이 갖는 근심Sorge과 덧없음이 주는 우수를 통과한 고상한 슬픔을 지닌 성자이다. 기쁨은 영원의 관점에서 세계를 보는 마음의 깊은 평화와 고요에서 온다. 쇼펜하우어의 철학은 아시아의 철학들처럼 발현과 소통의 철학이다. 철학은 밖으로는 과학과 예술에 대해 반성적 성찰을 할 수 있어야 하며, 안으로는 인간의 모든 활동이 이루어지는 지평인 시간성을 넘어서는 자기고양의 수양을 필요로 한다. 철학은 과학의 논리를 해명하는 과학론에서 출발하여, 시간과 영원의 접점을 향하여 분투하는 활동이다.

이러한 활동은 왜 쇼펜하우어가 《파우스트》의 상승하는 변증법적 의지를 존중하며, 동방(괴테의 경우는 이슬람 문화)과 서양이 '둘이면서 하나'라는 《서동시집 West-östlicher Divan 》(1819)을 애호했는지를 이해하게 한다.[26] 이 시집에서 괴테는 둘로 갈라져 있으면서 하나로 연결된 '은행

---

26 괴테, 김용민 옮김, 《서동시집 West-östlicher Divan 》(1819), 민음사, 2007, 197쪽.
    〈은행나무〉 시는 다음과 같다: 동방에서와 내 정원에 / 맡겨진 이 나무의 잎은 / 비밀스러운 의미

잎'을 통해 대립의 통일이라는 사물의 깊은 의미와 동과 서의 조화를 보여 준다. 같은 시집의 〈격언시편〉에서는 "민족들이 서로를 경멸하며/ 갈라져 있는 곳에서는/ 모두들 같은 것을 추구하면서도/ 그걸 서로 인정하려 들지 않는다"고 유럽의 자기중심적 흐름을 비판한다.[27] 쇼펜하우어의 국제주의적 철학 의식은 인도와 중국으로 향하고, 이 개방성을 자신의 세습적 사고 습관을 반성하는 계기로 삼는다.

그는 개개의 사물에서 생명의 내재를 통찰하는 지혜를 자유로서 이해하는 세계상에 공감한다. 그는 주희뿐만 아니라 불교에도 이와 같은 관점이 있다는 것을 알게 되었으며, 한문과 자료의 한계 때문에 주희를 비롯한 아시아의 철학을 정확하게 해독하지 못하는 아쉬움을 느끼기도 했다. 쇼펜하우어에게 어떤 암시적 예감과 함께 다가왔던 전체대용全體大用의 세계상은 오늘날 다시금 다음의 물음을 진지하게 묻게 만든다. 세계란 무엇인가? 나란 무엇인가? 이 물음은 현상계에 대한 과학적 설명의 끝에서 압도하듯 다가온다.

를 담고 있어서 / 그걸 아는 사람을 감동시키다. 두 쪽으로 갈려 있는 / 이 잎은 본래 한 몸인가? / 사람들에게 하나로 보이는 / 이것은 본래 두 개인가? 이런 물음을 궁리하다가 / 나 그 참뜻을 깨달았다. / 그대는 내 노래에서 역시 / 내가 하나이며 또한 둘임을 느끼지 않는가?
27 괴테, 위의 책, 130쪽.

2. 불교佛敎와 쇼펜하우어

쇼펜하우어는 인도 철학과 불교 및 중국 철학에 대해 젊은 시절부터 적극적 관심을 갖고 있었다. 그의 이러한 관심은 피론Pyrrhon, B.C. 360~B.C. 270이 회의주의적 관용의 철학을 불교로부터 배우고, 이집트 플로티노스Plotinos, 204~270 학단이 인도 유학을 통해 우주적 정관靜觀의 동질성을 경험한 이래 서양 철학사에서는 보기 드문 사건이다. 근대에는 몽테뉴Michel Eyquem de Montaigne 1533~1592가 데카르트의 주관성의 독단을 비판하고, 피론의 회의주의에 동조하여 동방의 문화와 타생명체에 대한 관용의 덕을 강조했다. 라이프니츠Gottfried Wilhelm Leibniz, 1646~1716는 종파주의적 종교전쟁을 극복하기 위해 조화의 원리에 따라 기독교 통합 운동(에큐메니즘)에 관심을 가졌으며, 중국 철학, 특히 주희의 철학에서 자신의 사상과 같은 점을 확인한다. 하지만 이들은 여전히 서양 사상을 축으로 주변성을 포용하는 자기중심적 관용에 머물렀다. 그러나 쇼펜하우어는 베단타Vedanta 철학을 플라톤, 칸트와 함께 자신의 주요 사상의 3대 핵심적 연원으로 제시하고, 자신의 저작 도처에서 자기의 착상이 아시아 철학뿐만 아니라 '모든 인류, 모든 민족들'에게 공통된 생각을 담고 있다고 본다.

쇼펜하우어는 중국 신유가에 대해서도 유럽인에게 너무 어려운 한문의 장벽을 안타까워 하며, 그에 대한 많은 지식이 정확한 자료를 통해 유럽에 알려지기를 희망했다. 그는 자생적 불교의 세계관을 최상의 지혜로 숭앙하는 불교도Bhuddaist를 자처하는 것처럼 보인다.

그는 서양 지성사의 주류였던 신학존재론적 목적론을 성서의 진정한 정신에 위배되는 사변 형이상학이라고 비난했다. 이 맥락에서 그는 칸트의 선험적 관념론을 버클리 관념론을 통해 수정하여 표상으로서의 세계상을 제시할 수 있었다. 이것이 외부 실재에 대한 집착을 포기하는 동서양의 신비주의, 특히 불교에 입문하는 이론적 계기가 된다. 그의 지식론이자 과학론이라 할 수 있는 《충족이유율의 네 겹의 뿌리에 관하여》는 인간 지성의 논리적 형식이 지식 형성의 선험적 조건이라는 칸트주의적 발상을 논한 것으로, 지성의 분별의식을 벗어나 우주 시민으로 거듭나는 덕의 길을 예비하는 것이다. 외부대상을 인식하는 데에 습관된 지성은 결코 세계 의미의 문제를 묻지 못한다. 이 때문에 생의 의미를 통찰하는 실천적 덕을 추구해야 한다는 그의 노선은 아시아 철학과 문제의식을 함께 하는 것이다. 쇼펜하우어는 독일관념론에까지 이르는 사변 신학적 형이상학을 지성의 논리의 '오용'이자 '무의미Unsinn'로 비판하고, 그 목적론적 '실재론'을 '근거 없는 낙관론'으로 비난한다. 이 때문에 그는 서양에서 혐오하는 염세주의라는 낙인이 찍히게 되었다. 그러나 염세주의적 감각은 아시아 철학 대부분에 깊이 스며들어 있는 감정이다. 생의 의미와 덕의 추구는 고통과 무상성에 대한 감각에서 나온다. 19세기를 통해 유럽에서는 수차례의 혁명이 발발했으나, 시민이 국가의 국민으로 흡수되어 개개인이 자기 지배력을 상실하고 국가의 에너지 자원으로 빨려 들어가 총력전을 준비하는 부품으로 되어가는 시기이기도 했다. 이 시기에 생의 의미를 묻지 않는다는 것은 실로 의아한 일일 것이다. 그리고 그 과정이 주관성의 확대와 오만에 기초한 독일관념론적 주체성에 의해 옹호될 때, 그가 신비주의자들의 '포기Resignation'의 미덕을 강조하는 것이 염세주의나 전근대적인 동양인의 생각으로 여겨진 것이다. 하이데거에게도 포기의 덕은 존재의 의미를 통찰하는 본연의 실존 양식인데, 그 자신도 의식하듯 현실 사회에서는 통용되지 않는다. 또한 쇼펜하우어가 자아란 존재하지 않는다고 하면서 그것을 오목렌즈 앞에 맺힌 허점과 같은 것으로 주장했을 때, 주어와 술어의 구분에 기초한 아리스토텔레스 논리학에 능숙한 서양인들에게는 몰상식한 소리로 들렸을 것이다.

브라이언 매기에 의하면 "쇼펜하우어 철학은 동양의 영향으로 형성된 것은 아니다. 단지 서양 철학의 주된 흐름이 칸트와 쇼펜하우어에게서 도달한 결론은 신비주의 종교 및 동양 사상과 서로 다른 길을 통해 도달했지만 놀라우리만치 유사하다."[1] 그러나 이러한 견해는 쇼펜하우어와 동양, 그리고 신비주의와의 연관을 우연적 관계로 보게 하는 오해를 낳을 수 있다. 그는 자신의 견해가 아시아 철학에 의해서도 입증되는 것으로 생각했다. 그는 유대-기독교 전통에 따르는 신학존재론이 이성의 논리에 대한 과신이 낳은 독단성을 갖는다고 비난한다. 그 이성은 보편 이성이 아니라 유대-기독교적 이성이라는 것이다. 또한 그는 인도 철학, 불교, 동서양의 실천적 신비주의 전통이 각기 방식은 다르지만 시간과 영원을 결합시키는 구원의 열망을 충족하고 있는 것으로 본다. 이러한 열망은 계몽주의 사조와 과학적 세계관의 확산이 억압하고 있는 무의식적 요구를 표현하는 것이었다. "서양은 자신이 간직하고 있는 동양을 애써 억제하는 과정에서 형성되었다."(Edgar Morin) 르누

---

1   Bryan Magee, *The Philosophy of Schopenhauer*, Clarendon Press, 1983, p. 340.

아르Frédéric Renoir의 지적처럼 서양의 지성사는 다음 세 가지 억압에 기초해서 전개되었다. "상상체계와 감정, 인간 정신이 내포하고 있는 비이성적인 면에 대한 억압, 삶의 의미를 탐구하려는 개인적 차원의 갈구에 대한 억압, 그리고 외부 세계에서 일어나는 현상 연구로 인한 개인의 은밀한 내면 의식 탐구 억압, 이렇게 세 가지이다."[2]

쇼펜하우어와 동양의 만남은 바로 이러한 억압에 반대하여 18세기 말에서 19세기 중반에 이르는 낭만주의 운동과 함께 일어난 인도에 대한 폭발적 관심의 열기를 타고 이루어진다. 이러한 열기는 인도-유럽어에 대한 언어학적 관심과 잃어버린 낙원이라는 신비화된 동양상에 대한 동경, 근대인이 버린 자연과 인간의 합일이라는 신비주의에 대한 관심 등에 의해 지적으로 고취된 것이었다. 르누아르의 연구가 보여 주듯 이 시기의 새로운 문화 운동은 제2의 문예부흥이었다. '신문예부흥', '동양 문예부흥'이라는 어휘들이 출현했다. 쇼펜하우어는 이 지적인 동양 부흥운동을 수용하여 기독교 유신론으로 회귀하는 낭만주의와는 다른 길, 즉 무신론적 의지 형이상학으로 나아간 것이다. 이 의지 형이상학을 그는 우파니샤드 철학, 불교 철학, 심지어 주희 철학과도 동일시한다. 쇼펜하우어를 고결한 스승으로 보았던 니체가 1874년 "앞으로는 헤겔보다는 쇼펜하우어를 아는 사람이 훨씬 많게 될 것이다"라고 했듯, 르누아르는 "1880년부터 1930년, 아니 그 후까지도 유럽의 대부분의 예술가들은 어느 정도 쇼펜하우어주의자였다고 말 할 수 있다"고 한다.[3] 쇼펜하우어는 학위 논문을 쓰기 2년 전(1811)에 1818년의《의지

2   Frédéric Renoir, 양영란 옮김,《불교와 서양의 만남 The Encounter of Buddism and the West》(1999), 세종서적, 2002, 315쪽.
3   위의 책, 131쪽. / 그는 쇼펜하우어의 영향을 받은 인물들을 다음과 같이 열거한다. 니체, 프로이트, 키르케고르, 베르그송, 비트겐슈타인, 모파상, 톨스토이, 카프카, 토마스 만, 프루스트, 카뮈, 셀린, 보르헤스, 바그너, 말러, 쇤베르크, 아인슈타인, 찰리 채플린.

와 표상으로서의 세계》에 영향을 주게 될 라틴어본《우파니샤드》를 접한 이래 점차 불교에 이론적 관심을 갖게 된다. 쇼펜하우어는 불교가 유럽에 알려지는 과정에 세심한 관심을 갖고 주시했으며, 여기서 얻은 정보에 입각하여 자신의 주저의 개정판(1844년과 1859년 판)을 약간씩 수정하고 참고 문헌을 보강했다. 주저에 대한 해설서인《의지와 표상으로서의 세계》II는 자신의 핵심 사상이 성서 및불교와도 공통된 것임을 상세히 해설한다. 이로써 그는 배타적 개인주의적에 의거한 근대 소유권론의 부도덕성을 드러낸다[하지만 쇼펜하우어는 법철학에서는 이 소유권론을 지지한다]. 그리스도는 '공空을 말하는 예수'이다.

우리가 사물의 바닥에 도달하면, 우리는 산상수훈의 가장 유명한 구절조차도 자발적 빈곤에 대한 간접적 명령을 포함하며, 그래서 삶에의 의지의 부정을 간접적으로 명한다는 것을 알게 된다. 왜냐하면 우리에게 행해지는 모든 요구를 무조건적으로 충족시키라는 것, 겉옷을 달라면 속옷까지 주라는 등의 교훈(《마태복음》, 5장 40절), 마찬가지로 내일도 포함하여 미래에 대한 모든 근심을 없애고 오늘을 살라는 교훈(《마태복음》, 6장 25~34절)은 그것을 준수하는 것이 불가피하게 완전한 빈곤으로 이끄는 삶의 규칙들이기 때문이다. 따라서 그들은 붓다가 추종자들에게 하라고 직접적으로 명하는 것, 그리고 자신의 사례로 확증한 것, 즉 모든 것을 버리고 비구 탁발승가 되라고 간접적으로 말한다. 이것은 〈마태복음〉(10장 9~15절)의 구절에서 보다 결정적으로 나타난다. 거기서 사도들은 신발과 지팡이를 포함한 어떤 소유물도 갖는 것이 허락되지 않으며, 가서 구걸하도록 인도되고 있다. 이러한 교훈들은 나중에 성 프란시스의 탁발 단체의 기초가 된다.(보나벤투라,《성 프란시스의 생애》, c. 3) 그러므로 나는 기독교 도덕의 정신은 브라만교와 불교의 정신과 같다고 말하겠다. 여기서 논의한 전체의 관점과 일치해서 마이스터 에크하르트Meister Eckhart도 다음과 같이 말한다. "고통은 그대를 완성으로 이끄는 가장 빨리 지나가는 동물이다."[4]

고통이 정화하고 신성화하는 힘을 갖는다는 인식은 성서와 불교 및 신비주의적 지혜의 근본이다. 쇼펜하우어는 과학-기술 시대가 억제하고 있는 가치가 서양 정신 속의 동양이라는 것을 환기시킨다. 그의 의도는《우파니샤드》와 불교를 통해 서양 근대 문명에서 잃어버린 인류 공통의 지혜로 나아가는 길을 결합하여 조화와 균형을 갖도록 하는 것이다. 쇼펜하우어의 이러한 노력은 오늘날에도 빛을 잃지 않는다.

초기 불교로 돌아가자는 입장을 잘 보여 주는《금강경金剛經》[Kumārajīva (343~413) 역]에서 무상無相의 윤리는 모든 분리와 경계에 대한 집착[相]을 무화하는 자기희생의 윤리이다. 모든 것을 주지만, 주는 자도, 받는 자도, 주는 물건도 없다는 삼무三無의 윤리는 붓다의 정신이 자기희생적 사랑이라는 것을 잘 보여 준다. 쇼펜하우어는 당시 낭만주의자들의 관념에 따라 예수의 자기희생의 윤리가 인도에 뿌리를 둔 것으로 보았다.

원래 쇼펜하우어는 1813년 어머니의 살롱에서 동양학자 메이저 Fridrich Majer를 만나 아시아 사상을 접하게 된다. 쇼펜하우어의《유고Manuscript Remains》는 그가 1813~1814년에 인도 사상을 접하게 되었다는 것을 알려 준다. 그리고 그가 불교에 대한 많은 지식을 얻게 되는 것은 1818년 이후이다. 네 권의 유고 가운데 3권1818~1830에 가서야 불교에 대한 언급이 급증하는 것이 그것을 증명한다. 1818년의《의지와 표상으로서의 세계》I은 불교에 대한 여덟 개의 언급이 있는데, 그중 다

---

4   Arthur Schopenhauer, *Die Welt als Wille und Vorstellung* Ⅱ, S W, Band Ⅱ, Suhrkamp, 1986, s. 813.

섯 개는 개정판(1844, 1859)에서 추가된 것이다. 그리고 1844년에 출판된《의지와 표상으로서의 세계》II는 불교에 대한 서른 개의 언급과 힌두교에 대한 마흔다섯 개의 언급이 있다. 쇼펜하우어의 말에 의하면 1840년대에 인도 문헌들이 매우 많이 출간되었다.[5] 인도 철학과 불교에 대한 그의 관심은 죽을 때까지 계속되었다. 그는 당시에 쏟아져 나온 문헌들을 수집하여 참고문헌으로 활용했다.

인도 및 불교와의 연관에서 그의 사상을 구성하는 여러 언급들은 평가를 달리할 수 있는 차이를 보여 준다. 우선 자주 인용되는 1818년 드레스덴에서 쓴《의지와 표상으로서의 세계》I의 서문은 다음과 같이 되어 있다.

칸트 철학은 여기서 제시하는 사상을 이해하기 위해서 전제로서 알아야 하는 유일한 철학이다. 그러나 이와 함께 독자가 신과 같은 플라톤 학파의 연구에 헌신해 왔다면 그만큼 내 강론을 들을 준비가 잘 갖추어 진 것이며, 그것을 보다 받아들이기 쉬울 것이다. 그러나 15세기에 그리스의 문예 부흥이 끼친 영향에 못지않게 산스크리트 문헌이 영향을 준 것이 적지 않다고 생각되기 때문에, 아직은 젊은 금세기가 이전의 몇 세기에 대해 내세울 수 있는 최대의 특권Vorzug이라 할 수 있는《우파니샤드Upanshaden》를 통해 우리가 접근할 수 있는 길이 열리게 된 베다Veden를 읽는 특혜를 독자가 받았다면, 다시 말해 고대 인도의 신성한 지혜를 받아들이고 이해했다면 내가 펼치는 강론을 들을 최상의 준비를 갖춘 것이다. 그 독자는 일부 다른 사람들이 낯설게 느끼고, 심지어 적대감마저 느끼는 것과는 달리 그

---

5   Moira Nicholls, 'The Influences of Eastern Thought on Schopenhauer's Doctrine of the Thing-in-Itself', Edited by Christopher Janaway, *The Companion to Schopenhauer*, Cambridge University Press, 1999, pp. 176~177.

러한 반응을 보이지 않을 것이다. 왜냐하면 너무 오만한 것처럼 들리지 않을까 하지만, 나는 나의 사상이 이미《우파니샤드》에서는 결코 발견될 수 없을 것이며,《우파니샤드》를 구성하는 하나하나의 개별적인 말들 모두가 내가 전하고자 하는 사상에서 이끌어 낼 수 있는 귀결들이라고 주장할 수 있기 때문이다.[6]

이러한 언급은 새로이 나타난 중요한 문헌을 보았을 때 자신의 독창성에 대해 과민 반응을 보이는 쇼펜하우어 특유의 어법을 나타내고 있다. 그러나 그도 자신의 시대가 인도 문예부흥기에 접어들었다고 하는 것과 그러한 분위기에서《우파니샤드》철학을 자신의 철학이 표절한 것은 아니지만 귀결에서 일치한다는 것을 명시하고 있다. 나타난 말로만 보면 칸트와 플라톤을 수용한 자신의 사상이《우파니샤드》와 귀결들에서 우연히 일치한 것이라고 말하고 있다. 그러나 '《우파니샤드》는 나의 삶과 죽음의 위안이 되었다'는 고백을 고려하고, 두 세계상의 구조를 비교해 보면, 그의 철학이《우파니샤드》의 전 구도와 유사한 구조를 갖고 있다는 것을 알 수 있다. 니콜스Moira Nicholls는 쇼펜하우어에 대한 불교《우파니샤드》의 영향 관계를 다음과 같이 고찰한다.

1844년에 나온《의지와 표상으로서의 세계》I의 재판에는 불교의 직접적인 영향을 부인하는 듯한 언급이 있다.

불교는 아시아에서 다른 어느 곳보다도 훨씬 많은 추종자들이 있기에 지구상의 대다수를 차지하는데, 나의 교의가 그들이 갖고 있는 종교[불교]와 그렇게 긴밀한 조화를 이룬다는 것을 보는 것은 나에게는 하나의 즐거움

6   Arthur Schopenhauer, *Die Welt als Wille und Vorstellung* I, S W, Band I, Suhrkamp, 1986, s. 11~12.

임에는 틀림없다. 그리고 내가 철학을 하는 과정에서 확실히 그 영향 아래 있지 않았던 만큼, 이러한 일치는 더욱더 즐거운 일이다.[7]

불교의 영향에 대한 이러한 부인은 1816년의 다음과 같은 글과 비교해 보아야 한다.

더욱이 나는 고백하겠다. 나는 나의 교의가 《우파니샤드》, 플라톤, 칸트가 동시에 한 사람의 정신 속에 빛을 방사하기 전에 일어날 수 있었다고는 믿지 않는다.[8]

이 언급은 인도 문헌의 직접적 영향을 말하고 있지는 않지만, 그것에 대한 이해가 자신의 사상 형성에 본질적인 것들 가운데 하나였음을 암시한다. 불교 역시 참고 문헌의 증가에 따라 심화되면서 그의 사상의 본질적 부분으로 엮어진다고 볼 수 있다. 1849년으로 표시되어 있는《유고》의 다음과 같은 언급은 1814년과 1818년 사이에 인도와 연관하여 사상의 숙성 과정이 있었음을 알려 준다.

1814~1818년에 드레스덴에서 쓴 이 책자들은 나의 사고의 숙성 과정을 보여 준다. 이로부터 그 당시에 나의 전 철학은 아침 안개로부터 점차 아름다운 경관이 나타나듯 떠올랐다. 여기서 지적할 만한 것은 1814년 내 나이 27세에 나의 체계의 모든 교의가 중요하지 않은 것까지 포함하여 확

---

7   Moira Nicholls, 'The Influences of Eastern Thought on Schopenhauer's Doctrine of the Thing-in-Itself', Edited by Christopher Janaway, *The Companion to Schopenhauer*, Cambridge University Press, 1999, p. 180.
8   위와 같음.

립되었다.[9]

이 구절은《우파니샤드》와 불교의 사상이 갑자기 인상을 주었다기보다는 1814년에 어떤 중심적 착상이 형성되어, 이것이 다음 4년 동안 발효되었다는 것을 보여 준다. 니콜스가 주목하는 위의 인용문들이 보여 주듯 우파니샤드 철학에 대한 이해가 이미 숙성되어 1818년의 쇼펜하우어의 주저에 중요한 요소로 편입되었다는 것이다. 쇼펜하우어의 사상이 귀결에서만 아시아의 철학과 일치한 것이 아니라는 것이다.

그러나 니콜스도 지적하듯 쇼펜하우어의 그 후의 저작들을 읽어 보면 한 가지 특징적 차이가 감지된다. 초기의 주저에서는 의지의 현상화, 즉 개별화 과정이 개체들 간의 잔혹한 투쟁으로 그려져 있어 그의 염세성이 강하게 드러나며, 의지는 경험적 자아의 자기의식 안에서 직관될 수 있는 것으로 되어 있다. 그러나 그 후의 글에서는 신이 있다면 사악한 신일 것이라는 이전의 관점이 상당히 약화되고 있으며, 의지 역시 사악한 작용을 하는 것이 아니라 만유에 소통하는 신성한 것으로 묘사된다는 것이다. 물자체인 의지도 동양적 분위기 속에서 자연종의 내부와 외부에서의 상호간의 소통을 가능하게 하는 선하고 아름다울 수 있는 것으로 묘사된다. 모든 곳에 편재하는 브라흐마와 동일시되는 물자체는 욕망을 초극한 각자覺者에 의해 깨닫게 되는 것으로 언급된다. 이 때문에 니콜스는 쇼펜하우어가 더 오래 살았다면 물자체가 초기의 의지가 아니라 구원을 성취한 사람이 깨닫는 어떤 대상이라는 관점으로 이동했을 것이라고 추측하기도 한다. 그러나 이런 일은 일어나지 않았으며, 그는 평생 의지를 궁극의 실재로 보았고, 당시에 퍼진 '무

9   위의 책, p. 181.

無의 숭배Victor Cousin'로서의 불교관을 유지했다. 이러한 긴장 때문에 그의 아시아 철학에 대한 언급들은 동양의 원융함보다는 내면성에 갇힌 궁벽성을 면치 못하는 부자연스러운 면모를 갖게 된다. 이러한 모습은 쇼펜하우어가 대승불교의 영향으로 원융한 불이론적不二論的, Advaita 체계를 가진 베단타 철학자 상카라Sankara, 700~750를 알고 있었지만 변함이 없었다. 니콜스는 다음과 같은 인용문으로 그 점을 보여 준다.

아름다운 인도 신화에 따르면 비슈누 신은 자신을 하나의 영웅으로서 현현시키는 것처럼, 브라흐마는 동시에 그 행적을 읊는 음유시인으로 세상에 온다. 그러므로 도덕적인 것이 이들 둘 사이에서 발견된다. 그것은 의지의 긍정에서 의지의 부정으로 가는 길, 신화적으로는 원죄가 들어온 것으로부터 현현한 신Avartar의 도움으로 신앙을 통한 구원으로 가는 길을 비추는 빛으로 사람을 이끌고 간다. 베다의 가르침에 따르면 모든 경우에서 업의 결과인 모든 재탄생을 통해 올바른 지혜가 나타나고, 이와 함께 구원(궁극의 해방), 즉 모크사Moksha, 열반인 브라흐마와의 재결합이 나타날 때까지 이끌고 간다. 그러나 불교도는 완전히 정직하게 그 문제를 오직 부정적으로 세계의 부정, 즉 윤회Samsara의 부정인 열반Nirvana으로 묘사한다. 열반이 무無로 정의 된다면, 이는 오직 윤회가 열반을 정의하거나 구성하는 데에 도움이 될 수 있는 어떤 단일한 요소도 포함하지 않는다는 것을 의미한다. 이 때문에 불교도와 이름만 다를 뿐인 자이나교도는 브라만들을 알 수도 없고 증명될 수도 없는 이교를 믿는 사람들을 의미하는 별명인 사다프라만Sabdapramans, 즉 베다를 믿는 사람들이라 불렀다.[10]

---

10 위의 책, pp. 184~185.

688 의지와 소통으로서의 세계

위의 언급은 브라흐마를 도덕을 이끄는 신으로 보고, 사악한 의지로 해석하지 않는다. 그러나 현실과 이상을 분리하는 어법은 상카라의 불이론적 원융성과는 일치하지 않는다. 또한 불교에 대한 언급에서도 열반을 '무'로 정의할 수 있다는 말은 오류이다. 그러한 주장에는 초기 불교에서부터 열반은 무無가 아니라 세속의 유有와 무無를 떠난 불이不二의 중도中道라는 것에 대한 이해와 원융한 자유로움이 결여되어 있다. 윤회와 열반은 둘이 아니다. '무'를 숭상하는 쇼펜하우어는 윤회까지도 긍정적으로 보는 힌두교의 정신보다는 윤회를 부정하는 것에서 출발하는 불교를 더 평가하고 있다. 그러나 불교는 생 그 자체를 부정하는 것이 아니라 생을 괴롭히는 망상 번뇌를 용해시키는 것이다. 윤회의 부정도 다시 자비의 마음을 가지고 윤회로 돌아오는 무대립의 절대에 진입하는 것이 진정한 자유의 길이다. 대체로 그의 대부분의 언급들은 아시아의 선사들의 명랑성과 자유로움을 결여하고 있다. 이것은 당시의 문화적 허무주의와 쇼펜하우어의 심리적 불안과도 연관되어 있지만, 서양 전통에서 내려오는 이분법적이고 실체적인 이른바 존재론적 사고의 습관에도 원인이 있는 것으로 보인다. 이 점이 일부 서양의 연구가들이 19세기의 신문예부흥이 허무주의적으로 동양을 이해하여 왜곡했다고 비판하는 이유다.

그러나 당시 서양인들에게 쇼펜하우어의 불교는 아시아적 사고의 일단을 이론적 측면에서 보여 주기에 충분했으며, 서양 철학이 경멸해왔던 '무'의 개념에 관심을 돌리게 할 수 있었다. 니체는 쇼펜하우어의 제자인 도이센Paul Deussen이 소개한 인도사상과 불교를 배웠으며, 불교의 여러 장점을 알았음에도 불구하고 유럽의 허무주의 도래가 불교적 퇴폐성을 면치 못한다고 생각하여 그것을 거부하는 방향으로 나아간다. 이는 쇼펜하우어가 본 불교를 원래의 불교로 오해한 데에 기인

한 것이었다. 그러나 르누아르가 소개하듯 콘즈Edward Conze와 웰본Guy
Richard Welbon과 같은 연구가들은 쇼펜하우어의 사상이 불교적 입장과
일치한다고 평가했다. 그럼에도 쇼펜하우어와 불교 사이에는 공통점
과 함께 무시할 수 없는 차이점이 보인다. 르누아르는 이러한 점들을
잘 알고 있었던 드루아Roger-Pol Droit의 연구에 의거하여 공통점과 차이
점을 다음과 같이 요약한다.

| 쇼펜하우어와 불교의 공통점

(1) 삶을 고통과 동일시한다는 점: 일체가 모두 고통一切皆苦이라는
붓다의 테제는 '고통이 생의 본질'이라고 보는 쇼펜하우어와 공통된다.

(2) 고통의 근원이 욕망에 있다는 점: 고통의 원인이 갈애渴愛에 있
다는 붓다의 테제는 고통의 원인이 '채워지지 않는 의지'에 있다는 쇼
펜하우어의 주장과 공통된다. 갈애가 그치면 고통도 그친다는 것은 개
인에 구현된 생의 의지를 부정하면 고통이 그친다는 쇼펜하우어의 주
장과 공통된다.

(3) 무아론에 따라 개별화의 원리를 부정한다는 점: 인간이나 사물
에는 실체적 자아가 없으며, 나의 소유물도 없다는 테제는 개별화의
원리를 타파하고 동정심Mitleid을 확대한다는 쇼펜하우어의 주장과 공
통된다.

(4) 진정한 윤리는 자력에 의해 성취되며 계시적 초월성에 의존하
지 않는다는 점: 자신 스스로가 번뇌 망상을 타파하여 자유(해탈)를
얻는다는 테제는 마야의 베일을 걷어치움으로써 해방된다는 쇼펜하
우어의 주장과 공통된다.

(5) 부정의 논리를 사용한다는 점: 붓다는 세상에 대한 맹목적 긍
정이 아니라 부정에서 출발한다. 이 점은 의지부정을 통해 자유에 도

달한다는 쇼펜하우어의 논법과 공통된다[붓다는 비유비무非有非無의 중도를 강조하지만, 쇼펜하우어는 적어도 그의 1818년의 주저에서는 우주의 무無로 결론을 내린다.][11]

그러나 다음 두 가지 차이점도 있다.

| 쇼펜하우어와 불교의 차이점

(1) 붓다의 화살 맞은 사람의 비유가 보여 주듯 붓다는 철학이나 종교를 말하려는 것이 아니라 일종의 임상학적 사상을 말한다. 그는 화살을 제거하는 실천적 관심을 중시하고 화살이 날라온 방향이나 거리 등에 대한 긴급하지 않은 관심을 배제한다. 불교의 입장에서는 생 그 자체가 고통이 아니라 무지의 결과로서의 욕망에서 고통이 온다. 이 연결 고리가 끊어지면 삶은 치유된다. 불교는 염세주의에 머물지 않고, 도덕적 선한 활동을 장려하며 정진을 통해 삶을 치유할 것을 권한다. 그러나 쇼펜하우어에게는 생 자체가 병이다. 따라서 생 그 자체로서는 치유가 불가능하다. 이러한 생각에서 생의 의지의 부정이라는 말은 사실상은 개체적 욕망의 극복이지만 생 그 자체의 부정과 소멸이라는 인상을 주는 발언들이 나오게 되었다.

(2) 붓다는 극단적 수행방법이나 교훈을 말하지 않는다. 불교는 지나친 긴장과 지나친 해이를 경계한다. 이는 쇼펜하우어가 과격한 금욕주의를 통해 '의지를 괴롭히는 것'을 생의 의지를 극복하는 것으로 찬양하는 것하고는 차이가 있다. 기독교적 편견을 갖고 있는 지라르Rene Girard의 《동양과 독일 낭만주의 사상》(1963)도 그러한 차이를 강조한다. 그에 의하면 쇼펜하우어는 브라만 사상보다는 불교에 가깝지만 불

---

11 Frédéric Renoir, 양영란 옮김, 《불교와 서양의 만남*The Encounter of Buddism and the West*》(1999), 세종서적, 2002, 143~149쪽.

교가 보는 고통은 현상계에 속하므로 상대적인 것이어서 실제로 존재하는 것이 아니지만, 쇼펜하우어의 고통은 그 원인이 의지라는 본질에 있으므로 절대적인 것이 된다. 그러나 '고통이 존재한다면 그 고통은 언제나 존재할 것이고, 그렇다면 어떠한 구원도 불가능할 것이다'라는 나가르주나Nagarjuna, 龍樹의 사상이 불교의 진리를 잘 표현한다. 이러한 입장에서 지라르는 "쇼펜하우어의 철학은 동양과 서양이 상호대립, 침투하면서도 절대로 융합되지 않는 혼합 세계라고 볼 수 있다"고 결론 짓는다.[12]

이상의 논의는 초기 붓다의 교설과 쇼펜하우어의 관계를 주로 고려한 것이다. 초기 불교뿐만 아니라 쇼펜하우어가 점차 더 많이 알게 되는 대승불교까지 범위를 확대한다면, 지식론과 형이상학의 측면에서 양자의 연관성을 더 논의 할 수 있을 것이다. 그러나 그것에 대한 논의에 앞서 19세기 유럽에서의 불교 연구와 문화적 상황에 대한 약간의 논의가 필요하다. 드루아의 《무의 숭배: 철학자들과 붓다》(1997)에 의하면 이 시기 불교가 환영받는다는 의미에서 어떤 긍정적인 영향을 유럽에 미쳤을 것이라는 기대는 가질 수 없다. 당시의 불교는 폭발적 관심에도 불구하고 쇼펜하우어 이외에는 불교에 진심으로 호의를 가질 수는 없었다. 무의 숭배로 이해된 불교는 서양 전통에서 보면 악마적 부정으로 가득 찬 종교로 비쳤다. 신비주의자나 변증 신학자 이외에는 '무'에 대한 사고를 적극 배제하는 전통은 허무공포증이라는 신경증을 만들었다고도 할 수 있는데, 신비의 대상에서 학문적 연구 대상으로 전환된 19세기 중엽에도 불교는 여전히 의심과 교정의 대상으로 이해되었다. 점잖은 유물론이라 할 수 있는 범신론조차도 불경스럽고 부

---

12 위와 같음.

도덕한 것으로 의심받는 시대에 그러한 반응은 당연하다고 할 수 있을 것이다. 학문적으로 이러한 인식을 조장하는 데 크게 기여한 것은 대표적 인도학자 뷔르누프Eugène Burnouf, 1801~1852의 《인도 불교사 입문》 (1844)이었다. 이 책은 드루아에 의하면 "불교 연구에 기틀을 다진" 것이었으며, 당시의 철학자들(셸링, 헤겔, 쇼펜하우어, 니체, 쿠쟁, 텐느 등)의 관심을 끌었다. 그 책은 열반을 "육신과 영혼이 파괴된다고 하는 완전한 사멸의 상태", 즉 '완전한 소멸'을 의미하는 것으로 해석했다. "붓다는 사유의 원동력이 소멸되는 데서 지복의 경지를 보고 있었다"는 해석은 불교를 염세주의나 허무주의로 이해하게 했다. 쿠쟁, 생틸레르Jules Barthélemy Saint-Hilaire, 콜브루크Henry Thomas Colebrooke 등의 연구는 인도에서 불교와 함께 철학의 다양한 유파들이 논쟁을 통해 발전해 왔음을 확인시킨다. 그러나 이들도 불교를 사멸과 '무'를 숭상하는 것으로 결론 내린다. 쿠쟁의 언급처럼 그들은 "불교의 바탕을 이루는 그 개탄스러운 사멸에 대한 사상"이라는 평가에 공감한다.[13] 니체의 불교관을 결정한 것은 바로 이와 같은 공감대에서 온 것이다.

또한 이들에 공감하는 유럽 대부분의 사람들은 불교적 '무'에서 상상 속에서의 유럽 문명에 대한 파괴적 광기와 두려움을 경험했다. 이것은 드루아가 보듯 가속화하는 탈기독교화에 휩쓸리고 있는 유럽의 불안정한 상황을 반영한 것이지 불교 자체에 대한 진정한 인식에서 나온 것은 아니었다. 문제는 유럽 쪽에 있었다. 또한 무의 숭배 관념은 19세기 전반의 역사사회적 추이와 분리시켜 고찰될 수 있는 것이 아니었다. 그것은 시대의 긴장 국면을 반영하고 있었다. "동양학자들이 붓다의 뭇 특징들을 찾아냈던 것은 1830년부터 1848년 사이의 일이며, 이

---

13 Roger-Pol Droit, 신용호, 송태효 옮김, 《무의 숭배: 철학자들과 붓다》(1997), 심산, 2006, 147~172쪽.

에 대한 불안감을 드러내는 부정적인 여론이 조성되고 풍문으로 퍼져 나갔던 것은 1848년부터 1871년 사이의 일이다. 1830년 영광의 3일(7월 혁명의 7월 27일~29일)에서부터 1871년 파리 코뮌에 이르기까지, 유럽에서 무의 숭배는 노동자 계급의 출현, 민주주의에 대한 열망, 공산주의의 대두, 위험한 계급의 부각, 부르주아 계급의 '걷잡을 수 없는 공포' 등과 보조를 같이 하는 것이었다. 따라서 무의 숭배가 사회적 계급제도에 대한 부정, 전통 질서에 대한 항거, 평등주의의 제창, 약자들의 봉기, 굴레의 타파, 지배에 대한 거부 등의 의미를 지니게 된 것도 사실 당연한 것 같다."[14] '무'의 숭배에 대한 공포는 신학적 교리상의 불일치에 대한 신경증적 반응일 뿐만 아니라 신에 의해 비호되는 사회질서에 대한 공격이 될 수 있다는 것과 연결되어 있었다.

그러나 쇼펜하우어는 '무'를 공포의 대상으로 보기를 거부했다. "'무'는 모든 덕과 성스러움의 목표이기에 그 배후에 떠돌고 있는 '무'에 대한 어두운 인상, 어린이가 어두움을 무서워하듯 우리가 무서워하는 '무'에 대한 어두운 인상을 축출해야 한다."[15] 불교는 타자의 종교가 아니었다. 그는 불교의 '무'에서 성서에서 말하는 자기희생의 윤리의 기초를 본다. 그는 자신의 심정의 내부에서 무형의 의지가 바닥없는 심연에서 작용한다는 것을 경험한다. 의지는 무근거의 근거로서 존재의 심연에 놓여 있다. '무'는 그의 실존적 경험의 핵심에서 나타난다. 그가 전통 형이상학의 신학존재론적 성격을 부정하고, 인생에 대한 신정론적 의미 부여하는 낙관론을 근거 없는 것으로 거부하는 것은 바로 그러한 경험에 의거한 것이다. '무'는 기존의 존재중심주의적 사고를 극복할 수

14 위의 책, 309~310쪽.
15 Arthur Schopenhauer, *Die Welt als Wille und Vorstellung* Ⅰ, S. W, Band Ⅰ, Suhrkamp, 1986, s. 558.

있는 발판을 제공할 수 있는 것으로 다가온다. 쇼펜하우어 철학에 대한 발전적 해석의 가능성은 이 점에 있다. 앞서 논의한 존재의 계층성을 따라 상승하는 우주의 생성은 '무'로부터 생기하는 생명 에너지의 창조적 진화로 해석될 수 있다.

드루아의 지적처럼 "허무주의는 실제로 불교와는 전적으로 무관한 것"이지만, "1850년대로 접어들면서부터 유럽인들에게는 염세주의와 허무주의가 불교와 연관성이 있는 것으로 여겨졌으며, 이 연관성은 유럽인들의 생각 속에 오랫동안 고착되어 있었다. 사실 1860년 쇼펜하우어의 사망과 더불어 그의 저술이 이례적으로 널리 읽히면서 이 연관성 역시 점차 기정사실처럼 받아들여지게 되었다."[16] 하지만 드루아가 길게 소개한 불상에 대한 쇼펜하우어의 관심을 보면, 그의 종교적이라 할 만큼 진지한 자세와 불상의 고요한 미소에 대한 언급들은 '무'를 통과해서 시간과 영원의 결합이라는 의미 세계를 동경하고 있음을 짐작하게 한다. 그는 불교에 대한 사상적 접근 이전에도 붓다에 관심을 갖고 있었다. 1803년 5월 11일(15세) 일기에 소년 쇼펜하우어는 암스테르담의 한 도자기 상점에서 도제陶製 불상을 만난 일을 적고 있다. "불상들은 기분이 좋지 않은 상태에서 보더라도 웃음을 짓게 할 만큼 다정한 미소를 띠고 있었다."[17] 이 불상은 중국과 한국에서는 흔히 볼 수 있는 배가 불 쑥 나온 뚱뚱한 선사禪師가 칠복신七福神에 둘러싸여 가슴을 풀어헤치고 파안대소하는 모습의 것이다. 앱Urs App은 그 불상의 이름이 포대화상布袋和尙, 五代 後梁의 禪師, 늘 포대를 짊어지고 街市에 가서 걸식을 했다는 笑佛로 알려진 전설적 선사이라고 전한다. 또한 구도하는 소년이 마지막에 보따리를 짊어지고 시장으로 가는 포대를 만나는 그림이 남아 있다

---

16 Roger-Pol Droit, 앞의 책, 182쪽.
17 위의 책, 186쪽.

고 하면서, 불상과 그림을 사진 찍어 자신의 쇼펜하우어의 동양 관련 자료에 실었다. 그는 그 그림에 쓰여 있는 곽암사원廓庵師遠 선사의 시를 소개하고 있다.

露胸跣足入廛來 가슴을 풀어 헤치고 맨발로 시장에 들어가는데
抹土塗灰笑滿顋 흙먼지 묻었으나 얼굴 가득 웃음이 있구나.
不用神仙眞秘訣 신선의 진짜 비결을 쓰지 않았는데
直敎枯木放花開 곧바로 고목에 꽃이 피게 하누나.[18]

소년 쇼펜하우어는 포대布袋 소불상笑佛像을 구했지만, 그에 얽힌 전설과 선종의 명랑성을 보여 주는 곽암 선사의 시를 알지는 못했을 것이다. 또한 유럽의 기독교 문화에는 그러한 선종의 자유로움과 웃음이 없다. 고목과 꽃이라는 역설적 단어를 결합하여 현실과 이상, 속세와 진리의 엄정한 이분법을 타파하는 언어 활용방식, 속박하는 선악 관념을 파열시키는 선사들의 무의미 언어[孟浪之言, 莊子]를 진지한 쇼펜하우어는 상상할 수 없었을 것이다.

그러나 생을 부정하는 어두운 모습이 아닌, 붓다의 미소를 좋아하고 무욕無欲의 경지에서 자유와 평화를 찾는 쇼펜하우어의 모습이 있다는 것도 부정할 수 없다. 이와 함께 그의 주저 4부에서 말하는 '무' 개념에는 궁극의 진실은 전통 형이상학이 말과 논리로 하는 것과는 달리 말로 할 수 없는, 그래서 침묵을 통해서 접근할 수밖에 없다는 의미가 담겨 있다. 비트겐슈타인이 말할 수 없는 것이 가장 중요하며, 그것은 사변의 대상이 아니라 침묵해야 하는 실천적 지혜라고 한 것도 쇼

---

18 Urs App, *Arthur Schopenhauer and China: A Sino-Platonic Love Affair*, *Sino-Platonic Papers, Number 200*, 2010, pp. 3~4.

펜하우어의 정신과 차이가 없을 것이다. 주관은 대상화할 수 없기에 주관과 객관의 관계에 대해 말하는 지식론 역시 지식의 본성에 대한 반성을 위해서는 쓸모 있지만, 아무리 과학적 세계관을 표방한다 해도 그 자체로는 과학이 아니다. 주관과 객관의 관계는 오히려 과학적 인식의 근본 조건, 즉 근본 형식이다. 그리고 이 안에서는 생의 의미에 관한 물음은 무의미하기 때문에 의미를 찾는 물음은 주관과 객관의 관계 형식을 넘어서야 한다. 쇼펜하우어가 의미의 물음을 지식론의 상위 차원인 예술과 신비주의에 두는 이유는 거기에 있다. 주관과 객관의 분열을 초월하는 경험에서 세계와 자아의 진정한 연관성과 이에 의거한 자유의 이념, 즉 세계 지혜가 추구된다.

이러한 초월은 주관과 객관의 관계 자체를 일단 부정한다. 그것은 인식 주관에 의해 구성되는 표상으로서의 세계를 떠난다. 생의 의미 추구에는 부정과 '무'가 문제로 된다. 기독교적 신비주의 사조에 부정적 표현이 많은 것도 그 때문이다. 아시아 철학에 그토록 무無라는 표현이 많은 것도 생의 의미에 대한 형이상形而上의 관심이 지배적이기 때문이다. 이런 의미에서 19세기 유럽인들이 그들의 상황에서 상상적으로 규정한 '무의 숭배'라는 병리적 의미의 개념을 떠나 쇼펜하우어의 '무'와 세계 지혜를 규명할 필요가 있다. 이를 통해 그가 '무'를 인간 내면에 절실한 것으로 만들려 하고, 그것을 성인성이 갖는 마음의 고요와 기쁨에 도달하는 관문으로 삼고자하는 의도를 이해할 수 있을 것이다. 성인적 초인의 세계에 접근하는 길은 존재의 부정이라는 실존적 심정에 의해 열린다.

쇼펜하우어는 1832년의 기록(《유고》(V. 4), 〈콜레라의 책〉)에 의하면 17세에 삶에 대한 고뇌에 사로잡혀 붓다처럼 세상을 생로병사生老病死의 고苦로 보았다고 한다. 이러한 생활 감정은 구원에 대한 관심과 함

께 평생을 지속한 것으로 보인다. 그의 세계관에서 현상계는 인식 주관
에 의해 구성된 표상으로서의 세계이며, 이 세계는 개별화의 원리인 시
간과 공간 및 인과 형식을 매개로 구성된 것이다. 의지에서 나온 인식
에 나타나는 것은 마야의 베일, 즉 개별화의 원리와 충족이유율의 형
식 속에서 나타난다. 현상의 개체들은 본질에서는 동일한 뿌리를 가지
면서도 서로 분리되어 갈등 대립한다. "인간은 육욕과 고뇌를 다른 것
으로 보고, 이 인간은 괴롭히는 자, 저 인간은 괴로움을 당하는 자 등
으로 나누며, 악과 재앙을 다른 것으로 본다. 어떤 사람은 기쁨, 사치,
쾌락에 살고 그 사람의 문전에는 다른 사람이 결핍과 추위로 고생하면
서 죽어간다." 그는 마야의 베일에 속아 불행과 악이 동일한 의지의 서
로 다른 측면임을 보지 못한다. "개개인은 고난에 찬 세계의 한복판에
서 개별화의 원리 혹은 개체가 사물들을 현상으로서 인식하는 방법을
받침대로 하여 의지하고 태연히 앉아 있다."[19]

현상계인 우리 인생은, 붓다가 그것을 쥐가 갉아먹고 있는 썩은 밧
줄에 매달린 것이라고 했듯, 총체적 위기에 있다. 삶의 근본 조건은 "사
방이 끝이 없고, 파도가 넘실거리는 거친 바다에서 조각배를 젓는 사
공이 그 배에 의지하고 있는 것과 같다." 세상은 "무한한 과거, 무한한
미래에서도 고뇌에 찬 끝없는 세계"이다. 그럼에도 사람들은 "그것은
모르는 일이며, 그의 일신과 순간적 기쁨, 길이 없는 현재만이 현실성
을 갖는다고 생각한다."[20] 쇼펜하우어의 망망대해의 조각배나 뗏목의
비유는 인생의 총체적 위기에 대한 불교적 견해이다. 구원은 시간 속에
서 너울거리는 파도가 예지계의 발현에 불과하다는 이치를 통관하는
데에서 이루어진다. 이 통찰이 안전한 육지에 다다른 것이다. 주희朱

---

19 Arthur Schopenhauer, 앞의 책, s. 479~482.
20 위와 같음.

熹의 수양론은 중화구설中和舊說에서 신설新說로 전환되는 지점(40세)을 통과한다. 이 시점에서 그는 인생을 '거대한 파도[洪濤巨浪]'에 비유하면서 마음의 고요 상태[靜]에서 흐르는 우주적 생명성을 존양存養하고, 다시 외적 성찰省察로 나아가 내외 양자를 결합한다는 방안을 제시한 것도 세상에 대한 불교적 감각을 유가적 언어로 보여 준다. 단편적 정보를 통해 자신의 사상이 주희와 같다는 것에 놀라고, 주희에 대해 상세히 알 수 없는 상황을 유감으로 여겼던 쇼펜하우어가 이를 알았다면, 또다시 놀랐을 것이다.

주희에서와 유사하게 쇼펜하우어에게 예지계인 본질은 모든 개별성을 하나로 관통하는 우주적 연속성을 갖는다. 이 때문에 사람들은 "의식의 심층에서는 모든 것과 자기 사이에는 개별화의 원리에 의해 차단될 수 없는 어떤 연관이 있음을 예감Ahnung한다. 영리한 동물이나 모든 인간에게 지워버릴 수 없는 전율감Grausen이 밀려온다." 예지계가 인간 개체에 침투하는 현상에서 상식과 과학의 정상적 법칙이 깨지는 느낌이 섬뜩함이나 전율이다. 만유의 동일성은 인식의 습관이 깨져야 인식될 수 있다. 습관적인 행복이나 현명함은 "무너질 지반위에서 방황하는 것"이다. "현상인 개인은 현상의 형식에 의해 고뇌를 면하고 있다고 생각할 것이지만, 본질에서 보면 생을 긍정하는 한 세계의 모든 고뇌를 자기의 고뇌라고 보아야 할 것이다. 그는 행복한 생활은 현명함에 의해 우연히 획득한 거지 왕이 된 꿈에 불과함을 깨닫게 된다."[21] 생명계의 고뇌를 자기의 고뇌로 보는 것은 불교의 기본 윤리이다. 이것은 무한한 공간과 시작도 끝도 없는 시간을 통해 만유[事]를 생성 소멸시키는 본질인 법성法性, 인격화하면 佛 혹은 眞如一心으로서의 이理가 원자와 같은 미

---

21 위의 책, s. 483~485.

물에도 내재한다는 대승불교의 윤리적 감각이다. 만물은 본래 자신의 성품인 깨달음으로서의 자유에 몸담고 있으며 우주적 감응 체계 속에 있다.

쇼펜하우어에 의하면 "물자체에는 현상의 형식이 맞지 않는다는 것을 깨달은 사람만이 인식에 의해 덕의 참된 본질을 이해한다." 그는 "다른 현상에 고뇌를 일으키는 것을 자기 자신에게 상처를 입히는 것으로 통찰하여 괴롭히는 자와 당하는 자는 동일하다는 것"을 깨닫는다. 괴롭히는 자는 넓은 세상에 괴로움을 등에 지고 있는 모든 것 속에 자신이 살고 있음을 알게 된다. 당하는 자는 이 현상에 대한 긍정을 통해 그 의지로부터 생기는 모든 괴로움을 자기 몸에 받아들이고, 그가 이 의지라는 것을 당연히 짊어져야 하는 것으로 인수한다. 이러한 불교적 생활 감정은 태어난 것을 위기로 인식하여 '모든 것은 무상하다. 정진하라'고 하는 붓다의 유언에 요약되어 있다. 생의 근심과 불안을 벗어나려는 쇼펜하우어의 심정은 당시의 그 누구보다도 불교적 생활 감정에 기초한 것이었다. 그의 불교적 윤리관도 그러한 심정의 발로인 것으로 보인다. 그가 서양 전통 문헌에서 생을 무상한 꿈으로 보는 칼데론 Calderon의 불교적 경구들을 자주 인용하는 것도 같은 맥락일 것이다.

현상계에 몰입하여 산다는 것은 상식과 과학을 인정하고 물자체로서의 의지를 긍정하는 삶의 방식이다. 이러한 삶의 방식은 생존 투쟁과 욕망에 지배되는 근심을 본질로 하는 세상성 Zeitlichkeit이며, 시간성 속에서의 불안정한 삶이다. 이러한 삶의 위기는 주관과 객관의 분리를 포함한 모든 인식의 형식들과 그 배후의 의지를 부정하고 순수 주관으로 돌아가는 과정에서 극복된다. 순수 주관은 철학적 이론이 도달할 수 있는 한계이다. 여기에서 "적극적인 것의 최후의 경계석에 봉착한다는 것 den letzten Grenzstein der positiven erreicht zu haben"이다. 순수 주관의 경험 세계는 성인성을 체득한 신비가들의 세계이다. 이 세계는 적극적 언어로 형용할 수 없는 경지이다. 그 경지는 철학적 이론으로는 도달할 수 없는 법열의 경험이다. 철학은 단지 그것이 의지와 현상계에 대한 부정을 통과한 순수 주관의 경험일 것이라는 소극적 발언에 머물 뿐이다. 이것이 사물의 실상을 무Nichts, Nothingness, μὴ ὄν라고 말할 수밖에 없는 이유이다. "그런데도 우리가 철학이 의지의 부정Verneinung으로서 소극적으로만 표현할 수 있는 것에 대해 어떻게든 적극적 인식을 얻으려고 정말로 고집한다면, 우리에게는 의지의 완전한 부정에 도달한 사람들이 경험한 황홀, 환희, 깨달음, 신과의 합일 등의 이름으로 불리는 상태를 참조하라고 할 수밖에 없을 것이다."[22]

예를 들어 쇼펜하우어는 자아의 무Nothingness를 경험한 귀용Jeanne Marie Bouvier Guyon, 1648~1717 부인의 사례를 제시한다. 기성 종교에 탄압받아 바스티유 감옥에 갇히기도 했던 "이 사람의 순수인식은 세계를 비치는 맑은 거울로 존재하며, 이 세계의 환영Gaukelbilder을 침착하게 웃음을 띠고 돌아본다. 세계는 새벽의 꿈과 같다. 그녀에 의하면 '나에게는 모든 것이 어떻게 되든 마찬가지다. 나는 이미 아무것도 욕구할 수가 없다. 나는 가끔 내가 현재 있는지 없는지 조차도 모른다.'"《자서전》 "영광의 정오. 이제는 밤이 오지 않는 대낮. 죽음 그 자체 속에서도 이제는 죽음을 두려워하지 않는 생이었다. 왜냐하면 죽음이 죽음을 극복했고, 최초의 죽음을 겪은 사람은 이제 제2의 죽음을 느끼지 않기 때문이다."《귀용 부인의 생애》2)[23] 이러한 상태는 더 이상 주관과 객관이라는 형식이 없으며, 그 이외에 "타인에게 전달할 수 없는 자기 자신

---

22 Arthur Schopenhauer, *Die Welt als Wille und Vorstellung* I, S W, Band I, Suhrkamp, 1986, s. 556~557.
23 위의 책, s. 531.

의 경험에만 도달할 수 있기에, 본래 인식이라고 할 수가 없다."[24] 쇼펜하우어의 주저 I 에서의 인용을 보면, 쇼펜하우어는 순수 주관의 경험을 기록한 신비가들의 책을 탐독한 것으로 보인다. 그 기록들은 언어로 되어 있지만, 과학적 언어나 형이상학적 사변은 아니다. 과학과 사변은 의지의 부정을 통한 순수 주관의 경험 앞에서 멈출 수밖에 없다. "철학의 입장에서는" "소극적 인식에 만족할 수밖에 없다." 궁극의 지혜 앞에서 쇼펜하우어가 하는 다음의 말은 반야종般若宗이라고도 하는 공종空宗, Sunya-vada의 부정적 언설에 얼마나 가까운가를 잘 보여 준다.

> 그러므로 우리는 세계의 본질 자체를 의지로, 세계의 모든 현상을 의지의 객관성으로 인식하고, 이러한 객관성을 어두운 자연력의 인식 없는 충동으로부터 인간의 의식으로 가득 찬 행위에 이르기까지 추구해왔다면, 우리는 다음과 같은 결론을 회피할 수 없게 된다. 의지에 대한 자유로운 부정, 즉 의지의 포기와 함께, 이제 모든 현상들이 없어지고, 객관성의 모든 단계에서 목표도 없고 휴식도 없는 저 항구적인 소란과 충동들(이 안에서 또 이를 통해 세계가 존립한다)이 없어지며, 단계적으로 이어지는 형상形相들의 다양성도 없어지고, 의지와 함께 그 전체 현상도 없어지며, 마지막으로 이 현상의 보편적 형식인 시간과 공간 및 그 현상의 최후의 근본 형식인 주관과 객관도 없어진다는 것이다. 의지는 없다. 따라서 표상도 없다. 세계도 없다Kein Wille: Kein Vorstellung, Keine Welt.

말할 것도 없이 우리 앞에는 오직 무Nichts만이 남아 있다. 그러나 이와 같이 무로 분해되어 사라지는 것에 반항하는 우리의 본성이야말로 우리 자신이자 우리 세계인 생의 의지일 뿐이다. 우리가 무를 그토록 싫어하는 것

---

24 위의 책, s. 556~557.

은 우리가 삶을 그토록 의욕하고, 우리가 이러한 의지에 불과하며, 바로 그 의지 이외에는 어떤 것도 알지 못한다는 것의 다른 표현이다. 그러나 우리가 우리의 궁핍과 속박으로부터 눈을 돌려 의지가 완전한 자기인식 Selbsterkenntnis에 도달하고, 모든 것 속에서 자신을 재발견한 다음 자기 자신을 기꺼이 부정하며, 그리고 나서 의지의 마지막 흔적이 그들의 육체와 함께 사라져가는 것을 기다리기만 하면 되는, 세계를 극복한 사람들을 바라보면 다음과 같은 사실이 보여진다. 그것은 휴식 없는 소란과 충동들 대신에, 갈망에서 공포로 기쁨에서 고통으로 끝없이 이행하는 대신에, 의욕하는 사람의 삶의 꿈을 이루려는 결코 충족되지 않고 결코 소멸하지 않는 희망 대신에, 모든 이성보다도 높은 저 평화Friede, 바다와 같은 심정의 완전한 고요Meeresstille, 깊은 평온Ruhe, 우리의 흔들림 없는 신념과 쾌활성 Zuversicht und Heiterkeit이다.[25]

쇼펜하우어가 보기에 생의 의지와 '무'는 대립된다. '무'에 대한 공포는 생의 의지에 지배되어 있기 때문이다. 의지가 없어지면, 그로부터 나온 인식의 세계인 표상으로서의 세계도 없다. 바다와 같은 심정의 고요는 그러한 '무'의 경험에서 나온다. 그것이 완전한 자기인식이다. 이 것은 객관[法執]과 주관[我執]을 벗어나 참된 자아를 깨달은 순수 인식 주관의 상태다. 의지와 표상으로서의 세계의 소멸은《반야경》이나 쇼펜하우어의 독자에게 두려움과 함께 이해하기 어렵다는 느낌을 불러일으킨다. 그가 말하는 '무'와 순수 주관의 평화를 이해하기 위해서는 미몽과 대각을 대비시키는 성자들의 내적 진실을 잘 들여다볼 필요가 있다. 쇼펜하우어가 권하는 것도 그것이다. 그는 라파엘Raffael이

---

25   위의 책, s. 557~558.

나 코레조Correggio와 같은 "예술이 우리 앞에 보여 주는 성자들의 삶과 행적"을 고찰하는 방법, 인도인들의 신화나 무의미한 말(상징어)을 통해 브라흐마brahma에 들어가는 방법, 불교도들이 열반에 들어가는 사례 등에 관한 이해를 제시한다. '무'는 그러한 외적 관찰을 통해서 접근할 수 있지만, 그것은 내적 진실에 이르는 통로이다. 그는 《의지와 표상으로서의 세계》I의 재판(1844)에서 몽골 전문가인 슈미트Jacob J. Schmidt의 《대승과 반야바라밀에 관하여》를 참고하여, '무'를 "반야-바라밀로서 모든 인식의 저편, 주관과 객관의 분리가 더 이상 존재하지 않는 단계"로 설명한다.[26]

방대한 《반야경》은 불교에서 말하는 주요 개념들[法]이 공空하다는 설법을 반복한다. 그것은 세계와 나의 비존재를 설하여 일체에 대한 정情을 떼어내려는 의도를 가진 것으로 보인다. 그러나 그것은 실재 자체를 물리적으로 파괴하려는 것은 아니며, 마음의 내적 수양의 단계적 상승 운동을 통해 주관과 객관이라는 형식은 물론 심적인 우수와 슬픔을 초월하는 경지를 말하고자 함이다. 만유는 집착할 가치가 없는 무상한 것이라는 주장은 붓다의 초기 설법처럼 실로 시작과 끝도 없이 이어지는 우주의 형성과 파괴에도 적용된다. 무한수의 세계들이 펼쳐져있는 공간, 장구한 시간 동안의 일주기를 영겁으로 되풀이 한다는 영겁회귀의 시간, 즉 무한 공간과 무한 시간에 대한 집착도 거부하는 것이다. 이러한 거리두기의 극한에서 우주를 정관하는 고요[三昧]를 경험한다는 것이다. 이 세계에서는 과거, 현재, 미래라는 삼세三世도 없다. 인도인의 전설적 공간 구획인 색계, 욕계, 무색계라는 삼계三界도 없다. 작게는 위와 아래, 높고 낮음, 더러움과 깨끗함, 짧은 시간 안에서

---

26 위의 책, s. 558.

구성되는 생과 사도 없다. 어떤 크기이든 시간과 공간은 환상이다.

《금강경金剛經》은 '공'이라는 말 대신 '무'라는 말로 세속에서의 모든 실재론적 믿음을 부정적으로 논파한다. 논파의 결론은 다음과 같다. "대상을 취하지 않는 평정한 마음은 여여하게 부동不動하다. 왜 그런가? 일체 유위법(有爲法, 집착에 의해 일어나는 세속적 부동浮動 세계)이 꿈과 같고, 환상 같으며, 물거품 같고, 그림자 같으며, 이슬과 같기도 하고, 번개와 같기 때문이다. 응당 이와 같이 보아야 한다不取於相, 如如不動. 何以故, 一切有爲法, 如夢幻泡影, 如露亦如電, 應作如是觀."[27] 이러한 부정 어법은 쇼펜하우어의 관점에 접근한다. 세계는 의지가 표현된 현상계이지만, 현상계도 없고, 의지도 없다. 물론 생명원리인 의지는 영겁토록 자신을 우주로 표현하고 장구한 세월 뒤에는 소멸하여 의지 자신으로 회귀할 것이며, 다시 생성을 거듭할 것이다. 그러나 인간은 내적 수렴 운동을 통해 우주의 생성 원리까지도 초월하여 근원적 '무'에 도달한다는 것이다. 이 단계에서 비로소 영원의 관점sub species aeternitatis, 즉 영원한 현재라는 부동不動의 경지에서 세계를 보는 지복의 자유를 경험한다. 비교 종교학이, 초월과 내재 사이에서 강조점의 편차가 보이지만 영원의 관점에서 우주를 보는 것을 동서 공통의 경지로 말하는 것도 쇼펜하우어의 견해와 같은 것이다.

쇼펜하우어는 주저I의 결론에서 영원의 관점에서 세계를 보는 시야를 최상의 덕으로 제시한다. "우리는 오히려 서슴없이 다음과 같이 고백한다. 의지가 완전히 없어진 후에 우리에게 남아 있는 것은, 아직 의지로 충만한 사람들에게도 말할 것 없이 '무'라는 것이다. 그러나 이와 반대로 의지가 방향을 돌려 스스로를 부정한 사람들에게도 우리

---

27 《金剛經三家解》, 〈金剛般若波羅蜜多經〉 下, 31~32쪽.

가 그토록 실재하는 것으로 보는 이러한 세계가 모든 태양이나 은하수와 함께 '무'인 것이다."[28] 상식과 과학의 차원에서는 실재로 보이는 것이 내적 사유의 심화에 따라 비존재로 전환한다. 심신의 변화 과정에서 우주의 존재가 '무'로 이행한다. 쇼펜하우어가 '무' 혹은 무극無極을 '천지의 뿌리天地根'라고 한 노자老子를 무신론적 지혜로 찬양한 것도 이런 맥락이다. 노자에 의하면 '무'의 근원에 일치하는 노력을 통해 "마음은 세계의 거울玄鏡"이 된다. 그가 "궁극적 허무에 도달하여 평온[靜]을 독실하게 유지할 수 있다致虛極, 守靜篤"고 했을 때,[29] 이는 물物에 대한 실용적 관심으로부터 도道의 관점에서 세계를 보는 평화의 경험으로 비약하는 것을 의미했다. 이것이 '말하지 않는 가르침不言之敎'이다. 그것은 문법적 인칭과 신분의 차별이 결합된 세상을 넘어선 비인칭적 경험의 세계이다. 관습적 언어가 지배하는 유명有名의 세계보다 무명無名의 세계가 더 근본적이다. 이러한 유형의 경험이 쇼펜하우어의 순수 인식 주관의 경지가 될 것이다.

《장자莊子》에는 명확한 구분의 필요성에 적합한 언어[言, 名, 論]가 갖는 유용성의 세계로부터 점차 내적 심층으로 하강하는 단계들을 거쳐 결국 모든 상징과 간격이 소멸하는 단계에 도달하는 이야기가 있다. 문자에서 말로, 말에서 중얼거림으로, 중얼거림에서 외마디 감탄으로, 외마디 감탄에서 어두운 무분별로, 어두운 무분별에서 고요한 정적으로, 고요한 정적에서 만유의 본원인 '무'로 진입한다.[30] 여기에서 '사물[物]의 차별상에 대한 언설을 평정[齊物論]하고' 만유를 평등의 관점에서 보는 초인의 무아[至人無己]가 출현한다.《장자》를 읽지는 않았지만

---

28 Arthur Schopenhauer, 앞의 책, s. 558.
29 《道德經》, 16장.
30 《莊子》,〈內篇〉, 大宗師, 남백자규(南伯子葵)와 여우(女偶) 문답.

쇼펜하우어는 이와 같은 관점의 전환이라는 내적 사건을 신비가들의 행적과 고백을 통해 잘 알고 있었다. 그는 이러한 이치를 플라톤의《소피스테스Sophistes》에 나오는 존재론적 관점의 이동에 관한 이야기를 통해 말한다. 플라톤은 영적인 비물질적 이데아를 진정한 동일자로서의 존재ὄν로 보는 습관(올림포스 산정의 신들로 상징)을 반성해 본다. 그가 그동안 비존재μὴ ὄν, non-being로 간주했던 자연철학자들의 근원 물질이나 헤라클레이토스의 생성, 소피스트들의 감각들(대지에서 자라난 타이탄 족으로 상징), 즉 기존에 타자성ἕτερον, Heteron으로 격하했던 것이 반성을 통해 존재하는 것으로 전환된다. 이러한 전환은 '존재를 둘러싼 거인족의 투쟁'이라 할 수 있다. 이는 후자가 풍요의 세계인데 비해 전자의 영적 존재는 빈곤한 것이라는 자각을 통해 이루어진다. 쇼펜하우어는 이러한 논의를 통했던 것이 마이너스 부호로 바뀌며, 반대로도 가능하다는 것을 알게 된다. 그는 이러한 존재와 무의 상대성을 통해 전통적 사고에서 공포와 경시의 대상이었던 '무'도 존재의 지위로 격상될 수 있음을 보여 주려했다. 그러나 이러한 결론은 불교의 입장에서는 '무'에 대한 집착에 불과한 것이지만, 역설적이게도 쇼펜하우어는 '무'를 통과해서 생성에 다가가는 길을 연 것이다.

일상의 실재론적 신념을 선호하는 유가적 전통에서도 불교와 도교의 영향으로 내적 수양의 단계적 전환을 통한 영원 무한자와의 합일에 대한 형이상의 관심이 핵심 사안으로 되었다. 쇼펜하우어가 놀라워했던 주희 철학의 태극론에 토대를 제공한 주돈이周敦頤. 1017~1073, 호는 濂溪의《태극도설太極圖說》은 만물을 생명원리[太極]를 내포한 무극無極의 발현으로 본다. 만물로부터 무극으로 역류하여 올라가면 무극과 합치하는 경지가 된다. 태극론은 우주론이자 수양론이다. '도'는 우주의 본체本體와 발용發用의 체계를 의미한다. 동시에 "고요의 경지에서 인간의 궁극적 존재의의를 확립主靜而立人極"하는 인성의 원리다. '무'에서 '유'로 내려오면 우주 구조가 되고, '유'에서 '무'로 올라가면 영원 무한의 관점에서 세계를 보는 마음이 형성된다. 세계는 인성 변형의 관점에서 해석된다. 무극이면서 태극인 본체는 동정의 원리를 함축하고서 만유에 내재한다. 각개의 사물들은 각기 하나의 전체적 태극을 갖추고 있다. 모든 개체들은 태극이라는 이理와의 소통 관계 속에서 개별성을 보존한다. 만물은 본체인 태극 안에 있고, 태극은 자신의 발용의 산물인 만물 안에 있다. 이 포괄적 소통[該貫]의 체계가 '하나이자 모든 것'인 전체대용全體大用, 모든 것을 포용하는 태극과 광대한 발현의 일원적 체계이다. 이른바 송명이학사理學史는 이 구조를 사물에 대한 해석 체계로 삼고 유교적 인륜을 그 안에 포괄하는 방안을 모색하는 역사였다 해도 과언이 아니다.

《화엄경華嚴經》에서는 이러한 전체대용의 세계가 불佛(쇼펜하우어 시대에는 Fo라는 신을 숭배한다고 여겼다)의 마음인 불성法性, 如來性, 혹은 理의 세계로 묘사된다. '불'은 광대한 허공虛空 안에서 작용하여 만유[事]를 전개하고 미세 입자에도 전체적으로 내재한다. '불'의 시야는 만유를 관통하여 모든 상대적 차별상을 하나로 본다. 무한한 시간을 통한 영겁회귀도 이 허공, 즉 마음 안에서 일어난다. 초기 붓다는 중생계의 고통을 치유하기 위해 육신을 가진 인격으로 나타난 무수한 부처님 가운데 한 사람이다. 그 인격은 시간과 영원을 결합한 구원을 예시하는 암호이다. 중생은 이 기호를 해독하여 정진함으로써 부동의 고요한 '불'의 마음으로 세계를 볼 수 있어야 한다. 이것이 중생즉불衆生卽佛을 구현하는 수련, 즉 선禪이다. 그리고 전체대용의 세계는 모든 불교 종파는 물론, 세속의 기술자, 의사, 퇴마사를 비롯한 온갖 종류의 직업과 수학, 의학, 천문학을 비롯한 온갖 지식들을 포용한다. 이러한 화쟁

和諍의 세계상이 중국 이학의 전개에 자극이 되었다는 것은 많은 연구가들이 지적해 온 것이다.

이상의 논의로 볼 때 존재론이 아닌 쇼펜하우어의 무론無論은 무대립의 절대의 경지에 접근하는 경계선에서 논의 하는 것임을 알 수 있다. 그것은 사변 신학적 형이상학을 실재의 구조로 주장하는 것이 아니라 인간을 우주 시민으로 변화시키는 생의 기술이었다. 기술은 목표에 도달하면 더 이상 사용되지 않는다. 그러나 반야종이 지나치게 '공'을 강조하여 원융한 정신을 드러내지 못한다는 비판이 불교사에 있었던 것처럼, 쇼펜하우어는 '무'에서 멈춘다. 그는 다시 '유'로 돌아와 현실과 대면하는 보다 진전된 세계상에는 이르지 못한다. 물론 드루아가 지적하듯 그는 불교의 다양한 역사적 발전 형태에 대해서는 알 수 없었다. 쇼펜하우어는 불교를 단 하나의 실체로 간주하여 세계가 단지 의지와 표상으로서의 세계이며 이 세계는 부정되어 영원의 관점에서 우주를 보는 지혜로 나아갈 수 있다는 것만을 보여 준다. 이는 그가 현실을 포용하지 못하는 비역사적 사고를 한다는 것을 증시하는 것이기도 하다. 그는 송명이학사가 유가적 전통이 중시하는 역사적 사회와 도가, 불가의 우주적 지혜를 하나로 연결하는 문제로 고민한 역사라는 것에 대해서는 알지 못한다. 또한 그에게는 불교의 평등성지平等性智가 갖는 탈토착성이 장자莊子와 함께 동양 사상사에서 폐쇄성과 고착성에 저항하는 진취적 사고의 부단한 진원지가 되었다는 것은 상상도 못할 일이었다.

그러나 쇼펜하우어가 불교를 만남으로써 현대적 의의를 갖는 관념들을 제시할 수 있게 되었다는 것 또한 무시할 수 없다. 쇼펜하우어에 의하면 칸트의 선험적 관념론의 정신을 잇는 자신의 관념론적 지식론은 실재론보다는 우주와의 합일이라는 세계 지혜와 친화성을 갖는다.

지식이 인간 주관의 논리적 형식을 투영한 것이라면, 이 세계를 유일한 실재로 전제하는 입장보다는 훨씬 수월하게 상위의 다른 관점으로 넘어갈 수 있다. 무르티T. R. V. Murti의《불교의 중심 철학The Central Philosophy of Buddhism》(1958)이 보여 준 것처럼, 칸트-쇼펜하우어적인 관념론은 붓다의 변증법적 부정[非有非無]의 세계를 이해하는 관건이 될 수 있다. 매기Bryan Magee가 언급하듯, 쇼펜하우어가 지식론과 아시아의 철학을 결합시킨 이래 아시아 사상과 현대 과학의 광범위한 협력 관계가 수용되고 있다. 특히 현대 과학과 불교의 관계는 아인슈타인이 불교가 과학과 부합하는 유일한 종교라고 찬양한 이후 더욱 관심의 대상이 되었다. 매기가 언급하는 것들 가운데 주목할 만한 것은 두 가지이다. (1) 쇼펜하우어가 수용한 아시아 철학이 현대 과학에 접근한다는 점. (2) 쇼펜하우어가 본 기독교와 불교는 근본정신에서 일치한다는 점. 이 두 가지는 영적인 것과 과학적인 것이 모순 대립하는 것으로 보아온 서양 전통의 편협한 집착을 파괴할 수 있으며, 인종주의와 결부된 종교적 대립이 잘못된 것이라는 교훈을 줄 수 있다.

(1) 불교의 매력 가운데 하나는 인과因果, causality 개념과 사건[事, event]을 동일시한다는 것이다. 매기가 지적하듯 "가시적 세계는 사건들의 상호 연관적 연대라는 것이 현대 과학의 발견"이다. 인과는 유클리드-뉴턴 좌표에서 파악되는 선형적 충돌 관계를 넘어선다. 진정한 인과는 연기緣起, pratitya-samudpada: 조건들에 의해 일어남이다. 사건이 존재하게 되는 것은 일련의 조건들에 기인한다. 조건들은 직접적인 것과 간접적인 것으로 나누어진다. 하나의 관계는 다른 관계들에 조건 지워져 일어난다. 조각난 실체 대신 관계가 근본적 단위가 된다. 한 사람의 인생이 긋는 선은 다른 사람의 인생이 긋는 선에 영향을 받아 굽어지고,

영향을 준 그 사람도 또 다른 사람이 긋는 선에 영향을 받는다는 식이다. 관계들의 중첩 체계 속에서 사물은 잠정적으로만 존립한다. 쇼펜하우어가 근대 과학들의 각 영역마다 서로 다른 인과 법칙을 구성한다고 보고 그 전체를 인과의 그물인 마야로도 표현했을 때, 그는 사건 개념을 따로 중점적으로 다룬 것은 아니지만 붓다의 연기설을 연상했다.

매기에 의하면 화엄 철학華嚴哲學에서 각 사건은 우주의 총체적 조건들의 한 결과이며, 그 자체 총체적 우주의 상태를 일으키는 조건들의 일부이다.[31] 이러한 연기 관계에서 하나의 사건은 전체와 연결되어 있다. 이것이 한 사건과 다른 모든 사건들의 상즉성[一卽多, 多卽一]의 구조, 즉 사건들의 걸림 없는 소통성[事事無碍法界]이다. 조건들의 화합과 분리된 불변의 실체나 성질은 없다. 만일 실체를 편의상 설정한다 하더라도 그것은 잠정적일 뿐이다. 실체적 사물이 맺고 있는 관계나 이 관계 속에서 나타나는 성질들은 모두 그 잠정적 실체에 대해 우연적이다. 길거나 짧은 시간이 지나면 실체와 함께 관계나 성질들은 결합이 풀리게 된다. 무궁한 사건들의 연결체는 대일여래大日如來, Vairocana-Buddha의 영원의 시야에서 보면 상대적 대립들과 함께 모두 평등해 보인다. 여래성如來性이라는 본체는 허공을 통해 세계의 형성과 소멸의 무궁한 과정을 통관한다. 본체는 광명이다. 이러한 본체를 이理 혹은 성性, 합해서 '이성理性'이라고도 한다. 현상세계는 이러한 원리로부터 무시무종의 무한한 시간과 허공이라는 무한한 공간을 통해 전개되는 사건[事]들의 세계이다. 본체 자체, 그리고 이를 깨달은 마음에는 한정된 시간과 공간은 없다. 그것들은 유한한 생명체가 현상계를 자기방식으로 보는 틀이다. 본체와 현상의 발현 관계를 '여래성에서 현상계가

---

31   Bryan Magee, *The Philosophy of Schopenhauer*, Clarendon Press, 1983, pp. 340~345.

출현한다如來性起'고 한다. 현상들은 연기緣起라는 구조로 되어 있다. 연기 구조는 주어-술어라는 문법적 형식으로 보는 일상의 물화된 지각과는 다른 모습을 보여 주는데, 이것이 현대 과학의 관점과도 부합한다는 것이다. 본체의 측면에서 세계를 보면, 시간, 공간, 관계들은 가상이다. 자유[解脫]란 이 가상에 얽매인 중생심이 불심佛心, 佛性의 현상적 왜곡 형태일 뿐이라는 것을 자각하는 데에서 온다.

매기에 의하면 관계를 단위로 하는 연결체계는 일종의 근대적 원자론이 아닌 현대적 원자론에 해당한다. 세계는 '짧은 과정들의 방대한 체계a vast set of short prosseses'이다.[32] 이러한 현대적 사고가 불교의 관계적 사고에 부합한다는 것이다. 한편 지식을 인간의 관념적 형식이 투영된 것으로 보는 불교의 관점도 현대 과학이 도달한 관념론적 관점과도 부합한다. 새로운 과학적 발견이란 순수한 경험에 의해서 이루어지는 것이 아니라 새로운 개념화라는 이론적 장치가 생동하는 역할을 할 때 이루어진다는 것이다. 발견은 과학자와 세계 간의 상호 작용의 귀결이다. 대응설은 순수한 경험에 토대를 두려는 소박한 독단이다. 오히려 칸트-쇼펜하우어적인 선험적 관념론이 현대 과학에 접근하는 지식론이 된다. 대승불교의 관념론적 세계론은 선험적 관념론과 강한 유사성을 갖고 있다. 그리고 이 세계에서는 영적인 것과 과학적인 것 사이의 분열이 없다. 매기에 의하면 서양 전통은 영적인 것과 과학적인 것 사이의 괴리를 특징으로 한다. 서양 철학사를 개관해 보면 이들 양자는 서로 투쟁하는 관계에서 발전해 왔다는 것을 알 수 있다. 이는 인간의 본성을 둘로 분열시켜 불구로 만드는 결과를 가져 왔다. 19세기 계몽주의와 결부되어 나타난 유물론적 과학주의와 경험주의적 과학주

---

32 위와 같음.

의는 과학의 진보성과 부富의 창출이라는 두 가지 가치를 신봉하는 풍조를 조장했다. 그리고 이 흐름은 전 세계를 파멸시키더라도 한 개인의 욕망을 채운다는 파괴적 탐욕을 어두운 이면으로 갖고 있는 문명사에 대한 반성을 소홀히 했다. 세계를 삼키고 말겠다는 이 욕망을 쇼펜하우어는 기독교적 가치의 소멸과 함께 그 시대의 허무주의로 읽어낸다. 그가 세계를 의지와 표상으로서의 세계로 해석하게 되는 심적 배경에는 과학주의와 이와 대결하는 낭만주의 운동의 분화 운동에 대한 그 나름의 파악이 작용한 것으로 보인다. 동시에 쇼펜하우어는 제2의 르네상스라고 인식된 동양 문예부흥에 대한 관심에 촉발되어, 상실된 영적 문제를 전통 형이상학에 대한 비판을 통해 보여 줌으로써 시대의 정신적 분열상을 완화하고자 했다.

과학주의의 한계를 드러내려는 의도를 갖고 있는 그의 지식론에 의하면, 경험 세계는 관찰자가 능동적으로 관여하여 구성한 것이다. 그것은 표상으로서의 세계이며, 무상하게 변하는 것이고 비실체적이라는 의미에서 결국 가상에 불과한 것으로 된다. 궁극적 실재는 우리의 인식의 관념적 장치 때문에 우리에게 막혀 있다. 그러나 우리의 내적 자기의식이라는 비밀통로를 통해 우주의 본질인 궁극적 실재는 예지계로서의 의지임이 알려진다. 그것은 논증적 지식의 대상이 아니고, 말해질 수도 없는 것이다. 철학은 가상을 벗어나기 위한 불가피한 수레이자 사다리다. 철학은 지식의 형식적 조건을 보여 주고, 과학의 차원을 벗어나 신비의 세계로 진입하는 길을 보여 주는 방편이다. 쇼펜하우어의 부정적 어법을 보면, 예지계를 도가 철학처럼 '무'로도 표현할 수 있었을 것이다. 그러나 그는 그것을 형이상의 비물체적 의지로 규정했다. 모든 것은 하나다. 이것이 연민이라는 도덕적 감정에 대한 설명의 기초가 된다. 모든 생명 있는 개체는 한편으로는 의지에 연관되어 있고, 다른 한편으로는 자신의 대상과 연관되어 있다. 대상의 생명을 해치는 것은 자신의 본질을 해치는 것이자 자신의 일부를 해치는 것이다. 진정한 행복은 대상에 대한 지배욕과 그 본질인 의지를 초극하는 데서 이루어진다. 그 지혜는 주객의 분리라는 모든 지식의 근본 형식을 초월한 것이다. 신비적 경험에서 삶의 의미를 보는 비트겐슈타인은 삶의 문제 해결이 문제의 해소에 있고, 이것이 삶의 의미를 이해한 사람이 무엇이 그 의미를 구성하는 것인지 말할 수 없었던 이유라고 한다.(《논고》, 6. 521)[33] 이러한 어법은 물음이 해소되기 때문에 답변도 없다는 선사들의 어법을 닮아 있다.

(2) 쇼펜하우어는 힌두교와 불교 및 기독교에 대해 최대의 존경을 표한다. 유대교와 이슬람교(카발라 철학과 수피즘과 같은 신비주의는 제외)에 대해서는 경시한다. 그는 당시 동양 부흥운동에서 나온 견해들 가운데 하나인 예수와 인도의 연관성에 대한 주장에 동조한다. 잘 보면 예수는 붓다이기도 하다는 것을 이해할 수 있다는 것이다. 그에 의하면 "누가 뭐래도 기독교는 혈관 속에 인도적 피를 가지고 있다."[34] 매기가 인용하는 쇼펜하우어의 다음의 주장을 보자.

기독교를 통해 유럽은 이제까지 낯설었던 경향을 획득했다. 삶은 그 자체 목적일 수 없고, 우리의 현존의 진정한 목표는 삶 밖에 놓여 있다는 근본적 인식에 따른 것이다. (……) 기독교는 정의뿐만 아니라 사랑하는 친절, 공감, 연민, 자비, 용서, 원수 사랑, 인내, 겸손, 포기, 믿음과 희망을 설한다.

---

33 위와 같음.
34 Arthur Schopenhauer, *Über die Vierfache Wurzel des Satzes vom Zureichenden Grunde*, Suhrkamp, SämtlicheWerke 3, 1986, s. 154.

사실 기독교는 그 이상으로 나아간다. 기독교는 세계는 악하며, 우리는 구원을 필요로 한다는 것을 가르친다. 따라서 그것은 세계에 대한 경멸, 자기 부정, 희생적 사랑, 자신의 의지 포기, 즉 삶과 그 기만적 쾌락으로부터 등을 돌리는 것을 가르친다. 실로 그것은 고통의 정화하는 힘을 인정할 것을 가르친다. 고통이라는 수단은 기독교의 상징이다. 나는 다음을 인정할 준비가 되어 있다. 삶에 대한 진지하고 유일하게 올바른 관점은 다른 형태로, 지금도 마찬가지지만, 기독교와 독립해서 천여 년 전에 전 아시아에 퍼져 있었다. 그러나 그것은 유럽의 인간에 대해서는 새롭고 위대한 계시였다.[35]

신비주의적 금욕성을 높이 평가하는 쇼펜하우어는 인생사에서 간혹 안도해 오는 것, 고통의 숭고한 의미를 지적한다. 쇼펜하우어 철학에 영적인 것에 대한 인정과 금욕주의적 측면이 있다는 것은 현실성을 중시하는 사람들에 의해 매력이 없는 것으로 평가되어 왔다. 세상성으로부터 초월을 통해 우주의 '무'를 지향하는 입장에서 금욕성은 당연한 것으로 요구될 수 있다. 그러나 반드시 요구되는 것은 아니다. 붓다가 보여 준 중도는 지나친 금욕성을 부정한다. 거기에는 중세 가톨릭의 육체 경멸도 보이지 않는다. 장미로도 상징되는 육체와 십자가는 대립적인 것으로 보이지만, 십자가 사건에서 계시된 진리는 영원성과 시간성의 결합이라는 자유의 희망이라면, 기독교 정신에 금욕주의가 필수적인 것으로 요구되는 것은 아닐 것이다. 그리스도의 심장이 붉은 것과 영원성, 숭고한 고통과 금욕성은 모순되지 않는다. 쇼펜하우어는 사회악에 고통받는 사람들, 성자들, 신비가들에게서 진정한 의지부정의 초인 상

35 Arthur Schopenhauer, Trans by E. F. J. Payne, *Parerga and Paralipomena*, The Clarendon Press, 1974, pp. 347~348.

을 발견한다. 그의 금욕주의적 발언은 이러한 방향에서 친화성을 갖는 금욕을 말한 것이다. 그것은 일반인이 두려워하는 것, 인기 없는 것, 말할 수 없는 것에 대면하는 용기와 능력의 표현이다. 그리고 바로 이러한 독립적 태도를 초기의 니체는 시대의 스승으로 존중했던 것이다.

쇼펜하우어가 말하는 기독교와 불교의 연관성은 톨스토이 사상의 주요 구성 요소다. 양자는 인도의 간디에게도 갈등 없이 융화되어 있었다. 니체는 당시 제2의 문예부흥기에 불교를 '무'의 숭배라는 두려운 컬트 종교로 인식하는 습성을 이어받아 유럽의 허무주의가 불교 사상으로 발전해 가는 가능성을 두려워했다. 이와 연관하여 그는 쇼펜하우어와는 달리 연민의 우주적 확대를 주장하는 맹자나 주자의 유가적 관념들을 수용할 수 없었으며, 종교 간의 대립과 동서양의 대립을 넘어서는 문화적 대안을 제시할 수 없었다. 니체는 여전히 그리스-로마 전통에 따라 유럽중심적이고, 귀족적인 배타적 사고를 강화해 갈 수 밖에 없었다. 베르그송 역시 '무'를 사유하는 비존재론meontology의 길 앞에서 두려운 마음으로 생명존재론으로 돌아선다. 생명의 보편적 편재성에 의해 우리에게 유익한 생명이 선물로 주어졌다는 현존의 존재론은 여전히 그들에게 유혹적인 관성으로 작용한다. 생명의 진보적 상승선을 타고 올라가는 즐거움에 매혹당한 철학들은 스콜라 철학으로부터 셸링, 헤겔에 이르는 전통들과 여러 형태의 과학주의에서 발견된다. 존재를 생명Zoe으로 보는 낭만주의 전통으로 회귀하는 하이데거의 존재론에서도 신학존재론에 연원하는 편재성, 선물, 현존이라는 긍정성의 도식이 감지된다. 그러나 그러한 것들을 사양하는 생명체가 있다. 생명을 부정하는 생명, 극한 상황에서의 생명, 전면적 부정성을 통해서만 의미를 창조하는 생명은 언제나 자신의 우주의 존재를 총체적 위기라는 한계 상황으로 보았다. 고대 종교의 성자들은 마치 극한의 조건

에서 자라난 생명처럼 '무'를 체득하는 기술을 개발한 것이다.[36]

---

36 Eugene Thacker, 'Darklife: Negation, Nothingness, and the Will to Life in Schopenhauer', *Parrhesia*, Number 12, 2011, pp. 12~27. 이 논문은 생명체와 의지부정의 관계를 현대 우주 생물학과 같은 극한 생물학의 발견 사례와 연관하여, 쇼펜하우어의 의지부정이 '긍정적 비존재론'이라 할 수 있다는 제안을 하고 있다.

3. 과학의 논리와 철학(쇼펜하우어와 비트겐슈타인)

쇼펜하우어 연구가들은 철학적 성향과 기질에서 쇼펜하우어와 가장 닮아 있는 사상가로 비트겐슈타인을 꼽는다. 쇼펜하우어를 읽고서 비트겐슈타인을 읽으면 사용하는 개념들뿐만 아니라 사고 양식이 놀라울 정도로 일치한다는 느낌을 부정할 수 없게 된다. 더욱이 비트겐슈타인의 조각난 문체는 그 지적 간결성과 함께 세계의 황폐함을 보여주는 것처럼 느껴진다. 이러한 분위기는 세기말 유럽 문명에 대한 어두운 시대 의식을 반영하는 것으로 생각된다. 종교적 깨달음의 세계를 동경하면서도 세속의 현실에 시달리고, 과학 그 자체를 부정하지 않으면서도 그 논리적 구조에 대한 반성을 통해 과학을 초월하려는 것은 두 사람에게 공통으로 나타난다. 세계를 '겨울밤'에 비유하는 쇼펜하우어는 '말할 수 없는 것'에 대한 초월적 관심을 갖는다. 앞(Ⅲ, 3~5)에서 논의한 것처럼 이러한 쇼펜하우어의 관심은 과학주의와 전통 형이상학의 무의미한 '망상妄想Unsinn'을 폭로하는 작업을 통해 관철된다. 비트겐슈타인 역시 전통 형이상학에 대해 'Unsinn'이라는 어휘를 사용한다. 그러나 철학적 산문의 대가라 할 수 있는 쇼펜하우어와는 달리 비트겐슈타인은 조각난 글쓰기를 의식적으로 고집한다. 여기에는 특이한 문체와 연관된 그의 핵심 사상이 개입되어 있다.

그의 《논리 - 철학 논고》의 〈제사題詞〉는 당시 사회비판적 작가이 자 저널리스트였던 퀴른베르거Ferdinand Kürnberger, 1821~1879의 풍자적 언 사가 인용되어 있다. "우리가 아는 모든 것, 단지 왕왕거리고 웅웅거리 는 소리로 들리지는 않는 모든 것은 단 세 마디로 말할 수 있다."[1] 당시 부르주아 과학 기술 문명과 합스부르크 왕정이 공존하는 시대, 이른바 '저지된 부르주아 혁명'에서 오는 배출구 없는 답답한 시대에서 비판적 작가들은 권위주의적 문화와 진실을 은폐하는 언어 사용 방식을 비판 하는 출구를 만들었다. 철학도 쇼펜하우어의 아이디어였던 '언어비판' 이라는 새로운 관점에 점차 눈을 뜨게 된다. 기존 질서와 관념을 신비 화함으로써 사실과 가치를 뒤섞어 양자를 타락시키는 지식인들의 언 행은 비판의 표적이 되었다. 이러한 상황에서 1848년 독일혁명에 참가 하기도 했던 퀴른베르거는 자신들의 기성 관념이나 개념적 파악을 반 성하지 못하는 지식인의 허세를 풍자하는 글을 신문에 발표했다. 위에 서 인용된 말은 이러한 풍자를 반영하여 철학의 허장성세를 부정하는 비트겐슈타인의 변증법적 태도를 보여 준다. 이 '제사'는 의미 있는 말 을 간략하게 할 수 있다는 뜻은 아니다. 그것은 의미 있는 말과 의미 없는 말을 구분하는 기준을 말할 수 있는 이론을 창시했다고 주장하 는 논리 실증주의의 단순한 태도에서 나온 것이 아니며, 과학적 명제 가 실증적으로 '확실한' 의미가 있으니 형이상학적 명제를 버리라는 것 도 아니다. 그것은 이른바 논리 철학이라고 하는 러셀과 프레게의 견해 가 갖고 있었던 혼동을 비판하고, 과학의 논리를 보여 주는 자신의 간 략하고 명료한 말들도 부정되어야 한다는 것을 암시한다. 비트겐슈타

---

[1] 번역은 Ludwig Wittgenstein, 이영철 옮김, 《논리 - 철학 논고 Tractatus Logico-Philosophicus》, 책세상, 2006, 14쪽을 참조하여 변형.

인 자신의 견해가 명제나 지식의 논리적 형식은 '명료하게' 보여 주지만, 논리에 관한 과학 즉 논리 철학은 불가능하기 때문에 읽고 버리라는 풍자적이며 자기비판적인 의도가 담겨 있다는 것이다.

제사는 퀴른베르거의 소품《반대 속에 기념비 세우기Denkmalsetzen in der Opposition》가운데 있는 것으로, 빈 사람들의 기념비 세우는 습관을 비판하는 문맥에서 나온 것이다. 그 소품에서 교육 받은 사람은 고대 문학과 근대 문학의 차이에 대한 물음에 몇 마디로 개괄하여 응답한다[고대는 산문적이고 신체로부터 나오며, 근대는 음악적이고 영혼으로부터 나온다는 등의 대답]. 그러나 이것은 대상에 대한 메타meta적 태도를 전제한 물음에 대해 개념적인 대답을 줄 수 있다고 믿는 교양인의 허장성세를 반영한다. 이러한 태도는 지나간 시대에 대한 신비화를 통해 기념비를 세우는 습관과 유사하다. 간략한 대답 역시 버려져야 한다. 이런 측면에서 〈제사〉는 간략한 비판을 담고 있는《논리-철학 논고》의 명제들을 다 읽었으면 그것이 무의미한Sinnlos 것임을 알고 사다리처럼 버려야 한다는《논리-철학 논고》의 6.54의 말과 연관하여 해석될 수 있다.[2] 그러나《논리-철학 논고》자체는 지식의 논리적 형식을 보여 줌으로써 반성을 촉구하는 비판적 의미를 갖기 때문에, 대상에 투영된 논리적 형식이 대상처럼 실재한다고 믿는 망상Unsinn은 아니다. 그것은 러셀과 프레게가 철학을 엄밀한Strenge, exact 과학으로 간주하여 또 하나의 지적 권위를 세우려는 태도를 겨냥한 것이다. 비트겐슈타인은 이들에게서 논리적 분석 기법을 배웠고, 프레게에게서는 문맥 원리를 수용한다. 그러나 그는 그들에게서 배운 기술로 그들의 공든 탑을 비판

2   Ray Monk, 남기창 옮김,《비트겐슈타인 1, 천재의 의무Ludwig Wittgenstein: Duty of Genius》(1990), 문화과학사, 1998, 223쪽. 저자는 그 모토motto가 비트겐슈타인이 그의 언어비판적 관점에 동조한 칼 크라우스로부터 알았을 가능성이 있으나, 퀴른베르거로부터 직접 왔을 가능성도 있다고 본다. 저자 역시 모토를《논고》의 결론 부분인 6.54와 7과 연관하여 언급한다.

적으로 해체한다. 그들은 언어의 논리적 형식을 함수로 표기하는 인공 언어를 만들어, 그것을 불완전하다고 간주된 일상 언어의 상위에 놓지만, 사실상 일상의 언어가 대상과 관계하는 방식을 연장하여 논리적 개념들이 이념적 대상을 갖는 것처럼 혼동한다는 것이다. 그가 보기에 논리에 대해 대상들을 인식하는 과학인 것처럼 말하는 것은 정밀한 분석을 표방하지만 사실상 지적 허세이자 혼란스러운 불명료성을 내포한다. 철학은 엄밀한 과학성을 갖는 것이 아니라 명료성Deutlichkeit을 가져야 한다. 이것은 러셀과 프레게가 비트겐슈타인의 이론의 자원이 된다는 통상의 의견이 부분적으로 일리가 있지만 맞지 않는다는 것을 의미한다.

킨즐러Wolfgang Kienzler가 "단 세 마디로 말할 수 있다"를 프레게의 논리 철학이 강조하는 '예리한sharp 구분'에 대해 '명료한clear' 구분을 대비시킨 것도 위와 같은 문맥에서 나온 것이다.[3] 철학은 과학이 아니라 기본 개념들을 명료하게 하는 활동이다. 비트겐슈타인은 파편화된 글쓰기를 통해 철학의 유사 과학적 체계를 해체한다. 논리적 개념들이나 명제는 그 대상인 지시체를 갖는 이름이 아니라는 것이다. 논리 철학은 명료한 구분을 통해 해체된다. 마찬가지로 논리와 과학에 대한 비트겐슈타인 자신의 말들도 무의미한 것으로 비판된다. 논리에 대한 논리적 기초는 있을 수 없다. 과학에 대한 과학도 있을 수 없다. 과학에 대한 메타적 반성으로서의 철학도 과학의 논리적 형식을 보여 줄 수 있지만, 이미 과학의 행세를 할 수 없는 것이 된다. 러셀과 같은 논리 경험주의가 표방하는 과학적 세계관은 과학의 논리로 과학을 말하는 무의미한 체계다. 그러한 세계관은 단 세 마디로 말할 수 있으며, 이 세 마

---

3   Wolfgang Kienzler, 'Wittgenstein and Frege', *The Oxford Handbook of Wittgenstein*, Edited by Oskari Kuusela Marie Mcginn, Oxford University Press, 2011, p. 95.

디도 부정되어야 한다. 쇼펜하우어도 표상으로서의 세계에 대한 분석에서 명료성을 기준으로 삼았으며, 그 명료성은 인식비판적 의미를 갖는다. 인식비판은 표상의 세계를 넘어 미적이고 윤리적인 인식으로 나아가야 한다는 초월적 의미를 아울러 갖는다. 세계는 인과 법칙과 논리 및 주객 분리라는 선험적 형식에 제약된 것이며, 세계론은 생의 의미를 추구하기 위해서 신비적인 것으로 넘어가는 하나의 단계가 된다. 기존 철학에 대한 쇼펜하우어의 언어 철학적 개입이 욕설도 마다하지 않는 풍자적 활동이었던 것처럼, 비트겐슈타인의 개입도 내적 성실성을 전제로 한 철학 내부의 풍자 활동이었다. 《논리–철학 논고》는 '제사'에서부터 파사현정破邪顯正, 오류를 깨면 즉시 진실이 보인다이라는 붓다와 용수龍樹, Nagarjuna, 150~250 가 행한 논파의 방법을 암시한다. 붓다는 인도 전통 형이상학의 물음과 대답이 무용할 뿐만 아니라 언어의 남용이라고 보고 침묵[無記]했는데, 이러한 태도는 용수를 거쳐 파사현정으로 알려지게 된다. 이 논파의 방법은 기존 형이상학의 망상과 언어유희[戱論]에 대한 회의와 비판이 즉시 진실을 보여 준다. 단지 차이라 한다면 비트겐슈타인의 구제 대상이 직업 철학자를 자처하면서 새로운 이론을 세상에 첨가하려는 오만한 소수에 한정되었다면, 불교는 철학자들뿐만 아니라 모든 생명체를 포함한 중생을 대상으로 했다는 점이 차이일 것이다. 이와 같은 문맥에서 거드문센Chris Gudmunsen은 세계와 언어의 관계를 지시reference 관계 위주로 생각하는 러셀에 반대한 비트겐슈타인을 용수의 중관사상과 공통점을 가진 것으로 본다. 비트겐슈타인에 의하면 언어의 논리적 구문Logische Syntax을 기술하여 보여 주는 철학은 과학적 철학과 같은 유사 과학을 세계에 첨가하는 것이 아니다.[4]

---

4   Chris Gudmunsen, 윤홍철 옮김, 《비트겐슈타인과 불교》, 고려원, 1991, 70~83쪽 참조. 저자는 아비달마 불교 가운데 설일체유부說一切有部, Sarvastivadin 가 개별자, 성질, 관계 등과 같은 단순한

논리적 분석이란 확실한 경험적 증거를 찾는 수단이 아니라 명제나 지식에 이미 내재하는 논리적 형식을 보여 주는 것이며, 그 안에서 명제의 요소들이 비로소 대상을 대리할 수 있다는 것을 알리는 것이다.

쇼펜하우어가 자주 인용하는 풍자가인 동시에 물리학자인 리히텐베르크G. C. Lichtenberg, 1742~1799도 비트겐슈타인의 관심을 끈다. 비트겐슈타인의 친구 말콤Norman Malcom에 의하면 "쇼펜하우어가 비트겐슈타인의 문체에 영향을 미치지 않았다는 점이 이상하게 보일지 모른다. 그러나 종종 놀라울 정도로 비트겐슈타인을 상기시키는 저자는 리히텐베르크이다. 비트겐슈타인은 그를 존경했다. 비트겐슈타인이 어느 정도로 그에게서 배웠다고 말할 수 있는지는 모르겠다. 리히텐베르크의 철학적 질문에 대한 생각이 비트겐슈타인과 놀랄 만한 유사성을 보여 준다는 것은 언급할 가치가 있다."[5] 리히텐베르크는 긴 문장을 그대로 수용하는 습관이 진부한 사상을 계승한다고 보고, 짧은 단어로 핵심을 파악하는 것을 중시한다. 진정한 사상가는 그러한 방식으로 생각함으로써 자신을 위한 사상가가 된다. 쇼펜하우어는 그의 견해를 다음과 같이 소개한다. "최초의 심급에서 우리 자신을 위해 생각해낸 것이야말로 진정한 가치를 갖는다. 그러므로 우리는 사상가를 원래부터 그 자신을 위해서for themselves, 爲己 생각하는 사람과 곧바로 타인을 위해for others, 爲人 생각하는 사람으로 나눈다. 전자가 그 어휘의 이중적 의미에

것의 실재성을 말한다는 의미에서 러셀의 대응설적 입장과 유사하며, 용수의 중관사상(中觀思想)은 언어와 세계와의 관계를 지시reference 관계라는 통상적 관념으로 이해하는 것을 비판한다는 점에서 비트겐슈타인과 유사하다고 본다. 비트겐슈타인은 직업 철학자들이, 대상을 다루는 과학이나 언어가 대상을 지시한다는 일상의 신념을 무분별하게 일반화하여, 논리 철학과 과학 철학 같은 것을 만들어 내는 것을 비판적으로 해체하고, '철학은 모든 있는 것들을 있는 그대로 놓아둔다'는 관점에 도달한다. 저자에 의하면 이러한 관점은 언어에 대한 실재론적 관습의 망상을 깨고 결국 세속세계로 되돌아온다는 용수의 공(空) 사상에 해당한다.

5 Norman Malcom, 이윤 옮김, 《비트겐슈타인 회상록Ludwig Wittgenstein: A Memoir》(1958), 필로소픽, 2013, 31~32쪽.

서 진정한 자아-사상가들self-thinkers이다. 그들이 진짜 철학자들이다. 왜냐하면 그들만이 문제를 진지하게 받아들이기 때문이다. 그리고 그들의 삶의 기쁨과 행복은 사유하는 바로 그것에 있다. 후자의 다른 사람들은 궤변가들이다. 그들은 빛나기를 바라고, 이 방식으로 타인들로부터 획득하기를 희망하는 행운을 추구한다. 이것이 그들이 열심히 찾는 곳이다. 우리는 그 문체와 방법으로부터 그 사람이 어느 부류에 속하는 지를 곧 바로 알아챌 수 있다. 리히텐베르크는 전자의 사람이다."[6] 시대의 조류와 상관없이 핵심을 잡고 군더더기를 잘라 버리는 주체적 사유와 간결한 조각으로 형상화하는 문체는 서로 통한다. 진정한 글쓰기는 산기슭처럼 평평한 것을 버리고 본질적인 봉우리만을 간격을 두고 보여 준다.

과학 기술 시대에 비트겐슈타인은 리히텐베르크처럼 과학과 수학을 신비화하는 것을 거절한다. 쇼펜하우어는 수학에 대한 자신의 관점을 리히텐베르크의 것으로 소개한다. "모든 정신적 활동들 가운데 가장 저급한 것이 산술이라는 것은 그것이 기계에 의해서도 수행될 수 있는 유일한 것이라는 사실에 의해 증명된다. 현재 영국에서는 계산기가 편리를 위해 빈번히 사용된다. 이제 유한수와 무한수에 대한 모든 분석은 궁극적으로 반복되는 계산으로 되어 간다. 우리가 수학적 심오함이라고 추측하는 것이 이러한 노선들에 있다. 이에 대해 리히텐베르크는 다음과 같이 말하면서 매우 즐거워하고 있다. '이른바 전문 수학자들은 나머지 그 밖의 사람들의 유치한 미성숙이 받쳐줌으로 해서 사고의 심오함에 대한 평판을 얻고 있다. 이 평판은 신학자들이 자신들을 위해 호소하는 신성함에 대한 평판을 얻는 것과 강한 유사성을 갖

6   Arthur Schopenhauer, Trans by E. F. J. Payne, *Parerga and Paralipomena* Ⅱ, Crarendon Press, 1974, p. 499.

고 있다.'"[7] 리히텐베르크와 쇼펜하우어는 사변 신학과 수학의 신성화를 비판한다. 이들은 철학적 사고를 형이상학적 언어뿐만 아니라 과학적 언어에 대한 신비화를 비판하는 활동으로 보는 반시대적 태도를 공유한다. 수학은 가장 긴장된 순간에 우주와의 합치를 직관하는 고도의 정신에 비해 이완되고 고정된 단위로 풀어진 정신, 즉 퇴화한 정신의 산물이라는 것이다. 쇼펜하우어와 비트겐슈타인이 과학이 가능하기 위한 논리적 형식에 관심을 가진 것은 바로 그와 같은 반시대적 태도에 그 동기를 두고 있다.

쇼펜하우어에 의하면 논리적 형식은 결코 대상화해서 말할 수 없는 근본 전제이며, 그것은 실재적 내용을 갖는 것이 아니다. 그것은 수사학에서 채용한 용어인 동어반복Tautology으로 간주된다. 원래 수사학의 용어였던 동어반복은 대상적 의미를 갖지 않는 하나마나한 소리인데, 현대 논리학에서 채용되어 피상적 동어반복이라는 의미와 함께 언제나 참이라는 항진성으로 알려지게 된다. 쇼펜하우어는《충족이유율의 네 겹의 뿌리에 관하여》와《의지와 표상으로서의 세계》에서 경험적 탐구 안에서 작동하는 논리를 대상화하여 제3의 위치에서 정당화하려는 철학적 시도들을 무한 후진에 빠지는 부조리로 비판한다. 논리에 대한 논의는 이미 논리를 전제하기 때문이다. 또한 그는 전통 형이상학이 논리를 이미 포함하고 있는 자신들의 체계를 실재의 구조라고 주장하는 낙관적 독단성을 비난했다. 자신의 논리적 공간에 대한 반성이 없이 그 모두가 실재하는 것으로 신성화하는 계몽주의적 뉴턴주의자들도 비난받는다. 지식의 영역에서 일어나는 이러한 혼란은 논리에 대한 오해에 비롯되는 지식인들의 질병이다. 진정한 철학은 그것을 치료

---

7 Arthur Schopenhauer, 위의 책, p. 610.

하는 의사의 역할을 한다는 것이다.

붓다는 형이상학에 대해 침묵하고, 자신을 망상과 고통을 치유하는 의사로 이해한다. 쇼펜하우어가 스스로를 붓다와 친화성을 갖는다고 여긴 것은 당연한 것이었다. 그들의 치유적이고 비판적인 태도는 비트겐슈타인의 철학에서 다시 출현한다. 쇼펜하우어의 '나의 근본사상Grundgedanke'은 논리적 공간 안에서 표상되는 세계가 의지의 표현이라는 것이다. 의지는 더 이상의 근거를 갖지 않는 무근거의 심연이다. 논리는 모든 언어 활동에 반영되는 언어 내재적 관점이며, 이 관점을 설명하는 제3의 관점은 없다. 논리는 심연 위에 떠 있다. 표상으로서의 세계는 논리적 형식을 그 선험적 조건으로 갖는다. 이 사상이 비트겐슈타인에 의해 다음과 같이 표현된다. "'나의 근본사상'은 논리적 상항들은 대표하지 않는다nicht vertreten는 것이다. 즉, 사실들의 논리는 대표될 수가 없다는 것이다."(《논리-철학 논고》, 4.0312)[8] 논리 상항logical constants이란 개념이나 명제들의 논리적 관계를 기호화한 것으로 그리고 (·), 또는(∨), 아니다(~) 등과 같은 논리적 연결사다.[9] 논리적 연결사는 이름이 대상을 갖는 것처럼 논리적 대상을 갖는 것이 아니라는 것이다. 논리적 개념이 논리적 대상을 갖는다고 생각하는 것은 논리적 개념을 마치 사물성을 갖는 것처럼 다루는 것이다. 논리적 연결사가 의미를 갖기 때문에 어딘가에 그 의미 대상이 있어야 한다는 러셀의 견해는 논리학을 신비화하는 철학으로 비판된다. 용수의 관점에서 보면 그

---

8   Ludwig Wittgenstein, 이영철 옮김,《논리-철학 논고Tractatus Logico-Philosopicus》(1921), 천지, 1991, 65쪽.

9   Gregory Landini, 'Wittgenstein reads Russell', The Oxford Handbook of Wittgenstein, Edited by Oskari Kuusela Marie Mcginn, Oxford University Press, 2011. / '논리적 상항 같은 것은 없다'는 비트겐슈타인의 주장은 러셀의 논리적 원자론의 초기 이름인 '분석적 실재론'에 대한 비판이지만, "명제의 구조를 변항들로 조직함으로써 철학적 문제를 해결하는 러셀 자신의 기술(技術)을 확장한 것이다." "비트겐슈타인은 논리 상항에 모든 형식적 개념을 포괄하려 한다. '대상', '속성', '진리', '사실', '존재', '동일성' 등과 같은 말들도 포함한다."(p. 38~39).

러한 실재론적 관점은 언어에 대한 집착적 망상이며 희론戲論이다. 비트겐슈타인에게도 논리는 세계에 대해 아무 것도 말하는 것이 없는 텅 빈 선험적 장치에 불과하다. 논리는 선험적이다. 선험적 논리에 따라 비로소 명제는 대상을 대표할 수 있는 것이 된다. "명제의 가능성은 기호를 통해 대상을 대표하는 원리Prinzip der Vertretung에 의존한다."(4. 0312)

한대석은 〈비트겐슈타인 그림 이론에 대한 또 하나의 연구〉에서 비트겐슈타인의 근본사상을 "언어가 근원적이고 환원 불가능하다는 인식"에 도달한 것으로 본다. 한대석은 명제의 논리적 형식을 '논리-문법'이라 부르고, 이것을 이학사理學史에서 말하는 이理로 해석한다. 이 관점은 매우 흥미로운 것으로 주희가 사건이 성립하는 선험적 소이연지리所以然之理이자 자연지리自然之理, 즉 사건의 내재적 조건을 이理라고 한 것을 적절히 활용한 것으로 보인다. 언어적 그림에 이미 그 이理가 내재한다. 이 내재성이 언어가 대상을 대표하는 것을 가능하게 한다. 역설적으로 "사실들의 논리가 대리될 수 없음이 사실들을 표상할 수 있음의 조건이다." 언어에는 논리-문법이 자연스럽게 내재되어 있기 때문에, "언어자체는 설명될 수 없다." 언어는 인위적 언어로 정당화될 수 없는 자율성을 갖는다. "언어는 스스로 그러함, 곧 자연이다."[10] 이 관점을 옹호할 수 있는 수학적 해결, 즉 논리적 연결사들을 하나의 부정의 기호로 환원하여 논리적 연산을 할 수 있음이 입증되자, 비트겐슈타인은 이를 채택하여 논리적 관계 개념의 관념성뿐만 아니라 논리학이 개별 과학이 아니라 모든 과학에 이미 포함되어 있는 보편성을 갖는 이유를 말할 수 있었다. 논리적 개념들이 대상을 갖는다면, 그것

---

10 한대석, 〈비트겐슈타인 그림 이론에 대한 또 하나의 연구〉, 《철학》, 113집, 2012, 11월, 102~138쪽. 한대석은 언어의 자율성과 언어의 대상 지향성에서 현상학적 방법을 따르는 하이데거의 세계론 및 존재론과의 공통점을 본다. 이러한 관점은 카르납이 대륙 철학과 분석 철학을 대립시킨 파당적 사고를 넘어서 대화의 지평을 넓힌다는 점에서 중요한 의의를 갖는다.

은 특정한 개별 과학이 되어 보편적 적용 가능성을 갖지 못할 것이다.[11] 사변 신학적 존재론이 논리의 실재성에 대한 믿음을 전제하는 독단이 듯, 명제나 과학적 이론에 이미 포함된 논리가 대상을 가지고 실재한다고 보는 것도 독단이 된다.

러셀은 논리를 사물처럼 간주하여 논리 철학을 마치 '논리적 자료 logical data'에 대한 '논리적 경험'을 논하는 과학처럼 제시한다. 언어의 논리적 구문에 대한 기술을 철학으로 보는 비트겐슈타인에게는 "철학은 실재에 대한 그림을 주는 것이 아니다." 과학적 언어와 논리적 언어는 '명료하게' 구분되어야 한다. 이 때문에 그는 초기에서부터 의미론보다는 논리적 구문론에 관심을 가졌으며, 프레게가 논리적 대상을 인정하는 것을 비판하면서도 그의 문맥 원리는 수용했던 것이다. 명제를 구성하는 요소들의 의미는 고립적으로 추구되는 것이 아니라 명제라는 문맥에서 추구되어야 한다는 문맥 원리는 논리적 언어를 지시 모델로 파악하는 것을 반대하게 했다. 함수로 재구성된 명제, 즉 명제 함수 $\varphi\hat{z}$는 φ는 $\hat{z}$의 왼쪽에 있고, $\hat{z}$는 φ의 오른쪽에 있다는 문맥(논리적 문맥, 형식)에 의해 이해된다. 러셀은 이것을 "논리적 대상에 대한 직접지 acquaintance with logical objects"를 갖는 것으로 본다. 형식이 논리적 실재에 대응한다. 그러나 비트겐슈타인에게 논리적 형식은 이미 명제에 포함되어 있는 것으로 '보는 것'이지, 대상으로서 '말하는 것'이 아니다. 말을 한다면 이미 알고 있는 형식을 말하게 되는 동어반복 혹은 무의미

---

11 Howard Eves, 허민, 오혜영 옮김, 《수학의 기초와 기본개념》, 경문사, 1995, 424쪽. 모든 명제는 모든 요소명제들에 부정(~)을 연속적으로 적용하여 만들어진다. 모든 연결사들을 부정의 기호로 환원할 수 있다는 것을 증명한 수학자 셰퍼Henry Maurice Sheffer, 1882~1964는 "스트로크stroke라 부른 단 하나의 논리적 기호를 사용해서 기본적인 모든 논리적 연산을 표현할 수 있다는 사실을 1913년에 밝혔다. 셰퍼의 스트로크 조합은 p/q 로 표현되고 'p가 아니거나 q가 아니다'~p ∨ ~q를 뜻한다." 러셀과 비트겐슈타인은 이를 논의한 적이 있으며, 비트겐슈타인은 이를 모든 요소명제의 부정을 뜻하는 부정 연산자[N(ξ)]로 변형하여 적용한다.

한 것이 된다. 러셀처럼 지시 모델에 따라 그 함수를 자기 지시적 문장으로 만들면 $\varphi(\varphi \hat{z})$와 같은 모순된 명제 함수가 나온다. 즉 자신을 논항으로 갖는 함수가 된다. 이러한 모순을 극복하기 위해 러셀은 명제의 논리적 유형들을 구분할 것을 주장했다. 그러나 문맥 원리에 따른 비트겐슈타인의 입장에서는 그러한 생각은 없는 문제를 만들어 지적 허세를 부리는 것이다. 죽은 기호를 살아 있는 상징으로 만드는 것이 논리적 형식임을 안다면 그 형식 자체를 지시 대상으로 갖는 문장을 만드는 것은 불필요하다는 것을 알게 된다.[12] 자기 지시적 명제는 원래의 명제가 이미 포함하고 있는 형식 자체를 전혀 다른 형식으로 변질시킴으로써 그 형식을 대상으로 전락시키는 일종의 언어적 사물화가 된다. 여기에 형식과 대상의 혼동이 있다. 비트겐슈타인은 이러한 혼동을 명료하게 구분하고자 했다. 쇼펜하우어가 논리적 형식은 결코 대상일 수 없다고 강조하면서 형이상학적 실재론과 과학적 실재론을 공격한 것도 20세기 논리학은 알지 못했지만 비트겐슈타인과 공통된 정신을 표출한 것이다. 그리고 쇼펜하우어는 이 정신을《우파니샤드》및 불교와 동일시했다.

쇼펜하우어와 비트겐슈타인의 연관성에 대해 매기는 기치P. T. Geach와 안스콤G. E. M. Anscombe의 언급을 인용하여 그들의 공통성을 다음과 같이 언급한다.[13] 1957년에 나온 기치의《철학평론 Philosophical Review》에 의하면, "비트겐슈타인은 그의 대화에서 어린 시절 쇼펜하우어의 의

---

12 Marco Antonio Ruffino, 'The Context Principle and Wittgenstein's Criticism of Russell's Theory of Types', *Synthesis*, v. 98, No. 3, Mar 1994, pp. 401~414, 참조. 저자는 프레게의 문맥 원리가 러셀의 유형론에 대한 비트겐슈타인의 비판에 동기가 된 것이 아니라 본질적이라고 본다. 또한 저자에 의하면 유형론은 언어의 논리적 형식을 대상 지시관계에 따라 사물성thinghood을 갖는 것으로 간주하는 것이다. 유형론은 경험주의적 지식론의 물화하는 습성이 논리 철학에 확장된 것이다.

13 Bryan Magee, *The Philosophy of Schopenhauer*, Clarendon Press, Oxford, 1983, pp. 310~311.

지의 객관화에 대해서는 이해하지 못했으나 그를 근본적으로 옳다고 생각했다." 그리고 매기에 의하면 "《논리−철학 논고》는 쇼펜하우어적 인 주제로 가득 차 있다. 예를 들어 (1) 유아론에 대한 옳고 그름에 대한 논의 (2) 과학의 문제이기도 한 의지의 심리적 현상과 자신의 행동을 통해 자신을 보복하고 징벌한다는 윤리적 의지 사이의 구분 (3) 현재 순간의 무시간성, 영원성을 강조하고, 죽음을 두려워하는 어리석음을 지적한 것 (4) 어떤 사실도 변화시키지 않고 전 세계를 변화시키는 의지의 힘에 대한 이야기들이 그렇다. (5)《논리−철학 논고》의 끝에 있는 침묵은 '무'에 관한 어떤 적극적 기술도 거부하는 쇼펜하우어의 태도를 상기시킨다. 그것은《의지와 표상으로서의 세계》I의 결론인 '그렇게도 실재적인 우리의 세계는 모든 태양과 은하를 포함하여 '무'이다' 라는 말과 연관되어 있다." 기치의 부인 안스콤은 러셀이나 프레게보다 쇼펜하우어와의 연관성을 가장 중요한 것으로 본다. "소년 시절 비트겐슈타인은 쇼펜하우어를 읽고 '의지로서의 세계'는 아니지만, '표상으로서의 세계'에 관한 쇼펜하우어의 이론에 크게 감동받았다. 그에게 쇼펜하우어의 영향은 몇 가지 조정과 명료화가 이루어질 때에만 근본적으로 올바른 것이라고 간주되었다. 비트겐슈타인에 대한 매우 많은 대중적 견해는 그가 현대판 흄이라는 것인데, 그러한 것들과의 관련성은 간접적일 뿐이다. 그는 흄에 대해서는 몇 페이지 이상을 읽지 않았다. 우리가 비트겐슈타인의 철학적 조상을 찾는다면 쇼펜하우어에게서 찾아야 한다. (……) 비트겐슈타인의 철학적 영향 관계에 대해 그 나머지는 기껏해야 프레게와 러셀에 제한될 것이다."(*An Introduction to Wittgenstein's Tractatus*)

매기에 의하면 20대 중반 비트겐슈타인은 또다시 쇼펜하우어를 읽었다. 그의《비트겐슈타인 철학일기 *Notebooks 1914~1916*》의 후반부는 10

개월의 공백 이후에 썼는데, 이 기간에 그는 쇼펜하우어를 읽었다. 이
때 그는 쇼펜하우어의 일부 생각들을 가지고 고민하면서 새로운 갈등
을 겪는다. 그는 쇼펜하우어의 의지부정론과 연민 사이에서의 갈등을
표현하기도 했다. 연민은 욕망과 집착에 고통 받는 것에 대한 공감인
데, 이는 의지긍정의 차원에서 가능한 것이기 때문이다.[14] 이뿐만이 아
니다. "비트겐슈타인이 쇼펜하우어에 빠졌었다는 것을 아무도 반박하
지 않는다. 하지만 중요한 것은 그가 그 밖에 어느 사람에게도 빠지지
않았다는 사실이다. 그가 지나가는 식으로도 잘 알고 있었던 과거의
다른 철학자들도 없었다. 더욱 놀라운 측면은 그가 칸트를 진지하게
연구한 적도 없다는 것이다. 그것은 그 자신의 작품에 전반적으로 스
며 있는 칸트주의 때문에, 그리고 칸트를 이해하는 것이 쇼펜하우어를
이해하는 선행 조건이라는 것 때문에도 놀라운 것이다." "라이트Georg
Henrik von Wright에 의하면, 비트겐슈타인은 철학 고전을 체계적으로 읽
은 적이 없다. 스피노자, 흄, 칸트에 대해서도 언뜻 이해했을 뿐, 플라톤
도 대충 읽었다. 그러나 아우구스티누스를 매우 숭상했으며 톨스토이,
도스토옙스키, 키르케고르, 파스칼의 저작이 그의 관점과 인생에 영향
을 주었다."(*Biographical Sketch*, pp. 20~21) "말콤Norman Malcom에 의하
면 비트겐슈타인의 성격은 자신의 전망과 인간에 대해 극히 염세적이
었다. 그와 친했던 사람들은 그가 인생은 추하고 우리 마음은 암흑 속
에 있다는 가끔은 절망에 가까운 감정을 느끼고 있었다는 것을 알 수

---

14 위와 같음. 갈등의 내용은 다음과 같다.
　"선을 의지하는 것, 악을 의지하는 것, 그리고 의지하지 않는 것이 가능한가? 아니면 의지하지 않
는 사람만이 행복한가? 이웃을 사랑하는 것은 의지하는 것을 의미할 것이다! 그러나 갈망이 실현
되지 못한다면 갈망하면서도 불행하지 않을 수 있는가?(그리고 이러한 가능성은 언제나 있다). 일반
적 견해에 따라 선도 악도 자신의 이웃에 대해 아무 것도 원하지 않는 것이 선한가? 그러나 어떤
의미에서는 원하지 않는 것이 유일한 선인 것으로 보인다. 여기서 나는 조야한 오류를 범하고 있구
나! 이에 대해 의심할 수 없다!"(《Notebook》, 〈1916. 7. 29〉), 번역으로는 《비트겐슈타인 철학일기》, 변영
진 옮김, 책세상, 2015, 188쪽.

밖에 없었다."

이에 대해 매기는 다음과 같이 논평한다. "이러한 모든 관점에서 볼 때, 젊은 비트겐슈타인의 철학이 상당한 정도로 쇼펜하우어를 되살려 교정하려는 시도였다는 사실에 대해 놀라울 것이 없다. 그러나 그의 글쓰기 방식은 악명 높을 정도로 수수께끼 같다. 아마 기존의 진지한 철학자들 가운데 가장 모호할 것이다." 한 예를 들어《비트겐슈타인 철학일기》(13. 5. 15)의 다음과 같은 언급은 앞뒤 문맥과 연결이 없는 말이다. '네가 올바른 끝을 확인했다고 확신하기 전에는 매듭을 단단하게 당기지 말라'. 이 말은 쇼펜하우어의 《추가와 보유》의 〈단편 철학사_Fragments for the History of Philosophy_〉의 다음과 같은 말을 축소한 것이다. "설명되어야 하는 세계의 현상은 우리에게 무수한 끝들을 제시한다. 그것들 가운데 하나만이 올바른 것일 수 있다. 그것들은 풀기에는 너무 많은 끝을 가진 복잡한 실뭉치를 닮아 있다. 올바른 것을 찾은 사람은 그 전체를 풀 수 있다." 쇼펜하우어에 친숙한 사람만이 알 수 있는 암시적인 말들이《비트겐슈타인 철학일기》과《논리-철학 논고》에는 많이 있다." 문제는 출판을 염두에 두지 않고 메모해 놓은 전자보다 후자의 《논리-철학 논고》다. 비트겐슈타인 자신도 사상가로서 근본적인 독창성이 결여되어 있다는 것을 의식한다. "나는 나의 관념에는 내가 실제로 재생산적으로만 생각한 어떤 진리가 있다고 생각한다. 나는 하나의 노선의 사고를 처음 발명했다고는 믿지 않는다. 나는 항상 누군가로부터 하나를 넘겨받아 왔다."(_Culture and Value_, pp. 18~19) "《논리-철학 논고》에서 쇼펜하우어와 프레게, 러셀을 빼면, 이들을 결합하는 방식이 독창적이고 현기증이 날 정도로 지적일지라도 무엇이 남을지 의문이다."《비트겐슈타인 철학일기》와《논리-철학 논고》에는 아예 쇼펜하우어의 말을 반복하는 것들도 있다.[15]

그러나 쇼펜하우어와 비트겐슈타인의 관계에서 중요한 것은 부분적 구절들이 아니라,《논리-철학 논고》라는 책 전체의 구도이다. 즉 "분절되지 않는 전체적 틀이 문제이며, 바로 이 틀이 쇼펜하우어로부터 왔다"는 것이다. 매기의 이 말은 일리가 있다. 쇼펜하우어가 칸트의 선험적 관념론의 정신에 따라 과학의 논리적 조건을 보여 주고 생의 의미의 문제로 넘어가 신비주의로 진입하는 방식은《논리-철학 논고》에 그대로 나타나고 있음을 발견할 수 있다. 비트겐슈타인의 과학론은 빈의 실증주의적 마흐주의나 영국, 프랑스의 과학 철학에서 온 것이 아니라, 근대 역학의 논리적 문법을 해명하려는 볼츠만Ludwig Boltzmann과 헤르츠Heinrich Hertz의 칸트주의적 과학 철학에 연관되어 있다. 그는 이러한 과학론을 프레게와 러셀에게서 배운 논리적 분석 방법을 적용하여 전개한다. 인식론적 관점에서 세계가 주관의 표상이라는 점을 주장한 쇼펜하우어도 과학적 지식의 세계는 주관의 논리적 구조가 투영된 것이라는 점을 강조한다. 그의《충족이유율의 네 겹의 뿌리에 관하여》는 과학의 네 분야가 서로 다른 인과 형식에 의해 구성되는 것이며, 최종적으로는 모든 과학은 메타 논리라는 논리 법칙에 따라 구성되는 것임을 보여 준다. 세계는 주관의 논리적 그물에 의해 잡힌 것이다. 철학은 경험 과학처럼 경험적 내용과 형식을 겸비하는 것이 아니라, 과학의 논리적 형식을 보여 주는aufweisen 활동이다[《논리-철학 논고》 2.172에서도 그림은 그림의 형식을 보여 준다aufweisen로 되어 있다. 4.121에는 aufweisen과 역시 보여 준다는 뜻을 가진 zeigen 동사가 나온다. 형식이 그림으로서의 명제 안에 반영된다sich spiegelt는 표현도 보인다. 명제는 형식을 대표하거나 설명Darstellung, representation하지 않는다]. 철학은 지식의 내용을 보여 주는

---

15   Bryan Magee, 위의 책, pp. 310~311.

것이 아니라, 그 논리적 가능성만을 문제 삼는 기술descpition의 작업이 된다. 논리적 형식은 이 안에서 지식이 구성될 수 있는 가능성의 조건일 뿐이다. 이러한 철학은 이미 선험적으로 알고 있는 지식의 논리적 형식을 의식화해서 드러내는 것이기 때문에 일종의 현상학적 혹은 해석학적 방법과 유사한 것으로 생각할 수 있다. 이러한 노선에서 칸트는 자신의 지식론을 사변 형이상학과 분리하여 일종의 '경험적 형이상학'이라고 했는데, 쇼펜하우어와 비트겐슈타인은 이 노선에서 출발한다. 피어스David Pears에 의하면 "비트겐슈타인은 논고의 틀의 많은 것을 쇼펜하우어를 통해 칸트로부터 취했다. 그는 쇼펜하우어를 읽고 존경했으며, 후기에는 이 틀을 변형했으나 그것을 결코 파괴하지는 않았다." (Wittgenstein, pp. 45~46)[16]

쇼펜하우어에게도 과학과 철학의 분업과 경계는 분명하게 그어진다[나중에 의지 형이상학의 입증 자료로 과학의 성과와 아이디어들을 활용하고 있다는 측면에서는 쇼펜하우어는 과학적 자연주의와 철학의 명확한 경계선을 스스로 지운다]. 그가 과학주의와 전통 형이상학이 내용과 형식을 구분하지 못하고, 특히 관념적인 논리적 형식까지도 객관적 실재성을 갖는 것으로 믿는 사고의 명료성Deutlichkeit 상실을 언어의 오용-Mißbrauch이자 일종의 광기인 망상Unsinn이라고 비난했다. 반성 없는 과학주의에 대한 쇼펜하우어의 인식비판은 19세기 중반까지 발전한 과학에 한정된 것이었다. 그는 과학 자체에 대해서는 호의를 갖고 있었으나, 계몽주의적 과학만능주의나 신학존재론적 형이상학에 대해서는 반성 없는 사고의 혼란으로 비난했다. 《논리─철학 논고》의 인식비판적 과학론 역

---

16   김혜숙, 《경계의 철학, 철학의 경계》, 이화여대출판부, 2011, 108~111쪽. 저자는 칸트가 과학을 정당화하는 관점을 데카르트주의에 연원하는 것으로 비판하고, 비트겐슈타인과 칸트의 유사성을 지적한다.

시 유클리드-뉴턴의 좌표에서 구성된 볼츠만, 헤르츠의 근대 역학에 한정된 것이었으며, 상대성 이론과 양자 역학을 고려하는 빈 학파[대체로 논리와 경험주의 성향이 결합된 과학 철학]와는 거리가 있었다. 또한 인식비판이 언어비판일 수 있다는 착상까지 발전시킨 쇼펜하우어의 태도는《논리-철학 논고》에서의 비트겐슈타인의 태도와 흡사하다. 다만 비트겐슈타인은 자신의 아이디어의 전거를 밝히지 않았을 뿐이다.

비트겐슈타인도 일상의 과학주의적인 태도들이 자연 법칙의 실재성 앞에서 더 이상의 사고를 멈추는 행태를 조롱했으며, 과학의 경험적 내용에 대해 담론하는 것을 극도로 피했다. 19세기 과학주의는 진보적 사회주의 운동과 함께 가는 대중성을 갖기도 했는데, 비트겐슈타인은 내심으로는《신약 성서》에 연원하는 근원적 공동 소유와 노동 해방에 관심을 갖고 있었지만 그러한 조류와는 거리를 두는 다소 귀족주의적 냉담성을 보였다. 과학 사상계에서 보면 교양 많은 도도한 엘리트가 현자인 것처럼 나타나 과학적 세계상을 비웃는 셈이 된 것이다. 기존 철학계의 입장에서 보면 철학에 대한 메타 혹은 반anti 철학적 견지에서 무지를 훈시하는 새 소크라테스가 나타난 것이다. 과학의 논리에 대한 기술記述 혹은 해명解明, Erläuterrung, elucidation 으로서의 철학은 과학처럼 세계에 내용상 무엇을 보탤 일도 없으며, '영원한 현재의 관점에서 보는 최상의 삶'이라는 것도 세계를 보는 태도의 전환이지 세계를 물리적으로 바꾸는 것도 아니다. 또한 해명으로서의 철학도 더 이상 정당화할 수 없는 무의미Sinnlos한 사다리에 불과하다는 것이다. 이 사다리를 버리면 영원성에 의거한 윤리만이 남는다. 이 지나친 소극성과 간소함이 황량한 인상을 주는 것은 피할 수 없는 것으로 보인다. 그것은 일종의 정적주의이다. 프레게와 러셀에게서 온 그의 논리주의적 유습謬習이 갖는 형식주의는 후기에는 삶의 다양한 형태로 돌아온다고 하지만, 소크라테스나 공자, 붓다가 갖는 삶을 인도하는 구체적 적극성을 갖지 못하며, 신비주의의 찬연한 영광도 갖지 못한다.

재닉과 툴민Allan Janik & Stephen Toulmin의 연구가 보여 주듯, 비트겐슈타인에 앞서 철학을 언어비판으로 본 마우트너Fritz Mauthner, 1849~1923의 선행 작업(《언어비판 논고 Beiträge zur Kritik der Sprache》(1923)이 있었다. 그의 언어비판은 이성을 언어로 본 쇼펜하우어의 인식비판으로부터 깊은 영향을 받은 것이었다. 마우트너는 "언어에 대한 회의와 동경이 결합하면 신비주의가 나온다"고 한 쇼펜하우어-니체의 테제와 동일한 것을 언어비판을 통해 실현하고자 했다. 그의 언어비판은 실상을 전달해 주지 못하는 언어의 불완전성과 그 남용에 의한 진실 은폐를 세기말의 시대적 문제로 인식하고 신비주의적 침묵을 대안으로 제시하는 관점에서 시도된 것이다. 언어 활동은 세계에 대한 은유적 표상bildliche Darstellung, 영상적 표상에 지나지 않는다는 것이다.[17] 이러한 관점에서 그는 신 없는 신비주의를 위해 주관과 객관, 자아와 타인, 실재와 언어의 대립을 극복하는 통일성을 동경하여 불교와 도교에 적극적 관심을 갖게 된다. 언어비판을 거쳐 침묵으로 가는 이 노선이 비트겐슈타인에게 영향을 주게 된다. 그들에게는 언어비판을 포함하여 언어는 사물의 본질을 기술하는 정태적인 수단이 아니라 '활동'이다. 또한 마우트너는 언어비판이 언어 활동에 대한 또 하나의 언어 활동이라면, 언어비판 자체가 무의미한 것이 되므로 쇼펜하우어의 사다리 비유를 들어 언어비판 자체를 버려야 하는 지점을 언급한다. 그것이 바로 웃음이며, 적극적 노력을 통해 도달하는 침묵이다.[18] 마우트너의 경험주의 성향을 제외하면 이

---

17 Allan Janik & Stephen Toulmin, 석기용 옮김, 《빈 비트겐슈타인 그 세기말의 풍경》(1996), 이제이북스, 2005, 199~218쪽.
18 마우트너의 신비주의에 대해서는 다음을 참조. 이주동, 〈프리츠 마우트너의 언어회의와 신비주의〉, 《독일언어문학》, Vol. 22,No. 2003, 293~320쪽.

상의 태도들은 비트겐슈타인에게서도 발견된다. 비트겐슈타인의《논리-철학 논고》는 마우트너의 "은유적 표상이라는 개념에 기초"하고 있다.[19]

이와 연관하여 슬루가의 논의를 들어 보자. 그에 의하면 "비트겐슈타인은 프레게와 러셀처럼 언어의 논리적 구조를 이해하는 것에 관여한다. 철학의 임무는 사고의 논리적 명료화(4. 112)이다. 이렇게 이해된 철학은 자연과학에 의존하지 않는다. 그 탐구는 심리학에 의존하지 않으며(4. 1121), 진화론에 의존하지도 않는다.(4. 1122) 비트겐슈타인은 프레게와 함께 명제가 객관적 의미를 갖는다고 믿는다. 양자가 공유하는 이러한 객관주의는 실재론의 한 형태로 해석되어 왔다.《논리-철학 논고》의 첫 부분은 그러한 실재론적 해석에 쉽게 자신을 내주는 것처럼 보인다. 비트겐슈타인은 세계는 어떤 논리적 구조를 갖고 있고, 언어는 그 구조를 묘사한다고 말한다. 그 책의 후반부만이 그러한 주장들에 대한 실재론적 해석이 부적절함을 보여 준다. 비트겐슈타인에게 실재론, 관념론, 그리고 유아론은 궁극적으로 일치한다. 세계는 나의 세계로 되며, 언어는 나의 언어로 된다. 나의 언어의 한계가 세계의 한계를 의미한다.(5.6) 언뜻 보기에는 곧바로 실재론자일 것 같은 객관주의는 궁극적으로는 칸트적이고 선험적인 어휘로 이해되어야 한다." 논고의 객관주의는 선험적 관념론으로 이해되어야 한다는 것이다. 그리고 이 객관주의는 러셀의 입장과도 다르다. "비트겐슈타인은 분명 원자론적 이론에서는 러셀의 영향을 받고 있다. 그러나 그의 원자론은 하나의 중요한 점에서 러셀과 다르다. 단순자simples가 직접지acquaintance의 항목들이라는 러셀의 주장은 논리적 분석이라는 그의 기획을 우리

---

19   Allan Janik & Stephen Toulmin, 위의 책, 218쪽.

의 모든 관념들을 감각 자료의 결합으로 환원하는 전통적 경험주의 기획과 연결시킨다. 비트겐슈타인에게 단순 대상은 전혀 직접지의 항목이 아니다. 그것은 단지 가정될 수 있을 뿐이다. 대상들은 궁극적 요소들인데, 이것들은 우리 언어의 논리적 복잡성을 이해하기 위해 상정해야 하는 것이다. 그의 견해는 분명히 러셀보다는 프레게에 더 접근한다. (……) 그가 논고를 쓰기 시작했을 때 아마도 마흐를 읽었을 것이며, 마흐Mach에 빚을 지고 있는 헤르츠Hertz의 견해에 영향을 받았다는 것은 확실하다. 가장 중요한 것은 마우트너Mauthner의 영향인데, 비트겐슈타인은 그의 《언어비판 논고》를 읽었다. 마우트너와 함께 비트겐슈타인은 쇼펜하우어에 대한 존경을 공유한다. 논고의 후반에서 흔히 쇼펜하우어의 영향이라고 하는 것은 사실상 직접 마우트너에 연유한다. 자아, 의지, 언어의 한계, 그리고 신비적인 것에 관한 비트겐슈타인의 숙고는 마우트너가 자신의 《논고Beiträge》에서 추구하는 주제들과 밀접하게 연관된다. 《논리-철학 논고》의 끝에서 결국은 치워져야 한다는 사다리의 이미지는 마우트너로부터 빌려온 것이다."[20]

앞의 논의와 슬루가의 이 논의를 겹쳐보면, 마우트너와 비트겐슈타인은 쇼펜하우어의 영향권 안에 있었다. 그러나 일반적으로 알려진 것으로는 마흐는 흄 전통인 감각적 실증주의로 연결되고, 볼츠만과 헤르츠는 감각을 지배하는 개념적 체계나 논리적 문법에 우선성을 부여하는 칸트주의에 연결된다. 논리적 틀은 경험의 가능한 한계를 제약하므로 칸트주의는 가능성만을 문제 삼는다. 현실성은 수학에서의 변항의 값이라는 논리적 장치에 제약된다. 신칸트주의자인 카시러Ernst Cassirer, 1874~1945의 의견에 동조해, 재닉과 툴민은 이 점을 강조한다. 이들에 의

20 Hans D. Sluga, *Gottlob Frege*, Routledge & Kegan Paul, 1980, pp. 182~183.

하면 볼츠만과 헤르츠는 좌표 체계라 할 수 있는 관찰된 사건들의 가능한 배열들, 혹은 이론적 가능성의 공간이 갖는 선험성을 통찰함으로써 근대 역학의 논리적 조건을 말할 수 있었다. 이 논리적인 조건이 역학의 모델 혹은 그림들Bilder이 된다.

그림은 동일한 대상에 대해 여러 가지가 나올 수 있다. 헤르츠에 의하면 동일한 대상에 대해 다양한 그림들이 가능하다. 그러나 그림들 가운데 논리적 허용 가능성(연역성)과 보다 단순한 우아함을 지니면서도 경험과도 부합하는 그림이 선택된다. 이러한 논리적 그림 이론은 하나의 장점을 갖는데, 역학의 그림이 생물학과 같은 다른 분과에 적용될 수 없다는 자신의 한계를 내부로부터from within 설정할 수 있다는 것이다. 그러나 궁극적인 분석의 극한에서 단순한 감각 자료를 만나야 한다고 보는 마흐(러셀 포함)는 과학의 한계를 외부에 외재적으로 설정하게 된다. 과학의 한계를 밖에 설정하면, 그러한 말을 하는 경험주의 자체는 경험 불가능하다는 자기모순에 봉착하게 된다. "세계는 논리적 공간 안의 사실들이다", "우리가 우리에게 사실들의 그림들을 만든다"는 비트겐슈타인의 견해는 바로 위와 같은 과학론의 반향이다. 그러나 빈 학파는 "헤르츠와 볼츠만의 이론에서 파생된 비트겐슈타인의 언어 철학 저서의 논증을 마흐주의적인 경험론의 인식론적 활용인 양 왜곡했던 것이다."[21]

프레게가 후설이 심리주의를 포기하고 반자연주의로 돌아서는 데 결정적 역할을 한 것은 잘 알려져 있다. 또한 프레게의 반자연주의와 칸트주의적 성향에 자극받은 분석 철학은 빈의 논리 경험주의에 논리라는 수식어가 붙을 수 있게 했다. 비트겐슈타인은 논리 경험주의자

---

21 Allan Janik & Stephen Toulmin, 위의 책, 230~239쪽.

들의 과학주의에 염증을 느끼고 과학의 한계를 그 내부로부터 알게 할 수 있는 칸트주의적 관점을 유지했다. 후기 비트겐슈타인도 그러한 기본 관점에는 변함없으나, 일상의 경험 세계로 돌아와 다양한 영역의 형식들을 문법이라는 말로 바꾸어 불렀다. 일상생활에서의 언어의 의미는 일정한 삶의 형식 안에서의 사용에 의해 규정된다는 인류학적 관점이 등장한다. 칸트주의는 전기 비트겐슈타인을 가능하게 했다. 흄과 마흐에 친화성을 갖는 논리 경험주의는 빈 학파의 구성원들 다수가 북아메리카로 이주한 이후 과학의 통합이라는 국가 사업과 연계되어 상당 기간 유지되었다. 그들은 검증과 논리라는 언어를 확실성의 근거가 되는 것처럼 주장하기도 했는데, 이는 노이라트가 우려했던 것처럼 또 다른 현대판 교의학적 독단론으로 쇠퇴해 가는 요인이 되었다.

슬루가에 의하면 "분석 철학은 지배적인 자연주의에 대한 반동으로 일어났다. 그것은 시작부터 철저한 경험주의, 심리주의, 역사주의, 진화론, 그리고 주관주의를 반대했다. 오히려 그것은 논리적, 형식적 혹은 선험적 문제에 관여했다. 프레게로부터 러셀을 거쳐 카르납으로, 마지막으로는 후기 비트겐슈타인까지 이르는 전통이 발전함에 따라 분석 철학은 경험주의 주장에 보다 큰 동조를 하도록 강요받았다. 전통은 비트겐슈타인의 후기 철학에서 19세기 초중반에 나타난 자연주의와 다시 결합하는 지점에 도달했다. 비트겐슈타인의 언어 철학은 그 가장 가까운 친척을 프레게나 카르납의 작업이 아니라 (심리주의자인) 그루페Gruppe나 (경험주의적 경향이 있는) 마우트너의 저작들에서 발견한다. 그래서 분석 철학의 발전은 원과 같은 것을 그리게 되는 것으로 보인다. 프레게는 철저한 경험주의를 버렸다고 생각했다. 그러나 비트겐슈타인에서 그것은 다시 돌아와 분석적 전통에 출몰하게 되었다." 이러한 슬루가의 평가는 비트겐슈타인을 후기로 가면서 논리로부터 멀어져가는 철학으로 본다. 그에 의하면 분석 철학이 프레게에서 연원하는 논리적으로 정향된 언어 철학에 비트겐슈타인을 동화시키려 했지만, 자연주의적 경향이 논리와 수학이 언어 철학에 갖는 연관성을 파괴하는 것임을 인지하지 못했다. "(후기)비트겐슈타인에게 논리와 수학은 언어의 부산물이며, 언어의 본질을 드러내기 위해서 사용될 수 없는 것이다. 그에 따르면 그 본질은 객관적 의미론에 의해서 드러나는 것이 아니며, 이해에 관한 이론에 의해서도 드러나지 않는다. 언어의 본질은 우리가 언어의 구체적 사용에 참여할 때만이 드러난다. 이러한 견해에서는 추상적 의미론은 가장 사소한 경우를 제외하고는 모든 면에서 현실적인 역사적 논의에 대한 조사로 나아갈 수밖에 없을 것이다."[22] 그러나 삶의 세계로 돌아가 삶의 형식과 그 역사성을 논하는 것이 반드시 과학적 자연주의로 돌아가는 것은 아닐것이다. 그것은 과학과 그 패러다임이 갖는 역사적 상대성을 삶과의 연관에서 해명하는 보다 넓은 시야를 열어 줄 수 있다.

쇼펜하우어는 과학의 논리를 과학의 한계로 인식하고 신비주의적 침묵에 직면하는 것을 진정한 철학의 길로 간주한다. 이 점이 마우트너를 거쳐 비트겐슈타인에게 깊이 각인된 것으로 보인다. 비트겐슈타인에게도 삶의 궁극적 의미는 예지적 영역에 있다. "세계의 의미는 세계 밖에 놓여 있어야 한다."(6. 41) 예지적인 것은 말해질 수 없는 것이다. 이 문제에 대해 쇼펜하우어는 논리적 입장보다는 지식론적 입장에서 접근했다면,《논리－철학 논고》에서 비트겐슈타인은 논리적으로 접근하여 과학과 신비주의의 경계선을 더욱 뚜렷하게 드러낸다. 언어는 현상계에 대해서만 의미를 갖는다. 그는 독일 문화인답지 않게 '나의'

22   Hans D. Sluga, 위의 책, p. 186.

라는 어법을 구사하는 강한 자의식을 가진 쇼펜하우어처럼 《논리-철학 논고》에 대해 다음과 같이 말한다. "나의 책은 윤리적인 것의 영역을 그 내부 자체로부터 한계를 긋는다. 나는 이것이 이 한계들을 긋는 유일하게 엄격한 방식이라고 확신한다. 간단히 말해 나는 많은 다른 사람들이 바로 허풍을 떠는 곳에서, 나는 나의 책에서 그것에 대해 침묵함으로써 모든 것을 확고하게 제자리에 놓고자 했다."(〈비트겐슈타인으로부터의 Paul Engelmann의 편지〉, p. 143)[23]

비트겐슈타인에게 철학의 사명은 혼란을 제거하는 데 있다. 이러한 메타 철학적 태도는 독일관념론 철학이 신비적인 것을 사변 논리화하는 허풍을 강력하게 거부한 쇼펜하우어의 전통에 있다. 철학은 말에 대한 말이다. 그것은 과학의 언어의 논리적 조건을 드러내고 기존 형이상학의 말에 대해서는 그 무의미를 비판하는 것이다. 그러나 과학의 논리적 형식에 대한 말(과학론)은 형이상학의 말처럼 실성Unsinn한 것은 아니다. 적어도 그것은 과학의 논리를 보여 줌으로써 그 한계를 내부로부터 보여 줄 수 있다. 그러나 과학론은 그 자신의 논리적 조건에 대한 술어들을 갖지 못하는 무의미Sinnlos한 말이다. 이러한 생각은 쇼펜하우어가 모든 이론에 적용되는 논리는 더 이상의 정당화를 갖지 못하는 메타 논리로 본 것과 유사하다. 논리에 대한 정당성 부여는 또다시 같은 논리를 사용하기 때문에 불가능하다.

하지만 쇼펜하우어는 과학의 경험적 내용에 대해 적극 관심을 갖는다. 그는 그것을 자신의 의지 철학에 설득력을 부여하는 자료로 활용한 데 비해, 비트겐슈타인은 그러한 자연주의적 태도를 일상의 대화에서조차도 꺼려했다. 이러한 소극적 태도에 비해 쇼펜하우어의 철학

---

23 Bryan Magee, *The Philosophy of Schopenhauer*, Clarendon Press, 1983, p. 317.

은 적극성을 갖는다. 그는 19세기 여러 분야의 과학적 지식을 습득하고, 생리심리학에도 관심을 가지고 주관을 두뇌나 지능과 동일시했다. 그는 행동의 생리심리적 결정성을 강조해 기독교적 전통의 중립적 자유의지의 불가능성을 주장했으며, 아시아 철학에 대해서도 광범위한 관심을 갖고자 노력했다. 그러나 쇼펜하우어는 역사사회에 대해서는 보수적 냉담성을 유지했다. 비트겐슈타인은 윤리적 실존주의라 할 수 있는 도덕적 고결성에 대한 예민한 감각을 지니고 있었으며, 오스트리아 사회당 집권기에 교육 개혁 정책에 동조하여 초등학교 선생으로 취업하기도 했다. 그는 지적 전문가 집단인 교수들과의 만남을 혐오하고, 노동 문제와 연관하여 사회적 실천의 문제로 고민했던 예민한 양심의 소유자이기도 했다.

매기의 지적처럼 "비트겐슈타인의 《논리-철학 논고》만큼 전적으로 동일한 깊이를 가진 쇼펜하우어의 통찰을 잘 전개한 책도 없다."[24] 다만 철학의 사명이 쇼펜하우어에게는 적극적인 것이며, 비트겐슈타인에게는 소극적인 것이었다. 비트겐슈타인은 실존적 관심에 추동되어 철학의 소명을 추구했으며, 기존의 거대한 철학 체계의 의미에 대해 고민했다. 그가 철학의 임무라고 주장한 것과 철학 교수들이 실제로 하고 있었던 것하고는 괴리되어 있었다. 이러한 분리도 쇼펜하우어가 어둡고 실존적인 이면을 가진 것과 유사하다. 과학 기술 시대로부터의 소외를 암시하는 그들의 공통된 주장이 있다. 쇼펜하우어는 인식 주관은 세계 내에서 발견될 수 없다는 것을 강조했다. 그것은 표상으로서의 대상이 아니며, 언제나 배후로 물러나는 인식의 근본 전제이기 때문이다. 주관이 세계의 한계이다. 이 관념은 그대로 비트겐슈타인에게서 다시 나타

---

24   위의 책, p. 318.

난다. 의지하는 주관도 마찬가지다. 두 사람에게 미적 가치와 윤리적 가치는 사실의 영역에서 발견되는 것이 아니라 사실 세계 밖에 있는 초월적인 것이다. 미적 가치와 윤리적 가치는 인간의 의지와 연관하여 알려진다. 의지는 사실을 과학적 사실로 보는 것이 아니라 인생의 의미와 연관하여 사실을 본다. 쇼펜하우어는 이 점에 중요성을 부여하여 사물은 의지와의 연관을 통해 중요성을 얻는다고 본다. 비트겐슈타인의《비트겐슈타인 철학일기》(15. 10. 16)에는 이와 동일한 말들이 나온다.[25] 쇼펜하우어에 의하면 현실적으로는 의지하는 주관과 인식하는 주관이 결합되어 있다. 주관이 자연사에서 출현한 것은 의지의 산물일 것이지만, 의지와 주관의 만남, 즉 세계의 매듭Knot은 실로 알 수 없는 기적이라는 것이다.

포겔린Robert J. Fogelin에 의하면 "수학에 대한 비트겐슈타인의 중심적 사상의 많은 것이 쇼펜하우어로부터 온다." 논리학에서 비트겐슈타인의 아마 가장 영향력이 있었던 관념이 쇼펜하우어로부터 얻은 것이 있는데, 분석적으로 참인 명제들은 동어반복Tautology, 항진명제에 불과하다는 것이다. 이 관념은 러셀에게 영향을 주게 된다.《나는 이렇게 철학을 하였다My Philosophical Development》(p. 119)에 의하면 러셀은 논리학이 전적으로 동어반복으로 구성되어 있다는 것을 그의 책을 읽을 때까지는 알지 못했다고 한다. 매기의 언급처럼 표상으로서의 세계에 대한 논리적 해명은 비트겐슈타인의 독창적 기여다. 이는 인식론적 문제를 논리의 문제로 전환한 프레게의 영향에 의해 가능한 것이었다. 이러한 관점에서 비트겐슈타인은 쇼펜하우어의 인식론적 관점이 깊이가 시작되는 곳에서 분석을 멈추는 "바닥이 보이는 얕음"이라고 비판한다.[26] 논리가

---

25 위의 책, p. 320.
26 위의 책, p. 321.

철학의 출발이라는 새로운 관점을 최초로 전개한 저작은 비트겐슈타인의 《논리-철학 논고》다.(Michael Dummett, 'Frege' in *Encyclopedia of Philosophy*)

흥미로운 점은 쇼펜하우어의 영향이 틀과 이론에만 있는 것이 아니라 주요 용어에서도 나타난다는 것이다. 비트겐슈타인은 언어의 사용에서 대상이 비슷하면서도 달라지지만 같은 말로 표현되는 현상을 '가족 유사성Familienähnlichkeiten, family resemblance'이라 한다. 이 어휘는 쇼펜하우어가 사용했던 것이다. 그것은 당시 괴테나 조프루와 생틸레르 등의 형태론적 과학이 동식물의 원형의 형태가 다양한 변이를 보여 주지만 원형은 보존되는 현상을 밝힌 후에 알려진 것이다. 괴테는 그것을 고성古城이 원형을 유지하면서도 새로이 수리되고 유사한 구조물이 증축되어 변형 확장되는 과정에 비유한다. 비트겐슈타인은 그것을 도시 개발에 따른 증축과 변형의 과정이 있어도 같은 이름으로 불리는 현상에 비유한다. 쇼펜하우어는 바로 이러한 현상을 '가족 유사성'이라 부른다. 삶의 형식Lebensformen이란 말도 칸트의 용어로 신칸트주의자인 슈프랑거Eduard Spranger의 저작의 제목이었다. 그 말은 당시 카르납, 노이라트와 같은 빈의 과학주의자들이 점진적 사회주의 입장에서 사회의 각 영역에서 새로운 삶의 형식을 창조해야 한다는 이상을 표현하는 어휘이기도 했다.

이상의 논의에서 볼 때 비트겐슈타인은 칸트-쇼펜하우어적 철학자라 할 수 있을 것이다. 그러나 화이트Roger M. White와 같은 연구가는 쇼펜하우어의 영향을 젊은 시절에 한정하고, "《논리-철학 논고》에서는 그 유령이 퇴치된" 것으로 본다.[27] 이러한 관점은 프레게의 논리적

---

27 Roger M. White, 곽강제 옮김, 《비트겐슈타인의 논리철학론 이렇게 읽어야 한다*Wittgenstein's Tractatatus Logico–Philosophicus*》, 2006), 서광사, 2011, 28쪽.

VII. 아시아 철학과 선험적 구성론 **745**

인 측면을 지나치게 강조하고, 쇼펜하우어를 읽지 않은 데에서 오는 판단이다. 그리핀James Griffin은《비트겐슈타인의 논리적 원자론Wittgenstein's Logical Atomism》(1964)에서 단순 대상인 원자의 실재성을 믿은 볼츠만의 영향을 고려하여《논리-철학 논고》를 실재론으로 해석한다.[28] 그러나 비트겐슈타인이 칸트주의자라는 유형의 평가는 많다. 매기는 다음과 같은 연구자들을 소개한다. 스테니우스Erik Stenius의《비트겐슈타인의 논고Wittgenstein's Tractatus》에 의하면 비트겐슈타인의 논리적 원자론을 앵글로색슨 유형의 형이상학으로 특징 짓더라도, "그런 종류의 형이상학은 그의 철학 체계에서 부차적인 중요성 밖에 갖지 못한다. 그것(비트겐슈타인의 논리적 원자론)은 전반적으로 독일 형이상학에 연관되며, 특히 칸트의 형이상학에 관계된다. (……) 논리 실증주의자들과는 달리 비트겐슈타인은 본질적 관점에서 칸트적 철학자다." 마슬로우Alexander Maslow는 비트겐슈타인의 '논고' 연구는《논리-철학 논고》를 "칸트의 선험적 장치에 유사한 역할을 하는 언어의 형식을 갖춘 칸트적 현상주의의 일종"이라 본다. 샤퍼Eva Schaper에 의하면 비트겐슈타인은 '철저한 칸트주의자Kantian with a vengeance'다. 그러나 이들의 평가는 틀린 것은 아니지만, 쇼펜하우어를 통해 칸트주의 정신이 스며들었다는 것을 지적하지 않는다. 쇼펜하우어 연구가인 가디너Patrick Gardiner에 의하면 "전체적으로 볼 때《논리-철학 논고》의 형식은 쇼펜하우어적인 표징을 분명히 드러낸다. 그것은 쇼펜하우어가 (칸트에 따라) 일상의 사고와 과학적 사고에 부여한 일반적 구조와 한계들 및 지식을 드러내며, 이것들은 언어적으로 표현할 수 있는 것에 대한 필수적 제한으로서 비트겐슈타인의 저작에 다시 나타난다는 점은 확실히 입증할 수 있다."[29]

---

28 James Griffin, *Wittgenstein's Logical Atomism*, OUP, Oxford, 1964.
29 Bryan Magee, *The Philosophy of Schopenhauer*, Clarendon Press, Oxford, 1983, p. 327. ;

논리학을 철학에 적용한 비트겐슈타인의 견해는 언뜻 보기에 과학의 궁극적 기초를 제공하고, 그 이외의 모든 것을 무의미한 것으로 버리는 과학주의를 옹호하는 것으로 보인다. 비트겐슈타인에 대한 오해의 역사가 있었다. 그의 견해는 1960년대까지 논리 실증주의와 언어분석을 지향하는 것으로 해석되어 이용되었다. 이러한 오해는 그가 친구라고 부른 러셀에 의해 1922년부터 시작된다. 러셀은 경험주의 전통에 입각해서 지식의 궁극적 근거를 순수 감각 자료에 두는 인식론적 관점에 논리적 틀을 제공하려 했다. 《논리-철학 논고》 역시 그러한 관점에서 해석되어 인식론에 논리적 틀을 주려는 사상으로 해석되었다. 빈 학파의 논리 실증주의는 러셀을 대부로 여겼는데, 이들에 의해 《논리-철학 논고》는 실증주의 혹은 경험주의의 초석으로 여겨졌다. 《논리-철학 논고》는 철저한 반형이상학 운동과 연계된 경험주의적 과학주의 이데올로기에 희생된다. 재닉과 툴민은 이 오해의 역사를 자신들의 연구(《빈 비트겐슈타인 그 세기말의 풍경》, 1996)를 통해 바로 잡고자 했다. 그러한 오해는 비트겐슈타인의 불만에도 불구하고 이루어졌으며, 그도 어쩔 수 없었다. 빈의 실증주의자들은 윤리적인 것이 중요하다는 말을 '검증할 수 있는verifiable'이라는 말과 동일시하고, 검증할 수 없는 명제를 말할 수 없기 때문에 '중요하지 않은 것unimportant because unsayable'으로 기각한다. 그러나 《논리-철학 논고》의 결론 부분은 '말할 수 없는 것만이 진정한 가치를 갖는다'는 의미였다. 언어적 명제로 파악하기에 적합하지 않은 것에서만 보다 높은 것을 인식할 수 있다는 것이다. 말할 수 없는 것 앞에서의 침묵은 냉소하고 조롱하는 침묵이 아니라 진지하고 정중한 침묵이다.

Patrick Gardiner, *Schopenhauer*, Thoemmes Press, 1963. p. 278.

국가 권력에 붙은 지식인 집단의 지적 소동이 언어의 오용임을 간파한 쇼펜하우어가 신비적인 것 앞에서 침묵을 요구한 것처럼, 비트겐슈타인이 명제적 형태로 표현할 수 있는 사실과 그럴 수 없는 가치를 분명히 구분하려 한 것은 진정한 가치로 눈을 돌리게 하려는 것이었다. 과학의 논리적 구조는 신비적인 것과 유사하게, 말할gesagt 수 없고 보이는gezeigt 것이다. 논리에 대해 말하는 자신의 이론은 방편적인 잠정적 의미만 가지며, 신비적인 것을 말하는 것은 전통 형이상학처럼 실성한 오만이다. 실증주의 입장에서는 명제로 말할 수 있는 것만이 삶에서 중요하고 침묵할 것이 전혀 없다. 이것은 지적 겸손을 가장한 과학주의의 오만이며, 20세기의 또 다른 세속화된 형이상학이다. 재닉과 툴민에 의하면 비트겐슈타인의 의도는 우리의 삶에서 가장 중요한 것이 바로 침묵해야 할 바의 바로 그것이라는 것을 가리킨다.[30]

《순수이성비판》에는 두 가지 이론이 있다. 하나는 경험의 필연적인 일반적 구조에 대한 분석론이며, 또 하나는 물자체의 본성은 우리에게 알려질 수 없지만 도덕 형이상학에서 다시 살아날 수 있다는 이론이다. 전자는 사실의 차원이며, 후자는 가치의 차원이다. 칸트 철학의 중요한 의의 가운데 하나는 가치 차원의 심대한 중요성을 보존하기 위해 사실과 가치를 혼합하는 신학존재론의 혼란을 비판한 것이다. 쇼펜하우어와 마우트너 및 비트겐슈타인은 그러한 노선에서 사고한다. 그러나 비트겐슈타인을 오해한 사람들은 그가 논리학을 가지고 전자(사실)의 문제에 응답한 사람이라는 점만을 이해하고, 후자가 말할 수 없이 중요하다고 간주한 것을 이해하지 못했다. 논리 실증주의는 물리적인 경험 세계만을 유일하게 존재하는 것으로 간주하고, 경험의 논리적 구

30 Bryan Magee, 위의 책, pp. 327~330.

조를 세계라는 건물의 철근으로 생각했다. 경험과 구조에 대한 탐구가 철학의 핵심 사안이었다. 그들은 언제나 지식에서의 확실성을 찾는 러셀의 근대적 습성을 버리지 않았다. 그러나 비트겐슈타인의 제자인 기치와 안스콤은 로마 가톨릭교도였으며, 툴민은 근대적 편견을 벗어나고자 데카르트를 중심으로 근대를 보는 기존의 관점을 비판하고, 탈근대적 현상을 철학의 범위에 포용한다. 툴민의 《코스모폴리스-근대의 숨은 이야깃거리들》은 몽테뉴의 회의와 관용의 정신에 따라 확실성에 집착하는 데카르트를 정치사회적 상황의 불안정성에 기인한다고 비판한다.[31]

카르납은 비트겐슈타인이 슈릭Schlick을 비롯한 자신들의 입장과 다르다는 것을 알게 된다. 그들은 비트겐슈타인이 자신들과 같다고 생각했지만, 알고 보니 "비트겐슈타인은 과학자의 이성적이고 비정서적인 태도와 계몽주의 성격을 가진 관념에 대해 반감을 갖고 있었다."(*The Philosophy of Rudolf Carnap*)[32] 빈 학파의 주요 인물들은 고전적 실증주의 전통과 마찬가지로 종교는 인류의 유아기에 해당하며, 이 영향에서 벗어나지 못한 형이상학과 더불어 종교 역시 문명의 발달에 따라 사라질 것으로 보았다. 과학만 남는다. 비트겐슈타인은 이를 거부했다. 대화도 거절했다. 노이라트Otto Neurath의 경험주의의 구호 '모든 것은 표면이다everything is surface'라는 견해는 언어비판과 신비적인 것을 중시하는 비트겐슈타인을 이해할 수 없었다. 비트겐슈타인은 원시 사회의 신화와 구조를 그 고유의 논리를 무시하는 과학 발전의 관점에서 해석하는 것도 거부한다. 또한 에이어A. J. Ayer에 의해 실증주의의 질기고tough

---

31 스티븐 툴민, 이종흡 옮김, 《코스모폴리스-근대의 숨은 이야깃거리들》, 경남대출판부, 1997, 149~225쪽.
32 Bryan Magee, 위의 책, pp. 331~332.

빈곤한 태도가 영미권에 퍼지게 되었다.《논리-철학 논고》에 대한 오해는 앵글로색슨 국가 사람들이 퍼뜨린 것이다.[33]

이렇게 된 데에는 비트겐슈타인 본인에게도 책임이 있다. 그는 설명하는 학자형 인물이 아니라 설명을 극도로 피하는 키르케고르의 내성적 암행暗行, incognito의 사람이다. 성격도 몇 사람하고만 친한 까다로운 외톨이 형이다. 그는 자존심도 강하여 타인의 저작을 읽고 자신이 소화했다면, 그것을 타인에게 돌리는 러셀의 솔직성보다는 자신에게 돌리는 지적 허영심vanity도 갖고 있었다. 조각난 글쓰기의 대명사가 된《논리-철학 논고》의 서문도 자신과 같은 생각을 가진 사람, 적어도 유사한 생각을 가진 사람만이 이해할 수 있다고 말하고 있다. 러셀은 자신의 생각이 누구에게서 온 것인지를 밝혀 이해를 돕지만, 비트겐슈타인은 어느 부분이 누구의 아이디어에서 온 것인지를 확인하기 어렵게 자신에게 영향을 준 인물들을 일괄해서 거론할 뿐이다. 갈등 속에서도 그와 가까이 지냈던 러셀 역시 쇼펜하우어가 그에게 준 영향을 감지하지 못했다. 러셀은《의지와 표상으로서의 세계》를 읽지 않았으며, 비트겐슈타인이 말한 쇼펜하우어의 어떤 얕음a certain shallowness을 반복했다. 블랙Max Black의《비트겐슈타인의 논고 소개A Companion to Wittgenstein's Tractatus》(1964)도 쇼펜하우어와의 연관성에 대해 전혀 모르고 있었으며, 보는 '눈'의 비유를 스탕달에게서 온 것으로 잘못 언급하고 있다. 쇼펜하우어는 비트겐슈타인과 같은 의미로 세 번이나 그 비유를 언급한다. 해커P. M. S Hacker의《통찰과 가상Insight and Illusion》(1972)은 쇼펜하우어에 대한 잘못된 인식을 가지고 영향 관계를 언급한다. 그는 쇼펜하우어가 '철학적이고 예술적인 것을 자기의식과 연관시켰다'고 한 것을 정

---

33 위와 같음.

반대로 말한 것이다. 쇼펜하우어는 오히려 자기의식의 극복의 길에서 예술과 철학의 방향을 설정하고 있다. 또 '비트겐슈타인은 시간과 공간의 밖에 있는 것을 신비적 주장이거나 시적 일탈이라고 간주하여 제거해 버렸다'라는 주장은 실증주의적 해석을 그대로 따른 오류다. '쇼펜하우어에 따르면 나의 의지에 대한 인지가 근저의 물자체인 예지적 실재에 대한 인지를 구성한다'는 표현도 부정확하다. 의지는 그 현상적 측면이 나에 의해 인지된다 하더라도, 그것은 인지되지 않는 심층의 보편적 의지이지 나의 인지되는 의욕과는 구분되어야 한다.[34]

이외에도 해커는 쇼펜하우어의 선험적 관념론과 유아론을 혼동한다. 쇼펜하우어는 유아론을 인식론적 이기주의로서 즉시 기각한다. 과학적 지식은 보편적 객관성을 갖는 논리적 형식에 의해 구성되는 것이다. 그리고 예지적 자아는 예지계와 하나다. 예지적 자아의 차원에서는 모두가 하나로 연결되어 있다. 비트겐슈타인의 다음과 같은 말은 예지적 자아를 언급하는 것이다. "실제로 유일하게 하나의 세계영혼만이 있다. 그것을 내가 편애하여 나의 영혼이라 부르며, 단지 그것으로서 나는 다른 사람들의 영혼이라고 부르는 것을 생각한다. 이러한 언급은 유아론이 참인 방식을 결정하는 열쇠를 준다." 세계영혼에서는 개체들의 구별이 사라진다. 한편 주관과 객관의 상관성은 표상으로서의 세계의 근거이며, 모든 경험적 실재성은 지각하는 주관에 대해서만 존재하고, 지각하는 주관은 경험 안에는 없다는 것을 의미한다. 이 주관이 세계를 보는 나의 영혼이다. 이 문맥에서는 유아론이 참이다.

그러나 비트겐슈타인은 생각한다. "유아론은 그 의미를 엄밀하게 따른다면 순수 실재론과 일치한다는 것이 알려질 수 있다. 유아론의

<hr />

34 위와 같음.

자아는 연장 없는 점으로 축소된다. 그리고 그에 상응하는 실재성이 남는다."(《논리-철학 논고》, 5.64) 세계의 한계인 주관은 세계 안에 없다. 그것은 경험되는 객관이 아닌 것이다. 세계는 나의 세계이다. 그것은 쇼펜하우어의 나의 표상으로서의 세계다. 유아론은 이 점에 한해서 일리가 있다. 그러나 주관의 반성 능력은 자기 자신을 자연사의 진화적 산물인 두뇌로도 표상한다. 객관이 주관 안에 있다가는 곧 다시 주관이 객관적인 것으로 전환된다. 관념론이 실재론으로 이행하는 것이다. 이 '이상한 고리'는 그림 그리는 손이 그림 속에 있는 것과 같다. 이러한 주관과 객관의 유희는 쇼펜하우어가 인식의 불가피한 이율배반이라 불렀던 것이다. 주관을 두뇌 혹은 지능으로 명시한 쇼펜하우어 자신이 이러한 이율배반을 즐긴 사람이다. 두뇌는 주관의 표상이다. 그러나 주관은 축소되어 두뇌라는 생리학의 대상이 된다. 주관은 실재하지 않는 점으로 축소된다. 윅스Robert L. Wicks는 쇼펜하우어가 이러한 이중 포함인 이상한 고리를 《의지와 표상으로서의 세계》I의 7, 27, 39 장에서 논하고 있다고 밝힌다.[35] 당연히 뫼비우스의 띠와 같은 이상한 고리를 풀고 인식의 이율배반을 벗어나기 위해서는 인식의 근본 형식인 주관 객관의 상관성이라는 전제를 극복하는 단계로 넘어가야 한다. 이런 측면에서 보면 매기와 피어스David Pears가 지적하듯 비트겐슈타인의 유아론과 연관된 논의는 쇼펜하우어로부터 온 것이다.[36]

그러나 이들의 지적처럼 비트겐슈타인이 유아론을 언제나 올바른 것으로 승인한 것은 아니다. 그것은 세계가 나의 세계인 한에서 불가피한 것이었다. 그러나 세계의 논리적 형식은 임의적인 개인의 것이 아

35 Robert L. Wicks, 김효섭 옮김, 《쇼펜하우어의 〈의지와 표상으로서의 세계〉 입문Schopenhauer's The World as Will and Representation》(2011), 서광사, 2014, 148~149쪽.
36 David Pears, 정영목 옮김, 《비트겐슈타인Wittgenstein》(1971), 시공사, 2000, 96~97쪽.

니라 보편적으로 공통된 것이자 필연성을 갖는다. 논리에 대해 대상은 임의적이고 우연적인 것이다. 그렇다 해서《논리-철학 논고》는 칸트의 선천적 종합 판단과 같은 것이 있다는 주장을 하지 않는다. 논리의 관점에서는 인식의 내용이 없기에 확실성을 보장하는 선천적 종합 판단 같은 것은 없다. 필연적이고 선험적인 논리와 우연적 대상이 있을 뿐이다. 그러나 역시 칸트와 마찬가지로 비트겐슈타인은 언어의 보편적 형식이 명제들의 구성 가능성의 조건이라는 것과 그 배후에서 바라보는 비인칭의 '형이상학적 주관'을 언급한다. 이 선험적 주관이 논리적 형식의 필연성을 담지하고 있으며, 세계를 구성하는 선험적 자아의 위치에 있는 것이다. 이런 측면에 한해서 그는 여전히 유아론을 지킨다. 그러나 이러한 자아도 관념론과 실재론의 유희를 벗어날 수 없다. 그것은 독일관념론 철학의 어두운 독단을 다시 들여온 것이라는 의심을 지울 수 없게 한다. 또한 그러한 형이상학적 주관은 신체를 가진 일상생활의 주체는 아닌 인위적 구성물이라는 인상을 지울 수도 없다. 이러한 추상성을 벗어나기 위해서 쇼펜하우어는 욕망하는 개체들의 사랑과 갈등의 세계로 나아가, 도덕과 예술, 정치와 종교가 문제로 되는 생활 세계를 통과해서 주객상관성이 없는 세계로 넘어간다. 이 방향은 비트겐슈타인의 침묵의 윤리학과 같은 세계를 지향한다. 이 세계에서는 주객 상관성에서 오는 유아론은 소실된다.

분석 철학 연구가인 글록Hans-Johann Glock은 매기가 비트겐슈타인의 독창성이 의심스러울 정도로 쇼펜하우어의 영향을 강조하는 것에 약간의 제한을 가하려 한다. 비트겐슈타인이 자신의 사상이 다른 사람들로부터 넘겨받은 것이 있다는 언급을 한 것은 유대인은 독창성이 없다는 논의를 하는 문맥에서 한 것이기 때문에 문맥을 떠나 독창성이 없다는 판단을 해서는 안 된다는 것이다. 또한 그는 비트겐슈타인이 쇼펜하우어와 독립해서 칸트를 읽었을 가능성을 언급하며, 특히 칸트와 강한 유사성을 보이는 헤르츠의 과학 사상을 수용한 것을 지적한다. 헤르츠는 과학의 비경험적 틀에 대한 반성을 자신의《역학 원리》에서 보여 준다.《논리-철학 논고》에서의 과학의 논리에 대한 해명은 질량을 가진 물체들의 위치를 점들로 환원하여 이른바 질점material points 들의 체계라는 형식에 따라 역학의 법칙을 구성한다는 것을 보여 준다. 구체적 물체를 대신하는 추상화된 점들인 질점material point들의 배열은 일종의 선험적 그림이다. 그것은 역학의 규칙으로서의 문법의 역할을 한다는 것이다. 비트겐슈타인의 그림 이야기는 헤르츠의 것이다. 글록은 다음과 같이 정리한다. "수학과 논리학에 대한 비트겐슈타인의 견해는 주장해 왔던 것보다는 쇼펜하우어에 의존한 것이 적다. 철학에 대한 견해는 쇼펜하우어보다는 칸트에 접근한다. 그러나 표상에 대한 쇼펜하우어의 강조는 비트겐슈타인이 칸트를 언어적으로 변형하는 길을 닦았다. 이것이 경험의 선행 조건들에 대해 반성하는 철학으로부터 상징적 표상의 선행 조건들에 대해 반성하는 철학으로 변형하는 길이다."[37] 과학에 대한 철학의 기능은 과학과 질적으로 다르다. "과학이나 일반 상식과는 달리 철학은 실재와 그 대상들에 관여하지 않고, 오히려 우리가 실재를 비철학적 논의로 경험하고, 표상하며, 기술하는 방식에 관여한다. 철학은 어떤 종류의 대상들을 기술하지 않으며, 플라톤주의가 가정하는 추상적 존재조차도 기술하지 않는다. 그것은 제2차 질서의 활동이다."[38]

물자체에 대한 형이상학을 수립하고 이를 옹호하기 위해 과학적 지

37 Hans-Johann Glock, 'Schopenhauer and Wittgenstein', Edited by Christopher Janaway, *The Companion to Schopenhauer*, Cambridge University Press, 1999, pp. 425~426.
38 Hans-Johann Glock, 위의 책, p. 432.

식을 동원하려는 쇼펜하우어는 대상들에 대한 적극적 내용을 수용한다. 이것은 메타 철학적 반성에 충실하지 못하고 다시 과학적 자연주의로 돌아가는 것이다. 글록은 이 점을 지적하고 비트겐슈타인이 칸트의 논리적 전통에 충실한 것으로 본다. 비트겐슈타인이 쇼펜하우어를 우회하여 칸트를 읽었을 것이라는 점은 의심스럽다하더라도 위의 지적은 적절한 것으로 보인다. "경험적 지식의 한계에 대한 쇼펜하우어의 반성은 예비적 임무였을 뿐이다. 물자체에 대한 형이상학적 통찰을 성취하는 적극적 임무를 고려하여, 그는 우리가 세계를 경험하는 방식이 갖는 형식적 특징들, 즉 경험의 개념적 틀을 무시하고 경험된 세계 자체로 돌아가야 한다고 주장한다."[39]

글록에 의하면 칸트가 알 수 있는 현상과 알 수 없는 물자체를 나눈 것에 대해 야코비로부터 브래들리에 이르기까지 불만이 있어 왔다. 왜냐하면 인간 오성의 한계를 알 수 있다고 믿는다는 것은 오성의 한계를 넘어서는 것에 대해 알고 있다는 것을 의미하기 때문이다. 이러한 문제를 비트겐슈타인은 갖지 않는다. 한계는 오성의 한계가 아니라 사고의 한계다. 그는 지식의 한계를 사고의 한계, 의미 있는 논의의 한계로 연결한다. 철학은 사고의 언어적 표현에 한계를 그음으로써 사고의 한계를 수립한다. 한계의 저편에 있는 것은 사고 대상으로서는 무의미한 것이다. 비트겐슈타인과 쇼펜하우어가 갈라지는 지점은 여기에 있다. 따라서 쇼펜하우어가 전통 형이상학처럼 인식의 한계를 밖에서 긋는다면, 비트겐슈타인은 언어 내부로부터 한계를 긋는다. 철학은 언어적 규칙을 그린다. 이 규칙이 기호들의 결합이 세계를 이해할 수 있는지의 여부를 결정한다. 형이상학적 명제들이 오류라는 것이 아니라 무의미하

---

39 위와 같음.

다는 것이다. 쇼펜하우어가 자신의 비판적 지식론이 사고의 혼란을 치유하는 성격을 갖는다고 믿었지만, 언어비판적 입장에서 본다면 칸트는 조심스럽게 쇼펜하우어는 도전적으로 그 한계를 위반한 것이다.[40]

쇼펜하우어가 언어의 한계를 넘어선 데에는 한 가지 이유가 있다. 글록에 의하면 쇼펜하우어는 사고의 본질적 특징인 범주들이 문법적 유형에 상응하다는 것을 암시한다.(W1, 477~8) 그러나 동시에 문법이 논리와 관계하는 것은 옷과 몸의 관계와 같다고 주장한다[이 비유는 비트겐슈타인이 그대로 채용한다]. 쇼펜하우어는 언어를 철학적 오류의 원천이자 철학적 통찰의 원천으로도 간주하는 포트-로얄Port-Royal 논리에 따르는 근대 철학의 전통에 있다. 이 논리에서는 언어는 사고의 거울을 한편으로는 왜곡하고, 한편으로는 드러낸다고 간주한다.(W2, 40, 66~7)[41] 쇼펜하우어는 《충족이유율의 네 겹의 뿌리에 관하여》에서 논리적 형식을 실재로 혼동하는 것을 '언어의 오용'이라고 했음에도, 과학을 자신의 의지의 철학을 확인하는 데에 활용할 수 있다고 생각했다. 언어와 논리에 대한 이러한 관점은 과학의 경험적 내용을 언어가 드러낼 수 있다고 보아 거부하지 않을 것이다. 반대로 비트겐슈타인은 그러한 전통과 단절한다. 언어와 사고는 내적으로 관계 맺고 있다. 철학적 혼란은 언어 배후의 정신적이거나 경험적인 실재를 모르기 때문이 아니라 언어의 논리적 구조를 무시하고 문법적 구조가 실재를 드러내는 것으로 왜곡하는 데서 온다. 비트겐슈타인이 경험과학의 지적 내용에 대해 말하는 것을 극도로 꺼려한 것은 여기에 기인하는 것으로 보인다.

그러나 과학을 하나의 삶의 방식에서 오는 지적 산물로 본다면, 언어의 규칙을 절대적인 규범적 한계로 볼 이유는 없을 것이다. 형식 논

---

40 위의 책, pp. 433~434.
41 위의 책, p. 435.

리를 실재하는 것으로 착각하지 않는 한, 과학적 지식의 성과를 활용할 수 있을 것이다. 또한 고전 역학적 도식이 상대성 이론의 도식으로 변형되듯 새로운 체계들이 역사적으로 창조될 수 있을 것이다. 이에 따라 현대에 와서 어떻게 사물에 대한 관점이 달라졌는지에 대해 말하는 것이 전혀 의미가 없는 것은 아닐 것이다. 논리의 선험성을 인정한다 해서, 쇼펜하우어가 과학과 형이상학이 산의 양쪽에서 굴을 파지만 한가운데에서 만날 수 있다고 한 것을 무의미한 것으로 버릴 필요는 없을 것이다.

또한 쇼펜하우어와 초기 비트겐슈타인은 윤리적인 것과 미적인 것을 밀접한 연관에서 보았으며, 일종의 구원의 성격을 갖는 것으로 보았다. 두 사람은 그것들을 표상적 태도로는 말할 수 없는 것으로 보아, 표상으로서의 세계 밖에 두었으며, 형이상학적 의지에 연관시켰다. 그러나 비트겐슈타인은 논리를 중시하여 그것을 철학과 동일시하기 때문에 자연 철학에 대한 관심을 분명하게 배제한다. 이러한 태도는 바이닝거Weininger가 논리를 우리에게 의무를 부과하는 것에 지나지 않는다 하여 윤리학과 동일시하는 관점(*Sex and Character*, 159)의 영향으로 더 강화된다.[42] 보다 높은 가치의 영역은 언어의 논리적 구조와 함께 의미 있는 명제로 표현할 수 없는 운명을 공유한다. 논리, 미학, 윤리학은 선험적인 것으로 통일된다. 쇼펜하우어와 비트겐슈타인에게 윤리는 세계에 대해 말하는 것이 아니기에 가르칠 수 없는 것이고, 우리 내부에서 타인의 고통과 연관하여 직관적으로 보이는 것, 즉 선험적인 것이다. 논리가 세계의 선험적 조건이듯, 윤리도 자신의 세계의 선험적 조건이다. 비트겐슈타인에 의하면 "윤리는 세계를 다루지 않는다. 윤리

---

42 위의 책, p. 440.

는 논리처럼 세계의 조건이어야 한다."(*Notebook*, 77, 24, July 1916) 논리와 마찬가지로 윤리도 제3자의 입장에서 과학적 인식의 관점에서 말할 수 있는 것이 아니다. 윤리를 대상화해서 그 본성을 말로 설명하려한다면 이러한 태도는 이미 윤리의 고유한 차원을 사물화하여 왜곡하는 것이 된다.[43]

과학의 영역에서는 논리적 형식을 제외한 사실들은 우연적인 것이지만, 논리와 미적이고 윤리적인 것은 우연적 사실을 갖지 않으며, 달리 될 수 없는 차원과 관계한다. 그것들은 보여질 수만 있다. 다만 논리의 구조는 적절히 분석된 명제에 의해 보여질 수 있으나, 미적이고 윤리적인 가치들은 의미 있는 명제로도 보여질 수 없다. 후자는 행동과 태도 및 예술 작품으로 보여질 수 있다. 신비가들의 세계는 시적 언어나 실천상에서 이해된다. 이러한 관점은 덕이 갖고 있는 인식은 전달될 수 없고, 그 개인의 삶의 과정에서 드러난다고 한 쇼펜하우어의 견해와 동일한 것이다. 미학과 윤리학이 어떤 신비적 경험에 기초한다는 두 사람의 견해는 글록이 정리한 것처럼 다음과 같이 요약할 수 있다.

1) 신비적 경험은 모든 가능한 지식을 넘어서 있을 뿐만 아니라 전달 할 수도 표현할 수 도 없다. 그것은 말로 할 수 없지만 보여질 수 있다. 2) 그것은 신이나 우주와의 합일의 느낌이며, 우리 자신의 내적 존재와 만물의 내적 존재나 세계의 핵과의 동일성의 의식이다.[44]

비트겐슈타인은 과학적 지식뿐만 아니라 신비적 경험이 함축하고 있는 의미 혹은 구조에 대해서도 말을 삼가고 있다. 그는 초기 작품에서 드러나는 것처럼 신비가들의 언행록에 의거한 쇼펜하우어의 말에

---

43 Anne-Marie S. Christensen, 'Wittgenstein and Ethics', *The Oxford Handbook of Wittgenstein*, Edited by Oskari Kuusela Marie Mcginn, Oxford University Press, 2011, pp. 802~803.
44 위의 책, p. 441.

만족한 것으로 보인다. 그러나 그의 침묵은 윤리적 차원에서의 언어의 의미가 삶의 방식에 차이를 생산하는 행동에 의해 채워진다는 것을 웅변하고 있다. 이 점은 계몽적 언사를 구사하기를 선호하는 신유가 전통에서도 가장 중요한 것으로 의식되어 왔다. 정호程顥, 호는 明道, 1032~1085는 이러한 문제에 대단히 민감했다. 그는 맹자의 심조자득深造自得, 심오한 경지는 스스로 체득한다의 의미를 직접적 경험의 맥락에서 강조한다. "성과 천도는 스스로 터득하지 않으면 알 수 없다. 그렇기 때문에 '들을 수 없었다'고 한 것이다性與天道, 非自得之, 則不知, 故曰不可得而聞."《二程全書》, 권31) 이것은 "공자가 문장文章, 典章制度에 대해 말하는 것은 들을 수 있었으나, 성性과 천도에 대해서는 들을 수 없었다"는《논어》에서의 자공子貢의 말에 대한 정호의 해석이다. 우주에 관류하는 생명원리[天道]는 우리의 본성을 구성하고 있는데, 이에 대한 체회體會, 통찰는 개인의 말없는 조예에 달려 있다는 것이다. 우주적 공감의 지혜는 말이 아니라 우주적 소통의 경험에서 이루어진다. 윤리적 진실에 대한 말은 결단에 직면한 삼엄한 태도와 유사한 심정을 낳는다. 정호의 다음과 같은 말은 윤리적 말의 의미가 무엇에 의해 채워지는지를 잘 보여 준다. "말을 하려다 입을 다물고 말을 삼키게 된다는 이야기를 가지고 논해 보자. 입을 열어야 하면 자객 형가荊軻가 번어기樊於期에게 가서 그의 머리가 필요하다고 하는 것 같이, 입을 열면 그렇게 간절해야 하고, 그 말을 들으면 단호히 자기 목을 베어주는 결단을 내리는 바로 그 태도이어야 한다因論將言而囁嚅云, 若合開時, 要佗頭也, 須開口, 如荊軻於樊於期, 須是聽其言也屬."《二程全書》, 권4)[45] 윤리적 삶의 형식은 학자에 의해 대상화되어 사물화되어서는 안 된다. 마음이 광활하게 열리는 개활성[開豁, 放開]은 기존의 생활 태도의 급작스런 변형에서 이루어진다. 그것은 세계에 무엇인가를 첨가하는 것은 아니다. 세계의 의미 구조가 바뀌는 것이다. 미적이고 윤리적인 것은 논증을 필요로 하지 않는다. 논증은 그 의미를 훼손할 것이다. 윤리적인 말은 결의에 찬 엄숙함에서 나오는 것이며, 그것을 듣는 사람은 단호한 결단력이 있어야 한다. 이러한 단서하에서 윤리적인 말은 윤리적인 것의 보존과 전수를 위해 방편상 필요할 것이다.

《화엄경》과 화엄 철학은 붓다의 깨달음의 세계가 함축하고 있는 의미 구조를 언어로 묘사한다. 대승불교 교학은 사물의 혼융한 관계성에 대한 경험을 통해 자유를 얻는 길을 제시하기 위해 방편으로 마련된 것이다. 그 교학이 선禪으로 연결되어야 비로소 세계를 원융하게 보는 실천적 지혜가 성립한다. 여기서 교학의 언어는 참신한 결정적 의미를 회복한다. 불佛의 언어는 경전으로 돌아가고, 인간은 그 의미를 실현하게 된다. 이러한 구도에서 윤리적인 것의 선험적 의미 구조에 대한 교학적 언어는 사다리나 지시하는 손가락과 같은 방편에 불과하다. 불佛의 세계에 대해 말을 함으로써 세계를 영원의 관점에서 보는 세계상이 시대를 넘어 전승된다. 쇼펜하우어가 우주의 '무'를 언급하는 것으로 끝나고, 비트겐슈타인이 과도할 정도로 윤리적 언사를 삼가는 것도 위의 구도에서는 지양될 필요가 있다. 이러한 지양을 통해 지고의 선이 어떤 구조를 갖는 것인지가 보여지고, 아인슈타인이나 브라이언 매기가 언급하듯, (이미 행해지고 있는 것이지만) 현대 과학과 불교의 대화 가능성도 열리게 될 것이다. 과학주의에 빠지지 않는 한, 그리고 과학적 인식이 하나의 삶의 방식이라면, 윤리적 세계관과 과학의 소통 가능성은 열려 있을 것이다.

---

45 구스모토 마사쓰구, 김병화, 이혜경 옮김, 《송명유학사상사》, 예문서원, 2005, 135~137쪽.
형가는 진시황을 암살하기 위해 진시황의 적인 번어기에게 가서 머리를 베어줄 것을 요구하며, 즉시 베어주자 진시황의 환심을 사려고 그 머리를 가지고 진나라에 들어간다.

4. 헤르츠와 선험적 구성론

칸트-쇼펜하우어의 선험적 관념론과 연관하여 과학의 본성과 한계를 이해하는 데에 헤르츠Heinrich Rudolf Hertz, 1857~1894만큼 유익한 인물도 드물다. 칸트주의자인 그는《역학원리 The Principles of Mechanics Presented in a New Form》(1894)에서 장문의 〈서문〉을 통해 자신의 과학 철학적 입장을 표명한다. 헤르츠에 의하면 역학은 '언어의 체계적 문법systematic grammar of a language'이라는 형식적 구조를 갖는다. 이 구조적 형식은 하나의 그림Bilder, picture이다. 그림은 의도하는 목적에 따라 다수의 그림이 있을 수 있고, 이전 모델의 모호성을 논리적 명료성을 갖는 것으로 변화시킴으로써 보다 바람직한 구조에 도달할 수 있다. 그는 뉴턴 모델과 에너지학의 모델은 힘이나 에너지라는 신비한 형이상학적인 것을 실재하는 것처럼 간주할 뿐만 아니라 그때그때 다의적인 의미를 갖는 모호성을 갖고 있다고 판단하고, 보다 명료한 새로운 그림을 구성하고자 한다. 비트겐슈타인의 과학론에 결정적 영향을 준 다음과 같은 말은 그의 방법적 태도를 잘 보여 준다. "우리가 원하는 대답은 참으로 이 문제(힘과 에너지 개념의 본성에 대한 물음)에 대한 대답이 아니다. 그것을 대답할 수 있는 것은 더 많고 새로운 관계와 연관성들을 발견함으로써가 아니라 이미 알려진 것들 사이에 존재하는 모순들을 제거함으로써, 어쩌면 그 수를 줄임으로써 가능할 것이다. 이러한 고통스러운 모순이 제거될 때, 힘의 본성에 대한 물음은 대답되지 않을 것이며, 우리의 마음은 더 이상 혼란스럽지도 않고 부당한 물음을 더 이상 묻지도 않게 될 것이다."[1]

헤르츠의 이 말은 초기 비트겐슈타인에게 깊은 인상을 남긴 것으로 보인다. 그것은 역학의 방법을 넘어 철학적 방법으로 확장되어 명료한 사고를 통한 치유를 지향하는 비판 철학을 낳았다. 사고의 명료화는 문제의 해소로 연결된다. 그 말은 후기 저작《철학적 탐구》의 제사로 고려되었을 정도로 비트겐슈타인의 뇌리에서 떠나지 않았다.[2] 헤르츠는 비트겐슈타인이 자신에게 영향을 주었다고 거론한 인물들 중에 마지막까지 조금도 비판적 언급을 하지 않은 유일한 사람이었다. 1933년경에 쓴《대 타자본_The Big Typescript_》에서도 유사한 구절이 발견된다. "철학을 하는 방식에서 나의 전 임무는 확신하고 있는 문제들과 불안정성이 사라지도록 표현을 정돈하는 것에 있다."(Hertz)[3] 헤르츠의 과학론은 일반적으로 카시러 Ernst Cassirer, 1874~1945 가《지식의 문제_The Problem of Knowledge_》(1950)에서 간략하게 잘 소개한 것으로 알려져 있다. 그러나 여기서는 비트겐슈타인과 연관하여 헤르츠의 견해를《역학원리》의 〈서문〉에 나오는 설명의 순서에 따라 논의하고자 한다.[4]

비트겐슈타인이 공학 공부를 하고 있었을 때(1903~1908) 이론 물

1 Heinrich Hertz, _The Principles of Mechanics_, Trans by D. E. Jones & J. T. Walley, Dover, 1956, p. 8.
2 Peter C. Kjaergaard, 'Hertz and Wittgenstein's Philosophy of Science', _Journal for General Philosophy of Science_ 33, 2002, pp. 121~149.
3 위와 같음.
4 헤르츠의 견해를 잘 정리하여 보여 주는 글로 투가스Joseph Tougas 의 〈하인리히 헤르츠와 비트겐슈타인의 논고Heinrich Hertz and Wittgenstein's Tractatus〉(1996)가 있다. 이 글은 그가 정리한 헤르츠의 견해를 기저로 하여 논의를 전개할 것이다.

리학은 이미 극적인 변화를 하고 있었다. 새로운 발견과 기술의 진전이 있었으며, 과학적 지식의 본성에 대한 문제 제기들이 광범위하게 논의되었다. 마흐Ernst Mach, 1838~1916는 과학의 경험적 기초를 보장하는 철저한 현상주의를 제안했다. 그는 반복적 유형의 감각을 표현할 수 있는 상징을 사용하여 감각적 실재를 기술할 수 있다고 주장한다. 이와 반대로 헬름홀츠Hermann Ludwig Ferdinand von Helmholtz, 1821~1894와 헤르츠는 마흐에 대한 신칸트주의적 반동을 표명하여, 과학적 설명을 구성하는 인간의 정신적 성취를 강조한다.

헬름홀츠는 자연의 메커니즘에 대한 설명을 통해 자연에 대한 완전하고 적절한 이해에 도달할 수 있다고 생각했다. 이것은 관찰되지 않는 것, 즉 질량, 원자, 인력과 척력 등의 존재를 상정하는 것이었다. 그는 현상이 단순한 힘들에까지 소급되었을 때만이, 그리고 주어진 해명이 현상에 의해 유일하게 가능한 것으로 인정될 때에만 과학적 일이 완성될 것이라는 자신의 야심찬 기획을 표명했다. 그러나 감각적 경험주의자인 마흐에 대한 가장 통찰력 있고 그럴듯한 대응은 헬름홀츠의 학생이었던 헤르츠에 의해 이루어졌다. 헤르츠의 《역학원리》는 특이한 형태의 규약주의적 과학론을 대표할 수 있는 것이었다. 그는 칸트 철학, 특히 《자연과학의 형이상학적 기초》를 연구했으며, 이를 기초로 역학의 논리를 말할 수 있었다. 그의 규약주의는 크리스티안슨F. V. Christiansen의 언급처럼 칸트적 '도상주의圖象主義, Schematism' 혹은 선험적 '구성론Constructivism'이라 할 수 있다. 헤르츠가 말하는 경험을 선험적으로 질서 지우는 형식 혹은 내적 그림innere Scheinbilder이란 경험에 적용 가능성을 지니는 도상schemata에 해당한다. 도상은 실재와 동일한 것이 아니라 그것과 유사한 유추적인 것Analogon이다. 힘, 에너지, 그리고 이를 설명할 수 있는 것으로 상정된 숨어 있는 질량은 모두 실재의 속성

이 아니라 지적으로 구성된 도상의 일부에 속한다.[5]

자연에 대한 완전한 설명을 주는 단일한 이론적 정식을 발견할 수 있다는 희망을 버리지 않는 헬름홀츠와는 달리, 헤르츠는 과학은 여러 가지 가능한 정식formulation들을 검토해야 하며, 여러 다른 목적들에 적합한 여러 대안들을 채택해야 한다고 보았다. 스승의 독단적 태도와는 다른 헤르츠의 실용주의적 태도는 마흐와 많은 점에서 공통된다. 실험적 방법을 성공적으로 수행한 실천적 경험주의자인 헤르츠의 신뢰성은 논란의 여지가 없었다. 물리 이론에서 사용하는 관념들이 결과적으로는 구체적 관찰에 의해 입증되어야 한다는 점 역시 마흐와 일치한다. 그러나 헤르츠는 이론의 모든 단일한 요소들이 검증의 필요성이 있다고 생각하지는 않았다. 이론의 한 요소는 그것이 전체 이론의 부분이기 때문에 검증될 수 있는 것이었다. 이론 입증에서의 이러한 전체주의holism는 마흐와 일치하지 않는다. 헤르츠에게는 이론 물리학의 근본 개념들은 가능한 경험의 모형들patterns이다. 반면 마흐에게 근본 개념들은 현실적 경험의 복사들이다. 러셀은 마흐의 전통에 따라 경험의 기초를 감각 데이터에 두는 입장을 발전시켜 순수한 중립적인 표면적 감각 인상으로 일원화한 중립적 일원론neutral monism으로 나아갔다.

제고르Peter C. Kjaergaard에 의하면 처음에 러셀은 논리적 기초로부터 역학을 연역할 수 있는 가능성에 주목하여,《수학의 원리들Principles of Mathemathics》(1903)에서 역학의 논리적 기초를 구성하려 했다. 그러나 비트겐슈타인에 의하면 역학이나 모든 물리학은 독립적인 형식적 체계이므로 기초를 필요로 하지 않는다. 자연은 물리 이론에서 어떤 기초적

---

5   Frederik Voetmann Christiansen, 'Heinrich Hertz's Neo-Kantian Philosophy of Science and Its Development by Harald Høffding', Journal for General Philosophy of Science / Zeitschrift fü allgemeineWissenschaftstheorie, Vol. 37, No. 1 (Mar, 2006), pp. 1~20.

역할을 하지 않는다. 물리학과 수학의 결합은 수학이 실용적 의미를 갖는다는 것이지 수학이 그 기초의 위치에 있다는 것이 아니다. 수학은 형식적인 통일성을 도구로서 보존한다. 물리학의 명제는 동어반복적tautological인 것이 아니기에 논리학의 명제와는 다르며, '변항의 지시 가능성에 의한 적용'이라는 수단이 없이는 물리학은 어떤 의미도 갖지 않는다. 물리 이론이 실재의 그림이라는 것을 보장하는 것은 어떤 것도 없다. 그림과 그려지는 것 사이의 관계로서 자연을 해석한다는 아이디어는 헤르츠로부터 온 것이다. 그림은 가능한 상황만을 묘사할 수 있을 뿐이다. 그것이 옳고 그른지는 그림을 보아서는 알 수 없다. 역학의 근본 법칙인 관성의 법칙은 세계의 부분이 아니라, 그림을 작동하게 하는 전제로 필요한 것이다. 헤르츠의 이러한 견해는 비트겐슈타인으로 하여금 역학을 논리학으로 환원하려는 러셀의 시도를 반대하게 했다.[6]

신칸트주의자 카시러는《지식의 문제》(1950)에서 헤르츠와 같은 입장을 가진 과학 사상가로 푸앵카레Jules Henri Poincaré, 1854~1912와 뒤엠 Pierre Duhem, 1861~1916을 들고 있다.[7] 그들을 헤르츠의 노선을 계승한 역학을 넘어서 확장한다. 헤르츠에게 서로 달라 양립할 수 없는 역학의 설명들은 서로 다른 목적에 유용한 것이듯, 푸앵카레에게도 어떤 기하학도 하나가 다른 것보다 경험의 목적에 더 유용할 수는 있어도 다른 것보다 더 참인 것은 아니다. 기하학들은 유용한 도구이다. 지성이 의지의 수단으로 발명된 것이라고 본 쇼펜하우어의 아이디어에는 지성의 선험적 형식이 유용한 도구일 수 있을 것이라는 암시가 들어 있다.

---

6   Peter C. Kjaergaard, 'Hertz and Wittgenstein's Philosophy of Science', Journal for General Philosophy of Science 33, 2002, pp. 121~149.

7   Ernst Cassirer, *The Problem of Knowledge*, Trans by William H. Woglom & Charles W. Hendel, Yale University Press, 1950, pp. 103~117.

베르그송이 쇼펜하우어의 노선에서 헤르츠와 푸엥카레의 관점을 계승하여 과학을 고체성에 적응한 지성의 유용한 상징주의로 본 것도 같은 맥락이다. 전체적 이론 밖에서 독립적으로 작용하는 경험적 관찰은 존재하지 않는다.

과학적 이론이 부분적 조각이 아니라 전체로서 입증된다는 헤르츠의 견해는 뒤엠Pierre M. M. Duhem이 《물리 이론La Theorie physique》(1906)에서 강력하게 주장한 것이었다. 그러나 오스트리아와 독일에서는 푸엥카레나 뒤엠의 이론이 지배적일 수 없었다. 헤르츠가 이론 물리학에 기여한 것 중 하나는 높은 차원의 개념적 공간인 '구성 공간configuration space' 개념이다. 이 안에서 복잡한 물리계는 단일한 점들의 배열로 설명된다 [통계 열역학의 위상 공간은 이 아이디어의 변형이다]. 비트겐슈타인의 '논리적 공간'은 헤르츠의 '구성 공간'을 언어적 설명의 경우로 일반화한 것이다.[8]

헤르츠가 구성 공간에 입각해서 힘 개념을 제거한 역학의 모델을 구성한 것은 아인슈타인의 상대성 이론을 예측한 것이 되었다. 상대성 이론은 전혀 다른 고려로부터 시작해서, 다른 노선을 따라 발전한 힘을 제거한 헤르츠 역학의 인상적인 한 사례를 제공했다. 상대성 이론은 태양을 도는 행성의 운동을 서로 작용하는 힘이 없이 순전한 관성에 의해 야기되는 것으로 설명한다. 헤르츠가 포텐셜 에너지로부터 자유로운 역학 체계를 상상한 것처럼, 행성은 리만 공간 안에서 가장 짧은 선(측지선)을 따라 운동한다. 유일한 차이는 다음과 같다. 헤르츠의 체계에서 구성 공간의 리만 곡률은 체계의 숨겨진 운동에 부여된 운동학적 조건에 의해 야기되지만, 아인슈타인 이론에서 리만적 구조를 갖

---

8   논리적 공간 혹은 구성 공간에 대한 이해는 《논고》와 연관된 개념들인 설명적 형식representational form, 논리적 형식logical form, 명제의 투영적projective 측면을 조명하는 데 기여할 것이다.

는 '물리적 시공 다양체space–time manifold'는 세계 기하학의 고유한 속성
이다.[9]

헤르츠에 의하면 지식의 주요 임무는 미래 사건을 예측하게 함으로
써 우리의 실천적 선택을 안내하는 것이다. 지식은 과거 경험에 기초해
서 미래에 대한 추론을 끌어낼 필요가 있다. 이를 위해서 지식은 외부
대상에 대한 내적 그림 혹은 상징을 형성한다. 이 그림들이 사물에 대
한 형식적 표상들이다. 그림은 외부 자연과 특별한 방식의 대응을 갖
는다. 이러한 대응은 그림의 구조와 사물의 구조와의 대응이다. 헤르츠
는 이러한 방식의 대응을 그림이 자연에서의 사건들의 경과를 예측하
도록 하면서, 보다 단순한 그림을 그리려는 목적Zweck을 실현하기 위해
충족시켜야 하는 요구Forderung라고 특징짓는다. 이것이 바로 '근본적
요구'다. 그러나 헤르츠는 관념과 대상의 관계에 대해 보다 강한 주장
을 한다. 이 실용적인 추론적 대응이 우리가 기대할 수 있는 유일한 관
계라는 것이다. 인간 지식의 본질적 특징은 정신적 이미지들 사이의 논
리적(추론적) 관계와 그 이미지들을 세계를 복사하는 도구로 사용use한
다는 것이다.

대상에 대한 그림이라는 표상들은 자연에 대한 설명Darstellung,
representation, 재현, 대표하기으로 조직된 것이다.[10] 헤르츠는 이 과학적 설명
을 그림Bilder이라 부르는데, 이는 모델 혹은 이미지로 번역되기도 한다.
그림은 사물들의 속성에 의해 결정되는 것이 아니기에, 여러 대안적 모
델들이 가능하다. 각 모델들은 세계에 대한 그림들이다. 이 과학적 설명
모델에 대해서는 추가적인 요구들이 부가된다. (1) 논리적으로 허용 가

---

9   Joseph Tougas, 'Heinrich Hertz and Wittgenstein's Tractatus', *Philosophische Gesellschaft*,
    Conceptus 29, 1996, pp. 205~227.
10 R. M. White, 곽광제 옮김, 《비트겐슈타인의 〈논리철학론〉》, 서광사, 2011, 120쪽. 저자는
    Darstellungrepresentation을 Abbildungdepiction(묘사하기)과 구분하여 "대표하기"로 번역한다.

능zulässig 해야 하고, (2) 경험적으로 올바르며richtig, (3) 우리의 목적(일일이 경험하는 것을 생략하는 사고의 경제성)에 적합zweckmäßig 해야 한다.

첫 번째 요구, 논리적 허용 가능성: 이론은 사고의 법칙에 모순되어서는 안 된다. 여기서는 논리적 일관성 이상의 것이 요구된다. 어떻게 형식적 표기가 해석되고 적용되는지에 대한 논리적 제약도 필요하다. 이는 헤르츠가 뉴턴 역학의 허용 가능성에 대해 제기한 의문에서 분명하게 드러난다. 헤르츠는 뉴턴 역학의 논리적 모순을 발견하는 것에는 관여하지 않는다. 오히려 그는 뉴턴 운동 법칙들에서 힘이라는 말을 잘 검토할 것을 요구한다. 운동 법칙들의 여러 경우들에서 힘이라는 말의 의미 변화를 탐색할 것을 요구한다. 그가 신경 쓰는 논리적인 결점은 형식적인 비일관성이 아니라 '애매의 오류'다. 이 오류는 힘 개념을 제거한 모델에 의해 없어질 수 있는 것으로 생각된다.

두 번째 요구, 올바름: 그림의 인식적 귀결들은 사물에서의 귀결들에 대한 그림이어야 한다. 이 요구를 채우지 못하는 이론은 거부된다. 관찰될 수 없는 귀결들을 포함하는 이론은 다음의 관찰에 의해 잘못되었다고 증명될 위험성을 갖는다. 이것은 모든 이론이 피할 수 없는 특징이다.

세 번째 요구, 합목적성: 헤르츠에 의하면 과학자가 역학의 그림을 만드는 데는 두 가지 목적이 있다. 하나는 인간의 필요를 충족시키기 위한 실천적 적용이다. 그러나 이것이《역학원리》를 쓰는 목적은 아니다. 이 목적은 최대한 명료하고 단순한 그림을 그리는 것이다. 그는 물리 이론의 형식적 구조와 자연과의 관계를 일반적 용어로 기술함으로써 명료성과 단순성이라는 목표를 달성한다. 이러한 이론의 원리들은 다음 세 가지를 포함한다. (1) 원초적 개념들 (2) 그 개념들 사이의 관계를 진술하는 것 (3) 근본적 개념들이 인간 경험과 어떻게 관계하는

지 설명하는 것. 이론은 원리들과 그것들의 연역적 귀결(가능한 경험에 대한 진술로서 해석되는 귀결)을 포함한다. 임의의 이론이 전체적으로 올바르다 하더라도, 자연과의 연결은 두 가지 방식에서 실패할 수 있다. 너무 적게 말하거나, 너무 많이 말하는 경우가 그렇다. 익숙한 경험에 대해 말하는 것이 실패한 그림은 명료하지 않은undeutlich 것이다. 경험적 상관자를 갖지 않을 정도로 너무 많이 말한 그림은 그만큼 단순성 Einfachheit이 결여된 것이다. 모든 이론은 상징적 설명이기 때문에 설명하는 대상에 대응하지 않는 특징들을 그림에 포함할 것이다. 헤르츠는 실천적 적용 가능성보다는 명료성과 단순성을 최대화하기 위해. 힘이 무엇인가와 같은 물음을 하지 않는다. 이 통찰은 비트겐슈타인에게 강한 인상을 남긴다.[11]

이러한 견해는 경험주의자들이 과학의 논리를 단순한 귀납의 논리로 환원하고 이에서 검증의 개연성을 다루는 확률론에 의거하는 견해와는 달리, 논리적 생각과 조작적 사고의 중요성을 크게 부각시킨다. "순수한 가설로서 도입된 개념들과 공리들의 포괄적 체계"에서 정립된 "모든 진술들은 칸트의 의미에서 선험적a priori 판단들이다." "이와 함께 물리학의 논리는 새롭고도 고도로 특징적인 형식을 수용하게 되었다." 모호한 모순과 비논리성을 제거하는 지적인 생각과 작업에 의해 이루어지는 "완전한 체계는 논리적 엄밀성에 대한 모든 가능한 요구를 전적으로 만족시키는 것으로 보였다."[12] 그러나 러셀을 비롯한 빈의 논리경험주의의 원조가 되는 마흐의 입장에서는 "물리적 법칙과 원리는 직접적 지각의 가치에 비교하여 독립적인 인지적 가치를 갖지 못하는 것

---

11 위와 같음.

12 Ernst Cassirer, *The Problem of Knowledge*, Trans by William H. Woglom & Charles W. Hendel, Yale University Press, 1950, pp. 106~107.

VII. 아시아 철학과 선험적 구성론 **769**

이었다. (……) 법칙은 고립된 사실들의 목록catalogue에 지나지 않는 것이며, 원리는 법칙들의 등록부에 지나지 않는 것이었다."[13] 이에 반해 헤르츠는 논리적으로 정합성을 추구하고 재조정하는 생각의 자발성을 전면에 부각시킨다.

　이러한 입장은 훗날 비트겐슈타인의 입장을 계승하는 핸슨Norwood R. Hanson, 1924~1967에 의해 '발견의 모형patterns of discovery'을 구성하는 '귀추적 사고retrospective thinking'로 명명된다.[14] 귀추법은 귀납–연역적 사고와는 달리 연구자의 추상적 개념 구성의 자유와 노력의 가치를 경험에 앞선 선험적 구성의 조건으로 강조한다. 그에 의하면 "현대 물리학자들은 새로운 양상의 개념적 조직화를 추구한다. 만약 개념적 조직화의 양상이 이루어진다면 새로운 존재의 발견이 뒤따를 것이다. 광맥의 위치를 모르는 사람에게는 좀처럼 금이 발견되지 않는다." 감각도 그러한 개념적 조직화에 의해 제약된다. "본다는 것은 이론 적재적인 작업"이다.[15] "물리학적 이론들은 데이터들이 그 안에서 이해될 수 있는 틀을 제시한다. 물리학적 이론들은 하나의 개념적인 형태Conceptual Gestalt를 구성한다. 하나의 이론은 관찰된 현상들로 짜 맞추어진 것이 아니다. 오히려 현상들을 특정한 종류의 것으로 그리고 다른 현상들과 연관된 것으로 보이게 만드는 것이다. 이론은 현상들을 체계로 만든다. 이론은 역으로in reverse 형성된다. 즉 귀추적으로 형성되는 것이다. 하나의 이론은 하나의 전제를 찾기 위한 결론들의 집합이다. 물리학자는 현상을 자신의 방식으로 관찰된 특성으로부터 자연스럽게 그것들을 설명할 수 있는 주요 아이디어를 향해 추론한다. 물리학자들은 가능한 대상들

13　위의 책, p. 108.
14　Norwood R. Hanson, 송진웅, 조숙경 옮김,《과학적 발견의 패턴Patterns of Discovery》(1958), 사이언스북스, 2007.
15　위의 책, 42~43쪽.

의 집합을 추구하는 것이 아니라 가능한 설명들의 집합을 추구한다."[16] 카시러의 표현에 의하면 푸앵카레보다는 뒤엠이 그러한 견해를 더 엄밀하게 그렸는데, 경험주의자의 '순수한 사실brute fact'과 '과학적 사실scientific fact'은 다른 것이다.[17] 이러한 선험적 조직화에 의한 이론 구성의 우선성을 강조하는 입장들은 쿤Thomas Kuhn, 1922~1996과 함께 칸트의 선험적 관념론의 정신을 계승하는 흐름을 형성하여 오늘에 이르고 있다. 이러한 전통은 쇼펜하우어가《충족이유율의 네 겹의 뿌리에 관하여》에서 과학 이론의 선험적 구조 혹은 논리는 논증이 불가능하고 오직 보여 줄aufzuweisen, show 수만 있으며, 신학적 형이상학은 논리를 실재의 구조로 착각하는 정신적 미망Unsinn에 빠졌다고 비난한 것과도 맥락이 닿는 것이다. 비트겐슈타인은 쇼펜하우어의 비판 철학적 관점과 헤르츠-볼츠만의 구성주의적 관점을 연결하여 자신의 과학론을 형성한 것이다. 과학은 스스로가 보여 주는 내재적 한계를 갖는다.

헤르츠는 뉴턴의 그림과 에너지 역학의 그림이 갖는 논리적 모호성을 명료하게 만들려 한다. 그는 이러한 논리적 명료화 방법을 통해 기존의 두 그림과는 다른 역학의 세 번째 그림을 제시한다.[18]

---

16 위의 책, 160쪽.
17 Ernst Cassirer, 앞의 책, p. 112.
18 투가스Joseph Tougas가 정리한 뉴턴 모델과 에너지학의 모델은 다음과 같다.
　　1) 뉴턴의 그림: 이 그림의 원초적 개념은 시간, 공간, 질량, 힘이다. 이들의 관계는 근본 법칙, F=ma에서 표현된다. 헤르츠는 뉴턴 이론이 설명의 세 가지 요구를 만족시키지 못한다고 불만스러워 했다. 특히 힘 개념의 모호성이 문제였다. 제2법칙에서는 힘은 운동의 선재하는 원인으로 나타나지만, 제3법칙에서는 결과로 나타난다. 헤르츠는 뉴턴 역학에서 어떤 곤란을 발견하고, 이러한 근본적 불안정성을 이론 발전의 역사적 과정에 돌린다. 설명되는 사실의 어떤 특징들이 이론의 형식적 구조에 영향을 미치는 것이 허용되었다는 것이다. 예를 들어 행성 궤도를 계산하는 데에서 행성들은 편의상 질량이 단일한 점에 집중되고, 전 중력과 관성력이 그 점에 작용한다고 간주될 수 있다. 이것은 분명 관념적 이념화idealization다. 그러나 행성의 여러 다른 부분들은 태양과 서로 다른 거리에 있기 때문에 다른 태양 중력에 대한 태양 중력은 다르고, 입자들의 경로도 달라질 것이다. 중력을 무시할 수 있는 작은 대상들의 운동을 생각해 보자. 꼭지점의 회전은 큰 관성력을 보일 것이다. 그것이 그 물질의 입자들에 작용할 것이다. 독립적 입자들의 운동을 계산할 때, 중력과 관성력에만 의존하면 꼭지점은 날아가 버릴 것이다. 그러나 우리는 이러한 결과를 관찰하지 못한다. 우리는 응집력을 첨가하지 않고는 꼭지점의 운동을 해명할 수 없을 것이다. 헤르츠의 시대에 힘들

뉴턴과 에너지론자의 모델들은 각각 힘force과 에너지energy를 근본 개념으로 도입한다. 그러나 이것들은 엄밀하게 정의하기 어려운 특이한 종류의 것임이 판명되었다. 헤르츠의 대안적 그림은 질량, 시간, 공간이라는 이미 가장 친근한 것들로 채워진다. 이 그림에서는 운동하는 질량mass in motion은 경험적으로 발견할 수 없는 것으로 되어 있다. 질량을 가진 물체는 점으로 환원된다. 그러나 적어도 뉴턴의 그림(발견할 수 없는 입자들 사이의 인력과 척력을 인정한 그림)이나 가스의 팽창을 분자들의 운동 에너지의 증가로 설명하는 에너지학Energetics 보다 더 나빠진 것은 아니다. 세 번째 그림은 세 가지 개념만을 사용한다. 이 세 가지 개념들 그 자체가 직접적으로 경험되는 것이 아니다. 그것들 각각의 규정된 양만이 경험되고 측정될 수 있다. 헤르츠는 모든 자연 운동을 해명할 수 있는 하나의 단순한 법칙을 말한다. "모든 자유계는 가장 짧은 직선적인 경로에서 정지 상태나 일정한 운동 상태를 존속한다." 이 법칙은 뉴턴의 관성의 법칙과 가우스의 최소 제약의 원리를 하나의 진술로 결합한 것이다. 이 법칙은 운동을 기술하는 수학적 구조에 따라 만

의 수는 점점 증가하고 있었다. 헤르츠는 그러한 암중모색과 사이비 확실성은 성숙한 과학은 용인할 수 없는 것이라고 생각했다. 여러 힘들이 왜 서로 다른 방식으로 움직이는가 라든지 힘이란 무엇인가 라는 질문은 혼란스러운 것이다.

2) 에너지학의 그림: 이 모델은 예측적이고 설명적인 중요한 결과를 생산했지만, 개념적이고 경험적인 측면에서 문제가 있었다. 에너지를 운동과 포텐셜 에너지로 나누었는데, 그 체계의 근본 법칙은 그 두 에너지의 관계를 언급하는 것이었다. 이 관계는 오일러Leonhard Euler, 1707~1783의 최소 작용의 원리나 해밀턴William Rowan Hamilton, 1805~1865의 원리에 의해 주어진다. 헤르츠는 해밀턴의 버전을 선택하여 검토한다. 그 체계는 뉴턴보다 실험적이고 설명적 목적에 적합성을 갖는다는 점에서는 진전된 것이었다. 해밀턴의 원리는 모든 힘들은 보존된다는 추가적 가정을 첨가함으로써, 뉴턴의 법칙으로부터 연역될 수 있는 것이었다. 그러나 해밀턴의 원리를 파괴하는 관찰된 다른 종류의 운동(평면상의 한 물체의 회전 운동)이 있었다. 이 문제는 알려지지 않은 힘을 가정함으로써, 그리고 적용 가능성을 제한함으로써 고정될 수 있었다. 그러나 이는 둘로 나뉜 에너지라는 말의 의미에 관하여 첫 번째 모델이 갖는 논리적 허용 가능성의 문제를 갖게 된다. 결국 우주가 무한할 가능성(모든 물체는 무한량의 포텐셜 에너지를 갖게 된다)도 고려한 헤르츠는 해밀턴의 원리는 근본 법칙으로서는 너무 복잡하다고 생각했다. 그는 단순성의 요구를 해밀턴의 원리에 적용한다.Joseph Tougas, 'Heinrich Hertz and Wittgenstein's Tractatus', *Philosophische Gesellschaft*, Conceptus 29, 1996, pp. 205~227.

들 수 있었다. 여기서 '가장 짧은 직선적인 경로'는 유클리드 3차원 공간에서의 직선이 아니라, 구성 공간인 다차원적인 추상적 구조에서의 리만의 측지선Riemannian geodesics이다. 리만G. F. Bernhard Riemann, 1826~1866의 곡면에 대한 비유클리드 기하학의 수학적 기술과 다차원의 공간 기하학을 결합함으로써 헤르츠는 운동하는 물체의 복잡계에 대한 기하학적 설명을 '형식적으로 구성된 추상 공간'에서 임의의 길을 따라 '운동하는 단일한 점들의 기하학'으로 환원할 수 있었다. 이 기술technique은 곧 물리학에서 표준적인 절차가 되었다.

물체의 운동에 대한 우리의 경험은 이해라고 하기에는 혼돈스럽고 합법칙적gesetzmäßig이지 않다. 논고의 6.361에서 비트겐슈타인도 "헤르츠의 말대로 합법칙적 연관만이 사유될 수 있다고 말할 수 있다"고 한다. 합법칙적인 세계상Weltbild을 얻기 위해서는 보이는 운동에 보이지 않는 개입자라 할 수 있는 무엇인가를 추가해서 정립해야 한다. 무엇을 정립할 것인가는 과학자가 선택할 일이다. 과학자는 세계를 합법칙적인 것으로 만들기 위해 '시간적인 설정 체계system of designations'와 같은 형식적 구조를 사용한다. 비트겐슈타인에 의하면 "우리는 과정을 시간의 경과와 비교할 수 없다 ― 그러한 것은 없다 ― 우리는 다른 과정(시간 계측기chronometer의 작동과 같은 과정)과만 비교할 수 있다."(《논리-철학 논고》, 3.3611)

헤르츠는 새롭고 비일상적이지만 포괄적인 표현 양식이 갖는 이점을 강조했다. (1) 단일한 점들의 운동으로 복잡계의 상태를 설명하는 단순성 (2) 힘과 에너지 개념을 사용하지 않고 뉴턴과 에너지론에서의 본질적인 예측 정보를 포함하는 근본 법칙을 정식화할 수 있다는 것 (3) 제한된 종류의 운동에만 적용될 수 있는 것으로 보였던 해밀턴의 원리와 운동의 보편 법칙 사이의 연관을 분명하게 할 수 있다는 것. 해밀턴의 원리는 구성 공간에서 선험적 구조를 가진 일반 기하학적 기술의 특정한 적용이라는 것이 드러난다. 그것은 원래 경험적 내용과 형식적 구조를 혼동하는 방식으로 정식화된 것이었다. 헤르츠가 제안하는 역학의 명료한 정식화는 초감각적 추상과 물리학의 한 분과가 뒤섞이는 것을 피하고 분리시키는 것이다. 세 번째 이점은 형식적 구조와 과학적 설명의 내용을 분리하는 것이 헤르츠의 이론적 관심이라는 것을 보여 준다. 세계를 기술하는 여러 대안적 체계들에 대한 자유로운 선택의 가능성, 그리고 이 가능성과 형식/내용의 분리 사이의 연관성은 《논리 – 철학 논고》에서 잘 언급되고 있다. 6.341에서 비트겐슈타인은 이른바 그물의 비유를 가지고 역학의 본성을 설명한다.[19]

예컨대 뉴턴 역학은 세계에 대한 기술에 하나의 통일적 형식을 부여한다. 불규칙한 검은 얼룩점들이 있는 흰 표면을 상상해 보자. 그러면 우리는 이렇게 말한다. 이것들이 어떤 그림을 만들든지 간에 나는 그 표면을 충분히 미세한 사각 그물코로 덮은 다음, 그 모든 사각형 각각에 대해 그것은 희다 또는 검다고 말함으로써 그 그림에 대한 기술에 언제나 내가 원하는 만큼 임의로 가까이beliebig nahe 접근할 수 있다. 이런 방식으로 나는 그 표면에 대한 기술에 어떤 하나의 통일된 형식을 부여하게 될 것이다. 이 형식은 임의적이다. 왜냐하면 내가 삼각형이나 육각형의 그물코로 된 그물을 사용했더라도 그 효과는 동일할 수 있었기 때문이다. 삼각 그물을 이용하는 것이 기술을 더 단순하게 만들 수도 있다. 다시 말해 미세한 사각 그물을 가지고 기술하는 것보다 보다 굵은 삼각 그물을 가지고 기술할 수도 있었을 것이다(그 반대도 가능하다). 상이한 그물들은 상이한 세계 기술 체

---

19   Joseph Tougas, 'Heinrich Hertz and Wittgenstein's Tractatus', *Philosophische Gesellschaft*, Conceptus 29, 1996, pp. 205~227.

계들에 대응한다. 역학은 다음과 같이 말함으로써 세계에 대한 기술의 형식을 확정한다. 세계를 기술하는 데에 사용된 모든 명제들은 임의의 일련의 명제들 — 역학의 공리들로부터 임의의 일정한 방식으로 얻어져야 한다.《논리-철학 논고》, 6.341)

이것은 경험에 대한 사실적 진술을 할 경우에 우리는 여러 다른 형식을 사용하게 된다는 것을 말한다. 그러나 우리가 어떤 형식을 사용하는가는 선택의 문제이며 서로 다른 기획과 관심에 영향을 받는다. 우리는 목성의 달의 궤도에 대해 두 가지 기술을 할 수 있다. 뉴턴의 어법과 헤르츠의 어법이 그것이다. 이 두 기술은 서로 다른 존재들에 대한 진술이다. 헤르츠와 비트겐슈타인의 그러한 견해는 일종의 '존재론적 상대성'을 의미한다. 힘에 대한 직접적 경험은 설명되는 자료에 포함되지 않기 때문에, 힘들을 지칭하지 않는 것이 곧 이론의 올바름을 훼손하는 요인이 될 수는 없다. 여러 이론들이 이론이 가리키는 존재의 궁극적 본성에 대한 물음에 의해 궁지에 빠지는 일이 없이도 현상에 대해 설명하는 임무를 수행할 수 있다. '힘'은 설명 방식의 한 특징이지 설명되는 것의 특징이 아니다. 헤르츠의 관점은 실재의 궁극적 구성 요소에 대해 말할 수 있다고 하는 독단적 합리론자와 대립하고, 과학을 순수한 감각 자료에 기초하여 세울 수 있다고 하는 마흐의 현상주의와도 대립한다. 그것은 객관-주관 이분법에서 나오는 객관주의적 접근과 감각적 주관주의적 접근 양자를 넘어선다.[20] 그의《역학원리》는 두 부분으로 구성된다. 1부에서는 선험적인 형식 체계를 다루고, 2부는 그것의 적용을 다룬다. 이러한 접근 방식은《논리-철학 논고》

---

20 Sara Bizarro, 'A Herzian interpretation of Wittgenstein's Tractatus', *Eidos*, no. 13, Barranquilla, July/Dec, 2010, pp. 1~11.

6.35, 6.36의 주장들과 일치한다.

6.35: 우리의 그림 속에서 얼룩점들이 기하학적 도형들이기는 하지만, 그럼에도 불구하고 기하학이 그것들의 사실적 형태와 위치에 관해서는 아무 것도 말할 수 없다는 점은 자명하다. 그러나 그물(그물코)은 순수히 기하학적이며, 그물의 모든 속성들은 선험적으로a priori 제시될 수 있다. 충족이유율과 같은 법칙들은 그물을 다루지, 그물이 기술하는 것을 다루지 않는다.

6.36: 만일 인과성의 법칙이 존재한다면, 그것은 다음과 같은 말로 될 수 있을 것이다. "자연 법칙들이 존재한다." 그러나 물론 우리는 그렇게 말할 수 없다. 그것은 스스로 드러난다.

헤르츠는 말한다.

1부의 주제는 경험과는 완전히 독립적이다. 모든 (역학적) 주장들은 칸트적 의미에서 선험적(a priori) 판단들이다. 그것들은 내적 직관의 법칙들에 기초하고, 주장을 하는 사람들이 따르는 논리적 형식들에 기초한다. 그것들은 이러한 직관과 형식들 이외에 그의 외적 경험과는 어떤 다른 관계도 갖지 않는다.

자연에 대한 과학적 설명에서 형식적 구조의 기여를 이해하기 위해 헤르츠는 형식과 내용을 구분할 필요가 있다고 생각한다. 이제 헤르츠와 비트겐슈타인의 연관성에 대해 다음과 같이 말할 수 있다.
그림의 비유는 19세기 물리학에서 헤르츠와 볼츠만에게만 있던 것이 아니라 맥스웰, 마흐, 볼자노Bolzano에게도 있었던 것이다. 그러나 헤르츠와 이를 계승한 비트겐슈타인의 그림론은 다른 사람들과 다른 특이한 점을 갖고 있다.《논리-철학 논고》에서는 명제가 사실의 그림이다. 헤르츠에게는 두 종류의 그림이 있다. 사물에 대한 관념으로서의 표상들Votstellungen이 있고, 복잡한 과학적 표상들로서의 설명Darstellung이 있다. 이 후자가 과학적 이론이며, 과학적 이론은 그림의 형식들이다. 그림의 형식들의 본성을 설명하고, 어떻게 그 형식들이 사실에 대한 그림을 만드는 것을 가능하게 하는지에 대해 설명하는 것이《논리-철학 논고》의 기획이다. 비트겐슈타인은 그림의 형식을 논리적 공간logical space에 입각해서 설명한다. 논리적 공간은 헤르츠의 '구성 공간configuration space과 상당 부분 일치한다. 구성 공간이란 질량을 가진 물체를 좌표계 내에 위치하는 점으로 환원하여 물리적 체계를 단순 대상인 점들의 체계로 구성 배열하는 추상적 공간, 즉 배위공간配位空間이라고 할 수 있다. 헤르츠의 영향은 그림의 형식과 논리적 공간이라는 두 개념에서 찾아야 한다. 블랭크Andreas Blank의 언급처럼 비트겐슈타인이 단일한 구도에서 옛것과 새것을 '비교'할 수 있게 되었다고 고백한 것은 바로 헤르츠의 '역학의 논리와 논리적 방법을 비교'하여 통합할 수 있었다는 것을 의미한다. 존재론적 의미의 단순 대상은 '논리적 개념으로서의 변항variable'에 해당하며, 이 때문에 우리는 그것의 경험적 실재를 지정할 수 없는 것이다.[21]

---

21 Andreas Blank, 'Material Points and Formal Concepts in the Early Wittgenstein', *Canadian Journal of Philosophy*, Vol. 37, No. 2, 2007, pp. 245~261. 저자는 비트겐슈타인의 초기 작품인《비트겐슈타인 철학일기》에서 헤르츠와 연관된 발언들을 증거로, 헤르츠 역학이 갖는 형식적 구조와 비트겐슈타인이 배운 신기술인 논리적 분석 방법을 결합하여《논리-철학 논고》이전에 이미 논리적 철학이 구상되었음을 보여 준다. 사실 비트겐슈타인의 초기 저작에 있는《논리에 관한 노트 Note On Logic》는《논리-철학 논고》와 많은 부분이 일치한다. 이에 관해서는 다음을 참조. Michael Potter, *Wittgenstein's Notes on Logic*, Oxford University Press, 2009.

헤르츠의 구성 공간은 물리적 과정이 표상되는 추상적 다차원의 공간이다.[22] 이 공간에서 하나의 점은 역학 체계를 설명하기에 충분하다. 그래서 그 입자를 적절한 수의 차원과 그 기하학적 공간으로 가져간다면, 우리는 자유 입자의 역학 체계를 넘어 모든 역학적 체계로 나아갈 수 있다. 이러한 종류의 설명에 필요한 것은 a) 공간과 그 기하학을 주는 형식적 구조와 b) 추상적 공간 안에서의 좌표가 경험의 대상 위에 투영되어 그려지는 투영의 방법이다. 이론의 선험적 구조가 첫 번째의 것을 주며, 이론의 해석과 경험에의 적용이 두 번째의 것을 준다. 헤르츠 역학의 공식은 형식적 구조와 투영의 방법이 경험에 의해 결정되지 않으며(과소 결정되며), 특정한 설명적 목적과 연관된 자유로운 선택에 종속된다는 점을 보여 주는 장점을 갖는다. 또한 그는 세 가지 점을 쉽게 구분할 수 있게 한다. 1) 공간에 고유한 설명적 속성에 속하는 특수한 설명 활동의 측면들 2) 설명되는 경험의 우연적인 특징들에 속하는 것 3) 첫 번째가 두 번째 설명을 가능하게 하는 투영 방식의 실용적 측면에 속하는 것. 헤르츠의 이러한 구분은《논리－철학 논고》의 다음의 주장들에서 나타난다.

3. 21 어떤 상황에서 대상들의 구성은 단순한 기호들을 명제적 기호 안에

---

22 헤르츠는 설명 기술을 보충하기 위해 리만 기하학을 적용한다. 리만은 공간의 위상학적 특징들은 좌표적 설명이 한 종류의 좌표 공간으로부터 다른 종류의 좌표 공간으로 그려질 때 보존된다는 것을 보여 준다. 예를 들어 평면으로부터 구나 휘어진 표면으로 그려질 때). 리만 기하학의 중심 개념은 선 요소line element이다. 움직이는 점들의 경로가 갖는 분절들(호(弧))을 리만의 선 요소들과 동일시함으로써 헤르츠는 역학 체계에서의 운동을 보다 높은 차원의 좌표 공간으로 그려낼 수 있었다. 설명되는 물체들의 상대적 위치가 구성이며, 높은 차원의 공간이 구성 공간이다. 물체의 운동을 구성 공간에 올바로 사상(寫像)하거나mapping 투영projection한다면, 가우스Gauss의 최소 제약의 원리는 역학적 체계의 구성을 설명하는 점이 가능한 한 짧은 경로를 따라 움직인다는 기하학적인 요구와 같다는 것이 드러난다. 헤르츠는 이 기술을 역학의 완전한 체계로 발전시켰다. 수학적 방식의 이러한 표현은 근본적 법칙을 말할 수 있게 한다. 그것이 없이는 우리는 뉴턴의 제일 법칙과 가우스의 최소 제약의 원리를 분리해야 한다(Peter C. Kjaergaard, 'Hertz and Wittgenstein's Philosophy of Science', *Journal for General Philosophy of Science* 33, 2002, pp. 121-149).

서 구성하는 것과 대응한다.

3.4 명제는 논리적 공간에서의 한 위치를 규정한다.

3.411 논리적 좌표를 가진 명제적 기호가 곧 논리적 장소다.

1.13 논리적 공간에서의 사실들이 세계다.

2.0272 대상들의 구성이 사태를 생산한다.

2.18 어떤 그림이 그것을 묘사하기 위해 실재와 공통으로 가져야 하는 것이 어찌되었든 논리적 형식이다.

5.475 필요한 모든 것은 우리가 특정한 수의 차원들을 가진 — 특정한 수학적 다수성을 가진, 기호의 체계를 구성해야 한다는 것이다.[23]

이 언급들은 구성 공간을 논리적 공간이라는 보다 일반적인 개념으로 전개한 것이다. 논리적 공간의 다차원성multidimensionality이라는 개념은 지성이 선험적으로 구성한 것이다. 명제에는 그것이 설명하는 상황에서와 똑같이 많은 구분 가능한 부분들이 있어야 한다. 명제와 상황 양자는 동일한 논리적(수학적) 다수성Mannigfaltigkeit을 가져야 한다.(《논리 – 철학 논고》, 4.04) 투가스Joseph Tougas에 의하면 메이저Ulrich Majer는 《논리 – 철학 논고》의 과학 이론 — 이제까지 알려지지 않은 형태의 규약주의〉(1983)와 〈빈 학파에서의 헤르츠와 비트겐슈타인〉(1985)에서 헤르츠와 비트겐슈타인은 과학 철학에서 존재론적 상대성과 밀접한 연관이 있는 일종의 규약주의conventionalism을 공유한다고 본

---

23 Joseph Tougas, 'Heinrich Hertz and Wittgenstein's Tractatus', *Philosophische Gesellschaft*, Conceptus 29, 1996, pp. 205~227. / 투가스가 인용한 것에는 다음의 언급들이 추가되어 있다.
2.0131: 공간적 대상은 무한 공간 안에 위치해야 한다(공간적인 점은 논항의 자리다). 시야에 있는 반점은 붉을 필요는 없지만, 어떤 색깔을 가져야 한다. 말하자면 그것은 색깔 공간으로 둘러싸여 있다. 악보의 음표는 어떤 높이를 가져야 하고, 촉각의 대상은 어떤 정도의 딱딱함을 가져야 한다 등등.
2.0251: 공간, 시간, 색Farbigkeit이 대상의 형식들이다.

다.[24]

고전 역학에는 유사한 구조를 갖는 여러 모델이 있었다. 여기에서 어떤 하나의 모델을 갖는 체계에 대해 같은 모델을 갖는 다른 체계가 가능하다. 서로가 모델이 되는 두 물리적 체계 사이의 모델의 동형성이 있을 수 있다. 모델이 같다 하더라도 그 체계 안에서 경험과 연결될 수 있는 투영의 방법 차이에 따라 다른 형태의 경험을 갖게 된다. 모델이라는 형식의 차원은 경험에 의해 결정되는 것이 아니다. 그래서 대상에 대한 적절한 설명을 위해 헤르츠가 한 것처럼, 같은 모델을 가진 다른 체계를 재조정해 자신이 원하는 체계로 만들 수 있다. 이를 언급하고 난 후 헤르츠는 다음과 같이 말한다.

> 하나의 동역학적 모델과 이것을 모델로 삼고 있는 어느 체계와의 관계는 우리의 마음이 사물에 대해 만드는 그림과 사물의 관계와 같다. 우리가 모델이라는 조건을 체계의 조건에 대한 설명으로 간주한다면, 이러한 설명의 법칙에 따라 나타나는 귀결들은 이 원래의 대상들의 법칙에 따라 원래의 대상들로부터 나오는 귀결들에 대한 설명이기도 하다. 그러므로 마음과 자연의 일치는 서로 간에 모델이 되는 두 체계 사이의 일치와 같다. 우리는 마음이 사물에 대한 동역학적 모델을 만들 수 있으며, 그것들을 가지고 작업할 수 있다는 가정을 함으로써 이러한 일치를 해명할 수 있다.[25]

헤르츠는 이를 암시적인 흥미로운 가능성으로 남겨 둔다. 비트겐슈타인은 그러한 암시를 받아들여 그 함축적 의미를 전개한다. 음악적

---

24 위와 같음.
25 Heinrich Hertz, *The Principles of Mechanics*, Trans by D. E. Jones & J. T. Walley, Dover Press, 1956. p. 177.

사고는 음악적 표기로 표현(모델화)된다. 표기는 곡을 연주하는 차원과 같은 것이어야 한다. 음악 한 곡은 겹치기도 하고 침묵에 의해 분리되기도 하는 소리(음표)의 시간적 계열로 생각할 수 있다. 각 음표는 음표와 상대적인 음의 높이, 지속, 크기와 같은 특징들에 의해 성격이 규정된다. 전체적으로 곡은 일련의 소리들 즉 음조와 연주되는 템포에 의해 성격이 결정된다. 음악적 표기의 대부분의 차원들은 서로 다른 증가량으로 분절된다(온음정과 반음정으로서의 음계의 음색들). 음량과 같은 차원은 크게(크레센도)와 작게(디미누엔도)에 따라 변이한다. 이러한 특징들은 표기의 속성들에 반영된다. 그것들은 일정한 수의 차원들을 가진 형식적 구조를 형성한다. 각 음표는 '음악적 공간' 안에서 일정한 위치를 차지한다. 재현으로서의 구조는 오로지 음악적인 것만은 아니다. 동일한 표기가 기차 시간표나 메뉴로 사용될 수도 있다. 그것이 음악적인 표기라는 것은 그 상징들을 경험에 투영하는 방법에 의해 결정된다. 순수하게 형식적 구조로만 볼 때, 음악적 표기는 논리적 공간을 기술한다(음악 표기의 비유는 언어 게임의 선구이다).[26]

물리적 사실들은 구성 공간에서 점들에 의해 설명된다. 논고에서의 그림은 전제된 형식적 구조에서 어떤 위치를 식별하는 기호들의 집합(좌표)이다. 좌표는 구조의 형식적 속성과 그 구조가 사용되는 용도인 인간의 목적에 의존한다. 이 목적들은 이론의 부분인 투영의 방법이나 해석에서 전개된다. 이론은 그림의 형식이며, 이론들이 설명하는 의도에 따라 상대적인 그림을 생산한다. 그물의 비유는 인간의 목적이 어떤 형식을 사용할 것인지를 결정한다는 것을 암시한다. 이론은 우리의 목적에 적합하기 때문에, 즉 우리의 요구Forderung에 부합하기 때문에 선

26　위와 같음.

택된다. 이 요구들 가운데 하나는 논리적 성격의 것이다. 우리의 선택에 상응하는 논리적 제약이 있을 것이다.

헤르츠가 '근본적 요구'라고 하는 것은 추론적 요구다. 그림의 귀결들이 귀결들의 그림이어야 한다는 《논리-철학 논고》의 요구가 있다. 그림들이 어떻게 귀결들을 갖는가? 추론의 유형들에 대한 형식적 분석인 논리와 설명을 만드는 인간의 실행 사이의 연관은 무엇인가? 비트겐슈타인은 이것이 제기하는 문제를 받아들여 '나의 근본 테제'로 삼았다. 그는 그림들은 언제 귀결들을 가질 수 있는가 라는 문제에 대해 다음과 같이 답한다. 그 그림들이 추론을 끌어내는 것을 허용하는 어떤 형식적 속성을 포함하거나 공유하는 명제들일 때다. 이것이 추상적 설명 공간을 논리적 공간이라고 부르는 이유다.

비트겐슈타인은 프레게와 러셀로부터 헤르츠의 추론적 요구를 분석할 수 있는 강력한 도구를 이어받았다. 추론적 관계는 문장의 진리 값들 사이의 관계다. 진리 값들은 논리적 공간에서 점들에 할당된다. 명제와 진리값 사이의 연관 고리는 의미다. 명제들의 체계 내에서 우리가 추론적 관계를 요구한다면, 우리는 사실상 개별 명제들이 일정한 진리값을 가질 것을 요구하는 것이다. 그것은 명제들이 일정한 의미를 가질 것을 요구하는 것이다. 명제가 일정한 의미를 갖는다면, 투영의 방법이 우리로 하여금 진리값을 결정할 수 있게 하기 때문이다. 이것이 논고의 명제들이 세계와의 투영적 관계를 포함해야 하는 이유다[《논리-철학 논고》, 3.23: 논리적 공간에서의 점들에 진리값을 부여하는 해석적 활동이 없다면, 명제들도 없다. 그러한 해석 활동이 있다면, 그 점들에 조응하는 명제들의 모든 체계도 자동적으로 있게 된다. 투영의 방법의 적용에서 우리는 명제의 체계를 자ruler와 같이 실재에 대하여 세우고, 그 구성원들의 어떤 것이 참인지를 결정한다. 《논리-철학 논고》, 3.12: 명제는 세계와의 투영적 관계에서는 명제적 기호다.《논리-철학 논고》, 3.11: 투영의 방법은 명제의 의미를 생각하는 것이다].[27]

비트겐슈타인은 근본 요구로부터 다른 요구를 끌어낸다. 단순한 기호들이 가능해야 한다는 요구Forderung는 의미가 결정적이어야 한다는 요구라는 것이다.(3.23) 이 말의 의미는 무엇인가?(《논리-철학 논고》의 핵심) 명제가 결정적 의미를 갖는다는 것은 명제가 논리적 공간에서의 점을 분명하게 결정한다는 것이다. 이를 하기 위해서는 공간은 일정한 기하학을 가져야 하고, 명제적 기호는 그 공간에 적합한 좌표를 포함해야 한다. 비트겐슈타인은 그것을 완전히 분석된 명제에서 생기는 단순 기호들로 확인한다. 단순 기호는 명제가 그리는 사태들에서의 단순 대상들에 상응한다.《논리-철학 논고》, 3.23이 말하는 것은 이렇다. 우리가 명제들이 결정적 의미를 가질 것을 요구한다면, 즉 추론을 끌어내기 위해 명제들을 사용할 수 있도록 그 진리값을 결정하는 것이 가능할 것을 요구한다면, 설명의 본성은 다음과 같은 것이 된다. 우리가 구분할 수 있는 상징의 부분들이 논리적 공간의 차원들과 일대일 연결되는 분석의 수준이 있어야 할 것을 우리가 요구한다는 것이다. 그물의 비유와 음악적 표기의 사례들에 있는 투영의 방법이 이를 분명하게 한다. 여기에 대상의 단순성과 의미가 결정되어야 한다는 요구 사이의 연관성이 있다. 그렇다면 대상들이 단순해야 한다는 요구는 존재론적 독단이거나 논고의 신비주의인가? 이 점에 대해서는 헤르츠의 존재론적 상대성과 마찬가지로 여러 가지 그물을 사용할 수 있다고 보는 비트겐슈타인의 그물의 비유에 대해 생각해야 한다.[28]

그물의 비유(잉크 반점과 이에 갖다 댄 그물의 비유)는 두 가지 종류

---

[27] 위와 같음.
[28] 위와 같음.

의 선택이 있다는 것을 보여 준다. 어떤 형태의 그물인지, 얼마만큼 그물코가 미세한지를 선택한다는 것이다. 이 두 가지는 기술하는 대상에 대한 어떤 존재론적 귀결들을 갖는다. 격자의 형태는 대상의 종류가 무엇일 것인지를 결정한다(행성 운동에 대한 헤르츠의 기술인지 뉴턴의 기술인지). 그물코의 미세함은 분석의 깊이를 결정한다. 격자는 정해진 특정한 크기나 형태를 반드시 가져야 할 필요는 없다. 그러나 어떤 일정한 크기나 형태는 가져야 한다. 단순 대상들은 그림 형식에 대한 선택과 우리의 목적에 비해 상대적으로 단순하다. 단순 대상을 결정하는 선택에서 대상들의 가장 기본적인 결합이 무엇이 될 것인지, 우리가 고려하고 있는 사실이 무엇일 것인지가 결정된다. 분석 체계의 선택은 얼마만큼 상세하게 대상을 보여 주려고 하는지에 달려 있다. 분석이 얼마나 미세하든 간에, 잉크 반점의 경계선을 따라 언제나 어떤 왜곡이 있을 것이다. 그러나 무한히 미세한 분할은 대안은 아니다. 그러한 요구는 기획 전체를 망칠 것이다. 원하는 만큼 경계적 한계에 임의적으로 가까이 접근하게 하는 어떤 수준의 분할을 발견해야 한다. 그래서 우리는 특정 수준의 분석을 선택할 때, 우리는 설명을 위해 체계가 사용할 수 있는 가장 낮은 수준의 정보, 체계가 인정하고 표현할 수 있는 가장 단순한 사실, 그래서 그 체계에 상대적인 단순한 기호와 단순한 대상을 선택한다.[29]

대상들의 상대적 단순성은 설명 체계의 형식과 내용을 구분하는 것에도 의존한다. 일정한 형태와 미세함을 갖는 그물은 보다 미세한 다른 그물에 의해서 기술될 수 있다. 그러나 자신의 그물은 자신을 기술하는 데에는 사용될 수 없다. 잉크 반점의 형태와 크기는 설명의 내용

---

29   위와 같음.

이다. 그물의 개별적 단위의 형태와 크기는 설명의 형식이기에 내용의 부분이 될 수 없다. 힘의 개념이 뉴턴 역학에서 전제되듯, 대상에 대한 개념은 설명이 전제하는 어떤 것이다. 설명의 형식과 본질적으로 엮인 대상 개념들은 설명되는 내용의 부분이 될 수 없다는 것이다. 뉴턴 설명 체계에서 힘의 개념은 행성 궤도의 성격에 대한 물음에 답하기 위해 사용된다. 그러나 힘이란 무엇인가에 답하기 위해 같은 체계를 사용할 수는 없다. 대상이 무엇인가의 질문은 부당한 질문이다. 헤르츠와 비트겐슈타인이 보기에 형식과 내용의 구분을 간과하는 것이 혼동의 근원이다.

바커Peter Barker는 〈헤르츠와 비트겐슈타인Hertz and Wittgenstein〉(1980)에서 헤르츠의 '질점material point'과 단순 대상의 연관성을 언급한다. 헤르츠는 질점을 질량에 대한 선험적 정의의 부분으로 소개한다[헤르츠는 질량을 시공간 좌표 안에 위치하는 단일한 질점으로 환원하고, 그 질량을 더 단일한 물질적 입자들의 집합으로 정의한다. 이러한 사고의 조작에서 무한소의 물질적 입자들은 논리적인 개념이며, 실제로 발견되는 입자들은 아니다. 그것들은 물질을 무한히 분할할 수 있다는 가능성을 정립한 것이다].[30] 질점은 무한수의 무한히 작은 물질적 입자로 구성되어 있다. 질점의 질량은 두 개의 질점(그중 하나는 표준적인 것으로 선택된다)에서 입자들의 수량 사이의 비율을 설명하는 수량적 양이다. 이는 물질적 입자의 질량에 대한 물음을 부당한 것(형이상학적인 것)으로 만든다. 이러한 정의는 이론의 형식적 구조의 부분으로, 특정한 목적을 성취하도록 '기획된 것'이다. 하나의 목적은, 설명되는 주제의 연속성과 불연속에 대한 선입견

30　위와 같음. / 질점material points과 물질적 입자material particles에 대한 규정은 헤르츠 자신의 저서인 《역학원리》 1권의 정의definition 란에 있다. 이에 대한 설명은 네이글Ernest Nagel, 전영삼 옮김, 《과학의 구조 The Structure of Science》1(1961) (아카넷, 2001, 273~349쪽)에 상세하다.

없이 근본적 개념들에 접근하기 위해, 이론이 일정한 양적 값을 제공하는 것이다. 바커는 이를 "기이한 형이상학적 속임수"로 부르고, 그것이 입자의 본성에 대한 성가신 질문을 회피한다고 불평한다.[31]

바커는 비트겐슈타인이 단순 대상을 들여옴으로써 헤르츠의 책략을 따른다고 비난한다. 비트겐슈타인은 명제가 결정적인 진리값을 갖기 위해서는 가장 낮은 수준의 논리적 분석이 있어야 하고, 요소 명제들이 있어야 하며, 요소 명제의 구성 요소는 단순 대상에 대응한다고 주장한다. 그러나 이 대상들의 본성은 언어의 표현력을 벗어나 있다. 대상에 대한 설명 불가능성이 헤르츠로 하여금 근본 개념들에 대한 직선적 대답을 회피하기 위한 속임수를 반복하게 한다는 것이다. 《논고》에서의 대상은 헤르츠의 질량과 같이 선험적 구조의 부분인 형식적 개념이다. 단순 대상이 있다든지 질량이 실제적인 값을 가져야 한다는 주장은 물리적 대상에 대한 사실적인 주장이 아니다. 헤르츠가 과학이 물질의 가장 작은 단위를 발견하지 못할 것이라고 주장하는 것도 아니다. 그 진술들은 독단적이고 형이상학적이지 않고 형식적이다. 그것들은 의미를 주는 구조에 상대적으로 의미가 있으며, 설명의 목적과 상대적으로만 실제적 중요성을 갖는다. 대상은 언어의 기술적 구조의 특수한 적용에 상대적으로만 단순하다. 헤르츠의 질점은 비트겐슈타인의 상대적 단순성 관념의 한 사례다. 집Hause이라는 말은 '말 X라는 명사'라는 단위 아래에서 단위는 수 하나를 갖는다. 그러나 '말 X라는 문자'라는 단위에서 단위는 수 5를 갖는다. 두 가지 단위는 나눌수 없는 단위들이다. 프레게에서도 수는 세계를 일정한 방식으로 분할하는 개념들에 해당한다. 단위들은 개념에 상대적으로 더 이상 분

---

31 위와 같음.

할할 수 없는 단순한 것이 된다(비트겐슈타인은 논리학자로서 단순 대상의 예를 드는 것을 피한다. 사례를 드는 것은 경험적 문제다). "비트겐슈타인에게 물리학은 경험을 설명하는 것이 아니라, 경험과의 전반적인 개괄적 관계를 갖는다. 인과 법칙은 헤르츠의 근본 법칙과 같이 세계에 대해 무언가를 말하는 명제가 아니라, 사실을 설명하는 그림에 속한다. 인과는 자연의 진정한 법칙이 아니라, 법칙의 형식이다. 비트겐슈타인에 의하면 근대인은 이론 물리학의 존재론적 지위를 오해한다. '세계에 대한 근대인의 이해는 이른바 자연 법칙이 자연 현상에 대한 설명이라는 가상에 기초하고 있다'(《논리-철학 논고》, 6.371, / L. Boltzmann: 'On the Methods of Theoretical Physics' in Theoretical Physics and Philosophical Problems, p. 5)는 것이다."[32] 이러한 견해는 물리학을 그 형식적 지위에 따른 하나의 기술description로 보는 것이다. 자연에 대해 설명하는 모델들 여러 가지가 있을 수 있으며, 특권적인 물리 이론은 없다. 정합적 형식을 갖고, 보다 상세하면서도 단순한 그림이 더 적합성을 갖는다. 1931년 비트겐슈타인에 의하면 "코페르니쿠스나 다윈이 실제로 성취한 것은 진정한 이론의 발견이 아니라 풍부한 관점의 발견이다."(Culture and Value, p. 18) 이는 자연과학의 성공에 대해 광범위하게 퍼진 관점들을 해체하는 것이다.[33]

비트겐슈타인은 물리학의 임의의 명제들을 역학 체계에 의해 정리할 수 있다고 생각했다. 그에게는 헤르츠의 숨어 있는 질량은 역학 체계를 정합적이게 하는 것임과 동시에 물리 이론의 지위에 대한 일반적

---

32 Peter C. Kjaergaard, 'Hertz and Wittgenstein's Philosophy of Science', *Journal for General Philosophy of Science* 33, 2002, pp. 121~149.
33 위와 같음. / 박병철, 〈비트겐슈타인과 이성〉, 《철학연구》 45권 0호, 2012, 261-286쪽. 저자도 Kjaergaard의 연구에 의거하여 헤르츠의 비판적 명료화 방법이 비트겐슈타인의 철학적 방법의 모델이 되었음을 언급한다.

이고 추상적인 해석을 논하는 것이기도 한 것이었다. 훌륭한 이론적 설명은 체계의 일반성과 형식적 독립성을 보여 주는 보이지 않는 질량과 같은 유사-대상pseudo-object을 포함한다. 형식적 체계의 일관성은 증명되는 것이 아니라 이론의 설명적(재현적) 성격을 통해 보여지는 것이다. 헤르츠는 현상적이건 형식적이건 인위적인 외적 기초를 피상적인 것으로 보았다. 정의들과 표기들의 적절한 배열에 의해 불명료성과 불확실성을 피할 수 있다. 물리 이론의 목표는 완전한 재현에 의해 이론의 논리적 명료성을 보여 주는 것이다. 어떤 증명도 형식적 체계의 일관성을 보장하지 못한다. 볼츠만과 헤르츠의 영향으로 비트겐슈타인은 이론적 메타-구성을 비판할 수 있었다. 비트겐슈타인에게 형식적 체계의 일관성에 대한 해석은 형식적 체계가 타당한지 아닌지를 논하는 것이었으며, 일관성이라는 특징은 형식적 재현 그 자체 내에서 보여질수만 있는 것이었다. 형식적 재현의 중요한 역할은 형식적 체계의 범위 내에서 용인할 수 있는 것을 보여 주는 경계를 설정하는 것이다. 헤르츠의 근본 법칙은 다음과 같은 기능을 갖는다. 그것은 "역학의 전 영역을 개관하도록 허용하면서 이 영역의 한계가 무엇인지를 보여 준다." 역학은 무기물에만 적용되며, '생명의 가장 낮은 과정'조차도 이해하지 못한다《역학원리》[34] 비트겐슈타인은 더 나아가 자연과학의 내재적 한계를 우리에게 보여 준다. 그는 사고될 수 있는 것을 통해 그 내부로부터 사고될 수 있는 것에 한계를 설정한다.《논리-철학 논고》, 4.113, 4.114)[35]

과학자는 사실들을 기술하는 설명 체계를 구성한다. 그는 논리적이고 실제적인 제약 안에서 움직인다. 체계는 선험적으로 구성된다. 그러한 형식과 실재 사이의 투영적 관계를 발전시키는 것도 과학자의 임무

---

34   Peter C. Kjaergaard, 위와 같음.
35   위와 같음.

다. 투영적 관계는 제도화된 인간 활동에 의존할 것이다(시계나 자를 읽는 것). 순수한 형식은 경험과 어떻게 연관되는가를 보여 줌으로써 해석된다. 과학적 실천에 대한 기술에서 헤르츠는 그 내부에서 이론적 설명의 한계를 긋는다. 《논리-철학 논고》에서 보이는 비트겐슈타인의 창안은 이러한 통찰을 언어의 사실적 사용 일반을 해명하기 위해 확장하는 것이었다. 헤르츠와 비트겐슈타인은 과학의 내재적 한계를 보여 줌으로써 자연주의와 물리주의라는 이름으로 통용되는 모든 과학주의가 갖는 신비화를 해체하는 데 기여했다. 이러한 생각은 쇼펜하우어가 뉴턴주의의 실재론을 해체하고자 한 전략과 공통된 것이다.

과학의 논리를 구성적인 선험적 원리로 보는 입장은 프리드먼 Michael Friedman, 1947~현재에 의해 계승 발전된다. 그는 헬름홀츠, 푸앵카레, 마흐, 그리고 논리 경험주의자들에 의해 전개된 과학 철학의 역사를 연구함으로써 "선험적 원리에 대한 칸트 생각을 어떤 역사적 맥락에 놓인 특정 과학 이론에 상대화할 필요가 있음"을 깨닫게 된다. 이것은 과학론에 역사성을 도입하는 쿤의 입장에 접근하는 것으로, '구성적인 상대화된 선험 원리', '상대화된 선험 개념'의 중요성을 강조하는 것이다. 프리드먼은 "카르납의 표현대로 한 언어틀과 그 틀을 규정하는 논리 규칙"을 받아들인다. 이런 관점에서 그는 콰인이 경험주의 전통에 따라 선험적 차원의 논리성이 갖는 분석성을 부인하고, 전체로서의 이론이 이론 외적인 경험에 의해 시험되며, 그 선험적 개념까지도 즉 "수학과 역학 영역도 똑같이 경험적으로 시험된다고 하는 심각한 오류를 저질렀다"고 비판한다.[36] 물체를 점으로 환원하여 점들의 관계적 위치들의 배열을 구성하는 헤르츠의 구성 공간(논리적 공간)은 경험적으

---

36 Michael Friedman, 박우석·이정민 옮김, 《이성의 역학 Dynamics of Reason》(2001), 서광사, 2012, 9~17, 64, 126쪽.

로 검증되는 것이 아니다. 그것은 경험을 선험적으로 규정하고 있는 형식적 구조다. 또한 프리드먼의 역사적 선험성은 절대적 확실성을 갖는 것이 아니라 역사적 상대성을 갖는 쿤의 '패러다임'에 접근한다. 쿤은 패러다임의 역사적 변화에서 나타나는 '통약불가능성', 즉 불연속성을 강조하여 실용주의적 상대주의로 기울게 된다. 그러나 프리드먼은 불연속성을 인정하고, 대신 과학적 철학에서의 합리적 논의와 숙고의 과정, 즉 '과학 공동체의 의사소통 합리성'에 의해 새로운 혁명 과학이 출현한다는 점을 상기시킨다.[37] 아인슈타인의 상대성 원리는 푸앵카레와 마흐의 철학적 사고를 통해 대안적 사고를 하는 과정에서 고전 역학의 선험적 틀을 깨고 새로운 선험성을 구성해 낼 수 있었다는 것이다. 이런 과정은 과학혁명의 단절성과 함께 그 연속성을 보여 준다. 이런 관점에서 프리드먼은 과학론은 (1) 경험과 이에 대면하는 과학적 법칙들, (2) 기하학과 역학적 기본 원리와 같은 구성적 선험 원리(패러다임), (3) 과학 철학의 반성이라는 철학적 메타 패러다임이라는 3층의 계층성을 갖는다고 보았다. 세 번째 수준의 철학은 "나아갈 방향을 잡아 주며, 한 패러다임 또는 개념틀에서 다른 것으로 넘어가도록 동기를 부여"한다.[38]

프리드먼의 역사적 선험성에 대한 논의는 과학의 역사적 변화의 연속성과 불연속성, 상대성과 합리성의 관계를 폭넓게 보게 한다. 그의 관점은 흄에서 러셀에 이르는 경험주의의 통념을 반성하는 계기가 된다. 그의 흥미로운 연구 가운데 하나는 20세기 초 독일-오스트리아에서 일어난 철학의 분열에 관한 연구다. 그것은 철학이 신칸트주의와 논리적 경험주의로 분열되고, 이것이 하이데거와 과학적 세계관으로 분

---

37 위의 책, 107쪽.
38 위의 책, 82~83쪽.

열되는 과정에 관한 것이다. 그의《갈림길: 카르납, 카시러, 그리고 하이데거 *A Parting of The Ways: Carnap, Cassirer, and Heidegger*》(2000)에 의하면 1930년 대 나치의 성장이 논리 경험주의자들을 대거 북아메리카로 이주하게 했다. 그러나 그 후 그들은 자신들의 애초의 정치적 급진성을 버리고 미국이 필요로 하는 통합과학 운동에 일조한다. 카르납의 경우는 신칸 트주의의 영향권 아래에 있었으나, 논리 경험주의를 발전시킴으로써 영미 분석 철학이 발전할 수 있는 발판을 제공했다. 논리 경험주의는 강한 과학주의적 경향을 배타적으로 주장함으로써 앵글로 색슨 철학 의 정통성을 주장하는 저열한 형태의 지적 파당성을 낳기도 했다.[39] 이 는 과학성과 비과학성을 포함하는 통일적 인간성의 소외와 분열을 철 학을 통해 드러내는 것이다. 그것은 19세기부터 본격화된 과학적 자연 주의로 되돌아감으로써, 과학적 방법을 철학의 방법으로 삼는 과학적 세계상에 논리적 분석 방법을 첨가하여 그것을 더욱 강화하는 것이었 다. 이런 의미에서 쇼펜하우어가 철학적 반성의 대상으로 과학적 지식 뿐만 아니라 실존적 경험 전체를 포괄한 것은 시사하는 점이 많다. 그 는 과학의 논리와 그 경험적 귀결은 중시하되 과학주의는 거부한다. 그는 인간의 과학적 경험만이 아니라 시와 문학의 주제이기도 한 내적 경험에 대한 철학적 이해로까지 철학적 시야를 확장시킨다. 철학은 합 리적 지성과 시적 지성의 결합을 필요로 한다. 철학은 과학의 한계를 그 내부로부터 긋고, 생의 의미의 문제로 넘어가는 의지의 요구에 따 른다. 인간은 자신의 유한성의 근저에 무한성을 갖고 있다. 이러한 인 간 조건에 관심을 갖고 과학의 지위 문제를 반성하는 철학적 방향에 칸트주의 전통에 있는 헤르츠와 비트겐슈타인의 과학론은 중요한 기

---

39 Michael Friedman, *A Parting of The Ways: Carnap, Cassirer, and Heidegger*, Open Court, 2000.

여할 수 있다.

　한대석은 비트겐슈타인의 그림 이론은 언어의 '논리-문법적 공간'
이론과 같은 것으로 전후기를 일관하는 것이며, 그것은 기호와 사물
의 근본적 동일성에 대한 이해에 기초한다는 것을 밝히고 있다. 이 내
재적 동일성을 갖는 논리-문법은 정상적 언어 활동이나 경험주의자
가 선호하는 지시 활동이 가능하기 위한 선험적 조건이다. 그 구조적
형식은 외적 실재의 본성으로부터 오는 것이 아니라. 자의성을 갖는다
는 것이다. 이 자의성은 어떤 변덕이 아니라 인간의 능동성과 자발적
지향성, 즉 기획-투사성Entwurf을 의미한다.[40] 이 언급은 헤르츠의 선
험적 구성론이 암시하는 인간의 창조적인 구성적 자유에 대해서도 적
용된다. 이영철은 비트겐슈타인이 전기에서는 요소 명제들의 진리함
수적 논리를 언어의 보편적 문법으로 숭고화하는 경향이 있었다는 점
을 비트겐슈타인 스스로의 비판을 통해 지적한다. 그러나 후기에서는
일상의 다양한 논리적 규칙을 내포한 언어 놀이들이 갖는 가족 유사
성에 주목하여, 논리 문법들의 자율성의 측면을 더 부각시킬 수 있었
다고 한다. 논리는 전후기를 막론하고 외부 세계의 속성에 의존하지 않
는 자율성을 갖는다. 또한 비트겐슈타인은 후기로 가면서 모든 논리들
이 갖는 엄격성과 필연성은 생활 속에서 강제되는 습관에 의해 주어진
것으로 보며, 다른 규칙을 갖는 논리의 가능성 배제하지 않는다는 것
이다.[41] 논리의 자율성에 관한 이영철의 이러한 논의는 만일 헤르츠의

40　한대석, 〈말-사물 동일성 그리고 논리-문법 공간 존재론〉,《哲學》116집, 2013. 8, 101~148쪽. 저
　　자는 기획-투사 활동 개념을 〈참이건 거짓이건 세계의 그림을 기획 투사한다(ein Bild der Welt
　　wahr oder falsch zu entwerfen,Wittgenstein 1922: 2,0212)라는 문장에서 가져온다. 이 개념은 헤르츠
　　의 선험적 구성론의 투영Projection과도 상통하며, 구성 공간 안에서 사물을 점들의 체계로 구성한
　　다는 능동성을 적절히 표현할 수 있는 것으로 보인다.
41　이영철, 〈문법으로서의 논리-비트겐슈타인의 논리관-〉,《논리연구》11권 2호, 2008, 59~94쪽.
　　저자는 비트겐슈타인의 논리관이 (절대적 관념론을 제외하면) 헤겔(G. W. F. Hegel)과 유사하다는 하
　　오 왕Hao Wang, 'What is Logic', 1993의 언급으로 글을 마무리한다. 이 지적은 헤겔이 이성적인 것

선험적 구성론까지 다루었다면 더 호소력이 있었을 것이다. 쇼펜하우어가 그렇게 했듯, 과학적 이론의 구조가 갖는 선험적 관념성과 구성의 자발성을 알게 된 철학은 어떤 토대주의도 거부함으로써 과학을 우상화하는 길에서 벗어난다. 철학은 과학의 본성을 이해하고, 그것이 인간 삶의 한 방식에 불과하다는 것을 깨닫는다. 이런 의미에서 선험적 구성론은 과학에 대한 과학의 불가능성을 자각하고, 과학과는 다른 이상적 가치들을 가리킨다. 철학은 미학적이고 윤리적인 의미 세계로 이행한다.

이 현실적인 것이 된다고 본 것, 그리고 확실성에 대한 소박한 신념을 비판하고, 창조적 부정의 운동을 통해 새로운 형식들을 창조해 가는 정신의 자기 경험의 학을 철학으로 본 것에 비추어 보면 흥미로운 암시다.

5. 미학적 경험과 형이상학

쇼펜하우어는 19세기에 인식의 전 영역을 독점하기 시작한 과학과는 또 다른 인식의 영역이 있다고 본다. 예술이 바로 그것이다. 예술은 상식과 과학을 넘어 세계의 본성을 이해하는 사명을 갖는다. 예술은 세계를 이해하는 한 방식이다. 이를 통해 예술도 생의 본성과 이상을 통찰한다. 철학 역시 세계의 본성과 이상을 이해하려는 학문이다. 다만 예술은 지각의 언어로 말하며, 고유한 특수자에 의지해서 대상의 이념을 정관하지만, 철학은 지각으로부터 시작해 개념에 도달하여 추상적이고 일반적으로 세계와 생의 이상을 논한다. 예술과 철학은 하나의 세계를 서로 다른 방식으로 표현한다. 예술도 개별자에 실현되어 있는 이념적 대상에 대한 무아적 몰입과 직관의 경계境界를 형성한다. 매기Bryan Magee 같은 연구자들은 쇼펜하우어 미학이 갖는 그러한 인식적 측면에 주목한다. 매기는 쇼펜하우어 미학이 예술을 정서의 표현으로 보는 낭만주의와 대비된다고 보고, 예술적 천재성은 "세계를 밝히는 태양"이라는 쇼펜하우어의 주장을 강조한다.[1] 예술은 단순한 소비

---

1   Bryan Magee, *The Philosophy of Schopenhauer*, Clarendon Press, 1983, pp. 164~167.

재가 아니다.

　낭만주의는 미적 경험을 감정과 영감의 영역으로 간주함으로써 예술이 인식의 영역에서 물러나게끔 만들었다. 플라톤에서 볼 수 있듯 고대에는 지식과 미적 세계가 진정한 인식 대상을 공유하고 있었다. 인식과 미적인 것의 현대적 분화는 인간성의 분열을 의미한다. 낭만주의는 역설적이게도 과학에 인식의 영역을 내줌으로써 예술의 고립을 자초했다. 이에 비해 쇼펜하우어는 낭만주의로부터 고전주의로 넘어가 미적 경험이 갖는 인식의 측면을 강조한다. 미적 경험은 충족이유율에 지배되는 과학과는 다른 차원의 지식을 갖는다는 것이다. 미적 경험은 충족이유율에 근거하지 않는 표상에 대한 경험이다. 일상의 경험이 욕망과 근심 및 시간성에 사로잡혀 있는 것처럼 충족이유율에 의거한 과학적 경험도 그러한 차원을 벗어나지 못한다.

　쇼펜하우어는 과학의 논리적 조건에 대해 주관적 측면에서 접근한 칸트가 같은 방법으로 미적 관점이 갖는 주관적 태도의 중요성을 제기했다고 본다. 그는 이해관계로부터 벗어난 정관의 태도가 미적 경험의 조건이라는 칸트의 주장을 수용한다. 그러나 쇼펜하우어는 〈칸트철학 비판〉에서 칸트와 같이 예술에 대한 감각이 없는 사람이 어떻게 예술론으로 알려진 《판단력비판》을 쓸 수 있었는지 의아해 한다. 그에 의하면 칸트는 "시대적 인물인 괴테를 알지 못했으며", "위대한 예술 작품을 볼 기회도 갖지 못했다." 그럼에도 불구하고 "예술과 미에 대한 철학적 고찰에서 커다랗고 영원한 기여를 한 것이 놀랍다"는 것이다. 칸트는 기존의 미학이 경험의 관점에서 미적 대상의 일반적 특징들을 식별해 왔다고 비판했다. 쇼펜하우어가 보기에 칸트의 공헌은 예술적 지각에서 "대상을 아름답다고 부르게 하는 자극 그 자체die Anregung selbst에 대해 그 구성 요소와 조건을 가능한 한 우리의 본성 안에서 발견하기 위해 진지하고 심오하게 탐구한 데에 있다." 이러한 탐구는 "전적으로 주관적 방향을 취한다." 그러나 이러한 장점에도 불구하고, 칸트가 미적 경험을 판단력의 문제로 본 것은 그 고유성을 해치는 것이었다. 그의 방법은 그의 전 철학에 고유한 것이다. 그것은 지각이라는 특수한 경험을 탐구하기 위해 추상적 인식으로부터 출발하는 방법이다. 추상적 인식은 빛을 모아 영상을 보는 "어둠 상자camera obscura와 같이 지각을 모아 개관하는" 기능을 한다. 《순수이성비판》에서 판단의 형식들이 지각 세계에 관한 정보를 주듯, 칸트는 미 그 자체, 지각의 아름다운 대상으로부터 시작하는 것이 아니라 미에 관한 판단에서 출발한다. 그는 미 그 자체로부터가 아니라, 언제나 타인의 진술로부터만, 미에 관한 판단으로부터 출발한다." 미학적 문제가 칸트에게는 판단력의 문제로 되어 있다. 미학이 객관적 진술의 문제인 한, "그는 그것을 직접적으로가 아니라 전적으로 소문으로부터 알게 되는 것과 같다."[2] 미학적 문제에 대한 그의 해결 방법은 대상의 본성에서 멀어졌다는 의미에서 적절치 못하다는 것이다.

그러나 미적 경험은 의지가 없고, 시간이 없으며, 이해관계가 없는 그래서 잠시의 순수하고 고요한 정관의 상태를 경험한다. 이러한 경험을 가능하게 하는 대상은 시간을 벗어난 것으로 표상되는 이념적 대상, 즉 플라톤의 이데아들이다. 이념들은 물질을 통해 구현되는 중력을 비롯한 여러 자연력들, 나아가 의지의 단계적 객관화에 의해 전개되는 무기물, 유기물, 식물, 동물, 인간으로 상승하면서 의지가 더 분명하고 완전하게 드러나는 자연 종species naturales들을 의미한다. 그것은 보편적

---

2 Arthur Schopenhauer, *Anhang, Kritik der Kantischen Philosophie*, Die Welt als Wille und Vorstellung Ⅰ, S. W, Band Ⅰ, Suhrkamp, 1986, s. 708~710.

796 의지와 소통으로서의 세계

개념genera logica이 아니다.[3] 그것은 해당 종의 근원적 생명원리다. 이러한 이념들을 전통적으로 실체적 형상forma substantialis이라 불렀는데, 쇼펜하우어는 이 형상으로 의지가 자신을 실현하는 각 단계들의 본질을 의미했다. 이러한 단계들을 다루는 학문을 그는 '자연 철학'으로 이해했다. 이 자연 철학은 각 단계들의 고유성을 긍정하기 때문에 식물을 물리화학적 관계로만 설명하는 기계론을 비판한다. 형상으로서의 이념들은 이를 구현하고 있는 개체들이 보이는 고유한 관계들의 한계를 구별해 주는 원리가 된다. 식물의 생명과 동물의 생명은 의지의 서로 다른 단계들이다. 이 이념들에 대한 인식은 물리학과 같은 원인학으로는 해명되지 않는다. 이념들은 현상의 형식들인 시간, 공간, 인과 및 형식 논리에 의존하지 않는다. 이념들은 미적 경험의 대상이며, 따라서 미적 경험에서 비로소 형이상학적 차원에 진입한다. 이념들은 의지의 직접적 발현 혹은 객관화다. 이런 의미에서 쇼펜하우어는《의지와 표상으로서의 세계》3부(예술철학 부분)의 도입부에서 이념(이데아)으로서의 존재와 비존재로서의 생성을 나누고 양자의 결합에서 현상계를 도출하는《티마이오스Timaeus》(27D)의 다음과 같은 말을 제사로 인용한다. "영원히 존재하면서도 생성을 갖고 있지 않은 것은 무엇인가? 그리고 생성하고 소멸하면서도 결코 정말로 존재하지 않는 것은 무엇일까."[4]

충족이유율은 인식을 가능하게 하는 주관의 형식이다. 이때의 주관은 객관과 대립하는 개체로서의 주관이다. 세계는 나의 세계다. 그러나 이념Idee은 주관의 인식 영역 밖에 존재한다. 이념을 인식의 객관으

---

3   Arthur Schopenhauer, *Die Welt als Wille und Vorstellung* II, S W, Band II, Suhrkamp, 1986, s. 471.
4   Arthur Schopenhauer, *Die Welt als Wille und Vorstellung* I, S W, Band I, Suhrkamp, 1986, s. 243.

로 하려면 주관이 이해관계나 과학적 인식의 조건에 매여 있는 개체성을 중지해야 한다. 이 점에서 쇼펜하우어는 미적 인식을 과학적 인식보다 상위에 놓는다. 그것은 이념의 영원성을 인식한다. 세계 그 자체인 물자체로서의 의지는 현상들로 객관화되기에 앞서 이념들로 객관화 된다. 지식론을 다루는 장에서 언급했듯, 쇼펜하우어에 의하면 칸트는 인식의 형식들에 의해 구성된 현상으로부터 그 가능 근거로서 물자체를 현상의 원인으로 추론한다. 이는 근거지어진 것에서 근거를 추론한 것이다. 이것은 물자체에 인과의 형식을 적용한 칸트의 역설적 학설이며, 걸림돌과 같은 약점이다.[5] 그러나 쇼펜하우어가 보기에 주관과 그 객관인 표상으로서의 세계가 의지의 발현이라는 것이다. 물자체는 바로 이 의지다. 이념들은 의지의 직접적 객관성이다.

칸트의 물자체와 플라톤의 이념은 양자가 모두 현상과 전혀 다른 종류의 것이다. 그것들은 '진정으로 존재하는 것ontōs on'이다. "한쪽은 다른 쪽의 가장 좋은 주석"이다. "두 입장은 하나의 목적지로 통하는 두 개의 다른 길"이다. 여기서 쇼펜하우어는 자신의 두 영웅을 하나로 합친다. 두 철학은 욕망과 지식의 세계 밖에서 의미를 추구하는 길을 보여 준다는 것이다. 이 길에 자신의 또 하나의 영웅인 인도 철학과 붓다가 겹쳐지면 하나의 완성된 초월적 길이 열린다. 칸트에게 시간, 공간, 인과성은 물자체의 규정이 아니라 다수성의 차원인 현상에 속한다. 우리의 자아도 그 실상은 인식할 수 없고 현상으로서만 인식가능하다. 플라톤에게도 감각이 지각하는 세계는 참된 존재를 갖지 않는다. 그 것들은 상호관계에서만 존재하는 상대적 존재를 갖는다. 두 학설의 내적 의미는 '참된 존재에는 다수성이 없다'는 것이다. "현상은 그 자체로

---

5   위의 책, s. 246.

는 공허한 것이며, 세계 속에 자신을 표현하는 것(이념)을 통해 의미를 갖는 차용한 실재성을 갖는다. 다만 플라톤은 현상의 형식들이 이념에 관계할 수 없다는 것을 간접적으로 시인"했을 뿐이다. "진실로 존재하는 것은 그 무엇에 의존하지 않고 그 자체로서 독립하여an und fürsich: καθ' ἑαυτο αει ὡς αυτως 존재하는 것"이다. "개체는 천 년 전의 것이든 여기에 있는 것이든, 어떤 방식이든, 어떤 모양이든 좋은 것"이다. 칸트에게는 개체는 시간, 공간, 인과성, 안에 있는 현상이다. 그 형식은 경험 가능성의 선험적 조건이다. 물자체를 인식하기 위해서는 감각과 오성에 의한 인식 방법 이외의 방법이 필요하다. "시간, 공간, 인과성은 지성의 조직 Einrichtung이며, 이 조직이 있어서 하나의 본질이 같은 종류의 다수성으로 나타난다." "이 조직에 따라 사물을 파악하는 것이 내재적 파악 Auffassung"이다. "이에 관한 사정을 의식하는 파악이 선험적transzendental 파악"이다. 내재적 파악이 갖는 선험적 한계를 자각하고 이를 초월하여 플라톤적 이념들과 물자체로서의 의지에 대한 경험으로 나아가야 한다는 점에서, "두 학설의 순수한 의미와 지향점은 완전히 일치"한다. 쇼펜하우어는 이 방향이 진정한 소수 철학자의 길이라고 간주하여, 당대의 다수의 다른 철학과 변별한다. "나르텍스의 지팡이(디오니소스와 무속인들의 지팡이)를 들고 다니는 사람은 많지만, 참된 바커스는 적다." (*Phaidon*, 69C)[6]

그러나 이념과 물자체는 동일한 것이 아니다. 이념은 물자체의 직접적인 객관성이다. 칸트의 과오는 인식의 형식들 가운데 주관에 대한 객관으로서의 존재das Objekt-für-ein-Subjekt-Sein를 말하지 않은 것이다. 주객 분리는 현상의 가장 보편적인 형식이다. 하지만 물자체에는 그러한 형

---

6   위의 책, s. 247~251.

식이 없으므로 객관이 없다. 그러나 플라톤의 이념은 객관 즉 표상이다. 이념은 현상의 여러 종속적인 형식을 탈피했지만 주관에 대한 객관으로서의 존재하는 형식은 갖고 있다. 현상에 종속적인 형식들은 이념을 다수성으로 변하게 하여 덧없는 개체로 만든다. 물자체와 현상사이에 의지의 직접적 객관성으로서의 이념들이 존재한다. 이념들은 표상이라는 형식 아래 있는 것만을 제외하면 이념 그대로 물자체라 할 수 있다. 이 점이 바로 플라톤과 칸트가 서로 표현은 다름에도 불구하고 일치하는 점이다. 이념들은 물질이라는 하위의 단계에서 인간에 이르기까지 상승하는 노력의 과정을 실현한다. 쇼펜하우어에 의하면 개체적인 이해관계를 버린다면, "불가능한 전제로부터 추론하는 것이 허용된다면 이념만을, 즉 물자체의 객관화의 사다리만을 순수하고 맑은 인식으로 파악할 것이다. 세계는 영속하는 현재Nunc stans가 될 것이다." "시간은 이념에 대하여 개체적 존재가 갖는 부분적이고 단편적인 견해다. 시간은 영원의 움직이는 그림자(*Timaeus*, 37D)"일 뿐이다.[7] 쇼펜하우어는 궁극적으로는 '무'에 의거한 초월을 제시하지만, 미적 경험의 단계에서는 영원한 이념들의 질서가 갖는 초월적 독자성을 언급한다.

이 점이 그의 체계의 일관성을 의심하게 하는 부분이다. 쇼펜하우어가 미적 경험을 과학과 변별하여 독자적 인식의 영역으로 다룬 것은 경험의 여러 유형들을 인정하는 포용력을 보여 준다. 그러나 미적 경험을 해명하는 데 아리스토텔레스와 스콜라 철학의 핵심 관념을 재활용하는 것은 전통 사상에 대한 그의 비판의 의미를 약화시킨다. 또한 표상과 의지 사이에 제3의 존재인 이념들을 끼워 넣어 자신의 체계를 더 복잡하게 만든다. 영원한 것에 두 가지가 있게 되었다. 의지 이외에도

---

7   위의 책, s. 253~254.

그 실현된 형태인 이념들도 영원한 것이 된다.

　이념을 인식하는 주관은 이미 개체가 아니다. 동물에서 진화한 인간 개체들의 감성, 신경, 뇌수는 이 단계에 적합한 정도Grade에서 의지가 발현된 것이다. 여기서 생기는 표상들은 개체적 생존 의지에 도움이 되는 유용성을 갖는다. 그것은 의지의 목적을 달성하기 위한 수단들이다. "공간, 시간, 인과성에 의해서만 객관은 개체에게 관심 있는interessant 것"이 된다. 이때의 인식은 여러 객관에 대해 개별적 사물들의 관계 이외에는 인식하는 것이 없다. "관계들을 폐기하면 객관도 소멸한다." 원인학이든 형태학이든 모든 과학은 자신의 영역에 고유한 관계들을 인식하는 것이다. 또한 고전 물리학의 세계상은 뉴턴에게서 보이는 바와 같이 수량화되고 체계화되어 일상의 인식과는 차이가 벌어지게 되었다. 과학은 그 형식과 체계적인 점에서 일상의 인식과 차이가 나게 되었다. 그것은 "여러 개념의 종속 관계를 정하는 것에 따라 개별적인 모든 것을 보편적인 것에 총괄하여 인식을 쉽게 하고 인식의 완전성에 도달하는 것이다." 이러한 인식도 관계에 대한 인식인 한 "의지에 봉사하기 위해 나타난 것"이다. 그것은 "머리가 몸통에서 나와 있는 것처럼 의지에서 나와 있는 것"이다. 인식은 의지에 봉사하는 것이지만, 인간은 의지를 상징하는 몸통에서 분리되어 있는 머리가 암시하듯 의지의 지배에서 벗어날 수 있는 자유를 갖는다. 쇼펜하우어에 의하면 하등 동물은 머리와 몸통이 구별 없이 붙어 있고, 그 머리는 대지를 향한다. 인간의 머리는 몸체 위에 자유롭게 있는 것처럼 보인다. 머리는 몸체에 봉사하지 않는다[벨베데레Belvedere의 아폴로 상에서는 멀리 주위를 둘러보고 있는 신의 머리는 몸체의 무게로부터 벗어나 구속받지 않는 것처럼 보인다].[8]

8　위의 책, s. 254~256.

지성의 인식은 동물보다는 시공간적 범위에서 광범위하며 반성을 통한 선택지가 다양하다. 이 점에서 지성의 출현은 동물에 비해 자유가 확대된 것이다. 그러나 지성의 인식도 관계들에 대한 인식에 한정되며, 자유도 그에 국한된다. 미적 인식의 차원에서는 새로운 자유가 출현한다. "이념의 인식으로서의 이행은 갑자기 일어난다." "주관은 개체가 없는 순수한 인식 주관으로 되며, 객관을 다른 객관과의 연관을 떠나 관조하고 이에 몰입한다." 이념적 대상에 대한 관조는 상호 관계만을 추구하는 "습관적인 고찰 방법을 단념하고, 본질인 무엇Was만을 고찰"한다. 그것은 "추상적 사유, 이성의 개념들, 의식에 사로잡히지 않고, 하나의 풍경, 한 그루의 나무, 한 개의 암석을 관조한다. 관조는 지각을 통해 "대상 속에 자신을 잠기게 한다verlieren." "대상을 지각하는 사람은 없는 것처럼 보이기 때문에 "직관하는 사람과 직관은 하나"가 된다. 여기서 인식되는 것인 이념은 영원한 형상이기에 "주관은 시간이 없는 인식 주관"이며, "순수하고 의지가 없는, 고통이 없는 주관"이다. 미적 정관에서 정신은 영원해진다. 쇼펜하우어는 스피노자B. Spinoza의 말을 인용하여 "정신이 사물을 영원의 관점 아래서 생각하는 한 정신은 영원하다"(*Ethica*. 5, p.31, Schol)고 한다. 미적 정관도 스피노자의 제3종의 인식이 갖는 성질을 갖는다. 인식하는 개체가 순수 인식 주관으로 높여지고 객관이 이념으로 높여지면, 그 이념인 표상으로서의 세계가 완전히 순수하게 나타난다.[9]

미적 관조에서는 관계를 인식하는 형식들은 사라진다. 다만 "객관과 주관의 관계만이 이념의 유일한 형식"이다. 여기서의 주관은 "직관된 대상에 침투함으로써 대상 그 자체로 되어, 의식 전체가 그 명백한

---

9   위의 책, s. 257~258.

cosubstantial이다. 그들은 하나이지 둘이 아니다."[11] '아름다운 개체성'은 '개체적이며 경이로운 이데아'다. 이러한 미적 경험이 퇴락하면 지적 논의 대상인 이데아가 들어서게 된다.

쇼펜하우어에 의하면 개체성에 구현된 이념에 대한 무아적인 미적 인식이 충족이유율에 의해 약화될 수 있다. 그러나 약화된 지적 영역에서도 이념이 인식될 수 있다. "이념이 이유율의 형태를 취하해 분산되어auseinandergezogen 다양한 현상으로 전개하는 것은 비본질적인 것이어서, 개체의 인식 방식에나 존재하는 것으로 이 개체에 대해서만 실재성을 갖는다. 인류의 역사는 사건들의 군집, 시대의 변화, 각 시대의 인간 생활의 여러 가지 모습 등을 나타낸다. 이 각종 변화들은 이념이 현상의 우연한 형식을 취한 것이다." "세계의 사건은 인간의 이념이 해독될 수 있는 문자이며, 그 자체로서는 아무런 의미도 갖지 못한다." 동기적 인과에 의해 전개되는 역사적 사건들은 인간의 삶의 의지라는 이념이 다양하게 드러난 현상이다. 현상과 이념을 구별할 수 있는 사람은 "시간이 새로운 것을 만들어 내며, 계획과 발전을 갖고, 최근 30년간 인류의 최고 완성에 이르러 궁극 목적을 달성했다고 보는" 헤겔의 역사철학과 같은 믿음을 갖지 않는다.[12] 신들에게 시대 사건들의 관리를 위임하지도 않을 것이고, 구름의 모습들을 구름의 본질로 간주하지 않을 것이다.

이런 의미에서 쇼펜하우어는 다음과 같이 말한다. "세계사를 변화시켜 최고의 문화와 계몽을 가져올 수도 있었던 여러 대사건이 그 발생 단계에서 맹목적이고 우발적인 사건이나 보잘 것 없는 우연 때문

11　John Alexander Stewart, 양태범 옮김, 《미적 경험과 플라톤의 이데아론》, 누멘, 2011, 182, 188, 190쪽.

12　Arthur Schopenhauer, *Die Welt als Wille und Vorstellung* I, S W, Band I, Suhrkamp, 1986, s. 262.

에 방해되는 경우를 대지의 영靈, Erdgeist이 그림으로 보여 준다면, 가능성의 나라를 생각하는 사람은 비탄에 잠길 것이다." 그러나 미소를 띠면서 대지의 영은 말한다. "여러 개인과 그 힘이 흘러나오는 샘물은 시간 공간과 같이 무궁무진할 것이다. (……) 근원의 무한한 샘물은 유한한 척도로는 다 퍼낼 수 없다. 따라서 발생하려다 억눌린 사건도 재생의 여지가 있으며, 그 원천의 무한성은 조금도 감소되지 않는다. 현상계에서는 참된 득실도 없다. 존재하는 것은 의지뿐이다. 유일한 사건 그 자체는 의지의 자기인식과 이에 근거해서 판단되는 긍정 또는 부정이다."[13] 대지의 영은 《파우스트》에서 정신이 방황하는 가운데 도달하는 하나의 단계로서 자연 내재적 생명을 의미한다. 쇼펜하우어는 이를 물자체인 의지에 해당하는 것으로 활용한다. 무한한 창조적 에너지의 원천인 의지의 관점에서는 현상계의 상대적 이해득실은 집착할 것이 아니다. 생의 미학적 의미는 괴테와 같이 의지를 긍정하는 생명 철학적 초인에 있거나, 의지를 부정하는 성자적 초인에 있다.

| 홍루몽 미학과 쇼펜하우어

영원과 시간을 분리하고, 모든 역사적 사건을 부자유한 속박의 세계로 단순화하는 쇼펜하우어의 역사관은 종교적 성자들의 감각과 일치한다. 이러한 관점에는 역사가 질적인 차이를 갖는 여러 상승적 단계를 거쳐 완성되어 간다는 근대 부르주아적 진보 사관은 존재하지 않는다. 쇼펜하우어의 역사관에서 역사는 하나의 이념으로서 의지가 단지 살려는 의지만을 가진 인간의 활동을 통해 시간상에서 다양하게 전개된 것이다. 그러한 관점은 중국의 《홍루몽紅樓夢》과 같은 예술 작품에

13　위와 같음.

서도 엿볼 수 있다. 중국의 쇼펜하우어주의자 왕국유王國維, 1877~1927는 쇼펜하우어 미학의 입장에서《홍루몽 평론紅樓夢評論》을 썼다. 조설근曹雪芹, 1715~1763의《홍루몽》은 명교名教로 합리화된 권력 세계의 흥성과 필연적 몰락 속에서 피어난 가보옥賈寶玉의 도전적 반항과 사라짐을 통해 역사적 삶의 허망함을 보여 준다. 그것은 영원의 관점에서 시간적 삶의 무상함과 고뇌를 초극하여 평온한 고요를 찾는 길을 보여 준다. 남성이면서도 남성이 아닌 주인공 '가보옥'은 흘러넘치는 사랑[意陰]의 비극을 통해 새로운 시대의 진취적 모럴과 역사적 삶의 무의미를 암시한다. 그는 이 정情의 비극을 통해 만유의 공空에 도달한다. 이것은 현실로부터 '무'에 도달하는 길[由有達無]이다. 그는 마침내 출가를 결행하여 강가에서 권위주의의 상징인 아버지와 이별하고 눈 덮인 평원으로 사라진다. 그의 출가는 비록 역사적 현실을 떠나는 것처럼 보이지만, 본원계[太虛]에 바탕한 새로운 주체들의 탄생과 순수한 정情에 따르는 새로운 인류을 암시[由無達有, 무로부터 현실로 나아감]한다. 가보옥이 동경하는 형이상학적 세계상에서 우주는 광대한 공허에서 생기하는 생명의지가 현발現發했다가 본원으로 복귀하는 영원한 과정[太虛幻境]이다. 우주와 합치하는 의미 세계[意境]는 부후腐朽한 권력 세계에 대한 경험과 비극적 사랑의 종말에 대한 상심의 고통을 통과하여 만나게 되는 세계다. 현실이 가보옥의 사랑의 꿈과는 거리가 먼 것이며, 오히려 복잡한 관계적 현실이 그 꿈을 짓밟는다. 그의 출가는 인과 그물로 구성된 세계 안에서는 진정한 의미가 발견되지 않는다는 것을 보여 준다.

명대의 이지李贄, 1527~1602 역시 서로 속박하여 고통을 주는 현실과 자신이 추구하는 '타인도 없고 자기도 없는 학無人無己之學'을 대립시킨다. 그리고 이 대립조차도 고통만을 준다는 것을 절실하게 깨닫는다. 그의 출가와 자결은 현실 속에서 의미 세계를 실현하는 것은 때에 따라서는 지난한 갈등을 필요로 한다는 것을 보여 준다. 많은 연구가들은 명대 심학의 특징을 개성의 자각이라 말하는데 이지 역시 진정한 개인성이란 공空과 만유의 생의生意를 체득함을 통해 우주와의 합일에 도달하는 것이며, 이 입장에서 탈억압적이고 개방적인 평등성이 실현 가능함을 전망했다. 가보옥이나 이지가 동심童心으로 우주의 영원한 본원과 생성의 세계를 바라보고자 한 것은 너무나도 많은 명분과 선악 및 공리功利에 대한 정서적 체험으로부터 나온 열망일 것이다. 개인은 원자적 독립체가 아니라 사회적이고 구체적인 개인이다. 다양한 사회적 관계를 집약한 개인들이 자신의 피부 안에 은밀한 권력욕을 키우는 갑각류의 욕망으로 기울거나, 응고된 욕망을 피부를 넘어 폭발시키고자 하는 개방적인 발산적 욕망으로 나아간다. 자유의 길은 후자의 탈귀속적 욕망의 계시에 따른다. 미적 세계는 관계를 이탈하는 이러한 탈귀속적 정신과 공리적 세계와의 분리를 전제하고 이루어진다.

왕국유는《홍루몽》에 대한 비평에서 탈속적 미적 경험의 세계를 쇼펜하우어의 어법으로 묘사한다. "오호라 우주는 하나의 살려는 욕망일 뿐이구나! 이 살려는 욕망의 죄과는 생활의 고통이 벌한다. 이것이 우주의 영원한 정의다. 스스로 죄를 범하고, 스스로 벌을 가하며, 스스로 참회하고, 스스로 해탈한다. 미학의 임무는 인생의 고통과 그 해탈의 길을 묘사하는 것이다. 우리들 삶에 의지하는 무리로 하여금 이 질곡의 세계 가운데에서 이 살려는 욕망의 투쟁을 떠나 잠시의 평화를 얻게 하는 것, 이것이 일체 미학의 목적이다. 유럽의 근세 문학에서 괴테의 파우스트를 제일로 추대하는 것은 파우스트 박사의 고통과 그 해탈의 길이 가장 정절精切하기 때문이다. 홍루몽이 가보옥賈寶玉을 그린 것이 어찌 이와 다를 수 있겠는가? 그는 속박에 깊이 빠진 한가운데서도 이미 해탈의 종자를 품고 있었다. 그러므로 〈기생초奇生草〉라는 곡曲을 들었을 때 의지할 세계가 있음을 깨닫고,《장자》〈거협편胠篋篇〉을 읽으면서 헤진 사향 주머니를 태워 버릴 생각을 하게 된다. 그러나 그렇게 할 수 없었던 것은 연인 임대옥林黛玉이 있었기 때문이다. 대옥이 죽자 그의 의지는 점차 단호해진다."[14]

왕국유는 쇼펜하우어의 견해에 따라 우연히 사악한 힘과 만나는 불행보다는 일상생활에서 그 사람이 속한 위치와 관계들에서 불가피하게 만나는 비극을 최고의 비극이라 본다. 이런 의미에서 왕국유는 홍루몽을 '비극 중의 비극'으로 본다. 인생은 전반적으로 욕망들의 음모와 투쟁으로 점철되어 있다. 그리고 진정한 생의 의미는 그 현실 속에서 온갖 고통을 겪고 솟아나는 것이다. 쇼펜하우어는 이것을 진흙탕에서 피어나는 연꽃에 비유하여 '생존의 꽃'이라 했다. 왕국유는 이러한 비극의 구조과 예술적 구원의 논리를 동일한 것으로 본다. 그것은 들어감과 나옴入內出外의 논리다. "시인은 우주 인생에 대해 그 내부에 들어가야 하고 또 그 밖으로 나와야 한다. 그 내부에 들어감으로써 그것을 묘사할 수 있고, 그 밖으로 나옴으로써 그것을 볼 수 있다. 그 내부에 들어감으로 생기生氣가 있으며, 그 밖으로 나옴으로 고아한 운치高致가 있다. 미성(북송의 주방언周邦彦, 자는 美成, 1056~1121, 염정艶情과 寫景詠物을 위주로 함)은 들어갈 수 있었으나 나올 수 없었다. 백석(남송의 강기姜夔 호는 白石道人, 1154~1221, 인생을 고민하면서도 범속을 초탈하고 표연히 무리를 벗어나는 초탈성을 보여 줌) 이래로 이 두 가지 일에 대해서는 모두가 꿈에서도 알 수가 없었다."[15] 진정한 미학은 외물을 중시하여 대상과 함께 우수憂愁를 같이 하고, 초월을 추구하여 범속과 무리

14 　王國維,〈紅樓夢評論〉,《王國維文學論著三種》, 商務印書館, 2001, 11쪽.

15 　王國維,〈人生詞話〉,《王國維文學論著三種》, 商務印書館, 2001, 43쪽.

로부터 벗어난다. 왕국유의 쇼펜하우어적인 입내출외의 논리는 그의 보수적 정치 사상과 필연적 연관은 없지만 공존할 수 있었다. 삶의 의미를 역사에서 찾는 역사주의를 거부하고, 그것을 영원의 관점에서 세계를 보는 것으로 찾는 태도는 역사적 새로움의 생기生起를 무시한다. 역사가 삶의 의미를 장악한다는 관점을 거부한다 해서 반드시 역사적 새로움을 무시해야 한다는 태도가 나올 수 있는 것은 아니다. 쇼펜하우어와 왕국유는 역사적 사건에서 나타나는 새로운 차이성의 출현을 지나치게 경시한다. 왕국유의 《홍루몽》 평론이 가보옥이 겪는 봉건 사회의 모순과 그에게서 보이는 탈억압적 사상(권위주의적 명교名敎에 대한 거부와 여성 해방)을 무시했다는 비판을 받는 이유는 거기에 있다.

쇼펜하우어에 의하면 예술은 자신의 고유한 고찰 방식을 갖는다. 예술의 고찰 방식은 역사적 시간의 수평적 흐름을 따라가는 것이라기보다는 이 선을 임의의 점에서 절단하는 수직적 개입이다. 그것은 천재의 작업으로, 순수 관조에 의해 영원한 이념을 재현한다. 예술은 "소재에 따라 조형 미술이나 음악이 된다." 네 가지 이유율에 의거하는 과학은 "궁극적인 목표에 도달하지 못하고, 완전한 만족을 얻지도 못한다." 예술은 "세계 추세의 물결 속에서 관조의 대상을 끄집어내 고립시킨다. 개별적인 것이 작은 부분일지라도 전체의 대표가 된다." 예술은 개별적인 것의 곁에 머물면서도 그 이념을 본다. "시간의 수레바퀴는 정지되고, 관계들은 소멸한다. 천재성은 관계의 능력이 아니라 '관조의 능력'이다. 천재성은 "자기 자신과 그 관계들의 완전한 망각을 필요"로 한다. 그것은 완전한 객관성인 '세계의 눈' 그 자체가 되는 능력이다. "흔들리는 현상으로서 떠돌아다니는 것을 영속하는 사상Gedanke 으로 고정시켜라."(Faust, 1, 348) "천재에게는 현재에서의 안일성이 허용되어 있지 않다." 그는 "시계視界를 개인적 경험의 현실성보다 넓힌다. 그는 현실적 객관이 이념의 불완전한 예에 불과하기 때문에 상상력을 필요로 하며, 형상形相들 간의 상호 투쟁 때문에 자연이 실현시키지 못한 것을 보기 위해 상상을 필요로 한다. 환상Phantasie은 이념을 인식하는 수단이 될 수 있다." 이 때문에 관계들만 인식하는 평범한 소설을 만드는 공상은 제외된다. 천재의 인식 능력은 '세계를 비추는 태양'이다. 천재의 표정에는 의욕과는 관계없는 순수 인식이 나타나 있다.[16]

이에 따라 쇼펜하우어는 인간의 삶의 방식을 평범성, 천재성, 광인성 세 부류로 나눈다.

1) 평범성: 평범한 사람은 의욕과 동기에 근거한다. 그는 "언제까지나 단순한 직관에 머무르지 않고, 따라서 언제까지나 하나의 대상을 보지 않고, 게으른 자가 의자를 찾듯 개념을 찾고 그것이 얻어지면 만족한다. 그는 머무르지 않는다." 그가 찾고 있는 것은 '지형 측량 상의 메모'처럼 자기가 걷는 인생의 길뿐이다.[17]

2) 천재성: "충족이유율의 내용에 주의를 기울이는 것을 싫어한다." 천재성은 "기억에 의한 추리를 혐오하기에 수학을 혐오한다." 쇼펜하우어는 괴테, 루소, 바이런과 같은 예술가를 천재로 보고, 수학과 과학은 천재성이 퇴화된 두뇌에서 나온 것이라고 본다. 이에 비해 "천재는 자신의 운명을 믿지 않게 된 지성이다."[18] 천재성은 의지의 노예 상태인 근심과 시간의 지배를 초극하여 사물의 본질적 깊이를 지각한다. 쇼펜하우어에 의하면 뉴턴의 색채론은 "거짓된 학설이다. 계산이나 측정이 중요한 것이 아니며", 이러한 능력은 베르그송이 보았듯 신비가의 고

---

16 Arthur Schopenhauer, *Die Welt als Wille und Vorstellung* Ⅰ, S W, Band Ⅰ, Suhrkamp, 1986, s. 264~267.

17 위의 책, s. 268~269.

18 Arthur Schopenhauer, *Die Welt als Wille und Vorstellung* Ⅱ, S W, Band Ⅱ, Suhrkamp, 1986, s. 498.

도의 긴장성에서 오는 통찰이 이완되어 나타난 고체화된 지능에 불과하다. 쇼펜하우어에 의하면 "프랑스의 어느 대수학자는 라신Jean Racine, 1639~1699의《이피제니》를 읽은 후, 'Qu'est-ce-que cela prouve?'(그 증거는 무엇인가?)라는 어리석은 질문을 했다"고 한다.[19] 천재의 인식은 관계를 목표로 하지 않는다.

3) 광인성: 광인성은 양면성을 갖는다. 그것은 한편으로는 천재성이고, 또 한편으로는 질병이다. 천재는 행동이 직관적 인식에 의해 인도되기 때문에 비이성적으로 보인다. 직관은 그들을 정열로 이끌기 때문에 '사랑스러운 광기'(Horaz)로 인정되기도 한다. "광기 없는 위대한 재능은 예전부터 없었다."(Aristoteles) 플라톤의 동굴의 비유에서도 이념을 본 사람은 광인 취급을 당할 것이라고 한다. 플라톤은《파이드로스 Phaidros》(249D)에서 "무상한 사물 속에 영원한 이념을 인식하는 자는 광인처럼 생각된다"고 했다. 영국의 작가 드라이든John Dryden, 1631~1700에 의하면 "위대한 기지는 광기에 아주 가깝다(Absalon and Achitophel 1. 163)고 한다."[20]

한편 질병으로서의 광인성은 "직접적 현재의 것에 관한 지식은 틀리지 않지만, 그의 헛소리는 현재 존재하지 않는 것이나 지나간 것에 관한 것들과 현재의 것 사이의 관계에서" 문제가 생긴 것이다. 광인은 "과거의 기억을 허구로 채운다." 그의 광기는 '기억에 관한 병'이다. "이 허구가 고정 관념이 되고 망상과 우울憂鬱이 된다." 그러나 허구가 순간적인 착상이 되는 경우에는 어리석음이나 우둔이 된다. 광인은 추상적으로 일종의 과거를 갖고 다닌다. 그 과거는 허구인데 현재의 사용까지 방해한다. 격한 정신적 고뇌나 무서움은 일시적이지만, 사상이 되어 영

---

19 위의 책, s. 269~271.
20 위의 책, s. 272~273.

속적 고통으로 있게 된다. 이에 대한 탈출 수단으로 광기에 호소한다. 심하게 상처를 받은 정신은 기억의 실마리를 절단하여, 그 간격을 허구로 채우고 광기로 도피한다. 쇼펜하우어는 이러한 대체 현상을 병든 다리를 의족으로 바꾸는 것에 비유한다. 그는 보통 사람이 잊고 싶은 추억이 떠오를 때, 기계적으로 큰 소리를 낸다든지 억지로 기분 전환을 하려고 하는 것이 광기로 도피하는 것과 닮아 있다고 추론한다.[21]

광인처럼 천재도 사물의 연관을 도외시한다. 이 점에서 천재성과 광인성은 유사하다. 특수한 것에 머물면서 그 보편성을 통찰하는 천재성에 의해, "현존하는 개개의 사물 속에 불완전하게만 있고 또 여러 변용에 의해 약화되어 존재하는 것에 불과한 것도 이념이나 완전한 것으로 높여진다." "천재는 어디서나 극단을 본다. 그는 중용을 모른다." "시인은 인간을 깊이 근본적으로 알 수는 있지만, '사람들'을 안다는 점에서는 서툴다."[22] 쇼펜하우어는 1811년 가을 피히테의 강의를 들었는데, 그때 피히테Johann Gottlieb Fichte 1762~1814는 천재와 광인은 평범한 사람과 어긋나지만, 천재는 신성으로 상승하는 경향이 있고, 광인은 동물에 가깝다고 했다. 쇼펜하우어는 이에 대해 천재는 평범성과 비교하면 광인에 훨씬 가깝다고 반대 의견을 제시한다.[23] 쇼펜하우어는 직접 정신병원에 가서 환자들 가운데에서 천재적인 인물들을 발견한다. 광기에 대한 철학에 관심을 갖는 것은 당시에는 지극히 드문 일이었다. 20세기의 프로이트와 사르트르, 푸코에 앞서 쇼펜하우어는 정신질환과 무의식에 관심을 보였던 것이다.

쇼펜하우어에 의하면 미적 고찰 방식에는 분리할 수 없는 두 요소

---

21 위의 책, s. 274~276.
22 위의 책. s. 276~277.
23 Arthur Schopenhauer, *Manuscript Remains*, v. 2, p. 18. ; David E. Cartwright, *Schopenhauer A Biography*, Cambridge University Press, 2010, p. 312.

가 있다. ① 이념으로서의 객관의 인식 ② 순수하고 의지가 없는 인식 주관으로서의 자기의식. 미적 경험은 이념과 순수 인식 주관의 만남에서 이루어진다. 이에 비해 "의욕Wollen은 욕구나 결핍이나 고뇌에서 생긴다." 욕구는 충족되면 끝나지만 소원은 채워지지 않는다. 만족은 표면일 뿐 "채워진 소원은 인식된 오해며, 새로 생긴 소원은 아직 인식되지 않은 오해다. 우리가 의욕의 주체인 한 영원한 행복도 불안도 부여되지 않는다." 끊임없이 요구하는 의지는 어떤 형태로 나타나든 동일하다. 그러한 의지에 대한 배려가 의식을 채우고 의식을 움직인다. 의욕의 주체는 만족을 모르고 영원히 갈애渴愛에 시달린다. 그러나 "인식이 의지의 고역을 면하고, 주의가 의욕의 동기에 기울어지지 않고, 주관도 없이 순수하게 사물을 고찰하면 평안이 찾아와 행복하게 된다." 미적 경험은 '의욕의 강제 노동의 안식일'이다. 이러한 하나의 예로 쇼펜하우어는 네덜란드인들의 정물화靜物畵가 정신적 평안의 영원한 기념비를 정립하여 평정의 심상을 준다고 본다.

그에 의하면 "자연의 아름다움이 전개되면 격정의 폭풍, 소원과 공포의 충동, 의욕의 고뇌가 사라지는 경우가 있다." 우리는 '하나의 세계의 눈'이 된다. 이 시야에서는 "개별성의 모든 차별이 없어져 버린다. 왕의 눈이든 거지의 눈이든 차별이 없다. 행복도 고뇌도 여기에 들어오지 못한다." 그러나 이유율이 지배하는 세계에 다시 떨어지면 다시 고뇌를 짊어지게 된다.[24]

| 숭고의 미학

쇼펜하우어는 미적 감정들 가운데 특이한 것으로 숭고감崇高感, Das

---

24 Arthur Schopenhauer, *Die Welt als Wille und Vorstellung* I, S W, Band I, Suhrkamp, 1986, s. 279~281.

Gefühl des Erhabenen을 다룬다. 자연에는 객관적 의미에서 아름다움을 성립시키는 이념을 대표하는 것들이 있다. 그에 의하면 "식물계는 자신을 미적으로 고찰할 것을 요청"하는 것으로 보인다. 식물이 인간의 미적 고찰에 부합하는 이유는 "식물은 동물의 신체처럼 인식의 직접적 객관이 아니기 때문에 표상의 세계로 들어가기 위해서는 오성을 가진 다른 개체를 필요로 하는" 데에 있다. "식물은 의욕의 세계에서 표상의 세계로 들어갈 것을 동경한다." 식물은 직접 자신이 할 수 없는 것을 간접적으로 달성한다. "식물들 자신은 인식할 수 없기 때문에 인식되는 것을 원하고 있는 것처럼 보인다."(Augustinus, 《신국》, 11. 27) 이러한 생각을 쇼펜하우어는 몽상과 같은 것이기에 잠정적 아이디어로 제시한 것이었는데 40년 후 《신국》에서 그것을 발견하고 기뻐했다고 한다.[25] 식물에 대한 그러한 생각은 하위의 형상은 상위의 형상의 대상으로 된다는 중세의 목적론적 존재론이 일정 부분 반향된 것으로 보인다.

그런데 "순수하게 관조하는 대상들이 인간의 의지 일반에 대하여 적대 관계를 갖고, 어떤 저항도 제압할 수 있는 우세한 힘으로 의지를 위협하여, 그 측량할 수 없는 위대함으로 의지를 꺾어 무력하게 만드는 경우에, 의식적으로 자신의 의지나 그 관계로부터 이탈하여 인식에만 몰두하게 되면, 평정하게 관조하면서 모든 상대적 관계를 초월한 대상의 이념만을 파악한다." 이때에 "자기의 인격과 의욕을 초월하여" 숭고의 감정이 생긴다. 숭고감과 미감은 차이가 있다. 미의 경우엔 "순수인식이 투쟁 없이 우위를 차지"하여 의지의 저항을 받지 않는다. 그러나 숭고의 경우는 "의지와 그것과 관계되는 인식을 의식적으로 무리하게 이탈"한다. "초월은 의식적으로 달성되고 지속되어야"하기 때문에 "끊

---

25 위의 책, s. 286.

임없이 인간의 의욕 일반에 대한 기억이 따라다닌다." 숭고감은 거대한 대상을 관조하는 것과 의지의 위축이 공존하는 데에서 생긴다. 그러나 반대로 "개인적 의지가 우위를 차지하게 되면 숭고의 인상은 불안Angst으로 변한다. "숭고감은 관조되는 객관이 의지 일반에 대해 갖는 적대 관계를 인정하면서도 초월한다는 점에서만 미감과 구분될 뿐이다."[26] 그리고 대상이 주는 강도와 주관의 감응도에 따라 숭고감에도 여러 스펙트럼이 있을 수 있다.

미감의 일종이면서도 우리의 정신을 고양Erhebung시키는 가장 핵심적인 감정이 숭고감이다. 정신의 고양과 이를 위한 노력이 쇼펜하우어의 자유의 철학이 갖는 동력이다. 숭고감은 대상에 대한 신비감과 함께 예술을 낳는 대표적 미감이자 우주적 통찰의 세계에 진입하고 이를 유지하게 하는 주관적 기초가 된다. 광대한 자연이나 그 안의 거대한 대상들, 쇼펜하우어가 특히 중시하는 것으로는 빛과 같은 것은 숭고감을 일으키기에 충분하다. 이러한 감정을 해명하는 가운데 쇼펜하우어는 그의 인간 이해에서 가장 탁월한 요소 중 하나인 관념과 신체 기관의 연관성에 대한 통찰을 보여 준다. 관념은 그 뿌리에서 특정한 물질적(신체적) 요인에 연계되어 있다. 관념의 의미는 지시체를 떠나 미끄러지는 측면이 있으면서도 그 연원에서 지시체의 흔적을 숨기고 있다는 것이다. 쇼펜하우어에 의하면 인간은 양극성을 갖는다. ① 인간은 격하고 어두운 충동을 지닌다. 그 초점은 생식기라는 극이다. 그러나 또 한편으로는 ② 인간은 순수 인식의 영원하고 자유롭고 밝은 주관이다. 그것은 뇌수라는 극으로 표시된다.[27]

인간 내부의 이러한 양극적 대립성이 미감에 작용한다. 태양은 빛

---

26 위의 책, s. 287~288.
27 위의 책, s. 289.

의 원천이자 열의 원천이다. 빛의 원천이라는 측면에서는 빛은 완전한 인식 방법의 조건이다. 열의 원천이라는 측면에서 그것은 의지의 원천이다. 쇼펜하우어에 의하면 빛이 물이나 돌에 주는 아름다운 효과는 순수 인식의 상태다. 그러나 여기에는 빛에 의한 가열이 없다. 가열이 지나치면 생명체에 위협이 된다. 여기서 이 결여를 상기함으로써 의지의 관심을 초월하여 순수 인식에 머무르려는 희미한 요청이 있으면 미감에서 숭고감으로 이행한다는 것이다. 여기에서 숭고감은 낮은 정도에서 시작하여 높은 정도로 상승할 수 있다는 점이 알려진다.

| 저도의 숭고감

"끝없는 지평선이 보이고, 구름 한 점, 바람 한 점 일지 않으며, 초목은 움직이지 않고, 동물도 사람도 보이지 않는 깊은 정적이 깔려 있는 곳", 삭막한 대평원과 같은 곳은 "엄숙하고 쓸쓸한 가운데 숭고한 맛을 준다." "관조가 불가능한 사람은 의지를 작용시킬 대상이 없는 공허함 속에서 절망할 것이다." 그러나 "관조하는 사람은 낮은 숭고감을 느낀다." 여기에는 "평화와 만족이 있다." 동시에 "활동을 필요로 하는 의지의 독립성이 없는 가련한 모습에 대한 추억이 섞여 있다." 그러나 "이 대초원에서 초목을 없애 버리면, 생존에 필요한 유기물이 없기에 의지는 불안하게 되고 황야는 무서운 성질을 띠게 된다." 이 때문에 "순수 인식을 높이려면 결연히 의지의 관심으로부터 이탈해야 한다."[28]

| 고도의 숭고감

쇼펜하우어는 폭풍우에 휘말린 자연, 중첩되어 시야를 가리는 거

---

28 위의 책, s. 289~290.

대하게 절벽을 이룬 발가벗은 바위들, 거품을 일으키며 흐르는 격류, 펼쳐진 황야는 숭고감을 일으킨다. 이 경우에는 "우리가 독립성이 없는 존재라는 것, 적대적 자연과 투쟁하고 있다는 것, 이 투쟁에서 우리의 의지는 패배했다는 것을 알지만, 그러한 투쟁 사이에도 순수 인식 주관이 작용하여 그 이념을 포착한다." 이 '대조' 속에서 숭고감이 일어난다. 더 나아가 "폭풍우는 사납게 치고, 대양은 으르렁거리고, 번개는 시커먼 구름 사이에서 번뜩이는 광경에 비해, 개체는 그 거대한 자연의 힘에 비하면 '무'와 같은 것이다." 그러나 "동시에 태연히 이념을 포착하면 숭고의 완전한 인상이 생긴다." 이때에는 주관은 "모든 비교를 끊고 개체보다 우월한 힘을 본다."[29]

쇼펜하우어는 거대한 것을 두 가지로 나눈다. 하나는 공간의 무한성이며, 이에 대한 숭고는 역학적 숭고이다. 또 하나는 시간의 무한성이며, 이에 대한 숭고는 수학적 숭고다. "시공간의 무한성에 대해 개체는 대양에 있는 물 한방울로 축소된다." 여기에서 개체의 허무성이 나온다. 그러나 "이 환영에 대해 모든 세계가 순수 인식의 영원한 주관의 여러 변용으로서 우리들의 표상 속에만 존재하는 것에 불과하다는 직접적 의식이 생긴다." 동시에 "개체를 잃어버리면 우리 자신이 영원한 주관이라는 것을 자각"하여, "세계나 시간의 조건이 되는 담지자"가 된다. "세계의 광대함이 우리에 의존"한다. "우리들은 어떤 의미에서 세계와 하나다"[쇼펜하우어는 이 의미를 명백히 하는 것이 철학의 작업이라고 생각한다]. 주관은 "세계의 불가측성에 의해 압도되지 않고 높여진다는 의식으로 나타난다." 쇼펜하우어는 《우파니샤드》가 표현하는 느낌으로서의 의식이 바로 그것이라고 한다. "이들 피조물은 모두 나인 것이다.

---

29 위의 책, s. 290~291.

그리고 나 이외에는 아무 것도 존재하는 것이 없다."(*Oupnekhat*.1.122) 이러한 의식이 "개체를 넘어서는 고양Erhebung이자 숭고감"이다.[30]

| 윤리적 숭고감

고도의 숭고감에는 윤리적 의미를 가진 것이 있다. 이것은 위대한 신비가들에게서 발견된다. 그들의 "숭고한 성격은 의지를 자극하기에 적합한 대상에 접해도 자극되지 않고, 인식이 우위를 차지한다." 그들은 "사람들을 자신의 의지와의 연관에서 고찰하지 않고 순 객관적으로 고찰"한다. 그들은 "자신을 미워하고 자신에게 부당한 것을 알더라도 미워하지 않는다. 그들의 행복을 질투하지 않는다. 그들의 착한 성질을 인정해도 한층 더 그들에게 가까이 하려고도 하지 않는다. 그 자신의 행, 불행에 의해 마음을 움직이지 않는다." 쇼펜하우어는 이러한 사람은 "인생의 갖은 고초를 겪으면서도 조금도 내색이 없고, 운명의 신이 희롱하거나 은혜를 주거나 다 같이 고마운 마음으로 받아들이는 그런 사람"이라고 본다.(《햄릿》의 호레이쇼Horatio에 대한 묘사, Act3) "그런 사람은 자신의 생활 과정과 거기서 생기는 불행을 자기 개인의 운명이라고 보기보다는 인류 일반의 운명이라고 보고, 괴로워하기보다는 그것을 인식하는 태도를 갖는다."[31]

| 숭고감의 반대

의지가 대상의 이념에 의해 압도당하면서도 정관적 순수 주관을 유지하는 것과는 반대로, 직접적으로 의지의 만족에 영합하는 감정이 매력적인 것das Reizende이다[왕국유王國維는 이를 현혹眩惑으로 번역한다].

---

30 위의 책, s. 291~292.
31 위의 책, s. 293.

이것은 "의지의 만족을 직접 약속함으로써 의지를 자극하는 것"이기 때문에 순수 인식 주관을 독립성이 없는 의욕의 주체로 만든다. 예를 들어 미술에서는 두 가지 매력적인 것이 있는데, 이것들은 순수 주관에 적합하지 않은 것, 그래서 예술성을 갖지 못하는 것들에 속한다.

① 적극적 매력: 이는 식욕을 자극하는 정물화가 주는 감정이다. 그 것은 "의지를 자극하여 관조에 종말을 고하게" 한다. "먹음직스러운 과일, 청어, 포도주 등을 그리는 것과 음탕한 기분을 주는 나체 조각이나 그림"은 작품을 식품과 육체의 대용물로 만드는 것이다. 그러나 "고대인들의 나체상은 이상적인 미로 충만하며, 객관적인 정신으로 창작"한 것이다.

② 소극적 매력: 쇼펜하우어에 의하면 작품이 혐오감을 일으켜 의지를 부정적으로 작용하게 하거나 그 자극이 구토를 불러일으키는 것은 예술성이 없는 것으로 배척해야 한다. 그러나 그는 추한 것이라도 혐오감을 불러일으키지 않는 한 작품의 전시는 적당한 장소가 허용될 수 있다고 본다.[32]

쇼펜하우어는 예술성을 보편적 이념에 대한 정관이 우리에게 자유와 평정을 주어 정신을 고양시키는 효과를 갖는 것이라고 말한다. 실물에 가까운 것은 현상적 관계에 의해 오염된 것이고, 주관의 욕망을 자극하여 정신을 노예 상태로 끌어내린다. 환상이 작품의 소재가 되더라도 그것은 이념을 담아내야 하는 것이다. 이러한 미학은 인간의 성정性情의 순화와 타락을 기준으로 음악樂을 평가한 공자 이래의 전통적 예술관과도 상통한다. 주관적 성정의 수준이 갖는 등급과 연관하여 왕국유는 전통적 미적 의미 세계[意境]에 관한 논의를 계승하여 경계론境界

---

32 위의 책. s. 295.

論을 발전시켰다. 동시에 그는 경계론을 논하는 과정에서 쇼펜하우어의 의미에서 미적 감정을 둘로 나눈다. 미감은 우아감[優美之情]과 숭고감[壯美之情]으로 나뉜다. 전자는 고요한 가운데 얻는靜中得之 무아의 경계無我之境다. 후자는 '동'에서 '정靜'으로 가는 경우에 얻는由動之靜時得之 경계인 유아의 경계有我之境다.[33] 무아의 경계에는 우미優美가 대응하고, 유아의 경계에는 굉장宏壯, 숭고이 대응한다. 이 분류는 주관적으로는 의지의 동요와 고요, 객관적으로는 대상 그 자체에 대한 몰입의 여부에 따라 미적 경험의 성격과 수준을 평가하는 쇼펜하우어의 관점이 반영된 것이다. 이러한 왕국유의 미학이 그의 보수적 측면에도 불구하고 동양의 미적 세계를 이해하는 데 도움을 줄 수 있는 것으로 주목받는 것도, 그에게 스며 있는 쇼펜하우어적 요소가 아시아적인 것과 크게 갈등을 일으키지 않는다는 점에 한 원인이 있을 것이다.

쇼펜하우어의 미학은 존재의 사다리라고 하는 서양의 전통적 형상론形相論을 활용한다[만약 형상이 종자처럼 개체에 구현되어 있는 것이라면, 라이프니츠가 본 것처럼 개체에 구현된 이理나 성性과 같은 것으로 볼 수 있을 것이다]. 물자체인 의지가 물질을 재료로 해 자신의 이념들을 단계적으로 실현하는 과정이 우주의 운동이다. 무기물로부터 유기물을 거쳐 인간에 이르는 단계로 진화하는 과정에서 더 많은 강도로 의지를 표현하는 생명체와 인류가 출현했다는 것이다. 미적 경험도 특정 단계에 속하는 대상의 종류에 따라 달라진다. "무기물이나 식물의 세계에 있는 아름다운 자연이나 건축술의 작품을 관찰하는 경우 의지를 떠난 인식의 즐거움Genuß이 우세하다." "동물이나 인간이 미적 관찰의 대상인 경우 즐거움은 이념에 대한 객관적 파악에 존재한다." 동물 이상의 존재

---

33 王國維, 〈人生詞話〉, 《王國維文學論著三種》, 商務印書館, 2001, 30~31쪽.

들은 이념화하지 않으면 그들이 나타내는 강도 높은 의지 활동에 영향을 받기 때문이다. 반대로 이 때문에 이들의 이념은 "다양한 형태를 보이고 풍부하고 의미심장한 현상들을 나타낸다." 쇼펜하우어는 인간의 관계 속에서 일어나는 온갖 욕망 간의 충돌에서 오는 '의지의 격렬, 공포, 만족이나 좌절의 형태' 그리고 '의지의 전환이나 자기포기의 형태'에서 이념은 가장 완전하게 의지의 본질을 나타낸다고 본다. 의지 자체를 초월하려는 노력인 "의지의 자기포기는 기독교적 그림의 주제"이며, 인간사의 극적인 측면을 다루는 "역사화나 희곡은 의지의 이념을 대상으로 한다"는 것이다.[34]

쇼펜하우어의 형상론적 미학은 예술이 종류에 따라 분화하는 원인에 대한 설명을 제공한다. 미적 대상들은 무기물, 식물, 동물, 인류라는 네 가지 범주로 나뉜다. 무기물은 바위나 나무처럼 건축의 재료가 되어 그 미를 구성하는 질료가 된다.

| 건축의 미

모든 개체들에서 모든 성질들을 추상하고 남는 최후의 질료인 물질은 물자체인 의지가 자신의 이념들을 실현하는 매개체다. 그것은 개별적 현상의 "공통 기체로 생각된 추상적 개념"일 뿐이다. 물질은 "이념의 전개Darstellung가 아니다." 직관적 표상으로 나타나는 것은 물질이 갖는 형식과 성질인데, 여기에 이념이 나타난다. 이 이념들이 바로 '중력, 응집력, 강성, 유동성, 빛' 등이다. 이것들은 의지가 가장 낮은 단계에서 나타난 것들이다.

건축술은 용도를 제외하고 예술로서 관찰한다면, 의지의 가장 낮

---

34 Arthur Schopenhauer, *Die Welt als Wille und Vorstellung* I, S W, Band I, Suhrkamp, 1986, s. 301~302.

은 단계(이념)를 직관할 수 있도록 하는 것이다. 이 단계는 "자연의 기초 저음"에 해당한다. 낮은 단계에서도 당시 괴테나 셸링, 헤겔도 주목했던 양극성이 나타난다. "낮은 단계에서도 의지의 본질이 둘로 분열"한다. "중력과 강성의 투쟁은 건축술의 유일한 미적 요소"다. 소재 전체는 기둥의 힘을 빌어 대지를 압박한다. 또 건축의 미는 부분들의 합목적성에도 있다. 각 부분의 위치, 크기, 형태가 필연적인 관계를 맺어야 미적 효과를 드러낼 수 있다.

목조보다도 석조가 미적이다. 목조는 중력과 강성의 투쟁을 나타내지 못하기 때문이다. 두 이념간의 투쟁은 단순한 정태성보다는 역동적 미를 보여 준다. "건축의 효과는 수학적이 아니라, 역학적"이며, "형식과 균형이 아니라 자연의 근본력"에 있다. 질서는 부차적이기 때문에 폐허에도 아름다움이 있다. "아름다운 건물은 빛의 효과와 방향이 고려되어야" 한다. "빛은 직관적 인식 방식의 조건"이기 때문이다.[35] 순수한 무의지의 인식 주관에 의해 미적 기쁨이 일어나는데, 건축에 대한 미감에서는 이런 주관적 상관태가 우위를 차지한다. 건축의 미는 다른 예술보다 쉽게 정관을 가능하게 한다. 건축과 대립하는 희곡에서는 역동성을 갖는 객관적 측면이 우위를 차지한다.

| 식물계의 미

꽃이나 나무는 회화에 의해 미가 전달된다. 언어로 표현할 수도 있다. 그러나 그것은 어디까지나 간접적일 뿐이다. 건축의 미에서와 마찬가지로 정물화나 풍경화가 주는 즐거움은 순수 무의지라는 주관의 상태에 의존하며, 의지가 보다 더 많이 나타나는 동물계보다 이념을 파

---

35   위의 책, s. 302~306.

악하는 정도는 미약하다.

| 동물계의 미

동물화보다는 동물 조각이 미를 3차원성에서 보다 생생하게 표현한다. 그러나 회화나 조각은 순간적인 것만을 표현한다. 운동하고 있는 미에 대한 미적 반응은 언어로 나타낼 수 있다. 여기서는 주관적 측면보다 객관적 측면이 우세하다. "이념의 인식에서 주관은 자신의 의지를 억제"한다. 그러나 "작품에 표현된 의지의 불안과 격렬함이 마음을 사로잡기 때문에 평안의 효과를 느낄 수 없다." 여기서 나타나는 것은 "인간 본질을 이루는 의욕"이다. 이 단계에서는 "종의 특성이 식물의 경우보다 더 중요하다. 형태에만 나타나는 것이 아니라 동작, 자세, 몸짓에도 나타난다. "동물의 행동과 모습을 바라보는 것은 큰 책을 읽고 배우는 것"과 같다. 이는 "사물의 기호를 해독"하는 것이다. "의지는 동일한 것이면서 어떠한 곳에서도 생명으로서, 현존으로서 객관화되는 것을 의욕"한다. 그것은 "무한히 변주하고 다양한 형태를 취하고 나타난다." 이는 "같은 주제의 변형"과 유사하다. 우주의 통일성인 생명원리가 우리 자신의 본성을 구성한다. 우파니샤드 철학과 마찬가지로 뵈메Jakob Böhme, 1575~1624도 "이 살아 있는 것이 당신"이라고 한다. 그에 의하면 "자연 속에서 자연의 내적인 형태를 외부로 나타내지 못하는 것은 하나도 없다. 왜냐하면 내적인 것은 언제나 밖으로 나타나려고 노력하기 때문이다." "어떤 것이든 표현할 입을 가지고 있다." "이것은 자연의 말인데, 이것으로 모든 것은 자신의 특성을 이야기하고 언제나 자신을 나타내고 표시한다." "왜냐하면 모든 것은 그 어머니를 나타내는데, 본질과 형태에의 의지를 그 어머니가 주기 때문이다."(*De Signatura rerum* 1. §. 15.16.17)[36]

| 인간계의 미

이 단계는 의지의 객관화 중에서도 최고 단계에서의 예술이다. 이러한 예술에는 역사화, 조각 나아가 시, 비극, 소설, 음악 등이 있다. 동물의 경우 종의 특징이 두드러져 개체성이 드러나지 않는다. 그러나 인간을 묘사하는 경우에 종의 특질은 아름다움이 되며, 개체의 특질은 성격이나 표정에서 나타난다. 이 둘을 개체에서 완전하게 묘사하는 것은 쉬운 일이 아니다.

"인간의 아름다움은 인간 일반의 이념이 직관된 형식으로 완전하게 표현된 것"이다. "인간의 아름다움을 바라보는 자에게는 사념이 일어날 여지가 없다. 그는 자기 자신과 하나로, 또 세계와 하나로 된 느낌을 갖는다.(괴테,《친화력》, 1.6)" "의지는 인간이라는 최고의 단계에서는 하나의 개체로서 객관화되고, 형편이 좋은 사정과 의지의 힘을 통해 모든 장애와 저항을 완전히 배제한다." "의지는 자연력들로부터 물질을 제거하고 자연력과 함께 낮의 단계의 의지 현상들을 이 의지에 대립시킨다." "인체의 각 부분조차도 전체에 속하면서도 고유한 생명을 갖는다."[37]

아름다움에 대한 인식은 선험적 인식으로서 현상의 본질 혹은 이념적인 것Ideal에 관계한다. "예술가는 본질을 명백히 인식하여 자기 눈에 보이지 않는 것까지 나타냄으로써, 그 묘사는 자연을 능가한다." 이것은 "의지가 우리들 자신이어야 가능하다." "예술가는 자연이 표시하려고 노력하는 것을 예견Antizipation하고, 여기에 사려Besonnenheit를 동반한다." 예술가는 "자연이 무수하게 시도하여 실패하고 있는 형태의 아름다움을 대리석에 새겨 자연과 대립시킨다." 천재적 그리스인들은 인

---

36 위의 책, s. 309~311.
37 위의 책, s. 312.

간 형태의 '근본형Urtypus'을 발견했다. 예술가가 선험적으로 미를 예견할 수 있고, 식자가 그것을 후천적으로 인지할 수 있는 것은 "그들이 자연 그 자체An-sich der Natur, 즉 스스로를 객관화하는 의지이기 때문"이다. "같은 것에 의해 같은 것이 인식된다Empedokles." "자연을 이해할 수 있는 것은 자연뿐이며, 자연의 근거를 해명하는 것도 자연뿐이다. 그러나 정신을 인식하는 것도 정신뿐이다." 쇼펜하우어는 이러한 자신의 견해가 정신과 자연을 대립시키는 헤겔의 속류 학설과 다른 것이라고 강조한다.[38] 그는 우주의 실체를 내재적 의지로 보고 의식을 이 의지의 산물로 본다. 이러한 견해는 실체를 사유하는 주체성으로 보는 헤겔에 대립된다.

| 역사화歷史畵와 이념

여기서는 미美나 우아優雅만이 아니라 성격을 주요 대상으로 삼는다. 어떠한 개인도 어떠한 행동도 의미 없는 것은 없다. 모든 개인의 행동을 통해 인류의 이념이 전개된다. 그러나 인간의 경우 어떤 행동의 내적 의미는 외적 의미와 완전히 다르다. 외적 의미는 "하나의 행동이 현실 세계에 미치는 또 현실 세계에서 갖는 결과에 관한 그 행동의 중요성"이다. 이러한 행동들은 동기에 의한 충족이유율에 따른다. 역사학은 이러한 인과를 연구한다. 반면 내적 의미는 "그 행위에 의해 나타나는 인류의 이념에 대한 통찰의 깊이"이며, 이것이 바로 예술에서 중요한 것이다. 일상의 한 장면이라도 내적 의미가 클 경우가 있다. 역사는 "풍부한 다양성에 의해 인류의 다양한 이념을 전개시키는 재료를 제공"한다. 역사화는 "덧없는 순간적인 정경, 즉 개별적인 것을 종의 이

---

38 위의 책, s. 312~314.

념으로 높여 시간을 정지시킨다." 외적 의미는 개념으로서만 부가되는 의미이며 명목상의 의미만을 갖는다. 이에 비해 내적 의미는 화상을 통해 직관에 대해 명백해지는 이념이며, 역사적 사건을 통해 그 이념이 나타난다. 따라서 "예술의 목적 이외의 다른 목적에 따라 그림의 소재를 선택하면 나쁜 효과가 일어난다." "소수 민족인 유대의 역사를 그리는 것"이 그 한 사례다. "그들이 서양 문명의 기초인 것은 유감이다." 그러나 "유대교와 기독교의 역사적 이야기나 신화를 대상으로 하는 그림이나 기독교의 참된 정신에 충만한 인물을 묘사함으로써 직관할 수 있게 하는 것은 회화 예술의 최고의 업적"이다. 예를 들어 라파엘로와 코레조의 성화는 "세계와 인생의 전 본질을 완전히 파악한 인식의 표현으로, 동기를 주는 것이 아니라, 의욕의 진정제"를 준다. 여기에서 "기독교와 인도 철학 내부의 정신인 완전한 체념, 의욕의 포기, 의지의 억제, 세계 전 존재의 억제와 포기, 즉 구원이 생긴다." 이것이 "최고의 진리를 직관적으로 표현한 것"이다.[39]

쇼펜하우어는 주체성으로서의 신이 자연사와 인간사를 구원으로 이끈다는 예정조화적 신정론神正論을 믿지 않는다. 이러한 목적론적 낙관론의 뿌리가 유대교에 있다고 보았기 때문에 그는 유대교에 대해 비판적이었다. 셸링과 헤겔은 그러한 목적론을 객관적 필연성을 갖는 것으로 보았는데, 쇼펜하우어는 바로 이 점을 반대했다. 역사는 자동적으로 구원으로 완결되어 가는, 그래서 자유의 완성으로 가는 구원사가 아니다. 쇼펜하우어가 사변 신학을 배제하면서도 기독교를 높이 평가하는 이유는 자유의 길은 소수의 극기의 노력과 의지를 초월하는 우주적 통찰에 의해 일어나는 것이기 때문이다. 자연사는 신적 정신이

---

39 위의 책, s. 323~327.

역사의 앞에서 이끌어 가는 것이 아니라 맹목적 의지가 뒤에서 추동해 가는 과정이며, 이 과정은 자유를 실현하는 상승적 방향을 내포한다. 의지 전개의 단계들은 물리적 원인에 의해 움직이는 단계로부터 자극에 의해 움직이는 단계를 거쳐 동기에 의해 움직이는 단계로 진화했다는 것은 독일관념론자들과 공통된 견해다. 그러나 쇼펜하우어에게 그 진화는 신적 이성에 의해 미리 기획된 과정이 아니라 맹목적 의지라는 것이다. 독일관념론은 신적 이성이 지난한 역사적 과정을 통과하여 궁극에는 신과 인류가 공동으로 자기 자신으로 돌아가 정신의 자유를 자각한다고 주장한다. 이에 비해 쇼펜하우어는 의지가 인간의 단계에까지 진화하여 인류 가운데 소수의 성자나 신비가들에 의해 의지 자신이 자신을 알게 되고, 궁극에는 의지조차도 초월한다고 본다. 예술에서도 마찬가지다. "의지가 자신의 전 본질을 가장 완전하게 인식하는 데서 생기는 커다란 진정제에 의해 예술은 의지가 자유로이 자신을 포기하는 것을 그림으로써 정점에 이른다."[40] 의지의 자기인식은 의지 자신의 부정을 통해 진정한 자유와 아름다움에 도달한다는 것이다. 이 점에서는 비트겐슈타인이 본 것처럼 미적인 것과 예술적인 것은 같은 것으로 결합된다.

| 개념과 이념의 차이

예술의 대상인 이념은 보편적인 것이지만 이성적 사유와 과학의 대상인 개념이 아니다. "이념과 개념은 현실적 사물의 다양성을 대표하는 단일성이라는 측면에서는 공통점을 갖지만 차이도 크다." 쇼펜하우어에 의하면 플라톤은 이 차이를 순수하게 파악하지는 못했다. 플라

---

40 위와 같음.

톤은 "개념에만 적용되는 것을 이념으로 간주한 것이 적지 않다"는 것이다. 플라톤은 자연 종만이 아니라 가장 추상화된 개념들을 이데아라고 부르기도 한다. 이때의 이념이란 동일성과 차이성, 운동과 정지 등과 같은 일반 범주를 의미하는 것이었다. 개념은 "추상적, 논리적이어서 그 범위 안에서는 완전히 무규정적이지만, 범위의 경계가 정해져 있다." 그것은 "언어를 통해 전달할 수 있고, 정의에 의해 규명할 수 있다." 그러나 이념은 "개념의 적절한 대표이지만, 순수하게 직관적이고 무수한 개체를 대표하면서도 규정된 것이다." 이념은 "단일성이 시간, 공간이라는 형식에 의해 다원성으로 분열한 것"이며, 이때의 단일성은 "사물 이전의 단일성unitas ante rem"이다. 개념은 "이성의 추상에 의해 다원성에서 단일성으로 돌아온 것"이다. 이때의 단일성은 "사물 이후의 단일성unitas post rem"이다. 개념은 "생명 없는 그릇"이다. 여기에서는 "종합적 반성에 의해 들어갈 수 있었던 것보다 더 많은 것을 분석 판단에 의해 끌어낼 수 없다." 반대로 이념은 "파악한 사람의 마음속에서 새로운 표상을 전개하며, 자기 속에 들어오지 않는 것을 산출한다." 그것은 "생식력을 갖춘 유기체"와 같다. 개념은 "생활과 과학에는 유익하지만, 예술에는 무익하다." 이에 반해 이념은 예술 작품의 창조적 원천이다. "참된 작품은 이념의 직접적인 수태에서 생긴다." "예술가는 모방자가 아니다. 모방은 개념적으로 생각하는 사이비 예술가의 일이다." "모방과 기교를 부린 작품은 개념에 의존하는 대중의 갈채를 받는다. 그것은 시대정신, 즉 유행의 개념에 의거한다." 예술의 원천은 자연과 인생에 있지 유행하는 개념에서 오는 것이 아니다. "자연과 인생에서 직접 이끌어낸 작품은 영원히 젊고 근원적인 힘을 가진다." 그것은 특정 시대의 것이 아니다. 철학에서와 마찬가지로 쇼펜하우어는 예술에서도 대중성을 용납하지 않는다. "대중은 언제나 어리석고 우둔했고, 후세의 대중도 여전히 어리석고 우둔할 것이다. 정신을 소유하는 것은 언제나 위대한 개인뿐이었다." 예술의 비개념적 성격은 그것이 말할 수 없는 영역임을 의미한다. 그것은 신비적 직관의 세계와 같은 것이다. 이 때문에 "감수성이 아주 강하고, 예술미에 대한 올바른 판단을 가진 사람도 미와 예술의 본질을 추상적으로 철학적으로 해명할 수 없는 경우가 있다." 이는 고상하고 덕이 있으며 사물을 결정하는 정밀한 의식을 가진 사람이라도 "행위의 윤리적 의미를 해명하고, 철학적으로 이것을 확증하고 추상적으로 설명할 수 있다고 할 수는 없는" 것과 같다.[41] 앞에서 쇼펜하우어와 비교하는 장에서 다루었지만 비트겐슈타인이 미적인 것과 윤리적인 것에서 말할 수 없는 것, 설명할 수 없는 것이 있다는 것을 강조한 것도 같은 맥락이라 할 수 있다.

| 시와 이념

시가詩歌와 같이 개념들을 대표하는 것에는 듣는 사람에게 인생의 이념을 직관시키려는 의도가 있다. 이것은 상상력의 도움이 있어야 가능하다. "화학자가 여러 액체를 결합하여 침전물을 얻듯이, 개념들을 시인다운 방식으로 결합시켜 구체적인 것, 개성적인 것, 직관적 표상을 침전시킨다." 이념은 직관적으로만 인식되기 때문이며. 이때에는 형용사가 이 목적에 도움이 된다. 리듬과 운율도 보조 수단인데, 어떤 특색을 띠게 되어 공감을 일으킨다. "시는 모든 단계의 이념을 전달할 수 있다." 그러나 인간에 대해서는 어떤 예술도 시에 비견할 수 없다. 시에는 조형 미술에는 없는 진행Fortschreitung이라는 것이 있다.

역사는 인간의 내적 본질을 깊이 통찰하게 한다기보다 인간 상호

---

[41] 위의 책, s. 328~332, s. 336.

간의 행동을 경험적으로 알리고, 거기에서 자신의 태도를 어떻게 정할 것인가 하는 규칙을 발견하게 한다. 그러나 본질을 해명한 경우에 역사가는 시적으로 역사를 본 것이 된다. 이때에는 경험적이고 개별적인 진리를 통해 이념의 진리를 통찰하게 된다. 역사가는 주요 사건들의 연관관계를 규명하며 내적 의미를 지니는 사건일지라도 인과적으로 영향을 미치지 못한 사건은 기술할 필요가 없다. 역사가는 근거와 귀결의 복잡한 연쇄를 통해 시간 속에 전개된 대로 더듬어 가야한다. 따라서 모든 자료를 소유하지도 못하고 모든 것을 탐지하기도 불가능하다. 진리보다 허위가 더 많게 된다. 그러나 시인은 마음의 거울에 이념을 순수하고 명백하게 반영한다. 시가 본래적이고 순수한 내적 진리를 갖는다. "사람도 신도 서점의 기둥도 시인이 평범하게 되는 것을 허락하지 않는다."(Horatius) 일반적인 역사 서술에는 국민이나 군대가 나타나고, 개개인이 등장한다 하더라도 대례복이나 갑옷을 입고 등장한다. 그러나 사건의 내적 의미에서 보면 한 마을의 사건과 역사는 한 나라의 그것과 본질적으로 같다. 민족사는 "전체적인 숲을 관망하지만 자연의 본질을 볼 수 없는 것과 같다." 이에 비해 개별적인 전기는 "자연 속의 나무, 암석, 하천 사이를 지나면서 자연을 인식하는 것과 같다."[42]

시인이란 '보편적인 인간'이다. 이 때문에 어떤 사람의 마음을 움직이게 한 것은 "인간의 본성이 어떤 상황 속에서 자신을 내부로부터 생산한 것"이며, "인간의 가슴속에 머무르며 깨어나려고 하는 것들이 시인의 주제고 소재"다. "시인은 도덕을 비롯한 어떤 지시도 해서는 안 된다." 시인은 '인류의 거울'이며, "인류가 느끼고 행하는 것을 인류에게 의식시켜 준다." 서정성이 약화되면서 객관적 종류의 시라 할 수 있는

---

42   위의 책, s. 340~350.

장르가 생겨난다. 소설, 서사시, 희곡이 그것이다. 이 장르들은 "의미심장한 성격을 올바르고 깊이 파악하여 묘사하거나, 이 성격들의 전개에서 의미 깊은 상황을 생각해 내는 데에서 인간의 이념을 드러낸다." 이는 화학자가 원소들의 화합물을 올바로 나타내는 것과 시약을 타서 그 특성을 현저하게 나타내는 것과 같다. 예술의 목적은 이념의 파악과 전달에 있다. "물에 나타나는 이념들을 완전히 파악하기 위해서는 연못이나 강물을 보는 것으로는 충분치 않다. 물의 이념들은 모든 사정이나 장애가 물에 작용하여 물이 그 모든 성질을 완전히 발휘하는 경우에 비로소 전개된다."[43] 이념은 여러 가지 상황에서 여러 가지 모습을 나타낸다. 인간 이념의 독특함도 가장 개성적인 성격에서 자기를 나타낸다.

한편 쇼펜하우어는 소설에 대해서는 언급이 적지만, 역시 삶의 내적 의미를 향한 정신적 성장을 추구하는 소설을 중시한다. 루소의 《신엘로이즈》, 괴테의 《빌헬름 마이스터의 수업 시대》와 같은 소설이 그것이다. 그러나 개인의 인격 성숙에 치우친 그의 관점은 윤리적으로 선한 사람들의 공동체의 형성에도 관심을 보였던 루소와 괴테의 정신, 이른바 아름다운 영혼들의 공동체에 대해서는 거의 관심을 보이지 않았다. 이 점은 예술지상주의자들의 칭송을 받는 계기가 되었지만, 소설의 사회적 의미에 관심을 갖는 루카치와 같은 평론가의 비판의 표적이 되었다[루카치의 비판이 갖고 있는 문제점에 대해서는 Ⅷ장에서 논의된다]. 그러나 쇼펜하우어의 정신을 높이 평가한 톨스토이는 그의 도덕 철학을 공동체의 구성을 통한 사회 개혁의 행동으로 연결시킬 수 있었다는 것 또한 주목할 만한 것이다.

---

43 위의 책, s. 348~353.

| 비극과 이념

비극은 시문학의 최고봉이다. 비극에서는 인류의 고통과 비애, 악의의 승리, 우연의 횡포, 죄 없는 자의 파멸이 전개된다. 의지의 객관화의 최고 단계에서 의지와 의지 자신의 충돌이 섬뜩하게 나타난다. 이러한 충돌은 고뇌에서 드러난다. 고뇌의 일부는 우연과 오류에 의해서, 일부는 인간 자신에 의해서 생긴다. 우연과 오류가 세계의 지배자로 등장하는 경우는 그것들이 고의라고 보일 정도의 간계로 인해 운명으로 인격화되어 등장한다. 인간 자신에 의해 생기는 고뇌는 악의나 부조리를 통해 생겨난다. 이러한 사태를 절실하게 경험한 사람은 "인식에 의해 마야의 베일인 현상에 기만되지 않고, 개별화의 원리인 현상의 형식을 간파하고, 이 원리에 근거를 둔 이기심이 사멸한다." 가장 고귀한 사람들은 긴 투쟁과 고뇌를 거친 후 이제까지 강렬하게 추구했던 목적과 인생의 향락을 단념한다(《파우스트》의 그레첸Gretchen, 《햄릿Hamlet》, 《오를레앙의 처녀》, 《메시나의 신부》 등이 그러하다). 이들은 모두 '고뇌에 의한 정화'를 성취한 인물들이다. 이러한 직관적 통찰의 세계는 말로 정의할 수 없다. 비극에 정의를 요구하는 것은 "몰염치하고 무지의 극을 드러내는 것"이다. 그것은 "낙천적, 개신교적, 유대적인 세계관의 영향"이다. "비극의 참된 의미는 주인공의 속죄가 자기 한 개인의 죄에 대한 것이 아니라 생존 그 자체의 죄를 속죄한다는 것을 깊이 통찰하는 것"에 있다. 쇼펜하우어가 보는 세 가지 불행의 길이 있다. (1) 비상한 극단적인 인물의 악의에 의해 생기는 경우 (2) 우연과 오류에 의해 생기는 경우 (3) 평범한 사람들의 대립에서 생기는 경우. 마지막 세 번째의 것이 비극에 더 적합한데, "무서울 정도로 불행을 우리 가까이에서 접근시키기 때문이다."[44] 중국의 왕국유는 이 분류를 홍루몽의 비극을 해명하는 데에 적용한다. 그에 의하면 홍루몽의 비극은 일상에서 만나는 비극이기 때문에 비극 중의 비극이 된다.

| 음악과 의지

음악은 현상계 속의 어떤 것을 재현하는 것이 아니라 예지계를 직접적으로 말한다. 그것은 세계 그 자체로서의 전체적 의지의 직접적 객관화이자 모사다. 음악은 예지계의 직접적 현현이다. 그것은 현상의 가장 내적인 영혼과 같은 것으로 천상의 예술에 해당한다. 음악은 예지계에 대한 형이상학적 언어로서 하나의 '보편 언어'다. 그것은 세계와 우리 자신의 내적 본질과 관계한다. 음악은 다른 예술과 같이 모사와 원상과의 관계와 비슷하지만 "더 강하고 더 확실하다." 또한 음악은 피타고라스처럼 산술적 규칙에서 떠날 수 없다. 그것은 표상으로서의 음악과 표상일 수 없는 것의 관계를 확립하고자 한다. 하지만 "음악은 다른 예술처럼 이념의 모상인 것이 아니라 의지 전체의 직접적인 객관화와 관계한다. 음악은 "세계 그 자체와 같고, 다양하게 현상하여 개체의 세계로 되는 이념들과 같다." 그것은 '의지 그 자체의 모상'이라 할 수 있으며, 본질에 대해 이야기한다. 이에 비해 다른 예술은 그림자에 대해 이야기한다. 음악과 이념 사이에는 병행적 유사성이 있다. 이런 의미에서 철학이 세계의 내적 본성을 일반적인 개념으로 표현하는 것이라면, 작곡가는 철학이 추상적으로 하려는 것을 구체적으로 한다. 따라서 음악을 정확하게 말로 표현할 수 있다면 이것이 곧 철학이 될 것이다.[45]

화성의 통주저음은 '의지의 객관화의 최저 단계'에 해당하며, 그래서 그것은 무기물과 행성들의 집단을 대표할 것이다. 고음은 기저 저음

---

44 위의 책, s. 353~354.
45 위의 책, s. 357~360.

의 부가적 진동에 의해 생긴 것으로 저음과 함께 공명한다. 이는 "자연의 모든 물체나 조직이 행성의 집단으로부터 점차적인 발전을 통해 생긴 것과 유사"하다. 저음에서 들릴 수 있는 한계 이하의 음은 들리지 않는데, 이것은 형태나 성질이 없어 지각될 수 없는 물질과 같다. 통주 저음은 만물의 기초가 되고 만물의 발생의 기점이 되는 무기적 자연에 해당한다. 저음과 멜로디를 노래하는 성음 사이에서 화음을 만드는 가세성음Ripienstimme 전체는 의지가 객관화되는 이념의 모든 단계에 해당한다. 높은 쪽의 음은 식물계나 동물계를 대표할 것이다. 음계의 음정은 의지의 객관화의 일정한 단계, 즉 종을 의미한다. 음악은 세계의 상관자이다. 자연의 네 가지 위계(무기물, 식물, 동물, 인간)는 음정의 배스, 테너, 알토, 소프라노에 해당한다.

이성이 없는 세계 전체에는 자기의 생을 의미 있는 전체로 만드는 것도 없고, 정신의 발달을 경험하거나 수양을 통해 완성해 가는 존재는 없다. 그럼에도 불구하고 "선율에서 높고 노래하고 전체를 인도하고, 구속받지 않는 자유의지로 하나의 사상의 부단한 의미 있는 연관을 유지하면서 처음부터 마지막까지 진행하여 하나의 전체를 나타내는 주성음은 의지의 객관화의 최고 단계에서의 사려 깊은 생활과 노력을 보여 준다." 음악은 격정이나 감정의 언어인데, 의지의 노력도 이러한 언어를 통해 암시된다. 쇼펜하우어는 음악과 정신과의 관계에 대해 다음의 고전을 인용한다. "영혼이 감정에 사로잡히는 경우 그것을 모방하여 만들어 낸 선율의 운동(Platon, *Laws*, 8. 812C)이 된다." "리듬과 선율은 소리에 불과한데, 어찌하여 마음의 상태와 비슷한가?" (Aristoteles, *Problemata*, C.19)[46]

---

46 위의 책, s. 360~362.

인간의 본질인 의지는 노력, 충족, 또 노력하는 과정을 영원히 계속한다. 충족을 얻지 못하는 것은 괴로움이며, 새로운 소원이 없는 갈망은 권태Languor, Langeweile이다. 선율도 같은 구조를 갖는다. 선율의 본질은 으뜸음Grundton에서 끊임없이 떨어져 빗나가고, 불협 화음에도 이른다. 그럼에도 불구하고 언제나 으뜸음(충족)으로 돌아오지만, 으뜸음의 지속은 권태를 의미한다. 작곡가는 이성으로는 이해할 수 없는 말로 세계의 내면적 본질을 구현하고, 깊은 지혜를 표출한다. 음악은 '사물의 심장'을 제공한다. "현상을 모사하는 음악은 배척되어야" 한다. 의지는 모든 것이 의존하는 가장 진지한 것Allerernsteste이다. 음악의 형언할 수 없는 그윽함Innige이 여기에 의거한다. 의미심장하기 때문에 반복 기호가 있어도 쾌적하게 느껴진다. 음악은 "자기가 철학하고 있는 것을 모르는 정신의 숨은 형이상학 연습"이다. 이런 의미에서 자연에 대한 설명이 결여된 도덕 철학은 화성이 결여된 선율에 불과하며, 윤리가 결여된 물리학이나 형이상학은 선율이 결여된 화성에 불과하다. 그러나 완전히 순수한 화성 체계는 물리적으로나 산술적으로 불가능하기 때문에, 불협 화음은 피할 수 없다. 불협 화음은 모든 음들에 분할함으로써 평균률로써 감춘다.[47]

예술가는 그 스스로가 객관화되어 끊임없는 고뇌에 머무는 의지이며, 그의 순수한 인식은 한순간만 인생으로부터 구제받는다. 이는 영원한 구원이 아니다. 이 때문에 예술가는 연극에 싫증을 느끼고 진지해질 수 있다. 그리하여 예술도 세계와 의지로부터의 초월을 주제로 삼게 된다. 매기가 지적하듯 반성을 강조하는 쇼펜하우어는 자신의 예술론의 논리적 지위를 잘 알고 있었다. 그에 의하면 예술에 대한 자신의 설

---

47 위의 책, s. 362~372.

명을 증명하는 것은 불가능하다. 그는 음을 수단으로 한 표상으로서의 음악이 본질과 연계되어 있다고 가정한다. 그러나 그 연관 자체는 표상되지 않는다. 물자체로서의 의지는 결코 표상되는 것이 아니기 때문이다. 그럼에도 그는 의지를 모사하는 것을 음악으로 간주하고 있다.[48] 이러한 논리적 문제점이 있지만, 그의 미학은 많은 예술가들의 사랑을 받았다.

| 쇼펜하우어와 바그너의 경우

바그너Wilhelm Richard Wagner, 1813~1883는 철학, 정치, 역사, 문학 등에 큰 관심을 가진 이론을 갖춘 지적 음악가로 알려져 있다. 그의 생애와 사상에 쇼펜하우어가 미친 영향은 그를 이해하는 데 본질적 중요성을 갖는다. 니체가 '바그너의 경우'라는 말을 유행시킨 이후 현대에 이르기까지 바그너의 사상에 대한 논의는 계속되고 있다. 이것은 바그너가 음악 드라마라는 오페라를 통해 이른바 '종합 예술'의 가능성을 시험했던 것에도 연유가 있겠지만, 바그너만큼 이론과 실천의 문제를 가지고 고민하면서 예술과 정치의 연관 문제를 논의하는 사람도 드물기 때문일 것이다. 특히 그의 예술적 정치의식은 독일 국가 사회주의와 연관이 있는 것으로 알려져 있으며, 아우슈비츠 인종 말살 범죄가 예술의 전체주의적 기획 및 정치의 미학화와 분리될 수 없다는 것이 알려져 있기 때문에, 바그너에 대한 논의는 계속되는 것으로 보인다. 쇼펜하우어에게는 고통이 초월적 개인주의 문맥 안에서 논의된다는 한계가 있다. 그러나 다수자에 의한 엄청난 고통을 주는 소수자의 정치적 죽음과 죄 없는 자의 파멸은 산자들의 책임을 불러일으키면서도 그 억울함

---

[48] 위와 같음.

이 풀려질 수 없기에 죽은 자의 정의를 실현할 수 없는 절박한 인간 조건을 첨예하게 의식하게 한다. 호르크하이머Max Horkheimer, 1895~1973는 이런 측면에서 쇼펜하우어의 정관주의靜觀主義가 갖는 한계를 인정하면서도 그를 다시 주목한다. 호르크하이머가 쇼펜하우어에 주목하는 이유는 기존의 철학, 특히 계몽주의에 연루되어 있는 과학주의와 이성주의가 고통의 문제에 무심해 왔기 때문이다. 근대에서의 이성이 도구화되어 삶의 실질적 내용을 추상화하는 형식주의로 변질되자 이상적 가치와 현실 비판에 맹목이 되었다는 것이다.[49]

아도르노Theodor Ludwig Wiesengrund Adorno, 1903~1969와 같은 철학자들이 현대 철학의 본질적 주제로 이질성 혹은 다른 것으로서의 고통에 대한 존중을 내세운 것도 그러한 의식과 연관이 있다. 바디우Alain Badiou는 아도르노와 라쿠-라바르트Philippe Lacoue–Labarthe, 1940~2007의 논의를 이어 다시 바그너를 거론한다. 그는 총체성의 원리에 예술을 종속시켰다는 바그너에 대한 기존의 비판적 관점을 계승하면서도 이에 대해 약간의 수정을 가하는 관점을 취한다. 아도르노를 비롯한 기존의 관점들은 바그너를 지배하는 총체성 원리를 국가 사회주의와도 친화성이 있는 전체주의로 비판한다. 바그너는 타자성이라는 차이성의 본질적 성격을 무시하고 그것을 사라지게 하는 통일성을 대중에게 강요한다는 것이다. 그의 음악은 헤겔의 변증법적 기획처럼 일자인 통일성을 존재에 강요하고, 존재의 긍정성을 옹호하는 사고에 지배되어 있다는 것이다. 음악의 플롯이나 선율(무한선율)도 지속적으로 나머지 요소

---

49 쇼펜하우어와 호르크하이머의 관계에 대해서는 이종하, 〈호르크하이머의 비판적 도덕 철학〉, 《철학논총》, 60집. 2010, 2권, 264~280쪽. 저자는 연민을 동고同苦, Mitleid로 번역하고, 호르크하이머가 쇼펜하우어의 연민을 사회철학적 견지에서 보충한다고 본다. 호르크하이머에게 철학적 사유는 기존의 철학과 사회 현실에 대한 비판적 사유다. 고통과 연민은 이러한 사유를 촉진하는 하나의 계기가 된다. 호르크하이머는 연민의 자기중심적 유혹인 나르시즘을 탈피하고 도덕적 감정에 대한 자기비판을 통해 고통을 극복하려는 연대적 노력을 강조한다.

들을 지배하는 통일성으로 기능한다고 본다. 그리고 음악은 화해와 구원의 통일적 기획 안으로 흡수된다. 그러나 바디우가 보기에 바그너에게 그러한 점이 있다고 하더라도, 바그너적 주체의 정체성은 다르게 기능한다. "바그너에서 고통 받는 주체는 변증법에 포괄될 수 없는 분열, 치유될 수 없는 분열"이며, "내적 이질성을 확립하는 주체 내의 분열이다." 바그너에게 화해와 구원의 전망이 전제되어 있다하더라도 타자의 고통과 주체의 내적 분열의 의미는 심대한 것이다. "분열은 그것이 일어나는 플롯의 진행 속에 표현되지 않는다. 오히려 그것은 절대적 고통의 현재로 표현된다. 이야기가 후에 이런 저런 새로운 변형을 겪게 되더라도, 근본적으로 바그너의 고통 받는 위대한 인물들은 사실 자신의 현재의 고통에 대한 창조적이고 새로운 증언자들이다. 탄호이저든, 트리스탄이든, 지그문트든, 암포르타스든, 아니면 쿤드라든, 이런 인물들은 모두 변증법에 포괄될 수도, 치유될 수도 없는 근본적 분열을 드러내며, 이 분열은 비통함의 음악이라 불리는 것에 의해 전달된다. 바그너는 진실로 비통함의 음악을 발명한 사람이다. 그가 주제들의 잠재적 이질성을 이용해 유별나게 강렬한 분열 — 사실 이것은 해결 불가능한 고통의 모습을 한, 주체 내의 분열이다 — 을 드러내고 전달하기 때문에 비통함은 작곡된 음악 자체에 표현된다."[50]

바디우는 바그너의 작품에서 폐쇄성과 안정성보다는 방랑과 변신, 개방성과 유동성을 본다. 규모의 차이가 있지만 인간의 인간에 대한 정치 문화적 죄악은 인류사에 널려 있다. 아우슈비츠와 같은 인간의 죄악과 고통은 화해와 구원을 통한 모든 긍정적 시도, 통일적 조직화를 거부하게 하는 진정한 타자성이다. 비교 불가능한 그 절대성이 현

---

50 Alain Badiou, 김성호 옮김, 《바그너는 위험한가 *Five Lessons on Wagner*》(2010), 북인더갭, 2012, 136~137쪽.

재의 삶을 구원 없이 버려진 삶으로 인식하게 한다. 이러한 '유기성遺棄性, Dereliction'이 우리의 본질이며, 진정한 혁신을 생각하게 한다. 바디우는 이러한 문맥에서 쇼펜하우어와 바그너의 관계를 새로이 인식할 필요성을 제기한다. 그러나 그는 이 점을 상세히 전개하지는 않는다. 쇼펜하우어가 고통과 죄 의식의 문제를 몰염치에서 오는 모든 긍정주의를 거부하게 하는 것으로 제시한 것은 주목할 만한 가치가 있을 것이다. 고통은 붓다에게만이 아니라 현대 과학과 문화, 심지어 문화 비평을 포함한 모든 긍정성positivity을 의문시하며, 그것을 이미 버려지고 부정된 것으로 보게 한다. 비통함은 현대 문화에 대한 이해에 본질적 요인으로서 세계의 유기성과 함께 개입된다. 쇼펜하우어 예술론과 윤리학은 신흥 종교와 유사하게 구원과 화해의 철학으로 사용될 수 없다. 그것은 쇼펜하우어가 애써 무시하고 그 자신의 정치적 반동성이 범하기도 한, 정치사회적 현실 안에서 일어나는 죄악과 연계된다. 그리하여 죄악과 고통을 극복하려는 개방성은 긴장성과 결합하여 진지한 개방성으로 변용된다. 그것은 무고한 자의 고통에 대한 경험적 수용을 통해 희망과 버려짐 속에서 분열되는 긴장을 갖는 개방성이 된다. 희망은 즉시 실현되지 않고, 버려짐은 즉시 화해되지 않는다. 돌아올 수 없는 생기로움을 향한 동경과 엄정한 버려짐에 대한 의식이 결합해 새로운 실존 양식으로의 혁신이 일어난다.

　　매기에 의하면 바그너는 1854년(41세)에 36년 전에 출판된《의지와 표상으로서의 세계》를 읽게 되었는데, 그것을 처음 읽고 리스트에게 "하늘의 선물"이라고 극찬했다.[51] 이때는 바그너가 바쿠닌과 더불어 1848~1849년의 유럽 혁명에 가담했다가 실패하여 지명 수배된 시기

51　Bryan Magee, *The Philosophy of Schopenhauer*, Clarendon Press, Oxford, 1983, p. 350.

이다. 이 시기는 도주와 방랑의 시기이자 이념을 완전히 상실한 것은 아니나 환멸 또한 배제할 수 없었던 방황의 시기이기도 했다. 이때 〈트리스탄과 이졸데〉를 구상했다고 한다. 김문환에 의하면 바그너는 "하이네로 상징되는 독일 청년 운동, 포이어바흐, 프루동과 바쿠닌, 슈티르너 등으로부터 받은 철학적 내지는 문학적 여운을 위로부터의 개혁이라는 자신의 독특한 예술적 열망들 속에 결합시키고자 나름대로 애썼다." 그는 "자신의 음악적인 그리고 연극적인 개념을 촉진할 수 있는지를 고려하지 않고서는 이 혁명에 개입할 수 없었고, 또 그럴 의사도 없었다." 그는 개혁 집단 가운데 급진적 단체에 속했으나 "예술가나 개인을 위한 예외가 없는 평등이란 그로서는 상상할 수 없었던 것이다." 이러한 한계 안에서 바그너는 권력에 기대는 이기적 심리를 포함해 예술가의 자기실현과 민주 공화제의 실현이라는 '이중적 동기'를 갖고 있었다.[52] 정치사회적 혁신 없는 사회적 퇴락의 일부인 예술의 진정한 가능성은 없다고 생각했다. 정치를 위해 정치에 참여한 것이 아니라 예술을 위해 정치에 참여한 것이다. 이 시기에 그는 이른바 〈니벨룽겐의 반지〉 연작Ring Cycle을 구성한다. 이 작품은 4부작으로 구성된다[라인의 황금Reinegold, 발키리Walkirie, 지그프리트Siegfried, 신들의 황혼 Götterdämmerung]. 〈니벨룽겐의 반지〉는 무로부터의 자연의 출현에서 시작하여, 자연과 분리된 인간이 겪는 분열과 고통의 역사적 과정을 거쳐 인간의 내적 조화와 타인에 대한 지배는 화해불가능하다는 귀결에 이르러 사랑이라는 핵심적 주제에 이른다. 갈등과 투쟁의 세계는 절멸되어 구원에 이른다. 개인을 지배하는 일체의 추상적 보편자는 사라진다. 〈니벨룽겐의 반지〉 연작은 의지의 방황과 구원의 과정을 그린다는

---

52   김문환, 《바그너의 생애와 예술》, 느티나무, 2006, 76~77쪽.

점에서 괴테의 파우스트와 헤겔의 정신현상학을 연상시킨다. 그의 드라마는 그리스 비극을 따르면서 북방의 신화를 상징으로 선택한다는 특징을 지닌다. 기독교적 신도 하나의 신화처럼 활용되고 구원의 방향으로 극이 통일성을 이루게 된다. 이 점에서 바그너의 정치 사상은 마르크스가 비판하는 것 중 하나인 '봉건적 사회주의'의 성격을 갖는 것으로도 보일 수 있다.

쇼펜하우어와의 만남은 바그너에게 하나의 커다란 사건이었다. 이때 그는 최대의 위안과 자기 확증에 도달한다. 신들의 죽음을 통해 인류가 역사의 책임을 져야 한다는 시대 의식과 사랑의 도덕은 포이어바흐의 영향이지만, 전체적으로 쇼펜하우어의 영향이 핵심적이다. 그후 그는 쇼펜하우어를 읽고 또 읽었다. 바그너의 부인 코지마Cosima의 일기(죽기 전 14년간의 기록)에는 'Schopenhauer'라는 말이 200번이나 언급되며, '저녁에는 쇼펜하우어'라는 표현도 많이 발견된다. 바그너는 쇼펜하우어에 대한 꿈도 꾸었다. 그는 쇼펜하우어의 철학과 자신을 보완적인 것으로 생각했다. 바그너는 쇼펜하우어의 저작을 보기 이전에도 그와 유사한 착상을 하고 있었는데, 쇼펜하우어가 그러한 직관적 원리들에 이성적 개념을 제공했다고 생각했다. 뢰켈Röckel에의 편지(1856)에서 그는 쇼펜하우어의 이성적 개념으로 자신의 예술 작품에 대한 명백한 이해에 도달했으며, 자신의 작품에 있는 사적 동기는 포기라는 숭고한 비극이며, 의지의 부정이었다고 말한다. 그는 무의식적으로 인도되어 세계의 본질과 의미를 발견했으며, '무'를 깨달았는데, 쇼펜하우어에 의해 개념과 직관의 차이의 문제를 해결하게 되었다고 한다. 이미 1854년에 바그너는 쇼펜하우어에게 〈니벨룽겐의 반지〉의 사본을 선물했는데, 응답은 없었다. 쇼펜하우어가 죽은 뒤 바그너는 코지마에게 "〈니벨룽겐의 반지〉는 은총의 개입 없이 개인의 자랑스러운 본성의 힘으로 의지의 절멸이 성취되는 것을 보여 준 것이지만, 쇼펜하우어는 내가 먼저 그것을 발견한 것에 대해 괴로워했을 것"이라고 말했다.[53] 아마도 바그너의 이 말은 쇼펜하우어의 성격에 비추어 보면 사실일 것이다.

바그너의 덕택으로 쇼펜하우어의 철학이 유행하게 되었다. 프로이트에게 무의식의 철학의 가능성을 일깨운 쇼펜하우어는 바그너가 독자적으로 무의식의 의식화에 관심을 기울이고 있었다는 것을 알지 못했다. 바그너는 쇼펜하우어의 의지론을 통해 자신의 무의식에 관한 관심을 철학적으로 각성할 수 있었다. 21세에 그는 드라마 예술의 본질은 모든 인간적 삶과 활동의 내적 핵심을 보여 주는 것이라고 했으며, 〈오페라와 드라마〉에서도 안티고네Antigone를 연민에 의해 자기부정의 무의식적 필연성에 복종하게 된 여인으로 이해하고 있다. 바그너 작품의 인물들은 쇼펜하우어를 알기 이전에 쇼펜하우어의 생도들이었다. 〈방황하는 네덜란드인〉도 모든 존재의 무시간적 부정의 상태를 동경한다. "모든 죽은 자들이 일어날 때, 나는 '무'로 해체되리라. 세계여! 너의 길을 끝내라. 영원한 '무'여! 나를 삼켜라." 〈탄호이저〉도 여인에 대한 연민하는 자기희생적 사랑으로 세계의 부정에 도달한다. 〈로엔그린〉은 진정한 고향을 이 세계와 다른 예지계로 말하고 있다.[54] 사랑을 통한 구원은 바그너의 일관된 주제다. 인간에 대한 사랑은 포이어바흐로부터 온 것이며, 여기에 프루동과 바쿠닌으로부터 온 무정부주의적 이상이 결부되어 있었다. 이러한 사회적 이상은 예술가 특유의 자기실현과 이를 위한 돈에 대한 관심과 결합되어 있었다. 한편 바그너는 독일적 정신문화를 종합 예술로 발전시킨 순수 예술에 대한 관심을 불교적

---

53 Bryan Magee, *The Philosophy of Schopenhauer*, Clarendon Press, 1983, pp. 360~361.
54 위의 책, pp. 368~369.

이고 기독교적인 자기부정의 구원 사상으로 승화시키고자 했다. 이 지점에서 그는 쇼펜하우어와 공감하는 부분을 알게 되었다. 이것이 그의 예술 철학에서 가장 중요한 요소로 자리 잡게 된 것이다. 그가 쇼펜하우어를 수용한 주된 이유는 기존에 그가 믿었고 추구했던 직관의 깊이를 쇼펜하우어가 대담하게 개념적으로 표현했기 때문이었다. 이 때문에 바그너에게서 후기의 이론이 초기의 직관적인 것을 대체한 것이 아니라 무의식적이고 직관적인 것에 이론적 형식을 부여하여 이에 종속시키는 유형의 것이 되었다.

'발키리'에 나오는 보탄의 다음과 같은 독백은 쇼펜하우어가 고통을 통해 삶의 의미를 세계 밖에서 발견할 수 있다고 한 것과 같다. "나의 눈은 애절한 사랑의 깊은 고통에 의해 열리게 되었다. 나는 세계의 끝을 보았다." 그러나 사실은 쇼펜하우어를 알기 전에 바그너는 이미 〈니벨룽겐의 반지〉의 반 이상을 작곡했다. 그래서 오페라에 관한 이론에서도 쇼펜하우어를 알기 이전의 것과 이후의 것에는 서로 상반되는 것들이 많다. 혁명에도 가담했으며, 민중의 역사적 의의를 버리지 않으려 했던 바그너에게는 역사주의적인 측면이 남아 있었다. 그는 예술은 민중의 무의식적 의지의 형식화라는 측면과 예술은 귀족에게만이 아니라 민중에게 말해야 한다는 의식을 버리지 않았다.[55] 이에 비해 쇼펜하우어에게 예술은 소수에게 말하는 것이며, 음악은 존재의 깊은 근원으로부터 나오는 의지의 언어를 독해하는 천재에게서 나오는 것이다.

《의지와 표상으로서의 세계》와 깊이 연관된 작품은 〈트리스탄과 이졸데〉이다. 이 작품은 쇼펜하우어 철학의 음악적 상관자라 할 수 있다. 사랑의 포만 다음에 죽음에의 욕망이 따라 나온다. 분리된 타자와의

---

55 위의 책, pp. 369~370.

통일에의 욕망은 개별화의 원리에 따라 분화된 현상계에서는 불가능하다. 하나가 되는 통일은 탄생 이전과 죽음 이후의 세계인 예지계에서만 가능하다. 이른바 영들의 공동체인 예지계에서만 개체들은 다시 결합될 것이다. "밤이 나를 대낮으로 내던지자 태양의 눈은 영원히 나의 고통을 흡족하게 바라본다." 이 말은 쇼펜하우어의 밤과 낮의 회전이 없는 '영원한 정오'에 대한 관념을 그대로 보여 준다. 죽음에의 동경은 예지계에 대한 일정한 관점과 연관된다. 칸트가 경외하면서도 조롱하기도 했던 스웨덴보리 Emanuel Swedenborg, 1688~1772는 영들의 세계를 직접 경험했다고 하는데, 이를 쇼펜하우어는 적극적으로 옹호한다.《추가와 보유》에 있는 〈영혼 투시와 그와 연관된 모든 것〉에서 쇼펜하우어는 영들의 공동체를 물자체인 예지계로 본다. 쇼펜하우어는 영적 현상들을 인정하고 그것을 예지계에 의거해 설명한다.[56] 죽음에의 두려움 없는 동경은 바로 이러한 영적 세계의 실재성에 대한 믿음과 세계를 영원의 관점에서 정관한다는 입장이 결합되어 있다.《파이돈Phaidon》의 소크라테스가 철학을 죽음의 연습이라고 하는 실천적 관점의 정점을 보여 준 것도 영들의 세계에 대한 그의 무속적 경험에서 나온 것이다. 영원의 관점에서 세계를 보는 입장은 아우구스티누스에게서도 발견할 수 있지만, 쇼펜하우어에게는 생사윤회를 벗어난 붓다의 눈으로 세계를 보는 불교적 관념이 더 진지한 것으로 보였다. 바그너의 작품에 나오는 죽음과 세계 절멸에 대한 동경은 스웨덴보리의 예지계와 쇼펜하우어의 불교라는 두 가지 측면이 결합되어 있다.

　바그너에게 낮은 현상계고 밤은 예지계다. 빛의 세계는 시공간적 세계이며, 밤의 세계는 근원적으로 시공간이 없는 세계다. 〈트리스탄과

56　Arthur Schopenhauer, 'Versuch Über das Geistersehn und Was damit Zusammenhängt', *Parerga und Paralipomena* I, S. W. Ⅳ, 1986, s. 364~365.

이졸데〉에서 이졸데와 트리스탄은 말한다. 이졸데: "대낮의 광명으로부터 나는 해방되어, 나와 함께 당신을 밤으로 이끌어 가기를 바란다. 거기서는 환상이 멈춘다." 트리스탄: "이제 우리는 밤의 헌신자가 되었다. 시기심으로 무장한 악의에 찬 대낮은 우리를 미몽에 빠뜨려 갈라놓는다. 그러나 다시는 우리를 환상으로 속이지 못하리. 그 어리석은 화려함, 그 뽐내는 그럴듯함은 밤에 의해 시야가 성화된 사람에게는 경멸스러운 것이다."[57] 계몽주의자에게 밤은 무지의 영역이지만 바그너에게는 궁극적인 진리의 세계다. 그곳은 만족되지 않는 갈애로부터 회심하는 사람이 도달하는 의미 세계이다.

이 작품은 남녀 간의 사랑을 중심으로 한다. 쇼펜하우어에 의하면 현실에서 예지계와의 직접적 접촉으로 이끄는 것은 성적 사랑과 음악이다. 음악은 직접 예지계를 반영하는 예술이고, 성적 사랑은 근저의 성적 욕망을 현시함으로써 그 근저의 의지에 접하도록 할 수 있다는 것이다. 생명계에서 의지는 개체의 보존욕으로 나타나지만 성적 욕망에서는 종족 보존이 우선이라는 것이다. 개체는 희생된다. 이에 비해 〈트리스탄과 이졸데〉는 성적 사랑에 대한 축복을 담는다. 사랑은 성관계에서만 그 가장 완전한 실재성을 갖는다는 것이다. 다른 사랑은 그것의 모방이다. 개인적 의지의 부정 나아가 죽음을 통해 도달하는 사랑은 모든 것, 모든 사람과의 통일을 성취한다. 그러나 이러한 자기희생적 사랑이란 개별자로 분화된 현상계에서만 의미를 갖는다. 현상계에서만 서로가 하나가 되는데, 이는 의지가 부정되는 연민에 의거한 사랑의 기초 위에서 가능하다. 이러한 사랑의 길은 성적 사랑을 계기로 의지가 자기부정과 자기인식에 도달한다. 이 기초 위에서의 사랑이 현상

---

57 Bryan Magee, *The Philosophy of Schopenhauer*, Clarendon Press, 1983, pp. 383~384.

계에서의 모두의 하나 됨을 실현하는 길이다. 이러한 입장은 성적 사랑의 의의와 자기희생적 사랑의 현실성을 강조한다는 점에서 쇼펜하우어와 차이가 있다. 이 점은 바그너가 오페라에서 각종 기계적 기술을 동원한 것과 연관하여, 대중적 상업성을 갖는 데에도 기여한 것이지만, 포이어바흐의 인도주의적 사상의 영향도 있는 것으로 보인다.

쇼펜하우어의 신념 가운데 가장 궁극적인 단계에 속하는 의지부정론은 인도 철학과 불교 및 기독교에 있는 진실을 반영한 것이다. 반종교적 사상가들은 바로 이 점을 비판의 표적으로 삼았으며, 그 근거는 대개 자연 내재적 본성에 대한 긍정에 의지한다. 그러나 쇼펜하우어는 내재적 철학으로 자신의 정체성을 확립했지만, 삶의 의미에 대해서는 자연초월적 입장을 견지하고, 자연성을 극복하는 동양적 수양론에 접근하는 입장으로 나아간다. 중국의 도교사道教史나 이학사理學史가 증시하는 것처럼 현상계로부터 본체계로 역행하여 올라가는 방향은 자연성을 극복하려는 초월적 상승 의지를 보여 준다. 이러한 상승 의지는 삶의 무상함과 죽음의 공포가 주는 근본적 무의미를 초극하여 마음의 평화를 찾으려는 충동을 보여 준다. 쇼펜하우어가 이러한 방향을 취하게 된 것은 고통과 죽음에 맡겨진 인간 조건을 극복하기 위한 것이었다. 그가 인간 생존을 의미하는 말로 자주 쓰는 현존재성Dasein으로부터 구원의 가능성에 대한 믿음은 의지부정에 의한 구원의 가능성으로 나아간다. 의지부정에 의거한 구원론은 바그너의 〈파르시팔〉에 흡수된다. 물론 바그너는 기독교도가 아니며, 신을 믿지도 않았다. 그를 종교에 빠졌다고 비난할 수는 없을 것이다. 그의 믿음은 신학적이 아니라 철학적이며 연민과 포기의 형이상학의 전통에 접근한다. 무지했던 파르시팔은 암포르타스Amfortas의 고통에 직면하여 눈을 뜨게 된다. 그는 궁극적으로 인류에 대한 그리스도의 연민을 이해하게 된다. 파르시팔의 연민은 연민에 의거한 지식을 내포하지만, 학술적인 것이 아니기에 순결한 백치의 인식이다. 〈파르시팔〉은 1877~1882년에 작곡되었지만, 1850년대 초에 이미 쇼펜하우어와 불교의 영향으로 인생과 우주에 대한 신비주의적이고 형이상학적인 전회를 이룩했으며, 이는 그의 후기의 입장까지 지배하고 있었다.[58] 이것은 진정한 성향의 선과 사심 없는 덕, 정신의 순수한 고결성은 추상적 지식으로부터 오는 것이 아니라 추론에 의해 도달할 수 없는 직관적 인식에 의거한다는 쇼펜하우어의 관점을 일관되게 보여 주고 있는 것이다. 이러한 점은 타자의 고통은 우리의 삶을 흔들어 역사와 현실을 구원에서 분리된 것이며, 그래서 더욱 비통한 것으로 경험하게 한다. 이러한 경험은 예술과 윤리의 본질적 태도를 결정하는 강도 높은 힘을 갖는다. 그것은 어떤 추상적 개념으로 이해되어 종교-윤리적 화해의 공학으로 조작될 수 없다.

| 말러의 음악과 쇼펜하우어의 한계

고독과 방황 속에서 평화와 고요를 추구한 말러Gustav Mahler, 1860~ 1911는 쇼펜하우어의 예술론이 음악에 대한 가장 심오한 분석을 한 것이라고 극찬한다. 그는 자신의 인생에서 가장 어려운 때(오페라 감독에서 해임, 딸의 죽음, 심장병 발병)에 작곡한 〈대지의 노래 Das Lied von der Erde〉(1909)에서 생의 무상과 고통 및 그 구원의 기능성을 모색한다. 젊은 시절 그는 당시 독일 통일과 사회주의 이상을 추구하는 빈 청년 운동에 가담하고, 사회주의에도 관심을 갖는다. 말러는 민중 가사를 수집하여 그들의 생활을 이해하는 가운데 음악의 지평을 확장한다. 그는 현실에서 인간의 운명과도 같은 불행에 깊은 공감을 보인다. 말러의 가

---

58 위의 책, pp. 396~401.

곡 〈현세의 삶Das irdische Leben〉(1892) 가사는 민요집 〈마술피리Das Knaben Wunderhorn〉에서 나온 것이며, 그 가곡의 원제목은 〈이미 때는 늦었다네Verspätung〉이다. 그 가사의 내용은 이렇다. 어머니에게 배고파 죽겠다고 보채는 어린아이의 굶주림은 곡식의 파종과 수확 그리고 찧어서 밥을 지을 때까지 해소되지 않다가 정작 밥이 지어졌을 때 어린아이는 이미 죽어 있었다는 것이다. 현세에서 실현되지 않고 또 실현될 수도 없는 정의正義가 말러의 미학에서 조화로운 화성과 단절을 일으키게 한다. 말러는 모든 것이 충족되는 천국의 삶과 현세의 삶의 괴리를 '부자연스러운 반주'를 통해 인간의 불행한 운명으로 표현한다.[59] 이러한 인간 운명은 자연과 인간, 인간과 인간이 화해할 수 없는 모순에 있다는 것을 단적으로 보여 준다. 그것은 사회적 조건에 대한 반성을 촉구하는 것이자, 욕망과 결여, 충족과 권태에 조건 지워진 쇼펜하우어적인 인간의 모습이다. 음악가는 세상의 고통에 대한 심미적 경험에 따라 긍정할 수 없는 세계와 거리를 둘 수밖에 없으며, 형용하기 힘든 유토피아적 감각에서 알려지는 천상 세계를 갖게 된다. 말러가 고통을 생명의 본질로 보는 쇼펜하우어에 관심을 갖는 것은 당연할 것이다. 예술은 귀족의 쾌락을 위한 기존의 음악과 그것이 갖는 조화롭고 아름다운 표현 방식을 벗어나야 했다.

파열되어 조화와 통일성이 없는 말러의 음악은 쇤베르크Arnold Schönberg, 1874~1951의 무조 음악無調音樂을 예고한다. 의지의 해소되지 않는 분열과 고통, 삶의 비참성과 무보상성을 소리로 표현하는 음악의 가능성을 보여 준 바그너의 쇼펜하우어적 음악 사상은 무조 음악의 단초가 되었다. 윅스Robert L. Wicks에 의하면 "쇤베르크는 그의 작품에서 쇼

---

59 김지순, 〈천국에서의 삶Das Himmlische Leben, 19세기 후반 빈의 시대정신과 말러의 이상〉,《서양음악학》2권, 1999. 5, 197~213쪽.

VII. 아시아 철학과 선험적 구성론 **849**

펜하우어와 바그너 양자의 중요성을 인지하고 있다. 쇼펜하우어의 글에 대한 언급은 쇤베르크의 《화성의 이론Theory of Harmony》(1911)과 말러에 대한 강의(1914)에서도 등장한다." "무조의 구조들 자체의 표현적 특질들에 대해 고찰하기만 하더라도, 우리는 20세기 음악에서의 쇼펜하우어의 현존을 이해할 수 있다." 무조 음악은 조화의 법칙을 상실한 정서의 미결정 상태를 '화성적 걸림harmonic suspension'으로 표현한다. "로시니와 모차르트에 대한 쇼펜하우어 자신의 개인적 선호에도 불구하고, 1818년 《의지와 표상으로서의 세계》가 최초로 출판되고 한 세기가 지난 후 쇼펜하우어의 음악 이론과 형이상학은, 바그너가 영감을 준 20세기 무조 음악 안에서 적절한 예술적 표현을 찾았던, 고통받는 영혼을 표현하는 특성들을 개방한다."[60] 이러한 무조성은 통일성과 조화를 거부하며, 개체의 고뇌에서 세계고世界苦와 사회적 삶의 보편성을 보는 '무조 철학(비판 철학)'을 암시한다.

이러한 맥락에서 아도르노는 음악가 개인의 삶이 근저의 여러 사회적 관계를 포함하고 있다는 모나드론적 관점에서 부정의 예술, 부정의 사회학을 생각할 수 있었다. 개체의 고통은 가장 보편적인 것을 담고 있다. 따라서 이를 인식하기 위해서는 개체의 특정한 모습에서 그와 연관된 사상 및 세계와의 관련들을 인식해야 하는 관상학적 방법론이 필요하다. 그가 《말러 — 음악적 인상학Mahler, Eine Musikalische Physiognomik》(1960)을 쓴 것도 우연은 아니다.[61] 말러 미학에 대한 이해는 19세기 민중의 삶과 음악사의 연관 그리고 유럽의 사회 상황과 모순들 및 이데올로기들의 자기 주장들에 대한 이해를 필요로 한다. 세계대전을 목전

---

60 Robert L. Wicks, 김효섭 옮김, 《의지와 표상으로서의 세계 입문》(2011), 서광사, 2014, 222~223쪽.
61 Theodor W. Adorno, 이정하 옮김, 《말러—음악적 인상학Mahler, Eine Musikalische Physiognomik》(1960), 책세상, 2004.

에 두고 과학주의적 희망과 낭만주의적 절망이 엉켜 있으며, 혁명과 반혁명이 뒤섞인 19세기 후반의 상황에서 조화와 통일성의 미학이 나온다는 것은 상상하기 어려운 것이다. 이제 예술은 설사 역사로 인해 잃어버린 고향인 총체성을 추구한다 하더라도 소외와 파열, 불연속성과 '무'를 표현하는 부조화의 미학을 의식하지 않을 수 없게 되었다. 신과 같은 절대정신이라는 무제약자를 우주의 통일성으로 삼아 역사를 낙관적으로 정당화하는 전통 형이상학과 그 변증인 과학적 실증주의는 저급한 속류 사상으로 비판된다. 그러한 철학은 부정적 현실을 긍정하도록 미화시키는 가상만을 보여 줄 뿐이다. 말러의 사상에 크게 공감하는 아도르노에 의하면 "자의는 아니었지만 그(말러)의 변증법에서 뛰쳐나와 신이라는 무제약자로 넘어가는 작곡의 논리는 도로 전적인 피제약자로 떨어져 버릴 위험에서 벗어날 수 없는 철학적 논리와 똑같아졌다. 즉 그는 악곡을 통해 신의 이름을 부르는 것을 꺼리는데, 이는 신을 신의 반대편에 넘겨주지 않기 위해서인 것이다."[62]

말러는 개체들의 무고한 고통과 죽음을 보수적 혹은 진보적 입장에서 대세의 흐름이라는 명분에 넘겨주지 않는다. 사태 그 자체를 알려주는 한 개인의 고통이 보편적 진실을 지니며, 이것이 예술과 철학의 내적 긴장을 이완시키지 않는 실재다. 정치적 개인주의는 철 지난 이야기다. 사회주의적 사실주의라는 말은 역설적이게도 말러에게 타당한 것이 된다. 베버가 찬양했던 유럽의 자유주의적 제국주의의 운동도 합리화될 수 없다. "제국주의 시기의 평화를 불신하는 그(말러)에게는 전쟁이 정상 상태이며, 인간이란 자신의 의지에 반해 강제로 징집된 병사인 것이다. 그는 음악적으로, 군주에 대항하는 농부의 간계를 변호하

---

62 위의 책, 97쪽.

고, 결혼을 앞두고 달아난 사람들을 변호하며, 국외자들과 유폐된 사람들, 굶주리는 아이들, 쫓기는 사람들과 실종된 초병哨兵들을 변호한다. 사회주의적 사실주의라는 말은 그 자체가 그렇게 권력에 의해 타락하지만 않았다면 오직 말러에게만 들어맞는 말일 텐데, 1960년경 러시아 작곡가들의 음악은 마치 말러를 흉하게 일그러뜨려놓은 것처럼 들리는 경우가 종종 있다."[63] 말러를 통한 아도르노의 이러한 비판은 분명 유럽 시민 사회의 이데올로기였던 개인의 계몽적 이성의 타락상과 시민의 국민화에 따른 전체주의화, 그리고 러시아 혁명 이후의 부르주아적 국가화가 더 이상 어떤 현실도 긍정할 수 없게 만들게 된 운명적 부정 의식을 보여 준다.

말러의 고뇌의 원천은 지상의 인류의 삶에 대한 피할 수 없는 관심이다. 그 관심에는 산업에 밀린, 보잘 것 없는 과거의 삶의 방식의 잔재도 빛을 발한다. 그 빛이 역사의 운동을 비판하는 준거점이 된다. "말러의 인류는 무산대중無産大衆이다. 유물론적 계기에 관한 한, 후기 작품들 역시 한 치의 양보도 없다. 즉, 말러의 음악은 여전히 노래할 만하고 이야기할 만한 어느 과거의 얼굴에 역사적 고뇌의 주름살이 깊게 패어 있음을 알아차리는데, 후기 작품들을 마무리하는 환멸은 바로 그 역사적 고뇌에 대한 응답인 것이다. 말러의 낭만주의는 탈마법화하고, 슬퍼하고, 오랫동안 잊지 않고 있음으로써 그 스스로를 부정한다. 그러나 역사적으로 볼 때 그의 형상 세계는, 그 자신의 시대의 형상 세계로서도, 후기 산업 사회로 접어든 유럽 속의 전통적 전前자본주의적 유럽이라는 고립된 땅에서 근근이 연명해 왔고 이제는 발전이라는 판관에게서 유죄 판결을 받고도 행복의 빛을 받아 ─ 사실 상품 경제가 지배적

63 위의 책, 103쪽.

생산 양식이었던 동안에는 그러한 행복이 있었던 적은 한 번도 없었다 — 환하게 빛난 얼굴을 하고 있는 그런 존재에게 보내는 작별 인사다."[64] 주객관적인 모든 부정적인 것에 대한 부정은 이처럼 개체의 저변에 흐르는 역사사회적 연관들을 감지한다. 새로운 총체성은 이러한 연관에 대한 심미적 충실성에 기초하여 결코 화해 없는 개방적 전체성으로 거듭날 것이다. 우리의 내적 성실성은 고뇌가 일으키는 분열의 선을 유지하는 성실성으로 변모될 것이다.

소외와 물화의 문제를 다룬 루카치Georg Lukacs, 1885~1971와 같은 이론가는 신칸트주의적 정신과학과 헤겔적 총체성을 미학적 관점에서 재조명했는데, 그는 초기 작품인《소설의 이론Die Theorie des Romans》(1914)에서 오디세우스를 비롯한 그리스적 삶이 자연과 인간, 인간과 인간의 관계가 소외 없는 총체성을 이루고 있었다고 판단한다.[65] 그 후 그는 마르크스주의적 사실주의를 통해 유럽 시민 사회의 분열과 소외를 극복하여 다시 아름다운 총체성을 복구하고자 했다. 그는 시민 계급의 교양인들이 쇼펜하우어와 니체 같은 비합리주의적 개인주의를 만들어 독일 국가 사회주의를 여는 한 요인을 제공했다고 비난했다. 그는 생철학을 해방적 총체성의 적으로 규정한다. 그러나 그의 총체성은 정치적 이상이자 심미적 동경의 대상이었다는 점에서 '정치의 미학화'라는 모든 전체주의의 근본 특징으로 비판될 수 있는 것이었다. 루카치에 대한 비판은 총체성과 국가의 억압성을 비판하고, 자본주의와 과학주의의 친화성을 고발하여 시민 의식을 비판적으로 고양시키는 방향에서 이루어진다. 이러한 비판은 사회주의와 과학주의가 밀착된 레닌주의 혁명

---

64 위의 책, 103~104쪽.
65 Georg Lukacs, 반성완 옮김,《소설의 이론Die Theorie des Romans》(1914), 심설당, 1985, 1962년에 쓴 루카치의 머리말(7~25쪽) 참조.

이 국가주의적 총체성으로 귀결되는 것을 경험한 이후의 비판적 사상가들에 의해 본격적으로 전개된다.

예술가의 불행하고 심미적인 역사 의식과 연계하여 아도르노와 호르크하이머는 고통과 연민Mitleid을 도덕의 기초로 본 쇼펜하우어에 동조해 그것을 비판 철학의 주요 요소로 구성한다. 그들의 공저인《계몽의 변증법 Dialektik der Aufklärung》(1947)은 서구의 계몽적 이성이 계산 가능성과 유용성에 굴복함으로써 낳게 되는 인류의 객관적 고통과 인간성의 전면적 상실을 고발한다. 그들에 의하면 정신의 진정한 본성은 도구적 물화物化에 대한 부정에 있다. 그러나 인간은 이성의 도구화로 인해 이성의 자기부정에 이르렀으며, 심지어 문화 산업에 종속되는 지경에 이르렀다. 이러한 소외의 형세는 사회철학적 사유와 실행에 의해 극복되어야 한다는 것이다.[66] 그러기 위해서는 우선 종래의 총체적 전복의 기획이 아닌 개별적 생명을 존중하고 권력에 저항하는 도덕적 입장이 필요하다. 도덕의 기초는 논리적 정당화를 필요로 하는 것도 아니며, 개념이나 법칙도 아니다. 서양에서 도덕을 개념의 문제로 환원하는 것은 냉정한 억압의 도덕으로 작용했으며 지배와 연관되어 있었다. 그러나 진정한 도덕은 세상에 대한 심미적 감정에 기초를 둔다. 고통과 연민은 세계에 대해 거리를 두게 한다. 심정의 진리인 진정성 있는 이상을 갖게 하는 것은 견딜 수 없는 고통에 대한 심미적 경험이다. 쇼펜하우어에게 고통은 초월적 구원이라는 개인적 기획에 흡수된다는 문제가 있지만, 그것은 삶의 핵심적 요인으로 윤리적 방향을 결정짓는 역할을 한다. 이 점에서 고통은 세계에 대한 온갖 신비화를 벗겨낼 수 있는 인식비판적 기능을 할 수 있으며, 쇼펜하우어 자신이 이 역할을 담당

---

66 Theodor W. Adorno·Max Horkheimer, 김유동 옮김,《계몽의 변증법 Dialektik der Aufklärung》(1947), 21~30, 131~163쪽.

하기도 했다. 비록 쇼펜하우어는 부르주아 시민의 국가 의식을 벗어나지 못하고 윤리적 실존주의에 머물렀지만, 고통은 여전히 개방적 정치 의식을 가능하게 하는 객관적이며 심정적인 요인이 될 수 있다. 그것은 구체적 장소와 그 이름을 가진 고통이며, 현실에 대한 부정을 낳는 유토피아적 원리로 될 수 있다. 고통과 연민이 자기 우월이라는 자아도취적 심리의 함정에 빠지지 않고, 책임 의식과 상업 문화에 대한 저항 의식과 결합하게 된다면, 그것은 구체적이고 비판적인 세계 의식의 근본 동인으로 자리 잡을 수 있다.[67]

　고통은 말러가 음악에 조화로운 화성을 부여하거나 통일적 질서를 강요하는 방향으로 나아가는 것을 막았다. 그의 음악에는 전통적 요인과 불연속성이 공존하는 불균형이 나타난다. 아도르노는 바로 이 점을 말러의 음악과 철학의 고유성으로 본다. 〈대지의 노래〉의 원제목이 〈대지의 슬픈 노래〉였던 것처럼, 말러의 음악에는 인생무상과 죽음이 주는 고통, 세기말 인류의 암담한 미래에 대한 좌절이 드러나면서도 자연의 아름다운 고요의 세계를 즐기는 동양적 구원의 미학이 나타난다. 그가 이 길에서 얼마나 마음의 진정과 평온을 얻었을지는 의문이다. 그러나 그가 중국의 시(이백李白, 왕유王維, 도연명陶淵明, 맹호연孟浩然)에 의거해서 교향악을 작곡한 것은 동양에 눈을 돌리는 쇼펜하우어의 길과 연관성이 있는 것으로 보인다. 자연의 생기로움에 대한 사심 없는 정관이 주는 평화는 말러에게도 삶의 무상과 고통을 치유하는 궁극의 의미 세계로 다가온 것이다. 말러는 베트게Hans Bethge, 1876~1946가 번역한 중국 당시唐詩 83수의 번역집《중국의 피리 Die chinesische Flöte》를 읽고 작

67　호르크하이머와도 공유하는 부분이 많은 아도르노의 부정의 철학이 고통과 맺는 심미적이고도 사회철학적인 관점에 대해서는 김기성, 〈부정과 관조의 합주로서의 철학〉,《시대와 철학》 25권 4호 (통권 69호), 2014, 171~203쪽.

곡에 착수했다고 한다. 그는 거의 번안에 가까운 것을 교향곡에 맞도록 가사를 바꾸어 수정을 했지만, 이전의 기독교적 고통과 구원의 미학과는 다소 다른 동양적 영원의 눈으로 세계를 정관한다. 〈대지의 노래〉는 "그의 내면과 완벽히 공명하는 작품"이다.[68] 그러나 그의 마음의 평정은 생의 우울과 긴장 관계를 이루고, 불협화음은 화성과 긴장 관계를 이룬다. 예를 들어, 왕유王維 시에 의거한 제6악장의 가사를 발췌해서 들어보면 불안과 평온이 대립하는 그의 심정을 잘 알 수 있다. "그대, 나의 벗이여. / 세상은 나에게 호의를 보이지 않았다네. / 내가 어디에 가느냐고? 나는 간다네, 산속을 방황한다네. / 내 고독한 마음이 쉴 곳을 찾는다네. / 나는 내 고향, 내 집으로 돌아가노니, 결코 머나먼 곳을 방황하지 않으리. / 내 마음은 고요한 때를 기다리노라! / 사랑스런 대지는 봄을 맞아 / 도처에 꽃을 피우고 초록빛으로 단장하니 / 저 멀리 곳곳마다 영원히 파랗게 빛나는 도다! / 영원히 (……) 영원히 (……)"[69]

말러의 경우에서 보는 바와 같이 음악 창조의 근본적인 상황은 상실된 세계와 동경하는 의미 세계와의 분열에 있다. 쇼펜하우어 미학이 갖는 한계는 고통을 구원의 기획과 연관하여 치유될 수 있는 것으로 본 데에 있다. 사소한 스트레스 정도의 고통은 집착할 필요가 없을 것이다. 그러나 굶주려 죽은 어린이, 대량 학살, 국가에 의한 범죄 등은 그 정의가 두고두고 실현되지 못한다는 고통을 준다. 그러한 고통은 새로운 미래와 연관하여 없어져야 할 것이지만, 이 미래를 의식하게 하는 강력한 동인이 된다. 그것은 주관적으로 극복되어 평안한 심정을 갖게 하는 것이 아니다. 쇼펜하우어는 개인적 정관에 의한 해탈의 기획에

---

68 김문경, 《구스타프 말러 Ⅲ, 대지의 노래》, 밀물, 2007, 146~147쪽.
69 위의 책, 198쪽.

따라 객관성을 갖는 유물론적 고통을 외면한다. 이러한 태도는 그의 부르주아적 시민성과 상업적 개인주의가 갖는 냉정함과도 연관된다. 세계는 고통스러워도 그가 감상주의적인 피상적 관점에서 본 고통은 그의 인생의 핵심을 지배하지 못한다. 정치적 반동성, 개인주의, 심정의 폐쇄성은 쇼펜하우어로 하여금 인생의 정치사회적 의미를 몰각하게 했다. 여기에 이데아들을 정관하는 초탈적 미학이 자리 잡고 있다.

한편 쇼펜하우어는 불교에 심취했으나 공空이나 '무'와 연관한 동양 미학의 가능성 까진 주의를 기울이지 못했다. 그는 자신의 철학의 결론으로 제시한 '무'의 개념을 더 전개하지도 않는다. 그의 형이상학적 미학은 이데아形相들을 정관하여 표현하는 아폴론적 예술과 우주의 물자체인 의지를 반영하는 음악으로 나누어진다. 이 음악의 미도 열정적 몰입이나 광기를 통해 알려지는 디오니소스적인 것이라기보다는 정관적 초탈이라는 아폴론적 성격을 다분히 띠고 있다. 그를 그리스 로마의 고전을 중시하는 인문주의자로 보는 것도 이 때문이다. 이는 그가 비록 19세기의 다른 사람에 비해 아시아를 이해하려는 의욕이 강했지만, 그 깊이에 도달하는 것이 어려웠던 데에 기인할 것이다. 쇼펜하우어는 '무'의 중요성을 알았지만 그것을 창조적 '무'로 발전시킬 수 있는 지점에서 멈추고 말았다. 그러나 '허공'으로도 묘사되는《화엄경》의 여래성如來性이나 법성法性 혹은 법신法身은 만상을 일으키는[如來性起] 허공의 본체로서 충막무짐沖漠無朕하지만 만상을 빈틈없이 구비한萬象森然而具 창조적인 무한한 우주 그 자체다. '무'를 말하는 것을 허무주의로 보는 니체나 하이데거의 경우에도 그러한 창조적 '무'가 갖는 적극성을 보지 못했다는 점에서는 쇼펜하우어와 같다. 그들에게 '무'는 생명성을 부여하는 활력의 깊이를 갖는 것이 아니라 어두운 공포나 절대적 불안의 대상이다. 불교를 수동적 허무주의로 본 니체는 유럽이 불교화되어 문명이 강건성을 상실할 것을 두려워 했다. 하이데거 역시 불안과 연관하여 '무'를 다루며, 존재 중심의 그리스적 자연으로 돌아가 대지에 귀속하는 예술 정신을 찬양하는 방향으로 나아간다.

'무'의 미학에 익숙한 중국 예술에서는 '무'는 비약적이고 창조적인 생기의 원천이다. 중국 현대 미학의 개척자인 종백화宗白華, 1897~1986는 예술 정신의 두 요소를 공령空靈, 무의 영묘성과 충실充實로 본다. 공령은 대상과 거리를 두고 마음을 비워 정조靜照하는 심적 근원心源의 능력을 의미한다. 그것은 우주의 '무', 혼돈의 근원에 접하는 마음이 얻는 창조적 심연이다. 공허는 단순히 공허에 머무는 것이 아니라 만상을 창조하는 생명의 근원이다. 이 근원에 대한 통찰이 없다면 예술 경계인 '의경意境, 의미세계의 미'는 본질적 요소들 가운데 하나를 상실한다. 그러나 '무'에서 나오는 생명력과 그 다양성인 만상萬象의 충실이 없다면, 창조적 작용과 그 결과가 없는 삭막한 공허가 될 것이다. 따라서 맹자가 "충실을 미라 한다充實之謂美"고 말한 것처럼 이 충만성에서 오는 광휘光輝를 미의 본질적 구성 요소로 보아야 한다. '무'와 '유'의 융합이 미를 형성한다. 만상의 현전과 고요한 정묵靜黙이 어울려서 예술가와 감상자의 심정을 새롭게 환기시킨다. 이에 따라 종백화는 장자莊子의 상망象罔, 형상의 주변에 서린 어슴푸레한 그림자을 '상'과 '망'으로 분리하여 설명하기도 한다. '상'은 충실에 해당하며, '망'은 공령에 해당한다. 풍부한 형상계는 혼돈의 진제眞宰에 참여함으로써 구제된다. "정목적靜穆的 관조와 비약적飛躍的 생명은 예술을 구성하는 두 요소다." 시경詩境은 선경禪境이 된다.

예술적 의경은 비극적 정념에 의해서도 충실성을 갖출 수 있다. 종백화에 의하면 비극 시인 굴원屈原처럼 슬픔에 잠기는 것(전면비측纏綿悱惻, 纏綿은 칭칭 얽힘, 悱惻은 슬퍼함)은 정을 깊어지게 하여 만물의 핵심에 들어갈 수 있게 한다. 이것은 창조적 생명 원천인 환중環中, 지도리을 얻는 것이다. 한편 시적 경계는 장자의 초월적이고 텅 빈 공령超曠空靈을 필요로 한다. 이것은 마음이 만상 밖으로 초월하여超以象外, 만상이 거울 속의 꽃, 물속의 달鏡中華, 水中月처럼 되는 것이다. 슬픔도 초월적 공空의 정신과 결합하여 미적 경계가 된다. "색色이 곧 공空이고, '공'이 곧 '색'이며, '색'이 '공'과 다르지 않고, '공'이 '색'과 다르지 않다色卽是空, 空卽是色, 色不異空, 空不異色. 이것이 성당盛唐 시대 사람들의 시경詩境이고, 송원宋元 시대 사람들의 화경畫境이다."[70]

주광잠朱光潛, 1897~1986은 이러한 미의 세계를 '활달豁達'과 '엄숙嚴肅'의 결합으로 보았다. 그는 젊은 시절 깨닫지 않을지언정 무아의 정신으로 지옥에 들어가 대중을 구제한다는 화엄경의 보현행普賢行에 깊이 감명 받아 '무소위이위無所爲而爲'를 필생의 과제로 삼았다.[71] 하는 바 없이 하는 활동이 예술적 경지의 특징이다. 그는 이를 칸트-쇼펜하우어의 무사심한 관조에 해당하는 것으로 보았다. 특히 실용적 관심과 과학적이고 논리적인 관심을 배제하고 대상의 본질적 의미를 독립적으로 정관하는 태도를 심미적 직각으로 본다. 그는 이를 쇼펜하우어와 크로체의 입장을 원용하여 설명한다. 사물의 본질적 의미를 쇼펜하우어는 형상形相, 이데아으로 보는데, 예술은 대상이 갖는 모든 관계로부터 독립하여 본질적 의미 그 자체를 직관한다는 것이다. 주광잠에 의하면 이러한 직관이 크로체가 말하는 '형상적 직각形象的 直覺'이다. 이때의 형상形象은 구체적 감각이나 지각 대상이 아닌 심미적 의미 대상이다. 현상학의 본질 직관을 연상시키는 이러한 정관적 의미 대상을 그는 전

---

70 宗白華, 〈論文藝的空靈與充實〉,《藝境》, 商務印書館, 2011, 211~218쪽. ; 〈中國藝術意境之誕生〉, 앞의 책, 181~199쪽.

71 朱光潛, 〈談美〉(1932),《朱光潛全集》3, 中華書局, 2012, p. 10~11. ; 이상우, 〈주광잠(朱光潛)의 취미론 연구〉,《미학》71권0호, 2012, 1~25쪽.

통적 중국 미학 개념인 '의상意象'으로 해석한다. 그는 이 의상을 예술적 '이미지Image'와 동일시한다[물론 본질적 의미는 동양에서는 사물의 전형적 속성으로서의 플라톤적 형상과는 달리 나타날 수 있는데, 이에 대해서 주광잠은 종백화와는 달리 분명한 의사를 표명하지 않는다]. 진정한 예술적 삶은 관조와 경험적 구체 세계에의 관심이 종합되어야 한다. 인생이 연극이라면 관객형의 인간과 참여적 행위형의 인간이 한사람으로 집중되어야 한다는 것이다.[72]

　'무'의 정신을 근본으로 다양성의 세계, 고통의 세계에 개입한다는 것은 미의 구성에 본질적인 것이다. '무'는 인생의 부정에서 오는 불안의 요인이 아니라 인생을 보호하고 안정시키는 근원이다. 그것은 언제나 수양론에서 마음의 안정성의 근원이자 창조적 활동성의 뿌리다. 주돈이周敦頤, 호는 염계濂溪, 1017~1073로부터 시작한 송명宋明의 신유가는 '무'와 창조적 생기의 능력을 종합하여 갖고 있는 실재[無極而太極, '무'와 생명성의 결합]와의 일치에서 마음의 안정과 윤리의 연원을 찾았다. 무극無極은 우리의 인성을 변화시키는 인성의 원리이자 예술적 창조의 원리다. 이러한 경계境界의 추구는 공자 맹자의 교양을 가진 사람들이 노장사상과 불교의 심원한 철학에 영향 받아 시작된 것이었다.

　쇼펜하우어는 자신이 언어적 장벽으로 신유가에 접근하지 못하는 것을 심히 애석하게 여겼지만, 공자와 맹자 및 주자의 일부분을 제외하고는 송대 이후의 신유가의 전개뿐만 아니라 노장사상과 결합한 중국 불교의 특이한 전개에 대해서도 알 수 없었다. 계몽주의자들과 라이프니츠, 볼프Christian Wolff, 1679~1754는 신유가의 지성인들이 도덕적이고 실천적인 측면에서 강점을 갖고 있다는 것을 알았다, 그들은 신유가의 실

72　朱光潛, 〈文藝心理學〉(1936),《朱光潛全集》3, 中華書局, 2012, 115~125쪽.

천적 특징을 유럽의 미래적 방향들 가운데 하나로 생각했다. 쇼펜하우어는 정관주의 입장에 있었기 때문에 공자와 맹자 사상의 주요 요소인 민중의 고통에 대한 관심에 따른 정치적 실천과 책임 의식을 가질 수 없었으며, 주자학적 교양이 인륜과 경제에 대한 실천적 관심을 학자의 사명으로 간주한다는 것도 알 수 없었다. 설사 알았다 하더라도 그는 실천을 정관靜觀 아래에 두는 정신적 엘리트주의가 갖는 편견 때문에 개혁이라는 경세經世의 문제를 외면했을 것이다. 이러한 태도는 인간성의 일부인 향외적 실행의 측면을 잘라 버리는 것이다. 그것은 그가 중시한 구체적인 신체적 삶과 윤리학으로서의 철학을 불구로 만들 것이다.

VIII

시민성과 정치론

1. 시민성과 법철학

　미적인 것과 윤리적인 것에 대한 쇼펜하우어의 정관주의적 견해는 이데아들과 예지계인 의지, 나아가 '무'에 대한 관조를 통해 심정의 평화와 구원에 도달한다는 관점에서 온 것이다. 자프란스키Rüdiger Safransky에 의하면 "쇼펜하우어 철학을 총괄적으로 표현한다면, 미학적 태도로 거리를 두는 형이상학이라고 칭할 수 있다." "미학적으로 거리를 둠은 비어 있어야만 하는 초월의 장소를 연다. 그것은 의지도 아니고 당위도 아닌 오로지 보는 것이 되어 버린 존재, 세계의 눈이다."[1] 쇼펜하우어는 개체들의 공감적 관계에 도덕의 기초를 두었으나, 이를 사회적 연대나 도덕적 국가를 통해 사회악을 극복할 수 있는 관점으로 확장하지 않았다. 그는 국가나 어떤 조직체가 개인들의 영혼에 개입하거나 조작하는 것을 반대한다. 이 때문에 그의 정치학은 "국가가 인간을 도덕적으로 발전시키리라는 것(피히테, 실러, 헤겔), 또는 낭만주의적 사고, 즉 국가를 일종의 숭고한 인간의 유기적인 구조로 본 이론(노발리

1　Rüdiger Safransky, 곽정연 옮김, 《악 또는 자유의 드라마Das Böse oder Das Drama der Freiheit》(1997), 문예출판사, 2000, 113쪽.

스, 슐라이어마허, 바더)들을 반박한다."[2] 그는 그리스-로마 전통의 하나인 공화적인 공론의 장의 형성에도 관심을 가질 수 없었다. 그의 의지 형이상학과 염세론도 사변적 낙관성에 근거한 전통 형이상학을 비판하면서 나온 것이지만 의지론은 현세에서의 인간의 악을 숙명처럼 용인하게 하여 시대의 절망적 고통과 부르주아적 냉담성을 은폐할 수 있는 것이었다. 당시 그의 제자들 가운데 많은 인물들은 정치적 급진성을 갖고 있었다. 그러나 적어도 쇼펜하우어 자신과 그의 계승자인 하르트만 Eduard von Hartmann, 1842~1906과 니체의 경우는 서민들이 정치 무대에 등장하는 것과 공화주의자들의 급진성을 인정할 수 없었다.

개인의 정신적 귀족성을 강조하는 생철학은 계몽주의적 이성의 관점에서는 이성을 저버린 비합리주의로 보였다. 이성의 무시는 곧바로 정치적 보수성을 의미했다. 루카치는 생철학의 이러한 측면에서 반민주주의를 본다. 그는 생철학을 19세기 독일 부르주아 시민이 정치적 주도권을 얻지 못하게 된 상황과 연관하여 이해한다. 프랑스 혁명(1789)과 테르미도르 반동(1794) 이후 독일은 아직 미진한 산업화와 함께 봉건적 귀족주의가 자유주의 세력을 누르고 있는 형국이 지속되었다. 이런 상황에서 그에게는 생철학의 출현과 유행은 1848~1849년의 독일 혁명이 실패한 이후 부르주아 계급이 빠져든 염세적 분위기를 반영하는 것으로 보였다.[3] 그러나 이 입장은 그럴듯하게 보이지만, 역사사회적

---

2   위의 책, 105쪽.
3   William Carr, 이민호, 강철구 옮김,《독일근대사 A History of Germany》(1815~1945), 탐구당, 1991, 83쪽. 이 저작에 의하면 당시 혁명이 반혁명에 의해 진압될 수 있었던 사회적 세력 지형도는 다음과 같다. "급진주의자들도 온건 자유주의자과 마찬가지로 대중에게 호소하려는 노력을 안 했다. 이에 대해 마르크스는 1848년 혁명에서는 장교들과 하사관은 있었지만 병사들은 없었다고 정확하게 지적하고 있다. (……) 문제의 요점은 반봉건적 사회였던 독일이 구조에 있어서나 외관에 있어서 아주 보수적이었다는 사실이다. 대부분의 사람들은 강한 지방적 충성심과 군주 가문에 대한 뿌리 깊은 본능적 복종심을 갖고 있었다. 그리고 독일 자유주의는 역동적인 경제 세력의 이념적 표현도 아니었다. 그것은 영국이나 벨기에에서 자유주의 승리의 원동력이 되었던 물질적 기반을 결여했다. 산업화는 아직 유아기에 있었다. 중산 계급은 취약했으며 분열되어 있었다. 상층부에는 관료와

조건과 시민적 지성 사이의 객관적 인과 관계를 보여 주지 않고 개괄적으로 연결하는 것이었다. 그가 보기에 염세적 생철학은 사회적 실패자들의 세계상이다. 이러한 입장을 그는《이성의 파괴》(1954)와《소설의 이론》(1914)의〈머리말〉에서 표명한다. 후자의〈머리말〉은 자신의 초기 이론의 관념적 총체성 개념을 비판적으로 논평하는 것이었으나, 그 변형판인 유물론적 총체성을 해방의 원리로 간주한다. 이 입장에서 그는 쇼펜하우어와 그의 일면을 인정하는 아도르노를 포함한 네오 마르크스주의를 혹평한다. 루카치의 주장은 다음과 같다. "내가 이성의 파괴에서 쇼펜하우어를 비판하면서 말한 것처럼 전후戰後에 주도적 역할을 한 지식인의 상당수는 ─ 여기에는 아도르노도 포함된다 ─ '심연과 무無, 그리고 불합리성의 가장자리에 위치하고 있는, 모든 안락 시설이 구비된, 이를테면 심연이라는 초호화 호텔에서 살고 있다. 느긋하게 즐기는 식사 시간이나 예술품 사이에서 매일처럼 바라보는 심연의 광경은 이러한 세련된 안락 시설에 대한 쾌감을 단지 증가시킬 수 있을 따름이다. (……) 설령 오늘날 서방세계에서 생산적이고 진보적인 반대세력이 실제로 태동하고 있다하더라도, 이러한 반대세력은 좌파적 윤리관과 우파적 인식론의 결합과는 아무런 상관이 없는 것이다."[4] 루카치는 생철학을 비과학적인 우파적 인식론에 따르는 비합리주의라고 보는 오래된 통념을 갖고 있었다. 그는 네오 마르크스주의가 개별자의 고통에서 시대의 보편성을 보고, 개체의 자각을 중시하며, 계몽주의적 이성의 파탄을 비판하는 태도를 총체성의 원리에 입각해서 비난하고

학자들이 있었고 상인들이 중간을 차지했으며, 그 밑에 다수의 상공업자가 있었는데 이들은 아직 소수였던 산업 프롤레타리아와는 이해관계가 달랐다." 이러한 형세로 볼 때, 1815~1847의 독일의 역사적 조건을 윌리엄 카가 '복고시대'로 규정한 것은 적절한 것으로 보인다.

4   Georg Lukacs, 반성완 옮김,《소설의 이론 *Die Theorie des Romans*》(1914), 심설당, 1985, 1962년에 쓴 루카치의〈머리말〉, 24쪽.

있는 것이다.

그러나 루카치의 총체성은 레닌이 지적하듯 당시의 여러 계급간의 역학을 무시하고, 1848년 혁명을 전후한 독일 사회의 계급적 구성을 부르주아와 노동 계급 간의 관계에만 집중하는 문제점을 안고 있다. 그는 역사가들에게는 놓칠 수 없는 귀족과 농민계급의 관계, 그리고 영국 프랑스에 비해 상대적으로 성장하지 못한 산업화, 이에 따른 부르주아 계급과 노동 계급 내부의 분화가 갖는 세부적 메커니즘을 보여 주지 못한다. 그는 사회학적 분석보다 노동 계급 중심의 이데올로기적 열정이 더 앞서고 있었다. 이러한 오류는 1918년 독일 급진 사회민주당과 룩셈부르크Rosa Luxemburg의 혁명 실패에서도 인지되는 것이다. 루카치는 원론적인 입장에서 쇼펜하우어의 염세주의적인 귀족적 인식론이 실패한 부르주아 '계급의 위탁명령'을 수행했다고 보았다. 그가 보기에 염세적 생철학은 "사회적 행동을 기피하게 하는 사회적 수동성을 교육시킴으로써 복고기의 부르주아체제를 그대로 유지하게 만든다." 쇼펜하우어의 철학은 부르주아 계급을 '간접 변호'한다는 것이다.[5]

이러한 견지에서 루카치는 쇼펜하우어의 정관주의를 '부르주아 시민 근성Bürgerlichkeit'에 기인한 것으로 보고, 쇼펜하우어가 사회개혁의 시도를 '통찰력의 결핍', '범죄적 행위'로 보는 태도를 다음과 같이 비판한다. "쇼펜하우어의 부르주아 근성은 ― 사유재산이 충분히 보호된다면 ― 지배구조의 정치적 성격은 그에게는 아무래도 좋다는 식에서 바로 드러나는 것이다. 그는 《추가와 보유》에서 그의 주저에 붙이는 주석을 통해 이러한 입장을 이전보다 더 확연하게 밝힌다. (그에 의하면) 정부와 법 그리고 사회적 제도에 대한 수많은 불만들은 어디서나 그리고

---

5   Georg Lukacs, 변상출 옮김, 《이성의 파괴Die Zerstörung der Vernunft》, 백의, 1996, 225~241쪽. / 변상출, 《게오르크 루카치의 문학·예술이론 연구》, 박사 학위 논문, 2000, 138~142쪽.

언제든지 존재해 왔다. 그러나 대부분 그 까닭은 다른 데 있는 것이 아니라 현실의 고통Elend에 대한 책임을 그것들에 떠넘기려고 하는 데 있을 뿐이다. 이 고통은 신화적으로 말한다면 아담이 받았고 그리고 그와 함께 그의 모든 종족이 받았던 저주이기 때문에 인간의 생존 그 자체에 붙어 다니는 그런 고통인 것이다. 그런데 '목하'의 선동가들보다 더한 거짓과 뻔뻔한 방식으로 행해진 허위적 속임수는 일찍이 없었다. 말하자면 이들은 기독교의 적인 낙관론자들이다. 요컨대 그들에게 있어서 세계는 '자기목적'이어서 그 자체로, 말하자면 자연적 상태를 따라 완벽하게 정돈되어 있는 것이다. 그래서 세계는 지복의 합당한 거주 공간Wohnplatz이라는 것이다. 그렇지만 이들은 이에 반하여 울부짖는 거대한 세계의 악에 대해서는 그 책임을 전적으로 정부에 돌린다. 요컨대 정부가 그 의무를 다한다면 천국이 지상에 존재한다는 식이다. 그렇게 되면 만인은 수고와 고통 없이 풍부하게 먹고 마시며 번식하고 죽을 수 있다는 것이다. 그도 그럴 것이 이것은 바로 그들이 말하는 '자기목적'을 풀어 쓴 것이며, 그들이 지칠 줄 모르고 미사여구로 선전하고 있는 '인류의 무한한 진보'의 목표인 것이다."[6]

쇼펜하우어의 정관주의는 기계적 진보론을 비판할 수 있었지만, 사회적 고통을 형이상학적으로 정당화하는 일종의 염세적 실증주의로 나타난다. 그의 개혁에 대한 악의와 모든 고통에 대한 실증주의적 긍정은 니체를 거쳐 오늘날에도 반복되는 생철학의 이면이다. 루카치는 쇼펜하우어가 갖는 수구적 심리와 기만적 악의를 지적하는 것이다. 또한 쇼펜하우어는 자신의 제자들이 염세주의를 급진주의적 개혁에 연결하고 있었다는 점을 알지 못한 것으로 보인다. 그는 사회적 고통에 대한

---

6   Georg Lukacs, 위의 책, 245~246쪽.

미적 감정이 보수적 입장과 거리를 두게 하여 급진적 심성을 갖게 할 수 있다는 것에 대해 주목하지 못한다. 쇼펜하우어는 부르주아 시민의 냉담성을 갖고 있다. 그러나 루카치의 견해도 계몽주의에 대한 맹신과 전체주의적 보수성을 갖는다는 점에서 비판받을 수 있는 것이었다. 문제는 그가 쇼펜하우어의 생철학과 사회적 연관을 제대로 평가하고 있는가이다.

1848년 독일혁명의 실패가 독일 부르주아와 급진주의자들의 염세주의를 낳았다는 견해, 그리고 이것이 쇼펜하우어의 염세 철학이 퍼지게 된 이유라는 주장은 인간의 심리상 그럴듯해 보인다. 그것은 실패자들의 환멸과 정치적 수동성이 쇼펜하우어 철학을 만나 자신들의 처지를 위로하거나 은폐하는 관념적 장치를 얻을 수 있었다는 것이다. 이러한 생각은 쇼펜하우어의 철학이 구체적 정치현실을 초월하는 상위의 차원에 철학의 사명을 두는 관점과 연관하여 쉽게 수긍할 수 있다. 그러나 고트프리드Paul Gottfried는 〈1848년의 염세주의와 혁명들Pessimism and Revolutions of 1848〉에서 보다 구체적인 조사를 통해 루카치와 이에 동의하는 의견들이 의심스러운 '사변'에 불과하다고 주장한다. 그에 의하면 "1850년대 가장 현저한 쇼펜하우어의 염세주의 추종자들 중 몇몇은 헌신적 급진주의자들이었다. 쇼펜하우어와 가장 가깝고 활동적인 제자 프라우엔스타트Julius Frauenstädt는 스승 쇼펜하우어가 프랑크푸르트에서 무장한 대중을 혹평하고 있는 동안 베를린에서 혁명 전단을 돌렸다. 언론인 가운데 최초의 쇼펜하우어 추종자인 린드너Otto Lindner는 정치적 자유주의 경향을 열렬한 자주自主 교권주의와 연결시켰다. 프랑스의 지도적 염세주의 시인 리슬Leconte de Lisle은 1850~60년대 젊은 시절에 공화주의자였으며, 1896년 죽을 때까지 그렇게 남아 있었고, 그의 추종자인 벵비유Theodor Bainville를 자신의 정치관을 따르도록 설득했다."[7] "프라우엔스타트와 리슐은 염세주의와 공화주의를 함께 지니고 있었으며, 프랑스의 열렬한 쇼펜하우어주의자인 에밀 졸라Emile Zola, 1840~1902는 자연주의와 급진주의를 유지했다." 염세주의와 좌절한 혁명을 일괄적으로 연결시키기는 어렵다. 오히려 염세주의는 당대의 문인들뿐만 아니라 실패자가 아닌 승리자들에게 투쟁의 무익함을 반성하는 계기를 주었다. 이와 함께 쇼펜하우어의 과학적 자연주의 측면은 다윈에 앞서 생물학적 진화론에 의거하여 역사를 보는 입장을 유행시킬 수 있었다. 1876년 유명한 비평가인 후버Johannes Huber는 염세주의가 독일 사회를 뼛속까지 중독시켰다고 언급한다. 쇼펜하우어의 철학적 추종자이자 프로이센 관료인 하르트만Eduard von Hartmann은 《무의식의 철학Philosophie des Unbewußten》(1869)에서 의지론과 헤겔의 역사관을 결합시키고, 당시까지 발전한 물리학, 생물학, 미학 및 산업 사회 비판까지도 동원하여 인간 지성의 투쟁적 전개와 비참함을 무의식적 의지에 종속시켰다. 그는 이러한 생존투쟁을 종결하는 세계회의를 주장하기도 했다.[8] 이로 보아 염세적 생철학이 반드시 혁명이나 개혁 실패자들이 실천의 영역으로부터 손을 씻는 이데올로기 기능을 한 것만은 아니었다. 그것은 사회악과 고통을 환기하여 급진적 저항으로 나아가는 계기를 주었으며, 성공한 부르주아 가정과 집단을 침울한 반성으로 이끄는 동인이 되기도 했던 것이다. 또한 앞서 인용한 윌리엄 카가 지적하듯 복고시대의 독일의 부르주아와 노동 계급의 사회-정치적 힘은 상대적으로 허약했다. 그들은 프랑스 혁명 이후 귀족 계급의 저항에도 불구하고 유럽의 정당정치와 대자본이 결탁한 민족국가 운동에 포섭되어 가는

---

7   Paul Gottfried, 'Pessimism and the Revolutions of 1848', *The Review of Politics*, Published by Cambridge University Press, Vol. 35, No. 2 (Apr, 1973), pp. 194~195.
8   위의 책, p. 195~197.

형세 속에 있었다. 이러한 과정은 19세기 후반 자본과 노동 계급의 성장에도 불구하고 국가주의와 제1차 세계대전으로 달려가는 역사적 방향을 취하고 있었던 것이다.

쇼펜하우어는 칸트와 마찬가지로 부르주아적 시민 근성Bürgerlichkeit의 전형인 합리적 이기주의에 따르는 보수적 심리를 갖고 있었다. 그는 자신이 극찬하는 붓다의 자비나 그리스도의 사랑을 실천적 덕으로 지니고 있는 것이 아니라, 배타적 사적 소유가 인격을 유지하게 한다는 시민 사회의 법철학을 생활 규칙으로 삼고 있었다. 토마스 만Thomas Mann, 1875~1955은《쇼펜하우어 Schopenhauer》(1838)에서 쇼펜하우어의 여러 가지 빈민주적 행동 사례를 언급하고 나서, 다음과 같이 말한다. "그의 반혁명주의는 그의 세계상에 근거를 두고 있다. 그는 이를 논리적, 사상적으로 행하기만 한 것이 아니라, 이미 정서적으로 느끼고 있었다. 반혁명주의는 단적으로 말해 그의 기본 심성Grundgesinnung인 것이다. (……) 우리는 그의 일상적 삶만을 바라볼 필요가 있다. 상인 가문으로서의 출신 내력, 구식의 고상한 옷차림을 하고 있는 중년 신사로서 프랑크푸르트에 줄곧 거주한 사실, 일과에 있어 칸트처럼 꼼꼼한 항상성과 시간엄수, 이성적 인간은 만족을 좇지 않고 고통 없는 상태를 좇는다는 훌륭한 심리학적 지식에 근거한 조심스런 건강관리, 자본가로서의 정확성, 이것이 쇼펜하우어의 시민적 면모이다. 그는 동전 한 닢까지도 장부에 적어 두었고, 살아생전에 영민한 회계 관리를 통해 그의 작은 규모의 자산을 두 배로 불릴 정도였다. 그에겐 안전성과 끈기, 절약하는 태도, 작업 방식의 적절한 시간 분배 등이 나타난다. 그는 아침 두 시간 동안은 예외 없이 출판을 위한 저작에 몰두했고, 괴테에게 보낸 편지를 보면 '성실과 정직'이 그가 실천적인 것에서 이론과 지성적인 것으로 전위시킨 특성인 바, 이것이 그의 능력과 성과의 본질을 결정했노라고 쓰고 있다. 이 모든 것이 그의 인간 됨됨이의 부분인 시민성(이 것이 시민의 정신적 성격이듯이)을 강력히 입증하고 있는 것이다."[9] 쇼펜 하우어는 칸트와 마찬가지로 실생활에서는 전형적 부르주아의 습관을 갖고 있다. 베르그송이 보기에 그러한 기계적인 습성은 자유를 상실한 우스꽝스러운 모습에 지나지 않는 것이다.

그러나 루카치가 쇼펜하우어를 비합리주의적인 반동적 생철학으 로 보는 것과는 달리, 토마스 만은 한편으로는 그를 "완전히 고전주의 적-합리적 방향의 인문주의자"로 본다. 흔히 쇼펜하우어를 인간혐오증 이 있는 것으로 보지만, 토마스 만은 "자신의 이념에 따라 인간을 존중 하는 사람이며, 창조의 왕관 앞에서 자존심 넘치는 인간적 경외심으 로 충만해 있던 사람"으로 보았다.[10] 그에 의하면 쇼펜하우어의 창조의 왕관이란 "가장 발전된 의지의 객관화"이다. 동시에 이러한 '염세적 인 문주의'가 지닌 형식은 정치에 대한 회의, 반혁명주의와 결합되어 있었 다는 것이다.[11] 그의 인격이 이기적 시민성과 인류애 혹은 우주적 연대 성으로 양분되어 있었듯, 그의 형이상학적 관점에서 본 인간도 두 측면 으로 분열되어 있다. 쇼펜하우어가 잘 쓰는 상업적 비유로 말한다면, 그의 실천적 삶은 이중장부로 되어 있었다.

쇼펜하우어는 인간을 두 측면에서 본다. 예지계인 의지의 측면에 서 인류를 포함한 만유는 하나로 관통되어 있다. 이타적인 연민에 기 초한 도덕은 예지계가 개체의 감정을 매개로 나타난 것이다. 현상계의 측면에서는 개별화의 원리가 지배하여 개체들은 종의 보존 이외에는

---

9   Thomas Mann, 원당희 옮김, 〈쇼펜하우어의 예술철학〉,《쇼펜하우어·니체·프로이트》, 세창미디 어, 2009, 62~64쪽.
10   위의 책, 66쪽.
11   위의 책, 66~67쪽.

자기보존의 노력을 근본으로 한다. 쇼펜하우어는《도덕의 기초에 관하여 *Über die Grundlage der Moral*》(1840)에서 이기주의에 기초한 법철학적 견해와 순수한 이타심에 기초한 도덕 현상을 논하고, 양자의 의지 형이상학적 기초를 제시함으로써 도덕의 문제를 개념이나 법칙의 문제로 보는 관점으로부터 해방시킨다. 그는 자기보존욕conatus을 이기주의와 분리하는 스피노자와는 달리 이기주의의 범위에 자기보존과 이를 실현하기 위한 지적 노력을 포함한다. 이기주의는 동물에게도 있으며, 인간의 경우에는 이기적 관심을 이성적으로 실현하는 능력이 있다. 지적 노력은 자신의 이해관계를 반성을 통해 계획적으로 추구할 수 있게 하는 이성의 지도를 포함한다. 쇼펜하우어에 의하면 독일어에서 사리사욕Eigennutz은 반성을 통해 계획된 이기주의를 의미한다.[12] 동물에게는 이러한 사욕이 거의 없다. 동물은 이기적이지만 사리사욕은 없다. 이런 생각에서 쇼펜하우어는 동물과 공통된 기본적 자기보존욕과 사리사욕을 포함하여 이기주의Egoismus라 부른다.

쇼펜하우어는 루소가 구분하는 자애심Amour de soi과 이기심Amour propre의 구분에 특별히 신경을 쓰지 않는다. 그가 이렇게 보는 것은 진정한 도덕이 자기희생적 이타성을 본질로 한다고 보기 때문이다. 그가 보기에 연민에 근거한 도덕뿐만 아니라 의지를 부정하는 성인적 도덕은 자기보존욕과는 반대된다. 이기주의는 전통적으로 자연권에 들어가는 생명체의 자기보존과 이를 실행하기 위한 수단을 강구하는 능력들을 포함한다. 시민 사회의 기본 원리는 행위자 자신의 복지를 목적으로 하는 행위로서의 이기주의이다. 쇼펜하우어의 법철학은 바로 이 입장을 채택하여, 이기주의를 자연권의 표현으로 보는 관점에 근거

---

12 김미영은 Eigennutz를 사리사욕으로 번역한다. 김미영 옮김,《도덕의 기초에 관하여》, 책세상, 2004, 139쪽.

한다. 이기주의는 공동체에 해가 되지 않는 한, 즉 합리성을 갖추게 되면 사적 소유권을 기초 짓는 법철학적 권리Recht가 된다. 이 범위 안에서 이기주의는 사법이나 국가법(공법)의 기본 원리다. 그것을 침해하는 것은 불법이며 국가에 의해 처벌된다. 재산권의 침해는 자연권의 침해로서 정의를 범하는 것이다. 그런데 인간에게는 타인을 해치는 것을 목적으로 하거나 거기에서 쾌락을 향유하는 것을 목적으로 삼는 행위가 가능하다. 이것이 사악Bosheit이다.[13] 대부분의 인간에게는 이기주의와 사악이라는 두 가지 반도덕적인 충동이 있다. 법률이 확정된 시민 상태(국가 상태)와 이 이전의 자연 상태 모두는 개별화의 원리가 지배하는 현상계에 속한다. 그 상태들은 현상의 내적 본질로서의 보편적 의지를 표현하는 연민의 도덕성과는 거리가 먼 세상이다.

쇼펜하우어는 이기주의와 사악의 사례들에 그 누구보다도 민감하다. 놀라운 것은 그가 이기주의의 확대의 한 사례로 인간을 도구화하여 제품화할 수 있는 가능성을 상상했다는 사실이다. 그는 자연권으로서의 이기주의가 무한히 확대될 수 있는 가능성을 상상했다. 야수인 인간은 자신의 복지를 위해서라면 타인의 지방으로 자신의 장화를 닦기 위해 살인까지 할 수 있다는 것이다. 이러한 상상은 산업 사회의 대규모 전쟁과 인종 학살에서 사실이 되었다[2차 대전 때의 독일 유대인 수용소에서는 유대인의 비계로 비누를 만들었다]. 쇼펜하우어가 합리주의를 가장한 계몽주의와 과학적 세계관이 갖는 가공할 우둔함을 믿지 않는 이유가 여기에 있으며, 동시에 그의 정치적 반동성의 동인도 그러한 형이상학적 염세성에 있다. 이 때문에 그는 홉스처럼 이기주의와 사악이 주는 고통을 완화하기 위한 강력한 국가 권력의 필요성을 역설하게 된

---

13 Arthur Schopenhauer, trans by E. F. J. Payne, *On the Basis of Morality*, Hackett, 1995, D. E. Cartwright's Introduction.

다. 반대로 이기주의와 사악이라는 두 가지 동인에 지배되지 않고, 타인의 즐거움과 고통을 자신의 것으로 공감하는 능력에 따라 타인의 즐거움을 증진하고 고통을 줄이는 것을 목적으로 하는 행위는 도덕이며, 이 도덕은 순수한 연민Mitleid에 기초한다. 대다수 인간의 도덕성을 신뢰하지 않는 쇼펜하우어는 진정한 도덕적 감정과 자기희생적 도의심을 가진 소수의 사람들이 있다고 본다. 그에게는 인간의 성인성이 의식될수록 인간의 이기심과 사악함에 대한 생각도 첨예하게 부각된다. 예술적 천재성을 포함한 종교적 천재성과 시민의 군중적 속물성 또한 날카롭게 대비된다. 이러한 분열은 그가 실생활에서 시민적 이기주의에 따르고, 위기 시에는 프로이센 국가에 협조할 수 있었던 심리적 조건이 된다. 그의 심적 허약성이 인민주권의 공허한 추상성을 지적하면서 입헌 세습군주제를 옹호하게 한다. 이러한 국가관은 이기적 욕망의 무한성을 강조하는 인성론과 병행한다.

이기주의는 본성상 무한하다. 인간은 절대적으로 자신의 현존재Dasein, existence를 유지하려 하고, 모든 불쾌감과 결핍을 포함한 고통에서 반드시 벗어나려 하며, 가능한 최대량의 행복과 누릴 수 있는 모든 향락Genuß을 원한다. 심지어 인간은 가능하면 향락을 위한 자신의 새로운 능력을 개발하려고 한다. 자신의 이기주의를 추구하는 노력에 대항하는 모든 것은 기분을 상하게 하고, 분노와 미움을 불러일으킨다. 인간은 그것을 적으로 간주하고 제거하려 한다. 그는 가능하면 모든 것을 즐기고, 모든 것을 소유하려 한다. 그러나 이것이 불가능하므로, 적어도 모든 것을 지배하려 한다. "나를 위해 모든 것을, 남을 위해 아무것도." ─ 이것이 그의 모토다. 이기주의는 거창하다kolossal. 그것은 세계를 능가한다. 왜냐하면 각 개인에게 자신과 나머지 세계의 파괴Vernichtung 사이에서 선택할 기회를 준다면, 대

부분의 경우에 무엇을 선택할 것인지는 더 말할 필요가 없기 때문이다.[14]

이기심의 근원은 의지라는 본질이지만, 개별화의 원리에 의해 지배되는 의지이다. 개별적 의지는 세계가 파괴되더라도 자신의 이익을 선택할 수 있다. "누구나 모든 것을 자기를 위해 소유하려 하고 적어도 지배하려 하며, 반항하는 것을 무화시키려 한다."[15] 이러한 견해는 쇼펜하우어의 마음을 지옥으로 만들었을 것이다. 그것은 또한 쇼펜하우어에게 인류와 의지를 사악하게 본다는 악명을 남기게 한 요인이 되었다. 그러나 쇼펜하우어가 말하는 이기주의와 그 무한성은 다음의 두 가지의미를 갖는다.

1) 문명사적 의미

그것은 서구 시민 사회의 '인욕의 체계'(헤겔)가 갖는 투쟁성을 반영한다. 그는 근대 개인주의적 시민성이 '호랑이와 이리'같은 야수들의 체계임을 잘 알고 있었다. 부친을 따라 유럽을 여행하는 동안 제국주의의 노예무역의 참상을 목도했으며, 전통 형이상학의 편견이 마녀사냥과 종교전쟁과 깊이 연관되어 있다는 것을 심각하게 의식하고 있었다. 또한 19세기 민족국가들은 경제 전쟁이 물리적 전쟁으로 연장되는 것에 대비하여, 해상의 힘이 국운을 좌우한다는 인식 아래 영국, 프랑스를 중심으로 해군력을 증강하는 국제적 경쟁체제로 돌입하는 상황에

---

14 Arthur Schopenhauer, *Über die Grundlage der Moral*, 1840, S W, Band Ⅲ, Suhrkamp, 1986, s. 727~728. / 번역은 김미영 옮김,《도덕의 기초에 관하여》, 책세상, 2004, 140쪽 참조.

15 Arthur Schopenhauer, *Die Welt als Wille und Vorstellung* Ⅰ, S W, Band Ⅰ, Suhrkamp, 1986, s. 454.

있었다.《타임지》를 정기 구독했던 쇼펜하우어가 이를 몰랐을 리 없다. 그는 욕망의 무한성이 세계의 파멸을 개의치 않을 정도로 강렬하고 어두운 충동임을 알고 있었다. 프로이트의《문명 속의 불만》이 서구 문명에 건설적 의지와 파괴의 의지가 있다고 한 것은 바로 쇼펜하우어의 감각을 문명사에 적용한 것이다.

2) 지성사적 의미

법철학이 전제하는 이기주의는 근대적 주관성의 배타적 폐쇄성을 반영한다. 데카르트의 주관성의 원리는 과학적 방법과 결합하여 새로운 세계상을 여는 계기가 되었다. 그것은 칸트의 선험적 주관성의 철학으로 이어진다. 칸트는 전통 형이상학의 오만에 비해 자신의 비판 철학이 겸손함을 갖춘 것으로 보았다. 쇼펜하우어는 무아론無我論으로 나아가지만, 지식론에서는 칸트의 선험적 구성론을 계승한다. 그러나 데카르트에서 칸트에 이르는 주관성의 원리와 과학의 확실성에 대한 믿음은 인간의 자기주장이라는 지적 오만을 표현하는 것이었다. 이 맥락에서 베르그송은 생철학을 대변하여 근대 과학에 대한 인식비판의 필요성을 제기했다. 쇼펜하우어도 자신이 말하는 주관성이 선험적 형식을 가지고 지식을 구성하기 때문에 불가피하게 유아론Solipsism에 빠져드는 것이 아닌가하는 의심을 제기한 적이 있다. 이것은 지적 유아론이 '이론적 이기주의'로서 '정신 병원에 있어야 할 실천적 유아론'과 친화성이 있다는 점을 의식한 것이다. 그에게 표상으로서의 세계는 자기중심적이고 자기의 존재를 직접적 확실성으로 직관하는 자아가 아는 유일한 세계이다. "누구나 자신을 세계의 중심으로 삼고, 모든 것을 자신과 관련시킨다." "적어도 실천적 측면에서 자신만을 실재적인 것으로 여기고, 타인을 어느 정도는 단순한 환상으로 간주한다. 이것은 결국 누구나 자신에게는 직접적으로 주어졌지만, 타인은 그에게 표상을 통해 머릿속에 간접적으로만 주어졌기 때문이다. 그리고 직접성이 그의 권리를 주장하는 것이다. 말하자면 각자의 의식에 있어서 본질적인 주관성으로 인해 누구에게나 그 자신이 모든 세계이다. 왜냐하면 모든 객관은 간접적으로만, 즉 한갓 주관의 표상Vorstellung으로서만 존재하기 때문이다. 그래서 항상 모든 것은 자기의식에 의존한다. 모든 사람이 실제로 인식하고 아는 유일한 세계는, 그가 그 자신 안에 그의 표상으로서 갖고 있는 것이고, 따라서 그가 세계의 중심이다."[16]

인식 주관은 자기와 자기가 아는 세계를 중심으로 간주한다. 근대적 주관성은 사물을 인식 대상으로 수단화하는 주관으로서, 사물과의 직접적 공감의 관계뿐만 아니라 사회적 소통본능을 억압한다. 이러한 태도는 쇼펜하우어가 비판하듯 동물을 대상화하여 수단화하는 태도에서 드러난다. 동물에 대한 잔혹성은 인간에 대한 공감능력을 침해하여 인간에 대한 수단적 대상화를 강화할 수 있다는 것이다. 그는 아시아 철학이 강조하는 동물에 대한 존경심과 생명 유대성에 대한 존중을 높이 평가한다. 이에 비해 유아론에 빠져 실천적 이기주의의 지적 근거로도 될 수 있는 근대적 주관성은 타자와의 직접적 소통성을 제거하는 폐쇄성을 갖는다. 이 점에서 쇼펜하우어가 지식론 단계를 넘어 사물과의 예술적 공감과 무아의 도덕성으로 나아가는 것은 개방적 세계상을 여는 계기를 제공한 것이라 할 수 있다. 그의 윤리학은 후기로 갈수록 개방성을 갖는 사상이 두드러진다. 《의지와 표상으로서의 세

---

16 Arthur Schopenhauer, *Über die Grundlage der Moral*, 1840, S W, Band Ⅲ, Suhrkamp, 1986, s. 728. / 김미영 옮김, 위의 책, 140~141쪽 참조.

계》II에서 강조하는 인간과 우주와의 동일성은 주관성의 철학이 갖는 폐쇄성과 인간중심적이고 유럽중심적인 편견을 벗어나는 너그러움을 보여 준다. 그러나 근대 법철학의 원리인 이기주의가 갖는 소유적 개인 주의는 인식 주관으로서의 배타적 권리의식을 가진 유럽인의 편견과 분리될 수 없는 것이었다.

이기주의에 대한 쇼펜하우어의 관점은 사적 소유권을 자연권으로 옹호하는 측면(시민성)과 이를 극복하려고 노력하는 측면(성인성)을 함께 갖고 있다. 그는 국가의 범죄와 같은 사회악을 무시한다. 이것은 그가 법철학적 영역과 윤리적 영역을 이분법적으로 나누고, 철학은 윤리적 책임에서 면제된 추상적 고찰만을 할뿐이라고 여기는 태도와도 분리될 수 없다. 그럼에도 불구하고 쇼펜하우어의 윤리학은 계몽주의적 지성의 한계를 지적 반성을 통해 극복하는 방향을 보여 준다. 할 수 있다. 지성은 계몽을 계몽하는 지성으로 전환되고 확대될 수 있다. 개별적 의지도 이기주의를 극복하려는 노력의 과정으로 확장된다. 생의 본질은 파우스트적 노력이다. 이 점이 계몽주의적 전통에서 과학적 세계관을 견지하는 루카치가 통찰하지 못한 점이다. 이에 반해 호르크하이머Max Horkheimer는 근대적 주관성 철학과 사회악을 미화하지 않는 쇼펜하우어의 관점을 사회철학적 측면에서 하나의 '저항resistance'으로 수용한다.

| 호르크하이머가 본 쇼펜하우어의 의의

호르크하이머는 〈쇼펜하우어와 사회Schopenhauer and Society〉(1955)에서 쇼펜하우어가 계몽주의와 보편자를 옹호하는 사람들이 역사의 진보나 조국의 이름 아래 사회악을 '영광화glorification'하는 관점을 비난한 것을 칭찬한다. 염세론과 정관주의가 비록 당시 현실에 대한 사회 비판

적 대안을 찾는 실천적 사고를 무용하다고 보게 했지만, 쇼펜하우어는 역사적 현실을 신성화하지는 않았다는 것이다. 국제 상인의 국적 없는 '공평성'을 지닌 쇼펜하우어의 '유명론nominalism'은 개별성을 중시하는 입장에서 루소나 헤겔의 전체성인 '일반의지'나 '조국'을 받아들이지 않는다. 호르크하이머에 의하면 그는 개별자와 전체적 사회의 상호 작용도 믿지 않았다. 권태조차도 모르는 대중 소비사회와는 달리, 계몽주의자인 엘베시우스Claude-Adrien Helvetius, 1715~1771는 권태를 적어도 상상력의 근원으로 보았고, 쇼펜하우어는 권태를 악으로 보았다. "기술 문명 시대에 사람들은 권태와 여가의 무게로부터 철저히 치유되어 있어서 그들은 저항을 망각한다. 그러나 저항은 쇼펜하우어 철학의 혼이다Resistance however is the soul of Schopenhauerian philosophy."[17] 이러한 저항은 현실의 객관적 고통을 절대정신과 같은 형이상학적 원리로 합리화하지 않으며, 쉽게 치유될 수 있는 것으로 축소하지도 않는다.

호르크하이머는 후기 산업 사회에서 구조적인 것이 개인의 삶을 결정하는 힘이 되고, 문화 산업과 오락 산업이 권태를 무디게 하는 상황이 되었지만, 그럼에도 불구하고 개인들의 비판적 활동이 전체에 영향을 미칠 수 있다고 본다. 이러한 전망은 쇼펜하우어의 정관주의를 넘어서는 것이며, 전후 독일 사회가 미약하지만 공론의 장이 열려 있다고 보는 견해와 결합되어 있다. 그는 개인과 전체의 상호 작용을 믿는다. 이러한 입장은 쇼펜하우어가 "억압사회의 끝없는 지속성과 자연스러움을 믿는 것"[18]과는 차이가 있다. 또한 역설적이지만 쇼펜하우어는 "개혁과 혁명을 부인함으로써 기존 질서를 영광화하지 않는다." 기존

---

17 Max Horkheimer and Todd Cronan, 'SCHOPENHAUER AND SOCIETY' (1955), University of Nebraska Press, Qui Parle, Vol. 15, No. 1 (Fall / Winter 2004), pp. 85~96.

18 위와 같음.

질서를 신비화하지 않는 후기의 니체는 쇼펜하우어와 바그너를 기독교적 성인상으로 귀결되는 허약한 염세주의로 보았다. 하지만 그가 능동적 허무주의를 통해 비극을 긍정적으로 보는 디오니소스적 초인상을 설정한 것도 보상될 수 없는 객관적 고통에 대한 쇼펜하우어의 관점을 존중한 데서 나온 것으로 보인다. 그러나 에리히 프롬Erich Fromm, 1900-1980을 제외하고는 호르크하이머를 포함한 네오-마르크스주의는 아시아 철학에서 탈권력적 세계상을 보려는 폭넓은 관점으로까지 나아갈 수는 없었다. 프롬은 선불교의 집착 없는 자유로움과 탈권위주의를 '사회주의적 인간성'의 주요 요소로 간주한다. 하지만 쇼펜하우어에게는 법철학적 측면에서는 이기주의에 근거하는 계산성과 부르주아적 시민성이 남아 있었다.

쇼펜하우어는 홉스처럼 시민성을 초역사적인 인류의 본성으로 간주하고 있었다. 그것은 경제적 이익을 중심으로 이루어지는 시민 사회의 경험을 해명하는 것이 아니라 경험적 반영일 뿐이다. 뚜렷한 직업 없는 금리 생활자였던 그는 자신의 모든 움직임이 부친의 유산 없이는 불가능하다는 것을 잘 알고 있었다. 그는 그 유산이 국가와 대학에 전적으로 의지하지 않고도 살아갈 수 있게 하는 자산이기도 하다는 점에서 부친에 내심 감사하기도 했다. 그는 부르주아 시민에 귀속되지 않는다면 자신의 모든 것도 없어질 것이라는 사실도 잘 알고 있었다. 시민적 삶에는 귀족의 예술과 문화를 모방한 세련됨의 이면에 '만인의 만인에 대한 늑대'가 있었다. 그는 홉스의 이 규정을 시민 사회의 정확한 묘사로 본다. 헤겔 역시 시민 사회를 개체적 특수성을 추구하는 "인욕의 체계"로 규정하고, 국가로부터 보편성을 부여받아 구제할 수 있는 것으로 보았다. 마르크스의 이른바 사회해방은 바로 이기적 시민 사회의 경제적 모순의 해결을 의미했다. 쇼펜하우어는 홉스와는 조금 달리 자연 상태에서도 이기적이 아닐 가능성을 인정한다. 인간 세상에는 가장 사악한 행위와 이기심 없는 연민 사이에 수많은 스펙트럼이 있다는 것이다.[19] 다만 도덕성이 드물 뿐이다. 이 때문에 당시의 젊은 헤겔주의자 같은 급진주의와는 달리, 그는 시민적 개인들의 역량은 그들 스스로를 해방할 자질과 방법을 갖고 있지 않다고 여겼다. 외부 세계에 가치를 부여하지 않으려는 쇼펜하우어의 사회의식은 그의 반사회적 성격과 염세적 정적주의에 이미 함축되어 있었다. 그는 《유고》(V. 4)에서 다음과 같이 말한다. "나의 저작에서 국가나 정치적 성향의 필요성에 대한 고려를 찾는 것은 헛된 일이 될 것이다. 나의 시대의 비밀스러운 일들은 나에게는 무관한 것이다."[20]

쇼펜하우어는 스스로는 객관적이라고 생각했겠지만, 여전히 시민적 이기심을 자연권으로 가진 개인을 법의 근거로 본다. 그에 의하면 국가는 이기적 '야수성의 입마개'이다. 그의 국가론은 국가가 역사적으로 형성되는 것처럼 말하지만, 보편적 이기주의가 갖는 무서운 투쟁을 막기 위한 논리적 방책으로 제시된다. 박물학적 지식이 많았던 쇼펜하우어는 동물계에서 그 전형을 드러내는 의지가 세계의 본질임을 확인할 수 있다고 본다. 개체에서 의지는 지배의지로 드러난다. 인간의 경우 개체는 미미한 존재이지만, '지배의지와 자기인식'을 갖고 있기 때문에 자기를 '세계의 중심점'으로 간주하여 '자신의 생존과 복지'를 먼저 고려한다. 그는 "대해大海의 한 물방울인 자기 자신을 오래 유지하기 위해서는 세계를 멸망시킬 준비가 되어 있다." 그러나 예지계의 측면에서

---

19 로빈 윈클러Robin Winkler에 의하면 휩셔Hübscher와 코플스턴frederick Copleston과 같은 사람들이 쇼펜하우어 법철학을 홉스주의와 동일시하고 있는데, 이는 잘못이라고 한다. Robin Winkler, 'Schopenhauer's Critique of Moralistic Theories of the State', *History of Political Thought*, V. 34, No. 2, Summer 2013, p. 304.

20 Arthur Schopenhauer, *Manuscript Remains, 1830-1852, Last manuscripts*, V. 4, Berg, 1990, p. 325.

보면 만유의 의지는 하나이기 때문에, "자연 내의 모든 사물의 본질적 '이기주의'는 의지의 자기 자신과의 내적투쟁"이다. 이는 본질에서 대우주와 소우주의 대립이다. 이러한 대립은 "폭군들의 전쟁, 희극, 자부심과 허영 등에서" 나타난다. "군중이 법칙과 질서에서 해방된 때에도 만인의 만인에 대한 전쟁(T. Hobbes, *Leviathan* 1.13. De Cive.1)이 나타나며, 타인의 손해나 고통을 추구하는 악의Bosheit에서도 나타난다."《도덕의 기초》, B. 3. 14)[21]

법제를 갖춘 국가가 없는 상태는 무법적인 무정부상태가 된다. 이런 자연 상태를 막기 위해 "반성적 이성은 곧 바로 국가조직을 고안해 낸다. 그것은 상호간의 힘에 대한 두려움에서 생겨난 것으로, 부정적 방식으로 나타날 수 있는 보편적 이기주의의 해로운 결과를 예방한다." 일상의 '예의'와 함께 법제적 국가는 이기주의의 무한성을 예방한다. 예의는 일상의 '역겨운' 이기주의를 가리는 '커튼'의 역할을 한다.[22] 악이 직접적이며 원초적이다. 이에 대한 제도적 방책이나 도의심은 그것에 대한 부정에서 나오는 것으로 간접적이고 이차적이다. 이러한 생각에서 쇼펜하우어는 법에서 해방된 군중은 반드시 악인惡人 집단으로 된다는 가정을 기정사실로 믿는다. 그 반대 사례가 많다는 증거는 무시된다. "도덕적 동인이 작용하는 처음 단계는 부정적일 뿐이다. 근원적으로 우리는 모두 불의와 폭력으로 향하는 경향이 있다. 우리의 필요, 갈망, 분노와 증오가 직접적으로 의식에 들어오고, 따라서 선점 권한을 갖기 때문이다. 반면에 우리의 불의와 폭력이 초래한 타인의 고통은 간접적으로, 다시 말해 표상이라는 이차적 방법에 의해서만, 그

---

21 Arthur Schopenhauer, *Die Welt als Wille und Vorstellung* Ⅰ, S W, Band Ⅰ, Suhrkamp, 1986, s. 456.
22 Arthur Schopenhauer, *Über die Grundlage der Moral*, 1840, S W, Band Ⅲ, Suhrkamp, 1986, s. 727~728. / 김미영 옮김, 위의 책, 141-142쪽 참조.

리고 경험을 통해서야 비로소 의식에 들어온다."[23]

　쇼펜하우어가 보기에 "고뇌의 주된 원천은 투쟁Eris"이다. 그것은 '동물 결투'에서 나타나는 것처럼 "개별화의 원리에 의해 가시적으로 표현되는 모순Wiederspruch"이다. 예술과 종교는 이러한 모순을 주관적 태도의 인식적 전환을 통해 극복한다. 불의Unrecht는 타인의 의지긍정의 한계에 대한 침입이며, 타인의 신체의 힘Kraft을 자신의 의지에 강제로 봉사시키는 행위이다. 가해자나 피해자는 이것을 순간적으로 느낄 수 있다.[24] 피해자는 그것을 직접적이고 정신적인 고통으로 느낀다. "가해자도 자신과 동일한 의지인 타인의 의지를 '부정'하는 것이기 때문에, 의지 그자체로 본다면 자신의 의지의 격렬함에 의해 자기 자신에 대항하고 자기 자신을 찢어버린다는 것을 알게 된다." 여기서 가해자는 개체들의 힘의 관계에서 '부정을 범한 느낌Gefühl des ausgeübten Unrecht'인 '양심의 가책'을 느낀다.[25] 배타적이고 타 존재를 해치는 소유는 내심 자기와 동일한 존재를 해친다는 것에 대한 죄의식을 갖는다. 쇼펜하우어는 이를 '양심불안Gewissensangst'이라 부른다. 소유는 물적인 것만이 아니라 다른 개체의 의지도 소유 대상이 된다. 타인의 신체의 힘과 노동은 소유물과 하나로 결합되어 있다. 타인의 노동을 소유하는 것은

23　Arthur Schopenhauer, 위의 책, s. 745~746. / 김미영 옮김, 위의 책, 163쪽 참조.
24　Arthur Schopenhauer, *Die Welt als Wille und Vorstellung* I, S W, Band I, Suhrkamp, 1986, s. 456~458.
　　이러한 투쟁적 상황에서는 타인의 존재는 직접적으로 느껴지는 것이기 때문에 인간은 이미 유아론을 벗어나 있다. 그것은 증명을 요하는 문제가 아니다. 그럼에도 쇼펜하우어는 이기주의적 가해자에게 타인의 존재는 표상적 대상으로서 간접적으로 알려지기 때문에 가해자는 유아론에 빠진다고 보았다. 유아론에 빠지는 것은 나와 타자와의 직접적 관계를 반성적으로 대상화하여 나라는 주관과 타자인 대상으로 분리했을 때 일어날 것이다. 증오하고 사랑하는 나와 타자와의 직접적 연관은 현상학적 기술에서 그 대립적 구조가 드러날 수 있을 것이다.
25　Arthur Schopenhauer, 위의 책, s. 457-458. / 쇼펜하우어는 불의의 현상으로 다음 5가지를 든다. ① Kannibalismus(식인): 의지의 자신에 대한 최대의 저항. ② 살인: 살인에 대한 망설임은 생에 대한 한없는 집착. ③ 상해나 구타. ④ 강제적 억압이나 노예화. ⑤ 소유침해: 소유가 노력(Arbeit 노동)의 성과인 한 침해는 불의.

"타인 자신의 '힘'에 의해 만들어진 것을 탈취하여, 그의 신체의 힘을 자신의 신체에 객관화 된 의지에 봉사시키는 것으로 소유에 대한 불의"이다. 그것은 타인의 의지의 긍정의 범위 안에 침입하는 것이다.

| 칸트와 쇼펜하우어의 배타적 소유권론

"도덕적 소유권은 노동에 근거한다." 이러한 권리의 기원은 마누 Manu 법전[9. 44: 경작된 토지는 그것을 개간한 경작자의 소유인 것은 영양은 그것을 최초에 죽인 사냥꾼의 소유인 것과 같다]에까지 닿는다. 쇼펜하우어는 최초의 점유획득에 소유의 근거를 두고 있는 칸트의 입장을 잘못이라고 본다. 쇼펜하우어는 선점이 소유의 근거라는 것은 강자의 억지 논리라고 본다. "정당한 점유획득Besitzergreifung은 있을 수 없다. 정당한 전유Aneigung, appropriation, 專有, 즉 자신의 힘을 사용한 취득Besitzerwerbung만이 있을 수 있다."[26] 쇼펜하우어는 로크의 노동 전유론을 채택하고 있다. 물적 권리는 인간의 전유에 기초한 자연적 소유권에 근거한다. 김수배는 케르스팅Wolfgang Kersting에 의거하여 로크의 전유론을 다음과 같이 분석한다. 소유권을 근거 짓는 로크의 주관화 모델은 세 가지 테제로 이어진다. 1) 인간은 자신의 인격과 행위의 소유자이다. 2) 대상을 가공함으로써 인격이 대상과 혼합된다. 3) 이로써 노동하는 인간의 소유물은 자신의 인격과 혼합된 것에 대한 법적 점유에까지 확대된다.[27] 전유에 기초한 소유권은 계약Vertrage의 도덕적 합법성의 근거이다.[28]

---

26 위의 책, s. 459~460.
27 김수배, 〈로크와 칸트의 소유 이론-자연의 법으로부터 자유의 법으로〉, 《칸트연구》 32집, 2013. 12, 74쪽.
28 Arthur Schopenhauer, *Die Welt als Wille und Vorstellung* I, S W, Band I, Suhrkamp, 1986, s. 460.

그러나 경험주의가 자연적 사실에서 규범을 끌어내는 데에서 논리적인 난점을 갖듯, 로크의 전유론은 전유에서 소유권으로 가려는 심리적 경향성을 인정한다는 것 이외에는 강력한 규범성을 갖지 못한다. 또한 그러한 소유론은 아메리카 개발 척식회사의 대주주였던 로크나 유럽인들에게 유리한 것이지만, 경작노동과 소유권을 알지 못하는 인디안 원주민에게는 전적으로 불리한 것이었다. 그것은 경작지에 친 울타리를 넘어오는 인디안에 대해서는 살해권을 주장할 수 있는 것이었다. 쇼펜하우어는 법철학에서는 소유적 개인주의를 주장하고, 윤리학에서는 자유인은 모든 것을 주어 버린다는 무소유의 고결성을 찬양한다. 그의 이러한 주장은 자신의 시대의 경제 질서를 반영하고 정당화하는 것으로 보이기도 하지만, 유럽 문명의 자기분열을 보여 주는 것이라고 할 수 있을 것이다.

쇼펜하우어의 법철학은 홉스의 자연상태론과 로크의 전유론을 활용하고 있다. 이 맥락에서 그는 '근원적 공유communio possessionis originaria'의 원리에 대한 논의를 회피한다. 쇼펜하우어는 도덕론에서 칸트의 형식주의적 선험 논증을 거부하는 것처럼, 사적 소유를 전제한 계약론에서도 근원적 공유의 원리에 의존하는 칸트의 선험적 논증을 사용하지 않으며, 오히려 비판적이다. 여기서 이 문제를 분명히 하기 위해 칸트의 법철학의 핵심인 사적 소유론을 개관해 보기로 한다. 원래 근원적 공유는 초기 기독교 공동체, 이를 회상하는 초기 교부들의 철학, 그리고 황금시대를 회상하거나 유토피아를 말하는 공상적 사회주의자들이 사적소유를 공동 소유에 대한 강탈로 단죄하는 맥락에서 언급된 것이었다. 근원적 공유는 주인 없는 무주공산이 아니라 공동의 소유물을 공동으로 향유하는 이상향이라는 적극성을 갖는 것이었다. 그러나 근대 계약론이 등장하면서 그것은 주인이 없다는 의미의 소극적 개념으로 정착되어 갔다. 그리고 소극적 의미는 각 개인들에 의한 분할 점유의 가능성을 잠재적으로 내포하는 것으로 생각되었다. 서구 법 이론의 역사에서는 공유의 적극적 의미와 소극적 의미가 분리되어 있다. 김준수에 의하면 "소극적으로 이해된 근원적 공유는 이미 그 안에 공유물의 분할 가능성과 사적 소유의 가능성을 내포하고 있다. 소극적 공유로서의 근원적 공유는 사유재산제와 모순되지 않을 뿐만 아니라 심지어 사적 소유의 법적 근거로 제시되기까지 한다. 이와 같이 근원적 공유에 대한 소극적 이해는 처음에는 적극적 공유 사상에 대해 방어적인 입장에서 출발했으나 근대에 들어서면서 점점 더 주도적인 흐름을 형성하다가 칸트 직전에는 공유를 포함한 일체의 소유 형태를 사적 소유의 개념 아래 포섭시킬 만큼 강화된다."[29] 칸트에 의해 소극적 공유는 법적인 사적 소유를 정당화하는 추상적 이념으로 확정된다. 그는 이 이념을 개인들의 집합으로 표상된 만인의 소유권을 근원적 공동 소유라는 기호 안에 안착시킨다.

칸트는 소극적 공유 이념을 전제로 사적 소유권에 실천 이성의 법적 정당성을 부여한다. "칸트의 '근원적 공유'의 이념은 소유권 이론의 역사에서 늘 등장했던 '소극적 공유'를 기의(의미)의 변화 없이 단지 기표만 바꾼 그것의 대체 개념일 따름이다. (……) 그에게 근원적 점유의 대상인 토지는 '물리적'으로는 무주물res nullius, 주인 없는 것이고 '이념적'으로는 만유물res omnius, 만인의 것이다."[30] 칸트의 근원적 공유는 무한한 표면이 아닌 유한한 둥근 지구에 대해 만인이 공동으로 지배력으로서의 소유 역량potentia을 갖는다는 것을 보편적 법칙으로 만든 것이다. 이런 의미에서 황금시대나 초기 기독교의 근원적 공유는 개인들이 사

29 김준수, 〈근원적 공유의 이념〉, 《사회와 철학》, 27집, 2014. 4, 2~41쪽.
30 위의 책, 32쪽.

적 소유권을 양도하고 계약에 의해 인위적으로 창출된 '최초의 공유'에 불과한 것이 된다. 원래의 근원적 공동 소유는 역사적으로 창안된 것이므로 사적 소유권을 연역하는 원리로는 배제된다. 소유를 위한 나의 외적 자유뿐만 아니라 모든 타인의 자유를 이념적으로만은 배제하지 않는다는 것이 근원적 공유가 실천 이성의 보편적 이념이라는 것을 보장한다. 바로 이런 의미에서 의지는 소유를 통한 지배력을 자연권으로 갖기 때문에 의지의 대상은 이념적으로만 공유물이고 실제적으로는 주인이 없다. 그러므로 시간상 최초의 선점자가 자신의 역량에 따라 소유권을 주장할 수 있는 것이다. 이것이 칸트가 실천 이성의 이념에서는 무주물이 없다고 거듭 강조한 이유이다. 소유권은 공통적이고 주권적인 의지를 통해서 보호되며, 결정되거나 규정되지 않는다. 자연법은 국가 이전에 영향력을 행사한다.[31] 이때의 공유의 주체는 전체가 아닌 유명론적 개별적 의지를 갖는 각 개인들이다. 이 개인들의 구체적 소유권이 근원적 공유 이념으로부터 연역된다. 그리고 이 이념이 근원적인 사적 취득에 내재하는 이율배반을 해결한다. 이 이율배반은 다음과 같다. "정립: (실천 이성의 요청에 따라) 개인이 토지를 배타적으로 사용하기 위해 근원적으로 취득하는 것은 정당한 권리로서 허용되어야 한다. 반정립: (법의 보편적 원리에 따라) 토지를 사적으로 취득하는 개인의 의지는 한낱 일방적 의지이므로 타인에 대해 정당한 권리로서의 법적 구속력을 주장할 수 없다. 해소: 토지를 사적으로 취득하는 개인의 일방적 의지가 이에 선천적으로 선행하는 (토지의 분할 가능성을 이미 내포하고 있는) 상호적 통합 의지에 의거하고 있고 이를 통해 승인받았다고 상정될 수 있는 경우 개인의 근원적 취득 행위는 정당한 권리로서

---

31 Immanuel Kant, 이충진 옮김, 《법이론》, 이학사, 2013, 71쪽. Otfried Hoffe, 《임마누엘 칸트》, 이상헌 옮김, 문예출판사, 2012, 264~271쪽 참조.

허용될 뿐만 아니라 타인에 대해서도 법적 구속력을 주장할 수 있다. 그런데 이때 요구되는 '상호적 통합 의지' 또는 '집합적 보편 의지'는 바로 근원적 공유의 이념 안에 잠재적으로 내포되어 있다."[32] 이 근원적 공유에 잠재되어 있는 소유권이 '예지적 소유'이다. 예지적 소유는 의지의 대상을 나의 '지배력' 혹은 '역량potential' 안에 있다고 생각할 수 있는 능력을 전제하는데, 이 능력이 타인의 의지와 통합하여 추상화한 것이 바로 '실천 이성의 선천적 전제'이다.[33]

그러나 이렇게 근원적 공유의 원리로부터 사적 개인의 경험적 소유권이 보편적 합법성을 획득한다는 주장은 쇼펜하우어에 의하면 강자의 원칙Prinzip des Faustrechts에 불과한 것이다. 칸트가 "나의 강제력 안에 있는 것을 재산권의 원리로 설정한 것은 근본적으로 잘못됐다"는 것이다. "칸트는 말한다. '그 토지는 내가 그것을 나의 강제력 안에 가지고 있는 한에서 나의 것이다'—그리고 그는 이것을 실천 이성이 요청하는 지성 개념에 의해 사유된 점유, 예지적 점유라고 부른다." "그러나 다른 누구라도 동일한 것을 말할 수 있으므로 [그 사람 역시] 동일한 권리를 가진다." 이러한 "쇼펜하우어의 평가는 한마디로, 근원적 소유의 요청으로부터 소유권을 연역하는 칸트가 타율적인 강자의 원칙을 합법화했다는 것이다. 근원 획득의 개념은 강자의 권리를 법의 원리로 고양시킨 것에 불과하다는 것인데, 이 같은 평가는 지금까지 그 반향을 이어오고 있는 것처럼 보인다."[34] 칸트의 법철학은 사적 소유권에 대해 상호주관적 동의를 얻은 것으로 논증하고 있지만, 적극적 공유에 저항하는 근대 부르주아 시민성을 실천 이성의 이름으로 정당화하는 것이다. 그

---

32 위의 책, 32~33쪽.
33 Immanuel Kant, 이충진 옮김, 위의 책.
34 김수배, 〈로크와 칸트의 소유 이론—자연의 법으로부터 자유의 법으로〉, 《칸트연구》 32집, 2013. 12, 86쪽.

것은 자유주의적인 소유적 개인주의를 옹호하는 책략이며, "무산자를 선험적으로 배제한 배타적 이성의 장벽"을 세운 것이라 할 수 있을 것이다.[35] 그리고 초기의 칸트가 선험적 논증을 통해 선점을 통한 소유권을 옹호한 것도 쇼펜하우어에게는 강자의 원칙으로 비쳤던 것이다. 그러나 이기주의의 무한성과 투쟁적 자연 상태에 대한 대안인 쇼펜하우어의 시민 상태도 법과 국가가 없다면 곧 무서운 자연 상태로 되돌아갈 것이라는 선입견에 따라 구성된 것이다. 시민 상태에서의 정의는 방어적 가치이며, 순전히 의지의 외적 행위만을 문제 삼는다. 시기적으로 약간의 편차가 있지만, 칸트는 공동 소유의 적극적 의미를 살리기보다는 그것의 소극적 의미(누구나 소유할 수 있다는 잠재적 권리)로부터 배타적 소유권의 철벽을 세우려는 시민성을 반영한다. 이에 따라 그의 의무 윤리학도 시민성에 친근하게 구성되지만, 원래의 특징대로 현실적 실천성을 상실하고 내면성에 갇히게 된다.

칸트 법철학은 내적 의지를 문제 삼는 윤리학과 내밀한 연관성이 있다. 윈클러Robin Winkler가 언급하듯 "칸트 윤리학에 대한 쇼펜하우어의 근본적 반대는 그의 도덕법이 사실상 이기주의 위에 세워졌다는 것이다. 쇼펜하우어에 의하면 칸트의 정언명법은 다음과 같이 번역할 수 있다. '네가 너에게 행해지기를 원치 않는 것을 다른 사람에게 하지 말라.' 그리고 쇼펜하우어는 묻는다. 현실적으로 내가 무엇을 원할 수 있고 원할 수 없겠는가? 이에 대한 답은 우리의 자신에 대한 관심, 즉 이기주의이다. 진정한 도덕 법칙의 생산을 위한 칸트의 근본 규칙은 현실적으로 다음과 같은 암묵적 가정에 의존한다. '나는 나에게 가장 유익한 것만을 의욕할 수 있다.' 칸트가 표현한 정언명법은 영혼의 불멸을

---

35 위와 같음.

포함한 옛 신학적 주장들에 따라 이기주의적 원리를 정식화했을 뿐이다. 정언명법은 호혜성이라는 개념을 정식화하는 데에 적합한 가언명법일 뿐이다. 즉 누구나 타인의 복지가 자신의 것과 충돌할 때, 타인에 대한 보호 장치로서의 법을 필요로 한다. 그럼에도 불구하고 호혜성에 의존하는 도덕적 원리가 그 핵심인 이기주의를 가리고 있을 뿐이다. 권리의 개념과 그 집행 기관인 국가의 기원은 무엇인가? ― 그 자신들의 복지를 위한 각자의 욕망."[36] 이런 의미에서 쇼펜하우어는 "칸트의 정언명법은 도덕 원리에 적합한 것이 아니라, 사회계약의 기초적 원리로서 적합하다"고 판단한다. 즉 그것은 "정치학의 원리로는 탁월하나 윤리의 기초로는 무가치하다는 것"이다.[37] 쇼펜하우어의 이러한 비판은 칸트의 법철학이 근원적 공동 소유 원리를 소극적으로 해석하는 소유적 개인주의 전통에 기초한다는 것과 모순 없이 연결된다. 그리고 법철학적 원리들을 실천 이성의 정언명법에서 도출하지만, 이때의 정언명법이라는 것도 본질상 합리적 이기주의의 가언명법에 불과하다는 것이다. 이는 칸트의 형식주의적인 도덕적 추론에도 불구하고, 그의 정언명법은 규범적이고 도덕적인 것이 아니라 실정법적인 것에 불과하다는 것이다. 실천 이성의 근본 법칙이라는 것도 소극적으로 해석된 사적 소유의 보편성에 대한 인정이외의 다른 것이 아니었다. 칸트의 보편적 입법의 원리는 도덕성을 증진시킬 수 없다. 그것은 사실상 국가(시민 상태) 형성의 원리다. 그리고 국가는 각 개인의 의지와 성격Charakter에 변화를 일으키는 도덕성에 관계할 수 없다. 이기주의는 사회에서 가장 일반적인 특질이다. 국가 법률은 근본적으로 그러한 특질에서 오는 고통

---

36 Robin Winkler, 'Schopenhauer's Critique of Moralistic Theories of the State', *History of Political Thought*, V. 34, No. 2, Summer 2013, p. 310.
37 위와 같음.

의 감소를 위한 규제이다. 이기주의는 법철학의 이념처럼 기능하기에 '정치학의 통제적 원리regulative principle of politics'이다. 국가는 "기껏해야 실정법으로 자연권을 대행할 수 있을 뿐"이다.[38] 쇼펜하우어에게 국가는 도덕에 개입할 수도 없고, 도덕화될 수도 없는 법적 기구이다.

자연 상태를 만인의 서로에 대한 투쟁으로 보는 입장에서는 "불의가 근원적이고 적극적인 개념이며, 정의는 파생적이고 소극적인 개념"이다. 불의가 없으면 정의도 없을 것이다. 정의는 불의에 대한 부정일뿐이다. 따라서 타인의 의지긍정의 영역에 들어가서 침해하지만 않으면 불의는 아니다. 쇼펜하우어에 의하면 자신의 의지가 속박될 수 있는 경우 구원의 거절도 가능하다. 굶주림을 방관하는 것은 불의는 아니지만, 그의 무자비함과 냉정함은 강제력만 없으면 어떠한 불의도 행하게 된다는 가능성을 내포한다. 정의는 소극적이기에 정의의 개념의 기원은 시도된 불의가 폭력에 의해 저지되는 경우에 존립한다고 할 수 있다. 불의에 대해서는 힘을 가지고 부정할 권리가 있다. 이 범위 안에서는 타인의 폭력에 대해 강제권을 갖고 있는 것과 같은 정도로 거짓말할 권리도 있다. 따라서 쇼펜하우어에 의하면 정의를 행사하기 위해서는 말보다는 상대방의 실질적 행동이 문제이기 때문에, "스웨덴의 여왕 크리스티나Christina의 말처럼 '사람들의 행위가 믿을 수 없게 되면, 사람들의 말은 전혀 대수롭게 생각할 필요가 없다.'"(《도덕의 기초》17. B 3)[39]

그러나 쇼펜하우어는 투쟁적 상황에서 인간은 불의에 대한 양심의 가책이나 개인적 징벌 의지가 있다고 보아 객관적 행위의 내적 의미를 버리지 않는다. 이 점에서 그는 투쟁과 계약만을 다루는 홉스와 달리

---

38 Robin Winkler, 위의 책, p. 311.
39 Arthur Schopenhauer, *Die Welt als Wille und Vorstellung* I, S W, Band I, Suhrkamp, 1986, s. 464~466.

자연 상태에서 도덕의 출현을 말할 수 있게 된다. 이때 불의와 정의는 행동 그 자체의 내적 의미에 관한 것이 된다. 불의의 행동에서 행위자가 느끼는 고통은 현상으로서는 불의를 당하는 자와 다르지만, 근본적으로는 당하는 자와 동일한 존재임을 느낌으로써 의식되는 것이다. 불의를 당하는 자도 고통을 의식하기 때문에 불의를 방지하는 것을 불의가 아니라고 의식한다. 투쟁적 자연 상태에는 불의를 행하는 자도 고통을 당하는 자도 징벌하려는 의지를 갖는 도덕적 느낌들이 있다. 이러한 도덕적 느낌은 국가 시민Staatbürger으로서가 아니라, 인간으로서의 인간에 대한 의미이며, 실정법이 없는 '자연 상태'에서 존립하는 것이다. 양심의 소리인 정의라는 자연권은 도덕적 권리가 된다. 이 도덕적 권리는 개인적 의지의 자기인식 즉 양심에 미치는 것이다. 자연 상태에서 불의를 행하지 않는 것은 각자에 달린 것이지만, 불의를 당하지 않는 것은 '우연적이고 외적인 힘'에 달린 것이다. 자연 상태에서 불의와 정의는 '협약'에 의한 것이 아니고, 의지에 대한 도덕적 개념으로서만 타당하다. 자연 상태는 확정된 법 이전의 상태이지만 투쟁과 양심을 포함한다. 타인의 의지를 부정하는 의지의 격렬성의 정도, 즉 "인식이 개별화 원리의 감옥에 갇히는 정도와 일치해서 불의의 행위로 표시된다."[40] 자신의 의지를 강하게 긍정하는 사람은 나쁜 사람이다.

쇼펜하우어는 자연 상태에서 도덕적인 선험적 요소를 인지한다. 이 점에서 쇼펜하우어는 자신과 홉스와의 차이를 지적한다. 그에 의하면 홉스는 인간행위의 내적인 '도덕적' 고찰을 도외시하고, 행위를 외적인 작용과 결과라는 측면에서만 고찰하여, 불의와 정의를 임의적인 협약적 규정, 즉 실정법으로 보았다. 그는《기하학원리》에서도 순수수학을

---

40 위의 책, s. 466~467.

부정하고 경험주의적 입장에서 수학의 본성을 논하고, 경험적 사고에 따라 점에 연장이 있고 선에 폭이 있다고 주장한다. 쇼펜하우어에 의하면 이는 '권리(법)의 선험성die Apriorität des Rechts'을 보지 못한 것이다. 홉스의 견해와는 달리 원초적 인간관계에서도 타자를 해치거나 해침을 당해서도 안 된다는 것이 자각된다는 것이다. 정의는 선험적인 것이다.[41]

이런 의미에서 법률학(권리론)은 도덕의 일부이다. 법률학에서의 행위는 의지의 외적 표출이다. 고뇌는 간접적으로만 고찰된다. 그러나 "자신의 신체에 객관화되어 있는 의지를 긍정하고 타인에게 나타나 있는 의지를 부정하는 일이 없이 이루어질 수 있는 한도를 엄밀히 규정하는 것이 도덕의 내용"이다. 타인의 의지를 간계나 물리적으로 부정하게 되는 일이 시작되면, 법의 영역으로 들어간다. 권리와 정의에 대한 도덕적 인식 능력은 보편적인 것을 아는 '공통의 이성'이다. 공통 이성은 동물처럼 특수한 경우만을 인식하는 것이 아니라 '연관된 전체'를 추상적으로 인식한다. 그것은 고뇌의 원천을 통찰하고 공통된 희생을 지불함으로써 고뇌를 덜거나 잃어버리게 하는 수단을 생각한다. 이 생각에서 불의의 행위에 의해 얻는 즐거움을 포기하고, 이기심을 버리고 고통을 없애는 수단을 고안한다. 여기에서 국가 계약Staatvertrag, state contract 혹은 법률이 나오게 된다. 자연 상태의 구성원들은 협약 Übereinkunft, 공동의 동의에 의해 국가나 법률을 만든다는 것이다.[42] 그러나 스피노자의 《정치론》이 각 정치체의 장단점을 모두 지적하면서 민주 공화정을 옹호하는 것과는 달리, 쇼펜하우어는 입헌 세습군주제를 옹호한다. 이때의 군주는 공적 도덕심을 갖추고 국가의 행복을 책임지며,

---

41 위와 같음.
42 위의 책, s. 468~469.

그 아래의 국가 운영자들도 최상의 능력을 갖춘 자들이다.

그에 의하면 공화제는 무정부에 접근하는 위험성을 갖는다. 군주제는 전제로 기울 위험성을 갖는다. 입헌군주제는 당파의 지배로 기울 것이다. 완전한 국가는 공공의 복리를 위해 자신의 행복을 희생하는 구성원을 창조해야 한다. 공적 도덕심은 국가의 행복으로 연결된다. 자신의 행복과 국가의 행복은 불가분하다. '하나의 가문'이 이러한 목적을 어느 정도 달성하고 있다는 점에서 세습군주제는 장점을 갖는다. 브라이언 매기는 쇼펜하우어가 주장하는 국가의 세 기능을 다음과 같이 말한다.[43] 1) 외부에 대해 사회 전체를 보호한다. 2) 개별적 시민을 내부에 대해서 보호한다. 3) 국가 권력의 잠재적 위험에 대해 보호자들을 보호하기 위해 삼권을 분리한다. 그러나 통일적 기능을 하는 인물이 있어야 하는데, 이 인물이 세습군주이다. 군주가 국가의 안녕을 보존할 수 있는 경우, 그의 가문의 안녕, 즉 세습이라는 가문의 이익과 국가의 이익은 일치한다. 세습군주가 있으므로 국가의 인격화는 거부한다. 즉 피히테와 헤겔의 국가 인격화를 거부한다.

쇼펜하우어의 정치학은 배타적인 소유적 개인주의, 자유주의적 최소 국가론, 세습군주제를 절충한 정치체를 옹호하는 것으로 보인다. 이는 19세기 정치 세력들의 지형도에서 보수성을 넘어 반동성에 접근하는 관점이다. 그의 정치사상은 급진 자유주의자와는 달리 왕권의 비호를 바라는 타협적 자유주의자에 접근한다. 그것은 계몽주의 혁명 전통과 멀어지고, 19세기 민족국가 운동과 이를 추종하는 독일관념론자들의 민족 국가론과도 멀어진다. 독일관념론자들은 칸트가 국가에 도덕 증진의 의무를 부여한 이래, 국가라는 보편자를 자유 실현의 조건으

---

43 Bryan Magee, 앞의 책, p. 204~205.

로 여겨왔다. 그러나 유명론의 입장에 선 쇼펜하우어에게 "국가는 불의를 당하는 것에만 관계"한다. 국가는 개별화의 원리가 지배하는 표상으로서의 세계에 속한다. 국가는 개인과 같은 인격성을 가질 수 없는 외적 영역이다. 내적 의지와 심정은 국가의 관심대상이 아니며, "행위와 사건이 국가가 보는 유일한 실재"이다. 국가론은 "정의와 불의의 엄밀한 경계를 나타내는 법률학을 차용"한다. "법률학자는 뒤로 돌아선 모럴리스트"와 같아서, 침해해서는 안 되는 권리를 가르친다. "능동적 측면(도덕)이 수동적 측면(당하는 측면)으로 전환해서 법률적이 된다." 국가는 도덕을 촉진하는 시설이 아니라 불의를 막는 장치이다. "도덕은 영원히 자유로운 의지의 문제이기에 외적인 것에 의해 수정되거나 변형되는 것이 아니다." 국가는 도덕의 조건이 아니며, 만인의 이기심에서 생긴 것이다. 국가는 "이기심이 방법적으로 보편적 입장에서 총괄된 것"이며, 이때의 이기심은 "만인의 공통된 이기주의"이다. 국가는 이기주의에 봉사하기 위해서만 존재하며, 이 이외에는 국가는 불필요한 것이다. 단지 국가는 "이기심의 해로운 결과"에 대해서만 이기주의에 반대한다. 형법의 목적은 "반대동기에 의한 위협"에 의해 범죄를 방지하는데 있다. 범죄자는 사회를 보호하기 위해 죄가 다시 범해지지 않도록 수단으로 사용된다. 국가는 '이성을 갖춘 이기심'에 닥치는 나쁜 결과들을 피하기 위한 수단이다.[44] 이러한 국가는 합리적 이기주의 체계인 시민 사회를 보호하는 장치이다. 합리적 이기주의라는 규칙을 실현하는 문제는 정치적 수완의 문제이며, 강제력Gewalt이 없이는 현실화 될 수 없다. "올바름은 힘이 없다. 본성상(자연에서는) 권력이 지배한다." 그러므로 "국가의 임무는 권력을 올바름과 연결시켜 올바름이 권

---

44 Arthur Schopenhauer, *Die Welt als Wille und Vorstellung* I, S W, Band I, Suhrkamp, 1986, s. 469~472.

력에 의해 지배할 수 있도록 해야 한다."[45]

쇼펜하우어는 추상적으로만 생각해서 합리적 이기주의라는 목적이 실현되면 '게으름뱅이의 극락에 가까운 상태'가 출현할지 모른다고 상상한다. 그러나 모든 화근이 제거된 장소는 권태가 점령할 것이다. 또한 "개인들 사이의 불화나 작은 불화는 적당히 얼버무려져 있으며, 내부로부터 축출된 불화는 외부로 향한다." 불화는 민족 간의 전쟁으로 발전하기 때문에 언제나 외부에서 들어온다. 전쟁은 "현명한 대비책을 통해 하나하나 면제해 주었던 '누적된 부채'를 대규모로 단번에 회수하는 것"과 같다. "지혜에 의해 이 전쟁이 극복된다 하더라도 인구과잉이 초래된다. 그 무서운 재난에 대해서는 상상력만이 그려낼 수 있을 것"이다. 쇼펜하우어는 안정과 권태, 불화와 전쟁, 그 후의 안정과 인구 증가의 악순환을 그린다. 안정기의 권태는 '빵과 서커스'로 채워진다. 이것은 쇼펜하우어가 그 후의 실존주의자들처럼 부르주아 문명의 퇴폐성과 일차원성을 지적한 것으로 생각된다. 노자老子처럼 역사를 태초의 황금시대를 잃어버리고 퇴락해 가는 것으로 본 쇼펜하우어에게 자신의 시대는 새로운 가능성을 구현할 수 있는 잠재력을 갖고 있지 않았다. 부르주아 문명이 선호하는 수학과 과학의 확실성에 대한 믿음, 배타적 개인주의에 기초한 법률적 사고는 고대 성자들의 드높은 정신으로부터 이완되고 퇴화한 지성들의 일이다. 그는 적어도 호르크하이머의 지적처럼 시대의 변동에 부화뇌동하지는 않았다. 인류 역사와 19세기는 영원의 관점에서 우주를 보는 시계視界의 개입 없이는, 나아가 아시아적 철학의 의의에 대한 음미 없이는 인간 존재의 본질적 의미에 도달할 수 없는 것이었다. 퇴화한 지성들의 세계는 기계적인 반복이

---

45 Robin Winkler, 'Schopenhauer's Critique of Moralistic Theories of the State', *History of Political Thought*, V. 34, No. 2, Summer 2013, p. 307.

지배할 뿐이다. 이와 유사한 문맥에서 베르그송은《웃음 *Le rire, essai sur la signification du comique*》(1900)에서 부르주아 문명이 자유를 상실하고 기계적 행태 속에 빠져드는 희극comedy을 연출하는 것으로 진단한다. 그가 보기에 웃음은 타인의 실수에서 나오는 것이라기보다는 창조적 자유와 대비되는 타성적이고 진지한 기계적 행동을 보게 될 때 나온다. 쇼펜하우어도 동물의 관성적이고 진지한 욕망은 웃음을 모른다고 보았다.

2. 영원한 정의와 정관靜觀의 한계

　　법철학적 정의는 규칙을 범하는 것에 대한 징벌을 고려한 것이다. 그것은 시간적인 것(미래를 고려한 것)이다. 쇼펜하우어에 의하면 이 '시간적 정의zeitliche Gerechtigkeit'와 대비해서, 생성계를 지배하는 '영원한 정의ewige Gerechtigkeit'는 세계를 지배하며, 확고하고 확실한 것이다. 이 관점은 아낙시만드로스Anaximandros, B.C. 610~546의 유한한 사물은 자신의 불의에 대한 응답으로 소멸하여 무한자apeiron로 돌아간다는 염세적 우주관을 연상시킨다. 그러나 쇼펜하우어의 문헌 인용으로 보아 그 사상은 기본적으로는 불교와 인도 철학 및 스페인의 염세적 극작가인 칼데론Pedro Calderón de la Barca, 1600~1681 등에서 취한 것으로 보인다. "세계 속에 있는 모든 유한성, 모든 고뇌, 모든 고통은 의지가 원하는 것을 표현"하기 위해 반대급부로 주어지며 반드시 필요한 것이다. "모든 존재는 현존재 일반을 짊어지고, 자기 방식의 현존이나 자신의 고유한 개별성의 현존을 유한한 시간 속에서 멸망해 가면서 짊어지고 있다. 의지는 그의 의지이고 의지가 있는 그대로 세계는 있다. 그의 신상에 일어날 수 있는 것은 당연히 일어나도록 되어 있다." "그(인간)의 운명은 결핍, 비참, 비애, 고통을 받게 되어 있다. 세계 그 자체가 세계에 대한 심판이며, 세계의 비애와 세계의 죄는 평형을 이루고 있다."[1]

의지에서 나온 인식의 세계는 마야의 베일에 의해 흐려진 개별화의 원리 속에서 나타나고, 충족이유율의 형식 속에서 나타난다. 현상은 의지라는 본질이 분리되어 무수하게 되고, 각양각색으로 되고, 서로 대립하는 것이다. 개별화의 원리에 따라 인식하는 자는 "육욕과 고뇌를 다른 것으로 보고, 이 인간은 괴롭히는 자, 저 인간은 괴로움을 당하는 자 등으로 나누며, 악과 재앙을 다른 것으로 본다. 어떤 사람은 기쁨, 사치, 쾌락에 살고 그 사람의 문전에는 다른 사람이 결핍과 추위로 고생하면서 죽어 간다." 그는 불행과 악이 동일한 의지의 서로 다른 측면임을 보지 못한다. 마야의 베일에 속고 있다. 개개인은 "고난에 찬 세계의 한복판에서, 개체가 사물들을 현상으로서 인식하는 방법을 받침대로 하여 태연히 앉아 있다." 그들은 삶이 근본적으로 미망이고 위기임을 알아채지 못한다. 그 삶은 "사방이 끝이 없고, 파도가 넘실거리는 거친 바다에서 조각배를 젓는 사공이 그 배에 의지하고 있는 것과 같다." "무한한 과거, 무한한 미래에서도 고뇌에 찬 끝없는 세계"가 그에게는 미지의 것이고, 그의 일신과 순간적 기쁨, 길이 없는 현재만이 현실성을 갖는다고 생각된다. 그러나 "의식의 심층에서는 모든 것과 자기 사이에는 개별화의 원리에 의해 차단될 수 없는 어떤 연관이 있음을 예감Ahnung한다." 이때 "영리한 동물이나 모든 인간에게 지워 버릴 수 없는 전율감Grausen이 초래된다." 이것은 "충족이유율에 예외가 생기거나, 개별화의 원리에 혼란이 생길 때, 즉 우연을 경험할 때, 원인 없이 변화가 생기거나 죽은 사람이 소생할 때, 과거나 미래의 일이 현재에 나타나거나, 먼 것이 가까이에 나타날 때의 느낌"이다.[2]

---

1 Arthur Schopenhauer, *Die Welt als Wille und Vorstellung* I, S W, Band I, Suhrkamp, 1986, s. 479~482.

영원한 정의는 물자체인 의지에 근거한다. "유한한 행복이나 모든 현명함은 무너질 지반 위에서 방황하는 것"과 같다. 현상인 개인은 현상의 형식에 의해 고뇌를 면하고 있다고 생각하지만, 본질에서 보면 세계의 모든 고뇌를 자기의 고뇌라고 보아야 할 것이다. 물자체에는 현상의 형식이 맞지 않는다는 것을 깨달은 사람만이 인식에 의해 덕의 참된 본질을 이해한다. 덕의 본질은 타자에 고뇌를 일으키는 것이 자기 자신에게 상처를 입히는 것임을 통찰하는 것이다. 여기에서 괴롭히는 자와 당하는 자의 동일성을 자각한다. 덕은 고통을 주는 자와 받는 자가 예지계인 의지의 동일성을 자각하는 데에서 온다. 양 쪽이 이렇게 자각하게 되면, "괴로움을 주는 자는 넓은 세상에 괴로움을 등에 지고 있는 모든 것 속에 자신이 살고 있음을 알게 된다." 당하는 자는 "이 현상과 이에 대한 '긍정에 의해', 그 의지로부터 생기는 모든 괴로움을 자기 몸에 받아들이고, 그가 이 의지를 당연히 짊어져야 하는 것으로 인수한다." 현상인 생성계는 투쟁의 죄로 물들어 있다. 생성계 안에 존재하는 한 이 죄는 벗어날 수 없다. 그러나 무제약자인 예지계를 자각하면 이 죄스러운 현실을 운명처럼 긍정할 수 있다. 이른바 인도 철학적 운명애를 최상의 덕으로 삼게 된다. 생성계는 죄로 물들어 있다는 점에서 무구하지 않으며, "인간의 최대의 죄는 인간이 태어났다는 것이다."(Calderon)[3] 그러나 궁극에는 생성계가 소멸과 고통이라는 반대급부에 의해 영원한 정의가 실현되는 곳이라는 사실을 인정하게 될 것이다. 올라가는 길과 내려가는 길은 같다.

이러한 동일성의 덕은 생성계를 영원의 관점에서 보고, 참회를 통해 세간世間에서의 원한과 복수를 금지하는 윤리로 나아간다. 이 윤리

2   위와 같음.
3   Arthur Schopenhauer, 위의 책, s. 483~485.

는 죄의 현실을 궁극에는 순진무구한 것으로 인정하는 출세간出世間의 윤리가 된다. 니체도 이러한 불교적 윤리가 원한 감정을 배제한다는 점에서 의미가 있는 것으로 보았다. 그의 스토아적 운명애는 생성계의 순진무구함을 긍정한다는 점에서 쇼펜하우어와 차이가 나는 것 같지만, 끝에 가서는 생성계의 투쟁성을 순수한 것으로 긍정하게 된다는 점에서는 차이가 없게 된다. 다만 쇼펜하우어의 운명애가 철저하게 우주적 동일성에 기초한다는 점이 니체와 다를 뿐이다. 제도적 사회악을 포함한 모든 고통은 개인들의 자각에 맡겨지며, 자각의 지향점은 예술적 정관, 해탈과 은총의 사건이다. 쇼펜하우어는 신학존재론의 추상적 사변을 강력하게 배척했지만, 스스로도 거듭 주장하듯 종교적 통찰과 구원의 관점을 수용한다. 이 종교적 관점은 당시 괴테와 같은 인문적 교양인들도 잘 인지하고 있었던 것이다. 그들도 근심Sorge과 시간성을 본질로 하는 세상성이라는 인간 조건은 예술과 종교적 영원성에 의해 구원될 수 있다고 보았다. 쇼펜하우어의 윤리학이 종교적 정관주의와 함께 탈정치적 성격을 지니는 것도 그러한 생각에 기인한다.

이런 의미에서 쇼펜하우어는 그것이 바로 너다Tat tvam asi라는 우파니샤드 철학의 근본 테제를 '실천 이성의 요청'이라고 본다. 그것은 윤회의 신화를 통찰함으로써 현상적 존재를 다시 받지 않는 것을 목표로 하는 "소수의 사람에게만 이해되는 철학적 진리"이다. 그는 "인도의 지혜는 유럽에 역류하여 우리들의 지식과 사고에 근본적인 변화를 불러일으킬 것"이라고 예측한다. "개별화의 원리에 사로잡히지 않는 길이 인식"이며, "덕과 고결함이 생기는 기초"이다. "동일한 의지가 대비극과 대희극을 연출하면서 모든 현상 속에 살고 있다는 느낌"은 "인간의 현저하고 희귀한 특색"이라는 것이다. 비극적 영웅의 삶은 이러한 인간조건을 극적으로 표현한다. 복수를 금하는 쇼펜하우어도 "큰 불의에 대해 강력한 압제자를 죽이고 자기도 단두대의 이슬로 사라지는 복수"는 "단순한 보복이라기보다는 형벌"로 보고 그것을 인정한다. 그것은 "국가가 벌하지 않으려하거나 벌할 수 없는 것에 대한 것이고, 이기적 목적도 없는 것"이다. 이러한 복수는 "모든 시간에 걸쳐(먼 미래까지도) 나타나는 생의 의지와 자신이 관계가 없을 수 없다는 것에 대한 심각한 의식에서 생기는 것"이다. 그것은 마치 존재론적 정의인 영원한 정의를 실현하는 하나의 사례인 것처럼 보인다. 그것은 "복수의 본보기에 의해 모든 불의의 행위자를 위협하려는 것"이며, "인간의 이념〔形相〕을 불의에 의해 해를 입지 않게 해 두려는 것"이다. 그것은 "영원한 정의의 본질을 인식하여, 정의의 팔이 되려고 노력하면서 자기를 희생하는" "의미심장하고 숭고한 성격의 특징"이다.[4] 이러한 측면에서 쇼펜하우어는 고대 종교의 성인들과 신비주의자들 이외에도 비극적 영웅들을 상위의 인격으로 찬양했던 것이다.

영원한 정의에 대한 긍정은 동아시아의 윤리 관념에 커다란 흔적을 남긴 달마達磨, ?~536 혹은 528의 안심법문安心法門의 주요 내용 가운데 하나다. 그 흔적이란 생명계의 우주적 연속성에 대한 감각이다. 달마의 대승안심지법大乘安心之法은 이입사행론理入四行論이라고도 하는데, 이에 의하면 여래의 평등성지平等性智인 이성理性, 虛空과 같지만 萬象으로 가득찬 무한한 如來性에 들어가는 두 가지 길이 있다. 하나는 지혜로 들어가는 것理入이고, 또 하나는 행동으로 들어가는 것行入이다. 행동에는 네 가지가 있는 데 그중 보원행報怨行은 영원한 정의를 이해하여 행동하는 길이다. 보원행은 고뇌를 받을 때 생각하는 준칙이다. 이는 과거 무수의 겁 동안 여러 존재를 유랑하면서 원증怨憎을 많이 내고 한 없이 위

---

4   위의 책, s. 485~487.

해危害를 가해서 지금의 고뇌 상태는 그것의 결과라고 생각하라는 것이다. 이러한 생각은 생명계의 인연의 그물을 하나의 연속체로 통찰하고 고뇌를 감심인수甘心引受하여 조금도 원소怨訴가 없게 하는 방법이다. 고통을 만나도 근심하지 않는다. 고립된 개체의 관점에서가 아니라, 자기와 타자, 범인과 성인이 '평등한 하나[等一]'인 여래성의 관점에서 현상계를 보면 비로소 "진리와 상응하여 원한을 용해하고 '도'에 나아간다與理相應, 體怨進道"는 것이다.[5] 우주적 연속성을 개별화하여 은폐하는 원리, 즉 시간과 공간을 가상으로 보고 가상을 산출하는 의지를 초극하여 무욕無欲으로 돌아가면 비로소 지고의 선에 도달한다. 무선무악無善無惡으로 표현되는 최고 선, 절대의 선이란 의지와의 관계에서 생겨나는 상대적 선들의 극복이다. 상대적 선이란 시간적 삶에서 포만과 결여가 부단히 교차하는 특징을 갖는다. 대립이 끊어진 절대의 자유란 결여가 없는 의지 초월적 인식이다. 쇼펜하우어는 이것을 선들의 끝finis bonarum 혹은 선들의 궁극 목적telos이라 부른다.[6]

인간은 한편으로는 예지계인 의지를 미미하나마 내심에서 지각하지만, 외적 행위에서는 개별화의 원리에 제약된다. 여기에서 양심의 가책 혹은 "양심불안이 모든 이기적 행동에서 느껴지는 것"이다. 쇼펜하우어는 인간의 심층적 심리 상태에 접근한다. 인간은 외적 행동에서 타인의 의지를 부정하는 불의를 범하지만, 하나인 의지를 내심에서 지각하고 그 불의를 가책하는 고통을 말없이 겪는다. 이 고통에서 자유(해탈)의 근원적 의미와 만유의 연속성을 예감한다. 그리고 이 예감이 의식화 되면서 궁극의 지혜로 알려지며, 지혜를 체득한 마음은 본원적

---

5 李慧惺 엮음, 〈理入四行錄〉, 《達摩의 禪語錄》, 대우출판사, 1986, 21~22쪽.
6 Arthur Schopenhauer, *Die Welt als Wille und Vorstellung* I, S W, Band I, Suhrkamp, 1986, s. 494.

인 마음 본체로서 인식된다. 이런 의미에서 쇼펜하우어는 법철학에서는 칸트와 유사하게 나의 의지와 타인의 의지가 충돌하는 것을 피하고 공존을 도모하는 것을 실천 이성의 보편적 원리라 했지만, 윤리학에서는 만유가 하나라는 우주적 평등성을 실천 이성의 근본 요청이라고 보았던 것이다. 양심불안은 "인식이 의지에 의해 농락된 상태"이다. 그것은 "자기를 넓은 간격Kluft으로 타인과 분리"하지만, "자신의 행동이 동일한 의지에 대해 자신을 오인하고 자신에게 무기를 돌린 것임을 예감"하는 것이다. 양심불안에는 "자타의 구별은 헛된 것이고 겉모양이라는 예감"이 있다. "악인이 자신의 행동에 대해 느끼는 내심의 경악 속에는 자신의 의지의 강렬함과 힘에 대한 인식이 포함되어 있다." 그는 "자기를 생에의 의지가 집중된 현상이라 인식"하고, "생에 고유한 무수한 고뇌도 느낀다." 인간은 표층에서는 개별화의 원리에 지배되어 있고, 심층에서는 의지의 우주적 연속성을 어렴풋이 예감한다. 이러한 상태는 의지의 우주적 연속성을 완전하게 자각한 것은 아니며, 이기적 의지에 여전히 사로잡혀 살고 있는 상태이다. 인간의 근원적 불안은 현존재의 의지 제약성에 기원한다. "각자는 가장 내적인 곳에서 의욕하고 있는 것으로 있지 않으면 안 되고, 각자의 현재로 있는 바의 것을 의욕한다 was jeder im Innersten will, das muβer sein, und was jeder ist, das will er eben."[7]

여기에 인간의 심층적 분열의 연원이 있다. 개별화된 세계인 표상으로서의 세계는 생명체로서의 인간에게는 가장 강력한 애착이 가는 세계이다. 현상과 본체가 비록 하나라고 강조하지만, 양자의 갈등이 인간 실존의 근본 조건이다. 아시아 철학은 이 갈등을 주요 문제로 삼았다. 지혜로서의 인식에 우선성을 부여하는 아시아 전통에서는 지혜와

---

7   위의 책, s. 498~499.

행동을 연결시키는 방법을 문제로 삼지 않을 수 없었다. 이에 따라 본체와 현상의 통일을 성취하는 방법이 중요한 과제로 되었다. 쇼펜하우어도 세계 지혜로서의 인식에 우선성을 부여한다. 그러나 그는 행동을 직관적인 순수 지성의 아래 등급에 두고 있기 때문에 인식과 실천의 분열은 피할 수 없는 것이다. 그가 말하는 지혜의 정관적 특징은 세계에 대한 염세적 태도와 연관될 뿐만 아니라 행동을 유보한다. 그의 철학은 방관자의 구실이 될 수 있다.

| 회통과 자발적 정의

쇼펜하우어는 자신이 좋아한 인도 철학의 최상의 경전으로 알려진 《바가바드 기타》가 강조하는 '행동의 길karma-yoga'을 애써 외면한다. 《바가바드 기타》는 왕양명주의와 유사하게 결단력과 행동을 지혜에 도달하는 진리의 길로 제시하고 있다. 그 책은 인도의 '지행합일知行合一' 혹은 '지행회통知行會通'의 경전이다.[8] 무외無畏의 지혜는 이기적 욕망을 벗어나 맑고 응축된 긴장성을 함축하고 있다. 그것은 공포가 멸한 상태이기에 생명계의 고통과 불의를 방관하지 않는 감수성과 용기를 갖는다. 감각으로 이완되지 않은 지혜는 행동으로 나아가는 결단력을 지니며, 행동을 통해 그것이 무외의 지혜임을 증명한다. 왕자 아르주나Arjuna는 전쟁에 임하여 (적과의 친인척 관계, 나약한 동정에서 오는 슬픔이라는) 자신의 인간적 조건 때문에 두려워하지만, 마부 크리슈나Krishuna는 비극적 영웅들의 특징인 순수 행동, 즉 무외의 행을 명령한다. 생사를 포함한 세속적인 것을 버리는 포기samnyasa, resignation의 덕은 세속적인 것에

---

8   김호성, 《바가바드 기타의 철학적 이해》, 올리브그린, 2015, 168~201쪽. 이 책은 인도의 인권운동 가였던 틸라크Bal Gangadhar Tilak, 1856~1920의 행동주의Energetism적 해석을 소개하고, 신앙과 지혜와 실천을 조화시키는 전통적 해석으로 균형을 잡는 입장을 취하고 있다. / 함석헌, 《바가바드 기타》(한길사, 2003)는 도덕적 자기 극복과 실행의 측면을 강조하는 맥락에서 주해를 하고 있다.

사로잡혀 생각하는 행동의 결과에 대해 공포가 없으며, 행동을 미루지 않는다. 이러한 회통samuccaya의 덕은 인도의 인권 운동가인 틸라크Bal Gangadhar Tilak, 1856~1920과 간디Mahatma Gandhi, 1869~1948를 비롯하여, 에머슨R. W. Emerson, 1803~1882과 함석헌咸錫憲, 1901~1989이 배우고자 한 것이었다. 쇼펜하우어는 아시아 철학이 본체와 현상의 실천적 통일을 이념으로 한다는 것을 알지 못했으며, 불교에 대한 해석의 다양한 역사도 알지 못했다. 또한 그가 지혜는 행동으로 표현할 수밖에 없는 성격을 갖는다는 점을 언급하긴 하지만, 심정의 평화와 청명한 고요 및 명랑성이라는 주관적 상태에 대한 묘사에 치중하고 있다. 쇼펜하우어의 세계는 심적 본체와 현상의 유기적 통일성을 상실하고 있다. 산정山頂의 고요를 추구하는 그의 성인적 초인상은 소유욕과 시민성이 지배하는 부르주아 사회와 분리되어 관념적 차원에서 부동浮動하고 있다. 이 때문에 쇼펜하우어의 철학은 그 장점을 살리기 위해서는 발전적 보완과 확장이 필요하다고 할 수 있을 것이다.

쇼펜하우어는 현상계에서의 인간의 심리적 분열을 예리하게 묘사하는 능력을 갖고 있다. "자기의 의지와 그 정도에 대한 자기인식에서 양심의 가책이 생긴다." 이 가책은 자신의 의지는 강화하고 타인의 의지는 부정하는 악인의 경우에 더 강하게 느껴질 수 있다. "악인은 인생의 과정에서 생기는 경험적 성격의 모습에 두려움을 느낀다." 기독교의 주기도문에서 "우리를 유혹에 빠지지 않게(시험에 들지 않게) 하소서"라고 비는 것은 바로 우리의 경험적 인격에 두려움을 갖고 있음을 보여 준다. 그것은 "나로 하여금 내가 누구인가를 알지 못하게 하소서"와 같다. "악인은 자신이 자유(해탈)의 길에서 멀리 있으며, 강하게 세계와 결합되어 있음을 안다." 그는 "생과 고통의 포로"이다.[9] 악과 반대의 길은 세계와의 결합을 끊는다. 생의 의미와 연관하여, 세계와 결합하게 하는 집착의 여부가 쇼펜하우어가 인격을 평가하는 근본 기준이다. "소크라테스의 죽음과 그리스도의 십자가형은 인류의 위대한 특징들에 속한다."[10]

쇼펜하우어에 의하면 "덕은 개체들의 동일한 본질을 인정하는 직관적 인식에서 생겨야 한다." 덕은 인식에서 생기지만, 언어를 통해 전달될 수 있는 추상적 인식에서 생기는 것이 아니다. 이는 "모든 미학이 단 한 사람의 시인도 만들어 내지 못하는 것과 같다." 언어적인 "추상적 인식은 동기를 줄 뿐"이다. "동기는 의지의 방향을 바꿀 수 있을 뿐, 의지 자체를 바꾸지는 못한다." 비이기적인 순수한 덕은 인식에서 생기지만, 이때의 인식은 '직접적이고 직관적인 인식'이다. 그것은 "각자 자신에게 생긴다." 따라서 그것은 "전달할 수 없고, 행위나 행동, 인생항로를 통해 표현"할 수 있을 뿐이다. 추상적으로 표현하더라도, '인식 그 자체'는 전달할 수 없다. 전달은 직관적 인식과 행동에 대한 개념만을 표현할 수 있을 뿐이다. "우리는 행동으로 표현된 것을 해석하고 설명할 뿐이다."[11]

악에 대한 부정이 정의Gerechtigkeit이다. 자기의 의지를 긍정해도 타인의 의지를 부정하지 않으면 '옳은gerecht' 것이다. 정의는 타인의 개별적 생존의지를 인정하기 때문에 여기서의 개별화의 원리는 악인이 보는 것처럼 절대적 장벽Scheidewand은 아니다. 정의는 "남을 침해하지 않는 정도까지는 자기 자신을 다른 현상 속에서 재발견"하며 그런 한도 안에서 다른 존재자를 자기와 동일시한다. 정의는 심정의 최고도에서는 남에게서 받은 정도의 것은 남에게 베풀어 준다. 그것은 적극적인

---

9   Arthur Schopenhauer, *Die Welt als Wille und Vorstellung* I, S W, Band I, Suhrkamp, 1986, s. 500.
10   Arthur Schopenhauer, *Manuscript Remains* V. 3, Berg, 1989, p. 194.
11   위의 책, s. 502~504.

선으로 나아가는 계기가 될 수 있다. "세습재산에 대한 자신의 권리도 의심하고, '자발적 가난'을 택하게 된다." 쇼펜하우어는 파스칼Blaise Pascal, 1623~1662의 금욕과 회심을 예로 든다. 파스칼은 많은 시종이 있어도 아픈 가운데에서도 스스로 잠자리를 만들고 부엌에서 음식을 날라 먹었으며, 자신이 번 돈을 빈곤한 사람들에게 모두 주었다. "유산에 의지하여 무위도식하는 것은 적법이지만 불의"다. 파스칼과 같은 '자발적 정의Die freiwillige Gerechtigkeit'는 개별화의 원리를 간파하고, 적극적 호의Wohlwollen, 선행Wohltun, 인류애Menschenliebe로 나아갈 수 있다. '인식'은 의지와 균형을 유지하고 불의의 유혹에 저항할 것을 가르친다. 선한 사람은 연약한 의지 현상이 아니다. "태생이 연약하여 선하게 보이는 사람은 극기력이 없는 사람이다." 진정한 선은 "인식이 의지 충동을 지배한 것"이다. 자발적 정의의 사람은 "막대한 수입이 있어도 자신을 위해서는 조금만 쓰고, 곤궁한 사람에게 다 주고 자신은 향락과 위안을 찾지 않는 사람"이다. 이러한 사람은 "자기와 타인의 구별이 적은 사람"이며, "추리에 의하지 않고 자신과 타인이 그 자체에서는 같으며, 이것이 모든 사물의 본질임을 인식한 사람"이다. 그는 "동물도 괴롭히지 않는다"[12][쇼펜하우어는 동물애호가였으며 아시아 철학이 인간과 동물을 동등하게 여기는 전통을 높이 평가했다].

자선사업die Werke der Liebe은 "미망의 베일을 간파하고, 개별화의 원리의 기만을 탈피한 것"이다. 양심의 만족gute Gewissen은 비이기적 행위에서 오는 만족으로, "'참된 자기'는 개별적 현상인 일신 안에 존재할 뿐만 아니라 모든 만물 속에 존재한다는 인식에서 나오는 만족"이다. 이때에 심정Herz이 넓어진 것을 느낀다." 그러나 "이기심에서는 불안과

---

12   위의 책, s. 504~507.

근심Angstlichkeit. Sorge이 기분Stimmung의 기조"가 된다. 심정의 확장에서 안정되고, 자신 있는 명랑성die ruhige, zuversichtliche Heiterkeit이 생긴다." 선한 사람은 "자기와 친한 현상들의 세계에 살며, 현상의 행복은 자신의 행복"이 된다. "관심을 수많은 현상에 까지 '넓히면' 하나의 현상에 '집중'할 때의 불안에서 탈피"하게 된다. 만유의 우주적 연대성에 기초한 정의와 사랑이 양심불안을 극복하는 길이며, 따라서 도덕적 실행이 심정의 개방성과 평온을 가져온다. 이 때문에 쇼펜하우어는 법칙과 의무의 윤리를 배격한다. "영원히 자유로운 의지에 대해서는 당위나 법칙을 갖다 맞출 수 없다." "이제까지의 고찰과 연관시키면 내 설명은 하나의 진리(그것이 곧 너다)를 행동과 연관시켜 표현한 것"이다. "이 진리에 대해 확실한 인식을 갖고 자기 자신을 향해 표현할 수 있는 사람은 모든 덕과 지복Seligkeit을 확신하고 있고, 해탈Erlösung에의 지름길을 가고 있는 사람"이다. 인식과 함께 사랑이 해탈에의 두 길이다. "모든 사랑ἀγάπη, caritas은 우주적 평등성을 내포한 감정인 연민Mitleid, compassion이다." 연민에 바탕한 사랑이 사람을 해탈로 이끌고 간다.[13] 《유고》(V. 4)에서는 보다 생기로운 도덕의 모델을 제시한다. 〈아가페와 카리타스〉는 타자와 자신의 형이상학적 동일성에 의거한 연민과 공감에 의거한 사랑이다. 이에 비해 에로스ἔρως, amor는 개체를 통해 작용하는 생의 의지로서의 종種의 의지이다. 에로스는 아가페와 결합하여 다른 개체에서 동일성을 지각하고 그를 배려하게 할 수 있다. 이것이 행복한 결혼의 본질이다.[14] 쇼펜하우어는 이러한 아가페와 에로스의 결합을 결혼에 한정하지만, 보다 대중적인 현실성을 갖춘 도덕의 모델로 발전시킬 수 있는

---

13 위의 책, s. 508~510.
14 Arthur Schopenhauer, *Manuscript Remains*, 1830-1852, Last manuscripts, V. 4, Berg, 1990, pp. 71~72.

아이디어를 제공하고 있는 것으로 보인다. 프롬은 에로스를 확장하는 방향과 탈권위주의적 자유정신을 결합하여 상호 소통적 사회사상을 구성했다.

쇼펜하우어는 도덕론을 통해 인간은 장벽을 쌓는 폐쇄성과 이를 허무는 개방성 사이에서 움직이는 존재임을 밝힐 수 있었다. 이 두 방향이 하나의 인격 안에서 분열되어 있다. 베르그송의 후기 저작인《도덕과 종교의 두 원천》은 그 자신은 밝히지 않지만, 그러한 쇼펜하우어의 관점에서 나온 것이 분명하다. 베르그송은 칸트의 형식주의를 폐쇄적 도덕으로 비판하는 동시에, 우주적 연대성을 통찰한 붓다와 그리스도의 개방성을 법칙과 금기를 강조하는 폐쇄적 도덕에 대비시킨다. 쇼펜하우어에 의하면 장벽을 만드는 "개별화의 원리를 약간 간파하면 정의가 되고, 크게 간파하면 심정의 선이 되며, 이것이 사랑으로 나타난다." "완전한 사랑은 다른 개체와 그 운명을 자기의 것과 동일하게 본다." 최고선과 고결한 마음Edelmut, magnanimity에 도달한 사람은 자기의 복지와 생명을 희생한다." 이러한 희생은 우주적 동일성과 이의 표현인 연민에 따르는 것이지 의무를 이행한 것이 아니다. "칸트는 감정으로서의 연민은 약점(허약)이며 덕이 아니라고 주장"한다. 그러나 쇼펜하우어가 보기에 "연민이 아닌 사랑은 아욕Selbstsucht"에 불과하다. 그는 불교에서처럼 슬픔이 갖는 윤리적 의의를 인정한다는 점에서 기쁨에 대해서만 적극적 의미를 부여하는 스피노자의 일면성을 벗어난다.[15]

쇼펜하우어가 추구하는 성인성은 세계 애착을 끊고, "가장 비이기적인 사랑과 자기희생"의 정점에 도달한다. '심정'의 완전한 선은 "모

---

15 위의 책, s. 514. 연민을 하나의 덕으로 보는 쇼펜하우어는 자기 연민의 경험에서 삶의 의미에 관한 관심이 일어날 수 있음을 암시한다. 그는 "사색에 잠기면서 산책을 하면, 갑자기 내 자신을 동정하고 싶은 심정이 강하게 일어나 가끔 소리높이 울고 싶다"고 한다.

든 존재자 가운데서 참된 자기를 인식한다." 그것은 "모든 생물의 무한한 고통도 자신의 고통으로 간주하며," "모든 것은 그에게 똑같이 가깝다." 이러한 차원에서는 사적 소유권의 원리를 포기한다. 성인성은 시민성을 벗어나 "전체를 인식하고 전체의 본질을 파악"하며, "모든 것의 고통과 고뇌를 본다." 그는 "세계는 쇠퇴해 가고 있는 세계hinschwindende Welt임을 안다." 대승불교가 법계에는 본래 상승도 없고 쇠퇴도 없다는 평등의 관점을 취하는 것과는 달리 이 지점에서 쇼펜하우어는 염세적 관점을 취하며, 이를 자유의 이념에 도달하는 발판으로 삼는다. "개별적 사물들이 의욕의 동기로 되는 것이 아니라, 전체에 대한 인식은 의욕의 진정제가 된다." 전체성에 대한 인식을 통해 "자발적 단념Freiwillige Entsagung, 포기Resignation, 내려놓음放下, Gelassenheit과 무의지의 상태에 도달"한다. 그러나 "우리는 희망의 유혹, 현재의 알랑거림, 쾌락의 감미 때문에 다시 세계로 끌려 내려" 올 수 있다. "인생은 군데군데 차가운 곳이 있는 타오르는 원형의 석탄 길"이다. 불교의 삼계화택三界火宅을 연상시키는 이러한 관점에서 쇼펜하우어는 "망상에 사로잡힌 사람은 그 찬 곳에 만족"하지만, "전체를 인식하는 사람은 현상에 반영된 자신의 본질을 부정한다"고 한다. 그는 "덕에서 금욕으로 이행"한다. 그는 "사랑에 만족하지 않고 세계의 본질을 혐오"한다. 그는 "모든 것에 대한 사사로운 관심이 없는" 경지를 확립하고자 한다.[16]

쇼펜하우어는 "자발적 연민이 의지부정의 제1단계"라고 본다. 여기에서 시작하여 최후에는 무의지[無欲] 상태에서 세계를 정관하는 초인의 경지를 최고의 윤리 경계로 제시한다. 이 경계에서 인식의 근본 조건인 주관과 객관의 분리 체계가 사라진다. 쇼펜하우어는 무한한 과학

---

16 위의 책, s. 514~516.

적 인식의 발전의 전망을 가진 계몽주의적 낙관주의를 거부한다. 그는 자연을 구제하기 위한 인간의 희생의 필요성을 말한다. "모든 존재는 성스러운 희생(공물)을 갈망한다."(Sama-veda, 아시아 연구 v8) 이 "희생이 바로 자발적 단념"이다. "자연은 사제이자 희생인 인간에게 구제를 기대하지 않으면 안 된다"는 것이다. 쇼펜하우어는 붓다의 출가와 동물의 구제에 대한 관심을 자발적 단념의 대표적 사례로 본다. 붓다는 출가 시에 자신이 타던 말에게 다음과 같이 말했다. "나를 이곳에서 날라다오. 그리고 내가 '법'에 도달하게 되면 결코 너를 잊지 않으리라." (《佛國記》, Abel Remusat) 또한 신과 자아의 합일로 만유가 회귀한다는 서구 신비주의 사상도 자발적 단념에 속한다. 자발적 단념은 "가난을 목적으로 추구하며 금욕을 하는 자"의 덕이다. 이 덕은 수행자의 덕으로, "타인이 불법을 가해도 저항하지 않는다." "손해와 굴욕을 받아들이며, 분노의 불도 꺼진다." "신체를 생기 있게 하지 않기 위해 영양공급을 조금만 한다." "자기를 세계의 고통의 존재원천으로 인식하고 의지를 좌절시키고 죽인다. 죽음은 대망하던 해탈로서 기꺼이 받아들인다." "의지의 마지막 잔재도 없어지면, (표상으로서의) 세계도 소멸한다." 쇼펜하우어는 세계소멸과 해탈에 대해 인도의 상캬학파의 경전《상캬 카리카Sankya Karika》를 인용한다. "영혼이 신체로부터 분리되고 자연이 영혼을 위해 자연이 소멸하게 되면 완전한 해탈이 일어난다."(*On the Philosophy of the Hindus*, Colebrooke, Horace Wilson)[17]

세계극복의 노력은 "기독교, 힌두교, 불교의 성자나 '아름다운 영혼'의 소유자들의 부러워할만한 생애"이다. 그것은 "직관적 인식이 인성의 전환Lebenswandel이라는 품성을 통해 나타난 것"이다. 유신론적 종교나

---

17 위의 책, s. 517-521.

914 의지와 소통으로서의 세계

무신론적 종교의 모든 성자들의 인식은 본질에서는 동일하다. "성자들은 내적 인식이 같지만, 각기의 이성이 받아들인 교리에 따라 각기 다른 말을 한 것"이다. 성자임을 증명하는 것은 '행동'이며, 교리는 이 행동에 대한 설명에 불과하다.[18] 윌리엄 제임스W. James, 1842~1910의 《종교적 경험의 다양성The Varieties of Religious Experiences》(1902)은 바로 이러한 관점을 적용하여 성인성이라는 결과적 열매를 강조한다. 그에 의하면 불교철학이나 교부 철학들은 성인성에 대한 경험을 추상적으로 개념화한 것에 지나지 않는다.

| 세계초극과 정오의 영광

이와 달리 "세계사의 자료에서는 의지긍정이 출현"한다. 그러나 "그 모든 노력은 무익하고 공허하다." 쇼펜하우어에게 역사적 삶의 과정에서 나타나는 의지긍정의 세계는 어떤 진보적 의미도 갖고 있지 않다. 생의 의미는 역사에 있지 않으며 역사를 떠나는 길에서 모색된다. 이 방향이 의지부정의 길이다. 이 길은 다수자에 대한 소수자의 길이다. "우리는 행동의 윤리적 의미를 찾고, 그것을 보편적 기준으로 해서 범

---

18 쇼펜하우어는 《의지와 표상으로서의 세계》 I 에서 자발적 단념을 말하는 사상적 전기들을 추천하고 있다. 그는 스피노자B. Spinoza가 '모든 고귀한 것은 드물고도 어렵다'(《에티카》 5)고 한 것을 의지부정의 구체적 사례에 대한 묘사로 본다. 그러나 그것을 일상 경험에서 만나기 어렵기 때문에 전기를 통해서 만족해야 한다고 한다. 그가 제시한 목록은 다음과 같다. 폴리엥Polien 부인의 《인도 신화》, 테르스테겐스Tersteegens의 《성스러운 영혼의 전기》, 라이츠Reitz의 《다시 태어난 사람들의 역사》, 칸느Kanne의 《총서》 가운데의 〈Beata Sturmin의 생애〉, 보나벤투라S. Bonaventura가 간행한 《성 프란시스의 생애》, 샤뱅Chavin de Mallan의 《아시시의 성 후란시스의 생애》, 하디Spence Hardy의 《동양의 수도회. 붓다가 세운 수도회의 기록》특히 귀용Guyon 부인의 《자서전》은 아름답고 위대한 정신으로, 나를 외경으로 가득 차게 했으며, 그래서 그녀의 이성의 미신도 너그럽게 보게 되었다고 한다. 불어판 《스피노자 전기》(불충분한 논문 《지성 개선론》의 서문은 이 전기를 풀 수 있는 열쇠)도 같은 실례라고 한다. 이 서문은 정열의 폭풍을 가라앉히는 가장 효과적인 수단이다. 괴테의 《아름다운 영혼의 고백》은 Klettenberg양의 생애를 이상화해서 그린 것이며, 또 성 네리St. Philip Neri의 생애를 두 번이나 말한 적이 있다. 에크하르트M. Eckhart의 저서나 《독일신학》에 기독교의 정신은 완전하고 강하게 표명되어 있다. 그의 제자인 타울러Tauler의 《그리스도의 불쌍한 생애의 계승》이나 《마음의 한가운데》도 《신약 성서》와 함께 기독교 신비주의를 말한다(Arthur Schopenhauer, *Die Welt als Wille und Vorstellung* I, S W, Band I, Suhrkamp, 1986, s. 522~523).

속한 사람들의 '다수표'에는 조금도 구애받지 않고, 가장 위대하고 가장 중요한 그리고 가장 유익한 현상은 '세계정복자Welteroberer'가 아니라 '세계초극자Weltüberwinder'임을 공언하려는 것"이다.[19] "그의 고요함과 눈에 띄지 않는 행동은 범인의 행동과는 정반대"이다. 의지의 부정이 생긴 사람은 내적인 희열Freudigkeit과 천국의 고요 속에 산다. 그는 '부동의 평온, 깊은 평화, 내적 명랑성'을 지닌다. "우리는 이것을 유일하게 옳은 것das allein Rechte. 지극히 우수한 것으로 인정하게 된다." 이 삶이 가장 행복한데, 이 행복은 "미적관조와 같은 순간적 인식이 아니라 영원히 진정된 삶"이라는 것이다. 이 사람의 순수인식은 '세계를 비치는 맑은 거울로' 존재한다. 그는 이 "세계의 환영Gaukelbilder을 침착하게 웃음을 띠고 돌아본다." 쇼펜하우어는 이러한 고요한 미소의 경지를 귀용Guyon 부인의 전기를 활용하여 정오의 영광으로 묘사한다. "나에게는 모든 것이 어떻게 되든 마찬가지이다. 나는 이미 아무것도 욕구할 수가 없다. 나는 가끔 내가 현재 있는지 없는지 조차도 모른다."《자서전》 "영광의 정오. 이제는 밤이 오지 않는 대낮. 죽음 그 자체 속에서도 이제는 죽음을 두려워하지 않는 생이었다. 왜냐하면 죽음이 죽음을 극복했고, 최초의 죽음을 겪은 사람은 이제 제2의 죽음을 느끼지 않기 때문이다."《귀용부인의 생애》 2)[20] 그러나 그리스도의 죽음을 통해 거듭난 성자의 삶은 영원이라는 정오 아래에 서 있다. "의지의 부정이 이루어진 후에도 안주하지 않고 끊임없는 투쟁에 의해 새로이 획득되어야" 하는 부단한 노력을 필요로 한다. "성자의 내면적 삶은 투쟁, 시련, 은총의 이반으로 가득 차 있다." 은총은 "자유의 문을 여는 인식 방법"이

---

19 Arthur Schopenhauer, *Die Welt als Wille und Vorstellung* I , S W, Band I , Suhrkamp, 1986, s. 524.

20 위의 책, s. 531.

다. 투쟁은 이 자유를 지키는 것이며. "허영심은 마지막에 없어지는 가장 파괴하기 어려운 것"이다.[21] 쇼펜하우어가 발견한 정오의 영광 개념은 니체를 통해 유행하게 되며, 종말론적 신학의 시간관에 영원성과의 수직적 만남이라는 비역사적 관념을 결합시키는 것을 가능하게 한다.

또한 비극의 주인공처럼 "운명에 의해 주어지는 고통도 의지부정에 이르는 제2의 길δεύτερος πλοῦς(Stobaios)"이 될 수 있다. "고통과 절망에 허덕인 끝에 갑자기 자기 자신으로 돌아가 자기의 세계를 인식하고 자기의 본질 전체를 바꾸는 경우"가 있다. 이러한 사람은 "고통에 의해 정화되고 성화된 것처럼 열락Seligkeit과 숭고Erhabenheit에 안주"할 수 있다. 고통을 정화하는 힘에 의해 도달한 이러한 '해탈의 섬광'은 "큰 불행과 모든 구원에 대한 절망이 초래하는 의지부정의 사례"이다. 쇼펜하우어에 의하면 "《파우스트》의 그레첸Gretchen의 수난사는 문학에서 필적할 만한 것은 없는데", 그것은 "제2의 길의 전형"이다.[22] 현실에서 큰 불행을 겪어야 하는 불행한 사람도 있다. 이 가운데 고통을 겪다가 '회심'하는 경우가 있다. 이러한 회심은 "고통과 죽음을 좋아하게 되고, 과도한 고통을 통해 생의 최후의 비밀das letzte Geheimnis이 계시된다." 생의 최후 비밀이란 "고통을 받는 자와 주는 자가 동일한 의지의 현상이라는 것"이다. 우주적 동일성에 대한 계시적 자각에서 "의지부정이라는 전환Umwandlung이 일어난다." 이 전환은 '원주의 점들인 현상'과 '원의 중심인 의지'에 대한 애착을 버리는 초월적 변화를 경험한다. "현저히 주목할 만하고 보편적이며 초월적인 변화는 원을 파괴"한다. "심리학의 모든 규칙이 공허해지고," "부모도 저버릴 정도의 변화"가 일어난다.[23]

---

21 위의 책, s. 532.
22 위의 책, s. 533~534.
23 위의 책, s. 535.

"격동의 생애를 보낸 사람, 군주, 영웅, 행복을 얻으려는 모험가들도 갑자기 달라져 속죄를 택하고 은둔자나 승려가 되는 일이 있다." 예를 들어, "룰리우스Raimund Lullius는 연모했던 애인이 방으로 불러 암으로 침식된 가슴을 보이자, 궁정에서 황야로 가서 참회의 생활을 했다." 고통으로부터 의지의 부정이 생기는 것은 "필연적 인과 관계가 아니라, 의지는 자유라는 것"을 보여 준다. "여기가 의지의 자유가 나타나는 유일한 지점"이다. 인간의 초월적 의지는 어떤 결정적인 계기를 통해 현상적 인과의 세계를 벗어나고, 나아가 현상의 근거인 물자체까지도 극복하는 단계에 진입할 수 있다.

　쇼펜하우어에 의하면 어떤 고통으로도 정복할 수 없는 의지도 있다. 《파이돈Phaidon》에는 사형에 처하게 될 순간까지 먹고 마시고 음욕에 탐닉하는 사람에 대한 얘기가 있다. 셰익스피어의 《헨리 6세》의 추기경 베오포트Beaufort는 죽음에 의해서도 자신의 극단적 악의를 꺾을 수 없어 절망 속에 죽는다. "현재의 세계보다 더 강한 의지가 있는 세계가 있다면, 그것은 지옥일 것이다." 그러나 다른 방향의 움직임도 있다. 괴테의 《토가토 타소Torguato Tasso》의 공주는 자기 가족의 고통을 인간 전체의 본질적 고통의 한 사례로 인식한다. 고귀한 성격은 고통을 통해서 우주적 개방성의 방향으로 움직인다. 고통을 통과하는 고귀한 성격은 "언제나 조용한 애조를 띤다." 이와 비교해 볼 때, "일상적인 불쾌한 일들에 대한 끝없는 역정은 나쁜 심정을 가진 자일 것이라는 의구심을 낳는다." 이에 반해 "비탄이 인생 전체에 퍼지면 의지의 내향화와 철수가 생긴다. 신체와 의지는 깊이 파묻히고 해소되는 것에 대한 예감이 생기며, 슬픔 가운데의 은밀한 기쁨이 수반the joy of grief된다."[24] 한탄

24　위의 책, s. 538~539.

만하면 생기 없는 감상주의에 빠지지만, 한탄이 아닌 "모든 고통은 덕과 성스러움으로 가는 것이 적어도 가능한 것이다." 매우 불행한 사람에 대한 존경심을 갖는 것도 향락과 세계 애착이라는 속물성을 벗어날 가능성을 보기 때문이다. 성스러움은 "의지의 본질적인 허무성에 관한 의식"이다.

성스러움의 경험에서는 의지를 부정하는 의지가 현상의 인과적 질서에 침투한다. 동기에 따른 필연적 인과가 무너진다. "자연 필연성과 의지부정의 자유 사이의 모순은, 필연성을 모르는 의지 그 자체의 자유가 현상의 필연성에 직접 개입한다는 것"이다. "전환된 인식 방법에 의해 성격이 동기의 힘을 벗어나게 되고 성격의 폐기가 일어난다." 기독교에서는 이것을 재생, 은총의 작용이라 한다. 이런 의미에서 그런 모순을 말브랑슈Malebranche는 "자유는 하나의 신비"라고 했다. 자연의 나라는 필연성이고, 은총의 나라는 자유이다. 의지부정은 "인식과 의욕의 내적관계에서 생기는 것이기 때문에 외부에서 날아온 것처럼 이루어진다." "우리의 현존의 배후에는 세계와의 인연을 끊어버림으로써 비로소 접근할 수 있는 어떤 다른 것이 있다." 쇼펜하우어에 의하면 아담은 생에의 의지의 긍정을 상징하고, 그리스도인 인간으로 된 신은 의지부정에 해당한다. 신체는 외관상의 신체이며, 힌두교나 대승불교의 보살은 의지부정을 상징한다. 기독교의 핵심인 예수도 의지부정의 상징인데, 후세의 기독교는 범속한 낙천주의로 타락했다는 것이다. 쇼펜하우어는 아우구스티누스Augustinus와 루터Luther의 은총설이 자신의 고찰과 일치하며, 덕과 성스러움은 자의에 있는 것이 아니라 '인식(신앙)'에 있다고 본다.[25]

---

25 위의 책, s. 548~551.

쇼펜하우어가 보기에 기독교의 모순들이나 불가해한 점(창조주와 죄의 모순)은 유대교의 교리와는 달리, 인간은 다른 의지에 의해 만들어진 것이 아니라 자신의 의지에 의해 만들어졌음을 알면 해소된다. 자유는 현상적 사건 속에in Operari 있지 않고 본질Esse에 있다. 죄도 원리로서 존재하며 은총작용도 우리의 것이다. 해탈은 신앙(새로운 인식방법)에 의해서만 외부로부터 오는 것처럼 생긴다. 그것은 성격과 무관하며 성격의 부정에서 생긴다. 여기서 자발적 정의, 사랑, 드디어는 의지의 부정이 생긴다. 쇼펜하우어에 의하면 자신의 윤리는 새로운 것처럼 보이지만 기독교와 완전히 일치하며, 기독교 교리 속에 있던 것이다. 또한 인도 경전들의 교훈과도 일치한다.[26] 아시아의 무신론적 종교도 도덕 현상들과 의지부정을 이해하고 해명할 수 있는 원리를 갖고 있다. 그 해명은 근원적 '무'에서 생기하는 생명원리의 자발적 발현發顯에 의해 현상계가 전개되며, 생명원리는 현상계에 보편적으로 관류한다는 세계관이기 때문에 가능한 것이다. 이 문제는 앞의 Ⅳ~Ⅴ장에서 상세히 다루었다. 그러나 종교에 관한 쇼펜하우어의 논의에서 중요한 것은 그것이 우리의 삶의 양식을 전환하는 경험의 유형들 가운데 가장 궁극의 차원이라는 것이다.

종교에 대한 쇼펜하우어의 긍정적 견해는 억압적인 초월적 인격신으로 회귀한다는 비난을 받기도 했다. 이것은 그의 견해에 대한 오해에 근거한다. 아인슈타인Albert Einstein, 1879~1955은 의도한 것은 아니지만, 그러한 오해를 풀어 주고 있다. 그는 젊은 시절부터 민주적 윤리와 과학이 분리될 수 없다는 관점, 즉 사실과 가치는 분리될 수 없다는 견해를 갖고 있었다. "그대의 도표와 방정식 속에서도 인간과 그의 운명

---

26 위의 책, s. 552~554.

에 대한 관심을 잃어버리지 말라"고 충고할 정도로 그는 사실과 당위를 분리하는 지식인들의 습성을 비판한다.[27] 그의 윤리는 가장 개방적인 성격의 도덕이며, 이는 다른 사람들이 이해할 수 없을 정도로 진지하고 강렬한 것이었다. 그의 《나의 세계관》(1954)에 의하면 그는 20세기 세계의 폭압과 착취에 의해 개인들의 삶이 고통스러워지는 것을 고민했으며, 이름이 알려진 후에도 계속된 고독에 시달리다가 쇼펜하우어의 글을 읽고 마음의 위안을 얻었다. 그는 그 책의 〈사상과 의견들 Ideas and Opinions〉이라는 제목의 장에서 두 번이나 쇼펜하우어를 언급한다. 그는 과학과 종교의 '상호의존성'을 논하는 가운데, 개인과 인류의 신격화, 국가와 군대의 우상화를 반대하고, 우주적 전체성으로 열린 개방적 도덕을 과학적 지식에 결합시킨다. 그는 개방성의 도덕에 열렬한 관여를 하지 않는 삶은 살 가치가 없다고 단언한다. 그에 의하면 "불교에는 우주종교적 요소가 더욱 많다는 것을 우리는 쇼펜하우어의 훌륭한 저서에서 배운 바 있다." 종교는 자연에 대한 공포에서 그보다 더 강한 힘을 갖는 인격신을 상상하는 '공포종교'로부터 보다 고등한 '도덕종교'로 발전했으며, '종교적 체험의 제3단계'라 할 수 있는 우주종교 Cosmic religion로 발전했다. 우주종교는 '개인을 자유롭게 발전시키는' 자유의 원리이자 '인류를 위해 봉사'하게 하며 고결한 도덕의 원천이다. 그것은 "자기중심적인 집착과 욕망 및 공포에 얽매인 테두리로부터 힘이 미치는 한 인류를 해방시키는" 원리다. 그것은 "과학 연구를 격려하는 가장 강력하고 고상한 동기"이다. 아인슈타인이 보기에 우주종교는 '데모크리토스, 성 프란시스, 스피노자'의 우주관이었다. 또한 "스피노자가 말하는 신에 대한 이지적 사랑Amor Dei intellectualis에 의해 자극되지

---

27 Virgil Hinshaw, Jr, 'Einsteins's Social Philosophy', P. A. Schilpp, *The Philosophy of Albert Einstein*, Open Court, 1970, p. 649.

않았더라면 인간에 있어 가장 위대한 업적을 얻게 해 주는 그 끊임없는 헌신은 아마도 불가능했을 것이다." 이러한 우주적 사랑은 궁극적인 목표 자체로서 오직 동경과 같은 열망에 의해서만 이해되고 전달된다. 목표는 과학의 객관적 지식에서 연역할 수 없는 것이기 때문에, "그것에 도달하려는 동경은 다른 원천에서 구하지 않으면 안 된다." 그에 의하면 이 원천은 더 이상 '정당화할 수 없는' '단순하고 명료한' '계시啓示'와 같은 것이다.[28] 단순한 영혼의 고결성은 여기에 기인한다. 그리고 이 단순성은 민주적 공동체를 위한 아인슈타인의 사회적 실천과의 결합을 통해 정적주의를 탈피하는 길을 보여 주고 있다. 아인슈타인의 사회철학은 쇼펜하우어의 우주종교와 이에 기초하는 사회적 활동성, 즉 체용합일體用合一의 가능성을 전망할 수 있게 한다.

아인슈타인의 종교관은 쇼펜하우어의 영향을 반영한다. 그것은 쇼펜하우어가 자신의 철학이 기독교와 통한다고 공언한 것이 억압적 공포종교로 돌아가는 것이 아니라, 우리 인생과 과학자에게 강한 열망을 일으키는 개방적 우주종교를 의미한다는 것을 알게 해 준다. 이러한 반권위주의와 우주적 전체성의 신비를 동경하는 문맥에서 아인슈타인은 과학과 종교의 상보성을 강조한 것이다. 또한 그는 지식론의 측면에서 자연의 합법칙성에 대한 믿음을 우주종교가 준다고 본다. 아인슈타인은 과학적 발견의 활동을 반성하여 자신의 과학 철학을 구성했다. 그에 의하면 과학은 "추상적(수학적) 개념들과 그 관계를 맺어주는 명제들"이라는 '공리적(논리적)' 층위가 '감각적 경험 복합체'라는 층위에 결합되어 있다. 논리적 층위는 인간의 상상력에 의해 창조되고, 감각적 경험을 이끌어낸다. 경험은 진리의 조건이 되지만, 논리적 층위는 관찰

---

28 Albert Einstein, 최혁순 옮김,《나의 세계관*Ideas and Opinions*》(1954), 범조사, 1982, 264~277쪽.

적 경험에 의해 검증되는 것이 아닌 '사변성'을 갖는다. 이 점에서는 아인슈타인의 지식론은 그 자신도 인정하듯 마하의 영향을 받았으나, 모든 과학의 일반적 기초를 요소적 경험에 두는 감각적 실증주의는 아니다. 이 점에서는 그는 마하에 비판적이다. 그의 지식론은 과학을 이중적 구조로 보는 '논리 경험주의'에 접근한다. 공리체계인 논리적 차원은 경험에 의해 실증되는 것이 아니라 오히려 경험을 제약하는 선험적 기능을 한다. 그것은 실재의 합법칙성에 부합하는 것이 아니다. 실재의 합법칙성은 우주종교가 주는 조화에 대한 믿음으로부터 온다. 이러한 믿음에 따라 과학은 공리체계의 논리성을 통해 자연 법칙을 '정리'나 '강령'처럼 형성하여 관찰로 나아간다. 법칙의 인식은 우주종교적 합법칙성에 대한 믿음이 이끌어 간다. 이런 의미에서 아인슈타인은 "종교 없는 과학은 절름발이이고 과학 없는 종교는 장님"이라 한다.[29] 아인슈타인이 윤리적 측면과 지식론의 측면에서 과학과 우주종교의 상보성을 주장하는 것은, 과학과 종교는 방법이 전혀 다르지만 결국은 일치한다고 전망한 쇼펜하우어의 견해와 같은 것이라 할 수 있을 것이다. 과학은 윤리학과 무한우주론이 주는 계시적 의미의 차원과 결합할 수 있으며, 실제로 그러한 결합의 모델은 드물지 않았다.

쇼펜하우어는 "나의 하나의 사상"은 윤리의 근본 특성과 그것의 전개를 목적으로 한 것"이라고 주장한다. 그러나 윤리학으로서의 쇼펜하우어의 철학은 긍정적으로 보일 수 있는 점들과 함께 다음 장에서 다룰 여러 모순점들을 갖고 있다.

---

29   Philipp Frank, 'Einstein, Mach, and Logical Positivism' P. A. Schilpp, *The Philosophy of Albert Einstein*, Open Court, 1970, pp. 271~286.

3. 비판과 반철학反哲學을 넘어

| 지식론의 비역사성

브라이언 매기가 언급하듯 쇼펜하우어의 지식론은 칸트로부터 물려받은 유산과 연관된 난점을 갖고 있다. 칸트는 뉴턴 물리학이 수정될 수 없는 확실성을 갖고 있다고 믿는다. 세계는 물리학이 기술한 대로 있으며, 그 법칙에 따라 작동한다. 과학적 지식은 이미 확실한 것이었으며, 지식론은 다만 그 선험적 조건을 분석하여 드러내 보여 주면 된다는 것이다. 과학적 지식은 경험이나 경험으로부터의 귀납적 일반화에 의해 구성되지 않으며, 거기에는 지식의 가능성의 조건이 개입되어 있다. 이 요인은 아는 자에 의해 미리 제공되는, 경험 이전의 선험적 조건으로서의 틀이다. 이 틀이 공간과 시간 및 고전 논리학의 판단표에서 온 오성의 범주들이다[쇼펜하우어는 범주들 가운데 인과 개념만 인정한다]. 칸트는 경험주의자들이 해결할 수 없는 철학적 문제로 제기한 것을 세계관의 출처를 해명하는 문제로 정식화했다. 이 정식화는 과학적 설명이 왜 필연적인가를 해명하는 것이지 왜 그렇지 않은가를 해명하는 것은 아니었다. 20세기 과학에 비추어 볼 때, 이러한 정식화는 근본적으로 오류이며, 쇼펜하우어 역시 그 단점을 그대로 이어받았다. 상대성이론과 양자역학의 출현 이후 과학론은 비판과 대체의 과정이라는 역사성을 지닌다는 점에 주목하게 되었으며, 과학에 대한 탈근대적인 관점이 필요하다는 것이 알려지게 되었다. 이러한 문제의식의 전환에서 지식론은 올바른 이론이 어떻게 올바르게 되는 것이 가능한가라는 문제를 다루는 것이 아니라, 보다 좋은 이론을 발견할 때까지 대안적 이론들 가운데 어떤 것을 선택할 것인가의 문제, 그리고 새로운 것이 보다 좋다는 것을 어떻게 알 것인가의 문제를 다루게 되었다. 이러한 맥락에서 고전 물리학의 형식적 구조와 현대 물리학의 형식적 구조의 차이에 대한 비교적이며 역사적인 관점도 가능하게 되었다. 이 문제는 시대적으로 변천하는 문화적 상식에도 적용된다.[1] 쇼펜하우어의 지식론은 역사를 무시하는 자신의 습성에 따라 과학사가 보여 주는 지식의 구조적 상대성을 보지 못한다는 문제점을 지니고 있다.

한편 인과 개념에도 변화가 생겼다. 미시 차원에 대한 연구는 고전 물리학의 결정론적 인과를 떨쳐버리는 상황을 만들었다. 불확정성의 원리indeterminancy principle와 불확실한 관계uncertainty relation에 대한 생각이 중요하게 고려되었다. 고전 물리법칙이 갖는 대칭적 가역성은 과거에서나 미래에서도 동일하게 적용된다는 필연성을 보장하는 것이었지만 열역학의 발전 이후 시간의 불가역성은 법칙의 가역성을 의심할 수 있게 했다. 만일 결정론이 진실이라면 원생동물의 점액 속에 생명계와 인위적 세계의 특징들이 명시되어 있어야 하지만, 자연사에 대한 폭넓은 지식의 축적은 그것을 믿을 수 없게 했다. 빅뱅 이론도 태초 폭발의 국면에 모든 것의 필요충분조건이 갖추어져 있다는 결정론적 주장을

1   Bryan Magee, *The Philosophy of Schopenhauer*, Clarendon Press, Oxford, 1983, pp. 226~243.

하는 것이 아니었다.[2]

하지만 칸트-쇼펜하우어의 지식론이 경험에 앞선 범주적 틀에 의해 인간과 세계와의 지적 관계가 이루어진다고 본 점은 옳다. 이른바 선험적 관념론은 경험주의가 보지 못한 구조적 형식을 반성할 수 있었다는 점에서 경험주의 전통을 능가한다. 과학적 지식이 단순한 경험적 관찰을 토대로 갖는다는 경험주의는 경험의 일반화와 귀납의 논리를 강조하는데, 이는 선행하는 개념적 장치를 통한 선험적 구성의 측면을 무시하는 것이다. 건실한 지식론은 다시 흄David Hume 전통으로 되돌아갈 수 없을 것이다. 지식론은 모순에 처한 지적 상황을 새로운 개념적 장치나 모델 혹은 새로운 구조적 그림의 착안에 의해 타개해 나가는 창조적 과정을 주목하지 않으면 안 되게 되었다. 개념적 모델의 절대적 확실성보다는, 그것이 개인적 천재의 창조물인지 아니면 역사 문화적으로 결정되어 변화하거나 생물학적으로 미리 프로그램 되어 있는 것인지에 대한 문제가 새로운 관심의 대상이 되었다. 과학의 논리적 형식에 대한 비트겐슈타인의 선험철학적 논의도 쇼펜하우어에 영향 받은 것이다. 절대적 확실성에 대한 믿음만 버린다면, 칸트는 경험문제의 진정한 본성에 대한 발견자로서 현대의 역사적 선험성에 대한 반성적 발견의 선구자라 할 수 있다. 《충족이유율의 네 겹의 뿌리에 관하여》에서 쇼펜하우어는 과학의 메타 논리적 형식을 '보여 주는 것aufzuweisen'을 지식론의 사명으로 제시했다. 그는 과학의 논리를 '보여 주는' 비트겐슈타인의 작업의 선구가 되었다. 쇼펜하우어는 과학의 선험적 조건을 보여 줌으로써 과학의 한계를 그 내부에서 그을 수 있었다. 러셀과 카르납이 지향한 과학에 대한 과학은 불가능하다. 이로써 쇼펜하우어

---

2   위와 같음.

는 예술적 인식과 우주적 인식이라는 새로운 앎의 차원으로 초월해 가는 폭넓은 시야를 열 수 있었다. 그는 인식의 폭을 확장하여 생의 의미 문제를 철학의 본영으로 가져오는 데에 기여했다. 이러한 확장은 세계가 과학 이전의 생활 태도에서부터 윤리적 의미를 갖는다는 생각에 함축되어 있었으며, 이러한 생각은 비트겐슈타인에게도 전승된다. 이러한 광대한 시야는 과학이 아닌 이데올로기로서의 과학주의가 갖는 심각한 폐단을 반성하는 계기를 줄 수 있었다.

| 이원성의 곤경

그러나 쇼펜하우어의 비역사적 사고는 사회·정치적 제도의 역사적 변천에 대한 관심을 갖지 못하는 것은 물론, 오히려 그 변천에 대한 제대로 된 평가도 하지 못한다. 그의 법철학이 소유적 개인주의 이데올로기에 의존하여 그것을 초역사적 원리로 설정하고 계약에 의한 국가형성을 논한 것은 비역사적 사고의 전형을 보여 준다. 그의 윤리가 현실적 소유의 세계와 성인적 초인의 무소유의 경지, 즉 시민성과 성인성이 이원적으로 대립하는 형세를 면치 못한 것도 그러한 비역사적 사고에 기인한 것으로 판단된다. 그러나 이론뿐만 아니라 예술에서도 역사적 변화는 간과할 수 없는 본래적 요소이다. 쇼펜하우어는 자신이 드러낸 의지의 고통이 예술과 철학에 대해 억압적이고 피상적인 전체성과 무상한 평화를 신비화하는 타락상을 비판할 수 있는 의의를 갖고 있다는 것을 의식하지 못한 것으로 보인다. 바그너는 비록 봉건적 신화를 사용했지만 사회적 고통을 반영하는 무조성無調性을 감지했다. 그러나 쇼펜하우어는 조화로운 화성和聲에 집착하여 사회적 고통을 반영하는 무조 음악으로의 변화를 인지할 수는 없었다. 이는 쇼펜하우어가 예술을 시간의 근심으로부터의 구원이라는 초역사적 동일성의 차원을 인식하는 것으로 보는 관점과 분리되지 않는다. 그것은 전형적 이념만을 보는 눈이다. 이러한 탈역사적 이원성은 예술만이 아니라 그의 종교론에서도 현저하게 나타난다. 의지부정이라는 소수 개인의 정적주의와 의지긍정의 다수자들의 역사세계는 첨예하게 분리되어 조화를 이루지 못한다. 이는 니체가 쇼펜하우어의 정관적 예술론을 금욕성과 생명 부정이라는 생리적 불건강성을 갖는 것으로 비판한 것처럼, 인간의 삶을 정관靜觀과 실천으로 양단하여 분열시키고, 정관에 우월성을 부여하는 수직적 위계를 전제하는 것이다. 정관이 창조적 활력을 갖지 못하고 초월적 동일성에 머무른다면, 스스로를 신비화하여 정신적 불평등을 조장하거나 아니면 역사의 현실적 압력에 의해 그 안정성을 얻지 못하고 무너질 수 있는 위태로운 것이 될 것이다.

하지만 이원성의 곤경에도 불구하고, 아도르노Theodor W. Adorno, 1903~1969가 지적하듯 쇼펜하우어는 생존이라는 현존재성Dasein의 집요성에 대해 살려는 의지의 긍정이라는 형이상학적 해석을 함으로써 왜 부르주아 시민들이 죽음과 타인의 고통을 생각하지 않고 사는지를 설명할 수 있었다. 이와 함께 그는 현실 긍정적인 시민들이 죽음을 의식하지 않을 뿐만 아니라 신정론적 형이상학이라는 공식적 낙관주의를 통해 세상성이 갖고 있는 부정성을 의식하지 못하고 실증성에 매몰되는 사실을 통렬하게 비판할 수 있었다.[3] 쇼펜하우어는 적어도 허무주의가 기존의 과학주의적 계몽주의가 지닌 객관 지배라는 근대적 신화에 순응하는 일차원적 사고를 용납하지 않는다는 것을 보여 줄 수 있었다. 그러나 쇼펜하우어의 사상이 서구 문명사를 탈신비화하는 의의를 갖고 있는 것으로 보는 아도르노의 계몽과 부정의 변증법도 의지부

---

3   Theodor W. Adorno, 홍승용 옮김,《부정의 변증법 Negative Dialektik》(1966), 한길사, 1999, 403, 506~507쪽.

정과 '무'의 개념이 지닌 아시아 철학과의 폭넓은 소통 가능성과 이에서 오는 저항적 탈신비화의 방식에 대해서는 알 수 없었다. 이 점에서는 아도르노는, 유럽에 유행하는 선불교의 이국적 취미에 대한 염증에도 한 원인이 있겠지만, 만남의 경계선에서 돌아서서 유럽중심적 예술과 철학에 몰두했다고 할 수 있을 것이다.

| 의지라는 이름에 대한 니체의 비판

물자체는 현상과 이에 대한 경험의 차원을 넘어서 있는 예지계이다. 그것은 언어와 논리가 적용될 수 없는 초월적인 것이다. 그럼에도 쇼펜하우어는 그것에 의지라는 이름을 부여한다. 물자체는 현상의 가장 근본적인 형식인 주관과 객관의 분열적 관계를 초월한 것이다. 그럼에도 쇼펜하우어는 그것을 대상화하여 언어적으로 명명하고 있다. 객관적으로 사유될 수 없는 것이 사유될 수 있는 것처럼 위장되고 있다. 이 점은 니체가 1868년 〈쇼펜하우어에 대하여 *Zu Schopenhauer*〉라는 글에서 지적한 바 있다. 물자체는 객관이 아니다. "그럼에도 불구하고 그것이 객관적으로 생각될 수 있으려면, 그것은 객관으로부터, 어떤 방식이건 객관적으로 주어진 어떤 것으로부터, 그래서 현상들 중의 하나로부터 이름과 개념을 빌려 와야 한다." 마찬가지로 그것을 수식하는 술어들(통일성, 초시간성, 자유 등)도 객관적인 것에서 빌려와야 한다. "의지는 빌려 온 이름이고 개념이다. 왜냐하면 의지는 물자체 중에서 가장 분명하고 가장 발전된 현상, 즉 직접적 인식에 의해 밝혀진 것이기 때문이다. 그러나 여기서 그것이 우리에게 중요한 것은 아니다. 우리에게 더 중요한 것은 의지 술어들의 전 집합 역시 현상세계로부터 빌려 온 것이라는 점이다."[4] 쇼펜하우어 자신도 이를 의식하고 물자체는 외적인 관점에서 표상되는 것이 아니라 신비가의 통찰에 의해 도달되는 것으로 본다. 그러나 이렇게 함으로써 재너웨이의 지적대로 형이상학자로서의 쇼펜하우어는 세계의 수수께끼를 해결한다는 자신의 형이상학을 더 곤란에 빠뜨린 것이다.[5] 내성적 성찰에 의해 직관된다는 의지도 의지 자체가 아닌 그 일부분의 현상에 불과한 것이며, 그것이 의지의 한 측면이라는 것도 자기의식의 주관적 확신에 불과한 것이다.

그러나 독일관념론 철학의 사변이성과 계몽주의의 과학적 이성이 국가화되고 신성화된 것이라는 기만성이 폭로되면서 이성이 의지에 종속된다는 관점은 점차 설득력을 갖기 시작했다. 데이비드 흄과 같은 계몽주의자도 이성은 욕망의 노예라고 보았으며, 쇼펜하우어 자신도 이 주장을 자신의 입장과 같은 것으로 간주했다. 낭만주의 운동은 감성을 중시하면서도 삶의 의미 문제를 환기시키고, 사변 철학이나 과학에 대한 맹신을 경계할 수 있었다. 20세기 초에는 논리 경험주의와 마르크스주의적 과학주의의 공격에도 불구하고, 의지의 철학은 생철학과 실존 철학으로 발전해 갔다. 합리성을 표방한 서구적 지성은 생명과 실존의 관점에서 비판적으로 해석되었다. 인식은 삶의 한 방식이지 삶 자체를 지배하는 제일 원리가 될 수 없었다. 그것은 삶의 질적인 향상이라는 가치 아래에서 재검토되어야 했다. 니체는 1865년에 쇼펜하우어의 주저를 처음 접하고 난 이후, 1868년 〈쇼펜하우어에 대하여〉에서 앞에서 언급했듯 그에 대해 논리적 비판을 가한다. 그리고 6년 후 1874년 〈교육자로서의 쇼펜하우어〉를 써서 총 네 편으로 구성된 《반시대적 고찰》(1876)의 제3편으로 싣는다.[6] 이 글에서 니체는 "여기저기

4   Friedrich Nietzsche, 'On Schopenhauer', edited by Christopher Janaway, Willing and Nothingness, Clarendon Press, 1998, pp. 258~265.
5   Christopher Janaway, 'Schopenhauer as Nietzsche's Educator', in Willing and Nothingness, Clarendon Press, 1998, p. 19.
6   Friedrich Nietzsche, 임수길 옮김, 〈편집자 해설〉, 《반시대적 고찰》, 니체전집 2, 청하, 1998, 5~25쪽.

서 자잘한 오류를 발견했어도",[7] 쇼펜하우어는 근본적으로 근대 문화의 진정한 교육자이자 '영웅'이며 '천재'라고 높이 평가하고 있다. 《반시대적 고찰》에 실린 글들은 전반적으로 《비극의 탄생》(1872)에 나타나는 쇼펜하우어의 영향권 안에 있다. 쇼펜하우어는 실천적으로는 진정한 철학자의 실례이자, 사상적으로 서구 문화를 구할 수 있는 진정한 대안을 제시한 스승이라는 것이다. 그는 '학자 계급'과 '국가 사회'로부터 독립성을 유지한 반시대적 사고의 '실례'이고 '전형'이다.[8]

쇼펜하우어와 니체는 여러 측면에서 공통점이 보인다. 자신을 반시대적 사상가로 인식한 것, 평범성과 대비되는 천재성과 광기에 대한 심리학, 고전 문헌 중시, 무신론을 노골적으로 표명한 것, 동물 애호, 반동적이라 할 만큼 반사회주의적 태도, 둔탁한 독일인을 경멸, 예술에 대한 애호와 같은 공통점들이 있다. 니체는 쇼펜하우어를 초기에는 진정한 철학자의 실례로, 후기에는 불교적 허무주의로 비판한다. 니체가 쇼펜하우어를 존중하는 이유를 브라이언 매기는 다음과 같이 정리한다. 1) 자신 이외의 모든 것으로부터 독립성을 유지한 점 2) 진리가 이끄는 것에 따라가는 지적 정직성 3) 진리가 결과에 부여하는 일관성, 즉 지적 견실성 4) 이러한 모든 사명을 경제의 수단으로 하는 것이 아니라 취미처럼 추구한 점. 이 가운데 독립성과 정직성은 수없이 껍질을 벗기고 자신의 깊이로 들어가게 한다. 이런 의미에서 쇼펜하우어는 교육의 비밀을 쥐고 있는 사람이며, 자기의 족쇄를 부수고 자기 존재의 의미를 추구하는 사람들의 해방자라는 것이다. 또 니체는 바그너를 만나 그로부터 쇼펜하우어를 음악의 본질을 이해한 사람으로 찬양하는 것을 들었으며, 니체는 쇼펜하우어의 초상을 바그너에게 선물하기도

---

7   위의 책, 〈교육자로서의 쇼펜하우어〉, 199쪽.
8   위의 책, 204쪽.

했다.[9]

또한 니체가 보기에 쇼펜하우어는 "자기 자신이 되라"는 모든 성실성의 덕을 가진 철학의 근본정신을 갖고 있다. 동물적 한계를 넘어 자신을 높여 가는 노력이 철학의 길이다. 이 노력은 자연사적 과정에서 인간을 통해 나타난 목적으로서의 자유를 실현한다. 자유는 환영과도 같은 생성계에 지배되는 삶을 극복하여 인생에 영원성을 개입시키는 것이다. "전 자연이 인간을 향해서 밀어 닥칠 때, 자연이 이것에 의해 암시를 주고 있는 것은, 인간은 동물 생활의 저주로부터 자연을 구하기 위해서 필요한 존재"가 되었다는 것이다. 인간은 자신의 현존에 와서 "마침내 하나의 거울을 자기 앞에 놓기에 이르렀다." 인간은 자연의 본질을 이해하고 이 본질과의 연관에서 삶의 의미를 모색하게 되었다. 인간은 이러한 철학을 통해 자연의 본질인 의지를 긍정하는 길과 더 나아가 의지를 부정하는 자기초극의 길을 의미 추구의 노력으로 삼을 수 있다. 인간은 "들어 올려져야 한다. — 그렇다면 우리를 들어 올리는 자는 누구인가? 그는 저 성실한 인간, 저 이제는 동물이 아닌 자, 철학자, 예술가, 성자이다. 그들의 출현에 즈음하여, 그들의 출현을 통하여, 결코 비약하지 않는 자연이 단 한 번의 비약을 한다. 왜냐하면 자연은 비로소 목표에 도달했다는 것을, 즉 자기가 목표를 가지고 있다는 것을 잊어야만 한다는 것을 깨닫는다." 이러한 깨달음에서 자연은 "광명으로 충만"하게 된다. "자연은 최후로 성자를 필요로 하는데, 성자에 있어서 자아는 완전히 융합되어 없어지고, 그 고뇌하는 삶은 개인적으로는 전혀 혹은 거의 더 이상 느껴지지 않고, 모든 살아 있는 자의 가장 깊은 평등·공동·일체의 감정으로서 느껴지게 된다."[10] 자연사의 이

---

9   Bryan Magee, *The Philosophy of Schopenhauer*, Clarendon Press, 1983, pp. 286~290.
10   Friedrich Nietzsche, 〈교육자로서의 쇼펜하우어〉, 위의 책, 231~233쪽.

넘은 인류의 출현, 그 가운데 성실한 자가 추구하는 자유의 완성이다. 여기서 비로소 자연사와 인간사의 대립을 극복한 통일이 전망된다.

니체는 쇼펜하우어를 통해 "무시무시한 현상의 전조," 즉 혁명의 징후와 국민 국가의 통합력에 의존하지 않고서 근대 문화를 혁신하여 고양시키고자 한다.[11] 이 시기의 니체는 쇼펜하우어의 의지부정과 인도 철학을 긍정적으로 수용한다. 물론 근대문화의 혁신의 소망은 이루어지지 않았으며, 근대는 혁명 세력과 개혁론자들, 그리고 국민 국가의 강화되어 가는 동원체제가 서로 상호 작용하는 역학이 지배하는 시대가 되었다. 후기로 가면서 니체는 쇼펜하우어의 의지부정의 길과 인도 철학 문화를 거부한다. 니체는 《도덕의 계보》(1887)에서 쇼펜하우어를 기독교적 세계관이 기독교적 가르침인 '성실성'을 밀고 나아가 결론으로 도달한 허무주의를 대변하는 철학으로 비판한다. 허무주의는 전통 형이상학의 논리적 결론이며, 초감성계의 무의미를 자각한 데에서 오는 '허무를 의욕하고Nichts wollen', '생명에 대한 적의'를 갖는 세계상이다. 이런 허무주의는 인도의 전통 형이상학을 전면적으로 부정한 붓다의 시대에 있었던 것이나, 이제 19세기 유럽에 도래했다는 것이다.[12] 성자는 의지와 생성을 긍정하는 초인으로 바뀐다. 의지부정은 의지가 자신을 부정할 수 있다는 모순적 개념으로 비판되며, '무'를 의지하는 허무주의는 피로에 지친 나약한 사상으로 비판된다.

그러나 이러한 비판은 아시아 철학의 '무'가 허무를 의욕하라는 것이 아니라 자유의 원리로 발전되어 생성의 본연성을 긍정하는 적극적 통로가 된다는 점을 의식하지 않고, 그리스의 '호메로스'나 '구약의 유

---

11 위의 책, 219쪽.
12 Friedrich Nietzsche, *Zur Genealogie der Moral*(1886-1887), Walter de Guyyter & Co, Berlin 1968, s. 357, 429~430.

대인'이 보여 주는 적나라한 투쟁의 세계로 되돌아가는 입장을 전제하고 있다. 니체는 19세기 유럽인들처럼 '무'를 악마적 파괴의 원리로 두려워하고 있는 것이다. 그가 힘과 지배의 세계인 투쟁의 시대를 긍정하려는 태도는 "민주주의의 도래, 전쟁대신 평화 중재 재판의 등장, 여성 동등권의 출현, 동정 종교의 등장, 그밖에 하강하는 삶의 징조라 할 수 있는 모든 것 역시 좋은 일이 아니다"라는 보수적 관점을 동반하는 것이었다.[13] 그러나 니체가 철학의 본성을 윤리적 지향인 생의 의미 추구 방식에 따라 가치를 평가하는 관점론Perspectivism을 취한 것은 쇼펜하우어의 영향으로 평생 지속된 것이었다. 쇼펜하우어 없이는 의지긍정의 초인론도 나올 수 없었다. 쇼펜하우어는 니체의 후기에는 대척점으로서의 스승의 역할을 했다. 《선악의 저편》(1886)은 이 점을 잘 의식하고 있었다는 것을 보여 준다. 그는 쇼펜하우어의 염세주의가 갖는 잠재성을 다음과 같이 묘사한다. "실로 한번은 아시아적인 또는 초아시아적인 눈으로 가능한 모든 사유방식 중 세계를 가장 부정하는 방식으로 꿰뚫고 들어가 바닥을 본 적이 있는 부처나 쇼펜하우어처럼, 도덕의 속박이나 망상에 있는 것이 아니라 선과 악의 저편에 있는 사람, 이러한 사람은 그것을 의도한 적이 없다 해도 아마 이로 말미암아 반대되는 이상에 눈을 뜨게 되었을 것이다. 즉 가장 대담하고 생명력 넘치며 세계를 긍정하는 인간의 이상에 눈을 뜨게 되었을 것이다."[14] 니체는 쇼펜하우어의 염세주의를 통해 긍정의 사상에 접근할 수 있었다. 마찬가지로 의지부정의 길에 있다고 하는 붓다나 쇼펜하우어도 의지부정을 통해 생성 긍정의 사상으로 전화되어 갈 수 있다는 것도 불교의 역사적 발전사가 보여 주듯 역설만은 아닌 것이다.

---

13 Friedrich Nietzsche, 김정현 옮김, 《도덕의 계보》, 니체전집 14, 책세상, 2002, 530쪽.
14 Friedrich Nietzsche, 김정현 옮김, 《선악의 저편》, 니체전집 14, 책세상, 2013, 93쪽.

| 독일관념론과 쇼펜하우어

쇼펜하우어의 의지론은 독일관념론에 대한 비판을 통해 나온 것이지만, 사실상 의지 개념은 관념론 철학에서도 그렇게 낯선 것은 아니었다. 그가 대학 시절에 들은 피히테와 셸링의 강의는 《유고》(V. 2, 1809~1818)로 강의록이 남아 있는데, 브라이언 매기의 지적처럼 쇼펜하우어에게는 그들에게서 받은 창조적 의지의 중요성에 대한 인상이 남아 있었다. 피히테에게 도덕적 실천 능력을 가진 예지적 자아와 동일시되는 의지는 "세계에서 원초적인 것"이다. "모든 현상계는 의지의 창조물"이다. "창조의 활동은 충족이유율의 밖에 있다는 의미에서 자유로운 활동"이다. "자연적 인과의 세계는 지식의 영역과 동연적"이며, "지성은 의지의 창조물이고 의지의 목적에 봉사"한다. "인간에게서도 원초적인 것은 의지"이다.[15] 이러한 피히테의 의지론은 칸트의 실천 철학이 갖는 함축을 대단한 낙관적 포부를 가지고 발전시킨 것이다. 도덕적 실천이 세계를 창조해 간다는 이념은 비관적 쇼펜하우어에게는 수용할 수 없는 것이지만, 의지를 예지적인 것으로 보는 관점은 쇼펜하우어와 일치하는 것이었다.

셸링의 자연 철학에 대해서도 쇼펜하우어는 "마지못해 그 장점을 인정"해야 했다. 셸링의 신학적이고 목적론적인 관점을 제거하면, 그의 자연 철학은 쇼펜하우어와 유사성을 갖고 있다. 실재 전체는 의지와 동일시되는 신적 정신Geist, Spirit이 자신의 의지를 추동력으로 한 진화적 전개이다. "실재는 하나의 발전하는 유기체"이며, 가장 진화된 인간은 "자연 내부에서 발전되어 나온 것으로, 의식적으로 된 세계의 본질"이다. "정신은 볼 수 없는 자연이며, 자연은 볼 수 있는 정신"이다. 자연

---

15 Bryan Magee, *The Philosophy of Schopenhauer*, Clarendon Press, 1983, pp. 271~285.

은 정신적 의지의 산물로서 '능산적 자연'이다. 우주 진화적 과정의 목적은 우주의 본질을 인간을 통해 자각적으로 인식하는 우주의 '자기인식의 성취'에 있다. 자연이 '보이는 정신'이라는 셸링의 주장은 현상계가 예지계의 지각 가능한 발현이라는 쇼펜하우어의 주장과 별 차이가 없다. 두 사람에게 자연은 진화하는 것이며, 그 추진력은 정신이나 이성 그 자체라기보다는 그것의 의지에 있다. 인간과 자연도 "그 내적 본성에서는 같다." "인간 활동의 최고봉은 창조적 예술"이며, 예술은 "존재의 궁극적 본성을 보는 것"이다.[16] 쇼펜하우어에게도 음악이 존재의 궁극적 본성을 본다. 또한 바더Franz Xavier von Baader, 1765~1841의 신비주의의 영향을 받은 셸링의 철학에서도 인간은 소우주로서 대우주의 본성에 대한 통찰의 능력을 이미 갖추고 있다. 신비주의적 직관은 쇼펜하우어에게는 세계의 의미를 통찰하는 지혜이다.

이처럼 쇼펜하우어의 의지 개념과 신비주의적 통찰에 대한 수용은 그의 의식적 저항에도 불구하고 독일관념론과도 적지 않은 유사성을 갖는다. 이 점에서 쇼펜하우어의 철학은 유럽적 토양에서 자라난 변종이지만, 전통과는 다른 이질성을 갖게 된 것은 그의 아시아적 씨앗이 가시나무 우거진 자갈밭에 뿌려져 그 틈을 비집고 자라난 때문일 것이다. 그러나 이 식물은 새로운 접목에 의해 풍성하게 자라날 수 있는 잠재성을 지니고 있다.

| 의지와 현상의 연결 문제

예지계인 의지는 자연사로 자신을 실현하지만 자연사를 앞에서 이끄는 목적을 갖고 있지 않다. 그러나《의지와 표상으로서의 세계》II에

16　위와 같음.

서 나타나듯 생명체의 본능을 설명할 때 목적론적 설명을 불가피하게 활용한다. 거미줄 치는 거미에게는 먹이에 대한 관념이 없으며, 둥지를 만드는 새에게는 품을 알에 대한 관념은 없지만, 무의식적 목적성이 있다. 그리고 인간의 두뇌는 진화사의 정점에 있는 것으로 가장 발전된 자연사의 산물이다. 자연사는 의도적 지성에 의해 설정된 목적을 갖고 있는 것은 아니지만, 그 진화는 인간을 통해 자유를 확장하는 방향성을 갖는다. 베르그송이 《창조적 진화 L'Évolution créatrice》(1907)에서 자연사에 미리 주어진 선험적인 목적인은 없지만 자유에의 방향성을 갖는 것으로 보인다는 것이 그것이다. 쇼펜하우어에 의하면 인간의 의식의 탄생은 기적이며, 인간은 예지계와의 소통을 통해 우주적 연대성을 자각할 수 있다. 심지어 의지조차 초월할 수 있는 자유를 실현할 수 있는 존재이다. '우주에서의 인간의 위치'는 자연사의 마지막 단계에 있으나, 그의 생의 의미는 자유의 완성에 있다. 자연은 인간을 창조함으로써 자신의 본성을 이해하게 했으며, 그것을 넘어서는 '무'를 근원으로 설정하는 존재다.

그러나 쇼펜하우어는 어떻게 맹목적 의지가 목적적 활동을 하는 생명계로 객관화될 수 있는지에 대해 보다 상세한 해명을 주지 않는다. 또한 어떻게 의지가 뉴턴의 물리법칙이 지배하는 무기계로 자신을 객관화하는지에 대해서도 분명한 물음과 대답을 제시하지 않는다. 이 문제가 분명해지지 않으면 맹목적 의지는 그 맹목성에서 오는 혼돈만을 현시하는 것이 아닌지 의구심이 드는 것이다. 물론 쇼펜하우어도 이 점을 알아채고 그것이 관찰이나 과학적 추론에 의해 확정될 수 없는 형이상학적 문제이기 때문에 철학적 문제가 될 수 있다고 한다. 현상계와 예지계의 연관 문제는 사변적 형이상학의 흥미로운 문제일 수 있다. 그러나 쇼펜하우어가 종의 발생을 자연발생으로 보고 자연발생의 기제는 신비로 남겨 두듯, 의지가 세계를 발현하는 기제에 대한 사변도 현상계 안에서의 인간의 경험을 유추하여 그럴 듯한 설득력을 갖는 설명만을 제공할 뿐이다. 또한 형이상학적 사변은 신비주의자들의 우주적 통찰에 대한 경험을 반영해 왔다는 점도 고려하지 않으면 안 될 것이다. 존재와 무에 대한 불교적 사변은 붓다의 인생 경험과 수행의 경험에서 나온 것이며, 쇼펜하우어가 우주의 근저에 바닥없는 무근거의 심연이 있다고 한 것도 뵈메Jakob Böhme의 우주적 경험을 반영한 것이다.

| 이데아론으로 인한 부조화와 생철학의 단점

쇼펜하우어는 종들의 단계적 분화와 종 내부의 유사성을 플라톤적 이데아로 설명한다. 또한 그는 이데아로 설명하는 것이 괴테의 원현상Urphenomenon의 변이 과정을 추적하는 형태론과 양립할 수 있다고 생각했으며, 원형의 변이 과정을 '가족 유사성'이라는 흥미로운 비유로도 묘사했다. 그러나 단계적 진화는 유전자 진화 생물학으로도 설명할 수 있다는 것도 주지의 사실이다. 쇼펜하우어 철학 비평에서 자주 등장하는 문제는 그의 주저의 후반부에 와서 이데아론이 갑자기 등장한다는 것이다. 이 점이 그가 자신의 체계를 기운 곳이 없는 '하나의 사상', '하나의 덩어리'라고 장담하지만, 이데아론이 추가적으로 부가된 것이라는 인상을 지울 수 없게 하는 것이다. 그는 유사성을 설명하기 위해 이데아를 도입한 것으로 보인다. 이데아는 예지계와 현상계를 연결하는 '급수관'(브라이언 매기)이다. 쇼펜하우어는 이데아론 이전에는 예지계와 현상계라는 두 세계를 말하다가 이데아론에서는 삼 세계로 설명하는 부조화를 보인다.

이데아론은 예술론에서 기본적 역할을 한다. 예술론은 두 가지로 나누어진다. 음악은 예지계인 의지를 기저음으로 표현하기 때문에 의지와 관계한다. 그 밖의 예술은 이데아들에 대한 관조이다. 그런데 이데아들은 의지의 직접적 발현이다. 현상계도 의지의 직접적 발현의 세계이다. 그렇다면 같은 의지의 발현인데, 무슨 이유로 음악과 음악 이외의 예술에 대한 설명이 서로 다른 것이 되어야 하는지가 분명하지 않다. 문학이나 미술이 음악의 원리인 의지를 표현하지 못할 이유는 없다. 음악 이외의 예술도 음악처럼 형이상학적 기능이 부여될 수 있다.

또한 의지론과 연관하여 쇼펜하우어의 음악 이론 자체 안에도 부조화가 있다. 음악은 형이상학적 의지의 직접적 표현이다. 현상계 역시 의지의 표현이다. 저음을 바탕으로 한 음악은 의지를 바탕으로 한 현상계에 짝한다. 음악은 우주에 짝하는 것으로 경이로운 찬사를 받는다. 그러나 쇼펜하우어는 후기에는 완화되지만 초기 영지주의처럼 의지를 악하게 보는 경향이 있었다. 이 때문에 음악을 나쁜 것으로 보지 않는 쇼펜하우어에게 의지론과 음악론은 조화되기 어려운 것으로 보인다. 브라이언 매기의 의견대로 일관성을 갖기 위해서는 의지를 나쁘게 보는 관점을 제거하는 것이 좋을 것이다.

베르그송과 니체는 생명원리인 의지를 나쁘게 보는 것을 피하면서 우주에서의 인간의 위치와 그 의미를 논하는 길을 개척해 나갔다. 그들은 인식비판을 통해 서구적 지성의 한계를 비판하고 우주적 개방성의 가치를 강조할 수 있었다. 그러나 그들도 쇼펜하우어가 갖고 있던 비역사적 사고가 갖는 단점을 갖고 있다. 쇼펜하우어 이래의 생철학은 헤겔의 변증법적 철학을 신학적 존재론의 일종으로 보아 배척했는데, 변증법적 철학이 갖고 있는 장점까지도 배제했다. 그들은 헤겔이 자연사와 역사를 정신적 이념의 자기실현의 과정으로 본 것에 대해 거부했다. 그러나 이 거부가 개인이 사회적 관계에 의해 규정되는 측면이 있다는 것에 대한 그의 통찰을 간과하는 데까지 나아간 것은 잘못이었다. 인간의 구체적 삶은 사회적 규정성들에 의해 독립성을 잃어버리고 있다는 점은 삶의 문제를 이해하고 해결하기 위해서는 반드시 인식되어야 할 것이었다. 그러나 생철학은 흥미로운 착상을 제공하면서도 개인들의 구체적 사회적 관계를 무시하고 생의 의미와 실현을 문제 삼는 비현실성을 면치 못한 것이었다.

| 도덕론과 의지부정의 부조화

쇼펜하우어는 모든 도덕은 연민에 기초한다고 주장한다. 그리고 연민은 예지계인 의지의 동일성에 관한 내감에서의 직관이 감정으로 표현된 것이라는 형이상학적 의미를 갖는다. 그러나 보편적 의지의 부정을 성취했다면 어떻게 다시 연민이라는 도덕감을 가지고 덕을 행할 수 있는가에 대한 문제가 생긴다. 보편적으로 동일한 의지의 부정에서는 연민은 발생하지 않고, 도덕적 고려에 무심할 것이다. 세계와의 유착 고리를 끊으려는 관심에 매달리는 쇼펜하우어에게는 의지부정이 주는 순수 주관의 평정과 기쁨의 덕 이외에 현실로 돌아오는 사다리가 존재하지 않는다. 쇼펜하우어의 철학은 무욕無欲의 초월적 경지로 가서 돌아오지 않는 왕이불반往而不反의 사상이 된다. 그러나 이러한 불반不返의 철학은 신비가들에게서 보이는 예리한 감수성이나 강인한 실천력과 부합하기 어렵다. 장 폴Jean Paul과 같은 낭만주의자들, 그리고 니체와 베르그송이 쇼펜하우어의 부정성과 금욕성을 비판적으로 보았듯 그의 형이상학과 인간관은 돌아올 수 있는 활력을 갖춘 철학으로 재해석되어 수정되어야 할 것이다. 붓다와 그리스도를 비롯한 대각자들의 삶이란 권력의 도가니인 도시를 떠나 무엇인가를 깨닫고 다시 도시로 회귀하여 나름의 실천적 생애를 이어 나간다. 분리와 회귀는 신비주의 철학의 근본 특징으로서, 때에 따라서는 죽음으로 생을 실현하는 경우에까지 이른다.

그러나 이러한 실천적 활력을 겸비하는 방향으로 교정하는 것이 쇼펜하우어의 높은 초월적 독립의 기상까지도 꺾는 것은 아니다. 자유정신의 '모범', '교육자로서의 쇼펜하우어'(니체)는 보존된다. 그의 비유처럼 '얼음 덮힌 높은 산정'에서 홀로 사는 철학은 현실 사회를 만났을 때 자신의 자유가 부정되는 역설을 실천적으로 극복해야 한다. 산정의 초월적 시야를 보존하는 가운데 구체적 생활세계로 내려가는 것은 우주적 개방성을 현실에 적용하여 폐쇄적 현실로 하여금 이상적 전망을 바라볼 수 있게 한다. 블로흐Ernst Bloch, 1885~1977가 《희망의 원리》에서 신비가들의 실천적 통찰을 유토피아적 희망으로 제시하는 것도 같은 맥락에서 나온 것이다. 쇼펜하우어는 역사를 무시했지만, 문화가 역사적으로 형성되는 사회적 현상이라는 헤겔의 견해는 독립된 개인에 대한 쇼펜하우어의 자유주의적 관념을 수정할 수 있는 통찰이다. 사회는 철학이 활력과 희망을 갖기 위해 다시 주목해야 할 것으로 된다. 사회는 생명 환경으로 변형됨으로써 생명 철학의 본래의 이념에 접근하는 것으로 될 것이다.

19세기 국민 국가의 강화 운동은 사적 소유권을 가진 시민성과 국가의 폐쇄성을 결합시킨다는 특징을 갖는데, 이 과정은 경계 밖의 타자에 대한 배타성을 강화해 갔다. 이로써 평등의 이념은 다시 국가 권력의 수중에서 사라졌다. 국민이 된 시민들은 총체적 동원체제로 흡수되어 언제나 거대 전쟁이라는 총력전에 사용될 국가 인력이 되었다. 철학의 위기라기보다는 생 자체의 위기가 문제로 되는 상황이 사실상 19세기에 이루어진 것이다. 국민 국가는 20세기 초의 볼셰비키 혁명과 중국혁명이 마무리되어 가는 과정에서도 국가 자본주의와 함께 또다시 출현하여 혁명 정신을 무위로 돌린다. 자본은 세계화되고 탈영토화되어 세계를 유린하고, 국민 국가 간의 영토성과 권력 투쟁도 그 강도를 더해 간다. 이러한 조건에서 생명 철학이 발견한 우주적 개방성과 폐쇄성의 대립의 구도는 여전히 유효하다.

| 반철학antiphilosophy의 문제

개방성과 폐쇄성의 대립이라는 구도는 20세기 철학의 문제의식과 연관되는 사상적 문제의 판도를 바꾸어 놓는다. 전통 형이상학과 비판 철학 사이의 대립, 과학과 철학 사이의 경계 설정의 문제, 시민성과 초인성의 갈등, 실증주의와 윤리−미학 사이의 대립이 의식화된다. 쇼펜하우어는 19세기에 이미 전통 형이상학과 과학에 대한 반성적 성찰을 통해 그 실재론적 믿음이 갖는 자기기만을 비판했다. 그는 이성의 논리를 실재의 구조로 투영하는 신학존재론과 과학주의가 갖는 '무의미Unsinn'를 드러냄으로써 윤리−미학적 의미의 차원으로 나아가는 길을 개척했다. 그의 사상에 두드러지는 이원적 대립은 전통 형이상학과 과학주의가 진정한 의미의 세계에 진입할 수 없게 하는 장애물이라는 것을 알게 된 것에도 기인한다. 또한 그는 자신의 내재적 구도와 일치한다고 간주한 브루노와 스피노자를 의지긍정의 사상으로 보아 '무'를 생명원리인 의지보다 근원적으로 보고, 의지조차 초월하는 성인적 초인상을 옹호한다. 그는 유럽 문명에 대한 애착을 버리지 못하는 긍정적 사상들에 대해서도 대립한다.

이러한 시야에서 그는 당시 제2의 문예부흥이라는 동양에 대한 열광적 관심에 유도되어 의지부정에 친화적인 아시아 철학을 철학의 주요 원리 중의 하나로 받아들였다. 이에 따라 그는 〈칸트철학비판〉에서 서양 철학 연구는 서양의 문화사적 배경과 아시아 문화에 대한 비교 문화적 관점을 갖기 위해 '역사적 연구' 방법을 도입해야 한다고 주장한다. 이러한 유럽 문화와의 긴장을 포함한 그의 모든 긴장들은 무의미와 의미의 대립으로 집약될 수 있다. 형이상학과 과학주의는 논리적으로 무의미한 것이고, 영원의 관점에서 세계를 보는 초인적 관점은 명제의 형식으로 말할 수 없는 궁극적 의미 세계이다. 철학은 체계적 이론을 추론을 통해 구성하는 작업이 아니라 삶의 의미에 따른 품성의 도야가 문제인 것이다. 철학적 진정성은 과학적 방법을 과학을 넘어선 영역에 확대 적용하는, 그래서 과학적 방법을 모방하는 유사 과학을 하는 것에 있지 않다. 또한 그것은 생의 의미의 차원을 명제적 형태 안으로 옮겨 이론을 만들어 내는 종교 철학이나 예술 철학을 하는 것이 아니다. 철학은 신성하고 아름다운 삶의 형식 그 안에서 살고자 하는 노력으로 곧바로 넘어간다. 이것이 비트겐슈타인이 계승한 쇼펜하우어의 관점 내부에 있는 반철학적 요소이다. 그것은 과학의 본성과 한계를 그 내부에서 긋고, 진리를 과학에 한정하지 않는다. 그것은 과학적 진리, 예술적 진리, 종교적 진리로 초월해 가는 좌절과 상승의 과정이자 노력이다. 반철학은 니체처럼 생의 관점에서 이론들을 평가하고 생을 이론화하지 않는다. 생의 향상이 절대 절명의 명령이라면 이에 따르는 생은 평가될 수 없으며, 오히려 이론들이 생에 의해 평가된다.

그러나 한편으로 쇼펜하우어는 경험과학적 지식의 경험적 실재성을 인정하고, 그것이 의지의 철학을 실증적으로 보완할 수 있는 지식이라고 본다. 이 점에서 그는 인생을 과학적 자연주의 관점에서 이해하는 길을 열었으며, 생리학이나 진화론 같은 과학적 지식을 활용하여 생명철학을 구성할 수 있는 것으로 본다. 그는 괴테의 형태과학을 포함한 박물학, 의학의 기본이 되는 생리학을 긍정적으로 수용하여 그에 대한 형이상학적 해석을 시도한다. 또한 그가 관찰하거나 경험한 연애나 시민들의 일상생활과 같은 사회적 현상들에 대한 형이상학적 해석은 수

필로도 표현되었는데, 아주 흥미로운 재담을 담고 있어 일상인의 독서 거리로 별도로 출판되어 왔다. 쇼펜하우어만큼 형이상학을 일상에 적용하여 사변의 재미를 알게 하는 인물도 드물다. 이 점에서는 그의 세계관의 반철학적 측면은 약화되어 배후로 사라지는 것처럼 보인다. 그는 철학의 종언을 선언하지는 않는다. 그는 괴테와 함께 수량화가 갖는 이성의 도구화와 반생명주의, 나아가 유럽인의 독단적 문화에 저항하여 19세기 문명에 대해 철학적으로 개입하는 것을 중단하지 않았다.

비트겐슈타인은 쇼펜하우어의 착상을 이어 형이상학의 무의미 Unsinn와 과학에 대한 지식론의 무의미Sinnlos를 주장한다. 전자의 무의미는 인간의 논리를 실재의 구조로 투영하고는 그것을 실상으로 믿는 전도 망상을 의미하며, 후자의 무의미는 과학의 논리를 보여 주는 의의는 갖지만, 지식론은 과학이 아니며 더 이상 정당화할 수 있는 논리를 가질 수 없다는 점에서 무의미하다는 것이다. 러셀과 빈 학파는 자신들의 지식론이 과학적 방법에 의한 과학적 세계 파악이라고 주장했지만, 이는 비트겐슈타인이 보기에는 말도 안 되는 과학주의적 독단인 것이다. 과학적 지식을 규제하는 논리를 드러내어 보여 주는 비판적 지식론은 적어도 사다리로서의 의미는 갖기 때문에 형이상학의 전도된 미몽과는 다른 의미의 무의미로 표현한 것이다. 이론은 관념들 혹은 명제들의 논리적 관계로 구성된다. 그러나 논리적 관계사들, 즉 러셀과 프레게의 논리 철학에서 의미를 갖는다고 보았던 논리 상항들constants 은 지시 대상을 갖지 않으므로 존재하지 않는다. 비트겐슈타인은 "논리 상항은 존재하지 않는다"는 것을 자신의 "근본사상"이라 했는데, 이는 관계를 다루는 논리학에서 관계사들은 지시 대상 즉 의미를 갖지 않는다는 것을 뜻한다. 논리적 명제는 단순한 무의미한 형식, 즉 수사학에서 동어반복tautology이라 부르는 항진명제에 불과하다는 것이다.

만일 관계사들이 지시대상이라는 의미를 갖는다면, 논리는 모든 이론에 적용되는 일반성을 상실하고 특정한 개별 과학이 될 것이다. 이러한 비판은 메타 논리에 대한 반성을 통해 독단적 실재론을 비판하는 쇼펜하우어의 정신을 계승하여 현대 논리학의 용어로 표현한 것이다. 논리적 형식은 의미가 없지만 그것을 해석하는 규칙의 도입을 통해 이론의 구체적 의미를 규정하는 기본 조건이 된다. 쇼펜하우어-비트겐슈타인의 노선에서는 지식이든 삶이든 그 선험적 형식은 다시 과학의 대상이 되어 물화된 지시체를 갖는 것으로 왜곡될 수 없는 살아 움직이는 것이다. 규칙 그 자체는 무의미하지만 세계내에서의 실제의 게임을 의미 있게 만든다. 이러한 비판 정신은 케임브리지 대학의 동료 교수들이 보이는 윤리적 진정성 없는 위선과 학술 지상주의에 대한 혐오에 의해 더욱 촉진된 것으로 보인다. 종교적 신앙과 예술적 직관의 차원을 명제적 형식으로 바꾸어 형이상학이나 예술철학으로 이론화 했을 때, 그 고유의 정신은 과학화되어 훼손되고 이론가는 방관자가 되어버린다. 과학의 논리를 해명하는 지식론도 이미 과학이 아니다.

쇼펜하우어에 의하면 이론의 형성은 주객상관성이라는 근본적인 하나의 조건을 전제한다. 주객의 분열을 포함한 양자의 상관관계는 생의 근심과 불안의 원천이며 탐욕과 투쟁의 형식이다. 생의 의미는 이 분열의 세계에 대한 반성을 통해 추구되며, 세계의 밖으로부터 오는 것으로 경험된다. 신비주의라는 급경사를 내려가는 반철학은 이 주객상관성을 넘어섬으로써 과학과 철학의 대화는 물론, 모든 이론적 작업을 떨쳐 버린다. 그러나 쇼펜하우어는 지식론이 과학의 논리적 조건을 보여 주는 것뿐만 아니라 물리학과 같은 특정 개별 과학의 과도한 지배력을 비판한다는 점에서 의미가 있는 것으로 본다. 또한 의지 형이상학은 인간이 그 존재의 신비에 인도되어 경험세계와 연관하여, 생의 무의미와 의미를 독해하고 해명하는 데에 도움을 준다. 철학은 근거 없는 낙관론을 버리게 함으로써 우주의 무한성과 인류의 관계를 새로이 정립하는 형이상학을 형성할 수 있다. 괴테는 형태학으로서의 진화적 과학과 파우스트적 의미 추구의 노력을 일치시킴으로써 외부 세계에 대한 인식이 인간의 자기이해에 긍정적 계기를 제공할 수 있다는 것을 보여 주었다. 생의 의미 추구는 자기의식에만 몰두하여 고립된 주체성에 빠지는 유아론적 방향에서 이루어지는 것이 아니다. 광물과 생명계의 풍요한 전개에 대한 관찰과 설명이 주는 생명사의 교훈은 인간의 자기 인식에 풍부한 영감을 제공한다. 이 점은 "자신에게 의미를 부여하기 위해서 세계에 의미를 부여할 줄 알아야 한다"는 괴테의 교훈이 어두운 청년 쇼펜하우어에게 깊이 각인된 것으로 보인다.《의지와 표상으로서의 세계》Ⅱ는 생명 진화사에 대한 풍부한 정보를 통해 인간의 본성과 세계의 본성의 일치를 논하고 있다. 이렇게 보면 쇼펜하우어가 한 측면으로 갖고 있는 반철학적 요소와 간결하면서도 황량하기조차한 초기 비트겐슈타인의 과격한 반철학은 수정될 필요가 있다. 반철학의 빈곤한 정신은 세계 내의 다양한 창조물들에 대한 풍요로운 해명으로 윤택해질 수 있다.

쇼펜하우어가 존경한 브루노의 형이상학은 권력 철학에 대항했으며, 스피노자와 니체의 형이상학은 신학적 존재론에 저항했다. 현대 서구 지식론은 19세기에 형성된 과학적 자연주의를 계승한 마르크스-레닌주의와 논리 경험주의라는 두 가지 유형의 과학주의 가운데 후자의 전통을 계승한다. 과학주의는 좌우 양쪽에서 해당 국민 국가의 산업화 과정에 부응하는 통일 과학운동의 일환으로 국가 이데올로기로 부추겨진 혐의를 면할 수 없다. 그러나 철학이 새로운 사고 유형을 고려하지 않을 수 없는 것처럼, 새로운 과학적 지식의 성과와 의미를 말하는 지식론도 고려하지 않을 수 없을 것이다.

　1) 쇼펜하우어 철학은 철학에 대한 비판적 반성을 촉구하여 메타
철학적 반철학의 가능성을 열었다. 그러나 그는 형이상학의 전면적 부
정으로 나아간 것은 아니었으며, 과학과 대화 가능하고 생의 의미 문제
에 유용한 한에서 그것을 적극 전개했다. 2) 반철학은 무의미라는 말
을 지나치게 넓게 적용하여 철학의 입지를 약화시켜 철학 자체를 부정
할 수도 있다. 그러나 형이상학과 과학이 각자가 자신의 영역을 절대시
하지 않고 자신을 삶의 한 방식으로 본다면, 형이상학과 과학은 세계
에 관한 설득력 있는 해석으로서 용인될 수 있을 것이다.

　철학의 본질은 논리학이나 물리학이 아니다. 칸트가 실천 의지의
근저에서 들려 오는 자유와 양심의 소리를 철학의 핵심으로 간주한 이
래 철학은 특정 과학을 넘어 세계의 의미를 진지하게 묻는다. 쇼펜하
우어는 이를 계승했으며, 아시아의 철학들도 생의 의미 문제를 최대의
주제로 삼아 왔다. 매기의 지적대로 쇼펜하우어의 폭넓은 철학적 태도
는 비합리주의라는 오해로 인해 그 동안 주목을 받지 못했다. 그러나
과학주의와 신학적 사변 철학, 철학 내의 분야별 파당성의 폐해를 경험
한 이후 오늘날 쇼펜하우어는 다시 돌아오고 있다. 인생사의 대부분을
차지하는 내적 경험에 대한 철학적 이해와 해석을 저버리는 것은 불합
리하다. 객관적인 과학적 경험과 주관적인 내적 경험을 포괄하는 것이
진정한 합리성을 유지하는 길이 될 것이다. 분석적 기술技術을 가진 빈
학파가 미국 이주 이후 수행해야 했던 국가적 기획, 즉 과학의 통일 운
동은 논리 경험주의 철학의 이데올로기적 음산함을 보여 준다. 철학이
논리학과 물리학이라는 특정 분야에 기대어 다른 학술을 통일한다거
나, 과학의 경험주의적 기초를 재구성한다든가 하는 것은 평등론자 노

이라트Otto Neurath의 예견대로 이론적으로나 윤리적으로 전통 형이상학이 지적 권력을 세우는 방식과 다를 것이 없는 것이었다. 과학주의의 합리성은 지적 불평등을 생산하는 기계장치가 되어 비합리성에 냉담한 것처럼 보였지만, 권력 철학이 갖는 비합리성을 전제하고 은폐해 왔다. 쇼펜하우어의 독립 자유정신이 갖는 포괄적 시계視界는 이러한 폐단을 시정할 수 있는 관점을 제공한다. 그것은 지성이 하는 일에 대한 인식비판을 진정한 합리성을 갖춘 초지성超知性의 작업으로 요구한다.

쇼펜하우어 자신이 이 점을 분명하게 의식하고 있었다. 그는《철학적 소고》의 〈철학과 그 방법에 관하여〉에서 다음과 같이 말한다. "전체적으로 모든 시대의 철학은 합리주의와 조명주의照明主義 사이를, 즉 지식의 객관적 원천을 사용하는 것과 지식의 주관적 원천을 사용하는 것 사이를 왔다 갔다 하는 시계추로 생각될 수 있다." 그리고 합리주의는 본성상 외부로 향외적인 지성의 태도를 밀고 나아가 '독단주의'로 되며, 이에 대한 반성으로 다시 '회의주의'가 되었다가 '비판주의'로 전환되어 마지막에는 '선험 철학'이 된다. 그가 보기에 자신의 시대에는 선험 철학이 합리주의를 대표한다. 조명주의는 내적 경험에서 오는 자각을 중시하고, '내적 직관'이나 '고차적인 의식'에서 생의 의미를 발견한다. 궁극에는 우주나 신과의 합일, 우주를 영원의 관점에서 보는 시계視界, 즉 '신비주의'에 도달한다. 그러나 신비적 세계는 '언어로 표현할 수 없는' 경지이기 때문에 합리적 '전달 가능성'을 지녀야 하는 철학은 그 내부에 들어갈 수 없다. 철학은 그것을 "곁눈으로 비밀의 나침반을 보는 것과 같이" 조명주의에 주목한다는 것이다.[17] 이런 의미에서 철

---

17 Arthur Schopenhauer, *Kleine Philosophische Schiriften, Parerga und Paralipomena* II
    (1850), S. W. Band V, Suhrkamp, 1986.

학은 선험적 구성론인 지식론을 통과하여 자연의 형이상학으로 나아가 미적이고 윤리적인 세계를 가리켜 보이는 예비적인 활동이 된다. 조명주의는 지식과 생활 세계에 대한 반성과 그 안에서의 고뇌의 경험을 중시한다. 그것은 반성의 심화를 통해 환영과 꿈으로부터 깨어나는 도약의 경험으로 나아간다. 이러한 경험을 중시하는 쇼펜하우어의 세계관은 내적 경험의 심층에서 직관되는 의지와 그 무근거성이라는 '무'에 도달하는 경험을 포용할 수 있었다. 바로 여기에 그가 인생의 극적 전환을 그리는 문학 작품들 뿐만 아니라 노자老子, 불교, 인도 철학 및 송대 이학, 나아가 수피즘을 포괄하는 아시아 철학에 관심을 갖게 된 이유가 숨어 있다.

IX

과학과
우주적 소통성

1. 과학적 세계관과 우주적 시계視界

쇼펜하우어의 통찰에서 흥미로운 것 중 하나는 의지를 가진 인간에게 세계는 애초부터 윤리적 의미를 갖는다는 것이다. 특히 생명계에서 상승하는 사다리 구조는, 세계가 의지를 본질로 갖는 존재들이 자유를 갈망하는 체계임을 보여 준다. 그가 보기에 그러한 윤리적 관점은 《신약 성서》와 인도 철학 및 불교의 세계 의식과 일치하는 것이다. 그러나 그 관점은 아인슈타인 같은 특정 인물을 제외하고는 과학적 세계관을 강조하는 자연주의 철학자들에 의해 간과되었다. 과학적 세계관은 형이상학과 공존할 수 있었던 근대보다 20세기 현대에서 유별나게 강조되었다. 바로 이 점이 호르크하이머와 아도르노가 지적하듯 탈주술화라는 근현대적 특성이 그 안에 또 다른 마법화(과학적 수량화와 이성의 도구화)를 갖고 있는 것이 아닌가라는 의구심을 갖게 한다. 러셀Bertrand Russell, 1872~1970은 과학적 세계관을 논리학과 함께 철학의 본질로, 그리고 '순수' 이론으로 주장한 장본인이었다. 그러한 그도 부차적 차원에서 생의 의미 문제에 접근했다. 그의 《서양철학사The History of Western Philosophy》(1945)는 그러한 관점에서 지성사를 논의한다. 그 책은 자신의 관점을 정직하고 논쟁적으로 보여 주기 때문에 학습용 철학사나 교양 교재로도 추천을 삼가는 저작이다.[1] 그러나 그의 〈서문〉이 언급한대로 정치사회적 배경과의 연관에서 쓴 《서양철학사》는 서양지성사에 대한 비판적 독해를 통해 자신의 철학적 동기와 역사적 의미를 잘 보여 주는 작품이다. 그것은 두 가지 뚜렷한 관점을 전제한다. 하나는 과학적 세계관을 편견 없는 지성의 작업으로 평가하는 것이고, 또 하나는 종교-정치적 억압과 편협성에 대한 비판을 분명히 하는 것이다. 이러한 태도에서 그는 기존의 윤리적 사변 형이상학이 갖는 혼란과 지적 위협을 배격한다. 이와 연관하여 그는 20세기 좌우파의 전체주의적 광증과 과학 기술의 권력화를 비판한다.

그 책의 근대 철학 도입부에 의하면 이론 과학은 '교회의 권위'에 대항하여 '과학의 권위'를 형성해 갔으며, '이치에 호소'하여 '단편적이고 부분적인 권위'를 갖게 되었다. '처음부터 중요한 비중'을 갖고 있었던 응용 과학도 점차 그 중요성을 증폭해 갔다. "응용 과학의 중요성은 처음에는 전쟁과 관련해서 인정되었다. 갈릴레이나 레오나르도는 포병 기술이나 방어술의 개선을 위한 사업을 정부에 건의하여 그 청부를 맡게 되었는데, 이때부터 전쟁에 있어 과학자의 역할은 점점 커지기 시작했다." "기계에 의한 생산을 발전시키는" 일은 나중의 일이었으며, 그 경제적 역할은 "18세기에 와서 비로소 정치적인 영향을 주게 되었다." 과학의 사회-정치적 의미에 주목한 러셀은 르네상스 이후 이러한 일련의 운동이 스피노자를 제외한 데카르트, 라이프니츠, 버클리 및 칸

---

1   이 글에서 러셀의 철학사는 Bertrand Russell, *The History of Western Philosophy*, (Simon & Schuster, 1945)를 이용했으며, 번역으로는 최민홍 옮김, 《서양철학사》 상하권(집문당, 1973)을 변형하여 인용했다.; 러셀은 지식론 중심의 이론적 철학서 이외에는 돈이 없어 돈벌이로 썼다는 지나치게 솔직한 고백을 한다. 철학 연구가들은 《행복의 정복 *The Conqest of Happiness*》(1930)을 비롯한 산문들과 그의 철학사를 이론적 연구 대상으로서 읽지 않는다. 비트겐슈타인도 그가 에세이나 쓰는 것에 대해 불만을 토로한 적이 있다. 러셀도 자신이 실천적 인물임에도 불구하고 실천적 영역에 대한 논의를 순수하지 않은 비지성적 차원으로 보는 지적 편견을 갖고 있었다.

트, 피히테, 헤겔의 철학을 "개인주의적이고 주관주의적 성격을 띠게" 했다고 진단했다. 나아가 '루소의 낭만주의 운동'과 '바쿠닌의 무정부주의 운동'도 주관주의적 성향을 강하게 갖게 되었다는 것이다. 이렇게 보면 낭만주의와 급진 정치 철학도 역설적이게도 과학주의의 이면이라고 할 수 있을 것이다.[2]

러셀이 보기에 복합체를 단순 요소로 분해하는 분석적 기술技術은 과학적 방법이자 인식의 확실성을 보장하는 길이다. 그는 당연히 과학 그 자체를 위기의 원천으로 보는 대륙 철학을 수사학적 언설 정도로 볼 수밖에 없었다. 그의 논리적 분석 기술은 형이상학을 불구덩이에 던져 버리라는 흄의 감각적 현상주의로 돌아간다. 이 입장에서 그는 17세기 과학혁명을 진정한 근대의 시작으로 보고, 이 시기를 이전보다는 진보한 것으로 평가한다. 그에 의하면 17세기에 수리 물리학적 사고의 출현(데카르트), 갈릴레이의 천체 역학, 미적분의 발명(라이프니츠, 뉴턴), 뉴턴의 실험 과학 등 중요한 진보가 있었다. 그러나 그가 보기에 철학에서는 주관주의가 과학의 발전과 함께 형성되었다. 러셀은 진정한 과학적 정신은 인간의 오만으로 귀결되는 주관주의와 분리될 수 있으며, 또 그래야 한다고 본다. 그가 근대 철학을 주관주의적이라고 독해하는 것은 주관이 권력화 되면서 정치사회적 힘을 행사하고, 과학 기술의 대중화와 함께 거대한 사회조직화를 조장하기 때문이다. 이러한 주관주의 철학에 대한 비판의 이면에는 자신의 논리 경험주의적인 과

---

2   과학 발전에 따라 철학이 대상 지배적 주관성의 철학이 되었다는 이러한 독해는 후설Edmund Husserl이 《유럽 학문의 위기》(1936)에서 보여 준 견해와는 상반된다. 후설은 과학의 객관주의가 주관성의 위기와 소외로 귀결되었다고 진단했다. 20세기 현상학적 운동에서 나타난 인간에 대한 해석학적 이해와 실존주의도 주관성의 위기를 과학의 객관주의와 연계하여 진단하고 객관으로 환원할 수 없는 내적 실존의 가치를 옹호하는 것이었다. 과학은 인간의 삶의 형식들 가운데 하나인 특정 태도에서 형성된 것이지, 다른 삶의 방식들 위에 군림하는 권력일 수 없다는 것이다. 낭만주의가 대중 소비 사회가 주는 쾌락주의적 감정과 함께 갈 수 있었듯, 현상학과 실존주의 운동도 과학 문명이 동반할 수 있는 문명사의 이면으로 간주될 수 있을 것이다.

학적 세계상의 입장에서 독일관념론과 니체 철학을 인간의 오만을 강화하는 것으로 보는 적대 의식이 깔려 있다.

그러나 분석 철학을 여는 계기가 된 러셀의 지식론의 핵심인 '문장에 대한 논리적 분석'은 그 전개 과정에서 어떤 '혼동confusion'이 개입되어 있음이 드러나게 되었다. 이 점은 러셀의 논리적 분석 기획에 초기에서부터 동참했던 비트겐슈타인이 그가 제시하는 분석 방식에 대해 비판적 반성을 하는 과정에서 드러나게 된다. 러셀의 지식론은 마치 일반 상식이나 과학적 지식이 있고, 그 위에 그것을 정당화하는 제3의 논리적 철학이 가능한 것처럼 되어 있다. 철학은 직접적 경험에 정초되어 있을 뿐만 아니라 '논리적 경험'이라는 또 다른 권위 있는 후광을 갖게 된다. 이러한 귀결은 비트겐슈타인이 보기에 원래 문제가 없는데 심적 혼란에 기인한 이상한 문제를 만들고 이에 대한 해답을 풀었다고 자부하는 철학자 상을 다시 보여 주는 것이다.[3] 이 철학자 상에는 자기 주변의 철학자들은 물론 러셀뿐만 아니라 프레게도 포함된다. 러셀의 논리주의에 영향을 준 프레게는 러셀처럼 '과학적 엄밀성'을 철학의 기준으로 삼고 있었다. 케니Anthony Kenny의 《프레게Frege》(2002)에 의하면, "프레게는 과학적 엄밀성 때문에 지시체가 없는 기호를 방지해야 한다고 말한다." 수나 논리적 기호들은 시공간적으로 존재하는 것은 아니지만 이념적 대상으로 존재해야 한다는 것이다. 러셀에게도 보이는 이러

---

3   Judith Genova, *Wittgenstein A Way of Seeing*, Routledge, 1995, pp. 151~162. 주디스 제노바는 러셀과 프레게가 논리와 그 적용을 혼동하여 동어반복이나 모순이 의미를 결여한 논리적인 것일 뿐임을 간과했다고 본다. 제노바는 논리적 구문론과 의미론을 분명하게 구분하지 못한 혼동은 러셀과 프레게뿐만 아니라 칸트의 선험 논리학에도 나타난다고 본다. 칸트는 감각에 주어진 대상들에 논리적 형식이 적용되어 이른바 선천적 종합 판단이 가능하다고 본다. 이로써 과학적 명제의 객관적 타당성이 있게 된다. 그러나 이렇게 명제의 확실성을 미리 전제하는 것은 논리적 형식의 대상 적용뿐만 아니라 형식과 대상의 필연적 연관성을 미리 예단하는 것anticipation이다. 비트겐슈타인에게 논리는 선험적이지만 선천적 종합 판단 같은 것은 없다. 논리는 대상을 갖지 않는 무의미한 형식일 뿐이다. 이것이 '논리는 스스로를 보살펴야 한다'는 비트겐슈타인의 주장의 핵심이다.

한 관점은 주관적 심리주의를 비판하고 객관적 플라톤주의 입장을 취하는 프레게의 입장을 잘 보여 준다. 프레게는 산수를 논리적으로 정당화하려는 논리주의의 엄밀한 학문으로서의 철학관을 견지한다. 기호가 지시체를 가져야 한다면, 이것은 일상에서의 이름이 대상을 갖는 것과 유사하다. 프레게에 의하면 명제뿐만 아니라 "명제에서 숫자는 고유 이름처럼 기능한다는 것을 보여야만 한다."[4] '개념이 존재를 속성으로 갖는다'는 이러한 주장들은 정당화를 추구하는 강력한 토대주의를 통해 수학과 논리를 신비화한다는 인상을 지울 수 없으며, 결국 그들의 분석 기술로 그들을 반격하는 비트겐슈타인의 탈신비화로서의 철학을 만나게 된다.

비트겐슈타인은 《논리 노트Note on Logic》(1913)나 《비트겐슈타인 철학일기》(1914~1917) 같은 초기 작품에서부터 러셀의 논리적 분석이 갖는 혼란을 지적하고 있다. 그의 비판은 집요한 것이고 '전투battle'라고 표현할 정도로 강도 높은 것이었다. 러셀은 《지식론Theory of Knowledge》(1913)에서 문장을 요소들의 결합으로 보고 요소들을 이름들, 속성들, 관계들로 나눈다. 이름들은 개별자들이고, 속성들과 관계들은 보편자들이다. 이 어휘들은 더 이상 분석할 수 없는 '정의할 수 없는 것들indefinables'이며, 문장에 대한 이해에서 직접적으로 인식되는 직접지acquaintance의 대상들이다. 그런데 문장은 요소들의 결합으로 되어 있다. 이 때문에 문장의 논리적 형식들에 대한 이해도 문장의 이해에 필요하다. 문장의 형식들도 논리적인 것이지만 직접지처럼 경험된다. 이것이 '논리적 경험logical experience'이며, 형식들은 요소를 갖지 않기에 단순한 것들이다. 형식들은 정의할 수 없는 것들로서 이른바 논리 상항logical

---

Anthony Kenny, 최원배 옮김, 《프레게 Frege, An Introduction to the Founder of Modern Analytic Philosophy》 (2000), 서광사, 2002, 164. 122~124쪽

IX. 과학과 우주적 소통성 957

constants이다. 술어, 관계, 이중 복합 관계xRy, 혹은, 아니다, 모든, 약간 등의 어휘들이 그러한 것들이다. 논리적 경험은 인위적으로 조합된 이상한 표현인 '경험적 경험empirical experience' 위에 먼저 있어야 한다. 논리적 경험에서 문장이 '필연적으로 참'임을 이해하게 된다.[5]

문제의 혼동은 러셀이 논리적 어휘들이 의미를 가지기에 자신들의 대상을 갖는다고 본 것에 있다. 그것들은 논리적 대상들logical objects이다. 문장의 논리적 형식은 논리적 대상들의 구조를 재현한 것이 된다. 이러한 관점은 논리적 형식을 대상을 갖는 것으로 보는 플라톤주의적 관념이 개입한 것은 물론, 프레게와 마찬가지로 명제를 대상을 갖는 이름으로 오해한 데서 나온 것이다. 논리를 내용이 없는 단순한 형식으로 보질 않고 대상의 구조를 기술하는 진리 명제들의 세계로 보는 러셀과 프레게의 철학은 원래 제대로 사용하고 있는 논리를 철학자 스스로 혼란을 일으켜 왜곡하는 것이다. 그들은 잘 '사용'하고 있는 논리를 객관화함으로써 그 고유한 본성을 파괴한 것이다. 그러나 논리적 형식, 예를 들어, 이중 복합 xRy는 대상을 지시하는 이름이 아니라 x가 R의 왼쪽에 있고, y는 R의 오른쪽에 있다는 형식을 '보여줄aufweisen' 뿐이다. 비트겐슈타인이 "논리적 상항 같은 것은 없다"고 《논리 노트》에서 말한 것도 그 때문이다.[6] 논리적 형식은 후기에 문법−규칙이나 언어 놀이 개념으로 전환되어 광범위하게 사용되지만, 그 본래적 정신, 즉 논리적인 것을 사물화하여 제3의 지식론을 세울 수 없다는 탈권위주의적 활동으로서의 철학관은 전 후기에 일관된다. 이러한 의미에서 러셀의 증명 형식들이 "사람의 형체를 여러 벌의 옷으로 겹겹이 감싸는 것

---

5   러셀의 관점과 이에 대한 비트겐슈타인의 비판에 대해서는 Teresa Iglesias, 'Russell's "Theory of Knowledge" and Wittgenstein's Earliest Writings', Synthese, Vol. 60, No. 3 (Sep. 1984), pp. 285~332 참조.

6   Michael Potter, *Wittgenstein's Notes on Logic*, Oxford University Press, 2009, p. 61.

처럼 알아보지 못하게 감추어 버린다"는 것은 철학이 원래의 실상을 은폐하는 신비화의 수단이자 전도 망상이라는 것을 암시한다. "우리가 삶 속에서 죽음에 둘러싸여 있다면, 그와 같이 우리는 지성의 건강 속에서 광기에 둘러싸여 있다."[7]

"명제는 모든 현실을 묘사할darstellen 수 있다. 그러나 명제가 현실을 묘사할 수 있기 위해서 현실과 공통으로 가지고 있어야 하는 것을 명제는 묘사할 수 없다. 논리적 형식을 묘사할 수 있기 위해서는 우리는 명제와 함께 논리의 밖에, 즉 세계의 밖에 서 있을 수 있어야 한다.(4.12) 명제는 논리적 형식을 묘사할 수 없다. 논리적 형식은 명제 안에서 반사된다."(spiegelt sich, 4.121)[8] 이 때문에 비트겐슈타인에 의하면 논리에 대해 '정밀한' 설명으로서의 논리 철학을 하는 것이 아니라 '명료한' 해명 혹은 기술description로서의 철학이 방편으로 필요하다. 이러한 철학관은 철학의 본질을 논리학으로 보는 러셀의 관점을 떠나 의지로서의 인간의 실천적 삶에 대한 이해와 세상성의 극복을 지향하는 쇼펜하우어와 아시아 철학의 세계론으로 돌아가는 방향을 가리킨다. 논리에 '따라' 사고하고 실천하는 세계 내 존재로서의 인간은 실수할 수는 있어도 논리의 오류를 범하지 않는다. 쇼펜하우어가 언급한 논리에 대한 과학의 불가능성은 비트겐슈타인에게 깊이 각인된 것으로 보인다. 러셀이 과학의 사회적 문제와 인류의 운명에 관심을 갖고 있었음에도 불구하고 기본적으로 과학주의적 발상을 유지한 것은 자신이 하고 있는 행동에 대한 반성의 결여뿐만 아니라 세계가 인간에게는 우선적으로 윤리적 의미로 물들어 있다는 선험적 조건을 간과한 데에 기인

---

7   Ludwig Wittgenstein, 박정일 옮김, 《수학의 기초에 관한 고찰Bemerkungen Über die Grundlagen der Mathematik》(1956), 서광사, 1997, 149, 272쪽.

8   Ludwig Wittgenstein, *Tractatus logico-philosophicus*, suhrkamp, 1963, s. 40. 번역은 이영철 옮김, 《논리-철학 논고》, 천지, 1991, 70~71쪽을 참조하여 변형.

한다.

20세기 초 중국의 풍우란馮友蘭, 1895~1990과 김악림金岳霖, 1895~1984
은 중국 철학의 발전을 위해 논리학과 지식론의 필요성을 제기했다. 모
택동毛澤東, 1893~1976도 점차 변증법적 논리를 넘어 논리학에는 계급이
없다는 것을 자각하고 논리학의 필요성을 역설한다. 풍우란과 김악림
은 세계론[境界論]을 중시하여, 궁극적 경계에 이르기까지 생의 의미
를 단계적으로 실현하는 노력의 과정을 중국 철학의 특징으로 강조한
다. 풍우란의《신이학新理學》(1939)과《신원도新原道》(1945)는 전통 철학
의 경계론을 논한다. 김악림의《논도論道》(1940) 역시 '도'의 궁극적 경
지를 목표로 생의 의미를 논한다. 그러나 이들은 논리적 분석과 윤리
적 세계론을 원융하게 결합시키지 못한다. 두 가지가 하나의 연결점을
갖지 못하고 괴리되어 있다. 이것은 논리적 분석을 철학의 본질로 보는
것과 여기에 윤리적인 것을 첨부하는 러셀의 이중적 관점에 영향을 받
은 것에 기인한다. 논리 철학의 수용은 중국 철학에 새로운 자극을 주
어 비로소 과학의 본성에 대한 인식론적 관심을 갖게 했다. 특히 김악
림의 방대한 저작인《지식론》(1948)은 중국 철학의 분위기를 일신하는
업적으로 평가된다. 하지만 앞에서 논의했듯이 그는 러셀의 신실재론
이 갖는 난점까지 계승했다. 이 때문에 과학의 논리와 윤리적인 것의
자연스러운 결합이 저지되었다. 그가 목표로 하는 개별 과학과 철학의
소통성[通]은 소기의 성과를 거두지 못하고 다시 헤겔의 존재론으로
서의 논리학으로 귀결되었다는 인상을 준다. 그 결과 그의 세계상에서
윤리적인 것의 입지가 약화되었다.[9]

---

9   毛澤東과 논리학의 관계에 대해서는 龔育之, 조경희 옮김,《마오의 독서 생활(毛澤東的讀書生活)》
    (1986), 글항아리, 2011, 305~343쪽. / 김악림의 이원적 분리에 대해서는 胡軍,《道與眞, 金岳霖
    哲學思想硏究》(人民出版社, 2002, 6~9쪽) 참조. 김악림의 사변이 '헤겔적 논리학'으로 돌아간 점에
    대해서는 喬淸擧,《金岳霖新儒學體系硏究》, 齊魯書社, 1999, 38쪽. / 러셀과 프레게가 명제를 지

근대 과학의 발전 과정에서 사실과 가치를 분리하는 습관이 형성되었다. 이러한 습관에 따라 러셀은 사실과 가치를 전통 형이상학이 혼란스럽게 결합시켰다고 보았다. 여기에서 그는 사실과 가치를 일단 분리함으로써 철학의 과학성을 확보하고, 과학 기술의 파괴성을 비판하기 위해 다시 둘을 결합하는 입장을 취한다. 논리 경험주의 혹은 논리적 원자론은 러셀의 생각으로는 주관주의적 편견을 벗어나 관찰적 경험의 토대가 되는 순수한 감각 자료에 접근하는 방법이다. 이러한 방법론적 입장은 윤리적 가치를 강조하는 쪽에서의 비판이 있었지만, 퍼트넘Hilary Putnam의 발언을 기준으로 한다면 적어도 1950~60년대 까지 북아메리카의 논리 경험주의 사조에 영향력을 행사했다.[10] 러셀의《외부 세계에 관한 우리의 지식Our Knowledge of External World》(1914)을 읽고 '과학적 세계 파악Wissenschaftliche Auffassung'의 길을 확신하게 되었다는 빈 학파의 대표적 인물 가운데 한 사람인 카르납과 일단의 과학적 세계상의 옹호자들은 1933~34년 아메리카로의 이주 후에 논리 경험주의를 성공적으로 전개하고 교육해 나갔다. 원래 슈릭Moritz Schlick과 바이스만Fridrich Waisman 등을 제외하고는 좌파적 성향을 갖고 있었던 빈 학파는, 이주민이 언제나 그렇듯 북아메리카에서는 과학적 세계관의 사회주의적인 저항적 동력을 현저히 상실해 갔다. 사상사적으로 보면 이는 상시몽과 그의 제자 콩트의 실증주의가 인본주의적인 사회주의적 전망과 결합했던 전통의 한 부분을 상실한 것이다. 빈 학파는 20세기 초까

시체를 갖는 이름처럼 다루는 것과 이에 대한 비트겐슈타인의 비판에 대해서는 Cora Diamond, 'Inheriting from Frege', *The Cambridge Companion to Frege*, (Edited by Michael Potter and Tom Ricketts, Cambridge University Press, 2010, pp. 550-601). 박만엽, 《비트겐슈타인 수학 철학》, 철학과 현실사, 2008, 59~88쪽. / 러셀이 사실과 가치를 조화시키지 못한다는 것에 대해서는 Paul Arthur Schilpp, *The Philosophy of Bertrand Russell*, (The Library of Living Philosophers V. 5, 1989) 참조.

10 Hilery Putnam, 노양진 옮김, 《사실과 가치의 이분법을 넘어서 *The Collapse of Fact/Value Dichotomy*》 (2010), 88쪽.

지도 합스부르크 왕가의 지배하에서 공화제를 제대로 실현하지 못한 상황에서 유럽 급진주의의 한 조류를 계승했으나, 나치의 공세에 밀려 대부분 유대인이었던 그들은 유랑민이 되었다. 그들에 의해 유포된 과학주의적 관점들 가운데 두드러진 것은 엄밀한 학문은 가치를 배제한 사실의 확실성을 신뢰하는 태도였다. 사실의 성격을 어떻게 규정하든 간에 그것은 지식론의 근본 전제가 되었다. 확실성에 대한 과학주의적 믿음은 확실한 근거 위에 지식의 건축을 세운다는 데카르트적 태도의 변형판이었다. 이런 의미에서 논리 경험주의의 과학적 세계관은 20세기 배물拜物주의와 결합한 과학 근본주의에 접근하는 것이었다.

이러한 과정을 보면 러셀의 철학에는 논리 경험주의적인 과학적 세계관과 유럽 문명사에 대한 비판적(윤리적) 독해 사이에 괴리가 있다. 지식의 확실성을 보장하려는 지식론과 인류의 삶의 방향을 고민하는 윤리적 방향이 긴장 관계에 있다. 그는 교회 권력과 각종 미신에 대항하는 계몽주의적인 입장과 사회윤리적 비판이라는 두 가지 원리, 즉 사실과 가치를 양쪽에서 잡고 있다. 그러나 그 자신의 고백처럼 그는 논리 경험주의라는 지식론과 가치의 문제를 조화시키는 원리를 갖고 있지 못하다.(*The Library of Living Philosophers*, V. 5, 1989) 이는 이론과 실천의 인격적 분열이다. 그의 최초의 작품 《독일 사회민주주의*German Social Democracy*》(1896)가 암시하듯, 처음부터 그는 정치-윤리적 가치 문제에 관심을 가졌으며, 이러한 태도를 평생 유지했다는 것을 감안하면, 그의 내적 고민의 정도를 추측할 수 있을 것이다. 그러나 그는 북아메리카의 논리 경험주의와는 달리 인간의 감정을 보편적 사랑의 감정으로 전환하고, 의지를 보편적 도덕 의지로 승화하며, 나아가 우주를 영원의 관점에서 볼 수 있는 삶을 지고의 선으로 간주했다[그의 윤리적 입장은 북아메리카 실용주의 철학의 원류인 에머슨R. W. Emerson, 1803~1882과 소로우H. D. Thoreau, 1817~1862의 초절주의적 가치관을 연상시킨다]. 하지만 그의 지식론은, 러시아의 마르크스−레닌주의가 레닌과 엥겔스의 과학적 실재론을 도그마로 한 강력한 테크노크라트 지배를 형성했듯, 20세기 영미 과학주의의 한 줄기가 됨으로써 자신이 우려하던 초강대국의 산업 체제에 일조하는 철학으로 활용되었다.

러셀은 비록 사실과 가치라는 두 가지 원리를 조화시키는 방법을 찾지는 못했지만, 두려워하지 않는 기세로 지식과 사랑 및 평화의 덕을 모두 실현하고자 했다는 것은 의심할 수 없는 것으로 보인다. 해방 후 한국에서 분석 철학 제1세대를 대표하는 김준섭金俊燮, 1913~1968의《럿셀》(1960)은 어린 시절 "두려워하지 말라. 여호와께서 보고 계시나니"라는 할머니의 교훈이 그의 사회적 실천에 준 영향을 언급하고, 감각론에서 사건론에 이르는 지식론의 변천 과정을 소개한다. 김준섭은 그가 이론과 실천을 겸비한 큰 철학자임을 믿어 의심치 않고 있다.[11] 비록 사실과 가치를 분리하는 입장에 있었지만, 러셀은 응용 과학 위세를 타고 번지는 과학 기술주의적 경향을 깊은 우려의 눈으로 보았다.

과학 기술은 종교와는 달리 윤리적으로는 중립을 지킨다. 그리고 과학 기술은 인간에게 놀라운 일들을 많이 할 수 있다는 것을 확신하게 하지만 무엇을 해야 할 것인가에 대하여는 가르쳐 주지 않는다. 이와 같이 과학 기술은 불완전한 것이다. 실제로 과학 기술이 어떤 목적에 사용되었는가를 돌이켜 볼 때, 그것은 우연한 일에 지나지 않았다는 것을 알 수 있다. 과학 기술이 요구하는 그 방대한 사회 조직에서 정상에 오른 몇몇 사람들은 어느 범위 안에서는 자기들이 원하는 대로 힘의 방향을 조절할 수 있

---

11 김준섭,《럿셀》, 사상계사출판부, 1960.

는 것이다. 그리하여 힘의 충동은 전에 일찍이 보지 못한 범위를 이루게 되었다, 과학 기술의 영향을 받은 철학은 힘의 철학이 되어 모든 비인간적인 것은 다 가공되어야 할 원료로서 간주했다. 목적은 이미 고려되지 않고 오직 과정의 기술만이 가치를 인정받게 되었다. 이것은 역시 주관주의와 마찬가지로 현대적 광증의 한 형태라고 하겠다. 오늘날 이것은 가장 위험한 현상으로 이에 대한 유일한 해독제는 오직 건전한 철학이 나오는 것뿐이다.[12]

그러면 건전한 철학은 어떤 것인가? 이에 대한 해답에서 러셀은 원래 자신의 입장인 논리적 경험주의를 '분석적 경험주의'로 명명하고, 1920년대 과학혁명의 성과인 상대성 원리와 양자론의 철학적 의의를 언급한다. 분석적 경험주의의 논리적 분석이 도달해야 하는 지식의 원초적 자료는 기존의 원자나 사물이라기보다는 '사건event'이라는 것이다. 그가 보기에 상대성 원리가 말하고, 양자역학이 더 강화한 것은 이제 '시공간적 연속체'인 표면적 사건이다. 러셀에 의하면 자신의 사건 개념은 윌리엄 제임스가 모든 지식의 원천을 사건으로 보고, 이것을 추상적이고 수학적으로 해석하면, 즉 물리학적으로 해석하면 물질 쪽으로 가까워지고, 심리학적으로 해석하면 정신에 가까워진다고 하는 '중성적 일원론neutral monism'에서 취한 것이다. 이론 과학의 지적 원천은 사건이다. 그의 논리적 원자론에서 원자에 해당하는 것은 직접지의 대상인 감각 소여의 다른 이름이라 할 수 있는 지각에 주어지는 순간적 사건이 된다. 이 사건이 이론적 지식의 근저에 있는 경험적 기초이자, 지식 가능성의 조건이다. 선험적 경험론이라고도 할 수 있는 이러한 중

---

12 Bertrand Russell, *The History of Western Philosophy*, Simon & Schuster, 1945, p. 494. / 최민홍 옮김, 《서양철학사》, 하권, 집문당, 1973, 631쪽.

성적 일원론에 의거한 논리 경험주의가 그의 최종적 입장이다. 그에 의하면 이 지식론이 자신이 초기부터 강조해 왔던 과학적 방법과의 연속선상에 있는 것이며, 이 과학적 세계 파악이 종교적 미신과 억압을 벗어나는 길이자, 과학적 지식을 도구로만 활용하는 듀이John Dewey의 '도구주의'를 극복하는 길이라는 것이다.

러셀은 주관성의 위기를 촉발한 객관주의를 비판하는 후설이나 실존주의를 따르지 않는다. 근대 철학에서 시작된 주관 객관의 분열에 대해서도 개념사적 해명을 하지 않는다. 그는 객관이라는 개념을 자명한 듯 사용하며, 자신의 논리 경험주의를 공명정대하게 편견을 물리치면서 대상에 객관적으로 접근할 수 있는 최선의 지식론으로 확신하다. "만일 철학적인 지식이 있다면 나는 이런 방법으로 탐구해야 한다고 믿어 의심치 않는다. 그리고 나는 옛날부터 내려오는 여러 가지 문제가 이런 방법으로 완전히 해결되리라는 것을 믿어 의심치 않는다."[13] 그가 보기에 전통 형이상학이 가치 관념과 세계 질서를 혼합하여 편견 없는 지식의 발전을 저해했으며, 현대에는 전체주의적 가치관이 개인주의가 갖는 장점의 발전을 가로막고 있다. 그는 이러한 문제 상황에 논리적 원자론이라는 방법적 전략으로 대항한다[14]

---

[13] Bertrand Russell, 위의 책. / 최민홍 옮김, 위의 책, 1046~1047쪽.
[14] 러셀은 아리스토텔레스 전통 논리학의 주어-술어 구조의 한계를 지적한다. 그것은 실체와 속성만을 인식하게 하고, 수학과 과학의 명제들이 말하는 관계를 인식하게 할 수 없게 하는 편협한 논리라는 것이다. 프레게는 개념과 함수 사이에 유사성이 있음을 발견하여 일상의 문장을 진리값을 갖는 변항으로 치환하여 인공적 기호로 재구성하는 새로운 논리학의 표기법을 창안했다. 러셀은 이를 발견한 이후 문장 안의 주어를 변항으로 바꾸는 일항술어 논리와 두 술어 간의 이항관계론, 술어를 집합으로 정의할 수 있다는 관점을 제안했다. 또한 그는 이 논리학이 영어권에 한정된다는 단서를 붙이기도 했다. 특히 지식의 기초적 자료로 상정된 더 이상 분석할 수 없는 원자적 개체에 접근할 수 있게 하는 기술적 장치인 한정기술론은 분석의 논리적 도구로서 제시된 것이다. 이 지식론에 스스로 논리적 원자론logical atomism이라는 이름을 붙인 데에는 다수 집단에 맹종하는 악을 행하지 않는다는 정치-윤리적 의미의 개인주의를 선호하는 윤리적 관점이 개입되어 있다. (새로운 논리학의 형성에 대해서는 Milton K. Munitz, 박영태 옮김,《현대 분석 철학》, 서광사, 1997, 139~193쪽.; John Ongley & Rosalind Karey, *Russell A Guide for the Perplexed*, Bloomsbury, 2013, pp. 2-3 참조).

여기에서 그 특유의 글쓰기 방식이 나온다. 그는 과학적 방법에 입각한 지식에 우선성을 부여한다. 가치는 순수한 사실적 지식에 비해 이차적인 것이다. 이러한 기준은 논리를 철학의 본질로 보고, 가치 문제는 간단히 처리하거나 대중적 수필을 통해 표현하는 그의 글쓰기 방식에서도 나타난다. 이것이 논리 경험주의만을 계승하고, 윤리적 가치관은 무시하는 후세 연구가들의 주지주의적 편향을 낳았다. 그러나 과학적 발견의 과정에서도 단순성, 논리적 명료성, 개연성 있는 가설의 선택 등도 지식 영역 내에서의 규범적 가치들인 것이다. 역설적이지만 사실은 가치의 빛에 비추어 드러난다. 사실상 명제 태도라고 하는 믿음과 분리된 명제는 있을 수 없다. 이 문제와 연관하여 한 가지 의아스러운 것은 정치경제에 관심이 많은 러셀이 가치의 빛에 비추어 경제를 분석하는 비판적 정치경제학에 대해 외면하고, 사실과 가치를 분리하여 인간의 이기적 시장화를 조장하는 신고전 경제학에 대해서는 관대하다는 것이다. 마르크스주의자인 빈의 노이라트Otto Neurath는 사회과학에 우선성을 부여했지만, 대부분의 논리 경험주의자가 보기에는 그 입장은 순수한 수리 물리학과 감정의 발로에 불과한 윤리학 사이의 어딘가에 위치한다.

순수 지식론과 그렇지 못한 것 사이의 위계화는 빈 학파의 학술 운동을 통해 유포되었다. 그러한 태도는 정치경제적 원인으로 일어나는 재앙, 윤리적 책임의 문제, 유한성에 대한 실존적 불안, 그리고 세계의 의미 문제들을 배제하는 관점을 유포하는 수단이 되었다. 순수이론주의는 제3세계에서는 사회 문제를 외면하고 신흥공업국의 봉건적 국가주의에 침묵하는 지식인들을 편안하게 하는 지적 장치가 되었다. 그것은 또 다른 폐쇄적 당파성이다. 1970~80년대 한국의 국가 자본주의체제에 대한 비판적 대중 경제학자였던 박현채朴玄埰, 1934~1995는 이 문제

로 고민했다. 그는 마르크스의 비판적 경제학에 대한 경직된 과학주의
적 해석을 경계하는 한편, 마샬Alfred Marshall, 1842~1924과 사무엘슨Paul A.
Samuelson, 1915~2009의 신고전 경제학이 사실과 가치를 분리하고 윤리적
가치를 배제하는 논리 경험주의적 독단을 넘어서고자 했다. 그는 신고
전경제학이 원자적 개인주의를 전제하고, 이로부터 모순 없는 추상적
체계를 세울 수 있다는 근거 없는 관점에 대해 회의했다. 이에 따라 박
현채는 윤리적 가치 문제에 경제학을 종속시키는 애덤 스미스의 전통
(마르크스도 이 노선을 따라 갔다)에 따라 새로운 민중경제학을 모색했
다. 그는 한국의 국가 자본주의적 개발 논리를 윤리적 가치를 통해 개
선하는 방향에서 로빈슨 여사Joan Robinson, 1903~1984의 인도주의와 결합
된 정치경제학을 바람직한 것으로 보게 된다.

이러한 인도주의 전통은 실증주의적 신고전 경제학을 기각하고 애
덤 스미스, 리카아도, 및 마르크스에 이르는 고전 경제학의 정신을 비
판적으로 계승하는 스라파Piero Sraffa, 1898~1983와 로빈슨 여사로 전승된
다.[15] 이러한 노선에 제3세계 인도인으로 노벨 경제학상을 탄 센Amartya
Kumar Sen, 1933~현재이 연결된다. 그는 자신의 저술《윤리학과 경제학On
Ethics and Economics》(1987)에서 가치와 사실(윤리와 경제)의 본질적 연관성

---

[15] 스라파는, 비트겐슈타인이 그와 대화하면 자신의 모든 가지들이 쳐지는 나무와 같이 되었다고
고백한 데에서도 알 수 있듯, 그의 전기 입장(논리적 원자론)을 포기하게 한 인물로 알려져 있다. 비
트겐슈타인의《논리적 탐구》에 나타난 후기 입장은《논고》의 초시간적인 단일한 과학론을 비판하
고, 언어가 구체적 삶의 형태 안에서 사용되는 문맥을 통해 의미를 갖게 된다는 언어 의미의 역사
성에 눈을 돌린다. 그의 인류학적 입장은 스라파의 영향에 의한 것이다. 센은 이 연관성을 스라파
와의 대화를 통해 확인하고, 'Sraffa, Wittgenstein, and Gramsci'(Journal of Economic Literature, v. 41,
2003)라는 논문을 통해 그람시의 동료였던 스라파의 비트겐슈타인에 대한 영향 관계를 보여 주고
있다. 스라파는 구체적 삶의 양식과 맞지도 않는 논리적 원자론과 정치윤리적으로 소박한 비트겐
슈타인을 상당히 지겨워한 것으로 보인다. 이 문제는 최근의 책(박만섭,《스라파와 가격이론》, 아카넷,
2014, p. 359~416)에 비교적 상세히 언급되어 있다. / 그람시와의 연관을 강조하면서 스라파의 비
트겐슈타인에 대한 영향을 다룬 국내의 논문으로는, 김정주, 〈스라파의 경제학과 이념적 유산〉(사
회경제평론, 2010, 67~98쪽)이 있다. 스라파와 센은 과학의 논리가 사회과학이나 윤리학과 분리된다
면, 인간의 삶의 주요한 부분을 잘라 버리는 우를 범하고 폐쇄적인 지적 파당성에 빠지게 될 것임
을 보여 준다.

을 강조했다. 이 입장은 경제학을 도덕 철학의 한 분과로 보는 영국 경제학의 전통을 수립한 애덤 스미스의 경제 철학을 계승한 것이다. 그에 의하면 현대 경제학의 주류인 신고전 경제학은 애덤 스미스의 경제학에는 있지도 않은 합리적 이기주의를 전제하며, 사실과 윤리적 가치를 분리하는 것을 과학적 경제학의 모범인 것처럼 내보인다는 것이다. 센이 보기에 그것은 경제학에 비생산적이고 치명적인 손상을 입힌다. 그는 신고전 경제학을 지양하고, 개인들의 다양한 구체적 조건을 무시하는 공리주의와 롤즈의 획일성도 극복하는 후생 경제학적 대안을 제시한다.[16] 이 입장에서 그는 선진국의 복지 정책을 개선하고, 전 지구상의 빈곤국의 상황을 인간 발전이라는 방향으로 인도하는 데에 이론적으로 공헌했다. 그가 관심을 받는 이유는 1979년에 처음으로 후생 경제학(윤리적 경제학)의 핵심 원리인 '역량 접근법capability approach'을 제시하여, 개발과 윤리를 구분하는 개발도상국의 정책을 혁신하고, 전 지구적 인간화 모델을 구체적으로 주장했다는 데에 있다.

러셀은 과학적 세계관과 분리하여 윤리적 가치를 추구했지만, 영국 사회의 노동, 교육, 전쟁 등 제반 문제의 개선을 위해 실천적으로 개입했다. 이로 인해 반역죄로 6개월, 명예 훼손죄로 1월을 감옥에 있어야 했다. 사회 내 부분적 문제들을 개혁함으로써 사회주의적 이상에 접근한다는 점진적 사회주의자였던 그는 1919년 5·4운동이 시작되던 중국을 방문하여 과학적 세계관과 점진적 개혁론을 설파했다. 그러나 전체주의적 사고를 배격하고 성숙한 개인주의를 지지하는 그도 센이 보여 준 다양성과 평등한 자유 및 역량의 실현을 유기적으로 결합하는 철학을 보여 주지는 못했다. 또한 제3세계에 대한 관심도 뚜렷하게 드

---

16 Amartya Kumar Sen의 *On Ethics and Economics*는 《윤리학과 경제학》(박순성·강신욱 옮김, 한울아카데미, 1999)으로 번역이 되었다.

러나는 것도 아니었다. 그는 1920년대에 한국을 비롯한 아시아에 사회 개혁가로 알려졌지만, 1960년대 이후의 한국에서는 분석 철학의 대표로서만 교육되거나 연구되었다.

센의 접근법은 특수성을 배제한 보편성을 거부하고, 인간의 '다양성diversity'을 근간으로 개인들의 특수한 조건들을 모두 고려하여, 인간적 가치를 실현할 수 있는 역량을 발휘할 수 있게 하는 후생적 실천 방안이다. 인간의 역량을 인정하는 이러한 인정의 철학은 구체적 삶의 조건에 긍정적으로 접근하는 호네트Axel Honneth의《인정투쟁》(1992),[17] 카벨Stanley Louis Cavell, 1926~현재의 인정윤리, 스피노자의 역량 증진의 윤리학과 서로 상통하는 관점을 지닌다. 카벨에 공감하여 센의 견해를 전폭적으로 수용한 퍼트넘은《사실과 가치의 이분법을 넘어서》(2002)를 그의 후반기에 펴냈다. 그의 고백에 의하면 그는 1950~60년까지 논리 경험주의의 영향으로 과학주의에 빠져 있었으나 그 후 듀이, 카벨, 특히 센에 공감하여 사실과 가치의 이분법에 반대하고 양자의 불가분성을 강조하는 철학으로 나아가게 되었다. 그는 "사실과 가치가 밀접하게 얽혀 있음을 이해하지 못하면, 논리 실증주의자들이 가치의 본성을 오해했던 것만큼이나 나쁜 방식으로 사실의 본성에 대해 오해하게 될 것"임을 지적한다.[18]

후생厚生을 강조하는 18세기 조선의 홍대용洪大容, 박지원朴趾源은 생산성이 증대했음에도 특권층에 유린당하는 민民의 사회적 상황을 정책적으로 혁신하려 했다. 이러한 정신은 당시에는 이상에 그치고 말았으나 정조正祖와 그들의 개혁 실패 이후 조선이 민란과 멸국의 길로

---

17 악셀 호네트의《인정투쟁Kampf um Anerkennung》은《인정투쟁》(문성훈·이현재 옮김, 사월의 책, 2011)으로 번역되었다.
18 Hilery Putnam, 노양진 옮김,《사실과 가치의 이분법을 넘어서The Collapse of Fact/Value Dichotomy》, 2010, 88쪽.

가게 되었던 역사적 경험과 18세기와 과거의 것뿐만 아니라 현대의 후생 철학을 돌아보게 한다. 헤겔이 보편성 위주의 구체적 보편성 개념을 진리의 시금석으로 본 이후 국가 공무원이나 노동 계급을 보편 계급으로 보는 기존의 입장들은 그 획일성으로 인해 급격히 퇴조해 갔다. 그러나 진정한 구체적 보편성은 개인들의 특수한 조건들(나이, 건강, 문화, 재화 소유상태 등)을 모두 고려하여, 이에 조응하는 역량 강화 정책을 실행할 때 이루어 질 것이며, 이 방향에서 특수와 보편이 조화된 진정한 구체성에 접근하게 될 것이다.

사실과 가치의 분리로 시작한 러셀은 진정한 구체적 보편성에 접근할 수 없었지만, 그의 윤리적 대안은 주목할 만하다. 그는《서양철학사》의 3부 The Modern Philosophy의 2장 니체 편과 듀이 편에서 주관주의적 오만에 물든 서양적 가치관을 극복할 수 있는 대안으로 아시아 철학을 제시한다. 이 대안은 고유한 동양 문화가 있다는 것을 인정하기 위해 서양이라는 수식어를 붙인 책의 제목을 그가 의식적으로 채택한 이유를 알게 한다.《서양철학사》를 보면 그는 '철학사'로 여기는 서구중심주의적 편견을 버리고, 쇼펜하우어처럼 또 하나의 다른 철학사를 가진 문화권을 인정하고자 했다.

그러면 러셀의 아시아적 대안은 어떤 것인가? 먼저 니체 편에 나오는 논의부터 시작하자. (1) 그는 니체를 귀족주의자로 규정하고, "문벌이 좋은 귀족들이 신용을 잃어버린" 현대에 "귀족주의의 뚜렷한 형태는 파시스트나 나치스당 같은 조직이 있을 뿐"이라고 비판한다. 러셀은 민주주의와 노동 조합을 반대했던 니체가 개인적인 약자들이 모여 이룬 단체의 심리적 복잡성을 비판한 것에 대해서는 일리가 있는 것으로 받아들인다. 그러나 니체의 노동 조합 반대는 귀족들이 용기나 풍부한 지모를 지니지 못한 자들임을 알지 못하는 "소박한 개인주의자의 노동

조합 반대와 비슷하다"는 것이다. 러셀은 니체가 보편적 두려움에서 귀족적 강자를 선호했지만, 귀족 역시 "중상모략이나 하다가 겁쟁이들의 무리로 전락한다"는 것을 몰랐다고 본다. 러셀은 약자와 강자의 권력화를 극복하는 방향에서 진정한 강자들의 결합을 촉진하는 방향으로 나아간다. 이를 전제하고 러셀은 니체와 붓다Buddha가 전능자 앞에서 하는 가상 대화를 만든다.[19] 이 대화는 쇼펜하우어의 윤리적 대안에 접근한다.

(1) 붓다는 생명체의 고통을 동정同情, Sympathy하기 때문에 자신도 행복하지 못할 정도로 보편적 동정을 느낀다. 일반인은 친구와 적을 구분하여 편협한 동정심만을 갖는다. 니체는 전혀 동정심을 갖지 않는다. 전능자는 묻는다. 내가 어떤 세계를 창조해야 하는가? 붓다는 문둥병자, 추방당한 자, 불구의 몸으로 노동하는 가난한 사람, 학대받는 자, 전쟁 부상자, 실패와 죽음의 두려움으로 고민하는 사람 등을 먼저 언급하면서, '비애의 무거운 짐'으로부터 구원하는 것은 사랑에 의해서만 가능하다고 말한다.

이에 대해 니체는 위대한 사람의 고통은 고귀하지만 군중들의 고통은 사소한 것이라고 하면서 다음과 같이 붓다에게 말한다. "그대의 생각은 소극적이고, 고통이 없는 것이 그대의 이상이다. 그러나 그것을 가능하게 하는 것은 다만 비존재non-existence뿐일 것이다. 그러나 나의 이상은 적극적인 것이다"[사실 유럽의 허무주의 도래를 불교의 수동적 허무주의의 한 형태로 본 니체는 능동적 허무주의를 대안으로 제시했다. 초감각적 천상의 원리로 우주를 해석하는 전통 형이상학은 허무주의에 근거한 것이다. 니체는 형이상학으로서의 철학의 죽음(신의 죽음)을 우주 생성의 유희를

---

19 Bertrand Russell, 앞의 책, p. 771~773, / 최민홍 옮김, 앞의 책, 970쪽.

향유하고, 모든 우발적 만남을 긍정할 수 있는 초인을 통해 극복하고자 했다. 러셀은 이 문제를 철학의 주요 테제로 삼지는 않는다. 그가 보기에 초인은 귀족적 강자이며, 위대한 창조적 예술가들이다]. 이 관점에서 니체는 붓다에게 권고한다. 위대한 창조적 예술가의 충동이 "저 비참한 정신병자들이 타락하여 두려워하며 방황하는 모습에 지배되지 않도록 해야 할 것이다."[20] 러셀이 보기에 니체의 대안은 타인의 고통에 대해서는 알 수 없다는 인식론적 유아론solipsism이며, 고통을 하찮은 것으로 무시하는 윤리적 유아론이다. 대화는 다시 이어진다.

(2) 러셀에 의하면 붓다는 천상의 궁전에서 죽음 이후의 모든 역사를 배우고, 삶의 기쁨과 슬픔 및 과학을 통달했다. 붓다가 묻는다. "니체 교수여, 그대가 나의 이상을 소극적인 것이라고 생각한 것은 잘못이다. 그것은 실로 고통을 해소시킨다는 소극적 요소를 포함하고 있지만, 한편 그대의 학설 중에서 찾아볼 수 있는 적극성도 포함하고 있다." 붓다의 적극성은 니체의 전쟁 영웅이 아닌 붓다(지혜)의 영웅들이다. "인간에게 원수를 사랑할 것을 가르친 나의 후계자 예수나, 자연의 힘을 정복하여 보다 적은 노동으로 음식을 획득할 수 있는 방법을 발견한 사람들, 질병을 감소시키는 방법을 알아낸 의사. 신적인 미의 순간을 붙잡는 시인, 미술가나 음악가—이들은 모두 나의 영웅들이다. 사랑과 지식과 아름다움을 즐기는 일은 소극적인 것이 아니라, 이 세상의 가장 위대한 인간들의 삶을 충족시켜 주었던 것이다." 이에 대해 니체는 붓다의 동정은 고통에서 나온 동정이며, 그의 세계는 단조롭고 권태로 인해 죽어 버릴 세상이라고 응수한다.

이상의 가상 대화에서 러셀은 자신의 가치관이 부여된 붓다를 편

---

20   위와 같음.

든다. "나는 붓다와 같은 의견이다." 그리고 "나는 니체를 싫어한다." 쇼펜하우어처럼 세계 정복자를 혐오하고 예수를 붓다의 후계자로 보는 러셀은 주관주의적 교만에 의거한 정복의 윤리를 거부한다. 그는 '보편적 사랑universal love'을 모든 선한 행동의 추동력으로 본다. 그는 다음과 같이 결론을 내린다. "그(니체)의 추종자들은 자신들의 전성시대에 살고 있지만, 우리는 그것이 곧 종말로 가고 있다고 보아도 무방할 것이다."[21] 아도르노와 같은 네오 마르크스주의가 평가하는 것과 마찬가지로 러셀이 보기에 니체는 전형적인 권력에 물든 주관성의 철학이다. 이와 반대로 러셀은 '무아無我'로 가는 윤리를 대안으로 제안한다. 그에 의하면 보편적 사랑과 정의 및 우주와의 합일이 최상의 가치다. 이러한 관점은 러셀의 초기 작품,《철학이란 무엇인가》(1912)에서도 결론으로 제기되었던 것이다.

진정한 철학적 사색은 무아not-Self의 전면적 확장, 즉 사색의 대상을 확대하고 이로써 사색의 주체는 확대하는 모든 것에서 만족을 발견한다. 사색에서는 개인적이거나 사적인 모든 것, 습관과 이해타산이나 욕망에 의존하는 모든 것은 대상을 왜곡하여 지성이 추구하는 합일union을 방해한다. 그것은(욕망에 의존하는 것은) 주체와 대상 사이의 장벽을 만들어 개인적이고 사적인 것들이 지성의 감옥이 된다. 자유로운 지성은 마치 신이 보듯, 여기와 지금이 없이, 희망과 공포 없이, 습관적 믿음과 전통적 편견 없이, 앎에 대한 전일적 욕망 속에서 고요와 평정을 가지고 본다. (……) 철학적 사색의 자유와 공명정대함에 습관된 마음은 행동과 감정의 세계에서도 똑같은 자유와 공명정대함을 갖게 될 것이다. (……) 진실에 대한 순수

---

21 위와 같음.

한 욕망인 사색에서의 공명정대함은 곧 마음의 성질인 바, 행동에서는 정의justice이며, 감정에서는 보편적 사랑universal love이다. 사랑은 유용하다거나 존경할만 하다고 판단된 사람들에게만 아니라 모두에게 주어질 수 있다. 따라서 사색은 생각의 대상뿐만 아니라 우리의 행동과 감정의 대상을 확장한다. 그것은 우리를, 나머지 다른 사람들과 전쟁하고 있는 벽으로 둘러싸인 일개 도시 시민이 아니라 우주universe 시민으로 만든다. 이러한 우주 시민성에 인간의 진정한 자유 그리고 협소한 희망과 공포의 노예 상태로부터의 해방이 존립한다. (……) 철학이 사색하는 우주의 광대함을 통해 마음 또한 광대하게 전환되어 우주와의 합일union with the universe을 이룰 수 있게 된다. 이것이 지고의 선highest good을 형성한다.[22]

인간을 우주 시민으로 보는 광대한 시야는 붓다와 장자莊子, 그리고 쇼펜하우어의 시야이다. 그것이 러셀에게는 심적 평화와 사회적 실천의 바탕이자 서양의 문제를 해결해 줄 수 있는 대안이기도 한 것이다. 그러나 그는 전통 형이상학을 거부하지만 수학과 과학의 확실성을 신뢰하려는 강한 집념을 버릴 수는 없었다. 이는 자신도 언급한 적이 있듯이 불확실성의 시대에 확실성을 찾는 데카르트의 관심을 선호하는 것이다. 또한 그는 과학을 경험주의적으로 기초 지우는 자신의 논리적 경험론이 그 자체는 경험되지 않는 추상적 일반론에 불과하다는 심각한 난점을 알고 있었지만, 그것을 과학적 방법에 의해 구성된 과학적 세계관이라고 굳게 믿었다. 그러나 아인슈타인의 지적처럼 러셀의 지식론은 '형이상학에 대한 두려움'을 피하기 위해 과도하게 경험론으로 기울게 되어, '사물을 성질들의 다발로 환원'함으로써 과학적 태도를 옹

---

22 Bertrand Russell, *The Problems of Philosophy*, 1912, Oxford University Press, 1997, pp. 160~161.

호하기 어렵게 되었다. 아인슈타인은 러셀의 경험주의적 저작의 '행간에서 나오는 지적 기만bad intellectual conscience'을 알 수 있다고 한다.[23] 러셀은 데카르트 이래의 확실성에 대한 신앙을 논리적 경험주의로써 채우고자 했다. 이러한 태도는 윤리적인 것을 지식론 외곽에 있는 비인지적이고 이차적인 불확실한 것으로 다루게 된다.

니체에 대한 러셀의 반대에는 논리 경험주의자 특유의 어법도 나타난다. "니체 윤리학에 대한 궁극적 반박은 사실fact에 호소할 것이 아니라 감정emotion에 호소할 성질의 것"이라고 한다. 그러나 사실과 가치를 명확히 구분하려는 논리 경험주의자의 습관은 점차 의심받게 되어 서양에서는 20세기 후반에 그것을 뒤늦게 배운 제3세계 학자들을 제외하고는 거의 자취를 감추게 되었다. 러셀이 보기에 "철학이라고 하는 것은 매우 상이한 두 가지 요소로 되어 있다. 하나는 과학적이고 논리적인 문제다. 이것들은 일반적으로 일치된 방법에 의해 해결될 수 있다. 또 하나는 많은 대중의 감정적인 이해관계의 문제들이다. 이 문제들에 대해서는 어느 편으로나 확고한 증거solid evidence를 찾아 볼 수 없다."[24] 이러한 토대주의적이고 이분법적 사고에서 러셀은 순수 이성적 사고보다 실천적 사고를 주로 한다고 보이는 철학들을 평가절하했다. 이러한 태도는 윤리의 문제를 단순히 감정이나 이해관계의 문제로 환원하는 사고 유형을 유포하는 계기가 되었다.

가치와 분리된 사유를 철학의 본령으로 보는 입장은 이 유습謬習을 여전히 계승하고 있었던 콰인W V O. Quine, 1908~2000에 의해 점차 부분적으로 도전받기 시작하여, 툴민Stephen Edelston Toulmin, 1922~2009의 지적처

---

23 Albert Einstein, 'Russell's Theory of Knowledge', *The Philosophy of Bertrand Russell*, edited by P. A. Schilpp, The Library Series 5, pp. 289~291.

24 Bertand Russell, *The History of Western Philosophy*, ch. 27, Karl Marx, Simon & Schuster, 1945, p. 787.

럼 많은 지성사가와 후기 비트겐슈타인, 카벨, 로티, 퍼트넘 등에 의해 역사적으로 형성된 또 하나의 독단으로 비판받게 되었다. 콰인은《경험주의의 두 가지 독단》(1950)에서 순수한 요소적 경험 혹은 관찰 명제가 지식의 기초가 된다는 도그마, 즉, 분석 명제와 경험적 종합 명제를 분명하게 구분할 수 있다는 독단을 비판하여 기존의 논리적 경험주의의 기초를 흔들어 놓는 것처럼 보였다. 그러나 철학을 과학적 방법의 연장선으로 보는 과격한 자연주의 입장을 취하는 콰인의 관점에서 철학은 과학주의 형태를 갖는 것이며, 그래서 철학은 과학 안에 있거나 옆에 있는 것이 된다. 철학은 과학의 밖에 있을 수 없기에 과학주의에 대한 비판적 관점을 취할 수 없게 된다.

그러나 과학주의를 강하게 거부하는 비트겐슈타인의 제자였던 툴민은《코스모폴리스-근대의 숨은 이야깃거리들》에서 논리 경험주의적 과학주의를 근대 유럽 지성사에 대한 연구를 통해 비판적으로 해명한다. 그에 의하면 17세기 전반(1620~1648)의 30년 종교전쟁으로 인한 유럽의 황폐화에 따라 수리 물리학적 확실성과 세계의 안정적 확실성을 찾는 데카르트의 합리주의가 전통 신학을 오히려 더 견고하게 지키면서 출현했다. 이 안정성 찾기 운동은 유연한 관용성에 입각한 몽테뉴와 같은 건전한 회의주의적 철학에 저항하면서 형성되었다. 과학주의의 역사적 뿌리는 이러한 근대의 혼란스러운 역사적 과정을 화려한 진보로 왜곡하는 관점에 뿌리를 둔다. 툴민에 의하면 과학주의의 논리적 명료성에 의지한 옹색한 근대의 정치적 우주관(코스모폴리스經世觀)이 전승된 데에는 대립적으로 전개된 지성사에 대한 무지가 작용했다. 이에 따라 근대 합리주의의 출현이 마치 단선적으로 상승하는 진보인 것처럼 꾸며 낸 비역사적 과학사가 나오게 되었고, 그 결과 과학주의가 서양을 대표하는 합리적 세계상인 것처럼 알려졌다는 것이다.[25]

그러나 러셀은 17세기를, 미신을 완전히 떠나지 못한 르네상스를 갈릴레이와 데카르트가 화려하게 극복한 단선적 상승의 시대로 그리고 있으며, 그 상승선은 자신의 논리 경험주의와 맞닿아 있다고 언급한다. 하지만 논리원자론이 건전한 철학의 토대로 사용될 수 있을 것이라는 러셀의 희망은 사라져 간 대신, 그가 종말에 이르기를 희망했던 권력 예속적 철학은 사라지지 않았다. 철학이 공론의 장에서 논의되는 시대가 사적 정보화로 인해 끝나 가는 것처럼 보이는 오늘날, 권력의 철학은 그가 그토록 우려하는 과학 기술의 무분별한 적용의 여세를 타고 과학적 자연주의의 형태로 생활 세계에 자리 잡고 있다.

윤리에 대한 러셀의 관심에서 또 하나의 주목할 만한 점이 있다. 이 점은 그의 《서양철학사》 듀이 편에서 잘 드러난다. 여기서 그는 마르크스와 듀이의 세계관을 인본주의적인 협애성을 지닌다고 비판한다. "마르크스를 순전히 철학자로서 생각할 경우에 그는 큰 약점을 갖고 있다. 그는 너무나 실천적이고 또 너무 당대의 문제에만 쏠렸던 것이다. 그의 시야는 이 유성遊星에만 한정되고, 이 유성 안에서도 인간에게만 국한되어 있었다." 이 평가는 사실과 가치를 분리하는 러셀의 입장을 반영한다. 동시에 그 평가는 쇼펜하우어적인 우주적 시야를 갖도록 권고한다. 철학은 인간을 진보적 진화의 최고 산물로 보는 인간중심주의를 버리고, 인간계, 태양계를 넘어서 무한한 우주로까지 나아가 영원의 관점에서 우주를 보는 우주적 시계視界에 도달할 때 비로소 이성의 보편성을 실현하는 셈이 된다는 것이다. 마르크스는 19세기 인본주의적 편견 속에 있었다. 이 때문에 그는 유물론을 표방하지만 헤겔의 변증법적 우주론처럼 "유심론자만이 정당화시킬 수 있는 우주론적 낙관주

---

25 스티븐 툴민, 이종흡 옮김, 《코스모폴리스-근대의 숨은 이야깃거리들》, 경남대출판부, 1997, 149~225쪽.

의"를 지녔다. 러셀은 자신의 과학적 세계관이 인간중심이라는 편견을 벗어나게 하는 교육적 의미를 포함한다고 생각했다. 그가 보기에 근대 과학의 우주론적 귀결은, 진정으로 과학적인 것은 인간중심주의를 포기하도록 가르친다는 것이다. "코페르니쿠스 이후로 인간은 전과 같은 우주적인 중요성을 지니지 못한다는 것이 분명해졌다. 이 사실을 이해하지 못하면 아무도 자기의 철학을 과학적이라고 부를 권리가 없을 것이다. 그(마르크스)처럼 지상의 인간에만 국한되면 진보를 보편적인 하나의 법칙으로 믿게 된다. 이와 같은 것이 19세기의 특질을 잘 나타내고 있으며, 마르크스와 그의 동시대인들에게도 있었던 것이다."[26] 러셀의 과학적 사고는 과학의 진보를 믿는 것과 스펜서 이래의 생물학적 진화론에 입각한 일체의 낙관주의를 분리한다. 러셀은 과학의 진보적 성과를 무한한 우주적 시야로 연결한다. 이러한 관점은 그가 쇼펜하우어를 읽은 것 같지 않지만, 인간의 자기도취를 거부하는 쇼펜하우어의 관점을 공유하며, 그 자신도 동의하듯 아시아 철학과도 친화성을 갖는다.

마르크스의 협소한 관점에 대한 러셀의 비판은 듀이에게도 적용된다. 러셀에 의하면 "듀이 박사는 산업주의와 집단 생산의 시대에 어울리는 하나의 견해를 갖고 있다. 그가 강력히 호소한 것도 미국 사람들을 향해서이고 또 중국이나 멕시코 같은 나라에서 진보적인 인사들에게 동일한 환영을 받았다는 것은 자연스러운 일이다." 듀이의 실험주의적 개혁론은 중국에서는 호적胡適, 1891~1962을 통해 5·4운동 초기에 널리 알려지게 되었다. 부분적인 문제가 주는 곤경을 실험적 방법으로 해결한다는 그의 개혁론은 전체적 변혁을 주장하는 이대조李大釗, 1888~1927의 '주의주의主義主義'와 대비하여[문제와 주의 논쟁] '문제주의'

---

26 Bertrand Russell, 앞의 책, p. 788.

로 알려지게 되었다. 진보한다는 희망을 준 듀이는 '양키 공자'로 별명이 붙을 정도로 인기가 있었는데, 러셀은 아마 이것을 지적한 것으로 보인다. 나중에는 주의주의 입장을 취한 진독수陳獨秀, 1879~1942가 듀이의 영향을 받아 중국의 과제를 과학과 민주주의로 제시했다. 당시 그가 제시한 과학과 민주주의라는 두 과제는 5·4운동의 후예인 모택동毛澤東의 혁명과 등소평鄧小平의 실용주의 개혁에 이르기까지 어느 것에 우선순위에 둘 것이냐는 우선성의 문제와 함께 중국의 근본 문제로 논의되어 왔다.

러셀은《중국의 문제 The Probem of China》(1922)를 통해 하나의 가르침을 준다.[27] 5·4운동 이후 1930년대 혁명기에는 듀이와 러셀의 개혁론은 성공적으로 적용될 수 없었지만, 지금은 아시아의 상황과 연관하여 음미할 만한 가치가 있다. 러셀은 중국이 서양의 기계 문명과 과학을 발전시켜야 한다는 시대적 요구를 관철해 나아가겠지만, 전통적인 인도주의적 가치를 개인의 가치를 존중하는 방향에서 계승해야 한다고 보았다. 또한 중국은 집단적 권력을 가지고 우주를 개발 자료로 보는 것을 피하는 노장사상과 불교를 버려서는 안 된다고 보았다. 관습화된 유교가 차등적 질서를 옹호한다는 것을 알게 된 러셀은 아시아적 가치에서 봉건성을 극복하고, 서양적 가치에서는 착취와 투쟁으로 점철된 과학 기술주의적 오만을 극복하는 가운데, 동양인의 장점인 비이기적인 친절한 유대를 발전시켜야 한다는 것이다. 서양은 이제 가망이 없다고 판단한 러셀은 아시아에서 인류의 희망을 전망한 것이다. 그러나 늦게 배운 학도의 맹목적 노력처럼 아시아는 과학 기술주의를 국가 이데올로기로 강화하고 봉건적인 것은 더 정치권력화하고 있다. 아시아는

---

27 이순희 옮김,《러셀, 북경에 가다》(천지인, 2009)가 있다.

러셀의 절망을 어떻게 극복할 것인가?

러셀은 듀이의 인간중심적 도구주의를 긍정적으로 받아들이지 않는다. 그가 보기에 듀이는 "천문학의 우주가 있다는 것은 인정은 하지만, 대부분 언제나 관심을 보이지 않는다. 그의 철학은 일종의 권력 철학이다."[28] 듀이는 과학의 실험적 태도에서 유추된 실험주의(도구주의)를 공동체의 민주적 개혁 방법으로 확장한다. 듀이의 입장에서 미국식 실용주의의 전형을 본 러셀은 듀이가 자연에 대해 인간의 집단적 힘의 행사를 진보적인 것으로 간주한다고 본다. 듀이의 입장은 우주에 대해 신과 같은 오만을 드러내는 것이다. 러셀은 결론 내린다.

> 나는 이 모든 점에 커다란 위험—우주적인 불경건cosmic impiety이라고 할 수 있는—을 느낀다. 인간의 지배력 밖에 있는 것에 의존하는 진리 개념은 철학이 지금까지 겸손이라는 필수적 요소로 가르쳐 왔던 길 중 하나였다. 자부심에 대한 이 제약이 제거되면 일종의 광란의 길로 가게 된다. 피히테와 함께 철학에 침투한 권력에 대한 도취, 그리고 이것에 철학자든 아니든 현대인은 도취하는 경향이 있다. 이 권력에 대한 도취는 오늘날 우리 시대의 가장 큰 위험임을 나는 알고 있다. 그리고 의도적인 것은 아닐 지라도, 이 도취에 이바지하고 있는 철학은 거대한 사회적인 참극social disaster을 증대시키는 것이다.[29]

러셀은 보편적 사랑의 감정과 실천적 정의, 그리고 무한한 우주와의 일치가 지고의 선으로 가는 길이라는 관점에서 듀이를 평가한다. 이 우주와의 일치라는 최고 가치가 바로 쇼펜하우어가 언어로 말할

---

28 Bertrand Russell, 앞의 책, p. 827~828. / 최민홍 옮김, 1038~1039쪽.
29 위와 같음.

980 의지와 소통으로서의 세계

수 없는 세계 극복의 지혜이자 진정한 윤리와 행복의 원천이라고 했던 것이다. 비트겐슈타인도 그것을 과학의 논리를 넘어 언어의 감옥을 탈출한 침묵의 지혜로 보았다. 이런 의미에서 러셀은 스피노자의 자연과의 일치를 높이 평가한다. 마찬가지로 그는 《신비주의와 논리*Mysticism and Logic*》(1918)에서 《장자莊子》의 글을 인용하며 그것을 진화론적 진보사관을 비롯한 모든 인간중심주의를 극복하는 대안으로 제시한다. 지적 권력이 주는 영광을 상징하는 제사장[祝宗人]과 그의 노예인 희생제물이 되기 위해 기름진 음식을 먹고 화려한 치장을 하고 있는 돼지[彘, 체]와의 대화에서 제사장은 돼지의 행복 여부를 묻는다. 돼지에게는 당연히 자신의 우리에서 본성에 맞는 음식을 먹고 사는 것이 행복일 것이다. 그러나 "인간은 돼지의 행복을 생각할 때는 제물이 되지 않는 쪽을 선택할 것이다. 하지만 자신의 행복을 생각할 때는 인간은 기꺼이 화려한 희생 제물이 되는 것을 선택한다. 돼지와 다른 점이 무엇인가?爲彘謀則, 去之, 自爲謀則, 取之, 所異彘者, 何也."[30] 러셀이 보기에 권력을 위해 자신을 희생하는 군중, 이를 조장하는 인본주의 형이상학은 모두 원시시대 '군집 본능의 산물a product of gregarious instinct'이다.[31] 지식과 권력의 융합에서 전통적인 윤리적 형이상학이 나왔다는 러셀의 관점은 권력을 위해 피나게 싸우는 인간의 모습을 인류 절멸의 위기를 부르는 주요 원인으로 진단하는 데까지 나아간다. 19세기 국민 국가의 발전의 결과는 거대한 참극을 가져왔으며, 이 흐름은 계속된다.

이런 의미에서 앞서 언급한 툴민의 연구는 주목할 만한 가치가 있다. 그는 17세기 합리주의적 주지주의의 흥기가 르네상스의 비체계적 산만성을 극복하는 진보적 사건이 아니라 시대의 불안정성과 황폐함

---

30 박일봉 옮김, 《莊子》(외편), 〈달생(達生)〉, 육문사, 1992, 391~393쪽.
31 Bertrand Russell, *Mysticism and Logic*, George Allen & Unwin LTd, 1963, pp. 81~82.

에 대한 경직된 저항이라고 본다. 그는 피론Pyrrhon, B.C. 360~270의 관용을 위한 실천적 회의주의를 따르는 몽테뉴Michel De Montainge, 1533~1592를 데카르트의 확실성을 위한 방법적 회의와 대비시킨다. 그에 의하면 "17세기 철학자들이 추상적이고 초시간적인 체계를 구성하기 위해서 확실성의 추구를 제안했다고 말할 수는 없다. 또한 그들의 철학 체계는 상황으로부터 벗어나 순수하게 지적으로 연구되어야 할 대상으로 제안된 것도 아니었다. 오히려 확실성의 추구는 30년 전쟁의 와중에서 노출된 정치적, 사회적, 이론적 혼란에 대처하기 위한 응전이었다." 몽테뉴의 인문주의가 철학사에서 사라진 것은 인간의 지적 정치적 야망에 제한을 가한 몽테뉴의 '사려 깊음reasonableness'을 배타적으로 제외하는 지적 습관의 형성과 연관이 있다. 독단적 확실성을 중용의 덕으로 극복하려는 인문주의적 정신을 어중간한 것으로 배제하는 합리성rationality이 수학적 모델에 따라 확고한 토대를 정초하려는 과학주의적 운동을 열었다는 것이다. 이러한 사정의 배경에는 17세기의 전쟁, 종교적 관용을 찾는 앙리 4세의 암살 등과 같은 일련의 정치사회적 불안정이 작용했다. "근대에 대한 기존의 견해는 관용이며 인류의 복지며 다양성에 대한 관심을 17세기 철학자들의 덕분으로 돌리려고 무진 애를 써왔지만 헛수고로 끝나고 말았다. 이러한 관심은 다름 아닌 16세기 인문주의자들의 미덕이었기 때문이다. 데카르트를 비롯한 합리주의 철학자들은 회의론 철학과 뒤섞인 16세기의 이와 같은 자세를 적어도 공개적으로는 거부하고 혐오하지 않을 수 없었다."[32] 데카르트의 회의가 '부정적 독단론'의 형태를 띤 것에 반해, 몽테뉴의 회의론은 '관용적 회의론'이었다.

---

32 Stephen Toulmin, 이종흡 옮김, 앞의 책, 119, 136쪽.

피론은 알렉산더의 원정을 따라 인도에 유학하여 독단적 형이상학들[戱論, 말장난]을 회의하고 집착을 해소함으로써 마음의 고요[희론의 적멸寂滅: ataraxia]에 도달한다는 불교의 회의주의적 비판에 크게 감동된 헬레니즘 철학자였다. 몽테뉴는 양극단의 대립이 마음의 평화와 관용의 윤리를 파괴한다고 보고, 다양한 풍속과 경험을 중시하고 인간의 유한성과 함께 타인을 인정認定하는 너그러운 중용의 덕을 실천하고자 몸소 노력했다. 이 관점에서 그는 법학과 연계된 논리학을 경험에 대한 무지를 감추는 독단적 기술이라고 비난했다. 그는 지식이 인격의 불평등을 생산하는 도구가 되는 이치를 보았다. 그의《수상록》에서 가장 철학적인 것으로 알려진, 〈레이몽 스봉의 변호〉(2권, 12장)와 〈경험〉(3권, 13장)은 권위주의적 학자들의 태도와 논리를 거부하고, 비학술적 영역의 인물들을 포함하여 인생사의 다양한 경험들을 존중하는 인정의 윤리를 설파한다. 그의 지적 제안들은 독단을 와해시키고, 근심에 찬 독자들의 마음을 평안하게 만드는 치유의 철학이다.

그의 표어 '나는 무엇을 아는가?Que sais je?'는 오만과 권력의 포로인 학술을 진흥하는 물음이 아니라, 학술에 대한 회의를 통해 생명체의 우주적 유대를 회복하고, 불평등을 정당화하는 관념을 떠나 평등한 모랄을 갖게 하는 반성의 기호다. 그것은 마음의 평정을 실현하는 실천적 지혜[無知]를 얻기 위한 예비적 물음이다. 그는 데카르트와는 정반대의 방식으로 다른 생명체에 대한 인간의 우월감을 다음과 같이 비판한다.

저 하늘의 궁륭穹窿의 경탄스런 회전의 운행과 그의 머리 위를 저렇게도 품위 높게 굴러가는 저 횃불들의 영원한 광명, 저 무한대한 큰 바다의 경탄할 만한 움직임들이 인간의 편익을 위해서 그에게 봉사하려고 세워져서, 그렇게 오랜 세월을 계속하고 있는 것이라고 누가 그를 설복한 것인가? 자기 자신도 극복하지 못하며, 모든 사물에게 침해당하고 있는 이 가련한 허약한 피조물이, 자기가 이 우주의 주인이며 제왕이라고 자칭하다니, 이런 꼴사나운 일을 도대체 상상할 수 있겠는가? 그에게는 이 우주를 지배하기는커녕 그 극미한 일부분을 이해할 능력도 없지 않은가? 이 거대한 건물(우주) 속에서 홀로 그 미와 그 부분들을 알아볼 능력을 가졌으며, 홀로 그것을 건축가(신)에게 감사하고 이 세상의 수입과 지출을 계산할 수 있다고 자처하는 특권, 이 특허장에 누가 그를 위해 도장을 찍어 주었단 말인가?[33]

무한한 우주는 인간의 목적을 위해 존재하는 것이 아니다. 그런 데도 인간의 자만심은 동물과의 소통 불가능성을 동물의 탓으로 돌리고 자신의 무지는 모르게 한다. 하지만 "우리는 우리와 짐승들 사이의 동등성을 주목해야만 한다."[34] 이러한 입장에서 몽테뉴는 독단적 지식을 판단 중지epoche하고 회의하는 "피론주의만큼 진실답고 유익한 것은 없다"고 한다.[35] 피론은 배를 타고 가다 폭풍우를 만났는데, 사람들의 동요에 비해 돼지는 안심하고 있는 것을 보고, 마음의 평정을 보여 주기 위해서는 결국 그 돼지를 모방하는 일밖에는 보여 준 것이 없었다. 진정한 덕은 무지이며, 무지에 대한 지식도 없는 것이다. 독단적이고 삶을 해치는 것에 대해서는 아예 모르는 것이 덕이다. 여기에서 몽테뉴는 생의 건강성을 보고, 위선적 자만에 근거한 '확신의 유예'를 권고한다. 그는 확신이 주는 지적 동요가 병을 유발하는 것은 짐승들의 동요가 병

---

33 Michel de Montaigne, 손우성 옮김, 《수상록》 2권, 12장 〈레이몽 스몽의 변호〉, 학원출판사, 1989, 147쪽.
34 위의 책, 151쪽.
35 위의 책, 214쪽.

을 야기하는 데서도 관찰할 수 있다고 했다.

나아가 몽테뉴는 인간의 능력들과 동식물의 능력은 동일하여 차이가 없다고 보았다. 당시 그에게 알려진 관찰 사례는 놀라울 만큼 많았다. 이것은 경험적 관찰을 중시하는 르네상스 인문주의자들의 태도의 일면을 보여 주는 것이다. 한 예로 트라키아 주민들은 얼음이 언 시냇물을 건널 때 여우를 앞세우는데, 이는 여우가 물의 소리를 듣고 얼음의 두께를 측정하는 능력이 있기 때문이라 한다. 여기서 여우의 사고력과 추리력을 알 수 있다는 것이다. 동물들의 다양한 의사소통 방식은 그들의 언어다. 많은 동물들이 스스로의 병을 치유하는 음식을 먹고, 코끼리는 종교 의식을 거행하며, 어느 황소는 100까지의 수를 인지한다고 한다. 데모크리토스는 인간 기술의 대부분은 짐승들에서 배웠다고 보았으며, 아리스토텔레스는 꾀꼬리는 새끼에게 노래를 가르치며, 부모에게 배우지 못한 새끼는 우아한 소리를 내지 못한다고 보았다. 몽테뉴는 많은 페이지를 할애해서 이러한 사실들을 기록하는데, 인간이 동물에 대해서 자신의 장점이라고 우기는 것은 인간들 상호 간의 관계, 즉 노예 관계를 반영하는 것이라고 판단한다. 노예를 대하는 것과 동물을 대하는 것이 같다는 것을 볼 때, 짐승보다 나은 조건은 우리에게 붙이고, 그들의 원래의 자질은 끊어내 버리는 인간의 습성은 이성적 판단이 아니라는 것이다. 오히려 인류애의 모델은 동물에게 있다.[36] 인도의 윤회설에서 생명계 공통의 유대감을 본 쇼펜하우어가 예지계의 차원에서 동물과 인간의 평등성을 주장하는 것은 이러한 전통을 계승하는 것이다. 합리주의의 독단은 자신의 무지로 상위의 스승이 되려는 것이다.

---

36 위의 책, 153~188쪽.

몽테뉴는 특권층과 평민의 차별 및 이에 의거한 위선적 억압을 반대하면서, 비합리와 합리를 분리하는 철학을 다음과 같이 조롱한다. "나는 철학 사상들 중에서 가장 견실한 것, 다시 말하면 가장 우리들의 것인 인간적인 것을 기꺼이 받아들인다. 내가 생각하는 바는 내 행습에 맞게 비천하고 하찮은 것이다. 철학자가 우리에게 신성한 것을 속세적인 것에, 합리적인 것을 비합리적인 것에, 엄격한 것을 관대한 것에 정직을 부정의에 결합시키는 것을 야만적인 결부라고 하면서, 탐락은 현자가 맛볼 가치가 없는 짐승들의 소질이고 그가 젊고 예쁜 아내에게서 얻는 하나의 쾌락은 말을 탈 때 구두를 신는 식으로 올바른 일을 행하는 양심적 쾌락이라고 위세를 피우며 설교하는 것은 참으로 유치한 수작이다."[37]

툴민은 카벨이 계승하는 비트겐슈타인의 진정한 실천적 전통에 따라 인간의 실존적 심정을 긍정적으로 이해하고 인정하며 치유하려는 새로운 철학은 이미 몽테뉴의 시대에 형성되어 오늘에 이르고 있다고 힘주어 주장한다. 과학주의적 전통은 "합리적 방법, 통합과학, 정확한 언어라는 합리주의자들의 세 가지 꿈"을 17세기부터 20세기 후반까지 주장해 왔다. 그러나 20세기 후반의 "실천적 토론은 (……) 오늘날 당면한 문제에 적극적으로 참여함으로써 실천과 이론을 격리시켜 온 300년의 장벽을 무너뜨리고 있다. 새롭고도 더욱 생산적인 방향에서 우리는 철학의 진정한 핵심에 접근하고 있다."[38] 실천적 문제를 철학의 아류

---

37 Michel de Montaigne, 손우성 옮김,《수상록》3권, 13장 〈경험〉, 402쪽.
38 Stephen Toulmin, 앞의 책, 309 쪽. / 툴민에 의하면 키시엘Theodore Kisiel은 논리 경험주의에 대한 도전의 역사를 툴민 자신의《과학 철학The Philosophy of Science》(1953)에까지 기원을 소급하며, 이 운동에서 가장 큰 영향을 발휘한 것은 쿤(Thomas Kuhn)의《과학혁명의 구조The Structure of Scientific Revolution》(1962)라는 데에는 의문의 여지가 없다고 한다. 그리고 그는 통합과학에 대한 이데올로기적 관심이 없는 쿤의 책이《통합과학 백과사전》에 수록된 것은 하나의 아이러니라고 언급한다 (스티븐 툴민, 이종흡 옮김,《코스모폴리스-근대의 숨은 이야깃거리들》, 142쪽).

로 보는 구식 견해는 사라지고, 그것이 철학의 본질 속에 들어오게 되었다는 것이다.

이제 철학은 사실과 가치를 분리한 주지주의 흐름으로부터 다시 원점으로 돌아가 과학과 철학의 본성을 재사유한다. 철학을 과학 안으로 흡수해 과학의 전망에 인생의 의미를 걸 수는 없게 되었다. 과학의 의의를 인정하더라도 윤리적 실천과 인간의 우주에서의 위치와 방향에 대한 물음을 회피할 수 없게 되었으며, 역설적이게도 천체 물리학은 양자역학과 상대성 원리를 더욱 확장하여 인간의 삶의 의미 문제에 도전하고 있다. 과학이 기술 유토피아로 인류를 현혹한다면, 이제 철학은 그것의 정치사회적 의미를 묻고, 윤리적 지평에서 그리고 우주적 시야에서 과학과 가치의 문제를 제기해야 하는 의무를 회피할 수 없다. 과학 밖에 있는 철학은 과학과의 상보적 연관을 거부할 수는 없다. 그러나 과학주의의 유혹이 시대를 넘어 존속한다 할지라도, 과학은 인간의 삶을 반성하는 모럴리스트가 말하는 가치의 절박성을 수용해야 할 것이다.

17세기 서양 과학이 르네상스 시기의 무한우주론의 연속선상에서 발전해 나왔다는 과학사적 진실을 외면할 수 없을 것이다. 형이상학을 비합리적 시詩로 보는 카르납 이래의 논리 경험주의적 전통은 무조건 형이상학을 거부하는 편협한 파당성을 낳았으며, 이는 무한우주론적 형이상학과 과학의 연관성이 갖는 지성사적 의미를 은폐했다. 포퍼는 반형이상학적 과학주의자들을 당황하게 했지만, 파르메니데스를 에너지 불변의 법칙과 같은 동일성의 형이상학(유물론)으로 해석하고, 그것을 과학의 형이상학적 근거로 보았다. 카시러Ernst Cassirer, 1874~1945의 연구가 보여 주듯, 우주를 무한자로 봄으로써 중세적 위계질서를 물질이나 갖는 폐쇄적 우주관을 벗어난 쿠자누스Nicolaus Cusanus, 1401~1464의 무한우주론은 모든 측면을 평등하게 보는 우주적 시야를 열었다. 부르노 Giordano Bruno의 무한우주론 역시 초월적 인격신을 위한 전통적인 폐쇄적 파당성을 위협하는 개방적 세계상을 열었다. 쇼펜하우어가 이들의 무한우주론과 함께 그들을 존경한 것, 그리고 이를 아시아의 철학과 공통된 영혼을 소유한 것으로 본 것도 그 때문이었다.

또한 쿠아레Alexandre Koyré, 1892~1964에 의하면 17세기 대부분의 과학자들은 무한우주론과 어떤 방식으로건 연관되어 있었다. 그는 이것이 '이론과 실천의 문제'에서 중세의 "명상적 삶vita contemplativa을 능동적 삶vita activa으로" 바꾸어 놓았지만, 이 이상의 의미를 갖는다고 지적한다. 능동적 삶은 "지배와 정복을 목표로 한다"는 것 이외에도, 기존 '우주의 파괴destruction'라는 우주 상실을 의미한다는 것이다. 이는 '존재의 탈가치화'이자 '사실과 (전통적) 가치의 괴리'를 의미한다. 기존의 안정된 위계를 가진 세계의 해체는 위기와 회의를 낳았으며, 새로운 세계상을 찾아야 하는 지평을 열어 놓았다. 과학혁명은 '영혼의 혁명'을 배경으로 한 것이기에, "철학 혁명과 분리될 수 없었다."[39] 무한우주론은 과학과 철학에 깊은 영향을 주었다. 헤겔의 사변 형이상학은 무한 우주에 대한 사유를 개념적 파악을 통해 논리화한다. 그러나 무한의 관점에서 우주를 보는 철학은 윤리적 실천이나 과학적 탐구에 영감과 추동력을 줄 수 있다. 쇼펜하우어의 생명원리, 스피노자와 괴테의 생명 우주론, 라이프니츠와 윌리엄 제임스, 그리고 불교의 심층 심리학은 과학자들과 예술가들의 영감의 원천이 될 수 있다. 헤겔도 자생적 조직론을 말하는 프리고진Ilya Prigogine, 1917~2003의 생물학에 일정한 영감을 준 것으로 알려져 있다. 이런 의미에서 무한우주론은 거시 우주와 미

---

39 Alexandre Koyré, *From the Closed World to the Infinite Universe*, The Johns Hopkins University Press, 1968, pp. 1~4.

시 세계를 통일적으로 보는 현대 물리학과 연계하여 재음미할 만한 가치가 있을 것이다. 또한 이런 맥락에서 조선 후기의 무한우주론이 과학 및 윤리적 실천과 어떤 연관이 있으며, 오늘날에는 어떤 의의가 있는지를 알아보는 것은 생의 의미를 정립하는 데에도 뜻깊은 일이 될 것이다.

쇼펜하우어에 의하면 생명원리는 예술가의 유희처럼 삼라만상으로 자신을 발현發顯한다. 생명은 우주 안에서 간격이 없는 연속적 소통성[該貫]으로 작용하며 살고 있다. 모든 형태들은 현상에서는 갈등하지만, 본질에서는 서로 간에 조화를 이루는 가운데 공존하며, 우연발생을 통해 창조적 새로움을 생산한다. 궁극적으로 생명원리는 근원적 '무'에서 솟아나와 창조적 형상화 운동을 우연의 유희로 펼친다. 이 세계는 무욕과 영원의 관점에서 열려진 무한 속에서 전개되는 것으로 보여진다. 쇼펜하우어는 이러한 세계상으로 전통 신학존재론을 대체하려 했다. 그가 자신의 주저 특히《의지와 표상으로서의 세계》II에서 이론적으로 구성한 사변적 우주관은 그 자체가 확고한 지식이 아니라 신비가들이 경험한 세계를 묘사한 것이자 바로 그 세계에 진입하여 생의 궁극적 의미를 경험하게 하기 위한 예비적 이론이다. 신비가들에게 형이상학적 이론은 단지 하나의 사다리이기 때문에 올라가서 버리는 것이지 그것을 짊어지고 가는 것은 아니다. 과학의 본성과 한계를 보여주는 지식론이 첫 번째 사다리고, '하나이자 모든 것'이라는 구조를 보여 주는 형이상학은 두 번째 사다리다. 형이상학은 우주적 생명성에 일치하기 위한 방편이다.

화엄 철학의 우주관은 여래의 마음을 허공과 같은 무한자[理]로 상정한다. 삼라만상은 그 안에서 일어나고 사라지는 사건들의 총체[事]이며, '이'와 '사'의 무애적無碍的 관계의 세계가 법계法界다. 그것은 궁극적 대각大覺이라는 세계 지혜를 묘사한 것이다. 법계론은 추상적 체계로 되어 있고, 현대 과학에서 말하는 사물관과 유사할 수 있더라도, 그것은 붓다의 경험 세계를 기술한 것일 뿐이며, 수행자에게는 깨달음의 지혜를 가리키는 잠정적 지침일 뿐이다. 이 지혜가 바로 우주적 평등성의 원천이자 만유의 초경계적 소통성의 세계다. 만물은 모두 여래 마음[如來性]을 생명으로 하여 자라난 생명체들이다. 이러한 우주관은 주돈이와 정자程子를 통해 주희朱熹에게 전해져 송명이학과 조선 이학의 우주론적 영감의 원천이 되었다. 주희가 해석한《태극도설太極圖說》에서 무한자이자 궁극의 실재인 '이理'는 각각의 개체들에 전체적으로 내재한다. 개체들은 전체와 소통한다. 현상적으로는 기질氣質의 다양한 응결 방식에 따라 간격이 있어 보이지만, 우주는 하나의 간격 없는 청명한 '소통 체계[血脈貫通]'를 이루게 된다. 이러한 우주적 소통성을 주희와 그 이후의 이학자들은 인仁의 보편적 확산으로 해석했다. 평등한 소통성과 우주적 연대성이 없는 세계는 병든 불구의 세계다. 그리고 이에 공감하는 쇼펜하우어는 현행 우주의 절멸 가능성을 예감하면서도 '하나이자 모든 것'으로 상징되는 우주관을 생의 의미 세계로 제시했다.

그와 같은 소통 체계로서의 무한우주론이 홍대용, 박지원을 비롯한 조선 후기 철학에 새로운 세계상의 정립에 새로운 방식으로 작용한 것을 우리는 확인할 수 있다. 그것은 과학의 탐구뿐만 아니라 평등과 우애의 윤리관 정립에 창조적으로 작용했다. 그리고 간격과 사이를 넘어 평등하게 소통하려는 그들의 소망은 당시의 시대적 상황의 변화뿐만 아니라 지적 관심의 변화에 추동되어 나타난 것이었다.

2. 과학과 우주적 평등성[該貫]

쇼펜하우어의 시계視界가 전 지구적이고 무한 우주로 열리게 된 것은 자본주의 국제적 팽창과 근대 과학의 자극, 신비주의 철학에 대한 관심, 19세기 유럽에서의 동양 문예부흥 등을 배경으로 가능했다. 이러한 배경에서 그는 과학주의와 전통 형이상학을 지양하고, '하나이자 모든 것'이라는 구조를 갖는 범심주의적 형태의 형이상학을 구성해 갔다. 그는 이 형이상학을 에리우게나Johannes Scotus Eriugena, 810~877, 브루노, 스피노자와 일치하며, 브라마니즘Brahmanism과 불교를 포함한 아시아 철학 및 기독교 정신과도 부합하는 것으로 간주한다.[1] 그것은 육식의 입장에서 채식 문화를 경멸하고, 동양의 무無에 대한 두려움을 갖는 니체의 편협성을 능가하는 것이었다. 앞서 논의한 바와 같이 쇼펜하우어의 주제들은 그 자신도 그렇게 간주했듯, 아시아의 베단타 철학 뿐만 아니라 도론道論과도 공통된 관점을 갖고 있었다. 그는 아시아를 폄훼하는 루터교적 편견을 드러내는 헤겔을 노골적으로 비판하고 자신이 선호하는 아시아 철학을 드러내 놓고 옹호했다.

---

1   Arthur Schopenhauer, *Die Welt als Wille und Vorstellung* Ⅱ, S. W. Band Ⅱ, Suhrkamp, 1986, s. 824~825.

대담한 솔직함을 보여 주는 이러한 수용 방식은 카프카Franz Kafka, 1883~1924의 내밀한 방식과는 다르다. 카프카도 중국 문예와 사상을 적극 이해하고자 노력했으며, 도가 철학은 그의 성품에 부합할 뿐만 아니라 세계관의 핵심을 구성하는 것이었다. 그의《편지》와《일기》및 지기知己인 야누흐Gustav Janouch의《카프카와의 대화》에 따르면, 카프카는 노장 철학을 자신의 정신적 고향이자 심원한 사상으로 존중한다. 그러나 그의 작품에서는 작가의 기법 때문일 수도 있지만 드러냈다가는 숨기는 방식으로 자신의 '도'를 표현한다. 그의 창작 기술은 그 자신도 의식하고 있었듯 거의 본능적으로 노자적老子的이다. 언어적 표출의 세계[有名]는 생활상에서 감지되는 깊은 '허무', 즉, 언어가 없는 차원[無名]에 대한 경험에서 나온다. 그는 허무를 두려워하지 않고 즐기는 편에 속한다. 그의 세계에 대한 관찰 태도는 장자莊子처럼 권력 세계의 기준으로 보는 것[以物觀之]이 아니라 비판적이면서도 유머스러운 긍정의 태도를 함축한 무한의 관점에서 보는 것[以道觀之]이다. 그는《장자莊子》〈지북유知北遊〉의 〈염구冉求와 중니仲尼의 대화〉를 인용하여 도의 경지가 '고금과 시종이 없는無古無今, 無始無終', 따라서 생성과 소멸을 일체로 보는 것이라고 이해한다. 그는 이 관점이 무궁으로 이어지는 사물 세계에 대한 무궁한 사랑[仁]을 포함한다는 것에 주의를 기울인다. 카프카는 다음의 문장을 인용한다. "삶이 죽음에 생명을 주지도 않고, 죽음이 삶에 죽음을 주는 것도 아니다. 삶과 죽음이 서로 의탁하는 것이 있겠는가? 모두가 근원적으로 하나인 것이다不以生生死, 不以死死生, 死生有待邪, 皆有所一體." 그에 의하면 죽음에 의해 삶이 손상되지 않는 세계가 "모든 종교와 삶의 지혜의 근본 문제"다. 이 '도'가 그에게는 "자기 자신을 해명하는" 본질적인 것이고, 이 본질적인 것은 "외관을 부수어야" 알 수 있는 것이다. '도'는 수영하는 사람이 "흔들리는 발판에서 뛰어 내려 심연에 들어가서 다시 표면으로 나오는" 데서 인식된다.[2] 염구와 중니의 대화의 결말을 보면, 심연에서 표면으로 나오는 것은 사랑의 능력[仁]이다. "사물의 생성은 그침이 없기에 성인이 타인을 사랑하는 것도 끝까지 그침이 없는 것이며, 이 무궁한 사랑은 시간적 순서를 지닌 물物의 세계를 일체로 보는 도의 경지에서 취한 것이다聖人之愛人也, 終無已也, 亦乃取於是者也."[3]

상대적인 것을 일체로 보는 평등한 세계에 대한 관심은 18세기 조선 후기의 지식인들 가운데 실학으로 분류되는 일단의 인물들에게도 관심을 끄는 것이었다. 이들은 중국에 유입된 서구 과학과 종교라는 이질적 문화에 직면하여, 그들과 자신들 사이의 틈際을 진지하게 고려해야 했다. 그들은 이 새로운 경험을 통해 질곡과 장애를 주는 기존의 협애한 세계상을 극복할 수 있는 새로운 세계관을 형성해 나갔다. 그것은 17세기 경부터 나타난 새로운 사회역사적 조건과 이에서 오는 심적 갈등에 대응하는 노력의 일환이었다. 중국을 매개로 한 것이지만, 서구 문명이라는 이질적인 것에 대한 경험은 그들의 시계視界를 확장하지 않을 수 없게 했으며, 기존의 사회적 관계 방식에 대한 회의를 가져왔다. 이러한 회의는 신분제의 폐쇄성과 비생산성, 중국을 중심으로 했던 불균등 국제 관계와 학술의 비자주성, 서구 천문학의 정밀한 계산의 효용성, 우주의 경계 없는 무한성에 대한 자각을 특징으로 갖는다. 그리고 비로소 그들은 자신들이 교양으로 학습했던 세계관들(노장사상, 불교, 좌파 양명학, 宋의 事功學, 淸의 實學)이 주자학에 갇혀 있었으나 그 전달하는 메시지가 의미심장했던 것임을 깨닫게 된다. 무無와 공

---

2 Gustav Janouch, 편영수 옮김, 《카프카와의 대화Gespräche mit Kafka》(1951), 지식을만드는지식, 2013, 314~322쪽. ; 편영수, 〈카프카의 중국읽기〉, 카프카연구 28, 한국카프카학회, 2012.12, 73~91쪽. ; Franz Kafka, 변난수, 권세훈 옮김, 《카프카의 편지》, 솔, 2002, 760쪽.
3 《莊子》, 〈知北遊〉, 12. 〈道經精華〉上, 張清華, 張換斌 編, 時代文藝出版社, 1995, 449쪽.

쏲을 은밀히 말하고, 서인과 성인의 평등성과 행동을 강조하는 세계상은 새로운 기회 원인이 주어지자 자신의 모습을 새로운 정황에서 발현시킬 수 있게 되었다. 이에 따라 주희 철학 내부에 있는 개방적 요소들에 대한 관심이 일어날 수 있었다. 일부 평민과 지식인들은 세계 고통을 새로운 관점에서 극복하게 하는《신약 성서》의 교훈을 선택하기도 했다. 아시아에서의 과학론은 처음에 리치Matteo Ricci, 利瑪竇, 1552~1610를 비롯한 선교사들과 중국 선비들의 만남에서 시작되었다. 명明의 과학 사상가인 서광계徐光啓, 1562~1633는 리치와 함께 유클리드Euclid, 歐幾里得, B.C. 330~275의《기하학 원리Stoikheia》를《기하원본幾何原本》이라는 제목으로 번역하고, 자신의 과학 사상을 보여 주는 두 편의 글을 썼다. 하나는 발행 서문에 해당하는《각기하원본서刻幾何原本序》이고, 또 하나는 기하학의 본성과 효용에 대한 논서인《기하원본잡의幾何原本雜議》다. 서광계가 사물의 양이 얼마인가poson라는 '기하幾何'를 기하학에 대한 명칭으로 처음 썼으며, 그 후 그 용어는 아시아에서 공식 명칭으로 자리 잡았다. 그에 의하면 서양의 학술은 세 종으로 구성된다. 1) "큰 것은 자기수양을 통해 하늘을 섬기는 것修身事天," 즉 신학이다. 2) "작은 것은 격물궁리格物窮理," 즉 과학이다. 3) "사물의 이치 가운데 한 측면은 따로 상수象數, 즉 수학이라 한다. 하나하나 모든 원리를 정밀하게 하고, 분명하여 의심할 수 없게 하며, 그 세밀한 분석 역시 사람들로 하여금 의심할 수 없게 한다惟先生之學, 略有三種. 大者修身事天, 小者格物窮理. 物理之一端, 別爲象數, 一一皆精實典要, 洞無可疑°其分解擘析, 亦能使人無疑." 수학은 실용성보다 더 큰 '대용大用'이 있는데, 그것은 바로 '정밀성과 확실성細而確'이다. "기하학은 나타난 것으로부터 미세한 것으로 들어가고, 의심으로부터 따라 들어가 확신을 얻으며, 무용한 것 같지만 유용하여, 모든 유용성의 기초가 되므로, 진실로 만상의 근본틀이자 모든 학술의 원천이라 할 수 있다由顯入微, 從疑得信. 蓋不用爲用, 衆用所基, 真可謂萬象之形囿, 百家之學海."[4] 서양에서 유클리드 기하학은 19세기 말까지도 논리의 원형으로 간주되어, 아리스토텔레스의 논리학과 함께 학문의 기초로 자리 잡았다. 동서가 분명하게 갈라지는 지적 특징은 신학뿐만 아니라 수학적 논리에서 더 분명해졌다.

서광계에 의하면 당시 수학을 대표하는 "기하학이란 측정의 근본 원리로, 사각형, 원, 평면, 직선 등 도형의 본성을 탐구하고, 컴퍼스, 자, 수준기, 줄자와 같은 측정 도구를 온전히 적용하는 것이다幾何原本者, 度數之宗, 所以窮方圓平直之情, 盡規矩準繩之用也. '측정의 근본 원리度數之宗'라는 말에 이미 과학의 본성이 척도를 만들어 측정하는 데 있다는 관념이 내포되어 있다.《기하원본》은 유럽의 대학에서 주로 가르치는 부분(1~6권)만을 번역하고, 나머지 9권은 1857년 이선란李善蘭, 1810~1882과 영국 선교사 와일리Alexander Wylie, 1815~1887에 의해《속기하원본續幾何原本》으로 번역된다.

전통적으로 동아시아에서는 문물 제도에는 각 명칭에 부합하는 차별적 성질들 가운데 양적 규정[度數]이 있다는 생각 아래 명물도수名物度數라는 말을 사용해 왔다. 제도의 대명사인 예禮에는 도수가 있다는 것이다. 문화뿐만 아니라 자연 현상이 보여 주는 다채로운 현상의 질서 있는 전개를 형통[亨]한 예禮로 인식하는《주역》의 관념에 따르면, 자연 현상에도 다양한 도수가 나타나 있다. 이 도수를 말하는 것을 상수학象數學이나 수학으로 불러 왔다. 또한 기존의 천문학과 역법, 산술, 의학 등의 도수는 실용 과학의 범위를 벗어나지 못했으며, 전통적으로 사회를 경영하기 위해서는 여섯 가지로 알려진 기예[六藝]가 필요한데,

---

4   徐光啓,〈刻幾何原本序〉,《徐光啓集》, 上册, 王重民 輯校, 上海古籍出版社, 1984, 75쪽.

이 가운데 산술[數]이 다스리는 자의 기술로 요구되어 왔다. 도수는 실용 수학의 다른 이름이다. 그러나 군사학과 농학, 기계학에 대해 능력을 발휘한 서광계가 제시하는 것은 실용과학만이 아니었다.《기하원본》의 정신에 따라 그가 제시한 원리적 사고와 논리는 아시아 사상사에서는 혁명적인 것이었으며, 경악과 두려움을 유발할 수는 있었지만 일반화 될 수는 없었다.

서광계는 이론 수학의 중요성을 인식했지만. 실학적 애국심에 따라 실용 과학과 기술에 주의를 더 기울였다. 심지어 그는 정유재란 시에 조선에 선교사로 가서 대국의 힘을 빌어 조선을 '감호監護, 국정을 감독하고 보호'하겠다는 외교술을 고안하여 상소했으나 성사되지는 못했다.

그러나 그가 당시 유럽의 두 가지 수학(이론 수학과 실용수학)에서 수학의 추상적 과학성을 강조할 수 있었다는 것은 현대 과학론의 관점에서 중요한 의미를 갖는다. 그는 실용 수학인 '도수'가 아니라, '수학의 근원적 원리[度數之宗]'를 문제 삼고 있다.[5] 도수는 원리적 사고에 의해 그 기초가 밝혀져야 한다는 것이다. 사고의 명료성[明]과 엄밀성[心思縝密] 및 분석 능력[心思細密]은 원리적 사고에서 온다.《기하원본잡의》에 의하면 기하학의 논리는 세 가지 본성을 갖는다. 서광계는 그것을 '삼지삼능三至三能'으로 표현한다. 기하학은 "지극히 애매한 것 같지만 지극히 명료하다. 그러므로 그 명료성으로 다른 지극히 애매한 것을 명료하게 할 수 있다. 그것은 지극히 복잡한 것 같지만, 지극히 단순하다. 그러므로 그 단순성으로 다른 복잡성을 단순하게 할 수 있다. 지극히 어려운 것 같지만, 지극히 쉽다. 그러므로 그 쉬움으로 지극한 어려움을 쉽게 할 수가 있다. 쉬움은 단순성에서 나오고, 단순성은 명료

---

5 위와 같음.

성에서 나온다. 기하학의 탁월성을 종합하면 그 명료성에 있다似至晦实
至明, 故能以其明明他物之至晦. 似至繁实至简, 故能以其简简他物之至繁. 似至难实至易,
故能以其易易他物之至难. 易生于简, 简生于明, 综其妙在明而已."[6]

　주지하듯 유클리드《기하원리幾何原理》는 제1원리에 해당하는 정의
definition, 공준postulates, 공리axioms, 즉 공리계公理系를 전제로 연역적으
로 추론해 가는 논증체계이다. 연역적 추론은 자기 설명성을 가진 자
명한 원리들로부터 사고의 규칙(동일률, 모순율, 배중률)에 따라 엄밀성
을 가지고 미지의 영역으로 추론해 나아간다. 이렇게 해서 도달한 명
제들은 논리적 확실성을 갖고 논증된 것으로 여겨진다. 이 추론의 과
정은 여러 논리적 계산법에 의해 이루어진다. 논리적 계산법에는 귀류
법reductio ad absurdum, 가언 판단에서의 긍정식과 부정식modus ponens and
modus tollens[7] 등이 있다. 이러한 논리적 추론은 단순한 공리로부터 복잡
한 도형들에 대한 논증으로 내려간다. 이러한 추론 과정은 보편타당하
고, 지성이 있는 사람이면 누구나 자명하다고 이해한다는 것이다. 공
리axiomata에 해당하는 공통 관념communes notiones[8]이라는 자명한 명제에
서 출발하여 미지의 결론이 증명될 때까지 연역적으로 추론해 가는
학문으로서의 기하학이 구성하는 형식성은 논리적 사고의 전형으로
간주되었다. 유클리드 기하학은 논리의 모형이며, 학문의 전형이자, 타
학문의 기초로서 알려져 왔다. 스피노자의 윤리학은 그러한 기하학적
방법으로 구성된 것이다. 그에게는 그 방법이 자신의 체계의 합리성을
보장하는 것이자 급진적 내용을 가리는 보호막이기도 했다.

6　徐光啓, 〈幾何原本雜議〉, 위의 책, 77쪽.
7　전건 긍정식은 〈p이면 q이다. 그러나 p이다. 그러므로 q이다〉이며, 'p⊃q, p, ⊃q'로 나타낸다. 후
　건 부정식은 〈p이면 q이다. 그러나 q가 아니다. 따라서 p가 아니다〉이다. "p⊃q, ~q, ⊃~p'로 나
　타낸다.
8　安大玉, 〈마테오 리치와 普遍主義〉,《명청사연구》34, 2010, 31~56쪽.

뉴턴 역학도 공리적 사고를 모델로 구성된 것이다. 칸트-쇼펜하우어는 유클리드-뉴턴 도식을 직관적이고 선천적인 인식으로 보았다. 그 도식은 비유클리드 기하학이 출현하기까지 거의 절대적 타당성을 갖는다고 여겨지기도 했다. 그러나 새로운 공리계를 전제한 비유클리드 기하학이 나오자 수학의 역사적 상대성을 주제로 삼는 과학론이 논의된다. 심지어 수가 인간의 심리적 본성에서 후천적으로 형성된 것이라는 심리주의적 해석도 나오게 되었다.

리치와 우르시스Sabbathino de Ursis, 熊三拔, 1575~1620를 비롯한 당시 선교사들은 유클리드 기하학을 정비한 수학자인 클라비우스Christopher Clavius, 1538~1612의 제자들이었다. 서광계는 그를 못이라는 뜻의 정씨丁氏라고 불렀다. 서광계는 유클리드의 논리적 사고는 어려운 수양이 필요 없고, 누구나 일반적으로 이해할 수 있는 것이며, 타 학문의 기초가 되기 때문에 가장 먼저 학습해야 한다고 여겼다. 유클리드 체계에서 공리계는 사실상 복잡한 도형들의 본성을 논증하는 부분으로부터 역추리하여 나중에 만들어진 것이다. 공리계는 복잡한 것으로부터 분석된 단순한 것들이라고 간주되기 때문에 유클리드 체계는 단순한 것으로부터 아래로 종합하여 내려오는 방식처럼 보인다. 분석과 종합은 과학적 사고의 전형이자 모든 학술의 기본 논리로 일반화되었다.

그러나 유클리드의 도식은 아시아에서는 학술의 모델로 일반화될 수는 없었다. 서광계를 비롯한 아시아 실학자들은 국방과 산업의 진흥이라는 실용성에 더 관심을 가졌다. 그들이 대체로 도가와 불가를 배척하는 성향을 보이는 것도 같은 맥락에서 오는 것이었다. 그러나 홍대용과 박지원은 '실심실학實心實學'과 (중심과 변두리가 없는) 무한우주론을 연계하여 생각했으며, 이를 바탕으로 우주적 평등의 문제를 제기할 수 있었다. 그들은 폐쇄성을 혐오하여 도가 불가의 정신을 수용한 왕양명 좌파의 개방성과 개체의 자발성을 은밀하게 인정했다.

그러면 바울保祿이라는 세례명을 가진 서광계에게 떠오른 학술의 구도는 어떤 것일까? 그의 《태서수법서泰西水法序》에 의하면 "서양 선비의 가르침은 반드시 유교를 보충하고 불교를 바꾸어 놓을 수 있으며, 그 나머지로는 일종의 격물궁리지학이 또 있다其敎必可以補儒易佛, 而其緖餘更有一種格物窮理之學."[9] 《기하원본잡의》에 의하면 격물궁리의 으뜸인 기하학은 하학공부下學工夫에 속한다. 그는 서양에서 최고의 공부는 신학[天學]이라는 것도 당연히 알고 있었으며, 그 자신 그것을 선호하는 신자이다. 그럼에도 그의 학문의 구도는 《논어》의 하학상달下學上達의 구조 안에 배치된다. '하학'은 유클리드 논리와 그 이외의 실용 과학이다. '상달'은 서양의 '수신공부修身工夫'인 천학天學이다. "하학공부에는 원리적인 것이 있고 실사적인 것이 있다下學工夫, 有理有事."[10] 하학의 원리적인 것은 기하학의 공리적 사고와 분석과 종합의 논리다. 이것이 만학의 기초다. 과학[scientia]과 신학적 형이상학인 지혜[sapientia]가 하학상달의 형식 안에 배열된다. 구조는 유가적 전통과 유사하지만 그 내용이 다르다.

리치는 공자, 맹자와 그 이전의 고대 인격적 천관을 지지하고, 성리학의 철학화된 내재적 세계상[天道論]은 배격하며, 불교의 공空은 기독교적 전통에 따라 허무주의로 배제한다. 과학과 신학을 가지고 유교를 보완한다는 리치의 생각은 고대 중국의 인격적 천관의 수용과 연결된다. 그러나 유학자로 출발한 실학자들도 이학의 구도인 내외합일의 구조를 유지하고 있었다. 실제로 서광계를 비롯한 개종자들은 전통적 용어들을 저항감 없이 사용한다. 서광계는 실학實學과 수양을 중시하는

---

9   徐光啓,〈泰西水法序〉,《徐光啓集》, 上冊, 王重民 輯校, 上海古籍出版社, 1984, 66쪽
10   徐光啟,〈幾何原本雜議〉, 위의 책, 76쪽

전통적 선비의 학술관에 서양 선비의 관점을 접목한다. 이러한 태도는 리치가 중국이 자연재해에 무력하고 백성이 '빈핍貧乏'을 면치 못하는 것을 지적하며 부국족민富國足民을 충고한 것에 자극받아 이루어진 것이다.[11]

서광계는 이지李贄를 리치에게 소개하면서 삼교합일적 양명학자였던 담원 초횡澹園 焦竑, 1541~1620을 언급할 때, 안으로는 하늘의 도道를 추구하고 밖으로는 물物의 영역과 관계하여 덕을 구현한다는 내외합일의 학술 구도를 말하고 있다. 서광계에 의하면 "과거의 성현은 하늘을 알고 하늘을 섬겨 운명을 자유로이 운용하는 경지에 도달했고, 심신의 성정性情에 시종 의지하지 않음이 없었으며, 침묵하는 가운데 그것을 보존함으로써, 말하지 않고 몸소 실행했다古之聖賢, 其知天事天, 至命立命, 亡不終始乎身心性情, 黙而存之, 不言而躬行之."[12] 그는 전통적 내성외왕內聖外王의 구도를 버리지 않는다. 심지어 그는 주희朱熹의 학문적 구도를 높이 평가한다. 그것은 "몸과 마음의 본성을 추구하여 그 혜택을 가정과 천하에 미치게 하는爲身心性命, 其施及家國天下" "실행과 실공實行實功"을 갖추고 있기 때문에 "체와 용을 함께 갖춘有體有用" 사상이라는 것이다.[13] 서광계는 이 체용합일의 도식 안에서 서양의 과학과 신학의 통일을 이해하고 수용한다. 전통 실용 과학은 서양의 논리와 과학으로 보충되고, 심성론은 신학적 도덕으로 보완된다. 이러한 보유補儒 관념 때문에 그에게는 전통 이학理學의 구도가 상대화되어 다소 약화된 상태로 존속하게 되었던 것이다. 서광계가 서양의 학술을 "實心, 實行, 實學"으로 특징 짓는 것처럼, 그는 과학적 사고를 중시하는 17세기 서양 학술의

---

11 徐光啓, 〈泰西水法序〉, 《徐光啓集》, 上册, 王重民 輯校, 上海古籍出版社, 1984, 66~67쪽.
12 徐光啓, 〈焦氏澹園續集序〉, 위의 책, 89쪽.
13 徐光啓, 〈刻紫陽朱子全集序〉, 위의 책, 95쪽.

영향을 받고 있는 것이다. 그가 중국적 실용성을 배경으로 실학의 중요성과 그 원리적 사고의 의의를 논한 것은 전통적 사고의 계승적 혁신이라는 새로운 측면을 갖는다.

그러나 17~18세기에 유클리드-뉴턴의 공리적 사고는 관료들의 실용과학에 묻혀 학문의 근본 원리로서 추구되지 못했다. 역설적이게도 기초 과학의 부족에 의해 실용 과학도 제대로 발전할 수 없었다. 조선의 홍대용과 박지원도 원리적 사고의 의의에 대한 인식은 부족했으며, 기존의 실용성 중심의 사고를 크게 벗어나지 못한 채 실학을 주장했다. 과학의 논리에 대한 원리적 사고는 관심의 대상이 되지 못했다. 그러나 그들은 우주적 평등성과 무한우주론이라는 개방적 세계상을 형성하는 가운데 실학의 연구와 적용을 생각했다. 그들의 세계상이 갖는 철학적 의의는 무한의 윤리와 실학을 연결하여 새로운 개혁론을 지향한 점에 있다.

홍대용湛軒 洪大容, 1731~1783과 박지원燕巖 朴趾源, 1737~1805에게서 분명하게 드러나는 것은 당시의 계몽 지식인들과 마찬가지로 기존의 모든 질곡들이 차별적 경계를 만든 것에 있음을 알고, 틈과 장벽을 극복하려는 사상적 시도를 보여 준다는 것이다. 공자의 관인寬仁의 정신은 기존의 누추한 '악착齷齪'과 대비된다. 이 시기의 지적 활력이 19세기 민란의 시대를 극복하는 자발적 사회 혁신으로 발전했다면 한국의 상황도 달라졌을 것이다. 그들은 자신들의 내밀한 심정을 감추면서 드러내는 방식으로 표현했다. 야수가 먹을 것을 덤불에 감추어 두듯 그들은 문장들 속에 보일 듯 말 듯 본질적인 것을 숨겨 둔다. 그들은 오만한 수구파들에 비해 약간은 길든 소심한 야수들이었다. 역사가들은 그 시기의 특징들을 여러 측면에서 지적해 왔다.[14] 여기서는 과학과 무한우주론의 연관성을 문제를 중심으로 논의하기 위해, 다음 네 가지 측면에 주목하여 논의를 시작하고자 한다.

(1) 사회사적 특징과 세계관의 변화: 임진왜란과 병자호란을 겪은 조선 후기의 신분제 동요는 농업 생산성의 향상과 함께 인구의 증가로 이어졌다. 이로 인해 서민의 양반화, 양반의 서민화라는 계층 이동이 나

---

14 경제사적 특징: 당시의 개혁 지식인들은 성리학적 전통에 따라 부의 원천인 토지를 중심으로 하는 사회적 관계를 주요 문제로 인식하고 있었다. 홍대용은 〈향약서(鄕約序)〉에서 그 문제를 심각한 것으로 인지하고 다음과 같이 말한다. "아아! 흉년에 굶주린 백성이 사방으로 이산(散)된 지 오래되었도다. 그런데도 토지를 분배하여 재산을 재정비하는 정치[分田制産之政]를 시행하지 않고, 법도와 예의의 가르침을 우선으로 한다면, 누군들 그 허황됨을 웃지 않겠는가? 비록 그렇다 하더라도 법이 없는 것을 걱정하지 말고 정성으로 행하지 못함을 근심해야 할 것이다[嗚呼, 凶年飢世, 民散久矣. 不能施行分田制産之政, 而先之以法度禮義之敎者, 人孰不笑其迂哉. 雖然, 不患無法, 患行之不誠]." 경제적 조건과 실천들이 개인들의 삶을 제약하는 측면이 자본주의 사회보다 쉽게 확인되는 시대에서 홍대용의 이러한 지적은 당연한 것이라 할 수 있을 것이다. 그러나 당시 송시열(宋時烈)에서 한원진(韓元震)에 이르는 일단의 주자학자들은 주희(朱熹) 문헌에 대한 주석학적 연구에 몰입하는 것을 시대적 사명으로 여겼기 때문에, 시대적 변화에서 오는 구체적 문제에 대해서는 외면해 왔다. 오히려 강한 파당성을 옹호하는 견지에서, 주희가 처한 11세기 송대의 시대적 조건과 당시 조선의 상황은 일치하기에 주자학은 유효할 뿐만 아니라 영원한 이념성을 갖는다고 주장했다.

그들은 당시의 농민 분해 현상에 따른 신분제의 동요를 주희에 대한 학구적 연구와 파당성으로 대응하여, 주류 정학(正學)과 비주류 사학(邪學)의 이분법에 매달렸다. 주류, 비주류의 이분법은 강대국의 이론을 수용하는 후진국형 지식인들의 전형적 습관 중 하나이다. 그러나 이미 사회 경제적 조건은 다음에서 보는 바와 같이 변화해 가고 있었다. 16세기를 대표하는 퇴계와 율곡의 시대에는 신분 질서와 분리되지 않은 토지 소유제[田主-田客制]가 지배적이었다. 이것은 노비제를 통해 산간 벽지를 개간하여 토지를 확장함으로써 부의 원천을 증대하는 방식이었다. 그러나 양란(임진왜란과 병자호란) 이후 신분제가 동요하여 사회 구성의 변화가 일어났으며, 농업 기술의 변화[직파법(直播法)에서 모내기에 의한 이앙법(移秧法)으로의 전환]로 인해 농업 생산성이 증대하고, 이에 따른 상업경제의 발달이 나타났다. 토지 소유는 매매를 통해 증식할 수 있었으며, 상대적으로 비용이 많이 드는 노비제보다는 지주-소작제가 선호되었다. 이러한 사회적 생산 관계의 변화 현상은 농업 기술의 변화와 맞물려 일어났으며, 근대 한국의 전형적 토지 소유 형태로도 인식되는 영세농의 확산을 가져왔다. 영세농의 허약성과 고용 노동(머슴)의 증가, 조정(國) 관료의 수탈은 신분과 토지에서도 유리되는 유민화와 함께 사회적 동요의 조건이 될 수 있는 것이었다. 신분적 결속의 이완에 따른 신분제의 위기와 함께 양반의 양적 증가는 균등한 재산 상속제도 변화시켰다. 장자長子 우대로 인한 종가지주宗家地主는 이를 배경으로 형성되었다. 토지는 신분제와의 결속이 약화되고 경제적 요소로 변화되었다.

여기에서 자본제적 부농의 출현과 농민 분해를 근거로 자본주의 맹아론이 나왔다. 이는 최초로 식민주의적 경제 사관을 벗어난 김용섭(金容燮)의《조선후기 농업사》(일조각, 1970~1971)가 전제한 관점이다. 그러나 자본제적 부농의 형성에 따른 사회 구성의 변화에 대해서는 영세 소농론의 입장에서 미야지마 히로시(宮嶋博史)와 같은 학자들에 의해 이의가 제기된 적이 있었다. 자본주의 맹아론은 상승선을 긋는 부르주아적 선형 사관 혹은 이의 연장선에 있는 생산력 중심주의 형태의 일부 유물사관(유물 사관 내의 정통론)을 지나치게 일반화한 것으로 보인다. 서구에서도 보이듯 자본주의는 농민 분해와 상업의 발달이 맹아적 조건이 되는 것이 아니라 문화, 기술, 법제, 학술, 해외 무역 등 많은 요인들이 결합해서 이루어졌다는 것을 고려해야 한다(이종일, 대구교대논문집 v. 23, 〈18세기 조선사회에 대한 계급론 연구〉, 1987, 95~119 쪽. ; 宮嶋博史, 〈유교의 제민사상과 소농사회론〉,《국학연구》14, 국학진흥원, 2009).

타났다. 그러나 비생산적 양반의 증가와 소작인에 대한 수탈의 증가는 경제적 불평등을 가중시켰다. 대지주가 아닌 중소지주에 속한 지식인들은 불안정한 위치에서 도시 은둔자城市山林 혹은 산림山林을 자처했지만, 사림士林의 파벌화 속에서 자신들의 불안정한 삶에 대응하는 이론과 행동 방식을 찾아야 했다. 홍대용의《의산문답毉山問答》의 주인공 실옹實翁은 과학적 탐구를 중시하고, 폐쇄적 위계를 넘어선 보다 넓어진 세계를 인식하며, 새로운 사회윤리적 희망을 가졌던 인물들을 상징한다. 실옹은 천명설天命說로 권력자를 신성시하여 세계를 위계화하는 세계상을 버리고, 중심이 없는 무한우주론을 주장한다. 그는 우주가 평등한 수평적 구조를 갖는 새로운 세계상을 제시한다.

기존 성리학이 별로 이의를 제기하지 않은 천문가들의 천문학은 별자리의 이름과 구성에 군주제의 관료주의적 관념을 부여했다. 18세기 개혁 지식인들은 분해되어 가는 신분 사회 속에서 정치적 우상화를 떨쳐버리지 못한 학술을 거부한다. 홍대용은 안으로는 장자莊子의 우주무한론과 묵자墨子의 평등론 및 사공事功학파의 경세론의 장점들을 회상하고, 밖으로는 신학을 배제한 서학格物致知學, 과학에 접근한다. 당시의 서양 선교사들은 유럽의 학풍에 따라 과학을 신학의 본질적 부분으로 봤기 때문에 과학을 소개하는 것은 선교의 중요 임무였다. 실옹이란 인물도 단순히 홍대용의 분신이라기보다도 당시 연행록燕行錄을 쓴 여러 인물들을 비롯한 진취적 인물들을 상징한다. 실옹은 홍대용에게 가장 인상 깊은 어느 인물[증소(橧巢) 김신겸]을 모티브로 한 것으로 보인다. 소론이 노론을 숙청한 신임옥사辛壬獄事, 1721~1722 때 유배를 간 김신겸金信謙은 홍대용에 앞선 연행록의 저자들[《유의무려산기遊毉巫閭山記》의 이정구李廷龜,《노가재연행일기老稼齋燕行日記》의 김창업金昌業,《일암연기一庵燕記》의 이기지李器之]과 연계되어 있는 인물이다. 그는 김창업의 아들이자 이기지의 친구였다.[15] 홍대용이 각색한 허자虛子와 실옹의 대화는 파당끼리의 대립을 파당성과 개방성의 대립으로 전환시키는 일부 산림의 자기의식을 반영한다. 그것은 사회문화사적 사건을 축약한 과학적 철학 담화라고 할 수 있다.

(2) 지적 태도의 대립: 산림은 국내적으로는 신분제의 동요와 불균등의 심화가 주는 정치적 불안정성의 증대로 두 파로 분리된다. 이는 노론老論 내에서도 일어난다. 노론은 안정성을 과거에서 찾는 일파[송시열宋時烈과 권상하權尙夏, 한원진韓元震 등으로 이어지는 이른바 호학湖學 계열의 주자 전문 연구가]와 개혁 지향적 부류[이간李柬, 김원행金元行, 홍대용洪大容 등으로 이어지는 낙학洛學 계열]로 분열된다. 한원진과 홍대용에 와서는 그 대립은 긴장도가 더 증가하는 것으로 보인다. 이 대립은 이자성李自成의 난에 의한 명明의 전복과 청淸의 건국 및 명말청초에 들어온 서학에 대한 대응 방식에서도 드러난다. 불변의 기초를 주자학에서 찾는 사람들은 유명무실한 것이지만 명을 옹호하고 북벌을 하자는 입장으로 정리되고, 개혁파들은 국내의 문제들을 인식하고 청의 문화와 서법西法, 서학에서의 과학 기술적 측면이 강조된 말을 이해해야 한다는 입장으로 귀결된다. 개혁파에서 홍대용 같은 인물은 중국중심주의와 지구중심주의를 벗어나는 개방적 시야를 갖게 된다. 이는 서양 과학과의 만남을 통해 사물에 대한 인식을 보다 정밀하게 하고, 후생厚生 윤리를 심화하며, 사회문화적 경직성을 극복하는 세계관적 전환이라 할 수 있다.

---

15 김동건, 《의산문답》의 창작배경 연구〉(정신문화연구 36권 3호, 2013, 225~248 쪽)는 다음과 같이 흥미로운 추리를 하고 있는데, 일리가 있는 것으로 보인다. "《의산문답》 도입부에서 실옹이 앉은 새집처럼 만든 자리를 '증소(橧巢)'라고 했는데 이는 노가재 김창업(金昌業)의 아들이자 이기지의 절친한 벗인 김신겸(金信謙, 1693~1738)의 호다. 그는 신임옥사 때 안변(安邊)으로 유배되어 그 슬픔을 〈백육애음(百六哀吟)〉으로 토로한 바 있다. 그는 영조가 즉위한 후에도 벼슬하지 않고 강원도 영월에서 행정(杏亭) 옆에 '증소'라는 집을 짓고 은거하였다. 그는 이곳에서 당대의 석학인 민우수(閔遇洙), 유숙기(俞肅基), 이봉상(李鳳祥) 등과 강론 활동을 펼쳐, 당대의 종학(從學)들에게 '증소 선생'으로 불리기도 했다. 곧, 〈의산문답〉의 실옹을 김신겸에 빗댄 부분이다."

이러한 일련의 변화들은 생산성 향상과 상업의 발달과도 연관되지만, 여기에는 이앙법의 발명과 경작지의 확장, 면화의 재배를 통한 의복 생산의 증가라는 다른 원인도 작용한 것으로 볼 수 있다. 그러한 진취적 노력이 일어난 데에는 또 다른 원인들이 있을 수 있다. 16~17세기를 거쳐 18세기 초까지도 이전에 없었던 기근과 한냉화가 대규모로 나타나며, 기상학자들에 의해서도 그 증거가 발견되기 때문이다. 유럽에서도 17세기를 전후하여 마녀사냥과 종교전쟁 등과 같은 혼란이 대규모 기근과 한냉화와 함께 나타난다. 이를 기상학자들은 17세기 소빙하기 대재앙으로 기술한다. 툴민Stephen Toulmin은 기상학적으로 보지는 않지만, 17세기 유럽의 불안정한 혼란상과 연관하여 데카르트 합리주의의 출현을 안정성을 찾는 경직된 대응 태도에서 나온 것으로 판단한다. 17세기는 서구에서도 진보의 시기는 아니었다는 것이다. 국내에서도 이태진李泰鎭과 김재호 같은 연구가는 전산화된《이조실록》을 보고, 이 시기의 특이한 기상학적 재난을 확인하고 소행성 충돌을 그 원인으로 추정한다.[16] 과학사가 박성래의 지적처럼 이 우주 생태학적 연구는 대단히 흥미롭다.[17] 그러나 그 구체적 연관성은 더 보강되어야 할 필요가 있다. 어떻든 실학의 시기를 단순히 근대화의 전단계로 보는 부르주아 사관이나 이의 연장선에 있는 유물 사관만으로는 해명하기 어려운 부정적 역행 현상과 이에 대한 경제적 대응이 있는 것은 분명해 보인다.

(3) 병세의식拜世意識의 발흥: 사림이 정치의 전면에 나서게 된 17~18세기 조선의 문인사회는 세계관의 차이를 사문난적으로 내모는 사건들에 휩쓸리게 된다. 이러한 사상적 파당성은 이른바 환국換局이라고

---

16 김재호, 〈조선 후기 한국 농업의 특징과 기후 생태학적 배경〉, 《비교민속학》 41집, 2010, 97~127쪽.
17 박성래, 〈이태진 교수 "소빙기(1500~1750)의 천체 현상적 원인-《조선왕조실록》의 관련 기록 분석"〉, 《역사학보》 v. 129, 1996, 237~245쪽.

하는 정변과 살육이 연속되는 상황을 나았다. 주자 전문 연구가들은 유례없는 주석학적 연구를 강화하고, 주자를 정신적인 견고한 요새로 삼게 된다. 지식인들의 분열과 지식의 정치화 및 불관용성은 개혁파들로 하여금 오히려 지적 편협성을 벗어나 우정과 관용을 동경하는 개방적 심정 갖게 한다. 폐쇄적 편집성과 잔혹성 대신 함께 이 세상을 살아간다는 소통적 연대 의식은 문인들로 하여금 각박한 현실을 살게 하는 치유제가 되었다. 그것은 인문주의적 교양을 갖춘 리치Matteo Ricci의 《교우론》(1596)의 우정론에 자극받은 것이기도 하다.

　　병세의식에 관한 최근 연구에 의하면, 홍대용의 《회우록會友錄》즉 《천애지기서天涯知己書》, 이규상李奎象, 1727~1799의 《병세재언록幷世才彦錄》(세상을 함께하는 재능 있는 사람들의 기록), 윤광심尹光心, 1751~1817의 《병세집幷世集》, 유득공柳得恭, 1748~1807의 《병세집幷世集》등은 모두 국내외 인물들과 동시대적 우정을 나누는 '병세의식幷世意識, 서로 같은 심정을 가지고 세상을 함께한다는 의식'을 공유한다.[18] 파벌과 신분 및 국적의 차별을 벗어나 타인을 이해하고 인정하는 경험의 확대를 통해 붕우를 '제2의 나第二吾'로 보는 우정은 당시의 각박한 세태를 견디게 하는 모럴이 되었을 것이다. 이러한 소통적 유대와 상호 긍정의 윤리는 세계를 보다 높고 넓은 위치에서 바라보는 초경계적 의식을 낳았다. 이덕무李德懋의 《서해여언西海旅言》은 서해안에 나가 바다를 울타리[籬]로 인식하고, 높고 넓은 지점에서 세계를 광대하게 보는 장자莊子적 시계視界를 상상한다. "가령 상승하는 회오리바람을 타고 위로 구만리를 올라가서, 이쪽 해안이나 저쪽 해안을 한 번 눈을 들어 다 보고 말할 수 있다면 모두가 한 집안일 것이다. 그러니 어찌 일찍이 울타리를 사이에 둔 이웃

18　정민, 〈18, 19세기 조선 지식인의 병세의식(幷世意識)〉, 한국문화 54, 2011, 184쪽.

이라 했는가?假令搏扶搖而 上九萬里, 此岸彼岸, 一擧目而盡言則, 一家耳, 亦何嘗論 隔籬之隣哉"[19] 이덕무의 이러한 우주적 시야는 지구상의 인류를 함께 사는 연대적 관계로 보는 박애적 만민평등 관념의 첫 단계가 된다.

홍대용의 경계를 뛰어 넘는 우정에 대해 박지원은 〈회우록서會友錄序〉에서 당시 조선 사회의 '습속의 좁음[俗隘]'을 탄식하고, 다른 세계 사람들과의 '마음을 허락하는[相許]' 상호 인정적 소통을 찬양한다. 우선 그는 조선의 지리적 좁음과 사농공상士農工商의 신분과 직업 차별의 폐쇄성, 그리고 이보다도 더한 명분이라는 견해의 차이로 갈라서는 습속을 지적하고, 다음과 같이 말한다.

이러한 파벌은 남보다 낫다고 하는 것이 다르기 때문이다. 의론이 서로 충돌하여 북쪽의 진나라와 남쪽의 월나라보다 다름이 더한 것은 오직 당파에 처하는 것이 차이가 나기 때문이다. 명분이 지나치게 그어져 중화와 오랑캐의 구별보다 엄격하며, 드러난 자취가 의심스러우면 서로 알면서도 모르는체하고, 신분의 위세에 구속되어 서로 교류하면서도 벗으로 삼지 못한다. 사는 마을이 같고 종족이 같아 언어와 의관言語衣冠이 나와 다름이 거의 없는데도 서로 모른 체하고 지내니 서로 혼인인들 할 수 있겠으며, 감히 벗으로 지내지 못하니 더불어 도道인들 논할 수 있겠는가? 이 몇 가문들이 막연하게 수백 년 동안 진과 월秦越, 중화와 오랑캐처럼 지내면서도 집을 나란히 하고 담장을 맞대고 살고 있으니, 그 습속이 얼마나 좁은 것인가? (……) (홍대용과 중국 선비 세 사람은) 처음에는 지기知己로 서로 인정하다가 마침내는 형제가 되기로 결의하여, 서로 사모하고 즐거워함이 본성의 좋아함처럼 하고, 서로 저버리지 않기를 굳은 맹세처럼 하였으니,

---

19 위와 같음.

그 의리는 사람을 감읍하게 할 만한 것이다是惟所賢者不同耳, 議論之互激而異於秦越, 是惟所處者有差耳. 名分之較畵而嚴於華夷, 嫌於形跡則相聞而不相知, 拘於等威則相交而不敢友, 其里閈同也. 族類同也. 言語衣冠其與我異者幾希矣. 旣不相知, 相與爲婚姻乎, 不敢友焉, 相與爲謀道乎. 是數家者, 漠然數百年之間秦越華夷焉. 比屋連墻而居矣, 其俗又何其隘也. (……) 始許以知己, 終結爲兄弟, 其相慕悅也如嗜欲, 其相無負也若詛盟, 其義有足以感泣人者.[20]

박지원이 보기에 당시에 관심의 초점 중 하나였던 홍대용의 우정은 상지相知 상허相許하는 유대로 맺어진 형제애의 실현이다. 이러한 언급에 대해 홍대용은 자신의 심정의 '우울함[愁然]'과 '답답함[鬱然]'이 "지역에 국한되고 습속에 얽매어 있는[局於地而拘於俗]"데서 왔다고 말한다. 그러나 그 새로운 인간관계는 "번다한 형식을 타파하여 까다로운 절차를 씻어버리고, 진정을 피력하고 간담을 토로한다. 그 규모의 광대함은 소문이나 명예, 세력이나 이익의 길에 매달려 구차하게 악착같은 짓을 하는 사람들에 비유할 수 없는 것이다."[21] 악착齷齪은 지역과 습속의 협애함에서 온다는 것이다. 이에 비해 공자의 관인寬仁은 평등한 우애의 원리로 재해석된다. 홍대용의 득우지도得友之道는 옛것과 새로운 것의 경계에 있는 사람의 심정처럼 우울과 기쁨이 공존하는 이중적 감정과 함께한다. 그의 《의산문답》의 장소인 의무려산醫巫閭山[22]이

---

20 홍대용, 會友錄序,《湛軒書》〈외집〉권1.
21 위와 같음.
22 김동건,《의산문답》의 창작배경 연구 (정신문화연구 제36권 제3호, 2013, 225~248 쪽)에 의하면, "의무려산은 춘추전국 시기에 옥의 산지로도 유명했으며, 전국 말기에는 연나라에 속한 땅이었다. 원래는 고조선의 영역이었다가 연나라에 편입된 것으로 보기도 한다. 의무려산을 비롯한 이 일대 지명에는 고구려어 및 예맥어의 흔적이 많이 남아 있다. 의무려산은 원래 무려산(巫閭山)으로 불렸으며, 무려(巫閭)는 이 지역을 근거지로 한 고구려 부족의 명칭으로 짐작된다. 훗날 동이족이 사는 곳이라 하여 이무려산(夷巫閭山)으로 바뀌고, 이(夷)가 발음이 유사한 의(醫)로 바뀌면서 지금의 이름이 되었다. 또한 '화(華)와 이(夷)의 교계처(交界處)'라 하여, 사이(際)의 의미를 가장 잘 나타낼 수 있는 산이라고도 하였다."

중국과 조선의 경계선에 위치한 것처럼, 홍대용은 병세幷世를 소망하지만 성취하지 못한 경계인의 심리를 지닌다. 이 분열적 심정은 조선과 중국[淸]의 관계와도 연관된 주자학과 이단의 첨예한 정치적 대립을 병폐로 보는 의식과 연계되어 있다.

홍대용은 연행 이전에 경직된 대립과 경계를 넘어서려는 의욕을 이미 갖고 있었다. 그는 생기를 잃은 세계에 대한 우울한 심정을 지닌 조용한 회의주의자의 면모를 보여 준다. 그는 장자와 묵자, 왕양명과 (주희 시대의 경세론자[事功學派]인) 진동보陳同甫를 회상하면서, 경계 너머로부터 오는 소리에 조심스럽게 귀를 기울인다. "가령 그대가 단점은 가르쳐주고 장점은 취해서 포용성 있게 생각해 준다면 나도 마땅히 우직한 충정을 더욱 다해 수야秀野에게 충고忠告하는 친구가 될 수 있을 것이오. 그렇지 않고 굳이 없는 것을 찾아내어 법문法門을 배척한다는 것으로써 멋대로 지목한다면, 나는 장차 유교적 성인의 말씀과 지혜를 버리며, 타자와 나의 차별을 버리고[齊物] 그대의 장주莊周가 될까? 아니면 지知·행行을 합하고 양지良知를 다한다는 왕양명王陽明이 될까? 아니면 또 장차 의리義利와 왕패王覇를 아울러 쓴다는 진동보陳同甫가 될 것인가? 망령스러운 말은 이 정도에서 다하였으니, 그대는 양해하여 잘 살피라使執事教短取長, 虛心反復, 某當益竭愚衷, 庶不失爲秀野之爭友. 不然而抉摘扛制, 橫加之以排闢法門, 則愚將絶聖智齊物我, 爲秀野之莊周乎. 合知行致良知, 爲秀野之陽明乎. 抑亦將雙義利並王覇, 爲秀野之陳同甫乎. 妄言亦至此盡矣, 并惟諒察."[23]

(4) 자아 의식과 평등 의식: 당시 조선의 지식인들은 신분 질서의 붕괴 과정에 따른 심각한 정체성의 위기에 직면할 수밖에 없었다. 박지원의 젊은 시절의 우울증과 유만주通園 兪晩柱, 1755~1788, 자는 백취伯翠 혹은

---

23 홍대용, 〈與人書二首〉,《湛軒書》내집, 권3.

흠영欽英, 호는 통원通園의 우울한 몽상은 그들도 잘 알고 있었던 명대 왕양명 좌파를 대표하는 이지李贄나 서위徐渭의 죽음을 부르는 자아 모색과 처절한 방황을 연상시킨다. 이들 가운데 유만주만큼 자아와 세계의 관계 문제를 조용한 자기성찰을 통해 통절하게 보여 준 인물도 드물 다. 그는 혜환 이용휴惠寰 李用休, 1708~1782 가 제기한 자아[我]의 자주성과 그 존재 의미의 문제를 특유의 내성內省을 통해 13년의 기록(21세에 시작해 34세 사망하기까지)인《흠영欽英》이라는 성찰 일기로 보여 준다. 그는 이용휴가 제기한 "타인과 내가 평등하고, 만물이 나와 평등한 소통성으로 일체를 이룬다人我平等, 萬物一體"라는 관념을 공유한다. 동시에 그는 "나는 나다我我"라는 자아 의식을 부단히 음미하지만, "내가 나라는 것을 알지 못하겠다不見我我"라는 자기 상실에 대한 회의에 빠지기도 한다. 진정한 자아상의 정립은 그의 내적 갈등이 추동하는 최대의 문제로 부각된다. 자기 자신과의 분열은 세계와의 분열을 의미한다. 또한 세계와 경험적으로 연결된 신체와의 분열을 의미한다. 그는 '세계世界'라는 어휘를 자주 사용하면서 이 세계를 결핍세계[缺界]로 규정한다. 하지만 그는 풍요와 '환희' 혹은 '쾌활' 세계를 상상한다. 그가 "자신이 무섭다畏我"라고 하면서, 신체적 자아[身]과 '마음靈心, 性靈'의 괴리를 언급하는 것은 그의 불행한 의식을 잘 보여 준다. 그는 자아 존재를 의식하지만 그 불확실성과 모순에 전율한다. 심지어 이러한 인간 조건을 '조물자造物者'의 '농간[乖]'으로 인식하고, 세계를 참고 견뎌야 하는 '감인 세계堪忍世界'로 규정한다.[24] 감인 세계는 불교의 사바 세

---

24 이용휴에 대해서는 李用休, 조남권, 박동욱 옮김,《惠寰 李用休 散文全集》, 上,〈我菴記〉, 소명출판, 2007, 47~49쪽. ; 유만주에 대해서는 김하라,《《흠영》의 분열된 자아〉,《민족문화연구》57호(2012.12.31), 고려대학교 민족문화연구원, 175~211쪽 참조. ;《欽英》에 대해서는 박희병,《흠영》의 성격과 내용〉,《欽英》1, 서울대규장각, 1997, 5~41쪽,〈해제〉. 김하라,《일기를 쓰다, 흠영선집》1, 2 (돌베개, 2015) 참조.

界娑婆世界, saha-lokadhatu, saha는 참고 견딘다는 뜻다.

유만주에게 자기의식은 조물자에게 '저주'받았다고 여길 정도로 불행한 의식이다. 이 의식은 '자신의 활동과 노력[自我作用]'에 의해 삶의 의미를 창조해 가야 하는 책임을 짊어진다. 전통적 자아가 통치의 주체적 조건인 도덕적 천리天理의 주체였다면, 이제 그의 자아는 그러한 본질적 규정성이 주는 안정성과 권위를 상실한다. 그의 자아는 더 이상 인의예지를 중심으로 구성된 덕목들의 초역사적 체계를 책임지는 민본주의적 덕의 담지자가 아니다. 자아에 대한 그의 관심은 홍대용과 박지원의 자기의식보다 더 첨예한 것이었으며, 이는 그의 내향적 성격 그리고 심한 소외의식과 연관되어 더 강도 높은 것이 되었다. "타인은 타인이고 나는 나다人人我我"라는 유만주의 명제는 내향적 개인주의를 출발점으로 삼고 세계의 부조리를 해소하는 방법으로 나아간다. 그는 '임화동천臨華洞天'이라는 이상향을 사대부의 정원을 조경造景하는 방식에 따라 몽상한다. 임화 세계는 대승불교 경전에 나오는 여래의 화장 세계華藏世界처럼 의식주의 풍요가 인공적으로 조성된 세계다. 이 세계는 자연과의 일치를 정원에서 경험할 수 있고 상상으로 다가갈 수 있는 화려 세계華麗世界, 즉 임화 세계다. 동심의 꿈과도 같은 유만주의 주관적 이상향은 안온한 백일몽인 것처럼 보인다.[25] 그러나 그것을 '뒤집어 읽으면飜案' 거기에는 유만주 자신이 스스로를 이해하는 방식이었던 《수호지水湖誌》의 '길을 잃어버린 영웅'의 반역과 저항적 정치-윤리를 읽을 수 있다. 그의 몽상적 저항은 또 하나의 특이성[奇]이다. 특이성의 세계에서는 환상적인 것이 현실적이며, 현실적인 것은 환상적이다.

---

25 임화 세계에 대해서는 김하라, 《俞晩柱〈欽英〉연구》, 서울대국문학과 학위 논문, 2011, 196~237쪽 참조.

삼교회통三敎會通과 왕양명 좌파 철학에 연원하는 명말의 급진주의 사조는 전통과는 이질적인 개성을 자각적으로 표출하는 활동이나 문예를 비정상성을 의미하는 특이성[奇]으로 규정하고, 그것에 긍정적인 의미를 부여한다. 분열 없는 일차원적 자아는 일상성에 몰입된 의식, 즉 '부유腐儒'의 '부패한 의식[酸腐]'이다. 이에 반해 정상적 세계를 '초월하여 자신을 빼어내는 것[超逸]' 즉 이질성을 원리로 하는 사람은 '특이한 선비[奇士]'이다. 원굉도袁宏道, 1568~1610를 대표로 하는 이러한 개성주의 사조를 옹호하는 문예 비평가는 전겸익錢謙益, 1582~1664이었다. 이들은 당시 조선 문단에 일정한 영향력을 행사했으며, 그들을 존중한 유만주는 자신을 세계와 타협하지 못하는 '실격자失格者'로 본다. 그러나 그는 인생사에 대한 '광범위한 이해[通]'를 추구하는 가운데 인생의 의미를 새로이 형성하려는 '통사通士'가 되고자 하고, 특이성을 추구하는 '기사奇士'이고자 한다. 이와 마찬가지로 박지원과 이덕무李德懋, 이용휴도 고문古文의 정신을 중시하지만, 고문의 형식만을 모방하는 의고주의擬古主義를 거부한다. 그들은 정문正文에 대해 창조적 기문奇文을 대립시키는 명말 개성주의 문예론과 마찬가지로 신분적 폐쇄성을 넘어서 자아의 개성을 보여 주는 문예를 옹호한다. 홍대용은 보다 온건한 입장을 취하지만, 개방성을 추구하는 새로운 흐름을 인지한다.[26]

차별과 경계를 혁신하려는 홍대용의 의욕은 과학에 대한 관심과 연결된다. 그는 주희의 세계관의 한 측면으로 있는 인물성 동론同論을 수용하여, 인간과 생명체, 자국과 타국의 대립과 사상계의 폐쇄적 파

---

26 正文과 奇文에 대해서는 김경, 〈조선후기산문(朝鮮後期散文)에서의 기[奇] -이용휴산문(李用休散文)을 중심으로-〉,《민족문화연구》, 58권0호, 2013, 307~340쪽 참조. ; 錢謙益과 王陽明 左派 사조와의 연관에 대해서는 강경만, 〈錢謙益의 王守仁 心學 및 王門 後學에 대한 평가 考〉,《중국인문과학》15집, 1996.12, 383~409쪽. ; 袁宏道와 조선 후기와의 연관에 대해서는 심경호, 〈조선 후기 한문학과 원굉도〉,《원중랑집》10권의 해제 부록, 2004, 428~429쪽.

당성을 극복하는 대안으로 재해석한다. 태허에 가득 찬 생명원리[太虛實理]인 무한한 에너지의 원천으로서의 태극太極 혹은 이理가 모든 개체들에 관류[貫澈]한다는 주희의 견해는 홍대용이 한 것처럼 모든 것이 하나라는 만유평등론으로 해석될 수 있는 여지를 갖고 있었다. 생명원리의 본질은 생명성인 인仁이다. 만유는 '인'으로 투과되어 있다. 나아가 과학은 홍대용에게는 지구중심주의를 벗어나 보다 새롭고 개방적인 지식을 줄 수 있는 것으로 다가왔다. 조선의 17~18세기의 과학은 한역漢譯된 중국의 과학서를 통해 획득된 것으로, 홍대용은 서양 선교사를 연행燕行을 통해 만나기 이전에 이미 서양 천문학의 수준을 대략 이해하고 있었다. 그러나 중국인들이 주돈이와 장재張載 이래의 성리학적 문맥에서 서양 천문학을 해석하던 방식의 영향을 벗어날 수는 없었다. 홍대용은 연행하기 전에 알고 있었던 당시 천문학을 중국에 가서 서양 선교사를 직접 만나 확인하고, 더 많은 정보를 얻고자 했다. 그의 연행록을 보면 홍대용은 중국의 서양 천문학에 대해 그다지 놀라지 않는다. 그의 세계관의 변화는 연행 이전에 이미 형성되어 있었으며, 연행 이후 점차 굳어진 것으로 보인다. 그가 참조한 우주론은 서양 근대 천문학을 도해하여 설명한 김석문金錫文, 1658~1735의《역학 이십사도 총해易學二十四圖總解》(1697)이다.[27] 이 책의 우주관은 신부 나아곡羅雅谷[Jacques Rho]의《오위역지五緯曆指》에 나와 있는 티코 브라헤Tycho Brahe, 1546~1601의 우주론을 수용하여 주리론적 성리학의 관점에서 수정한 것이다.

---

[27] 김석문의《역학이십사도총해》는《易學圖解》로도 불리는데, 민영규는 그 도상들을 소개한다. 그는 로마 카톨릭의 견해와 다른 지동설이 거기에서 소개는 되었지만, 그것이 중국에서도 선교사들 사이에서 통용될 수 없었다는 것과 김석문의 견해의 독자성에 대해서 언급하고 있다. 민영규,〈17세기 이조학인의 지동설: 金錫文의 易學二十四圖解=Tychonic Theory Developed in the 17th Century Korea〉,《동방학지》, V.16, 1975.

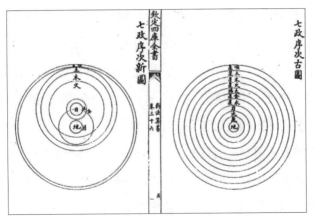

티코 브라헤 우주 구조

《오위역지》는 프톨레마이오스Ptolemaeus의 천동설과 코페르니쿠스의 지동설, 티코의 절충설과 갈릴레이 등을 소개한다. 브라헤는 홍대용의 농수각과는 비교도 안 되는 서양 최초의 대규모 사설 천문대를 자비로 만들어 당시까지는 가장 정밀한 관측을 할 수 있었다. 그는 대규모 관측 자료를 수학적으로 기술할 수 있었다. 이 자료가《오위역지》에 그대로 실려 있다. 코페르니쿠스[가백니 歌(谷)伯尼]에 대해서는 간략하게 소개되어 있다[위의 도상은《오위역지》에 나오는 도상이다. 왼쪽은 브라헤의 설을 그린 것이고, 오른쪽은 프톨레마이오스의 설을 그린 것이다].[28]

그러나 당시 유럽 기독교권에서는 코페르니쿠스와 갈릴레이는 권장하는 것이 아니라 경계의 대상이었고, 거의 정설로 통용되던 우주론은 브라헤를 신학적 관점에서 해석하는 것이었다. 브라헤의 설은 당시까지 가장 많은 관측 자료를 확보한 이론이었으며, 정확한 예측성도 갖고 있는 유력한 것이었다. 자전하는 지구가 공전한다는 코페르니쿠스

---

28 이 도상은《五緯曆指》v. 1,〈왕실도서관디지탈아카이브〉에서 열람가능함. 인용된 도상은 남수선, 〈문화번역-명말청초 천문 번역활동 연구〉(학위 논문) 1995, 78쪽의 도상을 이용.

의 설은 전문가들에게는 혁명적인 것이었으나 관찰로 확증되기 어려운 것이었고, 생활 경험하고도 너무 동떨어진 것이었다. 그것은 프톨레마이오스에 의거한 신학적 구조와도 조화하기 어려웠다. 정지된 지구를 중심으로 달과 태양 및 항성이 회전하며 태양을 수성·금성·목성·화성·토성 등이 회전한다는 브라헤의 우주 구조론은 로마 카톨릭과 충돌하지 않는 것이었다. 보어스트William J. Boerst는 티코 브라헤의 우주론을 다음과 같이 해설한다.

> 그의 시스템에서는 모든 행성들이 태양 주위를 공전하는데, 태양 역시 그 행성들을 이끌고 부동의 지구 주위를 공전한다. 브라헤는 화성의 공전 궤도를 태양의 공전 궤도보다 더 안쪽에 놓았기 때문에, 화성의 공전 궤도는 태양의 공전 궤도와 교차하면서 지나간다. 브라헤 시스템의 가장 바깥쪽 테두리에 있는 별들은 매일 24시간 동안 지구를 중심으로 1회전하고 행성들, 태양, 달이 회전할 수 있도록 에너지를 제공한다. (……) 브라헤 시스템의 모든 측면들은 실제 관측 결과에 입각한 것들만이 기술되어졌다. 이것은 아주 치밀한 관측 천문학자가 최상의 관측 증거들을 가지고 수학적 의미를 담고 있는 우주론적 모델을 제안한 첫 번째 사례였다.[29]

브라헤의 모델은 이전의 중세적 모델 다음으로 유력한 것이었으며, 선교사들에게도 권장되는 것이었다. 조선 후기에 과학에 관심을 가진 지식인들은 명말의 전집류인《숭정역서崇禎曆書》와《천학초함天學初函》을 통해 신학과 근대 과학에 접할 수 있었다. 김석문도 리치가 소개한 아홉 번째 궤도에 있는 종동천宗動天[30]이라는 신의 위치를 설정한 우주

---

29 윌리엄 J. 보어스트, 임진용 옮김, 《티코 브라헤》, 대명출판, 2010, 83쪽.
30 마테오 리치의 9중천설 이외에도 그의 12중천설은 프톨레마이오스의 수정구 천체도에 신의 자리

론과, 세차歲差를 고려해서 앞의 것을 약간 변형하여 열두 번째에 신의 자리를 설정한 12중천설을 알고 있었다. 또한 지구중심설(정지해 있고 자전하지 않음)과 코페르니쿠스의 태양중심설을 절충 타협한 우주론을 신학적으로 재구성한 우주론도 알고 있었다. 또한 그는 브라헤 시대에는 검증할 수 없었던 독자적인 지구 자전설인 지전설도 제시했다.

김석문은 신학적 천체관의 종동천을 근거 없는 것으로 부정하고, 대신 태극太極이라는 무한자를 우주의 궁극적 배경인 본체[體]로 놓았다. 그는 그것을 이理로 규정한 후, 태허太虛인 기氣는 '이'로부터 생산되는 것으로 보고, '이'의 무궁한 생산적 작용을 발용[用]으로 규정했다. 그가 신학적 세계상을 거부하고, 주리론적 이생기理生氣, '이'가 '기'를 생산함)의 입장을 선택한 것은 주돈이의 태극을 주리론적으로 해석한 주희의 견해를 따르는 것이다. 본체는 천체들처럼 회전운동을 하지 않지만, 자발적으로 '기'를 낳는다는 것이다. 이러한 해석은 중간적 위치에 있는 경계인들의 특징을 보여 주는 것이기도 하다. 김석문과 그에 심취한 김창흡金昌翕, 김원행金元行과 황윤석黃胤錫, 홍대용은 마치 브루노와 라이프니츠, 케플러와 코페르니쿠스, 뉴턴이 카발라 영지주의적 배경을 가지고 있었던 것과 유사하게, 전통적인 형이상학적 우주론을 계승하고 있었다. 그들은 신학적인 위계적 세계상보다는 우주에 무한성과 연속성을 부여하려는 전통적 관념에 친화적이었다.[31]

그러나 홍대용이 보기에 김석문의 우주론은 주기론적 입장에서는 약간 수정될 여지가 있었다. 물론 브라헤의 천체 구조의 외부에 태허太

인 종동천을 첨가한 아리스토텔레스적 천체도(9중천설)에 최고천으로서의 열두 번째 천과 세차(歲差)의 원인이 되는 천을 두 개 더 추가하여 만든 것이다.

31 아래의 도상은 김석문의 《역학도해》에 있는 우주구조이다. 무한한 太極 안에 태허가 있고, 그 안에 티코 브라헤의 천체 구조가 들어 있다. 아리스토텔레스의 부동의 동자인 宗動天의 자리에 太極이 들어서 있다. 이 도상은 민영규, 앞의 책, 부록에서 인용함.

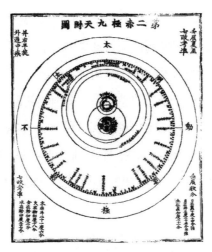

김석문의 《역학도해》에 있는 우주구조

虛나 태극太極을 설정하는 무한 우주 관념은 유지된다. 또한 이 무한자를 그 본체적 차원에서는 비물체적[虛]이고, 정적 상태에 있는[靜] 것으로 보는 것도 보존된다. 그러나 그는 장재張載, 1020~1077나 조선의 서화담徐花潭, 1489~1546처럼 태허에 가득 찬 비물체적 기氣를 본체로 보고, 이理를 그것에 종속시키는 기일원론적 우주론을 채택한다. 홍대용은 바로 이러한 태허론을 바탕으로 김석문의 지전설을 옹호하는 가운데, 브라헤의 천체관을 변형 수용하는 것이다.

　　당시 조선의 과학적 사상가들은 전통적 이기론과 우주가 1원一元: 129,600년을 주기로 생성과 파괴를 거듭한다는 소옹邵雍과 주희의 상수학象數學을 배경으로 서양 천문학을 해석하는 대수학적 관점을 유지한다. 다만 홍대용은 음양오행설로 자연 현상을 설명하는 것이 비과학적임을 깨닫고, 주야의 교체가 천체 회전에 원인이 있다고 보아 그것을 음양설로 설명하는 전통을 미신에 불과한 것으로 보고 폐기한다. 그의 주기론적 무한우주론은 기존의 천인합일설에 붙어 있는 [한대의 동중서董仲舒 이래 주자학에 이르는] 정치적 천명설이나 천인감응설을 미신일 뿐만 아니라 인간을 억압하는 장치로 간주하는 새로운 우주-정치론이 되었다. 아마도 당시 지식인들이 최한기崔漢綺, 1803~1879처럼 뉴턴 역학까지 알았더라면, 더 많은 전통적 관념을 폐기했을지도 모른다.

전통과 새로운 것이 교류하면서 이론이 재조정되는 이러한 현상은 이질적인 것의 지양적止揚的 결합 혹은 해석학적 중첩(H. G. Gadamer)이라 할 수 있을 것이다. 이질적인 것이 만나 세계상이 재정립되면서 기성관념의 일부는 폐기되고 일부가 존속된다. 김석문의 삼대환공부설三大丸空浮說, 세 구형 천체인 지구, 달, 태양이 공중에 떠 있다는 설은 지구의 안전성을 믿는 기존 관념을 파괴했으며, 전통 과학을 짓누르고 있었던 음양오행설의 분류 체계도 의심스러운 것으로 만들었다. 또한 하지·동지에 적도와 황도가 23.5도의 거리상 각도를 이루는데 그 각도가 때때로 달라지며, 고비 사막처럼 바다였던 곳이 육지가 되고, 해안의 어느 곳은 해저로 가라앉고 있다는 사실, 그리고 지구의 각 지점이 받는 태양 광량光量의 차이에 따라 기후가 변화해 흉년과 풍년이 오고, 정치적 변동이 일어난다는《오위역지》의 설명은 무한우주론과 연계해, 중국중심주의적 편견을 파괴하는 것으로 작용했다. 갈릴레이와 데카르트의 우주론은 질적 차이를 무시하는 획일적인 수학 기술의 가능성을 열어 놓았다. 그러나 17~18세기 조선의 선비들은 물리物理 이외에도 수리數理라는 개념을 알았지만, 데카르트 이래의 수리 물리학적 사고의 보편적 적용이라는 관념에까지 이르지 않았다. 그리고 유클리드 기하학이 소개되었지만, 단순한 원리들을 공리로 해 복잡한 현상을 설명한다는 분석과 종합의 방법이 과학적 사고의 전형이라는 관념도 일반화 될 수 없었다.

과학적 방법과 철학적 방법을 동일시하는 20세기 과학적 세계관은 과학주의를 철학에 들여오는 계기를 만들었다. 이른바 통합 과학이라는 이데올로기의 출현은 특정 국민 국가의 패권을 실현하는 지적 기획으로 작용했다. 헝가리의 과학 평론가이자 무한우주론의 지지자인 쾨슬러Arthur Koestler, 1905~1983는《백주의 암흑Darkness at Noon》(1938)에서 총체적 동원 체제와 연계한 과학주의는 개체 존재의 의의는 물론, 무한에 대한 사유를 쓸모없는 것으로 폐기하는 특징을 갖는다고 (스탈린 체제를 예로 들어) 비난했다.[32] 툴민도 이 방향에서 근대 서양 과학사를 평가한다. 그는 법률적 사고와 함께 논리적 사고를 인간의 오만성의 발로로 보는 몽테뉴의 인문주의적 전통을 계승한다. 툴민은《우주론으로의 회귀The Return to Cosmology》(1985)에서 '푸른 철학green philosophy'과 '하얀 철학white philosophy'을 '탈근대적 철학'으로 제안한다. 푸르른 철학은 자연과의 일치에서 최고의 선에 도달한다는 스토아적 철학이고, 하얀 철학은 개인의 심리적 예속 상태를 만드는 온갖 유치한 내부의 유령들을 제거하여 심적 불행을 해소한다는 에피쿠로스적 철학이다.[33] 인간과 자연의 생태적 관계를 재정립하고, 개인의 심적 불안을 극복한다는 툴민의 이러한 제안은 무한성과 개인의 생명 가치를 외면하는 과학주의적 전통에 대한 반론을 대변한다.

과학주의를 이상적인 것으로 전제하고 아시아의 과학사에서 과학혁명이 없었던 이유를 찾는 연구는 일정한 한계가 그어져야 한다. 조세프 니담이 아시아에 서양의 주류적 과학이 발전하지 못한 이유를 발달된 국가 관료제가 갖는 안전성과 정체성에 둔 이후, 이에 영향 받아 그 원인을 11~13세기에 일어난 서양 법제의 혁명에서 찾는 새로운 연구가 나오게 되었다. 서양이 아시아나 중동과는 다른 역사를 형성한 원

---

32 Arthur Koestler, 김윤희 옮김,《백주의 암흑》, 신교문화사, 1959.

33 Stephen Toulmin, *The Return to Cosmology*, University of California Press, 1985, p.262.

인을 버만Harold Berman은 유럽의 생활사의 특징에서 찾는다. 그는《법과 혁명 *Law and Revolution*》(1983)에서 과학혁명을 촉진한 데카르트적인 근대 합리적 사고의 형성 배경이 11~13세기경 유럽에서 일어난 광범위한 법의 혁명이라고 한다.[34] 과학사가 허프Toby E. Huff는 이러한 입장을 수 용하여《초기 근대 과학의 흥기 *The Rise of Modern Science*》(2003)에서 다음과 같이 논한다.

> 11세기와 13세기 초 사이에 서유럽에서는 근본적인 질적 변화가 일어났 는데 여러 차원의 자치권과 재판권 그리고 법률 자문가 집단의 등장과 함 께 바로 법체계 개념이 만들어졌다. "정치 제도로서 그리고 지식 개념으로 서 법의 본질을 극적으로 바꾸는 큰 변화가 일어난 것이다."(……) 이것은 지식의 혁명인 동시에 사회, 정치, 경제 혁명이었고, (……) 근대 과학이 발 전하는 데 필요한 비옥한 토양을 제공했다. 상징적 차원에서 볼 때 이 새 로운 질서는 인간에 대한 새로운 철학을 탄생시켰다.[35]

법적 명제들의 모순 없는 체계를 세우고, 가설의 실험적 검증을 위 한 엄밀한 추리를 하는 능력은 수많은 '자치집단 운동'에서 형성된 법 적 사고의 핵심이었으며, 이것이 근대 과학적 사고의 원형이 되었다는 것이다. 이러한 연구들은 아시아 사회의 법이 주로 형법의 측면에서 이 루어졌고, 사회적 관계 대부분이 예법의 측면에서 이루어졌다는 것을 볼 때 중요한 차이점을 지적한 것으로 보인다.《예기 禮記》와《공자가어 孔子家語》에 나오는 "형법은 대부에까지 올라가지 않고, 예는 서민에 까

---

34 이 책은 Harold J. Berman, 김철 옮김,《법과 혁명 1》(한국학술정보사, 2013)으로 일부분이 번역되 었다.
35 Toby E. Huff,《근대 과학사상의 *The Rise of Early Modern Science*》, 김병순 옮김, 모티브, 2008, 206, 232쪽.

지 내려가지 않는다刑不上大夫, 禮不下庶人"는 전통적 관례는, 귀족 계급을 제약하는 법이 있었지만 비용이 많이 드는 예를 행할 수 없는 서민의 어려운 경제 사정을 고려한 것이다. 또한 형법을 귀족에까지 적용하는 것은 명예를 훼손하는 것이기에 금했다. 그러나 몽테뉴, 데카르트로부터 헤겔, 마르크스에 이르는 근대 유럽의 철학자들이 법학을 공부했고, 정의를 다루는 법철학을 중시한 이유는 오래된 생활 문화의 전통에서 온 것으로 보인다. 그러나 법의 혁명에 의한 개인주의적 권리의식의 발달은 상공업의 발달과 연관하여 배타적 소유권을 지키는 냉담성을 특징으로 하는 시민성을 낳았다. 개인주의의 이 어두운 측면은 현대 과학주의적 편견과 함께 인류가 극복해야 할 난제가 되었다. 이제 구체적 개인들의 상황을 고려하는 평등한 연대성의 윤리를 모색해야 하는 상황이 되었다. 자유란 기회의 균등만이 아니라 구체적 개인의 연령, 가족 상황 등 제반 특수한 제약들이 인간적 자유의 능력을 저해하는 것을 해결하는 후생 윤리를 요구한다.

김석문과 홍대용의 과학은 유클리드-뉴턴 도식이 보여 주는 엄밀성을 추구하는 형태의 과학은 아니었다. 그들은 홍대용의 수학서인《주해수용籌解需用》의 제목이 알려 주듯, 수학을 토지 측량이나 거리 측정이라는 실용적 적용의 구도에서 생각하고 있었다. 서양에서도 천문학은 점성술이나 정밀한 책력을 위한 예측의 정확성이 주는 실용성과 분리될 수 없었다. 홍대용의 우주론은 서양 근대의 기하학적 구조를 일부 수용하지만, 전통적인 대수학적 계산에 의존하는 측면을 다분히 갖고 있었다. 명말《기하원본幾何原本》을 한역한 서광계徐光啓, 1562~1633, 이지조李之藻, 1571~1630 가 유클리드의 분석과 종합의 논리가 갖는 과학성을 잘 알고는 있었으나, 논리보다는 국방과 경제를 위한 실용성에 지나친 관심을 두는 것을 리치가 경계한 것은 두 문화가 갖는 차이의 일면을 보여 준다.

　그러나 홍대용이 후생 윤리적 입장에서 새로운 평등의 윤리를 무한우주론을 배경으로 하여 제기한 것은 과학과 철학의 관계에 대한 생각에 중요한 참고가 될 것이다. 그의 후생학은 백성에게 물질적으로나 윤리적으로 유익함을 주는 사회적 실천성을 갖는다. 윤리는 외적 차원에서의 구체적 사업을 필요로 한다. 또한 후생학은 안으로는 실천의 내적 근거를 우주론적 본원本源에 둔다. 우주는 하나의 본원이 자신의 활력을 삼라만상으로 발현시킨 것이며, 하나의 본원은 만유에 관류하는 소통성의 원리다. 인간과 사물은 본질적 측면에서 같은 생명 원리를 공유하기에 인물성이 동일하다는 것이다. 인간은 밖으로는 사회에 관심을 갖고 과학을 연구하고, 안으로는 무한성으로 초월하는 노력인 내적 성실성을 겸비해야 한다. 과학과 윤리 및 형이상학적 사유의 이러한 상보적 관계는 홍대용의 철학을 이끄는 이정표가 된다. 그의 〈누군가에게 주는 두 편지與人書二首〉는 무용한 글을 쓰는 자신을 질책하는 문맥에서 자신의 학술적 근본 구도를 다음과 같이 압축한다.

　　사람의 태어난 마음의 능력에는 한계가 있으나, 진실하고 정밀한 바른 이치들은 끝이 없다. 사물에 대응하고 사려를 발휘[應物發慮]하여 밖으로는 실학적 일에 힘쓰는 사업이 있고, 안으로는 고요히 정관하는 가운데 마음을 안정시키고 존양[靜觀息養]하여 본원을 함양하는 진실한 노력[本源之眞功]이 있다且夫人生之心力有限, 理義之眞精無涯. 應物發慮, 外有事業之實務, 靜觀息養, 內有本源之眞功.[36]

36　洪大容,〈與人書二首〉,《湛軒書》, 內集, 권1.

用用에 해당하는 '응물발려應物發慮'의 지적 활동과 체體에 해당하는 '정관식양靜觀息養'의 내적 지혜는 서로를 필요로 한다. 양자는 체용상수體用相須의 관계를 갖는다. 그러나 양자의 관계는 데카르트적 전통이 확립한 수리 물리학을 정점으로 하는 위계적이고 배타적인 통합 과학을 수립하지는 않는다. 최한기에 와서 형이상학적 무한우주론과 과학의 상호 관계가 더 분명해지지만, 개별 과학으로 분화되지 않은 18세기의 조선 과학은 무한한 우주에 관한 사유를 억압하기보다는 오히려 촉진할 수 있었다. 양자는 손쉽게 상보적 관계를 형성할 수 있었다. 이러한 호혜적 연관성은 개별 과학들의 수평적 관계, 과학과 철학의 호혜관계, 그리고 동서양의 소통 관계를 정립하려는 노력에 도움을 줄 수 있는 지성사적 자료가 될 수 있을 것이다.

연암 박지원도 실학과 무한우주론을 결합한다. 그는 모든 측면에서 폐쇄적 경계를 넘어서는 활동을 시대의 요구로 이해한다. 홍대용처럼 그는 조선의 영토와 문화를 중국, 나아가 유럽의 관점에서도 볼 수 있다고 생각한다. 그는 중국이 세계의 중심이 아님을 알고 천하의 범위를 전 지구적으로 확장했다. '천하의 장관天下之壯觀'이 바로 그것이다. 박지원 자신도 중국인만이 아니라 유럽인들과도 만날 수 있기를 희망한다. 나아가 자전을 하는 지구(공전은 생각 못했음)를 달에 가서 바라보는 것을 상상했으며, 태양계를 벗어나 별들로 가득한 '무한한 우주[天地之大觀]'의 관점에서 세상을 보고자 했다. 박지원의 경험과 사상에서 무한한 높이에서 세계를 보는 장자莊子의 도의 관점[以道觀之]과 여래如來의 무한한 시야로 세계를 보는 불가의 초세간적 관점이 엿보인다. 도의 관점에서 세계를 본다는 것은 "사물을 경계 설정 없이 보는 것과 함께 하는與物無際" 경지다. 사이를 만들어 사물의 변화를 분리하고 분리된 것을 고정시켜 보는 것은 인간의 인위적 관점이다. 이 관점은 "차고 비며 쇠퇴하고 사라져 가는 과정盈虛衰殺"을 각각의 고정된 단위로 분리해서 본다. 그것은 경계를 만들어 사물의 변화가 "경계 없는 경계不際之際, 즉 연속성과 비연속성을 함께 갖는다는 사실을 은폐한다. 도의 관점에서는 아예 경계를 만드는 것이 전혀 없다[無際]. 인위적 불연속성을 만들어 구분하는 것은 사물에 적대하는 습관이며, 경계성 속에서의 무경계성[際之不際]을 보는 것은 만물의 생명과 하나가 되게 한다.[37] 이러한 의미에서 경계나 사이를 진지하게 생각하고 넘어서고자 하는 박지원의 사상은 '사이[際, 경계]의 철학'[38]이라고도 할 수 있을 것이다. 박지원은 사이 개념이 과학적 인식과 '평등안平等眼'을 여는 데 본질적 중요성을 갖는다고 보았다. 그는 과학자인 김석문金錫文과 홍대용洪大容의 영향을 받아 무한우주론을 과학과 일치하는 것으로 보았다. 폐쇄적 한정성을 탈출하려는 박지원은 이 방향에서 새로운 지식인[士]상을 정립한다.

박지원의 초세간적 관점은 만유를 무한의 시간과 무한의 공간 안에서 전개되는 잠정적 존재로 본다. 인간은 자연의 일부 혹은 벌레 중의 큰 벌레다. 박지원은 호탕하고 기발한 상상력을 발휘해, 역사적 고금古今이라는 시간도 '큰 순간[大瞬大息]'에 불과하며, 큰 순간은 아주 '작은 소순간[小瞬小息]'들로 나누어질 수 있다고 보았다. 그에 의하면 이러한 시간 구분은 단지 인간에 의해 '미리 정해진[先定]' 관념이다. 인간은 이러한 시간 구분의 상대성을 넘어서 무극無極의 관점에서 세계를 보거나, 불가의 혜안慧眼의 관점에서 세계를 볼 수 있다. 이러한 관점이 모든 것을 평등하게 보는 '평등안平等眼'이다. 그것은 비교하는

---

37 《莊子》雜篇, 〈庚桑楚〉.

38 김명호, 〈燕巖의 실학사상에 미친 西學의 영향〉, 실학연구총서 04, 《연암 박지원 연구》, 사람의무늬, 2012, 81~146쪽. 이 논문에서 저자는 연암의 제(際)의 개념을 '경계의 철학'으로 설명한다.

습성에서 나오는 높고 낮음의 위계를 설정하지 않으며, 질투심을 갖지도 않는다. 그는《열하일기熱河日記》에서 중국 변경 지역의 선진적인 모습에 위축된 자신의 마음을 우주 본체인 여래의 눈, 즉 '무한한 시공간의 관점[平等眼]'에서 안정시킨다.

> 이는 하나의 시기하는 마음이다. 내 본시 성미가 담박(淡泊)하여 남을 부러워하거나 시기하거나 하는 마음은 조금도 없던 것이 이제 한번 다른 나라에 발을 들여놓자, 아직 그 만분의 일도 보지 못하고 벌써 이런 망녕된 마음이 일어남은 어인 까닭일까. 이는 곧 견문이 좁은 탓이리라. 만일 여래(如來)의 밝은 눈으로 시방 세계(十方世界)를 두루 살핀다면, 어느 것이나 평등하지 않은 것이 없을 것이니, 모든 것이 평등하면, 저절로 시기와 부러움이란 없어질 것이다"하고 장복을 돌아보며, "네가 만일 중국에서 태어났다면 어떻겠느냐?"하고 물으니 그는, "중국은 오랑캐의 나라이므로 저는 원치않습니다"하고 대답한다. 때마침 한 소경이 어깨에 비단 주머니를 걸고 손으로 비파(月琴)를 뜯으면서 지나간다. 나는 크게 깨달았다. "저 사람이야말로 평등의 눈을 가진 이가 아니겠는가?"此妒心也. 余素性淡泊, 慕羨猜妒, 本絶于中, 今一涉他境, 所見不過萬分之一, 乃復浮妄若是 何也. 此直所見者小故耳. 若以如來慧眼, 遍觀十方世界, 無非平等. 萬事平等, 自無妒羨, 顧謂張福曰 使汝往生中國何如. 對曰 中國胡也 小人不願. 俄有一盲人肩掛錦囊, 手彈月琴而行. 余大悟曰 彼豈非平等眼耶.《熱河日記》,〈渡河錄〉)(《열하일기》,〈도하록〉)[39]

박지원의 평등안은 높고 낮음, 가고 옴, 생성과 소멸, 증가와 감소, 차이성과 동일성 같은 대립이나 차별상이 없는 불교의 평등성지平等性

---

39 번역은 朴趾源, 李家源 옮김,《熱河日記》,〈渡河錄〉(대양서적, 1978, 40~41쪽)에 의거하여 변형했다.

智다. 그것은 《장자莊子》가 우주宇宙, 宇는 변두리가 없는 공간, 宙는 무시무종의 시간의 관점에서 만물을 평등한 하나로 보는 것[萬物一齊]과 유사하다. 평등이 최고의 보편적 원리[天理之至公]다. 평등은 우주적 평등성이다. 이러한 평등의 관점은 편집적 눈을 갖지 않은 자유로이 음악을 연주하는 맹인의 예술적 관점과 같은 것이다. 또한 박지원에게 평등의 관점은 과학의 발전과도 일치한다. 그는 우주의 각종 미물들에 대한 과학적 관심을 보이며, 거시 세계를 망원경으로 관찰하는[步天] 기구의 발달을 과학이 새로운 영역으로 확장해 가는 과정으로 인식한다. 그는 서양 탐험가들이 바다를 돌아 아시아까지 항해해 오는 장관을 모든 사람들이 함께 보기를 희망했다. 그러나 사람들은 무한 수의 은하가 펼쳐진 시방세계十方世界를 통관하는 불안佛眼을 조소하며, 기존의 감각적 습관과 위계적 인류이라는 좁은 세계에 갇혀 산다.

단지 입과 귀만을 의지하는 자들과는 학문을 이야기할 것이 못 된다. 더구나 평소 그들의 정량情量, 감각의 한계이 미치지 못한 대상에 관해서는 말해 무엇하랴! 성인孔子이 태산에 올라 천하를 작다 했다 말하면, 그들은 속으로는 그렇지 않으리라고 생각하면서도 입으로는 그렇겠다고 말한다. 하지만 "부처가 시방 세계十方世界를 두루 본다고 말하면 허망하다고 배척하고, 서양인들은 거대한 선박을 타고 둥근 지구의 저편에서 빙 돌아서 나왔다고 말하면 터무니없다고 질책한다. 그러니 나는 누구와 함께 하늘과 땅의 장관壯觀을 이야기할 것인가?徒憑口耳者, 不足與語學問也. 況平生情量之所未到乎! 言聖人登太山而小天下, 則心不然而口應之; 言佛視十方世界, 則斥爲幻妄; 言泰西人乘巨舶, 遠出地球之外, 叱爲恠誕. 吾誰與語天地之大觀哉?《熱河日記》〈馹汎隨筆〉》《열하일기》, 〈일신수필〉》[40]

박지원은 홍대용을 비롯한 개명 지식인들과 같이 세계를 가능한 한 가장 높은 곳에서 보는 개명開明의 관점을 취한다. 그의 관점주의는 무한 수의 세계를 본다는 불안佛眼에 접근하며, 서양 근대 과학을 통해 알게 된 입자의 관점에서도 본다. 그는 무한대와 무한소에 대한 착상을 갖고 있었다. 이는 망원경의 존재를 알게 된 것과도 관계가 있다. 그는 사물은 망원경의 관점과 현미경의 관점에서 볼 수 있다는 것을 깨닫는다. 그에 의하면 크기가 있는 사물들과 생명체들 및 우주는 미물인 미세먼지[微塵, 더 이상 분석 불가능할 정도로 작은 입자anu로 불교에서도 활용된 인도 철학의 용어]로 구성되어 있다. 그는 사물에는 심층과 표층이 있으며, 과학은 표면에만 머물지 않는다고 본다. 당시 실학파와 같이 박지원도 서광계徐光啓의《기하원본幾何原本》(1607)과《농정전서農政全書》(1639)를 읽었다. 그러나 서광계도 그랬지만, 박지원도 백성에게 물질적으로 유익한 삶을 증진시킨다는 '실용實用'의 관점에서 기계의 발명을 통한 생산성의 확대와 토지 개혁을 더 긴급한 문제로 제기한다. 실용 과학의 관점에서 박지원은 농업 생산성의 향상을 위한 기술적 지식의 필요성을 강조했다. 그는《과농소초課農小抄》(1798)에서 서광계의《농정전서》를 거듭 인용하면서 그러한 농학 사상을 피력했다. 박지원이 전통적 선비상士像을 전환하여 선비를 농공상(농공상)에 대한 전문적 지식 탐구와 토지 개혁의 주체로 설정하여, 천자와 기술자, 상인, 농부 모두를 사士로 간주한 것도 지식의 범위와 책임 영역을 확장하는 관점에 의거한 것이다.[41] 그의 지식인론인〈원사原士〉는 과학에까지 이해의 범위를 확대한 보편 선비론을 전개한 것이다. 지식인은 농학

---

40 위의 책, 177쪽.
41 朴趾源,〈課農小抄〉,《燕巖集》別集, 권 17. 번역은 김명호, 신호열 옮김,《연암집》, 돌베개, 2007. 박지원의 농학 사상과 실학적 지식인 상에 대해서는 염정섭,〈燕巖의《課農小抄》에 대한 종합적 검토〉, 재단법인 실시학사편,《연암박지원 연구》, 성균관대학교출판부, 2012, 149~238.

적 지식과 농부의 실천을 결합함으로써 허명만 남은 신분 사회의 폐단을 개혁해야 한다는 것이다.[42] '농리農理'에 대한 인식과 실천은 그의 토지 개혁론에서 구체적으로 결합된다. 박지원의 토지 개혁론은 정전제라는 토지 균등 분배의 이상을 실현하는 전 단계로 제안된 것이다. 그것은 모범적인 '법전法田'과 토지 소유 상한선을 정하는 일종의 한전제인 '한민명전限民名田'으로 나뉜다. 법전은 한양 근교 두 곳에 설치하고, 여기에서 농리에 대한 지식을 교육하여 전문가를 양성한 다음 이들을 지방으로 파견해 농사를 짓게 한다는 것이다.[43] 한민명전은 개인 소유의 토지 소유 상한선을 정하는 것으로 토지 겸병을 막을 수 있는 현실적인 대안으로 고려된 것이다. 그러나 그의 한전제는 사대부 층에게 후하고 평민에게는 박하게 책정함으로써 박지원의 신분적 한계를 드러낸다. 박지원의 기술적 지식에 대한 강조와 토지 개혁론은 보편 선비론을 실현할 수 있는 구체적 방안이다. 이 입장에서 그는 당시의 성리학이 고원한 성리론性理論에 집착해 '실용實用'을 상실하고 사대주의적 파당성에 연연하는 행태를 비판할 수 있었다.[44]

그러나 박지원의 지식인 상은 생산 방식의 향상에 대한 관심뿐만 아니라 하층 계급에 대한 적극적 관심을 포함한다. 그는 실현되지 않았지만 정조正祖의 개혁 의지에 동조하며, 자신의 개혁안이 당장은 사대부 신분층의 이익을 거스르지 않지만, 장기적으로는 토지 개혁과 사회 불평등 문제를 개혁할 수 있는 것으로 보았다. 이러한 관점은 아래의 입장에서 위를 바라보는 비판적 사회의식에서 비롯된 것이다. 아래에

42 朴趾源, 〈原士〉, 《燕巖集》 권 10 別集, 엄화계수일 잡저(罨畫溪蒐逸雜著).
43 홍례문에서 서강 10리에는 井田을, 흥인문에서 왕십리 10리에는 기전(箕田)을 설치한다. 기전은 箕子가 제정했다는 정전제와 유사한 전자(田字) 모양으로 토지를 구획하여 균등하게 분배한다는 제도다. 이에 대해서는 염정섭, 앞의 책 참조.
44 朴趾源, 〈原士〉, 앞의 책.

서 보는 관점이 보다 넓게 보는 객관적 시야를 열어 준다는 것이다. 그
는 도시 사회에서 분뇨 청소부와 같은 최하층 생활을 진실성과 단순성
을 표현하는 것으로, 이학을 외우는 유자儒者로 대표되는 유한계급의
생활을 도덕의식에 의해 복잡하게 중첩된 위선으로 본다. 관료 집단의
주변에서 움직일 수밖에 없었던 사대부 인문 지식인들은 실용적 기술
과 신체적 노력보다는 추상적 학술을 권력과 생존의 도구로 삼는다.

세상이 말세로 떨어져 허위만을 숭상하고 꾸미니, 시를 읊으면서 무덤을
도굴하는 위선자요 사이비 군자라네. 은자인 체하며 빠른 출세를 노리는
짓을 예로부터 추하게 여겼느니世降衰季, 崇飾虛僞, 詩發含珠, 愿賊亂紫, 逕捷終南,
從古以醜, 이에 역학대도전易學大盜傳을 짓는다.
집에서 효도하고 밖에서 공손하면 배우지 않았어도 배웠다 하리니, 이 말
이 비록 지나치지만 거짓 군자를 경계할 만하네, 공명선公明宣은 글 읽지
않았어도 3년을 잘 배웠으며, 농부가 밭을 갈며, 아내를 손님같이 서로 공
경하니, 글자를 읽을 줄 몰라도 참된 배움이라 이를 만하네入孝出悌, 未學謂
學, 斯言雖過, 可警僞德. 明宣不讀, 三年善學, 農夫耕野, 賓妻相揖, 目不知書, 可謂眞學.((放璃
閣外傳, 自序))[45]

'역학대도易學大盜'란 정신노동을 신성한 것으로 보면서도, 학술을
재물이나 권력에 팔아먹는 지식인을 말한다. 진정한 학문은 신분의 차
별을 만들지 않으며, 상업적으로 교환될 수 없는 가치를 다룬다. 박지
원의 '평등안'은 도道는 하찮은 것들에 있다는 장자의 관점과 일치한
다. 그의 평등안은 민民에게 유익한 과학과 측정 도구의 발전을 중시하

---

45   朴趾源,〈放璃閣外傳, 自序〉,《燕巖集》, 8권 別集.

는 입장과 공존한다. 이 관점에서 박지원은 홍대용처럼 이른바 낙론洛論의 인물성 동론同論을 옹호하게 된다. 이것은 새로운 인륜의 본질을 상호인정[相許]과 우정의 확대로 생각하는 홍대용의 사상과 연결된다. 《장자》〈지북유知北遊〉에 의하면 진실[道]은 가장 낮은 곳으로 내려가는 데 있다. 도는 "땅강아지와 개미, 돌피와 같은 잡초, 기와와 벽돌, 똥오줌"에 있다.

진실에 도달하는 노력은 아래로 내려가는 하향성을 갖는다. 도는 바닥에 있다. 불교의 실상에 대한 인식 경계인 불지경계佛智境界는 인간 세의 협소한 습관, 주객 분리의 형식, 궁극적으로는 우주를 여래성如來性의 산물로 보는 절대적 관념론도 초월한다. 평등안은 노장사상이나 불교에서 말하는 무대립의 자유의 경지를 새로운 시대의 새로운 가치로 가져온 것이다. 당唐의 이통현 李通玄, 635~730은 《약석신화엄경론略釋新華嚴經論》에서 화엄경의 대의를 다음과 같이 말한다.

> 본래 범인과 성인의 차별이 없으니, 생물과 무생물의 모든 진정한 법체法體가 하나의 불지경계가 되고, 결코 따로 해야 할 다른 일이 없으니, 범부의 감각을 가지고 망령되이 헤아리지 말라 如此華嚴經大義, 本無凡聖, 情與非情, 全眞法體, 爲一佛智境界, 更無餘事. 莫將凡夫情量, 妄作斟量.[46]

불지경계는 만상이 평등의 관점 안에서 전개되는 의미경계[意境]다. 이것이 여래의 마음인 '이理' 혹은 '참된 이眞理'이고 '존재 원리로서의 본질[理性]'이다. 여래의 마음은 모든 사물[事]에 관류하여 서로가 서로를 함축하고 포용하는 상섭相攝의 관계망으로 나타난다. 만상은

---

46 李通玄,《略釋新華嚴經論》, 雲住寺, 1999.

다르게 나타나지만 본질에서는 평등한 하나다.

　개개의 사물에 전체를 관류하는 여래의 마음이 현현되어 있다는 이러한 법계관은 만유 모든 곳에서 자신의 자아를 발견하는 무대립의 자유를 근본적인 덕으로 제시한다. 이것은 "인륜 세계의 존재만을 보는 자는 과거의 군자이지만, '무'를 보는 자는 천지의 친구觀有者, 昔之君子, 觀無者, 天地之友"[47]라는 장자의 자유 개념과도 통한다. 이러한 사상은 주돈이와 주희의 우주관에 내밀한 영감을 준 것으로 알려져 왔다. 신유가는 여래의 마음이 비어 있다는 불교의 허공虛空과 장자의 '무'에 적극적인 생명성을 부여하기 위해, 무한한 빈 공간에서 부단히 생기하고 그 안에 충만한 생명원리生之理를 태극이라는 실재로 보았다. 신유가는 이로써 불교나 장자의 허무지학虛無之學을 극복하는 실학實學을 한다고 생각했다. 박지원의 주기론적 세계상도 이러한 전통에서 자신의 생명 철학적 관점이 공空이나 '무'가 갖는 소극성을 극복한 형태의 것임을 보여 주려 한다. 그러나 이 신유가적 관점에도 마음을 비움으로써, 즉 '무'를 통해 우주의 생성과 합치한다는 불가나 도가의 정신은 버려지지 않고 전승되어 있다. 정자程子와 주희가 화엄법계관의 심오함을 인정하면서도 그 허무성을 비판하는 양면적 태도는 신유가에게는 익숙한 전통이었다.

　박지원도 이 전통에 있다. 그는 주공麈公 스님의 입적을 기리는 가상의 〈주공탑명麈公塔銘〉에서 끓인 지황탕의 거품들에 하나의 영상이 다양하게 비추는 현상을 보고 법계관을 연상한다. 거품들 각각에는 불佛이라는 여래의 마음이 그 본성으로서 여여하게 현현되어 함축되어 있다[佛各各現相, 如如含性]. 그는 이것을 이사무애理事無礙 법계로

47　《莊子》, 外篇, 〈在宥〉.

이해하고, 탕약을 다 마시면 그릇은 텅 비게 된다는 말로 불교를 은밀히 비판한다. 실재적 생명원리實理는 우주에 내재적이고 모든 곳에 발현되어 있다. 진리의 "열매는 반드시 땅에 떨어져 있으니, 발밑에 응당 밟힐 것인데, 하필이면 허공에서 찾으려 드는가? 실리實理란 보존된 씨와 같다. 씨를 일러 인仁이라 종자子라 하는 것은 낳고 낳아 쉴 줄을 모르기 때문이다. 마음으로 마음을 전할 양이면, 주공의 탑을 찾아 증거를 삼게나果落必在地, 脚底應踐踏, 何必求諸空. 實理猶存核, 謂核仁與子, 爲生生不息. 以心若傳心, 去證塵公塔."[48] 비어 있는 마음은 그것을 대상화하는 마음에 의해 증득될 수 없다. 마음은 대상적 지시체가 아니기에 사물처럼 대상화될 수 없다. 마음으로 마음을 안다는 것은 공허할 뿐이며 불가능하다. 주공탑에서 증득할 것은 이 불가능성이다. 그러나 생생불식하는 생명성은 모든 것의 씨알로 응축되어 있다. 탑에 가서 증득할 것은 세계에서 분리된 초월적인 빈 마음이 전해진다는 것이 아니라 우주 내재적 생명성이다. 생명원리의 보편적인 내재적 발현의 세계가 인간이 관심을 가져야 할 전부다. 인간은 창조적 발현의 원리에 기초하여 안으로는 덕을 증득하고 밖으로는 이용, 후생의 실천으로 나아간다.

백성의 후생을 지원하는 노력은 과학과 기술을 필요로 하며, 제도의 혁신을 필요로 한다. 박지원의 사상의 구도 역시 내외합일적 구조를 갖는다. 그것은 안으로는 우주적 초월의 관점에서 경계를 넘는 평등의 원리를 이해하고, 밖으로는 격물치지학인 과학과 기술을 발전시키는 활동으로 나아간다. 박지원은 유자들의 지식의 편협성과 이에서 오는 귀족적 무능과 위선을 공격한다. 박지원의 새로운 지식인 상은 세 가지 차원을 종합적으로 지닌 포괄적 능력의 소유자다. (1) 우주적 평

---

48 朴趾源, 〈塵公塔銘〉, 연상각선본(煙湘閣選本), 《燕巖集》 2권.

등성 (2) 과학과 기술을 연구하고 실용을 추구하는 이용후생학 (3) 사회적 불평등에 대한 인식. (1)은 《논어》의 개념으로는 상달上達에 속할 것이고, (2)와 (3)은 하학下學에 속할 것이다. 박지원의 세계관은 무한우주론 안에 과학과 비판적 사회의식을 포용한다.

새로운 지식인 상은 농공상의 발전의 기초가 되는 학술을 연구하고, 제도적 삶의 변화를 지향하여 사회적 후생厚生에 기여하는 실학적 관점을 필수적 조건으로 갖는다. 박지원이 군주를 비롯한 모든 선비는 농공상에 정통해야 한다고 주장한 것은 바로 이와 같은 문맥에서 가능한 것이었다. 실학實學은 물物에 대한 광범위한 지적 관심을 수용한다. 물학物學은 도학 군자를 벗어나게 한다. 철학의 조건들은 무한우주론과 과학 기술, 윤리론과 사회 개혁론, 비판적 문예와 역사론을 포괄한다. 이들은 상호보완적 관계로 연결되어 회통된다. 형이상의 도道, 우주론과 윤리론와 형이하의 기器, 과학 기술론과 제도론는 호혜적 관계를 갖는다. 물物의 실용적인 중요성은 경제적 후생뿐만 아니라 인간성의 완성을 간접적으로 지원한다. 사물을 인식하는 것에서 인간성에 대한 이해를 향상시키며, 인간성에 대한 성찰적 이해는 사물에 대한 인식을 확장시킨다. "나의 입장에서 저쪽物을 보면, 다 같이 본원적 생기[氣]를 품수 받은 것으로 보기에, 하나도 허가虛假한 것이 없으니, 어찌 천리의 지극한 공정함이 아니겠는가? 사물의 입장에서 나를 보면, 나 역시 사물들 중의 하나다. 그러므로 사물을 이해함으로써[體] 자기 자신에게서 반성하여 구하면 만물이 모두 나에게 갖추어져 있게 된다. 나의 본성을 다하는 것은 사물의 본성을 다 할 수 있는 방법이다以我視彼, 則勻受是氣, 無一虛假, 豈非天理之至公乎 卽物而視我, 則我亦物之一也. 故體物而反求諸己, 則萬物皆備於我, 盡我之性, 所以能盡物之性也."[49]

외부 물리物理에 대한 이해가 인간의 자기이해를 증진시킨다. 자연은 근원적 생명원리인 기氣가 자신의 질서[理]에 따라 발현 전개된 것이다. 인간은 자연에 대한 생명 철학적 인식의 심화에서 자신의 본성이 자연의 궁극적 본성과 일치하는 것임을 알게 된다. 자연의 생명성은 모든 사물에서 일의적이고 보편적인 평등성[至公]으로 나타난다. 이러한 관점에서 세계를 보는 것이 인간의 내적 본성을 실현하는 것이 된다. 이러한 견해에 선불교적 공空의 원리가 '평등안平等眼'을 막는 차별적이고 편집적인 집착을 제거한다는 관점이 내포되어 있다. 원래 양명학은 차별적 장벽의 제거에서 오는 자유의 심정과 생기로움을 강조해 왔다. 특히 좌파 양명학의 전개에서 그러한 사상의 급진적 측면이 드러나게 되었는데, 박지원의 사상에는 그러한 착상이 내밀하게 포함되어 있다. 그의 겉보기 표현은 기존의 주자학적 윤리관의 범위를 벗어나지 않는 것처럼 보인다. 그러나 〈원도서原道書〉를 비롯한 박지원의 다른 글들은 자신의 급진적 진심을 전통적 언어 속에 가려 놓는다. 심정의 우주적 생명성을 통찰한 마음과 외적 상황과의 실천적 통일을 지향하는 그의 실천적 일이관지론—以貫之論은 비움[空, 虛]의 효과에 의거한 착실성을 강조한다. 이러한 생각은 왕양명 이래의 양명학 좌파가 마음의 자연성과 자유로움을 살려내기 위해 가져온 선불가적 방안을 발전시킨 것이었다. 또한 "의지의 인위성과 필연성, 고착성과 이기성이 없다"는 공자의 사무설四毋說, 毋意, 毋必, 毋固, 毋我은 양명학에서는 선불교적 자유로움과 결합해 자기중심성과 예법의 구속성을 버리는 심성의 특징으로 주장되었던 것인데, 박지원은 이러한 면모를 은밀히 엿볼 수 있는 방식의 글쓰기를 하고 있다.

박지원은 일이관지—以貫之를 보행의 비유를 들어 설명한다. 보행이

---

49 朴趾源,〈答任亨五論原道書〉,《燕巖集》권 2.

두발이 교대로 허공에 들렸다가 착지하는 과정에서 가능한 것처럼 진정한 삶의 방식인 도道는 비움을 통해 자연스럽게 발현되는 실행성에 있다. 그것은 비움과 채움의 상호 필수적인 관계이다. 구체적 상황 속에서의 적절한 실천은 고착성이 없는 마음이 갖고 있는 인仁의 도를 실현하는 것이다. 도의 출발은 공평한 보편성의 관점에 있고, 그 실천적 귀결은 도가 적절하게 적용된 상황의 만족스러운 변화, 즉 평정에 있다. 진정한 삶은 공평한 평등의 눈에서 나오는 치우침 없는 평형성을 바탕으로 실천적 상황 적합성[中]으로 가는 노력이다. 구체적 상황에 적합한 행동이 올바른 행위[義]이며, 올바른 행위는 보편적 도와 결합하여 이루어진다. 이 결합을 가능하게 하는 것이 용사의 기상을 모델로 하여 맹자가 개발한 도도하게 흐르는 대양大洋의 기상[浩然之氣]이다. 이 전사적 기상은 용기를 동반한 기세氣勢로서 상황을 변형하는 창조적 실천 의지다. '기세'가 도 혹은 이理를 현실로 실어 나른다. 상달上達과 하학下學, 내적 성실성[忠]과 타인에 대한 이해[恕]를 통일하는 실천적 의지의 내외 일관성을 이루는 것이 윤리의 근본 형식이다. 이 형식이 생활 세계를 형성해가는 근본 조건이다.

"道는 어디에 있는가? 보편성[公]에 있다. 보편성[公]은 어디에 있는가? 사사로운 집착을 비움[空]에 있다. 비움[空]은 어디에 있는가? 실행[行]에 있다. 행[行]은 어디에 있는가? 실천적 이룸[至]에 있다. 이룸은 어디에 있는가? 머무름[止]에 있다. 머무름은 어디에 있는가? 공평성[平]에 있다. 공평성은 어디에 있는가? 마음의 바름[正]에 있다. 바름[正]은 어디에 있는가? 치우침 없는 적합성[中]에 있다. 적합성[中]은 어디에 있는가? 도道에 있다. 대개 근원은 하나인 때문이다. 그러므로 공자는 하나로써 관철되어 있는 것이 '우리의 도'라고 했다. 자사子思가 그렇게 된 까닭을 다시 설명하기를 "분리될 수 있으면 도가 아니다"라고 했다. 그렇다면 도를 볼 수 있는가? 기세[氣]가 아니면 이理를 드러낼 길이 없다. 그러므로 기세는 도와 의義가 짝을 이루어서 길러야만 호연浩然해지는 것이다. 사람[人]에 인仁을 합쳐서 말하면 그것이 곧 도이다. 우주와 사람은 근원적으로 하나이며, 도와 기세가 서로 분리되지 않음이 이와 같다然則道將惡乎在, 在於公. 公惡乎在, 在於空. 空惡乎在, 在於行. 行惡乎在, 在於至. 至惡乎在, 在於止. 止惡乎在, 在於平. 平惡乎在, 在於正. 正惡乎在, 在於中. 中惡乎在, 在於道. 蓋一原也. 故孔子一以貫之曰, 吾道也. 子思復述其所以然曰, 可離非道也. 然則道可見乎, 曰 非氣則無以見理. 故配義與道而養之爲浩然. 合仁於人而言之則道也. 天人之一原. 而道氣之不離也如此.[50]

이러한 언급은 도의 내외內外 순환성을 잘 보여 준다. 도와 구체적 상황은 분리되지 않고 유기적으로 결합되어 있다. 박지원이 주장하는 바는 상황에 적절한 행동은 내외의 완성을 가능하게 하는 호연한 기세, 즉 일이관지하려는 우리의 능력 안에서 이루어진다는 것이다. 이 통일적 능력은 고착된 집착을 버리는 공空을 내적 조건으로 갖는다. 이 능력을 바탕으로 우주적 생명의 본질[仁]이 우주적 기상인 호연한 기세를 통해 구체적 상황에 실현된다. 일이관지라는 신유가적 삶의 근본 형식이 양명학적 호걸지사豪傑之士 모습으로 나타난다. 박지원이 18세기 조선의 상황에서 농업 기술의 향상과 토지 개혁 및 사회적 불평등 문제를 내용으로 하는 이용후생론을 대안으로 제기한 것은 모두 일이 관지라는 윤리적 근본 형식에 충실했기 때문이다. 이 형식적 구조가 상황을 떠나지 않는 주체적 삶의 본질을 구성한다.

박지원의 실천적인 호연한 기상은 고착된 언어 습관에 대한 반성으

---

50 위와 같음.

로 나아간다. 그는 개념의 의미 원천이 다양한 시점에 따라 변이하는 감각적 경험의 다양성에 있다고 본다. 그는 〈능양시집서菱洋詩集序〉에서 시간과 관점에 따라 변동하는 감각을 무시하고 "까마귀는 검다"라는 통념에만 의지하는 태도를 고루한 것으로 비판한다. 그는 수많은 다양한 방식으로 비추는 빛과 사물과의 관계에서 오는 경관의 변이 과정에 대한 세밀한 관찰과 묘사를 보여 주는 소품들을 썼다. 이것은 언어 의미를 통념에 고착시키는 선비들[俗人]의 언어론, 즉 명론名論이 생명이 소통하는 세계상의 실현을 방해하고, 죽음을 부르는 실천적 파당성의 지적 원인이 된다는 것을 알게 된 데서 나온 것이다. 활달한 정신의 소유자[達士]와 통념의 사람[俗人]은 대립된다.[51] 언어 의미에 대한 인상주의적인 박지원의 논의는 기존의 평균치에 지나지 않는 추상적 보편성보다 표면적 감각의 다양성이 언어 의미의 원천이 된다는 점을 강조한다. 그가 반성 없는 진부한 동일성과 충돌하는 '다른 것殊, 異'의 적극적 의의를 강조한 것은 생활 방식에서만이 아니라 지적 태도의 측면에서 경험의 확대를 요구하는 시대정신을 잘 반영하는 것으로 보인다.

박지원에게 우주는 초월적 원리에 의해 단죄되는 세계가 아니라 하나의 선한 생명계로서의 긍정적 세계다. 그의 태도는 안원顏元, 1635~1704과 대진戴震, 1724~1777 이래의 청대 신유가가 기질에 악의 원

---

51 朴趾源, 〈능양시집서(菱洋詩集序)〉,《燕巖集》7권 별집. "본 것이 적은 자는 해오라기를 기준으로 까마귀를 비웃고 오리를 기준으로 학을 위태롭다고 여기니, 그 사물 자체는 본디 괴이할 것이 없는데 자기 혼자 화를 내고, 한 가지 일이라도 자기 생각과 같지 않으면 만물을 모조리 모함하려 든다. 아, 저 까마귀를 보라. 그 깃털보다 더 검은 것이 없건만, 홀연 유금(乳金) 빛이 번지기도 하고 다시 석록(石綠) 빛을 반짝이기도 하며, 해가 비추면 자줏빛이 튀어 올라 눈이 어른거리다가 비췻빛으로 바뀐다. 그렇다면 내가 그 새를 '푸른 까마귀'라 불러도 될 것이고, '붉은 까마귀'라 불러도 될 것이다. 그 새에게는 본래 일정한 빛깔이 없거늘, 내가 눈으로써 먼저 그 빛깔을 정한 것이다. 어찌 단지 눈으로만 정했으리오. 보지 않고서 먼저 그 마음으로 정한 것이다. 아, 까마귀를 검은색으로 고정 짓는 것만으로도 충분하거늘, 또다시 까마귀로써 천하의 모든 색을 고정 지으려 하는구나. 까마귀가 과연 검기는 하지만, 누가 다시 이른바 푸른빛과 붉은빛이 그 검은 빛깔[色] 안에 들어 있는 빛[光]인 줄 알겠는가"(신호열, 김명호 옮김).

인을 부여하는 송학의 고정관념을 거부하는 것과 유사하다. 그들의 세계에서는 신체적 욕망과 기질 그 자체가 선한 것으로 긍정된다. 윤리적 이理는 인간의 정과 욕[情欲]을 상호 충돌 없이 보편적으로 실현하게 하는 원리다. 박지원도 생성계 자체에 적극적 선함을 부여하는 청명한 세계상으로 나아간다. "만물은 다 같이 기화氣化 속에 있으니 어느 것인들 천명天命이 아니겠는가. 무릇 성性이란 심心 자와 생生 자의 뜻을 따른 것이니, 심心에 갖추어진 것이요 생生과 같은 종류의 것이다. 기氣가 없으면 생명이 끊어지는데 성性이 어떻게 생生을 따르겠으며, 생生이 아니면 성性이 그치는데 선善이 어디에 붙겠는가? 진실로 천명의 본연本然을 궁구하면, 어찌 성性만이 선善하리오? 기氣 역시 선하며, 어찌 기氣만이 선하리오? 만물 중에 생을 누리는 것은 선하지 않은 것이 없다. 그러니 그 천명을 즐거이 여기고, 그 천명을 순순히 따르면, 물物과 내[我]가 같지 않은 것이 없으니, 이것이 바로 하늘이 명한 성性이다."[52] 촛불의 밝음이 불의 본성이듯, '기'의 발현인 우주는 '기'의 본성인 창조적 전개의 힘과 그 질서를 의미하는 천명지성天命之性이 실현된 것이다. 이러한 관점들에서 당시 정조正祖와 측근들은 박지원이 명청明淸 사상에 영향을 입은 것으로 눈치 챘지만, 그의 내재적 세계관은 밝은 감각적 경험을 긍정하고, 과학적 지식 추구에 활력을 부여하며, 이질적인 것을 포용하는 예술적 관용성을 갖고 있었다.

세계상에서의 이러한 변화들은 감각 경험이나 과학적 사실보다는 인륜 도덕에 더 비중을 두는 기존의 주자학과 왕양명의 관심을 넘어서는 것이다. 전통적으로 아시아에서는 수학과 과학은 토지 측량과 세금 징수, 농업의 진흥 등과 같은 실용적 차원에서 개명 관료들이나 중

---

52 朴趾源,〈答任亨五論原道書〉,《燕巖集》권 2.

인 계급에 의해 연구 교육되었다. 그러나 명말청초에 중국에 들어온 티코 브라헤 과학 자료를 비롯한 많은 자료들은 유럽인들도 보기 어려운 방대한 관찰 자료와 이에 대한 수학적 기술記述들이었으며, 이것들은 물리와 함께 수리數理의 이론적 중요성을 자극할 수 있었다. 또한 박지원의 문예 사상에서는 양명학 특히 태주학泰州學과 이지李贄 및 원 굉도袁宏道에 연원하는 개성주의적, 즉 '성령性靈 문학'과 공유하는 점들이 발견된다. 그는 인간의 순수한 감성 표현을 중시했으며, 동일성보다는 이질성異質性에 우선성을 부여했을 뿐만 아니라 백성의 기본적 욕망의 요구를 적극적으로 실현하는 것이 지식인의 사명이라고 보았다. 그의 사상은 이질성의 원리를 전제한 후생 윤리학에서 나온 실학의 성격을 지니고 있다. 박지원의 실학은 비정상성을 아우르는 비상非常한 실학이다.

폐쇄적 한계를 부정하는 박지원은 앞서 언급했듯 경계를 의미하는 사이[際] 개념을 주목했다. 사이는 서로 다른 것이 접하는 경계선[交界處]이다. 이질성으로 관심을 확장해 가는 활동이 사고의 편견을 벗어나 지식과 윤리 의식을 향상시키는 길이다. 학문 간의 연결을 가능하게 하는 통通의 활동은 사이를 다루는 기술을 필요로 한다. 박지원은 경계선인 압록강을 건너면서 진실[道]에 이르는 방법을 다음과 같이 생각한다.

내가 홍군洪君 명복命福 수역首譯 더러, "자네, '도'를 잘 아는가" 하니, 홍은 두 손을 마주 잡고, "아, 그게 무슨 말씀입니까"하고, 공손히 반문한다. 나는 또, "'도'란 알기 어려운 것이 아닐세. 바로 저 강 언덕에 있는 것을" 했다. 홍은, "이른바, '먼저 저 언덕에 오른다'는 말을 지적한 말씀입니까" 하고 묻는다. 나는, "그런 말이 아니야. 이 강은 바로 저와 우리와의 경계[交

界處]로서 응당 언덕이 아니면 곧 물일 것일세. 무릇 세상 사람의 윤리倫理와 만물의 법칙法則이 마치 이 물이 언덕에 닿아 있는 사이際와 같으니 도道란 다른 데서 찾을 게 아니라, 곧 이 물과 언덕 사이에 있는 것이다" 하고 답했다. 홍은 또, "외람되게 다시 묻겠습니다. 이 말씀은 무엇을 이른 것입니까" 하고 묻는다. 나는 또 답했다. "옛 글에 '인심人心은 오직 위태해지고 도심道心은 은미하여 드러나지 않는다'라고 했는데, 저 서양 사람들은 기하학幾何學에 있어서 한 획의 선線을 설명할 때도 선이라고만 해서는 오히려 그 본질을 다 표시하지 못하기에, 곧 빛이 있고 없음의 사이際이라고 표현했고, 이에 불씨佛氏는 다만 즉하지도 않고 떨어지지도 않는다는 말로 설명했다. 그러므로 그 사이를 잘 처리하는 것은 오직 '도'를 아는 사람이라야 할 수 있다. 정鄭의 자산子産 같은 사람이면 그렇게할 수 있을 것이다 余謂洪君命福 首譯 曰. 君知道乎. 洪拱曰, 惡, 是何言也. 余曰, 道不難知, 惟在彼岸. 洪曰, 所謂誕先登岸耶. 余曰, 非此之謂也. 此江乃彼我交界處也. 非岸則水, 凡天下民彝物則, 如水之際岸. 道不他求, 卽在其際. 洪曰, 敢問何謂也. 余曰, 人心惟危, 道心惟微. 泰西人辨幾何一畫, 以一線諭之, 不足以盡其微. 則曰有光無光之際. 乃佛氏臨之曰, 不卽不離. 故善處其際, 惟知道者能之, 鄭之子産.″[53]

박지원은 강과 강 언덕의 사이를 제際라 부르고, 이 사이를 넘어서면 이질적인 풍경과 낯선 문화를 경험하는 일에 대한 불안감과 호기심을 느낀다. 사이는 교계처交界處이다.[54] 주자학도 바로 이 사이를 설정하고 이것을 다루는 자기 나름의 방식을 개발하면서 형성되었다. 정자程子가 《서경書經》〈대우모大禹謨〉의 '인심은 위태롭고, 도심은 은미하여

---

53 朴趾源, 李家源 옮김, 《熱河日記》, 〈渡河錄〉, 대양서적, 1978, 40~41쪽.
54 김명호, 앞의 책, 124쪽. 저자는 朱熹의 《朱子語類》 5 , 2010. 2015에서 주희가 교계처를 언급하고 있음을 밝힌다. "合道理底是天理, 循情欲底是人欲, 正當於其分界處理解." "天理人欲是交界處, 不是兩個." "大抵人心道心, 只是交界, 不是兩個物."

드러나지 않는다人心惟危, 道心惟微'라는 말을 재해석하면서 성리학적 인성론을 발전시킨 것은 인심과 도심이 만나는 경계선에 주목했기에 가능했다. 경계를 넘어 양자를 어떻게 통합하는가에 따라 인성에 관한 관점이 달라진다. 성리학이 도심을 중심으로 인심을 제약하는 방식의 사고를 한 것은 경계의 한 쪽에 있는 인심을 하위에 두는 위계적 사고를 했기 때문이다. 중국의 이지李贄는 공자, 맹자에 대한 기존의 해석을 의심하고, 인심의 토대적 성격을 강조했다. 박지원은 예교禮敎를 의식하는 유자들의 위선은 거부하지만 도심의 의의를 강조하는 전통을 버리지는 않는다. 그러나 그도 도심이 위계적 자부심으로 연결되면 인간관계를 인격적 불평등으로 전락시킨다는 것을 잘 알고 있었다. 도심은 평등안平等眼과 실학적 지식의 바탕이 없이는 공허한 권위의 수단이 되며, 학술은 허학虛學으로 귀결된다. 경계선은 인식과 활동에서 늘 위기의 지점이 된다.

색色과 공空의 상관관계도 불교에서 중요하다. 진실인 중도中道는 현실로 돌아옴으로써 초월적 공허성을 탈피하고, 공空으로 나아감으로써 현실적 집착을 탈피하는 방식, 즉 양극단을 버리는 방식에서 이루어진다. 여기에서 '붙지도 않고 분리되지도 않는不卽不離' 관계가 이루어진다. 경계선은 자유와 속박이 갈라지는 위기의 경계가 된다. 리치의 제자 이지조李芝藻, 1565~1630가 편집한 서학 총서《천학초함天學初函》에 실려 있는《기하원본幾何原本》을 알게 된 박지원은 그 주석에 나오는 선線에 대한 예증을 들어 경계선의 중요성을 말한다. 물체에 빛을 비출 때 그림자와 그 밖의 밝은 부분의 경계가 선이라는 것이다.《열하일기》〈망양록忘羊錄〉에 의하면 박지원은 '기하지술幾何之術'의 정밀성과 기구 제작에 대해 듣게 된다. 그러나 박지원도 이론적 체계로서의 기하학이 보여 주는 논리적 사고의 본성에 대해서는 주목할 수 없었다. 복합체

를 단순한 것으로 분석하여 단순한 것들의 관계로 복합체를 설명한다
는 학문 방법은 서광계, 이지조에 의해서 언급되었지만 일반화되지 못
했다. 그러나 박지원의 사이 개념은 비정상성과 정상성, 이질성과 친숙
성, 이상과 현실 간의 변증법을 이해하는 데 기여할 수 있는 홍미로운
개념이다. 그는 이 개념을 다시 생각함으로써 세계를 탈경계성과 무한
의 관점에서 볼 수 있었으며, 인간성을 기질과 본연으로 양분하는 성리
학적 인간상을 주기론적으로 통일된 인간상으로 변화시키고자 했다.

사회 개혁에 관심을 두던 박지원은 정자산(춘추시대 정鄭 나라의 子
産, B.C. 6세기)을 경계 사이에서 적절한 중도中道를 행한 인물로 추천한
다. 공자는 자산을 백성에 대해 '은혜로운 사람惠人'(《論語》,〈憲問〉)이
며, 공恭, 경敬, 혜惠, 의義의 4덕을 행한(《論語》,〈公冶長〉) 인간다운 인
간人으로 칭찬했다. 박지원은 공자의 평가에 따라 자산이 백성의 후생
을 위해 위기 관리를 제대로 수행했으며, 제도 혁신을 성공적으로 실행
함으로써 도심을 권위적 상징으로 만들지 않은 인물이라고 보고 있다.
그는 경계를 넘어 지식의 지평을 확대하고 이 확대된 지식을 폐쇄적 경
계들로 고착된 현실에 적용하는 후생 철학을 생각한다. 박지원이 생각
한 이상적 가치들은 다음과 같이 정리할 수 있다. (1) 종교를 제외한 외
국의 과학과 기술을 수용하는 것[북학北學의 필요성] (2) 토지 약탈의
제한 (3) 유한계급의 증가 억제와 허위적 신분 의식의 철폐 (4) 전통적
가정과 조정朝廷에 적합한 윤리[孝 悌 忠 信] 이외에도 공리公理로서 평
등의 중요성 (5)《장자莊子》지북유知北遊 편의 "사물을 제대로 사물로
대하는 사람은 사물의 무경계성과 함께한다物物者, 與物無際"는 평등한
관계론, 그리고 불교와도 연관이 있는 무한우주론.

그의 '경계' 혹은 '사이' 개념은 이 대안적 가치들을 실행하기 위해
반드시 의식해야 하는 전선前線이었다. 윤리적으로는 사이는 평등의

원리를 가리킨다. 박지원은 홍대용처럼 과학은 실재의 구조와 일치하는 참된 지식으로 본다. 이들은 과학이 이론적 구성으로 성립하기 위한 논리적 조건에 대해서는 반성할 수는 없었다. 그러나 그들은 우주적 평등성을 지향하는 무한의 윤리와 과학이 상호보완적 관계에서 발전할 수 있다고 보았다. 또한 박지원은 사회의 바닥이라는 비정상성으로 내려가는 사회의식에 따라 제도 개혁을 지향하는 개방적 세계관을 제시했다. 유럽 근대 과학혁명이 우주의 무한성에 대한 관심을 자극한 이래 현대 과학은 미시와 거시를 아우르는 총체적 관점으로 나아감으로써 우주에 관한 형이상학적 상상력을 자극한다. 과학주의를 제한하고 생의 의미를 추구하는 무한우주론은 과학과 철학의 조화로운 관계 가능성을 보여 준다. 또한 홍대용과 마찬가지로 박지원의 후생 철학은 윤리적 삶의 원형을 보여 주는 일이관지—以貫之의 도道를 근본 형식으로 전제한 것이다. 일이관지는 보편적 가치와 구체적 상황의 통일을 지향하는 윤리적 의지의 근본 구조다. 그들은 과학의 방법에 관한 명료한 의식을 가지고 있지 않았으며, 과학적 방법을 철학으로 연장하려는 의욕을 가진 것도 아니었다. 그들은 파당적 권력의 도구가 된 주자학적 성리론이 윤리의 원초적인 실천적 구조를 은폐하고 있다는 것을 절감하고, 공자와 맹자가 의거한 삶의 방식을 회상하여 그 정신을 따르려 했다. 그들에게는 실천적 문제가 철학의 본령이다. 세계는 애초부터 의지를 가진 인간에게는 윤리적 의미를 갖기 때문이다.

쇼펜하우어는 삶의 의미를 논하는 윤리학에서 우주적 연대성이라는 개방성을 주요 가치로 인식했지만, 그것을 테오리아라는 정관靜觀의 속성으로만 이해하고, 우주적 연대성이 요구하는 사회적 실천성을 간과했다. 이에 비해 후생厚生 철학은 우주적 통찰의 의의를 수용하는 가운데 내외합일이라는 윤리의 원초적 형식을 보여 줌으로써 실천적 문제를 환기했다는 점에서 정관주의의 궁벽스러운 소극성을 극복하는 단서를 제공한다.

3. 욕망의 구조와 무한의 윤리

　인류는 철인이나 성인이라고 하는 이상적 인격을 목도한 기억을 보존하고 있다. 쇼펜하우어는 그들에게서 생명의지를 부정함으로써 세계에 저항하고, 이 저항을 통해 자유를 실현하는 인간성을 본다. 그가 볼 때 소크라테스, 그리스도, 붓다, 브루노는 이성적 평정을 찾는 스토아적 인격을 능가한다. 그들은 죽음이나 고행을 통해 고결성을 실증한 인격들이다. 쇼펜하우어는 그들을 모델로 해서 의지부정의 단계를 궁극적 생의 의미를 실현한 최종적 단계로 설정한다. 그것은 니체가 계승 발전시킨 의지긍정의 단계를 넘어서는 무욕성[無欲]을 갖는다. 이 무욕성은 타 생명에 대한 해악에서 오는 죄의식을 진정한 화해의 자유로 전환하고, 일체의 세속적 욕망에 의미를 부여하지 않는 자기희생과 포기 및 참회를 동반한다. 인성의 전환을 통해 자유를 실현한다는 측면에서 권력과 부에 대한 욕망은 주요 성찰의 대상이 된다. 쇼펜하우어와 니체는 권력과 부의 욕망에서 곤충이나 동물의 위계화된 질서로 후진하는 생물학적 퇴행성을 보았다. 그들이 보기에 자연은 인간을 통해 한 단계 더 전진하여 영원의 관점에서 세계를 봄으로써 최상의 인식과 자유를 실현하는 사명을 인간에게 부여하고 있는 것이다.

아시아 철학도 여러 가지 방식으로 궁극적 생의 의미를 추구해 왔다. 실학적 사고의 출현 이전에는 대체로 무욕성을 강조해 왔다. 이 관념에는 금욕적 억압이라는 역기능도 있었지만, 폐쇄적이고 권위주의적인 인격을 탈각하고 자유를 실현한다는 본래적 의미가 숨어 있다. 이 때문에 무욕론은 욕망의 억압이라기보다는 욕망의 구조를 전환하는 생의 기술이라는 흥미로운 착상을 포함하고 있다. 집단적 욕망이 권력과 연결되어 광적인 편집성에 사로잡힐 때 사회 전체를 공포로 몰아가거나 일상생활의 불행을 야기한다는 것은 잘 알려져 있다. 아시아 철학의 금욕론에는 그러한 편집적 구조를 안정적으로 정상화하거나 개방적인 구조로 변형하려는 관심이 개입되어 있다. 그것은 욕망의 제거라기보다는 욕망의 물길을 조정하여 인성의 변화를 시도하는 양생술적 기술이다. 욕망의 문제는 무엇보다도 그 형태의 문제다. 양생술은 욕망의 집착적 형태가 갖는 경직성을 해방적 형태로 변형함으로써 신체의 유연성을 동반하는 정신적 자유와 조화의 삶을 추구한다. 이 자기배려에서 신체 에너지가 신체 안에서 순환하면서 대상 세계와도 유통하는 새로운 신체로 거듭난다는 신체 연금술[내단, 內丹]이 발견되었다. 신체적 에너지의 운행 방식을 변형하는 기술은 인도의 베단타 철학과 노장 사상의 양생술에서도 발전했다. 그것은 내단內丹을 중심으로 하는 도교 철학에서 전문적 양생술로 발전되어, '기질변화氣質變化', '환골탈태換骨奪胎'라는 말로 표현되었다. 그것은 불교의 선禪과도 결합하여 열반의 지혜를 우주의 생기로움과 일치하는 경지로 해석했으며, 유가와도 결합해 일상의 사회적 관계를 관인寬仁의 관계로 전환할 수 있는 인성론적 윤리를 개발했다. 송명이학도 '기질변화'를 통해 우주와 일치하는 자유의 인성을 정립하고, 이를 바탕으로 사회적 삶으로 나아가는 실천 철학을 추구했다.

신체 에너지 조절을 통해 새로 태어난 신체는 에너지의 조화로운 소통성을 신체 안과 밖에서 성취함으로써 경쾌하고 안정된 기운을 갖게 되고, 이에 따라 마음도 평정된다. 신체 연금술은 욕망의 연금술이자, 양생술적 생리심리학이라 할 수 있다. 도교 철학에서는 이를 성명쌍수性命雙修라 했다. '명'은 신체의 하단에 응축되어 있는 생명 에너지의 원천이며, '성'은 그 에너지가 제련되어 경쾌하고 자유로운 성질로 전환되어 마음의 안정성과 평화로움의 심적 기초가 된다. '성'은 에너지가 고도의 소통성을 발휘하여 신체 내부뿐만 아니라 외부 세계와도 소통하여 마음을 대립이 없는 생기로 충만하게 한다. '성'은 무대립[無對], 무내외[無內外]의 원리다. 여기에서 마음은 생의生義를 발현하는 주체로 거듭나고, 지식의 형성 조건인 주객대립의 형식을 벗어나 우주의 생기와 주류관철周流貫徹하는 자유의 주체가 된다. 이는 불교적 어휘로도 표현된다. 대립을 초극한 마음은 활발한[活潑潑] 발현과 함께 각성된 지혜[慧]와 안정된 고요[定]를 갖추게 된다. 성명쌍수는 정혜쌍수定慧雙修로도 표현된다. 주희의 이학理學은 이러한 생명 윤리를 계승하여 안으로는 존양存養의 노력과 밖으로는 성찰省察이라고 하는 찰식察識의 노력을 겸비하는 방법을 개발했다. 이 방법도 우주 생명원리生之理인 天道에 대한 공경심[敬]을 가지고 수행하는 것이다. 이학은 마음에 물질적 속박이 없게 하는 허虛를 중시하면서도, 마음의 심층에서 발견되는 우주적 생명원리를 '성'으로 이해하고, 이에 기초하여 공자가 강조하는 사회적 윤리[人道]를 실현해 나가고자 했다.

중국의 극예술과 도가 및 불가에 영감 받아 행위예술론을 개척한 아르토Antonin Artaud, 1896~1948는 신체의 변형을 통해 새로운 활력을 갖는다는 신체적 연금술에서 예술의 본질을 발견한다. 그는 이 입장에서 서양의 언어[로고스] 중심주의 예술론을 거부한다. 그는 신체적 연금술로부터 재치 있는 표현을 발명했는데, 욕망의 구조가 변형된 신체는 '기관 없는 신체body without organ'라는 것이다. 이 표현은 종교적 회심이나 우주와의 합일과 같은 경지를 이해하는 데 도움을 줄 수 있다. 그것은 불교나 도교의 심신 수련술이 목표로 삼는 것이기도 하다. 실제로 신체 기관에의 고착성까지도 초월하는 반야 지혜를 강조하는《반야심경》은 무기관, 무신체를 말한다. '눈도 귀도 코도 혀도 몸도 분별식도 없다無眼耳鼻舌身意'라는 말은 단적으로 기관 없는 신체, 더 나아가 신체도 없는 새로이 거듭난 신체를 말한다.[1] 새로운 신체는 경쾌하고 평화로운 마음과 함께 작용하면서도 마음에 걸림이 없다는 것이다. 이것이 초기 불교부터 강조된 평등성지平等性智다. 장자莊子의 자유[懸解, 거꾸로 매달린 것에서 풀려남]가 권력계의 언어와 문화를 잃어버리고[忘禮樂], 신체 기관을 버린다[墮肢體]는 것도 유사한 의미를 갖는다. 아르토는 예술을 언어logos로 하려는 아리스토텔레스 시학 전통을 탈피해, 진정한 연극은 말보다는 행위를 우선적으로 한다는 점을 강조한다. 6·8 혁명기에 미국의 시인이자 비트 세대Beat generation에 속하는 긴즈버그Allen Ginsberg, 1926~1997도 신체를 병들게 하고 유린하는 서구적 지식 구조와 지배 체제에 대항하여 신체의 해방을 말하는 아시아 철학에서 인간성의 진정한 해방을 보았다. 언어적 상징을 망상으로 보는 아시아 철학 전통은 생명성의 발현과 우주적인 평등한 소통성을 자유의 기초로 보는 관점에서 발전된 것이다. 홍대용과 박지원이 명名을 신뢰하는 유교적 전통 안에 있으면서도, 불가와 노장사상의 무명無名이 갖는 탈경

---

1   Antonin Artaud, 박형섭 옮김,《잔혹연극론》, 현대미학사, 1994, 51~110쪽. ; 한무,〈공(空)을 향한 앙또넹 아르토의 사유(思惟)의 궤적(軌迹),《프랑스문화예술연구》, 8집, 2003, 1~31쪽. 저자는 아르토가 말을 중시하는 서양 문화를 혐오하여, 도교와 불교와 같은 동양 형이상학에 큰 관심을 보였다는 점을 밝힌다. 그에 의하면 아르토는 신화와 동양의 행위예술을 중시하고, 연극을 행위를 통한 신체적 변형과 해방을 지향하는 일종의 인성의 연금술적 전환을 추구하는 기술로 보았다.

계적인 무한 윤리의 입장에서 차별적 폭력과 억압을 벗어나는 길에 은밀히 관심을 가진 것도 그러한 정신의 발로일 것이다. 그들의 개방적 세계상은 인류의 고통과 망상을 치유하는 진정한 즐거움[天樂, 莊子]의 확대를 추구하는 정신을 담고 있다. 쇼펜하우어 철학이 갖는 무욕성은 과거의 금욕주의가 갖는 음산함을 떨쳐버리고, 아시아적 사고와 연결되어 욕망의 편집적 형태를 조화의 형태로 전환함으로써 우주적 평등성과 개방성을 이해하고 실현하는 방향으로 발전될 수 있을 것이다.

개체의 자발성을 강조하는 입장에서 주자학을 재구성한 왕양명王陽明, 이름은 守仁, 1472~1529은 이학사에서 개방적 사고의 단초를 열었다. 명대의 왕양명주의는 개방성을 보다 강조하는 급진주의적 양명학으로 발전되었다. 이들 좌파의 견지에서 볼 때 차별상이 지배하는 폐쇄적인 전도 망상의 세계는 동심童心이 발현하는 창조성과 활발성과는 반대되는 억울성抑鬱性이 지배한다. 망상계는 위계-통합적 권력 구조를 갖는다. 이 구조는 약탈 본능과 결합해, 수직적 위계화를 통해 공동체를 통일하고 욕망을 권력의 방향으로 구조화한다. 이것이 사회적 전도망상顚倒妄想이다. 망상은 오승은吳承恩, 1500~1582의 《서유기西遊記》에서는 마魔의 욕망이고, 그 정치적 실체는 관官이며, 상상적으로는 천상의 왕들이거나 요괴들이다. 오승은은 인도로 가는 구도적 여행과 인성의 연금술적 전환을 통한 자유의 실현을 하나의 과정으로 결합한다. 내단술을 통해 생명의 근원을 자각한다는 도교 철학이 방랑의 과정에서 그때그때 언급된다. 오승은은 심성의 자유와 그 활동성을 망상계에 저항하는 원리로 제시한다. 그는 명대 왕양명 좌파의 영향 아래 활동한 문인들 가운데 한 사람이다. 이들은 명名의 차별상을 거부하고 개인들의 내적 생의生意와 그 발현인 정情을 강조한다. 생의는 창조적 생산의 능력으로서 각 개인의 본래적 역량이다. 이것은 우주의 생기와 동일한 마음의 자발적 창조성과 소통성이다. 이를 명대 후기 심학은 '무'로부터 생기하여 '그침을 용납하지 않는 생명성眞機不容已之心'으로 보았다. 경정향耿定向, 호는 천대天臺, 1524~1596과 이지李贄호는 탁오卓吾, 1527~1602는 개인들의 진기眞機를 함께 강조했다. 그것은 순수한 동심童心인 양지良知로서 치솟는 창발하는 생기生機다. 이지는《동심설童心說》을 써서 그것이 '절가순진絶假純眞, 거짓이 없는 진실성'의 본래성임을 전통 규범에 대립하여 주장했다. 동심은 '언어 문자'와 이를 통해 외부로부터 들어오는 '문견도리聞見道理'가 아니라 '원초적인 본래심最初一念之本心'이다.[2] 그러나 이지와는 달리 경정향은 전통적 규범을 양지의 기본 내용으로 강조하여, 동심의 생명성이 갖는 무차별적 소통성과 이것이 갖는 권력 비판 기능을 경계했다. 두 인물의 대립은 결국 이지의 투옥과 자결로 끝나지만, 이것은 명말에 일어난 사상적 갈등과 사회적 부패상을 여실히 보여 주는 일대 문자옥文字獄 사건이 되었다.

《서유기》에서 본래적 지혜인 양지良知는 이지 비평본《서유기》《李贄 批評本 西遊記》에 의하면 '영아의 본령嬰兒之本領'이다. 이것이 손오공孫悟空으로 의인화된다[손오공, 孫은 子와 작은 것을 뜻하는 계系, 발음은 시xi의 결합으로 童子를 의미하며, 진정한 동심은 어린이의 마음을 우주적으로 확장함에서 즉 망상계의 眞空을 자각함에서 성취된다].[3] 망상의 공空을 깨달은 동심은 망상계와의 투쟁에서 부단한 형태 변환을 통해 동심의 변신성을 보여 준다. 동심은 고정성과는 반대되는 변동성을 즐거워한다. 동심의 쾌락은 편집적이 아니라 발산적이다. 또한 동심은 인성 전환의 수련을 통해 언제나 자유의 이상을 향해 유랑하게 된다. 손오공의 반란과 유랑은 소설에서는 도교의 '성명쌍수'를 통해 도달되는 불법을 구

---

2 李贄,〈童心說〉,《焚書》, 李贄文集, 第1卷, 張建業 主編, 社會科學文獻出版社, 2000.
3 李贄,《李卓吾 批評 西遊記》, 齊魯書社, 1991.

하여 돌아와 당태종의 태평세를 보고 끝난다. 이에 이르는 여행은 두 가지 측면을 갖는다. (1) 인도 여행은 수련의 과정과 병행한다. 이것은 구체적 활동 속에서 내적 자기완성을 한다[事上磨鍊]는 양명학적 주제를 적용한 것이다. 수련은 신체 에너지 구조의 변형을 통해 인성의 궁극적 자유를 자각하는 노력이다. (2) 이 수양은 세속의 위계적 권력이 억압으로 작용하는 것을 극복하는 길이다. 이것은 '길가의 모든 사람이 성인이다[滿街皆聖人]'라는 왕양명의 평등의 원리를 구현하는 활동이다.

망상계는 본체적 생의生意와 대립된다. 생의는 우주적 생명원리인 생기의 발현이다. 이것이 사회적 이상을 향한 행동으로 나아가게 한다. 《서유기》는 동화나 만화영화에서 자주 나오는 것처럼 다른 동물로의 신속한 변신을 통해 위기를 탈출하는 활극을 보여 준다. 생명의 생기는 동심의 세계처럼 경계 없는 변신을 통해 고정성으로부터 유동성으로 간다. 그것은 정처 없는 움직임을 특징으로 갖는다. 이 유동성은 장자莊子의 우주가 자유로운 창조적 발현에 의해 풍요로운 사물들이 전개되는 것과 유사한 구조를 갖는다. 그러나 망상계는 생의계를 재포섭해서 변증법적 종합을 만들어 낼 수 있다. 명말의 문자옥에서 보는 것처럼 욕망의 위계적 구조화가 조정과 지식사회에 의해 재정비된다. 명교名敎의 강화 운동이 다시 나타난다. 송대 초의 《수호지》의 영웅들도 조정의 회유 정책으로 반란 토벌군으로 재편된다. 《서유기》에서는 방랑의 끝 점에서 처음 부처가 준 '문자 없는 경전[無字經]'이 아닌 〈문자경文字經〉을 필사하고, '중화대국'과 당 태종의 정관지치貞觀之治가 찬양된다. 진리는 한 순간 현현했다가는 사라지고, 진부한 것이 다시 나타난다.

이러한 분열과 재통합의 법칙은 역사를 일분일합一分一合으로 보는 전통적 지식인들이 잘 알고 있었던 것이다. 왕양명 좌파의 운동이 신분질서와 체제를 위협한다는 불안이 일반화되자 이에 대한 반동이 일어난다. 명말청초의 왕부지王夫之, 호는 船山, 1619~1692와 황종희黃宗羲, 1610~1695의 개혁론은 욕망과 명교名敎를 새로운 문맥에서 재구성한다. 주자학의 도덕적 천리天理를 세뇌에 의한 습관으로 본 대진戴震, 호는 東原, 1723~1777의 개혁적 이욕론理欲論은 주희의 이분법을 떠나 욕망의 보편적 만족을 맹자에 대한 재해석을 통해 주장한다. 명교를 격렬하게 비난했던 이지의《수호지水湖誌》비평에서도 반역성보다는 충의忠義를 옹호하는 명교적 관심은 사라지지 않는다. 대진이 욕망의 정당성과 그 합리적 표현을 천리天理로 해석하고, 천리天理 본유설本有說을 본래 없었던 것本無이라고 비판했지만, 이러한 비판도 전통적 인의예지仁義禮智라는 최고 명분의 후광 아래에서 형성된 것이었다.

그러나 생의는 모든 생명체의 역량이 갖는 존재에의 포부를 드러내는 힘이다. 그것은 생명체의 역량이기 때문에 사회적 경직성에 대항하여 소통성을 구현하는 생명 윤리의 기초가 된다. 홍대용과 박지원이 억압적 상황에서도 그것에 관심을 표명한 것은 주목할 만한 철학적 사건이라 할 수 있다. 생의는 천지가 열리기 전天地未闢之前의 태허太虛에서 발현된 것이다. 자연사는 무無에서 생기하는 생명원리[生生之理]가 전개한 것이다. 이 생의를 왕양명은 마음의 활발성의 원천으로 제시한다. 그의 제자 왕간王艮, 태주학파泰州學派의 창시자, 호는 심재心齋, 1483~1541과 왕용계王龍溪, 1483~1598는 그것을 개인이 선험적으로 알고 있는 생기[良知, 生機]이자 즐거움[樂]의 생리심리적 기초로 본다. 이지의 타인과 자기가 없는 '무인무기지학無人無己之學'은 이러한 흐름을 계승하여 '타인과 자기를 분리하여 차별을 두는 위계의 학[有人有己之學]'에 저항한다. 그는 본래적 성품[本來之性]과 도심道心을 불평등한 권위를 낳는 기초로 구성하는 이학에 반대하는 것이었다.

당시 왕양명주의자인 해서海瑞, 호는 강봉剛鳳, 1514~1587는 도탄에 빠진 백성의 현실에 눈을 돌렸다. 그는 내각위에 군림하는 가정제嘉靖帝와 비서실[환관], 그리고 이들과 결탁한 탐관을 비난하고[가정제의 가정을 家淨으로 바꾸어 백성의 재산이 깨끗이 비었다고 비꼬았음], 토지의 불법적 약탈을 제거하려 했다. 그는 관료와 상공업자의 유착을 조사하여 이것이 황제와도 연루되어 있음을 알고 직접 황제를 탄핵하여 반역으로 몰리게 된다. 결국 황제가 형 집행을 미루어 풀려나게 되지만, 그의 개혁은 자신이 들어갈 관을 사놓고 행동할 정도로 강한 정신력을 가지고 추진한 선비정신을 보여 준 것이었다. 해서가 관료 집단의 정경유착을 문제 삼았던 것에 비해, 반역의 대명사인 이지는 경제 정치적 문제보다는 기존 유교에 대한 이데올로기적 비판을 중심으로 삼았다. 이지는 자신을 사림 가운데서 도시 속의 은둔자인 산인山人의 부류에 속한다고 인식했다. 그는 이 위치에서 진인眞人이냐 가인假人이냐의 대항 구도 안에서 움직인다. 그러나 내각 위에 군림한 환관 비서실 중심의 명대 정치는 개선되지 못하고, 결국 이자성李自成, 장헌충張獻忠의 농민혁명에 의해 전복된다. 이어 이자성의 대순大順 정권은 한 달 뒤 청조에 의해 전복된다.

미조구찌 유조溝口雄三, 1932~2010는 17~18세기의 중국을 서구의 근대와 분리해서 이해해야 한다고 보았다. 그에 의하면 중국 근대는 주관성의 자각과 과학적 방법을 결합한 데카르트를 기준으로 해석된 서양 근대와는 그 전개 방식이 다르다. 그는 달정수욕達情遂欲, 정과 욕의 표출과 실현을 주장하는 대진에 이르기까지, 명청사상사는 명대 심학이 제기한 욕망론을 계승하여 그 합리적 표출의 가능성을 모색하는 운동이었다고 본다.[4] 이 입장은 욕망의 문제를 아시아의 근대를 이해하는 관건으로 제시한 점에서 흥미롭다. 그러나 그는 서구 근대에 대한 이해에서도 데카르트보다는 스피노자의 위상이 중요하다는 점을 간과한다. 스피노자는 내재적 우주관을 전제로 개인의 자기보존욕과 기쁨이라는 감정의 능동성에 입각한 인성론을 주장하여, 중세의 위계적 세계상을 거부했다. 스피노자의 사상과 중국의 지적 상황에 주목한다면, 동서양의 근대를 욕망의 문제를 중심으로 논할 수 있을 것이다. 아시아에서는 백성과 관료제의 모순이 늘 문제가 되었고, 개명 선비들도 욕망과 질서의 문제를 가장 중요한 관심사로 간주했다. 이 점에서 미조구찌 유조의 관점은 시마다 겐지島田虔次, 1917~2000 가《중국에서의 근대사유의 좌절》(1949)에서 데카르트를 기준으로 근대를 보는 기존의 방식에 따라 명대 심학을 근대성[개인적 주체성]의 좌절로 본 것[5]보다는 생산적인 관점이다. 시마다 겐지는 청대에 욕망의 적극적 의의가 다시 부각되면서 그것을 충돌 없는 공통의 합리성을 통해 실현하려한 실학의 조류를 고려하지 않은 것이다.

이지의 동심론 및 자연지성론自然之性論과 궤를 같이하는 탕현조湯顯祖, 1550~1626 의《모란정牡丹亭》과 왕실보王實甫, 1250~1337의《서상기西廂記》는 현세에서 죽음을 뛰어 넘는 사랑 이야기를 중심으로 명교의 속박과 해방의 몽환세계를 그렸다. 이 작품들은 막을 수 없고 그칠 수 없는 자연적 정情의 표출을 명교와의 대립 속에서 보여 준다. 탕현조의 생명 예술론은 주인공 두여낭杜麗娘에 대한 다음의 말에서 잘 드러난다.

천하의 여자들이 정이 있다지만 어찌 두여낭 만큼 있을까? 두여낭은 꿈

---

4   미조구찌 유조(溝口雄三), 김용천 옮김,《중국 근대사상의 굴절과 전개》, 동과서, 2007, 참조
5   시마다 겐지(島田虔次),《중국에서의 근대사유의 좌절》, 축마서방, 1949. 미조구찌유조, 위의 책, 40~43쪽 참조

속에서 님을 만난 뒤에 병이 들고, 병이 깊어지자 직접 자신의 모습을 그려 세상에 남긴 뒤에 죽었고, 죽은 지 3년 만에 캄캄한 꿈속에서 옛날 꿈에서 보았던 사람을 찾아 되살아났다. 정은 생기는 줄 모르나 한 번 주면 깊어지니, 정이 있으면 산 자도 죽을 수 있고 죽은 자도 살아날 수 있다. 살아서 죽어 보지 못하고, 죽어서 다시 살아나지 못한다면 지극한 정이 아니다. 꿈속의 정夢中之情이라 해서 어찌 진정이 아닐까. 세상에 꿈속의 사랑이 어찌 없으랴. 잠자리를 같이 하고 벼슬을 해야만 친밀해진다는 것은 모두가 천박한 의론이다. 아! 세상의 일은 세상에서 끝나는 것이 아니거늘, 고금에 통하지도 못하면서 늘 이치[理]로써 따질以理相格 따름이구나. (두 여낭이 죽었다가 살아난 일을) 이치에 없는 바라고만 하니, 어찌 그 일이 정으로 생겨난 것임을 알겠는가!

萬曆 戊戌年(1598) 가을 청원도인淸遠道人[6]

사랑의 정이란 꿈속에서도 간절하고, 산자가 죽고 죽은 자가 살아날 정도로 간절한 것이다. 욕망을 막는 폐쇄적 사회는 애정은 물론 다른 기본적 욕망도 억압하는 언어를 갖고 있다. 언어적 상징 질서는 욕망 생활을 폐쇄적으로 구성하려하기 때문에 이에 대한 반작용을 낳는다. 이지와 지기知己의 관계를 맺었던 공안현의 공안파[公安派, 원종도袁宗道, 원굉도袁宏道, 원중도袁仲道] 문학은 생의와 동심의 다른 이름인 성령을 강조했다. 성령性靈은 왕양명이 '양지良知'의 다른 이름으로 불렀던 것으로, 도교 철학에서 우주 생명과 상통하는 허령한 심령을 의미하는 것이었다. 일상에서 경험적으로 드러나는 생기로운 감정과 의욕은 성령의 표현이다. 이지와 원굉도의 사상과 연계되는 청초의

---

6   湯顯祖,《모란정(牡丹亭)》, 이정재·이창숙 옮김, 소명출판, 2014, 13~14쪽 참조.

문예 평론가 김성탄金聖嘆(歎), 1608~1661에 의하면 문예는 표현하지 않을 수 없는 내적 필연성[情性]의 표현이다. 그는《수호지》의 반역의 감정 이나《서상기》의 자유 연애 감정을 억압적 전통과 대비시킨다. 시詩란 "인간의 심정의 끝에서 홀연히 일어나는 하나의 소리일 뿐이다. 부인이 나 어린이를 불문하고 아침저녁으로 언제나 그것이 있다. 지금 신생아 의 경우 눈은 아직 보지 못하고 주먹은 펼 수 없지만 손과 발을 꼼지락 거리면서 입으로는 옹알거리는 것을 내가 잘 관찰해 보니 이것이 진정 시이다."(《與許靑嶼之漸》) 문예는 내부[未發之中]로부터 나오는 '정동情 動'을 '영감靈感'으로 변화시켜 표현하는 기술이다. 그러나 이지와 성령 문학가들도 끈질긴 봉건적 충의忠義 이데올로기의 영향을 벗어날 수 는 없었다. 이것은 20세기에도 혁명적 급진주의가 실패하는 사상적 요 인들 가운데 하나가 되었다. 그것은 급진주의가 숨기는 내적 비밀처럼 다시 돌아와 봉건적 위계질서를 만든다. 소유적 개인주의에 입각한 자 유주의도 배타적 자기 이익 관념에서 오는 타인에 대한 냉담성으로 사 회적 소통성을 희생시킴으로써, 국민 국가의 지배력에 예속될 수 밖에 없었다. 자유주의는 이기심으로 무장한 시민 근성 즉 개인주의의 어두 운 충동에 눈감아 왔다. 진정한 개인성의 조건은 무엇인가? 이지의 생 애와 사상은 보다 진전된 개인성을 이해할 수 있는 단서를 제공한다.

이지李贄는 〈이견라 선생李見羅先生에게 답하는 서신〉[7]에서 불가의 평등성지平等性智와 장자莊子의 크게 세속과 같아지는大同于俗 마음을 학문의 근본 원리로 제시한다. 그는 이 원리를 체득하는 학문을 위기

---

7   황종희(黃宗羲)는 이견라(李見羅, 1519~1595, 이름은 材, 양명우파로 분류되는 추동곽(鄒東廓)의 제자)
    를《명유학안(明儒學案)》에서 지수학안(止修學案)으로 분류하고, 부모가 태어나기 이전의(父母未生
    前) 본체에 머물고 수양하는 것(止修)을 우선적 임무로 간주했다. 발현의 근원인 본체적 성체(性體)
    는 무선무악이 아니라 지선(至善)이며, 지선에 머무는 것(止於至善)이 본성을 실현하는 방법이다.
    그는 왕양명의 효자라 평가되었다.

지학爲己之學으로 보고, 이것이 노자의 무無의 사상과 연결된다는 견해를 표명한다. 원래 주돈이와 주희는 '자신을 위하는 학문爲己之學'을 사회적 명예나 이해관계를 동기로 하는 것爲人이 아니라, 우주적 본체와의 일치를 바탕으로 하는 덕성을 주체적으로 함양하는 것으로 제시했다. 이 학문관이 '위인지학爲人之學'의 유혹을 극복하는 진정한 학술적 원리로 전승되었다. 그것이 왕양명을 거치면서 개성과 자발성을 강조하고 사회적 실천력을 강화하는 방향으로 발전된다. 이러한 방향을 보다 급진화한 이지는 자유를 속박하는 명교名教의 질서와 문화에 저항했다. 그에게는 '세상의 명예世名'에 힘쓰는 것과 '본질적인 것에 힘쓰는 것務實'은 배타적 관계를 갖게 된다. 이지가 친구들의 도움으로 고향을 떠나 유랑하면서 '사우師友'를 찾아다닌 것도 자기인식에 도움이 되는 인물들을 만나 대화하기 위한 것이었다. 고향은 명교의 속박을 벗어나지 못하게 한다. 진정한 자기 배려는 자기인식의 중요성과 심성의 구조를 이해하는 사우의 배려를 필요로 한다. 만년에 그는 타향을 떠도는 이러한 행태를 '학자지병學者之病'으로 보고, 유랑을 그만두게 된다. 그는 완전한 은둔자도 아니고 세속에 몰입한자도 아닌 이른바 시은市隱, 도시 속의 은둔자으로 살게 된다.

이지는 편안한 마음으로 독좌하거나 제자들과 산책하면서 담소하는 생활을 통해 '가득했던 고민이 사라지는' 평안한 삶을 경험한다. 이제 그는 자신을 고단하게 했던 독립 자유의 정신이 무엇인가를 생각한다. 그것은 '사람을 피한다避人'고 되는 것은 아니다. 피인이 목적이라면 타향을 떠돌지 않아도 될 수 있는 것이다. 독립 자유정신의 본질은 모든 사회적 지위와 명분 질서로부터의 해방과 여기에서 나오는 행위에 있는 것이다. 이지가 보기에 그것은 '이름이 없는 것이 천지의 시원이다無名, 天地之始'라는 노자老子《도덕경》제1장의 정신에 있다. '무'는 일체의 사회적 귀속성을 벗어난 자유의 근거이자 창조적 활동의 연원이다. 노자가 제기하는 인간상과 이지 자신이 찾는 진인眞人은 무명을 자유의 원리로 체득한 사람이다. 장자莊子는 이 관점에서 '최상의 인간은 자기가 없고至人無己', '지위가 없는 참 사람無位眞人'으로 보았다.

이지가 추구하는 학술, 즉 무인무기지학無人無己之學은 생의 속박과 죽음의 위협에도 견디는 강건성과 굴복하지 않는 독립성을 이념으로 하는 일종의 생의 기술이다. 그는 왕양명과 왕용계王龍溪가 공자의 인격론을 선불교와 도교 철학[內丹術]을 통해 재해석한 전통을 계승하여 독립불기獨立不羈의 인간상을 제시한다. 독립적 인간은 "(도를 듣지 못하고) 저녁에 죽는 것을 크게 두려워하고, 아침에 도를 듣는 것을 참된 뜻으로 삼으며, 총명한 지성은 세상을 덮고, 강건한 정신으로 삶에 독실하며, 홀로 독립하여 과거 모든 성인들에 의해서도 동요되거나 마음을 빼앗기지 않는 사람夕死之大懼, 朝聞之眞志, 聰明蓋世, 剛健篤生, 卓然不爲千聖所搖奪者"이다. 이러한 사람은 행위 역시 자재하여, "물러나고 나아가는 구체적 상황에서도 놀라거나 떨지 않으며, 안온하고 편안한 자세를 유지할 수 있다退就實地, 不驚不震, 安穩而踞坐之耳."[8]

연구가들은 이지의 독립 자유정신을 니체의 자유정신에서도 발견한다.[9] 니체는 자신의 저작에서 인용하지는 않지만, 당시의 좌우파를 망라한 정치경제학과 국가학에 관한 많은 서적들을 읽은 것으로 알려져 있다. 마르크스에 대해서도 알고 있었다.[10] 그러나 그는 그러한 사상

---

8 李贄, 〈答李見羅先生〉, 《焚書》 卷 1, 李贄文集, 第1卷, 張建業 主編, 社會科學文獻出版社, 2000. ; 이지, 김혜경 옮김, 《분서》 1, 한길그레이트북스, 2004, 94~97쪽.

9 張世英: 〈尼采與李贄〉, 《廿一世紀》, 第六期, 1991. 헤겔 전문가로 알려진 저자는 이지와 니체의 반전통 사상의 유사성을 언급하고, 이지의 진공(眞空) 개념이 형이상학적 실체에 대한 니체의 비판과 상통한다고 본다. 그에 의하면 '진공'은 山河大地인 자연 그 자체에 대한 긍정의 원리이며, 이는 기독교의 초월적인 신적 자아나 노예도덕적 주체성에서 벗어난 인격의 본질이다.

10 Thomas H. Brobjer, 'Nietzsche's Knowledge, Reading, and Critique of Political Economy', *Journal of Nietzsche Studies*, No. 18, 1999, pp. 56~70.

들이 19세기 자본주의의 한 현상이며 국가주의의 성장을 반영하거나 동조하는 것으로 보았다. 니체가 보기에 사회과학은 당시에 분명해진 대중 소비 사회에서 인간을 소비재화하고 국가화하는 공리주의를 유포하는 것이다. 20세기 사회는 결국 그렇게 되었다. 그는 제도의 혁신보다는 괴테의 파우스트적 인간상을 이어받아 세속과 거리를 두는 정신적인 '고결성'과 이를 지키는 '용기'의 덕을 강화하는 방향으로 나아갔다. 시대는 달라도 이지에게도 정신적 고결성의 요구는 죽음도 막지 못하는 자존심을 건 호소였다. 그는 이견라에게 자신의 결의를 다음과 같이 말한다. "바람과 같이 떠도는 이 한 몸, 홀로 돌아다닌들 무엇이 어렵겠습니까. 이로부터 동서남북 정처 없이 다니면서 진실로 거침이 없었지만, 관가公俯에는 들어가기 싫습니다飄然一身, 獨往何難, 從此東西南北, 信無不可, 但公俯入不肯耳. 이것도 하나의 자존심[名心, 명예심]이지만, 끝내 탈각하기 어렵고 탈각할 필요도 없습니다. 세간에는 명예심 때문에 학문을 한다고하는 사람들이 적지 않습니다. 이로 보건대 진심으로 명예를 좋아하는 사람眞好名者은 온 세상에 찾아도 없습니다. 그러므로 내가 (사우를 찾는 것도 포기하고) 폐문하고 사는 것도 정당할 것입니다."[11] 현상계의 근원으로서의 '무'는 이지에게는 자존심을 건 최후의 보루가 된다. 제도의 혁신을 위한 어떤 방안도 갖지 못한 이지에게 '무'는 '유'와 항구적인 긴장 관계를 이루게 한다. '무'는 새로운 삶의 양식을 지향하도록 하는 창조적 원천이며, 현실에 대한 비판적 원리가 된다. 이 비판 정신은 사회의 폐쇄적 응집력에 작용하는 저항적 원심력을 표현한다.

노자에 대한 이지의 관점은 〈소철蘇轍의 《노자해老子解》에 대한 서문〉(〈子由解老序〉, 《焚書》 권3)에 나타나 있다. 여기서 이지는 명대의 삼

---

11 李贄, 앞의 책.

교합일의 분위기에서 공자에 대한 자득적 해석을 강조한 왕양명의 전통에 따라 공자와 노자를 동일한 하나의 심성론으로 수렴시킨다. 그가 보기에 이러한 회통의 방법은 자신의 '배고픔이 크기' 때문에 나온 것이다. "남쪽 사람은 벼를 먹고, 북쪽 사람은 기장을 먹는다. 그러나 서로 반대 지역의 음식을 선망하지 않는다. 지역을 바꾸어서 먹게 하면 자기가 먹던 것을 버리지는 않는다. 공자와 노자의 관계도 이와 같다." "진정으로 배고픈 사람은 가리지 않는다眞飢者無擇也." "나는 (배고파) 공자, 노자를 가릴 틈이 없다孔老暇擇乎?." "이때부터 노자를 전적으로 연구했는데, 마침 소자유(蘇子由, 1039~1112, 소동파 소식蘇軾의 동생 소철蘇轍)의《노자해》를 얻어 읽게 되었다."[12]

이지에 의하면 소자유는《중용》의 "희노애락이 발현되지 않은 상태를 중中이라 한다喜怒哀樂之未發謂之中"는 테제에 의거하여 노자의 심적 경지를 해석했다. "미발지중은 만물의 심오한 깊이未發之中, 萬物之奧"이다. "소자유는 홀로 단편적인 잔편들에서 숨어 있는 말微言을 이해하여 노자의 핵심을 잘 드러냈다." 그의 저술은 《도덕경》 5천여 자의 말을 빛나는 해처럼 찬연하게 드러내어, 학자들이 결코 하루도 손을 뗄 수 없게 했다. 그런데 소자유로부터 5백 년이 지난 후 이러한 기특한 것奇特을 뜻하지 않게 다시 보게 되었다." 이지는 이 발견에서 "역시 오직 진정으로 배고픈 이후에야 진실을 이해할 수 있다亦唯眞饑而後能得之也"[13]는 사실을 알 수 있다고 한다. 미발지중은 왕양명이 양지良知, 성령性靈, 본래의 어린이 마음赤子之心 등으로 부른 것으로, 우주에 편재하는 생명으로서의 마음이자 각 개인의 마음의 본성性體이다. 이를 이지

---

12 李贄,〈子由解老序〉,《焚書》권3, 李贄文集, 第1卷, 張建業 主編, 社會科學文獻出版社, 2000. ; 이지, 김혜경 옮김,《분서》1, 한길그레이트북스, 2004, 379~381쪽.

13 위와 같음.

는 '동심童心'으로 보고, 불교식으로 말하여 "한 생각의 깨달음으로 도달하는 원초적인 본심最初一念之本心"이라 했다. 노자에게 존재의 근원인 '무'는 창조적 활력의 원천이다. 그에 의하면 이를 체득한 마음이 존재의 심연을 이해한 '신비한 거울[玄鑑]'이다. 근원에 닿은 마음의 고요가 자유로운 활동의 원천이다. 인간은 마음의 고요를 활동의 중심으로 이해하고 유지함[守中]으로써 인위적인 억압적 활동[有爲]을 떠나 자연스러운 자발적인 행위[無爲]를 표출한다. 미발지중은 생기를 발현시키는 활력의 중심이다. 이러한 마음을 이지와 그의 논적인 경정향耿定向은 근원적인 자연의 생기를 발현하는 마음으로 보아 '그침을 용납하지 않는 마음不容已之心'으로 보았다. 미발지중은《도덕경》의 수중守中의 '중'과 연결되어 노장사상과 결합한다.

미발지중은 발현이라는 내적 필연성을 지닌 불용이지심不容已之心이다. 이 때문에 그것은 세간법과 결합된다. 소자유와 이지의 노자 해석이 공유하는 것이 바로 이것이다. 소자유에 의하면 '말할 수 있는 것可道者'은 "인의예지나 원과 네모, 곡선과 직선처럼 서로 다른 것"이다. 이것은 영원한 것이 아닌[不可常] 언어적 규정성의 세계[有名]이다. 말할 수 없는 것은 무규정의 세계[無名]이며, 이것이 있은 이후에 "인仁에서는 인이 되고在仁爲仁, 의義에서는 의가 된다在義爲義." "무규정성은 도의 본체며, 규정성은 그 발용이다無名者, 道之體, 有名者, 道之用." "'무'가 실현되어 '유'가 되며, '유'는 다시 '무'가 되어 하나로 통일될 수밖에 없다無運而爲有, 有復而爲無, 未嘗不一." "만일 규정성 속에서만 행하고 근원적 작용을 알지 못하면 거칠어 자유로움이 없고, 근원적 작용에만 체류하여 규정성을 모르면, 근본은 지니지만 변화의 활력을 상실한다若夫行於徼而不知其妙, 則麤而不神. 留於妙而不知其徼, 則精而不變矣."[14]

이지李贄는 인륜적 현실과 근원적 자유를 결합한다. 그의《노자해

老子解》에 의하면 말할 수 없는 영원한 도常道는 "알지 못하는 사이에 저절로 말미암는 자발성을 발휘한다不知而自由之者." 무규정자의 자발성이 다양한 현상계를 전개하는 '무'이다. "무명無名으로부터 시작해서 천지가 있고, 천지가 있는 후에 만물이 있으며, 이후에 만물이 부단히 생성하여 변화가 무궁하다." "도를 말할 경우 '유'와 '무' 양자를 이해할 수 있어야 한다語道而通于有無." 그러므로 "규정적 현상계에 순응하는 자는 '유'에 집착하는 것이며, 공空에 집착하는 자는 '무'에 막힌 것이다徇象者執有, 蘊空者滯無."[15] '무'에 대한 집착도 없애야 한다. '무'는 자발적 활동의 근원이다. '무'에서 나오는 창조적 생산성은 상도常道로써 상유常有를 운용해 가는 원리가 된다.

> 비어 있음虛은 도의 항상된 모습道之常이다. 고요함靜은 도의 뿌리道之根이다. (……) 그래서 사물이 '무'로부터 생겨나 존재하게 된다는 것을 알 수 있다. 무수히 번성하여 생겨난 것들은 결국 그 뿌리로 다시 돌아가 고요해지니 모든 사물이 '유'로부터 '무'로 돌아감을 알 수 있다. 고요함은 만물의 운행이 운명적으로 복귀하는 곳이며, 영원한 도가 그로부터 비롯되는 곳이다虛者, 道之常; 靜者, 道之根 (……) 則凡物之自無而有者, 可知也. 又能知夫蕓蕓而生者, 仍復歸根而靜, 則凡物之自有而無者, 可知也. 蓋靜者命之所以復, 而常道之所自出也.[16]

'무'의 체득에서 오는 마음의 고요와 창조적 활동성의 결합은 이지 철학의 근본 구도다. 또한 '무'는 일체의 권위주의적 권력을 초월하는 원리가 된다.[17]

---

14   蘇子由, 《道德眞經註》, 华东师范大学出版社, 2010, 卷之一.
15   李贄, 《老子解》, 李贄文集, 第7卷, 張建業 主編, 社會科學文獻出版社, 2000.
16   위와 같음.
17   그러나 쇼펜하우어Arthur Schopenhauer는 자신의 주저 《의지와 표상으로서의 세계》I (1818) 4부 마

한편 소자유는 불교 승려 도전道全에게 유가와 불가의 동일성을 논하고, 《도덕경》 주석을 쓰게 된 연유를 다음과 같이 말한다. 소자유가 보기에 자사子思가 《중용》에서 말하는 "미발의 중中과 이것이 정情을 통해 조화롭게 발현된 화和의 결합이 성취되면 천지가 제자리를 잡게 되고, 만물이 육성되는 것을 경험한다致中和, 天地位焉, 萬物育焉"는 사상은 불교와 출처가 다를 뿐 불법佛法과 다르지 않다. 육조 혜능慧能, 638~713이 말하는 선도 생각하지 않고 악도 생각하지 않는 본래면목本來面目은 미발지중과 같으며, 미발지중은 불성佛性의 다른 이름이다. 화和는 육바라밀을 비롯한 수많은 실천들을 포괄하는 개념이다. 도전은 이러한 소자유의 주장을 긍정한다. 이에 대해 소자유는 "옛 성인들은 진심으로 도를 실천했는데, 세속의 법世法을 훼손하지 않은 이후에야 자신들의 도를 정당한 것으로 여겼다古之聖人, 中心行道, 而不毀世法, 然後可耳"고 말한다. 그리고 이때부터 소자유는 노자 《도덕경》에 주석을 달기 시작했다고 고백한다. 그는 주석을 할 때마다 도전에게 보여 주었고 도전은 "모두가 불설皆佛說也"이라고 했다.[18]

소자유는 《중용》의 심성론과 여래의 마음에 대한 불교의 불성론을 같은 것으로 본다. 이 동일한 것이 유, 불, 도가 공동으로 추구하는 이

지막에서 '무'에 도달하지만, 그 창조적 활동 가능성을 모색하지 않았다. 이 때문에 그는 어두운 허무주의로 오해받아 왔다. 하지만 그는 정관주의적 성격이 강하지만, 윤리학의 진정한 뿌리를 영원의 관점에서 우주를 보는 우주적 합일의 경지에 두었다. 그가 주돈이와 주희, 노자와 불교를 적극 인정한 것은 자신의 의지 형이상학이 그들과 유사성을 갖는다고 생각했기 때문이다. 예지계인 의지는 우주의 창조적 본원이지만, 인과의 개념으로 파악할 수 없는 것이다. 그것은 원인을 알 수 없는 무근거성을 갖기에 형체가 없고 바닥이 없는 심연으로 생각된다. 원인과 결과는 현상계 안에서만 적용된다. 현상계인 우주는 그 존재 이유를 묻지만 대답될 수 없다. 우주의 존재는 원인과 결과의 개념으로 파악되지 않고, 본체와 발현이라는 구조로 해석된다. 우주는 '무'에서 나오는 생명의지의 자발적 발현이다. 《의지와 표상으로서의 세계》II에서는 하나의 생명의지는 만유에 관통하여 우주는 '하나이자 모든 것'이라는 구조를 갖는다. 쇼펜하우어의 '무' 개념과 정관주의는 발현의 개념을 구체적 현실에 접근하는 창조적 활동성으로 재해석하여, 현실을 개방적 평등성의 방향으로 전환할 수 있는 역동성을 갖는 철학으로 발전될 수 있다.

18 蘇子由, 《道德眞經注》, 〈苏子由自題老子解后云〉. ; 김학재, 〈陽明學과 道家思想〉 《정신문화연구》, Vol.33 No.4, 2010) 참조.

넘이라는 것이다. 그가 세 이념들을 연결하는 방식은 각기 분업 협동하는 상대적 독립성에 의거하는 것이 아니다. 그것은 근본적인 원리가 같다고 보는 회통이다. 소자유는 세간법을 긍정하면서도 미발지중이자 마음 본체인 불성으로서의 초세간법을 수용하여 속유가 아닌 '진유眞儒'가 되려한다. 북송 시대의 이러한 회통의 조류는 강조하는 부분이 다르지만 주돈이와 정자程子를 거쳐 주희로 이어진다. 그것은 명대에는 보다 심학적인 개성화의 방향으로 재구성되어 전개된다. 육상산陸象山, 진백사陳白沙, 왕양명王陽明, 왕간王艮, 왕용계王龍溪에 이르는 흐름이 그것이다. 이지는 자신이 이 흐름을 잇는다고 여겼다. 그는 송명대의 이 흐름을 명교와의 대립의 장에서 발전시키고 있는 것이다. 삼강오륜으로 대표되는 명분 질서는 주희에게는 자연 법칙이자 당연한 절대적인 인륜이었지만, 명대 심학은 그것을 상대화하고 변형 가능한 것으로 보는 시야를 열었다. 왕부지王夫之, 1619~1692와 황종희黃宗義, 1610~1695는 지나친 개성화와 탈명교화 현상을 우려하여, 인의예지의 성性이 내재하는 마음 본체의 고요함[本體]과 실천적 활동성[流行]의 불가분성을 다시 확립함으로써 제도 개혁의 필요성을 옹호하는 노선을 걷게 된다. 드디어 18세기에는 마음 본체의 고요함을 약화시키고, 동서양의 과학적 사고의 의의를 중시하는 가운데, 이理를 정욕情과 欲을 합리적으로 실현하는 원리로 보는 실학의 흐름이 형성되기에 이른다. '이'는 자발적으로 발현하는 '기氣'의 운동이 갖는 이법성으로 포섭된다. 안원顔元, 이공李塨, 대진戴震 등이 우주 그 자체를 선한 것으로 보는 기일원론을 주장한 것은 그러한 내재적 사고를 강화한 세계상을 보여 준다.

이지는 초세간과 명교를 결합한 사상을 사람의 정욕을 무시하고 자신들의 정신적 우월성을 유지하는 권력 철학이라고 비판한다. 그는 진공眞空을 통해 인간의 신체적 역능力能 위에 덧씌워진 모든 도리道理

를 제거하고, 개체들의 자연적 본성과 우주적 평등성을 볼 수 있었다. 자유는 '유'에서 '무'로 나아가고, '무'에서 '유'로 회귀하는 모험을 통해 전망될 수 있는 것이었다. 그에게는 초월과 현실을 결합하는 구조가 진정한 개인성을 구성한다. 주희 이래의 송명이학은 노장사상과 불교를 통해 인간의 초월적 본능을 만족시켰으며, 또한 그 본능이 지나쳐 현실을 경시하고 지식인의 초월적 위치를 옹호하는 위선적 이데올로기로 전락했을 때는 이를 교정하는 비판적 역할도 할 수 있었다. 이지의 비극적 영웅과도 같은 생애도 지식인의 위선을 교정하는 과정에서 일어난 것이며, 그것은 진정한 선각자적 삶의 의미를 전해주는 것으로 칭송되어 왔다.

쇼펜하우어는 세계의 고통과 초월적 자유가 결합된 성자들, 비극 작품들에 나오는 비극적 영웅들의 생애에서 의지부정이라는 최상의 의미를 발견할 수 있었다. 이지의 삶과 죽음은 그러한 모습에 접근하는 일면을 갖고 있다고 할 수 있을 것이다. 중국의 현대 미학자인 종백화宗白華, 1897~1986가 쇼펜하우어의 의지부정론을 '유'보다 '무'를 근원적인 것으로 본 노자와 같다고 생각한 것도 '무'가 삶의 아름다움을 구성하는 본질적 요인이 된다는 미학으로 나아가는 단서가 된다. 이러한 생각은 '무'가 우리의 삶에 근본적인 중요성을 갖는다는 것을 암시한다. '무'로서의 '도'를 상실한 삶은 반성 없는 삶의 증진에만 가치를 부여할 것이다. 종백화는《도덕경》38장을 인용한다. "'도'를 상실한 이후에 덕이 있게 되었으며, 덕을 상실한 이후에 인仁이 있게 되었고, 인을 상실한 이후에 의義가 있게 되었다失道而後德, 失德而後仁, 失仁而後義."[19] 근원적 대도大道의 관점에서 보면 제도적 삶은 생명성의 상실 과정으로 비판된다.

이지에게 두드러지는 비판적 부정성은 경정향에 의해 현실로부터

'무'로 들어가는由有入無의 입장이라고 비판된다. 공허한 초월성이 지나치게 많다는 것이다. 명교적 질서 관념을 버리지 않는 경정향은 자신의 입장을 '무'로부터 '유'에 도달하는由無達有 것으로 요약한다. 그는 이것을 기존 사회 질서를 유지하는 것과 만물 일체적 초월을 결합한 건전한 입장으로 제시한다. 그의 입장에서는 욕망의 소통성과 쾌활성이라는 동심의 세계는 사라진다. 비극적 삶으로도 갈 수 있는 실존적 고뇌도 사라진다. 그는 상층 관료의 객관적 시선으로 인생을 내려다본다. 반면 이지는 《금강경》의 실상實相인 '무상無相'의 도리를 타인과 나, 중생과 부처, 교육자와 피교육자의 경계를 무화하는 무한의 윤리로 제시한다. 이에 반하여 경정향은 무상의 도리가 갖는 평등한 소통성을 현실로 돌아올 줄 모르는 위험한 사상으로 지목한다.

경정향과 같은 관점은 《홍루몽》의 가보옥의 꿈과는 거리가 먼 것이다. 그의 꿈은 부후腐朽한 권력 세계에 대한 경험, 비극적 사랑의 종말에 대한 상심을 관류貫流하는 것이었다. 《홍루몽》에서 개인들의 삶은 명교로 상징되는 사회적 관계에 의해 제약된다. 왕희봉은 얼마나 미워할 수 없을 정도로 똑똑하게 권세를 추구하는가. 병약한 임대옥의 천한 신분은 얼마나 그녀의 삶 전체를 결정해 버리는가. 그러나 가보옥이 우주의 영원한 본원 세계를 바라보고자 한 것은 권력과 부에 대한 우울한 체험으로부터 나온 치유의 열망을 표현한다. 개인은 원자적 독립체가 아니라 감정을 가진 관계적 개인이다. 다양한 관계를 집약하고 있는 개인들은 자신의 피부 안에서 응고되는 은밀한 권력욕을 키우거나 아니면 새로운 소통적 관계의 가능성을 생각할 것이다. 이지와 가보옥의 입장에서 보면 진정한 개인성의 길은 후자의 가능성이 암시하는 교

---

19 宗白華, 〈蕭彭浩哲學大意〉, 《宗白華全集》 1, 安徽敎育出版社, 2008, p. 8.

훈을 따른다.

　나치에 대항한 본회퍼Dietrich Bonhoeffer, 1906~1945가 인도를 방문하여 간디의 해방 운동에서 동서를 회통하는 사상을 배우고자 한 것, 함석헌咸錫憲이 간디와 본회퍼의 공동체론에서 너와 나의 새로운 인격적 관계의 형성을 배우고자 한 것도 사회적 관계의 폐쇄적 경계화를 극복하려는 노력의 일환일 것이다. 본회퍼가 칸트주의의 선험적 주관성을 폐쇄적 주체로 본 것은 인식 위주의 주체성이 갖는 유아론적 고립성을 비판한 것이었다.[20] 또한 그가 자유주의적 개인주의 윤리를 비판하고, 초기 기독교의 평등한 공동체 정신을 실현하려한 것은 초기 기독교의 공동체 체험이 주는 교훈을 새로운 맥락에서 회복하려 한 것으로 보인다.

　쇼펜하우어는 기독교적 전통과 인도 철학, 불교, 이슬람의 수피즘에서 신비주의 철학의 공통성을 보았다. 윌리엄 제임스는 이 공통성을 '성인성saintliness'으로 규정한다. 쇼펜하우어는 정관주의적 관점에서 그것을 이해했다. 이에 비해 베르그송은 인도 성자들과 불교의 우주적 지혜의 개방성을 높이 평가하지만, 그리스도의 능동적 사랑이 갖는 창조성이 미흡하여 정태적 신비주의에 머물고 있다고 본다. 베르그송의 이러한 평가가 일견 그럴듯하지만 초기 불교의 고도의 윤리성과 여러 형태의 불교가 전개된 불교사에 정통한 사람들은 불교에 대한 몰이해라고 할 수도 있을 것이다. 《바가바드 기타》의 행동주의와 힌두교의 실천적 전통과도 무관하지 않은 대승불교, 특히 《화엄경》의 철학은 쇼펜하우어와 베르그송이 이해하지 못한 실천적 역동성을 갖추고 있다. 중국에서 일어난 화엄종의 교학은 추상적 사변을 극복하기 위한 선종의 발흥을 자극했으며, 송명이학의 형이상학적 사변에 영감을 주어 이

20　Eberhard Bethge, 김순현 옮김, 《디트리히 본회퍼》, 복있는사람, 2014년. ; 박재순, 《하나님 없이 하나님 앞에》, 한울, 1993, 85~117쪽.

론적 체계를 만들도록 자극했다. 화엄교학은 그 전체성의 강조가 폐쇄적 전체성으로 오인되어 국가 종교로 변질되는 경우도 있었지만, 깨달음의 경지를 기술한 법계론의 무한정한 개방성은 선종과 결합하여 17세기에서 20세기 초에 이르기까지 아시아에서는 자유와 평등의 정치적 영감의 원천이기도 했다. 고요한 불법의 세계는 적막을 깨고 현실을 폐쇄적 힘과 개방적 힘의 전장戰場으로 전환시켰다. 강유위康有爲, 1858~1927의 대동론에 자극되어 화엄학의 평등원리[通]로 일체의 속박체계에 대항하여 비장한 최후를 선택한 담사동譚嗣同, 1865~1898의 경우가 그 전형적 모습을 보여 준다. 그는《인학仁學》에서 모든 측면에서의 소통성[男女通, 上下通, 中外通, 人我通]이라는 평등의 원리로 '일체의 억압적 그물을 찢어버릴 것衝決網羅'을 주장했다.[21]

쇼펜하우어 철학의 귀결인 의지부정과 니르바나를 정태적인 불모의 것으로 보았던 오류를 시정하고,[22] 그것을 쇼펜하우어의 낙관주의로 해석하는 가운데 니르바나를 활동성의 원천으로 보려는 움직임이 있었다. 뮤제Charles A. Muses는《쇼펜하우어의 낙관주의와 Lankavatara

---

21 譚嗣同,《仁學》, 蔡尙思 編, 譚嗣同全集 1, 1954.
22 박찬국,〈쇼펜하우어와 불교의 인간이해의 비교 연구〉,《존재론연구》32집, 2013, 107~139쪽. 이
    논문은 쇼펜하우어의 의지 개념에 대한 포괄적 이해보다는 통상의 견해처럼 의지를 윤리적으로
    악한 것으로 보고, 이 때문에 쇼펜하우어의 구원은 의지의 절멸이라는 불교와도 다른 극단적 해
    결책을 제시하게 되었다고 본다. 그러나 이와 유사한 견해들은 예지계가 윤리적 악의 원천인 개별
    화의 원리를 벗어난 자유의 차원에 있으며, 만유를 하나의 소통성(疏通性)으로 연결하는 연대의
    원리임을 쇼펜하우어가 거듭 강조하고 있다는 점을 잃어버린 것이다. 연민(憐憫)은 이러한 성격의
    의지가 현상적으로 발현된 것이다. 쇼펜하우어가 의지에 대해 염세적 감각으로 보고 있는 측면은
    분명히 있다. 그러나 염세성이 강한 초기의 주저[《의지와 표상으로서의 세계》I]에서도 예지계는 우
    파니샤드 철학이 말하는 우주의 무한한 통일성인 常, 樂, 我, 靜의 브라만=아트만에 해당하는 것
    이며, 이는 대승불교의《大涅槃經》에서 보는 바와 같이 불성론(佛性論)으로 계승된다. 1818년 이
    후의 쇼펜하우어의 저작들[《의지와 표상으로서의 세계》II와《자연에서의 의지에 관하여》(1836),《윤리학
    의 두 가지 근본 문제》(1841)]은 이전보다 염세성에 대한 완화된 견해를 보여 준다. 또한 의지부정이
    라는 것도 예지계 자체가 인간에 의해 절멸될 수 있다는 것이 아니라(그럴 수도 없다), 개체의 욕망
    인 살려는 의지의 부정을 통해 우주를 근원적인 '무'의 관점에서 보고, 나아가 영원의 관점에서 보
    는 통찰의 세계를 말한 것이다. 쇼펜하우어 스스로 '실천적 신비주의'라고 했던 의지부정의 세계는
    진정한 불교가 아니라고 배척할 것이 아니라 '무'에 대한 발전적 해석을 기다리고 있다고 보는 것이
    더 생산적인 태도가 될 것이다.

Sutra, 楞伽經》(1955)에서 쇼펜하우어가 의지부정이라는 소극적 표현으로 말한 깨달음의 경지가 사실상 강력한 활성을 지닌 것으로 보아야 한다는 제안을 하고 있다. 그가 보기에 쇼펜하우어 철학은 삼각뿔의 끝이 잘린 피라미드다. 거기에 대승불교의 활동 정신을 잘 보여 주는 능가경Lankavatara Sutra을 올려놓으면 쇼펜하우어 철학은 제대로 된 방향에서 완성될 수 있다는 것이다. 의지부정은 "모든 습관적 에너지習氣로부터의 해방"과 "분별심과 망상"으로부터 벗어나는 '자기완성'이지, 어떤 '정적주의적 분위기'나 '억압성'을 갖지 않는다는 것이다. 부정은 "의지를 부정하려는 의지"이기 때문에 "의지의 가장 능동적인 주장"이다.[23] 염세주의는 개체적 이기성이 갖는 근거 없는 낙관주의에 대립하는 것이다. 의지부정은 보살Bodhisattva의 실천적 지혜로 가는 낙관주의의 길이다. 니르바나는 서양 주석가나 해설가들이 오해했던 부정적인 것이 아니라 "부정의 반테제antithesis of negation"에 해당한다.[24] 이러한 발전적 해석들은 아시아의 오랜 전통, 즉 '무'에 도달하여 다시 '유'로 나아가는 활력에서 진정한 자유의 길을 모색했던 전통을 회복하는 것이다. 쇼펜하우어 철학의 보완적 해석을 통한 완성의 방법에 그의 세계관에 대한 발전적이고 창조적인 독해의 가능성이 놓여 있다 하겠다.

법계론이 깨달음의 추상적 표현이고 방편에 불과한 것이지만, 쇼펜하우어는 단계적으로 진화하는 자연사에 대한 계층적 해석을 통해 깨달음의 세계를 세계의 의미로 제시한다. 그는 서구에서 세계에 대한 계층적 사고를 아시아적 깨달음을 목표로 하여 전개한 최초의 인물이다. 그는 세계의 사다리 구조를 두 가지 측면에서 논한다.

---

23 Charles A. Muses, *East and West Fire, Schopenhauer' Optimism and Lankavatara Sutra*, John M. Watkins, 1955, pp. 40~41.
24 위의 책, p. 63.

(1) 예지계인 의지는 물질을 자료로 자신의 존재의 포부를 무기물, 식물, 동물, 인류에 이르는 진화적 단계를 통해 실현한다. 이것이 객관화로서의 발현이다. 우주는 성장하며 나이를 갖는다. 의지긍정의 초인, 의지부정의 성자적 초인은 인생과 자연사에 대한 통찰을 통해 세계 의미를 자각한 개인들이다. 우주의 본질인 의지는 인간을 통해 자신을 이해하는 계기를 갖게 된 것이다. 우주는 성자적 초인에게서 생존 의지까지 부정하고, '무'의 차원으로 초월하여 영원의 관점에서 세계를 보는 최상의 의미를 창조해 냈다. 인간은 물질성과 식물성 및 동물성으로부터 성인성에 이르는 단계들을 집약한 소우주다. 이전 단계는 이후의 단계 안에 중층적으로 포괄된다. 즉 식물성은 동물성이라는 더 높은 단계에 의해 활용되어 흔적으로서 잔류한다. 이렇게 겹치는 방식으로 상승한다는 것은 세계내의 모든 종들이 자유를 갈망한다는 것을 의미한다. 그리고 인간에 와서 소수에 의해 만물에 관류하는 초월적 자유의 갈망이 실현된다. 우주의 진화는 앞에서 이끄는 목적이 미리 전제되어 있는 것은 아니다. 그러나 그 방향에서 볼 때 인간이 이해하는 세계는 자유를 향하고 있는 것으로 보인다. 그럼에도 최후의 승자는 언제나 물질이다. 쇼펜하우어는 의지의 한 발현인 불멸의 물질의 이합집산에 의해 우주는 주기적으로 파멸하며, 인간의 잠과 죽음은 물질의 승리를 증거 한다고 본다. 진정한 자유는 물질의 승리까지도 의지의 창조적 산물로 보고 영원의 관점에서 생성의 유희로 향유한다.

(2) 쇼펜하우어는 인식의 단계를 동식물의 감각, 지성(오성의 직관, 이성의 개념적이고 추론적인 인식), 이데아에 대한 예술적 직관, 우주 생명에 대한 긍정적 통찰, 의지부정의 성자적 지혜로 나누고 상위에 단계에 비약적 중요성을 부여한다. 과학은 지성이 본래의 형식과 논리를 가

지고 경험을 이론적으로 구성한 것이다. 과학론은 인식의 선험적 조건을 경험의 가능성으로 드러내 보여 주는 것이다. 인식 가능성의 최후의 선험적 조건은 주관과 객관의 분리다. 이러한 선험적 관념론에서는 인식 주관인 '나'가 세계의 한계다. 그러나 주관에 의해 구성된 사실에 대한 명제들이 위주가 되는 세계에서는 생의 의미를 논할 수 없다. 생의 의미는 예술과 우주적 통찰의 단계에서 가능하다. 미적인 것과 신비주의적 통찰은 하나로 결합할 수도 있다. 과학이 인식의 진리성을 독점할 수 없다. 논리학은 의미 대상을 갖지 않는 단순한 규칙, 즉 동어반복에 불과하다. 철학의 본질은 생의 의미를 찾아 각 단계의 한계를 넘어서는 모험과 노력에 있다. 이러한 인식의 계층적 사다리 구조에서는 인식의 유형적 차이를 아는 것이 중요하다. 앞 단계의 지식은 다음 단계의 관점에서는 반성의 대상으로 된다. 과학적 지식의 가능성인 형식적 규칙들은 논증하는 것이 불가능하며 단지 보여 줄 수 있을 뿐이다. 철학은 이러한 내재적 한계를 자각하고 생의 의미 차원으로 초월해 간다.

쇼펜하우어와 아시아의 철학이 이해하는 세계에서는 심리적 원리라 할 수 있는 형이상학적인 생명원리가 본체이며, 이 본체의 공용功用은 단계적으로 발현되는 창조적 전개의 활동이다. 본체는 모든 곳에 관류한다. 창조적 발현發顯의 자연사는 열려진 소통성[和諧] 안에서 펼쳐진다. 이학理學과 화엄 법계론의 전체대용全體大用의 세계는 전체에 관류하는 본체와 이것의 광대한 발용發用의 세계다. 이 세계 안에서 과학들이 분화해 가면서 일어나고, 생명체와 인류의 역사가 일어난다. 세계는 존재의 계층적 구조와 인식의 사다리 구조를 포괄한다. 인류는 대용大用의 현상계 안에서 스스로 만든 폐쇄적 인류을 자연 법칙처럼 여겨 체계 내에 들여오는 경향성이 있다. 이러한 폐쇄적 경향은 인간에게 흔적으로 남아 있는 동물 이하의 본성이 발현된 것으로 보인다. 그러나 세계를 평등한 소통성과 개방성의 관점에서 보는 정신은 폐쇄적 위계질서에 역운동하여 새로운 개인성과 인륜, 나아가 역사의 의미를 창조하고자 노력해 왔다.

결론

철학에 대한 성찰과 가능성

이제까지 19세기 유럽에서 일어난 두 가지 지적 유형들(계몽주의 전통의 과학주의와 절대적 관념론)에 대한 쇼펜하우어의 비판과 그가 제시하는 세계관이 갖는 여러 주제들을 비판적으로 논의하고, 그 철학적 의의를 아시아의 철학과 연관해 드러냈다. 또한 그의 철학이 제시한 결론이 발전적 재해석과 수정의 여지를 갖고 있다고 보고, 아시아 철학에서의 개방적 세계관을 현대적으로 조명하여 그 대안으로 제시하고자 했다.

쇼펜하우어의 문제의식은 세계에 대한 폭넓은 시계視界를 지닌 것이었다. 그의 세계관의 근본 구도(내재적 구도)는 르네상스 이후에 알려진 무한우주론과 그 탈목적성을 반영한다. 그는 이러한 관점에서 타문화에 대한 관용을 가질 수 있었으며, 아시아 철학과도 대화할 수 있었다. 그는 철학을 떠돌이별의 껍질에서 자라난 유기체의 생명 활동과 지적 생활에 대한 진지한 반성으로 간주한다. 그가 과학주의나 절대적 관념론자들의 과학론을 반성적으로 고찰하여 과학의 가능 조건을 해명하는 지식론(선험적 관념론)을 학위 논문으로 제출한 것은 단지 지식론에 대한 호기심의 산물이 아니다. 그의 지식론은 과학의 논리적 한계를 음미하고, 그가 가장 중요한 것으로 본 우주에서의 인간의 위치와 생의 의미에 대한 문제로 나아가려는 구도를 암시한다. 그에게 철학의 출발은 지식에 얽혀 있는 논리적 구조를 드러내 보여 주는 것 _{aufzuweisen, zeigen}이다. 그러나 그는 지식의 확실한 기초를 찾는 토대주의적 관점으로부터 멀어져 있었으며, 철학의 본질을 물리학이나 논리학에만 두는 지적 파당성에 빠진 것도 아니었다. 그는 데카르트적 사고의 근대적 의의는 인정하지만, 수리 물리학과 같은 특정 학문을 방법 모델로 삼거나, 과학을 기초 삼는 것을 철학의 본령으로 두지 않았다. 그는 폭넓은 독서가로, 근대 철학사에서 잃어버린 고리인 몽테뉴의 사상을 읽을 만한 가치가 있다고 간주했다. 고대 회의주의의 관용의 덕을 강조한 몽테뉴는 데카르트가 대변하는 근대인의 자아중심주의를 비판하여, 모든 생명체에 대한 유럽인의 적대적 편견을 누그러뜨리고자 했다. 쇼펜하우어의 사고는 이러한 회의적 반성의 힘을 갖고 있다.

쇼펜하우어는 피론주의자인 아에네시데무스_{Aenesidemus, A.D. 1세기}의 고대 회의주의 전통을 칸트 비판에 적용한 슐체_{Gottlob E. Schulze, 1761~1833}의 현상학적 영향으로 칸트 철학에 입문했다. 슐체는 흄이 극복된 것이 아니라는 입장에서 지각_{知覺}의 차원을 회의가 면제된 자명한 출발점으로 제시하면서, 지각의 원인을 물자체로 보는 칸트의 견해가 물자체에 인과 개념을 적용한 오류라고 보았다. 쇼펜하우어는 한편으로는 이러한 비판적 입장을 수용하지만, 다른 한편으로는 경험의 가능성을 설명하는 칸트의 선험적 관념론의 정신을 존중한다. 그는 과학 영역별로 다른 인과 개념이 적용되며, 주관에 미리 주어진 선험적 형식 논리에 따라 구성된다고 보았다. 이 때문에 그는 지식의 논리적 조건을 해명하는 칸트의 계승자를 자처할 수 있었고, 후대의 연구가들도 그 점을 인정하고 있다. 그러나 쇼펜하우어는 칸트의 완성자를 자처하는 피히테Johann Gottlieb Fichte, 1762~1814의 자아중심적 관념론과 그 철학 운동은 강력히 거부했다. 쇼펜하우어가 보기에 독일관념론은 과학적 인식 활동을 가능하게 하는 또 하나의 초월적 자아를 상정하고, 이 자아의 자기의식, 즉 자기 정립 활동을 스스로를 설명하는 자명한 원리로 설정한 것이다. 그러한 절대적 주관성의 철학은 자아가 유기체의 진화적 생명 활동에서 우연히 솟아난 것이며, 신체적 조건에 의존해서 움직인다는 생리심리학의 견해를 무시하는 것이다. 또한 그것은 성서의 자기희생 윤리뿐만 아니라 붓다의 무아론과도 배치되며, 결국 자아의 신비적 실체화이자 우상화로서 철학의 국가화라는 정치적 당파성에 연루되는 권력 철학이라는 것이다.

쇼펜하우어에게는 고대회의론을 근대적으로 각색한 슐체의 지식론의 영향을 받은 흔적이 있다. 쇼펜하우어가 칸트의 정신에 따라 지식의 논리적 조건을 해명하고자 하면서도 버클리의 지각론을 끌어들여 심리주의적 측면으로 기우는 위험성을 지닌다는 지적을 받는 것도 그 때문이다. 그러나 그 흔적 가운데는 그가 선호하는 다른 것이 있었다. 그것은 피론주의가 지식에 스며 있는 독단적 개념들을 비판적으로 회의함으로써 마음의 평정을 지향했다는 것이다. 원래 피론Pyrrhon, B.C. 365~275은 인도 유학을 통해, 형이상학적 독단을 회의하고 해탈로 간다는 붓다의 이른바 '파사현정破邪顯正'의 중도론中道論, Madhyamaka을 수용했다. 붓다는 기존 형이상학이 무의미한 언어를 구사해 중생의 몸과 마음의 자유를 방해한다고 보았다. 그는 사고의 논리적 공간을 사중 딜레마(명제와 그 반명제의 조합으로 나오는 네 가지 주장들의 무의미성)의 영역으로 확장하고, 모두 부정하는 방법을 활용한다. 독단으로부터의 해방을 통해 바로 해탈로 간다는 논리적 해체는 일종의 생生의 기술技術이다. 쇼펜하우어의 철학적 전략은 이러한 종류의 방향에 있다.

그는 우주와 생명의 역사를 이해하고 진정한 자유라는 생의 의미를 구도자가 아니라 철학자로 추구할 수 있는 경제적 조건(부친의 유산)에 평생 감사했다. 그러나 그가 보기에 자명한 출발점이라고 생각한 표상으로서의 세계는 그 자체로 생의 의미를 전달해 주는 발판이 될 수는 없었다. 우주의 자연사적 과정과 생명의 세계는 여전히 해독을 기다리는 암호로 다가왔으며, 표상으로서의 현실은 여전히 가공할 고통으로 물들어 있었기 때문이다. 생명체의 먹이 사슬, 제국들의 노예무역, 세계의 파멸을 불사하는 권력자들의 탐욕, 이에 부응하는 철학자들의 맹목적 오만을 설명하고 극복하지 않으면 안 되었다. 원인과 목적을 알 수 없는 그래서 맹목성을 본질로 하는 무한 우주에서 국가 철학자들은 마치 정당한 삶의 필연적 근거가 있는 것처럼 자의적 목적을 신학존재론이라는 낙관적 유물 속에 뒤섞어 보여 주거나, 과학이 진실을 말한다는 소박한 신념을 유포한다. 이 때문에 쇼펜하우어는 전통 형이상학을 전복하는 동시에 경험주의자들의 고향인 현상에 대한 애착을 버린다. 과학의 경험적 귀결은 수용할 수 있지만, 과학이 진실을 말한다는 과학주의는 소박한 신념으로 비난한다. 훗날 비트겐슈타인이 논리적 명제가 대상을 지시하는 이름이라고 착각하는 논리 철학자들의 미몽迷夢을 비판한 것처럼, 쇼펜하우어는 논리학을 마치 논리적 대상들에 대한 하나의 확실한 과학인 것처럼 교육하는 대학의 현실에 대해서도 만족할 수 없었다. 그는 일상의 경험으로 돌아와 구체적 경험을 중시하지만, 거기서 그가 본 것은 생의 무의미와 함께 모든 생명은 의미를 향해 노력하며 고뇌하고 있다는 《신약 성서》와 아시아 철학의 우주적 감수성이었다. 그를 이해하지 못하고 풍문에 따라 단순한 염세가로만 오해하는 것도 이 점에 대한 몰이해에 있다.

　　이러한 맥락에서 이 책은 쇼펜하우어의 세부 주제들을 문제와 논쟁점을 중심으로 배열하고, 각 영역에 대한 기존의 비판적 논의들을 참조하여 필자의 입장을 밝히면서 글을 이어 나갔다. 또한 인류와 생명체 모두의 운명에 대한 쇼펜하우어의 포괄적인 관심과 타문화를 포용하는 전 지구적 시계視界가 갖는 그의 관인寬仁 정신을 존중해, 동서가 공유할 수 있는 주제에 대해서 그 의미를 적극적으로 개진하여 미래 철학의 전망으로 제시하고자 했다. 그러나 이 전망은 쇼펜하우어의 잘 알려진 시민성, 즉 서구 부르주아적 시민 근성이 갖는 배타적 소유의식에 얽혀 사는 소심한 신경증에 의해 충분히 표출되지 못했다. 그것은 그의 정신적 독립성과 포용성을 훼손하는 요인이 되었다. 하지만 그가 자신의 시야를 생의 의미를 추구하는 차원으로까지 확대해 예술과 종교적 신비주의에 고유한 의미를 부여한 것은 그의 폭넓은 시야를 잘 보여 준다.

쇼펜하우어의 예술적 인식은 고전적 의미에서 지성의 순수화라는 환원 운동을 통해 사물의 형상形相, 이데아을 정관靜觀하는 것이다. 이때의 형상은 개체적인 것에 구현되어 있는 전형적인 혼으로, 개체에 활력을 부여하는 능동적 생명원리다. 높은 산악山岳은 물질에 구현된 치솟는 자연력의 표현이다. 물리학자들은 그것을 여전히 환원적 설명이 필요한 신비한 힘으로 간주했지만, 쇼펜하우어는 근대 역학이 말하는 자연력들을 형상들에 귀속시키고, 사물에 발현되는 특이한 힘들을 예술적 정관의 대상으로 제시했다. 그러나 이러한 정관주의는 예술적 인식의 초월성을 지나치게 과장해 현실의 부조화와 사회적 고통을 간과하게 되었다. 그것은 예술적 인식을 조화의 예술에 한정하는 편협성을 면치 못한다. 아도르노Theodor Ludwig Wiesengrund Adorno, 1903~1969가 지적하듯, 쇼펜하우어에게서 그 이론적 기초를 본 바그너주의가 발전함에 따라 화성 음악론은 쇼펜하우어를 존중한 말러와 쇤베르크에 의해 다른 형태로 변화되어 갔다. 이들은 사회적 고통의 의미를 적극 수용해 부조화와 무조無調 음악을 창조했다. 이것은 고통에 대한 쇼펜하우어의 감수성을 통해 쇼펜하우어의 예술론을 극복한 한 사례다.

신비주의적 통찰도 영원의 관점에서 우주를 정관하는 또 다른 방식의 인식이다. 여기에서도 쇼펜하우어는 마음의 평정과 고요의 즐거움을 강조하는 정관주의를 실천적 신비주의로 제시한다. 그러나 그가 말하는 '실천적 신비주의'는 개체의 내면성에서 일어나는 사건이다. 그의 신비주의는 블로흐Ernst Bloch, 1885~1977의 《희망의 원리》(1954~1959)가 보여 주는 신비가들의 유토피아적 환상과 사회적 실천성을 간과한 것이다. 쇼펜하우어가 보여 주는 삶의 의미는 과거 동서양의 신비가들이 보여 주는 사회적 이상에 대한 동경과 실행의 활력을 갖추지 못하고 있다.

그가 말하는 '무Nichts, 無'는 반드시 허무주의의 원리가 되는 것은 아니다. 니체를 비롯해 이제까지 그를 수동적 허무주의로만 해석한 것은 존재 우월성의 원칙을 고수하는 데서 오는 '무'에 대한 서구적 편견을 보여 준다. 그러나 '무'에 대한 통찰을 통해 일어나는 무한의 윤리는 모든 장벽을 넘어서는 능력의 원천이자 기존의 폐쇄적 윤리의 배타성을 용해시키는 창조적 생산력을 갖는다. '무'는 자기 자신도 부정하는 능력을 가능하게 한다. 그것은 결코 존재와 무 아래에 눌려 있지 않는 자유의 원천이다. 자유는 한정된 것으로 규정되어 버린 부정된 자신을 부정하는 힘이다. 이로부터 나오는 무한의 윤리는 언제나 기존의 유한한 경계선을 넘어 평등한 소통성을 생산하는 활동의 원리가 된다. '무'는 배제와 차별을 낳는 적대적 부정성이 아니라 장벽을 흘러넘치는 경계 없는無際 관인寬仁과 평등의 원천이 된다. 이러한 방향에서 이 책이 다룬 주제들에 대한 개괄은 다음과 같다.

(1) Ⅰ장: 쇼펜하우어는 자신의 사상이 나누어질 수 없는 하나의 일관된 유기적 사상이라고 주장한다. 이 주장은 그렇지는 않다는 것으로 판명되었지만, 여기서는 일단 '단 하나의 사상'으로서 간주된 쇼펜하우어 철학의 전체적 성격 규정에 대한 기존의 논쟁점들을 중심으로, 19세기 역사적 상황과 이론적 배경 하에서 형성된 그의 철학이 갖는 특징들을 논하고, 허무주의적 해석만이 아닌, '무'와 창조적 활동성이 결합된 중도적中道的 입장에서의 해석 가능성을 보여 주고자 했다.

(2) Ⅱ장: 여기서는 '단 하나의 사상'에서 먼저 '표상으로서의 세계'에 대한 논의를 해명함으로써 '의지로서의 세계'로 넘어가는 이유와 의의를 규명하고자 했다. 자기의식의 내적 성찰에서 직관된 심층적 의지는 다시 세계의 본질로서 상정된다. 우리에게 가장 가까운 것은 자기 자신이다. 자기 성찰에서 세계의 본질을 논하는 의지 형이상학으로 나아가는 단서가 주어진다. 표상으로서의 세계와 그 가능 조건인 주관은 형이상학적 의지에 의해 설명된다. 그러나 쇼펜하우어는 자연사에 대한 객관주의적 관점으로 전환되면서 표상으로서의 세계의 가능 조건인 선험적 주관성과 객관주의적 관점이 이율배반에 빠지게 된다는 것을 알게 된다. 주관이 대상으로서 인식한 표상으로서의 자연사가 도리어 주관을 두뇌의 산물로 인식하게 하는 실재론적 객관성을 갖는 것으로 된다는 의미다. 두뇌가 주관 안에 있다가 주관이 두뇌 안에 있게 된다. 이러한 이상한 순환은 관념론과 실재론이 관점의 전환에 따라 서로 의존 관계에 있다는 것을 보여 준다. 쇼펜하우어의 생각대로 그 이율배반은 이론적 탐구에서는 불가피하다. 그러나 이것을 모순으로 보고 극복하고자 한다면 선험적 관념론을 취하고 객관주의를 버리거나, 지식의 궁극적 가능 조건인 주객 분리라는 형식을 떠나야 한다. 쇼

펜하우어는 객관주의 때문에 모순이 생긴다고 보아 관념론적 입장을 선택한다. 하지만 궁극적으로 주객 분리를 전제하는 한 모순은 극복될 수 없다. 이 지점에서 쇼펜하우어는 삶의 의미 차원으로 가기 위해 주객 분리를 넘어서는 예술과 신비주의적 통찰로 나아간다. 쇼펜하우어가 선호하는 선험적 관념론의 입장에서 보면, 신학적 존재론이라고 하는 전통 형이상학의 합리적 체계는 주관의 합리적 논리를 실재하는 것으로 보는 '언어의 오용Mißbrauch'이자 '사고의 명료성Deutlichkeit' 상실이다. 명료성 상실은 주관이 투사한 논리적 형식을 실재하는 것으로 착각하는 것이다. 이것은 세계의 본질을 이성으로 보는 전통 형이상학의 낙관성이 갖는 반성의 결여에 기인한다. 그것은 인간의 인식 능력 한계를 간과하는 기만 전략이다. 또한 표상으로서의 세계에서는 세계 의미에 관한 경이와 물음이 일어날 수 없다. 의미에 관한 물음은 의지에 대한 형이상학적 논의로 나아가면서 가능하게 된다. 인간유기체의 본질이 의지인 한 인간은 언제나 세계를 도덕적 의미를 가진 것으로 보아 극복하고자 노력할 것이다.

(3) Ⅲ~Ⅴ장: 의지의 발현으로 해석된 우주는 당시 낭만주의를 매혹한 '하나이자 모든 것ἕν καὶ πᾶν'이라는 구조를 갖는다. 여기서의 '하나'는 예지계인 의지다. 그것은 피히테 이래 자아 철학이 말하는 주체성이 아니다. 그것은 진화적으로 동물을 생산하고 이를 통해 우주를 이해하게 한 무의식적 생명원리다. 자아는 두뇌 활동들을 모으는 중심점이지만, 오목 거울 안에서 형성된 촛점과 같이 의존적이고 부차적이다. 이를 칸트가 선험적 통각이라고 불렀던 것이며, 자아는 유기체의 내적 활동의 중심으로서 나중에 형성된 것이지 최초의 원리가 될 수 없다. 프로이트 철학의 원리가 된 이러한 관점에서 무의식적 의지는 우주에

가장 폭넓은 영역을 지배한다. 자기의식과 지식은 이차적인 것으로 보편적 무의식에서 솟아난 것이다. 자기의식이 표상으로서의 세계의 조건으로 생겨난 것으로 보아, 의지는 무의식이지만 자기를 의식하려는 충동을 잠재적으로 갖는 것으로 보인다. 무기물에서 고등 생물로의 진화는 하위 단계를 중첩적으로 포용하면서 상승하는 의지 운동이다. 의지는 동물 유기체에 와서 비로소 의식을 발생시킬 수 있었다. 인간은 '소우주'이지만, 우주는 '거대인간Makranthropos'이다. 이런 의미에서 쇼펜하우어의 형이상학은 일종의 범심주의Panpsychism 세계상이라 할 수 있다. 의지는 잠자는 상태에서 자신을 깨우는 과정에 있지만, 궁극적으로 의식적 개체는 죽음에 의해 물질로 돌아간다. 근심과 시간성 속에서 덧없는 희망에 산다는 것을 인간은 안다. 인간에 와서 우주에서의 인간의 위치가 갖는 생의 의미를 추구하게 되었다. 사실에 관한 인식 세계인 표상으로서의 세계와는 달리, 의지로서의 세계에 관한 논의는 '윤리학으로서의 형이상학'이 된다.

이러한 관점은 생명 철학의 원류가 되었으며, 톨스토이Lev Nikolaevich Tolstoy, 1828~1910, 엘리엇T. S. Eliot, 1888~1965, 프루스트Marcel Proust, 1871~1922, 보르헤스Jorge Luis Borges, 1899~1986와 같은 형이상학적 작가들을 매혹시켰다. 심지어 왕국유王國維, 1877~1927 이후의 중국의《홍루몽》연구가들에게도 영향을 주었다. 쇼펜하우어는 물리학과 생리학에 이르는 광범위한 자료를 통해 우주와 생명의 진화적 전개를 논할 수 있었다. 또한 그는 선험적 관념론의 입장에서 당시의 색채론 논쟁에도 개입해 뉴턴의 한계를 지적하고, 괴테를 비판적으로 옹호함으로써 자신의 선험적 구성론을 생리심리학적으로 옹호했다. 그는 의지라는 예지계의 실재성을 옹호하기 위해, 칸트도 논설을 길게 쓴 적이 있는 스웨덴보리Emanuel Swedenborg의 심령론과《영계 탐방기》를 예지계를 옹호하는 자료로 해석한다. 그는 선험적 관념론과 의지 형이상학이 갖는 설득력 있는 의의를 찾고자 노력했다. 그는 이를 통해 인류가 처한 고뇌와 존재의 신비에 응답하고자 했으며, 이를 진정한 생의 기술이자 치유의 철학으로 헌정했다. 철학은 인류에게 던져지는 것이 아니라 그 고통이 갖는 위대성에 봉헌되는 것이다. 그는 자신이야 말로 진지한 인간이라고 자부했다.

그러나 그의 철학적 헌신은 모친과의 불화가 증거하듯, 괴테를 비롯한 당시의 일부 문인들이 프랑스 혁명을 우회하여 이루고자 했던 우애 공동체 운동, 즉 아름다운 영혼들의 공동체를 형성하려는 운동에는 공감할 수 없었다. 이러한 운동은 루소의 《신엘로이즈》에 나오는 클라랑Clarens 공동체 운동을 연상시킨다. 쇼펜하우어 모친은 봉건적 속박을 단념할 수밖에 없는 처지에 있지만 그러한 움직임을 통해 여성의 자유를 모색하는 생태 페미니즘의 원조가 되었다. 아들은 어머니의 세계를 이해하지 못했다. 그의 반시대적 사고는 반사회성을 동반한 것이었다. 동서를 아우르고 우주 자연사를 논하는 그의 형이상학의 풍요로움에 비해 그의 사회적 인격은 속이 너무 좁은 궁벽성窮僻性을 면할 수 없었다. 이러한 성향은 생의 의미를 문제 삼는 논의에서도 지나치게 개인성을 강조하는 정관주의靜觀主義로 나타난다. 그러나 정관이라는 심정의 안정성은 역사적 사례들이 보여 주듯 실천적 활력을 갖는 발현의 힘과 연결되지 않으면 안 된다. 발현의 힘은 피히테가 좋아하는 '자기를 정립하는 자기의식'이 아니라, 대립하는 고립을 무너뜨리는 충동이다. 그것은 내적 생기로움이 갖는 추진력이 강제하는 내적 필연성에 따라 드러나는 소통 원리가 된다.

하지만 쇼펜하우어의 정관은 고뇌와 우수로 단련된 것이다. 그는 평정에서 최상의 경지를 보는 그리스-로마의 현자보다는 고뇌와 고행을 통과한 붓다와 그리스도의 고상하고 비극적인 인격을 더 존중했다.

그럼에도 그는 신체적 실천을 저급하게 보는 이성 중심의 정관주의 유습을 여전히 갖고 있었다. 정관과 활동의 연관 문제는 아시아 철학에서도 난제로 제기되었던 것인데, 주희朱熹는 마음 본체本體의 정관성과 그 공용功用으로서 유행流行과의 관계를 문제 삼았다. 대체로 주희 이래의 송명이학宋明理學과 18~19세기 철학의 흐름은 마음의 활발성과 신체적 활동성을 통해 정적주의를 회피하는 방향으로 전개되었다. 쇼펜하우어의 정관은 아시아의 이학사理學史와 연관해 그 활동의 흐름이 보완될 때 유아론적 고립성을 면할 수 있을 것이다. 쇼펜하우어에 의하면 인간은 예술적 인식 단계를 지나면, 감각적 이기주의를 제외하고 삶의 의미를 경험하는 두 가지 길을 마주한다. 그것은 의지긍정의 길과 의지부정의 길이다. 전자는 니체가 계승한 길로서, 생명원리의 추동력이 발현하는 자연의 질서와 일치하는 길이다. 여기에서는 대지에 두 발로 당당하게 서는 강하고 생기에 가득 찬 초인超人상이 나온다. 그러나 진정한 우주적 통찰은 의지부정의 길에 있다. 이것은 세계를 영원의 관점에서 보며 의지조차도 초월한 정관이다. 여기에서 타생명체에 대한 공격성을 극복한 생의 의미가 온전히 드러난다. 이것은 동서양의 성자들이 추구했던 의지부정의 길이다. 쇼펜하우어는 이 길에서 동서양의 최고의 공통점을 찾는다. 이러한 맥락에서 과학적 명제에 관한 논의는 시간과 영원의 관계에 대한 흥미로운 견해들과 연관된다.

(4) Ⅵ~Ⅶ장: 철학의 본질은 과학 방법이나 논리 분석에 있지 않다. 그것들에 대한 논의는 철학의 예비 단계에 한정된다. 쇼펜하우어의 폭넓은 시계視界는 19세기 유럽에서 일어난 동양 르네상스 분위기를 배경으로 인도 철학, 노자老子, 주돈이周敦頤와 주희朱熹의 이학理學 및 초기 불교와 대승 반야불교, 이슬람의 수피즘, 심지어 미신으로 치부되

어 왔던 심령 현상, 원시 부족들의 고유한 사상에까지 미친다. 그는 라이프니츠가 존재론적 원리 가운데 하나인 조화에 따라 중국 유가 철학과 유럽 철학의 동일성을 입증하려고 한 이래, 적극적으로 동서의 문화적 편협성을 넘어 인류가 공통으로 도달한 세계 지혜를 지성의 질병을 구제하는 치유 철학으로 제시하고자 했다. 그의 자연철학에 의하면 우주의 진화는 상위의 유형이 하위의 유형들을 겹으로 포섭하면서 다발로 진행한다. 무기적인 것은 유기적인 것에 의해 포섭되어 중첩된다. 이러한 생명의 비약적 분화와 결합을 통해 발생하는 것이 우연발생이다. 마찬가지로 인간도 (자신을 알려는 충동을 잠재성으로 함축하고 있는) 예지계의 우연적 산물이다. 현재의 우주는 달리 될 수도 있었다. 인간의 자기의식은 예지계가 발현하는 움직임의 표면을 통해 우주의 심층의지를 알게 된다. 인간은 물질, 식물, 곤충, 동물의 층들을 자기의식의 층 아래에 중첩해서 갖고 있다. 이 상승적 사다리 구조에서 상층 유형은 하층 유형을 포함하지만, 하층 유형의 구성원이 되지는 않는다. 상승 운동은 하층 유형을 새로운 틀로 구성함으로써 하층 유형을 벗어나는 탈출 과정이 된다. 하층 유형을 토대로 하면서도 그것으로부터 빠져나오는 역량을 창조하는 운동이 진화 과정이다.

인간에게는 자극(식물)과 동기(동물)에 따라 움직이는 기능도 있지만, 객관적 대상에 대한 과학적 인식도 갖고 있다. 또한 인간은 타자에 대한 공감 능력을 확충해 갈 수 있고, 이를 더 확대해 우주의 생명원리에 대한 공감 체계에도 들어갈 수 있다. 나아가 우주의 무한성과 근원적 '무'에 대한 인식에의 열망도 품고 있다. 인간의 출현은 물질로 내려가는 고착성에서 빠져나오는 자유를 완성하는 사명을 갖고 있으며, 이 자유는 보다 개방적인 윤리적 삶의 기초가 된다. 인간은 다층적 역량을 갖춘 소우주로, 여러 유형으로 나타나는 인식과 활동의 상향적 계

충성을 포함하고 있다. 쇼펜하우어는 생명과 인간이 출현한 이 행성行星의 경이로움을 이러한 다층적 유형들의 분리와 축적 과정으로 이해했다. 그는 자연에 나타나는 다층적 유형의 진화구조론을 브루노와 스피노자, 인도 철학을 비롯한 동서양의 내재 철학의 역사에서 확인한다. 그는 브루노와 스피노자의 영혼의 고향을 갠지스 강 언덕으로 보았는데, 이는 쇼펜하우어 자신의 영혼의 고향을 찾은 셈이었다.

(5) Ⅷ~Ⅸ장: 인간이 자기의식을 계기로 자유를 찾는 단계에까지 이른 자연사의 과정은 물질에 저항하는 자유의 충동이 발현된 것이다. 영원의 관점에서 세계를 보는 삶은 궁극의 의미에 도달해 평정을 회복한다. 이 경지는 언설로 말할 수 없는 심원한 느낌을 동반한 실천적 지혜의 경계다. 비트겐슈타인은 '말할 수 없음'을 윤리적 삶의 선험적 형식으로 보았다. 그러나 쇼펜하우어가 마주친 시대는 자본과 제국의 시대이며, 시민적 개인주의의 배타적인 어두운 충동이 진정한 개인성의 활로를 찾지 못하는 시대였다. 자유의 열망은 분리된 자아ego들의 생존과 야심에 의해 저지되어 고립을 면치 못하게 되었고, 활력을 상실하는 위기에 처하게 되었다. 자유주의적 상공업 활동은 최소 국가를 원했지만, 점차 국가와 금융 자본주의적 흐름에 편입되어 갔다. 과학의 해방을 주장하는 두 종류의 과학적 세계관들(유물론적 세계관과 경험주의적 자연주의) 일부는 급진주의로, 일부는 순수 주지주의나 우경화로 분리되어 나아갔다.

이 때문에 쇼펜하우어 철학이 갖는 사회정치적 의미에 대한 고찰은 그의 철학이 갖는 장점을 살리고 단점을 극복하기 위해서도 필요하다. 잘 알려진 루카치Georg Lukacs, 1885~1971의 《이성의 파괴》(1952)는 쇼펜하우어와 생철학 일반의 비합리주의적 정치 반동성을 1848년 시민 혁명의 실패 이후 부르주아의 사기 저하를 반영하는 것으로 본다. 그러나 그와 다른 연구는 이러한 관점이 객관성이 부족하다는 것을 밝혀 냈다. 쇼펜하우어의 많은 제자들은 급진적 공화주의 운동에 연루되었으며, 쇼펜하우어가 비합리주의라는 비판도 그의 지성 비판이 갖는 진정한 의미를 이해하지 못한 것이었다. 오히려 쇼펜하우어의 세계 고苦에 대한 관점은 호르크하이머Max Horkheimer, 1895~1973에 의해 진지한 사회의식을 가능하게 할 수 있는 것으로 재해석되었다. 쇼펜하우어의 지성 비판도 단순한 비합리주의를 옹호하는 것이 아니라, 이론적으로나 실천적으로 역설에 처한 사변 철학과 과학주의를 극복하는 계기를 만든 것이었다. 지성은 자신과의 투쟁을 필요로 한다. 반성 없는 합리주의에 대한 쇼펜하우어의 비판은 지성을 지성의 반성적 능력을 통해 비판함으로써 초지성Supra-intellect으로 넘어가게 하는 의의를 갖는다. 특히 그의 언어비판적 방법은 빈의 마우트너Fritz Mauthner 같은 비판적 작가들과 비트겐슈타인의 언어비판적 방법의 자극제가 되었다. 또한 그의 연민과 개방적 공감 체계로서의 우주는 톨스토이 같은 비판적 행동가들의 사회의식을 형성하게 했다. 장벽을 부수는 신비주의적 통찰은 베르그송이 계승한 것처럼 우주적 개방성과 평등한 소통성이 마음의 평정만을 주는 것이 아니라 사회적 폐쇄성을 극복할 수 있는 잠재력을 갖는 것이었다. 틈과 장벽을 넘어가는 무한 윤리는 반권위주의적 사회철학의 기초가 될 수 있다. 쇼펜하우어의 개방적 전체성은 진정한 개인성이 우주적 연대성에 대한 감수성을 기초로 구성되어야 함을 보여준다. 우주와의 일치된 경험에서 오는 정관적 평정심은 마음을 초월적차원의 권위적 주체로 형성하는 것이 아니다. 그것은 절대적 주관성의 철학을 전복하고 나온 권력 비판적 정신에 따라 자아의 실체화를 거부해야 한다. 그러한 사고는 실체-속성이라는 문법적 구조에 지배받지 않는다. 개방적 사고는 실체적 사고에서 관계적 사고로 넘어간다. 쇼펜하우어가 물질을 무한히 펼쳐지는 불교의 인과因果 그물 관계로 환원한 것은 개체적 실체나 객관들이 선들이 만나는 그물코에 위치하는 변항일 수 있음을 보여 준다. 그것은 진정한 자유가 유익한 관계의 역량을 확산하는 데에 있음을 암시한다. 초기 불교가 강조한 평등은 대승불교에 의해 우주적 공감 체계에 일치하는 심성의 평등성지平等性智로 발전되었다. 이 지혜가 바로 관계적 사건들 이외에는 만나는 것이 아무 것도 없다는 공성空性에 대한 이해이다. 쇼펜하우어의 철학은 이러한 관계의 사상과 결합할 때 그 활력을 획득할 수 있을 것이다.

심성의 변형은 신체 생명 에너지의 변환을 통해 이루어지는 일종의 생리심리적 연금술이다. 이 기술은 아시아 철학의 실천적 지혜 가운데 하나다. 그것은 서양 미학의 언어 중심적 전통을 비판하는 아르토에 의해 '기관 없는 신체'로 해석된다. 도교와 송대 이학理學은 기질변화氣質變化를 욕망의 집착 구조를 전환하는 자유의 기술로 제시해 왔다. 이 양생술은 최후의 단계에서는 영원의 관점에서 세계를 보는 평정심에 이른다. 평정심은 기관 없는 신체, 즉 기관들의 속박에서 자유로운 신체 상태, 새로이 거듭난 경쾌해진 신체를 기초로 이루어진다. 욕망의 구조적 전환론은 쇼펜하우어의 심성론을 금욕주의로 몰고 가기보다는, 욕망의 권위적 응집을 녹여 없애는, 그래서 개방적 관계를 확대해 가는 생의 기술로 발전할 수 있게 할 것이다. 쇼펜하우어가 동서양의 공통성으로 제시하는 초월적 경험은 이러한 방향에서 보다 역동성을 갖는 것으로 재해석할 수 있는 여지를 갖는다.

쇼펜하우어는 기존 형이상학을 언어비판적 방법으로 비판하고 즉시 신비주의로 이행하여 말할 수 없는 것, 즉 침묵을 요구하는 반철학 Antiphilosophy으로 달려 나갈 가능성을 갖고 있었다. 그의 이러한 급진적 측면은 비트겐슈타인의 반철학적 태도에 영향을 미친 것으로 알려져 있다. 그러한 태도는 그들 모두에게 나타나는 강단 교수 집단에 대한 혐오와도 무관하지 않았다. 세계를 객관주의 입장에서만 이론으로 구성하는 것에서 삶의 의미를 찾는 것은 언제나 선험 논리 분석의 관점에서 비판되어야 할 것이었다. 과학에 대한 과학은 있을 수 없다. 이른바 과학적 방법을 다시 철학에 적용하는 과학적 세계관은 있을 수 없다. 그러나 쇼펜하우어는 반성적 비판이라는 반철학의 정서에만 머물 수는 없었다. 형이상학의 전면적 폐기는 사실상 불가능할 뿐만 아니라, 우주와 인생에 관한 거시적 논의를 경험 과학에 넘겨 주고 손을 터는 것이다. 이는 철학을 홀가분하게 할 수는 있지만 과학주의 이데올로기와 위장된 형태의 신학적 존재론의 확산을 방치하게 된다.

그러나 근대 과학의 확실성을 믿으면서 자연의 수량화에 대해 우려하기도 했던 쇼펜하우어는 과학이 자연사의 산물인 두뇌의 기능이라는 점을 너무나 잘 알고 있었다. 이 지점에서 쇼펜하우어는 인간 자신을 해명할 수 있는 박물학과 생리학의 발달을 목격하고 이들의 연구 결과와 대화하는 가운데 우주와 인생에 대한 생명 형이상학을 구성하게 된다. 그는 과학을 통해 과학주의에 대항하는 형이상학을 구상한 것이다. 더욱이 근대 과학과는 달리 현대에는 과학도 대담한 형이상학적 가설을 가지고 우주의 기원과 생의 의미 문제에 접근하는 시대가 되었다. 또한 쇼펜하우어의 형이상학은 우주적 통찰에 윤리학의 뿌리를 둔다. 그것은 우주 시민이 갖추어야 할 광대한 개방성과 소통성, 생명체의 형태와 그 단계적 차이를 생산하는 창조성이라는 주요 원리들을 담고 있다. 그러한 형이상학에서는 우주는 인성의 변화를 가능하게 하는 인성의 원리로 나타난다. 아시아의 철학에서도 주리론의 생명 원리인 태극으로서의 이理나 주기론의 생명원리인 기氣는 모두 소진된 에너지를 부단히 새로이 충전해 주는 창조적 원리로 기능하는 것이었다. 그것은 사물에 생기를 부여하는 생산과 활동의 원리다. 이 원리는 자신과 결합되었던 폐쇄적인 봉건적 가치 체계를 소거하고 새로운 개방적 가치 체계와 결합할 수 있는 유연성을 갖는다.

해학 이기海鶴 李沂, 1848~1909는 주기론적 생명 형이상학과 우주적 평등성의 원리 아래 억압의 장벽을 파괴한다는 '벽파劈破'의 철학을 창안했다. 그것은 19세기 제국주의 운동에 대한 저항성을 담고 있다. 그의 저항성은 우주 생명원리生之理인 기세氣勢를 타고 발현되며, 기세는 만유에 평등하게 구현되어 하나로 관류하는 유통성流通性 갖는다는 이학理學의 기본 원리에 의거한다. 홍대용洪大容, 1731~1783과 박지원朴趾源, 1737~1805의 언설에서도 기존의 폐쇄적 제도와 학술적 파당성을 평등한 소통성의 원리에 의해 극복하려는 간절한 소망을 읽을 수 있다. 이러한 방향에서 쇼펜하우어의 우주적 시야와 일치하는 동서양의 사상들은 작은 편차들이 있을지라도 그 적극적 의미를 살려 더 개진할 필요가 있다. 그러한 사상은 언제나 다시 발현되어 모든 형태의 폐쇄적 체계에 저항하는 힘으로 되돌아와서 생활 속에서 작용할 것이다. 생명의 진화적 사다리 전개는 아래 층위에 있는 것을 토대로 하면서도 그것에서 빠져나와 상위의 차원으로 재편하는 능력에 기초한다. 이 능력은 인간에게 자유를 동경하는 충동으로서 실현되어 있다. 이 충동은 기존의 편협한 삶의 방식에 몰입하여 그 내부를 채우는 일원이 되는 것이 아니라, 그것을 저항적 전망 아래 새로이 구성하려 할 것이다.

| 철학의 가능성

이상의 개괄에서 철학의 가능성을 생각할 수 있는 지평이 열린다.

철학은 인간의 여러 유형의 경험을 존중하고, 그것들의 특징과 의미를 해명하는 활동이다. 이 활동은 감각 지각적 경험, 과학적 인식, 일상의 생활 세계에서의 내적 경험, 사회적 관계에서의 정치경제적 경험, 미적 경험, 존재의 신비를 포함한 우주적 일치의 경험에 대한 이해와 해명을 포괄한다. 경험의 유형들에 대한 기술記述로서의 철학은 궁극에서는 예술적이고 우주적인 경험에서 오는 무한의 윤리를 폐쇄계에 적용해 평등한 소통성으로 변환하는 실천성을 갖는다. 다양한 유형의 경험을 존중하는 것은 경험의 계층성을 무시하고 어느 특정 경험만을 유일한 가치를 지닌 것으로 주장하는 편협성과 독단적 추상화를 면하게할 것이다. 쇼펜하우어가 전통 형이상학의 근거 없는 낙관주의가 갖는무의미성을 폭로하고, 세계 내에서의 경험에 정직할 것을 요구한 것도그 때문이었다.

철학사 대부분은 특정 경험에 의지하여 지적 편협성을 드러낸 역사였다. 유럽에서 기하학은 일정한 공리계와 증명 체계를 갖춘 엄밀한학문의 모델로 보였다. 여기에서 엄밀하고 확실한 기초를 찾아 그 토대위에 학문을 세우는 식의 철학이 학문이라는 이름으로 유포되었다. 이와 유사한 편협성은 종교적 분파와 전쟁에서, 아시아의 주자학사朱子學史에서, 19세기 유럽의 그리스 정신 숭배에서,《인식 Erkentnis》지誌를 통한 독일-오스트리아에서의 논리 실증주의적 과학통합 운동에서, 그리고 피히테에서 후설에 이르는 절대적 자아 철학의 전개에서 확인된다. 쇼펜하우어의 학문적 시계視界는 정직하고 관대한 포용성을 갖는다. 이러한 지적 성격은 지성의 지식 세계가 우연으로per accidens 나타난것이라는 점을 자각하고, 논리학과 존재론을 일치시키는 사변 철학을거부한 데에서 잘 드러난다. 쇼펜하우어가 보기에 지성과 과학의 위상은 우연성에 있다. 그것은 의지의 발현인 자연사에서 우연히 발생한 것이다. 그럼에도 지성의 자의식은 우연성의 즐거움을 누릴 수 있는 데서 오는 자유에의 물음을 묻지 않고 자신을 우주의 근거나 확실성의 생산 자로 자부하는 지적 허영심에 들떠 있기 일쑤였다. 지성이 여러 유형의 경험들을 존중한다면, 과학적 지식의 선천적 확실성을 절대화하지 않을 것이며, 경험의 감각적 기초를 추구하는 발상을 거부할 것이다. 관대한 지성은 지식론에서는 경험의 조건들을 분석해서 보여 주고, 그 한계를 자각하는 경험을 통해 상위의 다른 유형의 경험이 갖는 의미에 접근할 것이다. 철학은 한 가지 유형의 경험이 갖는 한계에 머물지 않고 자신의 지평을 넓혀 간다. 그것은 자유의 활동이다. 이 활동은 인식의 주관적 중심으로 가정된 선험적 자아의 통일성을 우주에 투영해 절대적 자아나 주관성을 만들지 않는다. 우주적 경험에서 궁극적으로 도달되는 자유란 절대 자아를 토대 삼는 자아 과대증이 아니라, 자아의 실체성이 무너져 내려 점點으로 수축함으로써, 우주적 연대성에서 오는 관계 차원으로 발산해 나아갈 수 있는 능력이기 때문이다. 자유는 실체의 속성이나 상태가 아니라 관계적 활동의 원리다.

쇼펜하우어는 《의지와 표상으로서의 세계》 II 의 결론인 〈철학 후기 Epiphilosophie〉에서 스피노자의 '범신론'과 비교하면서 '하나이자 모든 것ἕν καὶ πᾶν'이라는 구조를 갖는 자신의 철학에 대한 몇 개의 언질을 덧붙인다. 이 언질들은 쇼펜하우어의 포괄적 경험주의가 갖는 성격을 잘 드러낸다. 그에 의하면 유신론적 존재론에 대한 칸트의 비판 이후, 후기칸트주의자들은 급격히 스피노자주의로 기울어 갔는데, 대부분 '재미없고geschmacklos', '이해할 수 없는 말로 가려지거나', '왜곡된' 것이 되었다(야코비나 슐라이어마허의 낭만주의적 해석). 하지만 쇼펜하우어는 "스피노자와 나 자신의 관계는 구약과 신약의 관계와 같다"고 말하면서 "윤리성이 약하고 낙관성을 갖는" 구약이 신약의 강한 윤리성과 비극적 의식으로 전환되어야 한다고 본다. 스피노자의 철학도 '하나이자 모든 것'이지만, 자신의 것과는 다음과 같은 점들에서 그 성격이 다르다는 것이다.[1]

쇼펜하우어에게 세계는 '하나이자 모든 것'이지만, "모든 것이 신πᾶν θεός이라는 것"은 아니다. 스피노자의 '영원한 실체substantia aeterna'는 여전히 창조자 신이다. 여기에 유대교에서 오는 낙관주의 유습이 남아 있다. 완전한 신의 창조물인 세계는 전적으로 긍정되어야 할 만큼 탁월하다. 인간을 포함한 모든 창조물은 자신들이 부여받은 역량potentia인 힘Macht에 비례해 이른바 자연권을 갖는다. 인류는 자신의 유익함을 위해 동물에 대한 사용권을 갖는다. "동물을 경시하는" 스피노자의 역량론은 시민의 평등한 역량의 증대와 유익한 사회적 관계의 형성을 통한 민주주의적 해방의 가능성을 보여 줄 수 있지만, 쇼펜하우어에게 이러한 인본주의적 낙관론은 "윤리성이 약하고 오류이자 괘씸해empörend"보인다. 역량론은 범신론의 귀결이다. 그러나 쇼펜하우어는 자신의 형이상학적 의지가 권력을 부여하는 여호와가 아니라 "십자가에 달린 구세주나 십자가에 달린 도둑"과 같다고 한다. 이런 의미에서 의지 철학은 "그리스도교와 완전히 일치하며, 브라마니즘 및 불교와 일치한다." 그러나 스피노자의 철학은 "빈 병에 담겨 있던 내용물이 냄새를 오래 남기듯" 유대교의 훈습을 면치 못했다는 것이다. 쇼펜하우어에 의하면 "그래도 스피노자는 위대한 사람으로 남지만", 데카르트와 마찬가지로 "실체나 원인과 같은 개념의 기원에 대한 사전 탐사도 없이", "추상적 개념으로부터 출발"해 세계를 해명하고, 그로부터 숙명론을 끌어내는

---

1   Arthur Schopenhauer, *Die Welt als Wille und Vorstellung* Ⅱ, S. W. Band Ⅱ, Suhrkamp, 1986, s. 821~829.

실수를 저질렀다.[2]

　이러한 언급은 쇼펜하우어가 스피노자를 해석하는 한 방식을 보여준다. 그의 관점은 스피노자의 연역적 방법(기하학적 방법)이 내용과 다르기 때문에 방법에 구애받지 않고 그 생명철학적 내용을 이해해야 한다는 견해(Gille Deleuze, Pierre Mercherey 등의 해석)와는 다르다. 쇼펜하우어의 해석은 신의 자기원인성과 완전성이라는 개념의 정의로부터 세계를 도출하는 기하학적 방법론이 스피노자 철학의 내용까지도 규정한다는 해석에 속한다. 그에 의하면 스피노자는 신이라는 "개념으로부터 하강하는" '종합의 길synthetischen Gang'로 간다. 그것은 "온전히 알려지지 않은 것으로 더 잘 알려진 것을 설명하는" 부조리를 범하는 것이다. 그러나 자신의 견해에서는 "경험으로부터, 즉 누구에게나 있는 자기의식으로부터 출발하여 유일하게 형이상학적인 의지로 나아간다." 이것은 '상승하는' 분석의 길analytischen Gang'이다. "먼저 분석의 길에서 도달된" 의지 철학은 현상계의 법칙 필연성을 현상을 규정하는 주관의 충족이유율에 돌린다. 그리고 물자체인 의지는 필연성에서 자유롭다. 이것이 쇼펜하우어가 보기에 스피노자의 숙명론과 다른 '제3의 입장'이다. 충족이유율의 필연성은 칸트의 비판에 의해 알려진 것처럼 '영원한 진리aeterna veritas'가 아니며 '지성의 형식'일 뿐이다. 지성이 여기에만 머무르게 되면, '의지의 도구인 지성' 혹은 '두뇌'라는 감옥 속에서 인과적 필연성에 속박된 채 사는 것이 된다. 쇼펜하우어에 의하면 설사 과학이 사물의 연결 고리를 그 최후의 고리에 이르기까지 인식했다 하더라도, 인식 주관은 자신이 최초에 투영한 형식만을 적용했음을 반성을 통해 알게 될 것이다. 그러나 윤리적 관점에서 자유를 포함한 예지

2　위와 같음.

적 인격을 가진 인간은 표상으로서의 세계를 넘어 가는 자유를 갖는다. 논리가 세계의 조건이지만, 윤리는 논리를 포함하고 있는 세계의 조건이다. 윤리가 철학의 본령이다.

범신론의 "신은 자신의 만족을 위해, 즉 자신의 영광과 권능을 드러내기 위해" 자신을 만유로 현시한다. 쇼펜하우어에 의하면 이는 세계에서의 "거대한 악들을 교묘하게 제거"할 수 있다. 그러나 "세계에는 공상된 탁월성과의 분명하고 섬뜩한 모순"이 있다. 그리고 "의지는 자신의 객관화를 통해 자기인식에 도달한다." 세계는 모순이 있는 그대로 의지가 자신을 보는 거울이다. 인간은 세계의 악을 인식하고 자신의 의지를 부정할 수 있기에 "포기와 회심 그리고 구원이 가능하게 되는 일이 일어날 수 있다." 이 의지부정에서 "나의 진리의 귀결로서 만유의 아름다움에 대한 형이상학도 먼저 온전히 청산된다." 여기에서만이 "윤리학은 확고한 기초를 갖게 된다." 윤리학의 뿌리는 자연사의 창조적 발현의 과정을 거슬러 내려가 근원적 '무'에 접하고, 영원한 현재에서 세계를 보는 우주적 시계視界에 도달하는 데에 있다. 범신론에서는 주어진 세계가 모든 가능성이 실현된 필연성의 세계이며, 신성하기에 부정할 필요가 없이 "그대로 두면 된다." 신의 의지를 긍정하면 된다. 그러나 의지 철학에서 "세계는 모든 존재의 전 가능성을 채우고 있지 않다." 여기에는 "아직도 생의 의지의 부정이라는 부정적으로만 기술되는 것을 위한 많은 여지가 남아 있다."[3] 현행의 우주는 모든 가능성이 발현된 완결된 존재가 아니라 의지는 과거에도 그랬듯 언젠가는 자신의 발산의 힘을 부정하고 다시 '무'로 회귀할 것이다. 그리고 다시 발산과 수렴을 거듭할 것이다. 진정한 우주적 통찰은 '무'에 기반해 거기에

---

3 위와 같음.

서 다시 발산하는 생성을 보는 것이다.

이 부정의 길은 영원히 살고자 하는 개체의 무모한 탐욕에 영합해 지상의 세상성으로 내려가는 것이 아니라, 현상계의 필연성에 대한 모든 지식을 넘어서는 무지의 지로 상승해 가는 노력이다. 기독교와 불교에서 궁극의 경지는 지식의 우월성이 버려지는 곳이다. 쇼펜하우어는 이러한 탈세상성에 부합하는 전형적 사상을, 견딜 수 없는 모순과 고통을 극복하고 결국에는 회심에 도달하여 자신의 죄를 포함한 모든 것을 용서하고 평안을 회복하는 괴테의《파우스트》에서 발견한다. 파우스트는 기존에 자신이 의지한 것을 부정하는 의지를 행동으로 보여 준다. 쇼펜하우어에게는 이 부정의 길이 철학의 목적이다. 그가 자신의 형이상학을 윤리학이라고 거듭 주장하고, 세계를 모럴리스트의 관점에서 본다고 한 것은 철학에 대한 그러한 이해 방식에서 나온 것이다. 그는 자신의 윤리적 관점이 그리스 로마 전통을 따르지 않는다고 한다. 이 전통은 정의는 있으나 인류애는 없는《구약 성서》와 같으며, 자신의 입장은 인도 철학과 불교와 같이 사랑을 중시하는《신약 성서》에 해당한다는 것이다.《구약 성서》에 속하는 사상은 신의 폭력적 권력을 긍정한다. 쇼펜하우어가 보기에 스피노자의 역량과 자연권은 "세상에 가득 찬 공포와 비극"에 대한 속죄가 없는 비윤리성을 갖는다. 그것은 역량이 없는 원시 부족, 특히 다른 자연종에 대한 폭력적 지배를 정당화한다는 것이다.[4] 우주 시민의 자격은 불살생不殺生 윤리의 유무에 의해 결정된다. 이는 니체가《구약 성서》의 노골적 생명의지를 긍정하고,《신약 성서》의 도덕을 노예도덕으로 비판한 것과 대조된다. 그러나 쇼펜하우어의 도덕은 생존 투쟁을 우주적 연대성을 파괴하는 것으로 직관

---

4   Arthur Schopenhauer, *Kleine Philosophische Schriften, Parerga und Paralipomena* Ⅱ
     (1850), S. W. Band Ⅴ, Suhrkamp, 1986.

하여 타자의 고통에 대한 연민과 함께 자신의 생존 방식에 대한 결정적 회심을 포함한다. 타자의 생명을 해치는 것을 불의不義로 직관하는 내적 각성에 윤리가 성립한다. 윤리는 논리처럼 세계의 선험적 조건이다. 그것은 과학의 대상처럼 제3자의 입장에서 대상화하여 말로 재현할 수 없는 것이다. 윤리는 주체적이고 실존적인 사건이다. 이 세계 내재적 사건에서 보편적 사랑의 감정에 따라 자아를 우주적 소통성으로 열어 제치는 개방적 자아, 즉 무아無我의 활동으로 나아가는 자기 변형이 일어난다. 세계와의 이러한 관계 방식은 자아가 없기에 원한 감정도 없는 우주적 개방성을 갖는다.

쇼펜하우어는 《유고》(1804~1811, Initial Sheets 1~8)에서 의지의 자기부정성에 따르는 철학을 "날카로운 돌들과 가시덤불로 덮인 가파른 길을 통해서만이 도달되는 높은 산길"에 비유한다. 이 길은 "외지고 황폐하기조차 하지만 보다 더 높이 올라간다. 그는 이따금 절벽에 이르러 아래를 현기증과 함께 내려다보지만, 바위에 힘껏 의존하고서 보면 메마른 황무지들은 사라지고, 늪과 울퉁불퉁한 곳들은 평평하며, 거슬리는 소음들은 들리지 않는다." "세계의 원융함이 그에게 계시된다. 그 자신은 언제나 순수하고 시원한 산 공기 속에서 있으며, 아래의 모든 것이 칠흑 같은 밤에 파묻혀 있을 때 그는 태양을 바라본다. 이제 여기에 위안이 있고 확고한 희망이 있다. 이것을 우리는 도덕적 감정으로부터 경험한다." 쇼펜하우어에 의하면 이 감정은 "피상적으로 잘산다는 것을 크게 희생하고 다른 종류의 잘사는 것"으로 가야한다는 '의무와 책임'을 동반한다.

이러한 파우스트적 상승 의지는 궁극적으로는 괴테가 추구하는 내적 안정성 위주의 관념이 배어 있다. 하나의 단계에서 의지는 안정된 상태에 이르렀다가는 외적 힘에 의해 불안정하게 되지만, 궁극의 단계에서 파우스트는 장님이 되어 대립이 끝나는 화해의 자유를 자신의 내부에서 경험한다. 파우스트에게 자유는 정지된 상태 개념이다. 그러나 이러한 안정성의 추구는 자유를 개인의 피부 안에서 일어나는 회심 사건으로 내면화하는 것이다. 쇼펜하우어의 도덕 감정도 이러한 내면적 완성을 지향한다. 이들의 내면 상태인 안정성은 애초의 활동성을 단계적으로 순화하여 고요하게 만드는 정적주의의 길에서 나올 수 있는 것이었다. 단계적 상승은 활동성이 단계적으로 하강하여 약해진다는 것이다. 헤겔에게도 남아 있는 그러한 정관주의적 유습은 활력을 요구하는 사람들에게는 더 이상 호소력을 가질 수 없었다.

그러나 아시아에서는 정적주의를 극복하기 위한 활동성과 안정성의 관계 설정에 대한 관심이 20세기 초까지도 철학[理學]의 주요 논제였다. 그것은 '무'와 존재, 수렴과 발산을 종합적으로 고려하는 것이다. 또한 후기로 올수록 새로이 제안되는 대안들에서는 활동성의 강화가 눈에 띈다. 쇼펜하우어의 단점을 극복할 수 있는 대안적 길을 모색하기 위해서는 아시아의 이학사에서 활동성을 강조한 사상들을 참조할 필요가 있다. 쇼펜하우어의 철학이 생명원리의 발현과 그 보편적 소통성[該貫]의 원리에 의거한 체계일지라도 역사적 계승을 통한 변증법적 발전을 거치지 못한 반면, 그와 유사한 원리에 의거한 이학理學은 수 세기에 걸쳐 전승과 비판의 과정을 겪었다. 이러한 과정을 고려하는 것은 발현과 해관의 사상을 생기롭고 풍요롭게 하는 데에 기여할 수 있을 것이다. 또한 19세기 유럽의 사상적 구도와 18세기 조선의 후생 철학에 대한 이해를 통해 과학과 철학의 바람직한 관계를 세울 수 있을 것이다. 철학은 과학에 귀속되지도 않고 분리되지도 않는 '부즉불리不卽不離'의 관계에 있다. 철학은 과학을 합리적 수용 가능성을 갖는 것으로 볼 수 있지만, 과학의 무궁한 발전에 절대적 의미를 부여하는 어떤 형태의 과학주의도 신뢰하지 않는다. 또한 철학은 일상의 문법적 구조에 미혹되고 권력 의지에 적응되어 있는 자아를 모델로 하는 절대적 자아를 정립하지 않는다. 철학은 세상성을 극복하는 자유의 길이다. 철학은 경험들의 계층성을 존중하고, 부단히 거슬러 상승하는 노력을 통해, 우주에서의 인간의 위치가 갖는 의미가 자유와 그 사회적 확대에 있음을 보여 줄 수 있다.

쇼펜하우어의 시대에 괴테가 '자유로운 땅, 자유로운 백성들과 함께 살련다'는 뜻을 최후의 목적으로 제시했을 때, 이 이상은 개인을 민족 국가와 산업화라는 사회적 '전체성의 분지'로 보는 관점을 반영한다. 괴테에게는 산업 문명의 확산은 자유의 한 징표로 보였다. 그가 봉건제를 타도하는 나폴레옹을 찬양하면서도 그의 전쟁 패배를 시적으로 찬미한 것은 민족 통일과 근대화를 이루어야 하는 독일적 조건을 국제적 흐름과 분리해서 보았기 때문이다. 이러한 보수적 정치관은 신칸트주의자이자 카르납의 논문 지도교수였던 바우흐Bruno Bauch, 1877~1942의《괴테와 철학Goethe und Philosophie》(1928)에 전해져 강조된다. 개인성은 정치적 전체성으로 채워질 때 '진정한 인간성'으로 나아가, '개인이라는 추상성'을 면할 수 있다는 것이다. 그러나 이러한 방향은 칸트, 헤르더, 피히테로부터 하이데거에 이르는 독일적 사고의 전형이다.[5] 그것은 쇼펜하우어나 괴테 자신의 우주적 개방성을 훼손하고, 그것을 폐쇄적인 정치적 전체성으로 수렴시키는 것이다. 이는 아인슈타인Albert Einstein이 쇼펜하우어와 아시아 철학의 '우주종교Cosmic religion'를 '민주적' 급진성과 연결시켜, '권위주의적' '계급 사회'와 윤리, 과학과 윤리, 즉 사실과 가치를 결합시키는[6] 방향과는 반대된다. 과학적 탐구

---

5   Bruno Bauch, *Goethe und Philosophie*, Salzwasser Verlag, 1928, s. 33~34.
6   Albert Einstein, 최혁순 옮김,《나의 세계관 *Ideas and Opinions*》(1954), 범조사, 1982, 264~277쪽.

를 삶의 한 방식으로 포함하는 세계는 근본적으로 윤리적 의미를 갖는다.

보편적 자유의 평등을 누리는 인성은 그 자신이 장벽을 설치하여 타인을 배제했다는 것에 대한 내밀한 죄의식으로 근엄하거나 불행해진다. 그러나 진정한 개인성은 우주적 소통성으로 열려 있는 무한의 윤리에 바탕을 두고 모든 정치·경제적인 폐쇄성과 이로부터 오는 우울과 불행에 부단히 저항하는 데에 존립한다. 이 방향에서 '여민동락與民同樂'(孟子)의 원리가 가리키는 바와 같이 인간의 생리적 본질인 욕망과 이를 평등하게 실현할 수 있는 윤리적 역량을 긍정하는 관점을 수용할 수 있을 것이다. 공리公理로서의 평등을 실현하려는 이성은 우주적 소통성의 원리에 따라 욕망을 실현하는 매체가 된다. 정관靜觀으로 끝나는 쇼펜하우어의 철학은 윤리의 구체적 적용 활동[功用]을 수용함으로써 창조적 활력을 갖출 수 있으며, 철학의 정신적 권력을 신비화하는 태도에서 해방될 수 있다. 쇼펜하우어가 존중하는 동서양의 우주적 통찰이 갖는 자유는 불평등한 대립을 극복하는 '여물무대與物無對'(莊子)의 원리를 윤리적 실천의 근본 조건으로 제시한다.

바로 이러한 최고 선善의 이념이 정치사회적 진리와 허위를 결정하는 기준을 제공한다. 정치사회적 진리는 모두가 자유롭고 타인의 삶에서 자신의 모습을 긍정하는 무명無名 인사들의 결합체인 혼융한 민중성에 있다. 이 혼융한 소통성[該貫]은 태초의 추억으로 흔적만 남아 있으나 혁명적 격변기 혹은 견딜 수 없는 고뇌의 순간에는 잠시나마 자신의 모습을 보여 주고는 이내 사라진다. 그것은 공동의 능동적 삶에서 표현되었다가, 변질된 수동적 삶에서 숨어 버린다. 그러나 그것은 정치사회적 진리로서 타성화되어 구획 지워지고 사법화된 삶을 언제나 정치사회적 허위로 규정하는 기준[理]이다. 이 때문에 인간은 자신의 세계를 윤리적 의미를 지닌 것으로 보게 되며 제도적 현실을 문제 삼는다. 혼융성은 의지로서의 인간이 존재하는 한 영원한 삶의 형식으로 우리에게 계시될 것이며, 그 밖의 삶의 방식은 비록 그것이 민주주의라는 이름으로 포장되어 있을지라도 그 진리가 퇴락하여 굳어진 허위로 판정된다. 서로 다른 이질성이 혼융성을 상실하고 개별화되고 차등화되어 권력을 위해 줄을 섰을 때 진리는 숨는다. 비진리의 삶은 분열된 개별성으로부터 총체화된 경직성에 이르기까지 다양한 정도의 차이를 갖지만 이 모두는 정치적 진리를 은폐하는 장치가 된다. 우주를 영원의 관점에서 본다면 세상성 속에서의 시간은 가상이다. 그러나 혼융한 소통성의 진리가 우리로 하여금 잃어버린 추억을 회상하여 미래의 새로운 삶의 양식을 바라보고 우환 속에서도 세상 안에서 살게 하는 것이다.

참고문헌

1

Arthur Schopenhauer, *Schopenhauer, Sämtliche Werke*, Band Ⅰ-Ⅴ, Suhrkamp, 1986.

_____, *Die Welt als Wille und Vorstellung* Ⅰ (1818), S. W. Band Ⅰ, Suhrkamp, 1986.

_____, *Die Welt als Wille und Vorstellung* Ⅱ (1844), S. W. Band Ⅱ, Suhrkamp, 1986.

_____, *The World as Will and Representation* Ⅰ, Ⅱ, Trans by E. F. J. Payne, Dover, 1966.

_____, *Kritik der Kantischen Philosophie, Die Welt als Wille und Vorstellung* Ⅰ, S. W, Band Ⅰ, Suhrkamp, 1986.

_____, *Über die Vierfache Wurzel des Satzes vom Zureichenden Grunde* (1813), Suhrkamp, S. W. Band Ⅲ, 1986.

Arthur Schopenhauer and Karl Hillebrand, *On The Fourfold Root Of The Principle Of Sufficient Reason And On The Will In Nature*, George Bell & Sons, 1907.

Arthur Schopenhauer, *Über den Willen in der Natur* (1836), S. W. Band Ⅲ, Suhrkamp, 1986.

_____, *Über die Grundlage der Maral* (1841), Suhrkamp, Sämtliche Werke, Bd. Ⅲ, 1986.

_____, *Parerga und Paralipomena* (1850), S. W. Band Ⅳ-Ⅴ, Suhrkamp, 1986.

_____, *Parerga und Paralipomena*, V 1. 2, Trans by E. F. J. Payne, Clarendon Press Oxford, 1974.

_____, *Early Manuscripts* (1804-1818), V. 1, Edited by Arthur Hübscher, Trans by E. F. J. Payne, Berg, 1988.

_____, *Manuscript Remains* (1804-1818), *Critical Debates*, V. 2, Edited by Arthur Hübscher, Trans by E. F. J. Payne, Berg, 1988.

_____, *Manuscript Remains* (1818-1830), *Berlin Manuscripts*, V. 3, Edited by Arthur Hübscher, Trans by E. F. J. Payne, Berg, 1988.

_____, *Manuscript Remains* (1830-1852), *Last Manuscripts*, V. 4, Edited by Arthur Hübscher, Trans by E. F. J. Payne, Berg, 1990.

_____, *Fragmente zur Geschichte der Philosophie, Parerga und Paralipomena*, S. W. Band Ⅳ, Suhrkamp, 1986.

_____, *Über das Sehn und die Farben* (1816, 1850), S. W. Band. Ⅲ, Suhrkamp, 1986.

_____, *On Vision and Colors*, Trans by E. F. J. Payne, Berg, 1994.

_____, *Versuch Über das Geistersehn und Was damit Zusammenhängt, Parerga und Paralipomena* Ⅰ, S. W. Band Ⅳ, 1986, introduction.

_____ , *On the Basis of Morality*, Trans by E. F. J. Payne, Hackett, 1995, D. E. Cartwright's Introduction.

_____ , *Prize Essay on the Freedom of the Will*, Edited Günter Zöller, Trans by E. F. J. Payne, Cambridge University Press, 1999.

_____ , *Kleine Philosophische Schriften, Parerga und Paralipomena* Ⅱ(1850), S. W. Band Ⅴ, Suhrkamp, 1986.

_____ , *Zur Philosophie und Wissenschaft der Natur, Kleine Philosophische Schriften, Parerga und Paralipomena* Ⅱ(1850), S. W. Band Ⅴ, Suhrkamp, 1986.

Arthur Schopenhauer, 곽복록 옮김,《의지와 표상으로서의 세계》, 을유문화사, 1994.

_____ , 홍성광 옮김,《의지와 표상으로서의 세계》, 을유문화사, 2009.

_____ , 김미영 옮김,《충족이유율의 네 겹의 뿌리에 관하여》, 나남, 2010.

_____ , 김미영 옮김,《자연에서의 의지에 관하여》, 아카넷, 2012.

_____ , 김미영 옮김,《도덕의 기초에 관하여》, 책세상, 2004.

_____ , 강준원 옮김,《자유, 필연 그리고 맹목적 의지》, 춘추각, 1990.

_____ , 김중기 옮김,〈베를린 대학에 제출한 이력서〉,《의지와 표상으로서의 세계 外》, 집문당, 2003.

_____ , 사순옥 옮김,〈철학적 소고〉,《쇼펜하우어 인생론》, 홍신문화사, 1987.

2

賈豊臻,《中國理學史》, 商務印書館, 1969.

孔尙任,《桃花扇》, 송용준, 문성재 옮김, 소명출판, 2009.

金錫文,《易學二十四圖總解》(1697),《동방학지》, V.16, 1975.

達磨,《達摩의 禪語錄》, 李慧惺, 대우출판사, 1986.

譚嗣同,《仁學》, 蔡尙思 編, 譚嗣同全集 1, 1954.

大韓佛敎文化振興會,〈金剛般若波羅蜜多經〉,《金剛經五家解》, 寶蓮閣, 2005.

《道經精華》上, 張淸華, 張換斌 編, 時代文藝出版社, 1995.

朴趾源, 李家源 옮김,《熱河日記》, 上, 中, 下, 대양서적, 1978.

_____ ,《燕巖集》上中下, 신호열, 김명호 옮김, 돌베개, 2007.

《佛說大般涅槃經》, 黃龍 옮김, 운주사, 2002.

徐光啓,〈泰西水法序〉,《徐光啓集》, 上冊, 王重民 輯校, 上海古籍出版社, 1984.

_____ ,〈幾何原本雜議〉,《徐光啓集》, 上冊, 王重民 輯校, 上海古籍出版社, 1984.

_____ ,〈刻幾何原本序〉,《徐光啓集》, 上冊, 王重民 輯校, 上海古籍出版社, 1984.

_____ ,〈焦氏澹園續集序〉,《徐光啓集》, 上冊, 王重民 輯校, 上海古籍出版社, 1984.

_____ ,〈刻紫陽朱子全集序〉,《徐光啓集》, 上冊, 王重民 輯校, 上海古籍出版社, 1984.

石峻, 樓宇烈 外編,《中國佛敎思想資料選編》, 第2卷, 第2冊, 中華書局, 1983.

蘇子由,《道德眞經註》, 华东师范大学出版社, 2010.

吳承恩,《李卓吾批評 西遊記》, 齊魯書社, 1991.

五緯曆指, 1,〈王室圖書館디지털아카이브〉.

王國維,〈紅樓夢評論〉,《王國維文學論著三種》, 商務印書館, 2001.

_____,〈人生詞話〉,《王國維文學論著三種》, 商務印書館, 2001.

李贄,《焚書》, 李贄文集, 第1卷, 張建業 主編, 社會科學文獻出版社, 2000.

李用休, 조남권, 박동욱 옮김,《惠寰 李用休 散文全集》, 上,〈我菴記〉, 소명출판, 2007.

_____,《老子解》, 李贄文集, 第7卷, 張建業 主編, 社會科學文獻出版社, 2000.

_____,《李卓吾 批評 水湖全傳》, 黄山書社, 1991.

李通玄,《略釋新華嚴經論》. 雲住寺, 1999.

張世英,〈尼采與李贄〉,《廿一世紀》, 第六期, 1991.

《莊子》, 内篇, 外篇, 안병주, 전호근 역주, 전통문화연구회, 2007.

_____, 雜篇, 박일봉 역주, 育文社, 1997.

程伊川,《易傳》. 二程集 下, 中華書局, 1981.

程子,〈河南程氏遺書〉,《二程集》, 中華書局, 1981.

曹雪芹,《紅樓夢》, 홍상훈 옮김, 솔, 2012.

宗白華,〈論文藝的空靈與充實〉,《藝經》, 商務印書館, 2011.

朱光潛,〈談美〉(1932),《朱光潛全集》3, 中華書局, 2012.

_____,〈文藝心理學〉(1936),《朱光潛全集》3, 中華書局, 2012.

朱熹,《四書集註》, 經書, 景仁文化社, 1971.

_____,《朱熹集》4. 四川教育出版社, 1996.

_____,《通書解》. 권정안, 김상례 역주, 청계, 2000.

陳鼓應,《老子注譯及評介》. 中華書局, 1987.

湯顯祖,《牡丹亭》, 이정재 이창숙 옮김, 소명출판, 2014.

胡軍,《道與眞, 金岳霖哲學思想研究》, 人民出版社, 2002.

洪謙,《洪謙選集》, 吉林人民出版, 2005.

洪大容,《湛軒書》内集, 卷1-3. 民族文化推進會, 1974.

3

Albert Einstein, 'Russell's Theory of Knowledge', *The Philosophy of Bertrand Russell*, edited by P. A. Schilpp, The Library Series 5.

Adrian Kuzminsky, 'Pyrrohnism and Madhyamaka', *Philosophy East and West*, Vol. 57, No. 4 Oct. 2007.

Alexandre Koyré, *From the Closed World to the Infinite Universe*, The Johns Hopkins University Press, 1968.

Amartya Kumar Sen, 'Sraffa, Wittgenstein, and Gramsci' *Journal of Economic Literature*, v. 41, 2003.

Andreas Blank, 'Material Points and Formal Concepts in the Early Wittgenstein' Canadian Journal of Philosophy, Vol. 37, No. 2, 2007.

Anne-Marie S. Christensen, 'Wittgemstein and Ethics', *The Oxford Handbook of Wittgenstein*, Edited by Oskari Kuusela Marie Mcginn, Oxford University Press, 2011.

Arthur O. Lovejoy, 'SCHOPENHAUER AS AN EVOLUTIONIST', *The Monist*, Vol. 21, No. 2, APRIL, 1911.

Arthur Hübscher, *Schopenhauer: Biographie eines Weltbildes*, Stuttgart, Reclam Verlag, 1967.

Bertrand Russell, *Mysticism and Logic*, George Allen & Unwin LTd, 1963.

_____, *The Problems of Philosophy*, 1912, Oxford University Press, 1997.

_____, *The History of Western Philosophy*, Simon & Schuster, 1945.

Bruno Bauch, *Goethe und Philosophie*, Salzwasser Verlag, 1928.

Bryan Magee, *The Philosophy of Schopenhauer*, Clarenden Press, Oxford, 1983.

Charles A. Muses, *East and West Fire, Schopenhauer' Optimism and Lankavatara Sutra*, John M. Watkins, 1955.

Christopher C. Robinson, *Wittgenstein and Political Theory*, Edinburgh University Press, 2009.

Christopher Janaway, *Self and World in Schopenhauer's Philosophy*, Clarendon Press Oxford, 1989.

_____, 'Will and Nature', *The Cambridge Companion to Schopenhauer*, Cambridge University Press, 1999.

_____, 'Schopenhauer as Nietzsche's Educator', in *Willing and Nothingness*, Clarendon Press, 1998.

Cora Diamond, 'Inheriting from Frege', *The Cambridge Companion to Frege*, Edited by Michael Potter and Tom Ricketts, Cambridge University Press, 2010.

David E. Cartwright, *Schopenhauer A Biography*, Cambridge University Press, 2010.

_____, *Historical Dictionary of Schopenhauer's Philosophy*, The Scare crow Press. Inc, 2005.

Dieter Henrich, *Between Kant and Hegel*, Edited by David S. Pacini, Harvard University Press, 2003.

D. W. Hamlyn, *Schopenhauer*, Routledge and Kegan Paul, London, 1980.

George Berkeley, *A Treatise Concerning the Principles of Human Knowledge*, Oxford University Press, 1998.

Emile Meyerson, *Identity and Reality*, Dover, 1908.

Ernst Cassirer, *The Problem of Knowledge*, Trans by William H. Woglom & Charles W. Hendel, Yale University Press, 1950.

Eugene Thacker, 'Darklife: Negation, Nothingness, and the Will to Life in Schopenhauer', Parrhesia, Number 12, 2011.

Everhard Flintoff, 'Pyrroh and India', *Phronesis*, Vol. 25, No. 1, 1980.

Franz Hartmann, *The Doctrines of Jacob Boehme, The Godtaugt Philosopher*, Macoy Publishing Co, New York, 1919.

Friedrich Nietzsche, *The Birth of Tragedy*(1872), 'Attempt at a Self-Criticism'(1886).

_____ , *On Schopenhauer*, edited by Christopher Janaway, Willing and Nothingness, Clarendon Press, 1998.

_____ , *Zur Genealogie der Moral* (1886-1887), Walter de Guyyter & Co, Berlin, 1968.

Georg Simmel, *Schopenhauer and Nietzsche*, Trans by H. Loiskandl, D. Weinsten and M. Weinstein, University of Illinois Press, 1986.

G. W. Leibniz, *New Essays on Human Understanding*, trans by P. Remnant & J. Bennett, Cambridge University Press, 1996.

Gregory Landini, 'Wittgenstein reads Russell', *The Oxford Handbook of Wittgenstein*, Edited by Oskari Kuusela Marie Mcginn, Oxford University Press, 2011.

Hans D. Sluga, *Gottlob Frege, The Arguments of The Philosophers*, Routledge & Kegan Paul, 1980.

Hans-Johann Glock, 'Schopenhauer and Wittgenstein', Edited by Christopher Janaway, *The Companion to Schopenhauer*, Cambridge University Press, 1999.

Heinrich Hertz, *The Principles of Mechanics*, Trans by D. E. Jones & J. T. Walley, Dover, 1956.

Heinrich Zimmer, *Philosophies of India*, Edited by Joseph Campbell, Prinston University Press, 1951.

Henri Bergson, *Lévolution Créatrice*, Universitaire de France, 1948.

Herman de Dign, *Spinoza; The Way to Wisdom*, Purdue University Press, 1996.

Immanuel Kant, trans by Karl Ameriks and Steve Naragon, *Lectures on Metaphysics*, Cambridge University Press, 1997.

_____ , *The Works of Immanuel Kant, Theoretical Philosophy, 1755-1770* Cambridge University, 1992. / *Dreams of a spirit-seer elucidated by dreams of metaphysics*, 1766.

James C. Edwards, *Ethics Without Philosophy Wittgenstein and the Moral Life*, Florida University Press, 1979.

James Griffin, *Wittgenstein's Logical Atomism*, OUP, Oxford, 1964.

J. E. Atwell, *On the Character of the World: The Metaphysics of Will*, University of California Press, 1995.

John Ongley & Rosalind Karey, *Russell A Guide for the Perplexed*, Bloomsbury, 2013.

Joseph Needham, *Science and Civilization in China*, v. 2, Cambridge University Press, 1956.

Joseph Tougas, 'Heinrich Hertz and Wittgenstein's Tractatus', Philosophische Gesellschaft, Conceptus 29, 1996.

Judith Genova, *Wittgenstein A Way of Seeing*, Routledge, 1995.

Julian Young, *Schopenhauer*, Routledge, London & New York, 2005.

Linda Holtzschue, *Understanding color: an introduction for designers*, John Wiley & Sons, Inc., Hoboken, New Jersey, 2011.

Ludwig Wittgenstein, *Tractatus logico-philosophicus*, suhrkamp, 1963.

Manfred Kuehn, *Kant A Biography*, Cambridge University Press, 2001.

Marco Antonio Ruffino, 'The Context Principle and Wittgenstein's Criticism of Russell's

Theory of Types', *Synthesis*, v. 98, No. 3, Mar 1994.

Max Horkheimer and Todd Cronan, *'SCHOPENHAUER AND SOCIETY'* (1955), University of Nebraska Press, Qui Parle, Vol. 15, No. 1 (FALL / WINTER 2004).

Max Scheler, *Christian Morality and Ressentiment*, Nietzsche Critical Assesments, v.2, Routledge, 1998.

Michael Friedman, *A Parting of The Ways: Carnap, Cassirer, and Heidegger*, Open Court, 2000.

Michael Potter, *Wittgenstein's Notes on Logic*, Oxford University Press, 2009.

Milič Čapek, *Bergson and Modern Physics*, D. Reidel Publishing Co, 1971.

Moira Nicholls, 'The Influences of Eastern Thought on Schopenhauer's Doctrine of the Thing in Itself', *The Cambridge Companion to Schopenhauer*, Cambridge University Press, 1999.

Novalis, Schriften, Ⅱ, J. Minor, Fragmente 21, 1923.

Patrick Gardiner, *Schopenhauer*, thoemmes Press, 1963.

Paul Arthur Schilpp, *The Philosophy of Bertrand Russell*, The Library of Living Philosophers V. 5, Open Court, 1989.

Paul Deussen, *The Philosophy of the Upanishads* (1906), trans by R. A. S. Geden, Dover Publications. Inc, New York, 1966.

Paul Gottfried, 'Pessimism and the Revolutions of 1848', *The Review of Politics*, Published by Cambridge University Press, Vol. 35, No. 2 (Apr, 1973).

Paul Guyer, 'Schopenhauer, Kant, and the Method of Philosophy', *The Cambridge Companion to Schopenhauer*, Cambridge University Press, 1999.

Paul Horwich, *Wittgenstein's Metaphilosophy*, Clarendon Press, 2012.

Peter C. Kjaergaard, 'Hertz and Wittgenstein's Philosophy of Science', Journal for General Philosophy of Science 33, 2002.

Philipp Frank, 'Einstein, Mach, and Logical Positivism' P. A. Schilpp, *The Philosophy of Albert Einstein*, Open Court, 1970.

Platon, *Sophistēs*. Plato Ⅶ, Trans by Harold N. Fouler Harvard University Press, 1967.

P. F. H. Lauxtermann, *Science and Philosophy, Schopenhauer's Broken Word-View*, kluwer Academic Publishers, 2000.

Robin Winkler, 'Schopenhauer's Critique of Moralistic Theories of the State', *History of Political Thought*, V. 34, No. 2, Summer 2013.

Rüdiger Safransky, *Schopenhauer und die wilden Jahre der Philosophie*, Carl Hansen Verlag München Wien, 1987. / *Schopenhauer and The Wild Years of Philosophy*, Trans by Ewald Osers, Harvard University, 1991.

Stanislas Aignan Julien, *Lao Tseu Tao Te King*. 老子道德經, *Le Livre de la Voie et de la Vertu*, Paris, A L'imprimerie Royale, 1842.

Stephen Menn, *Descartes and Augustine*, Cambridge University Press, 1998.

Stephen Toulmin, *The Return to Cosmology*, University of California Press, 1985.

Teresa Iglesias, Russell's "Theory of Knowledge" and Wittgenstein's Earliest Writings,

Synthese, Vol. 60, No. 3 (Sep. 1984).

Terry Pinkard, *German Philosophy 1760-1860*, Cambridge University Press, 2002.

Thomas H. Brobjer, 'Nietzsche's Knowledge, Reading, and Critique of Political Economy', Journal of Nietzsche Studies, No. 18, 1999.

Urs App, *Arthur Schopenhauer and China: A Sino-Platonic Love Affair, Sino-Platonic Papers*, 200, 2010.

Virgil Hinshaw, Jr, 'Einsteins's Social Philosophy', P. A. Schilpp, *The Philosophy of Albert Einstein*, Open Court, 1970.

W. J. Mander, *An Introduction to Bradley's Metaphysics*, Clarendon Press, Oxford, 1894.

Wolfgang Kienzler, 'Wittgenstein and Frege', *The Oxford Handbook of Wittgenstein*, Edited by Oskari Kuusela Marie Mcginn, Oxford University Press, 2011.

4

宮嶋博史, 〈유교의 제민사상과 소농사회론〉, 《국학연구》14, 국학진흥원, 2009.

미조구찌 유조(溝口雄三), 《중국 근대사상의 굴절과 전개》, 동과서, 2007.

시마다 겐지(島田虔次), 《중국에서의 근대사유의 좌절》, 축마서방, 1949.

Alain Badiou, 김성호 옮김, 《바그너는 위험한가*Five Lessons on Wagner*》(2010), 북인더갭, 2012.

Albert Einstein, 최혁순 옮김, 《나의 세계관*Ideas and Opinions*》(1954), 범조사, 1982.

Alexandre Matheron, 김문수, 김은주 옮김, 《스피노자철학에서 개인과 공동체》, 그린비, 2008.

Allan Janik & Stephen Toulmin, 석기용 옮김, 《빈 비트겐슈타인 그 세기말의 풍경》(1996), 이제 이북스, 2005.

Amartya Kumar Sen, 박순성·강신욱 옮김, 《윤리학과 경제학*On Ethics and Economics*》, 한울 아카데미, 1999.

Antonin Artaud, 박형섭 옮김, 《잔혹연극론》, 현대미학사, 1994.

Anthony Kenny, 최원배 옮김, 《프레게*Frege, An Introduction to the Founder of Modern Analytic Philosophy*》(2000), 서광사, 2002.

Augustinus, 성엽 옮김, 《자유의지론》, 분도출판, 1998.

Arthur Koestler, 김윤희 옮김, 《백주의 암흑》, 신교문화사, 1959.

Axel Honneth, 문성훈·이현재 옮김, 《인정투쟁*Kampf um Anerkennung*》, 사월의 책, 2011.

Baruch Spinoza, 강두식, 김평옥 옮김, 《에티카》, 박영사, 1976.

Bertrand Russell, 최민홍 옮김, 《서양철학사, 下》, 집문당, 1973.

C. C. Gillispie, 이필열 옮김, 《과학의 역사*The Edge of Objectivity*》(1959), 종로서적, 1983.

Chris Gudmunsen, 윤흥철 옮김, 《비트겐슈타인과 불교》, 고려원, 1991.

David Pears, 정영목 옮김, 《비트겐슈타인*Wittgenstein*》(1971), 시공사, 2000.

Ernst Mach, 고인석 옮김, 《역학의 발달*Die Mechanik in ihrer Entwicklung Historisch-kritisch dargestellt*》(1883), 한길사, 2014.

Ernest Nagel, 전영삼 옮김, 《과학의 구조 *The Structure of Science*》1(1961), 아카넷, 2001.

Franz Kafka, 변난수, 권세훈 옮김, 《카프카의 편지》, 솔, 2002.

F. C. Copleston, 표재명 옮김, 《18, 19세기 독일철학 *A History of Philosophy*》(V. 7, 1963), 서광사, 2008.

Frédéric Renoir, 양영란 옮김, 《불교와 서양의 만남 *The Encounter of Buddism and the West*》 (1999), 세종서적, 2002.

Friedrich Nietzsche, 임수길 옮김, 〈편집자 해설〉, 《반시대적 고찰》, 니체전집 2, 청하, 1998.

_____, 김정현 옮김, 《선악의 저편》, 니체전집 14, 2013.

_____, 이진우 옮김, 《유고(1870-1873)》, 전집. KGW 2. 3, 책세상, 2001.

_____, 김정현 옮김, 《도덕의 계보》, 책세상, 2002.

Georg Lukacs, 반성완 옮김, 《소설의 이론 *Die Theorie des Romans*》(1914), 심설당, 1985.

_____, 변상출 옮김, 《이성의 파괴 *Die Zerstörung der Vernunft*》, 백의, 1996.

Gustav Janouch, 편영수 옮김, 《카프카와의 대화 *Gespräche mit Kafka*》(1951), 지식을만드는지식, 2013.

Harold J. Berman, 김철 옮김, 《법과 혁명 1》, 한국학술정보사, 2013.

Henri Bergson, 황수영 옮김, 《창조적 진화》, 아카넷, 2005.

_____, 이광래옮김, 《사유와 운동 *Introduction à la metaphysique*》(1903), 문예출판, 2001.

_____, 〈윌리엄 제임스의 프래그머티즘〉, 《사유와 운동》, 2001.

Henri Frédéric Amiel, 이희영 옮김, 《아미엘 일기 *Les Fragments d'un Journal intime*》(1883, 1923), 동서문화사, 2006.

Hilary Putnam, 노양진 옮김, 《사실과 가치의 이분법을 넘어서 *The Collapse of Fact/Value Dichotomy*》, 2010.

I. Bernard Cohen, 김철주 옮김, 《근대 물리학의 탄생 *The Birth of a New Physics*》(1960), 현대 과학신서 43, 전파과학사, 1975.

Immanuel Kant, 최재희 옮김, 《순수이성비판》, 박영사, 1972.

_____, 이충진 옮김, 《법이론》, 이학사, 2013.

Irvin D. Yalom, 이혜성, 최윤미 옮김, 《쇼펜하우어, 집단심리치료 *The Schopenhauer Cure*》 (2005).

Johann Georg Hamann, 김대권 옮김, 《하만 사상선집》, 인터북스, 2012.

John Alexander Stewart, 양태범 옮김, 《미적 경험과 플라톤의 이데아론》, 누멘, 2011.

Johann Wolfgang von Goethe, 강두식 옮김, 《파우스트 *Faust*》(1831), 세계문학대전집 5, 신영출판, 1994.

_____, 박환덕 옮김, 《시와 진실》, 범조사, 1983.

_____, 장희창 옮김, 《색채론 *Zur Farbenlehre*》(1810), 민음사, 2003.

_____, 김용민 옮김, 《서동시집 *West-östlicher Divan*》(1819), 민음사, 2007.

Kalupahana, 박인성 옮김, 《나가르주나 *Nagarjuna*》(1986), 장경각, 1994.

Karl Popper, 이한구 옮김, 《파르메니데스의 세계 *World of Parmenides*》, 영림카디널, 2010.

Ludwig Wittgenstein, 이영철 옮김, 《논리-철학 논고》, 천지, 1991.

_____, 이영철 옮김, 《철학적 탐구》, 309, 서광사, 1994.

_____, 박정일 옮김, 《수학의 기초에 관한 고찰 *Bemerkungen Über die Grundlagen der*

Mathematik》(1956), 서광사, 1997.

─────, 변용진 옮김,《비트겐슈타인의 철학일기》, 책세상, 2015.

Martin Heidegger, 최동희 옮김,《형이상학이란 무엇인가》, 삼성출판, 세계의 사상 23, 1990.

Matthew Fox, 김순현 옮김,《마이스터 엑카르트는 이렇게 말했다》, 분도출판, 2006.

─────, 박우석, 이정민 옮김,《이성의 역학 Dynamics of Reason》(2001), 서광사, 2012.

Max Horkheimer und Theodor Adorno, 김유동옮김,《계몽의 변증법 Dialektik der Aufklärung》(1947), 문학과지성사, 2008.

Michel de Montaigne 손우성 옮김,《수상록》3권, 제13장 〈경험〉.

Nicolai Hartmann, 이강조 옮김,《독일관념론 철학 I》, 서광사, 1989.

Norman Malcom, 이윤 옮김,《비트겐슈타인 회상록 Ludwig Wittgenstein: A Memoir》(1958), 필로소픽, 2013.

Norwood R, Hanson, 송진웅, 조숙경 옮김,《과학적 발견의 패턴 Patterns of Discovery》(1958), 사이언스북스, 2007.

Otfried Höffe, 이상헌 옮김,《임마누엘칸트》, 문예출판사, 2012.

R. M. White, 곽광제 옮김,《비트겐슈타인의〈논리 철학론〉》, 서광사, 2011.

Ray Monk, 남기창 옮김,《비트겐슈타인 1, 천재의 의무 Ludwig Wittgenstein: Duty of Genius》(1990), 문화과학사, 1998.

Robert L. Wicks, 김효섭 옮김,《쇼펜하우어의〈의지와 표상으로서의 세계〉입문 Schopenhauer's The World as Will and Representation》(2011), 서광사, 2014.

Roger M. White, 곽강제 옮김,《비트겐슈타인의〈논리 철학론〉 Wittgenstein's Tractatatus Logico-Philosophicus》(2006), 서광사, 2011.

Roger-Pol Droit, 신용호, 송태효 옮김,《무의 숭배: 철학자들과 붓다》(1997), 심산, 2006.

Rüdiger Safransky, 곽정연 옮김,《악 또는 자유의 드라마 Das Böse oder Das Drama der Freiheit》(1997), 문예출판사, 2000.

Sarvepalli Radakrishnan, 이거룡 옮김,《인도 철학사 Indian Philosophy I》1(1929), 한길사, 1996.

S. F. Mason, 박성래 옮김,《과학의 역사 A History of The Sciences》(1953), 부림출판사, 1981.

Stephen Toulmin, 이종흡 옮김,《코스모폴리스-근대의 숨은 이야깃거리들》, 경남대출판부, 1997.

S. P. Lamprecht, 김태길, 윤명노, 최명관 옮김,《서양철학사 A Brief History of Philosophy in Western Civilization》(1955), 을유문화사, 1963.

Susanne Möbuß, 공병혜 옮김,《쇼펜하우어, 의지와 표상으로서의 세계》, 이학사, 2002.

Theodor W. Adorno, 이정하 옮김,《말러, 음악적 인상학 Mahler. Eine Musikalische Physiognomik》(1960), 책세상, 2004.

─────, 홍승용 옮김,《부정의 변증법 Negative Dialektik》(1966), 한길사, 1999.

Thomas Hardy, 정병조 옮김,《테스》, 신영출판사, 1994.

Thomas Mann, 원당희 옮김, 〈쇼펜하우어의 예술철학〉,《쇼펜하우어·니체·프로이트》, 세창미디어, 2009.

Toby E. Huff,《근대 과학사강의 The Rise of Early Modern Science》, 김병순 옮김, 모티브, 2008.

T. R. V. Murti, 김성철 옮김,《불교의 중심철학 The Central Philosophy of Buddhism》(1957), 경

서원, 1995.

T. S. Eliot, 이창배 옮김, 〈네 四重奏〉, 《엘리옽 선집》, 을유문화사, 1959.

V. I. Lenin, 정광희 옮김, 《유물론과 경험비판론 *Materialism and Empirio-Criticism*》(1909),

Walter Abendroth, 이안희 옮김, 《쇼펜하우어》, 한길사, 1998.

William Carr, 이민호, 강철구 옮김, 《독일근대사 *A History of Germany*》(1815-1945), 탐구당,
    1991.

William J. Boerst, 임진용 옮김, 《티코 브라헤》, 대명출판, 2010.

William James, 박경화옮김, 〈프래그머티즘〉, 《세계사상대전집》26, 대양서적, 1975.

William Ralph Inge, 조규홍 옮김, 《플로티노스의 신비철학》, 누멘, 2011.

5

강정만, 〈錢謙益의 王守仁 心學 및 王門 後學에 대한 평가 考〉, 《중국인문과학》15집, 1996.

김경, 〈조선후기산문(朝鮮後期散文)에서의 기(奇)-이용휴산문(李用休散文)을 중심으로-〉, 《민족
    문화연구》, 58권 0호, 2013. 강정만,

김기성, 〈부정과 관조의 합주로서의 철학〉, 《시대와 철학》, 25권 4호(통권 69호), 2014.

김동건, 《《의산문답》의 창작배경 연구〉, 《정신문화연구》, 36권 3호, 2013.

김명호, 〈燕巖의 실학사상에 미친 西學의 영향〉, 실시학사편, 《연암박지원 연구》, 성균관대학출판
    부·사람의무늬, 2012.

김문경, 《구스타프 말러 Ⅲ, 대지의 노래》, 밀물, 2007.

김문환, 《바그너의 생애와 예술》, 느티나무, 2006.

김미영, 〈칸트의 인과론에 대한 슐체와 쇼펜하우어의 비판〉, 《철학연구》, 35권 0호, 2008.

김수배, 〈로크와 칸트의 소유 이론-자연의 법으로부터 자유의 법으로〉, 《칸트연구》32집, 2013.

김재호, 〈조선후기 한국 농업의 특징과 기후 생태학적 배경〉, 《비교민속학》41집, 2010.

김정주, 〈스라파의 경제학과 이념적 유산〉, 사회경제평론, 2010.

김준섭, 《러셀》, 사상계사출판부, 1960.

김준수, 〈근원적 공유의 이념〉, 《사회와 철학》, 27집, 2014.

김지순, 〈천국에서의 삶(Das Himmlische Leben), 19세기 후반 빈의 시대정신과 말러의 이상〉, 《서
    양음악학》2권, 1999.

김진, 〈계몽주의의 신화 해석: 칸트의 신정론과 반유대주의〉, 《철학논총》, 57, 2009.

김진, 〈에른스트 블로흐와 중국철학〉, 《동서철학연구》, Vol. 44, 0호, 2007.

_____ , 〈에른스트 블로흐와 불교철학〉, 《哲學研究》, Vol. 106 No. 0호, 2008.

김진한, 《색채의 원리》, 시공사, 2002.

김하라, 《《흠영》의 분열된 자아〉, 《민족문화연구》57호, 고려대학교 민족 문화연구원, 2012.

_____ , 《俞晩柱 〈欽英〉 연구》, 서울대국문학과 학위논문, 2011.

_____ , 《일기를 쓰다, 흠영선집》1, 2, 돌베개, 2015.

김혜숙, 《경계의 철학, 철학의 경계》, 이화여대출판부, 2011.

김호성, 《바가바드 기타의 철학적 이해》, 올리브그린, 2015.

남수선, 〈문화번역- 명말청초 천문 번역활동 연구〉, 학위논문, 1995.

민영규, 〈17세기 이조학인의 지동설: 金錫文의 易學二十四圖解=Tychonic Theory Developed in the 17th Century Korea〉, 《동방학지》, V.16, 1975.

박기순, 〈스피노자의 인간본성(Natura Humana) 개념〉, 근대철학, 7권, 서양근대철학회, 2012.

_____, 〈스피노자에서 역량의 존재론과 균형개념〉, 《철학사상》, 22권, 2006.

_____, 〈스피노자에서 방법으로서의 히스토리아(historia) 개념〉, 근대철학 1권 1호, 2006.

박만섭, 《스라파와 가격이론》, 아카넷, 2014.

박만엽, 《비트겐슈타인 수학철학》, 철학과 현실사, 2008.

박병철, 〈비트겐슈타인과 이성〉, 《철학연구》 45권 0호, 2012.

박성래, 〈이태진 교수"소빙기(1500~1750)의 천체 현상적 원인-《조선왕조실록》의 관련 기록 분석"〉, 《역사학보》, v. 129, 1996.

박찬국, 〈쇼펜하우어와 불교의 인간이해의 비교 연구〉, 《존재론연구》 32집, 2013.

박희병, 《《欽英》의 성격과 내용》, 《欽英》1, 서울대규장각, 1997.

백민아, 〈괴테의 〈색채론〉 연구〉, 경북대학교, 학위논문, 2004.

변상출, 《게오르크 루카치의 문학·예술이론 연구》, 학위논문, 2000.

사지원, 〈요한나 쇼펜하우어의 작품에 나타난 생태 페미니즘적 상상력과 대안사회〉, 독일어문학 62집, 2013.

심경호, 〈조선 후기 한문학과 원굉도〉, 《원중랑집》10권, 해제 부록, 2004.

안대옥, 〈마테오 리치와 普遍主義〉, 《명청사연구》, 34, 2010.

양재용, 《《네 사중주》의 시간과 기억: 베르그송의 영향과 영원한 현재와의 관계》, 《T. S. 엘리엇의 연구》, 6호, 1998.

염정섭, 〈燕巖의 《課農小抄》에 대한 종합적 검토〉, 실시학사편, 《연암박지원 연구》, 성균관대학교 출판부·사람의무늬, 2012.

이문재, 〈브래들리의 인식틀에서 본 엘리엇의 감수성 통합론〉, 《영어영문학연구》, Vol.44 No.3, 2002.

이상우, 〈주광잠(朱光潛)의 취미론 연구〉, 《미학》 71권0호, 2012.

이서규, 《쇼펜하우어의 철학》, 이문출판사, 2004.

_____, 〈쇼펜하우어의 세계 개념에 대한 고찰〉, 한국동서철학논문집, 《동서철학연구》 61호, 2011.이영철, 〈문법으로서의 논리-비트겐슈타인의 논리관-〉, 《논리연구》 11권 2호, 2008.

_____, 〈비트겐슈타인과 철학의 새로운 길〉, 《철학》 118집, 2014.

_____, 〈비트겐슈타인과 마르크스의 언어관〉, 《시대와 철학》, 10권 2호 1999.

이정우, 《사건의 철학》, 철학아카데미, 2003.

이종일, 〈18세기 조선사회에 대한 계급론 연구〉, 《대구교대논문집》, v. 23, 1987.

이종하, 〈호르크하이머의 비판적 도덕 철학〉, 《철학논총》, 60집, 2010.

이주동, 〈프리츠 마우트너의 언어회의와 신비주의〉, 《독일언어문학》, Vol. 22, No. 2003.

이창배, 《《네 사중주》를 통해 본 엘리엇의 세계》, 《엘리엇 선집》, 을유문화사, 1959.

이해경, 〈통섭의 방법모델로서 바이마르 살롱〉, 《독일어문학》 50집, 2010.

이형식, 《프루스트의 예술론》, 서울대학교출판부, 1991.

임승필, 〈칸트의 '형이상학자의 꿈에 비추어 본 시령자의 꿈'〉, 《철학》 98집, 2009.

_____, 《《형이상학 강의》에 나타난 스웨덴보르그에 대한 칸트의 태도》, 《철학과 문화》 20집,

2010.

장희창, 〈괴테《색채론》의 구조와 그 현대적 의미〉, 괴테연구 v. 11, no. 1, 1999.

정민, 〈18, 19세기 조선 지식인의 병세의식(幷世意識)〉, 한국문화 54, 2011.

조우호, 〈괴테의《색채론》에 나타난 자연과학 방법론〉, 괴테연구 v. 24, 2011.

최종렬, 〈고전 유럽 사회학의 지적 모체〉, 《사회와이론》 통권 6집, 2005.ce)

편영수, 〈카프카의 중국읽기〉, 카프카연구 28, 한국카프카학회, 2012.12.

한대석, 〈비트겐슈타인 그림 이론에 대한 또 하나의 연구〉, 《철학》 113집, 2012.

_____, 〈말-사물 동일성 그리고 논리-문법 공간 존재론〉, 《哲學》 116집, 2013.

한무, 〈공(空)을 향한 앙또넹 아르또의 사유(思惟)의 궤적(軌迹)〉, 《프랑스문화예술연구》 8집, 2003.

황설중, 〈슐체의 회의주의와 퓌론주의, 근대의 아에네시데무스 대 고대의 아에네시데무스〉, 《哲學》, Vol. 83, 2005.

용어

ㄱ

가역성　304, 305, 576, 925
가족 유사성　745, 792, 938
감성계　346, 477, 478, 481, 933
감응　48, 514, 667, 700, 816, 1018
강자의 원칙　890, 891
개관　23, 394, 433, 462, 463, 473, 635, 712,
　788, 796, 887
개념적 조직화　108, 303, 334, 374, 420,
　770
개념주의　458
개량주의　70
개방성　32, 43, 46, 176, 248, 260, 275, 573,
　677, 839, 840, 879, 911, 912, 918, 921,
　939, 941, 942, 999, 1004, 1012, 1044,
　1049, 1067, 1068, 1072, 1086, 1088,
　1096, 1098
개방적 세계상　879, 988, 1001, 1049
개방적 전체성　47, 853, 1086
개별화의 원리　81, 242, 263, 274, 275, 496,
　537, 591, 593, 604, 628, 690, 698, 699,
　833, 845, 873, 875, 877, 885, 897, 901,
　903, 905, 906, 909, 910, 912, 1068
개인주의　43, 77, 92, 468, 598, 599, 600,
　601, 682, 838, 851, 853, 857, 877, 880,
887, 891, 892, 896, 898, 927, 955, 965,
　967, 968, 970, 1011, 1021, 1056, 1067,
　1085
개체화의 원리　497, 637
개활성　759
객관주의　159, 174, 206, 208, 209, 212,
　257, 258, 364, 378, 439, 737, 775, 955,
　965, 1079, 1080, 1088
객관화　46, 160, 162, 164, 220, 262, 274,
　433, 449, 457, 497, 498, 526, 528, 531,
　542, 550, 553, 562, 564, 566, 576, 577,
　578, 582, 585, 586, 587, 588, 590, 593,
　597, 610, 632, 635, 663, 730, 796, 797,
　798, 800, 803, 824, 825, 826, 833,
　834, 835, 836, 873, 886, 895, 937, 958,
　1070, 1094
격물궁리　994, 999
격물치지학　1033
결정론　105, 258, 261, 605, 607, 925
경계론　15, 820, 821, 960
경이　119
경험적 성격　306, 456, 479, 498, 534, 537,
　539, 564, 571, 595, 596, 604, 607, 908
경험적 실재론　95, 111, 130, 132, 167, 187,
　189, 197
경험적 인격　85, 261, 908
경험주의　20, 28, 30, 33, 36, 38, 72, 73, 79,
　99, 105, 107, 108, 114, 146, 177, 181,
　189, 200, 202, 212, 229, 251, 280, 304,
　309, 315, 352, 420, 430, 436, 438, 454,

458, 494, 645, 648, 650, 671, 721, 735,
736, 737, 739, 740, 747, 749, 763, 764,
769, 771, 789, 790, 791, 792, 887, 923,
924, 926, 930, 946, 948, 961, 962, 964,
965, 966, 969, 975, 977, 1076, 1085,
1091
경험주의적 자연주의   36, 72, 280, 356, 649,
1085
계몽주의   13, 18, 28, 56, 73, 114, 211, 262,
279, 283, 355, 360, 361, 386, 460, 476,
478, 480, 481, 482, 483, 485, 490, 492,
493, 602, 610, 680, 712, 734, 749, 838,
846, 860, 870, 875, 880, 881, 896, 928,
930, 1073
계몽주의적 과학주의   493, 659
계몽주의적 뉴턴주의   30, 32, 725
고르디우스의 매듭   112
고전주의   795, 873
공간 형식   316, 450, 519
공감적 소통 체계   616
공령   858, 859
공리주의   13, 18, 20, 45, 470, 617, 968,
1059
공상적 사회주의   887
공안파   1055
공용   46, 283, 1071, 1083
공종   702
공포종교   921, 922
공화제   272, 469, 841, 896, 961
공화주의   77, 87, 866, 870, 871, 1086
과학론   28, 31, 36, 39, 91, 281, 284, 374,
380, 386, 648, 676, 679, 733, 734, 739,
742, 761, 762, 763, 771, 789, 790, 791,
925, 967, 994, 996, 998, 1071, 1073
과학적 세계관   14, 27, 28, 29, 38, 39, 126,
437, 491, 645, 646, 650, 651, 680, 697,
721, 790, 875, 880, 953, 954, 961, 962,
968, 974, 978, 1019, 1085, 1088
과학적 세계상   15, 102, 735, 791, 955, 961
과학적 실재론   147, 148, 211, 217, 386, 729,
963
과학적 자연주의   32, 33, 36, 38, 40, 415,
614, 645, 646, 648, 650, 734, 741, 754,
791, 871, 943, 946, 977
과학적 자연주의와 경험주의   36, 648
과학주의   13, 14, 20, 28, 30, 32, 33, 34,
35, 36, 38, 39, 45, 52, 102, 120, 127,
134, 146, 148, 170, 212, 249, 262, 354,
356, 360, 389, 414, 437, 438, 454, 472,
476, 493, 494, 500, 506, 512, 572, 602,
645, 646, 649, 651, 659, 712, 713, 716,
718, 734, 735, 739, 745, 747, 748, 760,
789, 791, 838, 851, 853, 854, 927, 928,
930, 942, 943, 944, 946, 947, 948, 955,
959, 962, 963, 966, 969, 976, 982, 986,
987, 991, 1019, 1021, 1043, 1073, 1076,
1086, 1088, 1098
과학 철학   72, 146, 147, 202, 309, 313, 360,
375, 438, 723, 733, 735, 761, 779, 789,
790, 922, 986
과학혁명   28, 88, 96, 98, 202, 279, 335,
360, 790, 955, 964, 986, 988, 1019,
1020, 1043
곽암사원   696
관인   51, 168, 190, 199, 216, 247, 343, 419,
422, 515, 518, 528, 532, 557, 798, 892,
1001, 1008, 1046, 1071, 1077, 1079
관점론   934
광학   194, 318, 319, 330, 360, 362, 373,
376, 378
교부 철학   915
교양   72, 77, 282, 354, 415, 720, 735, 853,
860, 861, 903, 954, 993, 1006
구성 공간   766, 773, 774, 777, 778, 779,
781, 789, 792
《구약 성서》   528, 610, 1095
구원과 화해의 철학   840
구체적 논리학   331
국가 사회주의   837, 838, 853
국가 상태   272, 273, 274

국가 시민 273
국가 자본주의 942, 966, 967
국가주의 16, 536, 600, 854, 872, 966,
    1059
국민 국가 26, 27, 33, 37, 40, 43, 468, 469,
    490, 493, 534, 536, 600, 601, 641, 645,
    652, 933, 941, 942, 946, 981, 1019,
    1056
국제주의 30, 39, 40, 651, 652, 677
권력의 형이상학 101, 233
권력 철학 30, 437, 946, 948, 980, 1065,
    1075
권태 269, 535, 598, 640, 836, 849, 881,
    898, 972
귀족주의 44, 240, 242, 735, 866, 970
귀추법 770
규약주의 347, 763, 779
그림 이론 147, 148, 727, 739, 792
근대 과학혁명 96, 98, 279, 360, 1043
근대적 주관성 878, 879, 880
근본사상 149, 279, 411, 656, 665, 726,
    727, 944
근본적 경험주의 79
근본주의 962
근본 형식 18, 153, 174, 203, 352, 379, 425,
    519, 622, 667, 697, 702, 714, 752, 1035,
    1037, 1043
근심 15, 31, 32, 38, 39, 42, 282, 283, 332,
    350, 352, 354, 356, 413, 452, 456, 521,
    570, 572, 593, 614, 616, 617, 621, 626,
    651, 676, 682, 700, 795, 811, 903, 905,
    911, 927, 945, 983, 1002, 1081
근원적 공동 소유 92, 735, 888, 889
근원적 공유 478, 887, 888, 889, 890
근원적 힘 208, 216, 530, 531, 532, 579,
    585, 660, 661
근원 종교 328, 329, 434
근원 현상 329, 362, 364, 366, 367, 370,
    371, 375, 385, 434, 510, 666
《금강경》 1066

금욕주의 264, 283, 493, 691, 715, 716,
    1049, 1087
급진주의 22, 72, 211, 866, 869, 870, 871,
    883, 962, 1012, 1049, 1056, 1085
기계론 20, 33, 121, 126, 216, 217, 240,
    286, 288, 314, 327, 329, 362, 364, 386,
    438, 456, 508, 553, 554, 563, 572, 576,
    578, 579, 588, 645, 797
기독교 29, 30, 32, 35, 64, 70, 75, 95, 101,
    102, 114, 115, 116, 121, 125, 145, 210,
    233, 248, 265, 266, 340, 351, 383, 387,
    432, 435, 436, 444, 446, 451, 453, 465,
    467, 470, 477, 479, 491, 544, 562, 605,
    614, 622, 647, 652, 681, 682, 691, 693,
    696, 697, 710, 713, 714, 715, 716, 743,
    822, 827, 842, 844, 847, 856, 869, 882,
    887, 888, 908, 914, 915, 919, 920, 922,
    933, 991, 999, 1014, 1058, 1067, 1095
기독교 영지주의 293, 477, 522
기독교 전통 210, 350, 667, 680
기독교 통합 운동 544, 678
기일원론 674
기일원론적 우주론 1017
기질 60, 61, 68, 138, 571, 584, 674, 718,
    990, 1038, 1042, 1046, 1087
기질변화 1046, 1087
기초주의 148, 151, 174, 472
기하학적 방법론 1093
기회원인론 532, 552, 587

나의 근본사상 726
낙관주의 6, 20, 53, 63, 73, 75, 261, 264,
    640, 914, 928, 978, 1068, 1069, 1090,
    1092
낙천주의 919
낙학 1004
낭만주의 18, 30, 33, 37, 69, 72, 73, 94, 98,

101, 146, 242, 244, 251, 264, 282, 283, 329, 343, 361, 368, 386, 482, 483, 484, 490, 492, 493, 543, 599, 600, 623, 649, 681, 683, 691, 713, 716, 794, 795, 851, 852, 865, 930, 940, 955, 1080, 1092

내감 112, 141, 226, 228, 236, 237, 255, 314, 340, 343, 399, 401, 404, 412, 413, 461, 514, 515, 516, 518, 522, 523, 527, 528, 532, 537, 538, 577, 940

내단 657, 1046, 1049

내단사상 657

내려놓음 913

내성외왕 1000

내외일관의 원리 278

내재적 세계상 346, 999

내재적 형이상학 129, 243, 414, 506

내재 철학 406

네오 마르크스주의 867, 973

노론 1003, 1004

노장사상 85, 860, 979, 993, 1030, 1046, 1048, 1061, 1065

논리 경험주의 202, 309, 436, 438, 721, 739, 740, 789, 791, 923, 930, 946, 948, 955, 961, 962, 964, 965, 966, 967, 969, 975, 976, 977, 986, 987

논리 상항 726, 944, 957

논리 실증주의 120, 147, 212, 719, 746, 747, 748, 969, 1090

논리의 자율성 792

논리적 경험 728, 790, 956, 957, 958, 964, 974, 975, 976

논리적 공간 105, 619, 725, 726, 739, 766, 777, 779, 781, 782, 783, 789, 1075

논리적 규칙 331, 430, 441, 792

논리적 대상 16, 726, 728, 958, 1076

논리적 원자론 726, 745, 746, 961, 964, 965, 967

논리적 형식 13, 14, 15, 18, 20, 70, 284, 291, 296, 320, 331, 336, 340, 368, 384, 401, 417, 420, 430, 468, 471, 563, 573,

621, 679, 710, 720, 721, 723, 725, 726, 727, 728, 729, 733, 734, 742, 751, 752, 753, 756, 758, 766, 776, 779, 926, 945, 956, 957, 958, 959, 1080

논리 철학 15, 719, 720, 721, 728, 959, 960, 1076

논어 658, 759, 999, 1033

뉴턴주의 13, 30, 32, 33, 34, 355, 360, 361, 386, 472, 645, 646, 725, 789

뉴턴주의자 13, 34, 472, 646, 725

능가경 1069

능동적 정념 63

능동적 허무주의 242, 882, 971

능산적 자연 449, 495, 499, 550, 936

〈니벨룽겐의 반지〉 841, 842, 843, 844

ㄷ

다원론 245

다차원성 779

단념 68, 272, 383, 609, 802, 833, 913, 914, 915, 1082

단멸론 137

단 하나의 사상 143, 145, 152, 154, 155, 163, 164, 277, 278, 279, 505, 1079

대각 46, 47, 563, 703, 940, 990

대립과 통일 279

대립의 통일 367, 379, 444, 677

대승불교 46, 47, 86, 140, 278, 447, 607, 609, 611, 612, 628, 688, 692, 700, 712, 760, 913, 919, 1011, 1068, 1069, 1087

대승불학 41

대우주 153, 154, 157, 496, 529, 625, 884, 936

〈대지의 노래〉 848, 855, 856

대진 1038, 1052, 1053, 1065

데카르트의 방법적 회의 101, 102, 182

도가 16, 616, 663, 709, 713, 992, 998, 1031, 1047

도교   23, 25, 41, 47, 652, 656, 657, 658,
    707, 736, 847, 1046, 1047, 1048, 1049,
    1050, 1055, 1058, 1087, 1092, 1098
도교사   847
도교 철학   47, 1046, 1047, 1049, 1055, 1058
도구주의   347, 965, 980
도덕경   84, 657, 658, 1058, 1060, 1061,
    1063, 1065
도덕적 감정론   54
도덕적 신앙   488
도덕종교   921
도덕 철학   337, 404, 467, 470, 658, 832,
    836, 838, 967
도덕 형이상학   446, 477, 483, 491, 494,
    608, 748
도론   16, 137, 991, 1033, 1075
도스   566, 654, 731
도심   1040, 1041, 1042, 1052
독단적 실재론   345, 397, 945
독일관념론   13, 14, 20, 28, 34, 35, 36, 41,
    54, 77, 80, 89, 90, 93, 107, 114, 189,
    279, 282, 283, 337, 383, 415, 464, 475,
    490, 569, 646, 647, 648, 679, 680, 742,
    753, 828, 896, 930, 935, 936, 956, 1075
독일혁명   37, 719, 866
돌연변이   558, 560, 561
동경   19, 40, 48, 66, 83, 130, 149, 151, 222,
    246, 283, 351, 413, 414, 524, 552, 573,
    583, 591, 598, 610, 612, 614, 615, 616,
    617, 618, 619, 620, 621, 624, 640, 669,
    681, 695, 718, 736, 807, 815, 840, 843,
    845, 853, 856, 922, 1006, 1078, 1089
동경의 시간   615, 616, 617, 618, 619, 620,
    621, 624, 640
동기의 법칙   515, 534
동기의 이유율   429
동심   463, 633, 637, 808, 1011, 1049, 1050,
    1051, 1054, 1055, 1061, 1066
동양 문예부흥   681, 713, 991
동어반복   445, 725, 728, 744, 765, 945,

956, 1071
동일성의 형이상학   987
동정   42, 51, 55, 62, 618, 627, 665, 666,
    667, 668, 671, 672, 673, 674, 690, 708,
    907, 912, 934, 971, 972
동정심   55, 62, 665, 666, 667, 668, 690,
    971
동종발생   560
동질성   241, 251, 287, 288, 349, 374, 579,
    678

ㄹ

라이프니츠－볼프의 철학   397
레닌주의   438, 854, 946, 963
로고스   621, 1047
리만 곡률   766
리만의 측지선   773

ㅁ

마르크스－레닌주의   946, 963
마르크스주의   853, 867, 882, 930, 966, 973
〈마술피리〉   849
마야의 그물   130, 447
마야의 베일   39, 247, 398, 518, 535, 539,
    621, 651, 667, 690, 698, 833, 901
마흐주의   733, 739
만물일체   240
망상   14, 45, 61, 70, 213, 243, 267, 328,
    337, 384, 398, 401, 407, 451, 535, 536,
    594, 612, 613, 621, 629, 671, 689, 690,
    718, 720, 722, 723, 726, 727, 734, 812,
    913, 934, 944, 959, 1048, 1049, 1050,
    1051, 1069
메타 논리   30, 158, 336, 352, 429, 517, 648,
    671, 733, 742, 926, 945
메타 철학   202, 602, 742, 754, 947

명교 807, 810, 1051, 1052, 1054, 1057, 1064, 1065, 1066
명대 심학 808, 1053, 1054, 1064
명랑성 21, 162, 270, 637, 689, 696, 908, 911, 916
명론 77, 251, 258, 260, 288, 333, 345, 351, 409, 425, 532, 568, 881, 889, 897, 1037, 1093
명료성 16, 70, 237, 293, 295, 296, 303, 322, 336, 347, 383, 424, 486, 578, 671, 721, 722, 734, 761, 768, 769, 788, 966, 976, 996, 997, 1080
명제 함수 728, 729
모나드론 17, 484, 564, 850
모럴리스트 54, 73, 987, 897, 1095
목적론적 낙관론 501, 569, 827
목적론적 신정론 64, 489
목적론적 역사 형이상학 70
목적론적이고 낙관적인 사변 신학적 형이상학 32
목적인 22, 29, 83, 96, 122, 125, 158, 204, 226, 500, 529, 531, 532, 546, 568, 937
무극 657, 669, 670, 671, 673, 706, 707, 860, 1025
무극이면서 태극 21, 42, 583, 657, 708
무근거성 32, 82, 83, 293, 294, 346, 532, 534, 539, 609, 949, 1063
무근거의 근거 254, 694
무론 470, 709
무명 667, 706, 1048, 1058, 1062, 1099
무산대중 852
무상 117, 118, 128, 145, 236, 269, 282, 381, 402, 403, 413, 447, 492, 522, 536, 610, 611, 612, 613, 628, 676, 679, 683, 700, 704, 713, 803, 807, 812, 847, 848, 855, 927, 1066
무선무악 905, 1056
무신론 64, 85, 94, 95, 125, 248, 279, 339, 340, 386, 444, 460, 663, 669, 681, 706, 915, 920, 931

무아론 390, 620, 690, 878, 1075
무외의 지혜 907
무의미 28, 38, 61, 62, 70, 71, 73, 91, 102, 105, 133, 137, 145, 177, 196, 212, 233, 257, 280, 281, 377, 381, 385, 396, 407, 415, 416, 444, 464, 476, 492, 536, 576, 592, 593, 602, 624, 626, 640, 651, 671, 679, 696, 697, 704, 718, 720, 721, 728, 735, 736, 742, 746, 755, 757, 807, 847, 933, 942, 943, 944, 945, 946, 947, 956, 1075, 1076, 1090
무의미한 헛소리 281, 396, 464, 671
무인무기지학 1052, 1058
무정부주의 843, 955
무제약자 283, 433, 434, 435, 436, 440, 442, 444, 450, 451, 455, 851, 902
무조성 850, 927
무조 음악 849, 850, 927
무차별적 관통성 608
무한성 29, 44, 90, 118, 125, 169, 226, 227, 238, 292, 332, 444, 446, 447, 448, 453, 791, 806, 818, 876, 877, 878, 884, 891, 946, 993, 1017, 1019, 1022, 1043, 1084
무한우주론 987, 988, 989, 990, 998, 1001, 1002, 1003, 1018, 1019, 1022, 1023, 1024, 1033, 1043, 1073
무한의 윤리 23, 48, 240, 243, 407, 1001, 1043, 1045, 1066, 1078, 1086, 1090, 1099
무한자 47, 113, 139, 140, 141, 405, 448, 452, 453, 583, 707, 900, 988, 989, 990, 1016, 1017
무한한 우주 258, 332, 857, 977, 978, 980, 984, 1023
문맥 원리 427, 720, 728, 729
문제와 주의 논쟁 979
물리적 환원주의 170
물리주의 146, 168, 249, 361, 362, 364, 365, 379, 439, 494, 506, 789
물신주의 379

물자체로서의 의지 215, 220, 497, 498, 521, 529, 548, 638, 700, 798, 799, 837
미세 지각 198, 199, 200
미적 관조 802, 803
민족주의 35, 36, 37, 647, 648
민주 공화제 469, 841
민주주의 23, 26, 35, 64, 84, 148, 240, 241, 242, 265, 277, 536, 599, 600, 647, 694, 866, 934, 962, 970, 979, 1092, 1100
민중 형이상학 655

ㅂ

《바가바드 기타》 47, 549, 622, 636, 639
바닥없는 심연 81, 293, 295, 521, 522, 694
반과학주의 39
반복 91, 138, 160, 250, 251, 286, 292, 398, 415, 439, 445, 447, 453, 534, 553, 555, 556, 560, 610, 626, 629, 630, 635, 650, 704, 724, 725, 728, 733, 744, 750, 763, 765, 786, 836, 869, 898, 945, 956, 1071
반시대적 6, 64, 75, 115, 383, 388, 439, 725, 930, 931, 1082
《반야경》 703, 704
반야불교 22, 1083
반야종 702, 709
반자연주의 170, 557, 739
반철학 924, 942, 943, 944, 945, 946, 947, 1088
반혁명주의 872, 873
반형이상학 438, 480, 646, 747, 987
발산 387, 548, 637, 639, 808, 1050, 1091, 1095, 1097
발용 46, 667, 673, 674, 675, 707, 708, 1016, 1061, 1072
발현 18, 21, 30, 31, 34, 44, 45, 46, 47, 48, 80, 83, 85, 129, 141, 142, 143, 155, 156, 157, 159, 160, 161, 162, 164, 195, 204, 208, 213, 220, 221, 225, 226, 228, 233, 235, 236, 241, 242, 243, 244, 252, 253, 256, 258, 260, 278, 379, 414, 430, 456, 457, 472, 474, 479, 492, 497, 500, 508, 511, 514, 515, 520, 526, 530, 531, 532, 534, 535, 537, 538, 541, 543, 544, 548, 552, 555, 556, 557, 564, 568, 569, 571, 576, 580, 582, 583, 594, 595, 604, 606, 608, 609, 632, 633, 646, 657, 663, 672, 675, 676, 698, 707, 708, 711, 797, 798, 801, 920, 936, 938, 939, 989, 994, 1022, 1032, 1034, 1035, 1038, 1047, 1048, 1049, 1051, 1052, 1056, 1060, 1061, 1063, 1064, 1068, 1070, 1071, 1072, 1077, 1080, 1082, 1083, 1084, 1085, 1089, 1091, 1094, 1097
배위공간 777
배타적 소유 20, 886, 891, 1021, 1077
범신론 125, 149, 151, 258, 261, 382, 433, 692, 1091, 1092, 1094
범심주의 516, 532, 554, 661, 991, 1081
범중엄 42
법계 46, 913, 990, 1031, 1032
법계론 990, 1068, 1070, 1072
법성 328, 583, 699, 857, 886, 890, 1064
법철학 20, 34, 48, 478, 682, 865, 872, 874, 875, 878, 880, 882, 883, 887, 890, 891, 892, 893, 900, 906, 927, 1021
법철학적 48, 874, 875, 880, 882, 892, 900
베다 131, 398, 447, 545, 684, 688
베단타 철학 135, 152, 227, 277, 295, 509, 628, 688, 991, 1046
병세의식 1005, 1006
보나벤투라 682
보다 높은 의식 34, 89, 91, 130, 281, 282, 283, 285, 286, 351, 354, 594, 646
보원행 904
보편적 사랑 80, 241, 962, 973, 974, 980, 1096
보현행 859
복면 신학 93

복면한 신학 93
본연지성 674
본원계 807
본체 42, 46, 140, 186, 226, 294, 583, 584,
     609, 628, 633, 661, 662, 663, 667, 671,
     672, 673, 674, 676, 707, 708, 711, 712,
     847, 857, 906, 907, 908, 1016, 1017,
     1025, 1051, 1056, 1057, 1061, 1063,
     1064, 1071, 1072, 1083
본체계 186, 584, 847
부동심 463, 633, 637
부르주아 근성 868
부르주아 문명 33, 640, 898, 899
부르주아적 시민 근성 1077
부르주아 혁명 37, 719
분석적 경험주의 964
분석적 실재론 14, 726
분석 철학 25, 35, 647, 727, 739, 740, 753,
     791, 956, 963, 965, 969
불가역성 305, 576, 925
불살생 607, 1095
불성 275, 583, 607, 612, 613, 708, 1063,
     1064, 1068
불성론 1064, 1068
불안 35, 60, 61, 84, 97, 98, 117, 120, 121,
     122, 130, 148, 194, 219, 267, 269, 272,
     273, 301, 307, 308, 350, 354, 379, 409,
     463, 524, 536, 591, 594, 595, 632, 634,
     635, 640, 647, 689, 693, 694, 700, 749,
     762, 771, 803, 814, 816, 817, 824, 856,
     858, 860, 878, 885, 905, 906, 911,
     945, 966, 982, 1003, 1004, 1005, 1019,
     1026, 1027, 1041, 1052, 1097
불용이지심 1061
불지경계 1030, 1031
불협화음 856
불확정성의 원리 925
브라마니즘 991, 1092
브라만 47, 140, 152, 339, 534, 549, 688,
     691, 1068

브라만교 434, 437, 682
비교 72, 149, 194, 198, 227, 266, 376, 378,
     382, 396, 400, 454, 465, 508, 510, 535,
     548, 638, 652, 653, 685, 686, 705, 769,
     773, 777, 813, 818, 830, 840, 918, 925,
     943, 967, 1005, 1014, 1025, 1068, 1091
비교 해부학 510
비로자나불 633
비유클리드 기하학 308, 335, 341, 773, 998
비존재론 716, 717
비판 철학 73, 114, 246, 344, 345, 385, 387,
     388, 389, 390, 391, 393, 394, 395, 397,
     398, 402, 403, 404, 405, 407, 408, 410,
     460, 475, 762, 771, 850, 854, 878, 942
비합리주의 598, 599, 853, 866, 867, 873,
     947, 1086
빅뱅 이론 925
빈 학파 28, 146, 438, 735, 739, 740, 747,
     749, 779, 944, 947, 961, 966

사건 19, 44, 57, 72, 87, 119, 124, 138, 194,
     201, 205, 218, 244, 250, 291, 303, 314,
     325, 397, 405, 422, 499, 562, 617, 620,
     631, 647, 666, 678, 707, 710, 711, 715,
     727, 738, 767, 805, 806, 810, 827, 831,
     842, 897, 903, 920, 963, 964, 982, 990,
     1004, 1006, 1050, 1052, 1078, 1087,
     1096, 1097
사건의 철학 303
사대주의 1028
사변 신학 32, 80, 93, 115, 120, 121, 122,
     123, 124, 125, 161, 257, 278, 279, 350,
     387, 395, 438, 458, 459, 461, 475, 489,
     506, 571, 587, 646, 679, 709, 725, 728,
     827
사변 신학적 형이상학 32, 124, 161, 278,
     395, 438, 461, 646, 679, 709

사변 철학   27, 30, 47, 71, 79, 87, 116, 136,
  239, 414, 459, 493, 930, 947, 1086,
  1090
사변 형이상학   13, 35, 38, 280, 284, 294,
  301, 399, 475, 477, 640, 651, 669, 671,
  679, 734, 954, 988
사실주의   851, 852, 853
사학   289, 343, 539, 571, 725, 826, 945,
  955, 996, 1002, 1005
사회계약   271, 892
사회계약론   271, 565
사회민주당   868
사회적 고통   39, 266, 869, 927, 1077, 1078
사회주의   38, 148, 212, 438, 650, 735, 745,
  837, 838, 842, 848, 849, 851, 852, 853,
  854, 882, 887, 931, 961, 968
사회진화론   43, 592
삼교합일   652, 1000, 1060
삼브리티   135
삼지삼능   996
상대성 원리   308, 790, 964, 987
상대성 이론   100, 308, 327, 353, 735, 756,
  766, 924
상대적 인식   169, 194, 254, 580
상징주의   288, 409, 624, 766
상캬   583, 914
상캬학파   914
상호 소통성의 원리   637
상호주관적 동의   890
색채론   33, 329, 330, 351, 357, 359, 360,
  361, 362, 363, 364, 365, 366, 367, 368,
  369, 370, 371, 372, 373, 374, 375, 376,
  378, 379, 380, 381, 385, 395, 401, 417,
  507, 579, 645, 811, 1081
생기   24, 141, 162, 168, 194, 219, 254, 286,
  408, 486, 522, 635, 657, 695, 807, 809,
  810, 840, 855, 858, 860, 901, 911, 914,
  919, 920, 1009, 1031, 1033, 1034, 1046,
  1047, 1049, 1050, 1051, 1052, 1055,
  1061, 1082, 1083, 1089, 1097

생기론   258, 484, 553, 554
생리심리적 연금술   1087
생리심리학   30, 52, 85, 90, 112, 114, 167,
  173, 261, 368, 743, 1047, 1075, 1081
생명계   263, 269, 534, 551, 553, 564, 606,
  699, 846, 904, 905, 907, 925, 937, 946,
  953, 985, 1038
생명원리   21, 22, 47, 61, 85, 87, 142, 151,
  227, 228, 229, 235, 237, 238, 241, 243,
  245, 253, 254, 261, 270, 277, 309, 338,
  339, 379, 389, 391, 404, 406, 449, 457,
  476, 485, 489, 492, 508, 522, 523, 529,
  532, 534, 549, 564, 566, 574, 582, 583,
  584, 612, 615, 636, 656, 658, 660, 661,
  665, 666, 673, 675, 705, 707, 759, 797,
  824, 920, 939, 942, 988, 989, 1013,
  1022, 1031, 1032, 1034, 1047, 1051,
  1052, 1071, 1077, 1080, 1083, 1084,
  1089, 1097
생명의지   161, 553, 554, 556, 557, 558, 563,
  564, 565, 566, 582, 590, 807, 1045,
  1063, 1095
생명주의   343, 359, 365, 378, 379, 579, 944
생명 철학   21, 24, 39, 40, 93, 142, 227, 260,
  285, 327, 329, 512, 529, 532, 572, 598,
  624, 652, 806, 941, 942, 943, 1031,
  1034, 1081, 1093
생물자기학   491, 493
생산력 중심주의   1002
생성계   350, 403, 500, 621, 628, 900, 902,
  903, 932, 1038
생성의 유희   971, 1071
생성의 이유율   429
생성의 충족이유율   302, 310, 330, 347
생의 감정   640
생의 고양   34, 646
생의 기술   15, 27, 104, 105, 709, 1046,
  1058, 1082, 1087
생의 의지   83, 85, 160, 227, 456, 630, 635,
  636, 640, 690, 691, 702, 703, 904, 911,

1094

생태 페미니즘 68, 1082

서구 문명 353, 878

서구중심주의 970

서양 문명 827

서양 중심주의 602

서학 1003, 1004, 1042

선결문제 해결의 오류 181, 412

선경 858

선불교 882, 929, 1034, 1058

선종 303, 696, 1068

선천적 종합 판단 108, 335, 752, 956

선투시도법 319

선험 논리 36, 38, 419, 421, 422, 424, 430,
    572, 648, 956

선험적 관념론 34, 36, 47, 71, 90, 92, 95,
    96, 103, 105, 109, 130, 131, 132, 139,
    148, 166, 167, 172, 173, 174, 176, 184,
    185, 187, 188, 191, 197, 210, 211, 212,
    224, 225, 297, 314, 315, 323, 345, 359,
    368, 370, 373, 383, 384, 399, 403, 414,
    420, 471, 472, 476, 483, 505, 507, 509,
    518, 524, 613, 646, 648, 655, 671, 679,
    709, 712, 733, 737, 751, 761, 771, 926,
    1071, 1073, 1074, 1080, 1081, 1082

선험적 구성론 318, 643, 761, 792, 793,
    878, 949, 1081

선험적 논리학 36

선험적 이념 457

선험적 주관성 92, 174, 297, 390, 878,
    1067, 1079

선험적 지식론 13, 92, 414

선험적 통각 1080

선험적 형식 70, 90, 91, 94, 95, 100, 102,
    125, 146, 174, 193, 201, 212, 297, 309,
    310, 315, 324, 335, 379, 381, 401, 402,
    407, 417, 461, 505, 572, 613, 619, 622,
    722, 765, 878, 945

선험주의 36, 385, 446, 649

선험 철학 20, 94, 327, 329, 352, 361, 368,
    378, 390, 394, 402, 458, 573, 926, 948

설일체유부 722

성격화 564, 565, 566, 568, 569, 570, 571,
    574, 578, 658, 676

성령 96, 294, 385, 617, 1039, 1055, 1056,
    1060

성령 문학 1056

성명쌍수 1047, 1050

성운설 309, 546, 592

성인 21, 24, 83, 92, 137, 141, 162, 177,
    249, 252, 261, 264, 270, 284, 371, 385,
    402, 470, 472, 476, 481, 498, 606, 616,
    658, 666, 667, 669, 670, 675, 697, 701,
    810, 824, 858, 861, 872, 874, 876, 880,
    881, 882, 904, 905, 908, 913, 915, 927,
    942, 993, 994, 1009, 1013, 1026, 1030,
    1038, 1045, 1051, 1058, 1063, 1067,
    1068, 1070, 1071

성인성 141, 697, 701, 876, 880, 913, 915,
    927, 1067, 1070

성인적 초인 21, 137, 470, 476, 498, 697,
    908, 927, 942

성찰 65, 76, 88, 92, 101, 102, 114, 122,
    170, 204, 235, 245, 246, 248, 250, 259,
    264, 278, 295, 383, 394, 399, 400, 403,
    407, 454, 457, 477, 525, 527, 532, 536,
    537, 591, 676, 699, 930, 942, 1010,
    1033, 1045, 1047, 1073, 1079

세계 매듭 141, 142

세계소멸 914

세계의 눈 810, 814, 865

세계의 매듭 345, 656, 675, 744

세계의 수수께끼 119, 123, 124, 129, 234,
    412, 930

세계 지혜 39, 48, 124, 129, 130, 131, 132,
    136, 137, 138, 141, 148, 149, 151, 152,
    160, 161, 162, 164, 165, 178, 277, 349,
    352, 456, 476, 484, 523, 613, 620, 651,
    697, 709, 907, 990, 1084

세계초극 59, 75, 93, 132, 135, 136, 212,

294, 915, 916
세계표상론 173, 174, 182, 352, 453
세계환상론 131, 132, 134, 136, 138, 139
세상성 32, 39, 282, 283, 285, 286, 349,
　350, 351, 354, 356, 413, 420, 452, 456,
　472, 476, 480, 500, 536, 539, 563, 593,
　603, 623, 641, 651, 676, 700, 715, 903,
　928, 959, 1095, 1098, 1100
세속제 351
소산적 자연 495
소우주 153, 154, 157, 495, 496, 523, 529,
　546, 625, 629, 884, 936, 1070, 1081,
　1085
소유적 개인주의 92, 880, 887, 891, 892,
　896, 927, 1056
소유적 이기주의 34, 62
소통 17, 21, 23, 24, 43, 44, 46, 47, 48, 61,
　64, 68, 74, 86, 115, 123, 129, 142, 145,
　161, 248, 256, 264, 277, 278, 279, 380,
　404, 438, 478, 496, 497, 499, 500, 523,
　538, 547, 550, 556, 567, 573, 582, 584,
　591, 597, 600, 606, 608, 614, 615, 616,
　634, 636, 637, 661, 666, 667, 674, 675,
　676, 687, 708, 711, 759, 760, 790, 879,
　912, 929, 937, 960, 984, 985, 989, 990,
　1006, 1007, 1010, 1022, 1023, 1037,
　1047, 1048, 1050, 1052, 1056, 1066,
　1067, 1068, 1071, 1072, 1078, 1082,
　1086, 1088, 1089, 1090, 1096, 1097,
　1099, 1100
소통성 17, 21, 23, 24, 43, 44, 46, 61, 142,
　380, 404, 478, 497, 523, 538, 547, 550,
　567, 573, 582, 584, 591, 597, 600, 606,
　614, 615, 616, 636, 637, 666, 674, 711,
　879, 960, 989, 990, 1010, 1022, 1047,
　1048, 1050, 1052, 1056, 1066, 1068,
　1071, 1072, 1078, 1086, 1088, 1089,
　1090, 1096, 1097, 1099, 1100
속제 135, 136, 351, 1002
송대 이학 949, 1087

송명이학 522, 663, 708, 709, 990, 1046,
　1065, 1068, 1083
송명이학사 663, 708, 709
쇼펜하우어의 표상론 178, 186, 190, 223
수동적 정념 63
수동적 허무주의 858, 971, 1078
수수께끼의 말 157, 205, 514
수피즘 30, 652, 714, 949, 1067, 1083
숙명론 258, 260, 1093
숙명론적 범신론 258
순수 관조 810
순수 기억 617, 620, 621
숭고 145, 236, 266, 271, 481, 658, 715,
　792, 814, 815, 816, 817, 818, 819, 821,
　842, 865, 904, 917
숭고감 814, 815, 816, 817, 818, 819, 821
숭고의 미학 814
스웨덴보리 260, 476, 477, 479, 480, 481,
　482, 483, 484, 489, 491, 498, 845, 1081
스콜라 철학 150, 207, 222, 235, 262, 395,
　404, 408, 418, 425, 432, 464, 488, 498,
　518, 631, 716, 800
스토아 87, 258, 266, 267, 268, 270, 463,
　484, 610, 635, 903, 1019, 1045
시간론 311, 312, 503
시간성 31, 32, 39, 89, 209, 282, 283, 307,
　350, 354, 452, 532, 563, 572, 593, 615,
　619, 621, 651, 676, 700, 715, 730, 795,
　903, 929, 1081
시간의 구속사 631
시간의 원자 313
시공 다양체 767
시민 사회 19, 34, 37, 43, 65, 70, 77, 269,
　489, 534, 600, 852, 853, 872, 874, 877,
　882, 897
시민 상태 875, 891, 892
시민성 20, 34, 58, 92, 599, 637, 857, 863,
　865, 873, 877, 880, 882, 890, 891, 908,
　913, 927, 941, 942, 974, 1021, 1077
신경생리학 527

신고전 경제학   356, 966, 967, 968
신국   581, 815
신비주의   14, 19, 34, 39, 40, 41, 46, 47, 62,
    75, 83, 84, 85, 92, 93, 111, 113, 131,
    141, 174, 211, 212, 248, 253, 260, 294,
    368, 386, 417, 437, 456, 475, 480, 481,
    482, 483, 484, 489, 492, 498, 500,
    521, 576, 582, 600, 601, 618, 639, 646,
    651, 669, 671, 679, 680, 681, 683, 692,
    697, 714, 715, 733, 736, 741, 783, 848,
    904, 914, 915, 936, 938, 941, 945, 948,
    981, 991, 1067, 1069, 1071, 1077, 1078,
    1080, 1086, 1088
《신약 성서》   617, 735, 915, 953, 994, 1076,
    1095
신에 대한 이지적 사랑   922
신유가   17, 23, 42, 47, 87, 663, 665, 674,
    679, 758, 860, 861, 1031, 1036, 1038
신정론   17, 29, 30, 34, 64, 80, 161, 234,
    385, 389, 489, 490, 501, 547, 564, 694,
    827, 928
신정론적 목적론   547
신정론적 형이상학   234, 928
신지주의   484
신철학   236, 338
신학적 낙관론   52
신학적 목적론   116, 242, 546
신학적 우주관   571
신학적 존재론   30, 34, 114, 257, 728, 939,
    946, 1080, 1088
신학적 형이상학   14, 32, 124, 161, 224, 227,
    233, 243, 278, 389, 395, 433, 435, 438,
    461, 646, 679, 709, 771, 999
신학존재론   14, 20, 29, 90, 91, 93, 95, 101,
    122, 129, 202, 204, 233, 237, 260, 265,
    281, 303, 339, 346, 383, 384, 386, 389,
    398, 406, 407, 408, 410, 432, 458, 480,
    506, 513, 545, 602, 646, 652, 653, 663,
    671, 679, 680, 694, 716, 734, 748, 903,
    942, 989, 1076

실심실학   998
실용   174, 347, 377, 383, 572, 706, 764,
    765, 767, 778, 790, 859, 962, 979, 980,
    994, 995, 996, 998, 999, 1000, 1001,
    1021, 1022, 1027, 1028, 1029, 1033,
    1039
실용주의   572, 764, 790, 962, 979, 980
실재론   14, 16, 28, 30, 34, 36, 70, 91, 95,
    99, 106, 111, 119, 130, 132, 135, 136,
    138, 147, 148, 167, 171, 172, 173, 176,
    177, 178, 183, 185, 187, 188, 189, 190,
    191, 192, 193, 195, 197, 207, 210, 211,
    212, 217, 225, 284, 345, 351, 356, 368,
    370, 372, 373, 384, 386, 388, 389, 390,
    394, 395, 397, 398, 399, 400, 401, 407,
    408, 425, 461, 472, 492, 497, 506, 509,
    512, 613, 646, 648, 671, 679, 705, 707,
    709, 723, 726, 727, 729, 737, 746, 751,
    753, 789, 942, 945, 960, 963, 1079
실존주의   39, 512, 651, 743, 855, 898, 955,
    965
실존 철학   930
실증주의   105, 120, 146, 147, 212, 216, 257,
    262, 320, 491, 719, 733, 738, 746, 747,
    748, 749, 750, 851, 869, 923, 942, 961,
    967, 969, 1090
실천적 신비주의   39, 41, 93, 174, 651, 669,
    680, 1069, 1078
실천적 형이상학   491, 496, 655
실체적 형상   259, 545, 551, 564, 565, 566,
    572, 574, 575, 580, 588, 629, 662, 671,
    675, 797
실학   42, 993, 996, 998, 999, 1001, 1005,
    1022, 1023, 1024, 1027, 1028, 1031,
    1033, 1039, 1041, 1046, 1054, 1064
실험주의   978, 980
심령론   7, 52, 1082
심령주의   497
심령 형이상학   477
심리주의   420, 572, 739, 740, 957, 998,

1075

심리학적 관념론 184

심성론 522, 611, 1000, 1060, 1064, 1087

심층심리학 6

십자가 사건 617, 631, 715

ㅇ

아드바이타-베단타 545

아시아의 철학 15, 32, 41, 277, 659, 676,
   677, 687, 710, 947, 988, 1071, 1073

아시아 철학 15, 16, 17, 22, 23, 30, 39, 40,
   44, 46, 47, 48, 54, 80, 83, 226, 260,
   303, 340, 351, 390, 406, 436, 437, 507,
   518, 522, 639, 643, 646, 651, 652, 663,
   668, 671, 678, 679, 680, 688, 697, 710,
   743, 879, 882, 906, 908, 910, 929, 933,
   942, 949, 959, 970, 978, 991, 1046,
   1048, 1073, 1076, 1083, 1087, 1098

아우슈비츠 490, 837, 840

아트만 138, 139, 140, 583, 607, 612, 628,
   1068

아폴론 857

안심법문 904

양명학 41, 44, 993, 1000, 1034, 1036,
   1039, 1049, 1051

양생술 290, 1046, 1047, 1087

양심불안 885, 905, 906, 911

양자역학 308, 925, 964, 987

양자파동론 531

양지 954, 1009, 1050, 1055, 1060

언어비판 13, 14, 30, 76, 293, 384, 408,
   409, 462, 464, 671, 719, 720, 735, 736,
   738, 749, 755, 1086, 1087

언어 오용 280

언어유희 296, 722

언어의 오용 14, 30, 383, 409, 671, 734,
   747, 756, 1080

엄숙 19, 759, 817, 859

에너지론자 772

에너지학 761, 771, 772

엘레아학파 207, 425

여래 47, 583, 612, 617, 674, 711, 857, 904,
   905, 989, 990, 1011, 1023, 1025, 1030,
   1031, 1032, 1064

여물무대 1099

여민동락 1099

역량 26, 34, 44, 48, 84, 151, 158, 258, 259,
   260, 265, 270, 468, 523, 533, 673, 883,
   888, 889, 890, 968, 969, 970, 1049,
   1052, 1084, 1087, 1092, 1095, 1099

역량 접근법 968

역사적 탐구 436, 439

역사주의 740, 810, 844

역학 100, 148, 168, 170, 209, 304, 305,
   308, 322, 326, 335, 352, 353, 386, 438,
   473, 474, 475, 486, 507, 511, 540, 593,
   671, 733, 735, 739, 753, 754, 756, 761,
   762, 763, 764, 765, 766, 768, 771, 774,
   775, 776, 777, 778, 780, 785, 787, 788,
   789, 790, 818, 823, 868, 925, 933, 955,
   964, 987, 998, 1013, 1015, 1018, 1029,
   1030, 1077

역학적 숭고 818

연기 169, 434, 710, 711, 712, 1004

연기설 711

연민 24, 54, 61, 86, 87, 126, 161, 162, 227,
   241, 242, 267, 270, 470, 522, 538, 713,
   714, 716, 731, 838, 843, 846, 847, 848,
   854, 855, 873, 874, 875, 876, 883, 911,
   912, 913, 940, 1068, 1086, 1096

연속적 소통성 989

열망의 도덕 669

열반 612, 617, 688, 689, 693, 704, 1046

열역학 305, 766, 925

염세주의 30, 52, 53, 64, 142, 264, 350,
   480, 584, 598, 671, 679, 680, 691, 693,
   695, 868, 869, 870, 871, 882, 934, 1069

영겁회귀 447, 610, 626, 628, 704, 708

영겁회귀설 447
영광의 정오 701, 916
영속하는 현재 800
영원성 63, 82, 96, 125, 403, 532, 535, 537,
    548, 582, 611, 612, 617, 618, 619, 624,
    632, 636, 637, 638, 639, 640, 641, 672,
    673, 715, 730, 735, 798, 903, 917, 932
영원의 관점 14, 19, 41, 45, 79, 83, 92, 129,
    227, 260, 283, 294, 332, 469, 476, 521,
    523, 536, 611, 612, 618, 619, 620, 622,
    636, 640, 669, 674, 676, 705, 709, 760,
    802, 807, 810, 845, 898, 902, 943, 948,
    962, 977, 989, 1045, 1063, 1069, 1070,
    1071, 1078, 1083, 1085, 1087, 1100
영원의 상하 19, 226, 253, 615, 641
영원한 정오 162, 632, 845
영원한 정의 11, 808, 900, 902, 904
영원한 진리 388, 389, 400, 407, 411, 498,
    1093
영원회귀 535
영적 공동체 476, 477, 478, 479, 481
영지주의 293, 477, 521, 939, 1017
예교 1041
예기 1020
예술지상주의자 832
예정조화설 564
예지계 21, 22, 80, 85, 129, 133, 243, 247,
    260, 261, 278, 307, 404, 425, 456, 477,
    478, 479, 480, 481, 483, 486, 489, 490,
    491, 497, 498, 499, 500, 501, 510, 520,
    522, 523, 529, 530, 531, 532, 534, 537,
    542, 547, 548, 550, 557, 563, 564, 567,
    569, 575, 591, 604, 606, 607, 608, 609,
    610, 611, 613, 614, 616, 619, 622, 623,
    627, 628, 629, 630, 634, 636, 637, 638,
    639, 640, 658, 665, 666, 667, 674, 675,
    676, 698, 699, 713, 751, 834, 843, 845,
    846, 865, 873, 883, 902, 905, 929, 936,
    937, 938, 939, 940, 985, 1063, 1068,
    1069, 1070, 1080, 1081, 1082, 1084

예지적 성격 456, 479, 498, 537, 539, 564,
    569, 571, 577, 585, 595, 596, 604
왕양명 좌파 998, 1010, 1012, 1049, 1052
욕망의 연금술 1047
우연발생 550, 551, 560, 566, 591, 602,
    989, 1084
우주 시민 469, 592, 666, 679, 709, 974,
    1088, 1095
우주와의 합일 22, 39, 82, 501, 651, 709,
    758, 808, 973, 974, 1048
우주의 마음 277, 661
우주적 감수성 1076
우주적 개방성 43, 918, 939, 941, 942,
    1086, 1096, 1098
우주적 공감 62, 500, 609, 636, 759, 1087
우주적 공감 체계 500, 609, 1087
우주적 동일성 256, 273, 573, 592, 903,
    912, 917
우주적 사랑 639, 922
우주적 소통 17, 21, 23, 43, 380, 547, 584,
    606, 616, 666, 759, 990, 1096, 1099
우주적 소통성 17, 21, 23, 43, 380, 547,
    584, 606, 616, 666, 990, 1096, 1099
우주적 연대성 21, 41, 46, 86, 227, 253,
    256, 277, 285, 329, 538, 602, 640, 873,
    911, 912, 937, 990, 1044, 1086, 1091,
    1096
우주적 연속성 253, 699, 904, 905, 906
우주적 유대 547, 548, 637, 639, 983
우주적 전체성 921, 922
우주적 평등 43, 47, 246, 667, 906, 911,
    990, 991, 998, 1001, 1026, 1033, 1043,
    1049, 1065, 1089
우주적 평등성 43, 47, 667, 906, 911, 990,
    991, 1001, 1026, 1033, 1043, 1049,
    1065, 1089
우주종교 48, 921, 922, 923, 1098
《우파니샤드》 46, 92, 138, 139, 160, 240,
    265, 295, 297, 339, 344, 351, 398, 406,
    531, 539, 549, 607, 611, 612, 681, 682,

683, 684, 685, 686, 687, 729, 803, 818,
824, 903, 1068
우파니샤드 철학 46, 92, 138, 139, 297,
339, 351, 398, 531, 539, 549, 607, 611,
612, 681, 687, 824, 903, 1068
운명애 902, 903
원기 657
원자론 216, 217, 240, 245, 449, 554, 579,
712, 726, 737, 745, 746, 961, 964, 965,
967, 977
원초적 표상 181
원형 동물 556
월칭 135
유교 652, 656, 708, 979, 999, 1002, 1009,
1048, 1053
유기체 철학 17, 229, 303, 508
유대교 115, 306, 387, 433, 434, 437, 490,
667, 714, 827, 920, 1092
유대-기독교 29, 30, 32, 70, 75, 114, 116,
121, 210, 233, 248, 265, 383, 432, 435,
436, 444, 451, 605, 652, 667, 680
유럽중심주의 44, 127, 389, 646, 663, 671
유명 57, 67, 77, 251, 288, 298, 318, 333,
345, 351, 409, 425, 467, 479, 532, 682,
706, 871, 881, 889, 897, 1004, 1008
유물론 27, 28, 30, 32, 33, 36, 38, 54, 63,
64, 105, 124, 125, 147, 169, 170, 171,
172, 173, 207, 208, 209, 210, 211, 212,
213, 216, 217, 223, 225, 227, 233, 234,
257, 259, 280, 298, 309, 310, 338, 432,
433, 438, 446, 460, 461, 463, 476, 500,
514, 516, 553, 572, 579, 607, 645, 650,
663, 692, 712, 852, 857, 867, 977, 987,
1085
유물론적 자연주의 36, 572
유물사관 1002
유식불교 142
유신론 339, 437, 439, 459, 460, 461, 558,
623, 652, 653, 681, 915, 1091
유심론 79, 124, 383, 978

유심주의 211, 564
유아론 190, 573, 730, 737, 751, 752, 753,
878, 879, 885, 946, 972, 1067, 1083
유위법 705
유클리드 기하학 308, 335, 341, 342, 773,
995, 997, 998, 1018
유클리드-뉴턴 도식 100, 201, 288, 314,
326, 335, 402, 615, 998, 1021
유클리드-뉴턴의 좌표 734
유토피아 23, 41, 601, 849, 855, 887, 941,
987, 1078
유통성 1089
유형론 729
윤리적 숭고감 819
윤리적 형이상학 40, 73, 658, 981
윤리학 18, 39, 42, 47, 52, 73, 84, 113, 152,
174, 243, 255, 256, 257, 258, 262, 264,
265, 266, 268, 269, 270, 271, 272, 275,
277, 279, 294, 343, 408, 432, 446, 462,
469, 470, 471, 475, 483, 491, 493, 500,
525, 573, 639, 651, 659, 666, 669, 676,
753, 757, 758, 840, 861, 879, 880, 887,
891, 903, 906, 915, 923, 966, 967, 968,
969, 975, 997, 1039, 1044, 1063, 1069,
1081, 1088, 1094, 1095
윤회 606, 607, 608, 609, 688, 689, 845,
903, 985
윤회설 607, 609, 985
응물발려 1023
의경 573, 858
의미경계 1031
의미 세계 47, 349, 350, 387, 471, 573, 616,
619, 695, 793, 807, 808, 820, 846, 855,
856, 943, 990
의상 258, 427, 573, 711, 771, 860
의지긍정 21, 85, 113, 149, 162, 237, 273,
632, 634, 635, 636, 637, 731, 885, 893,
915, 928, 934, 942, 1045, 1070, 1083
의지론 101, 224, 225, 306, 477, 478, 479,
505, 532, 565, 606, 843, 866, 871, 935,

939

의지부정 21, 83, 85, 113, 129, 138, 149,
    162, 237, 500, 545, 562, 633, 636, 637,
    690, 715, 717, 731, 847, 913, 915, 916,
    917, 919, 920, 928, 933, 934, 940, 942,
    1045, 1065, 1068, 1069, 1070, 1071,
    1083, 1094
의지의 거울 160, 161, 254, 546, 630
의지의 노력 34, 163, 505, 555, 578, 592,
    835
의지의 부정 83, 93, 160, 163, 632, 636,
    682, 688, 691, 701, 702, 842, 846, 916,
    918, 920, 940, 1069, 1094
의지의 철학 379, 413, 456, 508, 658, 756,
    930, 943, 1092, 1093
의지의 형이상학 120, 159, 248, 266, 475,
    476, 496, 508, 513, 663
의지자유 83, 261, 306, 539
의지 철학 113, 255, 281, 294, 517, 742,
    1094
의지 형이상학 35, 39, 40, 47, 88, 92, 93,
    112, 148, 159, 170, 178, 206, 224, 227,
    240, 264, 346, 399, 413, 417, 433, 454,
    476, 477, 479, 483, 491, 507, 508, 515,
    516, 524, 646, 651, 681, 734, 866, 874,
    946, 1063, 1079, 1082
이기론 87, 1017
이기심 275, 276, 468, 833, 874, 876, 877,
    883, 895, 897, 911, 1056
이기주의 19, 34, 43, 53, 61, 62, 162, 190,
    275, 467, 468, 469, 470, 573, 637, 751,
    872, 874, 875, 876, 877, 878, 879, 880,
    882, 883, 884, 885, 891, 892, 893, 897,
    898, 968, 1083
이데아 307, 310, 425, 566, 574, 575, 576,
    577, 585, 586, 587, 588, 590, 675, 707,
    796, 797, 804, 805, 829, 857, 859, 865,
    938, 939, 1071, 1077
이론적 이기주의 190, 573, 878
이론적 형이상학 491, 655, 656

이사무애 1032
이슬람교 265, 667, 714
이오니아학파 206
이율배반 112, 166, 167, 168, 170, 172, 176,
    208, 283, 414, 434, 444, 445, 446, 449,
    450, 451, 452, 453, 454, 457, 458, 509,
    652, 752, 889, 1079
이종발생 559, 560
이질성 177, 287, 288, 297, 312, 313, 374,
    838, 839, 936, 1012, 1039, 1042, 1100
이차적 표상 181
이학 15, 17, 42, 46, 58, 80, 522, 583, 661,
    663, 708, 709, 727, 847, 889, 949, 960,
    990, 999, 1000, 1029, 1046, 1047, 1049,
    1053, 1065, 1068, 1072, 1083, 1087,
    1089, 1097
이학사 46, 58, 80, 663, 708, 709, 727, 847,
    889, 1049, 1083, 1097
인간중심적 낙관론 506
인간중심주의 977, 978, 981
인공 언어 355, 721
인과 형식 30, 111, 175, 193, 209, 247, 302,
    305, 394, 442, 465, 498, 511, 519, 572,
    606, 663, 671, 698, 733
인도 철학 17, 30, 39, 54, 84, 111, 131, 139,
    141, 142, 152, 210, 217, 295, 396, 399,
    400, 403, 437, 444, 448, 521, 546, 583,
    610, 618, 628, 639, 651, 652, 667, 678,
    680, 684, 798, 827, 847, 900, 902, 907,
    933, 949, 953, 1027, 1067, 1083, 1085,
    1095
인문주의 166, 167, 244, 857, 873, 982,
    985, 1006, 1019
인물성 동론 1013, 1030
인본주의 84, 338, 576, 961, 977, 981, 1092
인상주의 301, 303, 1037
인식근거 334
인식론 18, 27, 28, 88, 90, 104, 105, 107,
    108, 113, 132, 133, 134, 137, 139, 149,
    150, 155, 172, 174, 175, 178, 180, 191,

224, 298, 344, 350, 397, 416, 472, 610,
733, 739, 744, 747, 751, 867, 868, 960,
972
인식의 감옥 429
인식의 이유율 429
인식의 이율배반 112, 166, 167, 170, 172,
414, 752
인식의 충족이유율 291, 328, 330, 334,
335, 340
인심 656, 665, 1040, 1041
인욕의 체계 19, 34, 37, 70, 877, 882
인종주의 340, 390, 490, 606, 710
일반의지 468, 477, 478, 881
일신론 124, 339, 490
일이관지 1034, 1035, 1036, 1037, 1043
《잃어버린 시간을 찾아서》 615
입헌군주론 62
입헌군주제 469
입헌 세습군주제 895

자기고양 163, 594, 658, 676
자기보존욕 63, 128, 256, 265, 266, 306,
468, 533, 665, 874, 1054
자문화 중심주의 35, 40, 436, 490, 646,
652
자발적 단념 913, 914, 915
자발적 정의 907, 910, 920
자본주의 13, 19, 26, 27, 35, 78, 87, 88,
126, 145, 269, 276, 279, 438, 508, 536,
640, 647, 852, 853, 942, 966, 967, 991,
1002, 1059, 1085
자본주의 맹아론 1002
자비 55, 58, 212, 437, 584, 599, 689, 714,
872, 893, 1014
자사 1036, 1063
자아 20, 24, 27, 28, 29, 39, 41, 68, 81, 89,
97, 101, 102, 103, 138, 141, 171, 172,

174, 182, 205, 207, 209, 248, 255, 258,
276, 279, 282, 297, 344, 381, 390, 414,
430, 477, 494, 525, 549, 560, 573, 606,
607, 608, 611, 612, 620, 668, 680, 687,
690, 697, 701, 703, 723, 736, 738, 751,
753, 798, 855, 878, 914, 932, 935, 1010,
1011, 1012, 1031, 1058, 1074, 1075,
1080, 1085, 1086, 1090, 1091, 1096,
1098
자아-사상가 723
자아 철학 27, 28, 103, 390, 1080, 1090
자애심 874
자연권 84, 271, 272, 274, 874, 875, 880,
883, 889, 893, 894, 1092, 1095
자연력 208, 217, 218, 221, 242, 377, 473,
511, 531, 537, 576, 578, 579, 580, 585,
586, 588, 589, 590, 598, 702, 796, 825,
1077
자연발생 252, 550, 551, 552, 553, 554, 559,
560, 566, 588, 937
자연사 21, 59, 80, 83, 90, 100, 112, 157,
159, 166, 167, 170, 171, 200, 207, 217,
223, 226, 239, 249, 261, 315, 345, 410,
414, 448, 510, 516, 558, 574, 576, 577,
585, 589, 591, 744, 751, 827, 828, 925,
932, 933, 937, 939, 1052, 1070, 1071,
1076, 1079, 1082, 1085, 1088, 1091,
1094
자연 상태 271, 273, 274, 875, 883, 884,
887, 891, 893, 894, 895
자연신학 95, 346, 460, 545, 575
자연주의 32, 33, 35, 36, 38, 40, 72, 90,
124, 125, 166, 167, 170, 189, 202, 204,
210, 211, 280, 356, 415, 494, 500, 557,
572, 614, 645, 646, 647, 648, 649, 650,
734, 739, 740, 741, 742, 754, 789, 791,
871, 943, 946, 953, 976, 977, 1085
자연주의자 33, 72, 572
자연 철학 68, 80, 92, 125, 172, 255, 360,
368, 437, 529, 543, 573, 649, 655, 659,

707, 757, 797, 935, 1084

자유의지 101, 121, 246, 264, 306, 455,
　　457, 605, 606, 743, 835
자유주의 33, 37, 55, 63, 77, 78, 87, 276,
　　277, 438, 468, 469, 478, 493, 599, 851,
　　866, 870, 891, 896, 941, 1056, 1067,
　　1085
자이나교 103, 104, 688
작용인 22, 83, 122, 125, 204, 226, 259,
　　260, 500, 531, 532, 568, 572, 629
전변 155, 609, 629
전쟁 국가 27, 469, 601
전체대용 675, 677, 708, 1072
전체와 광대한 발용 675
전체적 소통성 17, 478, 582, 614
전체주의 275, 764, 837, 838, 852, 853,
　　870, 954, 965, 968
절대적 관념 28, 130, 381, 446, 792, 1073
절대적 관념론 28, 130, 381, 446, 792,
　　1073
절대적 인식 147, 253, 254, 513, 576
절대적 합리주의 259
절대적 확실성 97, 100, 301, 308, 309, 329,
　　386, 403, 790, 926
절대정신 14, 70, 72, 158, 385, 434, 457,
　　851, 881
절대통치 272
정감주의 52
정관 19, 20, 22, 23, 42, 46, 51, 52, 53, 54,
　　63, 69, 129, 142, 149, 178, 226, 265,
　　278, 476, 500, 522, 630, 641, 669, 678,
　　704, 794, 795, 796, 802, 819, 820, 823,
　　838, 845, 855, 856, 857, 859, 860, 861,
　　865, 868, 869, 880, 881, 900, 903, 907,
　　913, 928, 1022, 1023, 1044, 1051, 1063,
　　1067, 1077, 1078, 1082, 1083, 1086,
　　1097, 1099
정관식양 1023
정관주의 22, 23, 46, 54, 69, 142, 265, 278,
　　641, 838, 861, 865, 868, 869, 880, 881,

903, 1044, 1063, 1067, 1077, 1078,
　　1082, 1083, 1097
정신 철학 236
정오의 지혜 632
정이천 662, 663, 674
정자 225, 245, 566, 634, 990, 1031, 1041,
　　1042, 1062, 1064
정자산 1042
정적주의 22, 42, 48, 286, 387, 573, 601,
　　735, 883, 922, 928, 1069, 1083, 1097
정조 17, 31, 127, 129, 130, 564, 598, 600,
　　827, 858, 969, 1029, 1038
정치의 미학화 837, 853
정학 1002
정호 25, 758, 759
제1차 세계대전 26, 146, 469, 872
제2의 르네상스 713
제2의 문예부흥(기) 35, 681, 716, 942
제2차 과학혁명 335
제국주의 13, 40, 41, 202, 438, 469, 652,
　　851, 877, 1089
제일철학 15, 88, 182, 184, 517
조로아스터교 610
조망 15, 16, 174, 433, 447, 463, 464, 470,
　　476, 611
조명주의 948, 949
조작주의 364
존양 242, 675, 699, 1022, 1047
존재는 지각이다 99
존재론 14, 16, 17, 20, 29, 30, 34, 61, 84,
　　88, 90, 91, 93, 95, 101, 114, 122, 126,
　　129, 139, 142, 147, 150, 155, 160, 161,
　　172, 173, 202, 204, 233, 237, 257, 259,
　　260, 263, 265, 281, 292, 303, 309, 337,
　　339, 344, 346, 352, 383, 384, 386, 388,
　　389, 397, 398, 406, 407, 408, 410, 411,
　　432, 458, 460, 480, 489, 494, 501, 506,
　　513, 545, 554, 563, 564, 565, 571, 584,
　　589, 592, 602, 646, 652, 653, 663, 671,
　　675, 679, 680, 689, 694, 707, 709, 716,

717, 727, 728, 734, 748, 775, 777, 779,
783, 784, 787, 792, 815, 903, 904, 939,
942, 946, 960, 989, 1068, 1076, 1080,
1084, 1088, 1090, 1091
존재의 계층성   474, 695
존재의 이유율   429
존재자 중심주의   122
존재중심주의   694
종교재판   337, 385, 491
종교전쟁   98, 124, 202, 506, 678, 877, 976,
1005
좌파 양명학   993, 1034
주객상관성   31, 112, 172, 298, 300, 301,
420, 614, 753, 945
주관주의   139, 171, 439, 740, 775, 955,
961, 964, 970, 973
주역   207, 657, 662, 995
주의주의   555, 979
주자어류   659, 662, 673
주자학   41, 861, 993, 1002, 1004, 1009,
1018, 1034, 1039, 1041, 1043, 1049,
1052, 1090
주지주의   261, 264, 269, 270, 482, 966,
981, 987, 1085
중관사상   722
중국   12, 15, 17, 26, 35, 40, 42, 44, 114,
233, 408, 437, 491, 493, 545, 573, 575,
583, 618, 627, 646, 652, 653, 654, 655,
656, 658, 659, 662, 664, 666, 669, 677,
678, 679, 695, 709, 806, 807, 834, 847,
855, 856, 858, 860, 942, 960, 968, 978,
979, 992, 993, 994, 999, 1000, 1001,
1004, 1008, 1009, 1013, 1018, 1023,
1025, 1039, 1041, 1047, 1053, 1054,
1065, 1068, 1081, 1084
중국 성리학   656
중국중심주의   1004, 1018
중국 철학   40, 437, 652, 654, 656, 678, 960
중국혁명   942
중도   22, 104, 130, 136, 137, 142, 414, 444,

506, 607, 612, 689, 691, 715, 830, 1041,
1042, 1055, 1075, 1079
중도론   137, 1075
중립적 일원론   764
중성적 일원론   303, 964
중첩적인 진화   594
중화구설   699
지구중심주의   1004, 1013
지복론   408
지식론   13, 14, 15, 38, 39, 47, 88, 89, 90, 91,
92, 94, 97, 99, 102, 112, 113, 131, 147,
149, 152, 170, 172, 174, 199, 200, 201,
202, 203, 205, 206, 210, 212, 223, 224,
225, 244, 281, 287, 301, 393, 414, 471,
483, 506, 572, 613, 651, 679, 692, 697,
709, 710, 712, 713, 729, 734, 741, 755,
798, 804, 878, 879, 922, 923, 924, 925,
926, 944, 945, 946, 947, 949, 954, 956,
957, 958, 960, 962, 963, 965, 966, 974,
975, 989, 1073, 1075, 1091
직접지   522, 523, 571, 577, 614, 623, 728,
737, 738, 957, 964
진여   633, 674
진인   658, 1053, 1058
진제   135, 136, 137, 858
진화론   21, 27, 34, 43, 90, 224, 226, 414,
507, 555, 558, 560, 576, 592, 593, 602,
646, 737, 740, 871, 943, 978, 981
진화론적 의지 형이상학   224
진화적 목적론   52
질풍노도   507

ㅊ

차이성   71, 237, 244, 246, 287, 289, 309,
311, 312, 313, 354, 556, 576, 584, 592,
668, 810, 829, 838, 1026
차이성 속의 동일성   252, 253
창조적 진화   21, 89, 327, 598, 695, 937

천명설 1003, 1018
천명지성 1038
천심 278, 656, 664, 665
천인합일설 1018
체(體) 226, 662, 1000, 1023, 1034
초관계적 경험 622
초기 기독교 공동체 887
초기불교
초기 불교 447, 683, 692, 1048, 1067, 1083,
　　1087
초인 14, 20, 21, 22, 40, 79, 83, 137, 162,
　　266, 270, 271, 651, 470, 476, 498, 521,
　　603, 635, 636, 676, 697, 706, 715, 806,
　　882, 908, 913, 927, 933, 934, 942, 943,
　　971, 972, 1070, 1083
초지성 226, 246, 948, 1086
총체성 366, 367, 433, 448, 458, 838, 851,
　　853, 854, 867, 868
출세간 16, 903
충실 452, 470, 587, 630, 634, 754, 853,
　　858, 1037
충의 이데올로기 1056
측은지심 470

ㅋ

카발라 1017
카발라 신비주의자 489
카발라 철학 113, 714
칸트-라플라스 309, 546, 592
칸트적 이율배반 283
칸트주의 36, 39, 82, 90, 103, 147, 262, 345,
　　370, 490, 572, 648, 651, 679, 733, 738,
　　739, 740, 746, 761, 1067, 1091
코스모폴리스 97, 98, 749, 976
쾌락주의 13, 955
쾌활성 270, 271, 611, 703, 1066

ㅌ

타인도 없고 자기도 없는 학술 602, 807
타자성 707, 838, 840
〈탄호이저〉 839, 843
탈경계적 포용성 646
탈근대적 철학 1019
탈마법화 145, 249, 852
탈세상성 1095
탈영토화 27
태극 17, 21, 42, 46, 47, 278, 583, 584, 656,
　　657, 661, 663, 669, 671~675, 707, 708,
　　1013, 1016, 1017, 1089
《태극도설》 657, 669, 670, 671, 707, 990
태주학 1039, 1052
태허 661, 1013, 1016, 1017, 1052
테르미도르 반동 866
토지 개혁론 1028
통(通)
통약불가능성 100, 354, 790
통합 과학 791, 986, 1019
〈트리스탄과 이졸데〉 844, 846
특수화의 법칙 289, 291
틈(際)

ㅍ

〈파르시팔〉 847, 848
파리 코뮌 87, 694
파사현정 722, 1075
《파우스트》 31, 236, 237, 284, 329, 492,
　　588, 636, 676, 806, 833, 917, 1095
파우스트적 34, 332, 407, 492, 501, 637,
　　880, 946, 1059, 1096
평등성지 674, 709, 904, 1026, 1048, 1056
평등안 44, 633, 1024, 1025, 1026, 1030,
　　1034, 1041
평등주의 694
평등한 개방성 46

평등한 연대성　44, 148, 275, 1021
평등한 유대　607
평정　23, 46, 105, 267, 268, 463, 484, 489,
　　548, 706, 814, 815, 820, 856, 940, 973,
　　983, 984, 1035, 1045, 1047, 1075, 1078,
　　1082, 1085, 1086, 1087
폐쇄적 도덕　912
포괄적 경험주의　1091
포괄적 소통
포트-로얄 논리　756
표상론　178, 180, 182, 186, 190, 191, 206,
　　223, 253, 352, 394, 442, 505, 508, 510
푸루사　583
품성론　462, 471
푸라나　131, 398
프라크리티　583
프랑스 유물론　207, 216
프랑스 혁명　37, 70, 361, 490, 599, 866,
　　871, 1082
프래그머티즘　79
프로클로스의 침대　415

ㅎ

하나이자 모든 것　21, 22, 142, 242, 543,
　　545, 547, 580, 584, 616, 637, 639, 667,
　　675, 676, 708, 989, 990, 1063, 1080,
　　1091, 1092
하학상달　999
한민명전　1028
합리론자　775
합리주의　259, 269, 364, 491, 875, 948,
　　976, 981, 982, 985, 986, 1005, 1086
합성 동물　549, 639
해석학적 방법　296, 734
해탈　53, 54, 161, 163, 549, 607, 690, 808,
　　809, 857, 903, 905, 908, 911, 914, 917,
　　920, 1075
해학 이기　1089

《햄릿》　819, 833
행동주의　23, 549, 601, 907, 1068
행위의 충족이유율　343, 346
허무　44, 54, 254, 497, 592, 593, 706, 818,
　　912, 919, 933, 992, 1031
허무주의　44, 54, 113, 126, 127, 137, 138,
　　146, 148, 242, 249, 338, 476, 506, 593,
　　598, 599, 663, 689, 693, 695, 713, 716,
　　858, 882, 928, 931, 933, 971, 999,
　　1078, 1079
허무지학　1031
허학　1041
헛소리　70, 281, 384, 396, 415, 671, 812
헤겔주의　34, 37, 87, 293, 646, 650, 671,
　　883
헬레니즘　105, 983
현대 유물론　54
현상주의　105, 107, 146, 178, 189, 746, 763,
　　955
현상학적 방법　175, 365, 458
〈현세의 삶〉　849
현현　46, 47, 140, 155, 156, 205, 214, 222,
　　253, 269, 500, 523, 532, 576, 578, 594,
　　667, 688, 834, 1031, 1032, 1051
형상론적 미학　822
형식주의　268, 466, 468, 470, 471, 476,
　　602, 735, 838, 892, 912
형이상학적 동물　117, 249, 338, 524
형이상학적 민주주의　240, 241, 242
형이하　673, 672, 1033
형태학　227, 247, 510, 511, 801, 946
혜안　1025
호걸지사　1036
혼융성　1100
혼융한 소통성　1099, 1100
혼용한 이질성　312, 313
《홍루몽》　616, 806, 807, 808, 809, 810,
　　834, 1066, 1081
화엄경　46, 633, 708, 760, 857, 859, 1030,
　　1068

화엄교학 583, 674, 1068

화엄법계관 1031

화엄 철학 662, 711, 760, 989

화해 19, 34, 93, 243, 562, 667, 839, 840,
    848, 849, 853, 1045, 1097

환상론 132

환상의 세계 616

환화론 398

활달 859, 1037

회심 20, 90, 91, 632, 640, 846, 910, 917,
    1048, 1094, 1095, 1096

회의주의 59, 103~107, 121, 132, 133, 178,
    187, 192, 239, 678, 948, 976, 982, 983,
    1009, 1074

회통 908, 1033, 1060, 1064, 1067

후기칸트주의 82, 385, 389, 395

후생 철학 1042, 1043, 1097

후생 윤리 1021, 1022, 1039

희론 137, 727, 983

힌두교 22, 41, 339, 447, 544, 548, 621,
    628, 689, 714, 914, 919, 1068

인명

ㄱ

가디너 524, 616, 746

가보옥 616, 807, 808, 810, 1066, 1067

가우스 772, 778

가이어 458

가정제 1053

가풍진 671

간디 23, 41, 549, 716, 908, 1067

갈릴레이 101, 227, 229, 954, 955, 977,
    1014, 1018

강기 809

강유위 1068

강희제 664

거드문센 722

계루 260

경정향 1050, 1061, 1066

고트프리드 870

공자 30, 561, 614, 656, 658, 736, 759, 820,
    860, 861, 979, 999, 1001, 1008, 1020,
    1034, 1036, 1041, 1042, 1043, 1047,
    1058, 1060

괴테 18, 19, 21, 31, 32, 33, 34, 37, 38, 57,
    65, 66, 67, 69, 92, 119, 170, 171, 172,
    217, 229, 236, 238, 240, 279, 282, 307,
    329, 330, 332, 337, 343, 350, 351, 352,
    359, 360, 361, 362, 363, 364, 365, 366,
    367, 368, 369, 370, 371, 373, 374, 375,
    376, 378, 379, 381, 385, 386, 395, 397,
    401, 405, 406, 408, 413, 415, 417, 434,
    472, 492, 507, 510, 527, 548, 555, 568,
    579, 588, 633, 635, 636, 645, 651, 666,
    676, 677, 745, 795, 806, 808, 811, 823,
    825, 832, 842, 872, 903, 915, 918, 938,
    943, 944, 946, 988, 1059, 1081, 1082,
    1095, 1096, 1098

굴원 859

권상하 1004

귀용 701, 915, 916

그레첸 636, 833, 917

그리스도 19, 40, 62, 75, 85, 294, 484, 546,
    562, 603, 614, 617, 624, 631, 634, 636,
    676, 682, 715, 848, 872, 909, 912, 915,
    916, 919, 940, 1045, 1067, 1083, 1092

글록 753, 754, 755, 758

기치 490, 729, 730, 748

긴즈버그 1048

길리스피 368

김대권 482

김문환 841

김미영 111, 280, 318, 346, 495, 874, 877,

879, 884, 885
김석문 1013, 1015, 1016, 1017, 1018, 1021, 1024
김성탄 1056
김수배 886, 890
김신겸 1003, 1004
김악림 15, 16, 17, 671, 960
김용섭 1002
김원행 1004, 1017
김준섭 963
김준수 888
김창업 1004
김창흡 1017

나가르주나 104, 135, 137, 692
나아곡 1013
나폴레옹 1098
네이글 785
노발리스 120, 865
노이라트 740, 745, 749, 948, 966
노이만 655, 659, 660, 661, 662
노자 17, 18, 22, 29, 30, 34, 40, 47, 48, 62, 63, 64, 70, 73, 84, 85, 116, 122, 149, 151, 207, 211, 217, 226, 227, 233, 240, 243, 245, 253, 254, 255, 257, 258, 259, 260, 261, 262, 264, 265, 266, 267, 269, 270, 271, 272, 273, 274, 275, 276, 277, 278, 283, 292, 293, 306, 307, 329, 332, 346, 382, 389, 402, 405, 406, 414, 432, 433, 446, 449, 455, 468, 469, 500, 514, 531, 532, 533, 536, 565, 571, 581, 600, 614, 641, 646, 656, 659, 665, 676, 706, 731, 802, 874, 895, 898, 912, 915, 921, 922, 942, 946, 949, 954, 969, 981, 988, 991, 992, 997, 1054, 1057, 1058, 1060, 1061, 1062, 1063, 1065, 1083, 1085, 1091, 1092, 1093, 1095

누메니우스 439
뉴턴 13, 18, 29, 30, 32, 33, 34, 99, 100, 146, 201, 227, 229, 288, 304, 308, 309, 314, 318, 326, 329, 330, 335, 337, 341, 343, 352, 353, 354, 355, 359, 360, 361, 362, 363, 364, 368, 369, 370, 372, 373, 374, 376, 377, 378, 379, 386, 396, 401, 402, 414, 417, 420, 472, 478, 492, 579, 588, 615, 645, 646, 710, 725, 735, 761, 768, 771, 772, 773, 774, 775, 778, 784, 785, 789, 801, 811, 924, 937, 955, 998, 1001, 1017, 1018, 1021, 1081
니체 20, 21, 40, 43, 63, 65, 73, 75, 85, 93, 101, 126, 127, 128, 129, 138, 162, 173, 240, 241, 242, 264, 271, 306, 307, 338, 383, 460, 469, 490, 554, 589, 592, 593, 616, 632, 636, 676, 681, 689, 693, 716, 736, 837, 853, 857, 858, 866, 869, 873, 882, 903, 917, 928, 929, 930, 931, 932, 933, 934, 939, 940, 941, 943, 946, 956, 970, 971, 972, 973, 975, 991, 1045, 1058, 1059, 1078, 1083, 1095
니콜스 517, 518, 545, 685, 687, 688

단테 562, 617, 618
달마 122, 722, 904
담사동 1068
담원 초횡 1000
데모크리토스 206, 461, 463, 921, 985
데카르트 97, 98, 101, 102, 175, 182, 184, 259, 292, 300, 306, 404, 405, 451, 458, 509, 517, 527, 678, 734, 748, 749, 878, 954, 955, 962, 974, 975, 976, 977, 982, 983, 1005, 1018, 1020, 1021, 1023, 1053, 1054, 1074, 1092
도스토옙스키 731 (표기확인)
도연명 855

도이센 130, 138, 139, 140, 142, 152, 689
동중서 1018
두여낭 1054, 1055
뒤엠 765, 766, 771
듀이 965, 969, 970, 977, 978, 979, 980
드라이든 812
드루아 690, 692, 693, 695, 709
들뢰즈 62
등소평 979
디오니소스 799, 857, 882

라다크리슈난 138, 139, 140, 141, 142, 152
라마르크 554, 555, 556, 580, 604
라부아지에 375
라신 812
라이트 88, 89, 164, 281, 300, 342, 360,
    369, 731
라이프니츠 17, 22, 23, 116, 117, 121, 122,
    198, 279, 290, 312, 325, 388, 397, 424,
    478, 480, 484, 489, 500, 542, 544, 545,
    564, 566, 567, 575, 647, 662, 663, 671,
    678, 821, 860, 954, 955, 988, 1017,
    1084
라인홀트 104, 107, 109, 298
라일 528
라파엘 703, 827
락탄티우스 439
러브조이 558
러셀 14, 15, 16, 28, 38, 73, 146, 148, 188,
    242, 303, 427, 436, 480, 481, 576, 577,
    618, 622, 671, 719, 720, 721, 722, 726,
    728, 729, 730, 732, 733, 735, 737, 738,
    739, 740, 744, 747, 748, 750, 764, 765,
    769, 782, 790, 926, 944, 953, 954, 955,
    956, 957, 958, 959, 960, 961, 962, 963,
    964, 965, 966, 968, 970, 971, 972, 973,
    974, 975, 977, 978, 979, 980, 981

레닌 146, 147, 148, 211, 217, 356, 438,
    854, 868, 946, 963
레비 313
레싱 667
레오나르도 954
로빈슨 967
로이스 93, 618
로젠크란츠 189, 307
로크 109, 111, 223, 396, 397, 424, 426,
    463, 493, 728, 886, 887, 890
록스터만 197
롤즈 968
루나차르스키 146
루소 52, 468, 477, 478, 479, 500, 505, 565,
    665, 667, 811, 832, 874, 881, 955, 1082
루카치 599, 600, 832, 853, 866, 867, 868,
    869, 870, 873, 880, 1085
루크레티우스 227, 571
루터 282, 390, 919, 991
루페 740
룩셈부르크 868
르누아르 680, 681, 690
리만 115, 336, 387, 437, 680, 724, 735,
    766, 773, 778, 800
리비히 649
리스트 54, 73, 575, 719, 840, 897, 987,
    1095
리슬 870, 871
리치 67, 663, 965, 994, 997, 998, 999,
    1000, 1006, 1016, 1022, 1041
리카아도 967
리히텐베르크 723, 724, 725
린드너 360, 870

마르크스 516, 649, 842, 853, 866, 867,
    882, 930, 946, 963, 966, 967, 973, 977,
    978, 1021, 1059

마샬 967

마슬로우 746

마우트너 13, 736, 737, 738, 740, 741, 748,
1086

마이농 624

마이몬 291

마흐 146, 147, 212, 216, 303, 438, 593,
733, 738, 739, 740, 763, 764, 769, 775,
777, 789, 790

만 872, 873

말러 681, 848, 849, 850, 851, 852, 855,
856, 1078

말브랑슈 407, 532, 587, 919

말콤 723, 731

말터 158

매기 39, 75, 111, 116, 132, 176, 177, 191,
218, 403, 527, 528, 529, 530, 534, 542,
557, 606, 609, 616, 618, 651, 680, 710,
711, 712, 714, 729, 730, 732, 733, 743,
744, 746, 752, 753, 760, 794, 837, 840,
896, 924, 931, 935, 938, 939, 947

맥스웰 363, 777

맬더스 55

맹자 17, 30, 42, 52, 470, 500, 658, 664,
665, 666, 716, 758, 858, 860, 861, 999,
1035, 1041, 1043, 1052

맹호연 855

메이어슨 147, 309

메이저 507, 683, 779

메트로도루스 448

모나드 17, 367, 484, 489, 564, 566, 567,
850

모리슨 655, 662, 664, 669, 671

모세 82, 337, 439, 540

모차르트 316, 850

모택동 960, 979

몽테뉴 97, 98, 116, 678, 749, 976, 982,
983, 984, 985, 986, 1019, 1021, 1074

무르티 710

묵자 1003, 1009

뮐러 649

뮤제 1069

미야지마 히로시 1002

미조구찌 유조 1053, 1054

미즈라 213

ㅂ

바그너 271, 284, 316, 681, 837, 838, 839,
840, 841, 842, 843, 844, 845, 846, 847,
850, 882, 927, 931, 932, 1078

바니니 565

바더 295, 866, 936

바우흐 1098

바이닝거 757

바이런 803, 811

바이스만 961

바커 785, 786, 799

바쿠닌 841, 843, 955

박상섭 469

박성래 367, 1005

박현채 966, 967

발렌티누스 293

발렌틴 177

버만 1020

버클리 99, 106, 107, 108, 111, 131, 132,
147, 181, 182, 184, 185, 187, 188, 192,
197, 217, 297, 298, 364, 379, 394, 403,
404, 407, 416, 417, 420, 423, 509, 510,
624, 679, 954, 1075

베렌스 482

베르그송 14, 31, 40, 78, 79, 93, 117, 194,
260, 285, 286, 309, 312, 313, 316, 327,
355, 493, 494, 500, 508, 513, 529, 541,
546, 551, 554, 557, 563, 567, 569, 572,
576, 597, 617, 618, 620, 627, 651, 671,
681, 716, 766, 811, 873, 878, 899, 912,
937, 939, 940, 1067, 1068, 1086

베버 145, 851

베아트리체 617
베이컨 496, 571
베트게 856
벵비유 870
보그다노프 146
보르헤스 681, 1081
보리 달마 122
보어스트 1015, 1016
본회퍼 1067
볼셰비키 942
볼자노 777
볼츠만 147, 148, 217, 305, 733, 735, 738,
   739, 745, 771, 776, 788
볼테르 56, 306, 410, 484, 488, 489
볼프 279, 290, 397, 436, 442, 480, 484,
   861
뵈메 293, 295, 484, 590, 601, 824, 938
부르노 988
부르다흐 567
부트루 529, 551
붓다 13, 19, 22, 40, 46, 58, 62, 68, 75, 84,
   85, 92, 102, 104, 105, 243, 266, 285,
   438, 444, 484, 546, 561, 562, 603, 607,
   610, 612, 614, 622, 634, 636, 658, 676,
   682, 683, 690, 691, 692, 693, 695, 696,
   697, 698, 700, 704, 708, 710, 711, 714,
   715, 722, 726, 736, 760, 798, 840, 845,
   872, 912, 914, 915, 933, 934, 938, 940,
   971, 972, 973, 974, 990, 1045, 1075,
   1083
뷔르누프 693
뷔퐁 373
브라헤 1014, 1015, 1016, 1039
브래들리 248, 252, 618, 622, 624, 755
브록하우스 361
브루노 29, 40, 116, 151, 206, 220, 227, 229,
   233, 240, 243, 253, 332, 382, 405, 406,
   445, 448, 551, 565, 575, 600, 942, 946,
   991, 1017, 1045, 1085
브루노 208

브리스 558
블랭크 777
블로흐 601, 941, 1078
비란드 66
비슈누 549, 688
비트겐슈타인 14, 16, 25, 28, 36, 39, 70, 97,
   116, 120, 129, 148, 266, 293, 296, 332,
   368, 416, 427, 524, 582, 619, 648, 651,
   671, 681, 696, 714, 718, 719, 720, 721,
   722, 723, 724, 725, 726, 727, 728, 729,
   730, 731, 732, 733, 734, 735, 736, 737,
   738, 739, 740, 741, 742, 743, 744, 745,
   746, 747, 748, 749, 750, 751, 752, 753,
   754, 755, 756, 757, 758, 760, 761, 762,
   764, 765, 766, 767, 769, 770, 771, 773,
   774, 775, 776, 777, 779, 780, 782, 783,
   785, 786, 787, 788, 789, 791, 792, 828,
   830, 926, 927, 943, 944, 945, 946, 954,
   956, 957, 958, 959, 960, 961, 967, 975,
   976, 981, 986, 1076, 1085, 1086, 1088

사르트르 86, 813
사무엘슨 967
사지원 68
상카라 545, 688, 689
생틸레르 21, 510, 555, 556, 693, 745
샤퍼 746
서광계 994, 995, 996, 998, 999, 1000,
   1021, 1027, 1042
서화담 1017
성 프란시스 84, 636, 682, 921
셴 36, 37, 56, 130, 138, 139, 140, 142, 152,
   600, 689, 722, 781, 967, 968, 969
셰익스피어 918
셰퍼 728
셸러 589
셸링 22, 37, 80, 81, 82, 89, 114, 236, 258,

283, 293, 294, 295, 382, 383, 453, 551,
600, 649, 693, 716, 823, 827, 935, 936
소로우 962
소옹 1017
소철 1060
소크라테스 116, 123, 154, 428, 436, 437,
482, 735, 736, 845, 909, 1045
소피스트 172, 707
손오공 1050
송시열 1002, 1004
쇤베르크 681, 849, 850, 1078
쇼펜하우어, 요한나 57, 58, 65, 66, 67, 68,
69, 92
쇼펜하우어, 하인리히 56, 66, 762
수아레즈 404, 564
쉬체 66
쉴러 66
슈뢰딩거 531
슈릭 749, 961
슈미트 339, 704
슈티르너 600, 841
슈프랑거 745
슐라이어마허 94, 866, 1092
슐레겔 548
슐체 59, 103, 104, 105, 106, 107, 108, 109,
111, 113, 114, 175, 178, 189, 291, 298,
352, 420, 1074, 1075
스라파 967
스미스, 로버트 319
스미스, 애덤 42, 43, 967, 968
스턴 285
스테니우스 746
스튜어트 804
스트라톤 322
스틸 67
스펜서 576, 978
스피노자 18, 22, 29, 34, 40, 47, 48, 62, 63,
64, 70, 73, 84, 85, 116, 149, 151, 207,
211, 217, 226, 227, 233, 240, 243, 245,
253, 255, 257, 258, 259, 260, 261, 262,

264, 265, 267, 269, 270, 271, 272, 273,
274, 275, 276, 277, 283, 292, 293, 306,
307, 329, 332, 346, 382, 389, 402, 405,
406, 414, 432, 433, 446, 449, 455, 468,
469, 500, 514, 531, 532, 533, 536, 565,
571, 581, 600, 641, 646, 665, 676, 731,
802, 874, 895, 912, 915, 921, 942, 946,
954, 969, 981, 988, 991, 997, 1054,
1085, 1091, 1092, 1093, 1095
슬루가 35, 36, 415, 647, 648, 649, 737,
738, 740
시마다 겐지 1054
시바 629
실러 432, 470, 865
실레시우스 582

아낙사고라스 425
아낙시만드로스 900
아담 42, 43, 253, 561, 562, 614, 617, 620,
631, 869, 919, 967, 968
아델레 57
아도르노 490, 838, 850, 851, 852, 854,
855, 867, 928, 929, 953, 973, 1077
아르주나 549, 636, 907
아르토 1047, 1048, 1087
아리스타쿠스 399
아리스토텔레스 138, 221, 290, 291, 292,
311, 312, 313, 345, 425, 441, 449, 450,
453, 460, 528, 552, 555, 564, 565, 575,
675, 680, 800, 804, 965, 985, 995,
1016, 1048
아말리아 57
아미엘 53, 54
아베나리우스 146, 147
아에네시데무스 103, 104, 109, 420, 1074
아우구스티누스 101, 102, 306, 404, 451,
581, 628, 731, 845, 919

아인슈타인 48, 100, 212, 308, 327, 353,
　　414, 538, 681, 710, 760, 766, 790, 920,
　　921, 922, 923, 953, 974, 1098
아퀴나스 125, 444, 552, 628
안셀무스 292, 458
안스콤 729, 730, 748
안원 1038, 1064
안티고네 843
알렉산더 91, 104, 112, 983
앙리 4세 982
애트웰 152, 154, 158, 159, 163, 164, 513,
　　520, 521
앱 659, 662, 663, 664, 695
야코비 113, 755, 1092
얄롬 66
양무제 122
업햄 434
에리우게나 991
에머슨 41, 908, 962
에이어 749
에커만 367, 368
에크하르트 40, 84, 243, 601, 683, 915
에피카르모스 322
에피쿠로스 168, 206, 448, 461, 484, 1019
엘리엇 617, 618, 619, 620, 621, 623, 624,
　　625, 626, 627, 633, 640, 1081
엘베시우스 881
엠페도클레스 607
엠피리쿠스 425
엥겔스 37, 40, 649, 963
영 521
예수 95, 114, 266, 285, 682, 683, 714, 919,
　　972, 973
오스트발트 148, 208, 529
오승은 1049
오일러 772
오캄 288
와일리 995
왕간 1052, 1064
왕국유 807, 808, 809, 810, 819, 820, 821,

834, 1081
왕부지 1052, 1064
왕실보 1054
왕양명 907, 998, 1009, 1010, 1012, 1034,
　　1039, 1049, 1051, 1052, 1053, 1055,
　　1056, 1057, 1058, 1060, 1064
왕용계 1052, 1058, 1064
왕유 855, 856
용수 22, 104, 722, 723, 726, 996
우르시스 998
워드 483
원굉도 1012, 1013, 1039, 1055, 1056
원종도 1055
원중도 1055
웰본 690
위백양 657
윅스 752, 850
윈클러 883, 891
유득공 1006
유클리드 100, 181, 201, 288, 308, 314,
　　326, 335, 341, 342, 354, 402, 615, 710,
　　734, 773, 994, 995, 997, 998, 999,
　　1001, 1018, 1021
유헬 439
육상산 1064
윤광심 1006
융 24, 27, 37, 140, 162, 199, 278, 312,
　　313, 318, 530, 583, 590, 603, 614, 615,
　　616, 617, 619, 673, 674, 675, 688, 689,
　　692, 709, 716, 760, 858, 932, 960, 981,
　　1085, 1096, 1099, 1100
이간 1004
이공 1065
이규상 1006
이기지 1004
이대조 978
이덕무 1006, 1007, 1012
이백 855
이서규 113, 181, 394, 508
이선란 995

이영철   25, 129, 719, 726, 792, 959
이자성   1004, 1053
이정구   1004
이정우   25, 303
이지   44, 602, 1000, 1039, 1041, 1050,
      1056, 1062
이지조   1021, 1042
이창배   620, 621, 625, 626
이태진   1005
이통현   1030
이형식   616
임대옥   809, 1066

ㅈ

자파리   499
자프란스키   65, 81, 865
장구성   664, 665
장자   240, 290, 554, 560, 576, 614, 657,
      658, 664, 706, 709, 809, 858, 859, 867,
      974, 981, 992, 1002, 1003, 1006, 1009,
      1023, 1026, 1030, 1031, 1043, 1048,
      1051, 1056, 1058
장재   661, 664, 674, 1013, 1017
장주   1009
장헌충   1053
장희창   329, 330, 359, 360, 366, 367
재너웨이   39, 132, 133, 134, 212, 225, 519,
      520, 521, 619, 930
재닉   736, 738, 747, 748
제고르   764
제논   310
제임스   40, 78, 79, 260, 282, 303, 529, 572,
      652, 671, 915, 964, 988, 1067
조설근   616, 807
조프루   745
존스   509
졸라   871
종백화   858, 860, 1065

주광잠   859, 860
주돈이   657, 669, 671, 707, 860, 990, 1013,
      1017, 1031, 1057, 1063, 1064, 1083
주방언   809
주부자   653
주희   17, 21, 30, 41, 42, 46, 227, 277, 278,
      522, 523, 544, 545, 575, 583, 584, 645,
      652, 653, 654, 655, 659, 661, 663, 664,
      665, 669, 670, 671, 672, 673, 674, 677,
      678, 681, 698, 699, 707, 727, 990, 994,
      1000, 1002, 1009, 1013, 1017, 1031,
      1041, 1047, 1052, 1057, 1063, 1064,
      1065, 1083
줄리앙   84, 657, 664, 666
줄처   464
지라르   691, 692
진독수   979
진동보   1009
진백사   1064
짐머   611
짐멜   240, 241

ㅊ

차라투스트라   40, 632, 636
차팩   313
체슬든   321
최재희   478
최한기   1018, 1023
추동곽   1056

ㅋ

카르납   38, 100, 212, 249, 438, 727, 740,
      745, 749, 789, 790, 791, 926, 961, 987,
      1098
카마타   298
카벨   969, 975, 986

카시러 738, 762, 765, 771, 790, 987

카트라이트 88, 89, 164, 281, 300, 342, 360, 369

카프카 681, 992, 993

카필라 583

칸트 13, 20, 28, 29, 34, 36, 38, 39, 47, 59, 71, 72, 82, 85, 90, 93, 94, 95, 100, 102, 103, 104, 105, 106, 108, 109, 110, 111, 113, 114, 130, 131, 138, 139, 146, 147, 150, 152, 175, 177, 181, 184, 185, 188, 189, 193, 197, 201, 202, 204, 211, 223, 233, 236, 238, 239, 260, 261, 262, 264, 268, 269, 278, 279, 283, 284, 287, 288, 289, 291, 296, 298, 306, 307, 308, 309, 312, 314, 323, 324, 325, 326, 327, 329, 333, 335, 337, 339, 340, 341, 345, 347, 350, 352, 369, 370, 378, 381, 384, 385, 386, 388, 389, 390, 393, 394, 395, 396, 397, 398, 399, 400, 402, 403, 404, 405, 406, 407, 408, 409, 410, 411, 412, 414, 415, 416, 417, 418, 419, 420, 421, 422, 423, 424, 425, 426, 427, 429, 431, 432, 433, 434, 435, 436, 437, 439, 440, 441, 442, 444, 445, 446, 448, 449, 450, 451, 452, 453, 454, 455, 456, 457, 458, 459, 460, 461, 462, 463, 464, 465, 466, 467, 468, 469, 470, 471, 472, 473, 474, 475, 476, 477, 478, 479, 480, 481, 482, 483, 484, 489, 490, 491, 493, 494, 495, 498, 499, 500, 501, 506, 507, 509, 510, 516, 518, 520, 523, 525, 546, 571, 572, 588, 592, 593, 605, 608, 615, 646, 648, 651, 652, 655, 665, 666, 667, 678, 679, 680, 684, 685, 686, 709, 710, 712, 731, 733, 734, 737, 738, 739, 740, 745, 746, 748, 752, 753, 754, 755, 761, 763, 765, 769, 771, 776, 789, 790, 791, 795, 796, 798, 799, 800, 845, 853, 859, 872, 873, 878, 886, 887, 888, 889, 890, 891, 892, 896, 906, 912, 924, 926, 935, 943, 947, 954, 956, 998, 1067, 1074, 1075, 1080, 1081, 1091, 1093, 1098

칼데론 700, 900

칼루파하나 137

케플러 320, 414, 1017

코레조 704, 827 코르지오

코언 352, 354

코지마 842, 843

코페르니쿠스 325, 399, 787, 978, 1014, 1015, 1016, 1017

코플스턴 95, 262, 264, 883

쾨슬러 1019

콘즈 690

콜브루크 693

콩디야크 355

콰인 528, 789, 975, 976

쿠아레 988

쿠자누스 367, 988

쿠쟁 693

쿤 202, 308, 354, 771, 789, 790, 839, 986

퀴른베르거 719, 720

크로노스 402

크로체 859

크리슈나 213, 549, 622, 639, 907

크리스티안슨 763

클라비우스 998

클라크 478

클레멘트 439

키르케고르 681, 731, 749

키케로 462

킨즐러 721

ㅌ

타고르 120

탈레스 154, 206

탕현조 1054

텐느 693

톨스토이 41, 266, 603, 681, 716, 731, 832,